9급 공무원 개념서 + 문제집

말도 안되는 이 가격~ 실화임?

나두공 동영상강의

3만원 가격파괴

익사이팅한 초필살 이론 **개념서** 동영상 강의와
센세이셔널한 알짜 문제풀이 **문제집** 동영상 강의가 만나

9급 공무원으로 가는 탄탄한 길!

+ 개념서 국어
문제집 국어 | 민상윤 교수님
종합반 국어(3만원)

+ 개념서 영어
문제집 영어 | 조성열 교수님
종합반 영어(3만원)

+ 개념서 한국사
문제집 한국사 | 박기훈 교수님
종합반 한국사(3만원)

+ 개념서 행정법총론
문제집 행정법총론 | 김일영 교수님
종합반 행정법총론(3만원)

+ 개념서 행정학개론
문제집 행정학개론 | 이승철 교수님
종합반 행정학개론(3만원)

+ 개념서 국어+영어+한국사
문제집 국어+영어+한국사
종합반 3과목 패키지(7만원)

+ 개념서 국어+영어+한국사+행정법총론+행정학개론
문제집 국어+영어+한국사+행정법총론+행정학개론
종합반 5과목 패키지(10만원)

▶ 동영상 강의 커리큘럼

※ 강의 커리큘럼은 사정에 따라 변경될 수 있습니다. 자세한 내용은 나두공 홈페이지를 참조하시기 바랍니다.

9급 공무원 응시자격

※ 경찰 공무원, 소방 공무원, 교사 등 특정직 공무원의 채용은 별도 법령에 의거하고 있어 응시자격 등이 다를 수 있으니 해당법령과 공고문을 참고하시기 바랍니다.

※ 매년 채용시험 관련 법령 개정으로 응시자격이 변경될 수 있으므로 필요한 경우 확인절차를 거치시기 바랍니다.

01 최종시험 예정일이 속한 연도를 기준으로 공무원 응시가능 연령(9급 : 18세이상)에 해당한다.
(단, 9급 교정·보호직의 경우 20세 이상)

02 아래의 공무원 응시 결격사유 중 어느 하나에도 해당되지 않는다.

1. 피성년후견인
2. 파산선고를 받고 복권되지 아니한 자
3. 금고 이상의 실형을 선고받고 그 집행이 종료되거나 집행을 받지 아니하기로 확정된 후 5년이 지나지 아니한 자
4. 금고 이상의 형을 선고받고 그 집행유예 기간이 끝난 날부터 2년이 지나지 아니한 자
5. 금고 이상의 형의 선고유예를 받은 경우에 그 선고유예 기간 중에 있는 자
6. 법원의 판결 또는 다른 법률에 따라 자격이 상실되거나 정지된 자
7. 징계로 파면처분을 받은 때부터 5년이 지나지 아니한 자
8. 징계로 해임처분을 받은 때부터 3년이 지나지 아니한 자
단. 검찰직 지원자는 금고 이상의 형을 선고받은 경우 응시할 수 없습니다.

03 공무원으로서의 직무수행에 지장을 주지 않는 건강상태를 유지하고 있어, 공무원 채용 신체검사에서 불합격 판정기준에 해당되지 않는다.

04 9급 지역별 구분모집 지원자의 경우, 시험시행년도 1월 1일을 포함하여 1월 1일 전 또는 후로 연속하여 3개월 이상 해당 지역에 주민등록이 되어 있다.

05 지방직 공무원, 경찰 등 다른 공무원시험을 포함하여 공무원 임용시험에서 부정한 행위를 한 적이 없다.

06 국어, 영어, 한국사와 선택하고자 하는 직류의 시험과목 기출문제를 풀어보았으며, 합격을 위한 최소한의 점수는 과목별로 40점 이상임을 알고 있다.

● 위의 요건들은 7급, 9급 공무원 시험에 응시하기 위한 기본 조건입니다.
● 장애인 구분모집, 저소득층 구분모집 지원자는 해당 요건을 추가로 확인하시기 바랍니다.

"나두 공무원 할 수 있다"

나두공

9급 공무원

한국사

개념서

2026
나두공 9급 공무원 한국사 개념서

인쇄일 2025년 10월 1일 5판 1쇄 인쇄	**발행처** 시스컴 출판사
발행일 2025년 10월 5일 5판 1쇄 발행	**발행인** 송인식
등 록 제17-269호	**지은이** 나두공 수험연구소
판 권 시스컴2025	

ISBN 979-11-6941-700-6 13350
정 가 27,000원

주소 서울시 금천구 가산디지털1로 225, 514호(가산포휴) | **시스컴** www.siscom.co.kr / **나두공** www.nadoogong.com
E-mail siscombooks@naver.com | **전화** 02)866-9311 | **Fax** 02)866-9312

최근 경제 불황은 심각해진 상태이다. 경제 불황에서 시작된 고용 불안은 이제 만성화 단계에 이르렀다. 이러한 현실에서 많은 젊은이들이 공무원에 주목하는 것은 당연한 일일 것이다.

최근 9급 공무원의 위상은 많이 바뀌었다. 대학 진학을 하지 않고 준비하는 학생들이 증가하고 있고, 상당수의 대학 1학년생들이 입학 직후부터 9급 공무원 시험 준비를 시작한다. 또한 다니던 직장을 그만두고 9급 공무원 시험을 준비하는 사람들도 찾아볼 수 있다. 이러한 응시생의 증가는 시험 문제의 변별력 및 난이도 상승으로 이어지고 있다. 이러한 이유로 오랜 준비에도 불구하고 합격을 장담하기가 어려워지고 있다.

따라서 이 책에서는 짧은 시간에 수험생들이 고득점을 획득할 수 있도록 시험에 나오는 핵심 내용을 위주로 구성하였다. 불필요한 부분을 과감히 쳐내고 반드시 필요한 부분만을 엄선하였고, 수험생의 이해를 돕기 위한 Check Point를 추가하여 공무원 시험 준비를 더욱 쉽게 할 수 있도록 하였다.

이 책을 통해 공무원 시험을 준비하는 수험생들에게 합격의 밝은 내일이 있길 기원한다.

시험 과목

직렬	직류	시험 과목
행정직	일반행정	국어, 영어, 한국사, 행정법총론, 행정학개론
	고용노동	국어, 영어, 한국사, 행정법총론, 노동법개론
	선거행정	국어, 영어, 한국사, 행정법총론, 공직선거법
직업상담직	직업상담	국어, 영어, 한국사, 노동법개론, 직업상담 · 심리학개론
세무직(국가직)	세무	국어, 영어, 한국사, 세법개론, 회계학
세무직(지방직)		국어, 영어, 한국사, 지방세법, 회계학
사회복지직	사회복지	국어, 영어, 한국사, 사회복지학개론, 행정법총론
교육행정직	교육행정	국어, 영어, 한국사, 교육학개론, 행정법총론
관세직	관세	국어, 영어, 한국사, 관세법개론, 회계원리
통계직	통계	국어, 영어, 한국사, 통계학개론, 경제학개론
교정직	교정	국어, 영어, 한국사, 교정학개론, 형사소송법개론
보호직	보호	국어, 영어, 한국사, 형사정책개론, 사회복지학개론
검찰직	검찰	국어, 영어, 한국사, 형법, 형사소송법
마약수사직	마약수사	국어, 영어, 한국사, 형법, 형사소송법
출입국관리직	출입국관리	국어, 영어, 한국사, 국제법개론, 행정법총론
철도경찰직	철도경찰	국어, 영어, 한국사, 형사소송법개론, 형법총론
공업직	일반기계	국어, 영어, 한국사, 기계일반, 기계설계
	전기	국어, 영어, 한국사, 전기이론, 전기기기
	화공	국어, 영어, 한국사, 화학공학일반, 공업화학
농업직	일반농업	국어, 영어, 한국사, 재배학개론, 식용작물
임업직	산림자원	국어, 영어, 한국사, 조림, 임업경영
시설직	일반토목	국어, 영어, 한국사, 응용역학개론, 토목설계
	건축	국어, 영어, 한국사, 건축계획, 건축구조
	시설조경	국어, 영어, 한국사, 조경학, 조경계획 및 설계

방재안전직	방재안전	국어, 영어, 한국사, 재난관리론, 안전관리론
전산직	전산개발	국어, 영어, 한국사, 컴퓨터일반, 정보보호론
	정보보호	국어, 영어, 한국사, 네트워크 보안, 정보시스템 보안
방송통신직	전송기술	국어, 영어, 한국사, 전자공학개론, 무선공학개론
법원사무직 (법원직)	법원사무	국어, 영어, 한국사, 헌법, 민법, 민사소송법, 형법, 형사소송법
등기사무직 (법원직)	등기사무	국어, 영어, 한국사, 헌법, 민법, 민사소송법, 상법, 부동산등기법
사서직 (국회직)	사서	국어, 영어, 한국사, 헌법, 정보학개론
속기직 (국회직)	속기	국어, 영어, 한국사, 헌법, 행정학개론
방호직 (국회직)	방호	국어, 영어, 한국사, 헌법, 사회
경위직 (국회직)	경위	국어, 영어, 한국사, 헌법, 행정법총론
방송직 (국회직)	방송제작	국어, 영어, 한국사, 방송학, 영상제작론
	취재보도	국어, 영어, 한국사, 방송학, 취재보도론
	촬영	국어, 영어, 한국사, 방송학, 미디어론

- 교정학개론에 형사정책 및 행형학, 국제법개론에 국제경제법, 행정학개론에 지방행정이 포함되며, 공직선거법에 '제16장 벌칙'은 제외됩니다.
- 노동법개론은 근로기준법·최저임금법·노동조합 및 노동관계조정법에서 하위법령을 포함하여 출제됩니다.
- 시설조경 직류의 조경학은 조경일반(미학, 조경사 등), 조경시공구조, 조경재료(식물재료 포함), 조경생태(생태복원 포함), 조경관리(식물, 시설물 등)에서, 조경계획 및 설계는 조경식재 및 시설물 계획, 조경계획과 설계과정, 공원·녹지계획과 설계, 휴양·단지계획과 설계, 전통조경계획과 설계에서 출제됩니다.

※ 추후 변경 가능하므로 반드시 응시 기간 내 시험과목 및 범위를 확인하시기 바랍니다.

응시자격

1. 인터넷 접수만 가능

2. 접수방법 : 사이버국가고시센터(www.gosi.kr)에 접속하여 접수할 수 있습니다.

3. 접수시간 : 기간 중 24시간 접수

4. 비용 : 응시수수료(7급 7,000원, 9급 5,000원) 외에 소정의 처리비용(휴대폰·카드 결제, 계좌이체비용)이 소요됩니다.

※ 저소득층 해당자(국민기초생활 보장법에 따른 수급자 또는 한부모가족지원법에 따른 지원대상자)는 응시수수료가 면제됩니다.

※ 응시원서 접수 시 등록용 사진파일(JPG, PNG)이 필요하며 접수 완료 후 변경 불가합니다.

학력 및 경력

제한 없음

시험방법

1. 제1·2차시험(병합실시) : 선택형 필기

2. 제3차시험 : 면접

※ 교정직(교정) 및 철도경찰직(철도경찰)의 6급 이하 채용시험의 경우, 9급 제1·2차 시험(병합실시) 합격자를 대상으로 실기시험(체력검사)을 실시하고, 실기시험 합격자에 한하여 면접시험을 실시합니다.

원서접수 유의사항

1. 접수기간에는 기재사항(응시직렬, 응시지역, 선택과목 등)을 수정할 수 있으나, 접수기간이 종료된 후에는 수정할 수 없습니다.

2. 응시자는 응시원서에 표기한 응시지역(시·도)에서만 필기시험에 응시할 수 있습니다.

※ 다만, 지역별 구분모집[9급 행정직(일반), 9급 행정직(우정사업본부)] 응시자의 필기시험 응시지역은 해당 지역모집 시·도가 됩니다.(복수의 시·도가 하나의 모집단위일 경우, 해당 시·도 중 응시희망지역을 선택할 수 있습니다.)

3. 인사혁신처에서 동일 날짜에 시행하는 임용시험에는 복수로 원서를 제출할 수 없습니다.

양성평등채용목표제

1. 대상시험 : 선발예정인원이 5명 이상인 모집단위(교정·보호직렬은 적용 제외)
2. 채용목표 : 30%

   ※ 시험실시단계별로 합격예정인원에 대한 채용목표 비율이며 인원수 계산 시, 선발예정인원이 10명 이상
   인 경우에는 소수점 이하를 반올림하며, 5명 이상 10명 미만일 경우에는 소수점 이하는 버립니다.

응시 결격 사유

해당 시험의 최종시험 시행예정일(면접시험 최종예정일) 현재를 기준으로 국가공무원법 제33조(외무공무
원은 외무공무원법 제9조, 검찰직·마약수사직 공무원은 검찰청법 제50조)의 결격사유에 해당하거나, 국
가공무원법 제74조(정년)·외무공무원법 제27조(정년)에 해당하는 자 또는 공무원임용시험령 등 관계법령
에 의하여 응시자격이 정지된 자는 응시할 수 없습니다.

가산점 적용

구분	가산비율	비고
취업지원대상자	과목별 만점의 10% 또는 5%	• 취업지원대상자 가점과 의사상자 등 가점은 1개만 적용 • 취업지원대상자/의사상자 등 가점과 자격증 가산점은 각각 적용
의사상자 등	과목별 만점의 5% 또는 3%	
직렬별 가산대상 자격증 소지자	과목별 만점의 3~5% (1개의 자격증만 인정)	

기타 유의사항

1. 필기시험에서 과락(만점의 40% 미만) 과목이 있을 경우에는 불합격 처리됩니다. 필기시험의 합격선은
   공무원임용시험령 제4조에 따라 구성된 시험관리위원회의 심의를 통해 결정되며, 구체적인 합격자 결
   정 방법 등은 공무원임용시험령 등 관계법령을 참고하시기 바랍니다.
2. 9급 공채시험에서 가산점을 받고자 하는 자는 필기시험 시행 전일까지 해당요건을 갖추어야 하며, 반드
   시 필기시험 시행일을 포함한 3일 이내에 사이버국가고시센터(www.gosi.kr)에 접속하여 자격증의 종류
   및 가산비율을 입력해야 합니다.
※ 자격증 종류 및 가산비율을 잘못 기재하는 경우에는 응시자 본인에게 불이익이 있을 수 있습니다.

※ 반드시 응시 기간 내 공고문을 확인하시기 바랍니다.

간결한 내용 구성

빠른 시간 안에 공무원 수험을 마칠 수 있도록 만들어진 단기완성용 공무원 수험서입니다. 꼭 필요한 내용만 쏙쏙 뽑아 공부하면서 합격까지 한번에!

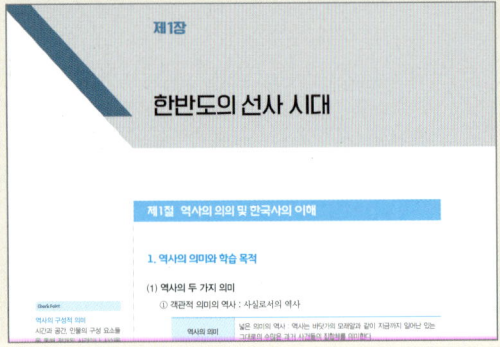

Check Point

공부하면서 알아두어야 하는 요소를 모아 관련 내용 옆에 수록하였습니다. 본문 학습 시 슬쩍 주워가세요.

기출 plus

이해도를 높이는 가장 빠른 방법, 문제풀이! 요점정리와 함께 기출 plus로 실력을 쑥쑥 키웁시다.

Tip

본문의 흐름과 내용을 이해하는 데 참고가 되는 자료를 정리하여 수록하였습니다. 머릿속에 쏙쏙 담아 가세요.

풍부한 사진자료

한국사에서 가장 중요한 것은 다양한 자료! 풍부한 사진 자료가 학습 시 이해를 돕습니다.

꼭! 확인 기출문제

학습한 내용을 바로바로 확인 할 수 있도록 기출문제를 적재적소에 배치하였습니다. 학습 성과를 점검하세요.

참고

요점 정리만으로는 부족한 내용을 실었으며, 이론 범위의 주요 개념 등을 한 단계 더 깊이 학습할 수 있는 수험생을 위한 보충자료입니다.

해설

기출문제의 상세한 정답 해설은 물론 오답 해설까지 친절하게 풀어드립니다.

나두공 목 차

4주완성 Study Plan

		분류	날짜	학습 시간
1st Week	**1편** 선사 시대 및 국가의 형성	제1장 한반도의 선사 시대 제2장 국가의 형성과 발달		
	2편 고대의 성립과 발전	제1장 고대의 통치 구조와 정치 활동 제2장 고대의 경제 구조와 경제 생활 제3장 고대의 사회 구조와 사회 생활 제4장 고대 문화의 발달		
2nd Week	**3편** 중세의 성립과 발전	제1장 중세의 통치 구조와 정치 활동 제2장 중세의 경제 구조와 경제 생활 제3장 중세의 사회 구조와 사회 생활 제4장 중세 문화의 발달		
	4편 근세의 성립과 발전	제1장 근세의 통치 구조와 정치 활동 제2장 근세의 경제 구조와 경제 생활 제3장 근세의 사회 구조와 사회 생활 제4장 민족 문화의 발달		
3rd Week	**5편** 근대 태동기의 변동	제1장 정치 상황의 변동 제2장 경제 구조의 변동 제3장 사회의 변화 제4장 문화의 새 기운		
	6편 근대의 변화와 흐름	제1장 근대 사회의 정치 변동 제2장 개항 이후의 경제와 사회 제3장 근대 문화의 발달		
4th Week	**7편** 민족 독립 운동의 전개	제1장 국권 침탈과 민족의 수난 제2장 민족 독립 운동의 전개 제3장 사회 · 경제 · 문화적 민족 운동		
	8편 현대 사회의 발전	제1장 대한민국의 건국과 발전 제2장 통일 정책 제3장 경제 발전과 사회 · 문화의 변화		

선사
시대

구석기 시대
B.C. 70만 년경

신석기 시대
B.C. 8천 년경

고조선 건국
B.C. 2333년

청동기 시대
B.C. 2000년경

삼국
시대

B.C. 18년
백제 건국

B.C. 37년
고구려 건국

B.C. 57년
신라 건국

B.C. 108년
고조선 멸망

1편

선사 시대 및 국가의 형성

제1장

한반도의 선사 시대

제1절 역사의 의의 및 한국사의 이해

1. 역사의 의미와 학습 목적

(1) 역사의 두 가지 의미

① 객관적 의미의 역사 : 사실로서의 역사

역사의 구성적 의미
시간과 공간, 인물의 구성 요소들을 통해 전개된 사건이나 사실을 역사가가 선택·기록한 것이다.

역사의 의미	넓은 의미의 역사 : 역사는 바닷가의 모래알과 같이 지금까지 일어난 있는 그대로의 수많은 과거 사건들의 집합체를 의미한다.
특성	• 객관적 사실(事實) 또는 시간적으로 과거에서 현재에 이르기까지 일어났던 모든 사실을 역사의 구성 요소로 한다. • 역사가의 주관적 개입은 배제되고, 객관적 고증에 따른 연구를 토대로 한다. • 객관적 사료를 중시하며, 과거의 사실에 대한 객관적 복원을 강조한다. • 역사는 역사가에 따라 달라지는 것이 아니며, 절대성을 지닌다.
역사와 역사가에 대한 표현	• 역사가는 자신을 숨기고 역사적 사실로 하여금 말하게 하라. – 랑케(L. Ranke) – • 역사는 실제 있었던 그대로의 것을 보여줄 뿐이며, 오로지 객관적·역사적 사실만을 묘사해야 한다. • 역사가의 임무는 사실에 대한 정확한 기록이다. • 역사가는 시대 정신으로부터 자유로워야 한다. • 역사는 과학이어야 한다. 따라서 인과 관계에 따른 사실의 설명이 가장 중요하다. • 역사에서의 객관적 진리는 존재한다.

② 주관적 의미의 역사 : 기록으로서의 역사

역사의 의미
역사의 의미는 학자마다 다양하게 정의되고 있으나, 일반적으로는 '과거에 있었던 사실'과 '조사되고 기록된 과거'라는 두 가지로 구분된다.

역사의 의미	• 좁은 의미의 역사 : 역사는 역사가가 역사적 의미가 있다고 보고 선정한 것 또는 조사·연구해 주관적으로 재구성한 것을 의미한다. • 기록된 자료 또는 역사서를 의미한다.

특성	• 과거의 사실(史實) 또는 사료(史料)를 토대로 한다. • 역사가가 선정·기록하는 과정에서 가치관과 같은 주관적 요소가 개입된 다(역사가의 가치관, 즉 사관이 중시됨). 따라서 역사 연구에 있어 과학적 인식을 토대로 한 학문적 검증을 거칠 것이 요구된다. • 학습의 대상으로서의 역사이다. 즉, 역사를 배운다는 것은 역사가가 선정·기록한 역사를 배우는 것을 말한다. • 역사가에 따라 역사(역사의 기록)가 달라질 수 있다는 점에서 주관성·상대성을 지닌다.
역사와 역사가에 대한 표현	• 역사란 역사가와 사실 간의 부단한 상호작용의 과정이며, 과거와 현재와의 끊임없는 대화이다. – 카(E. Karr) – • 역사는 죽은 과거가 아니라 현재 속에 살아 있는 과거이다. – 콜링우드(R. Collingwood) – • 모든 역사는 현대의 역사이다(과거의 역사는 죽은 역사이고 참역사는 현재의 역사이다). – 크로체(B. Croce) – • 인류의 역사는 도전과 응전의 역사이다. – 토인비(A. Toynbee) – • 역사는 아(我)와 비아(非我)의 투쟁이다. – 신채호 – • 역사의 사실 등은 역사가가 그것들을 창조하기 전까지는 존재하지 않는다. – 베커(C. Becker)

(2) 역사 학습의 의의

① 역사 학습의 의미

    ㉠ **역사 그 자체를 배움** : 과거의 사실에 대한 지식 배양

    ㉡ **역사를 통하여 배움** : 역사적 인물·사실을 통해 삶에 필요한 교훈 등을 습득

② 역사 학습의 목적

    ㉠ 과거의 사실을 토대로 현재를 바르게 이해함으로써 개인과 민족의 정체성을 확립

    ㉡ 선인들의 경험을 통해 삶의 지혜를 습득함으로써 당면 문제를 해결하고 미래를 예측

    ㉢ 역사적 지식을 통해 역사적 사고력과 비판력을 함양

역사 학습의 두 가지 측면

역사 그 자체의 학습	역사를 통한 학습
• 과거 사실에 대한 지식의 축적 • 역사를 지식의 보고라 인식 • 객관적 역사를 강조	• 과거 사실을 토대로 현재를 이해 • 정체성 확립, 삶의 지혜 습득, 역사적 사고력·비판능력 함양 • 주관적 역사를 강조

 기출 Plus

[지방직 9급 기출]

01. 다음과 같은 주장에 가장 적합한 역사 서술은?

> 역사가는 자기 자신을 숨기고 과거가 본래 어떠한 상태에 있었는가를 밝히는 것을 자신의 지상 과제로 삼아야 하며, 이때 오직 역사적 사실로 하여금 말하게 하여야 한다.

① 궁예와 견훤의 흉악한 사람 됨이 어찌 우리 태조와 서로 겨룰 수 있겠는가.

② 건국 초에 향리의 자제를 뽑아 서울에 머물게 하여 출신지의 일에 대하여 자문하였는데, 이를 기인이라고 한다.

③ 묘청 등이 승리하였다면 조선사가 독립적, 진취적으로 진전하였을 것이니, 이 사건을 어찌 일천년래 제일대 사건이라 하지 아니하랴.

④ 토문 이북과 압록 이서의 땅이 누구의 것인지 알지 못하게 하였으니 (중략) 고려가 약해진 것은 발해를 차지하지 못하였기 때문이다.

해 랑케(L. Ranke)는 '역사가는 자신을 숨기고 역사적 사실로 하여금 말하게 하라'고 주장하였는데, 이러한 주장은 역사서술의 두 가지 측면 중 역사가의 주관적 개입이 배제된 사실로서의 역사(객관적 의미의 역사)에 해당한다. ②가 사실로서의 역사 서술에 해당한다.

 답 01 ②

꼭! 확인 기출문제

01. 다음 글을 근거로 할 때, 사료를 탐구하는 자세로 옳지 않은 것은? [국가직 9급 기출]

> 역사라는 말은 사람에 따라 다양한 뜻으로 사용되고 있지만, 일반적으로 '과거에 있었던 사실'과 '조사되어 기록된 과거'라는 두 가지 뜻을 지니고 있다. 즉, 역사는 '사실로서의 역사'와 '기록으로서의 역사'라는 두 측면이 있다. 전자가 객관적 의미의 역사라면, 후자는 주관적 의미의 역사라 할 수 있다. 우리가 역사를 배운다고 할 때, 이것은 역사가들이 선정하여 연구한 '기록으로서의 역사'를 배우는 것이다.

❶ 사료는 '과거에 있었던 사실'이므로 그대로 '사실로서의 역사'라고 판단한다.
② 사료를 이해하기 위해 그 사료가 기록된 당시의 전반적인 시대 상황을 살펴본다.
③ 사료 또한 사람에 의해 '기록된 과거'이므로, 기록한 역사가의 가치관을 분석한다.
④ 동일한 사건 또는 같은 시대를 다루고 있는 여러 다른 사료와 비교 · 검토해 본다.

해 ① 사료는 진위여부, 왜곡 등의 오류가 있을 수 있기 때문에 사료 비판이 선행되어야 한다. 사료를 그대로 '사실로서의 역사'라고 판단하는 것은 옳은 방법이 아니다.

02. 다음 사료를 통해 추론할 수 있는 역사 서술의 특징과 맥락을 같이 하는 사례를 〈보기〉에서 고른 것은? [국가직 9급 기출]

> • 부여는 장성의 북쪽에 있으며 현도에서 천리 쯤 떨어져 있다. …… 사람들의 체격은 매우 크고 성품이 강직 용맹하며 근엄 후덕해서 다른 나라를 노략질하지 않았다.
> • 고구려는 요동의 동쪽 천리에 있다. …… 좋은 밭이 없어서 힘들여 일구어도 배를 채우기에는 부족하였다. 사람들의 성품은 흉악하고 급해서 노략질하기를 좋아했다.
>
> — 〈삼국지, 동이전〉 —

보기
㉠ 김부식의 〈삼국사기〉는 불교 관련 기사가 거의 없다.
㉡ 〈고려사〉는 우왕을 부정적으로 기록하였다.
㉢ 한백겸의 〈동국지리지〉는 문헌고증에 입각한 객관적인 역사 연구를 추구하였다.
㉣ 사마천의 〈사기〉는 기전체로서 역사를 본기, 세가, 지, 열전, 연표 등으로 나누어 설명하였다.

❶ ㉠, ㉡   ② ㉠, ㉢   ③ ㉡, ㉢   ④ ㉢, ㉣

해 ① 제시된 〈삼국지 위지 동이전〉은 부여에 대해서는 긍정적으로 평가하고(성품이 강직 용맹하며 근엄 후덕해서) 고구려에 대해서는 부정적으로 평가하였다(성품은 흉악하고 급해서 노략질하기를 좋아했다). 이것은 역사가의 주관적 가치 판단이 반영된 주관적 의미의 역사관 즉, 기록으로서의 역사에 해당한다.
㉠ 고려 시대 불교는 국가 불교로 발전할 정도로 고려 사회에 많은 영향을 미쳤지만 〈삼국사기〉에는 불교 관련 내용이 포함되지 않았는데, 이는 저자 김부식이 유학자로서 유교 사관을 바탕으로 〈삼국사기〉를 서술했기 때문이다. 이는 역사 서술에 자신의 주관적 관점이 직접 반영된 것이라 할 수 있다.
㉡ 선초 김종서 · 정인지 등이 왕명으로 편찬한 〈고려사〉는 조선 건국을 합리화하기 위하여 여말의 사실을 부정적으로 평가하고 있는데(우왕 · 창왕을 신우 · 신창이라 하여 신돈의 자식으로 봄), 이도 기록자의 주관적 입장이 반영된 결과라 할 수 있다.
㉢ 한백겸의 〈동국지리지〉는 조선 후기 역사 지리서로서, 문헌 고증을 토대로 객관적 · 실증적 역사 연구를 추구하였다. 이는 객관적 의미의 역사(사실로서의 역사) 서술에 해당한다.
㉣ 사마천의 〈사기〉는 기전체 사서로서, 본기(本紀) · 세가(世家) · 열전(列傳) · 서(書) · 표(表)의 5부분으로 구성되어 있는데, 인물의 전기나 인접 국가에 관한 기록, 문물 · 제도, 사회 · 경제 생활, 역사적 사건들을 방대한 자료와 조사를 바탕으로 객관적이고 일목요연하게 서술하였다. 이는 객관적 측면을 강조한 역사 서술 관점에 해당한다.

기출 Plus
[지방직 9급 기출]

02. 역사에 대한 설명으로 옳지 않은 것은?

① '기록으로서의 역사'에는 역사가의 주관이 개입되면 안 된다.
② 역사를 통하여 현재를 살아가는 데 필요한 삶의 지혜와 교훈을 얻을 수 있다.
③ 사료와 역사적 진실이 반드시 일치하는 것은 아니므로 사료 비판이 필요하다.
④ '사실로서의 역사'란 과거에 존재했던 모든 사실과 사건을 의미한다.

해 기록으로서의 역사는 주관적 의미의 역사를 말하는 것으로, 역사가의 선정 · 기록 과정에서 주관적 요소가 개입된다. 역사가의 주관이 개입되어서는 안 된다고 보는 것은 사실로서의 역사(객관적 의미의 역사)이다.

답 02 ①

사료의 가치 이해

① **사료학** : 사료의 수집과 정리 및 분류

② **사료 비판** : 사료의 진위 구별

　㉠ 외적 비판 : 사료 그 자체에 관하여 그것의 진위 여부, 원 사료에 대한 타인의 첨가 여부, 필사(筆寫)인 경우 필사 과정에서 오류, 사료가 만들어졌을 단계에서 작자ㆍ장소ㆍ연대 및 전거(典據) 등에 관하여 사료의 가치 음미

　㉡ 내적 비판 : 사료의 내용이 신뢰할 만한 것인가 분석, 사료의 성격을 밝히는 작업, 사료의 기술(記述) 분석, 기술 개개의 점에 관하여 신뢰할 수 있는 이유의 유무 조사

2. 한국사의 바른 이해

(1) 역사의 보편성과 특수성

① 세계사적 보편성

　㉠ 인간으로서의 고유한 생활 모습과 이상은 국가와 민족을 초월한 전 세계 인류의 공통점

　㉡ 자유ㆍ평등ㆍ행복ㆍ사랑의 추구, 주거지 및 공동체의 형성 등

② 민족적 특수성

　㉠ 인간은 자신이 터를 잡아 거주하는 지역의 자연 환경에 따라 고유한 언어와 풍속ㆍ예술ㆍ사회 제도 등을 다양하게 창조

　㉡ 교통과 통신이 발달하지 못했던 시대에는 교류가 드물어 특수성이 두드러짐

　㉢ 문화권의 차이를 통해 설명되기도 하며, 동일 문화권 내에서도 민족이나 지역적 특수성으로 구분되기도 함

③ 올바른 역사 이해의 태도 : 세계사적 보편성과 민족적 특수성을 인식하고 양자를 균형 있게 파악하는 자세를 갖는 것

(2) 우리 민족의 보편성과 특수성

① 균형적 시각의 형성

　㉠ 한국사도 다른 민족사와 마찬가지로 민족으로서의 공통성을 지니고 있으며, 동시에 실제 역사에 있어서는 만주와 한반도라는 지역적 특수성에 맞는 고유한 특성을 형성함

　㉡ 보편성과 특수성이 공존해 왔음을 이해하고, 역사에 대한 균형적 관점을 가질 것이 요구됨

② 우리 민족 문화의 특수성

ⓒ 세계사에서 보기 드문 단일 민족 국가로서의 전통을 지님

ⓒ 선사 시대에는 아시아와 북방 문화가 연계되는 문화를 이룩하였고, 이후 중국 문화의 영향을 받으며 독자적인 고대 문화를 형성

ⓒ 고려 시대에는 불교를 정신적 이념으로 채택하였고, 조선 시대에는 유교적 가치와 문화가 중심이 됨

ⓒ 불교와 유교는 전래 과정에서 토착적 성격을 지니게 되어, 불교는 현세 구복적·호국적 성격이 두드러졌고 유교는 충(忠)·효(孝)·의(義)의 덕목이 특히 강조됨

ⓒ 국가에 대한 충성과 부모에 대한 효가 중시되고, 두레·계·향도와 같은 공동체 조직이 발달

참고

세계화 시대의 역사의식
• 개방적 민족주의 : 민족 주체성을 가지며 외부 세계의 변화에 적극적으로 대응하는 개방적 민족주의에 기초, 내 것이 최고라는 배타적 민족주의와 외래의 문화만을 추종하는 것은 버려야 함
• 인류 공동의 가치 : 인류 사회의 평화와 복리 증진 등 인류 공동의 가치를 추구

제2절 선사시대의 전개

1. 인류의 기원 및 한민족의 형성

(1) 인류의 성립 및 전개

① 원시 인류의 성립

구분	의미	특징
오스트랄로피테쿠스	남방의 원숭이	• 350만 년 전 무렵에 출현한 원시 인류 • 직립보행, 양손을 이용해 간단한 도구 사용
호모 하빌리스	손재주 좋은 사람(능인(能人))	• 250만 년 전 무렵에 출현 • 도구를 제작하여 사용(도구의 인간)
호모 에렉투스	곧은 사람 (원인(原人))	• 70만 년 전 무렵에 출현 • 구석기 시대의 본격적 전개(구석기 전기) • 불과 언어의 사용, 손도끼 등 발달된 도구 사용 • 자바 원인과 베이징 원인 등

호모 사피엔스	슬기사람 (고인(古人))	• 20만 년 전 무렵에 출현(구석기 중기) • 여러 석기 제작 · 사용, 종교의식과 미의식 발생, 시체 매장 풍습 • 네안데르탈인(→대략 10만 년 전부터 4만 년 전까지 존속)
호모 사피엔스 사피엔스	슬기슬기사람 (신인(新人))	• 대략 4만 년 전 무렵에 출현한 현생인류의 직계 조상 • 어느 정도 정교한 도구 사용, 동굴벽화(→사냥에 대한 기원), 여인상(→다산에 대한 기원) • 크로마뇽인, 상동인(중국) 등

② **구석기 시대의 인류**
- ㉠ 구석기인이 등장한 시기는 대략 70만 년 전부터이며, 오늘날 현생인류의 직접적 조상은 대략 4만 년 전에 등장
- ㉡ 현생인류에 해당하는 호모 사피엔스 사피엔스는 뇌 용적과 체질상의 특징이 오늘날의 인류와 유사함

③ **신석기 시대의 인류**
- ㉠ 기원전 1만 년 경 빙하기가 끝나고 후빙기가 시작되면서 인류의 생활환경이 급변하였는데, 중석기 시대를 지나 신석기 시대가 시작됨(기원전 1만 년 전에서 8천 년 전 무렵에 시작)
- ㉡ 신석기인은 이전 시대와 달리 사냥이나 식량 채집 단계에서 벗어나 농경 등 생산 경제 활동(식량 생산 단계)을 전개함으로써 인류의 생활이 크게 변함(→ 신석기 혁명)
- ㉢ 농경과 목축을 시작하고 토기를 제작 · 사용하였으며, 정착생활을 통해 촌락공동체를 형성

④ **청동기 시대의 인류**
- ㉠ 기원전 3000년을 전후하여 메소포타미아의 티그리스 강과 유프라테스 강, 이집트의 나일 강, 인도의 인더스 강, 중국의 황허 강 유역에서 4대 문명이 형성되기 시작
- ㉡ 관개 농업의 발달, 청동기의 사용, 도시의 출현, 문자의 사용, 국가의 형성 등을 통해 인류문화가 급격하게 발달하였으며, 이를 통해 인류는 선사 시대를 지나 역사 시대로 접어들게 됨

 참고

선사 시대와 역사 시대의 구분
일반적으로 선사 시대와 역사 시대를 구분하는 기준은 문자사용의 여부이다. 세계사적으로 본다면 선사 시대는 문자를 사용하지 않았던 구석기 시대와 신석기 시대를 말하며, 역사 시대는 문자를 사용하기 시작한 청동기 시대 이후를 말한다. 다만, 우리나라의 경우 철기 시대부터 문자를 사용하였으므로 이때부터를 역사의 시작으로 보고 있다.
한편, 선사 시대는 문자기록이 없으므로 유적이나 유물을 통해 당시의 상황을 유추할 수밖에 없는 반면, 역사 시대에는 유물이나 유적 이외에 문자 기록물을 통해 보다 쉽고 상세하게 시대상을 파악할 수 있다.

Check Point

직립보행과 인류의 진화
인류의 진화에 있어 가장 중요한 요인이 된 것은 직립보행이었다. 직립보행으로 두 손을 자유롭게 사용하게 되면서 도구의 이용이 가능하게 되었고, 인간의 두뇌 발달이 촉진되었다. 또한 이는 언어 사용을 통한 의사소통을 가능하게 함으로써 인류문화의 급속한 발전을 촉진하였다.

Check Point

역사에서의 시대 구분
- **구석기 시대** : 대략 70만년 ~ 기원전 1만년
- **신석기 시대** : 대략 기원전 1만년 내지 8천년 ~ 기원전 2천년 내지 1,500년
- **청동기 시대** : 대략 기원전 2천년 ~ 기원전 400년
- **철기 시대** : 철기 시대 전기는 대략 기원전 400년에서 기원전 1년까지를, 철기 시대 후기는 서기 1년에서 300년까지를 말함

(2) 한민족의 형성과 전개

① 한민족의 형성 및 분포

㉠ 한반도에 거주했던 구석기인들에 대해서는 우리 민족의 직접 조상으로 보지 않는 것이 일반적

㉡ 우리 민족의 모체이자 근간은 고아시아계인 신석기인으로 보며, 일반적으로 신석기에서 청동기를 거치는 과정에서 민족의 기틀이 형성되었다고 보고 있음

㉢ 우리 민족의 주류를 형성한 것은 신석기인의 문화를 흡수한 청동기인

㉣ 대체로 중국 요령(랴오닝)성, 길림(지린)성을 포함하는 만주 지역과 한반도를 중심으로 한 동북아시아에 넓게 분포

② 한민족의 특성 및 독자성

㉠ 인종상 황인종에 속하며, 형질 인류상 북몽골족, 언어학상 알타이 어족 계통이라 봄

㉡ 오래 전부터 하나의 민족 단위를 형성하고, 농경 생활을 바탕으로 독자적인 문화를 이룩함

③ 동방 문화권의 형성

㉠ 우리 민족은 한반도와 만주, 발해만, 산둥반도 등지 걸쳐 동방 문화권(동이 문화권)을 형성하고 독자적 문화를 발달시킴

㉡ 동방 문화권은 황허 유역의 한족 문화권, 양쯔강 유역의 화남 문화권, 몽고 지역의 북방 문화권, 일본의 남방 문화권 등과 함께 동양 문화권을 구성

2. 구석기 시대

(1) 구석기 시대의 범위

① **시간적 범위** : 70만 년 전부터 1만 년 전까지(→ 구석기 시대 최고의 유적인 단양 금굴은 약 70만 년 전에 형성)

② **시대 구분** : 석기(뗀석기)를 다듬는 기법에 따라 전기 · 중기 · 후기로 구분하기도 함

전기(대략 70만 ~10만 년 전)	• 큰 석기 한 개를 다양한 용도로 사용 • 주먹도끼, 찍개, 찌르개 등
중기(대략 10만 ~4만 년 전)	• 큰 몸돌에서 떼어 낸 돌 조각인 격지(박편)를 잔손질하여 용도에 맞게 제작 · 사용 (한 개의 석기가 하나의 용도로 사용됨) • 밀개, 긁개, 자르개, 새기개, 찌르개 등
후기(대략 4만 ~1만 년 전)	• 쐐기 같은 것을 이용해 형태가 같은 여러 개의 돌날격지를 만드는 데까지 발달 • 슴베찌르개 등

③ 공간적 범위 : 구석기 시대의 유적은 제주도에서 함경도까지 거의 전국 각지에 걸쳐 분포

(2) 구석기 시대의 생활 모습

① 경제 · 사회 생활

㉠ 이동 생활 : 사냥이나 어로, 채집 생활을 영위(→ 농경은 시작되지 않음)

㉡ 도구의 사용

- 뗀석기와 함께 뼈 도구(골각기)를 용도에 따라 사용
- 처음에는 찍개 같은 도구를 여러 용도로 사용했으나 뗀석기 제작 기술이 발달함에 따라 용도가 나누어짐

㉢ 용도에 따른 도구의 구분

- 사냥 도구 : 주먹도끼, 돌팔매, 찍개, 찌르개, 슴베찌르개
- 조리 도구 : 긁개, 밀개, 자르개
- 공구용 도구 : 뚜르개, 새기개(단양 수양개 유적)

㉣ 무리 사회 : 구석기인은 가족 단위를 토대로 무리를 이루어 공동체 생활을 영위하였으며, 언어를 사용하였고 시신을 매장하는 풍습이 발생함

㉤ 평등 사회 : 무리 중 경험이 많고 지혜로운 사람이 지도자가 되었으나, 권력을 갖지는 못해 모든 사람이 평등(→ 구석기 시대와 신석기 시대는 계급이 없는 평등 사회)

주먹도끼, 슴베찌르개, 뚜르개
- 주먹도끼 : 사냥의 용도 외에도 동물의 가죽을 벗기고 땅을 팔 때에도 널리 사용
- 슴베찌르개 : 슴베는 '자루'를 의미하며, 주로 창날이나 화살촉으로 사용
- 뚜르개 : 돌날격지 등의 뾰족한 끝을 이용해 구멍을 뚫거나 옷감을 만들 때 사용

② 주거 생활

㉠ 대부분 자연 동굴에 거주하였으며, 바위 그늘(단양 상시리)이나 강가에 막집(공주 석장리)을 짓고 거주하기도 함

㉡ 구석기 후기의 막집 자리에는 기둥 자리와 담 자리, 불 땐 자리가 남아 있는데, 불을 사용하게 되면서 음식을 익혀 먹고 빙하기의 추위에도 견딜 수 있게 됨

㉢ 주거지의 규모 : 작은 것은 3~4명, 큰 것은 10명 정도가 살 수 있을 정도의 크기

③ 예술 활동

㉠ 사냥감의 번성을 비는 주술적 성격을 지님

㉡ 후기에 이르러 석회암이나 동물의 뼈 또는 뿔 등을 이용하여 조각품을 만듦

▶ 주먹도끼

▶ 슴베찌르개

▶ 뚜르개

© 공주 석장리에서 개 모양의 석상 및 고래·멧돼지·새 등을 새긴 조각과 그림(선각화)이 발견되었고, 단양 수양개에서도 고래와 물고기 등을 새긴 조각이 발견됨

선각화, 암각화
- 선각화 : 자갈에 새긴 그림으로, 구석기 시대의 유적에서 발견됨
- 암각화 : 바위에 새긴 그림으로, 신석기 후기에 등장하기 시작하여 주로 청동기 시대에 만들어짐

(3) 주요 유물 및 유적

① 주요 유물

    ⊙ 구석기 유적에서는 뗀석기와 사람과 동물의 뼈로 만든 골각기 등이 주로 출토됨

    ⓒ 다양한 동물의 화석이 함께 발견됨(→ 북방계 동물과 남방계 동물의 화석이 동시에 발견되는 것으로 보아 이동이 있었다는 것을 짐작할 수 있음)

② 주요 유적지 : 단양 도담리 금굴, 단양 상시리 바위 그늘, 공주 석장리, 평남 상원 검은모루 동굴, 연천 전곡리, 제천 점말 동굴, 함북 웅기 굴포리, 청원 두루봉 동굴(흥수굴), 평남 덕천 승리산 동굴, 평양 만달리 동굴, 함북 종성 동관진, 단양 수양개, 제주 어음리 빌레못

▶ 단양 도담리 금굴

▶ 흥수 아이

▶ 구석기 시대의 유적지

꼭! 확인 기출문제

(가) 시기의 생활상에 대한 설명으로 옳은 것은? [국가직 9급 기출]

> 1935년 두만강 가의 함경북도 종성군 동관진에서 한반도 최초로 (가) 시대 유물인 석기와 골각기 등이 발견되었다. 발견 당시 일본에서는 (가) 시대 유물이 출토되지 않은 상황이었다.

① 반달 돌칼을 이용하여 벼를 수확하였다.
② 넓적한 돌 갈판에 옥수수를 갈아서 먹었다.
❸ 사냥이나 물고기잡이 등을 통해 식량을 얻었다.
④ 영혼 숭배 사상이 있어 사람이 죽으면 흙 그릇 안에 매장하였다.

해 ③ 함경북도 종성군 동관진은 구석기 시대의 대표적인 유적지이다. 구석기 시대에는 이동 생활을 하며 주로 사냥이나 어로, 채집 생활을 통해 식량을 얻었다.
  ① 반달 돌칼을 농기구로 사용하여 농사를 지었던 것은 청동기 시대이다. 반달 돌칼은 주로 추수용으로 사용되었는데, 청동기 시대에도 농기구는 여전히 청동이 아닌 석기 · 목기로 제작된 것을 사용했었다. 청동은 주로 무기, 제기, 장신구, 거울 등을 만드는 데 쓰였다.
  ② 갈판은 신석기 시대에 곡물이나 야생 열매 등을 가는 데 사용했던 조리용 석기이다.
  ④ 사람이 죽어도 영혼은 없어지지 않는다고 생각하여 영혼 숭배 사상이 등장한 것은 신석기 시대이다. 영혼 숭배 사상 외에도 애니미즘, 샤머니즘, 토테미즘 등과 같은 원시 종교 역시 신석기 시대부터 등장하기 시작한다.

참고

중석기 시대(잔석기 시대)
① 성립
  ㉠ 배경 : 빙하기가 지나고 기후가 다시 따뜻해지고 동식물이 번성함에 따라 새로운 자연 환경에 적절히 대응하기 위한 인류의 노력으로 성립
  ㉡ 시기 : 구석기 시대에서 신석기 시대로 넘어가는 과도기인 기원전 1만 년에서 8천 년 전 무렵
  ㉢ 지역 : 주로 유럽 서북부 지역을 중심으로 성립
② 도구 : 잔석기, 이음 도구
  ㉠ 큰 짐승 대신에 토끼 · 여우 · 새 등 작고 빠른 짐승을 잡기 위해 한 개 내지 여러 개의 석기(잔석기)를 나무나 뼈에 꽂아 쓰는 이음 도구(복합 용구)로 만들어 사용
  ㉡ 활이나 톱 · 창 · 낫 · 작살 등을 이용해 사냥 · 채집 · 어로 활동을 함
③ 유적지
  ㉠ 남한 지역 : 공주 석장리 최상층, 통영의 상노대도 조개더미, 거창 임불리, 홍천 하화계리 등
  ㉡ 북한 지역 : 웅기 부포리, 평양 만달리 등

3. 신석기 시대

(1) 신석기 시대의 범위

① **시간적 범위** : 대략 기원전 8천 년부터 시작(제주 한경면 고산리 유적과 여기서 출토된 이른 민무늬 토기를 통해 볼 때, 대략 기원전 1만 년에서 8천 년 전에 신석기 시대가 시작된 것으로 추정)

② **시대 구분** : 주로 사용된 토기의 종류와 특징에 따라 전기 · 중기 · 후기로 구

기출 Plus

[지방직 9급 기출]

01. 선사 시대 유적지와 그 곳에서 발굴된 유물에 대한 설명으로 옳은 것을 모두 고르면?

㉠ 부산 동삼동 유적, 제주도 한경 고산리 유적, 양양 오산리 유적 – 청동기 시대의 덧무늬 토기 출토
㉡ 상원 검은모루 유적, 연천 전곡리 유적, 공주 석장리 유적 – 구석기 유물 출토
㉢ 서울 암사동 유적, 봉산 지탑리 유적, 김해 수가리 유적 – 신석기 시대의 빗살무늬 토기 출토

① ㉠, ㉡　　② ㉠, ㉢
③ ㉡, ㉢　　④ ㉠, ㉡, ㉢

해 ㉡ 상원 검은모루 유적, 연천 전곡리 유적, 공주 석장리 유적은 모두 구석기 시대의 유적지이다.
  ㉢ 신석기 시대의 빗살무늬 토기가 출토된 곳으로는 서울 암사동, 경기 미사리, 김해 수가리 유적, 봉산 지탑리 유적 등이 있다.
  ㉠ 부산 동삼동 유적, 제주도 한경 고산리 유적, 양양 오산리 유적은 신석기 시대의 유적지이다.

답 01 ③

분함

③ 공간적 범위 : 신석기 시대의 유적은 전국 각지에서 확인되고 있으며, 주로 강가나 바닷가에 위치함

(2) 경제 생활

① 농경과 사냥 · 채집 · 어로

　㉠ 농경과 목축의 시작 : 신석기 시대 중기까지는 사냥 · 채집 · 어로 생활이 중심이었고, 후기부터 농경과 목축이 시작됨

　㉡ 유물 및 유적

　　• 봉산 지탑리와 평양 남경 유적의 탄화된 좁쌀은 신석기 후기의 잡곡류(조 · 피 · 수수) 경작을 반영함(→ 쌀이나 콩, 보리 등은 청동기 시대부터 경작됨)

　　• 개와 돼지의 뼈가 출토된다는 점에서 이 시기 목축이 시작되었음을 알 수 있음

　㉢ 주요 농기구 : 돌괭이(석초), 돌보습, 돌삽, 돌낫, 맷돌(연석) 등(→ 나무로 된 농기구도 존재했을 것으로 짐작됨)

　㉣ 농경 형태 : 집 근처의 조그만 텃밭을 이용하거나 강가의 퇴적지를 소규모로 경작

　㉤ 사냥 · 채집 · 어로

　　• 농경 기술이 발달하면서 경제 생활에서의 비중은 점차 줄어들었지만, 여전히 식량을 얻는 중요한 수단으로 존재

　　• 주로 활이나 돌창, 돌도끼 등으로 사슴류와 멧돼지 등을 사냥

　　• 다양한 크기의 그물, 작살, 뼈낚시 등을 이용하여 고기를 잡았고 조개류를 따서 장식으로 이용하기도 함

② 원시 수공업 : 가락바퀴(방추차)나 뼈바늘(골침)로 옷, 그물, 농기구 등을 제작

③ 일본과의 교류 : 남해안 일대의 신석기 시대 유적지에서 흑요석이 발견됨(→ 일본과 원거리 교류나 교역이 있었음)

▶ 돌괭이

▶ 빗살무늬 토기

▶ 덧무늬 토기

참고

신석기 혁명

농경과 목축의 시작을 신석기 혁명이라 한다. 즉, 신석기 혁명은 식량 채집 단계로부터 식량 생산 단계로의 변화를 낳은 농업혁명을 의미한다. 이전의 시대에는 먹을 것을 찾아 이동 생활을 하였으나 농사를 짓게 되면서 적당한 곳에 정착 생활을 하게 되었는데, 이는 문명을 발전시키는 계기가 되었다.

(3) 토기의 사용

① 의의 : 토기의 사용으로 음식물의 조리 및 저장이 보다 용이해져 생활이 개선됨

② 종류 및 특징

구분	토기	특징	유적지
전기	이른 민무늬 토기 (원시무문 토기)	한반도에 처음 나타난 토기	제주 한경면 고산리, 부산 동삼동, 웅기 굴포리, 만포진
	덧무늬 토기 (융기문 토기)	토기 몸체에 덧무늬를 붙인 토기	강원 고성 문암리, 부산 동삼동(→ 조개더미에서 이른 민무늬 토기와 함께 출토)
중기 (BC 4000 ~2000)	빗살무늬 토기 (즐문 토기, 기하문 토기, 어골문 토기)	• 빗살문 · 기하문 등 어골문이 새겨진 회색의 V자형 토기(→ 일본의 조몬 토기로 연결) • 대부분 해안이나 강가에서 발견되어, 수변 · 어로 생활을 반영	서울 암사동, 경기 미사리, 김해 수가리, 부산 동삼동, 웅기 굴포리
후기	변형즐문 토기 (평저즐문 토기, 번개무늬 토기, 물결무늬 토기)	밑바닥이 평평한 U자형의 토기로, 농경 및 정착 생활을 반영	부산 다대동, 황해 봉산 지탑리, 평남 온천 궁산리, 평북 청진 농포동, 강원 춘천 교동, 경기 부천 시도

(4) 사회 생활

① 주거지(움집)

  ㉠ 주거 형태 : 주로 해안이나 강가에 움집을 짓고 생활

  ㉡ 움집의 구조 및 규모

- 바닥은 원형이나 둥근 방형이며, 규모는 4~5명 정도의 한 가족이 살기에 알맞은 크기
- 움집의 중앙에는 취사와 난방을 위한 화덕이 위치
- 채광에 좋은 남쪽으로 출입문을 내었고, 화덕이나 출입문 옆에는 저장 구덩이를 만들어 식량이나 도구를 저장

② 씨족 중심의 사회

  ㉠ 신석기 시대는 혈연을 바탕으로 하는 씨족을 기본 구성 단위로 하는 사회로, 씨족은 점차 다른 씨족과의 혼인(족외혼)을 통하여 부족을 이룸

  ㉡ 모계 혈통을 중시하여 출생 후 모계의 씨족에 편입(모계 사회)

  ㉢ 씨족 단위의 생산과 소비로 인해 경제적 측면에서는 폐쇄적 · 배타적 성격이 강한 데 비해, 사회적 측면에서는 족외혼 등을 통해 개방적 성격을 지님

  ㉣ 중요한 일은 씨족 회의의 만장일치에 의해 결정(→ 화백 회의에 영향)

  ㉤ 씨족에는 청소년 집단 훈련 기능이 존재(→ 화랑도에 영향)

▶ 신석기 시대의 움집

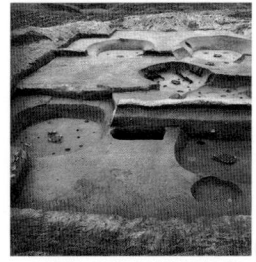

▶ 신석기 시대의 집터 유적

ⓗ 집단적·공동체적 제천 행사나 신앙 활동이 존재

ⓛ 부족 사회는 구석기의 무리 사회와 같이 아직 지배·피지배의 관계가 발생하지 않은, 연장자나 경험이 많은 자가 자기 부족을 이끌어 나가는 평등 사회(→ 낮은 생산력으로 잉여 생산물이 거의 발생하지 않아 계급의 대립·분화가 억제됨)

▶ 조가비로 만든 팔찌, 패면, 뼈 바늘 등

[국가직 9급 기출]

02. 다음 유물이 최초로 사용되던 시기에 대한 설명으로 옳은 것은?

──〈보기〉──
• 가락바퀴
• 뼈바늘
• 돌보습

① 부족은 혈연을 바탕으로 한 씨족을 기본 구성 단위로 하였다.

② 움집 중앙에 있던 화덕은 한쪽 벽으로 옮겨지고, 저장 구덩이도 따로 설치하였다.

③ 미송리식 토기를 널리 사용하였다.

④ 일부 저습지에서는 벼농사를 지었다.

 제시된 유물들은 신석기 시대의 유물들이다. 가락바퀴(방추차)와 뼈바늘(골침)은 옷이나 그물 등을 제작하는 용도로 사용된 유물이며, 돌보습은 농기구이다. 신석기 시대는 혈연을 바탕으로 하는 씨족을 기본 구성 단위로 하는 사회이며, 씨족은 다른 씨족과의 혼인을 통해 부족을 이루었다.

답 02 ①

🔍꼭! 확인 기출문제

밑줄 친 '이 토기'가 주로 사용되었던 시대에 대한 설명으로 옳은 것은? [지방직 9급 기출]

> 이 토기는 팽이처럼 밑이 뾰족하거나 둥글고, 표면에 빗살처럼 생긴 무늬가 새겨져 있다. 곡식을 담는 데 많이 이용된 이 토기는 전국 각지에서 출토되고 있는데, 대표적 유적지는 서울 암사동, 봉산 지탑리 등이다.

❶ 농경과 정착 생활이 이루어졌다.
② 고인돌이나 돌널무덤을 만들었다.
③ 빈부의 격차가 나타나고 계급이 발생하였다.
④ 군장이 부족의 풍요와 안녕을 기원하는 제사를 지냈다.

🔲 ① 밑줄 친 '이 토기'는 빗살무늬토기이다. 빗살무늬토기는 신석기 시대에 주로 사용되었다. 신석기 시대에는 신석기 혁명이 일어나 농경이 이루어지고, 정착생활을 하였다.
② 고인돌이나 돌널무덤은 청동기 시대에 만들어졌다.
③ 빈부의 격차가 나타나고 계급이 발생한 것은 청동기 시대이다.
④ 군장이 부족의 풍요와 안녕을 기원하는 제사를 지내는 것은 철기 시대이다.

(5) 예술 활동

① 주술적 성격

ⓐ 예술은 주술적 신앙이나 종교와 밀접하게 관련되며, 특히 부적과 같은 호신부나 치레걸이 등을 통해 풍요나 다산을 기원

ⓑ 음악과 무용도 종교적 의식 활동과 관련됨

② 주요 예술품

ⓐ 토우 : 서울 암사동에서 출토된 동물 모양의 조각

ⓑ 안면상 : 양양 오산리에서 출토된 흙으로 빚은 얼굴상

ⓒ 여인상 : 울산 신암리에서 출토된 흙으로 빚어 구운 여인상, 웅기 굴포리 서포항의 여성을 형상화한 조각품

ⓓ 패면(조개껍데기 가면) : 부산 동삼동에서 출토

ⓔ 장식품, 치레걸이 등 : 조가비로 만든 팔찌나 장식품, 동물의 뼈나 이빨로 만든 치레거리

(6) 원시 신앙 활동(원시 종교)

① 애니미즘(Animism, 정령신앙)

㉠ 자연계에 존재하는 모든 자연 현상이나 자연물에 정령(생명)이 있다고 믿는 신앙으로, 농경과 정착생활을 하게 되면서 발생되었으며 풍요로운 생산을 기원하는 의미가 담겨 있음

㉡ 애니미즘의 영향으로 영혼불멸사상, 지모신 사상, 동쪽으로의 매장방식(동침신전앙와장), 삼신(천신 · 지신 · 조상신) 숭배, 태양 숭배, 물에 대한 숭배가 나타남(특히 농사에 큰 영향을 끼치는 태양과 물에 대한 숭배가 가장 중시됨)

② 샤머니즘(Shamanism, 무격 신앙)

㉠ 영혼이나 하늘을 인간과 연결시켜 주는 존재인 무당(巫堂)과 그 주술을 믿는 신앙

㉡ 무당은 주술을 통해 인간의 장수와 질병, 농경생활, 사냥 등에 대한 제의를 주관(→ 청동기 시대의 군장과 고조선의 단군, 삼한의 천군, 신라의 거서간과 차차웅 등이 기원)

③ 토테미즘(Totemism, 동물 숭배)

㉠ 자기 부족의 기원을 특정 동 · 식물과 연결시켜 그것을 숭배하는 신앙

㉡ 단군왕검(곰) · 박혁거세(말) · 김알지(닭) · 석탈해(까치) · 김수로왕(거북이) 등이 이에 해당

④ 기타의 신앙 형태

㉠ 사람이 죽어도 영혼은 없어지지 않는다고 생각하여 영혼 숭배(조상 숭배 등) 현상이 발생

㉡ 금기(Taboo), 투우, 부장, 호신부의 지참 등

(7) 유물 및 유적

① 대표적 유물

㉠ 간석기 : 돌을 갈아 여러 가지 형태와 용도를 가진 간석기를 만들어 사용하였는데, 부러지거나 무뎌진 도구를 다시 갈아 손쉽게 쓸 수 있게 됨

Check Point

구석기 시대와 신석기 시대의 신앙

구석기 시대와 신석기 시대의 신앙 활동은 생산의 풍요를 기원하는 주술적 의미가 담겨 있다는 점에서 유사하다. 다만, 구석기 시대의 경우 그러한 행위가 주술적 신앙 활동에 그친 데 비해, 신석기 시대에는 주술적 신앙에서 나아가 원시 종교적 형태(애니미즘, 샤머니즘, 토테미즘 등)로 발전했다는 점에서 차이가 있다.

ㄴ 토기 : 토기는 흙으로 빚어 불에 구워 만들며, 신석기 시대에 처음으로 제작됨

ㄷ 가락바퀴와 뼈바늘 : 가락바퀴(방추차)와 뼈바늘(골침)은 옷이나 그물 등을 제작하는 용도로 사용됨(→ 방적술 · 직조술)

② 주요 유적지

ㄱ 분포 : 신석기 시대의 유적지나 유물은 대부분 강이나 바닷가의 조개더미 (패총)에 분포함

ㄴ 주요 유적지와 특징

▶ 가락바퀴(방추차)

▶ 뼈바늘

▶ 간석기

구분	유적지	특징
전기	제주 고산리	• 최고(最古)의 유적지(기원전 8천 년 무렵의 유적) • 고산리식 이른 민무늬 토기, 덧무늬 토기 출토
	강원 양양 오산리	• 최고(最古)의 집터 유적지 • 흙으로 빚어 구운 안면상, 조개더미
	강원 고성 문암리	덧무늬 토기 출토
	부산 동삼동	조개더미 유적으로, 패면(조개껍데기 가면), 이른 민무늬 토기, 덧무늬 토기, 바다 동물의 뼈 등이 출토
	웅기 굴포리	• 구석기 · 신석기 공통의 유적지 • 조개더미, 온돌장치
중기	서울 암사동, 경기 하남 미사리, 김해 수가리	빗살무늬 토기 출토
후기	황해도 봉산 지탑리	• 빗살무늬 토기 출토 • 탄화된 좁쌀(→ 농경의 시작)
	평남 온천 궁산리	• 빗살무늬 토기 출토 • 뼈바늘(→ 직조, 원시적 수공업의 시작)
	경기 부천 시도, 강원 춘천 교동	후기의 토기 출토

구석기 시대와 신석기 시대 비교

구분	구석기 시대	신석기 시대
주거 형태	동굴, 강가의 막집, 바위 그늘	해안이나 강가에 원형 · 둥근 방형의 움집
경제 생활	사냥과 채집	농경과 목축의 시작, 사냥 · 채집 · 어로, 원시 수공업
사회 생활	무리 · 이동 생활, 평등 사회	정착 생활, 부족 사회, 평등 사회

예술 활동	사냥감의 번성을 비는 주술적 성격	토우, 안면상, 여인상, 패면(조개껍데기 가면) 등
종교 생활	주술	애니미즘, 샤머니즘, 토테미즘, 영혼 및 조상 숭배
유물	• 뗀석기 : 주먹도끼, 찍개, 슴베찌르개 • 골각기	• 간석기 • 토기 : 이른 민무늬 토기, 덧무늬 토기, 빗살무늬 토기, 변형즐문 토기

꼭! 확인 기출문제

다음 설명 중 역사적 시기가 <u>다른</u> 하나는? [지방직 9급 기출]

① 황해도 봉산 지탑리에서 나온 탄화된 좁쌀을 통해 농경 흔적을 알 수 있다.
② 부산 동삼동 패총에서 나온 조개껍데기 가면을 통해 예술 활동 양상을 엿볼 수 있다.
❸ 단양 수양개에서 나온 물고기 조각을 통해 물고기가 잘 잡히기를 기원했음을 알 수 있다.
④ 평안남도 온천 궁산리에서 나온 뼈바늘을 통해 직조 사실을 추정해 볼 수 있다.

해 ❸ 단양 수양개 유적은 구석기 시대의 유적으로, 여기서 출토된 고래와 물고기 등을 새긴 조각은 물고기가 잘 잡히기를 기원하는 주술적 의미가 반영되어 있다. 나머지는 모두 신석기 시대에 대한 설명이다.
① 황해도 봉산 지탑리, 평양 남경 유적에서 출토된 탄화된 좁쌀을 통해 신석기 시대에 농경(잡곡류)이 시작되었음을 알 수 있다.
② 신석기 시대의 유적인 부산 동삼동 패총에서는 패면(조개껍데기 가면), 이른 민무늬 토기, 바다 동물의 뼈 등이 출토되었다. 이 중 조개껍데기 가면은 신석기 시대의 예술적 활동 양상을 반영하는 유물로, 특정 의례 행위와 연관이 깊다.
④ 평안남도 온천 궁산리 등에서 출토된 뼈바늘(골침)은 신석기 시대의 직조 사실을 반영하는 유물로, 원시적 수공업의 시작을 알려준다.

제3절 청동기와 철기 시대의 전개

1. 청동기 문화의 성립과 발달

(1) 청동기 문화의 성립

① 성립 시기 및 지역적 범위
  ㉠ 청동기 문화의 성립 시기에 대해서는 여러 견해가 있으나, 대체로 한반도와 만주 지역에서는 BC 2000~1500년경에 본격적으로 청동기 문화가 전개되었다고 봄
  ㉡ 주로 만주와 한반도의 구릉이나 산간 지역을 중심으로 성립
② 특징

Check Point

청동기 문화의 독자성
우리나라 청동기 문화의 독자성 또는 토착화를 반영하는 것으로는 거푸집(용범)과 세형 동검, 잔무늬 거울 등이 있다.

㉠ 우리나라의 경우 중국이 아닌 시베리아 등 북방 계통의 청동기가 전래

㉡ 청동기 전래와 더불어 이전 시대의 석기(간석기)도 더욱 발달

㉢ 벼농사가 시작되고 농업 생산력이 증가하는 등 생산 경제가 이전보다 발달

㉣ 토지와 축적된 잉여 생산물을 두고 갈등이 생겨나면서 사유 재산 개념과 빈부의 차가 발생하고 계급 · 계층이 분화

㉤ 정치 권력과 경제력을 가진 지배자(군장)의 등장(→ 불평등 사회의 도래)

(2) 유적 및 유물

① 유물

㉠ 주로 집터나 고인돌 · 돌널 무덤 · 돌무지 무덤 등 당시의 무덤에서 출토

㉡ 농기구 : 청동 농기구는 없으며, 석기 · 목기로 제작된 농기구가 사용됨

- 석기 : 반달 돌칼(추수용), 바퀴날 도끼(환상석부), 홈자귀(유구석부, 경작용), 돌괭이 등
- 목기 : 나무 쟁기 등

㉢ 청동기

- 무기(비파형 동검 등), 제기(祭器), 공구, 거친무늬 거울, 장신구(호랑이 · 말 모양의 띠고리 장식, 팔찌, 비녀, 말자갈 등)
- 북방 계통의 청동기가 전래됨(→ 아연 합금의 청동기를 사용하고 스키토 시베리안 계통의 동물 문양을 사용한 점 등을 통해 알 수 있음)
- 청동 제품을 제작하던 틀인 거푸집(용범)이 여러 유적에서 발견된다는 점에서, 우리나라에서 독자적으로 청동기가 제작되었음을 짐작할 수 있음
- 청동기 후기(초기 철기)에는 초기의 비파형 동검(요령식 동검)과 거친무늬 거울(다뉴조문경)보다 독자적 성격이 반영된 세형 동검과 잔무늬 거울(세문경)이 주로 제작됨

② 토기

㉠ 덧띠새김무늬 토기 : 신석기 말기부터 청동기 시대 초기까지 주로 만들어진 토기

㉡ 민무늬 토기

- 청동기 시대 대표적 토기로, 지역에 따라 모양이나 형태가 조금씩 다름 (→ 대체로 바닥이 편평한 원통 모양인 화분형이나 밑바닥이 좁은 모양인 팽이형이 많으며, 빛깔은 적갈색을 띰)
- 미송리식 토기, 각형식(팽이형) 토기, 역삼동식 토기, 가락리식 토기, 송국리식 토기 등이 있음

㉢ 검은 간 토기, 붉은 간 토기, 가지무늬 토기(붉은 간 토기의 변형) 등

▶ 반달 돌칼

▶ 홈자귀(유구석부)

▶ 비파형 동검

▶ 민무늬 토기

③ 유적지

ㄱ 중국의 요령성·길림성 지방을 포함하는 만주 지역과 한반도 전역에 걸쳐 널리 분포

ㄴ 대표 유적지로는 평북 의주 미송리, 평북 강계 공귀리, 여주 흔암리, 함북 회령 오동리, 함북 나진 초도, 평양 금탄리와 남경, 충남 부여 송국리, 충북 제천 황석리, 경기 여주 흔암리, 전남 순천 대곡리, 울산 검단리 등이 있음

청동기 시대의 문화권

청동기 시대의 대표적 동검인 비파형 동검은 만주로부터 한반도 전역에 이르는 넓은 지역에서 출토되고 있는데, 이러한 비파형 동검의 분포는 미송리식 토기 등과 함께 이 지역이 청동기 시대에 같은 문화권에 속하였음을 보여 준다.

확인 기출문제

다음은 각 유물과 그것이 사용되던 시기의 사회 모습에 대한 설명이다. 옳은 것만을 모두 고르면? [지방직 9급 기출]

ㄱ. 슴베찌르개 – 벼농사를 짓기 시작하였고 나무로 만든 농기구를 사용하였다.
ㄴ. 붉은 간토기 – 거친무늬거울을 사용하여 제사를 지내거나 의식을 거행하였다.
ㄷ. 반달 돌칼 – 농사를 짓기 시작했지만 아직 지배와 피지배 관계는 발생하지 않았다.
ㄹ. 눌러찍기무늬 토기 – 가락바퀴와 뼈바늘을 이용하여 옷이나 그물을 만들어 사용하였다.

① ㄱ, ㄴ 　　　　　② ㄱ, ㄷ
❸ ㄴ, ㄹ 　　　　　④ ㄷ, ㄹ

해 ㄴ. 붉은 간 토기는 고운 황토를 사용하여 표면을 매끄럽게 제작한 청동기 시대의 토기로, 청동기 시대에는 거친무늬 거울(다뉴조문경)을 사용하여 제사를 지내거나 제천의식을 거행하였다.
ㄹ. 눌러찍기무늬 토기는 손가락이나 동물뼈 또는 나뭇가지 등으로 무늬를 찍은 신석기 시대의 토기로, 신석기 시대에는 가락바퀴(방추자)나 뼈바늘(골침)로 옷을 해 입거나 그물을 만들었다.
ㄱ. 슴베찌르개의 슴베는 '자루'를 의미하며, 주로 창날이나 화살촉으로 사용된 후기 구석기 유물이다. 벼농사를 짓기 시작하고 나무로 만든 농기구를 주로 사용한 것은 청동기 시대의 일이다.
ㄷ. 반달 돌칼은 청동기 시대에 사용된 추수용 농기구이다. 청동기 시대에는 토지와 축적된 잉여 생산물을 두고 갈등이 생겨나면서 사유 재산 개념과 빈부의 차가 발생하고 계급·계층이 분화되었다.

2. 철기 문화의 성립과 발달

(1) 철기 문화의 성립

① 성립 시기

ㄱ BC 5~4세기경부터 중국 스키타이 계통의 철기가 전래됨

미송리식 토기

청동기 시대의 토기로, 밑이 납작한 항아리 양쪽에 손잡이가 하나씩 달리고 목이 넓게 올라가서 다시 안으로 오므라든 모양을 하고 있으며, 표면에 접선 무늬가 있는 것이 특징이다. 평북 의주 미송리 동굴에서 처음 발굴되었으며, 주로 청천강 이북, 요령성과 길림성 일대에 분포하고 있다.

▶ 미송리식 토기

붉은 간 토기

고운 황토를 사용하여 표면을 매끄럽게 제작한 청동기 시대의 토기로, 옅은 붉은 색을 띤다. 둥근 바닥에 목은 다소 길며 살짝 오므라지는 형태가 특징적이다.

▶ 붉은 간 토기

▶ 세형 동검

▶ 잔무늬 거울

▶ 거푸집

▶ 명도전

▶ 반량전

▶ 오수전

▶ 창원 다호리 붓

ⓒ 초기 철기 시대는 청동기 후기와 시기상 겹치며, 오랫동안 청동기와 철기가 함께 사용됨

② 영향(특징)

ⓐ 철제 농기구의 보급·사용으로 농업이 발달하고 경제 기반이 확대됨

ⓑ 철제를 무기와 연모 등에 보편적으로 사용하게 되면서 청동기는 의식용 도구가 됨

ⓒ 철기 도입으로 청동기 문화도 더욱 발달하여 한반도 안에서 독자적인 발전을 이룸

(2) 유적 및 유물

① 유적지 : 한반도 전역에 걸쳐 널리 분포

② 주요 유물

ⓐ 동검 : 비파형 동검(요령식 동검)은 한국식 동검인 세형 동검으로 변화·발전(비파형 동검은 주로 요령 지역, 세형 동검은 대동강 유역 등 한반도 내에서 출토되는데 후기 세형 동검은 황허·내몽고 것과 구별되는 독자적 개성을 지님)

ⓑ 청동 거울 : 거친무늬 거울(조문경)은 잔무늬 거울(세문경)로 그 형태가 변화

ⓒ 거푸집(용범) : 전국의 여러 유적에서 발견되며, 우리나라의 독자적인 청동기 제작을 반영함

ⓓ 토기

• 청동기 시대부터 사용된 민무늬 토기와 검은 간 토기(흑도)는 계속 사용됨

• 붉은 입술 단면에 원형·타원형·삼각형의 덧띠를 붙인 덧띠 토기가 사용됨

(3) 중국과의 교류

① 중국 화폐의 사용

의의	중국과의 활발한 경제적 교류를 반영
명도전	중국 춘추 전국 시대에 연과 제에서 사용한 청동 화폐로, BC 4세기 무렵 중국 철기의 전래 및 중국과의 활발한 교역 관계를 반영
반량전	BC 3세기 무렵 진에서 사용한 청동 화폐로 半兩(반량)이라는 글자가 새겨져 있으며, 사천 늑도에서 출토
오수전	BC 2세기 무렵의 한(漢) 무제 때 사용된 화폐로, 창원 다호리 등에서 출토
왕망전	1세기 무렵 신(新)의 왕망이 주조한 화폐로, 김해 패총과 제주도에서 출토

② 한자의 사용 : 창원 다호리 유적에서 붓이 출토되었는데, 이는 당시(BC 2세기

경)의 문자(한자) 사용 및 중국과의 문화적 교류를 반영

창원 다호리 유적

경남 창원 다호리 유적에서 발굴된 초기 철기 시대의 나무널 무덤에서는 붓이 출토되어, 당시에 이미 중국의 한자가 전래되었음을 보여준다. 그 외에 동검과 철제 농기구, 동전 화폐(오수전) 등이 출토되었다.

3. 청동기 시대 및 철기 시대의 생활 모습

(1) 경제 생활

① 생산 경제의 향상

ㄱ 농기구의 개선 및 발달

- 이전 시대부터 사용되던 석기 농기구가 다양해지고 기능도 개선되었으며, 철제 농기구가 새로 도입되어 농업이 전보다 발달하고 생산 경제가 크게 향상됨
- 청동기 시대에는 농기구로 돌 도끼나 반달 돌칼, 홈자귀, 나무로 만든 농기구 등을 주로 사용하였고, 철기 시대에 접어들면서 기존의 석기나 목기 외에도 점차 낫ㆍ쟁기 등의 철제 농기구가 보급됨

ㄴ 농업의 발달 : 조ㆍ보리ㆍ콩ㆍ수수 등 밭농사가 중심이었지만, 청동기 시대 일부 저습지에서 벼농사가 시작되어 철기 시대에 발달

② 목축의 증가

ㄱ 사냥이나 어로도 여전히 존재했으나 농경의 발달로 점차 그 비중이 줄어듦

ㄴ 돼지ㆍ소ㆍ말 등의 목축도 이전 시대보다 증가

(2) 사회 생활

① 사회의 분화

ㄱ 직업의 전문화와 분업 : 여성은 주로 집안일을 담당하고, 남성은 농업ㆍ수공업ㆍ전쟁과 같은 바깥일에 종사(→ 남성의 역할이 커져 신석기 시대의 모계 중심 사회가 붕괴되고 가부장 사회가 성립)

ㄴ 계급의 분화와 지배자의 등장(→ 잉여 생산물의 발생과 사적 소유에서 기인함)

- 생산의 증가에 따른 잉여 생산물을 힘이 강한 자가 개인적으로 소유하면서 빈부의 차가 발생하고 계급이 분화됨(→ 지배자와 노예가 발생)
- 청동기 문화가 일찍부터 발달한 북부 지역을 중심으로 권력ㆍ경제력을 가진 지배자(족장)인 군장이 출현(→ 청동기 사회는 군장 중심의 사회이

Check Point

탄화미의 출토(벼농사의 흔적)

청동기 시대의 유적지인 여주 흔암리와 부여 송국리, 서천 화금리 유적 등지에서 불에 탄 볍씨(탄화미)가 출토되었는데, 이는 청동기 시대에 벼농사가 시작되었음을 반영한다.

Check Point

청동기 시대의 농기구

청동은 매우 귀할 뿐만 아니라 무척이나 무른 금속이므로 농기구를 만드는 데에는 적합하지 않다. 그러므로 청동은 주로 지배층의 권위를 나타내는 물건을 만드는 데 사용되었으며, 농기구 등의 생활 도구는 돌이나 나무로 제작되었다.

며, 철기 사회는 친족 공동체 중심의 사회)

  © 씨족 공동체의 동요

- 친족 집단이 생산과 소비의 기본 단위가 되는 친족 공동체 중심의 사회가 진전되면서 씨족 공동체가 붕괴되어 감
- 토지나 산림 등은 공동 소유가 유지되었으나 생산 수단과 생산물의 사유화가 진전됨

② 정복 활동의 전개

  ㉠ 정치 권력이나 경제력에서 우세한 부족들이 선민 사상(選民思想)을 배경으로 주변 부족을 통합하거나 정복하고 공납을 요구

  ㉡ 청동이나 철로 된 금속제 무기의 사용으로 정복 활동이 활발해졌고, 이를 계기로 지배자와 피지배자의 분화는 더욱 촉진됨

(3) 주거 생활

① 청동기 시대

  ㉠ 주로 움집에서 생활하였는데, 처음에는 장방형의 움집(수혈 주거)으로 깊이가 얕았으며, 점차 지상 가옥에 근접하여 가면서 움집을 세우는 데에 주춧돌을 이용하기도 함

  ㉡ 움집 중앙에 있던 화덕은 한쪽 벽으로 옮겨지고, 저장 구덩이도 따로 설치하거나 한쪽 벽면을 밖으로 돌출시켜 만듦

  © 창고와 같은 독립된 저장 시설을 집 밖에 따로 설치하기도 함

  ㉣ 같은 지역의 집터라도 규모가 다양한 것으로 보아, 주거용 외에 창고·공동 작업장·공공 의식용 장소 등도 만들었음을 알 수 있음

  ㉤ 후기의 지상 가옥은 농경 생활의 영향으로 점차 배산임수의 지역에 취락을 형성하고, 구릉이나 산간지에 집단 취락(마을)의 형태를 이룸

꼭! 확인 기출문제

한국 철기 시대의 주거 양상에 대한 설명으로 옳지 <u>않은</u> 것은? [지방직 9급 기출]

① 부뚜막이 등장하였다.
② 지상식 주거가 등장하였다.
❸ 원형의 송국리형 주거가 등장하였다.
④ 출입구 시설이 붙은 '여(呂)'자형 주거가 등장하였다.

🖐 ③ 부여 송국리 유적지는 청동기 시대의 대표적인 유적지인데, 청동기 시대의 주거 형태는 원형이 아니라 장방형(직사각형)의 움집 형태이다. 신석기 시대의 움집은 원형이었다가 후기부터 장방형 또는 정방형으로 바뀌어 갔다.
  ① 청동기 시대 이후 움집 중앙에 있던 화덕이 한쪽 벽으로 옮겨졌는데, 이 무렵(청동기 시대 후기에서 초기 철기 시대)에 부뚜막이 등장하였다.
  ② 청동기 시대 후기부터 지상가옥이 나타나기 시작해 철기 시대에 이러한 형태가 보편화되었다.
  ④ 초기 철기 시대에 해당하는 동예에서 철(凸)자형, 여(呂)자형의 주거가 등장하였다.

② 철기 시대

ㄱ 배산임수가 확대되고 지상 가옥 형태가 보편적으로 나타나기 시작했으며, 산성에 거주하기도 함

ㄴ 농경의 발달과 인구의 증가로 정착 생활의 규모가 점차 확대되어 대규모의 취락 형태가 나타남

▶ 청동기 시대의 집터

(4) 무덤 양식

① 무덤 양식의 구분

ㄱ 청동기 시대 : 고인돌, 돌무지 무덤, 돌널 무덤, 돌덧널 무덤(돌곽 무덤), 석곽묘 등이 주로 만들어 짐

ㄴ 철기 시대 : 널 무덤(움 무덤, 토광묘), 독 무덤(옹관묘), 주구묘(마한) 등이 만들어 짐

② 고인돌(지석묘)

ㄱ 우리나라 전역에 분포하는 청동기 시대의 대표적인 무덤으로, 지배층(족장)의 무덤

ㄴ 북방식(탁자식)과 남방식(기반식 · 바둑판식)이 있는데, 굄돌을 세우고 그 위에 거대하고 평평한 덮개돌을 얹은 북방식이 일반적인 형태

ㄷ 건립에 막대한 노동력이 필요하다는 점에서 당시 계급의 분화 및 지배층의 정치 권력 · 경제력을 반영

▶ 북방식 고인돌

▶ 남방식 고인돌

(5) 예술 활동

① 예술의 성격

ㄱ 종교나 정치적 요구와 밀착 : 당시 제사장이나 족장들이 사용했던 청동 제품이나 토제품, 바위 그림 등에 반영

ㄴ 미 의식과 생활 모습을 반영 : 청동 도구의 모양이나 장식에 표현되어 있으며, 지배층의 무덤에서 출토된 청동제 의식 도구에는 말이나 호랑이 · 사슴 · 사람 손 모양 등을 사실적으로 조각하거나 기하학 무늬를 정교하게 새겨 놓음

ㄷ 주술성 : 다산이나 풍요를 비는 주술적 의미를 가지며, 이러한 의식을 행하는 데 사용(→ 토우 등)

② 주요 예술품

ㄱ 청동 제품 : 의식용 도구로 비파형 동검, 거친무늬 거울, 잔무늬 거울, 방울(동령 · 쌍두령 · 팔주령 등), 농경문 청동기(종교 의식과 관련된 청동 의기) 등

ㄴ 토우(土偶) : 흙으로 빚은 짐승이나 사람 모양의 상

Check Point

우리나라의 고인돌

우리나라의 고인돌은 남북한 합쳐 4만 기 정도가 분포하여 그 수가 세계에서 가장 많다. 특히 전라도 지역에 많이 분포되어 있는데, 2000년에 유네스코는 우리나라의 전라북도 고창군 · 전라남도 화순군 · 인천광역시 강화군 3개 지역에 나뉘어 위치해 있는 고인돌군을 세계 문화 유산으로 지정하였다.

Check Point

간석검(마제석검)

족장의 무덤에서 부장품으로 간석검이 출토되는데, 이는 족장들의 힘과 권위를 상징한다.

▶ 청동 방울

▶ 농경문 청동기

▶ 울주 반구대 바위 그림

▶ 고령 양전동 바위 그림

▶ 칠포의 바위 그림

③ 바위 그림(암각화) : 전국 20여 지역에서 발견됨

   ⊙ 울주 대곡리 반구대 바위 그림 : 거북 · 사슴 · 호랑이 · 새 등의 동물과 작살이 꽂힌 고래, 그물에 걸린 동물, 우리 안의 동물 등이 새겨짐(→ 사냥 및 고기잡이의 성공과 풍성한 수확을 기원)

   ⓒ 울주 천전리 바위 그림 : 제1암각화에는 원형 · 삼각형 등의 기하학적 문양이, 제2암각화에는 사냥과 고래잡이를 하는 모습이 새겨져 있음

   ⓒ 고령 양전동 바위 그림 : 동심원 · 십자형 · 삼각형 등의 기하학적 무늬가 새겨져 있는데, 동심원은 태양을 상징하는 것으로 태양 숭배나 풍요로운 생산을 비는 의미를 지님

   ⓔ 칠포의 바위 그림 : 우리나라에서 발견된 최대의 바위 그림

꼭! 확인 기출문제

01. 다음에 들어갈 말을 바르게 배열한 것은? [국가직 9급 기출]

- 기원전 8~7세기 무렵에 (⊙)도 본격화되기 시작했다.
- 일반적으로 (ⓒ)은 식량 채집 단계로부터 식량 생산 단계로의 변화를 낳은 농업혁명을 말한다.
- (ⓒ)과 뒤를 이은 (ⓔ)을 대표적인 유물로 하는 청동기 문화는 황하나 내몽골 지역의 것과는 구별되는 독자적인 개성을 지닌 것이었다.

	⊙	ⓒ	ⓒ	ⓔ
❶	벼농사	신석기혁명	비파형 동검	세형 동검
②	벼농사	청동기혁명	세형 동검	비파형 동검
③	보리농사	신석기혁명	세형 동검	비파형 동검
④	보리농사	청동기혁명	비파형 동검	세형 동검

해 ⊙ 기원전 8~7세기 무렵은 청동기 시대에 해당하는데, 청동기 시대에는 조 · 콩 · 보리 · 수수 등의 밭농사가 농업의 중심을 이루었으며, 일부 저습지에서 벼농사 시작되었다. 농경은 신석기 시대(조 · 피 · 수수 등)에 처음 시작되었고, 콩과 보리, 벼농사는 청동기 시대에 보급되었다.

  ⓒ 신석기 시대 농경과 목축의 시작을 '신석기혁명'이라 표현하는데, 이는 이전의 식량 채집 단계(이동생활)에서 식량 생산 단계(정착생활)로의 전환을 의미한다.

  ⓒ, ⓔ 청동기 초기의 대표적 동검인 비파형 동검은 청동기 후기에 들어 독자적 성격을 지닌 세형 동검으로 바뀌어 갔다.

02. 청동기시대의 유적과 유물에 대한 설명으로 옳은 것은? [국가직 9급 기출]

① 연천 전곡리에서는 사냥도구인 주먹도끼가 출토되었다.

② 창원 다호리에서는 문자를 적는 붓이 출토되었다.

❸ 강화 부근리에서는 탁자식 고인돌이 발견되었다.

④ 서울 암사동에서는 곡물을 담는 빗살무늬토기가 나왔다.

해 ③ 인천광역시 강화군 하점면 부근리에서 발견된 탁자식 고인돌은 청동기 시대의 대표 유적으로, 건립에 막대한 노동력이 필요하다는 점에서 당시 계급의 분화 및 지배층의 정치권력 · 경제력을 반영한다. 우리나라에는 전라북도 고창군, 전라남도 화순군, 인천광역시 강화군에 나누어 위치하고 있다.

  ① 연천군 전곡리 유적은 구석기 시대의 유적으로 주먹도끼는 사냥을 포함한 여러 용도로 사용된 구석기시대의 대표적인 유물이다.

  ② 창원 다호리 유적에서 발견된 붓은 초기 철기시대의 유물로서 문자가 사용되었음을 알 수 있다.

  ④ 서울 암사동 유적에서 발견된 빗살무늬 토기는 신석기 시대의 유물로 음식을 조리 및 저장했음을 알 수 있는 대표적인 유물이다.

제2장

국가의 형성과 발달

제1절 단군과 고조선

1. 단군 신화

(1) 단군 신화의 의의

① 의의 및 성격

ㄱ 단군 신화는 고조선의 건국 사실을 전하는 우리 민족의 시조 신화로서, 유구한 민족사와 단일 민족 의식을 반영(→ 민족적 자긍심과 주체성)

ㄴ 우리 민족의 세계관과 윤리관이 담겨있으며, 널리 인간을 이롭게 한다는 홍익인간의 건국 이념을 내포

ㄷ 단군 원년은 고고학적으로 신석기 시대에 속하나, 단군 신화는 청동기 시대를 문화적 배경으로 하고 있으며 고조선의 성립이라는 역사적 사실을 반영

② 단군의 건국에 관한 기록 : 일연의 〈삼국유사〉, 이승휴의 〈제왕운기〉, 정도전의 〈조선경국전〉, 권람의 〈응제시주〉, 그밖에 〈세종실록 지리지〉, 〈동국여지승람〉 등에 나타나 있음

(2) 단군 신화의 기록 및 내용

① 삼국유사(三國遺事)

> 옛날에 환인(桓因)의 서자 환웅(桓雄)이 항상 천하에 뜻을 두고 인간 세상을 바랐다. 아버지는 아들의 뜻을 알고 삼위태백(三危太白)을 내려다보니 인간 세계를 널리 이롭게 할 만하였다. 이에 천부인(天符印) 세 개를 주어, 내려가서 세상을 다스리게 하였다.
> 환웅은 그 무리 3천 명을 거느리고 태백산(太白山) 꼭대기의 신단수(神檀樹) 아래에 내려와서 이곳을 신시(神市)라 불렀다. 그는 풍백(風伯), 우사(雨師), 운사(雲師)를 거느리고 곡식, 수명, 질병, 형벌, 선악 등을 주관하고, 인간의 삼백 예순 가지나 되는 일을 주관하여 인간 세계를 다스려 교화시켰다.

Check Point

〈삼국유사〉와 〈제왕운기〉의 단군 기록

• 일연의 〈삼국유사〉 : 단군에 대한 최초의 기록이다. 환웅이 웅녀와 혼인하여 단군을 낳은 것으로 기록하여 원형에 충실한 서술을 하고 있으며, 고조선이라는 표현을 처음으로 사용하였다.

• 이승휴의 〈제왕운기〉 : 환웅의 손녀가 사람이 된 후 단군을 낳은 것으로 기록하여, 원형과 거리가 있다.

이때, 곰 한 마리와 범 한 마리가 같은 굴에서 살았는데, 늘 신웅(神雄)에게 사람 되기를 빌었다. 때마침 신(神)이 신령한 쑥 한 심지와 마늘 스무 개를 주면서 말했다.
"너희들이 이것을 먹고 백일 동안 햇빛을 보지 않는다면 곧 사람이 될 것이다."
곰과 범은 이것을 받아서 먹었다. 곰은 몸을 삼간 지 삼칠일 만에 여자의 몸이 되었으나, 범은 능히 삼가지 못했으므로 사람이 되지 못했다. 웅녀(熊女)는 그와 혼인할 상대가 없었으므로 항상 신단수 아래에서 아이 배기를 축원했다. 환웅은 이에 임시로 변하여 그와 결혼해 주었더니, 그는 임신하여 아들을 낳아 이름을 단군왕검이라 하였다.
단군은 요 임금이 왕위에 오른 지 50년인 경인년에 평양성에 도읍을 정하고 비로소 조선(朝鮮)이라 불렀다. 또다시 도읍을 백악산(白岳山) 아사달(阿斯達)로 옮겨, 1천5백 년 동안 여기에서 나라를 다스렸다.

② 단군 신화의 주요 내용

    ㉠ 선민 사상과 천손족(天孫族) 관념, 주체성 · 우월성 과시 : 환인의 아들 환웅

    ㉡ 홍익인간의 이념 : 태백산은 널리 인간을 이롭게 할 곳

    ㉢ 청동기의 사용 : 천부인

    ㉣ 사유 재산의 존재와 계급 분화 : 환웅이 무리를 거느리고 세상을 다스리며, 인간의 일을 주관

    ㉤ 애니미즘과 농경 사회의 모습 : 풍백 · 우사 · 운사를 두고 곡식(농사)을 주관

    ㉥ 의약에 관한 지식 : 수명 · 질병을 주관, 쑥과 마늘

    ㉦ 태양 숭배 의식 : 환인, 햇빛

    ㉧ 곰 토템 사회 및 모계 중심의 사회 : 웅녀

    ㉨ 천지 양신족설 · 족외혼 : 하늘신인 환인의 아들 환웅과 지신족인 웅녀의 결혼

    ㉩ 제정 일치 사회 : 단군(종교적 지배자) + 왕검(정치적 지배자)

2. 고조선

(1) 고조선의 성립

① 성립 배경

    ㉠ 농경과 청동기 문화의 발전과 함께 족장이 지배하는 군장 사회가 출현

    ㉡ 강한 족장 세력이 주변의 여러 족장 사회를 통합하면서 점차 권력을 강화해 갔는데, 그 중 고조선이 가장 먼저 국가로 성장함

② 건국 시기 : 고조선에 관한 우리나라의 최고 사서인 〈삼국유사〉와 〈동국통감〉의 기록에 따르면, 고조선은 단군 왕검이 BC 2333년 건국함(→ 고조선에 대한 최초의 기록은 중국의 사서 〈관자〉)

③ 세력 범위 및 중심지

    ㉠ 요령 지방을 중심으로 성장, 인접한 군장 사회를 통합하면서 한반도까지 발전

Check Point

기자(箕子) 조선
중국 사서인 〈상서대전〉(최초의 기록)과 〈사기〉, 〈한서〉 등에 주(周)의 무왕이 기자를 조선에 봉하였다는 전설(기자동래설)이 있는데, 기원전 12세기 인물인 기자가 기원전 3~2세기 기록에 처음 나타난 점과 당대의 역사적 상황, 고고학적 근거 등을 고려할 때 허구성이 강하며 우리나라와 북한의 학계에서도 이를 인정하지 않고 있다.

Check Point

고조선에 대한 기록서
• 우리나라의 사서 : 〈삼국유사〉, 〈동국통감〉, 〈표제음주동국사략〉(유희령), 〈신증동국여지승람〉, 〈동국역대총목〉(18세기 홍만종, 단군 정통론), 〈동사강목〉(안정복) 등
• 중국의 사서 : 〈관자〉, 〈산해경〉, 〈사기〉, 〈위략(魏略)〉 등

ⓒ 청동기 시대를 특징짓는 유물의 하나인 비파형 동검과 고인돌(북방식)은 미송리식 토기와 거친무늬 거울(다뉴조문경)이 나오는 지역과 깊은 관련이 있는데, 주로 만주와 북한 지역에서 집중적으로 발굴되어 고조선의 세력 범위를 짐작하게 해 줌

ⓒ 요령 지방과 대동강 유역을 중심으로 독자적인 문화를 이룩하면서 발전(→ BC 3세기 초 요령 지방에서 대동강 유역으로 중심지가 이동)

▶ 고조선의 세력 범위

고조선의 위치에 관한 학설
고조선의 위치에 대해서는 요령 중심설, 대동강 중심설, 이동설 등의 견해가 있는데, 일반적으로 요령을 중심으로 성장하여 기원전 3세기 초부터 대동강 유역으로 이동하여 이 지역을 중심으로 발전했다고 보는 이동설이 유력하다. 고조선은 연의 전성시대인 기원전 4세기 말에서 3세기 초 사이에 연의 장수 진개의 공격으로 서방 2,000리를 상실하고 만번한을 경계로 삼았다고 기록되어 있는데, 이전의 비파형 동검이 남만주와 한반도 서북 지역에서 주로 출토되는 것과 달리 세형 동검은 기원전 3세기 초부터 대동강 유역에서 주로 출토되고 있는 것으로 보아 이 시기에 요령 지방에서 대동강 유역으로 옮겼을 것으로 보고 있다(이 무렵에 수도도 요령에서 평양으로 천도).

꼭! 확인 기출문제

고조선의 세력 범위가 요동 반도에서 한반도에 걸쳐 있었음을 알게 해주는 유물을 〈보기〉에서 모두 고르면? [국가직 9급 기출]

> **보기**
> ㉠ 조개껍데기 가면　　　　　　　㉡ 거친무늬 거울
> ㉢ 비파형 동검　　　　　　　　　㉣ 미송리식 토기

① ㉠, ㉡　　　　　　　　　　　② ㉡, ㉢
③ ㉠, ㉡, ㉢　　　　　　　　　❹ ㉡, ㉢, ㉣

해 ④ 고조선은 요령 지방을 중심으로 성장하여 점차 인접 사회를 통합하면서 한반도까지 발전하였는데, 청동기를 배경으로 성립하였으므로 고조선의 세력 범위를 알게 해주는 유물이란 청동기 시대를 특징짓는 유물과 대체로 일치한다.
　ㅤㄴ・ㄷ・ㄹ 고조선의 세력 범위와 짐작하게 하는 특징적 유물에는 비파형 동검과 고인돌(북방식), 거친무늬 거울, 미송리식 토기 등이 있다.
　ㅤㄱ 조개껍데기 가면은 신석기 시대의 유물로서, 부산 동삼동 등의 유적지에서 출토되었다.

(2) 고조선의 발전 및 변천

① 발전 : 청동기를 배경으로 철기 문화를 수용하면서 요하와 대동강 일대의 세

력을 규합하여 대연맹국으로 성장

② **시기별 변천**

ㄱ BC 7세기경 : 춘추 전국 시대의 제(齊)와 교역하며 성장(→ 〈관자〉에 기록)

ㄴ BC 4세기경

- 요하를 경계로 전국 7웅의 하나인 연(燕)과 대립하면서 주(周)와 교섭하는 등 춘추 전국 시대 동방 사회의 중심 세력으로 성장
- 왕호를 사용하고 관직을 두었으며, 이 무렵 중국의 철기 문화가 전파됨

ㄷ BC 3세기경

- 요서 지방을 경계로 연과 대등하게 대립할 정도로 강성
- 부왕·준왕 같은 강력한 왕이 등장하여 왕위 세습제가 마련되었고, 그 밑에 상·대부·대신·장군 등의 중앙 관직을 두고 박사·도위(지방관) 등을 파견

(3) 위만 조선

① **유이민의 이주와 위만의 집권**

ㄱ 기원전 5~4세기 전국 시대의 혼란으로 유이민(流移民)들이 고조선으로 이주(1차 이주)하였고 이후 기원전 3~2세기 무렵 진·한 교체기를 거치며 다시 대규모 이주가 있었는데, 위만은 이때 혼란을 피해 1,000여 명의 무리를 이끌고 고조선으로 이주

ㄴ 준왕은 위만을 박사로 봉하고 서쪽 땅의 통치와 변경을 수비하는 임무를 맡김

ㄷ 위만은 유이민 세력을 규합하여 세력을 확대하고, 고조선과 한 사이의 긴장 관계를 이용해 준왕을 몰아내고 스스로 왕이 됨(BC 194)

② **위만 조선의 성격** : 고조선의 토착 세력과 유민, 유이민 세력이 규합하여 성립한 연맹 국가(→ 단군 조선을 계승)

③ **정치 조직의 정비**

ㄱ **통치 체제** : 왕 아래 비왕과 상(相)이라는 독립적 군장과 경·대신·장군 등의 관료 체계를 갖춤

ㄴ **군사 체제** : 기병과 보병 형태를 갖춘 상비군 체제를 갖추고 한에 대항

ㄷ **중앙 및 지방 지배 체제** : 중앙 정부는 국왕을 중심으로 직접 통치를 하였으나, 지방의 경우 독자적 권력을 가진 군장에 의해 간접적으로 지배(→ 강력한 중앙 지배력 관철에 한계가 따름)

④ **위만 조선의 발전**

ㄱ 청동기 문화에서 벗어나지 못한 토착 세력과 연맹을 맺으면서 철기 문화를

본격적으로 수용

ⓛ 철기의 사용으로 농업과 무기 생산을 중심으로 한 수공업, 상업, 무역이 발달

ⓒ 우세한 무력을 바탕으로 활발한 정복 사업을 전개하여 넓은 영토를 차지 (→ 예(濊)·진번·임둔 등을 편입하고 옥저·동예를 복속)

ⓔ 사회와 경제의 발전을 기반으로 중앙 정치 조직을 갖춘 강력한 국가로 성장

ⓜ 지리적인 이점을 이용하여 동방의 예나 남방의 진(辰)이 직접 중국의 한과 교역하는 것을 막고 중계 무역의 이익을 독점하려 함(→ 한과의 갈등이 싹틈)

(4) 고조선의 멸망

① 한의 견제와 침략

㉠ 중계 무역의 독점으로 갈등이 있는 가운데 고조선이 정치적·군사적으로 한에 위협적 존재로 성장

㉡ 한이 흉노를 견제하고 고조선에 압력을 가하고자 창해군을 설치(BC 128)하였으나 토착인의 저항으로 2년 뒤에 철폐

㉢ 고조선은 한의 동방 침략 기지인 요동군까지 위협

㉣ 한은 북방의 흉노와 고조선이 연결되는 것이 두려워, 사신(섭하) 살해를 빌미로 한무제가 육군 5만과 수군 7천을 이끌고 고조선을 침입(BC 109)

② 경과

㉠ 1차 접전(패수)에서 고조선은 대승을 거두었고 위만의 손자인 우거왕이 1년간 항전

㉡ 2차 침입에 대신 성기(成己)가 항전하였으나, 고조선의 내분(주전파·주화파의 분열)으로 우거왕이 암살되고, 주화파의 항복으로 왕검성(평양성)이 함락됨(BC 108)

③ 한 군현(한4군)의 설치

㉠ 설치 및 축출(소멸)

• 종전 후 한은 고조선의 일부 지역에 임둔, 진번, 현도, 낙랑의 4군을 설치

• 우리 민족의 저항으로 임둔군과 진번군은 설치 후 20여 년 만에 폐지되고, 몇 년 후 현도군도 축출됨(→ 이 과정에서 옥저와 동예가 성장)

• 이후 계속된 반발·저항으로 그 세력은 점차 약화되었고, 결국 고구려의 공격으로 낙랑군과 옛 진번군 자리에 다시 설치한 대방군도 축출(313)

구분	지역	소멸
임둔군	함경남도, 강원도	BC 82년 전한 때 폐지·소멸
진번(대방)군	자비령 이남, 한강 이북	

현도군	압록강 중류(통구)	고구려와 충돌, BC 75년 만주 등지로 축출
낙랑군	대동강 유역(고조선의 옛 땅)	313년 고구려 미천왕에게 멸망

ⓛ 특징 및 영향
  • 정치면 : 고조선 내부의 지배 세력 재편으로 토착 사회의 정치적 자유는 어느 정도 존재하였으나, 민족적 차별이 발생하고 고대 국가 성립이 지연되는 피해가 발생하였으며 이로 인해 토착 세력의 반발과 민족적 자각을 촉발시킴
  • 사회면 : 법 조항의 증가와 엄한 율령(律令)의 시행으로 풍속이 더욱 각박해지고 토착민의 저항도 증가
  • 경제면 : 철제 농기구의 보급으로 농업 생산력이 증가하기도 하였으나, 한 상인들의 범죄 행위로 피해가 발생하기도 함
  • 문화·사상면 : 한자가 전파되고, 철기 문화가 널리 보급, 한에 대항하는 민족 의식 자각
  • 유물 및 유적 : 토성, 점제현 신사비, 기와, 봉니, 채화칠협, 전화, 오수전, 한의 동전 등

(5) 고조선의 생활 모습

① 경제적 모습
  ㉠ 철의 생산 : 생활 용품이나 도구, 무기, 장신구 등을 만들어 사용
  ㉡ 대외 무역 : 중국과 활발한 무역을 전개(→ 명도전을 통해 중국과의 교역을 알 수 있음)

② 사회·문화적 모습
  ㉠ 귀족(지배 계급), 하호(下戶, 일반 농민), 노예로 구성됨
  ㉡ 요동 지역에서 발굴된 강상 무덤과 누상 무덤을 통해 순장 제도와 노예를 확인할 수 있음
  ㉢ 농민들은 대나무 그릇을 사용하고, 도시에서는 관리나 장사꾼들을 본받아 술잔 같은 그릇을 사용(→ 〈한서〉의 기록)
  ㉣ 사회의 기본 규율을 정한 법이 존재(→ 8조법)

③ 8조법

  ㉠ 성격 : 고조선 사회 전체에 해당되는 만민법, 보복법
  ㉡ 내용
    • 살인죄 : 사람을 죽인 자는 사형에 처함(相殺以當時償殺)
    • 상해죄 : 상해를 입힌 자는 곡식으로 배상함(相傷以穀償)
    • 절도죄 : 도둑질한 자는 그 주인의 노비로 삼되(相盜者男沒入爲其家奴女子爲婢) 자속하려면 1인당 50만 전을 내야 하며, 비록 속전(贖錢)하여

제1편 선사 시대 및 국가의 형성

자유인이 되었어도 이를 부끄럽게 여겨 결혼 상대로 하지 않았는데, 이로 인해 도둑이 없어 문을 닫는 일이 없었음(無門戶之閉)

- 간음죄 : 부인들은 정신하여 편벽되고 음란치 않았다(婦人貞信不淫僻)고 한 것으로 보아, 처벌 규정은 없으나 간음이나 질투 등을 금지하는 또 하나의 규정이 있었을 것이라 짐작됨

ⓒ 법으로 본 사회상
- 생명과 노동력을 중시
- 농업이 발달하고 사유 재산을 보호
- 권력과 경제력의 차이가 있는 계급 사회였으며, 화폐가 존재(→ 화폐가 널리 통용된 것은 아님)
- 재산의 사유가 이루어지면서 형벌과 노예 제도가 발생(→ 노비의 소유권을 법으로 보장)
- 부녀자의 정절을 중히 여기는 가부장적 사회

ⓔ 풍속의 변화
- 한 군현 설치 후 억압과 수탈을 당한 토착민들은 이를 피하여 이주하거나, 단결하여 한 군현에 대항
- 한 군현이 엄한 율령을 시행하여 자신들의 생명과 재산을 보호하려 하면서 법 조항이 60여 조로 증가하였고 풍속도 각박해짐

제2절 초기 국가의 형성

1. 부여

(1) 성립 및 쇠퇴

① 성립 및 발전
ⓐ 정확한 건국 시기는 알려져 있지 않으나, 사마천의 〈사기〉에 BC 4~3세기 무렵의 부여에 관한 기록이 있음
ⓑ AD 1세기경 만주의 송화강(쑹화강) 유역 평야 지대를 중심으로 본격적 성장
ⓒ 1세기 초에 중국식 왕호를 사용하였고 중국과 외교 관계를 맺어 매년 사신을 파견하는 등 발전된 국가의 모습을 보임

[서울시 9급 기출]

01. 고조선을 주제로 한 학술 대회를 개최할 경우, 언급될 내용으로 가장 적절하지 않은 것은?
① 위만의 이동과 집권 과정
② 진대법과 빈민 구제
③ 범금 8조(8조법)에 나타난 사회상
④ 비파형 동검 문화권과 국가의 성립

해 고구려의 국상 을파소의 건의로 고국천왕은 봄에 곡식을 빌려주고 가을에 돌려받는 빈민 구제 제도인 진대법을 실시하였다.

 답 01 ②

② 쇠퇴

  ⊙ 대외 관계에 있어 북쪽으로는 선비족(鮮卑族), 남쪽으로는 고구려와 대립하고 후한과 친교를 맺어 긴밀한 관계를 유지

  ⓛ 3세기 말(285) 선비족의 침략으로 쇠퇴하기 시작하였고, 346년 선비족의 침략으로 수많은 부여인이 포로로 잡혀가는 등 어려움을 겪음

  ⓒ 이후 고구려의 보호 하에 있다가 결국 고구려(문자왕, 494)에 항복

▶ 초기 국가의 위치

③ 역사적 의의

  ⊙ 고대 국가로 발전하지 못하고 연맹 왕국의 단계에서 멸망하였으나 고구려·백제의 건국 세력이 부여의 계통임을 자처함

  ⓛ 부여·고구려·백제의 건국 신화는 같은 문화적 원형을 바탕으로 함

연맹 왕국의 특성

① 정치적 특성

  ⊙ 왕이 연맹 왕국 전체를 통치하나, 개별 소국과 지방에 대한 직접적 지배권을 행사하지는 못함(→ 군장들의 지역적 자치가 인정됨)

  ⓛ 실권을 가진 유력한 군장은 우대됨(→ 고조선의 비왕, 고구려의 고추가, 백제의 길사, 신라의 갈문왕)

  ⓒ 국가의 중요 사항은 귀족 회의(군장 회의)를 통해 결정

② 사회적 특성

  ⊙ 신분의 구분

    • 지배층 : 왕, 군장(제가), 호민(지방 세력자) → 제가와 호민은 전쟁 시 앞장서서 싸움

    • 피지배층 : 하호(일반 농민, 평민으로 전쟁 시 전투에 참여하지 않고 군량을 운반), 노비

  ⓛ 제천 행사

    • 하늘에 제사를 지내는 의식으로, 추수 감사제의 성격과 농사의 풍요를 기원하는 의미가 모두 담겨 있음

    • 제천 행사 기간 동안 음주가무를 즐기며, 이를 통해 부족의 갈등을 해소하고 결속을 강화함

부여에 대한 기록

부여는 구릉과 넓은 못이 많아서 동이 지역 가운데서 가장 넓고 평탄한 곳이다. 토질은 오곡을 가꾸기에는 알맞지만 과일은 생산되지 않는다. 사람들의 체격이 매우 크고 성품이 강직 용맹하며, 근엄하고 후덕하여 다른 나라를 노략질하지 않는다.

– 〈삼국지 위지 동이전〉 –

(2) 정치 · 경제 · 사회의 모습

① 정치

㉠ 왕 아래에 가축의 이름을 딴 마가(馬加) · 우가(牛加) · 저가(猪加) · 구가(狗加)와 대사자 · 사자 등의 관리를 둠

㉡ 4가(加)는 각기 행정 구획인 사출도(四出道)를 다스리고 있어서, 왕이 직접 통치하는 중앙과 합쳐 5부를 구성(→ 5부족 연맹체)

㉢ 가(加)들은 왕을 제가 회의에서 추대하기도 하였고, 수해나 한해를 입어 오곡이 잘 익지 않으면 책임을 물어 왕을 교체(→ 초기에는 왕권이 약하여 문책되어 사형당하기도 함)

㉣ 왕이 나온 대표 부족의 세력은 매우 강해서, 궁궐 · 성책 · 감옥 · 창고 등의 시설을 갖추고 부족장들이 통제

② 경제

㉠ 송화강 유역의 평야를 차지, 농경과 목축이 주산업(→ 반농반목)

㉡ 토질은 오곡을 가꾸기에는 알맞지만 과일은 생산되지 않음

㉢ 특산물로는 말 · 주옥 · 모피 등이 유명(→ 중국에 수출)

③ 사회(신분)

㉠ 왕, 제가, 호민(지방 세력자) 등이 지배 계층을 구성

㉡ 하호 : 읍락에 거주하며 농업에 종사하는 농민(평민), 조세 · 부역 담당

㉢ 노비 : 최하위층, 죄인이나 포로 · 채무 불이행자 등으로 구성됨, 매매 가능

④ 법률(4대 금법)

㉠ 특징 : 고조선의 8조법과 같은 만민법적 보복법으로, 살인 · 절도 · 간음 · 질투를 규정

㉡ 규정 내용 : 〈삼국지 위지 동이전〉에 기록

- 살인죄 : 살인자는 사형에 처하고 그 가족은 노비로 삼음(연좌제 적용)
- 절도죄 : 남의 물건을 훔쳤을 때에는 물건 값의 12배를 배상(1책 12법)
- 간음죄 : 간음한 자는 사형에 처함
- 투기죄 : 부녀가 투기하면 사형에 처하되 그 시체를 수도 남쪽 산에 버려 썩게 하며, 시체를 가져가려면 소 · 말을 바쳐야 함(투기죄도 사형에 처하고, 매장하지 못하게 함)

(3) 풍속

① 백의를 숭상 : 흰 옷을 입는 풍속(→ 백의민족의 유래)

② 금 · 은의 장식

㉠ 금과 은으로 장식하기를 좋아하였는데, 족장층인 대가(大加)들은 외국에

Check Point

고조선의 8조법과 부여의 4대 금법 간 공통점
- 보복적 성격
- 살인과 절도를 규정함

기출 Plus [서울시 9급 기출]

01. 다음 자료와 관련된 나라에 대한 설명으로 가장 옳지 않은 것은?

- 풍속에 장마와 가뭄이 연이어 오곡이 익지 않을 때, 그 때마다 왕에게 허물을 돌려 왕을 마땅히 바꾸어야 한다. 라거나 혹은 왕은 마땅히 죽어야 한다. 라고 하였다.
- 정월에 지내는 제천 행사는 국중 대회로 날마다 마시고 먹고 노래하고 춤추는데 그 이름은 영고라 한다.
  – 『삼국지』 위서 동이전 –

① 쑹화 강 유역의 평야 지대에서 성장하였다.
② 왕 아래 가축의 이름을 딴 여러 가(加)들이 있었다.
③ 왕이 죽으면 노비 등을 함께 묻는 순장의 풍습이 있었다.
④ 국력이 쇠퇴하여 광개토대왕 때 고구려에 완전 병합되었다.

🔒 사료는 미약한 왕권과 매년 음력 12월에 개최되는 제천 행사인 영고에 대한 내용으로 모두 부여와 관련된 기록이다. 부여는 초기에 중국식 왕호를 사용하고 중국과 외교를 하는 등 발전을 하다가 3세기 말 선비족의 침략으로 쇠퇴하기 시작하여 494년 고구려 문자왕에 항복하면서 완전 병합되었다.

 01 ④

나갈 때에 수(繡)를 놓은 비단 옷에 모피 갓을 쓰고 금 · 은으로 장식을 하여 호사로움을 과시

ⓛ 부여의 유적에서 신성한 동물을 새긴 금동 드리개가 발굴됨

③ 형사취수제(兄死娶嫂制) : 부여 · 고구려에서 존재한 풍습으로 노동력 확보를 목적으로 한 근친혼제

④ 순장 · 후장

   ㉠ 왕이 죽으면 사람들을 함께 묻는 순장과, 껴묻거리를 함께 묻는 후장의 풍습이 존재

   ㉡ 순장의 대상은 평민이 아닌 노비였으며, 부여 · 고구려 · 신라 · 가야 · 삼한 등에서 행해짐

⑤ 우제점법(우제점복)

   ㉠ 점성술이 발달, 소를 죽여 그 굽으로 길흉을 점치는 우제점법이 존재(→ 전쟁이 일어났을 때 제천 의식을 행하고 우제점법을 시행)

   ㉡ 부여와 고구려, 삼한 등에 존재하던 풍습

⑥ 영고(迎鼓)

   ㉠ 수렵 사회의 전통을 보여 주는 제천 행사로, 매년 음력 12월에 개최

   ㉡ 하늘에 제사를 지내고 노래와 춤을 즐기며, 죄수를 풀어 주기도 함

   ㉢ 맞이굿이라고도 하며, 〈삼국지 위지 동이전〉에서는 부여의 영고나 고구려의 동맹을 국중 대회라 함

 확인 기출문제

〈보기〉에서 설명하는 나라의 법률로 가장 옳지 않은 것은? [서울시 9급 기출]

> **보기**
>
> 은력(殷曆) 정월에 하늘에 제사를 지내며 나라에서 대회를 열어 연일 마시고 먹고 노래하고 춤추는데, 영고(迎鼓)라고 한다. 이때 형옥(刑獄)을 중단하여 죄수를 풀어 주었다.
>
> ─ 『삼국지』 권30, 「위서」 30 오환선비동이전 ─

❶ 남에게 상처를 입힌 자는 곡식으로 갚게 했다.
② 도둑질을 하면 그 물건의 12배를 변상케 했다.
③ 형벌이 매우 엄하여 사람을 죽인 사람은 사형에 처하고 그 집안사람은 노비로 삼았다.
④ 남녀 간에 간음을 하거나 투기하는 부인은 모두 죽였다.

閻 ① 제시된 글은 부여의 제천 행사인 '영고'에 대한 설명이다. 남에게 상처를 입힌 자가 곡식으로 갚게 한 나라는 고조선이다.
② · ③ · ④ 부여에서는 물건을 훔쳤을 경우 그 물건의 12배를 배상하는 1책 12법이 있었고, 살인을 하거나 간음을 한 자는 사형에 처하였는데, 특히 살인자의 가족들은 노비로 삼는 연좌제도 있었다. 또한 투기죄가 따로 있어, 부녀가 투기를 하면 사형에 처하고, 그 시체를 수도 남쪽 산에 버려 썩게 하였으며 시체를 가져가려면 소나 말을 바쳐야 했다.

Check Point

제천 행사
제천 행사는 하늘을 숭배하고 제사하는 의식으로서, 대부분 농사의 풍요와 성공적인 수렵 활동을 기원하는 것이었다.

Check Point

초기 고기의 제천 행사
• 부여 : 12월의 영고
• 고구려 : 10월의 동맹
• 동예 : 10월의 무천
• 삼한 : 5월의 수릿날, 10월의 계절제

2. 고구려

(1) 성립 및 발전
① 건국과 천도
- ㉠ 주몽이 부여 지배 계급 내의 분열·대립 과정에서 박해를 피해 남하하여 고구려를 건국(→ 〈삼국사기〉에 기록)
- ㉡ 압록강의 지류인 동가강 유역의 졸본(환인) 지역에 거주하던 맥족에 의해 BC 37년 건국된 후, 2대 유리왕 때인 AD 3년에 국내성(통구)으로 천도

② 성장 및 발전
- ㉠ 건국 초기부터 주변의 소국들을 정복하고 평야 지대로 진출하고자 하였으며, 국내성(통구)으로 이동한 뒤 한족·선비족과 투쟁하면서 5부족 연맹을 토대로 AD 1세기경 고대 국가로 성장
- ㉡ 활발한 정복 전쟁으로 한의 군현을 공략하여 요동 지방으로 진출하였고, 동쪽으로는 부전 고원을 넘어 옥저를 정복

③ 역사적 의의 : 중국 문화를 수용하여 한반도와 일본에 전해준 문화 중개자이자, 중국의 침략으로부터 한반도를 보호한 민족의 방파제 역할을 담당

(2) 정치
① 5부족 연맹체
- ㉠ 계루부, 소노부, 절노부, 순노부, 관노부로 구성
- ㉡ 왕 아래 상가, 대로, 패자, 고추가 등의 대가(大加)들이 존재
- ㉢ 처음에는 소노부에서 왕이 나오다 태조왕 때부터 계루부에서 왕이 나와 주도권을 행사
- ㉣ 왕족인 계루부와 전 왕족인 소노부의 적통대인(嫡統大人), 왕비족인 절노부의 대인을 고추가(고추대가)라 하여 왕권에 버금가는 세력으로 대우

② 대가의 자치권 유지 : 대가들은 각기 사자·조의·선인 등의 관리를 거느림

왕권 버금 세력
고구려의 고추가(왕족인 계루부, 전 왕족인 소노부, 왕비족인 절노부), 백제의 길사(왕비족), 신라의 갈문왕 등

(3) 경제·사회
① 경제 생활

Check Point

고구려에 대한 기록
고구려에는 큰 산과 깊은 골짜기가 많고 평원과 연못이 없어서 산과 계곡을 따라 살며 골짜기 물을 식수로 마셨다. 좋은 밭이 없어 힘들여 일구어도 배를 채우기는 부족하였다. 사람들의 성품은 흉악하고 급해서 노략질하기를 좋아하였다.
– 〈삼국지 위지 동이전〉 –

 [국가직 9급 기출]

02. 다음 제시어와 관련 있는 우리나라 초기 국가에 대한 설명으로 옳은 것은?

- 사자, 조의
- 서옥제
- 동맹

① 관직명으로 상·대부·박사·장군 등이 있었다.
② 남의 물건을 훔쳤을 때 물건 값의 12배로 배상하고, 간음한 자는 사형에 처했다.
③ 중대한 범죄자가 있으면 제가 회의를 통해 사형에 처하고, 그 가족을 노비로 삼았다.
④ 제사장인 천군은 신성 지역인 소도에서 농경과 종교에 대한 의례를 주관하였다.

🕮 제시어들과 관련된 국가는 고구려이다. 사자·조의·선인 등은 고구려의 관리이며, 서옥제(데릴사위제)는 혼인 풍습, 동맹은 제천 행사(추수감사제)를 말한다. 고구려에서는 뇌옥(牢獄)은 따로 두지 않고 제가 회의에서 범죄자를 직접 처벌하되, 중대한 범죄자는 사형에 처하고 그 가족을 노비로 삼았다.

 02 ③

          ㉠ 농업을 주로 하였으나, 큰 산과 계곡으로 된 산악 지역에 위치하여 토지가 척박하고 농토가 부족하여 생산은 미미함

          ㉡ 양식이 부족하여 약탈 경제 체제와 절약적 경제 생활이 주를 이룸

          ㉢ 특산물로는 소수맥에서 생산한 맥궁(활)이 있음

    ② 계급에 따른 생활의 구분

          ㉠ 대가들과 지배층인 형(兄)은 농사를 짓지 않는 좌식 계층으로 저마다 창고인 부경(桴京)을 둠(→ 좌식 계층이 1만여 가구에 이름)

          ㉡ 생산 계급인 하호들은 생산을 담당할 뿐 아니라, 멀리서 물고기와 소금[魚鹽]을 가져와 좌식 계층에 공급

    ③ 법률

          ㉠ 도둑질한 자는 부여와 같이 12배를 배상케 함(1책 12법)

          ㉡ 뇌옥은 따로 두지 않고 제가 회의에서 직접 처벌하되, 중대한 범죄자는 사형에 처하고 그 가족을 노비로 삼음

    ④ 가옥

          ㉠ 본채는 초가 지붕과 온돌을 설치하였고, 대옥(제사를 지내는 사당)과 소옥(사위가 거처하는 서실)이라는 별채를 둠

          ㉡ 좌식 계층인 지배층의 집에는 부경이라는 창고를 두어 약탈물이나 공물을 저장

(4) 풍속

    ① 복식 및 장식

          ㉠ 계급에 따라 복식이나 장식을 달리 함(→ 지배층 내부의 계층 분화)

          ㉡ 대가는 관모로 책(�’幘)을, 소가는 절풍(소골)을 썼고 여기에 깃 장식을 달아 서민층과 구분하였으며, 귀족들은 허리에 숫돌[礪]과 칼을 차고 다님

    ② 혼인 풍속

          ㉠ 서옥제(데릴사위제) : 혼인을 정한 뒤 신랑이 신부 집의 뒤꼍에 조그만 집(서옥)을 짓고 거기서 자식을 낳아 기르며, 자식이 장성하면 가족이 함께 신랑 집으로 돌아가는 제도(→ 처가에 머무르며 봉사하는 봉사혼의 일종으로 모계사회의 유습에 해당함)

          ㉡ 형사취수제 : 친족 공동체의 유대나 노동력 확보의 필요성을 반영하며, 중기 이후 점차 사라짐

    ③ 장례 풍속

          ㉠ 결혼 후 수의를 장만하였고, 부모나 남편의 상은 3년상으로 함

          ㉡ 후장제(厚葬制)가 유행하여 부장품을 함께 묻어 주었고, 장례 시 북을 치고

노래를 부르며 송별의 의식을 행함

④ 제천 행사 등

　　㉠ 10월에 추수 감사제인 동맹(東盟)을 국동대혈에서 성대하게 거행

　　㉡ 건국 시조인 주몽(국조신)과 그의 어머니 유화 부인(지신 · 수신)을 조상신

　　　으로 섬겨 제사를 지냄

▶ 국동대혈

Check Point

국동대혈

고구려 국내성(집안현 소재) 인근의 산 중턱에 자리 잡고 있는 암석 동굴로, 이 굴에서 서쪽으로 대략 100m 거리에 통천동이라는 곳이 있는데, 고구려 왕과 군신들은 매년 10월 이곳에서 제천 행사(동맹)를 성대하게 거행하였다.

고구려 혼인 풍속의 변화

여자 집에 서옥이라는 작은 집을 짓고 사위가 돈과 패물을 가지고 와 여자와의 동숙을 청하면, 부모가 이를 허락하여 결혼 생활을 하였다. 이후 남자는 자녀가 성장한 후에야 처자를 본가로 데리고 갔다.
－ 〈삼국지 위지 동이전〉 －

혼인은 남녀가 서로 좋아함에 따라 이루어진다. 남자 집에서 돼지고기와 술을 보낼 뿐 다른 예물은 주지 않았다. 만약 신부 집에서 재물을 받을 경우 딸을 팔았다고 여겨 부끄럽게 여겼다.　　－ 〈주서〉, 〈수서〉 －
위의 기록들을 통해 고구려 혼인 풍습에서 혼수 예물이 점차 사라졌음을 알 수 있다.

Check Point

부여와 고구려의 공통점
- 부여 계통(부여, 고구려, 옥저, 동예, 백제)
- 5부족 연맹체
- 대가(大加)의 존재
- 하호가 생산을 담당
- 절도죄에 대한 1책 12법
- 형사취수제의 존재
- 제천 행사의 존재(영고, 동맹)

꼭! 확인 기출문제

(가), (나)의 특징을 가진 국가에 대한 설명으로 옳은 것은? [지방직 9급 기출]

(가) 옷은 흰색을 숭상하며, 흰 베로 만든 큰 소매 달린 도포와 바지를 입고 가죽신을 신는다.
(나) 부여의 별종(別種)이라 하는데, 말이나 풍속 따위는 부여와 많이 같지만 기질이나 옷차림이 다르다.
－ 『삼국지』 위서 동이전 －

① (가) – 혼인풍속으로 민며느리제가 있었다.
② (나) – 제사장인 천군이 다스리는 소도가 있었다.
❸ (가) – 남의 물건을 훔쳤을 때는 12배로 배상하게 하였다.
④ (나) – 단궁이라는 활과 과하마 · 반어피 등이 유명하였다.

해 ③ (가) – 부여 / (나) – 고구려, 부여의 4대 금법에서는 남의 물건을 훔쳤을 때는 12배로 배상하게 하였다(1책 12법).
①　민며느리제는 옥저의 혼인 풍속이다.
②　삼한에는 제사장인 천군이 다스리는 신성 지역인 소도가 있었다.
④　동예는 단궁이라는 활과 과하마 · 반어피 등이 유명하였다.

04. 밑줄 친 '이 나라'에서 볼 수 있는 모습으로 적절한 것은?

> 이 나라는 대군왕이 없으며, 읍락에는 각각 대를 잇는 장수(長帥)가 있다. …… 이 나라의 토질은 비옥하며, 산을 등지고 바다를 향해 있어 오곡이 잘 자라며 농사짓기에 적합하다. 사람들의 성질은 질박하고, 정직하며 굳세고 용감하다. 소나 말이 적고, 창을 잘 다루며 보전(步戰)을 잘한다. 음식, 주거, 의복, 예절은 고구려와 흡사하다. 그들은 장사를 지낼 적에는 큰 나무 곽(槨)을 만드는데 길이가 십여장(丈)이나 되며 한쪽 머리를 열어 놓아 문을 만든다.
> – 『삼국지』 위서 동이전 –

① 민며느리를 받아들이는 읍군
② 위만에게 한나라의 침입을 알리는 상군
③ 5월에 씨를 뿌리고 하늘에 제사를 지내는 천군
④ 국가의 중요한 일을 논의하고 있는 마가와 우가

해 제시된 글에서 설명하는 '이 나라'는 '옥저'이다. 민며느리제는 옥저의 결혼 풍습으로, 여자가 10세 가량 되었을 때 약혼한 남자의 집에서 머물며 살다가 성인이 되면 본가로 돌아가 남자의 집으로부터 돈을 받은 후 다시 신랑집으로 가는 일종의 매매혼이다.

3. 옥저와 동예

(1) 성립 및 소멸

① 성립 지역 : 옥저는 함흥 평야 일대, 동예는 강원도 북부의 동해안(영흥, 덕원, 안변 지방)에 위치

② 쇠퇴 · 소멸

　㉠ 변방에 치우쳐 선진 문화의 수용이 늦었으며, 고구려의 압력으로 크게 성장하지 못함

　㉡ 연맹 왕국으로 발전하지 못하고 고조선과 한 군현에 복속해 있다가 군장 국가 단계에서 고구려에 흡수됨

(2) 옥저와 동예의 모습

구분	옥저	동예
정치	• 왕이 없고 각 읍락에는 읍군(邑君) · 삼로(三老)라는 군장이 있어서 자기 부족을 통치하였으나, 큰 정치 세력을 형성하지는 못함 • 옥저현후 세력이 가장 강대하였으나, 고구려의 압박과 변방에 위치한 탓에 연맹 왕국으로 발전하지 못하고 고구려에 흡수됨	• 왕이 없고, 후 · 읍군 · 삼로 등의 군장이 하호를 통치 • 불내예후국이 중심 세력이었으나, 연맹체를 형성하지 못하고 고구려에 병합됨
경제	• 소금과 어물 등 해산물이 풍부하였으며, 이를 고구려에 공납으로 바침 • 토지가 비옥하여 농사가 잘되어 오곡이 풍부	• 토지가 비옥하고 해산물이 풍부하여 농경 · 어로 등 경제 생활이 윤택 • 명주와 베를 짜는 등 방직 기술이 발달 • 특산물로 단궁(短弓), 나무 활), 과하마(果下馬, 키 작은 말), 반어피(班魚皮, 바다 표범의 가죽)가 유명
풍속	• 고구려와 같은 부여족 계통으로, 주거 · 의복 · 예절 등에 있어 고구려와 유사(→ 혼인풍속 등에서는 차이도 존재) • 매매혼의 일종인 민며느리제(예부제)가 존재 • 가족의 시체를 가매장하였다가 나중에 그 뼈를 추려 가족 공동묘인 커다란 목곽에 안치(→세골장제, 두벌 묻기) • 가족 공동묘의 목곽 입구에는 죽은 자의 양식으로 쌀을 담은 항아리를 매달아 놓기도 함	• 엄격한 족외혼으로 동성불혼 유지(→ 씨족사회의 유습) • 각 부족의 영역을 엄격히 구분하여 다른 부족의 생활권을 침범하면 노비와 소 · 말로 변상하게 하는 책화(責禍)가 존재(→ 씨족 사회의 유습) • 별자리를 관찰해 농사의 풍흉 예측(점성술 발달) • 제천 행사 : 10월의 무천(舞天) • 농경과 수렵의 수호신을 숭배하여 제사를 지내는 풍습이 존재(호랑이 토템 존재)

답 04 ①

옥저와 동예에 대한 기록

① 옥저 : 큰 나라 사이에서 시달리고 괴롭힘을 당하다가 마침내 고구려에게 복속되었다. 고구려는 그 나라 사람 가운데 대인을 뽑아 사자로 삼아 토착 지배층과 함께 통치하게 하였다.

② 동예 : 대군장이 없고 한대 이후로 후 · 읍군 · 삼로 등의 관직이 있어서 하호를 통치하였다. 동예의 풍속은 산천을 중요시하여 산과 내마다 구분이 있어 함부로 들어가지 않는다. – 〈삼국지 위지 동이전〉 –

꼭! 확인 기출문제

다음과 같은 혼인 풍습이 있었던 나라의 사회상으로 옳지 않은 것은? [국가직 9급 기출]

> 혼인하는 풍속을 보면, 구두로 정해지면 신부집에서 본채 뒤에 작은 별채를 짓는데, 이를 서옥(婿屋)이라 한다. 해가 저물 무렵, 신랑이 신부집 문 밖에 와서 이름을 밝히고 꿇어앉아 절하며 안에 들어가 신부와 잘 수 있도록 요청한다. 이렇게 두세 번 청하면 신부의 부모가 별채에 들어가 자도록 허락한다. ……자식을 낳아 장성하면 신부를 데리고 자기 집으로 간다.
> – 삼국지 –

① 건국 시조인 주몽과 그 어머니 유화부인을 조상신으로 섬겨 제사를 지냈다.
❷ 남의 부족의 영역을 침범하면 소나 말 등으로 변상하는 책화라는 풍습이 있었다.
③ 왕 아래에 상가, 고추가 등의 대가들이 있었으며, 각기 사자, 조의, 선인 등 관리를 거느렸다.
④ 10월에 동맹이라는 제천행사를 치르고, 아울러 왕과 신하들이 국동대혈에 모여 함께 제사를 지냈다.

🖐 제시문은 고구려의 혼인 풍습인 서옥제(데릴사위제)에 대한 내용이고, ②의 '책화(責禍)'는 동예의 풍습에 해당한다. 책화는 각 부족의 영역을 엄격히 구분하여 다른 부족의 생활권을 침범하면 노비와 소 · 말로 변상하게 하던 것으로, 씨족사회의 유습이라 할 수 있다. 책화를 통해 볼 때, 동예 사회는 지역구분이 엄격했고 사유재산을 중시했으며 법률이 발달했다는 것을 알 수 있다.

4. 삼한

(1) 성립 및 발전

① 성립

㉠ BC 4세기 무렵 고조선 남쪽 지역에서는 경기도 · 충청도 · 전라도 서해안 지방을 중심으로 일찍부터 진(辰)이 성장

㉡ BC 2세기 무렵 고조선 사회의 변동으로 인해 유이민이 대거 남하함에 따라 새로운 문화(철기 문화)가 토착 문화와 융합되면서 진은 마한 · 변한 · 진한 등의 연맹체로 분화 · 발전

② 삼한의 발전

㉠ 마한 : 삼한 중 세력이 가장 컸던 마한은 천안 · 익산 · 나주를 중심으로 한 경기 · 충청 · 전라도 지방에서 성립하였는데, 후에 마한 54국의 하나인 목지국(백제국)이 마한을 통합하여 백제로 발전

ⓛ 진한 : 대구·경주 지역을 중심으로 성립하였으며, 후에 진한 12국의 하나인 사로국이 성장하여 신라로 발전

ⓒ 변한 : 낙동강 유역(김해, 마산)을 중심으로 발전하였으며, 후에 변한 12국의 하나인 구야국이 6가야 연맹체의 중심 세력으로 성장

(2) 정치

① 주도 세력

ⓖ 삼한 중에서 세력이 가장 컸던 마한의 소국 중 하나인 목지국의 지배자가 마한왕 또는 진왕으로 추대되어 삼한 전체의 주도 세력(총연맹장)이 됨

ⓛ 삼한의 지배자 중 세력이 큰 대군장은 신지·견지 등으로, 세력이 이보다 작은 소군장은 부례·읍차 등으로 불림

② 제정의 분리

ⓖ 정치적 지배자의 권력·지배력이 강화되면서, 이와 분리하여 제사장인 천군(天君)이 따로 존재(→ 고조선이나 부여 등의 제정 일치 사회보다 진화)

ⓛ 국읍의 천군은 제천의식을, 별읍의 천군은 농경과 종교적 의례를 주관

ⓒ 별읍의 신성 지역인 소도(蘇塗)는 천군이 의례를 주관하고 제사를 지내는 곳으로, 제정 분리에 따라 군장(법률)의 세력이 미치지 못하며 죄인이 이곳으로 도망을 하여도 잡아가지 못함(→ 신성 지역은 솟대를 세워 표시함)

(3) 경제·사회

① 농업의 발달

ⓖ 철기 문화를 바탕으로 하는 농경 사회로서, 괭이·보습·낫 등의 철제 농기구를 사용하여 농업이 발달하였고 벼농사를 지음

ⓛ 벽골제(김제), 의림지(제천), 수산제(밀양), 공검지(상주), 대제지(의성) 등의 저수지를 축조하여 관개 농업을 시작(→ 수전 농업이 발달)

ⓒ 두레 조직(작업 공동체)을 통해 공동 노동을 행하였고, 밭갈이에 처음으로 가축의 힘을 이용(→ 우경의 일반화는 삼국 시대)

ⓔ 벼농사를 지었으며, 누에를 쳐 비단과 베를 생산(방직업)

② 철의 생산

ⓖ 변한 지역(마산 성산동과 진해의 야철지)에서는 철이 많이 생산되어 낙랑·왜(倭) 등에 수출

ⓛ 철은 교역에서 화폐처럼 사용되기도 함

③ 계층별 생활상

ⓖ 지배층

- 토성이나 목책으로 둘러싼 읍에 거주
- 세형 동검과 잔무늬 거울 등을 가지고 다니며 권위를 자랑
- 사후 돌덧널 무덤(돌곽 무덤), 나무널 무덤(목관묘) 등에 매장됨
  ⓒ 피지배층 : 소국(小國)의 일반 백성들은 읍락에 살면서 농업과 수공업의 생산을 담당, 초가 지붕의 반움집이나 귀틀집(후기)에서 거주

(4) 예술 및 풍속

① 예술
  ㉠ 토우, 암각화
  ㉡ 가야금의 원형으로 보이는 우리나라 최고(最古)의 현악기를 남김(→ 광주 신창동 출토)
② 문신의 풍습이 존재 : 마한 · 변한 지역에서 문신을 행했다는 기록 존재
③ 장례 및 무덤
  ㉠ 장례 시 큰 새의 날개를 사용, 후장
  ㉡ 무덤 : 돌덧널 무덤, 독 무덤, 나무널 무덤, 주구묘 등
④ 제천 행사 등
  ㉠ 씨를 뿌리고 난 뒤인 5월의 수릿날과 가을 곡식을 거두어들이는 10월에 계절제를 열어 하늘에 제사
  ㉡ 지신(地神)에 대한 제사 의식의 일종으로, 여러 사람이 함께 땅을 밟아 땅의 생육을 높이고 풍요를 기원
  ㉢ 산신제, 농악 등의 풍습도 존재

▶마한의 토실(충남 공주 장선리)

▶ 마한의 주구묘
(전남 나주 용호리)

Check Point

독 무덤, 주구묘
- 독 무덤(옹관묘) : 주로 아이들이 죽은 경우 사용된 무덤 양식으로, 성인의 경우 뼈만 추려 매장함
- 주구묘 : 전라남도 지역에서 주로 발굴되는 마한의 무덤으로, 중앙에 널 무덤이 있고 주변에 도랑과 같은 시설인 주구(周溝)가 있어 주구묘라 불림

삼한의 5월제, 10월제
삼한에서는 5월에 파종하고 난 후 귀신에게 제사를 지내는데, 이때 많은 사람들이 모여 노래하고 춤추고 술을 마시며 밤낮 쉬지 않고 놀았다. 10월에 농사일이 끝난 후에도 그와 같이 제사를 지내고 즐겼다. 토지가 비옥하여 오곡과 벼를 재배하기에 좋았으며, 누에를 칠 줄 알아 비단과 베를 만들었다. 나라(변한)에 철이 나는데, 한과 예(濊)와 왜가 모두 여기서 가져갔다. 시장에서 물건을 사고파는 데에도 철을 사용하여 중국에서 돈을 사용함과 같았다.
– 〈삼국지 위지 동이전〉 –

초기 국가의 형성 비교

구분	부여	고구려	옥저	동예	삼한
위치	만주 송화강 유역의 평야 지대	졸본 → 국내성	함경도 함흥평야	강원도 북부	한강 남쪽

▶ 초기 국가 지도

정치	5부족 연맹, 마 가 · 우가 · 저가 · 구가 → 사출도	5부족 연맹체, 제가 회의	왕이 없어 군장이 다스림 (후, 읍군, 삼로)		제정 분리, 목지국의 영도
경제	반농반목, 말, 주옥, 모피	산악 지대, 토 지 척박 → 약 탈 경제	어물, 소금이 풍부	단궁, 과하마, 반어피	농경 발달, 철 생산(변한)
풍속	순장, 1책 12법, 우제점법	서옥제, 1책 12법	민며느리제, 가족공동묘	책화	두레(공동 노동)
제천 행사	12월 영고	10월 동맹		10월 무천	5월 수릿날, 10월 계절제
변화	고구려에 복속	중앙 집권 국가로 성장	고구려에 복속		마한 → 백제 변한 → 가야 진한 → 신라

기출 Plus [국가직 9급 기출]

05. 삼한에 대한 설명으로 옳지 않은 것은?

① 제정 일치의 사회였다.
② 저수지가 축조되고 벼농사가 발달하였다.
③ 철이 많이 생산되어 낙랑과 왜 등에 수출하였다.
④ 5월과 10월에 계절제를 열어 하늘에 제사를 지냈다.

해 삼한에는 제사장인 천군(天君)이 주관하는 소도(蘇塗)가 존재하였고 여기에는 군장의 세력이 미치지 못하였다는 점에서, 제정이 분리된 사회였음을 알 수 있다.

 꼭! 확인 기출문제

01. 다음에 제시된 (가), (나) 국가에 관한 설명으로 옳은 것은? [법원직 9급 기출]

> (가) 나라에는 군왕이 있다. 제가들은 별도로 사출도를 주관하였다. …… 옛 풍속에 가뭄이나 장마가 계속되어 오곡이 영글지 않으면 그 허물을 왕에게 돌려 '왕을 마땅히 바꾸어야 한다'고 하거나 '죽여야 한다'고 하였다.
> (나) 국읍(國邑)에 각각 한 사람씩을 세워 천신(天神)에 대한 제사를 주관하게 하였는데 이를 천군이라고 부른다. 또 여러 나라에는 각기 별읍(소도)이 있어 큰 나무를 세우고 방울과 북을 매달아 놓고 귀신을 섬긴다.

① (가)는 10월에 동맹이라는 제천 행사를 치르고, 왕과 신하들이 국동대혈에 모여서 제사를 지냈다.
❷ (나)에는 신지, 읍차 등의 군장이 있었으며, 소국의 하나인 목지국의 지배자가 진왕으로 추대되었다.
③ (가)와 (나)는 모두 중앙 집권 국가로 발전하였다.
④ (나)는 제정이 일치되어 군장이 안정적으로 권한을 행사할 수 있었다.

해 ② 제시된 (가)는 부여, (나)는 삼한에 대한 설명이다. 삼한에는 대족장인 신지 · 견지와 소족장인 부례 · 읍차 등이 존재했으며, 세력이 가장 컸던 마한의 소국 중 하나인 목지국의 지배자가 마한왕 또는 진왕으로 추대되었다.
① 10월에 국동대혈에서 동맹이라는 제천 행사를 치른 국가는 고구려이다. 국동대혈은 고구려 국내성 근처에 있는 암석 동굴로, 매년 10월 고구려 왕과 군신들은 이곳의 통천동이라는 곳에서 제사를 지냈다. 부여는 영고라는 제천 행사를 12월에 열어 하늘에 제사를 지내고 가무를 즐기며 죄수를 풀어 주기도 하였다.
③ 부여와 삼한은 중앙 집권 국가(고대 국가)로 발전하지 못하였다.
④ 삼한은 정치적 지배자인 군장 외에 제사장인 천군이 따로 존재했던 제정 분리 사회였다.

02. (가), (나) 국가에 대한 설명으로 옳은 것은? [지방직 9급 기출]

> (가) 그 나라의 혼인풍속에 여자의 나이가 열 살이 되면 서로 혼인을 약속하고, 신랑 집에서는 (그 여자를) 맞이하여 장성하도록 길러 아내로 삼는다. (여자가) 성인이 되면 다시 친정으로 돌아가게 한다. 여자의 친정에서는 돈을 요구하는데, (신랑 집에서) 돈을 지불한 후 다시 신랑 집으로 돌아온다.
> (나) 은력(殷曆) 정월에 하늘에 제사를 지내며 나라에서 대회를 열어 연일 마시고 먹고 노래하고 춤추는데, 영고(迎鼓)라고 한다. 이때 형옥(刑獄)을 중단하여 죄수를 풀어 주었다.

① (가) - 무천이라는 제천행사가 있었다.
② (가) - 계루부집단이 권력을 장악하였다.

❸ (나) – 사출도라는 구역이 있었다.

④ (나) – 철이 많이 생산되어 낙랑과 왜에 수출하였다.

해 ③ (가)는 여자가 어렸을 때 남자의 집에 가서 성장한 후 결혼을 하는 민며느리제이다. 민며느리제와 가족이 죽으면 가매장 하였다가 나중에 그 뼈를 추려 함께 묻는 가족 공동묘는 옥저의 대표적인 풍습이다. (나)는 은력을 사용하여 매년 12월 영고라는 제천행사를 개최하는 부여의 풍습이다. 부여는 왕 아래 가축의 이름을 딴 마가, 우가, 저가, 구가와 대사자, 사 자 등의 관리가 있고, 4가는 각기 행정 구획인 사출도를 다스렸다. 왕이 다스리는 중앙과 사출도를 합쳐 5부로 구성하 였다.

① 무천은 매년 10월 동예에서 열리는 제천행사이다.

② 고구려는 5부로 구성되어있고, 초기에는 소노부에서 왕이 나왔으나 태조왕 이후로 계루부가 왕위를 독점 세습하였다.

④ 삼한 중에서 변한은 철이 많이 생산되어 낙랑, 왜 등에 수출을 하였다.

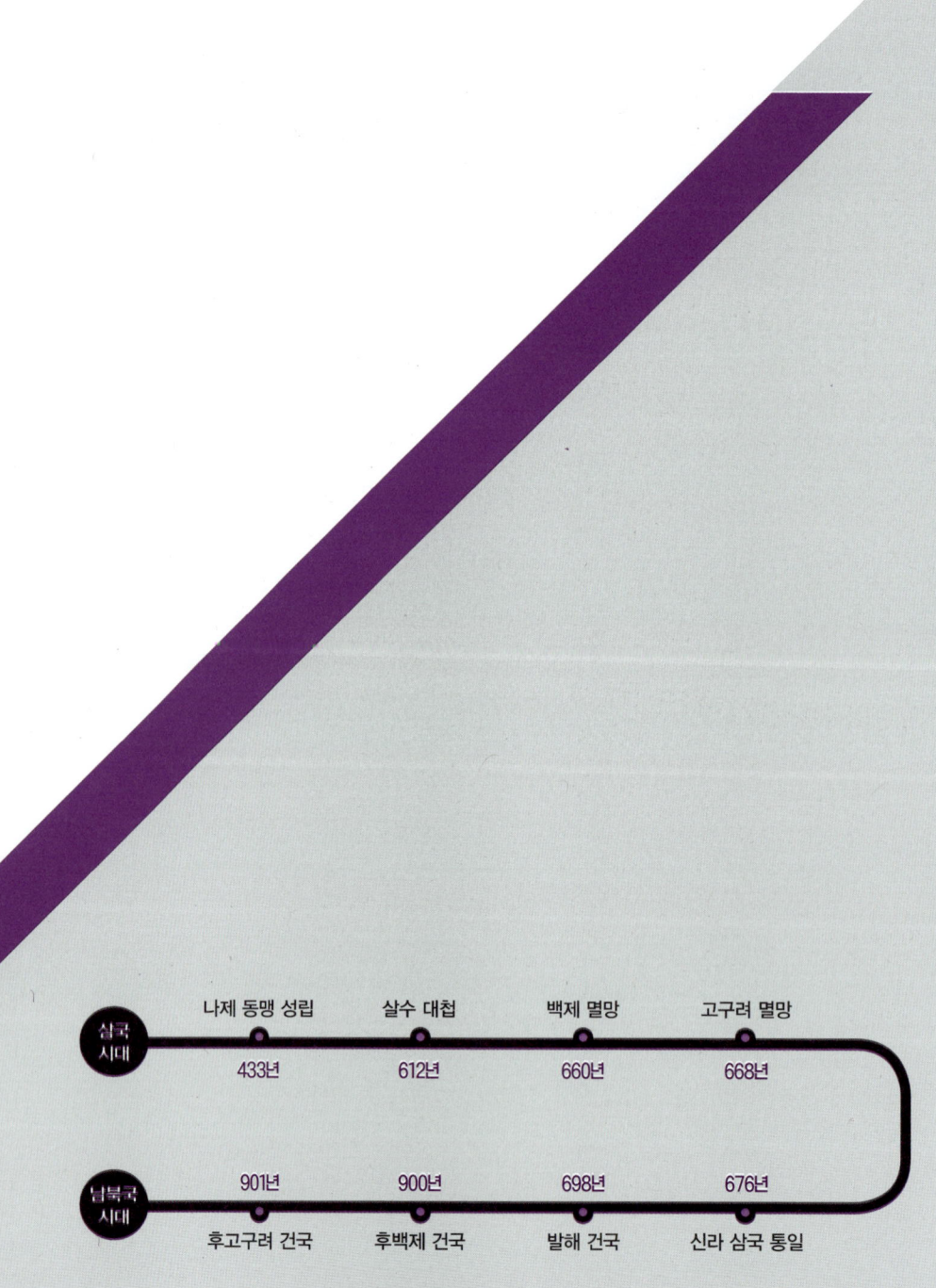

**삼국
시대**

나제 동맹 성립	살수 대첩	백제 멸망	고구려 멸망
433년	612년	660년	668년

**남북국
시대**

901년	900년	698년	676년
후고구려 건국	후백제 건국	발해 건국	신라 삼국 통일

2편

고대의
성립과 발전

제1장

고대의 통치 구조와 정치 활동

제1절 고대 국가의 성립

1. 고대 국가의 성립

(1) 연맹 왕국의 성립

① 연맹 왕국의 형성

㉠ 철기 문화의 도입과 이에 따른 생산력 증대로 성장한 여러 소국들은 우세한 집단의 족장을 왕으로 하는 연맹 왕국을 형성

㉡ 옥저와 동예는 지리적 이유로 군장 국가에서 연맹 왕국으로 발전하지 못하였고, 고조선·부여·삼한·고구려·가야 등이 연맹 왕국으로 발전

② 연맹 왕국의 한계 : 연맹 왕국은 국왕이 출현하여 국가 조직을 갖추고 있었으나, 족장 세력이 종래 자기가 다스리던 지역에 대한 영향력을 유지할 수 있어 중앙 집권 국가로 가는 데 한계를 지님

③ 고대 국가의 기틀 형성

㉠ 연맹왕국의 왕은 집단 내부의 지배력을 강화하고 주변 지역을 정복하여 영역을 확대하였고, 이 과정에서 성장한 경제력과 군사력을 바탕으로 왕권을 확대

㉡ 왕권이 강화되고 통치체제가 정비되면서 중앙집권적인 고대 국가의 기틀을 형성

(2) 고대 국가의 특성

① 왕권 강화 : 왕위 세습, 중앙 집권 강화로 지방의 군장 세력은 독립성 상실, 지방관의 파견

② 율령 반포, 관등 체제 : 통치 체제 정비

Check Point

군장 국가, 연맹 왕국, 고대 국가
- **군장 국가** : 옥저, 동예
- **연맹 왕국** : 고조선, 부여, 고구려, 삼한, 가야
- **고대 국가** : 고구려, 백제, 신라

---

③ **불교 수용** : 사상 통일과 집단의 통합 강화

④ **왕토 사상** : 왕토 사상을 토대로 한 토지 분급, 농업의 중시

⑤ **신분제 확립** : 엄격한 신분제(계급 사회) 및 관료제 확립, 친족중시

⑥ **활발한 정복 전쟁** : 영토 확장(한강 유역에 대한 치열한 영토 분쟁), 대중국 투쟁 전개

제2절 삼국의 성립과 정치적 발전

1. 삼국의 성립

(1) 고구려

① 부여에서 내려온 유이민과 압록강 유역의 토착민 집단이 결합하여 성립(BC 37)

② 결속력을 강화하면서 정복 국가 체제로 전환

(2) 백제

① 한강 유역의 토착 세력과 고구려 계통의 유이민 세력이 결합하여 성립(BC 18)

② 우수한 철기 문화를 보유한 유이민 집단이 지배층을 형성

> **백제의 건국 세력**
> 백제 건국의 주도 세력은 고구려에서 남하했다는 것이 정설이므로, 결국 부여족의 한 갈래라 할 수 있다. 백제 건국의 주도 세력이 고구려(부여)계라는 근거로는 다음과 같은 것이 있다.
> • 백제 왕족의 성씨가 부여씨(夫餘氏)이며, 부여의 시조신과 동명성왕을 숭배
> • 국호를 남부여라 칭함(6세기 성왕)
> • 백제 건국 설화인 비류 · 온조 설화에서 비류와 온조를 주몽의 아들이라 언급함(〈삼국사기〉에 기록)
> • 백제 개로왕이 북위에 보낸 국서에 백제가 고구려와 함께 부여에서 기원했음이 언급됨
> • 백제 초기 무덤 양식이 고구려의 계단식 돌무지 무덤 양식과 같음

(3) 신라

① 진한의 소국 중 하나인 사로국에서 출발, 경주의 토착민 집단과 유이민 집단의 결합으로 건국(BC 57)

② 동해안으로 들어온 석탈해 집단이 등장하면서 박 · 석 · 김의 3성이 왕위를 교대로 차지

③ 주요 집단들은 독자적인 세력 기반을 유지, 유력 집단의 우두머리는 이사금 (왕)으로 추대됨

2. 중앙 집권 국가로의 발전

(1) 고구려

① 태조왕(6대, 53~146) : 삼국 중 가장 먼저 국가의 집권 체제 정비

  ㉠ 대외적 발전 : 활발한 정복 활동의 전개

- 함경도 지방의 옥저 · 동예를 복속(56)
- 만주 지방으로 세력을 확대시켜 부여를 공격
- 요동의 현도 · 요동군 공략(→ 부여군의 방해로 실패)
- 낙랑군을 자주 공략하고 압력을 행사
- 서북으로 요동(遼東)을 정벌하고 남으로 살수(薩水)에 진출

  ㉡ 대내적 발전 : 정복 활동 과정에서 강화 · 정비된 군사력과 경제력을 토대로 왕권이 안정되고 왕위의 독점적 세습(형제 상속)이 이루어짐, 통합된 여러 집단들은 5부 체제로 발전(→ 중앙 집권의 기반 마련)

② 고국천왕(9대, 179~197)

  ㉠ 왕권 및 중앙 집권의 강화

- 왕위의 부자 상속 : 형제 상속에서 부자 상속으로 전환
- 연나부(절노부)와 결탁하여 왕권에 대한 대항 세력 억제
- 5부의 개편을 통한 족장의 중앙 귀족화(관료화)

  ㉡ 5부(部)의 개편 : 종래의 부족적 전통의 5부(계루부 · 소노부 · 절노부 · 순노부 · 관노부)를 행정적 성격의 5부제(내부 · 서부 · 북부 · 동부 · 남부)로 개편

  ㉢ 진대법(賑貸法)의 실시

- 구 족장 세력이 아닌 을파소를 국상(國相)으로 등용하여 시행
- 고리대의 폐단을 막는 농민 구휼책

진대법
고구려 고국천왕 때 을파소의 건의로 실시된 빈민 구제 제도이다. 관곡을 대여하는 제도로서, 일반 백성들이 채무 노비로 전락하는 것을 막고자 하였다. 고려 시대의 흑창(태조)과 의창(성종), 조선 시대의 의창과 사창 등으로 계승 · 발전되었다.

Check Point

고구려 건국 초기 왕
동명왕(1대) – 유리왕(2대) – 대무신왕(3대) – 민중왕(4대) – 모본왕(5대)

Check Point

고구려 5부
〈삼국지〉와 〈삼국사기〉에 서로 다르게 전하는 고구려 5부는 왕실을 구성한 계루부를 제외하면, 소노부와 비류부, 절노부와 연나부, 관노부와 관나부, 순노부와 환나부 등으로 대응하는 동일한 실체이다. 이들 나부는 압록강 유역에 존재했던 여러 나국이 상호 통합 과정을 거쳐 5개의 정치체를 이루고, 다시 이들이 고구려 연맹체를 구성한 뒤 계루부 왕권에 의해 부로 편제되었다.

Check Point

서안평
평안북도 의주에서 압록강 맞은편 지역에 있는 지역으로, 요동 지역과 평양 방면을 연결하는 교통로상의 요지이다. 고구려가 이곳을 장악할 경우 낙랑군과 대방군을 고립시킬 수 있으므로, 이 지역을 두고 고구려와 중국 간에 분쟁이 거듭되었다. 미천왕 12년(311) 고구려에 점령되었으며, 이로 인해 고립된 낙랑군과 대방군은 각각 313년과 314년에 고구려의 공격으로 축출되었다. 이후 서안평은 고구려가 멸망할 때까지 우리나라의 영역이었다.

③ 동천왕(11대, 227~248)

　　㉠ 위 · 촉 · 오의 대립관계를 이용하여 오와 교류하고, 위를 견제하면서 서안 평을 공격함

　　㉡ 위의 관구검의 침략으로 한때 수도 환도성(丸都城)이 함락(동천왕 18)되었으나 밀우(密友) · 유유(紐由)의 결사 항쟁으로 극복

④ 미천왕(15대, 300~331)

　　㉠ 중국 5호 16국 시대의 혼란을 틈타 활발하게 대외 팽창

　　㉡ 현도군을 공략(302)하고 서안평을 점령(311)하여 고조선의 옛 땅을 회복

　　㉢ 낙랑군(313) · 대방군을 축출(314)하여 서로는 요하, 남으로는 한강에 이르는 발판 마련

(2) 백제와 신라

① 백제 고이왕(8대, 234~286) : 고대 국가의 기틀 마련

　　㉠ 낙랑 · 대방을 공격(246)하여 영토 확장, 한강 유역 장악(→ 중국의 선진 문물을 받아들여 정치 체제 정비)

　　㉡ 관등제를 정비(→ 6좌평, 16관등제)하고 관복제를 도입(→ 자 · 비 · 청색의 공복제)하는 등 지배 체제를 정비하여 중앙 집권 국가의 토대를 형성

　　㉢ 율령을 반포(262)(→ 뇌물 관리에게 종신형, 절도 시 유형과 2배 배상 등)

　　㉣ 초기 부족 회의 기구를 발전시킨 행정적 성격의 남당을 설치

　　㉤ 왕위의 세습(형제 세습)

꼭! 확인 기출문제

백제 건국의 주도 세력이 부여 · 고구려계의 이주민 집단이었음을 말해주는 근거로 적절하지 **않은** 것은? [국가직 9급 기출]

① 백제 왕족의 성이 부여씨이다.

❷ 영산강 유역의 마한 소국들을 정복하였다.

③ 건국 신화에서 비류와 온조가 주몽의 아들이라고 하였다.

④ 한강 유역의 초기 백제 무덤은 압록강 유역의 고구려식 무덤 양식을 이은 것이다.

해 ② 백제가 마한 지역을 완전히 정복(369)한 것은 근초고왕 때의 일이다. 이러한 영토 확장은 국가 체제의 정비 및 왕권 강화와 관련되며, 백제의 건국을 주도한 세력의 계통과는 직접적인 관련이 없다.
① 백제 왕족의 성이 부여씨(夫餘氏)라는 것은 백제 건국의 주도 세력이 부여(고구려) 계통임을 반영한다.
③ 백제의 건국 설화인 비류 · 온조 설화에서 비류와 온조를 주몽의 아들이라 언급하고 있는 점은 백제가 고구려 유이민 세력과 관련이 있음을 반영한다.
④ 백제 초기 무덤 양식이 고구려 무덤 양식과 같은 돌무지 무덤이라는 것은 백제 건국 세력이 고구려 계통임을 반영한다.

② 신라 내물왕(17대, 356~402)

　　㉠ **영토 확장** : 진한 지역의 대부분을 차지하고 중앙 집권 국가로 발전하기 시작

Check Point

남당

마을의 원시적인 집회소에서 기원한 것으로, 여러 소국들이 연맹체를 구성해 이른바 연맹왕국을 이룬 단계에 이르러서는 종래의 부족집회소적인 성격에서 탈피해 중앙 정청의 성격을 띤 것으로 변하였다. 신라에서는 도당이라 불렀다.

Check Point

신라의 왕호

• 거서간(居西干) : 박혁거세, 정치적 군장, 지배자

• 차차웅(次次雄) : 남해, 제사장, 무당 → 정치적 군장과 제사장의 기능 분리

• 이사금(尼師今) : 유리왕, 연맹장, 연장자 · 계승자 → 박 · 석 · 김의 3성 교립제

• 마립간(麻立干) : 내물왕, 대수장 또는 우두머리 → 김씨의 왕위 독점 및 왕권 강화

• 왕(王) : 지증왕, 중국식 왕명 → 부자 상속제 확립, 중앙 집권화

• 불교식 왕명 : 법흥왕, 불교식 왕명 시대(23대~28대) → 중고기(中古期)(〈삼국유사〉의 분류)

• 시호제(諡號制) 시행 : 태종 무열왕, 중국식 조(祖) · 종(宗)의 명칭 → 중대(中代)(〈삼국사기〉의 분류)

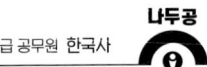
ⓛ 체제 정비 : 김씨에 의한 왕위 계승권을 확립(형제 상속)하고 왕의 칭호도 대
군장을 뜻하는 마립간으로 변경(→왕권 안정 및 중앙 정부의 통제력 강화)

ⓒ 대외적 활동 : 신라 해안에 나타난 왜를 물리치는 과정에서 고구려 광개토
대왕의 군대가 신라 영토 내에 주둔하였는데, 이후 신라는 고구려의 간섭
을 받는 한편, 고구려를 통해 중국의 문물을 수용하며 성장

3. 백제의 전성기(4세기)

(1) 백제

① 근초고왕(13대, 346~375) : 고대 국가의 완성

ⓞ 고구려의 평양성을 공격하고 마한의 나머지 세력을 정복(369)하여, 오늘날
의 경기 · 충청 · 전라도와 낙동강 중류, 강원도 · 황해도의 일부 지역 등 백
제 최대 영토 확보, 고국원왕 전사(371)

Check Point

백제의 중국 진출
백제는 고구려와 더불어 요동의
동쪽에 있었다. 진나라 시대에 고
구려가 요동을 점유하니, 백제는
요서, 진평 두 군을 점령한 후에
백제군을 설치하였다.
– 요사렴, 〈양서〉 –

ⓛ **활발한 대외 활동** : 요서 · 산둥 ·
일본 규슈 지방으로 진출해 고대
상업 세력권 형성

▶ 백제의 전성기(4세기)

ⓒ 동진과 수교(372), 가야에 선진 문
물 전파, 왜와 교류(→ 칠지도 하사)

ⓔ **중앙 집권 체제의 완비** : 왕권의
전제화, 부자 상속에 의한 왕위
계승이 시작됨

ⓜ 고흥으로 하여금 〈서기(書記)〉를
편찬하게 함(부전)

ⓗ 왕인이 〈천자문〉 · 〈논어〉 등을 일본에 전파(→ 일본 아스카 문화의 시조)

칠지도(七支刀)

① **의의** : 백제 근초고왕이 왜왕에게 친선 외교의 목적으로 하사한 칼로서, 〈일본서기(日本書紀)〉에는 칠
지도(七枝刀)라 기록되어 있다. 현재 일본의 3대 보물의 하나로 나라현 덴리시의 이소노카미 신궁에
보관되어 있다.

② **명문의 기록 내용** : 모두 61자(앞면 34자, 뒷면 27자)의 명문이 새겨져 있다. 이 중 '공공후왕(供供候王)'
과 관련하여 일본은 '공(供)'을 바친다는 뜻으로 해석하여 백제 봉헌설을 제기하기도 했고, '候王'을 '제
후인 왕'으로 해석하여 동진(東晉)이 백제를 통해 왜왕에게 하사했다는 동진 하사설을 제기하기도 하
였다. 현재는 백제 하사설이 가장 유력하다.

② **침류왕(15대, 384~385)** : 동진의 승려 마라난타로부터 불교를 수용(384)하여 중앙 집권 체제를 사상적으로 뒷받침

(2) 고구려의 발전

① **고국원왕(16대, 331~371)**

    ㉠ 전연의 선비족이 침략하여 환도성이 함락(342)되고 서방 진출이 위축됨

    ㉡ 백제 근초고왕의 침략으로 평양성에서 전사한 후 국가적 위기 봉착

② **소수림왕(17대, 371~384)** : 국가 체제를 개혁하고 새로운 발전 토대를 마련해 고대 국가를 완성

    ㉠ **전진과 수교** : 백제 견제를 위해 전진(前秦)과 수교하고 대외 관계를 안정시킴

    ㉡ **불교 수용(372)** : 전진의 순도가 전래(→ 삼국 중 최초로 수용), 고대 국가의 사상적 통일에 기여

    ㉢ **태학 설립(372)** : 중앙의 최고 학부(국립 대학)로서, 인재 양성·유학 보급 및 문화 향상에 기여

    ㉣ **율령 반포(373)** : 중앙 집권 국가로서의 체제를 강화(고대 국가의 완성)

> **Check Point**
>
> **태학**
> 소수림왕 2년에 설치된 국립교육 기관으로 우리나라 최초의 학교이다. 귀족자제의 교육기관으로 유교경전과 문학·무예를 교육하였다.

4. 고구려의 전성기(5세기)

(1) 고구려

① **광개토대왕(19대, 391~412)**

    ㉠ 소수림왕 때의 내정 개혁을 바탕으로 북으로 숙신(여진)·비려(거란)를 정복하는 등 만주에 대한 대규모의 정복 사업 단행으로 지배권 확대

    ㉡ 남쪽으로 백제의 위례성을 공격하여 임진강·한강선까지 진출(→ 64성 1,400촌 점령)

    ㉢ 서쪽으로 선비족의 후연(모용씨)을 격파하여 요동 지역 확보(요동을 포함한 만주 지역 지배권 확보)

> **Check Point**
>
> **전성기의 요건**
> • 한강 유역 장악
> • 전성기 국가를 제외한 나머지 두 국가의 동맹
>   – 4세기 : 백제↔고구려·신라
>   – 5세기 : 고구려↔신라·백제
>   – 6세기 : 신라↔고구려·백제
> • 전성기 이전 왕들이 율령 반포, 불교 수용 등을 통해 기반을 마련함

ⓔ 신라에 침입한 왜를 낙동강 유역에서 토벌(400)함으로써 한반도 남부에까지 영향력 행사(→ 백제·왜·가야 연합군을 격파한 내용이 광개토대왕릉비에 기록)

ⓜ 우리나라 최초로 '영락(永樂)'이라는 독자적 연호 사용하여 중국과 대등함을 과시

참고

광개토대왕의 영토 확장 순서

① 만주의 비려(거란) 정복(395)
② 남쪽으로 백제의 위례성(한성)을 침공하여 아신왕 굴복, 조공을 받는 속국으로 삼음(396)
③ 고구려 동북쪽의 숙신(여진)을 정복(398)
④ 신라에 침입한 왜를 낙동강 유역에서 토벌, 신라에 고구려 군대를 주둔시키고 속국으로 삼음(400)
⑤ 임진강 등 한강 이북 장악(404)
⑥ 서쪽으로 후연을 격파하여 요동 지역 확보(407)
⑦ 두만강 하류 지역의 동부여 정복, 동예의 영토 흡수(410)

참고

광개토대왕릉비

① **건립 시기 및 소재** : 장수왕 2년(414)에 건립된 선돌 양식의 6.4m짜리 비로, 만주 집안현 통구에 위치한다.
② **발견 시기** : 일제 강점기 이전인 1880년대 초반에 탁본이 발견되었고, 1870년대 중국 학계에서 광개토대왕릉비 연구가 시작된 것으로 보아 이 무렵에 발견된 것으로 추정된다.
③ **비문의 내용** : 예서체로 뒤 1,775자 중 1,400여 자만이 판독 가능하다.
  ㉠ 전반 : 고구려의 건국 내력(주몽 설화), 광개토대왕의 치적에 대한 칭송
  ㉡ 중반 : 영락 5년 비려 정복(395), 백제 정벌(396), 읍루(숙신) 정벌(398), 신라·가야 지방의 왜 토벌(400), 동부여 정복(410) 등 64성 1,400촌을 공략한 내용이 기록
  ㉢ 후반 : 무덤을 지키는 수묘인에 관한 기록
④ **왜 토벌 기록** : 영락 9년 기해년에 백제가 서약을 어기고 왜와 화통하므로, 왕은 평양으로 순시해 내려갔다. 신라가 사신을 보내 왕에게 말하기를, "왜인이 그 나라 국경에 가득 차서 성들을 부수었으니 노객(신라왕)은 백성 된 자로서 왕에게 귀의하여 분부를 청한다."고 하였다. …… 영락 10년(400) 경자년에 보병과 기병 5만을 보내 신라를 구원하게 하였다. …… 관군이 그곳에 이르자 왜적이 물러가므로, 뒤를 급히 추격하여 임나가라의 종발성에 이르렀다. 성이 곧 귀순하여 복종하므로, 순라병을 두어 지키게 하였다. 신라의 염성을 공략하니 왜구는 위축되어 궤멸되었다.
⑤ **논란이 되는 내용** : 광개토대왕 6년(396)의 백제 정벌에 관한 부분, 즉 "百殘 新羅 舊是屬民 由來朝貢 而倭以辛卯年來渡海破百殘 ○○ 新羅以爲臣民"이라는 부분이 논란이 되는데, 일본 학자들은 신묘년(391)의 '渡海'의 주체를 왜로 보아 이른바 임나경영설을 주장하였고, 한국 학자들은 그것을 고구려 또는 백제로 보고 있다. 이 비를 발견하였을 당시에 일본군이 고의로 훼손하여 개작했을 것이라는 주장이 있다.

▶ 광개토대왕릉비

▶ 호우명 그릇

▶ 중원 고구려비

5세기경 신라와 고구려의 역학 관계

신라와 고구려의 당시 역학 관계를 입증하는 자료로는 경주 호우총의 호우명 그릇과 중원 고구려비가 있다. 호우총에서 발굴된 호우명 그릇의 밑바닥에는 "을묘년국강상광개토지호태왕(乙卯年國岡上廣開土地好太王)"이라는 글씨가 새겨져 있는데, 이것이 광개토대왕을 기리는 내용이라는 점에서 당시 신라가 고구려의 간섭을 받았고 고구려를 통하여 간접적으로 중국의 문물을 받아들이면서 성장해 나갔다는 것을 짐작할 수 있다. 또한 당시 고구려군이 신라에 주둔했으며 신라 왕자가 고구려에 인질로 보내지기도 했다. 한편 중원 고구려비에도 신라를 동이, 신라 왕을 매금이라 칭하고(고구려를 천하의 중심으로 인식), 한강 상류와 죽령 이북 지역이 고구려 영토임을 확인하는 내용과 함께 고구려 왕이 신라 왕을 만나 의복을 하사하였다는 내용, 고려대왕(고구려 왕)이라는 단어를 비롯하여 고구려 관직명 등이 나타나 있으므로 이를 통해 당시 양국의 역학 관계를 짐작할 수 있다.

② 장수왕(20대, 413~491)

㉠ 중국 남북조와 교류하며, 대립하던 두 세력을 조종·이용하는 외교정책 전개

㉡ 수도를 통구(국내성)에서 평양으로 천도(427)하여 안으로 귀족 세력을 억제하여 왕권을 강화하고 밖으로 백제와 신라를 압박하였으며(남하 정책), 서쪽 해안으로 적극 진출하는 계기를 마련(→ 전성기 형성)

㉢ 백제의 수도 한성을 함락하고, 한강 전 지역을 포함하여 죽령 일대로부터 남양만을 연결하는 선까지 장악(→ 한강 유역 진출은 광개토대왕릉비와 중원 고구려비에 반영됨)

㉣ 유연(柔燕)과 연합하여 함께 지두우(地豆于)를 분할 점령(479)하여 대흥안령(大興安嶺)일대의 초원 지대를 장악하기도 함

㉤ 지방 청소년의 무예·한학 교육을 위해 경당을 설치(→ 우리나라 최초의 사학(私學))

▶ 고구려의 전성기(5세기)

장수왕의 남하 정책이 미친 영향
① 신라와 백제의 나·제 동맹 체결(433~553)
② 백제의 개로왕이 북위(후위)에 군사 원조를 요청(472)
③ 백제가 수도를 한성에서 웅진(공주)으로 천도(475)
④ 충북 중원 고구려비의 건립

③ 문자(명)왕(21대, 491~519) : 부여를 완전 복속하여 고구려 최대의 판도를 형성(494)

기출 Plus [국가직 9급 기출]

01. (가)~(다)는 고구려의 발전 과정을 시기 순으로 나열한 것이다. (나)에 들어갈 내용으로 옳은 것만을 〈보기〉에서 모두 고른 것은?

(가) 낙랑군을 차지하여 한반도로 진출하는 발판을 마련하였다.
(나) (　　　　　)
(다) 평양으로 도읍을 옮기고, 백제의 수도인 한성을 함락하였다.

〈보기〉
ㄱ. 태학을 설립하였다.
ㄴ. 진대법을 도입하였다.
ㄷ. 천리장성을 축조하였다.
ㄹ. 신라를 도와 왜를 격퇴하였다.

① ㄱ, ㄴ ② ㄱ, ㄹ
③ ㄴ, ㄷ ④ ㄷ, ㄹ

해 (가) : 미천왕 때인 313년. (나) : 313년 ~ 475년 사이의 역사적 사실. (다) : 장수왕 때인 475년이다.
ㄱ. 소수림왕 때인 372년. ㄹ. 광개토대왕 때인 400년. ㄴ. 고국천왕 때인 194년. ㄷ. 영양왕 때인 631~647년까지이다.

답 01 ②

꼭! 확인 기출문제

다음 비문의 내용에 해당하는 고구려 왕의 업적으로 옳은 것은? [국가직 9급 기출]

> 영락 10년(400) 경자에 보병과 기병 5만을 보내 신라를 구원하게 하였다. 후퇴하는 왜적을 추격하여 종발성을 함락하고 병사를 두어 지키게 하였다.

❶ 후연을 격파하여 요동으로 진출하였다.
② 율령을 반포하여 국가 체제를 정비하였다.
③ 지방 세력 통제를 위해 불교를 공인하였다.
④ 지두우를 분할 점령하여 흥안령 일대의 초원 지대를 장악하였다.

🖐 ① 제시된 내용은 광개토대왕릉비의 내용으로, 광개토대왕 때 고구려가 신라 해안에 침입한 왜를 토벌(400)한 것을 기록한 것이다. 광개토대왕은 북으로는 숙신·비려를 정복하고 남으로 백제 위례성을 공격하여 한강 이북 지역까지 진출하였으며, 서쪽으로 후연을 격파하여 요동 지역으로 진출하였다.
② · ③ 율령을 반포(373)하여 국가 체제를 정비하고, 지방 통제를 위해 불교를 공인(372)한 고구려의 왕은 소수림왕(371~384)이다.
④ 고구려 장수왕(413~491)의 업적이다. 장수왕은 한강 전 지역을 장악하였고, 강력한 국력을 배경으로 유연(柔燕)과 함께 지두우(地豆于)를 분할 점령(479)하여 대흥안령(大興安嶺) 일대의 초원 지대를 장악하기도 했다.

(2) 백제

① 비유왕(20대, 427~455) : 송과 통교하였으며, 장수왕의 남하 정책에 대항해 신라 눌지왕과 나·제 동맹을 체결(433)

② 개로왕(21대, 455~475) : 고구려의 압박에 북위에 국서를 보내 군사 원조를 요청하였으나, 원조가 거절되고 개로왕은 고구려 장수왕에 붙잡혀 사망

③ 문주왕(22대, 475~477)

   ㉠ 고구려의 남하 정책에 밀려 웅진으로 천도하여 대외 팽창이 위축되고 무역 활동도 침체

   ㉡ 진씨·해씨 등 왕비족과 귀족 세력이 국정을 주도하면서 왕권이 약화됨

④ 동성왕(24대, 479~501)

   ㉠ 신라와 동맹을 강화(결혼 동맹, 493)하여 고구려에 대항하고, 내적으로 외척 세력을 배제하고 웅진 및 금강 유역권의 신진세력을 등용하여 귀족 간의 견제와 균형을 도모함으로써 사회 안정과 왕권 강화, 국력 회복을 모색

   ㉡ 탐라(제주도)를 복속(498), 남조 국가인 제(齊)와 통교

   ㉢ 궁성을 중건하고 나성을 축조하여 수도의 면모를 갖추고, 주변에 산성을 축조함

(3) 신라

① 실성왕(18대, 402~417) : 왜와의 화친을 위해 내물 마립간의 아들 미사흔(未斯欣)을 볼모로 보냄(402), 내물 마립간의 둘째 아들인 복호(卜好)를 고구려에

볼모로 보냄

② 눌지왕(19대, 417~458)

ㄱ 왕위의 부자 상속제 확립으로 왕권을 강화

ㄴ 고구려의 남하 정책에 대항에 백제(비유왕)와 나·제 동맹을 체결(433)

③ 소지왕(21대, 479~500)

ㄱ 6촌을 6부의 행정 구역으로 개편

ㄴ 백제 동성왕과 결혼 동맹을 체결(493)

ㄷ 우역을 두고 역로를 수리하였으며, 수도 경주에 시장을 개설(490)

ㄹ 나을(奈乙)에 신궁 설치

5. 신라의 전성기(6세기)

(1) 신라

① 지증왕(22대, 500~514)

ㄱ 국호를 사로국에서 신라로, 왕의 칭호를 마립간에서 왕으로 고침(503)

ㄴ 행정 구역을 개편하여 중국식 군현제를 도입하고(지방에 주·군을 설치하고 주에 군주(軍主)를 파견), 소경제(小京制)를 설치

ㄷ 권농책으로 우경을 시작하고, 시장 관리기관으로 동시전을 설치(509)

ㄹ 이사부를 파견하여 우산국(울릉도)을 복속(512)

ㅁ 순장을 금지하고 상복(喪服)을 입도록 함(상복법 제정)

신라의 국호·왕호 개칭

지증 마립간(智證麻立干) 4년(503) 10월에 여러 신하들이 아뢰기를, "시조가 창업한 이래로 나라 이름이 일정치 않아 혹은 사라(斯羅)라 하고 혹은 사로(斯盧)라 하고 혹은 신라(新羅)라 하였으나, 신들은 생각하건대 新은 덕업이 날로 새롭다는 뜻이요(德業日新), 羅는 사방을 망라한다는 뜻이니(網羅四方), 그것으로 국호를 삼는 것이 좋을 듯합니다. 또 생각하건대 예부터 국가를 가진 이는 모두 제(帝)나 왕(王)을 칭하였는데 우리 시조가 건국한 지 지금 23대가 되었으나 단지 방언으로 칭하여 존호를 정하지 않았습니다. 지금 여러 신하들은 한뜻으로 삼가 신라국왕(新羅國王)이란 존호를 올립니다."라 하였다. 왕이 이에 따랐다. 6년(505) 2월에 왕이 친히 국내에 주군현(州郡縣)의 제도를 정하고 실직주(悉直州)를 두어 이사부(異斯夫)를 군주(軍主)로 삼으니 군주란 이름이 여기서 시작되었다. — 〈삼국사기〉 —

② 법흥왕(23대, 514~540) : 중앙 집권 국가 체제의 완비

ㄱ 제도 정비 : 병부 설치(517), 상대등 제도 마련, 율령 반포, 공복 제정(520) 등을 통하여 통치 질서를 확립하였으며, 각 부의 하급 관료 조직을 흡수하여 17관등제를 완비

▶ 단양 적성비

▶ 북한산 진흥왕 순수비

▶ 황초령 진흥왕 순수비

   ⓛ 불교 공인 : 불교식 왕명 사용, 골품제를 정비하고 불교를 공인(527)하여 새롭게 성장하는 세력들을 포섭

   ⓒ 연호 사용 : 건원(建元)이라는 연호를 사용함으로써 자주 국가로서의 위상을 높임

   ⓔ 영토 확장 : 대가야와 결혼 동맹을 체결하고(522), 금관 가야를 정복하여 낙동강까지 영토를 확장(532), 백제를 통해 남조의 양과 교류

  ③ 진흥왕(24대, 540~576)

   ⊙ 영토 확장 및 삼국 항쟁의 주도

    • 남한강 상류 지역인 단양 적성을 점령하여 단양 적성비를 설치(551) → 백제 성왕과 연합하여 고구려가 점유하던 한강 상류 지역을 차지(551) → 백제가 점유하던 한강 하류 지역 차지(553) → 관산성 전투 승리(554) → 북한산비 설치(561)

▶ 신라의 전성기(6세기)

    • 고령의 대가야를 정복하는 등 낙동강 유역을 확보(→ 창녕비, 561)

    • 원산만과 함흥 평야 등을 점령하여 함경남도 진출(→ 황초령비 · 마운령비, 568)

   ⓒ 화랑도를 공인(제도화)하고, 거칠부로 하여금 〈국사(國史)〉를 편찬하게 함(부전)

   ⓔ 황룡사 · 흥륜사를 건립하여 불교를 부흥하고, 불교 교단을 정비하여 주통 · 승통 · 군통제를 시행, 불교의 진종 사상 도입

   ⓕ 최고 정무기관으로 품주(稟主)를 설치하여 국가기무와 재정을 담당하게 함

   ⓜ 연호 사용 : '개국', '대창', '홍제'

진흥왕 순수비(眞興王巡狩碑)

진흥왕이 새로 넓힌 영토를 직접 돌아보고 세운 비석(척경비)으로, 현재 창녕비 · 북한산비 · 황초령비 · 마운령비 등 4기가 남아있다. '순수'란 천자가 제후의 봉지(封地)를 직접 순회하면서 현지의 통치 상황을 보고받는 의례로 순행(巡行)이라고도 한다. 순수비란 순수를 기념하여 세운 비석을 말하는데, 진흥왕 순수비의 비문 속에 나타나는 '순수관경(巡狩管境)'이란 구절에서 비롯되었다. 진흥왕 순수비는 당시의 삼국 관계와 신라의 정치상 · 사회상을 알려 주는 귀중한 자료이다.

꼭! 확인 기출문제

밑줄 친 '왕'의 재위 기간에 있었던 사실로 옳은 것은? [지방직 9급 기출]

이찬 이사부가 왕에게 "국사라는 것은 임금과 신하들의 선악을 기록하여, 좋고 나쁜 것을 만대 후손들에게 보여주는 것입니다. 이를 책으로 편찬해 놓지 않는다면 후손들이 무엇을 보고 알겠습니까?"라고 아뢰었다. 왕이 깊이 동감하고 대아찬 거칠부 등에게 명하여 선비들을 널리 모아 그들로 하여금 역사를 편찬하게 하였다.

－삼국사기－

① 정전 지급 　　　　　　　② 국학 설치
③ 첨성대 건립 　　　　　　**❹ 북한산 순수비 건립**

📖 ④ 주어진 사료는 이사부의 건의로 거칠부 등이 편찬한 역사서 '국사(國史)'에 관한 내용으로, 밑줄 친 '왕'은 신라 진흥왕을 가리킨다. 북한산 순수비(북한산비, 555)는 진흥왕 때 백제와 연합하여 한강 상류 지역을 차지하고 백제가 점유하던 한강 하류 지역을 탈취하여 한강 전 지역을 차지한 후 세운 비이다.
　① 정전(丁田)은 통일신라시대 성덕왕이 백성에게 나누어준 토지로, 국가의 농민(토지)에 대한 지배를 강화하기 위한 의도가 담겨 있다.
　② 국학(國學)은 신문왕 때 완성된 통일신라의 중앙교육기관으로, 유교 정치이념에 대한 이해를 통해 전제왕권을 강화하고자 한 목적이 있었다.
　③ 첨성대는 천체의 움직임을 관찰하던 신라시대의 천문관측대로, 신라 선덕여왕 때 건립되었다.

 참고

신라의 금석문
- 포항 중성리비(지증왕, 501) : 현존 최고의 신라비로, 재산 분쟁에 관한 판결을 담고 있다.
- 영일 냉수리비(지증왕, 503) : 지증왕을 비롯한 신라 6부의 대표자들이 재산권 및 상속 문제에 관하여 논의·결정한 내용을 담고 있다.
- 울진 봉평 신라비(법흥왕, 524) : 울진 지역의 중요 사건의 처리 및 책임자 처벌에 관한 내용을 담고 있다. 장형·노인법 등을 규정한 율령이 성문법으로 실재했음을 보여주며 신라 육부의 독자성과 지방 지배의 방식, 신라 관등제의 발전 과정 등이 드러나 있다.
- 영천 청제비(법흥왕, 536) : 영천 지역의 청제(청못)를 축조할 때 세운 것으로, 축조 공사에 관한 기록과 이후의 보수 공사(798)에 관한 내용이 비문 양면에 각각 새겨져 있다.
- 단양 적성비(진흥왕, 551) : 신라가 한강 상류(남한강 상류) 지역을 점령하고 죽령 지역을 확보했음을 보여 준다. 관직명과 율령 관계, 전공자에 대한 포상 등의 내용이 기록되어 있다.
- 진흥왕 순수비 : 북한산비(555), 창녕비(561), 황초령비·마운령비(568)를 말한다.
- 남산 신성비(진평왕, 591) : 경주 남산에 축조한 새 성[新城]에 관한 비이다. 신라 시대의 지방 통치 제도 및 사회 제도 등을 보여 주고 있어 삼국 시대 금석문으로서 매우 귀중한 자료이다.
- 임신서기석(진평왕, 612) : 두 화랑이 유교 경전을 공부하고 인격 도야에 전념하며 국가에 충성할 것을 맹세한 내용을 기록한 비로, 당시 유학이 발달하였음을 알게 해 준다.

 TiP

삼국의 국가별 발전 순서
- 고대 국가의 기틀 마련(중앙 집권적 토대 구축) : 고구려(태조왕) → 백제(고이왕) → 신라(내물왕)
- 율령의 반포 : 백제(고이왕) → 고구려(소수림왕) → 신라(법흥왕)
- 고대 국가의 완성(중앙 집권 체제의 완성) : 백제(근초고왕) → 고구려(소수림왕) → 신라(법흥왕)
- 한강 유역의 점령 : 백제(고이왕) → 고구려(장수왕) → 신라(진흥왕)

기출 Plus [지방직 9급 기출]

03. 다음 금석문 중 신라 진흥왕 대의 정복 사업을 살피는 데 도움이 되는 것으로만 묶인 것은?

ⓐ 임신서기석
ⓑ 남산 신성비
ⓒ 단양 적성비
ⓓ 북한산 순수비

① ⓐ, ⓓ 　　② ⓑ, ⓒ
③ ⓑ, ⓓ 　　④ ⓒ, ⓓ

📖 ⓒ 단양 적성비(551)는 진흥왕 때의 척경비로서, 신라가 남한강 상류 지역을 점령하고 죽령 지역을 확보했음을 보여준다.
　ⓓ 북한산 순수비(북한산비, 555)는 진흥왕 때 백제와 연합하여 한강 상류 지역을 차지하고 백제가 점유하던 한강 하류 지역을 탈취하여 한강 전 지역을 차지한 후 세운 비이다.

Check Point

신라 금석문에 나타난 6부
6세기 초에 건립된 신라의 영일 냉수리비와 울진 봉평 신라비에는 신라 6부에 대한 내용과 함께 왕도 소속부의 명칭을 띠고 있었다는 것이 기록되어 있는데, 이는 왕이 6부의 실력자와 합의하여 국정의 주요 내용을 결정하였다는 것을 보여준다. 6부는 6세기에 접어들면서 점차 유명무실해지는데, 이것은 이 시기를 전후하여 국왕을 중심으로 하는 새로운 형태의 정치체제가 마련되었다는 것으로 이해할 수 있다.

답 03 ④

[지방직 9급 기출]

04. 밑줄 친 '무덤 주인'이 왕위에 있었던 시기의 사실로 옳은 것은?

1971년 7월, 공주시 송산리 고분군 배수로 공사 도중 벽돌무덤 하나가 우연히 발견되었다. 무덤 입구를 열자, 무덤 주인을 알려주는 지석이 놓여 있었으며, 백제는 물론 중국의 남조와 왜에서 만들어진 갖가지 유물들이 고스란히 남아 있었다.

① 중앙에는 22부 관청을 두고 지방에는 5방을 설치하였다.
② 고구려의 남진 정책에 맞서 나제동맹을 처음 결성하였다.
③ 활발한 대외 정복 전쟁으로 한강 유역을 차지하고 가야를 완전히 정복하였다.
④ 지방에 22개의 담로를 두고 왕족을 파견하여 지방에 대한 통제를 강화하였다.

해 지문은 무령왕릉에 대한 설명으로 무덤 주인은 백제 무령왕이다. 6세기 무령왕은 지방의 주요 지점에 22담로를 설치하고 왕자·왕족을 파견하여 지방 통제를 강화함으로써 부흥의 기반을 다졌다.

Check Point

담로
백제가 방·군·성의 지방 제도를 마련하기 이전에 설치한 제도로, 지방 통제 강화를 목적으로 한다. 왕자나 왕족을 지방의 요지에 보내 다스리게 하였다.

 04 ④

참고

진평왕(26대, 579~632), 선덕 여왕(27대, 632~647), 진덕 여왕(28대, 647~654)

• 진평왕 : '건복'이라는 연호 사용, 중앙 관서로 위화부·예부·조부·승부·영객부 설치, 불교를 장려하여 법명을 백정이라 하고 왕비를 마야 부인이라 칭함, 수와 친교(원광의 걸사표), 수 멸망 이후 당과 외교, 세속 5계를 통해 국가 사회 지도 윤리 제시, 남산 신성비 축조(591)
• 선덕 여왕(27대, 632~647) : '인평(仁平)'이라는 연호 사용, '덕만(德曼)'이라 함, 친당 외교 추진, 대야성 함락과 당항성 위기, 황룡사 9층탑 건축, 분황사 석탑(모전 석탑) 건립, 첨성대 축조, 영묘사 건립(635), 비담·염종 등의 반란
• 진덕 여왕(28대, 647~654) : 품주를 개편하여 집사부(군국 기밀 사무)·창부(재정 관장)로 분리, (좌)이방부 설치(형률에 관한 사무 관장), 독자적 연호 폐지, 나당 연합 결성(648, 당 고종의 연호 사용), 〈오언태평송(五言太平頌)〉을 지어 당에 보냄

꼭! 확인 기출문제

'마립간' 대신 중국식 '왕'이라는 칭호를 사용한 왕의 업적은? [지방직 9급 기출]

① 병부를 설치하였다.
② 국학을 설치하였다.
❸ 우산국을 복속시켰다.
④ 대가야를 정복하였다.

해 ③ 왕의 칭호를 마립간에서 왕으로 변경한 것은 지증왕(500~514) 때의 일이다. 지증왕은 이사부를 파견하여 우산국(울릉도)을 복속(512)하였다.
① 병부를 설치(517)한 왕은 법흥왕이다.
② 유학 교육을 위하여 국학(國學)을 설립하고 유교 이념을 확립한 왕은 신문왕(681~692)이다.
④ 진흥왕 때 대가야가 정복(562)되어 가야 연맹은 해체되었다.

(2) 백제

① 무령왕(25대, 501~523) : 백제 중흥의 전기를 마련
  ㉠ 지방의 주요 지점에 22담로를 설치하고 왕자·왕족을 파견하여 지방 통제를 강화함으로써 부흥의 기반을 다짐
  ㉡ 6세기 초 중국 남조의 양과 통교(→ 난징 박물관의 백제 사신도), 왜와도 교류
  ㉢ 가야 지역으로 진출(512)

참고

무령왕릉
1971년 공주 송산리 고분군에서 처음 발견되었는데, 무덤의 주인공과 생일, 사망일, 세덕(世德), 사적(事蹟), 자손 등을 알려주는 지석(현존 최고의 지석)이 발견되어 연대를 명확히 알 수 있다. 연꽃 등 우아하고 화려한 무늬를 새긴 벽돌로 쌓은 중국 남조 양식의 벽돌 무덤(전축분)이며, 금관 장식, 귀고리, 팔찌, 양나라 동전(오수전), 토지 매지권(도교 사상에 따른 묘지의 매매 계약서, 무령왕릉의 매지권은 지금까지 알려진 것 중 최초의 것) 등 3천여 껴묻거리가 출토되어 당시 문화의 특성 및 중국 남조와의 활발한 교류를 엿볼 수 있게 한다.

② 성왕(26대, 523~554)

　㉠ 사비(부여)로 도읍을 옮기고(538), 국호를 남부여로 고치면서 중흥을 꾀함

　㉡ 중앙 관청을 22부로 확대하고, 행정 조직을 5부(수도) 5방(지방)으로 정비

　㉢ 겸익을 등용하여 불교 진흥, 노리사치계를 통해 일본에 불교(불경·불상·경론 등) 전파(552)

　㉣ 중국의 남조와 활발하게 교류하고 문물을 수입

　㉤ 신라 진흥왕과 연합하여 한강 유역을 부분적으로 수복하였지만 곧 신라에 빼앗기고(→ 나·제 동맹 결렬, 553), 성왕 자신도 신라를 공격하다가 관산성(옥천)에서 전사(554)

관산성 전투(554)
백제 성왕은 신라 진흥왕과 함께 551년에 고구려에게 빼앗겼던 한강 하류의 6개 군을 탈환하는 데 성공하였다. 그러나 신라 진흥왕이 배신하여 이 지역을 점령하자, 양국 간의 동맹 관계는 깨졌고, 성왕은 신라를 공격하였으나 관산성 전투에서 전사하였다.

무왕(30대, 600~614), 의자왕(31대, 641~660)
• 무왕 : 왕흥사(부여)와 미륵사(익산)를 건립, 익산으로의 천도를 추진하였으나 실패
• 의자왕 : '해동증자'라는 칭송을 들음, 반당 친고구려 정책과 신라의 적대 노선 추진, 신라의 대야성 함락(642)

(3) 고구려

① 영양왕(26대, 590~618)

　㉠ 요서 지방을 공략(598), 수 문제의 30만 군과 수 양제의 113만 대군을 격퇴(살수 대첩, 612)(→국력 소모로 수 멸망(618))

　㉡ 이문진으로 하여금 〈유기〉 100권을 요약하여 〈신집〉 5권을 편찬하게 함(600)

　㉢ 담징을 일본으로 보내(608) 종이·먹을 전함

영류왕(27대, 618~642), 보장왕(28대, 642~668)
• 영류왕 : 수나라가 멸망한 이후 이연의 당나라가 중국 통일(618), 당 태종이 고구려 압박, 당의 침입을 대비하여 천리장성 건립
• 보장왕 : 당 태종이 영류왕을 죽인 연개소문의 정변을 구실로 침범(645), 당 태종은 30만 대군을 이끌고 요하를 건너 여러 성을 점령한 후 안시성을 60여 일이나 공격하였으나 실패

기출 Plus　[서울시 9급 기출]

06. 〈보기〉의 사건들을 시간순으로 바르게 나열한 것은?

─〈보기〉─

ㄱ. 신라 – 건원(建元)이라는 독자적인 연호를 만들었다.

ㄴ. 가야 – 대가야가 멸망하면서 가야 연맹이 완전히 해체되었다.

ㄷ. 고구려 – 낙랑군을 완전히 몰아내고 대동강 유역을 확보하였다.

ㄹ. 백제 – 수도인 한성이 함락되고 왕이 죽자 도읍을 웅진으로 옮겼다.

① ㄱ-ㄴ-ㄷ-ㄹ

② ㄴ-ㄷ-ㄹ-ㄱ

③ ㄷ-ㄹ-ㄱ-ㄴ

④ ㄹ-ㄱ-ㄴ-ㄷ

해 ㄷ. 고구려가 낙랑군을 몰아낸 것은 313년 미천왕 때이다.

ㄹ. 백제의 수도 한성이 고구려 장수왕에 의해 함락되자 웅진으로 천도한 것은 475년이다.

ㄱ. 신라가 독자적인 연호를 사용한 것은 536년 법흥왕 때이다.

ㄴ. 대가야가 멸망하면서 가야 연맹이 완전히 해체된 것은 562년 신라 진흥왕에 의해서이다.

Check Point

가야의 건국 기록(〈삼국유사〉 가락국기편)

기원 후 42년에 김해를 중심으로 한 낙동강 유역 일대에서 금관가야(본가야)가 김수로에 의해 건국되었다.

 답　06 ③

 확인 기출문제

01. 다음 사건들과 가장 가까운 시점에 저술된 역사책은?　[지방직 9급 기출]

• 백제는 도읍을 사비(부여)로 옮겼다.

• 신라는 백관의 공복(公服)을 제정하였다.

• 수나라가 중국 대륙을 통일하였다.

① 유기(留記)　　　　　　　❷ 국사(國史)

③ 서기(書記)　　　　　　　④ 제왕 연대력(帝王年代曆)

해 ② 백제 성왕의 사비 천도는 538년, 신라 법흥왕의 공복 제정은 530년, 수나라의 중국 대륙 통일은 589년이므로 제시된 사건들은 모두 6세기의 사실이다. 6세기 중반 신라 진흥왕(540~576) 때 거칠부가 〈국사(國史)〉를 편찬하였다.

① 〈유기(留記)〉의 편찬 시기는 명확하지 않으나 고구려 초기에 편찬한 것으로 알려져 있다. 영양왕은 이문진으로 하여금 국초의 〈유기(留記)〉 100권을 간추려 〈신집(新集)〉 5권을 편찬(600)하게 하였다.

③ 백제의 〈서기(書記)〉는 4세기 근초고왕(346~375) 때 고흥이 편찬하였다.

④ 〈제왕 연대력(帝王年代曆)〉은 9세기 후반 활약한 신라의 최치원이 저술하였다.

02. 금석문의 내용에 대한 설명으로 옳지 않은 것은?　[국가직 9급 기출]

① 울진 봉평 신라비 : 이 지역에 발생한 중대 사건을 처리하고 관련자를 처벌하였다.

② 임신서기석 : 공부와 인격 도야에 관해 맹세하였다.

❸ 광개토대왕릉비 : 광개토대왕이 침략해 온 북위를 크게 무찔렀다.

④ 사택지적비 : 사택지적이 지난 세월의 덧없음을 한탄하였다.

해 ③ 광개토대왕릉비(장수왕 2, 414)에는 비려 정복(395), 백제 정벌(396), 읍루(숙신)(398) 정벌, 신라·가야 지방의 왜 토벌(400), 동부여 정복(410) 등에 대한 기록이 있으나, 북위를 무찌른 내용은 기록되어 있지 않다. 광개토대왕이 활약하던 4세기 후반에서 5세기 초에 고구려와 북위 간에는 형식상의 화친 관계가 형성되어 있었다.

① 울진 봉평 신라비(법흥왕 11, 524)는 울진 지역에서 발생한 중대 사건을 처리하고 관련자들의 책임과 처벌에 대한 내용을 담고 있는 율령 관계의 비이다.

② 임신서기석(壬申誓記石)은 두 화랑이 유교 경전 공부와 인격 도야에 전념하고 국가에 충성할 것을 맹세한 내용을 기록한 비문이다.

④ 사택지적비(砂宅智積碑)는 백제 의자왕 때 사택지적이라는 사람이 세월의 덧없음을 한탄하면서 만든 비로, 도교의 노장 사상을 반영하고 있다.

6. 가야의 성립과 발전

(1) 성립

① **12개 소국의 형성** : 삼국이 국가 조직을 형성해 가던 시기에 낙동강 하류 유역의 변한 지역에서 철기 문화를 토대로 사회 통합을 이루며 2세기 경 여러 정치 집단들이 등장(→ 변한 12국)

② **초기의 성격** : 주로 해변을 통해 들어온 유이민 세력과 토착세력이 융합(→ 토착세력이 유이민을 흡수)

③ **연맹 왕국의 형성** : 2~3세기 경 금관가야가 중심이 되어 연맹 왕국으로 발전(→ 전기 가야 연맹의 형성)

(2) 경제

① 일찍부터 벼농사를 짓는 등 농경문화가 발달

② 풍부한 철 생산, 철기 문화의 발달

③ 해상교통을 이용한 낙랑·왜의 규슈 지방과 중계무역 번성

④ 해안 지방으로부터 토기의 제작 기술이 보급되고, 수공업이 번성

▶ 가야 기마토기

(3) 가야의 발전(가야 연맹의 주도권 변동)

① 김해의 금관가야를 중심으로 한 전기 가야 연맹은 4세기 초부터 백제와 신라의 팽창에 밀려 점차 약화되기 시작

② 4세기 말부터 5세기 초에 신라를 후원하는 고구려군의 공격으로 중심세력이 해체되고 낙동강 서안으로 세력이 축소

③ 5세기 이후 김해·창원을 중심으로 한 동남부 세력이 쇠퇴하

▶ 가야 연맹

고 고령 지방을 중심으로 하는 대가야가 주도권을 행사하며 후기 가야 연맹을 형성(→ 5세기 이후 금관가야의 고분유적지는 축소되고 대가야 중심지의 유적지는 확대됨)

(4) 가야의 쇠퇴와 멸망

① 후기 가야 연맹은 6세기를 전후하여 백제·신라와 동맹 또는 대립을 통해 세력 확장을 모색하였고, 국제적 고립을 탈피하기 위해 신라(법흥왕)와 결혼 동맹(522)을 맺음

② 신라와 백제의 다툼 속에서 연맹이 분열되어 금관가야가 신라 법흥왕 때 복속(532)되었고, 대가야가 신라 진흥왕 때 병합(562)되어 가야 연맹은 완전히 해체됨(→ 삼국과 같은 중앙 집권 국가로서의 정치적 발전을 이룩하지 못하고 멸망)

Check Point

고구려의 가야 연맹군 공격
고구려의 광개토대왕은 신라 내물왕의 구원 요청을 받아 백제·가야·왜의 연합 세력을 낙동강 중·하류 지역까지 추격하여 섬멸하였다.

제3절 대외 항쟁과 삼국의 통일

1. 고구려의 대외 항쟁

(1) 6세기 말 이후의 삼국 정세

① 고구려와 백제는 신라가 한강 유역을 독점한 것에 자극받아 여·제 동맹을 맺고 당항성을 공격하였는데, 이에 신라는 중국과 통교

② 고구려는 수(隋)가 중국 남북조를 통일(589)한 것에 위협을 느껴 돌궐과 연결하고 백제는 왜와 친교

③ 십자형 외교의 전개 : 신라는 수·당과 연결하여 동서 세력을 형성하였고, 고구려는 북의 돌궐, 남의 백제·왜와 연결하는 남북 연합 세력을 구축

▶ 6세기 말 이후 삼국의 대외 관계

(2) 고구려의 대외 항쟁

① 여·수 전쟁

⊙ 원인 : 수의 압박으로 돌궐이 약화되고 신라가 친수 정책을 취하자 이에 위기 의식을 느낀 고구려가 먼저 중국의 요서 지방을 공격

⊙ 경과 : 수 문제(文帝)와 양제(煬帝)는 잇따라 대규모 병력을 이끌고 고구려를 침략

제1차 침입(영양왕, 598)	수 문제의 30만 대군이 침입했으나 장마와 전염병으로 실패
제2차 침입(영양왕, 612)	수 양제의 113만 대군이 침입했으나 을지문덕이 이끄는 고구려군에게 살수에서 대패(살수 대첩)
제3·4차 침입 (영양왕, 613·614)	수 양제가 침입했으나 모두 실패

ⓒ 결과 : 수가 멸망(618)하는 원인으로 작용

② 여 · 당 전쟁

ⓐ 대외 정세

- 당(唐)은 건국(618) 후 대외 팽창 정책을 보이며 고구려에 대한 정복 야욕을 보임
- 당은 돌궐을 복속한 후 거란족이 고구려를 배반하도록 유인하는 등 고구려를 자극
- 연개소문은 대당 강경책을 추진하고, 당의 침입에 대비해 천리장성(부여성~비사성)을 쌓아 방어 체제를 강화(647)
- 백제와 대립하던 신라는 친당 정책을 전개

ⓑ 당 태종의 침략

- 제1차 침략(보장왕, 645) : 양만춘이 이끄는 고구려 군과 군민이 안시성에서 60여 일간 완강하게 저항하며 당의 군대를 격퇴(안시성 싸움)
- 제2 · 3차 침략 : 고구려는 당의 침략을 물리쳐 동북아시아 지배 야욕을 좌절시킴

(3) 고구려의 대외 항쟁이 갖는 의의

① 민족의 방파제 : 자국의 수호뿐만 아니라 중국의 한반도 침략 야욕을 저지함

② 거듭된 전쟁으로 고구려는 쇠약해졌고, 나 · 당의 결속은 더욱 공고해짐

2. 정세의 변동과 고구려·백제의 멸망

(1) 삼국 정세의 변화

① 신라의 성장 : 고구려가 대외 침략을 막는 동안 신라는 김춘추 · 김유신이 제휴하여 권력을 장악하고, 고구려와 백제에 대항하면서 삼국 간의 항쟁을 주도

② 나 · 당 연합군의 결성(648) : 신라는 당과 군사 동맹을 맺어 한반도의 통일을 기도

(2) 백제와 고구려의 멸망

① 백제의 멸망(660)

ⓐ 국가의 쇠퇴 : 사치와 정치적 혼란, 거듭된 전란 등으로 국력이 약화됨

ⓑ 나 · 당 연합군의 공격 : 김유신이 지휘한 신라군은 탄현을 공격하고 황산벌에서 계백이 이끈 백제의 결사대를 격파한 뒤 사비성으로 진출, 소정방이 이끄는 당군은 백강(금강) 하구로 침입

Check Point

고구려와 당의 관계
- 당 건국 초기
  - 고구려와 화친 관계
  - 수와의 전쟁에서 잡혀간 포로들을 교환
- 당 태종
  - 주변 나라들을 침략하며 고구려에 압력 → 고구려는 랴오허 강 주위에 천리장성 축조
  - 연개소문의 정변을 구실로 고구려 침략

Check Point

연개소문의 정변(642)
연개소문은 고구려 말기의 장군이자 재상이다. 그는 천리장성을 축조하면서 세력을 키웠는데, 그에 두려움을 느낀 사람들이 영류왕과 상의하여 그를 죽이려 하였다. 그것을 안 연개소문은 거짓으로 열병식을 꾸며 대신들을 초대한 뒤 모두 죽였다. 그리고 궁궐로 가 영류왕을 죽이고 그 동생인 장(보장왕)을 옹립하였다.

기출 Plus

[법원직 9급 기출]

01. (가)와 (나) 사이에 있었던 역사적 사실을 〈보기〉에서 고른 것은?

(가) 백제 동성왕은 신라 이 벌찬 비지의 딸과 혼 인한 후 병사 3천 명을 보내 신라군을 도와 고 구려 병사의 포위를 풀 게 하였다.
　－〈삼국사기〉－

(나) 6월에 수양제가 요동 성 남쪽에서 공격하였 으나 항복하지 않고 계 속 항전을 하였다. 수 양제는 부하 장수들에 게 30만 5천의 병력으 로 성을 우회하여 압록 강으로 진격케 하였다.
　－〈삼국사기〉－

〈보기〉
㉠ 고구려는 신라에 침입한 왜를 격퇴하였다.
㉡ 백제는 사비로 도읍을 옮기고 국호를 남부여 로 고쳤다.
㉢ 고구려는 안시성 싸움에 서 민·군이 협력하여 당군을 물리쳤다.
㉣ 신라 지증왕은 국호를 신라로 바꾸고 왕의 칭 호도 마립간에서 왕으 로 고쳤다.

① ㉠㉡　　　② ㉠, ㉢
③ ㉡, ㉣　　　④ ㉢, ㉣

해 제시된 (가)는 백제 동성왕 때 (5세기 후반)의 신라와의 관 계를 나타낸다. 이 시기에 동 성왕은 신라 소지왕과 결혼 동맹(493)을 체결하여 나·제 동맹을 더욱 강화하였다. (나) 는 7세기 초 수 양제의 침입 (612~614)을 격퇴한 여·수 전쟁에 대한 설명이다.
㉡ 6세기 성왕 때의 일이다.
㉣ 6세기 초의 일이다.

답 01 ③

ⓒ 사비성 함락 : 내부 정치 질서의 문란과 국가적 일체감 상실로 사비성이 함 락됨(660)

② 백제의 부흥 운동(660~663)

　㉠ 복신과 도침이 왕자 풍을 왕으로 추대하여 주류성(한산)에서 백제 부흥 운 동을 전개하였고, 흑치상지와 지수신은 임존성(대흥)에서 전개

　㉡ 지배층의 내분과 나·당 연합군의 공격으로 실패

③ 고구려의 멸망(668)

　㉠ 국내 정세

　　• 거듭된 전쟁으로 국력의 소모가 심하였고, 요동 지방의 국경 방어선도 약 해짐

　　• 연개소문이 죽은 뒤 지배층의 권력 쟁탈전으로 국론이 분열

　㉡ 당의 이세적과 신라의 김인문이 이끄는 나·당 연합군의 협공으로 멸망 (668)

④ 고구려의 부흥 운동

　㉠ 신라의 지원을 받은 검모잠이 보장왕의 서자 안승을 왕으로 하여 한성(재 령)에서 2년간 부흥 운동을 전개(669)하였으나 내분으로 실패(→ 안승이 검모잠을 죽이고 신라로 망명하여 금마저(익산)에서 고구려 왕(보덕국왕) 으로 임명됨)

　㉡ 고연무·고연수가 오골성 등을 근거로 부흥 운동을 전개(670)했으나 내분 으로 실패

꼭! 확인 기출문제

(가) 인물에 대한 설명으로 옳은 것은? [국가직 9급 기출]

김춘추가 당나라에 들어가 군사 20만을 요청해 얻고 돌아와서 (가) 을/를 보며 말하기를, "죽고 사는 것이 하늘의 뜻에 달렸는데, 살아 돌아와 다시 공과 만나게 되니 얼마나 다행한 일입니까?"라고 하였다. 이에 (가) 이/가 대답하기를, "저는 나라의 위엄과 신령함에 의지하여 두 차례 백제와 크게 싸워 20 성을 빼앗고 3만여 명을 죽이거나 사로잡았습니다. 그리고 품석 부부의 유골이 고향으로 되돌아왔으니 천행입니다."라고 하였다.
　－ 『삼국사기』 －

❶ 황산벌에서 백제군을 물리쳤다.
② 화랑이 지켜야 할 세속오계를 제시하였다.
③ 진덕여왕의 뒤를 이어 신라왕으로 즉위하였다.
④ 당에서 숙위 활동을 하다가 부대총관이 되어 신라로 돌아왔다.

해 ① 제시된 글의 (가)는 김유신이다. 신라에게 한강 유역을 빼앗긴 백제는 고구려, 일본과 손을 잡고 신라를 공격하였고 이에 신라는 당나라에 원군을 요청하여 나·당 연합군을 결성한다. 김유신은 나·당 연합군을 이끌고 660년 7월 황산벌에서 계백이 이끄는 백제 결사대를 격파하고 사비성을 함락함으로써 백제를 멸망시켰다.
② 세속오계는 신라 진평왕 때 승려 원광이 화랑에게 일러준 다섯 가지의 계율이다. 이는 화랑도의 신조가 되어 화 랑을 발전시키는 데 크게 이바지하였다.

③ 진덕여왕의 뒤를 이어 신라왕으로 즉위한 인물은 태종 무열왕 김춘추이다.
④ 당나라에서 숙위(왕족이 황제 옆에 머물며 모시는 것)하며 신라와 당나라의 관계에서 외교가 역할을 하고 나·당 연합 때 부대총관이 되어 돌아온 인물은 무열왕 김춘추의 아들 김인문이다.

3. 신라의 삼국 통일

(1) 나·당 전쟁과 통일의 달성

① 당의 한반도 지배 야욕
　㉠ 당은 한반도 전체를 장악하고자 신라와 연합한 것으로, 백제의 옛 땅에 웅진 도독부를, 고구려의 옛 땅에 안동 도호부를 두어 지배 야욕을 보임
　㉡ 신라의 경주에도 계림 도독부를 두고 문무왕을 계림 도독으로 칭하였으며, 신라 귀족의 분열을 획책함

② 경과 : 신라는 고구려와 백제의 유민과 연합하여 당과 정면으로 대결
　㉠ 고구려 부흥 운동 세력을 후원하고 백제 땅의 웅진 도독부를 탈환하여 소부리주를 설치(671)
　㉡ 마전·적성에서 당군을 물리치고, 이어 당의 대군을 매소성(매초성)에서 격파(675)
　㉢ 금강 하구의 기벌포에서 당의 수군을 섬멸(676)하고, 안동 도호부를 요동성으로 밀어내는 데 성공함으로써 삼국 통일을 달성(676)

(2) 통일의 의의와 한계

① 의의
　㉠ 민족 최초의 통일로서, 당을 힘으로 몰아낸 자주적 통일
　㉡ 고구려·백제 문화를 수용하고 경제력을 확충함으로써 민족 문화 발전의 토대 마련

② 한계 : 외세를 이용하였으며, 이로 인해 영토가 대동강에서 원산만 이남으로 축소됨

신라의 삼국 통일 과정
여수 전쟁(612) → 여당 전쟁(645) → 나당 연합군 결성(648) → 백제의 멸망(660) → 고구려의 멸망(668) → 나당 전쟁(670~676) → 삼국 통일(676)

Check Point

보덕국
검모잠은 안승을 왕으로 받들고 고구려의 유민들과 함께 당에 대항하였다. 이때 안승이 신라에 원조를 청하자, 신라는 당의 세력을 쫓아낼 생각으로 안승을 금마저(익산)에 살게 하고 고구려 왕으로 봉하였다. 안승은 후에 보덕국왕의 봉작을 받고 문무왕의 조카를 아내로 맞았으며, 신문왕 3년(689)에는 벼슬과 토지를 받고 신라의 귀족이 되었다. 이에 금마저에 남아 있던 장군 대문이 반란을 일으켰지만 신라군의 진압으로 실패하여 보덕국은 사라졌다.

▶ 나·당 전쟁

제4절 남북국 시대의 정치 변화

1. 통일 신라의 발전과 동요

(1) 통일 이후 신라의 정세

① 영역의 확대와 함께 인구가 크게 늘었고, 대외 관계가 안정되어 경제적 생산력도 증대

② 전쟁 과정에서 왕실의 권위가 높아지고 군사력이 더욱 강해지면서 정치도 안정됨

③ 통일을 전후한 왕권의 강화와 경제적 생산력 증대를 바탕으로 왕권의 전제화가 두드러짐

Check Point

시중
이전에는 중시라고 하였으나, 경덕왕 때부터 시중으로 바꾸었다.

(2) 왕권의 전제화(중대)

① 태종 무열왕(29대, 654~661) : 신라 중대의 시작

㉠ 최초의 진골 출신 왕으로서, 통일 전쟁을 치르는 과정에서 왕권을 강화

㉡ 이후 태종 무열왕의 직계 자손이 왕위 세습(태종 무열왕~혜공왕)

㉢ 감찰·탄핵 기관인 사정부를 설치하고, 최초로 중국식 시호(태종)를 사용, 갈문왕제 폐지

㉣ 상대등 세력을 억제하고, 왕명을 받들며 기밀 사무를 관장하는 집사부 시중의 기능을 강화(→ 통일 후 진골 귀족 세력 약화 및 왕권 전제화의 기반 마련)

② 문무왕(30대, 661~681) : 통일의 완수

㉠ 안승을 보덕국왕으로 봉하고, 당을 축출하여 통일을 완수

㉡ 우이방부를 설치하고, 외사정을 처음으로 지방에 파견

㉢ 지방 세력 통제를 목적으로 한 일종의 인질 제도인 상수리 제도 시행

③ 신문왕(31대, 681~692) : 전제 왕권의 강화

㉠ 김흠돌의 난을 계기로 귀족 세력을 숙청하면서 전제 왕권 강화(→ 6두품을 조언자로 등용)

㉡ 중앙 정치 기구를 정비(6전 제도 완성, 예작부 설치)하고 군사 조직(9서당 10정)과 지방 행정 조직(9주 5소경)을 완비

㉢ 관리에게 관료전을 지급(687)하고 귀족의 경제 기반이었던 녹읍을 폐지(689)

㉣ 유학 교육을 위하여 국학(國學)을 설립하고 유교 이념을 확립

참고

만파식적 고사

만파식적은 해룡이 된 문무왕과 천신이 된 김유신이 합심하여 대나무로 만들어 신문왕에게 보냈다는 피리를 말하는데, 이 고사는 신문왕의 전제 왕권 확립과 신라의 호국 이념을 상징한다(이 피리를 불면 군사는 물러가고, 병이 낫고, 가뭄에는 비가 오고 오던 비는 개고, 바람은 가라앉고 물결은 평온해진다).

 TIP

김흠돌의 난과 전제 왕권의 강화

신문왕 1년(681) 소판(蘇判) 김흠돌이 파진찬 흥원(興元), 대아찬 진공(眞功) 등과 함께 모반을 꾀하다가 발각되어 처형된 사건으로, 통일 신라의 왕권이 전제화되는 과정에서 나타난 중요한 사건의 하나로 간주된다.

④ 성덕왕(33대, 702~737) : 신라 시대의 전성기 형성(성덕왕~경덕왕)

 ㉠ 신문왕의 차남으로, 장남인 효소왕의 사후 화백 회의에서 추대

 ㉡ 당과의 문화 교류 및 사신 왕래가 활발하였으나, 발해와는 대립

 ㉢ 백성들에게 정전을 지급(722)하여 농민에 대한 국가의 토지 지배력 강화

⑤ 경덕왕(35대, 742~765)

 ㉠ 집사부의 중시를 시중으로 격상하고, 통치 기구와 지방 군현의 명칭을 중국식으로 바꾸어(한화(漢化) 정책) 왕권 강화를 도모

 ㉡ 국학을 태학감으로 바꾸고 박사·교수를 두어 유교 교육을 강화

 ㉢ 석굴암·불국사 창건(751), 석가탑에 무구정광 대다라니경 보관

 ㉣ 귀족의 반발로 녹읍이 부활(757)하고 사원의 면세전이 증가(→ 전제 왕권의 동요)

 ㉤ 귀족의 사치와 향락으로 인해 농민 부담이 가중

⑥ 정치 세력의 변동

 ㉠ 왕권이 전제화되면서 상대적으로 진골 귀족 세력은 약화

 ㉡ 6두품 세력이 왕권과 결탁하여 상대적으로 부각(→ 학문적 식견을 바탕으로 왕의 정치적 조언자로 활동하거나 행정 실무를 담당)

(3) 신라 하대의 정치적 변동

① 전제 왕권의 동요

 ㉠ 진골 귀족 세력의 반발로 8세기 중엽 경덕왕 때부터 전제 왕권이 흔들리기 시작

 ㉡ 녹읍이 부활되고 사원의 면세전이 늘어나면서 국가 재정 압박

 ㉢ 귀족의 사치와 향락으로 인하여 농민의 부담이 가중

Check Point

관료전과 녹읍

관료전은 관리들이 관직에 복무하는 대가로 받은 토지이다. 조세만을 받을 수 있으며 농민을 지배할 권한은 없고 관직에서 물러나면 국가에 반납해야 했다. 반면 귀족들이 받았던 녹봉의 일종인 녹읍을 통해서는 농민을 지배할 수 있었다.

 기출 Plus [서울시 9급 기출]

01. 통일신라에 대한 설명으로 가장 옳은 것은?

① 통일 후에는 주로 진골귀족으로 구성된 9서당을 국왕이 장악함으로써 왕실이 주도하는 교육제도를 구축하였다.

② 불교가 크게 융성한 통일신라의 수도인 경주에서는 주로 천태종이 권력과 밀착하며 득세하였다.

③ 신라 중대 때는 주로 원성왕의 후손들이 즉위하면서 비교적 강력한 왕권을 행사하였다.

④ 넓어진 영토를 관리하기 위해 지방행정을 구획하였는데, 5소경도 이에 해당한다.

해 신라는 통일 후 넓어진 영토를 관리하기 위해 통일 전 5주 2소경에서 통일 후 9주 5소경으로 지방행정을 구획하였다. 5소경은 신라의 수도인 금성(경주)이 한반도 남동쪽에 치우쳐 있으므로 통일 후 중앙 정부의 지배력이 수도에서 멀리 떨어진 곳까지 미치기 어려워 이러한 지리적 단점을 보완하기 위한 지방행정 조직이다.

 답 01 ④

Check Point

신라 하대 정치적 변동의 배경

• 8세기 후반 이후 국가 기강이 해이해지고 중앙 귀족 간의 권력싸움이 전개됨
• 왕권약화와 중앙정부의 지방에 대한 통제력이 약화됨
• 군사력과 경제력 그리고 새로운 사상을 갖춘 지방 호족 세력이 성장함

② 귀족의 반란과 하대의 시작

  ㉠ 혜공왕(36대, 765~780) 때인 768년 대공의 난이 발생하여 왕권 실추

  ㉡ 김양상(내물왕계)이 상대등이 되어 권력 장악(→ 왕은 실권 상실)

  ㉢ 상대등 김양상과 이찬 김경신이 김지정의 난을 진압하는 과정에서 혜공왕이 죽자, 김양상이 거병하여 스스로 왕(선덕왕)이 되어 신라 하대가 시작됨 (780)

대공의 난(96각간의 난)

혜공왕 4년(768) 각간 대공이 일으킨 난이다. 이 난을 계기로 전국이 혼란에 휩싸였는데 96각간이 서로 싸우고 3개월 만에야 진정되었다. 그러나 귀족들 내부의 알력은 진정되지 않아 연이어 반란이 일어났고, 결국 혜공왕은 즉위 16년 만에 상대등 김양상 등의 군사에 의해 살해되었다.

꿀! 확인 기출문제

일본에 사신을 보내면서 스스로를 '고려국왕 대흠무'라고 불렀던 발해 국왕 대에 있었던 통일 신라의 상황으로 옳은 것은? [국가직 9급 기출]

❶ 귀족세력의 반발로 녹읍이 부활되었다.
② 9주 5소경 체제의 지방행정조직을 완비하였다.
③ 의상은 당에서 귀국하여 영주에 부석사를 창건하였다.
④ 장보고는 청해진을 설치하고 남해와 황해의 해상무역권을 장악하였다.

뤤 ① '대흠무'는 발해 문왕(737~793)의 칭호이다. 8세기 중후반 통일 신라의 경덕왕(742~765) 때 귀족들의 반발로 녹읍이 부활(757)되었으며, 이때부터 신라 중대 전제왕권이 동요하기 시작했다.
  ② 통일 전 5주 2소경을 통일 직후 9주 5소경 체제로 정비하여 중앙 집권을 더욱 강화하였으므로, 9주 5소경 체제의 완비는 7세기 후반 신문왕(681~692) 때의 일이라 할 수 있다(→ 9주가 최초로 완비된 것은 신문왕 5년인 685년).
  ③ 의상(義湘, 625~702)은 7세기 신라 통일(676)을 전후하여 주로 활약하였는데, 당에서 귀국해 영주 부석사를 창건(676)하고 화엄종을 개창한 것은 통일 직후 7세기 후반의 일이다.
  ④ 신라 하대에 활약한 장보고는 완도에 청해진을 설치(828)하여 대당 중개무역을 독점하였다.

기출 Plus

[지방직 9급 기출]

02. 신라 시대 김헌창과 그의 아들 김범문이 차례로 난을 일으켰는데, 다음 중 그 결과로 가장 알맞은 것은?

① 상대등의 세력이 약화되었다.
② 무열계 진골이 몰락하였다.
③ 진골 출신에서 왕이 나왔다.
④ 상대등 김양상이 거병하여 왕이 되었다.

뤤 김헌창의 난(822)과 범문의 난(825)은 왕위 계승을 둘러싸고 무열계인 김헌창과 그의 아들 범문이 일으킨 난으로, 이후 무열계의 진골들은 6두품으로 강등되었다.

③ 권력 투쟁의 격화

  ㉠ 왕위 쟁탈전의 전개 : 진골 귀족들은 경제 기반을 확대하여 사병을 거느렸으며, 이러한 군사력과 경제력을 토대로 왕위 쟁탈전 전개(→ 진골 귀족 내부의 분열을 의미하며, 이로 인해 신라 하대 155년 간 20명의 왕이 교체됨)

  ㉡ 왕권의 약화 : 왕권이 약화되고 귀족 연합적인 정치가 운영되었으며, 집사부 시중보다 상대등의 권력이 다시 강대해짐(→ 상대등 중심의 족당 정치 전개)

  ㉢ 지방 통제력의 약화 : 김헌창의 난(822)은 중앙 정부의 지방 통제력이 더욱 약화되는 계기로 작용

답 02 ②

김헌창의 난과 범문의 난, 장보고의 난

① **김헌창의 난과 범문의 난** : 김헌창의 아버지인 김주원(무열왕계)은 선덕왕을 이어 왕위를 계승할 예정이었으나 내물왕계인 김경신(원성왕)에게 축출되었다. 이에 김헌창은 웅천주 도독으로 있을 당시 기회를 엿봐 헌덕왕 14년(822) 웅천에서 거사를 일으키고 국호를 장안, 연호를 경운이라 하였다. 이 난이 진압된 뒤 김헌창의 아들 범문도 헌덕왕 17년(825) 부친의 뜻을 이어받아 난을 일으켰으나 역시 실패하였다. 이 두 난을 계기로 무열왕의 직계들은 6두품으로 강등되었다.

② **장보고의 난** : 완도의 평민 출신인 장보고는 해상 세력으로서 완도에 청해진을 설치(828)하여 해적 소탕 및 대당 중개 무역의 기지로 삼고 나·당 무역을 독점하여 세력을 키워나갔으며, 신무왕의 옹립을 돕고 세력을 중앙 무대로 더욱 확대하였다. 그 후 자신의 딸을 문성왕의 왕비로 들이려 하다가 실패하자 반란을 일으켰다(문성왕 8, 846). 장보고가 부하 염장에게 피살됨으로써 난은 실패하고 청해진은 폐지(851)되었다.

④ 새로운 세력의 성장

㉠ 6두품 세력

- 골품제로 정치적 출세가 제한되던 6두품은 사회를 비판하며 점차 반신라 세력으로 성장
- 당에서 수학하고 돌아온 6두품 출신의 유학생과 선종 세력 등은 골품제를 비판하고 능력 중심의 과거 제도와 유교 정치 이념을 제시하며 역량을 확대(→ 새 시대의 이념적 기반을 마련)
- 진골 귀족의 배척으로 은거하거나 지방 호족 세력과 연계하여 사회 개혁을 추구

㉡ 호족 세력 : 6두품 세력보다 적극적으로 사회 변동을 추구

- 성장 : 신라 말 중앙 통제가 약화되자 농민 봉기를 배경으로 반독립적 세력으로 성장
- 출신 유형 : 몰락하여 낙향한 중앙 귀족, 해상 세력, 군진 세력, 군웅 세력(농민 초적 세력), 토호 세력(촌주 세력), 사원 세력(선종 세력) 등
- 특징
  - 자기 근거지에 성을 쌓고 군대를 보유하여 스스로 성주 혹은 장군이라고 칭하면서, 그 지방의 행정권·군사권, 경제적 지배력 장악
  - 정부의 가혹한 수탈과 초적의 위협에 대비해 농민과 함께 무장 자위 조직을 갖춤
  - 독자적 관부를 가지고 하나의 관반 체제를 형성
  - 선종 후원, 유교 정치 사상의 지방 확산, 지역민과의 유대 강화(향도 조직), 지방 문화 육성 등에 기여

Check Point

6두품
신라 중대에는 왕권과 결합하여 진골에 대항하는 세력이었으나 하대에는 반신라 세력으로 변모하였다. 이들 중 일부는 고려의 관료로 진출하였다.

Check Point

호족
호족은 신라 말 고려 초의 사회변동을 주도적으로 이끈 지방세력에 대한 칭호로 이들은 대토지를 소유하고 개인 사병을 보유하였으며, 문화의 독점적 향유를 누리고 있었다. 반신라 세력으로 고려 성립에 영향을 미쳤으며 이후 고려의 관료로 진출하였다.

꼭! 확인 기출문제

신라 말 호족의 출신 성분에 대한 설명으로 옳지 않은 것은? [지방직 9급 기출]

① 중앙의 권력 투쟁에서 밀려나 지방에서 세력을 쌓은 귀족
② 해상 활동으로 재력과 무력을 쌓은 군진 세력
③ 지방의 토착 세력을 성장한 촌주
❹ 당에서 유학하고 돌아와 개혁을 추구한 지식인

해 ④ 도당 유학생으로서, 귀국 후 학문과 종교 분야에서 두각을 나타내며 개혁을 추구한 지식인은 6두품이다. 6두품은 신라 중대에 왕권과 결탁하여 왕의 정치적 조언자로 활동하면서 정치적으로 진골 귀족에 대항하는 세력이었으나, 신라 하대에는 사회를 비판하는 반신라 세력으로 변모하였다.
① · ② · ③ 신라 말 권력 투쟁에서 밀려 몰락한 중앙 귀족과 해상 세력, 군진 세력, 토호 세력(촌주 세력) 등이 호족 세력으로 성장 · 변모하였다.

⑤ 농민의 동요

   ㉠ 농민 부담의 가중 : 녹읍을 토대로 한 귀족들의 지배가 유지되고 대토지 소유가 확대되었으며, 사원전 등의 면세전이 확대되면서 농민의 부담은 더욱 가중

   ㉡ 국가 재정의 파탄 : 귀족의 부패와 대규모 농장의 형성, 진성여왕의 실정, 왕실과 귀족의 사치와 향락, 수취 제도의 붕괴, 자연 재해 등으로 인해 국가 재정 고갈

   ㉢ 농민 생활의 파탄 : 국가 재정 확보를 위한 강압적이고 과도한 수취로 농민은 토지를 상실하여 유민화되고 노비 또는 초적이 되기도 함(→ 촌락 공동체 붕괴와 지방 반란을 초래)

(4) 후삼국의 성립

① 후백제 건국(900)

   ㉠ 건국 : 전라도 지방의 군사력과 호족 세력을 중심으로 완산주(전주)에서 견훤이 건국

   ㉡ 영토 확장 : 차령 이남의 충청도와 전라도 지역을 차지하여 우수한 경제력과 군사적 우위를 확보

   ㉢ 외교 관계 : 중국 오월(吳越) · 후당(後唐)과 통교(적극적 대중국 외교)하였고, 거란과 외교 관계를 추구하였으며, 일본과 교류하였으나 일본의 소극적 태도로 큰 진전을 이루지 못함

   ㉣ 한계
     • 확실한 세력 기반이 없었고 신라의 군사 조직을 흡수하지 못하였으며, 당시의 상황 변화에 적응하지 못함
     • 신라에 적대적, 농민에 대한 지나친 조세 수취, 호족 포섭에 실패

기출 Plus

[인사위 9급 기출]

03. 다음에 해당하는 시대의 상황에 대한 설명으로 옳지 않은 것은?

진골 귀족들은 경제 기반을 확대하여 사병을 거느리고 권력 싸움을 벌였다. 중앙 귀족들 사이에 왕위 쟁탈전이 치열해지면서 왕권이 약화되고 귀족 연합적인 정치가 운영되었다. 한편, 자연재해가 잇따르고 농민에 대한 강압적인 수취가 뒤따르면서 살기가 어려워진 농민은 토지를 잃고 노비가 되거나 초적이 되기도 하였다.

① 중앙 정부의 지방 통제력이 약화되었다.
② 지방에서 호족 세력들이 등장하였다.
③ 선종의 대표적인 사원으로 9산 선문이 세워졌다.
④ 6두품이 왕과 결탁하여 정치의 중심으로 부상하였다.

해 제시문은 신라 말의 상황에 해당한다. 이 시기에는 중앙 귀족들 간에 권력 다툼이 전개되면서 왕권이 약화되었고, 중앙 정치 및 귀족의 부패, 수취제도의 파탄 등으로 농민들은 노비로 전락하거나 초적이 되기도 하였다.
④는 신라 중대의 내용이다.

답 03 ④

② 후고구려 건국(901)

　　㉠ 건국 : 권력 투쟁에서 밀려난 신라 왕족 출신의 궁예가 초적·도적 세력을 기반으로 반신라 감정을 자극하면서 세력을 확대(→ 북진·패강진의 군진 세력)한 후, 양길(梁吉)을 몰아내고 송악(개성)에서 건국

　　㉡ 영토 확장 : 한강 유역을 차지한 후 조령(鳥嶺)을 넘어 상주·영주 일대를 차지하는 등 옛 신라 땅의 절반 이상을 확보

　　㉢ 관제·신분제 개편

　　　• 국호를 마진(摩震)으로 고치고(904) 철원으로 천도(905), 다시 국호를 태봉(泰封)으로 변경(911)

　　　• 골품제도 대신할 새로운 신분 제도 모색

　　　• 국정을 총괄하는 광평성(廣評省)을 비롯한 여러 관서를 설치하고, 9관등제를 실시

　　㉣ 한계

　　　• 전쟁으로 인한 지나친 수취로 조세 부담이 가중됨, 가혹한 수탈을 자행

　　　• 무고한 관료와 장군을 살해하였고 미륵 신앙을 이용하여 전제 정치 도모

　　　• 백성과 신하들의 신망을 잃게 되어 신하들에 의하여 축출

 참고

〈삼국사기〉에 따른 신라의 시대 구분 및 시대별 특징
① 상대(박혁거세~진덕여왕) : BC 57~AD 654년, 성골 왕, 상대등이 수상, 고대 국가 완성기
② 중대(태종 무열왕~혜공왕) : 654~780년, 진골 왕, 집사부 시중이 수상, 왕권의 전성기(상대등 권한 약화)
③ 하대(선덕왕~경순왕) : 780~935년, 왕위 쟁탈전 가열, 상대등 권한 강화(왕권 약화), 호족의 발호

2. 발해의 건국과 발전

(1) 발해의 건국

① 고구려 장군 대조영을 중심으로 한 고구려 유민과 말갈 집단들은 길림성의 돈화시 동모산 기슭에서 발해를 건국(698)(→ 남쪽의 신라와 남북국의 형세를 형성)

② 연호를 천통이라 하였고, 처음에 국호를 진(震)이라 하였다가 곧 발해로 고침(713)

③ 건국 후 대조영(고왕)은 당 침략에 대비해 돌궐과 신라에 사신을 보내 통교하였고, 이후 당과도 외교관계를 수립(713)

 기출 Plus
[지방직 9급 기출]

04. 후삼국 시대의 정치 상황에 대한 설명으로 옳지 않은 것은?
① 견훤은 900년에 무진주에서 후백제를 건국하였다.
② 궁예는 901년에 송악에서 후고구려를 건국하였다.
③ 궁예는 국호를 마진으로 바꾸고, 도읍을 철원으로 옮겼다.
④ 견훤은 후당, 오월과도 통교하는 등 대중국 외교에 적극적이었다.

해 견훤은 900년에 완산주(전주)에서 후백제를 건국하였다. 견훤은 앞서 892년(진성여왕 6)에는 정부(신라)에 반기를 들고 무진주(광주) 등 여러 성을 공격하여 점령하고 이를 세력 기반으로 하여 후백제를 건국하였다.
②·③ 궁예는 901년에 송악(개성)에서 후고구려를 건국하였고, 이후 904년에 국호를 마진(摩震)으로 바꾸고, 도읍을 철원으로 옮겼다(905).
④ 견훤은 적극적 대중국 외교를 전개하여 중국 오월, 후당과 통교하였고, 거란과도 외교관계를 추구하였다.

 답 **04** ①

기출 Plus

[법원직 9급 기출]

05. 다음 글에 나타난 발해사에 대한 인식을 반박하기 위한 적절한 활동을 〈보기〉에서 고른 것은?

속말 말갈은 당나라 초기에 이미 당에 귀속되었다. 7세기 말엽에 속말 말갈의 수령 대조영이 여러 종족을 통일하고 정권을 세웠다. 713년에 당 현종이 대조영을 발해군왕으로 책봉하고 발해도독부 도독에 임명하였다. 이때부터 속말 말갈이 수립한 정권을 발해라고 이름하게 되었다.
– 82년 판 중국 초급중학교 교과서, 〈중국력사〉 21쪽 –

〈보기〉
㉠ 발해가 중앙 관제로 3성 6부를 두게 된 과정을 조사한다.
㉡ 발해의 촌락에서 주민의 다수를 차지했던 종족을 알아본다.
㉢ 발해가 일본에 보낸 외교 문서에 고구려 왕을 칭한 이유를 살펴본다.
㉣ 발해가 멸망한 후 고려가 발해 유민을 적극 받아들인 사실의 의미를 파악한다.

① ㉠, ㉢   ② ㉡, ㉢
③ ㉡, ㉣   ④ ㉢, ㉣

해 발해의 고구려 계승 근거 : 건국 주도 세력·지배층·사신 대부분이 고구려인, 외교 문서에서 고구려 왕이라 칭함, 고구려 문화 계승, 멸망 후 왕자 대광현 및 유민들을 고려가 받아들임

④ 국가 구성상의 특징
  ㉠ 이원적 민족 구성 : 고구려 옛 영토의 대부분을 차지, 고구려 유민(지배층)과 다수의 말갈족(피지배층)으로 구성
  ㉡ 고구려 계승 : 일본과 주고받은 국서에 '고려' 또는 '고려국왕'이라는 명칭을 사용한 사실과 문화의 유사성 등으로 보아 고구려를 계승
  ㉢ 지배층 : 왕족인 대씨(大氏)를 비롯하여 고·장·양씨 등의 고구려인이 지배층을 형성

▶ 발해의 영역

⑤ 발해의 고구려 계승 근거
  ㉠ 건국 주도 세력과 지배층, 사신의 대부분이 고구려인
  ㉡ 일본과의 외교 문서에서 고려 및 고려국왕이라는 명칭 사용
  ㉢ 고구려 문화의 계승 : 발해 성터, 수도 5경, 궁전의 온돌 장치, 천장의 모줄임 구조, 사원의 불상 양식, 와당의 연화문, 이불병좌상(법화 신앙), 정혜공주 무덤 양식 등

발해에 대한 기록
① 〈구당서〉 : 대조영을 고구려인으로 봄(고구려의 별종)
② 〈신당서〉, 〈통전(通典)〉 : 대조영을 말갈인으로 보았음
③ 일연의 〈삼국유사〉 : 대조영은 고구려인으로 보았으나, 발해를 말갈족편에서 다루어 말갈 국가로 봄
④ 김부식의 〈삼국사기〉 : 발해를 언급하지 않는 것으로 보아 우리 역사로 보지 않음
⑤ 이승휴의 〈제왕운기〉 : 발해를 우리 역사로 본 최초의 사서
⑥ 유득공의 〈발해고〉 : 발해를 우리 역사로서 보고, 처음으로 본격적으로 연구(→ 발해는 실학자에 의해 본격적으로 연구됨)
※발해에 대한 본격적 연구 : 유득공의 〈발해고〉, 이종휘의 〈동사〉, 정약용의 〈아방강역고〉, 한치윤의 〈해동 역사〉, 서상우의 〈발해강역고〉, 홍석주의 〈발해세가〉 등

(2) 발해의 발전
① 무왕(대무예, 2대, 719~737)

답 05 ④

⊙ 동북방의 여러 세력을 복속하고 북만주 일대를 장악하여 동북아 세력 균형을 유지

ⓛ 일본과 외교 관계를 맺어 신라를 견제하고, 돌궐과 연결하여 당을 견제

ⓒ 당과의 대립

• 흑수부 말갈 지역을 통합하여 영토를 확장하였는데, 당이 이 지역과 직접 교류를 시도

• 무왕은 장문휴의 수군으로 산둥 지방(등주)을 공격하고 요서 지역에서 당과 격돌(732)

• 당은 신라로 하여금 발해를 공격(733)하게 하고, 이후 대동강 이남 지역을 신라의 통치 지역으로 인정

ⓡ 연호를 인안으로 하고, 부자 상속제로 왕권을 강화

② 문왕(대흠무, 3대, 737~793)

⊙ 당과 친선 관계를 맺고 독립 국가로 인정받음(→ 당은 발해군왕을 발해국왕으로 승격)

ⓛ 당의 문물을 수용하고 장안성을 모방하여 주작대로를 건설하였으며, 유학생을 파견

ⓒ 신라와 상설 교통로(신라도)를 개설하고 친교에 노력(→ 신라는 사신을 파견(790))

ⓡ 수도를 중경 현덕부에서 상경 용천부로 천도하여 지배 체제를 정비

ⓜ 대흥, 보력이라는 독자적 연호 사용, 주자감(국립 대학) 설립, 3성 6부(중앙 조직)를 조직

③ 선왕(대인수, 10대, 818~830)

⊙ 문왕 이후 지배층의 내분으로 국력이 약화되었다가 9세기 초 선왕 때 중흥기를 이룸

ⓛ 대부분의 말갈족을 복속시키고 요동 지역을 지배했으며, 남쪽으로는 신라와 국경을 접하여 발해 최대의 영토를 형성(→ 중국은 당대의 발해를 해동성국이라 부름)

ⓒ 5경 15부 62주의 지방 제도 정비, 건흥이라는 연호 사용

ⓡ 당의 빈공과에서 신라 다음으로 많은 급제자를 배출

(3) 발해의 대외 관계

① 당(唐)과의 관계 : 초기(무왕)에는 적대적이었다가 문왕 이후 친선 관계로 전환

② 신라와의 관계 : 대체로 대립하였으나 친선 관계를 형성하기도 함

⊙ 대립 관계 : 당의 요청으로 신라가 발해 남쪽을 공격(732), 사신 간의 서열

기출 Plus [국가직 9급 기출]

06. 발해의 대외 관계에 대한 설명으로 옳지 않은 것은?

① 당과 신라를 견제하기 위해 돌궐과 외교 관계를 맺기도 하였다.
② 일본과는 서경 압록부를 통해 여러 차례 사신이 왕래하였다.
③ 당에 유학생을 보냈는데 빈공과에 급제한 사람이 여러 명 나왔다.
④ 일본은 발해에 보낸 국서에서 발해왕을 고려왕으로 표현하기도 하였다.

⊞ 일본과는 동경 용원부를 통해 교류하였다. 서경 압록부는 당으로 들어가는 조공도의 기점이었다.

다툼인 쟁장 사건(897)과 빈공과 합격 순위로 다툰 등재 서열 사건, 발해 멸망 시 신라군이 거란군의 용병으로 참전한 점

ⓒ 친선 관계 : 신라도(→ 상설적 교류를 반영), 사신 왕래, 무역, 거란 침략 시 발해의 결원 요청을 신라가 수용한 점 등

③ **일본과의 관계** : 당과 연결된 신라를 견제하고자 친선 관계를 유지, 동경 용원부를 통해 교류(일본도(日本道))

④ **돌궐과의 관계** : 당의 군사적 침략을 견제하고자 친선 관계를 유지

> **발해와 신라의 외교 관계**
> ① 〈신당서〉 – 대립 관계
> • 무왕 14년(732), 왕은 장군 장문휴를 보내 당의 등주를 공격하게 하였다. 이에 당 현종은 태복 원외랑 김사란을 신라에 보내 군사를 출동하여 발해의 남경을 공격하게 하였다. 신라는 군사를 내어 발해의 남쪽 국경선 부근으로 진격하였다. 이에 발해가 군사를 등주에서 철수하였다.
> ② 〈삼국사기〉 – 친선 관계
> • 원성왕 6년(790) 3월에 일길찬 백어를 북국에 사신으로 보냈다.
> • 헌덕왕 4년(812) 9월에 급찬 숭정을 북국에 사신으로 보냈다.

(4) 발해의 멸망

① 10세기 초 거란의 세력 확대와 내부 귀족들의 권력 투쟁 격화로 국력이 크게 쇠퇴한 후 거란의 침략을 받아 멸망(926)

② 만주를 마지막으로 지배한 우리 민족사의 한 국가이며, 발해의 멸망으로 우리 민족 활동 무대의 일부였던 만주에 대한 지배력이 급격히 약화

제5절 고대의 통치 체제

1. 삼국의 통치 체제

(1) 통치 체제의 기본적 특성

① **중앙 집권적 성격** : 중앙 집권적 성격을 토대로 중국 관제를 모방하거나 독자적 기구를 설치

② **합의체 귀족 정치의 존속** : 고구려의 제가 회의, 백제의 정사암 회의, 신라의 화백 회의 등

Check Point

귀족 연합 정치와 중앙 집권 체제
삼국의 왕은 여러 귀족들 중에서 가장 힘 있는 존재였고, 국가의 중요한 일이나 여러 부의 힘을 통합하여 국가의 동원력을 강화하는 일의 결정은 각 부의 귀족들로 구성된 회의체에서 하였다(귀족 연합적 정치형태). 그러나 점차 사회가 발전함에 따라 관등제가 정비되어 각 부의 귀족들과 그 밑에 있던 관리들은 왕의 신하가 되었고, 이 과정에서 왕권이 강화되고 각 부의 성격이 부족적 성격에서 행정적 성격으로 바뀌면서 중앙집권체제가 형성·정비되어 갔다.

답 06 ②

③ **지방에 대한 중앙의 우월성** : 중앙인은 지방에 대하여 우월적 지위 보유(→ 지방 족장 세력이 중앙 귀족으로 편입)

④ **전국의 군사적 행정 조직화** : 지방 행정 조직과 군사 조직이 융합된 성격을 지님, 지방관이 곧 군대의 지휘관(→ 백성에 대한 통치는 군사적 통치의 성격이 강함)

(2) 중앙 관제

① 중앙 관제의 비교

신라	백제	발해	고려	조선	담당업무
위화부	내신좌평	충부	이부	이조	문관의 인사, 내무, 왕실 사무
창부, 조부	내두좌평	인부	호부	호조	재정·조세·회계, 호구·조운·어염·광산
예부	내법좌평	의부	예부	예조	외교·교육·과거·제사·의식
병부	병관좌평, 위사좌평	지부	병부	병조	무관의 인사, 국방·군사·우역·봉수
좌이방부	조정좌평	예부	형부	형조	형률·소송·노비
공장부, 예작부		신부	공부	공조	산림·토목·영선·파발·도량형
사정부		중정대	어사대	사헌부	감찰

② 운영 형태 : 왕 아래에 여러 관청을 두어 운영

ㄱ **고구려** : 고유의 전통성이 강함

- 초기 : 수상으로 국상 또는 대대로를 두고, 고관직으로 상가·대로·패자, 관리직(일반 하위직)으로 사자·조의·선인 등이 존재
- 평양 천도 이후 : 수상으로 막리지(대막리지)를 두고, 아래에 주부·내평·외평이 국정을 분장

ㄴ **백제** : 삼국 중 가장 먼저 조직을 정비

- 수상격인 상좌평(내신좌평)이 국정을 총괄
- 사비 천도 후 22부의 중앙 관제로 확충·정비

ㄷ **신라** : 전통성을 토대로 하여 중국적 요소를 가미

- 상대등 : 수상격, 귀족 회의 주관, 왕권을 견제
- 진흥왕 대의 품주가 진덕여왕 때 집사부(행정권)와 창부(재정권)로 분화
- 집사부 : 최고 정무 기구, 귀족보다 왕을 대변(→ 집사부의 시중이 수상의 역할)

기출 Plus

[지방직 9급 기출]

01. 삼국 초기의 통치 구조에 대한 설명으로 옳지 않은 것은?

① 고구려의 5부나 신라의 6부가 중앙의 지배 집단이 되었다.

② 각 부의 귀족들은 각자의 관리를 거느렸다.

③ 각 부는 독자적인 대외 교섭권을 가지고 있었다.

④ 국가의 중요한 일은 각 부의 귀족들로 구성된 회의체에서 결정하였다.

해 삼국은 초기에 연맹 왕국으로서 족장 세력이 종래 자기가 다스리던 지역에 대한 영향력을 유지할 수 있었으나, 군사권이나 대외 교섭권 등은 각 부가 아닌 왕이 가지고 있었다.

Check Point

신라 수상의 변천
이벌찬 → 상대등(법흥왕) → 중시 → 시중(경덕왕)

 01 ③

[지방직 9급 기출]

02. 다음 (가)에서 이루어진 합의제도를 시행한 국가의 통치체제로 옳은 것은?

호암사에는 (가) (이)라는 바위가 있다. 나라에서 장차 재상을 뽑을 때에 후보 3, 4명의 이름을 써서 상자에 넣고 봉해 바위 위에 두었다가 얼마 후에 가지고 와서 열어보고 그 이름 위에 도장이 찍혀 있는 사람을 재상으로 삼았다.   ─『삼국유사』─

ㄱ. 중앙정치는 대대로를 비롯하여 10여 등급의 관리들이 나누어 맡았다.
ㄴ. 중앙관청을 22개로 확대하고 수도는 5부, 지방은 5방으로 정비하였다.
ㄷ. 16품의 관등제를 시행하고, 품계에 따라 옷의 색을 구별하여 입도록 하였다.
ㄹ. 지방 행정 조직을 9주 5소경 체제로 정비하였다.
ㅁ. 중앙에 3성 6부를 두고, 정당성을 관장하는 대내상이 국정을 총괄하도록 하였다.

① ㄱ, ㄴ   ② ㄴ, ㄷ
③ ㄷ, ㄹ   ④ ㄹ, ㅁ

해 제시문의 (가)라는 바위는 '정사암'이다. 백제는 정사암 회의를 통해 국가의 중요 결정을 각 부의 귀족들로 구성된 회의체에서 행하였으며, 수상인 상좌평을 3년마다 정사암 회의에서 선출하였다. 백제는 성왕 때 중앙관청을 22개로 확대하고 수도는 5부, 지방은 5방으로 정비하였으며, 고이왕 때에는 16품의 관등제를 시행하고, 품계에 따라 옷의 색을 구별하여 입도록 하였다. ㄱ. 고구려, ㄹ. 통일신라, ㅁ. 발해

 답 02 ②

신라의 중앙 관제 설치
① 법흥왕 : 병부(517), 상대등(531)
② 진흥왕 : 품주(565, 기밀 및 재정)
③ 진평왕 : 위화부, 조부(→ 공부 관장), 예부, 영객부(→ 외교), 승부(→ 교통)
④ 진덕여왕 : 집사부(→기밀 사무), 창부(→ 재정), 좌이방부

③ **귀족 회의체** : 국가의 중요 결정은 각 부의 귀족들로 구성된 회의체에서 행함
  ㉠ **고구려의 제가 회의** : 수상인 대대로는 임기 3년으로, 귀족의 제가 회의에서 선출
  ㉡ **백제의 정사암 회의** : 수상인 상좌평을 3년마다 정사암 회의에서 선출
  ㉢ **신라의 화백 회의** : 수상인 상대등을 3년마다 화백 회의에서 선출(→ 화백 회의는 4영지에서 개최되며, 각 집단의 부정 방지 및 단결 강화를 위해 만장일치제를 채택)

(3) 관등 조직(관등제)

① **의의** : 관리들의 등급을 정한 것으로, 초기 국가 권력을 독점하던 각 집단의 최고 귀족들이 중앙 집권 체제가 정비되는 과정에서 자신들의 특권을 보장하기 위한 방편으로 성립
② **삼국의 관등제**
  ㉠ **고구려** : 4세기경에 각 부의 관료 조직을 흡수하여 대대로 · 태대형 · 대사자 · 선인 등 14관등을 둠
  ㉡ **백제** : 고이왕 때(한성 시대) 6좌평제와 16관등제의 기본 틀 마련, 웅진 시대에는 6좌평 중 내신좌평이 상좌평으로서 수상을 담당
  ㉢ **신라** : 필요한 때에 각 부의 하급 관료 조직을 흡수하며 17관등제를 완비
③ **운영상의 특징**
  ㉠ **신분에 따른 규제** : 삼국의 관등제와 관직 체계의 운영은 신분에 따라 제약을 받음
  ㉡ **골품제** : 신라는 관등제를 골품제와 결합하여 운영(→ 승진할 수 있는 관등의 상한을 골품에 따라 정하고, 관직을 맡을 수 있는 관등의 범위를 한정)

백제의 6좌평과 16관등, 22부
① 6좌평 : 내신좌평(→왕명 출납), 내두좌평(→ 재정 담당), 내법좌평(→ 의례 담당), 위사좌평(→ 숙위 담당), 조정좌평(→형벌 담당), 병관좌평(→ 국방 담당)

② **16관등** : 1품 좌평, 2품 달솔, 3품 은솔, 4품 덕솔, 5품 간솔, 6품 내솔, 7품 장덕, 8품 시덕, 9품 고덕, 10품 계덕, 11품 대덕, 12품 문독, 13품 무독, 14품 좌군, 15품 진무, 16품 극우
③ **22부의 중앙 관서** : 6좌평 이외에 왕실 사무를 맡는 내관 12부와 중앙 정무를 맡는 외관 10부를 말하며, 각 관청의 장도 3년마다 선출

(4) 지방 통치

① 지방의 통치 체제

구분	수도	지방(장관)	특수 행정 구역
고구려	5부	5부(부 · 성제) : 부에는 욕살, 성에는 처려근지 · 도사를 둠	3경(평양성 · 국내성 · 한성) : 정치 · 문화의 중심지, 지방에 대한 감시 · 견제의 기능
백제	5부	5방(방 · 군제) : 방에는 방령, 군에는 군장, 성에는 도사를 둠	22담로(무령왕) : 국왕의 자제 및 왕족을 파견
신라	5부	5주(주 · 군제) : 주에는 군주, 군에는 당주, 성에는 도사를 둠	2소경(중원경 · 동원경) : 정치 · 문화적 중심지

② 운영상의 특징

㉠ 정복 지역의 크기에 따라 성 · 촌 단위로 개편(→ 지방 통치의 중심)
㉡ 한계
   • 외형상 중국의 군현 제도와 유사한 지방 조직이 운영되었으나, 실제로는 지방관이 적어 주요 거점만을 지배하고 나머지 지역은 자치를 허용하며 간접 지배
   • 지방에 대한 지배력이 강하지 못하여 성이나 촌을 지배하던 지방 세력가의 자치가 한동안 지속됨(→ 부 · 방 · 주나 성 · 군 단위까지는 지방관을 파견하여 직접 지배, 말단 행정 단위인 촌의 경우 촌주에게 촌락 내의 행정과 군사 실무 처리에 중요한 역할을 맡겨 간접 지배)

(5) 군사 조직

① 기본적 성격

㉠ 삼국의 지방 행정 조직은 그대로 군사 조직이며, 지방관은 곧 군대의 지휘관
㉡ 국가의 주민 통치는 본질적으로 군사적 지배의 성격을 지님

② 구성 및 운영

구분	중앙군	지방군
고구려	• 수도 5부군 : 관군 • 대모달 · 말객 등의 지휘관이 존재	각 지방의 성(城)이 군사적 요지로, 개별적 방위망을 형성(→욕살 · 처려근지 등의 지방관이 병권을 행사)

| 백제 | 수도 5부군 : 각 부에 500명의 군인이 주둔 | 지방의 각 방에서 700~1,200명의 군사를 방령이 지휘 |
| 신라 | • 수도 6부군 : 대당으로 개편
• 서당(誓幢)이라는 군대가 존재(→ 직업군인) | 주 단위로 설치한 부대인 정(停)을 군주가 지휘 |

2. 남북국의 통치 체제

(1) 통일 신라

① 중앙 집권 체제의 강화

㉠ 중앙 정치 기구의 정비 : 집사부 기능 강화, 14개 관청의 정비

㉡ 집사부 시중의 권력 강화(상대등의 권력 약화)

㉢ 중국식 명칭의 사용(경덕왕)과 유교 정치 이념의 도입(신문왕, 국학 설립 등)

㉣ 통일 전의 5주 2소경을 9주 5소경 체제로 정비하여 중앙 집권을 더욱 강화

② 중앙 관제(14관청)

관부	담당 업무	설치	장관	비고
집사부	국가 기밀 사무	진덕여왕	중시(시중)	품주가 집사부와 창부로 분화
병부	군사 · 국방	법흥왕	령(令)	
조부	공부(貢賦) 수납	진평왕	령	
예부	의례	진평왕	령	의부 → 예부 → 예조
승부	마정(馬政)	진평왕	령	
영객부	외교 · 외빈 접대	진평왕	령	
위화부	관리 인사, 관등	진평왕	령	
창부	재정 담당	진덕여왕	령	
공장부	공장(工匠) 사무	진덕여왕	령	
좌우이방부	형사 · 법률, 노비	진덕여왕	령	
사정부	감찰	무열왕	령	중정대(발해), 어사대(고려), 사헌부(조선), 감사원(현재)
선부	선박 · 교통	문무왕	령	
사록부(관)	녹봉 사무	문무왕	령	
예작부	토목 · 건축	신문왕	령	

※ 장관은 령(令), 차관은 시랑(侍郎) · 경(卿)

③ 지방 행정 조직

㉠ 통일 전 5주 2소경을 9주 5소경 체제로 정비(→ 중앙 집권 및 지방 통제력 강화)

9주	• 장관을 총관(문무왕)에서 도독(원성왕)으로 고침 • 군사적 기능이 약화되고 행정 기능이 강화됨
5소경	• 수도의 편재성 완화와 지방의 균형 발전, 복속민의 회유·통제를 통한 지방 세력 견제 등의 목적으로 군사·행정상의 요지에 설치, 장관은 사신 • 통일 전 2소경은 중원경(충주)과 동원경(강릉)이며, 통일 후 5소경은 중원경과 금관경(김해), 북원경(원주), 서원경(청주), 남원경(남원)

ⓒ 말단 행정 단위인 촌은 토착 세력인 촌주가 지방관의 통제를 받으며 다스림

ⓒ 향(鄕)·부곡(部曲)의 특수 행정 구역 존재(→ 향과 부곡민은 농업에 종사한 하층 양인)

ⓔ 지방관의 감찰을 위하여 주·군에 감찰 기관인 외사정(감찰관)을 파견

ⓜ 지방 세력을 견제하기 위하여 상수리 제도를 실시

▶ 통일 신라의 9주 5소경

상수리 제도
지방 세력을 견제·통제하고 중앙 집권을 강화하기 위해 각 주 향리의 자제를 일정 기간 금성(경주)에서 볼모로 거주하게 하던 것으로, 고려 시대의 기인 제도와 조선 시대의 경주인(경저리)으로 이어졌다.

④ **군사 조직**

ⓒ **중앙군** : 시위군과 9서당을 둠

• 9서당은 중앙군의 핵심으로, 기병 중심으로 편제됨

• 9서당에는 고구려·백제인·말갈족까지 포함되어 부속민에 대한 회유와 견제의 성격을 지니며, 민족 융합책의 일환으로 볼 수 있음

자금서당	자녹색	신라인
비금서당	적색	
녹금서당	녹자색	
청금서당	청백색	백제인
백금서당	백청색	
황금서당	황적색	고구려인
벽금서당	벽황색	보덕국인(고구려인)
적금서당	적흑색	보덕국인(고구려인)
흑금서당	흑적색	말갈인

ⓛ **지방군** : 10정(→ 9주에 1정씩을 배치, 국경 지대인 한주에는 2정)

ⓒ **특수군** : 5주서, 3변수당, 만보당 등

ⓔ **군진 설치** : 국토 방위를 위해 해상 교통의 요충지 및 군사적 요지에 설치
(→ 북진, 패강진, 청해진, 당성진, 혈구진)

(2) 발해

① 중앙 관제

ⓐ 3성 6부

- 왕(가독부) 아래 최고 권력 기구이자 귀족 합의 기구인 정당성을 둠
- 정당성은 왕명을 반포하는 선조성(좌상)과 왕명을 작성하는 중대성(우상)과 함께 3성을 구성, 충 · 인 · 의 · 지 · 예 · 신부의 6부를 두어 업무 분장
- 정당성의 장관인 대내상이 수상으로 국정 총괄, 그 아래의 좌사정이 충 · 인 · 의부를, 우사정이 지 · 예 · 신부를 각각 분장(2원적 통치 체제)

ⓑ **독자성** : 당의 제도를 수용하였지만, 6부의 유교적 명칭과 이원적 운영은 발해의 독자성 반영

ⓒ **특별 기관**

- 중정대 : 관리들의 비위(非違)를 감찰하는 감찰 기관
- 문적원 : 서적의 관리 담당(도서관)
- 주자감 : 중앙의 최고 교육 기관(국립 대학)으로, 귀족의 자제 교육

기출 Plus

[지방직 9급 기출]

03. 발해의 정치 제도와 관련이 없는 것은?

① 독자적 연호 사용과 왕위 세습이 이루어졌다.

② 현의 장관격인 수령은 행정, 재판, 군사권을 담당하였다.

③ 왕명 집행 기관인 정당성의 장관은 대내상이 수상이었다.

④ 왕실과 귀족 자제의 보호를 위해 주자감을 설치하였다.

🖪 문왕 때 설치한 발해의 주자감은 중앙의 최고 교육 기관(국립 대학)이다.

Check Point

주자감

발해의 교육 기관으로, 왕족과 귀족을 대상으로 유학을 가르쳤다.

답 **03** ④

* 7시 : 전중시, 종속시, 태상시, 사빈시, 대농시, 사장시, 사선시
* 항백국 : 왕실 후궁에 대한 호위, 일상생활의 시중 등을 담당

② **지방 지배 체제**

　㉠ 5경(상경·중경·남경·동경·서경) 15부 62주로 조직

　㉡ 5경 : 군사 행정의 중심, 고구려 5부의 전통에 신라의 5소경과 당의 5경제를 모방

　㉢ 15부 : 지방 행정의 중심인 15부에는 도독을 두었으며, 62주에는 자사를 파견(지방관은 고구려인을 임명)하고 주 밑의 현에는 현승을 파견해 통치를 맡김

　㉣ 지방 행정의 말단인 촌락은 주로 말갈인으로 구성되었고 촌장(수령)을 매개로 지배

　㉤ 주요 대외 교통로로 영주도·조공도(당), 신라도, 일본도, 거란도의 5도를 둠

③ **군사 조직**

　㉠ **중앙군** : 10위(衛)를 두고, 각 위마다 대장군과 장군을 두어 통솔

　㉡ **지방군** : 지배 조직에 따라 편성하여 지방관이 지휘했으며, 국경 요충지에 독립 부대를 두어 방어

꼭! 확인 기출문제

빈칸에 들어갈 왕의 재임 시기에 일어난 사실로 가장 옳은 것은? [서울시 9급 기출]

> 발해와 당은 발해 건국 과정에서부터 대립적이었으며 발해의 고구려 영토 회복 정책으로 양국의 대립은 더욱 노골화되었다. 당은 발해를 견제하기 위해 흑수말갈 지역에 흑수주를 설치하고 통치관을 파견하였다. 이러한 당과 흑수말갈의 접근을 막기 위하여 발해의 (   )은 흑수말갈에 대한 정복을 추진하였다. 이 계획을 둘러싼 갈등이 비화되어 발해는 산둥 지방의 덩저우에 수군을 보내 공격하였다. 이에 대응하여 당은 발해를 공격하는 한편, 남쪽의 신라를 끌어들여 발해를 제어하려고 하였다.

① 3성 6부를 비롯한 중앙 관서를 정비하였다.
② 융성한 발해는 해동성국이라는 칭호를 얻었다.
③ 왕을 황상(皇上)이라고 칭하여 황제국을 표방하였다.
❹ 일본에 보낸 외교문서에서 고구려 계승 의식을 천명하였다.

해 ④ 지문은 발해 무왕 때의 사건이다. 당이 흑수부 말갈과 직접 교류를 시도하자 무왕은 장문휴의 수군으로 산중 지방을 공격하고 요서 지역에서 당과 격돌(732)하였으며, 당은 시라로 하여금 발해를 공격(733)하게 하였다.
무왕은 일본과 외교관계를 맺어 신라를 견제하려 하였고, 일본에 국서를 보내 "우리는 고구려의 옛 땅을 수복하고, 부여의 전통을 이어받았다."고 하며 고구려 계승 의식을 천명하였다.
① 발해 문왕 때 당과 친선 관계를 맺고 독립 국가로 인정받았으며, 당의 제도를 받아들여 3성 6부를 비롯한 중앙 관서를 정비하였다.
② 발해 성왕 때 대부분의 말갈족을 복속시키고, 남으로는 신라와 접하면서 최대의 영토를 형성하는 등 융성하였고, 중국은 당대의 발해를 해동성국이라 불렀다.
③ 백제 문왕 때 독자적 연호인 대흥을 사용하였고, 왕을 황상이라 칭하여 황제국을 표방하였다(문왕 딸인 정효 공주 묘에서 황상이라는 칭호가 기록됨).

제2장

고대의
경제 구조와 경제 생활

제1절 경제 정책 및 경제 제도

1. 삼국의 경제 정책과 제도

(1) 정복 전쟁에 따른 경제 정책

① 정복 지역에 대한 경제적 지배
  ㉠ 공물 수취 : 삼국은 정복지역의 지배자를 통해 토산물을 공물로 수취
  ㉡ 노비 하사 : 전쟁포로를 귀족이나 병사에게 노비로 하사
② 식읍의 하사 : 군공을 세운 사람에게 일정 토지와 농민을 식읍(食邑)으로 하사하고 노비를 지급(→ 전공자들과 귀족은 사적으로 토지와 노비를 소유)
③ 지배 정책의 개선 : 무리한 전쟁 동원과 가혹한 수취로 도망하는 자가 많아 피정복민에 대한 차별적 지배방식 개선(→ 신분적 차별은 완화되었으나 여전히 경제적 부담이 컸음)

(2) 농민 경제 안정책

① 근본 목적 : 군사력 향상 및 국가 재정 확보
② 내용
  ㉠ 철제 농기구 보급, 우경 장려, 황무지 개간, 저수지 축조 등을 통한 농업생산력 향상
  ㉡ 수취 제도의 개선 · 정비
③ 진대법 실시(194)
  ㉠ 의미 : 흉년이 들면 백성에게 곡식을 나누어 주거나 빌려주는 농민구휼책
  (춘대추납책)

Check Point

삼국시대 농업의 특징
• 시비법이 발달하지 못해 휴경지가 많음
• 4~5세기 철제농기구 보급이 점차 확대되기 시작
• 6세기에 이르러 쟁기나 호미, 괭이 등의 철제농기구가 널리 사용되었고, 우경도 확대됨

▶ 민정 문서

ⓒ **목적** : 왕권 강화와 지배 체제 유지(→ 농민 구제를 통한 국가 재정과 국방력 유지, 귀족세력 견제)

    ⓒ **계승** : 고구려 진대법 ⇒ 고려 시대 의창 ⇒ 조선 시대 상평창, 환곡제

(3) 수취 제도

 ① 수취 제도의 정비

   ㉠ **배경** : 과도한 수취로 농민 경제 발전을 저해하고 농민의 토지 이탈을 자극하여 사회 체제가 동요함

   ⓒ **특징**

    • 중앙 집권 체제의 정비에 따라 합리적 방식으로 조세 · 공납 · 요역을 부과

    • 조세는 재산 정도에 따라 곡물과 포를 거두었으며, 공납은 지역 특산물로 수취

    • 주로 왕궁 · 성 · 저수지 등을 만들기 위하여 15세 이상의 남자를 역으로 동원

 ② 삼국의 수취 체제

구분	조세	공납	용(庸) – 노동력
고구려	• 조(租) : 호를 상 · 중 · 하호의 3등급으로 구분해 각각 1섬, 7말, 5말을 수취 • 세(稅) : 인두세로, 1년에 포 5필과 곡식 5섬을 수취	지역 특산물	부역, 군역(광개토대왕릉비와 평양성 성벽석각에 농민의 부역 동원 기록이 있음)
백제	• 조는 쌀로 수취 • 세는 쌀이나 명주 · 베로 수취하되 풍흉에 따라 차등 수취	지역 특산물	부역, 군역(15세 이상의 정남을 대상으로, 주로 농한기에 징발)
신라	합리적 수취 체제로 고려 · 조선으로 계승	지역 특산물	부역, 군역(영천 청제비와 남산 신성비에 기록)

 ③ 군역의 가중

   ㉠ **삼국 시대 초기** : 군사력 동원은 중앙의 지배층이 중심이며, 지방 농민들은 전쟁 물자 조달이나 잡역에 동원됨

   ⓒ **삼국 시대 후기** : 삼국 간의 전쟁이 치열해지면서 농민은 전쟁 물자의 부담뿐만 아니라 군사로 동원됨(→ 부담이 가중됨)

(4) 토지 제도

 ① **왕토 사상** : 형식상 왕토 사상을 배경으로 백성에게 정전을 지급하지만, 실제로는 조상 대대로 민전을 소유하며 1/10세의 수조권으로 운영됨(매매 · 상속 · 증여 가능)

② 식읍 · 녹읍의 지급 : 수조권과 노동력 징발권을 부여하여 귀족의 경제적, 군사적 기반이 됨(귀족의 권한 확대를 반영)

㉠ 식읍(食邑) : 공로를 세운 대가로 왕족이나 공신에게 지급한 토지와 가호를 말하며, 조세 수취와 노동력 징발 가능

㉡ 녹읍(祿邑) : 관료 귀족에게 공로가 아닌 관직복무의 대가로 지급한 일정 지역의 토지(녹과(祿科)의 성격을 지님)로, 조세 수취와 노동력 징발 가능

삼국의 토지 관련 제도

구분	토지 측량 단위	토지 제도
고구려	경무법 : 밭이랑 기준	식읍, 전사법(佃舍法)
백제	두락제 : 파종량 기준	식읍, 구분전
신라	결부세 : 생산량 단위	식읍, 녹읍, 전사법

민정 문서의 내용

구분		사해점촌	살하지촌
호등	중하	4	1
	하상	2	2
	하중	–	5
	하하	5	6
	수좌	–	1
인구	남	64	47
	여	78	78
	노비	9	7

구분		연수유전답	기타 재산			
			우	마	상목	백자목
사해점촌	답	94결 2부 4속	22	25	1,004	120
	전					
살하지촌	답	62결 10부	12	18	1,280	?
	전					

확인 기출문제

다음과 같은 문서가 작성되었던 시대에 대한 설명으로 옳지 않은 것은? [지방직 9급 기출]

> 토지는 논, 밭, 촌주위답, 내시령답 등 토지의 종류와 면적을 기록하고, 사람들은 인구, 가호, 노비의 수와 3년 동안의 사망, 이동 등 변동 내용을 기록하였다. 그밖에 소와 말의 수, 뽕나무, 잣나무, 호두나무의 수까지 기록하였다.

① 관료에게는 관료전을, 백성에게는 정전을 지급하였다.
② 인구는 남녀 모두 연령에 따라 6등급으로 나누어 파악하였다.
③ 전국을 9주로 나누고, 주 아래에는 군이나 현을 두어 지방관을 파견하였다.
❹ 국가에 봉사하는 대가로 관료에게 토지를 나누어 주는 전시과 제도를 운영하였다.

답 01 ④

 기출 Plus [지방직 9급 기출]

01. 다음 글에서 ( )에 들어갈 내용으로 옳지 않은 것은?

> 삼국은 서로 치열하게 경쟁하고 있었다. 각 나라는 군사력과 재정을 확보하기 위하여 농업 생산력 증대에 많은 관심을 기울였다. ( ), ( ), ( ) 등 여러 정책을 실시하자, 농업 생산이 증대되어 농민 생활도 점차 향상되어 갔다.

① 우경 장려
② 철제 농기구의 보급
③ 수취 제도의 정비
④ 정전(丁田)의 지급

해 제시된 내용은 삼국 시대의 농업 생산력 증대와 관련된 내용이다. 정전(722)은 통일 후 신라 성덕왕 때 백성들에게 지급된 것으로, 농민에 대한 국가의 토지 지배력 강화와 관련된다. 나머지는 모두 삼국시대의 농업과 관련된 내용이다.
① · ② 철제 농기구 보급, 우경(牛耕) 장려, 황무지 개간, 저수지 축조 등은 모두 삼국 시대 농업 생산력 향상을 위한 것이다.
③ 수취 제도의 정비는 농민의 토지 이탈 방지와 농민 생활의 안정과 관련이 있다.

해 지문은 통신 신라시대의 신라민정문서(신라장적)에 대한 설명이다.

④ 국가에 봉사하는 대가로 관료에게 토지를 나누어 주는 전시과 제도는 고려 경종 때 처음으로 시작되었다.

① 수조권만 지급하는 관료전은 신문왕 때 지급되었고, 왕토 사상에 의거하여 백성에게 정전을 지급한 것은 성덕왕 때이다.

② 통일 신라 때는 인구를 연령에 따라 남녀 각기 6등급으로 나누었다.

③ 통일 신라 때는 전국을 9주로 나누고, 주 아래에 군이나 현을 두어 지방관을 파견하였다. 지방 행정 조직은 신문왕 때 9주 5소경이 완비되었다.

2. 통일 신라의 경제 정책과 제도

(1) 수취 제도의 변화

① **조세(전세)** : 생산량의 10분의 1 정도를 수취하여 통일 이전보다 완화

② **공물** : 촌락(자연촌)을 단위로 그 지역의 특산물을 수취(→ 삼베, 명주실, 과실류 등)

③ **역** : 원칙적으로 군역과 요역은 16세에서 60세까지의 남자를 대상으로 함

수취 체제

당(唐)의 현물세를 원칙으로 운영하였다.

조(租)	전조(田租)는 지주가 부담하는 전세, 지대(地代)는 소작인이 부담하는 소작료, 전세(조세)는 생산량의 1/10을 수취함
용(庸)	역(役)의 의무로 군역과 요역으로 이루어짐. 16~60세까지의 남자를 대상, 요역은 정녀(丁女)라 하여 여자에게도 부과
조(調)	공물은 촌락 단위로 그 지역의 특산물 거둠, 상공(常貢)은 정기적으로 납부하는 공납, 별공(別貢)은 비정기적으로 징수하는 공납

(2) 토지 제도의 변화

① **목적** : 귀족에 대한 국왕의 권한 강화와 농민 경제의 안정

② **내용**

　㉠ **신문왕** : 귀족세력 억압을 위해 수조권만을 부여하는 관료전을 지급(687)하고 녹읍을 폐지(689)하였으며, 식읍도 제한

　㉡ **성덕왕** : 왕토 사상에 의거하여 백성에게 정전을 지급(722)(→ 정전은 국가에 대한 일정한 역의 대가로 지급하는 것으로, 국가의 농민(토지)에 대한 지배력과 역역(力役) 파악을 강화함)

　㉢ **경덕왕** : 귀족들의 반발로 녹읍을 부활(757)(→ 귀족 세력의 강화와 왕권 약화를 의미함)

기출 Plus

[선관위 9급 기출]

02. 각 시대의 신분 제도와 관련된 다음의 설명 중 옳은 것을 모두 고르면?

　㉠ 신라 서원경 일대의 촌락 문서에 의하면 전 주민 중 노비의 비율은 10%도 되지 않았다.

　㉡ 고려 시대의 백정(白丁)은 천민(賤民)이었다.

　㉢ 조선 초에 외거 노비가 주인에게서 받아 경작하는 토지 중 수확물을 자신이 갖는 것을 작개지(作介地)라 하였다.

　㉣ 1801년에는 내수사 노비를 비롯한 관노비를 해방함으로써, 관노비 제도가 혁파되었다.

① ㉠
② ㉠, ㉢
③ ㉡, ㉢
④ ㉡, ㉢, ㉣

해 신라 서원경 일대의 촌락 문서(민정 문서)는 인구 수를 성별·연령별로 파악하면서 노비의 수도 함께 파악하였는데, 민정 문서의 대상이 된 서원경 일대 4개 촌의 총인구 442명 중 노비로 표시된 자는 25명으로 전체의 5.6%에 불과하였다.

답 **02** ①

확인 기출문제

밑줄 친 ㉠ ~ ㉣에 대한 설명으로 옳은 것은? [지방직 9급 기출]

- 문무왕 8년(668) 김유신에게 태대각간의 관등을 내리고 ㉠ 식읍 500호를 주었다.
- 신문왕 7년(687) 문무 관리들에게 ㉡ 관료전을 차등 있게 주었다.
- 신문왕 9년(698) 내외 관료의 ㉢ 녹읍을 혁파하고 매년 조를 주었다.
- 성덕왕 21년(722) 처음으로 백성에게 ㉣ 정전을 지급하였다.

❶ ㉠ – 조세를 수취하고 노동력을 징발할 권리를 부여하였다.
② ㉡ – 하급관료와 군인의 유가족에게 지급하였다.
③ ㉢ – 전쟁에서 큰 공을 세운 사람에게 공로의 대가로 지급하였다.
④ ㉣ – 왕권이 약화되는 배경이 되었다.

📖 ① 식읍(食邑)은 공로를 세운 대가로 왕족이나 공신에게 지급한 토지와 가호로, 조세 수취와 노동력 징발권이 부여되었다.
　② 하급관료와 군인의 유가족에게 지급한 토지는 고려의 구분전(口分田)이다. 관료전은 삼국 통일 후 관리들에게 지급된 전지(田地)를 말하는데, 신문왕은 귀족의 경제적 기반을 구성하던 녹읍을 폐지(689)하고 수조권만을 부여하는 관료전을 지급함으로써 왕권강화와 국가재정의 안정 등을 추구하였다.
　③ 고대 국가에서 전쟁에서 공을 세운 사람에게 공로의 대가로 지급된 것은 식읍이다.
　④ 정전을 지급한 것은 왕권이 강화하는 배경이 되었다. 성덕왕은 왕토 사상에 의거하여 백성에게 정전을 지급(722)하여 국가의 농민(토지)에 대한 지배를 강화하였다.

기출 Plus [서울시 9급 기출]

03. 〈보기〉의 밑줄 친 '왕'에 대한 설명으로 가장 옳은 것은?

〈보기〉
왕이 행차에서 돌아와 그 대나무로 피리를 만들어 월성의 천존고(天尊庫)에 간직하였다. 이 피리를 불면 적병이 물러가고 병이 나으며, 가뭄에는 비가 오고 장마에는 날씨가 개며, 바람이 잦아지고 물결이 평온해졌다. 이를 만파식적이라 부르고 나라의 보물이라 칭하였다.
－『삼국유사』－

① 녹읍을 부활시켰다.
② 9주 5소경을 설치하였다.
③ 정전을 지급하였다.
④ 고구려 부흥운동을 지원하였다.

📖 제시된 글은 만파식적에 대한 내용이며, 밑줄 친 '왕'은 통일 신라의 신문왕이다. 신문왕은 중앙 정치기구를 정비((6전 제도 완성, 예작부 설치)하고 군사 조직(9서당)과 지방 행정 조직(9주 5소경)을 완비하였다.

(3) 민정문서(신라장적)

① 발견 시기 및 장소 : 1933년 일본 나라현 동대사(東大寺) 정창원(正倉院)에서 발견

② 조사 및 작성 : 경덕왕 14년(755)부터 매년 자연촌을 단위로 변동 사항을 조사, 촌주가 3년마다 다시 작성

③ 작성 목적 : 농민에 대한 요역(徭役)과 세원(稅源)의 확보 및 기준 마련(→ 노동력 · 자원의 파악 · 관리)

④ 대상 지역 : 서원경(西原京, 청주) 일대의 4개 촌락

⑤ 촌락의 구성 및 성격
　㉠ 10호 정도의 혈연집단으로 구성된 자연촌을 기준으로 편성되었으며, 3~4개의 자연촌이 하나의 지역촌(→ 촌주가 관장하는 행정촌)을 형성
　㉡ 촌락은 대체로 영세(→ 호를 이루지 못하는 사람이 존재하였고, 하하호가 많으며, 남자의 인구가 적고 사망률이 높음)

⑥ 조사 내용 : 촌락의 토지 면적 및 종류, 인구 수, 호구, 가축(소 · 말), 토산물, 유실수(뽕 · 잣 · 대추) 등을 파악 기록
　㉠ 인구는 성별 · 연령별 기준으로 6등급(총인구는 442명이며 그 중 노비는 25명, 총 호구 수는 43개)
　㉡ 호구는 인정의 다과(인정 수)에 따라 9등급(上上戶~下下戶)

답 03 ②

    ⓒ 호당 10여 명의 인구로, 여자가 더 많고(남자 194명, 여자 248명), 하하호가 대부분

    ⓔ 소 53마리, 말 61마리, 뽕나무 4249그루, 잣나무 230그루, 호두나무 338그루 등의 재산을 소유

    ⓜ 토지(토지의 종류와 면적을 기록하였으며, 증감에 대한 기록은 없음)

- 연수유답 : 정남(농민)에게 지급 · 상속되는 토지이며, 가장 많은 분포(→ 연수유답은 당시 농민이 토지 소유의 주체임을 반영)
- 관모전답 : 관청 경비 조달을 위한 토지(→고려의 공해전)
- 내시령답 : 관리에게 지급된 토지(→고려의 관료전)
- 촌주위답 : 촌주에게 지급된 토지
- 마전(麻田) : 공동 경작지로 지급된 삼밭을 말하며, 정남이 경작

⑦ 의의 : 자원과 노동력을 철저히 편제하여 조세수취와 노동력 징발의 기준을 정하기 위한 것으로, 율령 정치(律令政治)의 발달을 엿볼 수 있음

제2절 경제 생활

1. 삼국 시대의 경제 생활

(1) 귀족층의 경제 생활

① 경제적 기반

    ㉠ 국가에서 식읍 · 녹읍을 하사받고 많은 토지와 노비를 소유

    ㉡ 농민보다 유리한 생산 조건을 보유(→ 비옥한 토지, 철제농기구, 많은 소를 보유)

② 경제 기반의 확대

    ㉠ 전쟁에 참여하여 더 많은 토지 · 노비 소유가 가능하였고, 고리대를 이용하여 농민의 토지를 빼앗거나 노비로 만들어 재산을 늘림

    ㉡ 노비와 농민을 동원하여 자기 소유의 토지를 경작하고 수확물의 대부분을 가져가며, 토지와 노비를 통해 곡물이나 베 등 필요한 물품을 취득

    ㉢ 왕권이 강화되고 국가체제가 안정되면서 귀족들의 과도한 수취는 점차 억제됨

③ 생활 모습 : 풍족하고 화려한 생활을 영위

    ㉠ 기와집, 창고, 마구간, 우물, 높은 담을 갖춘 집에서 생활

    ㉡ 중국에서 수입한 비단으로 옷을 해 입고, 금 · 은 등의 보석으로 치장

Check Point

고구려의 귀족 · 평민
- 그 나라는 3만 호인데 …… 그 중에서 대가들은 경작하지 않고 먹는 자가 1만 명이나 되며, 하호는 먼 곳에서 쌀, 낟알, 물고기, 소금 등을 져서 날라다 대가에 공급하였다.
  – 〈삼국지 위지 동이전〉 –
- 대가들은 경작을 하지 않고, 하호들은 부세를 바치며 노비와 같다.   – 〈위략〉 –

Check Point

신라 귀족의 생활
재상가에는 녹(祿)이 끊이지 않았다. 노동이 3,000명이고 비슷한 수의 갑옷과 무기, 소, 말, 돼지가 있었다. 바다 가운데 섬에서 길러 필요할 때 활로 쏘아서 잡아 먹었다. 곡식을 꾸어서 갚지 못하면 노비로 삼았다   – 〈신당서〉 –

(2) 농민의 경제 생활

① **농민의 구성** : 자영농민은 자기 소유의 토지를 경작하였고, 전호들은 부유한 자의 토지를 빌려 경작

② **농민의 현실**

    ㉠ 농민들의 토지는 대체로 척박한 토지가 많아 매년 계속 농사짓기가 곤란

    ㉡ 국가와 귀족에게 곡물이나 삼베, 과실 등을 내야 했고, 부역이나 농사에 동원

    ㉢ 국가와 귀족의 과도한 수취와 부역 동원으로 농민부담은 가중되고 생활이 곤궁

③ **농민의 자구책과 한계**

    ㉠ 농민은 스스로 농사 기술을 개발하고 계곡 옆이나 산비탈 등을 경작지로 개간하여 농업 생산력 향상에 힘씀

    ㉡ 생산력 향상이 곤란하거나 자연재해, 고리대의 피해가 발생하면 노비가 되거나 유랑민·도적이 되기도 함

(3) 농업

① **철제 농기구의 보급** : 삼국 초기에 돌이나 나무로 만든 것과 일부분을 철로 보완한 것을 사용하였다가 5세기를 전후해 철제 농기구가 점차 보급되었고, 6세기에 이르러 널리 사용됨

② **농업 기술의 발달**

    ㉠ 우경의 보급 및 장려, 저수지 축조, 개간 장려

    ㉡ 퇴비 제조 기술이 발달하지 못해 휴경 농법이 이루어짐

(4) 수공업

① **수공업의 발달**

    ㉠ 삼국 초기에는 노비들 중 기술이 뛰어난 자가 무기나 장신구 등을 생산

    ㉡ 국가체제 정비 후에는 수공업 제품을 생산하는 관청을 두고 수공업자를 배정하여 물품을 생산

② **생산품**

    ㉠ 국가 필요품과 왕실·귀족이 사용할 물품을 생산

    ㉡ 금·은 세공품, 비단류, 그릇, 가구, 철물 등

(5) 상업

① **시장의 형성** : 국가와 지배층의 필요에 따라 시장을 설치하였으나 농업 생산력이 낮아 도시에서만 시장이 형성됨

② **동시와 동시전**

Check Point

삼국의 주요 산업
- 고구려 : 전통적인 수렵·어로·농경 외에 직물업, 철 산업이 성장
- 백제 : 농업(벼농사 발달), 비단이나 삼베 생산
- 신라 : 우경을 이용한 벼농사, 금속공예 발달

Check Point

통일 전후 신라의 수출품 변화
- 삼국 통일 전 : 토산 원료품
- 삼국 통일 후 : 금·은 세공품, 인삼

　　⊙ 동시 : 신라는 5세기 말 소지왕 때 경주에 시장을 열고 물품을 매매

　　ⓛ 동시전 : 6세기 초 지증왕 때 시장을 감독하는 동시전(東市典)을 둠(509)

(6) 대외 무역

① 공무역의 발달 : 삼국의 무역은 주로 왕실과 귀족의 필요에 따른 공무역 형태로서, 중계무역을 독점하던 낙랑군이 멸망한 후인 4세기 이후 크게 발달

▶ 남북국 시대의 무역로

② 삼국의 무역

　　⊙ 고구려 : 남북조 및 유목민인 북방 민족과 무역

　　ⓛ 백제 : 동진 이후로 남중국과 주로 교류, 왜와도 활발한 무역 전개

　　ⓒ 신라

　　　• 한강 진출 이전 : 4세기에는 고구려를 통해 북중국과, 5세기에는 백제를 통해 남중국과 교역

　　　• 6세기 한강 진출 이후 : 당항성(黨項城)을 통하여 직접 중국과 교역

③ 교역품

　　⊙ 중국과의 교역

　　　• 금 · 은 · 모피류(고구려)나 인삼 · 직물류(백제)를 수출하고, 비단 · 서적 · 도자기를 수입

　　　• 주로 조공 무역을 통해 실리를 챙기는 경우가 많았음

　　ⓛ 일본과의 교역 : 해표피 · 모피류(고구려), 곡물 · 직물류(백제), 곡물 · 비단(신라) 등을 수출

④ 무역로

　　⊙ 당항성의 남양만에서 산둥의 덩저우(등주)

　　ⓛ 전라도 영암에서 상하이 밍저우(명주) · 항저우(항주)

2. 통일 신라의 경제 생활

(1) 귀족층의 경제 생활

① 경제적 기반

㉠ 통일 전 : 식읍과 녹읍

㉡ 통일 후 : 녹읍 폐지로 경제적 특권을 제약받았으나, 국가에서 나눠준 토지 · 곡물 이외에 물려받은 토지 · 노비 · 목장 · 섬 등을 경영

② 풍족한 경제 생활의 영위

㉠ 통일 이후 왕실과 귀족은 이전보다 풍족한 경제 기반을 가지게 됨

㉡ 왕실과 귀족들이 사용할 금 · 은 세공품, 비단류, 그릇, 가구 등의 관수품의 공급을 위한 관청을 정비

㉢ 귀족들은 비단이나 귀금속 등의 수입 사치품을 사용하고, 당의 유행에 따른 의복과 호화별장 등을 소유

(2) 농민의 경제 생활

① 곤궁한 경제 생활의 영위

㉠ 시비법 등 농업기술이 발달하지 못해 매년 경작이 곤란

㉡ 대부분의 토지가 척박하여 생산량이 적었고, 그마저도 일부분을 세금으로 납부

② 과도한 수취 제도

㉠ 조세(전세)는 생산량의 10분의 1로 통일 전보다 다소 완화되었으나, 적은 생산량으로 인해 여전히 부담이 되었으며, 귀족 · 촌주 등에 의한 수탈도 줄지 않음

㉡ 삼베 · 명주실 · 과실류 등 여러 가지 물품을 공물로 납부

㉢ 부역과 군역 등의 국역은 농사에 지장을 초래할 정도로 과다함

③ 농민의 몰락 : 8세기 후반 귀족이나 지방 유력자의 토지 소유가 늘면서 소작농이나 유랑민으로 전락하는 농민이 증가하였고, 고리대가 성행하면서 이러한 현상은 더욱 심화됨

(3) 농업

① 농업의 발달 : 수전 농업과 목축이 발달하였으나, 농업기술이나 영농 방식, 시비법 등이 발달하지 못해 휴경하는 경우가 많음

② 주요 작물 : 벼, 보리, 콩, 조, 인삼(→ 삼국시대부터 재배), 과실 및 채소류가 재배됨

③ 차의 재배 : 7세기 전반부터 재배되다 9세기 흥덕왕 때 김대렴이 당에서 차 종자를 가져와 본격적으로 보급 · 재배

(4) 수공업

① 관청 수공업 : 장인과 노비들이 왕실과 귀족의 물품을 생산

② 민간 수공업 : 주로 농민의 수요품을 생산

③ **사원 수공업** : 사원 수공업이 번창하여 자체 수요 물품을 생산

(5) 상업

① **상품 생산의 증가** : 통일 후 농업 생산력의 성장을 토대로 인구가 증가하고 상품 생산이 증가

② **교환 수단** : 물물교환이 존속되었고, 포와 미곡이 교환 수단으로 이용되기도 함

③ **시장의 설치**

    ㉠ **중앙** : 동시(東市)만으로 상품 수요를 충족하지 못하여 서시(西市)와 남시(南市)를 추가로 설치

    ㉡ **지방** : 주의 읍치나 소경 등 지방 중심지나 교통 요지에 시장 발생

(6) 대외 무역

① **대당 무역의 발달** : 통일 후 당과의 관계가 긴밀해지면서 공무역 · 사무역이 발달

    ㉠ **대당 수출품** : 인삼, 베, 해표피, 금 · 은 세공품, 수입품은 비단 · 서적 · 귀족 사치품

    ㉡ **대당 무역로** : 남로(전남 영암 ⇒ 상하이 방면)와 북로(경기도 남양만 ⇒ 산둥 반도)

    ㉢ **무역항** : 남양만(당항성), 울산항(→ 최대의 교역항) 등이 유명

② **대당 교류 기구** : 산둥 반도와 양쯔강 하류 일대의 신라방과 신라소 · 신라관 · 신라원 등

    ㉠ **신라방 · 신라촌** : 양주 · 등주 · 초주 · 적산 지방에 있는 신라인 집단 거주지

    ㉡ **신라소** : 신라방에 설치된 신라 거류민의 자치 행정 기관

    ㉢ **신라관** : 산둥 반도의 등주에 설치된 신라 사신과 유학생의 유숙소

    ㉣ **신라원** : 신라방에 세워진 사원으로 항해의 안전을 기원(→ 장보고의 법화원이 대표적)

③ **일본과의 교역**

    ㉠ **초기(통일 직후)** : 상호 경계하여 경제적 교류가 전처럼 자유롭지 못함

    ㉡ **후기** : 7세기 후반에서 8세기 초에 이르러 정치가 안정되면서 교역이 다시 활발해짐

      • 통일신라의 문물이 일본에 전래되어 하쿠호 문화나 율령 정치에 큰 영향을 미침

      • 대마도, 규슈에 신라 역어소를 설치하고 통역관을 양성

      • 일본의 견당사가 신라를 경유하였고 신라에 유학생과 승려 파견

④ **이슬람과의 교역** : 국제무역이 발달하면서 이슬람 상인이 울산까지 왕래

Check Point

시대별 대표적 무역항
• 삼국 시대 : 당항성
• 통일 신라 : 당항성 영암, 울산항
• 고려 시대 : 벽란도(국제 무역항), 금주(김해)
• 조선 초기 : 3포(부산포 · 염포 · 제포)
• 조선 후기 : 부산포

 기출 Plus

[지방직 9급 기출]

01. 통일신라의 경제상황에 대한 설명으로 옳지 <u>않은</u> 것은?
① 왕경에 서시전과 남시전이 설치되었다.
② 어아주, 조하주 등 고급비단을 생산하여 당나라에 보냈다.
③ 촌락의 토지 결수, 인구 수, 소와 말의 수 등을 파악하였다.
④ 시비법과 이앙법 등의 발달로 농민층에서 광작이 성행하였다.

圖 통일 후 신라는 수전 농업과 목축이 발달하였으나, 농업 기술이나 영농방식, 시비법 등이 발달하지 못해 휴경하는 경우가 많았다. 시비법은 소를 이용한 깊이갈이가 일반화된 고려시대에 발달하였고, 이앙법은 조선 후기에 널리 확대되었다.

 01 ④

⑤ 해상 세력의 등장 : 8세기 이후 장보고는 완도에 청해진을 설치하여 해상 무역
권을 장악

3. 발해의 경제

(1) 수취 제도

① 조세 : 조·콩·보리 등 곡물을 수취
② 공물 : 베·명주·가죽 등의 특산물을 수취
③ 부역 : 궁궐·관청 등의 건축에 농민들을 동원

(2) 경제 생활

① 농업 : 기후의 한계로 콩·조·보리 등의 밭농사 중심이었으나, 철제 농기구
가 널리 사용되고 수리 시설이 확충되면서 일부 지역에서 벼농사를 지음
② 목축업과 어업
㉠ 9세기 사회 안정과 함께 농업·수공업·상업이 발달하였고, 목축·수렵도
함께 발달
㉡ 고기잡이 도구가 개량되었고 다양한 어종을 잡음
③ 수공업 : 금속 가공업(제철업, 구리 제련술, 금·은 가공업 등), 비단·삼베 등
의 직물업, 도자기업 등 다양한 수공업이 발달
④ 상업
㉠ 수도인 상경 용천부 등 도시와 교통 요충지에서 상업이 발달
㉡ 상품매매에는 현물 화폐를 주로 썼으나 외국의 화폐도 널리 유통됨

(3) 대외 무역

① 대당 무역
㉠ **무역로** : 해로(서안평 ⇒ 덩저우, 발
해관 설치), 육로(요동성 ⇒ 진저우)
㉡ **수출품** : 말·모피·인삼 등 토산
물과 불상·자기·금은세공 등
수공업품(→ 솔빈부의 말(馬)은
주요한 수출품)
㉢ **수입품** : 귀족들의 수요품인 비
단·책 등
② **대일 무역** : 일본과 외교 관계를 중시하여 무역을 활발히 전개(→ 대신라 견제책)

▶ 발해·신라 무역

제3장

고대의
사회 구조와 사회 생활

제1절 신분제 사회의 정립

1. 초기 국가 시대

(1) 신분 제도의 형성
① 계급의 발생 : 청동기의 사용과 함께 시작된 정복과 복속으로 여러 부족들이 통합되는 과정에서 계급이 발생
② 신분 제도의 형성 : 계급의 발생과 함께 지배층 사이에 위계 서열이 발생하였고, 그 서열이 신분 제도로 발전

(2) 사회 계층의 구분
① 지배층 : 가, 대가, 호민
  ㉠ 가(加) · 대가(大加) : 부여 및 초기 고구려의 권력자들로, 호민을 통해 읍락을 지배하고 정치에 참여(→ 이후 중앙 집권 국가가 성립되는 과정에서 귀족으로 편제)
  ㉡ 호민(豪民) : 경제적으로 부유한 읍락의 지배층
② 피지배층 : 하호, 노비
  ㉠ 하호(下戶) : 농업에 종사하는 양인으로, 각종 생산 활동을 담당
  ㉡ 노비(奴婢) : 읍락의 최하층민으로, 주인에게 예속되어 있는 천민층

부여의 사회 계층
읍락에는 호민이 있고, 하호로서 모두 노복과 같은 처지에 있다. 대가는 수천 호를 소가는 수백 호를 주관한다. …… 집집마다 무기를 갖추고 있는데, 활 · 칼 · 창을 무기로 한다. …… 적이 있으면 제가가 스스로 나가 싸우며, 하호는 먹을 것을 공급한다.
                                                                  – 〈삼국지 위지 동이전〉 –

2. 삼국 시대

(1) 삼국의 신분제

① 엄격한 신분 제도의 운영 : 지배층 내부에서 엄격한 신분 제도가 운영되어, 출신 가문과 등급에 따라 승진과 권리, 경제적 혜택에 차등을 둠

② 신분 제도의 특징

㉠ 왕을 정점으로 귀족, 평민, 천민에 이르기까지 신분제적 질서가 형성·유지

㉡ 지배층만을 위한 별도의 신분제를 운영(신라 골품제 등)

㉢ 지배층은 특권을 유지하기 위하여 율령을 제정

㉣ 개인의 신분은 능력보다는 친족의 사회적 위치에 따라 결정(→ 골품제)

Check Point

삼국의 율령 반포
• 백제 : 3세기, 고이왕
• 고구려 : 4세기, 소수림왕
• 신라 : 6세기, 법흥왕

(2) 신분의 구성

① 귀족 : 왕족을 비롯한 부족장 세력이 귀족으로 재편성되어, 정치 권력을 소유하고 사회·경제적 특권을 누림

② 평민 : 대부분 농민, 자유민이었으나 정치적·사회적 제약을 받았으며 조세를 납부하고 노동력을 징발·제공

③ 천민

㉠ 향·부곡민 : 촌락을 단위로 한 집단 예속민으로, 평민보다 무거운 부담을 짐(→ 하층 양인 또는 천민으로 분류되나, 노비와 같이 주인에게 예속된 것은 아님)

㉡ 노비 : 왕실이나 관청, 귀족 등에 예속되어 신분이 자유롭지 못했으며, 가족을 구성하는 데 제약이 따름(→ 전쟁 포로나 범죄, 채무 등으로 노비로 전락하는 경우가 많았음)

Check Point

전쟁으로 노비가 된 사례
고구려왕 사유(고국원왕)가 보병과 기병 2만을 거느리고 치양에 와 주둔하며 군사를 시켜 민가를 약탈하였다. 왕(근초고왕)이 태자에게 군사를 주니 지름길로 치양에 이르러 불시에 고구려군을 공격하여 격파하고 5천 명을 죽이거나 사로잡았다. 그 포로를 지휘관들에게 나누어 주었다.
– 〈삼국사기〉 –

제2절 삼국 사회의 모습

1. 고구려 사회의 모습

(1) 사회 기풍과 형률

① 사회 기풍 : 활발한 정복 활동으로 상무적 기풍이 강함

② 엄격한 형률

⊙ 사회 질서와 기강 유지를 위해 형법이 매우 엄격하여 법률을 어기거나 사회 질서를 해치는 자가 드물었음

ⓒ 반역·반란은 중죄로 보아 죄인은 사형에 처하고 그 가족은 노비로 삼음

ⓒ 적에게 항복한 자나 전쟁에서 패한 자 역시 사형에 처함

ⓔ 1책 12법 : 도둑질한 자는 12배를 물게 함

ⓜ 우마를 죽인 자는 노비로 삼았으며, 채무자는 그 자식을 노비로 삼아 변상

(2) 사회 계층

① 지배층

ⓒ 왕족인 고씨를 비롯한 5부족 출신의 귀족으로, 지위를 세습하며 국정 운영에 참여

ⓒ 국방에 솔선하여 전시에 앞장서서 싸움

② 피지배층

ⓒ 백성 : 대부분 자영농으로 생활이 불안정, 국역을 부담

ⓒ 천민·노비 : 주로 피정복민이나 몰락한 평민, 채무자로 구성

ⓒ 놀이 문화 : 바둑, 투호, 축국 등

(3) 혼인 풍습

① 지배층 : 형사취수제(兄死娶嫂制)와 서옥제(데릴사위제)

② 피지배층 : 자유로운 교제를 통해 결혼했으며 지참금이 없음, 남자 집에서 돼지고기와 술을 보낼 뿐 예물은 주지 않음(→ 여자 집에서 재물을 받은 경우 이를 부끄럽게 여김)

고구려인들의 생활 방식
고구려 사람들은 절할 때에도 한쪽 다리를 꿇고 다른 쪽은 펴서 몸을 일으키기 쉬운 자세를 취하였고, 걸음을 걸을 때도 뛰는 듯이 행동을 빨리하였다.

2. 백제 사회의 모습

(1) 사회 기풍

① 사회 기풍 : 상무적 기풍을 지녀 말 타기와 활쏘기를 즐김

② 언어·풍속·의복

ⓒ 고구려와 비슷했으며, 일찍부터 중국과 교류하여 선진 문화를 수용

ㄴ 중국 문헌의 기록에 따르면, 백제 사람은 키가 크고 의복이 깔끔하여 세련된 모습을 지님

③ 엄격한 형률 : 고구려와 비슷

  ㄱ 반역자나 전쟁에서 퇴각한 자, 살인자는 사형(참형)

  ㄴ 절도범은 귀양[流刑]을 보내는 동시에 훔친 물건의 2배 또는 3배를 배상

  ㄷ 관리의 뇌물죄·횡령죄는 3배를 배상하고 종신토록 금고형에 처함

  ㄹ 부인으로서 간음한 자는 남편집의 노예로 삼음

(2) 지배층의 생활

① 지배층의 구성 : 왕족인 부여씨와 왕비족인 진씨·해씨, 8대 성(→ 남천 이후 완성)의 귀족

② 생활 모습 : 중국 고전과 사서를 즐겨 읽고 한문에 능숙하며, 관청의 실무에도 밝음

③ 놀이 문화 : 투호, 바둑, 장기 등

3. 신라 사회의 특징

(1) 골품제(骨品制)

① 성립 : 부족 연맹체에서 고대 국가(중앙 집권 국가)로 발전하는 과정에서 각 지방의 족장을 지배 계층으로 흡수·편제하면서 그들의 신분 보장을 위해 마련

② 성격

  ㄱ 왕권을 강화하면서 혈연에 따라 사회적 제약이 가해지는 폐쇄적 신분 제도

  ㄴ 개인의 사회 활동과 정치 활동의 범위까지 엄격히 제한

  ㄷ 관등 승진의 상한선이 골품에 따라 정해져 불만 세력 발생

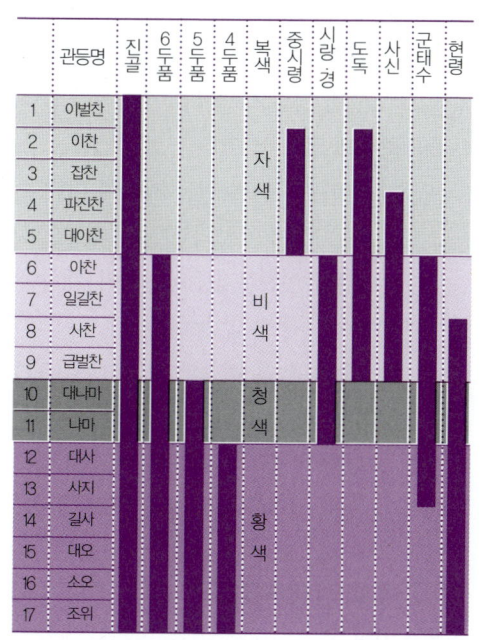

	관등명	진골	6두품	5두품	4두품	복색	중시령	시랑경	독	사신	군태수	현령
1	이벌찬					자색						
2	이찬											
3	잡찬											
4	파진찬											
5	대아찬											
6	아찬					비색						
7	일길찬											
8	사찬											
9	급벌찬											
10	대나마					청색						
11	나마											
12	대사					황색						
13	사지											
14	길사											
15	대오											
16	소오											
17	조위											

▶ 골품제에 따른 관등

Check Point

골품제의 규정

골품제를 통해 관등 상한선, 정치 및 사회 활동 범위, 가옥 규모, 복식 등이 규정되었으나 관직은 규정되지 않았다.

Check Point

성골·진골 가설

1. 진흥왕의 직계(성골) 및 방계(진골)를 구별하기 위한 표현이다.

2. 성골은 왕족 내부의 혼인으로 태어난 집단이고, 진골은 왕족과 다른 귀족의 혼인으로 태어난 집단이다.

3. 같은 왕족이면서도 성골과 진골로 구별되는 것은 모계에 의한 것인 듯하다.

4. 정치적인 면에서 구분하여 왕실 직계의 왕위 계승자 및 왕위 계승을 보유할 수 있는 제한된 근친자를 포함하여 성골이라 칭하고, 그 외 왕위 계승에서 소외된 왕족을 진골이라 하였다고 하는 견해도 있다.

   ⓔ 가옥의 규모와 장식물, 복색, 수레 등 일상 생활까지 규제하는 기준

  ③ 구성 및 내용

   ㉠ 성골 : 김씨 왕족 중 부모가 모두 왕족인 최고의 신분으로, 폐쇄적 혼인 정책(족내혼)으로 인해 진덕여왕을 끝으로 사라짐

   ㉡ 진골

    • 왕이 될 자격이 없는 왕족이었으나, 중대(태종 무열왕) 이후 성골 출신의 도태로 진골에서 왕이 나옴(→ 중대에는 무열왕계가, 하대에는 원성왕계가 왕위 계승)

    • 집사부 장관인 시중(중시) 및 1관등에서 5관등까지 임명되는 각 부 장관[令]을 독점

   ㉢ 6두품(득난)

    • 진골 아래 있는 두품 중 최고 상급층으로, 진골에 비해 관직 진출이나 신분상 제약이 큼

    • 종교와 학문 분야에서 활동하여 통일 초기(중대) 왕권의 전제화에 공헌했으나, 하대에는 반신라 세력으로 변모

    • 최고 6관등 아찬까지 진출(관직 상한은 있으나 하한은 없음), 가옥은 21자로 제한

   ⓔ 5두품 : 최고 10관등 대나마까지 진출, 가옥은 18자로 제한

   ⓜ 4두품 : 최고 12관등 대사까지 진출, 가옥은 15자로 제한

   ⓗ 기타 : 통일 후 6·5·4두품은 귀족화되었고, 3·2·1두품은 구분이 없어져 일반 평민으로 편입(→ 성씨가 있다는 점에서는 일반 농민과 차이가 있음)

  ④ 중위제

   ㉠ 의미 : 출신별 진급 제한에 대한 보완책·유인책으로 준 일종의 내부 승진제, 6두품 이하의 신분을 대상으로 함

   ㉡ 내용 : 아찬은 4중 아찬까지, 대나마는 9중 대나마까지, 나마는 7중 나마까지

   ㉢ 대상 : 공훈 및 능력자

   ⓔ 의의 : 높은 귀족에게만 허용된 관등의 영역을 침범하지 못하게 한 것

  ⑤ 적용 대상

   ㉠ 왕경인(王京人)과 소경인(小京人)만 해당하고, 지방민과 노비는 제외

   ㉡ 지방 세력은 외위(外位)라 하여 별도의 11관등제로 운영

(2) 화백 회의(和白會議)

  ① 기원

   ㉠ 씨족 사회의 촌락 회의의 전통을 계승한 귀족 회의로, 진골 출신의 고관들

로 구성되어 국가의 중대사를 결정(→ 귀족의 단결을 강화하고 국왕과 귀족 간의 권력을 조절)

ⓒ 법흥왕 때 국가 기구로 개편

② 조직 : 상대등이 회의를 주재(→ 귀족 연합적 정치를 의미)하며, 진골 출신의 고관인 대등들이 합좌하여 국가 중대사를 결정하고 상대등을 선출

③ 회의 장소 : 남당(南堂), 경주 부근의 4영지(청송산 · 우지산 · 금강산 · 피전) (→ 도교 사상의 반영)

④ 특징

　ⓐ 만장일치제

　ⓑ 집단의 단결 강화와 부정 방지

　ⓒ 왕권의 견제 및 왕권과 귀족 세력 간의 권력의 균형을 조절

⑤ 기능의 변천

　ⓐ 행정 관부 설치 이전 : 화백 회의를 통해 국가 기본 사항을 결정 · 집행

　ⓑ 행정 관부 설치 이후 : 화백 회의에 참여해 결정하는 층과 결정 사항을 집행하는 층으로 구분

　ⓒ 상대등 제도의 마련(법흥왕)을 통해 왕은 귀족 회의체를 효과적으로 통제할 수 있게 되었고, 상대등은 귀족 세력의 대표로서 왕권을 견제(→ 왕권과 귀족 권력의 조화)

　ⓓ 통일(신라 중대) 이후 왕권의 전제화로 인해 상대등은 형식적인 최고 지위로 변모

(3) 화랑도(花郎徒)

① 기원 및 발전 : 씨족 공동체 전통을 가진 원화(源花)가 발전한 원시 청소년 집단으로, 정복 활동을 강화하던 진흥왕 때 국가 조직으로 공인 · 발전

② 구성

　ⓐ 화랑 : 단장(수령)이며, 진골 귀족 중 낭도의 추대로 선임

　ⓑ 낭도 : 신분(귀족~평민)에 관계없이 왕경 6부민이면 입단 가능

　ⓒ 승려 : 구성원의 교육 및 지도

③ 목적 및 기능

　ⓐ 제천 의식의 거행, 전통적 사회 규범을 배우고 협동과 단결 정신 고취

　ⓑ 심신의 연마, 사냥과 전쟁에 대한 교육 및 군인 양성

　ⓒ 종교나 의례적 기능에서 점차 교육과 군사적 기능이 강화됨(→ 통일 후 군사적 기능은 약화)

④ 특성

               ⊙ 여러 계층이 한 조직 속에 구성되어 일체감을 형성

               ⓛ 계층 간 대립과 갈등의 조절 · 완화

               ⓒ 사회적 중견 인물을 양성하고 국민의 단결과 삼국 통일의 원동력으로 작용
(→ 김유신, 사다함, 관창 등을 배출)

     ⑤ 화랑 정신

               ⊙ **최치원의 난랑비문** : 유 · 불 · 선 3교의 현묘한 도를 일컬어 화랑도라 함

               ⓛ **원광의 세속 5계** : 공동체 사회 이념을 바탕으로 불교와 유교, 도교를 수용한 실천 윤리 사상으로, 마음가짐과 행동의 규범을 제시(→ 화랑도 정신의 바탕)

               ⓒ **임신서기석(壬申誓記石)**

                 • 두 화랑이 학문(유교 경전의 학습)과 인격 도야, 국가에 대한 충성 등을 맹세한 비문

                 • 우리말식 문체로 기록한 것으로, 유학이 발달했음을 반영

Check Point

6두품의 제약

설계두는 신라 6두품 집안의 자손이다. 그가 친구들과 함께 술을 마시며 말하기를, "우리나라에서는 사람을 쓰는 데 먼저 골품을 따지므로 정말 그 족속이 아니면 비록 큰 재주와 뛰어난 공이 있다 하더라도 그 한계를 넘지 못한다." 하고는 배를 타고 당에 갔다.
– 〈삼국사기〉 –

Check Point

사치 금지령

흥덕왕 즉위 9년, 태화(太和) 8년에 하교하여 이르기를 "사람은 위와 아래가 있고 지위는 높고 낮음이 있어 칭호와 법식이 같지 아니하며 의복 또한 다르다. 그런데 세속이 점차 경박해져서 백성들이 다투어 사치와 호화를 일삼아 오직 외래품의 진기한 것만을 좋게 여기고 토산물은 오히려 야비하다 싫어하니, 신분에 따른 대우가 무너져 거의 참람함에 가깝고 풍속이 쇠퇴하기에까지 이르렀다. 이에 옛 법에 따라 하늘이 내린 도리를 펴고자 하노니, 혹여 일부러 범하는 자가 있다면 나라에 일정한 법도가 있음을 알려 국법에 따라 처벌할 것이다. ……"
– 〈삼국사기〉 –

제3절 남북국 시대의 사회

1. 통일 신라의 사회 모습

(1) 신라의 사회 정책 및 계층

    ① 민족 통합 정책

            ⊙ 통일 전쟁 과정에서 백제와 고구려의 옛 지배층에게 신라 관등을 주어 포용

            ⓛ 백제와 고구려의 유민들을 9서당에 편성함으로써 민족 통합에 노력

    ② **왕권의 전제화 및 사회의 안정** : 귀족에 대한 견제 · 숙청을 통해 통일 후 중대 사회의 안정을 이룸

    ③ 사회 계층

            ⊙ **진골 귀족** : 최고 신분층으로 중앙 관청의 장관직을 독점하였고, 합의를 통해 국가 중대사를 결정하는 전통도 계속 보유

            ⓛ **6두품** : 학문적 식견과 실무 능력을 바탕으로 국왕을 보좌하였으나, 신분적 제약으로 인해 중앙 관청의 우두머리나 지방의 장관은 불가

(2) 신라 사회의 모습

① 금성과 5소경
　㉠ 금성(경주) : 수도이자 정치 · 문화의 중심지로서 대도시로 번성하였는데, 바둑판처럼 구획된 시가지에 궁궐과 관청 · 사원, 귀족들의 저택 등이 즐비
　㉡ 5소경 : 과거 고구려 · 백제 · 가야의 일부 지배층은 물론 신라의 수도에서 이주한 귀족들이 거주하는 지방의 문화 중심지

소경(小京)의 기능
지방의 정치 · 문화적 중심지, 지방 세력의 견제, 피정복민의 회유, 경주의 편재성 보완 등

② 귀족의 생활
　㉠ 금입택(金入宅)이라 불린 저택에 거주하며 많은 노비와 사병을 보유하는 등 호화 생활
　㉡ 아라비아산 고급 향료, 고급 장식품, 에메랄드 등을 사용
　㉢ 불교를 적극적으로 후원
③ 평민의 생활
　㉠ 지배층의 호화로운 생활과는 대조적으로 대부분 토지를 경작하며 근근이 생활
　㉡ 빈농들은 토지를 빌려서 경작하거나 채무로 노비가 되는 경우도 많았음

(3) 신라 말 사회의 혼란
① 신라 말의 사회상
　㉠ 지방의 신흥 세력이 성장하였고, 호족이 등장하여 세력을 확대
　㉡ 자연 재해의 빈발
　㉢ 백성의 곤궁, 농민의 몰락 등으로 민심이 크게 동요
② 정부의 대책과 실패
　㉠ 조세 감면 및 수리 시설의 정비, 해적으로부터의 농민 보호 등 민생 안정책을 강구
　㉡ 농민들은 토지를 상실하고 소작농이 되기도 하고, 걸식하거나 산간에서 화전을 일구기도 함
③ 모순의 심화
　㉠ 정부의 기강이 문란해지고, 지방의 조세 납부 거부로 인해 국가 재정이 악화됨
　㉡ 촌주에 대한 국가 통제력이 약화되면서 지방 행정의 지배 체제가 붕괴
　㉢ 농민층의 봉기로 인해 중앙 정부의 통제력 상실(→ 원종과 애노의 난이 발발하여 전국으로 확산)

Check Point
신라 말 사회 모순
• 귀족들의 대토지 소유 확대로 자작농의 조세 부담 증가
• 자작농 몰락 : 소작농, 유랑민, 화전민, 노비로 전락

Check Point
신라 말의 조세 납부 거부
9세기 말 진성여왕 때에는 중앙 정부의 기강이 극도로 문란해졌으며, 지방의 조세 납부 거부로 국가 재정이 바닥이 드러났다. 그리하여 한층 더 강압적으로 조세를 징수하자 상주의 원종과 애노의 난을 시작으로 농민의 항쟁이 전국적으로 확산되었다.

신라 말기의 반란

진성 여왕 3년(889) 나라 안의 여러 주·군에서 공부(貢賦)를 바치지 않으니 창고가 비어 버리고 나라의 쓰임이 궁핍해졌다. 왕이 사신을 보내어 독촉하였지만, 이로 말미암아 곳곳에서 도적이 벌떼 같이 일어났다. 이에 원종·애노 등이 사벌주(상주)에 의거하여 반란을 일으키니 왕이 나마 벼슬의 영기에게 명하여 잡게 하였다. 영기가 적진을 쳐다보고는 두려워하여 나아가지 못하였다. — 〈삼국사기〉 —

 꼭! 확인 기출문제

다음 자료에 나타난 시기에 대한 설명으로 옳은 것은? [지방직 9급 기출]

> 곳곳에서 도적이 벌 떼같이 일어났다. 이에, 원종, 애노 등이 사벌주(상주)에 의거하여 반란을 일으키니, 왕이 나마 벼슬의 영기에게 명하여 잡게 하였다.

❶ 지방에서는 호족 세력이 성장하였다.
② 신진 사대부가 대두하여 권문세족을 비판하였다.
③ 농민들은 전정, 군정, 환곡 등 삼정의 문란으로 고통을 받았다.
④ 봄에 곡식을 빌려 주었다가 가을에 추수한 것으로 갚게 하는 진대법을 실시하였다.

해 ① 원종·애노의 난은 신라 하대 진성여왕 때 일어났다. 신라 하대에 중앙 통제가 약화되고 농민들이 봉기를 일으키자 지방에서는 반독립적인 세력으로 호족이 성장하였다.
② 신진 사대부가 대두하여 권문세족을 비판한 것은 고려 후기로 이들은 조선 건국 세력이 되었다.
③ 농민들은 전정, 군정, 환곡 등 삼정의 문란으로 고통을 받은 것은 조선 후기로 세도정치기 때 가장 심하였으며 철종 때 임술민란이 일어나는 등 전국적인 민란이 일어나는 원인이 되었다.
④ 봄에 곡식을 빌려 주었다가 가을에 추수한 것으로 갚게 하는 진대법은 고구려 고국천왕 때 을파소의 건의로 시행되었다.

2. 발해 사회의 모습

(1) 사회 구성

① 지배층
    ㉠ 왕족인 대씨와 귀족인 고씨 등의 고구려계 사람들이 대부분
    ㉡ 주요 관직을 차지하고, 수도나 큰 고을에 살면서 노비와 예속민을 거느림

② 피지배층
    ㉠ 주로 주민의 다수를 차지한 말갈인으로 구성
    ㉡ 일부는 지배층이 되거나 촌장이 되어 국가 행정을 보조

(2) 생활 모습

① 상층 사회 : 당의 제도와 문화를 수용하였으며, 지식인들은 당에 유학하여 빈공과에 합격하기도 함

Check Point

발해의 멸망
발해는 소수의 고구려계 유민이 지배층으로서 다수의 말갈족을 다스리는 봉건적 사회 구조를 취하고 있었다. 간혹 극소수의 말갈계가 지배층에 편입되기도 하였으나 유력한 귀족 가문은 모두 고구려계였다. 지배층과 피지배층 간 민족 구성의 차이는 발해 멸망의 주요 요소로 지적되고 있다.

Check Point

빈공과
당(唐)에서 외국인을 대상으로 실시한 과거 시험으로서, 발해는 10여 인이 유학하여 6명 정도가 합격하였다.

② 하층 사회 : 촌락민들은 촌장(수령)을 통해 국가의 지배를 받았으며, 고구려나 말갈 사회의 전통적인 생활 모습을 오랫동안 유지

꼭! 확인 기출문제

다음과 같은 혼인 풍습이 있었던 나라의 사회상으로 옳지 않은 것은? [국가직 9급 기출]

> 혼인하는 풍속을 보면, 구두로 정해지면 신부집에서 본채 뒤에 작은 별채를 짓는데, 이를 서옥(壻屋)이라 한다. 해가 저물 무렵, 신랑이 신부집 문 밖에 와서 이름을 밝히고 꿇어앉아 절하며 안에 들어가 신부와 잘 수 있도록 요청한다. 이렇게 두세 번 청하면 신부의 부모가 별채에 들어가 자도록 허락한다. ……자식을 낳아 장성하면 신부를 데리고 자기 집으로 간다.
> – 〈삼국지〉 –

① 건국 시조인 주몽과 그 어머니 유화 부인을 조상신으로 섬겨 제사를 지냈다.
❷ 남의 부족의 영역을 침범하면 소나 말 등으로 변상하는 책화라는 풍습이 있었다.
③ 왕 아래에 상가, 고추가 등의 대가들이 있었으며, 각기 사자, 조의, 선인 등 관리를 거느렸다.
④ 10월에 동맹이라는 제천 행사를 치르고, 아울러 왕과 신하들이 국동대혈에 모여 함께 제사를 지냈다.

해 제시문은 고구려의 혼인 풍습인 서옥제(데릴사위제)에 대한 내용이다. ②의 책화는 동예의 풍습이다.

[서울시 9급 기출]

01. 발해의 사회 모습에 대한 설명으로 가장 옳지 않은 것은?
① 주민은 고구려 유민과 말갈인으로 구성되었다.
② 중앙 문화는 고구려 문화를 바탕으로 당의 문화가 가미된 형태를 보였다.
③ 당, 신라, 거란, 일본 등과 무역하였는데, 대신라 무역의 비중이 가장 컸다.
④ 유학 교육기관인 주자감을 설치하여 귀족 자제에게 유교 경전을 가르쳤다.

해 외교적으로는 상설 교통로인 신라도를 개설하여 신라와의 친교에 노력하였다. 신라와의 무역 이외에도 당, 거란, 일본 등과 해로와 육로를 이용하여 무역하였는데, 산둥반도에 발해관을 설치하고 발해인들이 이용하게 할 만큼 가장 많은 무역을 하였다. 발해는 고구려 장군 대조영을 중심으로 한 고구려 유민과 말갈 집단들이 길림성 동모산 기슭에서 발해를 건국하였다. 고구려 유민이 지배층, 말갈집단이 피지배층을 이루어 구성되어있다. 수도 5경, 발해 성터 등의 고구려 문화를 다수 계승하면서 당의 3성 6부의 중앙 조직, 15부 62주의 지방조직, 10위의 군사 제도 등의 당 문화를 받아들였다. 문왕은 국립대학이자 유학 교육기관인 주자감을 두어 귀족 자제에게 유교 경전을 가르쳤다.

답 01 ③

제4장

고대 문화의 발달

제1절 고대 문화의 특성

1. 삼국 문화의 특성

(1) 삼국 문화의 의의 및 성격

① 삼국 문화의 의의 : 각각의 개성을 유지하는 가운데서도 서로 영향을 주고받
으며 민족 문화의 기반을 형성하였고, 통일을 전후하여 여러 문화를 수용하여
더욱 세련된 문화를 이룸

② 삼국 문화의 기본 성격

㉠ 2원적 성격

• 초기 : 소박한 전통 문화의 성격이 지배(→ 토우, 설화, 음악 등)

• 통일기 : 중국 남북조 등 여러 문화를 수용하고 불교의 영향을 받으면서
고도의 세련미를 보여줌(→ 사원, 불상 등)

㉡ 불교 문화의 영향 : 문화의 폭을 확대하고 국민 사상의 통합과 국력 강화에
기여하였으며, 귀족 문화 형성에 큰 영향을 미침

㉢ 문화적 동질성 : 경쟁 과정에서 자라난 동족 의식으로 인해 언어와 풍습,
사상 등에 있어 동질적인 문화적 특성을 보임

(2) 삼국 문화의 특징

① 고구려

㉠ 중국과 직접 겨루며 중국 문화에 대한 비판 능력을 갖추었고, 문화 수용에
있어서도 개성이 엿보임

㉡ 패기와 정열이 넘치는 문화적 특징을 보임

② 백제

    ㉠ 평야 지대에 위치하여 외래 문화와 교류가 활발하였고, 중국 문화의 수입 · 전달에 크게 기여

    ㉡ 귀족적 성격이 강하여 우아하고 세련된 문화적 특징을 보임(→ 지방 토착 문화의 육성에 상대적으로 소홀)

③ 신라

    ㉠ 초기에는 소박한 옛 전통적 색채가 강함(→ 토기, 토우 등)

    ㉡ 6세기에 한강 유역을 확보한 이후 점차 고구려 · 백제의 영향을 받아 조화미가 강조되며 발전

2. 남북국 시대 문화의 특성

(1) 통일 신라 문화의 특징

① 귀족 중심의 문화가 발전하면서 민간 문화의 수준도 향상됨

② 중앙의 문화가 전파되면서 지방 문화 수준도 전반적으로 향상됨

③ 조형 미술을 중심으로 조화미 · 정제미를 창조(→ 불교와 고분 문화 등을 통해 다양하게 표현됨)

④ 당 · 서역과의 국제적 교류로 세련된 문화 발전

(2) 발해 문화의 특징

① 고구려 문화의 바탕 위에 당 문화 혼합

② 웅장하며 건실함

Check Point

통일 신라 문화의 기본적 성격
- **문화적 차원과 폭의 확대** : 삼국 문화가 종합되면서 문화적 차원과 폭이 확대되고 보다 세련된 문화로 발전하였으며, 이러한 기반 위에서 다시 당 문화의 영향을 강하게 받음
- **민족 문화의 토대 확립** : 다양한 문화적 수용을 바탕으로 고대 문화를 완성하고 이를 통해 민족문화의 토대를 확립함

제2절 학문 및 교육

1. 한문학과 유학, 향가의 발달

(1) 한자의 보급

① 한자 문화권의 형성

    ㉠ 철기 시대부터 한자를 사용했으며, 고대 동아시아 한자 문화권이 형성(→

한자의 최초 전래는 고조선, 일반 문자화된 시기는 고대 국가)

ㄴ 삼국 시대의 지배층은 한자를 널리 사용하면서 중국 유교 · 불교 · 도교 사상을 수용(→ 백제의 개로왕이 북위에 보낸 국서는 세련된 한문 문장으로 쓰였으며, 사택지적비문에도 불당을 세운 내력을 기록)

② 이두(吏讀)와 향찰(鄕札)의 사용 : 한문의 토착화가 이루어지고 한문학이 널리 보급됨

(2) 한문학

① 삼국 시대의 한문학

ㄱ 한시 : 유리왕의 황조가, 을지문덕의 오언시(여수장우중문시) 등

ㄴ 노래 : 백제의 정읍사, 신라의 회소곡, 가야의 구지가 등

② 신라의 한문학 : 한학(유학)의 보급과 발달에 따라 발달(→ 강수, 설총, 김대문, 최치원 등)

③ 발해의 한문학 : 4 · 6 변려체로 쓰인 정혜공주와 정효공주의 묘지(墓誌)를 통해서 높은 수준을 짐작할 수 있으며, 시인으로는 양태사 · 왕효렴이 유명

(3) 유학의 보급

① 삼국 시대 : 유학이 본격적으로 수용되었고, 율령, 유교 경전 등을 통해 한문학을 이해

ㄱ 고구려 : 종묘 건립, 3년상 등 생활 속에서 유교적 예제(禮制)가 행해짐

ㄴ 백제 : 6좌평과 16관등, 공복제 등의 정치 제도는 유학 사상의 영향을 받음

ㄷ 신라 : 법흥왕 때의 유교식 연호, 진흥왕 순수비, 화랑도 등은 유학 사상의 영향을 받음

② 통일 신라 유학의 성격

ㄱ 원시 유학과 한 · 당의 유학이 합쳐진 유학으로, 불교 · 도교와 대립하지 않고 조화를 이룸

ㄴ 제도와 윤리 측면에서 전제 왕권과 중앙 집권 체제를 뒷받침(→ 불교는 주로 철학적 · 사회적 측면에 영향을 미침)

ㄷ 유교 정치 이념을 중앙 집권적 제도와 윤리 차원에서 뒷받침

(4) 대표적 유학자

① 통일기 신라의 유학자 : 6두품 출신의 유학자가 많음, 도덕적 합리주의를 강조

ㄱ 강수(6두품)

· 〈청방인문서〉, 〈답설인귀서〉 등 외교 문서를 잘 지은 문장가로 유명

- 불교를 세외교라 하여 비판하고, 도덕을 사회적 출세보다 중시함
- 일부다처나 골품제에 의한 신분 제도 등을 비판하고 유교의 도덕적 합리 주의를 강조
- 신문왕 때 국학이 설립되자 설총과 함께 국학에서 제자를 교육

ⓒ 설총(6두품)
  - 원효의 아들로, 이두를 집대성하여 중국 문화를 보다 광범위하고 수준 높게 이해
  - 풍왕서(화왕계)를 지어 국왕의 유교적 도덕 정치를 강조(→ 신문왕에게 향락을 배격하고 경계로 삼도록 일깨워 줌)

설총의 〈화왕계〉
"…… 어떤 이가 화왕(花王, 모란)에게 말하였다. "두 명(장미와 할미꽃)이 왔는데 어느 쪽을 취하고 어느 쪽을 버리시겠습니까?" 화왕이 말하였다. "장부(할미꽃)의 말도 일리가 있지만 어여쁜 여자(장미)는 얻기가 어려운 것이니 이 일을 어떻게 할까?" 장부가 다가서서 말하였다. "저는 대왕이 총명하여 사리를 잘 알 줄 알고 왔더니 지금 보니 그렇지 않군요. 무릇 임금된 사람치고 간사한 자를 가까이 하지 않고 정직한 자를 멀리하지 않는 이가 적습니다. 이 때문에 맹가(맹자)는 불우하게 일생을 마쳤으며, 풍당(중국 한나라 사람)은 머리가 희도록 하급 관직을 면치 못하였습니다. 옛날부터 도리가 이러하였거늘 저인들 어찌하겠습니까?" 화왕이 대답하였다. "내가 잘못했노라. 내가 잘못했노라." …… 이에 왕(신문왕)이 얼굴빛을 바로 하며 말하였다. "그대(설총)의 우화는 진실로 깊은 뜻이 담겨 있도다. 기록해 두어 왕자(王者)의 경계로 삼게 하기 바란다."라고 하고는 설총을 높은 관직에 발탁하였다.
– 〈삼국사기〉 –

② 통일 이후의 유학자 : 당과 교류가 활발해지면서 도당 유학생이 증가
  ㄱ 김대문(진골)
    - 성덕왕 때 주로 활약한 통일 신라의 대표적 문장가로, 우리 문화를 주체적으로 인식
    - 전제 왕권에 대항하여 전통 문화에 기반을 둔 공동체적 정신을 부각함
    - 〈악본〉, 〈화랑세기〉, 〈고승전〉, 〈한산기〉, 〈계림잡전〉 등이 유명(모두 부전)
  ㄴ 최치원(6두품)
    - 당의 빈공과(賓貢科)에 급제하고 귀국 후 진성여왕에게 개혁안 10여조를 건의(→ 수용되지 않음)
    - 골품제의 한계를 자각하고 과거 제도를 주장하였으며, 반신라적 사상을 견지
    - 〈계원필경〉(→ 현존 최고의 문집), 〈제왕연대력〉, 〈법장화상전〉 등을 저술
    - 4산 비명
      – 숭복사비, 쌍계사 진감선사비, 성주사 낭혜화상탑비, 봉암사 지증대사비

Check Point

최치원
6두품 출신으로 당에 유학하여 빈공과에 급제하고 관직에 오르는 한편 문장가로 이름을 떨쳤다. 귀국하여 진성여왕에게 개혁을 건의하고 국정을 비판하였으나, 개혁이 이루어지지 않자 혼란한 세상에 뜻을 잃고 전국 각지를 유람하다가 해인사에서 일생을 마쳤다. 유학자인 동시에 불교와 도교에도 조예가 깊은 사상가였으며, 고려 건국에 큰 영향을 끼쳤다.

－ 4 · 6 변려체, 나말 여초의 불교 · 역사 · 문학 · 정치 · 사상을 반영

③ 발해 : 당에 유학생을 파견, 빈공과 급제자 다수 배출

> **도당 유학생**
>
> ① 유학의 배경 : 전제 왕권 확립을 위한 유교 정치 이념의 필요성 인식, 방계 귀족에 대한 견제
> ② 기능 : 유학생이자 외교관의 기능을 겸하며, 정치적 인질의 성격을 지니기도 함
> ③ 대표적 유학생 : 최치원, 최승우, 최언위 등
> ④ 특징
> ㉠ 대부분 6두품 출신으로, 다수가 빈공과에 합격(→ 신라인 80명, 발해인 10명가량)
> ㉡ 실력 위주의 풍토를 정착시킴으로써 과거 제도가 마련되는 배경으로 작용
> ㉢ 귀국 후 신분적 한계로 정치 참여가 제한되었으며 주로 왕의 고문 역할을 수행, 왕권 강화 · 과거제
>   실시 · 국사 편찬 등의 필요성을 제시
> ㉣ 골품제와 신라 사회의 모순을 비판하며 새로운 사회로의 방향을 제시

(5) 향가의 발달

① 편찬

  ㉠ 한자를 빌어 표기, 주로 불교 수용 후 화랑과 승려가 지음(→ 통일 후 불교의 영향을 받아 크게 발달)

  ㉡ 〈삼국유사〉에 14수, 〈균여전〉에 11수가 전하며, 9세기 후반 향가를 모아 〈삼대목(三代目)〉을 편찬(부전)

② 내용 : 화랑에 대한 사모의 심정, 형제간의 우애, 동료 간의 의리, 공덕이나 불교에 대한 신앙심, 부처님의 찬양, 지배층의 횡포에 대한 비판 등

③ 대표작 : 원왕생가, 모죽지랑가, 헌화가, 도솔가, 제망매가, 찬기파랑가, 안민가, 처용가 등

④ 설화 문학

  ㉠ 서민들 사이에서 구전된 문학

  ㉡ 에밀레종 설화, 효녀 지은 이야기, 설씨녀 이야기 등

⑤ 민중의 노래

  ㉠ 구지가와 같은 무속 신앙과 관련된 노래나 회소곡(會蘇曲) 등의 노동요가 유행

  ㉡ 민중들은 어려운 생활 속에서 그들의 소망을 노래로 표현(→ 백제의 정읍사)

2. 교육 및 역사

(1) 삼국의 교육

① 교육의 특징 : 문무 일치 · 귀족 중심 · 수도 중심의 교육

② 교육 기관 및 유학의 교육 : 한자의 보급과 함께 교육 기관이 설립됨

  ㉠ 고구려 : 수도에 태학(유교 경전과 역사 교육), 지방에 경당(한학과 무술 교육) 설치

  ㉡ 백제 : 교육 기관은 없으나 5경 박사와 의박사 · 역박사 등이 유교 경전과 기술학 교육

  ㉢ 신라 : 임신서기석(→ 유교 경전을 공부했음을 알 수 있음), 화랑도(세속 5계), 한자 및 이두 사용

③ 삼국 시대의 유학 교육

  ㉠ 중국과 교류가 활발해지고 여러 교육 기관이 설립됨에 따라 유학이 보급

  ㉡ 학문적 깊이보다 충(忠) · 효(孝) · 신(信) 등의 도덕 규범을 장려

(2) 남북국의 교육

① 통일 신라

  ㉠ 국학

   • 신문왕 때 설립(682)한 유학 교육 기관으로, 충효 사상 등 유교 정치 이념을 통해 전제 왕권 강화에 기여

   • 경덕왕 때 태학이라 고치고 박사와 조교를 두어 〈논어〉와 〈효경〉 등의 유교 경전을 교육, 혜공왕 때 국학으로 환원

   • 입학 자격은 15~30세의 귀족 자제로 제한되며, 졸업 시 대나마 · 나마의 관위를 부여

   • 〈논어〉와 〈효경〉을 필수 과목으로 하며, 〈주역〉 · 〈상서〉 · 〈모시〉 · 〈예기〉 · 〈좌씨전〉 등을 수학

   • 골품제로 인해 그 기능을 제대로 발휘하지 못했으나, 학문과 유학의 보급에 기여하고 무치를 문치로 바꾸는 계기가 됨

  ㉡ 독서삼품과

   • 원성왕 때(788) 시행한 관리 등용 제도로, 유교 경전의 이해 수준에 따라 3등급으로 구분해 관리를 등용(→ 상품 · 중품 · 하품)

   • 골품이나 무예를 통해 관리를 등용하던 방식에서 벗어나, 유교 교양을 시험하여 관리를 등용함으로써 충효일치를 통한 전제 왕권 강화에 기여

   • 진골 귀족의 반대와 골품제로 인해 제대로 기능하지는 못했으나, 국학과 마찬가지로 학문과 유학 보급에 기여하고 무치를 문치로 전환하는 계기가 됨

Check Point

임신서기석

1934년 경주에서 발견된 것으로 신라의 두 젊은이 사이에 맺은 약속이 새겨져 있는데, 국가에 대한 충성과 3년 내에 시 · 〈상서〉 · 〈예기〉 등을 습득할 것을 맹세한다고 기록되어 있다.

▶ 임신서기석

Check Point

독서삼품과의 등급 구분

• 삼품(三品)

 – 상품 : 〈좌씨전〉 · 〈예기〉 · 〈문선〉에 능하고, 〈논어〉 · 〈효경〉을 이해하는 자

 – 중품 : 〈곡례〉 · 〈논어〉 · 〈효경〉을 읽은 자

 – 하품 : 〈곡례〉 · 〈효경〉을 읽은 자

• 특품(特品) : 5경 · 3사 · 제자백가에 능통한 자로, 특품 합격자는 서열에 관계없이 특채

다음 설명에 해당하는 발해 왕의 재위 기간에 통일 신라에서 일어난 상황으로 옳은 것은? [지방직 9급 기출]

> • 대흥이란 독자적인 연호를 사용하였다.
> • 수도를 중경 → 상경 → 동경으로 옮겼다.
> • 일본에 보낸 외교문서에 천손(하늘의 자손)이라 표현하였다.
> • 당과 친선 관계를 맺으며 당의 문물을 도입하여 체제를 정비하였다.

① 녹읍 폐지   ② 청해진 설치
③ 「삼대목」 편찬   ❹ 독서삼품과 설치

해 ❹ 제시된 글의 발해 왕은 발해 문왕(737~793)이다. 문왕 재위 기간 통일 신라에서는 원성왕이 788년에 독서삼품과를 설치하였는데 독서삼품과는 관리선발제도로, 국학의 학생들을 독서능력에 따라 상중하로 구분하고 이를 관리임용에 참고한 제도이다.
① 녹읍은 신라 시대 때 관료에게 직무의 대가로 지급한 논밭이었는데 이를 폐지한 것은 689년 신문왕 때이다. 신문왕은 관료전을 지급(687)하고 녹읍을 폐지하였다.
② 청해진은 통일 신라 828년 흥덕왕 때 장보고가 해상권을 장악하고 중국·일본과 무역을 하던 곳이다.
③ 삼대목은 신라 시대 888년 진성여왕 때 위홍과 대구화상이 왕명을 받아 편찬한 최초의 향가집이다.

② 발해

ㄱ 학문 발달을 장려 : 당에 유학생을 보내고 서적을 수입

ㄴ 한학 교육을 장려

- 주자감을 설립하여 귀족 자제들에게 유교 경전을 교육
- 6부의 명칭이 유교식이며, 정혜공주·정효공주 묘비문은 4·6 변려체의 한문으로 작성됨, 5경과 〈맹자〉, 〈논어〉, 3사(〈사기〉·〈한서〉·〈후한서〉), 〈진서〉, 〈열녀전〉 등을 인용
- 외교 사신(양태사, 왕효렴 등)과 승려(인정, 인소 등) 중 많은 사람이 한시에 능통

ㄷ 발해 문자 : 외교 문서나 공식 기록에는 한자를 사용하였으나, 이와는 다른 발해 문자가 수도 동경성의 압자 기와에서 발견됨

(3) 역사서의 편찬

① 편찬의 배경

ㄱ 목적 : 전통에 대한 이해, 왕실 권위의 제고, 백성의 충성심 결집

ㄴ 의의 : 학문이 발달되고 국력이 융성하던 시기에 편찬된 점에서 중앙 집권적 귀족 국가의 문화적 위용을 반영

② 삼국의 사서 편찬

ㄱ 고구려 : 영양왕 때 이문진이 국초의 〈유기(留記)〉를 간추려 〈신집(新集)〉 5권을 편찬

ㄴ 백제 : 근초고왕 때 고흥이 〈서기(書記)〉를 편찬

Check Point

고대 역사서의 한계
종교적·설화적 성격으로 인해 합리성이 부족하며, 역사 서술의 주체를 국왕에게 집중함

ⓒ 신라 : 진흥왕 때 거칠부가 〈국사(國史)〉를 편찬

③ 통일 신라의 사서 편찬

　　ⓐ 김대문 : 통일 신라의 대표적 문장가

　　　• 대표적 저서 : 〈악본〉, 〈고승전〉, 〈한산기〉, 〈계림잡전〉, 〈화랑세기〉 등 (→ 신라 문화를 주체적으로 인식하려는 경향을 보여줌, 부전)

　　　• 학풍 : 역사 서술의 대상을 신민(臣民)과 문화로 확대하고 신라 문화를 주체적으로 인식하려는 경향을 보였으나, 전통적 불교 문화와 귀족 문화의 전통을 계승하여 진골 귀족으로서의 보수성을 보이기도 함

　　ⓑ 최치원 : 〈제왕연대력〉을 저술

Check Point

삼국 불교의 성격
• 호국적 사상(→ 〈인왕경〉이 널리 읽힘)
• 왕실 · 귀족 중심의 불교(→ 왕실이 앞장서서 수용)
• 토착 신앙의 흡수(→ 샤머니즘적 성격)
• 현세 구복적

제3절 종교 및 사상

1. 삼국 시대의 불교

(1) 불교의 수용

① 삼국 시대의 불교 전래

　　ⓐ 수용 시기 : 율령을 제정하고 국가 조직을 개편하여 왕권 강화에 힘쓰던 4세기

　　ⓑ 전래 및 공인

　　　• 고구려 : 중국 전진(前秦)의 순도를 통하여 소수림왕 때 전래(372)

　　　• 백제 : 동진(東晋)의 마라난타를 통해 침류왕 때 전래(384)

　　　• 신라 : 고구려 묵호자를 통해 전래, 6세기 법흥왕 때 국가적으로 공인 (527)

② 삼국 시대 불교의 성격

　　ⓐ 중앙 집권 체제가 정비되고 지방 세력이 통합될 무렵 왕실과 귀족을 중심으로 수용 · 공인(→ 왕권 강화와 중앙 집권화에 기여하였고, 특권 귀족 계층을 옹호)

　　ⓑ 지배층 중심의 호국적 성격이 강하였고, 신분제를 합리화(→ 지배층 중심의 미륵 신앙 성행, 윤회설 · 업보 사상 중시)

　　ⓒ 대승 불교와 소승 불교가 혼재되어 전래되었으나 대승 불교가 주류를 이루었으며, 여러 종파 간 사상적 대립과 발전을 거침

　　ⓓ 전통적 토착 신앙을 흡수하여 샤머니즘 성격과 현세구복적 성격이 강함

기출 Plus [서울시 9급 기출]

01. 삼국시대의 사상과 문화에 대한 설명으로 가장 옳지 않은 것은?

① 부여 능산리에서 발견된 백제대향로에는 신선이 산다는 봉래산이 조각되어 있어 백제인의 신선사상을 엿볼 수 있다.

② 삼국 불교의 윤회설은 왕이나 귀족, 노비는 전생의 업보에 의해 타고났다고 보기 때문에 신분 질서를 정당화하는 관념을 제공하였다.

③ 신라 후기 민간사회에서는 주문으로 질병 치료나 자식 출산 등을 기원하는 현실구복적 밀교가 유행하였다.

④ 고구려의 겸익은 인도에서 율장을 가지고 돌아온 계율종의 대표적 승려로서 일본 계율종의 성립에도 영향을 주었다.

🖩 백제의 겸익은 6세기 성왕 때 인도에서 율종 관계의 불교서적(율장)을 가지고 와 번역하고 계율종을 개창하였으며 일본 계율종의 성립에도 영향을 주었다.

 01 ④

▶ 이차돈의 순교비

기출 Plus

[지방직 9급 기출]

02. 신라의 주요 지식인의 활동에 대한 설명으로 옳은 것으로만 묶인 것은?

ㄱ 원광 – 세속오계를 짓고, 수나라에 군사를 청하는 걸사표(乞師表)를 작성하였다.
ㄴ 강수 – 외교 문서 작성에 큰 공을 세웠으며, 왕에게 풍간의 뜻을 담은 화왕계(花王戒)를 지어 바쳤다.
ㄷ 원효 – 〈금강삼매경론〉, 〈대승기신론소〉와 같은 걸출한 저술을 남겼으며 황룡사 9층탑을 세울 것을 건의하였다.
ㄹ 최치원 – 신라 하대 도당 유학생을 대표하는 지식인으로 〈계원필경〉, 〈제왕연대력〉과 같은 저술을 남겼다.

① ㄱ, ㄴ   ② ㄱ, ㄹ
③ ㄴ, ㄷ   ④ ㄷ, ㄹ

레 ㄱ 원광(圓光)은 화랑의 기본 계율인 세속오계를 지었고, 수나라에 군사적 도움을 청하는 걸사표(乞師表)(608)를 작성하였다.
ㄹ 최치원은 빈공과(賓貢科)에 급제하였고, 〈계원필경〉, 〈제왕연대력〉 등의 저술을 남겼다.

답 02 ②

ㅁ 선진 문화 수용과 고대 문화 발달에 기여하였고, 새로운 문화 창조에 중요한 가치관으로 작용
ㅂ 철학적 인식 토대를 확립하고 신앙의 기능을 제공하여 인간 사회의 갈등이나 모순을 보다 높은 차원에서 해소
③ 신앙으로서의 불교
  ㄱ 삼국은 불교를 신앙으로 널리 수용하였고, 전통 신앙의 역할과 기능을 대체
  ㄴ 신라에서는 업설과 미륵불 신앙을 널리 신봉

(2) 삼국의 불교

① 고구려 : 북위 불교의 영향을 받음
  ㄱ 소수림왕 때 불교를 공인하였으나, 불교의 영향은 다른 나라에 비해 상대적으로 미미
  ㄴ 초기에는 격의 불교를 수용하여 도교의 무(無)의 개념으로 불교의 공(空)을 이해
  ㄷ 6세기 이후 공(空)을 중시하는 삼론종이 발달(→ 승랑은 6세기 무렵 삼론종 발전에 기여, 중국에서 활약하며 중국 삼론종의 3대조가 됨)
  ㄹ 후기에는 보덕이 제창한 열반종이 성행하여 통일 신라 불교에 큰 영향을 미침
  ㅁ 말기에는 〈법화경〉을 기본 경전으로 하는 천태종이 보급됨
② 백제 : 중국 남조 불교의 영향을 받음
  ㄱ 왕실보다 귀족층에서 환영을 받았으며, 계율을 통해 개인의 소승적 해탈을 강조하는 계율종이 성행(→ 일본에 전파되어 큰 영향을 미침)
  ㄴ 6세기 성왕 때 겸익이 인도에서 율종 관계의 불교 서적(율문)을 가지고 와 번역
  ㄷ 후기의 불교는 왕권의 비호 아래 강한 호국적 성격을 띠어 6세기 말 무왕 때 왕흥사와 익산의 미륵사와 같은 거대한 사원이 건립됨
  ㄹ 고구려에서 전래된 열반종이 유행하기도 함
③ 신라
  ㄱ 국가와 정치 발전이 늦고 문화 수준이 낮아 삼국 중 불교 수용이 가장 늦음
  ㄴ 불교 수용 과정에서 전통적 민간 사상과의 마찰이 심하고 보수적인 귀족 세력의 반대로 수용 후 100년이 지나서야 공인됨(→ 이차돈의 순교를 계기로 527년에 공인)
  ㄷ 불교를 국가 발전에 가장 효율적으로 이용
  ㄹ 왕은 곧 부처라는 왕즉불 사상과 신라는 부처나 보살이 머물고 있는 땅이라는 신라 불국토설이 확립됨, 불교식 왕명(법흥왕~진덕여왕)을 사용
  ㅁ 전생의 업설과 미륵불 신앙이 불교의 중심 교리로 신봉됨

- 업설(業說) : 행위에 따라 업보를 받는다는 이론으로, 왕의 권위를 높이고 귀족들의 특권을 인정
- 미륵불 신앙 : 화랑 제도와 밀접한 관련을 가지면서 신라 사회에 정착

(3) 신라의 명승

① 원광(圓光)

　㉠ 대승 불교 정착에 공헌 : 자신의 사상을 일반 대중에게 쉽고 평범한 말로 전파

　㉡ 걸사표(乞師表) : 진평왕 31년(608)에 고구려가 신라 변경을 침범했을 때 왕의 요청으로 수나라에 군사적 도움을 청하는 걸사표를 지음

　㉢ 세속오계 : 화랑의 기본 계율이자 불교의 도덕률로서 기능

② 자장(慈藏)

　㉠ 636년 당에서 귀국한 후 대국통을 맡아 승려의 규범과 승통의 일체를 주관

　㉡ 황룡사 9층탑 창건을 건의하고 통도사와 금강계단을 건립

확인 기출문제

삼국 시대의 불교에 대한 서술 중 옳지 않은 것은? [지방직 9급 기출]

① 신라는 삼국 중 불교 수용이 가장 늦었고, 그 과정에서 전통 사상과 마찰을 빚었다.
② 삼국은 중앙 집권 체제의 확립과 지방 세력의 통합을 힘쓰던 시기에 불교를 수용하였다.
③ 신라 불교는 왕실의 강력한 비호 아래 호국 불교를 진흥하였다.
❹ 고구려는 왕즉불(王卽佛) 사상을 수용하여 불교식 왕명을 사용하였다.

해 ④ 왕이 곧 부처라는 왕즉불(王卽佛) 사상을 수용하고 불교식 왕명을 사용한 나라는 신라이다. 신라는 불교를 중심으로 중국의 선진 문물을 수입하면서 국가적인 차원에서 불교를 장려했는데, 왕즉불 사상을 통해 석가모니의 권위를 빌려 왕실을 절대화하고 국가 의식을 고취하고자 하였다. 신라에서 불교식 왕명을 사용한 시기는 23대 법흥왕(514~540)부터 28대 진덕여왕(647~654)까지이다.
① 신라의 경우 5세기 눌지왕 때 불교가 전래되었으나 민간의 전통 신앙 및 보수적 귀족 세력과의 마찰로 6세기 법흥왕 때 와서야 공인(527)되었다.
② 불교는 왕권 및 중앙 집권 체제의 강화를 위해 지배층을 중심으로 수용되었다.
③ 삼국 시대의 불교는 왕실의 지원으로 국가적·호국적 성격이 강하였다.

2. 남북국 시대의 불교

(1) 통일 신라

① 불교의 정립

　㉠ 고구려와 백제의 문화를 종합하여 민족 문화의 토대를 마련한 7세기 후반에 정립

03. 통일 신라의 불교에 대한 설명으로 옳은 것을 모두 고르면?

㉠ 혜초는 인도와 중앙아시아의 여러 나라를 순례하였다.
㉡ 승랑이 중국에서 활약하면서 삼론종 발전에 기여하였다.
㉢ 진표가 금산사를 중심으로 법상종을 전파하였다.
㉣ 왕실과 귀족의 지원을 받는 흥왕사, 현화사 등의 큰 사원이 세워졌다.

① ㉠, ㉡   ② ㉠, ㉢
③ ㉡, ㉣   ④ ㉢, ㉣

해 ㉠ 혜초(慧超)는 통일 신라 시대의 승려로 인도에서 불교를 공부하고 돌아와 〈왕오천축국전(往五天竺國傳)〉을 저술하였으며, 인도의 불교 유적을 순례하고 카슈미르, 아프가니스탄, 중앙아시아 일대를 답사하기도 하였다.
㉢ 진표는 통일 이후 금산사를 중심으로 법상종을 개창했으며, 미륵 신앙을 중시하였다.
㉡ 승랑은 고구려의 승려로 중국 삼론종(三論宗)을 체계화하였다.
㉣ 불교의 보호·융성을 위해 현화사와 흥왕사 등을 건립한 것은 고려 시대이다.

㉡ 삼국 불교 유산을 토대로 하여 다양하고 폭넓은 불교 사상 수용의 기반을 마련
㉢ 교종의 5교가 성립하여 불교 사상 체계가 확립

② 불교의 특징
㉠ 불교에 대한 이해의 심화 : 불교 사상 전반에 대한 종합적 이해 체계가 확립됨
㉡ 불교 대중화 운동의 전개 : 원효는 몸소 아미타 신앙을 전개하여 불교 대중화의 길을 개척하였으며, 의상은 아미타 신앙과 관음 신앙을 화엄종단의 중심 신앙으로 수용하고 이를 지속적으로 실천함으로써 불교 대중화를 정착
㉢ 밀교 신앙의 성행 : 밀교의 영향으로 약사 신앙(주술을 이용한 치병 신앙)과 사천왕 신앙이 유행

③ 교종의 5교
㉠ 성립 : 통일 전에 열반종·계율종이, 통일 후 법성종·화엄종·법상종이 성립
㉡ 특성 : 중대 전제 왕권 강화에 기여(→ 특히, 화엄종〉법상종), 화엄종과 법상종이 가장 유행
㉢ 창시자 및 사찰

종파	창시자	사찰
열반종	보덕(고구려) : 중생은 모두 부처가 될 수 있는 불성을 지님	경복사(전주)
계율종	자장(신라)	통도사(양산)
법성종	원효 : 5교의 통합을 주장	분황사(경주)
화엄종	의상	부석사(영주)
법상종	진표 : 미륵 신앙(이상 사회, 업설) 원측 : 유식 불교	금산사(김제)

④ 명승
㉠ 원효(元曉, 617~686)
• 모든 불교 서적을 폭넓게 이해하고 〈대승기신론소〉, 〈금강삼매경론〉, 〈십문화쟁론〉 등을 저술(→ 불교의 사상적 이해 기준을 확립)
• 〈대승기신론소〉에서 대승 불교의 중관파와 유식파의 대립 문제를 연구·비판하고 일심 사상으로 체계화
• '모든 것이 한마음에서 나온다'는 일심 사상(一心思想)을 바탕으로 종파들 간의 사상적 대립을 조화시키고, 여러 종파의 사상을 융합하는 화쟁 사상을 주창
• 파계하고 대중 속에 들어가 극락에 가고자 하는 아미타 신앙을 전도하며

답 03 ②

정토종을 보급하여 불교 대중화의 길을 엶(→ 고려 시대 의천과 지눌에 영향을 미침)
- 경주 분황사에서 법성종(法性宗)을 개창

ⓛ 의상(義湘, 625~702)
- 당에 유학하여 중국 화엄종의 제2조인 지엄의 문하에서 화엄종을 연구
- 〈화엄일승법계도〉를 저술하여 화엄 사상을 정립(→ 해동 화엄의 시조로서, 고려 균여에게 영향을 미침)
- 화엄의 근본 도량이 된 부석사(浮石寺)를 창건(676)하고, 화엄 사상을 바탕으로 교단을 형성하여 제자를 양성하고 불교 문화의 폭을 확대
- 모든 사상을 보다 높은 차원에서 하나로 조화시키는 원융 사상(→ 일즉다 다즉일(一卽多 多卽一)의 원융 조화 사상)을 설파하여 통일 후 갈등 해소와 왕권 전제화에 공헌
- 아미타 신앙과 함께 현세에서 고난을 구제받고자 하는 관음 신앙을 설파

ⓒ 진표(眞表, ?~?)
- 김제 금산사를 중심으로 법상종을 개척(→ 학문적 연구보다는 점찰로써 자신의 과보를 점치고 참회 · 수행하는 실천적 경향을 띰)
- 미륵 신앙(→ 이상 사회, 업설)이 일반 백성에 널리 유포되는 데 기여

ⓔ 원측(圓測, 613~696)
- 당의 현장에게서 유식 불교(唯識佛敎)를 수학(→ 유식 불교의 대가)
- 현장의 사상을 계승한 규기(窺基)와 논쟁하여 우위를 보임

ⓜ 혜초(慧超, 704~787)
- 인도에 가서 불교를 공부하고 〈왕오천축국전〉을 남김
- 인도 순례 후 카슈미르, 아프가니스탄, 중앙아시아 일대까지 답사

Check Point

왕오천축국전(往五天竺國傳)
혜초가 인도를 여행하고 쓴 기행문으로, 프랑스 학자 펠리오(Pelliot)가 간쑤성(甘肅省) 둔황(敦煌)의 석굴에서 발견하였다. 현재 프랑스 국립 도서관에 소장되어 있다.

꼭! 확인 기출문제

다음 설명이 가리키는 인물과 관련된 사실로 옳은 것은? [지방직 9급 기출]

> 지엄의 문하에서 현수와 더불어 화엄종을 연구하고 귀국했다. 국가 지원을 얻어 부석사를 짓고 화엄의 교종을 확립하는 데 힘썼다.

❶ 진골 귀족 출신으로 원융 사상을 설파하였다.
② 여러 종파의 사상을 융합하는 화쟁 사상을 주창하였다.
③ 아미타 신앙을 보급해 불교 대중화에 기여하였다.
④ 중관파와 유식파의 대립 문제를 연구해 일심 사상으로 체계화하였다.

해 ① 제시된 내용은 신라의 승려 의상에 대한 설명이다. 의상은 진골 출신으로 당에 유학하여 중국 화엄종의 제2조인 지엄의 문하에서 화엄종을 연구하고 귀국한 후, 태백산에 화엄의 근본 도량이 된 부석사(浮石寺)를 창건(676)하고 화엄의 교종을 확립하는 데 힘썼다. 의상은 모든 사상을 보다 높은 차원에서 하나로 조화시키는 원융 사상을 설파하여 통일 후 갈등 해소와 왕권의 전제화에 기여하였다. ②~④는 모두 원효와 관련된 내용이다.

② 원효는 일심 사상(一心思想)을 바탕으로 종파들 간의 사상적 대립을 조화시키고 여러 종파의 사상을 융합하는 화쟁 사상을 주창하였다.

③ 원효는 아미타 신앙을 전도하며 불교 대중화의 길을 열었다.

④ 원효는 〈대승기신론소(大乘起信論疏)〉에서 중관파와 유식파의 대립 문제를 연구 · 비판하고 일심 사상으로 체계화하였다.

기출 Plus

[서울시 9급 기출]

04. 〈보기〉의 밑줄 친 '그'의 저술로 가장 옳은 것은?

─〈보기〉─

그는 당나라로 가던 도중 진리는 마음속에 있음을 깨닫고 유학을 포기하였다. 여러 종파의 갈등을 보다 높은 수준에서 융화, 통일시키려 하였으므로, 훗날 화쟁국사(和諍國師)로 추앙받았다.

① 「해동고승전」
② 「대승기신론소」
③ 「왕오천축국전」
④ 「화엄일승법계도」

해 제시된 글의 '그'는 신라시대의 명승, 원효대사이다. 의상과 함께 당나라로 가던 중 해골에 고인 물을 마시고 진리는 밖에서 찾는 것이 아니라 자기 자신에게서 찾아야 한다는 깨달음을 얻고 의상과 헤어져서 다시 돌아온다. 그 후 요석공주와 결혼하여 아들 설총을 낳고 서민들과 쉽게 어울려 다니며 불교의 대중화에 힘썼다. 저서로는 「대승기신론소」, 「금강삼매경론」, 「화엄경소」 등이 있다.

▶ 쌍봉사 철감선사 승탑

(2) 선종(禪宗)의 발달

① 전래 및 발전

　㉠ 화엄 사상을 공부하던 승려들이 중국에 유학하여 선종을 공부하고 들어옴

　㉡ 삼국 통일 전후에 전래되었으나 교종의 위세에 눌려 관심의 대상이 되지 못함

　㉢ 신라 말기에 귀족 사회의 분열과 지방 세력의 발호에 맞추어 기반 확대

　㉣ 6두품 출신의 개창과 호족의 후원 등으로 발전

　㉤ 최초 본산은 도의의 가지산파, 최후 본산은 이엄의 수미산파

② 특징

　㉠ 기존의 사상 체계에 의존하지 않고 스스로 사색하여 진리를 깨닫는 것을 중시(→ 실천 수행 강조, 실천적 경향)

　㉡ 개인적 정신 세계를 찾는 경향이 강하여 좌선을 중시

　㉢ 교종에 반대하고 반체제적 입장에서 지방의 독자적 세력을 구축하려는 호족의 성향에 부합

③ 역사적 의의

　㉠ 경주 중심의 문화를 극복하고 지방 문화의 역량을 증대(지방을 근거로 성장)

　㉡ 중국 문화에 대한 이해와 인식의 폭을 확대(→ 한문학 발달에 영향)

　㉢ 새로운 시대의 이념과 사상을 제공(→ 도당 유학생인 6두품의 반신라적 움직임과 결부하여 고려 왕조 개창의 사상적 기반이 됨)

　㉣ 불교 의식과 권위를 배격, 종파 불교가 본격적으로 전개됨

　㉤ 승탑과 탑비의 유행 : 쌍봉사 철감선사 승탑, 4산비명 등

▶ 선종 9산

④ 9산의 성립 : 선종 승려 중에는 지방의 호족 출신이 많아 주로 지방에 근거지를 두었는데, 그 중 대표적인 9개의 선종 사원을 9산 선문이라고 함

답 04 ②

⑤ 교종과의 비교

구분	교종(教宗)	선종(禪宗)	
전래	상대(눌지왕 때 최초 전래)	상대(선덕여왕 때 법랑이 전래)	
융성기	중대(귀족 및 왕실 계층)	하대(호족 불교로 발전)	
종파	• 열반종 : 보덕 • 계율종 : 자장 • 법성종 : 원효 • 화엄종 : 의상 • 법상종 : 진표	• 가지산문 : 도의 • 동리산문 : 혜철 • 사자산문 : 도윤 • 성주산문 : 무염 • 수미산문 : 이엄	• 실상산문 : 홍척 • 봉림산문 : 현욱 • 사굴산문 : 범일 • 희양산문 : 도헌
성격	• 교리 연구 · 경전 해석 치중 • 불교 의식 및 행사 중시 • 염불과 독경 중시	• 개인의 정신 수양 강조 • 좌선(坐禪) 중시 • 불립문자(不立文字) • 견성오도(見性悟道)	
영향	• 조형 미술의 발달 • 왕권 전제화에 공헌	• 조형 미술의 쇠퇴 • 중국 문화에 대한 이해의 폭 확대 • 후삼국 및 고려 건립의 정신적 지주	

(3) 발해의 불교

① 고구려 불교의 영향

　　㉠ 수도 상경의 절터 유적과 불상, 석등, 연화 무늬 기와, 이불병좌상 등

　　㉡ 왕실과 귀족 중심의 불교로, 절터 등의 유적은 주로 5경에 집중되어 있음

② 종파 : 관음 신앙과 법화 신앙(→ 이불병좌상)

③ 석인정, 석정소 등은 발해의 대표적 명승으로, 불법을 널리 전파

3. 도교와 풍수 지리설

(1) 도교

① 전래 시기 및 배경 : 고구려 영류왕(624) 때 전래되었으며, 신라 말기 진골 귀족의 사치와 향락의 경향에 반발하여 은둔 사상인 도교와 노장 사상이 보급됨

② 신봉 계층 : 진골에 반발하던 6두품 계층이 신봉하여 반신라적 성격을 지님(→ 민간에서 신봉한 것은 아님)

③ 내용 : 노장 사상, 즉 무위자연을 이상으로 여기는 일종의 허무주의 사상

④ 도교 사상의 반영

　　㉠ 고구려

　　　　• 강서고분의 사신도(四神圖)와 비선(飛仙)

Check Point

발해의 불교
문왕은 불교적 성왕을 자칭하였다. 또한 상경에서는 10여 개의 절터와 불상이 발굴되었다.

▶ 현무도(강서대묘)

▶ 산수 무늬 벽돌

▶ 백제 금동대향로

▶ 사택지적비

- 보장왕 때 연개소문의 요청으로 불교 세력을 누르기 위해 도교를 장려(→ 불로장생 사상이 유포되어 불교의 반발을 초래하였는데, 보덕은 도교의 불로장생 사상에 대항하기 위해 열반종을 개창)

ⓒ 백제
- 산수 무늬 벽돌(산수문전) : 삼신산, 도관, 도사의 문양
- 백제 금동대향로 : 주작, 봉황, 용
- 사택지적비 : 노장 사상의 허무주의적 내용이 담겨 있음
- 무령왕릉 지석의 매지권
- 관륵이 일본에 둔갑술·방술 등을 전파

ⓒ 신라 : 도교적 요소가 삼국 중 가장 뚜렷
- 시조 박혁거세의 어머니 선도산 성모를 지선(地仙)이라 함
- 화랑을 국선, 풍월, 선랑이라 함
- 화랑의 역사서인 〈선사〉와 세속오계의 임전무퇴(臨戰無退)
- 수련과 공행으로 도를 획득

ⓔ 통일 신라
- 무열왕릉·성덕대왕릉·김유신묘·괘릉 등의 12지신상
- 4영지, 안압지의 조경(임해전), 최치원의 4산 비명 등

ⓞ 발해 : 정혜공주와 정효공주 묘지의 4·6 변려체, 정효공주 묘의 불로장생 사상

(2) 풍수지리설(風水地理說)

① 전래 : 신라 말 도선 등의 선종 승려들이 중국에서 유행한 풍수지리설을 전래
② 내용 : 산세와 수세를 살펴 도읍·주택·묘지 등을 선정하는 인문지리적 학설로, 국토의 효율적인 이용과 관련됨
③ 영향
  ⓐ 경주 중심에서 벗어나 다른 지방의 중요성을 자각하는 계기를 마련
  ⓑ 이후 도참 신앙과 결부되어 산수의 생김새로 미래를 예측하는 경향이 등장
  ⓒ 지방 중심으로 국토를 재편성하려는 주장으로까지 발전
  ⓓ 선종과 함께 나말 신라 정부의 권위를 약화시키는 구실

풍수지리설과 도참 신앙의 결부
신라 말기에 도선 등의 선종 승려들은 중국에서 유행한 풍수지리설을 들여왔다. 이는 산세와 수세를 살펴 도읍, 주택, 묘지 등을 선정하는 인문지리적 학설로서 국토의 효율적 이용과 관련이 있다. 또한 이는 경주 중심의 지리 개념에서 벗어나 다른 지방의 중요성을 자각하는 계기가 되기도 하였다. 이후 풍수지리설은

도참 신앙과 결부되어 산수의 생김새로 미래를 예측하는 경향이 나타났는데, 이것은 지방 중심으로 국토를 재편하려는 주장으로까지 발전하여 고려 건국의 사상적 배경이 되었다.

도선(道詵)

도선은 전 국토의 자연환경을 유기적으로 파악하는 인문 지리적인 지식에 경주 중앙 귀족들의 부패와 무능, 지방 호족 세력의 대두, 안정된 사회를 바라는 일반 백성들의 염원 등 당시 사회상에 대한 인식을 종합하여 풍수지리설로 체계화 하였다.

제4절 기술의 발달

1. 천문학과 수학

(1) 천문학의 발달

① 천체 관측 : 삼국은 천문 기상을 담당하는 관리로 일관, 일자 등을 둠
- ㉠ 고구려 : 천문도(天文圖)가 만들어졌고 고분 벽화에도 해와 달의 그림이 남아 있음
- ㉡ 백제 : 역박사를 두었고, 천문을 관장하는 일관부가 존재
- ㉢ 신라 : 7세기 선덕여왕 때에 현존하는 세계 최고(最古)의 천문대인 첨성대(瞻星臺)를 세워 천체를 관측

② 천문 관측 기록 : 〈삼국사기〉에 일식과 월식, 혜성의 출현, 기상 이변 등에 관한 관측 기록이 수록됨

③ 천체 관측의 목적
- ㉠ 농업면 : 농경과 밀접한 관련이 있었으므로 중시
- ㉡ 정치면 : 왕의 권위를 하늘과 연결시키려고 함

(2) 수학의 발달

① 여러 조형물을 통해 수학이 높은 수준에 이르렀음을 짐작할 수 있음

② 수학적 조형물
- ㉠ 삼국 시대 : 고구려 고분의 석실이나 천장의 구조, 백제의 정림사지 5층 석탑, 신라의 황룡사 9층 목탑 등

Check Point

천문학자 김암

김유신의 손자로 당에서 음양학을 배워 〈둔갑입성법〉을 저술하고, 귀국 후 사천대 박사로 임명되었다. 병학에도 능해 패강진 두상으로 재직 시 6진 병법을 가르치기도 하였다.

ⓛ 통일 신라 : 국학에서 산학을 학습
- 석굴암의 석굴 구조나 불국사 3층 석탑과 다보탑 등
- 석굴암 : 정밀한 기하학 기법을 응용한 배치로 조화미를 추구

2. 목판 인쇄술과 제지술

(1) 발달 배경 및 의의
① 불교 문화의 발달에 따라 불경 등의 인쇄를 위한 목판 인쇄술과 제지술 발달
② 통일 신라의 기록 문화 발전에 크게 기여

(2) 목판 인쇄술(무구정광 대다라니경)
① 무구정광 대다라니경 : 8세기 초엽에 만들어진 불경으로, 현존하는 세계 최고(最古)의 목판 인쇄물
② 1966년 불국사 3층 석탑(석가탑)에서 발견됨

(3) 제지술
① 무구정광 대다라니경에 사용된 종이는 닥나무로 만들어진 것으로 지금까지 보존될 수 있을 만큼 품질이 우수함
② 구례 화엄사 석탑에서 발견된 두루마리 불경에 쓰인 종이도 통일 신라 시대에 만들어진 것이며, 얇고 질기며 아름다운 백색을 간직하고 있음

3. 금속 제련술의 발달

(1) 고구려
① 철광석이 풍부하여 제철 기술이 발달함(→ 철 생산이 국가의 중요 산업)
② 고구려 지역에서 출토된 철제 무기와 도구 등은 그 품질이 우수함
③ 고분 벽화에 철을 단련하는 기술자의 모습이 사실적으로 묘사됨

(2) 백제
① 칠지도(七支刀)
ⓘ 강철로 만든 우수한 제품으로, 금으로 상감한 글씨가 새겨져 있음
ⓛ 4세기 후반에 근초고왕이 왜왕에게 하사한 것으로, 당시 양국의 교류 관계를 보여줌

Check Point

무구정광 대다라니경
국보 제126호로, 목판으로 인쇄된 불경이다. 불국사 3층 석탑(석가탑)의 해체 · 복원 공사가 진행되던 1966년 탑신부 제2층에 안치된 사리함 속에서 다른 유물들과 함께 발견되었다. 출간 연대의 상한과 하한은 700년대 초~751년인데, 이는 이전까지 가장 오래된 인경으로 알려진 일본의 백만탑 다라니경(770년에 인쇄)보다 앞선 것이다.

② 백제 금동대향로 : 백제의 금속 공예 기술이 중국을 능가할 정도로 매우 뛰어났음을 보여 주는 걸작품, 불교와 도교의 요소 반영

(3) 신라

① 신라 : 고분에서 출토된 금관들은 제작 기법이 뛰어나며 독특한 모양이 돋보임
② 통일 신라 : 12만 근의 구리와 아연이 함유된 청동으로 제작한 성덕대왕 신종의 신비한 종소리는 당시의 띄어난 금속 주조 기술을 입증

▶ 칠지도

4. 농업 기술의 발달

(1) 철제 농기구의 보급

① 농업 기술의 발전
  ㉠ 농기구의 변화 : 철기의 보급과 철제 농기구로의 전환(→ 주로 지배층이 철제 농기구 소유)
  ㉡ 깊이갈이(심경) : 지력(地力) 회복, 잡초 제거에 효과적
② 기술 발전으로 인한 농업 생산력 증가는 중앙 집권적 귀족 국가의 중요한 경제적 기반이 됨
③ 농기구의 보급 : 농기구가 널리 보급 · 사용되어 농업이 크게 발전
  ㉠ 소(牛)와 같은 가축의 힘을 이용할 수 있어 농업 생산이 크게 증가
  ㉡ 호미 · 쟁기도 제초 작업, 모종 숨기, 이랑갈이 등에 이용됨

▶ 백제 금동대향로

(2) 삼국의 농업 기술

① 고구려 : 일찍부터 쟁기갈이가 시작되었고, 4세기경부터는 지형과 풍토에 맞는 보습을 사용함
② 백제 : 4~5세기경에 농업 기술이 크게 발전하였고, 수리 시설을 만들고 철제 농기구를 개량하여 논농사를 발전시킴
③ 신라 : 5~6세기경에 소를 경작에 이용하는 우경의 보급이 확대됨

▶ 성덕대왕 신종

기출 Plus

[지방직 9급 기출]

01. 다음 그림에 대한 설명으로 옳지 않은 것은?

① 사신도의 하나로, 북쪽 방위신이다.
② 돌무지 덧널 무덤의 벽면에 그려진 것이다.
③ 죽은 자의 사후 세계를 지켜 주리라는 믿음을 표현하였다.
④ 고구려 시대의 고분에 그려졌는데 도교의 영향이 나타나 있다.

해 제시된 그림은 고구려 강서대묘에 그려진 사신도 중 현무도이다.
강서대묘는 굴식 돌방 무덤 양식에 해당하는데, 널방의 벽과 천장에 벽화를 그리기도 하였다. 반면, 신라에서 주로 만든 무덤의 양식인 돌무지 덧널 무덤은 공간이 부족해 방이 따로 없으며 벽화도 없는 것이 특징이다.

▶ 장군총(중국 길림)

▶ 수렵도

답 01 ②

제5절 예술의 발달

1. 고분과 벽화

(1) 고구려

① 고분 : 초기에는 주로 돌무지 무덤을 만들었으나 점차 굴식 돌방 무덤으로 바뀌어 감

㉠ 돌무지 무덤(석총)

- 땅을 파지 않고 돌을 정밀하게 쌓아 올린 고분 형태로, 벽화가 없는 것이 특징
- 대동강 유역에 일부 있으나 만주 집안 일대에 1만 2,000여 기가 분포(→ 대왕릉과 장군총이 대표적)

㉡ 굴식 돌방 무덤(횡혈식 석실, 토총)

- 돌로 널방을 짜고 그 위에 흙으로 덮어 봉분을 만든 것으로, 널방의 벽과 천장에는 벽화를 그리기도 함
- 모줄임 천장, 도굴이 쉬움
- 주로 만주 집안·평안도 용강·황해도 등지에 분포

장군총(將軍塚)
만주 퉁거우(통구) 지역에 소재하고 있으며, 장수왕릉으로 추정되고 있다. 형식은 계단식으로 화강암을 7층으로 쌓아올렸는데, 맨 아래층이 약 30m, 높이는 약 13m로 올라갈수록 각 층의 높이와 넓이를 줄여 안정된 형태를 보여주고 있다. 일반적인 석총이 그렇듯이 내부에 벽화가 없는 것이 특징이다.

② 고분 벽화

㉠ 당시 고구려 사람들의 생활·문화·종교 등을 파악할 수 있는 귀중한 자료
㉡ 무용총의 수렵도와 강서대묘의 사신도에서 패기와 진취성을 엿볼 수 있음
㉢ 초기에는 주로 생활을 표현한 그림이 많았고, 후기로 갈수록 점차 추상화되어 사신도와 같은 상징적 그림으로 변함

고분	벽화	특징
삼실총	무사·역사의 벽화	원형으로 된 봉분 안에 세 개의 널방(현실)이 ㄱ자형으로 위치
각저총	씨름도	만주 퉁거우에 있는 토총, 귀족 생활, 별자리 그림
무용총	무용도, 수렵도	14명이 춤추는 무용도, 수렵·전쟁을 묘사한 수렵도, 거문고 연주도

쌍영총	기사도, 우거도(牛車圖), 여인도	서역 계통의 영향. 전실과 후실 사이의 팔각쌍주와 두 팔천정은 당대의 높은 건축술과 예술미를 반영
강서대묘	사신도(四神圖)	사신도와 선인상, 사신도는 도교의 영향을 받은 것으로 색의 조화가 뛰어나며 정열과 패기를 지닌 고구려 벽화의 걸작
덕흥리 고분	견우직녀도	5세기 초의 고분으로, 견우직녀도와 수렵도, 하례도(賀禮圖), 기마행렬도, 베 짜는 모습, 마구간, 외양간 등이 그려져 있음
장천 1호분	예불도, 기린도	장천 1호분의 기린상과 천마총의 천마상은 고구려와 신라의 문화적 연계성을 보여줌
안악 3호분	대행렬도, 수박도(手搏圖)	고구려 지배층의 행사를 그린 대행렬도와 수박도 등이 발견됨

Check Point

사신도(四神圖)
사신도는 각각 동·서·남·북의 방위를 지키는 사방위신(四方位神)인 청룡·백호·주작·현무를 그린 고분벽화이다. 이는 무덤의 사방을 수호하는 영물(靈物)을 그린 것으로, 도교의 영향 받아 죽은 자의 사후세계를 지켜준다는 믿음을 담고 있다.

(2) 백제

① 고분

  ㉠ 한성 시대 : 초기 한성 시기에는 같은 계통인 고구려의 영향을 받아 계단식 돌무지 무덤(→ 석촌동 고분 등)이 중심

  ㉡ 웅진 시대 : 굴식 돌방 무덤과 널방을 벽돌로 쌓은 벽돌 무덤(→ 공주 송산리 고분군의 무령왕릉, 6세기경 중국 남조의 영향을 받음)이 유행

  ㉢ 사비 시대 : 규모가 작지만 세련된 굴식 돌방 무덤이 유행(→ 부여 능산리 고분)

② 고분 벽화

  ㉠ 돌방 무덤과 벽돌 무덤의 벽과 천장에 사신도(四神圖)와 같은 그림을 그리기도 함

  ㉡ 벽돌 무덤 양식인 무령왕릉은 중국 남조의 영향을 받음

  ㉢ 고구려의 영향을 받기는 하였으나 보다 부드럽고 온화한 기풍을 보임

(3) 신라

① 통일 전 신라

  ㉠ 거대한 돌무지 덧널 무덤(적석목곽분)을 많이 만들었으며, 굴식 돌방 무덤도 만듦

  ㉡ 천마총이나 호우총 등 돌무지 덧널 무덤은 벽화가 없는 것이 특징(→ 천마도는 마구에 그린 그림이며 벽화가 아님)

  ㉢ 도굴이 어려워 대부분 부장품이 그대로 남아 있음

② 통일 신라

  ㉠ 불교의 영향으로 화장이 유행(→ 고려·조선에 계승), 수중릉(문무왕릉)

▶ 석촌동 고분(서울)

▶ 무령왕릉

▶ 돌무지 덧널 무덤(천마총)

ⓒ 고분 양식도 거대한 돌무지 덧널 무덤에서 점차 규모가 작은 굴식 돌방 무덤으로 바뀜

ⓒ 무덤의 봉토 주위를 둘레돌(호석)로 두르고, 12지신상을 조각하는 독특한 양식 등장(→ 김유신 묘가 대표적, 통일 신라의 독특한 양식으로 고려·조선에 계승됨)

(4) 발해의 고분

① 정혜공주 묘(육정산 고분군) : 굴식 돌방 무덤으로, 모줄임 천장 구조가 고구려 고분과 유사

② 정효공주 묘(용두산 고분군) : 묘지(墓誌)와 벽화가 발굴되었고, 유물은 높은 문화 수준을 입증

꼭! 확인 기출문제

삼국 시기의 고분에 대한 설명으로 옳지 **않은** 것은? [국가직 9급 기출]

① 고구려 돌무지무덤 : 백제 초기 무덤에 영향을 미쳤다.

② 백제 벽돌무덤 : 중국 남조의 영향을 받았다.

❸ 신라 돌무지덧널무덤 : 나무덧널을 설치하고 그 위에 돌만 쌓았다.

④ 굴식 돌방무덤 : 삼국은 모두 굴식 돌방무덤을 조영했다.

🗐 ③ 돌무지 덧널 무덤(적석목곽분)은 신라에서 주로 만든 무덤으로, 지상이나 지하에 시신과 껴묻거리를 넣은 나무 덧널을 설치하고 그 위에 댓돌을 쌓은 다음 흙(봉토)으로 덮었다. 돌무지 덧널 무덤은 공간이 부족해 방이 따로 없으며, 벽화도 없는 것이 특징이다. 또한 도굴이 어려워 대부분 껴묻거리(부장품)가 그대로 남아 있다.

① 백제 초기의 무덤은 고구려 돌무지 무덤의 영향을 받아 계단식 돌무지 무덤이 중심이었다(석촌동 고분 등). 이는 백제 지배층이 고구려 계통임을 반영한다.

② 백제 웅진 시대의 벽돌 무덤은 6세기경 중국 남조의 영향을 받은 양식이다(공주 송산리 고분군의 무령왕릉).

④ 굴식 돌방 무덤은 삼국과 통일 신라, 발해에서 모두 나타나는 양식이다.

2. 건축과 탑

(1) 삼국 시대

① 건축 : 궁전·사원·무덤·가옥에 그 특색이 잘 반영

㉠ 궁궐 건축 : 장수왕이 평양에 세운 안학궁(최대 규모로, 남진 정책의 기상이 엿보임)

㉡ 사원 건축 : 신라의 황룡사와 백제의 미륵사가 가장 웅장

㉢ 가옥 건축 : 고구려 고분 벽화에 그 구조가 일부 보임

② 탑

㉠ 고구려 : 주로 목탑을 건립

ⓛ 백제
- 익산 미륵사지 석탑 : 목탑 양식을 모방한 석탑으로 현재 우리나라에서 가장 오래된 탑(→ 7세기 초에 건립되었으며, 현재 6층까지 남아 있음)
- 부여 정림사지 5층 석탑 : 미륵사지 석탑을 계승한 백제의 대표적인 석탑으로, 안정적이면서도 경쾌한 모습으로 유명

ⓒ 신라
- 황룡사 9층 목탑 : 선덕여왕 때 자장의 건의에 따라 제작한 것으로 백제의 아비지 등 200여 명이 참여하여 완성, 일본·중국·말갈 등 9개국의 침략을 막고 삼국을 통일하자는 호국 사상을 반영(→ 몽고 침입 때 소실)
- 분황사 석탑 : 선덕여왕 때 만든 모전탑(석재를 벽돌 모양으로 만들어 쌓은 탑)으로 지금은 3층까지만 남아 있으며, 인왕상과 사자상이 조각되어 있음

③ 성곽 축조 : 방어 목적의 성곽을 다수 축조

▶ 미륵사지 석탑

▶ 정림사지 5층 석탑

(2) 통일 신라

① 건축
- ㉠ 통일 신라의 궁궐과 가옥은 남아 있는 것이 거의 없음
- ㉡ 불교가 융성함에 따라 사원을 많이 축조했는데, 8세기 중엽에 세운 불국사와 석굴암이 대표적
  - 불국사(佛國寺)
    - 경덕왕 때 김대성이 만들기 시작하여 혜공왕 때 완성한 신라의 대표적 사찰
    - 불국토의 이상을 조화와 균형 감각으로 표현하고 있으며, 앞쪽에 있는 청운교·백운교의 입체미와 대웅전 앞의 석가탑·다보탑의 세련미를 함께 지니고 있음
  - 석굴암(石窟庵)
    - 인공으로 축조한 석굴 사원
    - 네모난 전실(前室)과 둥근 주실(主室)을 갖추고 있는데 전실·주실·천장이 이루는 비례와 균형의 조형미로 건축 분야에서 세계적인 걸작으로 손꼽힘
    - 본존 불상을 중심으로 보살상·나한상·인왕상 등을 배치하여 불교 세계의 이상을 나타냄
- ㉢ 안압지 : 통일 신라의 뛰어난 조경술(造景術)을 잘 드러냄

② 탑(塔)

신라의 3보(三寶)
황룡사 9층 목탑, 진평왕 천사옥대, 황룡사 장육존상

▶ 분황사 모전 석탑

▶ 감은사지 3층 석탑

▶ 불국사 3층 석탑(석가탑)

▶ 진전사지 3층 석탑

▶ 쌍봉사 철감선사 승탑

㉠ 중대
- 삼국 시대의 목탑과 전탑 양식을 계승 발전시켜 이중 기단 위에 3층으로 쌓는 전형적인 통일 신라의 석탑 양식을 완성
- 감은사지 3층 석탑 : 통일 신라 초기의 대표적인 석탑으로, 장중하고 웅대
- 불국사 3층 석탑(석가탑) : 통일 이후 축조해 온 통일 신라 석탑의 전형으로, 날씬한 상승감 및 넓이와 높이의 아름다운 비례로 유명
- 화엄사 4사자 3층 석탑 : 구례 화엄사에 있는 통일 신라 시대의 3층 석탑

㉡ 하대
- 하대에 이르러 탑의 기단부와 1층 탑신에 조각을 하는 방식이 유행했으며, 선종의 영향으로 승탑이 유행
- 진전사지 3층 석탑 : 탑신에 부조로 불상을 새김
- 쌍봉사 철감선사 승탑

통일 신라의 3층 석탑
감은사지 3층 석탑, 불국사 3층 석탑(석가탑), 화엄사 4사자 3층 석탑, 양양 진전사지 3층 석탑 등이 있다.

(3) 발해

① 상경(上京)
㉠ 당의 수도인 장안을 본떠 건설하여 외성을 쌓고 남북으로 넓은 주작대로를 내어 그 안에 궁궐과 사원을 세움
㉡ 궁궐 중에는 온돌 장치를 한 것도 발견됨(→ 고구려 문화의 계승)

② 사원터 : 동경성 등에서 발견되는 사원지에는 높은 단 위에 금당(金堂)을 짓고 내부 불단을 높이 마련하였으며, 금당 좌우에 건물을 배치

꼭! 확인 기출문제

백제 문화권 문화재에 대한 설명이 **잘못된** 것은? [법원직 9급 기출]

	장소	문화재	내용
①	서울	석촌동 고분	백제 건국의 주도 세력이 고구려 계통임을 알 수 있다.
②	공주	무령왕릉	웅진 시기 벽돌 무덤으로 백제와 중국 남조와의 교류 관계를 보여 준다.
③	부여	부여 박물관 소재 금동대향로	도교가 발달하였음을 알 수 있다.
❹	익산	미륵사지 석탑	전형적인 3층 석탑으로 탑신에 부조로 불상을 새겼다.

해 ④ 백제의 익산 미륵사지 석탑은 목탑 양식을 모방한 석탑으로, 현재 6층까지만 남아 있어 원래의 정확한 층수는 알 수 없다. 미륵사 석탑은 현존하는 우리나라에서 가장 오래된 탑이다(7세기 초 무렵에 건립된 것으로 추정됨). 한편, 3층 석탑으로 탑신에 부조로 불상을 새긴 대표적 탑은 진전사지 3층 석탑이다. 2중 기단 위에 3층으로 쌓는 3층 석탑은 통일 신라(신라 중대 이후)의 전형적인 석탑 양식이며, 하대에 이르러 탑의 기단부와 1층 탑신에 조각을 하는 방식이 유행하였다.
① 백제 초기 고분인 석촌동 고분이 고구려 장군총과 유사한 계단식 돌무지 무덤 양식이라는 점은 백제 건국의 핵심 세력이 고구려에서 남하했다는 것을 보여준다.
② 공주 송산리 고분군의 무령왕릉은 중국 남조의 영향을 받은 벽돌 무덤 양식으로, 6세기 경 백제가 양나라 등 중국 남조와 교류하였음을 보여 준다.
③ 부여 능산리 절터에서 출토된 백제의 금동대향로의 봉황, 용 등은 도교의 영향을 반영한다. 백제 금동대향로는 백제의 뛰어난 금속 공예 기술을 보여 주는 걸작품으로 평가받고 있다.

3. 불상과 공예(工藝)

(1) 불상
① 삼국 시대
- ㉠ 특징 : 불교의 성행에 따라 불상이 많이 제작되는데, 불상 조각에서 두드러진 것은 미륵 보살 반가상(彌勒菩薩半跏像)을 많이 제작한 것이며 이 중에서도 관을 쓰고 있는 금동 미륵 보살 반가상은 날씬한 몸매와 그윽한 미소로 유명함
- ㉡ 고구려 : 연가 7년명 금동 여래 입상은 두꺼운 의상과 긴 얼굴 모습에서 북조 양식을 따르고 있으나, 강인한 인상과 은은한 미소에는 고구려의 독창성이 보임
- ㉢ 백제 : 서산 마애 삼존 석불은 석불로서 부드러운 자태와 온화한 미소가 특징(→ 백제 지방 문화의 소박성을 나타냄)
- ㉣ 신라 : 배리 석불 입상은 푸근한 자태와 부드럽고 은은한 미소가 특징인 신라 조각의 정수
② 통일 신라
- ㉠ 균형미가 뛰어난 불상들이 만들어졌는데, 조각의 최고 경지를 보여 주는 것은 석굴암의 본존불과 보살상
- ㉡ 본존불은 균형 잡힌 모습으로 사실적이며, 본존불 주위의 보살상을 비롯한 부조들도 매우 사실적임
- ㉢ 입구 쪽의 소박한 자연스러움이 안으로 들어갈수록 정제되면서 불교 이상 세계의 실현을 추구
③ 발해 : 불교가 장려됨에 따라 불상이 많이 제작됨
- ㉠ 고구려 양식 : 상경과 동경의 절터에서 발굴된 불상
- ㉡ 이불병좌상(二佛竝坐象) : 흙을 구워 만든 것으로, 두 부처가 나란히 앉아 있는 모습을 나타냄

 [국가직 9급 기출]

02. 우리나라 문화유산에 대한 설명으로 옳지 않은 것은?
① 개성 경천사지 10층 석탑은 원의 석탑을 본떠 만들어졌다.
② 영주 부석사 무량수전은 주심포식 목조 건물이다.
③ 부여 정림사지 5층 석탑에서는 백제 무왕의 왕후가 넣은 사리기가 발견되었다.
④ 김제 금산사 미륵전은 다층 건물이나 내부가 하나로 통한다.

해 백제 무왕의 왕후가 639년(무왕 39)에 익산 미륵사지 석탑을 건립하면서 사리기를 넣어 봉안했다. 부여 정림사지 5층 석탑은 익산 미륵사지 석탑과 함께 백제의 대표적인 석탑으로 목조탑의 형식을 많이 보존하고 있다.

▶ 금동 미륵 보살 반가 사유상

▶ 연가 7년명 금동 여래 입상

 답 02 ③

145

▶ 서산 마애 삼존 석불

▶ 석굴암 본존 불상

▶ 이불병좌상

▶ 오대산 상원사 동종

신품사현
명필가로 꼽히는 4사람을 지칭하는 것으로, 통일 신라의 김생과 고려의 최우·유신·탄연을 말한다.

(2) 공예

① 통일 신라

㉠ 석조물

• 무열왕릉비의 이수와 귀부의 조각, 성덕대왕릉 둘레의 조각돌은 사실적인 미를 표현

• 불국사 석등과 법주사 쌍사자 석등은 박력 있는 균형미로 유명

㉡ 범종(梵鐘)

• 오대산 상원사 동종(성덕왕 24, 725) : 현존 최고(最古)의 종

• 성덕대왕 신종(혜공왕 7, 771) : 봉덕사 종 또는 에밀레 종이라 하며, 맑고 장중한 소리와 천상의 세계를 나타내 보이는 듯한 경쾌하고 아름다운 비천상으로 유명

② 발해

㉠ 조각

• 전체적으로 균형이 잘 잡혀 있으며, 고구려의 영향을 받아 기와·벽돌 등의 문양이 소박하고 직선적

• 상경에 남아 있는 석등은 8각의 기단 위에 볼록한 간석을 두고 연꽃을 조각(→ 고구려의 영향을 받았으며, 발해 석조 미술의 대표로 꼽힘)

㉡ 자기(磁器) : 가볍고 광택이 있으며 종류나 크기·모양·색깔 등이 매우 다양하여 당나라로 수출

㉢ 금·은으로 정교하고 아름다운 그릇이나 사리함을 제작

4. 글씨와 그림, 음악

(1) 서예

① 고구려 : 광개토대왕릉비의 비문은 웅건한 서체가 돋보임

② 통일 신라

㉠ 김생(金生)

• 왕희지체로 유명한 통일 신라의 문필가로서, 해동필가의 조종(祖宗)으로 칭송됨

• 신품사현의 한 사람으로, 작품인 원화첩은 전하지 않으나 고려 예종 때 그의 글씨를 모아 만든 집자비문(集字碑文)이 현전

㉡ 김인문(金仁問) : 무열왕릉 비문·화엄사의 화엄경 석경 등이 전해짐

㉢ 요극일(姚克一) : 왕희지체 및 구양순체 모두에 능하여 그 서체가 고려 시대까지 유행

(2) 그림

① 천마도(天馬圖) : 경주 천마총에서 출토, 신라의 힘찬 화풍을 보여줌

② 솔거(率去) : 황룡사 벽화, 분황사 관음보살상, 단속사의 유마상 등

③ 김충의는 원성왕 때 당에서 불화(佛畵)로 이름을 날렸으며, 정화와 홍계도 불화로 유명

④ 하대에는 불화뿐 아니라 귀족이나 승려들의 초상화도 그려짐

▶ 천마도

(3) 음악과 무용

① 고구려 : 영양왕 때 왕산악은 진(晉)의 칠현금을 개량하여 거문고를 만들고 많은 노래를 지음

② 백제

㉠ 고구려 음악과 비슷하였고 무등산가 · 선운산가 등이 유명

㉡ 일본에 악공 · 악사 · 악기 등을 전파하여 많은 영향을 끼침

③ 신라

㉠ 백결 선생 : 방아타령

㉡ 악기 : 3죽(대 · 중 · 소 피리)과 3현(가야금 · 거문고 · 비파)

④ 가야 : 우륵은 가야금을 만들고 12악곡을 지었으며, 신라에 가야금을 전파해 음악 발전에 크게 기여

⑤ 발해

㉠ 음악과 무용이 발달

㉡ 발해악(渤海樂)이 일본으로 전해졌고, 악기는 뒷날 송의 악기 제작에 영향을 줌

꿀! 확인 기출문제

삼국시대 문화에 대한 설명으로 옳지 않은 것은? [지방직 9급 기출]

① 선덕여왕 때에 첨성대를 세웠다.

② 목탑 양식의 미륵사지석탑이 건립되었다.

③ 가야 출신의 우륵에 의해 가야금이 신라에 전파되었다.

❹ 사신도가 그려진 강서대묘는 돌무지무덤으로 축조되었다.

해 ④ 사신도가 그려진 강서대묘의 무덤 구조는 널방 남벽의 중앙에 달린 널길과 평면이 방형인 널방으로 된 외방무덤이다.

① 첨성대는 선덕여왕 때 천체를 관측하기 위하여 세운 건축물이다.

② 미륵사지 석탑은 현재 남아있는 가장 오래되고 가장 큰 석탑으로 백제 무왕 때 만들어졌다. 이 석탑은 목조 건축의 기법이 반영된 독특한 양식으로서, 불탑 건축이 목탑에서 석탑으로 이행하는 과정을 충실히 보여준다.

③ 대가야의 우륵은 신라의 침공으로 조국이 멸망하자, 가야금을 가지고 신라로 귀화하였다. 가야금이 신라에 전해져 신라 음악 발전에 큰 기여를 하였다.

제6절 고대 문화의 일본 전파

▶담징의 호류사 금당 벽화(복원도)

▶ 강서 수산리 고분 벽화

▶ 일본 다카마쓰 고분 벽화

▶ 금동 미륵 보살 반가상(좌)과
▶ 일본의 미륵 보살 반가상(우)

1. 삼국 문화의 전파

(1) 백제

① 삼국 중에서 백제가 삼국 문화의 일본 전수에 가장 크게 기여

② 한문학의 전파 : 4세기 아직기는 일본의 태자에게 한자를 가르쳤고, 왕인은 〈천자문〉과 〈논어〉를 전수

③ 불교 문화의 전파 : 6세기에는 노리사치계가 불경과 불상을 전함

④ 5경 박사 · 의박사 · 역박사와 천문 박사, 화가, 공예 기술자 등이 건너갔으며, 그 영향으로 5층탑이 세워지고 백제 가람이라는 건축 양식이 생겨남

(2) 고구려

① 7세기 초에 담징이 종이 · 먹의 제조 방법과 맷돌 · 붓 등을 전하였고, 호류사의 금당 벽화를 그림

② 혜자는 쇼토쿠 태자(성덕 태자)의 스승이 됨

③ 혜관은 삼론종을 전파하여 불교 전파에 큰 공을 세움

④ 영향 : 일본 나라 시에서 발견된 다카마쓰 고분 벽화가 고구려 수산리 고분 벽화와 흡사함, 일본에서 발견된 고송총은 고구려 계통의 기마 민족 문화의 영향을 받음

(3) 신라

① 일본과 문화 교류는 적었지만, 조선술과 축제술(제방 쌓는 기술)을 전해 주어 '한인의 연못'이라는 이름까지 생김

② 일본의 미륵 보살 반가 사유상은 신라 · 백제의 것과 유사

2. 통일 신라 문화의 전파

(1) 전파 경로 및 특징

① 통일 신라 문화의 전파는 주로 일본에서 수시로 파견한 사신(견신라사)을 통해 이뤄짐

② 불상, 가람 배치, 탑, 율령과 정치 제도 등은 특히 신라의 영향이 가장 컸음

(2) 하쿠호 문화의 성립

① 원효·강수·설총이 발전시킨 불교와 유교 문화는 일본 하쿠호 문화의 성립에 기여

② 심상에 의해 전해진 의상의 화엄 사상은 일본 화엄종을 크게 일으키는 데 많은 영향을 줌

▶ 삼국시대 문화 전파

Check Point

한국 문화 전파의 영향

- 신석기 문화(빗살무늬 토기) → 죠몽 문화(승문 토기)
- 청동기 문화 → 야요이 문화
- 가야 토기 → 스에키 토기
- 삼국 문화 → 아스카 문화
- 통일 신라 문화 → 하쿠호 문화
- 고려 후기(13~14세기) 문화 → 불화 수백 점의 일본 전파(혜허의 양류 관음상)
- 조선 초기 → 무로마치 막부 시대의 화풍(이수문·문청)
- 임진왜란 → 에도 막부 시대(이황의 성리학·도자기·인쇄술 등)

고려
전기

고려 건국
918년

발해 멸망
926년

후삼국 통일
936년

거란과의
귀주 대첩
1019년

고려
후기

1270년
개경 환도,
삼별초의 대몽 항쟁

1231년
몽골의 제1차 침입

1170년
무신정변

1107년
여진 정벌

3편

중세의
성립과 발전

제1장

중세의 통치 구조와 정치 활동

1. 후삼국의 성립과 소멸

(1) 후삼국의 성립

① 배경

㉠ 신라 말의 혼란과 쇠락 속에서 후백제와 후고구려 건국, 신라는 경주 일대만을 통치하며 명맥을 유지

㉡ 중국은 5대 10국의 분열기였으므로, 외세의 간섭 없이 성립과 통일의 과정을 거침

② 후백제의 성립과 발전

㉠ 건국(900) : 상주 지방의 호족인 견훤이 전라도 지역의 군사력과 호족 세력을 중심으로 서해안의 해상 세력과 초적 세력을 흡수한 후 완산주를 근거로 건국

㉡ 발전

• 차령 이남의 전라도 · 충청도의 대부분을 차지하고, 신라 효공왕 4년(900)에 정식으로 후백제 왕을 칭하며 관직을 설치하고 국가 체제를 완비

• 신라를 자주 침공하였고, 중국 후당 · 오 · 월과 국교를 맺어 서남해 해상권을 장악하였으며, 거란과도 교류(→ 일본과도 교류하였으나 일본의 소극적 자세로 활발하지 못함)

③ 후고구려의 성립과 발전

㉠ 건국(901) : 권력 싸움에서 밀려난 신라 왕족 출신의 궁예가 초적 세력을 기반으로 송악에서 건국

Check Point

궁예의 탄생

궁예는 신라 사람으로 성은 김씨이다. 아버지는 헌안왕, 또는 경문왕이라고 한다. 그는 단옷날 외가에서 태어났는데, 그가 탄생하던 때 하얀 무지개가 집 위에서 하늘 위로 뻗쳐 나갔다. 이를 보고 점을 치는 이가 말하기를, 나라에 이롭지 못한 징조라 기르지 않는 것이 좋겠다고 하였다. 왕은 신하를 시켜 그 집에 가 아이를 죽이라고 명령했다. 신하는 강보에 싸인 궁예를 다락 아래로 던졌는데, 이때 유모가 아이를 받다가 손가락으로 아이의 눈을 찔러 궁예는 한쪽 눈이 멀었다고 한다. 유모는 그 아이와 함께 멀리 도망하여 살았다.

– 〈삼국사기〉 –

ⓛ 세력 기반 : 반신라적 감정을 자극해 옛 고구려 호족 세력을 결집하고, 초적 · 도적을 기반으로 군진 세력과 연결

ⓒ 발전 : 국호를 후고구려에서 마진(연호는 무태 · 성책)으로 고쳤다가, 수도를 철원으로 옮긴 후 국호를 다시 태봉(연호는 수덕만세 · 정개)으로 고침 (911)

ⓔ 통치 체제

태봉의 기관	역할 및 기능	고려의 해당 기관
광평성	• 태봉의 국정 최고 기관 • 수상 : 광치내	중서문하성
대룡부	인구와 조세	호부
수춘부 · 봉빈부	교육, 외교	예부
병부	군사	병부
납화부 · 조위부	재정	호부, 삼사
장선부	수리, 영선	공부
의형대	형벌	형부

※ 이외에도 기타 물장성(토목 · 건축), 원봉성(서적 관리), 비룡부(왕명 · 교서) 등이 존재

ⓜ 후고구려의 멸망(918)(→ 고려의 건국)
- 지나친 미신적 불교(미륵 신앙)를 이용한 전제 정치와 폭정
- 전쟁 수행을 위한 과도한 조세 수취로 민심 이반
- 호족의 토착 기반이 부재(→ 송악 지방의 호족 출신인 왕건에 의해 멸망)

(2) 고려의 건국 및 통일 정책

① 왕건의 기반 : 송악 지방의 호족 출신인 왕건은 궁예나 견훤과는 달리 확고한 호족적 기반을 갖추고 새로운 사회 건설을 위한 이념과 철학을 지님

② 고려의 건국(918) : 왕건은 궁예의 신하로 전공을 세우며 성장한 후 궁예를 몰아내고 왕위에 추대되면서 국호를 고려라 하고, 송악으로 천도(919)

③ 왕건의 통일 정책
- ㉠ 대내적 : 지방 세력의 흡수 · 통합
- ㉡ 대외적
  - 궁예와 달리 신라에 대해 적극적인 우호 정책을 전개(→ 후백제와는 대립)
  - 중국의 여러 나라들과 외교 관계를 맺어 대외 관계의 안정을 꾀함

Check Point

견훤과 궁예의 공통 한계
- 국가 운영의 경륜 부족, 개국 이념 및 개혁 주도 세력의 부재
- 포악한 성격, 가혹한 수탈, 수취 체제 개선 실패(→ 민심 수습 실패)

Check Point

민족 재통일의 의의
- 민족 화합 유도(후삼국의 통합 및 발해 유민 등을 포섭)
- 국통은 고구려를, 정통은 신라를 계승
- 영토의 확장(신라 시대 대동강 선에서 청천강~영흥만 선으로 확장)
- 골품제의 극복과 수취 체제의 개혁
- 호족이 문벌 귀족화되어 역사의 주역으로 등장
- 고대 사회에서 중세 사회로의 새로운 사회 건설 방향을 제시

(3) 후삼국의 통일

① **신라의 병합(935)** : 경순왕이 고려에 항복(→ 이후 신라 왕실 · 귀족을 적극적으로 포용)

② **후백제의 정벌(936)** : 선산에서 신검군을 섬멸(→ 후백제인을 상대적으로 냉대)

③ **민족의 재통일**

    ㉠ 발해가 거란에 멸망(926)당했을 때 고구려계 유민을 비롯해 많은 관리 · 학자 · 승려 등이 고려로 망명

    ㉡ 발해의 왕자 대광현을 우대하여 동족 의식을 분명히 함

    ㉢ 후삼국뿐만 아니라 발해의 고구려계 유민들까지 포함한 민족의 재통일

    ㉣ 중국(5대 10국)의 간섭을 받지 않고 자주적으로 통일

2. 태조(1대, 918~943)의 정책

(1) 민족 융합 정책(중앙 집권 강화 정책)

① **호족 세력의 포섭 · 통합**

    ㉠ 유력 호족을 통혼 정책(정략적 결혼), 사성(賜姓) 정책(성씨의 하사) 등으로 포섭

    ㉡ 개국 공신과 호족을 관리로 등용하고 공신들에게 경제적 기반(역분전 등)을 제공

    ㉢ 지방 중소 호족의 향촌 자치를 부분적으로 허용

    ㉣ 지방 호족 세력의 회유 · 견제(→ 사심관 제도와 기인 제도를 활용)

> **사심관 제도와 기인 제도**
> • 사심관 제도 : 중앙의 고관을 출신지의 사심관으로 임명하고 그 지방의 부호장 이하 관리의 임명권을 지니도록 하여 향리 감독, 풍속 교정, 부역 조달 등의 임무와 지방의 치안 · 행정에 책임을 지도록 한 것이다(그 지방의 호족과 함께 연대책임을 짐). 왕권의 유지를 위한 호족 세력의 회유책의 일환으로 신라의 마지막 왕인 경순왕을 경주의 사심관에 임명한 것이 시초였다. 후에 조선 시대 유향소와 경재소로 분화되었다.
> • 기인 제도 : 지방 호족에게 일정 관직(호장 · 부호장)을 주어 지방 자치의 책임을 맡기는 동시에 지방 호족과 향리의 자제를 인질로 뽑아 중앙에 머무르게 한 것으로, 지방 세력을 견제하고 왕권을 강화하기 위한 제도라 할 수 있다. 신라의 상수리 제도를 계승한 것으로 볼 수 있다.

② **왕권의 안정과 통치 규범의 정립**

    ㉠ **지배 체제 강화** : 공로나 충성도, 인품 등을 기준으로 개국 공신이나 관리 등에게 역분전을 지급하고, 이를 매개로 지배 체제로 편입

ⓒ 제도 정비

- 지방 지명 개정, 부·목·군·현 개편
- 교육 제도 정비, 학교 설치(개경·서경)
- 본관제 마련

    ⓒ 〈정계(政戒)〉, 〈계백료서(誡百僚書)〉 등을 통해 신하의 임금에 대한 도리를 강조(부전)

    ⓔ 훈요 10조 : 후대 왕들이 지켜야 할 정책 방향을 제시

훈요 10조
1. 대업은 제불 호위(諸佛護衛)에 의하여야 하므로, 사원을 보호·감독할 것
2. 사원은 도선의 설에 따라 함부로 짓지 말 것
3. 왕위 계승은 적자·적손을 원칙으로 하되 마땅하지 아니할 때에는 형제 상속으로 할 것
4. 거란과 같은 야만국의 풍속을 본받지 말 것
5. 서경은 수덕(水德)이 순조로워 중요한 곳이 되니 철마다 가서 100일이 넘게 머무를 것
6. 연등(燃燈)과 팔관(八關)은 주신(主神)을 함부로 가감하지 말 것
7. 간언(諫言)을 받아들이고 참언(讒言)을 물리칠 것이며, 부역을 고르게 하여 민심을 얻을 것
8. 차현(車峴, 차령) 이남의 인물은 조정에 등용하지 말 것
9. 관리의 녹은 그 직무에 따라 제정하되 함부로 증감하지 말 것
10. 경사(經史)를 널리 읽어 옛일을 거울로 삼을 것

(2) 민생 안정책(애민 정책)

① **취민유도 정책** : 호족의 가혹한 수취를 금함, 조세 경감(세율을 1/10로 인하)

② **민심 수습책**

    ⊙ **흑창(黑倉)** : 고구려의 진대법을 계승한 춘대추납의 빈민 구제 기관(→ 의창으로 계승)

    ⓒ **노비 해방** : 억울하게 노비가 된 사람을 해방시킴

    ⓒ **민심의 수습** : 황폐해진 농지를 개간하게 하여 생산력을 향상시킴, 물자 징발·강제 동원·전쟁 등을 가급적 피함

(3) 숭불 정책

① **불교의 중시** : 불교를 통해 민심을 수습하고 왕실의 안전을 도모, 불교와 전통적 관습을 중시하여 연등회·팔관회 등 불교 행사를 거행

② **사찰의 건립 등**

    ⊙ 법왕사, 왕수사, 흥국사, 개태사 등의 사찰을 건립하고, 도선의 비보설(裨補設)에 따라 전국에 3,000여 개의 비보 사찰을 설치

    ⓒ 승록사(僧錄司)를 설치하여 승적을 관리

기출 Plus [지방직 9급 기출]

01. 다음과 같은 글을 남긴 국왕의 업적에 해당하는 것은?

우리 동방은 옛날부터 중국의 풍속을 흠모하여 문물과 예악이 모두 그 제도를 따랐으나, 지역이 다르고 인성도 각기 다르므로 꼭 같게 할 필요는 없다. 거란은 짐승과 같은 나라로 풍속이 같지 않고 말도 다르니 의관제도를 삼가 본받지 말라.

－「고려사」에서－

① 물가조절을 위해 상평창을 설치하였다.
② 기인·사심관제와 함께 과거제를 실시하였다.
③ 혼인정책과 사성정책을 통해 호족을 포섭하였다.
④ 광군 30만을 조직하여 거란의 침략에 대비하였다.

해 주어진 사료는 고려의 태조가 후대의 왕들이 지켜야 할 정책 방향을 제시한 훈요 10조 중 하나이다. 태조는 거란을 배척하고 고구려의 옛 땅을 되찾고자 하는 의욕으로 강력한 북진 정책을 추진하였다. 그러기 위해서는 호족을 포섭해야 했고, 여러 호족을 포섭하기 위하여 태조는 막강한 권세를 가진 호족과 혼인 관계를 맺거나 왕씨 성을 하사하는 사성 정책을 펼치기도 하였다.

답 01 ③

(4) 북진 정책

① 고구려 계승 및 발해 유민 포용 : 고구려 계승 이념을 표방하고, 발해 유민을 적극 포용

② 서경의 중시 : 서경을 북진 정책의 전진 기지로 적극 개발(→ 분사 제도)

③ 거란 및 여진에 대한 강경책

   ㉠ 거란에 대한 강경 외교 : 국교 단절, 만부교 사건(942)

   ㉡ 여진족 축출 : 왕식렴·유금필, 청천강에서 영흥에 이르는 국경선 확보

만부교 사건
발해를 멸망시킨 거란이 고려와 교류하기 위해 사신을 보내자, 태조는 사신을 귀양 보내고 선물로 보낸 낙타를 만부교에 묶어 두어 아사하도록 하였다.

3. 광종의 개혁 정치와 왕권 강화

(1) 초기 왕권의 불안정

① 혜종(2대, 943~945) : 통일 과정의 혼인 정책의 부작용으로 왕자들과 외척 간의 왕위 계승 다툼이 발생(→ 왕규의 난 등)

② 정종(3대, 945~949)

   ㉠ 왕규의 난 진압(945) : 왕식렴을 통해 왕규 등의 정적을 제거하고 집권

   ㉡ 서경 천도 계획 : 풍수도참을 명분으로 훈신 세력 제거를 위해 계획하였으나, 공신의 반대와 정종의 병사로 실현되지 못함

   ㉢ 광군의 육성(947) : 광군사를 설치하고 30만 광군을 조직(→ 최초의 전국적 군사 조직)

(2) 광종(4대, 949~975)의 왕권 강화

① 왕권 강화 정책 : 왕권의 안정과 중앙 집권 체제 확립을 위해 혁신적 정책을 추진

   ㉠ 개혁 주도 세력 강화 : 개국 공신 계열의 훈신 등을 숙청(→ 준홍·왕동을 모역죄로 제거, 국초의 대표적 공신인 박수경·최지몽 등을 제거)하고 군소 호족과 신진 관료 중용

   ㉡ 군사 기반 마련 : 내군을 장위부로 개편하여 시위군을 강화

   ㉢ 칭제 건원 : 국왕을 황제라 칭하고 광덕·준풍 등 독자적 연호를 사용, 개경을 황도라 함(→자주 의식의 표현, 국왕 권위 제고)

ⓐ 노비 안검법 실시(광종 7, 956) : 양인이었다가 불법으로 노비가 된 자를 조사하여 해방시켜 줌으로써, 호족·공신 세력을 약화시키고 국가 재정 수입 기반을 확대

ⓑ 과거 제도의 실시(광종 9, 958) : 후주 사람 쌍기의 건의로 실시, 유학을 익힌 신진 인사를 등용해 호족 세력을 누르고 신구 세력의 교체를 도모

ⓗ 백관의 공복 제정(광종 11, 960) : 지배층의 위계 질서 확립을 목적으로 제정, 4등급으로 구분

ⓢ 주현공부법(州縣貢賦法) : 국가 수입 증대와 지방 호족 통제를 위해 주현 단위로 공물과 부역의 양을 정함

ⓞ 불교의 장려
  • 왕사·국사 제도 제정(968) : 혜거를 최초의 국사로, 탄문을 왕사로 임명
  • 불교 통합 정책 : 균여로 하여금 귀법사를 창건하여 화엄종을 통합케 하고, 법안종(선종)과 천태학(교종)을 통한 교선 통합을 모색(→ 이후 의천에 의해 통합이 실현됨)

② 구휼 정책의 시행 및 외교 관계의 수립
  ㉠ 제위보 설치 : 빈민 구제 기금으로 설치하여 빈민을 구휼
  ㉡ 송과 외교 관계 수립(962) : 정치적·군사적 목적이 아닌, 문화적·경제적 목적의 수교

경종(5대, 975~981)의 전시과 시행과 반동 정치
① 시정 전시과 시행 : 전국적 규모로 전·현직의 모든 관리에게 등급에 따라 토지를 차등 지급하였는데, 관품 이외에 인품도 고려한 점에서 역분전의 성격이 잔존
② 반동 정치 : 광종 때 개혁 정치의 주역들이 제거되고 공신 계열의 반동 정치가 행해짐

4. 성종(6대, 981~997)의 유교 정치

(1) 중앙 집권 체제의 확립
① 중앙 정치 기구의 개편
  ㉠ 2성 6부의 중앙 관제 마련 : 당의 3성 6부 제도를 기반으로 태봉과 신라의 제도를 참작
  ㉡ 중추원과 삼사(三司) 설치 : 송의 관제를 모방하여 설치
  ㉢ 도병마사와 식목도감 : 고려의 실정에 맞는 독자적 기구로 설치
  ㉣ 6위의 군사 제도 정비 : 목종 때 2군을 정비하여 2군 6위의 군사 제도 완비

 [서울시 9급 기출]
03. 고려의 정치와 사회에 대한 설명으로 가장 옳지 않은 것은?
① 정치제도는 당과 송의 제도를 참고하여 2성 6부제로 정비하였다.
② 지방제도는 5도 양계 및 경기로 구성되었고 태조 때부터 12목을 설치하였다.
③ 관리 등용 제도로는 과거와 음서 등이 있었으며 무과는 거의 실시되지 않았다.
④ 성종 대에 최승로는 시무 28조를 건의하는 등 유교정치 이념의 토대를 닦았다.

성종 때 지방관을 파견하고 12목을 설치하였으며, 현종 때 전국의 5도 양계와 4도호부, 8목을 완성하여 지방제도를 완비하였다.
① 고려는 당의 3성 6부제의 영향을 받아 2성(중서문하성, 상서성) 6부제(이부, 병부, 호부, 형부, 예부, 공부)로 정비하였다.
② 시험을 쳐 등용되는 과거(광종)와 공신과 종실 및 5품 이상의 관료의 자손이 등용되는 음서(성종) 등이 있었으며, 무과는 거의 실시되지 않았고(예종 일시 실시, 공양왕 상설) 무학재를 통해 무인을 등용하였다.
④ 성종 때 최승로의 시무 28조를 채택하여 유교 정치 이념을 확립하였다.

답 03 ②

▶ 건원중보

② 지방 제도 정비
　　㉠ 12목 설치 : 시무 28조에 따라 전국에 12목을 설치하고 지방관(목사)을 파견
　　㉡ 향직 개편 : 지방 중소 호족을 향리로 편입(격하)하여 통제
③ 분사 제도(分司制度) : 태조 때 착수하여 예종 때 완비
　　㉠ 서경을 중시하기 위해 서경에 분사(分司)를 두고 부도읍지로서 우대(중앙 정부와 유사한 행정 기구를 설치)
　　㉡ 묘청의 서경 천도 운동을 계기로 한때 폐지
④ 유학 교육의 진흥
　　㉠ 개경에 국립 대학인 국자감을 개설하고 도서관으로 비서원(개경)과 수서원(서경) 설치
　　㉡ 지방에 경학 박사와 의학 박사를 파견하여 지방 호족 자제를 교육
　　㉢ 유학 진흥을 위해 문신월과법(文臣月課法)을 실시(→ 문신의 자질을 향상 시키기 위해 매월 문신들에게 시부를 지어 바치게 한 제도)
　　㉣ 과거 제도를 정비하고 교육 장려 교서를 내림
⑤ 사회 시설의 완비
　　㉠ 흑창을 확대한 빈민 구제 기관인 의창을 설치
　　㉡ 개경과 서경, 12목에 물가 조절 기관인 상평창(常平倉) 설치
⑥ 권농 정책 : 호족의 무기를 몰수하여 농구를 만들고 기곡(祈穀) · 적전(籍田)의 예를 실시하여 농사를 권장
⑦ 노비 환천법의 실시 : 해방된 노비가 원주인을 모독하거나 불손한 때 다시 천민으로 만드는 법(→ 노비 안검법과는 달리 왕권 강화와는 무관한 제도), 최승로의 건의로 채택
⑧ 건원중보 주조 : 우리나라 최초의 화폐, 거의 쓰이지 못함

최승로의 노비 환천법 건의안
천예들이 때나 만난 듯이 윗사람을 능욕하고 저마다 거짓말을 꾸며 본주인을 모함하는 자가 이루 헤아릴 수 없었습니다. …… 바라건대, 전하께서는 옛일을 심각한 교훈으로 삼아 천인이 윗사람을 능멸하지 못하게 하고, 종과 주인 사이의 명분을 공정하게 처리하십시오. …… 전대에 판결한 것을 캐고 따져서 분쟁이 열리지 않도록 해야 하겠습니다.

(2) 성종의 국정 쇄신
① 국정의 쇄신과 유교 정치의 실현
　　㉠ 신라 6두품 출신의 유학자들이 국정을 주도하면서 유교 정치 실현(→ 최승로, 김심언 등)

      ⓒ 국정의 쇄신을 위하여 5품 이상의 관리로 하여금 정치에 대한 비판과 정책을 건의하는 글을 올리게 함

② 최승로의 시무 28조 채택 : 유교 정치 이념의 확립

    ⊙ 채택 : 유교 진흥책, 재정 낭비를 초래하는 불교 행사의 억제 요구를 대부분 수용

    ⓒ 주요 내용

- 유교 정치 이념을 토대로 하는 중앙 집권적 귀족 정치 지향(→ 왕권의 전제화 반대)
- 유교적 덕치, 왕도주의와 도덕적 책임 의식
- 지방관 파견과 12목 설치, 군제 개편, 대간 제도 시행
- 신하 예우 및 법치 실현, 왕실의 시위군 · 노비 · 가마의 수 감축
- 호족 세력의 억압과 향리 제도 정비(→ 향직 개편, 호족의 무기 몰수)
- 집권층 · 권력층의 수탈 방지 및 민생 안정 추구
- 유교적 신분 질서의 확립(→ 엄격한 신분관을 유지하고 귀족 관료의 권위와 특권을 옹호)
- 유교적 합리주의를 강조하여 불교의 폐단을 지적 · 비판(→ 연등회와 팔관회 폐지)
- 대외 관계에서 민족의 자주성 강조(북진 정책 계승, 중국 문화의 취사 선택)
- 개국 공신의 후손 등용 등

    ⓒ 유 · 불의 분리(정치와 종교 분리) : 유교 정치 이념의 확립, 세계관이나 일상 생활은 불교 원리가 지배

외관(外官) 설치 및 지방관 파견

왕이 백성을 다스리는 데 집집마다 찾아가 매일같이 돌보는 것은 아니므로 수령을 나누어 보내 백성들의 이해를 살피게 하는 것입니다. 그러므로 우리 성조(聖祖)께서도 통합한 뒤에 외관을 두고자 하였으나, 대개 초창기였으므로 일이 번거로워 겨를이 없었습니다. 지금 가만히 보건대 향호(鄕豪)가 매양 공무를 빙자하고 백성을 침포(侵暴)하니 그들이 견뎌 내지 못합니다. 청컨대, 외관을 두소서. 비록 일시에 다 보내지 못한다 하더라도 먼저 여러 주현을 아울러 한 사람의 관원을 두고, 그 관원에 각기 2~3원을 설치하여 애민하는 일을 맡기소서.
           – 시무 28조 –

서희의 강동 6주 회복

고려 건국 초기에 영토는 청천강 이남이었으나, 성종 때 서희가 거란과의 담판에서 강동 6주(흥화, 용주, 통주, 철주, 귀주(구주), 곽주)를 영토화하여 국경이 압록강 이남으로 확대되었다.

Check Point

시무 28조
불교는 수신(修身)의 본이요, 유교는 이국(理國)의 본인데 현실을 무시하고 어찌 불교 행사를 일삼을 수 있겠습니까.

Check Point

최승로의 5조 정적평(五朝政績評)
고려 태조부터 경종에 이르는 5대 왕의 치적에 대한 잘잘못을 평가한 글로써, 이상적인 군주 상을 태조에게서 찾았다.

Check Point

주현공거법
향리 자제에게 과거 응시 자격을 부여한 제도이다. 현종 때 실시되었다.

성종 이후 왕들의 업적

- 현종(8대, 1009~1031) : 도병마사 설치, 5도 양계 확립, 주현공거법 시행(향리 자제 과거 응시자격 부여), 면군급고법 제정, 연등회·팔관회 부활
- 덕종(9대, 1031~1034) : 천리장성 축조 시작, 이씨 등 보수 세력 집권
- 정종(10대, 1034~1046) : 천리장성 완성, 거란의 연호 사용, 천자수모법(노비 상호간의 혼인으로 생긴 소생의 소유권을 비의 소유주(婢主)에게 귀속시킨다는 법규) 시행
- 문종(11대, 1046~1083) : 삼심제(사형수) 제도화, 남경 설치(한양을 남경으로 지정), 12사학 형성, 국자감 고교법 제정, 흥왕사 창건
- 선종(13대, 1083~1094) : 송과 일본과의 활발한 교류
- 숙종(15대, 1095~1105) : 서적포 설치, 여진에 패배, 별무반 구성, 화폐 주조(주전도감 설치), 천태종 후원
- 예종(16대, 1105~1122) : 여진 정벌, 동북 9성 축조
- 인종(17대, 1122~1146) : 이자겸의 난(1126), 묘청의 서경 운동(1135)

 꾹! 확인 기출문제

〈보기〉의 (가), (나)와 같은 건의를 받은 국왕에 대한 설명으로 가장 옳은 것은? [서울시 9급 기출]

보기
(가) 우리 태조께서는 나라를 통일한 뒤에 외관을 두고자 하였으나, 대개 초창기이므로 일이 번거로워 겨를이 없었습니다. 이제 가만히 보건대, 향호가 매양 공무를 빙자하여 백성을 침해하여 횡포를 부리어 백성이 견디지 못하니, 청컨대 외관을 두도록 하십시오.
(나) 겸손한 마음을 가지고 항상 조심하고 두려워하며 신하를 예로써 대우할 때 신하는 충성으로써 임금을 섬기는 것입니다.

① 호족과의 혼인정책을 적극적으로 추진하였다.
② 노비안검법을 실시하여 호족의 경제력을 약화시켰다.
③ 양현고를 설치하고 보문각과 청연각을 세워 유학을 진흥시켰다.
❹ 연등회를 축소하고 팔관회를 폐지하여 국가적인 불교 행사를 억제하였다.

해 ④ 주어진 건의안은 최승로의 시무 28조로 유교 정치이념을 토대로 하는 중앙 집권적 귀족 정치를 지향하고, 지방관 파견과 12목 설치, 군제 개편 등을 건의하였다. 이에 성종은 국가 재정을 낭비하는 국가적인 불교행사인 연등회를 축소하고 팔관회를 억제하면서 유교 정치 이념을 확립하였다.
① 고려 태조 여러 호족을 통합하기 위하여 막강한 권세를 가진 호족과 혼인 관계를 맺거나 왕씨 성을 하사하는 사성 정책을 펼치기도 하였다.
② 고려 광종은 양인이었다가 불법으로 노비가 된 자를 조사하여 해방시켜 줌으로써, 호족·공신 세력을 약화시키고 국가 재정 수입 기반을 확대하는 노비 안검법(956)을 실시하였다.
③ 고려 예종은 1119년(예종 14)에 국학에서 처음으로 양현고를 설치하고 보문각과 청연각을 세워 선비를 양성하게 하였다.

제2절 통치 체제의 정비

1. 중앙 정치 조직

(1) 2성 6부 : 당의 3성 6부제의 영향을 받음

① 중서문하성(재부)

　　㉠ 최고 정무 기관으로서, 장관인 문하시중이 국정을 총괄(→ 백관을 통솔하고 서정을 총괄)

　　㉡ 재신과 낭사로 구성

　　　• 재신(2품 이상) : 국가를 관장하며 국가 정책을 심의 · 결정

　　　• 낭사(간관, 3품 이하) : 간쟁 · 봉박을 통해 정치를 비판 · 견제

　　㉢ 중서문하성(재부)과 중추원(추부)을 합쳐 재추를 구성

② 상서성 : 실제 정무를 나누어 담당하는 육부를 두고 정책의 집행을 담당, 장은 상서령

③ 육부 : 형식상 상서성 소속이나 직접 국왕과 연결됨, 각 부의 장관은 상서, 차관은 시랑

　　㉠ 이부 : 문관의 인사, 공훈(→ 이부의 속사 : 고공사)

　　㉡ 병부 : 무관의 인사, 군역, 부역(→ 육부의 중심인 이부와 병부를 합하여 정조(政曹)라 함)

　　㉢ 호부 : 호구, 조세, 화폐

　　㉣ 형부 : 법률, 소송, 노비(→ 형부의 속사 : 도관)

　　㉤ 예부 : 외교, 교육, 과거, 제사

　　㉥ 공부 : 토목, 건축, 간척

(2) 중추원(中樞院)과 삼사(三司) : 송의 제도를 모방

① **중추원(추부, 추밀원)** : 2품 이상의 추신(또는 추밀, 군사 기밀 담당)과 3품 이하의 승선(왕명 출납을 담당하는 비서)으로 구성, 장은 판원사

② **삼사** : 전곡(화폐와 곡식)의 출납에 대한 회계와 녹봉 관리를 담당, 장은 판사

(3) 도병마사와 식목도감 : 고려의 독자적 기구

① **도병마사(都兵馬使)**

㉠ 국방 문제를 담당하는 임시 기구로, 성종 때 처음 시행

㉡ 무신정변 후 중추원(추신)과 중서문하성(재신)이 참여하여 국방 문제를 심의하는 재추 합의 기구(군정 기구)로 발전

㉢ 고려 후기의 원 간섭기(충렬왕)에 도평의사사(도당)로 개편되면서 구성원이 확대(→ 중서문하성의 재신과 간관, 중추원의 추신과 승선, 삼사 등)되고 국정 전반의 중요 사항을 합의 · 집행하는 최고 상설 정무 기구로 발전(→ 조선 정종 때 혁파)

② **식목도감(式目都監)** : 법의 제정이나 각종 시행 규정을 다루고 국가 중요 의식을 관장, 장은 판사

(4) 기타 기관

① **어사대(御史臺)**

㉠ 기능 : 정치의 잘잘못을 논하고 관리들의 비리를 감찰, 장은 판사

㉡ 대간(臺諫) : 어사대의 관원(대관)은 중서문하성의 낭사(간관)와 함께 대간(대성)을 구성하여, 간쟁 · 봉박권 · 서경권을 가짐(→ 견제를 통한 균형 유지)

• 간쟁(諫諍) : 왕의 잘못을 논하는 일(직언)

• 봉박(封駁) : 잘못된 왕명을 시행하지 않고 되돌려 보내는 일(거부권)

• 서경(署經) : 관리 임면 및 법령의 개폐, 국왕의 대관식 등에 대한 심사 · 동의(→ 조선 시대에는 5품 이하의 당하관 임면에 행사하나, 고려 시대에는 모든 관리의 임면에 동의권 행사 가능)

② **한림원** : 국왕의 교서와 외교 문서를 관장, 장은 판원사

③ **춘추관** : 사관(史館)으로 역사 편찬을 관장, 장은 감수국사

④ **통문관** : 거란 · 여진 · 왜어 · 몽고어 등의 통역관을 양성하는 곳

⑤ **보문각** : 경연(經筵)과 장서(藏書)를 관장, 장은 대제학

⑥ **사천대** : 천문 관측을 담당, 장은 판사

참고

고려 통치 체제의 귀족적 성격
① 음서제의 발달과 음서 출신자의 우대(→ 귀족 출신은 음서에 의해 다수가 고위직까지 승진)
② 문신 귀족들의 인사권 장악
③ 재추 회의의 만장일치 채택
④ 문무 산계의 운영(→ 중앙과 지방의 것으로 이원화 · 서열화)
⑤ 한품제 · 한직제(→ 왕족 · 공신 · 문무관 · 과거에 등과된 향리의 자제와 달리 향리는 그 직임으로 인해 5품에 한정됨)
⑥ 산직인 훈직 제도 마련(→ 검교직, 동정직 등)

2. 지방 행정 조직

(1) 지방 행정 조직의 정비

① 성종(981~997)
  ㉠ 성종 초부터 정비되기 시작
  ㉡ 3경(三京) : 풍수지리설에 따라 개경(개성) · 서경(평양) · 동경(경주)을 설치
  ㉢ 전국에 12목을 설치하고 지방관 파견
② 현종(1009~1031) : 전국의 5도 양계와 4도호부, 8목을 완성(→ 지방 제도의 완비)
  ㉠ 5도
    • 행정의 중심이며, 경상도 · 전라도 · 양광도 · 교주도 · 서해도를 일컬음
    • 도에는 지방관으로 안찰사를 파견하며, 아래에 주 · 군 · 현과 향 · 소 · 부곡을 둠
  ㉡ 양계(兩界)
    • 북방 국경 지대의 군사 중심지인 동계 · 북계를 말하며, 병마사가 파견됨
    • 양계 아래 국방상의 요충지에 진(군사적 특수 지역)을 설치하고, 촌을 둠

■	수도
◎	3 경
●	4 도호부
○	12 목

▶ 고려의 5도 양계

기출 Plus [서울시 9급 기출]

01. 고려의 지방제도에 대한 설명으로 옳은 것을 〈보기〉에서 모두 고른 것은?

ㄱ. 양계 지역은 계수관이 관할하였다.
ㄴ. 수령이 파견된 주현보다 수령이 파견되지 않은 속현의 수가 많았다.
ㄷ. 성종 때 12목이 설치되었다.
ㄹ. 향 · 소 · 부곡 등의 특수 행정조직이 있었다.

① ㄱ, ㄴ, ㄷ ② ㄱ, ㄴ, ㄹ
③ ㄱ, ㄷ, ㄹ ④ ㄴ, ㄷ, ㄹ

해 양계 지역은 북방 국경 지대의 군사 중심지인 동계 · 북계를 말하는데, 병마사가 파견되어 관리하였다.

Check Point

고려의 안찰사와 조선의 관찰사
• 안찰사 : 임기 6개월, 5~6품, 지방 순시 · 감찰의 임시직
• 관찰사 : 임기 1년, 종2품, 감영에 상주하며 감찰 · 민정 · 군정의 전권을 행사

답 01 ④

③ **4도호부** : 군사적 방비의 중심지, 안북(안주) · 안남(전주) · 안동(경주) · 안변(등주)

④ **8목** : 지방 행정의 실질적 중심부이며 공납(향공선상)의 기능을 담당, 광주(廣州) · 청주 · 충주 · 전주 · 나주 · 황주 · 진주 · 상주 등

(2) 기타 지방 행정 구역

① **주현(主縣)과 속현(屬縣)**

㉠ 주현은 중앙으로부터 지방관이 파견된 곳을, 속현은 지방관이 파견되지 않는 곳을 말함

㉡ 주현보다 속현이 더 많아 지방관이 파견되는 인근의 주현을 통하여 간접적으로 통제(→ 실제는 향리가 다스림)

② **향 · 소 · 부곡** : 특수 행정 구역

㉠ 향과 부곡 : 농민들이 주로 거주

㉡ 소(所) : 국가가 필요로 하는 공납품을 만들어 바치는 공장(工匠)들의 집단 거주지

㉢ 향 · 소 · 부곡민은 양인이었으나 일반 군현민과 달리 차별을 받았으며, 향리의 지배를 받음

③ **촌**

㉠ 말단 행정 조직으로, 주 · 군 · 현에는 각각 몇 개의 촌이 있으나 향 · 소 · 부곡에는 1촌인 경우가 대부분

㉡ 주로 지방 유력자인 촌장 등이 자치를 하였는데, 촌장이 있는 촌은 몇 개의 자연촌이 합해진 하나의 행정촌을 구성(→ 지방의 말단 행정 조직은 자연촌이 아닌 행정촌)

㉢ 1촌 1성(姓) 원칙으로 성관(姓貫)이 지방 사회의 지배층을 형성

(3) 향리(鄕吏)

① **임무** : 조세나 공물의 징수와 노역 징발 등 실제적인 행정 사무 담당(대민 행정 실무자)

② **출신** : 나말 여초의 중소 호족 출신이 많음

③ **영향력** : 토착 세력으로서 향촌 사회의 지배층이므로 중앙에서 일시 파견되는 지방관보다 영향력이 컸음

> **고려 시대 지방 행정의 특징**
> ① 중앙의 지방 지배력이 미약하여 주군·주현보다 지방관을 파견하지 않은 속군·속현이 더 많았고, 행정 기구가 계층적·누층적으로 구성됨
> ② 권력 집중과 토착 세력 방지를 위해 상피제가 적용됨
> ③ 불완전한 민정·군정 중심의 이원적 조직(→ 안찰사와 병마사의 주요 기능의 분리)
> ④ 안찰사의 권한이 약하고(6개월의 임시직이며 수령보다 낮은 관품을 받음), 토호적 성격이 강한 지방 향리가 실권을 행사
> ⑤ 후기의 무신집권기와 대몽 항쟁기에는 군현 단위의 승격과 강등이 나타남(→공주 명학소가 충순현으로, 충주 다인철소가 익안현으로 승격)

3. 군사 제도

(1) 중앙군

① **구성** : 2군 6위로 구성되며, 지휘관은 상장군과 대장군(부지휘관), 45령으로 구성

② **2군(목종)** : 응양군·용호군(→ 국왕의 친위대, 근장이라고도 불림)

③ **6위(성종)**

  ㉠ **좌우위·신호위·흥위위** : 핵심 주력 군단으로, 수도(개경)와 국경의 방비를 담당

  ㉡ 금오위는 경찰, 천우위는 의장(儀仗), 감문위는 궁궐·성문 수비를 담당

④ **편성**

  ㉠ 중앙군은 직업 군인으로 편성되었는데, 군인전을 지급받았으며 그 역은 자손에게 세습

  ㉡ 군공을 세워 무신으로 신분을 상승시킬 수도 있는 중류층

(2) 무신 합좌 기구

① **중방(重房)** : 2군 6위의 상장군·대장군 등이 모여 군사 문제를 의논하는 무신들의 최고 합좌 회의 기구로, 상장군·대장군으로 구성(→ 무신정변 후 군정 기구의 중심이 됨)

② **장군방** : 45령(1령은 천 명)의 각 부대장인 장군으로 구성

(3) 지방군

① **조직** : 군적에 오르지 못한 일반 농민으로 16세 이상의 장정들

② **종류** : 5도의 일반 군현에 주둔하는 주현군과 국경 지방인 양계에 주둔하는

주진군

㉠ **주현군** : 지방관의 지휘를 받아 외적을 방비하고 치안을 유지, 각종 노역에 동원(→ 병농 일치, 일정한 군영에 주둔하지 않는 예비군의 성격을 지님)
  • 정용군(기병)·보승군(보병) : 치안과 방위를 담당
  • 일품군 : 노역 부대(공병 부대)를 말하며, 향리가 지휘

㉡ **주진군**
  • 양계의 농민과 경군의 교대 병력으로 편성된 상비군(직업군), 좌군·우군·초군으로 구성
  • 주진의 성내에 주둔하며 국경 수비를 전담, 장은 도령

(4) 특수군

① **광군(光軍)**: 정종 때 거란에 대비해 청천강에 배치한 상비군(30만)으로, 귀족의 사병을 징발(→ 뒤에 지방군(주현군·주진군)으로 편입), 관장 기관은 광군사

② **별무반**
  ㉠ 숙종 때 여진 정벌을 위해 윤관의 건의로 조직(→ 윤관은 여진 정벌 후 9성 설치)
  ㉡ 백정(농민)이 주력인 전투 부대로, 신기군(기병)·신보군(보병)·항마군(승병)으로 편성

③ **도방** : 무신 정권의 사적 무력 기반

④ **삼별초**
  ㉠ 수도의 치안 유지를 담당하던 야별초(좌·우별초)에 신의군(귀환 포로)을 합쳐 편성(→ 실제로는 최씨 정권의 사병 집단의 성격이 강했음)
  ㉡ 처음에는 임시 조직이었으나 대몽 항쟁이 계속되면서 중앙 상비군으로 변모(→ 국가의 녹봉을 받음)
  ㉢ 대몽 항쟁의 주력 부대(→ 몽고 침입 시 강화에서 반란, 진도·제주에서 대몽 항전을 전개)

⑤ **연호군** : 농한기 농민과 노비로 구성된 지방 방위군(→ 양천 혼성군)으로, 여말 왜구 침입에 대비해 설치

4. 관리 등용 제도

(1) 과거 제도

① **시행 및 목적**
  ㉠ **시행** : 광종 9년(958) 후주인 쌍기(雙冀)의 건의로 실시

ⓛ 목적 : 호족 세력 억압, 유교적 문치 · 관료주의의 제도화, 신 · 구 세력 교체를 통한 왕권 강화

② 종류

　㉠ 제술과(제술업, 진사과) : 문예(서술 · 문장) 등을 시험하는 문과로, 과거 중 가장 중시(→ 조선의 진사과)

　㉡ 명경과(명경업, 생원과) : 유교 경전(경서 · 논리)을 시험하는 문과(→ 조선의 생원과)

　㉢ 잡과(잡업) : 법률 · 회계 · 지리 · 의약 등 실용 기술학을 시험하여 기술관 선발

　㉣ 승과 : 교종선(→ 화엄경으로 시험)과 선종선(→ 전등록으로 시험), 합격자는 '대선'이라는 초급 법계를 받고 토지를 지급받음

　㉤ 무과 : 실시되지 않음(→ 예종 때 일시 실시, 공양왕 때 상설), 무학재를 통해 무인 등용

③ 응시 자격 등

　㉠ 법제적으로 승려와 천민(부곡민, 노비)을 제외한 양인 이상은 응시 가능(→ 실제로 농민은 유학 교육을 받을 수 없어 응시가 어려움)

　㉡ 문과(제술과 · 명경과)에는 주로 귀족과 향리의 자제가 응시, 농민은 주로 잡과에 응시

④ 실시 및 절차

　㉠ 시험의 실시 : 예부에서 관장, 3년에 한 번씩 보는 식년시가 원칙이나 격년시가 유행

　㉡ 실시 절차

1차 시험(향시)	개경의 상공(上貢), 지방의 향공(鄕貢), 외국인 대상의 빈공
2차 시험(국자감시)	진사시라고도 함, 1차 합격자인 공사(貢士)가 응시
3차 시험(동당감시)	예부시라고도 함, 2차 합격자 · 국자감 3년 이상 수료자 · 관료 등이 응시

　㉢ 3장법(三場法) 적용 : 고려 말에 확립된 향시(鄕試) · 회시(會試) 또는 감시(監試) · 전시(殿試) 제도

⑤ 좌주(座主)와 문생(門生)

　㉠ 과거 급제자(문생)는 시험관인 좌주(지공거)와의 결속을 강화하여 그들의 도움으로 쉽게 관직에 진출

　㉡ 문벌 귀족 사회를 발달시킨 독특한 제도, 조선 초기에 폐지

Check Point

무학재(武學齋)
고려 시대 국자감에 두었던 7재(7개의 전공) 중 하나이다. 예종 4년(1109)에 설치되었으며, 무신의 양성을 목적으로 하였다. 인종 11년(1133) 폐지되었다.

Check Point

염전중시
고려 시대에 동당감시에서 선발된 사람 가운데 임금이 다시 시(詩)와 부(賦), 논(論)을 과목으로 직접 보이던 시험이다.

Check Point

과거와 음서

신은 일찍이 과거에 뜻을 두었으나, 논리정연하게 글을 쓰는 능력이 없고 문서를 다루는 데도 익숙하지 않은 터라 문음으로 인연하여 관직을 얻게 되었습니다만, 만약 유학이 아닌 방법으로 입신한다면 무슨 낯으로 종사하겠습니까? 또한 조상들은 모두 이 길을 따라 자취를 남겼는데 자손으로서 어찌 다른 길로 출신할 수 있겠습니까?

– 〈동국이상국집〉 –

(2) 특채 제도

① 음서 제도(성종)

㉠ 공신과 종실 및 5품 이상 관료의 자손, 즉 아들·손자·사위·동생·조카에게 과거를 거치지 않고도 관료가 될 수 있도록 부여한 특혜

㉡ 혜택은 1인이 원칙이나, 실제로는 여러 사람에게 부여되어 관료로서의 지위를 세습

㉢ 고려 관료 체제의 귀족적 특성을 보여주는데, 조선 시대에는 그 비중이 떨어짐(→ 조선 시대 문음의 대상은 2품 이상의 자손이며, 출세에 있어 과거보다 영향을 덜 미침)

② 천거 : 고급 관료의 추천으로 가문이 어려운 인재를 중용하는 제도(→ 천거자의 연대 책임이 수반됨)

제3절 고려의 정치적 변화

1. 문벌 귀족 사회의 성립

(1) 새로운 지배층의 형성

① 출신 배경 : 개국 공신이나 지방 호족 출신의 중앙 관료, 신라 6두품 계통의

유학자 등

② 형성 : 왕실이나 유력 가문과의 혼인을 통해 문벌을 형성하였으며, 특히 성종 이후 중앙 집권 체제의 확립에 따라 새로운 지배층으로 등장하여 여러 세대에 걸쳐 중앙에서 고위 관직자를 배출하며 권력을 지속

③ 문벌 귀족의 특권

　　㉠ 과거와 음서를 통하여 관직을 독점하고 중서문하성·중추원의 재상이 되어 정국 주도

　　㉡ 관직에 따라 과전·공음전 등 경제적 혜택 독점

　　㉢ 폐쇄적 혼인 관계 유지, 특히 왕실과 혼인 관계를 맺어 외척으로 성장

(2) 사회의 모순과 갈등의 대두

① 측근 세력과의 대립 : 문벌 귀족의 성장에 따라 사회적 모순과 갈등이 부각되었는데, 특히 과거를 통해 진출한 지방 출신의 관리 중 일부가 왕의 측근 세력이 되어 문벌 귀족과 대립

② 문벌 귀족 사회의 내분 : 이자겸의 난과 묘청의 서경 천도 운동을 통해 정치 세력 간의 대립과 갈등이 표면화됨

문벌 귀족 시대의 외척
• 안산 김씨 가문 : 김은부, 현종~문종의 4대 50년간 권력 행사
• 경원(인주) 이씨 : 이자겸, 대표적 문벌 귀족, 예종·인종 2대 80년간 권력 행사
• 기타 해주 최씨(최충), 파평 윤씨(윤관), 경주 김씨(김부식) 등

2. 이자겸의 난과 묘청의 서경 천도 운동

(1) 이자겸의 난(인종 4, 1126)

① 배경 : 문벌 귀족 사회의 모순, 외척 세력으로서 문벌 귀족의 권력 강화 등을 원인으로 문벌 귀족과 지방 향리 출신 신진 관료 간의 대립 격화

② 경과

　　㉠ 예종의 측근 세력을 몰아내고 인종이 왕위에 오를 수 있게 하면서 이자겸의 권력 강화

　　㉡ 대내적으로 문벌 중심의 질서를 유지, 대외적으로 금과 타협하는 정치적 성향

　　㉢ 왕의 측근 세력들은 왕을 중심으로 결집하면서 이자겸의 권력 독점에 반대

Check Point

과전과 공음전
• 과전 : 일반적으로 전시과 규정에 의해 문·무 현직 관리에게 지급되는 토지를 말하는데, 반납이 원칙이나 직역 승계에 따라 세습이 가능
• 공음전 : 관리에게 보수로 주던 과전과 달리 5품 이상의 관료에게 지급된 세습 가능한 토지로, 음서제와 함께 문벌 귀족의 지위를 유지해 나갈 수 있는 기반이 됨

Check Point

이자겸의 생활
대표적인 문벌인 경원 이씨 일족의 이자겸은 예종에게는 장인이었으며 인종에게는 외조부이자 장인이었다. 왕실과의 거듭된 혼인을 통해 대표적인 외척 세력이 된 그는 정치적으로 막강한 영향력을 발휘하였으며 생활에 있어서는 사치를 누렸다. 〈고려사〉는 이자겸에 대하여 "뇌물이 공공연하게 행해져 사방에서 바치는 물건이 넘쳐, 썩은 고기가 항상 수만 근이었고……"라고 전하고 있다.

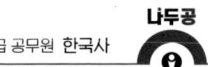

② 이자겸은 반대파를 제거하고 척준경과 함께 난을 일으켜 권력 장악(1126)
② 인종은 척준경을 이용해 이자겸을 숙청(1126)한 후, 정지상 등을 통해 척준경도 축출(1127)

③ 결과 : 왕실 권위 하락, 지배층 분열, 문벌 귀족 사회의 붕괴를 촉진하는 계기
   ㉠ 경원(인주) 이씨의 몰락, 문벌 귀족 사회의 모순이 시정되지 못하고 사회가 동요
   ㉡ 궁궐 소실, 민신의 불안과 하극상의 풍조로 도참이 유행하고 서경 천도론 대두
   ㉢ 인종은 유신지교를 반포하고 혁신 정치를 도모하였으나 실패

(2) 묘청의 서경 천도 운동(인종 13, 1135)

① 배경 : 이자겸의 난 이후 인종은 왕권 회복과 민생 안정을 위한 정치 개혁을 추진했는데, 이 과정에서 칭제건원·금국 정벌·서경 천도 등을 두고 보수와 개혁 세력 간 대립 발생

② 개경파와 서경파의 대립

구분	개경(開京) 중심 세력	서경(西京) 중심 세력
대표자	김부식·김인존 등	묘청·정지상 등
특징 및 주장	• 왕권 견제, 신라 계승, 보수적·사대적·합리주의적 유교 사상 • 정권 유지를 위해 금과의 사대 관계 주장 • 문벌 귀족 신분	• 왕권의 위상 강화, 고구려 계승, 풍수지리설에 근거한 자주적·진취적 전통 사상 • 서경 천도론과 길지론(吉地論), 금국 정벌론 주장 • 개경의 문벌 귀족을 붕괴시키고 새로운 혁신 정치를 도모

③ 경과
   ㉠ 서경 천도를 추진하여 서경에 대화궁을 건축, 칭제건원과 금국 정벌 주장
   ㉡ 서경에서 국호를 대위국, 연호를 천개, 군대를 천견충의군이라 하며 난을 일으킴
   ㉢ 김부식이 이끈 관군의 공격으로 약 1년 만에 진압됨

④ 결과
   ㉠ 자주적 국수주의의 서경파가 사대적 유학자의 세력에게 도태당한 것으로, 서경파의 몰락과 개경파의 세력 확장
   ㉡ 서경의 분사 제도 및 삼경제 폐지
   ㉢ 문신 우대·무신 멸시 풍조, 귀족 사회의 보수화 등 문벌 귀족 사회의 모순 심화(→ 무신정변)

⑤ 의의 : 문벌 귀족 사회의 분열과 지역 세력 간의 대립, 풍수지리설이 결부된

묘청의 난과 진압

▶ 묘청 서경 천도 운동

자주적 전통 사상과 사대적 유교 정치 사상의 충돌, 고구려 계승 이념에 대한 이견 · 갈등 등이 얽혀 발생(→ 귀족 사회 내부의 모순을 드러낸 사건)

묘청의 서경 천도 운동에 대한 평가

신채호는 그의 〈조선사 연구초〉에서 묘청의 서경 천도 운동을 "조선역사상 일천년래 제일대 사건"이라 하여 북진 정책 등을 높이 평가하였다. 또한 그는 묘청 세력과 김부식 세력이 대립을 "낭불과 유(儒)의 전(戰)이며, 국풍파와 한학파의 전이며, 독립당과 사대당의 전이며, 진취 사상과 보수 사상의 대립"이라 평하였다.

3. 무신 정권의 성립

(1) 무신정변의 배경

① **근본적 배경** : 문벌 귀족 지배 체제의 모순 심화, 지배층의 정치적 분열과 권력 투쟁 격화

② **직접적 배경**

ㄱ 문신 우대와 무신 차별에 따른 무신들의 불만(→ 무과 부재, 도병마사 〉 중방)

ㄴ 의종은 향락에 빠지는 등 실정을 거듭

ㄷ 군인전을 제대로 지급받지 못한 하급 군인들의 불만 고조

(2) 무신정변의 전개

① **무신정변의 발발(의종 24, 1170)**

ㄱ **주도** : 정중부 · 이고 · 이의방 등이 다수의 문신을 살해, 의종을 폐하고 명종을 옹립

ㄴ **권력 투쟁** : 중방을 중심으로 권력을 행사하면서 주요 관직을 독차지하고, 토지를 확장하였으며 저마다 사병을 길러 권력 쟁탈전을 전개

② **무신 간의 권력 쟁탈전**

ㄱ **이의방(1171~1174)** : 중방 강화

ㄴ **정중부(1174~1179)** : 이의방을 제거하고 중방을 중심으로 정권을 독점

ㄷ **경대승(1179~1183)** : 정중부를 제거하고 집권, 신변 보호를 위해 사병 집단인 도방을 설치

ㄹ **이의민(1183~1196)** : 경대승의 병사 후 정권을 잡았으나 최씨 형제(최충헌 · 최충수)에게 피살

ㅁ **최충헌(1196~1219)** : 이의민을 제거하고 무신 간의 권력 쟁탈전을 수습하여 강력한 독재 정권을 이룩(→ 1196년부터 1258년까지 4대 60여 년간 최

기출 Plus [서울시 9급 기출]

01. 다음 사건을 일어난 순서대로 바르게 나열한 것은?

(가) 김보당의 난 발생
(나) 이의민의 권력 장악
(다) 김사미와 효심의 난 발생
(라) 교정도감의 설치

① (가) – (나) – (다) – (라)
② (가) – (나) – (라) – (다)
③ (나) – (가) – (다) – (라)
④ (나) – (가) – (라) – (다)

해 (가) 김보당의 난은 1173년 동북면 병마사 김보당이 주도하여 의종 복위를 꾀한 문신 세력의 난으로 최초의 반무신정변이다.

(나) 이의민은 경대승이 병사 후 1183년에 권력을 장악하였으나 최씨 형제에게 피살당했다(1196).

(다) 김사미 효심의 난(1193)은 운문(청도)에서 김사미가, 초전(울산)에서 효심이 신분 해방 및 신라 부흥을 기치로 내걸고 일으킨 최대 규모의 농민 봉기로 최충헌 정권의 출현 배경이 되었다.

(라) 교정도감(1209)은 최충헌이 집권하면서 최고 집정부(국정 총괄) 역할을 하였다.

Check Point

고려 중기의 숭문천무 현상

• 무과를 두지 않고 무학재를 폐지(인종)
• 군의 최고 지휘관을 문관으로 함
• 군인전의 폐단과 토지 지급에서의 차별
• 문관의 호위병 역할로 전락

답 01 ①

씨 무단 독재 정치)

반무신정변

① 김보당의 난(계사의 난, 1173) : 동북면 병마사 김보당이 주도하여 의종 복위를 꾀한 문신 세력의 난(→ 최초의 반무신정변)
② 서경 유수 조위총의 난(1174) : 서북 지방민의 불만을 이용하여 무신정변의 주동자를 제거하고 나라를 바로잡는다는 명분으로 거병, 많은 농민이 가담, 문신의 난이자 농민의 난의 성격을 지님(→ 최대의 난)
③ 교종 계통 승려들의 반란(개경 승도의 난) : 귀법사, 중광사 등의 승려가 중심이 되어 무신의 토지 겸병 등에 반발

(3) 무신정변의 영향

① **정치적** : 왕권의 약화를 초래, 중방의 기능 강화, 문벌 귀족 사회가 붕괴되면서 관료 사회로의 전환이 촉진됨
② **경제적** : 전시과가 붕괴되어 사전(私田)과 농장이 확대(→ 지배층의 대토지 소유가 증가)
③ **사회적** : 신분제 동요(→ 향·소·부곡이 감소하고 천민의 신분 해방이 이루어짐), 농민 봉기의 배경(→ 중앙 정부의 지방 통제력 약화로 농민과 천민의 대규모 봉기 발발)
④ **사상적** : 선종의 일종인 조계종 발달, 천태종의 침체
⑤ **문학적** : 유학이 쇠퇴하고 패관 문학 발달, 시조 문학 발생, 낭만적 성향의 문학 활동 전개
⑥ **군사적** : 사병의 확대, 권력 다툼의 격화

무신정변 이후의 변화

무신정변 이후 사회적인 신분의 위치는 여전히 강조되었으나 낮은 신분층의 신분 상승이 고려 전기보다 더욱 증가하였다. 또한 신분과 문벌이 모든 권력과 특권을 결정하던 기존 사회 체제와 비교하여 실력과 능력이 특권의 요건으로 대두되었으며, 무신정변 이전에는 오로지 문반만이 재상지종이 되었는데 무신정변 이후에는 무반도 재상지종이 되기도 하였다. 그리고 기존의 행정 조직은 유지되었으나 문신 중심의 정치 조직은 기능을 상실해 갔고, 무인 집권 기구가 강화되었다. 과거 제도는 그대로 유지되었다.

(4) 최씨 무신 정권 시대

① **최충헌의 집권(1196~1219)**

    ㉠ **정권 획득** : 조위총의 난을 진압하고 실력으로 집권, 2왕을 폐하고 4왕을 옹립

Check Point

무신 집권기 농민의 봉기

김사미·효심의 난(1193)

Check Point

무신 집권기 하층민의 봉기

• 망이·망소이의 난(공주 명학소 봉기, 1176)
• 전주 관노의 난(전주의 관노비 봉기, 1182)
• 만적의 난(만적의 신분 해방 운동, 1198)

Check Point

최충헌의 봉사 10조

• 새 궁궐로 옮길 것
• 관원의 수를 줄일 것
• 농민으로부터 빼앗은 토지를 돌려 줄 것
• 선량한 관리를 임명할 것
• 지방관의 공물 진상을 금할 것
• 승려의 고리대업을 금할 것
• 탐관오리를 징벌할 것
• 관리의 사치를 금할 것
• 함부로 사찰을 건립하는 것을 금할 것
• 신하의 간언을 용납할 것

    ⓒ 사회 개혁책 제시 : 봉사 10조

    ⓒ 권력 기반의 마련

- 최고 집정부(국정 총괄) 역할을 하는 교정도감을 설치(→ 중방을 억제), 교정별감 세습
- 권력 기구인 흥령부를 사저에 설치했으며, 재추 회의를 소집하여 국정을 논의

    ⓔ 경제 기반 마련 : 대규모 농장과 노비를 차지, 진주 지방을 식읍으로 받고 진강후로 봉작됨

    ⓗ 도방 확대 : 많은 사병을 양성하고, 사병 기관인 도방을 부활(확대)하여 신변을 경호(→ 삼별초와 함께 최씨 정권의 군사적 기반)

    ⓗ 선종 계통의 조계종 후원(교종 탄압), 신분 해방 운동 진압

② 최우의 집권(1219~1249) : 교정도감을 통하여 정치 권력 행사, 진양후로 봉작됨

    ㉠ 정방 설치(1225) : 문무 관직에 대한 인사권 장악

    ⓒ 서방 설치(1227) : 문신 숙위 기구, 문학적 소양과 행정 실무 능력을 갖춘 문신들을 등용하여 정치 고문의 역할을 수행하게 함

    ⓒ 삼별초 조직 : 야별초에서 비롯하여 좌별초 · 우별초 · 신의별초(신의군)로 확대 구성

③ 최씨 무신 정권의 성격

    ㉠ 정치 · 경제 · 사회적 독재 정권 : 교정도감, 도방, 정방, 서방 등 독자적 권력기구를 운영하여 장기 독재를 유지

    ⓒ 권력 유지에 집착 : 국왕의 권위를 정권 유지에 이용하기도 했으며, 권력 유지에 집착하여 민생과 통치 질서는 악화됨

    ⓒ 문무 합작적 정권 : 문신을 우대하고 회유

    ⓔ 관료적 성격(관료 정치), 항몽 자주 정권(→ 민족 문화 육성), 문화적으로는 고구려를 계승

④ 최씨 집권의 결과

    ㉠ 문벌 귀족 정치에서 관료 정치로의 전환점, 실권을 가진 권문세족의 형성

    ⓒ 정치적으로는 안정되었지만 국가 통치 질서는 오히려 약화

    ⓒ 국민에 대한 회유책으로 많은 향 · 소 · 부곡이 현으로 승격

Check Point

교정도감(敎定都監)
최충헌 이래 무신 정권의 최고 정치 기관이다. 희종 5년(1209) 최충헌과 최우 부자를 살해하려는 시도가 있었는데, 최충헌이 이에 관련된 자를 색출하기 위해 설치한 것이 시작이다. 이후에도 계속 존재하며 인재 천거, 조세 징수, 감찰, 재판 등 국정 전반에 걸친 정치 기관이 되었는데, 최씨 정권이 막을 내린 후에도 사라지지 않고 무신 정권이 끝날 때까지 존속하였다. 〈고려사〉는 교정도감에 대하여 "최충헌이 정권을 독차지하매, 모든 일이 교정도감으로부터 나왔다."라고 기술하고 있다.

Check Point

정방(政房)
고종 12년(1225) 최우는 자신의 집에 정방을 설치하였는데, 이는 교정도감에서 인사 행정 기능을 분리한 것이다. 최우의 사후에도 무신 정권의 집권자들을 통해 계승되었다.

꼭! 확인 기출문제

(가) 인물에 대한 설명으로 옳은 것은? [국가직 9급 기출]

신종 원년 사노비 만적 등이 북산에서 땔나무를 하다가 공사의 노비들을 모아 모의하기를, "우리가 성 안에서 봉기하여 먼저 (가) 등을 죽이자. 이어서 각각 자신의 주인을 죽이고 천적(賤籍)을 불태워 삼한에서 천민을 없게 하자. 그러면 공경장상이라도 우리가 모두 할 수 있을 것이다."라고 하였다.

① 정방을 설치하여 인사권을 장악하였다.
② 치안유지를 위해 야별초를 설립하였다.
③ 이의방을 제거하고 권력을 장악하였다.
❹ 봉사십조를 올려 사회개혁안을 제시하였다.

해 ④ (가)에 들어갈 인물은 이의민을 제거하고 무신 간의 권력 쟁탈전을 수습하여 강력한 최씨 무신 정권시대를 연 최충헌이다. 최충헌은 고려 명종에게 봉사십조를 올렸는데, 이는 자신이 일으킨 정변을 정당화하고 당시의 폐정을 시정하기 위한 시무책(時務策)이었다.
① 정방을 설치하여 문무 관직에 대한 인사권을 장악한 인물은 최우이다.
② 밤에 도적을 단속하기 위해 야별초를 설치한 인물은 최우이다. 야별초는 나라의 치안유지를 위조직되었으며, 후에 좌별초 · 우별초 · 신의군으로 확대되어 삼별초가 되었다.
③ 이의방을 제거하고 중방을 중심으로 정권을 독점한 인물은 정중부이다.

4. 원의 내정 간섭

(1) 몽골의 일본 원정 추진

① 몽골은 국호를 원(元)으로 바꾼 후 두 차례에 걸친 일본 원정을 단행하면서 고려로부터 선박 · 식량 · 무기 등의 전쟁 물자와 인적 자원을 징발(→ 둔전경략사 · 정동행성의 설치)

② 일본의 저항과 태풍의 발생, 고려의 미온적 태도로 원정은 실패

(2) 영토의 상실

① 쌍성총관부 설치(1258) : 고종 말년에 쌍성총관부를 설치하여 철령 이북의 땅을 직속령으로 편입(→ 공민왕 5년(1356)에 유인우가 무력으로 탈환)

② 동녕부 설치(1270) : 원종 때 자비령 이북의 땅을 차지하여 서경에 동녕부를 설치(→ 충렬왕 16년(1290)에 반환)

③ 탐라총관부 설치(1273) : 삼별초의 항쟁을 진압한 뒤 제주도에 설치하고 목마장을 경영(→ 충렬왕 27년(1301)에 반환)

(3) 고려의 격하

① 부마국으로 전락 : 오랜 항쟁의 결과 원의 부마국으로 전락하여 왕이 원의 공

Check Point

원 간섭기에 격하된 관제 및 왕실 용어
• 왕의 호칭에 조(祖)와 종(宗)을 사용하지 못하고 왕(王)을 사용
• 원으로부터 충성을 강요받으면서 왕의 호칭에 충(忠)이 사용됨
• 짐 → 고, 폐하 → 전하, 태자 → 세자
• 중서문하성 + 상서성 → 첨의부, 육부 → 사사, 중추원 → 밀직사

주와 결혼

② **왕실 및 관제의 격하** : 왕실 호칭과 격이 부마국에 맞게 바뀌고, 관제와 격도 낮아짐

  ㉠ 2성 → 첨의부, 6부 → 4사

  ㉡ 중추원 → 밀직사, 어사대 → 감찰사

(4) 내정 간섭과 경제적 수탈

① 내정 간섭의 강화와 분열책

  ㉠ 일본 원정을 위해 설치한 정동행성을 계속 유지하여 내정 간섭 기구로 삼음(→ 정동행성의 속관인 이문소는 점차 부원 세력의 이익을 대변하는 기구로 변질됨)

  ㉡ 순군만호부 등 5개의 만호부를 설치하여 고려의 군사 조직에 영향력을 행사

  ㉢ 다루가치라는 민정 감찰관을 파견하여 내정을 간섭

  ㉣ **독로화** : 고려 왕실의 세자와 귀족 자제를 원의 수도에 머물게 하는 인질 제도

  ㉤ **심양왕 제도** : 고려 왕족을 남만주 지역의 심양왕에 봉작하여 고려 왕을 견제하는 분열책(→ 충선왕이 최초)

  ㉥ **입성책동** : 부원 세력 중 일부가 고려국을 없애고 정동행성을 원 내지의 여러 행성과 같은 체제로 개편할 것을 주장한 것(→ 고려의 거국적 반대 운동으로 저지됨)

② 경제 · 사회적 수탈

  ㉠ 공녀와 과부, 환관 등을 뽑아 가는 등 인적 수탈을 자행

  ㉡ 금 · 은 · 베, 인삼 · 약재 등의 특산물을 수시로 징발하여 농민 부담을 가중

  ㉢ **응방(鷹坊)** : 매(해동청)를 징발하기 위한 특수 기관

(5) 고려 사회에 끼친 영향

① **정치적 영향** : 고려의 자주성에 심각한 손상을 입었고, 원의 압력과 친원파의 책동으로 정치는 비정상적으로 운영

② **사회적 영향** : 친원 세력이 권문세족으로 성장했으며, 향리 · 환관 · 역관 등 원과의 관계를 통해 출세하는 사람이 증가

③ **풍속의 교류** : 몽골풍, 고려양

④ **문물의 교류**

  ㉠ 이암이 〈농상집요〉를 소개했으며, 이앙법 · 목면(1363)이 전래됨

  ㉡ 라마 불교, 임제종, 주자 성리학 전래

Check Point

몽골풍과 고려양
- **몽골풍** : 몽골의 풍속이 고려에서 유행, 체두변발 · 호복(胡服) · 조혼 · 은장도 · 족두리 · 연지 등
- **고려양** : 고려의 풍속이 몽골 사회에서 유행, 고려병(高麗餠) · 두루마기 · 반물 · 생채 등

Check Point

만권당
고려 말 충선왕이 원의 연경에 세운 독서당을 일컫는다. 정치 개혁에 실패한 충선왕은 아들 충숙왕에게 왕위를 선양하고 충숙왕 1년(1314) 만권당을 세웠다. 그곳에서 충선왕은 귀한 서책을 수집한 후 고려에서 이제현 등을 불러들이고 당대 중국의 이름난 학자인 조맹부, 염복 등과 교류하면서 중국의 고전 및 성리학을 연구하였다. 이곳에서 성리학을 전수받은 이제현 등은 이색, 이숭인, 정몽주 등에게 다시 이것을 전하였다. 당시 만권당은 고려와 원 간 문화 교류의 중심지로서 학술 · 예술 등의 발전에 큰 영향을 미쳤다.

Check Point

원 간섭기(고려 말) 고려의 정세
- **권문세족의 집권** : 중앙 지배층이 권문세족으로 재편(→문벌 귀족 가문, 무신정권기에 새로 등장한 가문, 원과의 관계를 통하여 성장한 가문 등이 권문세족을 형성)
- **사회 모순의 격화** : 권문세족이 농장을 확대하고 양민을 억압
- **시정 개혁의 노력** : 관료의 인사와 농장 문제 같은 폐단을 시정하기 위한 노력은 충선왕 때부터 시도되었으나, 원의 간섭으로 철저한 개혁 추진이 곤란

ⓒ 서양 문물의 전래(천문 · 수학 · 의학 · 역법 · 건축술), 화약의 전래, 조맹부 체 등

원 간섭기(공민왕 이전)의 개혁 정치

① **충렬왕**
 ㉠ 전민변정도감(田民辨正都監)을 재설치하여 개혁 정치 추구(→ 전민변정도감은 원종 때 최초 설치, 공민왕 때 실질적 역할)
 ㉡ 둔전경략사 폐지, 동녕부와 탐라총관부를 반환받음
 ㉢ 홍자번이 편민 18사(→ 개혁 운동의 효시)를 건의하여 각 부분의 폐단을 지적
② **충선왕** : 폐단 시정을 위한 대대적 개혁을 시작
 ㉠ 반원 · 반귀족 정치를 꾀하여 우선 정방의 폐지, 몽고 간섭 배제 등에 기여
 ㉡ 개혁 정치 기구로 사림원(詞林院)을 두고 충렬왕의 측근 세력을 제거하고 관제 개편을 단행, 신흥 사대부 등 인재 등용의 길을 열고 공민왕의 반원 정책의 터전을 마련
 ㉢ 재정 개혁의 일환으로 의염창을 설치하여 소금과 철의 전매 사업 실시, 전농사를 설치하여 농무사를 파견하고 권세가의 농장과 노비를 감찰(→ 국가 재정 확보)
 ㉣ 학문 연구소인 만권당(萬卷堂)을 연경에 설치하여 학술을 토론하고 학문을 연구, 많은 문화가 전래됨(→ 조맹부의 송설체가 전래되어 고려 말 서체에 큰 영향을 줌)
 ㉤ 개혁 추진 세력이 미약하고 권문세족과 원의 방해로 개혁이 좌절됨
③ **충숙왕** : 찰리변위도감을 설치하여 토지(농장)와 노비에 대한 개혁 시도
④ **충목왕** : 폐정의 시정과 국가 재정수입 기반 마련을 목적으로 정치도감을 설치하여 부원 세력을 제거하고 권세가의 토지 · 농장을 본 주인에게 반환, 각 도에서 양전 사업을 실시

(6) 공민왕(1351~1374)의 개혁 정치

① **개혁의 배경 및 방향** : 14세기 중반의 원 · 명 교체기와 신진 사대부의 성장을 토대로 하여 대외적으로는 반원 자주를, 대내적으로는 왕권 강화를 추구
② **반원 자주 정책**
 ㉠ 원의 연호를 폐지하고 기철 등 친원파 숙청
 ㉡ 내정을 간섭하던 정동행성이문소 폐지, 원의 관제를 폐지하고 2성 6부의 관제를 복구
 ㉢ 무력으로 쌍성총관부를 공격하여 철령 이북의 땅을 수복(유인우), 동녕부 요양을 정벌하여 옛 고구려의 영토를 수복(이성계)
 ㉣ 원(나하추)의 침입을 이성계 등이 격퇴
 ㉤ 친명 정책의 전개(→ 사신 파견, 명의 연호 사용)
 ㉥ 몽골풍의 폐지(→ 몽골풍의 의복과 체두변발 금지)

[선관위 9급 기출]

01. 공민왕의 정책으로 옳은 것은?
① 만권당을 설립하여 문물 교류를 진흥하였다.
② 성균관을 부흥시켜 유학 교육을 강화하였다.
③ 명의 철령위 설치 요구로 인해 요동 정벌을 단행하였다.
④ 정치도감을 설치하여 국가 재정 수입의 기반을 확대하였다.

᛫ 공민왕은 신진 사대부 등 개혁 세력 양성을 위해 국자감을 다시 성균관으로 개칭(1362)하고 이를 순수 유학 교육 기관으로 개편하여 유학 교육을 강화하였다.

답 01 ②

③ 대내적 개혁

　　㉠ **목적** : 왕권 강화와 민생 안정

　　㉡ **정방 폐지** : 왕권을 제약하고 신진 사대부의 등장을 억제하고 있던 정방을 폐지(→ 문 · 무관 인사를 각각 이부와 병부로 복귀)

　　㉢ **신돈의 등용** : 흥왕사의 변(김용의 난)(1363)으로 측근 세력 붕괴, 신돈을 등용(1365)하여 개혁 정치를 추진

　　㉣ **전민변정도감의 운영(1366)** : 권문세족들이 부당하게 빼앗은 토지와 노비를 본래의 소유주에게 돌려주거나 양민으로 해방(→ 권문세족의 약화와 국가 재정 수입 확대를 추구)

　　㉤ **유학 교육 강화** : 국자감을 성균관으로 개칭(1362)하고 순수 유학 교육 기관으로 개편하여 유학 교육을 강화, 과거 제도 정비(→ 신진 사대부 등 개혁 세력 양성)

④ 개혁의 중단(실패)

　　㉠ 권문세족들의 강력한 반발로 신돈이 제거되고 공민왕까지 시해되면서 중단

　　㉡ 홍건적 · 왜구의 침입 등으로 국내외 정세 불안

　　㉢ 개혁 추진 세력(신진 사대부)의 기반과 권력이 미숙한 상태에서 권문세족의 강력한 반발로 실패

▶ 공민왕의 영토 수복

Check Point

전민변정도감

고려 후기 권세가에게 빼앗긴 토지를 원래 주인에게 되찾아 주고 노비로 전락한 양인을 바로잡기 위해 설치된 임시 개혁 기관이다. 궁극적인 목적은 국가 재정의 궁핍을 초래한 농장의 확대를 억제하고 부정과 폐단을 개혁하는 데 있었다. 공민왕 때 신돈은 전민변정도감을 통해 의욕적으로 개혁을 추진하였으며, 민중으로부터도 큰 지지를 받았다. 그러나 개혁이 지나치게 과격했다는 점, 그리고 당시 권력자들과 이해가 상충했다는 점 등이 원인이 되어 신돈은 실각하였으며, 개혁 사업 역시 실패로 돌아갔다.

꼭! 확인 기출문제

충선왕 대의 개혁 정책으로 옳은 것은? [서울시 9급 기출]

① 원나라 연호와 관제를 폐지하였다.

② 몽골풍의 의복과 변발을 폐지하였다.

❸ 왕권을 강화하고 개혁을 주도하기 위한 기구로 사림원을 두었다.

④ 정치도감을 두어 부원 세력을 척결하였다.

해 ③ 충선왕은 개혁 정치 기구로 사림원을 두고 충렬왕의 측근 세력을 제거하고 관제 개편을 단행하여, 공민왕의 반원 정책의 터전을 마련하였다.

　① 공민왕 때 원의 연호를 폐지하고 친원파를 숙청하였으며, 원의 관제를 폐지하고 2성 6부의 관제를 복구하였다.

　② 공민왕 때 몽골풍의 의복과 체두변발 금지 등 몽골풍을 폐지하였다.

　④ 충목왕은 폐정의 시정과 국가 재정수입 기반 마련을 목적으로 정치도감을 설치하여 부원 세력을 제거하고 권세가의 토지 · 농장을 본 주인에게 반환, 각 도에서 양전 사업을 실시하였다.

Check Point

고려 말 불교의 폐단
• 막대한 토지를 소유하고 고리대 금업과 상업에 관여함
• 군역 도피의 수단으로 이용됨
• 라마 불교의 도입 : 불교 행사, 사탑 건립 등으로 재정 낭비

5. 신진 사대부의 성장과 한계

(1) 신진 사대부의 성장

① 등장
  ㉠ 무신 집권기 이래 지방 향리의 자제들을 중심으로 과거를 통하여 중앙의 관리로 진출
  ㉡ 대부분은 공민왕 때의 개혁 정치에 힘입어 지배 세력으로 성장

② 특징
  ㉠ 진취적 성향으로 권문세족을 비판 · 대립하였고, 신흥 무인 세력과 제휴
  ㉡ 성리학의 수용, 불교 폐단의 시정에 노력

③ 권문세족과의 비교

구분	권문세족	신진 사대부
유형	• 전기 이래의 문벌 귀족 • 무신 집권기에 성장한 가문 • 친원파	• 지방 향리 출신 • 공로 포상자(동정직 · 검교직) • 친명파
정치 성향	• 음서 출신 • 여말의 요직 장악 • 보수적 · 귀족적	• 과거 출신 • 행정적 · 관료 지향적 • 진취적 · 개혁적
경제 기반	• 부재 지주 • 토지의 점탈 · 겸병 · 매입 등	• 재향 중소 지주, 소규모 농장을 가진 자영 농민 • 토지의 개간 · 매입 등
사상	• 유학 사상 • 불교 신봉 • 민간 의식 → 상장 · 제례	• 성리학 수용 : 주문공가례 채택(→민간 의식 배격) • 실천주의 · 소학의 보급, 가묘 설치 의무화

(2) 한계

① 권문세족이 인사권을 쥐고 있어 관직으로의 진출이 제한되었고, 과전과 녹봉도 제대로 받지 못함
② 왕권과 연결하여 각종 개혁 정치에 참여하였으나, 아직은 힘이 부족

6. 고려의 멸망

(1) 배경

① 사회 모순의 심화 : 공민왕의 개혁이 실패한 후, 권문세족들이 정치 권력을 독점하고 대토지 소유를 확대해 나가면서 고려 사회의 모순은 더욱 심화
② 외적의 침입

　　　㉠ 홍건적과 왜구의 침입이 빈발하여 대외적 혼란 가중

　　　㉡ 토벌 과정에서 최영과 이성계 등의 무인 세력이 신망을 얻으며 성장

(2) 위화도 회군과 과전법의 시행

① 위화도 회군(1388)

　㉠ 최영과 이성계 등은 개혁의 방향을 둘러싸고 갈등

　㉡ 우왕의 친원 정책에 명이 쌍성총관부가 있던 철령 이북의 땅에 철령위 설치를 통보

　㉢ 요동 정벌을 둘러싸고 최영(→ 즉각적 출병을 주장) 측과 이성계(→ 4불가론을 내세워 출병 반대) 측이 대립

　㉣ 이성계는 위화도에서 회군(1388)하여 최영을 제거하고 군사적 · 정치적 실권을 장악

② 과전법(科田法)의 마련

　㉠ 이성계를 중심으로 모인 급진 개혁파(혁명파) 세력은 우왕과 창왕을 폐하고 공양왕을 세운 후 전제 개혁을 단행

　㉡ 과전법을 마련하여 경제적 실권을 장악한 후 새로운 나라 건설을 위한 기반 마련

Check Point

위화도 회군의 결과와 의의
위화도 회군을 통해 정권을 장악한 이성계와 조민수는 우왕을 폐위시키고 그 아들 창왕을 왕위에 올렸다. 이후 이성계는 조민수를 축출하고 창왕을 신돈의 후손이라고 주장하여 폐위시킨 후 공양왕을 옹립하였다. 이렇게 이성계가 실권을 장악하면서 조선 왕조 창건의 기초가 마련되었다.

제4절 대외 관계의 전개

1. 고려 초기 - 송, 거란과의 관계

(1) 고려 초기의 대외 관계

① 대외 정책 : 친송 정책, 중립 정책

　㉠ 송의 건국(960) 직후 외교 관계를 맺고(962) 우호 관계를 유지

　㉡ 송이 거란을 공격하기 위해 고려에 원병을 요청했을 때 실제로 출병하지 않음

　㉢ 송(남송)이 고려와 연결하여 금을 제거하려 할 때(→ 연려제금책)도 개입하지 않고 중립을 지킴

② 대송 관계의 성격 : 고려는 경제 · 문화적 목적에서, 송은 정치 · 군사적 목적에서 교류

01. 다음 자료에 대한 설명으로 옳지 <u>않은</u> 것은?

소손녕이 서희(徐熙)에게 말하기를 "그대 나라가 신라 땅에서 일어났고 고구려 땅은 우리의 소유인데 그대가 침식(侵蝕)하였다. 또 우리와 국경을 접하였는데도 바다를 넘어 송을 섬기는 까닭에 오늘의 출병이 있게 된 것이니, 만일 땅을 떼어 바치고 조공을 바치면 무사할 수 있을 것이다."라고 하였다. 서희가 말하기를 "아니다. 우리나라가 곧 고구려의 옛 땅이다. 그러므로 국호를 고려라 하고 평양에 도읍하였으니 만일 경계로 논한다면 그대 나라의 동경(東京)은 다 우리 경내에 있거늘 어찌 침식이라 하리오."라고 하였다.

① 거란의 1차 침입 때 있었던 담판이었다.
② 이 담판은 실패하여 양국 간에 화해는 성립되지 않았다.
③ 당시 고려는 송나라와 친선 관계를 유지하고 있었다.
④ 서희는 고구려 계승 의식을 가지고 있었다.

해 제시된 자료는 거란의 제1차 침입(993) 때 거란의 소손녕과 서희의 외교 담판에 대한 내용이다. 이 담판을 통해 고려는 송과 교류를 끊고 거란과 교류할 것을 약속하는 대신 강동 6주를 확보하게 되었다.

답 01 ②

(2) 거란과의 항쟁

① 제1차 침입(성종 12, 993)
　㉠ 원인 : 고려의 거란에 대한 강경책과 송과의 친교, 정안국의 존재

> **정안국**
> 거란의 공격으로 발해가 멸망(926)한 후 유민들이 부흥 운동의 일환으로 압록강 일대를 중심으로 세운 나라이다. 거란은 정안국을 송과 연결된 배후로 보아 송을 공격하기 전에 토벌(986)하고 고려와의 관계 개선을 요구하였다. 고려가 이에 응하지 않고 북진·친송 정책을 고수하자 거란은 이에 반감을 가지게 되었다.

　㉡ 경과
　　• 고구려의 옛 땅을 내놓을 것과, 송과 단절하고 자신들과 교류할 것을 요구하며 소손녕이 80만의 대군으로 침입
　　• 고려는 청천강에서 거란의 침략을 저지하는 한편, 서희가 거란과 협상
　㉢ 결과 : 고려는 거란으로부터 고구려의 후계자임을 인정받고 청천강 이북의 강동 6주를 확보(→ 압록강 하류까지 영토 확대)했으며, 송과 교류를 끊고 거란과 교류할 것을 약속

▶ 강동 6주와 천리장성

② 제2차 침입(현종 1, 1010)
　㉠ 원인 : 송과 단교하지 않고 친선 관계 유지, 거란과의 교류 회피
　㉡ 경과 : 강조의 정변을 구실로 강동 6주를 넘겨줄 것을 요구하며 40만 대군으로 침입, 개경이 함락되어 현종은 나주로 피난

> **강조의 정변**
> 성종이 죽고 목종이 즉위한 후 그 생모 천추태후가 섭정하였는데, 천추태후는 외척인 김치양과 사통하여 낳은 사생아를 목종의 후사로 삼고자 음모를 꾸몄다. 이에 목종은 대량군 순(詢)을 후사로 삼고자 서북면 도순검사 강조에게 개경 호위를 명했다. 그러나 강조는 입경하여 김치양·천추태후 일당을 제거한 후 목종까지 폐하고 대량군(현종)을 즉위시켰는데, 이 변란을 "강조의 난"이라고 한다.

ⓒ 결과
- 강조가 통주에서 패했으나 양규가 귀주 전투에서 승리
- 거란군은 퇴로가 차단될 것이 두려워 고려와 강화(→ 현종의 입조를 조건으로 퇴각)

③ 제3차 침입(현종 9, 1018)
- ㉠ 원인 : 거란이 요구한 현종의 입조 및 강동 6주의 반환을 고려가 거절
- ㉡ 경과 : 소배압이 10만의 대군으로 침입, 개경 부근까지 진격해 온 뒤 고려군의 저항을 받고 퇴각하던 중 귀주에서 강감찬이 지휘하는 고려군에게 섬멸됨(귀주 대첩, 1019)
- ㉢ 결과
  - 거란과의 강화와 송과의 단절을 약속(→ 송과 경제 · 문화적 교류 지속)
  - 고려는 거란의 연호를 사용, 강동 6주는 고려의 영토로 인정

④ 전란의 영향
- ㉠ 고려의 승리로 고려 · 송 · 거란 간의 세력 균형 유지
- ㉡ 강감찬의 건의와 왕가도의 감독으로 개경에 나성을 축조하고, 천리장성을 쌓아 국방을 강화
- ㉢ 감목양마법을 실시하여 군마를 확보
- ㉣ 면군급고법(→ 노부모를 모신 장정의 면군), 주현공거법 등의 사회 시책 실시
- ㉤ 대장경 조판, 7대 실록 편찬 등 문화 사업
- ㉥ 고려와 거란 간의 문화적 교류 발생, 거란인의 집단 마을(거란장) 형성

Check Point

거란의 제2차 침략
요의 성종이 친정한 거란의 제2차 침략에서 요는 먼저 흥화진을 공격했으나 양규의 항전으로 함락하지 못하자 통주로 진군하여 강조를 살해하였다. 이후 진군한 요의 군대가 개경까지 함락시키자 현종은 나주로 피신하였다. 한편 요는 개경 함락에 서두르느라 흥화진, 구주, 통주, 서경 등을 함락시키지 못하였으므로 보급선이 차단되었다. 이에 고려가 화친을 청하자 받아들인 요의 성종은 돌아가는 길에 구주 등에서 양규와 김숙흥 등의 공격을 받아 많은 피해를 입었다.

Check Point

천리장성
유소가 덕종에서 정종 때인 1033 ~ 1044년에 걸쳐 완성한 것으로, 거란 및 여진의 침입을 방어하기 위해 압록강 어귀에서 동해안 정주의 도련포에 이르는 국경 일대에 쌓은 장성을 말한다.

꼭! 확인 기출문제

고려의 대외 관계에 대한 설명으로 옳지 <u>않은</u> 것은? [국가직 9급 기출]

① 송과는 문화적 · 경제적으로 밀접한 유대를 맺었다.
② 거란의 침입에 대비하여 광군을 조직하기도 하였다.
③ 송의 판본은 고려의 목판 인쇄 발달에 영향을 주었다.
❹ 고려는 송의 군사적 제의에 응하여 거란을 협공하였다.

해 ④ 고려는 송과 친선을 유지하였으나 군사적으로 송을 원조하지는 않았다. 송은 연운 16주 회복 등의 목적으로 거란을 자주 공격하면서 고려에 군사적 원조를 요청했으나 고려는 중립적 태도를 취하여 직접적인 군사 개입을 피하였다.
  ① 고려는 주로 경제적 · 문화적 목적으로 송과 교류하였고, 송은 주로 군사적 · 정치적 목적으로 고려와 교류하였다. 고려는 송에서 비단 · 약재 · 서적 · 악기 등을 주로 수입하였으며, 고려 자기 · 인쇄술 · 대성악 등에 있어 송의 영향을 받기도 했다.
  ② 고려 정종은 광군사를 설치하고 광군을 조직하여 국방력을 강화했는데, 광군은 거란에 대비해 청천강에 배치한 상비군(30만으로 주로 귀족의 사병을 징발하였다.
  ③ 신라 때부터 발달한 목판 인쇄술은 송판본의 수입과 경전 간행으로 고려 시대에 이르러 더욱 발달하였다.

2. 고려 중기(문벌 귀족기) – 여진 정벌과 동북 9성

(1) 여진과의 관계

① 여진의 상태

㉠ 발해의 옛 땅에서 반독립적 상태로 세력을 유지

㉡ 고려는 경제적으로 도와주는 회유 · 동화 정책으로 여진을 포섭

② 여진의 성장 및 충돌 : 12세기 초 완옌부의 추장이 여진족을 통합하고 정주까지 남하하여 고려와 충돌

(2) 여진 정벌과 동북 9성 축조

① 별무반(숙종) : 윤관의 건의로 조직된 특수 부대로, 기병인 신기군, 보병인 신보군, 승병인 항마군으로 편성

② 동북 9성

㉠ 예종 2년(1107) 윤관은 별무반을 이끌고 천리장성을 넘어 동북 지방 일대에 9성 축조

㉡ 여진족의 계속된 침입과 조공 약속, 방비의 곤란 등으로 1년 만에 9성을 환부(1109)

(3) 금(金)의 건국과 사대 외교

① 금의 건국과 성장

㉠ 9성 환부 후 더욱 강성해진 여진은 만주 일대를 장악하고 금을 건국(1115)

㉡ 거란을 멸망시키고(1125) 송의 수도를 공격한 후 고려에 군신 관계를 요구

② 사대 외교 : 금의 사대 요구를 둘러싸고 분쟁을 겪기도 했지만, 문신 귀족들은 자신들의 권력 유지와 무력 충돌의 부담을 고려하여 금의 사대 요구를 수용(1126)

③ 결과

㉠ 금과 군사적 충돌은 없었으나, 북진 정책은 사실상 좌절됨

㉡ 귀족 사회의 모순 격화(→ 이자겸의 난과 묘청의 서경 천도 운동을 야기하는 배경으로 작용)

3. 무신 집권기 – 대몽 전쟁

(1) 몽골과의 접촉

① 13세기의 정세

⊙ 칭기즈칸이 몽골 제국을 건설해 통일 국가를 형성(1206), 금을 공격하여 북중국을 점령

    ⓛ 대요수국 : 금의 약화에 따라 거란이 요하강 상류에 건설(1216)

    ⓒ 동진국 : 금의 장수 포선만노가 금을 배반하고 간도에 건국(1217)

  ② 몽골과의 접촉 : 강동의 역으로 처음 접촉한 후 몽골과 여·몽 협약(형제 관계)을 체결, 몽골은 이를 구실로 지나치게 공물을 요구

(2) 몽골의 침입과 대몽 항전

① 1차 침입(고종 18, 1231)

    ⊙ 몽골 사신(저고여) 일행이 귀국하던 길에 피살되자 이를 구실로 침입

    ⓛ 의주를 점령한 몽골군은 귀주성에서 박서가 이끄는 고려군의 저항에 부딪히자 길을 돌려 개경을 포위

    ⓒ 고려가 몽골의 요구를 수용한 후 몽고군은 퇴각(→ 서경 주위에 다루가치 설치)

② 2차 침입(1232)

    ⊙ 몽골의 무리한 조공 요구와 내정 간섭에 반발한 최우는 다루가치를 사살하고 강화도로 천도(1232)하여 방비를 강화

    ⓛ 처인성 전투에서 살리타가 김윤후가 이끄는 민병과 승병에 의해 사살되자 퇴각

    ⓒ 대구 부인사의 초조 대장경이 소실됨

③ 3차 침입(1235~1239)

    ⊙ 최우 정권에 대한 출륙 항복을 요구

    ⓛ 안성의 죽주산성에서 민병이 승리

    ⓒ 속장경과 황룡사 9층탑 소실, 팔만대장경 조판 착수

④ 4차 침입(1247~1248) : 침입 후 원 황제의 사망으로 철수

⑤ 5차 침입(1253~1254) : 충주성에서 김윤후가 이끄는 민병과 관노의 승리

⑥ 6차 침입(1254~1259) : 6년간의 전투로 20여만 명이 포로가 되는 등 최대의 피해가 발생

⑦ 고려의 항전

    ⊙ 고려 정부는 항전과 외교를 병행하면서 저항하였으며, 백성을 산성과 섬으로 피난시키며 저항을 지속(→ 최씨 정권은 정치적 이해 관계에 따라 현상 유지에 급급)

    ⓛ 지배층들은 부처의 힘으로 외적을 방어한다는 호국 불교 사상으로 팔만대장경을 조판하기도 했으며, 한편으로는 호화 생활을 유지하며 농민을 수탈

기출 Plus   [지방직 9급 기출]

03. 다음 〈보기〉 중 고려 시대 강화도 천도 이후의 사실은?

〈보기〉
⊙ 나성과 천리장성 축조
ⓛ 〈7대 실록〉 편찬
ⓒ 응방 설치
ⓔ 팔만대장경의 조판
ⓜ 황룡사 9층 목탑 소실
ⓗ 교정도감 설치

① ⊙, ⓛ, ⓒ   ② ⊙, ⓒ, ⓜ
③ ⓛ, ⓔ, ⓗ   ④ ⓒ, ⓔ, ⓜ

🖎 고려 시대에 강화도로 천도 (1232)한 것은 최씨 무신 집권기(최우 집권 시기)이다. 최우는 몽골의 1차 침입 이후 몽골이 무리한 조공을 요구하고 간섭을 일삼자, 강화도로 도읍을 옮기고 방비를 강화하였다.

ⓒ 응방(鷹坊)은 원 간섭기인 충렬왕 때 해동청(송골매)을 징발·관리하기 위한 특수 기구로 설치되었다.

ⓔ 팔만대장경(1236~1251)은 몽골과의 항쟁이 계속되던 시기에 몽골군의 침입을 불력(佛力)으로 막아보고자 하는 의도하에 강화도에서 조판되었다.

ⓜ 몽골의 3차 침입으로 속장경, 황룡사 9층탑이 소실되었다.

Check Point

강동의 역(役)
몽골군에게 쫓긴 거란족이 고려를 침입하자, 고려군은 강동성에서 몽골의 군대와 연합하여 거란족을 토벌(1219)하였다 이것이 몽골과의 첫 접촉인데, 이 과정에서 체결한 여·몽 협약(형제 관계의 맹약)을 강동의 역이라고 한다. 이후 몽골은 스스로를 거란 축출의 은인이라 하면서 고려에 대해 과도하게 공물을 요구해 왔다.

 03 ④

© 끈질긴 저항의 주체(원동력)는 일반 민중(농민 · 노비 · 부곡민 등)

② 문화 사업을 통해 대몽 항전 의식과 민족 의식을 고취(→ 〈삼국유사〉 · 〈제왕운기〉 편찬, 대장경 등)

⑧ 결과 : 장기간의 전쟁으로 국토는 황폐해지고 백성들은 도탄에 빠졌으며, 수많은 문화재가 소실됨

(3) 몽골과의 강화

① 최씨 정권의 몰락

㉠ 고종 45년(1258) 최의가 피살되면서 4대 60여 년 간 계속된 최씨 세력 붕괴

㉡ 온건파가 득세하여 강화를 맺음(→ 종전)

② 강화의 성립과 개경 환도

㉠ 몽골이 강화를 맺고 고려의 주권과 풍속을 인정한 것은 고려를 직속령으로 완전 정복하려던 계획을 포기한 것이며, 이는 고려의 끈질긴 항전의 결과

㉡ 무신 정권이 무너지자 고려는 몽골과 강화하고 원종 때 개경으로 환도

(4) 삼별초의 항쟁(원종 11, 1270~1273)

① 원인 : 개경 환도는 몽골에 대한 굴복을 의미하므로 삼별초는 배중손의 지휘 아래 저항

② 경과

㉠ 강화도 : 배중손이 왕족 승화후(承化侯) 온(溫)을 추대하여 반몽 정권 수립

㉡ 진도 : 장기 항전을 계획하고 진도로 옮겨 용장성을 쌓고 저항했으나 여 · 몽 연합군의 공격으로 함락(1271)

㉢ 제주도 : 김통정의 지휘 아래 계속 항쟁하였으나 여 · 몽 연합군에 진압(1273)

③ 결과 : 진압 후 고려는 몽골에 예속되었고, 몽골은 제주도에 탐라총관부를 두어 목마장(牧馬場)을 만듦

④ 의의 : 개경 정부에 대한 반란(무신 정권 몰락에 대한 반발)으로서, 고려인의 항몽 자주 정신을 드러냄

4. 홍건적과 왜구의 침입

(1) 홍건적의 침입

① 1차 침입(공민왕 8, 1359) : 홍건적 4만이 서경을 점령, 이방실 · 이승경 등이 격퇴

Check Point

최씨 정권의 몰락

최씨 정권은 백성을 외면하고 사치를 누렸으며, 정권 유지를 위해 조세를 증가함으로써 민심을 잃었다. 1258년에 최의가 피살됨으로써 최씨 정권은 몰락하였다.

Check Point

삼별초(三別抄)

고려 무신 정권 때의 특수 군대이다. 고종 6년(1219) 최우가 도적 등을 단속하기 위해 설치한 야별초(夜別抄)에서 비롯되었다. 야별초에 소속한 군대가 증가하자 이를 좌별초와 우별초로 나누고, 여기에 몽골군에게 포로가 되었다가 탈출한 병사들로 이루어진 신의군을 합하여 삼별초를 조직하였다. 대몽 항전의 선두에서 유격 전술로 몽골군을 괴롭혔으며, 몽골과의 강화가 성립되고 고려 정부가 개경으로 환도하자 여 · 몽 연합군에 대항하여 항쟁하였다.

② 2차 침입(공민왕 10, 1361) : 홍건적 10만이 침입하여 개경이 함락되자 공민왕
은 복주(안동)으로 피난, 정세운·최영·이방실·안우·이성계 등이 격퇴

(2) 왜구의 침입

① 발발 : 13세기 고종 때부터 쓰시마 섬과 규슈 서북부를 근거지로 하여 침략 시작
  ㉠ 무신 집권기인 고종 때부터 거의 매년 침략(→ 400여 년 동안 500여 회 침입)
  ㉡ 14세기 중반 본격화되어, 공민왕·우왕 때 그 폐해가 가장 극심

② 대응책
  ㉠ 외교 교섭 : 별다른 성과를 거두지 못함
  ㉡ 토벌 : 외교와 병행하여 적극적 토벌 정책을 추진, 홍산 싸움(1376, 최영),
  진포 싸움(1380, 최무선, 화통도감 설치), 황산 싸움(1380, 이성계), 관음
  포 싸움(1383, 정지), 쓰시마 섬 정벌(1389, 박위) 등

③ 영향
  ㉠ 피해의 가중 : 연안 지방의 황폐화와 농민의 피난
  ㉡ 조운의 곤란 : 조세 감소로 경제적 어려움이 가중되자 대안으로 육운이 발달
  ㉢ 천도론의 대두 : 수도 개경 부근까지 침입해온 왜구로 인해 대두
  ㉣ 국방력 강화 : 수군 창설(공민왕), 사수서(해안 경비대) 설치, 화통도감
  (1377) 설치(→ 최무선, 화약 무기 제조)
  ㉤ 신흥 무인 세력의 성장 : 홍건적과 왜구의 침입을 격퇴하는 과정에서 성장
  → 최영·이성계 등

Check Point

홍건적
한족의 농민 반란군으로, 원이 쇠
약해진 틈을 타 일어났다.

제 2 장

중세의 경제 구조와 경제 생활

제1절 경제 정책 및 경제 제도

1. 농업 중심의 경제 정책

(1) 중농 정책의 실시

① 개간의 장려 : 개간한 땅에 대해 일정 기간 동안 면세(免稅)해 줌으로써 개간을 장려하였고, 농민은 소득 향상을 위해 황무지를 개간

② 농업 기술을 향상 : 수리 시설의 확대와 농기구 개량, 심경법과 윤작법 보급, 시비법 발달(→ 농민은 소득 증대를 위해 농업 기술을 습득)

③ 농번기 잡역 동원 금지 : 농사에 지장을 주지 않도록 함

④ 농민 안정책 강화

 ㉠ 재해 발생 시 세금 감면

 ㉡ 고리대의 이자 제한(→ 경종 때는 1/3, 성종 때는 원금액이 상한)

 ㉢ 의창제(義倉制) 실시

(2) 상업과 수공업

① 상업

 ㉠ 개경에 시전(市廛)을 설치하고 국영 점포를 개점

 ㉡ 곡물ㆍ삼베(현물화폐) 외에 쇠ㆍ구리ㆍ은 등의 금속화폐를 제조ㆍ유통

② 수공업

 ㉠ 관청 수공업 : 관청에 기술자를 소속시켜 왕실과 국가에서 필요로 하는 물품을 생산

 ㉡ 소(所) 수공업 : 먹ㆍ종이ㆍ금ㆍ은 등 수공업 제품을 생산

ⓒ 사원 수공업 : 제지, 직포 등을 주로 생산

③ 상공업의 제약 : 국가의 통제와 자급자족적 농업경제를 기본으로 하여 상업과 수공업의 발달은 부진

2. 국가 재정의 운영

(1) 수취 체제의 정비

① 양안과 호적 작성

    ⓐ 내용 : 토지(양전 사업)와 호구를 조사하여 토지 대장인 양안과 호구 장부인 호적을 작성하고, 이를 근거로 조세 · 공물 · 부역 등을 부과

    ⓑ 목적 : 국가 재정의 안정적 운영

② 왕실 · 관청의 수조권 : 토지로부터 조세를 수취할 수 있는 수조권을 분급

③ 재정 운영 원칙 : 수취 제도를 기반으로 한 재정 운영 원칙을 정립, 국가와 관청에 종사하는 사람에게 토지로부터 조세를 수취할 수 있도록 함

(2) 재정 운영 관청

① 담당 관청 : 호부, 삼사, 개별 관청

    ⓐ 호부(戶部) : 호적과 양안을 만들어 인구와 토지를 파악 · 관리

    ⓑ 삼사(三司) : 재정의 수입과 관련된 사무를 담당

② 재정 지출 : 관리의 녹봉, 왕실 경비, 일반 비용(제사 · 연등회 · 팔관회 비용, 건축 및 수리비, 국왕의 하사품 비용 등), 국방비(가장 많은 비용을 지출) 등

③ 관청의 경비

    ⓐ 토지 지급 : 관청 운영 경비 사용을 위해 중앙으로부터 토지를 지급받음(공해전)

    ⓑ 자체 비용 조달 : 경비가 부족한 경우가 많아 각 관청에서 스스로 마련하기도 함

꼭! 확인 기출문제

고려 시대의 경제 생활에 대한 설명으로 옳은 것은? [지방직 9급 기출]

① 대외 무역에서 가장 큰 비중을 차지한 것은 당과의 무역이었다.

② 밭농사에는 2년 3작의 윤작법이 전기부터 일반화되었다.

❸ 조세, 공물, 부역 등을 부과하기 위해서 그 근거가 되는 양안과 호적을 작성하였다.

④ 일본에서 수입된 주요 품목으로는 수은, 향료, 산호 등이 있다.

🖎 ③ 고려 시대 국가 재정의 안정적 운영을 위해 수취 제도를 정비하였는데, 토지와 호구를 조사하여 토지 대장인 양안과 호구 장부인 호적을 작성하고 이를 근거로 조세 · 공물 · 부역 등을 부과하였다.

  ① 고려의 대외 무역에서 가장 큰 비중을 차지한 것은 당이 아니라 송이다.

  ② 고려 시대 밭농사에서 2년 3작의 윤작법이 점차 보급되어 발달해 갔는데, 윤작법이 일반화된 것은 고려 후기이다.

  ④ 수은 · 물감 · 향료 · 산호 · 호박 등을 가져온 것은 아라비아 상인이다. 일본은 11세기 후반부터 수은 · 유황 등을 가져와 식량 · 인삼 · 서적 등과 바꾸어 가는 무역을 하였다.

3. 수취 제도

(1) 조세(租稅)

① 부과 단위 : 토지를 논과 밭으로 구분한 후 비옥한 정도에 따라 3등급으로 나누어 부과

② 세율(稅率)

㉠ 원칙 : 민전(民田)의 경우 생산량의 1/10이 원칙(→ 밭은 논의 1/2)

㉡ 지대(地代) : 민전을 소유하지 못한 영세 농민은 국가와 왕실의 소유지(공전)나 귀족들의 사전을 빌려 경작하고 지대를 지급

• 공전 : 태조 때 생산량의 1/10에서 성종 때 1/4로 인상

• 사전 : 생산량의 1/2(→ 병작반수의 관행)

민전(民田)

귀족에서 농민 · 노비에 이르기까지 백성들이 상속, 개간, 매매 등을 통하여 소유하고 있었던 사유지로서, 소유권 상 사전(사유지)이지만 수조권 상 공전(납세지)이다. 양안에 소유권이 명시되어 국가의 보호를 받고 있었으며, 국가에 생산량의 일정 부분(1/10)을 조세로 부담하여야 한다. 대부분의 민전은 개인 소유지였지만 왕실이나 관청의 소유지도 존재하였다. 민전은 통일 신라 시대의 정전에서 유래된 토지라 할 수 있으며, 매매나 저당 · 소작이 가능한 것이 특징이었다.

③ 조세의 운반과 보관

㉠ 조세는 조창(漕倉)까지 옮긴 다음 조운을 통해서 개경의 좌 · 우창으로 운반하여 보관

㉡ 육상 교통 수단이 용이하지 못해 경기도(육상 수단 이용) 외에는 모두 조운을 통해 운반

(2) 공물(貢物)

① 내용 : 집집마다 토산물을 거두는 제도로, 농민에게는 조세보다도 더 큰 부담이 됨(→ 주로 포의 형태로 징수)

② 공물 부과 : 중앙 관청에서 필요한 공물의 종류와 액수를 나누어 주현에 부과하면, 주현은 속현과 향 · 부곡 · 소에 이를 할당하고, 각 고을에서는 향리들이 집집마다 부과 · 징수(→ 이때 남자 장정 수를 기분으로 9등급으로 구분)

③ 종류

㉠ 상공(常貢) : 매년 징수

㉡ 별공(別貢) : 필요에 따라 수시로 징수, 관리의 착취로 부담이 컸음

(3) 역(役)

① **내용 및 대상** : 노동력을 무상으로 동원하는 제도로, 16~60세의 정남(丁男)이 대상

② **종류**

    ㉠ **군역(軍役)** : 신분에 따라 부과(신역), 양인개병제에 의한 국방의 의무 성격

    ㉡ **요역(徭役)** : 신분에 관계없이 인정의 수에 따라 부과(호역, 9등호), 성곽·제방의 축조, 토목 공사, 광물 채취 등에 노동력을 동원

(4) 한계

① 귀족 사회가 변질되어 가면서 지배층의 착취 수단으로 전락

② 많은 농민들이 유민화되고 농촌 사회가 동요하는 원인으로 작용

4. 전시과 제도와 토지 소유

(1) 역분전(役分田)(태조 23, 940)

① 후삼국 통일 과정에서 공을 세운 사람들에게 인품(공로)에 따라 지급한 토지

② 무신을 우대하였으며, 경기도에 한하여 지급

Check Point

역분전
전시과의 선구로서 수조지로 지급되었으며, 전시과 제도가 마련될 때까지 존속하였다.

(2) 전시과 제도

① **전지(田地)와 시지(柴地)의 차등 지급** : 관리를 18등급으로 나누어 곡물을 수취할 수 있는 일반 농지인 전지와 땔감을 얻을 수 있는 척박한 토지인 시지를 차등적으로 지급

② **수조권만을 지급** : 왕토 사상을 토대로, 지급된 토지는 소유권을 인정하지 않고 수조권만을 지급

③ **수조권 분급** : 과전의 경우 1/10, 둔전·내장전·공해전의 경우 1/4, 소유가 가능한 공음전·공신전의 경우 1/2을 수취

④ **수조권의 공유적 성격** : 농민으로부터 직접 수취하는 것은 불가하며, 지방관에 의해 징수되어 국가의 창고에 수송된 뒤에 이를 받아감

⑤ **반납의 원칙** : 관직 복무와 직역에 대한 대가로 수조권만 지급한 것이므로 받은 자가 죽거나 관직에서 물러날 때는 토지를 국가에 반납(→ 단, 직역 승계에 따라 세습 가능)

기출 Plus

[서울시 9급 기출]

02. <보기>의 고려 토지제도 (가)~(라) 각각에 대한 설명으로 가장 옳지 않은 것은?

─ <보기> ─

(가) 조신(朝臣)이나 군사들의 관계(官階)를 따지지 않고 그 사람의 성품, 행동의 선악(善惡), 공로의 크고 작음을 보고 차등 있게 역분전을 지급하였다.

(나) 경종 원년 11월에 비로소 직관(職官), 산관(散官)의 각 품(品)의 전시과를 제정하였다.

(다) 목종 원년 12월에 양반 및 군인들의 전시과를 개정하였다.

(라) 문종 30년에 양반전시과를 다시 개정하였다.

① (가) - 후삼국 통일 전쟁에 공이 있는 사람들에게 지급하였다.

② (나) - 인품을 반영하여 토지를 지급하였다.

③ (다) - 실직이 없는 산관은 토지 지급대상에서 제외되었다.

④ (라) - 현직 관리에게만 토지가 지급되고, 문 · 무관의 차별이 거의 사라졌다.

해 (다) 전 · 현직 관리 모두에게 토지를 지급하였다.

(가) 태조의 역분전은 후삼국 통일 과정에서 공을 세운 사람들에게 인품(공로)에 따라 토지를 지급하였다.

(나) 경종의 시정 전시과는 관품 이외에 인품도 고려하여 전국적 규모로 전 · 현직의 모든 관리에게 등급에 따라 토지를 차등 지급하였다.

(라) 문종의 경정 전시과는 현직 관리에게만 토지를 지급하였고, 문관과 무관의 차별을 완화하였다.

답 02 ③

(3) 전시과(田柴科) 제도의 변화

시정(始定) 전시과 (경종 1, 976)	• 모든 전현직 관리를 대상으로 관품과 인품 · 세력을 반영하여 토지(전지와 시지)를 지급(→ 공복 제도와 역분전 제도를 토대로 만듦) • 역분전의 성격을 벗어나지 못함
개정(改定) 전시과 (목종 1, 998)	• 관직만을 고려하여 18품 관등에 따라 170~17결을 차등 지급(→ 토지 분급에 따른 관료 체제 확립) • 전현직 관리(직 · 산관) 모두에게 지급하나 현직자를 우대 • 문 · 무관에게 모두 지급하나 문관을 우대 • 군인층도 토지 수급 대상으로 편성하여 군인전 지급
경정(更定) 전시과 (문종 30, 1076)	• 토지가 부족하게 되어 현직 관료에게만 지급(170~15결) • 전시과의 완성 형태로, 5품 이상에게 공음전을 지급하였으므로 공음 전시과라고도 함 • 문 · 무관의 차별을 완화(→ 무인 지위 향상)

(4) 토지의 종류

① **과전** : 일반적으로 전시과 규정에 의해 문 · 무 현직 관리에게 지급되는 토지를 말하는데, 반납이 원칙이나 직역 승계에 따라 세습이 가능

② **공음전**
  ㉠ 관리에게 보수로 주던 과전과 달리 5품 이상의 관료에게 지급된 세습 가능한 토지(→ 음서제와 함께 문벌 귀족의 지위를 유지해 나갈 수 있는 기반)
  ㉡ **공신전** : 공양왕 때 공신전으로 바뀌고 조선의 공신전 · 별사전으로 이어짐

③ **한인전** : 6품 이하 하급 관료의 자제로서 관직에 오르지 못한 자에게 지급(→ 관인 신분의 세습을 위한 토지)

④ **군인전**
  ㉠ 군역의 대가로 2군 6위의 직업 군인에게 주는 토지로, 군역이 세습됨에 따라 자손에게 세습됨(→ 조선의 군전은 지방 한량에게 지급한 토지)
  ㉡ **둔전(군둔전, 관둔전)** : 군대의 경비 충당을 위해 지급된 토지

⑤ **구분전** : 6품 이하 하급 관료와 군인의 유가족에게 생계를 위해 지급(→ 조선의 경우 유가족인 미망인과 자녀에게 수신전 · 휼양전을, 외역 담당자에게 구분전을 지급)

⑥ **내장전(장처전 · 장택전)** : 왕실의 경비 충당을 위해 지급(→ 고려 왕실의 직할 토지)

⑦ **공해전** : 각 관청의 경비 충당을 위해 지급

⑧ **사원전** : 사원에 지급

⑨ **외역전** : 향리에게 지급

(5) 전시과 제도의 붕괴와 농장의 확대

① 전시과 제도의 붕괴

㉠ 귀족들의 토지 독점과 세습 경향으로 원칙대로 운영되지 못하였고, 조세를 거둘 수 있는 토지가 점차 감소

㉡ 무신정변을 거치면서 이러한 폐단이 극도로 악화되어 전시과 붕괴

② 농장의 확대 : 귀족들의 토지 겸병과 농장의 확대는 원 간섭기를 거치며 전국적으로 확산

(6) 정부의 대책

① 녹과전의 지급(1271) : 전시과 제도가 완전히 붕괴되어 토지를 지급할 수 없게 되자 일시적으로 관리의 생계를 위해 일시적으로 지급

② 국가 재정의 파탄 : 미봉책인 녹과전 지급이 실패하고 고려 말 국가 재정은 파탄에 이름

녹과전

전시과 제도의 붕괴로 토지 지급이 어려워지자, 주로 경기 8현의 개간지를 이용해 새로 분급지를 마련하여 관리의 생계 보장을 위해 지급한 토지를 말한다. 원종 이후 간헐적으로 시행되어 왔지만 권세가들의 반발로 큰 실효를 거두지 못하다가, 충목왕 때 하급 관리 및 국역 부담자들에게 녹과전(祿科田)으로 지급하는 조처가 내려졌다. 그리고 이를 시행하기 위해 정치도감(整治都監)을 설치하고 친원 세력을 척결하면서, 권세가들이 빼앗은 토지와 노비를 본주인에게 돌려주고 경기도에 권세가들이 가진 소위 사급전(賜給田)을 혁파하기도 하였다.

꼭! 확인 기출문제

다음 글이 제시하는 시대의 경제 상황에 대한 설명으로 옳은 것은? [지방직 9급 기출]

> 보통 백정이라고 불렸던 농민들은 조상 대대로 물려받은 토지를 경작하며 생계를 유지하였다.

① 수리 시설의 확충으로 수전 농업이 발전하였다.
❷ 관리들을 18등급으로 나누어 전지와 시지를 차등 있게 주었다.
③ 상품 화폐 경제가 발달하여 토지를 잃은 농민들이 농촌을 떠나게 되었다.
④ 관리들에게 녹읍을 지급하고 백성들에게 정전을 지급하였다.

해 ② 제시문은 고려 시대 일반 농민을 지칭하던 백정(白丁)에 대한 설명이다. 고려 시대에는 전시과를 통해 관리들을 18등급으로 나누어 곡물을 수취할 수 있는 전지와 땔감을 얻을 수 있는 시지를 차등 있게 지급하였다.
① 수리 시설은 삼국 이후 지속적으로 확충되었는데, 조선 후기에 수리 시설이 크게 확충되면서 수전 농업이 발전하여 밭이 논으로 바뀌고 이앙법이 더욱 보급되었다.
③ 조선 후기 상품 화폐 경제의 발달은 농민층의 계층 분화를 촉진하였다. 이로 인해 부농층이 등장하였으며, 토지를 잃고 농촌을 떠나는 농민의 수가 크게 증가하였다.
④ 신라 중대의 사실이다. 신문왕은 관리에게 녹봉 대신 관료전을 지급(687)하고 녹읍을 폐지(689)하였으며, 성덕왕은 왕토 사상에 의거하여 백성에게 정전을 지급(722)하였다.

Check Point

영업전(수조권이 세습되는 토지)

공음전·공신전, 군인전, 외역전 등이 세습되며, 과전과 사원전도 세습적 성격이 강하였다.

Check Point

고려 말의 문란한 토지 제도

근래에 힘 있는 무리들이 마음대로 토지를 빼앗아 좋은 밭과 토지를 모두 자기들의 소유로 하고, 높은 산과 큰 하천을 경계로 삼았습니다. 또 각각의 집에서 보낸 교활한 노비들이 마음대로 빼앗고 거두어 그 폐해가 매우 심해 백성들이 마음 놓고 살 수 없고, 나라의 근본이 날로 위태로워졌습니다. …… 창고는 비고 나라의 쓰임새는 부족하며 녹봉은 날로 감소하니 선비를 장려할 길이 없습니다. …… 이번의 계책으로 사전을 혁파하여 풍속을 바로잡고 민생을 두텁게 하며 널리 축적하여 나라의 쓰임새에 두루 쓰이게 하면 심히 다행이겠나이다.

– 〈고려사〉 –

제2절 경제 생활 및 경제 활동

1. 귀족의 경제 생활

(1) 경제 기반

① 과전, 공음전 · 공신전

㉠ 과전 : 관료의 사망 · 퇴직 시 반납하는 것이 원칙이나, 유족의 생계 유지를 명목으로 일부를 물려받을 수 있음

㉡ 공음전 · 공신전 : 세습 가능

㉢ 생산량을 기준으로 과전에서는 1/10을, 공음전 · 공신전에서는 대체로 1/2을 조세로 받음

② 녹봉

㉠ 문종 때 완비된 녹봉 제도에 따라 현직 관리들은 쌀 · 보리 등의 곡식을 주로 받았으나, 때로는 베나 비단을 받기도 하였음

㉡ 1년에 두 번씩 녹패(祿牌)라는 문서를 창고에 제시하고 받음

③ 소유지 : 지대 수취(생산량의 1/2)와 신공(외거 노비 등으로부터 베나 곡식 수취)으로 상당한 수입을 거둠

④ 농장(대토지) : 권력이나 고리대를 이용해 토지를 점탈하거나 헐값에 매입, 또는 개간을 통해 확대, 대리인을 보내 소작인을 관리하고 지대를 수취

(2) 귀족의 사치 생활

① 큰 누각을 짓고 별장을 소유

② 외출 시 시종을 거느리고 말을 탔으며, 여가로 수입한 차(茶)를 즐김

③ 전문 기술자가 짜거나 중국에서 수입한 비단으로 만든 옷을 입었음

2. 농민의 경제 생활

(1) 생계 유지와 생활 개선책

① 생계의 유지

㉠ 민전을 경작하거나 국 · 공유지나 다른 사람의 소유지를 경작(소작)

㉡ 삼베 · 모시 · 비단 짜기, 품팔이 등으로 생계를 유지

② 생활 개선책

    ㉠ 진전(陳田)이나 황무지를 개간하고(→ 이 경우 지대 · 조세 감면), 농업 기술을 배움

    ㉡ 12세기 이후에는 연해안의 저습지와 간척지를 개간하여 경작지를 확대

(2) 권농 정책

① 농민 생활 안정과 국가 재정 확보를 위해 실시

② 시책

    ㉠ 광종 : 황무지 개간 규정을 마련해 토지 개간을 장려

    ㉡ 성종 : 각 지방의 무기를 거두어 농기구로 만들어 보급

3. 농업 활동

(1) 농업 기술의 발달

① 수리 시설 발달 : 후기에 농수로와 해안 방조제, 제언 등 수리 시설 관련 기술이 발달하여 간척 사업이 시작됨(→ 저수지 개축, 해안 저습지의 간척 사업 등)

② 농기구와 종자의 개량 : 호미와 보습 등의 농기구의 개량 및 종자(種子)의 개량

③ 심경법 일반화 : 우경에 의한 심경법(깊이갈이) 확대 · 일반화

④ 시비법 : 시비법의 도입으로 휴경지가 줄고 연작 가능한 토지 증가, 제초법 발달

⑤ 윤작법 보급 : 밭농사에 있어 2년 3작의 윤작법이 점차 보급 · 발달, 밭작물 품종 다양화

⑥ 이앙법(모내기법) 도입 : 논농사에 있어 주로 직파법이 이용되었으나, 고려 말 이앙법이 남부 지방 일부에 보급

⑦ 약용 작물 재배, 접목 기술의 발달로 과일 생산력 증가

(2) 농서의 소개 · 보급

충정왕 때 이암이 원의 〈농상집요〉를 소개 · 보급(→ 중국 화북 지방의 농법을 정리한 것으로, 농업 기술의 학문적 연구에 영향을 미침)

Check Point

진전의 개간

진전(황폐해진 경작지)을 개간하여 경작하는 자는 사전의 경우 첫 해에는 수확량의 전부를 갖고, 2년째부터는 경작지의 주인과 수확량을 반씩 나눈다. 공전의 경우는 3년까지 수확량의 전부를 갖고, 4년째부터 법에 따라 조를 바친다.

– 〈고려사〉 –

Check Point

목화씨 전래

공민왕 때 문익점이 원에서 목화씨를 들여와 목화 재배를 시작하면서 의생활이 크게 변화

꼭! 확인 기출문제

다음과 같은 문화 활동을 전후한 시기의 농업 기술 발달에 관한 내용으로 옳은 것을 〈보기〉에서 모두 고르면? [국가직 9급 기출]

- 서예에서 간결한 구양순체 대신에 우아한 송설체가 유행하였다.
- 고려 태조에서 숙종 대까지의 역대 임금의 치적을 정리한 〈사략〉이 편찬되었다.

보기
㉠ 2년 3작의 윤작법이 점차 보급되었다.　　㉡ 원의 〈농상집요〉가 소개되었다.
㉢ 우경에 의한 심경법이 확대되었다.　　㉣ 상품 작물이 광범위하게 재배되었다.

① ㉠, ㉡　　　　　　　　　　② ㉡, ㉢
❸ ㉠, ㉡, ㉢　　　　　　　　④ ㉡, ㉢, ㉣

해 ③ 고려 전기에는 구양순체가 주류를 이루었지만 고려 후기에는 이를 대신해 조맹부의 우아한 송설체가 유행하였다. 또한 이제현의 〈사략(史略)〉은 고려 말 성리학적 유교 사관에서 저술된 대표적 사서이다.
㉠ 밭농사에 있어 2년 3작의 윤작법이 점차 보급된 것은 고려 말부터이다.
㉡ 〈농상집요〉는 고려 말 이암이 중국(원)으로부터 수입한 농서이다. 중국 화북 지방의 농법을 정리한 것으로, 특히 당시의 새로운 유용 작물인 목화의 재배를 장려한 내용을 포함하고 있으나 우리나라 실정에 맞지 않는 한계가 있었다.
㉢ 우경에 의한 심경법(깊이갈이)이 널리 보급된 것도 고려 후기이다.
㉣ 인삼, 담배, 목화, 약초, 채소, 과일 등 상품 작물이 널리 재배된 것은 조선 후기의 일이다.

---

(3) 농민의 몰락

① 배경 : 권문세족들이 농민들의 토지를 빼앗아 거대한 규모의 농장을 만들고 지나치게 과세

② 결과 : 몰락한 농민은 권문세족의 토지를 경작하거나 노비로 전락

4. 수공업 활동

(1) 고려의 수공업

① 종류 : 관청 수공업, 소(所) 수공업, 사원 수공업, 민간 수공업

　㉠ 관청 수공업

　　• 기술자들을 공장안(工匠案)에 올려 중앙과 관청에서 필요한 관수품 생산
　　• 중앙의 경공장과 지방의 외공장이 무기류와 금 · 은 세공품, 마구류 생산

　㉡ 소(所) 수공업 : 금 · 은 · 철 · 구리 등의 광산물, 실 · 옷감 · 종이 · 먹 등의 수공업품, 차 · 생강 등의 지역 생산물을 공물로 납부

　㉢ 사원 수공업 : 기술 좋은 승려와 노비가 주로 종이 · 베 · 모시 · 기와 · 술 · 소금 등을 생산(→ 자기 수요에 충당했지만, 판매 목적으로 생산된 것도 많음)

　㉣ 민간 수공업 : 농촌의 가내 수공업이 중심

Check Point

귀족들의 경제 생활
• 경제적 기반 : 과전, 녹봉, 상속받은 토지, 노비의 신공 등
• 경제 기반의 확대 : 고리대와 권력을 이용하여 농민 토지 약탈, 매입, 개간 → 농장 경영

Check Point

공장안
국가에서 필요로 하는 무기, 기구 등의 물품 생산에 동원할 수 있는 기술자들을 조사하여 기록한 장부를 말한다.

- 국가에서는 베를 짜게 하거나 뽕나무를 심어 비단을 생산하도록 장려
- 농민들은 직접 소비하거나, 공물로 바치거나, 팔기 위하여 베 · 모시 · 명주 등을 생산

② 시기별 수공업 발달 : 전기에는 관청 수공업 · 소(所) 수공업이, 후기에는 사원 수공업 · 민간(농촌) 수공업이 발달(→ 후기에도 여전히 관청 수공업 중심)

(2) 민간 수요의 증가

① 고려 후기에는 유통 경제가 발전하면서 민간에서 수공업품의 수요가 증가
② 관청 수공업에서 생산하던 제품뿐만 아니라 다양한 물품을 민간에서 제조

5. 상업 활동

(1) 도시 중심의 상업 활동

① 상업 활동의 성격 : 주로 도시를 중심으로 하여 물물 교환의 형태로 이루어졌으며, 촌락의 상업 활동은 부진
② 시전 설치 : 개경에 시전(관허 상설 상점)을 설치(→ 관수품 조달, 국고 잉여품 처분), 경시서에서 관리 · 감독
③ 관영 상점 : 개경 · 서경 · 동경 등의 대도시에 주로 설치(→ 관청 수공업장의 생산품 판매), 주점 · 다점 · 서적점
④ 비정기적 시장 : 대도시에 형성되어 도시 거주민의 일용품을 매매
⑤ 경시서(京市署) 설치 : 매점매석과 같은 상행위를 감독(→ 조선의 평시서)
⑥ 상평창 설치 : 개경과 서경, 12목에 설치된 물가 조절 기관

(2) 지방의 상업 활동

① 시장을 통해 쌀 · 베 등 일용품 등을 교환
② 행상들은 지방 관아 근처나 마을을 돌아다니며 베나 곡식을 받고 소금 · 일용품 등을 판매
③ 사원은 생산한 곡물이나 수공업품을 민간에 판매

(3) 후기 상업의 발달

① 개경
  ㉠ 인구 증가에 따른 민간의 상품 수요 증가, 시전 규모 확대, 업종별 전문화
  ㉡ 예성강 하구의 벽란도를 비롯한 항구들이 교통로와 산업의 중심지로 발달

Check Point

고려 시대의 시전과 경시서
태조 2년(919), 개성에 시전을 설치하고, 보호 · 감독 기관으로 경시서를 설치하였다. 경시서에서는 물가를 조절하고 상품 종류를 통제하였는데, 허가된 상품 이외의 것을 판매한 경우에는 엄벌에 처하도록 하였다.

② 지방 : 행상의 활동이 두드러짐

    ㉠ 조운로(漕運路)를 따라 미곡 · 생선 · 소금 · 도자기 등이 교역

    ㉡ 새로운 육상로가 개척되면서 여관인 원(院)이 발달하여 상업 활동의 중심지가 됨

③ 상업 활동의 변화

    ㉠ 소금 전매제 : 고려 후기, 국가가 재정 수입 증가를 위해 실시

    ㉡ 농민들을 강제로 판매 · 구입이나 유통 경제에 참여시키기도 함

    ㉢ 일부 상인과 수공업자는 부를 축적하여 관리가 되기도 함

    ㉣ 농민들은 가혹한 수취와 농업 생산력의 한계로 적극적인 상업 활동이 곤란

6. 화폐 경제 생활과 고리대의 성행

(1) 화폐의 주조

① 전기

    ㉠ 성종 : 철전(鐵錢)인 건원중보(996)를 만들었으나 유통에는 실패

    ㉡ 숙종 : 삼한통보 · 해동통보 · 해동중보 · 동국통보 등의 동전과 고가의 활구(은병)를 만들어 강제 유통, 주전도감 설치

② 후기 : 쇄은(충렬왕), 소은병(충혜왕), 저화(공양왕) 유통

(2) 화폐 유통의 부진

① 자급자족의 경제 활동을 하였던 농민들은 화폐의 필요성을 거의 느끼지 못함

② 귀족들은 국가의 화폐 발행 독점과 강제 유통에 불만이 있었고, 화폐를 재산 축적의 수단으로만 이용

③ 일반적인 거래에서는 여전히 곡식이나 베(포)가 사용됨(→ 운반이 쉽고 안정적인 베가 점차 많이 사용됨)

(3) 고리대의 성행과 금융 제도

① 고리대의 성행

    ㉠ 왕실 · 귀족 · 사원은 고리대로 재산을 늘렸고, 생활이 빈곤했던 농민들은 돈을 갚지 못해 토지를 빼앗기거나 노비로 전락하기도 함

    ㉡ 고리대를 해결하기 위한 보가 고리 습득에만 연연해 농민 생활에 오히려 피해를 끼침

② 보(寶)의 출현

    ㉠ 기원 : 신라 시대 점찰보(진평왕 35, 613), 공덕보

ⓛ 의의 : 일정 기금을 만들어 그 이자를 공적인 사업의 경비로 충당하는 공익
　　재단

ⓒ 종류

　　• 학보(태조) : 교육을 위해 서경에 설립한 장학 재단

　　• 경보(정종) : 불경 간행을 돕기 위한 재단

　　• 광학보(정종) : 승려의 면학을 위한 장학 재단

　　• 제위보(광종) : 빈민 구제를 위한 기금

　　• 금종보(현종) : 현화사 범종 주조를 위한 재단

　　• 팔관보(문종) : 팔관회 경비 지출을 위한 재단

ⓔ 결과(폐단) : 이자 획득에만 급급해 농민들의 생활에 막대한 피해를 끼침

 꼭! 확인 기출문제

고려 시대의 경제 활동에 대한 설명으로 옳지 <u>않은</u> 것은? [국가직 9급 기출]

① 전기에는 관청 수공업과 소 수공업 중심으로 발달하였다.

❷ 상업은 촌락을 중심으로 발달하였다.

③ 대외 무역에서 가장 큰 비중을 차지한 것은 송과의 무역이었다.

④ 사원에서는 베, 모시, 기와, 술, 소금 등의 품질 좋은 제품을 생산하였다.

해 ② 고려 시대의 상업 활동은 주로 도시를 중심으로 하여 물물 교환의 형태로 이루어졌으며, 촌락은 농업 중심의 자급자족
　 적 경제 체제로 인해 상업 활동이 부진하였다.

　① 고려 전기에는 관청 수공업과 소(所) 수공업이, 후기에는 사원 수공업과 민간 수공업(농촌의 가내 수공업)이 발달하였다.

　③ 고려 시대의 대외 무역에서는 송과의 무역이 가장 큰 비중을 차지하였는데, 금 · 은 · 인삼 · 종이 · 붓 · 먹 · 부채 · 나전
　 칠기 · 화문석 등을 수출하고 비단 · 약재 · 서적 · 악기 등 왕실과 귀족의 수요품을 주로 수입하였다. 또한 송과의 무역
　 이 활발해지면서 예성강 어귀의 벽란도는 국제 무역항으로 번성하였다.

　④ 사원에서는 기술 좋은 승려와 노비가 주로 베 · 모시 · 기와 · 술 · 소금 등을 생산하였다.

7. 무역 활동

(1) 대외 무역의 활발

① **공무역 중심** : 사무역은 국가가 통제, 공무역이 발달

② **무역국(貿易國)** : 송 · 요(거란) · 여진 등과 교역(→ 송과의 무역이 가장 활발,
　 가장 큰 비중을 차지함)

③ **무역항** : 예성강 어귀의 벽란도는 국제 무역항으로 번성

Check Point

고려 시대의 대외 무역

고려 시대에는 대외 무역을 장려
하였으므로 벽란도를 통해 중국 ·
일본 · 남양 · 아라비아 상인이 내
왕하는 등 활발한 대외 무역이 이
루어졌다.

기출 Plus

[서울시 9급 기출]

01. 고려시대의 경제생활에 대한 설명으로 옳은 것을 〈보기〉에서 모두 고른 것은?

─〈보기〉─

ㄱ. 성종은 건원중보를 만들어 전국적으로 사용하게 하려 했으나 성공하지 못하였다.

ㄴ. 고려후기 관청수공업이 쇠퇴하면서 민간수공업이 발달하였다.

ㄷ. 예성강 어귀의 벽란도는 고려의 국제무역항이었다.

ㄹ. 원간섭기에는 원의 지폐인 보초가 들어와 유통되기도 하였다.

① ㄱ, ㄴ, ㄷ
② ㄱ, ㄷ, ㄹ
③ ㄴ, ㄷ, ㄹ
④ ㄱ, ㄴ, ㄷ, ㄹ

해 ㄱ. 철전(鐵錢)인 건원중보는 성종 때 발행(996)된 우리나라 최초의 화폐로, 자급자족적 경제 상황에서 불필요했으므로 전국적으로 유통되지 못했다.

ㄴ. 고려전기에는 관청 수공업, 소(所) 수공업이 발달하였으나, 고려후기에는 사원수공업, 민간(농촌)수공업이 발달하였다.

ㄷ. 고려 시대에는 예성강 어귀의 벽란도에서 국제 무역이 이루어졌는데, 중국·일본·아라비아 상인이 활발히 내왕하였다.

ㄹ. 원 간섭기에는 원의 지폐인 보초가 들어와 유통되었으며, 특히 고려 왕실이 원나라를 왕래하거나 사신을 파견할 때 필요 경비로 사용되었다.

(2) 대송(對宋) 무역

① 교역품

　㉠ **수출품** : 금·은·인삼·종이·붓·먹·부채·나전 칠기·화문석 등(→ 특히, 고려의 종이와 먹은 질이 뛰어나 송의 문인들이 귀하게 여겼으므로 비싼 값으로 수출)

　㉡ **수입품** : 비단·약재·서적·악기 등 왕실과 귀족의 수요품

② 무역로

　㉠ **북송 때(북로)** : 벽란도 → 옹진 → 산둥 반도의 덩저우(등주)

　㉡ **남송 때(남로)** : 벽란도 → 죽도 → 흑산도 → 절강성의 밍저우(명주)

(3) 기타 국가와의 무역

① **거란** : 은·모피·말 등을 가지고 와서, 식량·농기구·문방구·구리·철 등을 수입해 감

② **여진** : 은·모피·말 등을 가지고 와서, 식량·농기구·포목 등을 수입해 감

③ **일본** : 송·거란 등에 비하여 활발하지는 않으며, 11세기 후반부터 수은·유황 등을 가져와 식량·인삼·서적 등과 바꾸어 감

④ **아라비아(대식국)**

　㉠ 진상품의 성격으로 수은·물감·향료·산호·호박 등을 가져와 은·비단을 수입해 감

▶ 고려의 대외 무역

　㉡ 주로 중국을 통해 무역을 했으며, 고려(Corea)를 서방에 전함

(4) 원 간섭기의 무역

① 공무역이 행해지는 한편 사무역이 다시 활발해짐

② 사무역으로 금·은·소·말 등이 지나치게 유출되어 문제가 됨

꼭! 확인 기출문제

고려 시대 경제 활동에 대한 설명으로 옳지 않은 것은? [국가직 9급 기출]

❶ 귀족들이 화폐 사용을 지지하여 화폐가 전국적으로 유통되었다.
② 고려 전기에 수공업의 중심을 이룬 것은 관청 수공업과 소(所) 수공업이었다.
③ 고려 후기에는 국가가 재정 수입을 늘리기 위하여 소금 전매제를 시행하기도 하였다.
④ 농민이 진전(陳田)이나 황무지를 개간하면 국가에서 일정 기간 소작료나 조세를 감면해 주었다.

해 ① 고려 시대에는 화폐의 유통이 부진했으며, 주로 곡식이나 삼베가 일반적인 거래에 사용되었다. 성종 때 우리나라 최초의 금속화폐인 건원중보(996)가 만들어졌고, 그 후에 삼한통보, 해동통보, 해동중보 등의 동전과 활구(은병)라는 은전을 만들었으나 모두 널리 유통되지 못하였다. 고려 시대에 화폐 유통이 부진했던 이유는 당시 사회가 자급자족적 농업 경제 중심의 사회로 대부분의 농민들이 화폐의 필요성을 거의 느끼지 못하였기 때문이다. 화폐가 전국적으로 유통되기 시작한 것은 조선 후기 숙종 때이다.
② 고려 시대 수공업은 관청에 기술자를 소속시켜 왕실과 국가에서 필요로 하는 물품을 생산하는 관청 수공업과 먹이나 종이, 금, 은 등의 수공업 제품을 생산하는 소(所) 수공업 등이 중심을 이루었다.
③ 고려 후기에는 국가가 재정 수입 증가를 위해 소금 전매제를 시행하기도 하였는데, 충선왕 때는 소금 전매 사업을 담당하기 위해 의염창을 설치하였다.
④ 농민들에 대한 생활 개선책의 하나로, 진전(陳田)이나 황무지를 개간하는 경우 국가에서 지대나 조세를 일정 기간 감면해 주었다.

제3장

중세의 사회 구조와
사회 생활

제1절 신분 제도

1. 고려 사회의 편제와 신분 구조

(1) 고려 사회의 새로운 편제

① 문벌 귀족 사회의 형성

㉠ 가문과 문벌을 중시하며, 소수 문벌 귀족이 권력을 독점

㉡ 골품제를 벗어나, 신분 상승이 전보다 개방적인 사회(→ 아직 능력보다는 가문과 친족의 사회적 위치를 중시)

② 본관제 마련 : 성과 본관을 토대로 하는 새로운 친족 공동체 사회를 형성(→ 성씨가 일반화되어 노비를 제외한 평민도 성씨를 가지게 됨)

③ 가족제의 다양화 : 부부를 중심으로 이루어진 가족을 호적에 등재하되 여러 세대의 가족이 한 호적에 기록되기도 함(대가족~소가족)

④ 직분제적 사회구조의 형성 : 문반과 무반, 군반에게 각각 문관직과 무반직, 군인직을 세습할 권리와 의무가 부과됨

(2) 신분 구조

① 특징

㉠ 신분 계층별로 호적을 따로 작성(→ 신분과 직역의 일치를 위해 종적·군적 등의 호적을 따로 작성)

㉡ 문반·무반·남반의 세 계층이 관인층을 구성하며, 세습이 원칙

㉢ 경제력을 기초로 정호와 백정호로 구분하여 신분제와 역제를 운영

② 지배층

   ⊙ 귀족(특권 계층) : 왕족, 준왕족, 외척, 5품 이상의 문무 관료 등

   ⓒ 중간 계층 : 문·무반 6품 이하 관리, 남반·향리 등

③ 피지배층

   ⊙ 양인 : 농민(백정), 상인, 수공업자, 향·소·부곡민, 진척(뱃사공), 역인 등

   ⓒ 노비 : 공노비와 사노비 등

2. 귀족

(1) 귀족 계층

① 구성 : 왕족과 5품 이상의 문·무 관료로 구성되며, 음서나 공음전의 혜택을 받는 특권층

② 지배 세력의 변화

③ 신분 변동 : 과거를 통해 향리에서 귀족으로 상승하기도 하며, 중앙 귀족에서 낙향하여 향리로 전락하는 경우도 존재(→ 귀향은 일종의 형벌로 취급됨)

(2) 귀족층(지배층)의 특징

① 문벌 귀족

   ⊙ 출신 및 형성 : 개국 공신이나 호족, 6두품, 향리 출신으로서 중앙 관료로 진출한 이후 점차 보수화되면서 형성

   ⓒ 권력 행사 : 개경에 거주하면서 대대로 고위 관직을 차지하고 제도와 가문의 권위를 통해 특권을 누리며, 문벌 귀족을 형성하여 고려 사회를 이끌어 감

   ⓒ 토지 소유 확대 : 귀족 가문으로 자리 잡기 위해 관직을 바탕으로 토지 소유를 확대(→ 과전과 공음전이 경제적 기반)

   ⓔ 폐쇄적 혼인 : 유력한 가문과의 중첩된 혼인 관계(특히, 왕실의 외척을 선호)

   ⓜ 사상 : 보수적, 유교와 불교 수용

② 권문세족

   ⊙ 성립 : 무신 정권이 붕괴되면서 등장하여 고려 후기 원 간섭기에 주요 요직

을 장악

ⓛ **출신 배경** : 전기부터 그 세력을 이어 온 문벌 귀족 가문, 무신 정권기에 대두한 가문(무신 가문, 능문능리의 신관인 가문), 원의 세력을 배경으로 성장한 가문

ⓒ **권력 행사** : 현실적 관직인 도평의사사와 정방을 장악하여 행사(→ 가문 중시의 문벌 귀족보다는 관료적 성격이 강한 지배 세력)

ⓔ **권력 유지 및 강화**

- 첨의부나 밀직사 등의 고위 관직 독점, 도평의사사를 통해 권력을 장악
- 주로 음서를 통해 진출하여 신분을 세습하고 가문을 유지
- 대규모의 농장을 소유하며, 국가로부터 면세의 특권을 누림
- 몰락한 농민들을 농장으로 끌어들여 노비처럼 부리며 부를 축적

ⓜ **성향 및 사상** : 수구적, 불교 수용

③ 신진 사대부

ⓛ **출신 배경**

- 과거를 통해 관계에 진출(→ 유교적 소양을 갖추고 행정 실무에도 밝은 학자 출신 관료들)
- 권문세족과는 달리 하급 관리나 향리 집안에서 주로 배출

ⓒ **등장 및 성장** : 무신 집권기부터 등장하여 무신 정권이 붕괴된 후에 활발하게 중앙 정계로 진출하여, 고려 말에는 권문세족과 대립할 만한 사회 세력을 형성

ⓔ **권문세족과의 대립** : 사전의 폐단을 지적하고 사회 개혁을 주장하며 대립

ⓜ **사상 등** : 성리학을 수용하고 개혁적 성향을 지님(→ 친원·친불교적인 권문세족을 반대)

문벌 귀족, 권문세족, 신진 사대부

	문벌 귀족	권문세족	신진 사대부
시기	고려 중기	원 간섭기	고려 말기
출신	호족, 6두품, 공신	친원파	지방 향리
정치	• 왕실이나 유력 가문과 중첩된 혼인 관계 • 음서와 과거를 통해 관직 진출	• 원과 결탁 • 도평의사사 장악 • 음서를 통해 관직 진출	과거를 통해 관직 진출
경제	공음전	대농장 소유	중소 지주

3. 중류층

(1) 의의

① 중류층의 의미
- ㉠ 광의 : 귀족과 양인의 중간층인 문무반 6품 이하의 관리, 남반, 군반, 서리, 향리 등
- ㉡ 협의 : 기술관

② 성립 : 지배 체제의 정비 과정에서 통치 체제의 하부 구조를 맡아 중간 역할 담당

(2) 유형 및 특징

① 유형
- ㉠ 잡류 : 중앙 관청의 말단 서리
- ㉡ 남반 : 궁중 실무 관리
- ㉢ 군반 : 직업 군인인 하급 장교
- ㉣ 향리 : 지방 행정의 실무를 담당
- ㉤ 역리 : 지방의 역(驛)을 관리
- ㉥ 기술관 : 잡과로 진출, 녹봉과 전시과가 지급됨

② 특징 : 세습직이며 그에 상응하는 토지를 국가로부터 지급받음

③ 호족 출신의 향리 : 지방의 호족 출신은 점차 향리로 편제되어 갔으나, 호장·부호장을 대대로 배출하는 지방의 실질적 지배층(→ 통혼 관계나 과거 응시 자격에 있어 하위의 향리와는 구별)

4. 양민층(양인)

(1) 일반 농민

① 특징 : 일반 주·부·군·현에 거주하며, 농업이나 상공업에 종사

② 농민층 : 양민의 주류로서, 백정(白丁)이라고도 함
- ㉠ 자작농 : 민전을 소유
- ㉡ 토지를 소유하지 못한 농민층은 토지를 빌려 경작
- ㉢ 조세·공납·역이 부과되며, 법적으로는 출세의 제한이 없었음

③ 상인, 수공업자 : 양인으로서, 국가에 공역의 의무를 짐(→ 농민보다 천시됨)

(2) 하층 양민

① 신분

ㄱ 특수 행정 구역인 향·소·부곡의 거주민 등은 양인이면서도 일반 양민에 비하여 심한 규제를 받고 더 많은 세금을 부담하는 등 천대받음(양인의 최하층)

ㄴ 거주지가 소속 집단 내로 제한되어 이주가 원칙적으로 금지됨

ㄷ 일반 군현민들이 반란을 일으킨 경우 군현이 부곡 등으로 강등되기도 함

② 종사 부문

ㄱ 향·부곡에 거주하는 사람들은 농업, 소에 거주하는 사람들은 수공업품 생산

ㄴ 역(驛)과 진(津)의 주민(역인, 진척)은 각각 육로 교통과 수로 교통에 종사

ㄷ 그 외 어간(어부), 염간(제염업), 목자간(목축업), 철간(광부), 봉화간 등이 있음

5. 천민

(1) 유형

① 공노비(公奴婢)

ㄱ 입역 노비 : 궁중과 관청이나 지방 관아에서 잡역에 종사

ㄴ 외거 노비 : 지방에 거주하면서 농업에 종사, 수입 중 규정된 액수를 관청에 납부

② 사노비(私奴婢)

ㄱ 솔거 노비 : 귀족이나 사원에서 직접 부리는 노비로, 가사나 잡일을 담당

ㄴ 외거 노비

• 주인과 따로 사는 노비로, 주로 농업 등에 종사하고 일정량의 신공을 바침

• 독립된 가옥과 호적을 지니나 신분적으로 주인에게 예속되어 있어 소유주를 밝혀야 함

• 경제적으로는 양민 백정과 비슷하게 독립된 경제 생활 영위가 가능

• 신분 제약을 딛고 재산을 늘리거나 신분상의 지위를 높인 사람도 존재

• 후기에는 수가 크게 증가하였으며, 사회적 지위도 향상됨

(2) 노비의 특징 및 관리

① 노비의 특징

ㄱ 전쟁 포로나 형벌, 경제적 몰락으로 발생

Check Point

노비의 신분 상승

평량은 평장사 김영관의 가노로 경기도 양주에 살면서 농사에 힘써 부를 이루었다. 그는 권세 있는 자와 통하는 자에게 뇌물을 바쳐 천인 신분에서 벗어나 양민이 되어 산원동정 벼슬을 얻었다. 그 처는 왕원지의 가비인데, 원지의 집안이 가난하여 가족을 이끌고 가 의탁하고 있었다. 평량은 후히 위로한 뒤 서울로 돌아가기를 권하고는, 처형인 인무와 인비 등과 함께 길에서 몰래 왕원지 부처 및 아들을 죽이고 스스로 주인이 없이 양민이 됨을 다행스럽게 여겼다.

– 〈고려사〉 –

ⓛ 국역 · 납세의 의무는 없으나 주인에게 예속되어 신공을 부담(→노동력, 납공)

ⓒ 성과 본관이 없으며 이름만을 가짐

ⓔ 법적으로 재물(재산)이나 국민(인격적 존재)의 지위를 동시에 지님

② 노비의 관리

ⓐ 재산으로 간주 : 엄격히 관리되었으며, 매매 · 증여 · 상속의 대상이 됨

ⓑ 노비 세습의 원칙

• 양천 결혼 시 일천즉천의 원칙(부모 중의 한 쪽이 노비이면 그 자식도 노비가 됨) 적용

• 양천 결혼은 금지되나 귀족들은 재산 증식을 위해 이를 자행함

• 노비 간 소생은 천자수모법에 따름(→ 소유자가 서로 다른 노비 간의 결혼도 가능함)

 꼭! 확인 기출문제

고려 시대 노비에 대한 설명으로 옳지 <u>않은</u> 것은? [지방직 9급 기출]

① 노비는 자신의 재산을 소유할 수도 있었다.

② 노비는 매매, 증여, 상속의 대상이 되었고, 승려가 될 수 없었다.

③ 소유주가 각기 다른 노와 비가 혼인하더라도 가정을 이루는 것이 가능하였다.

❹ 모든 노비는 독립된 경제 생활을 영위하였다.

🖼 ④ 모든 노비가 독립된 경제 생활을 영위한 것은 아니며, 외거 노비만이 경제적으로 양민 백정과 비슷하게 독립된 경제 생활을 영위할 수 있었다.

① 외거 노비의 경우는 자기 재산을 소유할 수 있었다.

② 일반적으로 노비는 재산으로 간주되어 엄격히 관리되었고 매매 · 증여 · 상속의 대상이 되었으며, 승려가 될 수 없었다.

③ 소유자가 다른 노비끼리도 혼인이 가능하였다.

제2절 사회의 모습

1. 사회 시책 및 제도

(1) 사회 시책

① 사회 시책의 실시 배경 : 농민의 부담 경감, 민생 안정 도모

② 농민과 농업 관련 시책

ⓐ 농민 보호책

기출 Plus [지방직 9급 기출]

02. 다음 ㉠의 주민에 대한 설명으로 옳은 것은?

고려시기에 (㉠)은(는) 금, 은, 구리, 쇠 등 광산물을 채취하거나 도자기, 종이, 차 등 특정한 물품을 생산하여 국가에 공물로 바쳤다.

① 군현민과 같은 양인이지만 사회적 차별을 받았다.

② 죄를 지으면 형벌로 귀향을 시키는 처벌을 받았다.

③ 지방 호족 출신으로 지방 행정의 실무를 담당하였다.

④ 재산으로 간주되어 매매 · 상속 · 증여의 대상이 되었다.

🖼 지문은 특수행정 구역인 소에 대한 설명이다.

소의 사람들은 일반 군현민과 같은 양인이지만 세금을 더 많이 내고, 이주의 자유가 없는 등 사회적으로 차별을 받았다.

② 고려시대 관리들은 죄를 지으면 형벌로 귀향을 가는 벌을 받았다.

③ 고려시대 향리는 지방 호족 출신으로 지방 행정의 실무를 담당하였다.

④ 노비는 재산으로 간주되어 매매 · 상속 · 증여의 대상이 되었다.

답 02 ①

- 농번기 잡역 동원을 금지
- 재해급고법 : 자연 재해 시 피해 정도에 따라 조세와 부역을 감면
- 이자 제한법 : 법으로 이자율을 정해 그 이상의 고리대를 제한(→ 이자 제한의 제도화)

ⓛ 권농 정책
- 광종 : 황무지 개간 장려(개간 시 국유지의 경우 소유권을 인정하고 조세를 감면하며, 사유지의 경우 일정 기간 소작료 감면)
- 성종 : 원구에서 기곡(祈穀)의 예를 행하며, 왕이 친히 적전을 갈아 농사의 모범을 보임, 사직을 세워 토지신과 오곡의 신에게 제사

(2) 농민의 공동 조직

① 공동 조직의 성격 : 일상 의례나 공동 노동을 통해 공동체 의식을 다짐
② 향도(香徒)
- ㉠ 매향(埋香)과 향도 : 매향은 불교 신앙의 하나로, 위기에 대비해 향나무를 바닷가에 묻었다가 후에 향으로 만들어, 이를 매개로 미륵을 만나 구원받고자 하는 신앙 행위를 말하며, 이러한 매향 활동을 하는 무리들을 향도라 함
- ㉡ 기원 : 김유신이 화랑도를 용화 향도로 칭한 것이 기원
- ㉢ 성격의 변모 : 고려 후기에는 신앙적 향도에서 자신들의 이익을 위한 향도로 점차 성격이 변모하여, 대표적인 공동체 조직이 됨

(3) 여러 가지 사회 제도

① 의창 : 진대법(고구려) → 흑창(고려 태조) → 의창(성종) → 주창(현종)
- ㉠ 평시에 곡물을 비치하였다가 흉년에 빈민을 구제, 춘대추납
- ㉡ 유상(진대)과 무상(진급)의 두 종류가 있으며, 실제로는 농민을 대상으로 한 고리대로 전환되기 일쑤였음
② 상평창(성종) : 물가 조절을 위해 개경과 서경 및 각 12목에 설치
③ 국립 의료 기관
- ㉠ 대비원(정종) : 개경에 동·서 대비원을 설치하여 환자 진료 및 빈민 구휼을 담당
- ㉡ 혜민국(예종) : 의약을 전담하기 위해 예종 때 설치, 빈민에게 약을 조제해 줌
④ 재해 대비 기관 : 재해 발생 시 구제도감(예종)이나 구급도감을 임시 기관으로 설치
⑤ 제위보 : 기금을 마련한 뒤 이자로 빈민을 구제

▶ 사천 흥사리 매향비

Check Point

상평창
풍년이 들어 가격이 내린 곡식을 사들여 비축하였다가 값이 올랐을 때 시가보다 싼 가격으로 방출하는 방법을 통해 곡식의 가격을 조정한 농민 생활 안정책이다.

2. 법률과 풍속

(1) 법률

① 관습법

ㄱ 백성을 다스리는 기본법으로 중국의 당률을 참작한 71개조의 법률이 시행

ㄴ 대부분의 경우는 관습법을 따름(→ 조선 시대에 이르러 성문법 국가로 발전)

② **지방관의 재량권** : 지방관의 사법권이 커서 중요 사건 외에는 재량권을 행사

③ **형(刑)의 집행**

ㄱ **중죄** : 반역죄(국가), 모반죄(왕실), 강상죄(삼강·오상의 도덕)·불효죄 등

ㄴ **상중(喪中) 휴가** : 귀양 중 부모상을 당하였을 때는 7일 간의 휴가를 주어 상을 치르게 함

ㄷ **집행의 유예** : 70세 이상의 노부모를 봉양할 가족이 달리 없는 경우는 형의 집행을 보류

ㄹ **형벌 종류** : 태·장·도·유·사의 5형(태·장·도는 수령이 처결, 유·사는 상부에 보고)

ㅁ **3심제(문종)** : 사형의 경우 3심제 도입(→ 조선 시대 금부삼복법)

(2) 풍속

① **장례와 제사** : 대개 토착 신앙과 융합된 불교의 전통 의식과 도교 신앙의 풍속을 따름

② **명절** : 정월 초하루·삼짇날·단오·유두·추석, 단오 때 격구와 그네뛰기, 씨름 등을 즐김

③ **국가 2대 제전** : 불교 행사인 연등회, 토착 신앙과 불교가 융합된 팔관회 중시

구분	연등회	팔관회
유사점	• 군신이 가무와 음주를 즐기며, 부처나 천지신명에게 제사 • 국가와 왕실의 태평을 기원	
구별	• 2월 15일 전국에서 개최 • 불교 행사 • 원래는 부처의 공덕에 대한 공양의 선덕을 쌓는 행사였다가 신에 대한 제사로 성격이 변화	• 개경(11월)과 서경(10월)에서 개최 • 토속 신앙(제천 행사)와 불교의 결합 • 송·여진·아라비아 상인들이 진상품을 바치고 국제 무역을 행함(국제적 행사)

3. 혼인과 여성의 지위

(1) 혼인

① **혼인의 적령** : 대략 여자는 18세 전후, 남자는 20세 전후

기출 Plus [국가직 9급 기출]

01. (가)에 들어갈 기관으로 옳은 것은?

5월에 조서를 내리기를 "개경 내의 사람들이 역질에 걸렸으니 마땅히 (가) 을/를 설치하여 이들을 치료하고, 또한 시신과 유골은 거두어 묻어서 비바람에 드러나지 않게 할 것이며, 신하를 보내어 동북도와 서남도의 굶주린 백성을 진휼하라."라고 하였다.

– 「고려사」 –

① 의창   ② 제위보
③ 혜민국   ④ 구제도감

🔽 구제도감은 고려 예종 4년(1109)에 병자의 치료와 병사자의 매장을 담당하던 임시 기관으로, 주로 전염병 환자들을 돌보았다.

Check Point

고려 시대 형벌의 종류
• 태 : 볼기를 치는 매질
• 장 : 곤장형
• 도 : 징역형
• 유 : 유배형
• 사 : 사형
• 귀향형 : 일정한 신분층 이상이 죄를 지었을 때 자신의 본관지로 돌아가게 한 형벌

답 **01** ④

Check Point

고려 시대 여성의 지위
고려 시대에는 여성의 지위가 비교적 높았다. 여성의 사회 진출에는 제한이 있었지만, 가정 생활이나 경제 운영에 있어서 여성은 남성과 거의 대등한 위치에 있었다.

② **근친혼의 성행** : 고려 초 왕실에서 성행, 중기 이후 금령에도 불구하고 근친혼 풍습이 사라지지 않아 사회 문제로 대두되기도 함

③ **혼인의 형태** : 왕실은 일부다처제, 일반 평민은 일부일처제(→ 일부일처제가 일반적 형태)

(2) 여성의 지위

① **일반적 지위** : 여성의 지위가 비교적 높아 가정 생활이나 경제 생활에 있어 남녀가 거의 평등

② **상속** : 남녀 차별이 없는 균분 상속이 원칙, 피상속인의 의지에 따른 별도의 상속이 가능

③ **호적**

  ㉠ 평등 기재 : 태어난 차례대로 호적에 기재하여 남녀 차별을 하지 않음

  ㉡ 남귀여가혼(男歸女家婚) : 종종 사위가 처가의 호적에 입적하여 처가에서 생활

④ **혼인** : 재가(再嫁)의 자유가 존재, 재가녀(再嫁女) 소생자의 사회적 진출에 차별을 두지 않음

⑤ **제사 및 상복(喪服)**

  ㉠ 불양(不養) 원칙 : 아들이 없을 경우 양자를 들이지 않고 딸이 제사를 지내거나, 돌아가며 제사(윤행)

  ㉡ 상복 제도 : 친가와 외가의 차이가 크지 않음

⑥ **음서 및 포상**

  ㉠ 음서의 범위 : 사위와 외손자에게까지 음서의 혜택

  ㉡ 포상의 범위 : 공을 세운 사람의 부모는 물론 장인과 장모도 함께 수상

기출 Plus

[법원직 9급 기출]

02. 다음 중 고려의 가족 제도에 대한 설명으로 옳은 것을 모두 고른 것은?

㉠ 여성이 재가할 경우, 그 소생 자식의 사회적 진출에 차별을 두지 않았다.
㉡ 아들이 없을 경우 양자를 들여 제사를 받게 하였다.
㉢ 사위가 처가의 호적에 입적하여 처가에서 생활하는 경우가 적지 않았다.
㉣ 혼인의 형태는 일부일처제가 일반적인 현상이었다.

① ㉠, ㉢, ㉣   ② ㉡, ㉢, ㉣
③ ㉠, ㉢   ④ ㉡, ㉢

뤰 ㉠ 고려 시대에는 여성의 재가가 자유로웠고 재가녀 소생의 사회적 진출에도 차별을 두지 않았다.
㉢ 고려 시대에는 사위가 처가의 호적에 입적하여 처가에서 생활하는 남귀여가혼의 경우도 종종 있었다.
㉣ 고려 시대에는 여성의 지위가 상대적으로 높아 일부일처제의 혼인 형태가 원칙이었다. 원 간섭기에 몽골의 영향으로 일부 관인층에서 일부다처가 나타나기도 하였으나, 일반적인 현상은 아니었다.

꼭! 확인 기출문제

고려 시대 여성의 지위에 관한 일반적 사항으로서 적절한 것을 모두 고르면? [국가직 9급 기출]

㉠ 부모의 유산은 자녀에게 골고루 분배되었다.
㉡ 태어난 차례대로 호적을 기재하여 남녀 차별을 하지 않았다.
㉢ 아들이 없을 경우 양자를 들이지 않고 딸이 제사를 받들었다.
㉣ 재가한 여성이 낳은 자식의 사회적 진출에 차별을 두지 않았다.
㉤ 사위와 외손자에게까지 음서의 혜택이 있었다.

① ㉠, ㉡, ㉢   ② ㉠, ㉢, ㉣
③ ㉠, ㉡, ㉢, ㉣   ❹ ㉠, ㉡, ㉢, ㉣, ㉤

답 02 ①

> ⓠ ④ 고려 시대에는 여성의 지위가 비교적 높아 가정 생활이나 경제 운영에 있어 남녀가 거의 평등한 대우를 받았다(남녀 양측적 친속 사회).
> ⓒ 고려 시대 부모의 재산은 남녀 차별이 없이 자녀에게 고르게 분배되었다.
> ⓒ 호적 기재의 경우도 평등 기재가 원칙이었으므로 태어난 차례대로 호적에 기재하여 남녀 차별을 하지 않았다.
> ⓒ 아들이 없는 경우 양자를 들이지 않고 딸이 제사를 지내거나 윤행하였다.
> ⓒ 재가녀(再嫁女)의 자식도 사회적 진출에 차별을 두지 않았다.
> ⓒ 음서의 범위에 있어서도 모계와 부계를 차별하지 않아 사위와 외손자에게까지 음서의 혜택이 주어졌다.

제3절 고려 후기의 사회 변화

1. 무신 집권기 하층민의 봉기

(1) 발생 배경

① 신분 제도의 동요 : 하층민 출신으로 공을 세워 권력층이 된 자가 다수 발생

② 농민 수탈의 강화 : 무신들의 농장 확대로 인하여 수탈이 강화

(2) 백성들의 봉기

① 초기

ⓒ 봉기 발생 : 12세기에 종래의 소극적 저항에서 벗어나 대규모 봉기가 발생하기 시작

ⓒ 관민의 합세 : 서경 유수 조위총이 반란(1174)을 일으켰을 때 많은 농민이 가세

② 1190년대

ⓒ 형태 : 산발적이던 봉기가 1190년대에 들어와 광범위하게 전개

ⓒ 성격 : 신라 부흥 운동과 같이 왕조 질서를 부정하는 등 다양한 성격의 봉기가 발발

③ 최충헌 집권 이후 : 만적 등 천민들의 신분 해방 운동이 다시 발생

▶ 무신 집권기 하층민의 봉기

Check Point

무신정권에 대한 반발
- 김보당의 난(1173) : 명종 때 병마사 김보당이 의종의 복위를 도모하고자 일으킴
- 조위총의 난(1174~1176) : 서경 유수 조위총이 지방군과 농민을 이끌고 중앙의 무신들에게 항거
- 교종 계통 승려의 난(1174)

Check Point

망이 · 망소이의 난(공주 명학소의 난, 1176)

망이 등이 홍경원을 불태우고 그곳에 있던 승려 100여 명을 죽인 다음, 주지승을 협박하여 편지를 가지고 수도로 가게 하니, 그 내용은 대략 다음과 같다. "우리 고을을 승격하여 현으로 만들고 수령을 두어 무마시키더니, 다시 군사를 동원하여 와서 치고 우리 어머니와 처를 붙잡아 가둔 이유가 무엇인가? 차라리 창칼 아래 죽을지언정 끝내 항복하여 포로가 되지는 않을 것이며, 반드시 수도에 이른 연후에 그만둘 것이다."

– 〈고려사〉 –

Check Point

봉기의 특징

• 향 · 소 · 부곡민의 봉기 : 무거운 데다가 차별적이기까지 한 조세 부과가 원인
• 노비의 봉기 : 신분 해방 운동적 성격

④ 대표적 민란(봉기)

망이 · 망소이의 난 (공주 명학소의 난, 1176)	공주 명학소(鳴鶴所)의 망이 · 망소이가 주동이 되어 일으킨 반란으로, 이 결과 명학소는 충순현(忠順縣)으로 승격(→ 이후 최씨 집권기에 국민에 대한 회유책으로 많은 향 · 소 · 부곡이 현으로 승격)
전주 관노의 난(1182)	경대승 집권기에 있었던 관노(官奴)들의 난으로, 전주를 점령
김사미 · 효심의 난(1193)	운문(청도)에서 김사미가, 초전(울산)에서 효심이 신분 해방 및 신라 부흥을 기치로 내걸고 일으킨 최대 규모의 농민 봉기, 최충헌 정권의 출현 배경이 됨
만적의 난(1198)	개경에서 최충헌의 사노 만적이 신분 해방을 외치며 반란
진주 노비의 난(1200)	진주 공 · 사노비의 반란군이 합주의 부곡 반란군과 연합
부흥 운동 성격의 난	• 신라 부흥 운동(이비 · 패좌의 난, 1202) : 동경(경주)에서 신라 부흥을 주장 • 고구려 부흥 운동(최광수의 난, 1217) : 서경에서 고구려 부흥을 주장 • 백제 부흥 운동(이연년의 난, 1237) : 담양에서 백제 부흥을 주장

TIP

만적의 난

"국가에는 경계(庚癸)의 난 이래로 귀족 고관들이 천한 노예들 가운데서 많이 나왔다. 장수와 재상들의 씨가 따로 있는 것이 아니다. 때가 오면 아무나 할 수 있는 것이다. 우리들은 어찌 힘 드는 일에 시달리고 채찍질 아래에서 고생만 하고 지내겠는가." 이에 노비들이 모두 찬성하고 다음과 같이 약속하였다. "우리들은 성 안에서 봉기하여 먼저 최충헌을 죽인 뒤 각각 상전들을 죽이고 천적(賤籍)을 불살라 버려 삼한에 천인을 없애자. 그러면 공경장상(公卿將相)을 우리 모두 할 수 있다."

꼭! 확인 기출문제

〈보기〉에서 밑줄 친 '그'가 활동하던 시대상황에 대한 설명으로 가장 옳지 **않은** 것은? [서울시 9급 기출]

┌─ 보기 ─
│ 그가 북산에서 나무하다가 공, 사노비를 불러 모아 모의하기를, "나라에서 경인, 계사년 이후로 높은 벼슬이 천한 노비에게서 많이 나왔으니, 장수와 재상이 어찌 씨가 따로 있으랴. 때가 오면 누구나 할 수 있는데, 우리들이 어찌 고생만 하면서 채찍 밑에 곤욕을 당해야 하겠는가?"라고 하니, 여러 노비들이 모두 그렇게 여겼다.
│   – 「고려사」 –
└──

❶ 최충의 9재 학당을 비롯한 사학 12도가 융성하였다.
② 경주 일대에서 고려 왕조를 부정하는 신라부흥운동이 일어났다.
③ 정혜쌍수와 돈오점수를 주장하는 수선결사운동이 전개되었다.
④ 소(所)의 거주민은 금, 은, 철 등 광업품이나 수공업 제품을 생산하여 바치기도 하였다.

해 ① 〈보기〉에 밑줄 친 인물은 만적으로 최충헌의 사노이다. 만적의 난은 만적의 주인인 최충헌을 죽이고 전국에 노비를 없앨 계획을 가진 천민 계층 주도로 이루어진 최초의 조직적인 신분 해방 운동이다.(1198) 고려 중기 최초의 사학인 최충(984~1068)의 문헌공도(9재 학당)를 비롯한 사학 12도가 융성하여 국자감의 관학교육은 위축되었다. 이에 학벌이 형성되고 문벌 귀족 사회가 발달하였다.

② 농민 봉기로는 김사미·효심의 난(1193), 하층민의 난으로는 망이·망소이의 난(1176), 전주 관노의 난(1182) 등, 부흥운동으로는 서경을 중심으로 고구려 부흥을 주장하며 최광수의 난(1217), 담양을 중심으로 백제 부흥을 주장하는 이연년의 난(1237), 경주 일대에서 신라 부흥을 주장하며 이비·패좌의 난이 일어났다.(1202)

③ 고려 후기의 보조국사 지눌은 정혜쌍수와 돈오점수를 주장하며 명리에 집착하는 무신 집권기 당시 불교계의 타락상을 비판하고 승려 본연의 자세로 돌아가 독경과 선 수행 등에 고루 힘쓰자는 개혁 운동을 송광사 중심으로 전개하였다.

④ 소(所)는 고려 시대의 특수 행정 지역으로 국가가 필요로 하는 공납품을 만들어 바치는 공장들의 집단거주지이다. 향·부곡·소의 주민들은 양인이었으나 일반 군현과 달리 차별을 받았으며, 향리의 지배를 받았다.

2. 원 간섭기의 사회

(1) 백성의 생활

① 강화 천도 시기 : 장기 항전으로 생활이 곤궁하였고, 기아민이 속출

② 원(元)과의 강화 후 : 친원 세력의 횡포로 큰 피해를 입었으며, 전쟁 피해가 복구되지 않은 채 두 차례의 일본 원정에 동원되어 막대한 희생을 강요당함

(2) 원에 의한 사회 변화

① 신분 상승의 증가

　㉠ 역관·향리·평민·부곡민·노비·환관으로서 전공을 세운 자, 몽골 귀족과 혼인한 자, 몽골어에 능숙한 자 등

　㉡ 친원 세력이 권문세족으로 성장

② 활발한 문물 교류

　㉠ 몽골풍의 유행 : 체두변발·몽골식 복장·몽골어

　㉡ 고려양 : 고려의 의복·그릇·음식 등의 풍습이 몽골에 전해짐

③ 공녀(貢女)의 공출

　㉠ 원의 공녀 요구는 심각한 사회 문제를 초래(고려와 원의 가장 시급한 문제로 대두)

　㉡ 결혼도감을 설치해 공녀를 공출

결혼도감

원에서 만자매빙사 초욱을 보내왔다. 중서성첩에 이르기를, "남송 양양부의 생권 군인이 부인을 구하므로 위선사 초욱을 파견하는데, 관견 1,640단을 가지고 고려에 내려가게 하니, 유사로 하여금 관원을 파견하여 함께 처치하도록 시행하라." 하였다. 초욱이 남편 없는 부녀 140명을 뽑으라고 요구하였는데, 그 독촉이 급하므로 결혼도감을 두었다. 이로부터 가을에 이르기까지 독신 여자와 역적의 아내와 중의 딸을 샅샅이 뒤져 겨우 그 수를 채웠으나 원성이 크게 일어났다.

– 〈고려사〉 –

Check Point

몽골과의 항전으로 인한 기아민
고종 42년(1255) 3월 여러 도의 고을들이 난리를 겪어 황폐해지고 지쳐 조세·공납·요역 이외의 잡세를 면제하고, 산성과 섬에 들어갔던 자를 모두 나오게 하였다. 그때 산성에 들어갔던 백성 중에는 굶주려 죽은 자가 매우 많았으며, 노인과 어린이가 길가에서 죽었다. 심지어 아이를 나무에 붙잡아 매고 가는 자도 있었다. …… 4월, 길이 비로소 통하였다. 병란과 흉년이 든 이래 해골이 들을 덮었고, 포로로 잡혔다가 도망쳐 서울로 들어오는 백성이 줄을 이었다. 도병마사가 매일 쌀 한 되씩을 주어 구제하였으나 죽는 자를 헤아릴 수 없었다.

– 〈고려사절요〉 –

왜구의 침입으로 인한 피해

조령을 넘어 동남쪽으로 바닷가까지 수백 리를 가면 흥해라는 고을이 있다. 땅이 매우 궁벽하고 험하나 어업과 염업이 발달하였으며 비옥한 토지가 있었다. 옛날에는 주민이 많았는데 왜구가 침략한 이후 점점 줄다가 경신년(1380) 여름에 맹렬한 공격을 받아 고을이 함락되고 불탔으며 백성들은 살해당하고 약탈당해 거의 없어졌다. 겨우 벗어난 사람들은 사방으로 흩어져 마을과 거리는 빈 터가 되고 가시덤불이 길을 덮으니, 수령으로 온 자들도 먼 고을에 가서 움츠리고는 감히 들어오지 못한 지 여러 해가 되었다.

– 〈양촌집〉 –

(3) 왜구의 피해

① 14세기 중반부터 침략 증가

② 부족한 식량을 고려에서 약탈하고자 자주 고려 해안에 침입

③ 왜구의 침략 범위 및 빈도의 증가로 사회 불안이 극심

④ 왜구를 격퇴하는 과정에서 신흥 무인 세력이 성장

제 4장

중세 문화의 발달

제1절 학문의 발달과 교육

1. 유학의 발달과 역사서의 편찬

(1) **초기**

① 유학의 경향

㉠ 자주적(한 · 당의 훈고학적 유학을 자주적으로 해석) · 주체적

㉡ 유교주의적 정치와 교육의 기틀 마련

② 유학의 진흥

㉠ 태조(918~943) : 박유 · 최언위 · 최응 · 최지몽 등 신라 6두품 계통의 유학자들이 활약

㉡ 광종(949~975) : 과거제 실시로 유학에 능숙한 관료 등용, 쌍기 · 서희 등

㉢ 성종(981~997) : 유교 정치 사상이 정립되고 유학 교육 기관이 정비됨, 최항 · 황주량 · 최승로(→ 자주적 · 주체적 유학자로 시무 28조의 개혁안 건의) 등

③ 역사서

㉠ 특성 : 유교 사관, 고구려 계승 의식 반영

㉡ 왕조실록

• 건국 초기부터 편찬되었으나 거란의 침입으로 소실

• 현종 때 황주량 등이 〈고려실록(7대 실록)〉을 편찬해 덕종 때 완성(부전)

㉢ 박인량의 〈고금록〉 등 편년체 사서가 편찬됨

Check Point

고려실록(7대 실록)
태조, 혜종, 정종, 광종, 경종, 성종, 목종에 이르는 7대의 역사를 편년체로 기록한 역사서이다.

Check Point

고려 문화에서의 유교와 불교
- 유교는 정치와 관련한 치국의 도(道)이며, 불교는 신앙생활과 관련한 수신의 도
- 유교와 불교는 서로 보완하는 기능을 수행하며 함께 발전

▶ 삼국사기

(2) 중기

① 유학의 경향

㉠ 문벌 귀족 사회의 발달과 함께 유교 사상도 점차 보수화

㉡ 유교 경전에 대한 이해가 깊어져 독자적 이해 기준을 수립하는 단계에 이름

㉢ 북송의 성리학을 수용하여 경연에서 〈주역〉, 〈중용〉 등이 강론됨

② 대표 학자

㉠ **최충(문종)** : 철학적 접근을 통해 고려의 훈고학적 유학 수준을 한 차원 높임

㉡ **김부식(인종)** : 보수적 · 현실적 유학을 대표

③ 역사서

㉠ 특성 : 유교적 합리주의 사관, 신라 계승 의식 반영(→ cf. 무신 집권기 : 자주 사관, 고구려 계승 의식)

㉡ 삼국사기(인종 23, 1145)
- 시기 : 인종 때 김부식 등이 왕명을 받아 편찬
- 의의 : 현존하는 우리나라 최고의 역사서
- 사관 : 유교적 합리주의 사관에 기초하여 신라를 중심으로 서술
- 체제 : 본기 · 열전 · 지 · 연표 등으로 구분되어 서술된 기전체(紀傳體) 사서
- 구성 : 총 50권으로 구성
- 특징
  - 상고사(고조선~삼한)를 인식하면서도 이를 서술하지 않고 유교적 합리주의 사관에 기초하여 신라 중심의 삼국사만을 편찬
  - 삼국을 각각 '본기'로 구성하고, 전통적 생활사를 유교 사관에 맞게 개서

(3) 무신 집권기

① 유학의 위축 : 무신정변 이후 문벌 귀족 세력이 몰락함에 따라 유학은 한동안 크게 위축됨

② 역사서 : 자주적 성격, 고구려 계승 의식

㉠ 이규보의 〈동명왕편〉(1193) : 동명왕의 업적을 칭송한 영웅 서사시로 고구려의 계승 의식을 반영, 종래 한문학 형식에서 벗어나 자유로운 문장체로 한국의 전통과 연결된 새로운 문학 체계를 발전시킴

㉡ 각훈의 〈해동고승전〉(1215) : 삼국 시대의 승려 33명의 전기 수록한 우리나라 최고(最古)의 승전, 우리 불교사를 중국과 대등한 입장에서 서술하고 교종의 입장에서 불교 역사와 사상 정리(2권 현전)

Check Point

이규보의 〈동국이상국집〉(1241)
이규보가 저술한 전 53권 13책의 시문집으로, 한문 서사시 〈동명왕편〉을 비롯하여 〈국선생전(麴先生傳)〉, 〈청강사자현부전(淸江使者玄夫傳)〉, 〈백운거사전(白雲居士傳)〉 등을 수록하고 있다. 이규보가 생전에 미처 완성하지 못한 것을, 1251년 진주분사대장도감(晉州分司大藏都監)에서 고종의 칙명으로 다시 간행했다.

〈해동고승전〉의 구성
① 1권
ㄱ 머리말에서는 불교 발생의 유래와 불교가 삼국에 전래된 연원을 개설
ㄴ 본문에서는 고구려·백제·신라·외국의 전래승(傳來僧) 11명(순도, 망명, 의연, 담시, 마라난타, 아
도, 법공, 법운 등)의 기사를 수록
② 2권 : 구법(求法)을 목적으로 중국 및 인도에 유학한 22명의 승려(각덕, 지명, 원광, 안함, 아리야발마,
혜업, 혜륜, 현각 등)의 행적을 수록
③ 중요한 전기의 말미에는 '찬왈'(贊曰)이라 하여 전기의 주인공에 대한 예찬을 덧붙임

(4) 원 간섭기

① 성리학
ㄱ 한·당의 훈고학적 유학의 보수화를 비판하고 이를 한 단계 발전시킨 철학
적 신유학
ㄴ 5경보다 4서를 중시

② 성리학의 전래
ㄱ 충렬왕 때 안향이 처음 소개
ㄴ 충선왕 때 이제현은 원의 만권당에서 성리학에 대한 이해를 심화하였고,
귀국 후 이색 등에게 영향을 주어 성리학 전파에 이바지
ㄷ 이색 이후 정몽주·권근·김구용·박상충·이숭인·정도전 등에게 전수
되어 연구가 심화·발전

성리학의 성격
남송의 주희가 집대성한 성리학은 종래 자구의 해석에 힘쓰던 한·당의 훈고학이나 사장 중심의 유학과
는 달리 인간의 심성과 우주의 원리 문제를 철학적으로 탐구하는 신유학의 성격을 지니고 있다.

③ **역사서** : 자주 사관, 고조선 계승 의식
ㄱ 일연의 〈삼국유사〉 : 단군부터 고려 말까지의 불교사를 중심으로 서술한 기
사본말체 형식의 사서, 단군을 우리 민족의 시조로 보아 단군의 건국 이야
기를 수록하고 있으며 그 외에 가야에 대한 기록과 고대의 민간 설화나 전
래 기록, 불교 설화, 향가 등을 수록
ㄴ 이승휴의 〈제왕운기〉(1287) : 우리나라의 역사를 단군에서부터 서술하면서
우리 역사를 중국사와 대등하게 파악하는 자주성을 보여줌(우리 역사를 단
일 민족사로 이해), 합리주의적 인식을 바탕으로 하여 유교를 중심으로 다
루면서도 불교·도교 문화까지 포괄하여 서술

[지방직 9급 기출]

02. 민족적 자주의식을 반영한 고려 후기의 역사서로 옳지 <u>않</u>은 것은?

① 해동고승전 ② 제왕운기
③ 삼국유사 ④ 해동역사

해 한치윤의 〈해동역사(海東繹史)〉(1823)는 조선 후기에 저술된 사서이다.
①·②·③은 모두 고려의 자주사관을 반영한 사서로서, 〈해동고승전〉은 고려 무신 집권기에, 〈제왕운기〉와 〈삼국유사〉는 대몽 항쟁기에 저술되었다. 이 시기에는 사회적 혼란과 민족적 어려움을 극복하고자 민족적 자주의식을 바탕으로 전통문화를 바르게 이해하려는 경향이 대두되면서 자주적 사관이 두드러졌다.

삼국사기와 삼국유사

구분	삼국사기(三國史記)	삼국유사(三國遺事)
시기 및 저자	고려 중기 인종 23년(1145)에 김부식이 저술	원 간섭기인 충렬왕 7년(1281)에 일연이 저술
사관	유교적·도덕적·합리주의	불교적·자주적·신이적(神異的)
체제	기전체의 정사체, 총 50권	기사본말체, 총 9권
내용	• 고조선 및 삼한을 기록하지 않고, 삼국사(신라 중심)만의 단대사(單代史)를 편찬 • 삼국을 모두 대등하게 다루어 각각 본기로 구성하고 본기에서 각 국가를 我(우리)라고 칭함	• 단군~고려 말 충렬왕 때까지 기록, 신라 관계 기록이 다수 수록됨 • 단군 조선과 가야 등의 기록, 수많은 민간 전승과 불교 설화 및 향가 등 수록 • 단군을 민족 시조로 인식해 단군 신화를 소개했으나 이에 대한 체계화는 미흡

〈제왕운기〉의 단군 기록
처음에 어느 누가 나라를 열고 바람과 구름을 이끌었는가? 석제(釋帝)의 손자로 이름은 단군(檀君)일세. 요임금과 같은 때 무진년에 나라를 세워 순임금 지나 하(夏)나라까지 왕위에 계셨도다. 은나라 무정 8년 을미년에 아사달산에 들어가서 신선이 되었으니 나라를 누린 것이 1천 28년인데 그 조화는 상제(上帝)이신 환인(桓因)이 전한 일 아니던가?

Check Point

이제현의 〈사략〉
고려 말 성리학이 전래되면서 정통 의식과 대의명분을 중시하는 성리학적 유교 사관이 대두되었다. 〈사략〉은 이러한 성리학적 유교 사관에 입각하여 이제현이 저술한 역사서이다.

(5) 말기

① 고려 말 성리학의 성격

　　㉠ 형이상학적 측면보다 일상 생활과 관계되는 실천적 기능을 강조

　　㉡ 〈소학(小學)〉과 〈주자가례〉를 중시

　　㉢ 권문세족과 불교의 폐단을 비판

② 성리학적 유교사관

　　㉠ 고려 후기에는 신진 사대부의 성장 및 성리학 수용과 더불어 정통 의식과 대의명분을 강조하는 성리학적 유교 사관이 대두되고, 고조선 계승의식이 두드러짐

　　㉡ **대표적 사서** : 이제현의 〈사략(史略)〉(→ 개혁을 단행하여 왕권을 중심으로 국가 질서를 회복하려는 의식 표출), 〈고려국사〉, 원부·허공·이인복의 〈고금록(古今錄)〉, 정가신의 〈천추금경록〉, 민지의 〈본조편년강목〉 등

답 02 ④

역사 서술 체계

① **기전체**
 ㉠ 형식 : 본기 · 열전 · 지 · 연표 · 세가 등으로 구분하여 서술
 ㉡ 기원 : 사마천의 〈사기〉
 ㉢ 대표 사서 : 〈삼국사기〉 · 〈고려사〉 · 〈해동역사〉 · 〈동사〉 등

② **편년체**
 ㉠ 형식 : 연 · 월 · 일 중심으로 일목요연하게 서술
 ㉡ 기원 : 사마광의 〈자치통감〉
 ㉢ 대표 사서 : 〈속 편년통재〉 · 〈고금록〉 · 〈삼국사절요〉 · 〈고려사절요〉 · 〈동국통감〉 · 〈조선 왕조 실록〉 등

③ **기사본말체**
 ㉠ 형식
  • 사건과 내용의 전말을 모두 기록
  • 인과 관계에 따라 실증적으로 서술
 ㉡ 기원 : 원추의 〈통감기사본말〉
 ㉢ 대표 사서 : 〈연려실기술〉 · 〈삼국유사〉 등

④ **강목체**
 ㉠ 형식 : 대의(강) · 세목(목)으로 나누어 서술
 ㉡ 기원 : 주희의 〈자치통감강목〉
 ㉢ 대표 사서 : 〈동사강목〉 · 〈본조편년강목〉

꼭! 확인 기출문제

01. 김부식이 편찬한 〈삼국사기〉에 대한 설명으로 옳은 것은? [지방직 9급 기출]

① 현존하는 가장 오래된 편년체로 쓰인 역사서이다.
② 민간의 전승과 불교와 관련된 내용이 많이 실려 있다.
❸ 유교적 입장에서 신라를 중심으로 기록하였다.
④ 원의 간섭을 받던 상황에서 우리 민족의 고유한 문화를 창조하였다.

해 ③ 〈삼국사기〉(1145)는 고려 인종 때 김부식이 편찬한 기전체 사서로, 고려 중기의 유교적 합리주의 사관과 신라 계승 의식을 반영하고 있다.
 ① 〈삼국사기〉는 현존하는 가장 오래된 역사서로서, 기전체(紀傳體) 사서이므로 본기 · 열전 · 지 · 연표 등으로 구분 · 서술되어 있다.
 ② 〈삼국유사〉에 대한 설명이다. 일연의 〈삼국유사〉는 단군부터 고려 말까지를 기록한 기사본말체 형식의 사서로, 단군을 민족 시조로 인식해 단군 신화를 소개하고 있으며 그 외에도 가야에 대한 기록과 민간의 전승, 불교 설화, 향가 등을 수록하고 있다.
 ④ 원 간섭기에 편찬된 〈삼국유사〉(충렬왕 7, 1281)에 대한 설명이다. 〈삼국사기〉는 고려 중기에 편찬되었다.

02. 다음 내용이 실린 사서에 대한 설명으로 옳은 것은? [국가직 9급 기출]

> 제왕이 장차 일어날 때는 하늘의 명령과 상서로운 기운을 받아서 반드시 보통 사람과는 다른 점이 있으니, 그런 뒤에야 능히 큰 변화를 타서 제왕의 지위를 얻고 대업을 이루었다. …(중략)… 삼국의 시조들이 모두 신이(神異)한 일로 탄생했음이 어찌 괴이하겠는가. 이것이 책 첫머리에 「기이(紀異)」편이 실린 까닭이며, 그 의도도 여기에 있는 것이다.

① 불교 승려의 전기를 수록한 고승전이다.
❷ 불교 중심의 고대 민간 설화를 수록하였다.

③ 고조선부터 고려 말까지의 역사를 정리하였다.
④ 유교적 사관에 기초하여 기전체로 서술하였다.

🖐 ② 주어진 사서는 고려 충렬왕 때의 일연이 지은 삼국유사의 「기이(紀異)」편에 관한 이야기이다. 고조선이하 삼한(三韓)·부여(扶餘)·고구려와 통일 이전의 신라 등 여러 고대 국가의 흥망 및 신화·전설·신앙 등에 관한 유사(遺事)와 통일 신라시대 문무왕(文武王) 이후 신라 마지막 임금인 경순왕(敬順王)까지의 신라 왕조 기사와 백제·후백제 및 가락국에 관한 약간의 유사를 불교 중심으로 수록하였다.
① 주어진 내용은 고려 후기 각훈이 왕명을 받아 삼국부터 당대까지의 고승들의 전기를 정리한 「해동고승전」이다.
③ 주어진 내용은 조선 전기의 문신 서거정이 왕명을 받아 단군조선부터 고려 말까지의 역사를 엮은 사서인 「동국통감」이다.
④ 주어진 내용은 고려 1145년(인종 23)에 김부식이 왕명을 받아 삼국시대의 정사를 기술한 「삼국사기」이다.

2. 교육 제도 및 기관

(1) 초기의 교육 진흥

① **태조**
　㉠ 신라 6두품 계통의 학자를 중용하고, 개경·서경에 학교를 설립
　㉡ 교육 장학 재단인 학보(學寶)를 설치·운영
② **정종** : 승려의 장학 재단인 광학보를 설치·운영(946)
③ **성종**
　㉠ 국자감 : 개경에 국립 대학인 국자감(국학)을 설치(992)

학부	경사 6학	입학 자격	수업 연한	교육 내용
유학부	국자학	3품 이상의 자제 입학	9년	경서·문예·시정에 관한 내용으로 시·서·〈역경〉·〈춘추〉·〈예기〉·〈효경〉·〈논어〉 등
	태학	5품 이상의 자제 입학		
	사문학	7품 이상의 자제 입학		
기술학부	율·서·산학	8품 이하 및 서민 자제	6년	기술 교육

　㉡ 도서관 설치 : 비서원(개경)과 수서원(서경)을 설치
　㉢ 향교 : 지방에 국립 중등교육기관인 향교(鄕校)를 설치하여, 지방 관리와 서민 자제들의 교육 및 제사 기능을 수행(→기술학부는 없고 유학만 교육)
　㉣ 박사의 파견 : 12목에 경학박사와 의학박사를 파견
　㉤ 교육조서 반포 : 교육을 통한 인재 양성 강조("교육이 아니면 인재를 얻을 수 없다.")
　㉥ 문신월과법 시행 : 유학 교육 및 진흥을 위해 중앙의 문신은 매달 시 3편과 부 1편, 지방관은 매년 시 30편과 부 1편씩을 지어 바치도록 함
④ **현종**

㉠ 신라 유교의 전통을 계승, 발전시키고자 함

㉡ 홍유후(신라의 설총), 문창후(최치원)를 추봉하고 문묘에서 제사를 지냄

(2) 중기

① 사학의 융성과 관학의 위축 : 최초의 사학인 최충의 문헌공도(9재 학당)를 비롯한 사학 12도가 융성하여 국자감의 관학 교육은 위축(→ 학벌이 형성되고 문벌 귀족 사회 발달)

② 관학 진흥책

㉠ 숙종(1096~1105) : 목판 인쇄(출판) 기관으로 서적포 설치, 기자 사당의 설치

㉡ 예종(1105~1122)

- 국자감(관학)을 재정비하여 전문 강좌인 7재(七齋)를 설치
- 교육 장학 재단인 양현고를 두어 관학의 재정 기반을 강화
- 궁중에 도서관 겸 학문 연구소인 청연각 · 보문각을 두어 유학을 진흥
- 국자감에서 3년 이상 수학한 자에게 예부시 응시 자격을 부여하여 국자감 위상을 정립

㉢ 인종(1122~1146)

- 경사 6학(유학부와 기술학부) 정비, 문치주의와 문신 귀족주의를 부각시킴(→ 유학을 기술학보다 우위에 둠, 서민 자제의 입학이 가능했으나 학부에 따른 입학 자격의 신분별 제한 규정을 둠)
- 향교를 널리 보급하고, 이를 중심으로 지방 교육을 강화

꼭! 확인 기출문제

고려 중기에 시행된 관학 진흥책과 거리가 먼 것은? [지방직 9급 기출]

❶ 5경 · 3사 · 제자백가에 모두 능통한 자는 3등급으로 나누어 등용하였다.
② 양현고를 두어 국학의 재정 기반을 강화하였다.
③ 국학에 7재를 두어 교육을 전문화하였다.
④ 경사 6학의 제도를 정비하여 관학 교육을 강화하였다.

🔍 ① 신라 원성왕 때 시행된 독서삼품과(讀書三品科)에 대한 설명이다. 독서삼품과는 유교 경전의 이해 수준을 시험해 관리를 채용한 제도로, 삼품(상품 · 중품 · 하품)과 특품(5경 · 3사 · 제자백가에 능통한 자로 특품 합격자는 서열에 관계없이 우선 특채)으로 구성되어 있었다. 독서삼품과는 진골 귀족의 반대와 골품제로 인해 제대로 기능하지는 못했으나 학문과 유학 보급에 기여하였다.
② 양현고는 고려 예종 때 국학의 재정 기반 강화를 위해 설치한 일종의 장학 재단이다.
③ 국학에 전문 강좌인 7재를 둔 것도 관학 진흥책이라 할 수 있다.
④ 인종은 경사 6학(京師六學) 제도를 정비하여 관학 교육을 강화하였다.

기출 Plus [국가직 9급 기출]

04. 다음 고려 시대 조서의 의도에 부합하지 않는 것은?

> 중앙에 있는 문신은 매달 시 3편 · 부 1편을, 지방관은 매년 시 30편 · 부 1편씩을 바치도록 하라.

① 국자감 설치
② 제술업 시행
③ 음서제 시행
④ 수서원 설치

🔍 제시된 내용은 성종 때 유학 교육과 진흥을 위해 실시한 문신월과법에 대한 설명이다. 음서제도는 공신과 종실 및 5품 이상 관료의 자손에게 과거를 거치지 않고도 관료가 될 수 있도록 하는 것으로, 고려 관료체제의 귀족적 특성을 반영하는 제도이다(문벌 귀족 세력의 강화에 기여).

Check Point

9재, 12도

- 9재(九齋) : 낙성(樂聖) · 대중(大中) · 성명(誠明) · 경업(敬業) · 조도(造道) · 솔성(率性) · 진덕(進德) · 문화(文和) · 대빙재(待聘齋) 등의 전문 강좌
- 12도(十二徒) : 문헌 · 홍문 · 광헌 · 문충 · 양신 · 정경 · 충평 · 정헌공도, 서시랑도, 구산도 등

Check Point

사학의 발달

고려 시대에는 사학이 크게 발달하였는데, 최충의 9재 학당을 비롯하여 사학 12도가 융성하였다. 당시 귀족 자제들은 국자감보다 12도에서 공부하기를 선호하였으며, 그로 인해 학벌이라는 파벌이 만들어지게 되었다. 예종과 인종의 적극적인 관학 진흥책으로 이러한 추세는 둔화되었으며, 이후 무신 집권기에 이르러 사학은 크게 침체되었다.

 04 ③

(3) 후기

① 충렬왕(1274~1308)

㉠ 안향의 건의로 양현고의 부실을 보충하기 위한 교육 재단인 섬학전(贍學田)을 설치

㉡ 국학을 성균관으로 개칭하고 공자 사당인 문묘를 새로 건립

② 공민왕(1351~1374)

㉠ 성균관을 부흥시켜 순수 유교 교육 기관으로 개편하고 유교 교육을 강화

㉡ 이색·정몽주·정도전 등은 성균관 대학관을 담당하며 성리학 연구를 심화함(→ 4서가 교과 내용에 반영되어 성리학 연구가 본격화됨)

관학 진흥책	
숙종	서적포 설치
예종	7재(유학재 : 경덕재, 구인재, 대빙재, 복응재, 양정재, 여택재 / 무학재 : 강예재) 설치, 양현고 설치, 청연각·보문각 설치
인종	경사 6학 정비, 향교 보급·지방 교육 강화
충렬왕	섬학전 설치
공민왕	성균관을 부흥시켜 순수 유교 교육 기관으로 개편

제2절 불교의 발달 및 사상

1. 불교의 발달

(1) 불교의 성격 및 특혜

① 고려 불교의 성격

㉠ 왕실과 귀족 중심의 불교, 호국적이고 현세구복적 성격

㉡ 유·불 융합, 풍수지리설과 융합

② 불교에 대한 특혜 : 사원전 지급, 승려들에게 면역의 혜택 부여

(2) 불교의 보호와 발달

① 태조
  ㉠ 태조는 불교를 적극 지원하는 한편, 유교 이념과 전통 문화도 함께 존중
  ㉡ 개경에 여러 사원을 건립(개태사 · 왕흥사 · 왕륜사 등)
  ㉢ 훈요 10조에서 불교를 숭상하고 연등회와 팔관회 등을 성대하게 개최할 것을 당부

② 광종
  ㉠ 승과 제도 실시
  ㉡ 국사 · 왕사 제도
  ㉢ 귀법사를 창건하고 화엄종의 본찰로 삼아 분열된 종파를 수습
  ㉣ 의통은 중국 천태종의 16대 교조가 되었고, 제관은 천태종의 기본 교리를 정리한 〈천태사교의〉를 저술

③ 성종 : 유교 정치 사상이 강조되면서 연등회와 팔관회 등이 일시 폐지

④ 현종
  ㉠ 국가의 보호를 받아 계속 융성, 현화사와 흥왕사 등의 사찰 건립
  ㉡ 연등회와 팔관회 등이 부활
  ㉢ 초조대장경 조판에 착수

⑤ 문종
  ㉠ 불교를 숭상하여 대각국사 의천과 승통 도생을 배출
  ㉡ 흥왕사를 완성하여 불교를 장려

2. 불교 통합 운동과 천태종

(1) 사회적 배경
  ① 초기 : 5교 양종
    ㉠ 교종 : 교종의 여러 종파는 화엄종을 중심으로 정비
      • 화엄 사상을 정비하고 보살의 실천행을 폈던 균여의 화엄종 성행, 보현십원가
      • 귀법사를 창건하여 균여의 화엄종 후원
    ㉡ 선종 : 선종의 여러 종파는 법안종을 수입하여 선종의 정리 · 통합을 시도
    ㉢ 종파의 분열 : 교종뿐만 아니라 선종에 대한 관심도 높아 사상적 대립이 지속됨
    ㉣ 제관(〈천태사교의〉 저술), 의통(중국 천태종 16대 교조) 등이 활약
  ② 중기 : 11세기를 전후해 교 · 선의 대립이 더욱 격화

Check Point

대각국사 의천
해동 천태종의 개조로 문종의 넷째 아들이다. 문종과 어머니 인예왕후의 반대를 무릅쓰고 몰래 송으로 건너가 불법을 공부한 뒤 귀국하여 흥왕사의 주지가 되었다. 그는 그곳에 교장도감을 두고 송 · 요 · 일본 등지에서 수집해 온 불경 등을 교정 · 간행하였다. 교선일치를 주장하면서, 교종과 선종으로 갈라져 대립하던 고려의 불교를 융합하고자 하였다.

⑦ 교종의 융성과 대립 : 개경에 흥왕사 · 현화사 등의 큰 사원이 세워져 불교 번창
　　• 법상종 : 귀족(인주 이씨)의 후원, 현화사가 중심
　　• 화엄종 : 국왕 · 왕실의 후원, 흥왕사가 중심, 대표적 승려는 의천
⑥ 선종의 위축, 귀족 불교의 전개 : 기층민의 신앙적 욕구와 유리된 채 전개되어 사회적 모순을 초래

(2) 의천의 교단 통합 운동

① 흥왕사를 근거지로 삼아 화엄종을 중심으로 교종 통합을 추구(→ 불완전한 교단상의 통합, 형식적 통합)
② 선종을 통합하기 위하여 국청사를 창건하고 천태종을 창시(→ 교종의 입장에서 선종을 통합)
③ 국청사를 중심으로 이론의 연마와 실천을 아울러 강조하는 교관겸수(敎觀兼修)를 제창, 지관(止觀)을 강조(→ 교관겸수에서 '교'란 불교의 이론적인 교리 체계를 의미하며, '관'이란 실천적인 수행법으로서의 지관을 의미)
④ 관념적인 화엄학을 비판하고, 원효의 화쟁 사상을 중시
⑤ 불교의 폐단을 시정하는 대책이 뒤따르지 않아 의천 사후 교단은 다시 분열 (의천파와 균여파)

의천의 교관겸수
내가 몸을 잊고 도를 묻는 데 뜻을 두어 다행히 과거의 인연으로 선지식을 두루 참배하다가 진수(晉水) 대법사 밑에서 교관(敎觀)을 대강 배웠다. 법사는 일찍이 제자들을 훈시하여, "관(觀)을 배우지 않고 경(經)만 배우면 비록 오주(五周)의 인과(因果)를 들었더라도 삼중(三重)의 성덕(性德)에는 통하지 못하며 경을 배우지 않고 관만 배우면 비록 삼중의 성덕을 깨쳤으나 오주의 인과를 분별하지 못한다. 그러므로 관도 배우지 않을 수 없고 경도 배우지 않을 수 없다."고 하였다. 내가 교관에 마음을 쓰는 까닭은 다 이 말에 깊이 감복하였기 때문이다.

3. 후기의 불교

(1) 무신 집권기의 불교

① 방향 : 교종 탄압(조계종 발달), 불교 결사 운동 전개
② 보조국사 지눌(1158~1210)
　⑦ 선 · 교 일치 사상의 완성 : 조계종을 창시해 선종을 중심으로 교종을 포용하여 선 · 교 일치 사상의 완성을 추구(→ 최씨 무신 정권의 후원으로 조계

종 발달)

- 정혜쌍수(定慧雙修) : 선정과 지혜를 같이 닦아야 한다는 것으로, 선과 교학이 근본에 있어 둘이 아니라는 사상 체계를 말함(→ 철저한 수행을 선도)
- 돈오점수(頓悟漸修) : 인간의 마음이 곧 부처의 마음임을 깨닫고(돈오) 그 뒤에 깨달음을 꾸준히 실천하는 것(점수)를 말함(→ 꾸준한 수행으로 깨달음의 확인을 아울러 강조)

ⓛ **수선사 결사 운동** : 명리에 집착하는 무신 집권기 당시 불교계의 타락상을 비판하고 승려 본연의 자세로 돌아가 독경과 선 수행 등에 고루 힘쓰자는 개혁 운동, 송광사를 중심으로 전개

③ 발전

㉠ **진각국사 혜심** : 유불 일치설(儒佛一致說)을 주장하고 심성의 도야를 강조(성리학을 수용할 수 있는 사상적 토대 마련), 주요 저서로는 〈선문염송집〉, 〈심요〉, 〈조계진각국사어록〉, 〈구자무불성화간병론〉, 〈무의자시집〉, 〈금강경찬〉, 〈선문강요〉 등이 있음

㉡ **원묘국사 요세** : 강진 만덕사(백련사)에서 실천 중심의 수행인들을 모아 백련결사(白蓮結社)를 조직하고 불교 정화 운동을 전개

㉢ **각훈** : 화엄종의 대가, 〈해동고승전〉 저술

신앙 결사 운동
① 의의 : 고려 중기 이후 개경 중심의 귀족 불교의 타락에 반발하여 불교계를 비판하고 불자의 각성을 촉구하는 운동이다.
② 방향
㉠ 조계종 : 지눌의 수선사 중심(정혜 결사문), 지방의 지식인층을 주된 대상으로 하여 상당수의 유학자 출신을 포함(→ 성리학 수용의 사상적 기반이 됨)
㉡ 천태종 : 요세의 백련사 중심, 기층 민중과 지방 호족(호장층)의 지지를 받음

꼭! 확인 기출문제

01. 다음 내용을 주장한 인물에 대한 설명으로 옳은 것은? [지방직 9급 기출]

- 한 마음(一心)을 깨닫지 못하고 한없는 번뇌를 일으키는 것이 중생인데, 부처는 이 한 마음을 깨달았다. 깨닫는 것과 깨닫지 못하는 것은 오직 한 마음에 달려 있으니 이 마음을 떠나서 따로 부처를 찾을 수 없다.
- 먼저 깨치고 나서 후에 수행한다는 뜻은 못의 얼음이 전부 물인 줄은 알지만 그것이 태양의 열을 받아 녹게 되는 것처럼 범부가 곧 부처임을 깨달았으나 불법의 힘으로 부처의 길을 닦게 되는 것과 같다.

① 국청사를 창건하고 천태종을 창시하였다.
② 부석사를 창건하고 화엄 사상을 선양하였다.

기출 Plus [서울시 9급 기출]

01. 고려시대 불교계의 동향과 관련된 설명으로 가장 옳지 않은 것은?
① 백련결사를 제창한 요세는 참회와 수행에 중점을 두는 등 복잡한 이론보다 종교적 실천을 강조했다.
② 재조대장경은 고려 전기에 만들어졌던 대장경 판목이 거란의 침입으로 불타버렸기 때문에 무신집권기에 다시 만든 것이다.
③ 각훈은 삼국시대 이래 승려들의 전기를 정리하여 「해동고승전」을 지었다.
④ 지눌은 깨달음과 더불어 실천을 강조하는 돈오점수를 주장했다.

해 재조대장경은 팔만대장경으로 몽고의 침입으로 초조대장경이 소실된 후 부처의 힘으로 이를 극복하고자 고종 때 강화도에 대장도감을 설치하여 16년 동안의 조판 후 선원사 장경도감에 보관하였다. 조선 초 해인사로 이동한 후 현재까지 합천 해인사에 8만 매가 넘는 목판이 모두 보존되어있다.

 답 01 ②

기출 Plus

[서울시 9급 기출]

02. 고려시대의 대장경을 설명한 것으로 가장 옳지 않은 것은?

① 대장경이란 경(經)·율(律)·논(論) 삼장으로 구성된 불교 경전을 말한다.

② 초조대장경의 제작은 거란의 침입을 받으면서 시작되었다.

③ 의천은 송과 금의 대장경 주석서를 모아 속장경을 편찬하였다.

④ 초조대장경과 속장경은 몽골의 침입으로 소실되었다.

해 거란의 침입에 대비하여 숙종 때 의천이 고려와 송, 요, 일본 등의 대장경에 대한 주석서인 장·소를 수집해 흥왕사 교장도감에서 10년에 걸쳐 편찬하였다(1073~1096).

① 대장경이란 경(부처님의 설하신 교법)·율(지켜야 할 생활 규범과 금계)·논(후세의 사람이 경과 율을 설명한 것) 삼장으로 구성된 불교 경전을 말한다.

② 초조대장경은 현종 때 거란의 침입을 받은 고려가 부처의 힘을 빌려 이를 물리치고자 대구 부인사에서 간행(1087)하였다.

④ 초조대장경과 속장경은 몽골의 침입으로 소실되고 일부만 전해지고 있다.

---

❸ 불교계를 개혁하기 위해 수선사 결사를 주도하였다.

④ 십문화쟁론을 저술하여 종파 간의 사상적 대립을 조화시키고자 하였다.

해 ③ '한 마음 … 부처를 찾을 수 없다.'는 지눌의 〈정혜결사문〉의 내용이고, '먼저 깨치고 … 부처의 길을 닦게 되는 것과 같다.'는 지눌의 〈수심결〉의 내용이다. 고려 후기 지눌은 불교계를 개혁하기 위해 수선사 결사를 주도하였다.

① 국청사를 창건하고 천태종을 창시한 것은 고려 중기의 의천이다.

② 부석사를 창건하고 화엄 사상을 선양한 것은 통일 신라의 의상이다.

④ 〈십문화쟁론〉을 저술하여 종파 간의 사상적 대립을 조화시키고자 한 것은 통일 신라의 원효이다.

02. 다음 ㉠~㉢에 들어갈 인물을 바르게 연결한 것은? [지방직 9급 기출]

- (㉠)는/은 「신편제종교장총록」을 편찬하였다.
- (㉡)는/은 원의 불교인 임제종을 들여와서 전파시켰다.
- (㉢)는/은 강진에 백련사를 결사하여 법화신앙을 내세웠다.
- (㉣)는/은 「목우자수심결」을 지어 마음을 닦고자 하였다.

	㉠	㉡	㉢	㉣
①	수기	보우	요세	지눌
②	의천	각훈	요세	수기
❸	의천	보우	요세	지눌
④	의천	요세	각훈	수기

해 ㉠ 의천은 고려 문종의 넷째 아들이자 국청사의 제 1대 주지로 천태종을 개립하였다. 그는 우리나라와 중국의 불교 저술을 수집하여 「신편제종교장총록」을 편찬하였다.

㉡ 보우는 조선의 승려로 조선 중기 선·교 양종을 부활시키고 불교계의 폐단을 바로잡기 위하여 원의 불교인 임제종을 들여와 전파시켰다.

㉢ 요세는 고려의 승려로 천태종 중흥에 힘을 기울이고 백련사를 결사하여 법화삼매참회를 닦았다.

㉣ 지눌은 고려시대 보조 국사로 선문에 입문한 초학자에게 선 수행의 요체가 될 핵심 내용을 저술한 지침서로 「목우자수심결」을 편찬하였다. 수기는 화엄종의 승려로 추정되는 고려시대의 인물이며, 고려대장경을 재조할 때 고종의 명으로 착오된 것을 교정하였다. 각훈은 고려시대 화엄종의 승려로 「해동고승전」과 「선종육조혜능대사정상동래연기」를 편찬하였다.

---

(2) 원 간섭기의 불교

① 불교계의 부패 : 개혁 운동의 의지 퇴색, 귀족 세력과 연결

② 사원은 막대한 토지를 소유하고 상업에도 관여하여 부패가 심함

③ 라마 불교의 전래, 인도 선종의 전래(인도 승려 지공을 통해 전래), 보우를 통해 임제종(중국 선종) 전래

④ 신앙 결사 운동의 단절

  ㉠ 수선사 : 몽고의 억압으로 위축

  ㉡ 백련사 : 고려 왕실과 원 황실의 본찰인 묘련사로 변질

⑤ 성리학을 사상적 배경으로 하는 신진 사대부들의 비판을 받음

4. 대장경 간행

(1) 편찬 배경과 의의
① 배경 : 불교 사상에 대한 이해 체계가 정비되면서 관련된 서적을 모아 체계화
② 의의 : 경 · 율 · 론의 삼장으로 구성된 대장경은 불교 경전을 집대성한 것

(2) 대장경의 간행
① 초조대장경(初彫大藏經, 1087)
  ㉠ 현종 때 거란의 침입을 받은 고려가 부처의 힘을 빌려 이를 물리치고자 대구 부인사에서 간행
  ㉡ 경(經) · 율(律) · 논(論) 삼장으로 구성되었으며, 몽고 침입 때에 불타 버리고 인쇄본 일부가 남음
② 속장경(屬藏經, 1073~1096)
  ㉠ 거란의 침입에 대비, 숙종 때 의천이 고려는 물론 송과 요, 일본 등의 대장경에 대한 주석서인 장 · 소(章疏)를 수집해 편찬
  ㉡ 목록인 〈신편제종교장총록(新編諸宗敎藏總錄)〉을 만들고, 흥왕사에 교장도감을 설치하여 10여 년에 걸쳐 4,700여 권의 전적을 간행
  ㉢ 몽골의 3차 침입 시 소실되고 그 인쇄본의 일부가 전함
③ 팔만대장경(재조대장경, 1236~1251)
  ㉠ 몽고의 침입으로 초조대장경이 소실된 후 부처의 힘으로 이를 극복하고자 고종 때 강화도에 대장도감을 설치(지방에 분사대장도감을 설치)하고, 16년 만에 조판한 후 선원사 장경도감에 보관
  ㉡ 조선 초 해인사로 이동한 후 현재까지 합천 해인사(장경판전)에 8만 매가 넘는 목판이 모두 보존
  ㉢ 방대한 내용을 담았으면서도 잘못된 글자나 빠진 글자가 거의 없을 만큼 정밀한 제작과 글씨의 아름다움 등으로 세계에서 가장 우수한 대장경으로 손꼽힘
  ㉣ 유네스코 지정 세계 기록 유산으로 등재됨

Check Point

팔만대장경
옛날 현종 2년에 거란이 군사를 일으켜 쳐들어왔다. 현종은 남쪽으로 피란하였는데, 거란군은 송악성에 주둔하고 물러나지 않았다. 현종이 여러 신하들과 함께 크게 맹세하고 대장경판본을 새기니 거란군이 스스로 물러갔다. 대장경은 한가지이고, 그때나 지금이나 그것을 새기는 일도 한가지이며, 임금과 신하가 함께 맹세한 것도 또한 같은 것이다. 어찌 거란 군사만 물러가고 지금의 몽골 군사는 물러나지 않겠는가? 오직 부처와 여러 천인(天人)이 얼마나 보살펴 주느냐에 달려 있을 뿐이다.
－〈동국이상국집〉－

5. 도교와 풍수지리 사상

(1) 도교의 발달

① 성행 : 고려 시대에는 유교 · 불교와 함께 성행

② 특징 : 불로장생과 현세구복 추구, 은둔적

③ 활동

    ㉠ 궁중에서는 하늘에 제사를 지내는 초제가 성행

    ㉡ 예종 때 도교 사원(도관)이 처음 건립되어 도교 행사가 개최됨

④ 한계

    ㉠ 불교적 요소와 도참 사상이 수용되어 일관된 체계를 보이지 못하였으며, 교단도 성립하지 못하여 민간 신앙으로 전개됨

    ㉡ 팔관회의 성격 : 도교와 민간 신앙 및 불교가 어우러진 행사

(2) 풍수지리 사상의 발달

① 발달 : 신라 말에 큰 관심의 대상이 되었던 풍수지리설에 미래의 길흉화복을 예언하는 도참 사상이 더해져 고려 시대에 크게 유행(→ 지덕 사상, 인문지리적 성격)

② 국가 신앙화

    ㉠ 태조가 훈요 10조에서 강조한 후 국가 신앙화

    ㉡ 분사 제도(성종), 3소제, 잡과의 지리업

    ㉢ 산천비보도감의 설치

    ㉣ 해동비록 : 예종 때 풍수지리설을 집대성(부전)

③ 영향

    ㉠ 서경 길지설(西京吉地說) : 서경 천도와 북진 정책 추진의 이론적 근거

    ㉡ 남경 길지설(南京吉地說) : 북진 정책의 퇴조와 함께 새로이 한양 명당설이 대두(숙종 때는 동경 대신 남경을 3경에 편입)

제3절 과학 기술의 발달

1. 천문학과 역법, 의학의 발달

(1) 과학 기술의 발달 배경

① 중국과 이슬람의 과학 기술 수용

② 국자감의 기술학 교육 실시 : 율학 · 서학 · 산학 등의 잡학을 교육

③ 과거에서 잡과 실시

④ 천문학 · 의학 · 인쇄술 · 상감 기술 · 화약 무기 제조술 등이 발달

(2) 천문학과 역법의 발달

① 천문 관측

    ㉠ 사천대(서운관) 설치 : 천문과 역법을 맡은 관청으로, 첨성대에서 관측 업무를 수행

    ㉡ 일식 · 혜성 · 태양 흑점 등에 관한 관측 기록이 존재

② 역법

    ㉠ 초기 : 신라 때부터 쓰던 당의 선명력을 그대로 사용

    ㉡ 후기 : 충선왕 때 원의 수시력을 채용, 공민왕 때 명의 대통력 수용

▶ 고려 첨성대(개경)

수시력

고려시대부터 조선 중기까지 사용되었던 것으로 1년을 365.2425일로 계산. 300년 이후 16세기 말 서양에서 개정한 그레고리우스력과 같은 것이다.

(3) 의학의 발달

① 중앙 : 태의감(의료 업무, 의학 교육, 위생 교육 등을 담당)

② 지방 : 학교에 의박사 배치

③ 과거 : 의과 실시

④ 의서

    ㉠ 제중집효방(김영석)

    ㉡ 향약구급방 : 13세기 고종 때 편찬된 현존 최고의 의학 서적, 각종 질병에 대한 처방과 국산 약재 180여 종을 소개

    ㉢ 삼화자향약방 : 향약의 본초학을 연구한 고려의 독자적 의학서

Check Point

역법 발전 과정

• **통일 신라~고려 초기** : 당의 선명력

• **고려 후기** : 원의 수시력

• **고려 말기** : 명의 대통력

• **조선 초기** : 독자적인 칠정산(세종)

• **조선 중기** : 서양식 태음력(효종 이후)

• **을미개혁** : 서양의 태양력

2. 인쇄술의 발달

(1) 목판 인쇄술

① 발달

▶ 고려 대장경

㉠ 신라 때부터 발달하였으며, 송판본의 수입과 경전의 간행으로 고려 시대에 이르러 더욱 발달

㉡ 대장경 판목은 고려의 목판 인쇄술이 최고 수준에 이르렀음을 입증

② 한계

㉠ 한 종류의 책을 다량으로 인쇄하는 데는 적합하나 여러 책을 소량 인쇄하는 데는 활판 인쇄술보다 못함

㉡ 이 때문에 활판 인쇄술의 개발에 힘을 기울여, 후기에는 금속 활자 인쇄술을 발명

(2) 금속 활자 인쇄술

▶ 직지심체요절

① 계기 : 목판 인쇄술의 발달과 금속 활자 인쇄술 발명, 청동 주조 기술의 발달, 인쇄에 적당한 먹과 종이의 제조 등

② 고금상정예문(1234) : 강화도 피난 시 금속 활자로 인쇄(이규보의 〈동국이상국집〉에 기록)하여 시기상 서양보다 200여 년이나 앞섬(부전)

③ 직지심체요절(1377) : 현존하는 세계 최고(最古)의 금속 활자본(세계 기록 유산)으로 청주 흥덕사에서 간행

꼭! 확인 기출문제

다음의 역사적 사실과 시기적으로 가장 가까운 것은? [지방직 9급 기출]

> 목판 인쇄술의 발달, 청동 주조 기술의 발달, 인쇄에 적합한 먹과 종이의 제조 등이 어우러져 세계 최초로 금속 활자를 주조하여 〈고금상정예문〉을 인쇄하였다.

① 난립한 교종의 종파를 화엄종 중심으로 재확립하기 위해 균여를 귀법사의 주지로 임명하였다.

❷ 삼별초는 개경 환도에 반대하여 반기를 들었으며, 진도로 거점을 옮겨 항몽전을 전개하였다.

③ 사림원을 설치하여 개혁 정치를 추진하고, 관료 정치를 회복하기 위해 관제를 바꾸었다.

④ 화약 무기의 필요성을 절감하고, 화통도감을 설치하여 각종 화약 무기를 제조하였다.

🖐 ② 〈고금상정예문(상정고금예문)〉(1234)은 13세기 최씨 무신 정권(최우 집권기)의 강화도 피난 시 금속 활자로 인쇄되었다. 따라서 이와 시기적으로 가장 가까운 것은 삼별초의 항전(1270~1273)이다.

　① 귀법사는 고려 초 광종 때 창건되었으며, 광종은 분열된 교종의 종파를 화엄종 중심으로 재확립하기 위해 균여를 주지로 임명하였다(963).

　③ 사림원은 원 간섭기 충선왕 때 설치된 개혁 정치 기구로, 관제 개편을 단행하고 신흥 사대부 등 인재 등용의 길을 열어 공민왕이 반원 정책을 추진할 수 있었던 터전을 마련하였다.

　④ 고려 말(우왕) 정부는 화통도감을 설치하여 화약과 화포를 제작하였고, 이를 이용하여 진포(금강 하구) 싸움에서 왜구를 격퇴하기도 했다.

(3) 제지술

① 종이 제조를 위해 전국적으로 닥나무 재배를 장려하고, 종이 제조의 전담 관서를 설치함

② 고려의 제지 기술은 더욱 발전하여 질기고 희면서 앞뒤가 반질반질한 종이를 제조, 중국에 수출하여 호평을 받음

3. 농업 기술의 발달

(1) 권농 정책

① 광종 : 황무지 개간 규정을 마련하여 토지 개간을 장려

② 성종 : 무기를 거두어 이를 농기구로 만들어 보급

(2) 농업 기술의 발달

① 개간과 간척

② 수리 시설의 개선 : 김제의 벽골제와 밀양의 수산제를 개축, 소규모 제언(저수지) 확충

③ 농업 기술의 보급 및 발달

　㉠ 직파법 : 논농사에서는 직파법이 주로 행해짐

　㉡ 이앙법과 윤작법 보급 : 고려 말 남부 지방 일부에서 이앙법이 보급되기 시작, 밭농사에서는 2년 3작의 윤작법 보급

　㉢ 심경법 보급 : 소를 이용한 깊이갈이도 널리 보급됨

　㉣ 시비법의 발달 : 연작 상경지의 증가, 농업 생산력 증가

④ 농서의 도입

　㉠ 고려 후기에는 중국의 농서를 도입하여 이용

　㉡ 이암은 원의 〈농상집요〉를 소개 · 보급

농상집요

고려 때 이암이 원으로부터 수입한 농서(중국 최초의 관찬 농서)로서, 화북 농법(밭농사)를 소개하고 있다. 경간 · 파종 · 재상 · 과실 · 약초 등 10문(門)으로 구성되어 있으며, 특히 당시의 새로운 유용 작물인 목화의 재배를 장려한 내용을 포함하고 있다. 그러나 우리나라 실정에 맞지 않는다는 한계가 있었다.

⑤ 목화의 재배 : 고려 말 공민왕 때 문익점이 원에서 목화씨를 들여와 목화 재배가 시작되면서 의생활이 크게 변화

4. 화약 제조와 조선술

(1) 화약의 제조

① 배경 : 고려 말에 최무선은 왜구의 침입을 격퇴하기 위해 중국의 화약 제조 기술을 습득

② 화약 무기의 제조

㉠ 정부는 화통도감을 설치하고 최무선을 중심으로 화약과 화포를 제작, 화포를 이용하여 진포(금강 하구) 싸움에서 왜구를 격퇴

㉡ 화약 무기의 제조는 급속도로 진전

(2) 조선술

① 송과의 해상 무역이 활발해져 대형 범선 제조

② 조운 체계가 확립되면서 조운선 등장

③ 원의 일본 원정과 왜구 격퇴를 위해 다수의 전함을 건조하고 배에 화포를 설치

제4절 귀족 문화와 불교 문화의 발달

1. 문학의 발달

(1) 전기

① 한문학의 발달

㉠ 초기 : 광종 때 실시한 과거제, 성종 이후의 문치주의 성행에 따라 발달(→ 중국을 모방하는 단계에서 벗어나 독자적인 모습을 보임)

㉡ 중기 : 사회가 귀족화되면서 당의 시와 송의 산문을 숭상하는 풍조 대두(→ 한문학에 있어 귀족 문화의 보수성과 사대성이 강화)

② 향가

㉠ 보현십원가 : 광종 때 균여가 지은 11수가 그의 전기인 〈균여전〉에 전해짐

㉡ 쇠퇴 : 중기 이후 한문학의 우세로 점차 한시에 밀려 쇠퇴

(2) 무신 집권기

① 낭만적 · 현실 도피적 경향의 수필 등이 유행

㉠ 임춘 : 〈국순전(麴醇傳)〉에서 술을 의인화하여 현실을 풍자

㉡ 이인로 : 〈파한집(破閑集)〉

② 새로운 경향

㉠ 현실을 제대로 표현하는 데 관심

㉡ 대표적 문인 : 이규보〈동국이상국집〉, 최자〈보한집〉

(3) 후기 문학의 새 경향

① 경기체가(景幾體歌)

㉠ 주체 : 신진 사대부

㉡ 작품 : 한림별곡 · 관동별곡 · 죽계별곡 등

㉢ 성격 : 주로 유교 정신과 자연의 아름다움 묘사

② 설화 문학 : 형식에 구애받지 않은 설화 형식으로 현실을 비판하는 문학도 유행

③ 패관 문학 : 이규보의 〈백운소설〉과 이제현의 〈역옹패설〉이 대표작

④ 가전체 문학 : 사물을 의인화하여 일대기로 구성, 이규보의 〈국선생전(麴先生傳)〉과 이곡의 〈죽부인전(竹夫人傳)〉 등

⑤ 장가(속요)

㉠ 의미 : 민중 사회에서 유행한 작가 미상의 가요

㉡ 작품 : 청산별곡 · 가시리 · 쌍화점 · 동동(動動) · 대동강 · 오관산 · 사모곡 · 이상곡 등

㉢ 성격 : 대부분은 서민의 생활 감정을 대담하고 자유분방한 형식으로 표현

⑥ 한시 : 당시 사회의 부패상을 보여줌, 이제현 · 이곡 · 정몽주 등

2. 서화와 음악의 발달

(1) 서예

① 전기

㉠ 왕희지체와 구양순체가 주류

㉡ 유신, 탄연(인종 때의 승려) 등

② 후기 : 조맹부의 우아한 송설체가 유행, 이암(충선왕)

(2) 회화

① 발달 : 도화원에 소속된 전문 화원의 그림과 문인 · 승려의 문인화로 구분

② 전기 : 예성강도를 그린 이령과 그의 아들 이광필, 고유방 등

▶ 이령의 예성강도

231

▶ 공민왕의 천산대렵도

▶ 혜허의 관음보살도(일본)

③ 후기
 ㉠ 사군자 중심의 문인화와 불화가 유행
 ㉡ 회화의 문학화와 낭만적 경향 : 사군자·묵죽의 유행, 이규보와 이제현의 시화 일치론
 ㉢ 천산대렵도 : 공민왕의 작품으로, 원대 북화의 영향을 받아 필치가 뚜렷하고 표현이 세밀함
④ 불화
 ㉠ 배경 : 고려 후기 관음 신앙이 유행하면서 왕실과 권문세족의 구복적 요구에 따라 많이 그려짐
 ㉡ 내용 : 극락왕생을 기원하는 아미타불도와 지장보살도 및 관음보살도
 ㉢ 대표 작품 : 일본에 현전하는 혜허의 관음보살도(양류관음도와 수월관음도)는 장엄하고 섬세·화려
 ㉣ 사찰·고분 벽화 : 부석사 조사당 벽화의 사천왕상, 수덕사 대웅전 벽화의 수학도 등

(3) 음악, 가면극

① 아악(雅樂)
 ㉠ 송에서 수입된 대성악이 궁중 음악으로 발전
 ㉡ 주로 제사에 사용됨
 ㉢ 고려와 조선 시대의 문묘 제례악이 여기에 해당하며, 오늘날까지도 격조 높은 전통 음악으로 계승
② 향악(鄕樂)
 ㉠ 속악이라고도 하며 우리의 고유 음악이 당악(唐樂)의 영향을 받아 발달한 것
 ㉡ 동동·한림별곡·대동강 등
③ 악기 : 거문고·비파·가야금·대금·장고 등
④ 나례 : 가면극으로 산대희라고도 하며, 나례도감에서 관장

3. 건축, 조각

(1) 건축

① 전기의 건축
 ㉠ 궁궐 건축 : 개성 만월대의 궁궐 터
 ㉡ 사원 건물 : 현화사, 홍왕사 등
② 후기의 건축

㉠ 주심포식 건물(전기~후기)

- 주심포식 : 지붕 무게를 기둥에 전달하면서 건물을 치장하는 공포가 기둥 위에만 짜인 건축 양식(맞배 지붕), 13세기 이후에 지은 주심포식 건물들은 일부 현존
- 안동 봉정사 극락전 : 가장 오래된 목조 건물, 주심포 양식의 엔타시스 기둥(배흘림 기둥)
- 영주 부석사 무량수전(1376) : 주심포 양식과 엔타시스 기둥(배흘림 기둥), 신라 양식을 계승한 고려 최고의 목조 건축물
- 예산 수덕사 대웅전(1308) : 모란이나 들국화를 그린 벽화가 유명

▶ 봉정사 극락전

▶ 부석사 무량수전

▶ 수덕사 대웅전

▶ 주심포식

㉡ 다포식 건물(후기)

- 공포가 기둥 위뿐만 아니라 기둥 사이에도 짜인 건물(팔작 지붕), 세련된 멋을 풍김
- 고려 후기에는 다포식 건물도 등장하여 조선 시대 건축에 큰 영향을 미침
- 황해도 사리원의 성불사 응진전이 대표적, 석왕사 응진전, 심원사 보광전 등

▶ 다포식

(2) 석탑

① 특징

㉠ 신라 양식을 일부 계승하면서 그 위에 독자적인 조형 감각을 가미

㉡ 다각 다층탑이 많았고 안정감은 부족하나 자연스러운 모습

Check Point

주요 탑의 양식 변천
백제 5층탑 → 통일 신라 3층탑 → 고려 다각 다층탑

▶ 불일사 5층 석탑

▶ 무량사 5층 석탑

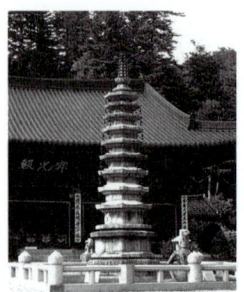

▶ 월정사 8각 9층 석탑

ⓒ 석탑의 몸체를 받치는 받침이 보편화됨

② 대표적 석탑

　ⓐ 고려 전기 : 불일사 5층 석탑(개성), 무량사 5층 석탑
　　(부여), 오대산 월정사 8각 9층 석탑(→ 송대 석탑의
　　영향을 받은 다각 다층 석탑으로 고구려 전통을
　　계승)

　ⓑ 고려 후기 : 경천사 10층 석탑(→ 목조 건축 양식의
　　석탑, 화려한 조각, 원의 석탑을 본뜬 것으로 조선 시
　　대 원각사 10층 석탑으로 이어짐)

▶ 경천사 10층 석탑

(3) 승탑(僧塔)

① 의의 : 승려들의 사리를 안치한 묘탑으로 부도라고도 함, 고려 조형 예술에서
　중요한 위치를 차지

② 성격 : 선종이 유행함에 따라 장엄하고 수려한 승탑들이 다수 제작됨

③ 대표적 승탑 : 고달사지 승탑, 법천사 지광국사 현묘탑, 홍국법사 실상탑 등

　ⓐ 고려 시대의 승탑은 신라 양식을 계승한 팔각원당형이 기본형으로 주류를
　　이루고 있으며, 이러한 형식의 대표적 승탑으로는 고달사지 승탑 등이 있음

　ⓑ 기본형에서 벗어난 대표적인 승탑으로는 평면의 사각형 탑신을 지닌 지광
　　국사 현묘탑과 구형의 탑신을 지닌 홍법국사 실상탑 등이 있음

▶ 고달사지 승탑(여주)

▶ 법천사 지광국사 현묘탑

(4) 불상

① 특징 : 시기와 지역에 따라 독특한 모습을 보임, 균형을 이루지 못하여 조형미
　가 다소 부족

② 철불

　ⓐ 고려 초기에는 광주 춘궁리 철불과 같은 대형 철불이 많이 조성됨

　ⓑ 광주 춘궁리 철불은 우리나라 최대의 철불로, 목에 3가닥의 주름을 표현한
　　삼도(三道)가 선명하게 표시되어 있음

③ 석불

    ⊙ 논산의 관촉사 석조 미륵 보살 입상 : 고려 초기에 제작됨, 동양 최대, 지방 문화 반영, 균형과 비례가 맞지 않음

    ⓛ 안동의 이천동 석불 등

④ 대표적 불상 : 신라 양식을 계승한 부석사 소조 아미타 여래 좌상(→ 가장 우수한 불상으로 평가)

▶ 관촉사 석조 미륵보살 입상   ▶ 부석사 소조 아미타여래 좌상   ▶ 광주 춘궁리 철불

꼭! 확인 기출문제

고려 시대의 건축과 조형 예술에 대한 설명으로 옳지 않은 것은? [지방직 9급 기출]

① 초기에는 광주 춘궁리 철불 같은 대형 철불이 많이 조성되었다.

② 지역에 따라서 고대 삼국의 전통을 계승한 석탑이 조성되기도 하였다.

❸ 팔각원당형의 승탑이 많이 만들어졌는데, 그 대표적인 예로 법천사 지광국사 현묘탑을 들 수 있다.

④ 후기에는 사리원의 성불사 응진전과 같은 다포식 건물이 출현하여 조선시대 건축에 큰 영향을 끼쳤다.

해 ③ 법천사 지광국사 현묘탑은 팔각원당형의 승탑이 아니라 사각형의 특이한 양식으로 만들어졌다. 팔각원당형을 하고 있는 대표적인 승탑으로는 고달사지 승탑이 있다.

① 고려 초기에는 대형 철불이 다수 조성되었는데, 이 시기의 대표적 철불인 광주 춘궁리 철불은 우리나라 최대의 철불로, 목에 3가닥의 주름을 표현한 삼도(三道)가 선명하게 표시되어 있다.

② 고려 시대의 석탑은 신라 양식을 일부 계승하면서 그 위에 독자적인 조형 감각을 가미했다는 것이 특징적이며, 지역에 따라서는 고대 삼국의 전통을 계승한 석탑이 조성되기도 하였다.

④ 고려 후기에는 전기부터 유행한 주심포식 양식 외에, 공포가 기둥 위뿐만 아니라 기둥 사이에도 짜여 있는 다포식 양식이 나타나 조선 시대 건축에도 큰 영향을 미쳤다. 다포식 양식 대표적 건축물로는 황해도 사리원의 성불사 응진전, 석왕사 응진전, 심원사 보광전 등이 있다.

4. 청자와 공예

(1) 공예의 발달

① 배경 : 귀족들의 사치스러운 생활을 충족시키기 위한 예술 중 가장 돋보이는 분야

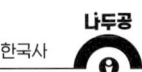

② 특징 : 귀족들의 생활 도구와 불구(佛具) 등을 중심으로 발전, 특히 자기 공예가 뛰어남

(2) 자기

① 발전 과정 : 신라와 발해의 전통과 기술을 토대로 송의 자기 기술을 받아들여 귀족 사회의 전성기인 11세기에 독자적인 경지를 개척

▶ 상감 청자

▶ 사자뉴개 향로

㉠ 순수 청자 : 11세기, 가장 이름난 비취색의 청자로 중국에서 천하의 명품으로 손꼽힘

㉡ 음각·양각 청자의 유행

㉢ 상감 청자 : 12세기 중엽에 고려의 독창적 기법인 상감법이 개발되어 13세기 중엽까지 주류를 이루다 원 간섭기 이후 퇴조

㉣ 명산지 : 전남 강진과 전북 부안, 강화도 등

② 퇴조 : 고려 말 원으로부터 북방 가마의 기술이 도입되면서 청자의 빛깔도 퇴조하여 점차 소박한 분청 사기로 바뀜

(3) 금속 공예

① 발달 양상 : 불구(佛具)를 중심으로 발달

② 은입사 기술의 발달

㉠ 은사(銀絲)로 무늬를 새긴 입사 수법으로, 송에서 유입

㉡ 대표작 : 청동 향로, 버드나무와 동물 무늬를 새긴 청동 정병 등

(4) 나전 칠기(螺鈿漆器)

① 옻칠한 바탕에 자개를 붙여 무늬를 나타내는 나전 칠기 공예가 크게 발달

② 통일 신라 시대에 당에서 수입되었으나 고려에서 크게 발달하였고, 조선 시대를 거쳐 현재까지 전함

▶ 청동 은입사 포류 수금무늬 정병

꼭! 확인 기출문제

고려의 문화에 대한 설명 중 가장 옳은 것은? [서울시 9급 기출]

① 고려의 귀족문화를 대표하는 백자는 상감기법을 이용한 것이다.

❷ 고려는 세계 최초로 금속활자를 발명하였다.

③ 팔만대장경판은 거란의 침입을 물리치기 위한 염원을 담아 만든 것이다.

④ 고려는 불교국가여서 유교문화가 발전하지 못하였다.

해 ② 이규보가 지은 『동국이상국집』의 기록에는 고려 인종 때 최윤의 등이 지은 상정고금예문이 세계 최고의 금속 활자본으로 인정되나 현존하지 않으며, 청주 흥덕사에서 간행된 직지심체요절이 현존하는 세계 최고(最古)의 금속 활자본으로 현재 프랑스 국립도서관에 소장되어 있다.

① 고려의 귀족문화를 대표하는 자기는 상감청자로, 12세기 중엽에 독창적 기법인 상감법이 개발되어 13세기 중엽까지 주류를 이루다 원 간섭기 이후 퇴조하였다.

③ 합천 해인사의 팔만대장경(재조대장경)은 몽고의 침입으로 초조대장경이 소실된 후 부처의 힘으로 이를 극복하고자 고종 때 강화도에 대장도감을 설치하여 16년 만에 완성하였다.

④ 고려시대에는 유교와 불교가 함께 공존하며 발전하였는데, 정치와 교육의 기틀이 된 유교와 호국적이고 현세구복적인 불교가 융합된 독특한 문화를 형성하였다.

조선
전기

위화도 회군
1388년

조선 건국
1392년

훈민정음 창제
1443년

무오사화
1498년

~1600

1592년
임진왜란

1545년
을사사화

1519년
기묘사화

1504년
갑자사화

4편

근세의 성립과 발전

제1장

근세의 통치 구조와 정치 활동

제1절 근세 사회의 성립

1. 조선의 건국

(1) 건국 배경

① 철령위 설치 통보(영토 분쟁) : 고려 우왕 때 명은 원의 쌍성총관부 관할 지역을 직속령으로 하기 위해 철령위 설치를 통보(→ 최영은 요동 정벌을 주장하고 이성계는 이를 반대)

② 위화도 회군 : 이성계는 4불가론을 들어 요동 정벌을 반대, 위화도에서 회군(1388)하여 최영을 제거하고 군사적 실권을 장악

③ 신진 사대부의 분열 : 개혁의 폭과 속도를 두고 우왕 때부터 분열

구분	온건 개혁파	급진 개혁파
주체 및 참여자	• 정몽주, 이색, 길재 • 대다수의 사대부가 참여	• 정도전, 권근, 조준 • 소수의 사대부가 참여
주장	역성 혁명 반대, 고려 왕조 유지(→ 점진적 개혁)	역성 혁명 추진, 고려 왕조 부정(→ 급진적 개혁)
유교적 소양	• 성리학 원리와 수신을 중시 • 왕도주의에 충실하여 정통적 대의명분을 중시 • 애민 의식이 약함	• 성리학 현상과 치국을 중시하고 왕조 개창의 정당성을 강조 • 왕도와 패도의 조화 추구 • 애민 의식이 강함
정치	신하와 군주 간의 명분을 중시	재상 중심, 이상군주론 중시
토지 개혁	전면적 개혁에 반대	전면적 개혁을 주장
불교	불교의 폐단만 시정(타협적)	철저히 배척(비판적)

군사력	군사 세력을 갖지 못해 혁명파를 제거하지 못함	신흥 무인·농민 군사 세력과 연결하여 조선 건국을 주도
영향	사학파 → 사림파	관학파 → 훈구파

(2) 조선의 건국

① 급진 개혁파의 실권 장악 : 급진 개혁파는 이성계 세력(신흥 무인 세력)과 연결하여 혁명파를 이루고 정치적 실권 장악(→ 폐가입진 주장)

② 경제적 기반 마련 : 전제 개혁(과전법, 1391)을 단행하여 자신들의 지지 기반 (신진 사대부의 경제적 기반)을 확대하고 농민의 지지 확보

③ 온건 개혁파 제거 : 정몽주를 비롯한 온건 개혁파 제거, 도평의사사 장악

④ 건국(1392)

    ㉠ 이성계가 군신의 추대와 공양왕의 선양의 형식으로 왕위를 물려받아 건국

    ㉡ 개혁으로 민심을 얻어 역성 혁명을 정당화, 도평의사사의 동의(형식적 절차)를 거침

Check Point

과전법
공양왕 3년(1391)에 실시된 토지 제도이다. 조선의 기본적인 토지 제도가 되었다.

폐가입진(廢假立眞)

폐가입진은 가왕(假王)을 몰아내고 진왕(眞王)을 세운다는 뜻인데, 이는 이성계 세력이 우왕과 창왕을 신돈의 자손이라 하여 폐하고 공양왕을 즉위(1389)시키기 위해 내세운 명분이다. 이로써 이성계는 정치적 실권을 사실상 장악하게 되었다.

근세 사회로서의 조선의 모습

① 정치면

    ㉠ 왕권 중심의 권력 체제를 중앙집권 체제로 전환하여 관료 체제의 기틀 확립

    ㉡ 왕권과 신권(臣權)의 조화를 도모하여 모범적인 유교 정치 추구

② 경제면

    ㉠ 토지에 대한 사적 소유가 진전(과전법 체계 정비)

    ㉡ 자영농 수의 증가(농민의 경작권 보장)

③ 사회면

    ㉠ 양반 관료 사회의 성립(귀족 → 양반), 양인의 수가 증가하고 권익 신장

    ㉡ 과거 제도가 정비되어 능력을 보다 더 중시

④ 사상·문화면

    ㉠ 성리학이 정치적·학문적·사상적 지배 이념으로 정착되고, 일상 생활의 규범으로 기능

    ㉡ 이전 시대보다 교육 기회가 확대되고 과학 기술 등 기술 문화가 진작

    ㉢ 정신 문화와 기술 문화를 진작시켜 민족 문화의 튼튼한 기반 확립

2. 왕권 중심의 집권 체제 정비

(1) 태조(1대, 1392~1398)

① 국호 제정(1393)과 한양 천도(1394)

　㉠ 단군 조선의 역사 의식과 민족 통일 의식을 반영하여 국호를 조선으로 정함

　㉡ 개성 중심의 구질서 탈피, 문화적 융합, 민심 수습 등을 위해 한양으로 천도

② 건국 이념(3대 정책)

　㉠ 사대교린의 외교 정책 : 친명 사대 외교

　㉡ 숭유억불의 문화 정책 : 도첩제로 불교 통제, 사원의 남설 금지

　㉢ 농본민생의 경제 정책 : 국가 기간 산업으로 농업을 중시, 상공업 억제

③ 군제 개편 : 최고 군무 기관으로 의흥삼군부를 개편·설치, 도평의사사의 군무기능 소멸

④ 관리 선발 제도 정비 : 능력 중심의 인재 등용 지향

⑤ 소수 재상 중심의 국정 운영 : 정도전, 조준, 남은 등(→소외된 공신의 불만으로 지배층 알력 발생)

⑥ 정도전의 활약 : 건국 초창기의 문물 제도 형성에 크게 공헌

　㉠ 재상 중심의 정치를 강조하고 민본적 통치 규범을 마련

　㉡ 〈불씨잡변(佛氏雜辨)〉을 통하여 불교를 비판하고 성리학을 통치 이념으로 확립

　㉢ 주요 저서 : 〈조선 경국전〉(왕도 정치 추구, 신권 정치와 민본 정치 강조), 〈경제문감〉, 〈경제육전〉(조례의 수집·편찬), 〈불씨잡변〉·〈심기리편〉(불교 배척, 도교 비판), 〈고려국사〉 등

　㉣ 제1차 왕자의 난(1398)으로 제거됨

왕자의 난

① 제1차 왕자의 난(무인정사·방원의 난·정도전의 난, 1398) : 태조가 방석을 세자로 책봉하고 정도전 등으로 보필하게 하자, 방원(태종)이 난을 일으켜 방석과 정도전을 제거(→ 왕위를 방과(정종)에게 양위)

② 제2차 왕자의 난(방간의 난·박포의 난, 1400) : 방간이 박포와 연합하여 방원에게 대항하였는데, 방원은 이를 제압하고 정종으로부터 왕위를 물려받아 즉위

③ 성격 : 표면적으로는 왕위 계승 분쟁, 내면적으로는 공신 간의 갈등 표출과 개국 공신 세력의 제거 과정

(2) 정종(2대, 1398~1400)

① 개경 천도(1399) : 왕자의 난과 자연 이변을 피하기 위함(→ 태종 때 한양으로 다시 천도)

② 관제 개혁 : 도평의사사를 혁파하고 의정부를 설치, 중추원을 폐지하고 직무를 삼군부에 소속

(3) 태종(3대, 1400~1418)

① 국왕 중심의 통치 체제 정비(왕권 강화)

  ㉠ 의정부 권한의 약화 : 도평의사사를 대신하는 의정부의 정치적 권한을 약화시킴

  ㉡ 육조 직계제(六曹直啓制) 채택 : 왕권을 강화하고 서무를 육조에 분담(의정부를 거치지 않고 직접 국왕의 제가를 받도록 함)

  ㉢ 사병 혁파 : 사병을 혁파하여 국왕이 병권을 장악, 친위군 증대

  ㉣ 언론·언관의 억제 : 언론 기관인 사간원을 독립시키고 대신들을 견제

  ㉤ 외척과 종친 견제 : 왕실 외척과 종친의 정치적 영향력을 약화시킴

육조 직계제

의정부의 서사를 나누어 육조에 귀속시켰다. …… 처음에 왕(태종)은 의정부의 권한이 막중함을 염려하여 이를 혁파할 생각이 있었는데, 이에 이르러 신중히 급작스럽지 않게 행하였다. 의정부가 관장한 것은 사대 문서와 중죄수의 재심뿐이었다.

– 〈태종실록〉 –

② 경제 기반의 안정

  ㉠ 호패법 실시

   • 16세 이상의 양반에서 노비까지 모든 정남에게 발급(→ 여자 제외)
   • 신분에 따른 기재, 직업·계급을 구분, 신분 증명
   • 3년마다 작성하며, 한성부(서울)와 수령(지방)이 관할
   • 목적 : 인력 자원(군역·요역 자원) 확보 및 국민 동태 파악, 호구 및 인정 수 파악

  ㉡ 양전(量田) 사업 실시 : 20년마다 양안 작성

  ㉢ 지방 권세가 통제를 위해 유향소를 폐지

  ㉣ 노비변정도감을 설치하여 억울한 노비나 불법 노비를 해방

③ 억불숭유

  ㉠ 사원을 정리(5교양종 정리)하고 사원전을 몰수

  ㉡ 유교원리의 법제화

   • 서얼 차대법 : 문과응시 금지·한품서용을 통해 서자의 출세 억제(→ 철

▶호패

Check Point

주자소

조선 시대 활자 주조를 담당한 관청으로 태종 3년(1403)에 설치되었다. 이곳에서 조선 최초의 금속 활자인 계미자가 만들어졌다. 세조 6년(1460) 전교서로 개칭하였다.

종 때 신해허통 조치로 폐지)
- 삼가 금지법 : 과부의 혼인을 제한하고 양반 수 증가를 억제(→ 갑오개혁 때 폐지)

④ 기타 업적
- ㉠ 신문고 설치 : 민의 상달(항고) 제도이나 널리 활용되지 못함(→ 근본 목적은 왕권 반대 세력의 색출·제거)
- ㉡ 주자소 설치 : 계미자 등 동활자 주조
- ㉢ 아악서 설치 : 음악 정리
- ㉣ 사섬서 설치 : 저화 발행
- ㉤ 5부 학당 설치 : 중등 교육 기관으로 설치(→ 세종 때 북부학당 폐지로 4부 학당으로 운영)

(4) 세종(4대, 1418~1450)

① 유교 정치의 실현
- ㉠ 의정부 서사제(議政府署事制) 부활 : 육조 직계제와 절충하여 운영(→ 왕권과 신권의 조화)
  - 대부분의 정책을 의정부에서 심의한 후 합의된 사항을 왕에게 올려 결재 (재상 중심의 정치 체제)
  - 인사와 군사 문제, 사형수의 판결 등은 국왕이 직접 처리
- ㉡ 집현전 설치 : 당의 제도와 고려의 수문전·보문각을 참고하여 설치
  - 궁중 내에 설치된 왕실의 학술 및 정책 연구 기관으로, 구성원의 신분과 특권이 보장됨
  - 학문 연구 외에 왕실 교육(경연·서연)과 서적 편찬, 왕의 자문 기능을 담당
  - 유교 교양에 입각한 인재양성, 문물과 전통문화의 정비에 기여
  - 세조 때 폐지되었다가 홍문관(성종), 규장각(정조)으로 변천
- ㉢ 유교 윤리 강조 : 국가 행사를 오례(五禮)에 따라 유교식으로 거행, 사대부의 경우 주자가례의 시행을 장려
- ㉣ 유교적 민본사상의 실현
  - 광범위한 인재의 등용 : 노비·상인·장인에게도 하급 전문직(유외잡직) 개방
  - 청백리 재상의 등용 : 맹사성, 유관, 황희 등
  - 여론의 존중 : 공법상정소, 전제상정소 등을 통해 의견을 물음

② 사회정책과 제도 개혁

ㄱ 토지와 세제의 개혁 : 공법상정소(貢法上程所)와 전제상정소(田制詳定所)를 설치해 전세 인하와 공평과세 추구(→ 전분 6등법, 연분 9등법 시행)

ㄴ 의창제 실시 : 빈민구제

ㄷ 노비 지위 개선 : 재인 · 화척 등을 신백정이라 하여 양민화, 관비의 출산 휴가 연장

ㄹ 사법제도의 개선

- 금부 삼복법(禁府三復法) : 사형수에 대한 복심제(3차례 재판)
- 태형 및 노비의 사형(私刑) 금지, 가혹한 형벌의 금지
- 감옥 시설의 개선

③ 문화 발전

ㄱ 활자 주조 : 경자자, 갑인자, 병진자, 경오자

ㄴ 서적 간행

- 한글 서적 : 〈용비어천가〉, 음운서인 〈동국정운〉, 불경 연해서인 〈석보상절〉, 불교 찬가인 〈월인천강지곡〉 간행
- 〈고려사〉, 〈육전등록〉, 〈치평요람〉, 〈역대병요〉, 〈팔도지리지〉, 〈효행록〉, 〈삼강행실도〉, 〈농사직설〉, 〈칠정산 내외편〉, 〈사시찬요〉, 〈총통등록〉, 〈의방유취〉, 〈향약집성방〉, 〈향약채취월령〉, 〈태산요록〉 등 간행

ㄷ 관습도감 설치 : 박연으로 하여금 아악 · 당악 · 향악을 정리하게 함

ㄹ 불교 정책 : 5교 양종을 선교 양종으로 통합, 궁중에 내불당 건립

ㅁ 역법 개정 : 원의 수시력과 명의 대통력을 참고로 하여 칠정산 내편을 만들고 아라비아 회회력을 참조하여 칠정산 외편을 만듦(→ 독자성)

ㅂ 과학 기구의 발명 : 측우기, 자격루(물시계), 앙부일구(해시계), 혼천의(천체 운행 측정기)

Check Point

의정부 서사제

육조 직계제를 시행한 이후 일의 크고 작음이나 가볍고 무거움 없이 모두 육조에 붙여져 의정부와 관련을 맺지 않고, 의정부의 관여 사항은 오직 사형수를 논결하는 일뿐이므로 옛날부터 재상을 임명한 뜻에 어긋난다. …… 육조는 각기 모든 일을 의정부에 품의하고 의정부는 가부를 헤아린 뒤에 왕에게 아뢰어 (왕의) 전지를 받아 육조에 내려 보내어 시행한다. 다만 이조 · 병조의 제수, 병조의 군사 업무, 형조의 사형수를 제외한 판결 등은 종래와 같이 각 조에서 직접 아뢰어 시행하고 곧바로 의정부에 보고한다. 만약 타당하지 않으면 의정부가 맡아 심의 논박하고 다시 아뢰어 시행토록 한다.

– 〈세종실록〉 –

Check Point

세종의 대외 정책

- 북방 개척 : 4군(최윤덕, 압록강 유역 확보), 6진(김종서, 두만강 유역 확보), 사민 정책
- 쓰시마 섬 정벌 : 이종무로 하여금 정벌(1419), 계해약조 체결(1443)
- 대명 자주 정책 : 금 · 은 · 공녀 진상을 폐지

꼭! 확인 기출문제

다음 정책을 추진한 국왕 대에 있었던 사실로 옳은 것은? [지방직 9급 기출]

옛적에 관가의 노비는 아이를 낳은 지 7일 후에 입역(立役)하였는데, 아이를 두고 입역하면 어린 아이에게 해로울 것이라 걱정하여 100일간의 휴가를 더 주게 하였다. 그러나 출산에 임박하여 일하다가 몸이 지치면 미처 집에 도착하기 전에 아이를 낳는 경우가 있다. 만일 산기에 임하여 1개월간의 일을 면제하여 주면 어떻겠는가. 가령 저들이 속인다할지라도 1개월까지야 넘길 수 있겠는가. 상정소(詳定所)로 하여금 이에 대한 법을 제정하게 하라.

❶ 사형의 판결에는 삼복법을 적용하였다.
② 주자소를 설치하여 계미자를 주조하였다.
③ 국방력 강화를 위해 진관체제를 실시하였다.
④ 도평의사사를 개편하여 의정부를 설치하였다.

(5) 문종(5대, 1450~1452), 단종(6대, 1452~1455)

① 왕권 약화 : 문종이 일찍 죽어 어린 단종이 즉위한 후 왕권이 크게 약화되어,
김종서·황보인 등의 재상이 정치적 실권을 장악

② 정치적 혼란과 민심의 동요 : 계유정난과 이징옥의 난 등이 발생

(6) 세조(7대, 1455~1468)

① 계유정난(1453) : 수양대군(세조)이 정인지·권람·한명회 등과 쿠데타를 일으
켜 김종서·황보인 등의 중신과 안평대군을 축출하고 정치적 실권을 장악(병
권을 독점)

② 반란 진압 및 민심 수습
㉠ 이징옥의 난(1453) 진압 : 집권 전의 반란으로, 이를 진압하고 민심을 수습
㉡ 이시애의 난(세조 13, 1467) 진압 : 세조의 중앙 집권과 지방 차별에 반대하
여 반란을 일으켰으나 진압됨, 그 결과 전국의 유향소가 폐지되고 북도인
을 차별하게 됨

③ 왕권의 강화
㉠ 육조 직계의 통치 체제로 환원, 공신·언관의 견제를 위해 집현전을 폐지,
종친 등용
㉡ 호적 사업을 강화하여 보법(保法)을 실시
㉢ 직전법 실시(과전의 부족에 따라 현직 관료에게 토지를 지급)
㉣ 〈경국대전〉 편찬에 착수해 호조전(戶曹典)·형조전(刑曹典)을 완성(→ 성
종 때 전체 완수)
㉤ 전제 왕권 강화와 부국강병을 위해 유교를 억압하고, 민족종교와 도교, 법
가의 이념을 절충

④ 국방의 강화
㉠ 중앙군으로 5위제 확립(5위도총부에서 관할)
㉡ 진관 체제(鎭管體制) : 변방 중심 방어 체제를 전국적인 지역 중심의 방어
체제로 전환

Check Point

이징옥의 난

함길도 도절제사 이징옥이 일으
킨 반란이다. 이징옥은 김종서를
도와 6진을 개척한 인물로, 수양
대군은 계유정난(1453)을 통해 김
종서와 황보인을 제거하고 병권을
손에 넣은 후 이징옥을 파직하였
다. 수양대군이 임명한 후임자 박
호문에게 인계를 마친 이징옥은
한양으로 가던 중 계유정난의 소
식을 듣고 박호문을 죽인 뒤 군사
를 일으켜 자신을 대금황제라 칭
하였다. 두만강을 건너기 위해 종
성에 머물던 중 종성 판관 정종,
호군 이행검 등의 습격으로 살해
되었다.

Check Point

이시애의 난

함경도의 호족으로 회령 부사를
지내다가 상을 당하여 관직에서
물러난 이시애는 유향소의 불만
및 백성들의 지역 감정을 틈타 세
조 13년(1467. 5) 난을 일으켰다. 그
는 먼저 함길도 절도사를 반역죄
로 몰아 죽였다. 또한 그가 "남도
의 군대가 함길도 군민을 죽이려
한다."고 선동한 결과 함길도의 군
인과 백성이 유향소를 중심으로
일어나 비 함길도 출신 수령들을
살해하는 일이 벌어졌다. 세조가
토벌군을 보내자 이시애는 여진을
끌어들여 대항하였으나 난을 일으
킨 지 3개월만인 8월에 토벌되었다.

Check Point

단종 복위 운동과 사육신·생육신

사육신은 세조의 왕위 찬탈에 저
항하여 단종 복위를 꾀하다 죽
은 사람을, 생육신은 벼슬을 버리
고 절개를 지킨 사람을 말한다. 사
육신으로는 성삼문·이개·박팽
년·하위지·유성원·유응부. 생
육신으로는 김시습·이맹전·성
담수·조려·원호·남효온(또는
권절) 등이 있다.

ⓒ 보법 실시 : 군정(軍丁) 수를 1백만으로 늘림

ⓔ 북방 개척 : 경진북정(1460, 신숙주), 정해서정(1467, 남이 · 강순)

⑤ 불교 장려 : 원각사, 원각사지 10층탑 건립, 궁중에 간경도감을 두고 불서 언해 · 간행

⑥ 기타 제도 · 문물의 정비

ⓐ 인지의 · 규형 발명(→ 토지의 고지 측량 등 양전사업에 활용)

ⓑ 〈경국대전〉 편찬에 착수(→ 호전과 형전 완성)

ⓒ 을해자 · 을유자 등 활자 주조

ⓓ 〈사시찬요〉 · 〈금양잡록〉 등의 간행, 해인사 장경판전을 지어 〈팔만대장경〉을 보관

세조의 왕권 강화책

세조는 강력한 왕권을 행사하기 위해 통치 체제를 다시 6조 직계제로 고쳤다. 또한 공신이나 언관들의 활동을 견제하기 위하여 집현전을 없애고 경연도 열지 않았으며, 그동안 정치 참여가 제한되었던 종신들을 등용하기도 하였다.

(7) 성종(9대, 1469~1494)

① 사림(士林) 등용 : 김숙자 · 김종직 등의 사림을 등용하여 의정부의 대신들을 견제(→ 훈구와 사림의 균형을 추구)

② 홍문관(옥당) 설치 : 학술 · 언론 기관(집현전 계승), 경서(經書) 및 사적(史籍) 관리, 문한의 처리 및 왕의 정치적 고문 역할

③ 경연 중시 : 단순히 왕의 학문 연마를 위한 자리가 아니라 신하(정승, 관리)가 함께 모여 정책을 토론하고 심의

④ 독서당(호당) 운영 : 관료의 학문 재충전을 위해 운영한 제도, 성종 때 마포의 남호 독서당, 중종 때 두모포의 동호 독서당이 대표적

⑤ 관학의 진흥 : 성균관과 향교에 학전과 서적을 지급하고 관학을 진흥

⑥ 유향소의 부활(1488) : 유향소는 세조 때 이시애의 난으로 폐지되었으나 성종 때 사림 세력의 정치적 영향력 확대에 따라 부활됨

⑦ 〈경국대전〉 반포(1485) : 세조 때 착수해 성종 때 완성 · 반포

ⓐ 조선 사회의 통치 방향과 이념을 제시한 기본적 통치 규범

ⓑ 이 · 호 · 예 · 병 · 형 · 공전 등 육전으로 구성, 이전(吏典, 행정법)이 중심

ⓒ 중국의 대명률과는 달리 자녀 균분 상속(→ 장자는 1/5 추가 상속), 토지 · 가옥의 사유권 보장, 연좌제 채택

ⓓ 풍속교화를 위해 재가(再嫁)하거나 실행(失行)한 부녀의 자손과 서얼 자손

의 문과(생원시 · 진사시) 응시를 제한

⑧ **토지 제도** : 직전법 하에서 관수관급제를 실시해 양반관료의 토지 겸병과 세습, 수탈 방지

⑨ **숭유억불책** : 도첩제 폐지(→ 승려가 되는 길을 없앤 완전한 억불책)

⑩ **문물 정비와 편찬 사업** : 건국 이후 문물 제도의 정비를 마무리하고, 〈경국대전〉, 〈삼국사절요〉, 〈악학궤범〉, 〈동국통감〉, 〈동국여지승람〉, 〈동문선〉, 〈국조오례의〉 등을 편찬

⑪ **사창제 폐지** : 폐단이 많았던 사창제를 폐지

꼭! 확인 기출문제

밑줄 친 '왕'의 재위 기간에 있었던 사실로 옳지 않은 것은? [지방직 9급 기출]

> 왕이 이순지, 김담 등에게 명하여 중국의 선명력, 수시력 등의 역법을 참조하여 새로운 역법을 참조하여 새로운 역법을 만들게 하였다. 이 역법은 내편과 외편으로 구성되었다. 내편은 수시력의 원리와 방법을 해설한 것이며, 외편은 회회력(이슬람력)을 해설, 편찬한 것이다.

① 천체 관측 기구인 혼의, 간의 등을 제작하였다.
❷ 경기 지역의 농사 경험을 토대로 금양잡록을 편찬하였다.
③ 경자자(庚子字), 갑인자(甲寅字)등 금속 활자를 주조하였다.
④ 우리 풍토에 맞는 약재와 치료법을 정리한 향약집성방을 편찬하였다.

해 ② 지문은 『칠정산 내외편』에 대한 설명으로 세종 때 만들어졌다. 『금양잡록』(1492)은 성종 때 강희맹의 저서로 토성에 맞추어 적합한 품종과 특성, 내풍성, 농법의 차이 등을 설명하였다.
　① 세종 때 천체 관측기구인 혼의 · 간의가 제작 되는 등 천문분야의 과학 기술이 발달하였다.
　③ 금속활자는 태종 때 계미자(1403)를 주조하였고, 세종 때 경자자(1420), 갑인자(1434) 등을 주조하였으며, 갑인자는 정교하고 수려하여 조선 활자의 걸작이라 불린다.
　④ 『향약집성방』(1433)은 우리 풍토에 맞는 약재 개발과 1천여 종의 병명 및 치료방법을 개발 · 정리하여 조선의학을 학문적으로 체계화 하였다.

제2절 통치 체제의 정비

1. 중앙 정치 체제

(1) 특징

① **유교적 통치 이념 구현** : 중앙 집권과 왕권 · 신권의 조화를 추구

② **재상권의 발달** : 의정부 재상들이 합의를 통해 국왕에게 재가를 얻도록 함

③ **법치 국가** : 〈경국대전〉으로 정치 체제를 법제화(→ 중앙 관제 등을 〈경국대

Check Point

도첩제

승려가 출가할 때 국가에서 허가증을 발급하도록 한 제도이다. 고려 말부터 시행되어 조선 초기에 강화되었다. 조선 태조 때에 승려가 되고자 하는 자는 양반의 경우 포 100필, 양인의 경우 150필, 천인의 경우 200필을 바쳐야 했다. 세조 때에는 교종과 선종 본산에서 시행되는 시험에 합격하고 포 30필을 바치는 사람만이 승려가 될 수 있었다. 이는 〈경국대전〉을 통해 법제화되었는데, 성종 때에는 도첩제 자체를 폐지하여 승려가 되는 길을 막아버렸다.

Check Point

고려와 조선의 법치 체계 차이

조선이 〈경국대전〉을 통해 정치 체제를 법제화한 것에 비해, 고려는 관습법 중심의 국가였다.

전)에 명시)하고 그에 따라 정치

④ 언관 제도의 발달 : 왕권의 견제

ㄱ 삼사 : 정사의 비판과 관리 비위 감찰 등의 언론 기능을 담당하면서 정책 결정 · 집행 과정에서의 착오와 부정을 방지(→ 관료 체제의 균형과 안정을 도모)

ㄴ 순문, 윤대 : 백관과 국민의 의견을 묻고 문무 관원이 임금의 질문에 응대

ㄷ 상소 · 구언 제도 : 여론(민심, 건의 등)을 반영

ㄹ 격쟁상언 : 왕의 행차 시 백성이 징을 치며 억울한 일 등을 호소

ㅁ 유소 · 권당 등 : 성균관 유생의 유소(집단 상소), 소행(시위), 권당(단식 투쟁), 공재 · 공관(성균관을 나와 귀가)

⑤ 학술 정치의 발달

ㄱ 홍문관과 사관(四館) : 행정 및 정책 결정을 학문적으로 뒷받침

ㄴ 춘추관 : 역사서 편찬과 보관을 담당

ㄷ 경연 제도 : 왕에게 경전과 역사를 강의, 중요 정치 현안에 대한 의견 교환 (→ 학술과 정치 세미나 성격을 지니며, 의정부 고관도 참여)

ㄹ 서연 제도 : 세자에 대한 강의, 성균관 입학식을 치른 후 궁 안의 시강원에 서 교육을 받음

(2) 관제

▶ 조선의 중앙과 지방 관제

① 의정부와 육조

ㄱ 의정부 : 최고 관부

249

- 재상 합의 기관으로, 백관의 서정(庶政)을 총괄
- 정1품의 삼정승(영의정 · 좌의정 · 우의정)이 국정 총괄

㉡ **육조(六曹)** : 왕의 명령을 집행하는 행정 기관(이 · 호 · 예 · 병 · 형 · 공조)으로 장관은 판서(정2품), 차관은 참판(종2품)이며, 육조 아래 여러 관청이 소속되어 업무 분담

구분	관장 업무	속사(관할 기관)
이조	내무, 문관 인사와 공훈, 공문	문선사, 고훈사, 고공사 등
호조	재정, 조세, 호구, 어염, 광산, 조운	판적사, 회계사, 경비사 등
예조	의례(제사, 의식), 외교, 학교, 교육(과거)	계제사, 전향사, 전객사 등
병조	무관의 인사, 국방, 우역, 통신, 봉수	무선사, 승여사, 무비사 등
형조	법률, 소송, 노비(장예원)	상복사, 장금사, 장예사 등
공조	토목 · 건축 · 개간, 수공업, 파발, 도량형	영조사, 공야사 등

② **삼사(三司)**

㉠ **기능** : 정사를 비판하고 관리의 비리를 감찰하는 언론 기능

㉡ **특성** : 권력의 독점과 부정을 방지하기 위한 것으로, 삼사의 고관들은 왕이라도 함부로 막을 수 없음

㉢ **구성**
- 사헌부 : 감찰 탄핵 기관, 사간원과 함께 대간(臺諫)을 구성하여 서경(署經)권 행사(→ 정5품 당하관 이하의 임면 동의권), 장은 대사헌(종2품)
- 사간원 : 언관(言官)으로서 왕에 대한 간쟁, 장은 대사간(정3품)
- 홍문관 : 경연을 관장, 문필 · 학술 기관, 고문 역할, 장은 대제학(정2품)

대간(臺諫)
사헌부의 대관(臺官)과 사간원의 간관(諫官)을 지칭하는 말이다. 대관은 관료들의 부정부패를 감시, 탄핵하였고 간관은 임금의 과실을 간쟁하는 것이 주요 임무였다.

③ **기타 기관**

㉠ **승정원** : 왕명을 출납하는 비서 기관(중추원의 후신)으로 국왕 직속 기관, 장은 도승지(정3품)

㉡ **의금부** : 국가의 큰 죄인을 다스리는 기관(고려 순마소의 변형)으로 국왕 직속 기관, 장은 판사(종1품)

㉢ **한성부** : 수도의 행정과 치안을 담당, 장은 판윤(정2품)

ㄹ **춘추관** : 역사서 편찬과 보관을 담당, 장은 지사(정2품)

ㅁ **예문관** : 왕의 교서 제찬, 장은 대제학(정2품)

ㅂ **교서관** : 서적 간행(궁중 인쇄소)

ㅅ **성균관** : 최고 교육 기관(국립 대학)

ㅇ **승문원** : 외교 문서 작성

ㅈ **상서원** : 옥새 · 부절(符節) 관리

ㅊ **경연청** : 임금에게 경서와 치도(治道)를 강론

ㅋ **서연청** : 왕세자에게 경학을 강론

ㅌ **포도청** : 상민의 범죄를 담당하는 경찰 기관(→ 고려 순마소의 변형), 장은 포도대장(종2품)

조선 시대 사법 제도의 특징
① 행정권과 미분화 상태이므로 모든 관부가 담당 업무에 대한 사법권을 가짐
② 지방관은 관할 구역 내에서 민사와 경범(태형)에 한해 사법권을 행사함
③ 감사는 모든 범죄를 다루었으나 중죄와 사형죄는 중앙에 고하여 3심을 받음

 확인 기출문제

다음의 관서와 관련된 서술로 옳지 <u>않은</u> 것은? [지방직 9급 기출]

> 어사대   중서문하성 낭사   홍문관   사헌부   사간원

① 언론과 간쟁을 하는 관서들이었다.
② 중서문하성 낭사와 어사대는 성대(省臺)라고 칭하였다.
❸ 홍문관 · 어사대 · 사간원은 삼사라고 하였다.
④ 왕과 고위 관료의 활동을 견제하여 정치의 균형을 이루게 하였다.

해 ③ 조선 시대의 중앙 관제 중 권력의 독점과 부정을 방지하기 위한 기구인 삼사(三司)는 사헌부, 사간원, 홍문관을 이르는 말이다.
① · ② · ④ 고려 시대 어사대의 관원과 중서문하성의 낭사(郎舍)는 성대(또는 대성(臺省) · 대간(臺諫)) 등으로 불리며, 간쟁(諫爭) · 봉박(封駁) · 서경(署經)의 권한을 행사하였다. 간쟁은 왕의 잘못을 논하는(직언) 것을 말하고 봉박은 잘못된 왕명을 시행하지 않고 되돌려 보내는 것(거부권)을 말하며, 서경은 모든 관리 임명 및 법령의 개폐 · 국왕의 대관식 등에 대한 심사 · 동의를 말한다. 이러한 간쟁 · 봉박 · 서경권은 왕의 전제권을 제한하는 기능을 했다. 조선의 삼사는 정사를 비판하고 관리의 비리를 감찰하는 언론 기능을 담당하였는데, 이는 권력의 독점과 부정을 방지하기 위한 것으로 삼사의 고관들은 왕이라도 함부로 막을 수 없었다.

2. 지방 행정

(1) 조선 시대 지방 행정의 특성

① 지방과 백성에 대한 국가의 지배력 강화(중앙 집권 강화)

Check Point

삼관과 사관
• 삼관(三館) : 홍문관, 예문관, 교서관
• 사관(四館) : 예문관, 교서관, 성균관, 승문원

Check Point

한품서용
기술관과 서얼은 정3품까지, 토관 · 향리는 정5품까지, 서리 등은 정7품까지만 승진 가능

기출 Plus [국가직 9급 기출]

02. 밑줄 친 기구의 기능에 속하는 것은?

> 조선 시대에는 중앙 관서 중 3사의 관원을 우대하였다. 이곳을 거치면 특별한 문제가 없는 한 고위직으로 승진할 수 있었다.

① 외교 문서를 작성하였다.
② 관리의 비리를 감찰하였다.
③ 왕명의 출납을 담당하였다.
④ 옥새와 부절(符節)을 관리하였다.

해 조선 시대의 삼사(3사)는 사헌부 · 사간원 · 홍문관을 지칭하며, 정사를 비판하고 관리의 비리를 감찰하였다. 사헌부는 감찰 · 탄핵, 사간원은 간쟁, 홍문관은 문필 · 학술 · 자문 기구의 역할을 하였다.

 답 **02** ②

㉠ 모든 군현에 지방관 파견(속군 · 속현 소멸), 지방관의 상피제 · 임기제 적용

㉡ 관찰사와 수령의 권한 강화(향리 지위 격하)

② 향, 소, 부곡의 소멸 : 군현으로 승격하여 지방민의 삶의 질 향상

③ 면 · 리 제도의 정착

지방 세력 통제를 위한 상피제와 임기제
- 상피제 : 자기 출신지로의 부임을 금하고(→ 토착 세력화 방지), 부자지간이나 형제지간에 동일 관청에서 근무하지 못하게 하며 친족의 과거 응시 시 고시관 임용을 피하는 제도(→ 권력 집중 및 부정 방지)
- 임기제 : 관찰사 임기는 1년(360일), 수령은 5년(1,800일)

(2) 지방 행정 조직

① 8도 : 감영 소재지

㉠ 전국을 8도로 나누고 크기에 따라 지방관의 등급을 조정

㉡ 관찰사(종2품, 외직의 장) 파견 : 행정 · 감찰 · 사법 · 군사권을 지님(→ 병마 · 수군 절도사 겸직)

② 5부(부윤, 종2품)와 5대 도호부(부사, 정3품)

③ 목 : 전국 20목, 장은 목사(정3품)

④ 군 · 현

㉠ 군 : 전국 82군, 장은 군수(종4품)

㉡ 현 : 전국 175현, 장은 현령(종5품) 또는 현감(종6품)

㉢ 속군 · 속현과 향 · 소 · 부곡을 일반 군현으로 승격하고, 모든 군현에 수령을 파견

⑤ 부 · 목 · 군 · 현의 수령

㉠ 행정 · 사법 · 군사권을 가지고 지방 대민 행정을 담당

㉡ 수령의 불법과 수탈을 견제 · 방지하기 위해 유향소를 설치, 관찰사에게 수령 감찰권 부여, 암행어사 파견

⑥ 면(面) · 리(里) · 통(統) : 전기에 정비, 후기에 완전 정착

㉠ 군현 아래에는 면(면장), 리(이정), 통(통주)을 두었는데, 1개 면은 3~4개의 리로 구성되고, 1개 리는 5개의 통으로 구성

㉡ **오가작통법** : 다섯 집을 하나의 통으로 편성한 것으로 호구 파악, 농민 이탈 방지, 천주교인 색출 등에 활용

Check Point

수령 7사
조선 시대 지방을 다스리던 수령의 7가지 의무 규정을 말한다. 수령의 업무 수행을 국가가 잘 관리할 수 있도록 만들어진 것으로, 수령의 역할 강화를 도모하였다.
1. 농사 및 양잠을 장려할 것
2. 호구를 증식할 것
3. 학교를 일으킬 것
4. 군사 업무를 바르게 할 것
5. 부역을 균등히 할 것
6. 재판을 바르게 할 것
7. 간사하고 교활한 자를 없앨 것

고려와 조선의 향리 비교

구분	고려 시대(권한 강함)	조선 시대(권한 약화)
차이점	• 속현 이하를 실제 관장하는 향촌의 지배 세력, 농민을 사적으로 지배 • 외역전 지급(→ 세습) • 조세 · 공물 징수와 요역 징발의 실무 관장 • 노동 부대 일품군의 지휘관을 겸임 • 과거 응시 및 국립 대학에의 입학권 부여 • 출세에 법적 제한이 없음(신분 상승 가능)	• 수령을 보좌하는 세습적 아전에 불과, 농민의 사적 지배 금지 • 외역전의 지급이 없음(→ 무보수에 따른 폐단 발생) • 조세 · 공물 징수, 요역 징발은 수령이 관장함 • 지방군의 지휘권이 없음 • 문과 응시 불가 • 중앙 양반으로의 편입 불가함(신분 상승 제한)
공통점	지방의 행정 실무를 담당하는 중간 계층으로, 신분과 향직을 세습	

(3) 특수 지방 조직

① 유향소(향청)

㉠ 설치 : 고려 후기 유향소의 후신으로 지방민의 자치 기관, 세조 때 폐지되었다가 성종 때 향청으로 부활

㉡ 기능 : 수령을 감시하고 향리의 비행 규찰, 좌수 · 별감 선출, 정령 시달, 풍속 교정과 백성 교화, 자율적 규약, 향회를 소집하여 여론 수렴 등

② 경재소

㉠ 성격 : 지방 관청의 출장소격으로 고려의 기인과 유사

㉡ 운영 : 서울에는 경재소를 두고 경주인 또는 경저리가 머물며 업무 수행

㉢ 업무 : 서울과 지방(유향소) 간의 연락 및 유향소 통제, 공납과 연료의 조달(→ 차후 방납의 폐단 초래) 등

경저리(京邸吏)·영저리(營邸吏)

경저리(경주인)는 경재소에 근무하며 중앙과 지방 간의 제반 연락 업무를 담당하는 향리를, 영저리는 각 감영에 머물면서 지방과의 연락을 담당하는 지방의 향리를 말한다.

조선 시대 양반 관료 체제의 특성

① 문무 양반제도 : 고려 시대 동반 · 서반 · 남반의 3반은 조선 시대의 양반으로 정립

㉠ 관료적 성격의 문반(동반)과 무반(서반)으로 구분

Check Point

유향소

고려 말~조선 시대에 걸쳐 지방의 수령을 보좌하던 자문 기관이다. 고려 시대의 사심관에서 유래되었다. 조선 시대의 유향소는 자의적으로 만들어져 지방의 풍기를 단속하고 향리의 폐단을 막는 등 지방 자치의 면모를 보였는데, 태종 초에 지방 수령과 대립하여 중앙 집권을 저해하였으므로 태종 6년(1406) 폐지되었다. 그러나 좀처럼 없어지지 않아 유향소를 폐지할 수 없게 되자 세종 10년(1428) 재설치하면서, 이를 감독하기 위해 경재소를 강화하였다. 세조 13년(1467) 이시애의 난 당시 유향소의 일부가 가담했음이 드러나면서 다시 폐지되었지만 성종 19년(1488)에 부활하였다.

ⓒ 법적으로 대등하나 실제로는 문반을 보다 우대하며, 문반에 권력이 집중

ⓒ 경직(의정부와 6조 중심)을 외직(관찰사와 목민관 등)보다 중시하였으나, 서로 고정된 것은 아님(→ 수령을 거쳐야 4품 이상으로 승진하게 함)

② 관계주의

ⓐ 정·종 각 9품이 있어 18품계로 구분되고, 다시 6품 이상은 상·하위로 구분하여 총 30단계로 나뉨

ⓑ 관직과 관계의 결합 : 관직에는 그에 상응하는 관계가 정해져 있음

- 당상관 : 정3품 이상으로 문반은 통정대부(通政大夫), 무반은 절충장군(折衝將軍)을 말함, 고위직을 독점하고 중요 결정에 참여, 관찰사로 임명이 가능
- 당하관 : 정3품 이하 정5품 이상, 문반은 통훈대부(通訓大夫), 무반은 어모장군(禦侮將軍), 실무를 담당
- 참상관 : 정5품 이하 종6품 이상, 목민관(수령)은 참상관 이상에서 임명 가능, 문과 장원 급제시 종6품 참상관에 제수
- 참하관 : 정7품 이하

③ 겸직제 발달

ⓐ 재상과 당상관이 요직 겸직

ⓑ 관찰사의 병마·수군절도사 겸직

④ **지방관 견제** : 상피제와 임기제 실시

3. 군역 제도와 군사 조직

(1) 군역 제도

① 양인개병제와 병농일치제 실시

ⓐ 16세 이상 60세 이하의 모든 양인 남자는 군역을 담당

ⓑ 군역은 양인 농민이 자유인으로서 가지는 권리에 대한 대가의 성격

② 정군(正軍)과 보인(保人)

ⓐ 모든 양인은 현역 군인인 정군이 되거나 정군의 비용을 부담하는 보인(봉족)으로 편성

ⓑ 정군 : 서울·국경 요충지에 배속, 복무 기간에 따라 품계와 녹봉을 받기도 함

ⓒ 보인 : 정남 2명을 1보로 함, 정군 가족의 재정적 지원자로서 1년에 포 2필 부담

③ **면제 대상** : 현직 관료와 학생은 군역이 면제됨, 권리가 없는 노비도 군역 의무가 없음, 상인·수공업자·어민도 제외

④ 종친과 외척·공신이나 고급 관료의 자제들은 특수군에 편입되어 군역을 부담

(2) 군사 조직 및 구성

① 중앙군

Check Point

노비의 군역

노비에게는 권리가 없으므로 군역의 의무도 없었다. 그러나 필요에 따라 특수군으로 편제되는 경우는 있었다.

    ㉠ **국왕 친위대(내삼청)** : 내금위(→ 궁성 수비와 국왕 호위, 장은 내금위장), 우림위(→ 서얼 흡수, 금군 보충, 장은 우림위장), 겸사복(→ 국왕 친위병, 장은 겸사복장)

    ㉡ **5위(5위도총부)**
- 중앙군의 핵심 조직으로 궁궐과 서울을 수비, 장은 도총관(문반 관료)
- 의흥위(중위) · 용양위(좌위) · 호분위(우위) · 충좌위(전위) · 충무위(후위)

    ㉢ **훈련원** : 군사 훈련과 무관 시험 관장, 장은 지사

② **중앙군의 구성** : 정군을 중심으로 갑사나 특수병으로 구성

    ㉠ **정병(정군)** : 각 도에서 번상된 농민 의무병, 복무 기간에 따라 품계만 받는 것이 원칙

    ㉡ **갑사** : 무술 시험으로 선발된 정예 부대(직업 군인), 정식 무반에 속해 근무 기간에 따라 품계와 녹봉을 받음

    ㉢ **특수병** : 왕실과 공신 · 고관의 자제로 편성된 고급 군인, 높은 품계와 녹봉을 받음

③ **지방군** : 도에 병영과 수영을 설치하고, 부 · 목 · 군 · 현에 진을 설치

    ㉠ **진수군** : 지방의 영진에 소속된 군인을 말하며, 영진군(정병) · 수성군(노동 부대) · 선군(수군)으로 구별

    ㉡ **구성 및 복무** : 지방군은 육군과 수군으로 나뉘며, 건국 초기에는 주로 국방상 요지인 영(營)이나 진(鎭)에 소속되어 복무

    ㉢ **진관 체제(鎭管體制)** : 세조 이후 실시된 지역(군 · 현) 단위의 방위 체제(→ 요충지의 고을에 성을 쌓아 방어 체제를 강화)

④ **잡색군(雜色軍)** : 전직 관료 · 서리 · 향리 · 교생 · 노비 등 각계 각층의 장정들로 편성된 정규군 외의 예비군으로, 평상시에는 본업에 종사하면서 일정한 기간 동안 군사 훈련을 받아 유사시에 향토 방위를 담당

(3) 교통 · 운수 및 통신 체계의 정비

① **목적** : 국방과 중앙 집권 체제의 효율적 운영 및 강화

② **교통 수단**

    ㉠ **육로** : 우마가 끄는 수레를 이용

    ㉡ **수로** : 판선(목선)을 이용

    ㉢ **역참(驛站)** : 물자 수송과 통신을 위해 육로는 역원제, 수로는 조운제가 운영됨

③ **교통 · 통신 체계**

    ㉠ **육로** : 역원제(→ 역과 원을 함께 설치 · 운영)

Check Point

지방 군제의 변화

익군 체제(건국 직후) → 영진 체제(진관 체제, 세조) → 제승방략 체제(1555, 을묘왜변 후) → 속오군 체제(임진왜란 당시, 진관 체제의 복구) → 영장 체제(명종)

Check Point

조운
- 지방에서 거둬들인 세곡을 한양으로 운송
- 수로와 해로 이용
- 강창(영산강, 한강 등), 해창(서남 해안)
- 평안도와 함경도 지방의 세곡은 한양으로 운송하지 않고 국방비, 사신 접대비로 현지에서 사용

Check Point

강창과 해창

세곡이나 군량미 등을 보관하던 창고이다. 강가에 지어진 것을 강창, 해안가에 지어진 것을 해창이라고 한다. 강창이나 해창에서 일시 보관된 세곡은 선박을 통해 한양의 경창까지 운송되었다.

- 역(역참제) : 물자 수송과 통신(공문서 전달), 관리의 왕래 등을 위해 주요 도로마다 30리 간격으로 설치(전국 500여 개), 역마 이용 시 마패가 필요, 중앙은 병조에서, 지방은 관찰사와 절도사가 관장
- 원 : 공무 수행 중인 관리나 일반 행인의 숙식 제공을 위해 설치된 공공 여관으로, 고급 관리는 객사를 이용하였고, 일반인은 주막을 이용(→ 사리원, 조치원, 장호원 등)
ⓒ 수로 · 해로 : 조운제(→ 하천과 해안 요지의 조창을 거쳐 중앙의 경창으로 운송)
ⓒ 파발제 : 공문서 전달을 위한 통신 제도로, 임진왜란으로 역원제가 붕괴된 후 선조 때 도입, 공조에서 관장
ⓒ 봉수제 : 국가 비상시나 군사상 긴급 사태 발생 시 연기(낮)와 불빛(밤)으로 알리는 통신 제도로, 서울의 목멱산 봉수대를 중심으로 전국에 600여 개 설치, 관리자로 오장 · 군졸을 둠

4. 관리의 등용과 인사 관리

(1) 과거 제도

① 특성

㉠ 문과와 무과, 잡과가 있으며, 형식상 문 · 무과가 동등하나 실질적으로는 문과를 중시(→ 무과에는 소과가 없으며, 고위 관원이 되기 위해서는 문과에 합격하는 것이 유리)

㉡ 신분 이동을 촉진하는 제도로서 법적으로는, 양인 이상이면 누구나 응시가 가능(→ 수공업자 · 상인, 무당, 노비, 서얼 제외)

㉢ 교육의 기회가 양반에게 독점되어 과거 역시 양반들이 사실상 독점(→ 일반 백성은 경제적 여건이나 사회적 처지로 과거에 합격하기가 어려웠음)

농민의 과거 응시
〈경국대전〉에 따르면 농민도 과거에 응시할 수 있었다. 그러나 이것은 현실적으로 불가능한 일이었다. 유학 교육이 양반 자제들을 중심으로 이루어지는 현실에서 농민이 교육을 받을 수 있는 기회는 거의 없었다. 뿐만 아니라 독학으로 공부를 하는 경우에도 책이나 문방구 등 학습에 필요한 물건들은 일반 농민으로서는 엄두도 내기 힘든 고가품이었다. 또한 제도적인 어려움도 존재했는데 과거 응시자는 아버지 · 할아버지 · 증조할아버지 · 외할아버지의 성명과 관직이 기재된 사조단자와, 응시자의 신원을 보증하기 위하여 6품 이상의 현관이 서명한 신원 보증서를 제출해야 했다.

② 시행

ㄱ 정기 시험 : 식년시, 3년마다 실시

ㄴ 부정기 시험 : 증광시(나라에 큰 경사가 있을 때), 별시(나라에 특별한 행사가 있을 때), 알성시(왕이 성균관의 문묘를 참배한 후), 백일장(시골 유학생의 학업 권장을 위한 임시 시험)

③ 종류 및 선발 인원

ㄱ 대과(문과)

• 과정 : 식년시의 경우 초시(→ 240인 선발, 지역 안배), 복시(→ 33인 선발, 능력주의), 전시(→ 국왕의 친림 아래 최종 시험, 장원 1인 · 갑과 2인 · 을과 7인 · 병과 23인으로 등급 결정)를 거침, 합격자에게 홍패를 지급

• 응시 자격 : 성균관 유생이나 소과에 합격한 생원 · 진사

• 4서 5경과 부 · 표 · 전 · 책 등의 시험

ㄴ 소과(생진과, 사미시)

• 생원과(4서 5경으로 시험)와 진사과(문예로 시험)를 합한 시험, 초시(향시, 지방의 1차 시험)와 복시(회시, 중앙의 2차 시험)로 시험을 보는데, 초시에서는 진사시(초장)와 생원시(종장) 각각 700인을 선발하며 복시에서는 진사시와 생원시 각각 100인(총 200인)을 선발

• 합격자에게 백패를 주며, 성균관 입학 또는 문과(대과) 응시 자격을 부여, 합격 후 하급 관리가 되기도 함

ㄷ 무과(武科)

• 과정 : 문과와 같은 절차를 거치나 대과 · 소과의 구분은 없음, 초시(200명) · 복시(28명) · 전시(갑과 3인 · 을과 5인 · 병과 20인으로 등급 결정, 장원은 없음)를 거쳐 총 28명을 선발, 병조에서 관장하며 합격자에게 홍패 지급

• 응시 자격 : 문과와 달리 천민이 아니면 누구든 응시

• 의의 : 고려와 달리 문 · 무 양반 제도의 확립을 의미

ㄹ 잡과(雜科)

• 과정 : 분야별로 정원이 있으며 예조의 감독하에 해당 관청에서 관장, 합격자에게 백패를 지급하고 일단 해당 관청에 분속(→ 후에 기술관으로 전문적 지식을 습득한 뒤 취재 시험을 거쳐 국가에 봉사)

• 응시 : 주로 양반의 서자와 서리 등 중인 계급의 자제가 응시

• 종류(4과) : 역과(사역원), 율과(형조), 의과(전의감), 음양과(관상감)

ㅁ 승과

• 국초에 실시되었다가 중종 때 폐지되었고, 명종 때 잠시 부활하나 다시 폐지

Check Point

교육과 과거 제도

조선 시대의 교육 제도는 과거 제도와 긴밀히 연결되어 있었다. 그 대표적인 예가 성균관인데, 초시인 생원시와 진사시에 합격한 유생에게는 성균관 입학 기회가 우선적으로 주어졌다. 기숙사생에게는 나라에서 학전(學田)과 외거 노비 등을 제공하였으며, 교육 경비로 쓰이는 전곡은 양현고에서 담당하였다. 또한 의학 · 역학 · 산학 · 율학 · 천문학 · 지리학 등의 기술 교육은 해당 관청을 통해 실시되었다.

▶ 홍패

- 선종시와 교종시가 있었고 30명을 선발, 합격자에게는 법계 및 대선의 칭호를 부여

(2) 특별 채용 시험

① 음서(문음) : 음서의 대상이 2품 이상의 자제로 고려 시대에 비하여 크게 줄었고 취재를 거쳐 시험에 합격해야만 서리직을 주었으며, 문과에 합격하지 않으면 고관으로 승진하기 어려웠음

② 취재(取才) : 과거 응시가 어려운 사람들을 대상으로 한 특별 채용 시험(하급 실무직 임명 시험)으로 산학(호조), 도학(소격서), 화학(도화서), 악학(장악원) 등으로 분류

③ 이과(吏科) : 서리 · 향리 · 아전 선발 시험, 훈민정음이 시험 과목에 포함됨

④ 천거 : 고관(대개 3품 이상)의 추천을 받아 간단한 시험(취재)을 치른 후 관직에 등용(→ 중종 때 조광조에 의해 실시된 현량과)

(3) 인사 관리 제도

① 상피제(相避制) : 권력의 집중과 부정 방지를 위해 시행

② 서경제(署經制) : 인사의 공정성을 위해 5품 이하 관리의 등용 시 서경을 거침

③ 근무 성적 평가 : 고관이 하급 관리의 근무 성적을 평가하여 인사 자료로 삼음

④ 관료적 성격 강화 : 합리적 인사 행정 제도가 갖추어져 관료적 성격이 전 시대보다 강화

제3절 사림의 대두와 붕당 정치

1. 훈구와 사림

(1) 훈구 세력

① 성립 : 세조 집권 이후 공신으로 정치적 실권을 장악 · 세습, 왕실과 혼인하면서 성장

② 기반 : 대지주층, 상공업 이익 독점, 대외 무역에도 관여, 방납으로 경제적 이득 수취

③ 특징 : 선초 관학파의 학풍을 계승하여 문물 제도 정비에 기여, 중앙 집권 체

기출 Plus

[인사위 9급 기출]

03. 조선 시대의 과거 제도에 대한 설명으로 옳은 것은?

① 기술관을 뽑는 잡과는 3년마다 예조에서 실시하였다.

② 문인 관료는 정기 시험인 식년시에서만 선발되었다.

③ 무과는 무예뿐만 아니라 경서 · 병서 등도 시험 과목으로 하였다.

④ 생원 · 진사시는 초시, 복시, 전시의 세 차례 시험으로 이루어졌다.

📖 조선 시대 무과의 시험 과목에는 무예뿐만 아니라 강서(경서 · 병서 등)도 포함되었다. 강서는 복시에만 있는 것으로, 4서 5경(四書五經) 가운데 택일하고 무경 7서(武經七書)에서 택일하여 시험 과목에 포함시키도록 하였다.

Check Point

방납

공물을 대신 납부해 주고 공물 가격에 이자를 더한 값을 받는 것을 말한다.

 답 03 ③

제를 강조하고 중앙 권력을 토대로 향촌 사회를 장악하려 함

(2) 사림 세력

① 성립과 성장

㉠ 고려 말 온건 개혁파인 정몽주 · 길재의 학통을 계승

㉡ 김숙자 · 김종직에 이르러 영남 일대에 세력을 형성한 후 점차 기호 지방으로 확대

㉢ 15세기 중반 이후 중소 지주적인 배경을 가지고 성리학에 투철한 지방 사족들이 영남과 기호 지방을 중심으로 사림으로 성장(→ 영남학파, 기호학파)

② 세력 기반

㉠ 과거와 군공 등으로 신분이 상승한 지방의 중소 지주

㉡ 유향소와 서원, 향약 등을 바탕으로 향촌 사회의 지배 세력 구축

③ 특징 : 훈구 세력에 대응해 자치적 세력 기반을 다지며 성리학적 향촌 질서를 내세움, 도덕 · 의리를 바탕으로 하는 왕도 정치 강조

구분	훈구파(관학파)	사림파(사학파)
활약	• 15세기 집권 세력 • 선초 관학파의 학풍을 계승하여 문물 · 제도를 정비하고 중앙 집권 강화에 기여	• 성종 때 본격적으로 중앙 정계에 진출(주로 전랑과 3사의 언관직에 진출)하여 16세기 이후 학문과 정치를 주도 • 16세기 이후 붕당을 전개
학통	• 정도전 · 권근(여말 급진 개혁파) • 고려 왕조 부정(→유교적 이상 국가 건설을 목표로 급진적 개혁 추구) • 왕조 개창의 정당성 강조, 애민 의식이 강함	• 정몽주 · 길재(여말 온건 개혁파) • 고려 왕조 유지(→ 점진적 개혁) • 정통적 대의명분 강조, 애민 의식 약함
기반	• 실권 장악, 왕실과 혼인으로 성장 • 성균관 · 집현전 • 대토지 소유	• 영남 및 기호 지방을 중심으로 성장 • 서원 등 지방의 사학 기구 • 훈구 세력의 대토지 소유 비판
정치	• 성리학의 치국 중시 • 중앙 집권, 부국강병 • 민생 안정	• 성리학의 원칙에 철저 • 향촌 자치 주장 • 학술과 언론, 왕도 정치 강조 • 도덕 · 의리 · 명분을 중시
학문	• 사장(詞章) 중시 • 성리학 외의 타 학문에 포용적 • 기술학 · 군사학 중시	• 경학(經學) 중시 • 성리학 외의 타 학문 배격(인간 심성과 우주 원리 문제를 철학적으로 탐구하는 성리학이 학문적 주류) • 기술학 · 군사학 천시

사상 및 종교	• 민간 의식 수용 • 격물치지(格物致知) 중시	• 민간 의식 배격, 주자가례 강조(예학과 보학 숭상) • 향사례·향음주례 중시
사관	• 단군 강조(자주 의식) • 〈동국통감〉	• 기자 중시(소중화 의식, 화이관) • 〈동국사략〉, 〈동사찬요〉
문학	표현 형식과 격식을 강조하고 질서와 조화를 내세움, 한문학 발달	흥취와 정신을 중시하여 개인적 감정과 심성을 강조, 한문학 저조
화풍	• 독자적 화풍 개발 • 진취적·사색적·낭만적 산수화와 인물화 유행 • 일본 미술에 영향	• 다양한 화풍 발달 • 자연의 아름다움을 표현 • 강한 필치의 산수화, 사군자 유행

꼭! 확인 기출문제

조선 전기(15~16세기) 사림의 향촌을 주도하기 위한 동향으로 옳지 <u>않은</u> 것은? [국가직 9급 기출]

① 도덕과 의례의 기본 서적인 『소학』을 보급하였다.
② 향사례(鄕射禮), 향음주례(鄕飮酒禮)의 실시를 주장하였다.
③ 향회를 통해서 자신들의 결속을 다지고, 향촌을 교화하였다.
❹ 촌락 단위의 동약을 실시하고, 문중 중심으로 서원과 사우를 많이 세웠다.

해 ④ 조선 후기 양반의 권위가 약화되고 부농층이 성장하여 향촌의 신분질서가 동요하자 양반들은 향촌 지배의 주도권 장악을 위해 향약을 확대하고, 촌락 단위로 동약을 실시하였다. 그리고 자신들의 입지를 공고히 하기 위해 문중을 중심으로 서원과 사우를 건립하기도 했다.
① 중종 때 사림에 의해 『소학』이 보급되었다.
② 향사례와 향음주례는 고려 후기에 성리학과 더불어 전래되었으나 널리 시행되지는 않다가 성종 대에 논의되었다. 김종직을 중심으로 한 사림파는 향사례와 향음주례의 실시를 통해 향촌 질서를 확립하고자 하였다.
③ 향회는 사족이 중심이 되어 운영한 지방자치회의로, 사족들은 이를 통해 결속을 다지고 유교식 풍속으로 향촌을 교화하고자 하였다.

2. 사림의 정치적 성장

(1) 중앙 정계 진출

① 시기 : 성종 때 김종직과 그 문인들의 중용을 계기로 대거 진출(→ 성종은 훈구 세력의 견제와 문물 정비를 위해 사림을 등용)

② 활동 : 과거를 통해 진출하여 주로 전랑이나 삼사의 언관이 되어 언론·문한을

▶ 사림의 계보

담당(→ 훈구 세력을 비판 · 견제하여 훈구와 사림의 균형을 이룸)

(2) 사화(士禍)의 발생

① 사화의 배경 : 훈척 계열의 자기 분열, 사림에 대한 정치적 보복

　㉠ 훈구 세력과 사림 세력의 대립 : 사회 · 경제적 이해 관계의 대립, 정치적 · 학문적 관점의 차이

　㉡ 양반의 증가와 이에 따른 양반 계층의 양극화 현상

　㉢ 언론의 개방, 연산군의 실정, 동요하는 지방 사회의 재편 등

② 무오사화(戊午士禍) · 갑자사화(甲子士禍) : 영남 사림의 대부분이 몰락

　㉠ 무오사화(연산군 4, 1498) : 김종직이 지은 〈조의제문〉을 김일손이 사초(史草)에 올린 일을 문제 삼아 유자광 · 윤필상 등의 훈구파가 김일손 · 김굉필 등의 사림파를 제거

　㉡ 갑자사화(연산군 10, 1504) : 임사홍 등의 궁중 세력이 연산군의 생모인 윤비 폐출 사건을 들추어 정부 세력(한명회 등의 훈구파와 김굉필 · 정여창 등의 사림파)을 축출

③ 중종 반정(中宗反正) : 폭압 정치와 재정 낭비를 일삼은 연산군을 축출(연산군 12, 1506)

④ 조광조의 개혁 정치

　㉠ 개혁의 배경 : 중종은 유교 정치를 위해 조광조 등 사림을 중용

　㉡ 개혁의 방향 : 사림파의 개혁으로 사림 세력을 강화하고 왕도 정치를 추구

　㉢ 개혁의 내용

　　• 현량과(천거과) 실시 : 천거제의 일종인 현량과를 통해 사림을 대거 등용

　　• 위훈 삭제(僞勳削除) : 중종 반정의 공신 대다수가 거짓 공훈으로 공신에 올랐다 하여 그들의 관직을 박탈하려 함(→ 훈구 세력의 불만을 야기해 기묘사화 발생)

　　• 이조 전랑권 형성 : 이조 · 병조의 전랑에게 인사권과 후임자 추천권 부여

　　• 도학 정치를 위한 성학군주론 주장(→ 경연 및 언론 활성화를 주장)

　　• 공납제의 폐단을 지적하고 대공수미법 주장

　　• 균전론을 내세워 토지소유의 조정(분배)과 1/10세를 제시

　　• 향촌 자치를 위해 향약의 전국적 시행을 추진

　　• 불교 · 도교 행사 금지(→ 승과제도 및 소격서 폐지)

　　• 〈주자가례〉를 장려하고 유교 윤리 · 의례의 보급을 추진

　　• 〈소학〉의 교육과 보급운동을 전개(→ 이를 통해 유교적 가치를 강조하고 지주전호제를 옹호)

- 언문청을 설치하여 한글 보급
- 유향소 철폐를 주장

현량과

지난번 조광조가 아뢴 것과 같이 천거로 인재를 뽑는 일은 여럿이 의논한 일입니다. 각별히 천거하는 것은 한의 현량과와 효렴과를 따르는 것이 가합니다. 이것은 자주 할 수는 없으나, 지금은 이를 시행할 만한 기회입니다. 혹 뒤에 폐단이 있을까 염려되고, 혹 공평하지 못할까 염려되기는 하나, 대체로 좋은 일이니 비록 한두 사람이 천거에 빠진다 하더라도 주저할 것 없이 시행해야 합니다. …… 어찌 한두 사람에게 잘못이 있을 것을 염려하여 좋은 일을 폐지하겠습니까?

– 〈중종실록〉 –

⑤ **기묘사화(중종 14, 1519)** : 위훈 삭제 등 조광조의 급격한 개혁은 공신(훈구 세력 등)의 반발을 샀는데, 남곤·심정 등의 훈구파는 모반 음모(주초위왕의 모략)를 꾸며 조광조·김정·김식·정구·김안국 등 사림파 대부분을 제거

⑥ **을사사화(명종 1, 1545)** : 훈척의 권력 다툼에 휩쓸린 사림 세력은 다시 정계에서 밀려남(→ 명종을 옹립한 소윤파 윤원로·윤원형 형제가 인종의 외척 세력인 대윤파 윤임 등을 축출하면서 대윤파에 동조하던 사림파를 함께 숙청)

(3) 사화의 영향

① 정치 기강과 수취 체제의 문란으로 농촌 피폐

② 사림은 낙향하여 향촌 사회에서 세력을 다지며 성장(→ 지방의 서원과 향약이 세력 기반)

 확인 기출문제

〈보기〉의 조선시대 사건을 시간순으로 바르게 나열한 것은? [서울시 9급 기출]

보기
ㄱ. 기묘사화   ㄴ. 을묘왜변
ㄷ. 계유정난   ㄹ. 무오사화

① ㄱ-ㄴ-ㄷ-ㄹ   ② ㄴ-ㄷ-ㄹ-ㄱ
❸ ㄷ-ㄹ-ㄱ-ㄴ   ④ ㄹ-ㄱ-ㄴ-ㄷ

해 ③ ㄷ. 계유정난은 1453년에 수양대군이 단종의 왕위를 빼앗기 위하여 일으킨 사건이다.
ㄹ. 무오사화는 1498년 연산군 때 일어난 사건으로, 4대 사화 중 첫 번째 사화이다. 김종직이 지은 〈조의제문〉을 김일손이 사초(史草)에 올린 일을 문제 삼아 유자광, 윤필상 등의 훈구파가 김일손, 김굉필 등의 사림파를 제거한 사건이다.
ㄱ. 기묘사화는 1519년 중종 때 일어난 사건으로, 4대 사화 중 세 번째 사화이다. 조광조의 급격한 개혁(공신의 위훈 삭제)은 공신(훈구 세력 등)의 반발을 샀는데 남곤, 심정 등의 훈구파가 모반 음모(주초위왕)를 꾸며 조광조, 김정, 김식 등 사림파 대부분을 제거한 사건이다.
ㄴ. 을묘왜변은 1555년 명종 때 왜선 70여 척이 전라남도 영암·강진·진도 일대를 습격한 사건이다.

 Check Point

4대 사화
무오사화, 갑자사화, 기묘사화, 을사사화

기출 Plus [국가직 9급 기출]

01. 다음 정책을 추진한 인물에 대한 설명으로 옳은 것은?

- 소격서 폐지
- 위훈 삭제
- 방납의 폐단 시정

① 경연을 강화하고 언론 활동을 활성화하였다.
② 갑자사화를 주도하여 훈구 세력을 몰아내었다.
③ 소수 서원을 설립하여 유교 윤리를 보급하였다.
④ 관리들에게 '신언패(愼言牌)'를 차고 다니게 하였다.

해 도교 억제를 위한 소격서 폐지와 거짓 공훈으로 공신에 오른 세력에 대한 위훈 삭제, 방납의 폐단 시정 등의 개혁을 추진한 사람은 조광조이다. 조광조는 유교를 바탕으로 한 이상적 왕도 정치를 주장하고 군주의 바른 마음가짐을 강조하였으므로, 경연 강화와 언론 활동의 활성화를 강조하였다.

답 **01** ①

정미사화(명종 2, 1547)
당시 외척으로서 정권을 잡고 있던 윤원형 세력이 반대파 인물들을 숙청한 사건. 문정 왕후의 수렴청정을 비방한 벽서가 발견되어 송인수, 이약수 등을 숙청하고 이언적 등 20명을 유배하였다(양재역벽서사건).

제4절 조선 전기의 대외 관계

1. 명(明)과의 관계

(1) 사대교린 정책(事大交隣政策)

① 조공 관계로 맺어진 중국 중심의 동아시아 기본적 외교 정책으로, 서로의 독립성을 인정된 위에서 맺어져 예속 관계로 보기는 어려움

② 건국 직후부터 명과 친선을 유지하여 정권과 국가의 안전을 보장받고, 중국 이외의 주변 민족과는 교린 정책을 취함

③ 조선 전 시기에 걸쳐 일관된 외교 정책으로 추진(→ 기본적·원칙적 외교 정책)

(2) 명과의 대외 관계

① 선초 명과의 관계 : 자주적 관계가 기본 바탕이며, 초기에 국토 확장과 실리 추구를 두고 갈등과 불협화음이 존재했으나 태종 이후 외교적 긴밀성을 유지하며 활발히 교류

② 명과의 교역

　㉠ 사절의 교환 : 매년 정기적·부정기적으로 사절을 교환

　㉡ 성격 : 명은 기본적으로 정치적 목적이 강했지만, 조선은 빈번한 교류를 통해 문화의 수입과 물품의 교역을 추구하는 자주적 문화 외교(자주적 실리 외교) 추구

　㉢ 교역 형태 : 사신을 통한 조공과 회사(回賜)의 공무역(관무역), 사행을 통한 사무역

　　• 조공 무역(공무역) : 조공은 3년 1공이 원칙(→ 조선은 1년 3공 주장)

　　• 사무역 : 사행 무역, 개시 무역, 후시 무역(밀무역)

　㉣ 교역품 : 말·인삼·모피·모시·종이·화문석을 주로 수출하고, 서적·도자기·약재·문방구·견직물 등을 수입

Check Point

조선 초 대명 정책
조선은 건국 초기에 영토 확장을 추진하였는데, 특히 정도전은 명을 공략하기 위해 군사를 훈련시키고 군량미를 비축하였다. 그러나 그가 이방원에게 살해되고 태조가 왕위에서 물러나면서 대명 정벌 계획은 좌절되었으며, 이후 조선과 명은 친선 관계를 유지하였다.

Check Point

조선 초 명과의 불화

- 요동 진출 문제
- **여진 유민의 송환 문제** : 명이 조선으로 넘어온 여진인의 송환을 요구하면서 조선의 대여진 정책과 충돌하여 발생
- **표전 문제(표전문 사건)** : 정도전이 작성하여 명에 보낸 외교 문서(표전문)의 글귀를 두고 명이 무례하다고 트집을 잡아 발생
- **요동정벌 계획** : 표전 문제 등을 계기로 명에 대한 반발이 발생하여, 정도전, 남은 등이 중심이 되어 요동정벌을 계획(→ 명 태조의 사망, 왕자의 난으로 정도전이 제거되면서 일단락 됨)
- **종계변무 사건(이성계의 출신 문제)** : 태조 이성계가 고려 말의 권신 이인임의 아들이라는 중국 측 기록을 둘러싸고 발생한 갈등 → 조선이 200여 년간 잘못된 기록의 수정을 요청한 결과 1584년에 비로소 이와 관련된 〈대명회전〉의 기록이 수정됨
- **세공 문제** : 명에서 조공으로 바치도록 요구한 금·은의 양과 관련하여 발생
- 공녀 및 화자(환관 후보자) 진헌 문제

꼭! 확인 기출문제

밑줄 친 '갈등'에 대한 설명으로 옳지 <u>않은</u> 것은? [지방직 9급 기출]

> 이성계는 즉위 직후 명에 사신을 보내어 조선의 건국을 알리고, 자신의 즉위를 승인해 줄 것과 국호의 제정을 명에 요청하였다. 명으로부터 승인을 받아 국내의 정치상황을 안정시키기 위함이었다. 그러나 이후 조선은 명과 외교적 <u>갈등</u>을 빚었다.

① 조선으로 넘어온 여진인의 송환을 명이 요구함으로써 생긴 갈등
② 조선이 명에 보낸 외교문서에 무례한 표현이 있다는 명의 주장에 따른 갈등
③ 이성계가 이인임의 아들이었다는 중국 측 기록을 둘러싼 갈등
❹ 조선의 조공에 대한 명 황제가 내린 회사품의 양과 가치가 지나치게 적은 데 따른 갈등

🖎 ④ 역사적 사실과 일치하지 않는다. 즉, 조선과 명의 조공 관계에서 명은 기본적으로 정치적 목적이 강했고 조선은 빈번한 교류를 통한 문화의 수입과 물품의 교역을 추구했는데, 조선의 필요에 의해 조공을 자주 보내 문제가 되는 경우는 있었지만 조공의 회사품의 양과 가치가 지나치게 적어 갈등이 발생한 경우는 없었다.
① 조선 초 명이 조선으로 넘어온 여진인의 송환을 요구하면서 조선의 대여진 정책과 충돌하여 갈등이 발생하였다.
② 정도전이 작성하여 보낸 외교문서(표전문)의 표현이 무례하다고 명이 트집을 잡아 갈등이 발생하였다(표전문 사건).
③ 선초 이성계의 출신과 관련하여, 이성계가 이인임의 아들이었다는 중국 측 기록을 둘러싸고 갈등이 발생하였다(종계변무 사건).

2. 여진과의 관계

(1) 외교 정책

① 적극적 외교 정책 전개 : 영토 확보와 국경 지방의 안정을 위해 추진

② 화전(和戰) 양면 외교 정책

회유책	• 여진족의 귀순을 장려하기 위해 관직이나 토지, 주택 제공 • 사절의 왕래를 통한 무역을 허용 • 국경 지방인 경성과 경원에 무역소를 두고 국경 무역을 허락
강경책	• 정벌 : 국경 침입 및 약탈 시 군대를 동원하여 정벌 • 국경 공략 및 영토 확장 : 4군 6진 개척 • 지역 방어 체제 구축 : 국경 지방에 진(鎭)·보(堡)를 설치

(2) 여진족 토벌과 이주 정책

① 태조 : 일찍부터 두만강 지역 개척

② 세종 : 4군 6진 개척으로 오늘날의 국경선 확정

ㄱ 4군 : 최윤덕, 여연·우예·자성·무창

▶4군 6진의 개척

ⓒ 6진 : 김종서 등, 온성 · 종성 · 경원 · 부령 · 회령 · 경흥
③ 성종 : 신숙주 · 윤필상 등이 압록강과 두만강 이북의 여진족을 토벌
④ 이주 정책
　ⓐ 사민 정책(徙民政策) : 태종~중종, 삼남 지방의 주민을 북방으로 이주
　ⓑ 토관제(土官制) : 토착민을 토관으로 임명하여 민심 수습, 태종 · 세종 · 세조 때 실시

3. 일본 및 동남아시아와의 관계

(1) 일본과의 관계

① 왜구의 침략과 격퇴
　ⓐ 왜구의 침략 : 고려 말부터 조선 초기까지 계속
　ⓑ 대비책 : 수군 강화, 전함 건조, 화약 · 무기 개발
② 강경책 : 이종무는 왜구의 소굴인 쓰시마 섬을 토벌해 왜구의 근절을 약속받음
③ 회유책 : 3포 개항, 계해약조(1443)를 체결하여 제한된 범위의 교역을 허락
④ 교류의 성격 : 조선의 우위에서 이루어졌으며, 조선의 선진 문물이 일본의 발전에 기여

일본과의 관계

1419(세종 1)	쓰시마 섬 정벌	이종무
1426(세종 8)	3포 개항	• 부산포(동래), 제포(진해), 염포(울산) • 개항장에 왜관 설치, 제한된 범위의 교역 허가
1443(세종 25)	계해약조	제한된 조공 무역 허락(→ 세견선 50척, 세사미두 200석, 거류인 60명)
1510(중종 5)	3포 왜란, 임시 관청으로 비변사 설치(1517)	임신약조(1512) 체결(→ 제포만 개항, 계해약조와 비교했을 때 절반의 조건으로 무역 허락)
1544(중종 39)	사량진 왜변	무역 단절, 일본인 왕래 금지
1547(명종 2)	정미약조	세견선 25척, 인원 제한 위반 시 벌칙 규정의 강화
1555(명종 10)	을묘왜변	국교 단절, 제승방략 체제로 전환, 비변사의 상설 기구화
1592(선조 25)	임진왜란, 정유재란(1597)	비변사의 최고 기구화(→ 왕권 약화 및 의정부 · 육조의 유명무실화 초래)
1607~1811	통신사 파견(12회)	국교 재개(1607), 조선의 선진 문화를 일본에 전파
1609(광해군 2)	기유약조	국교 회복, 부산포에 왜관 설치(세견선 20척, 세사미두 100석)

(2) **동남아시아 각국과의 관계**

① 조선 초에는 류큐 · 시암 · 자바 등 동남아시아의 여러 나라와 교류

② 조공이나 진상의 형식으로 토산품을 가져와서 옷 · 옷감 · 문방구 등으로 교환함

③ 류큐에 불경 · 유교 경전 · 범종 등을 전달(→ 문화 발전에 기여)

꼭! 확인 기출문제

조선 전기 일본과 관계된 주요 사건이다. (가)~(라) 각 시기에 있었던 사건으로 옳지 않은 것은?

[서울시 9급 기출]

❶ (가) : 부산포, 제포, 염포 등 3포를 개항하였다.

② (나) : 계해약조를 체결하여 쓰시마 주의 제한적 무역을 허락하였다.

③ (다) : 왜선이 침입하여 을묘왜변을 일으켰다.

④ (라) : 조선은 포로의 송환 교섭을 위해 일본에 사신을 파견하였다.

해 ① 1426년 세종 때 3포(부산포, 제포, 염포) 개항을 하였다. 세종 때 제3차 대마도 정벌 이후 대마도주는 단절된 조선과 교역을 계속 요청하였고, 그들에 대한 회유책으로 3포를 개항하고 왜관을 두어 거주를 허락하였다. (나)시기의 사건이다.

제5절 왜란과 호란

1. 왜군의 침략

(1) 조선의 정세

① 일본과의 대립

㉠ 15세기에 비교적 안정되었던 관계는 16세기에 이르러 대립 격화

㉡ 3포 왜란(중종 5, 1510), 을묘왜변(명종 10, 1555) 발발

㉢ 비변사를 설치하여 군사 문제를 전담, 일본에 사신을 보내 정세 파악

② 정부의 부적절한 대처

Check Point

3포 왜란과 을묘왜변
3포 왜란은 3포에서 거주하고 있는 왜인들이 대마도에 지원을 받아 무역 제한에 불만을 품고 일으킨 난이며 을묘왜변은 조선 명종 때 왜구가 전라남도 영암 · 강진 · 진도 일대에 침입한 사건이다.

- ㉠ 16세기 말에 이르러 사회 혼란이 가중되고 국방력은 더욱 약화
- ㉡ 일본 정세에 대한 통신사의 보고에 있어서도 붕당 간 차이를 보이는 등 국론 분열

(2) 임진왜란(선조 25, 1592)

① 발발
- ㉠ 일본은 표면적으로 정명가도를 내세웠으나, 실제로는 통일 후 불만 세력의 눈을 외부로 돌리기 위해 전쟁을 일으킴
- ㉡ 전국 시대의 혼란을 수습하고 철저한 준비 후 20만 대군으로 조선을 침략

② 초기의 수세
- ㉠ 부산 일대의 함락 : 부산진과 동래성에서 정발과 송상현이 분전하였으나 함락됨
- ㉡ 왜군은 상주와 충주를 거쳐 한양을 점령하고 북상하여 평양과 함경도 지방까지 침입
- ㉢ 전쟁에 대비하지 못한 조정(선조)은 의주로 피난하여 명에 원군을 요청

꼭! 확인 기출문제

다음 자료에 나타난 상황과 관련 있는 사건은? [지방직 9급 기출]

> 경성에는 종묘, 사직, 궁궐과 나머지 관청들이 또한 하나도 남아 있는 것이 없으며, 사대부의 집과 민가들도 종루 이북은 모두 불탔고 이남만 다소 남은 것이 있으며, 백골이 수북이 쌓여서 비록 치우고자 해도 다 치울 수 없다. 경성의 수많은 백성들이 도륙을 당했고 남은 이들도 겨우 목숨만 붙어 있다. 굶어 죽은 시체가 길에 가득하고 진제장(賑濟場)에 나아가 얻어먹는 자가 수천 명이며 매일 죽는 자가 60~70명 이상이다.
>
> –성혼, 「우계집」에서–

① 병자호란　　　　　　　　　❷ 임진왜란
③ 삼포왜란　　　　　　　　　④ 이괄의 난

🔢 ② 성혼은 조선 중기의 문신이자 학자로서, 이이와 동시대의 인물이다. 그가 직접 경험한 전란은 임진왜란이다. 또 주어진 자료에서 알 수 있듯이 경성이 점령당하고 종묘와 사직, 궁궐이 불타버린 전란은 임진왜란이다.
　① 병자호란은 1636년(인조 14)에 청나라가 조선을 침입한 전쟁으로 인조가 남한산성으로 피신하였으나 경성을 점령하고 만행을 저지르지는 않았다.
　③ 삼포왜란은 1510년(중종 5) 부산포, 내이포, 염포 등 삼포에서 거주하고 있던 왜인들이 대마도의 지원을 받아 일으킨 난이다.
　④ 이괄의 난은 1624년(인조 12) 이괄이 주동이 되어 일으킨 반란으로 인조가 공주로 피신하기도 하였지만 경성을 점령하여 만행을 저지르지는 않았다.

2. 수군과 의병의 승리

(1) 수군의 승리

기출 Plus [국가직 9급 기출]

01. 임진왜란 때의 주요 전투를 벌어진 순서대로 바르게 나열한 것은?

> ㄱ. 권율 장군이 행주산성에서 왜군을 크게 무찔렀다.
> ㄴ. 조선과 명나라 군대가 합세하여 평양성을 탈환하였다.
> ㄷ. 진주목사 김시민이 왜의 대군을 맞아 격전 끝에 진주성을 지켜냈다.
> ㄹ. 이순신 장군이 한산도 앞바다에서 왜의 수군을 격퇴하고 제해권을 장악하였다.

① ㄱ → ㄴ → ㄷ → ㄹ
② ㄱ → ㄷ → ㄴ → ㄹ
③ ㄹ → ㄴ → ㄷ → ㄱ
④ ㄹ → ㄷ → ㄴ → ㄱ

🔢 ㄹ 한산도 대첩(1592.7)
　ㄷ 진주 대첩(1592.10)
　ㄴ 평양성 탈환(1593.1)
　ㄱ 행주 대첩(1593.2)

Check Point

김성일과 황윤길
1590년 조선은 황윤길을 정사로, 김성일을 부사로 하는 통신사 일행을 일본에 파견하였다. 이듬해 귀국한 이들은 일본의 정세를 묻는 선조에게 각기 다른 대답을 하였다. 도요토미 히데요시가 조선을 침략할 것이라고 대답한 황윤길과 달리 김성일은 일본이 침략하지 않을 것이라고 하였다. 당시 조선 조정에서는 동인이 우세하였으므로 서인인 황윤길의 의견은 받아들여지지 않았다.

답 **01** ④

① 이순신의 활약

ㄱ 대비 : 판옥선과 거북선 건조, 전함과 무기 정비, 수군 훈련, 군량미 비축

ㄴ 왜군 격퇴 : 80여 척의 배를 거느리고 옥포(1592. 5)에서 첫 승리, 사천포 (1592. 5, 최초로 거북선 등장), 당포(1592. 6), 당항포 등지에서 대승(→ 왜군의 수륙 병진 작전 좌절)

ㄷ 한산도 대첩(1592. 7) : 총공격에 나선 적함을 한산도 앞바다로 유인하여 대파

② 성과 : 남해의 제해권을 장악하여 곡창 지대인 전라도 지방을 지키고 왜군의 침략 작전을 좌절시킴

(2) 의병의 항쟁

① 의병의 구성

ㄱ 자발적 조직 : 전국 각지에서 자발적으로 조직(→ 남부 지방이 가장 활발)

ㄴ 의병의 신분 : 농민을 주축으로 전직 관리와 사림 유학자 및 승려들이 참여

② 의병의 전술

ㄱ 지리적 전술 : 향토 지리에 밝은 이점을 활용한 전술로 왜군에게 큰 타격을 가함

ㄴ 유격 전술 : 정면 공격보다 매복 · 기습 작전을 구사

③ 의병장의 활약

지역	활약 내용
경상도	• 곽재우(최초의 의병) : 경상도 의령에서 거병, 진주성 혈전(1차)에 김시민과 참전, 왜란의 종전 후 관직 제의를 대부분 거절 • 정인홍(합천), 김면(고령), 권응수(영천) 등이 활약
전라도	• 고경명 : 전라도 장흥에서 거병하여 금산성 전투 활약하다 전사(→ 아들 고종후는 진주 대첩(2차) 때 전사) • 김천일 : 전라도 나주에서 최초로 거병하여 수원 · 강화에서 활약, 진주 대첩(2차)에서 고종후와 함께 전사 • 김덕령 : 전라도 담양에서 거병하여 남원에서 활약, 수원 전투에 참전, 이몽학의 난 관련자로 몰려 무고하게 옥사 • 양대박(남원)
충청도	조헌 : 충청도 옥천에서 거병하여 7백 결사대를 결성, 승장 영규(승려 최초의 의병)와 함께 청주 수복, 금산에서 고경명 · 영규 등과 전사
경기도	홍언수 · 홍계남(안성) 등이 활약
강원도	사명대사(유정) : 금강산에서 거병하여 평양 탈환에서 활약, 전후 대일 강화를 위해 일본에 사신으로 가서 포로 송환에 기여
황해도	이정암 : 황해도 연안성에서 거병하여 왜군을 격퇴하고 요충지를 장악

평안도	서산대사(휴정) : 묘향산에서 거병(전국 승병 운동의 선구), 평양 수복에 참전하고 개성 · 한성 등지에서 활약
함경도	정문부 : 전직 관료 출신으로, 함경도 길주, 경성 등에서 활약(→ 길주 전투에 참전해 수복)

④ **관군으로의 편입** : 전쟁이 장기화되면서 관군으로 편입하여 더욱 조직화되었고, 관군의 전투 능력도 한층 강화

3. 전란의 극복과 영향

(1) 전세의 전환

① **수군과 의병의 승전** : 처음 2개월간의 열세를 우세로 전환

② **명의 참전** : 일본의 정명가도에 대한 자위책으로 참전, 조 · 명 연합군이 평양성을 탈환

▶ 임진왜란 당시 관군과 의병의 활동

③ **행주 대첩(1953. 2)** : 평양성을 뺏긴 후 한양으로 퇴각한 왜군을 권율이 이끄는 부대가 행주산성에서 대파

④ **조선의 전열 정비**

  ㉠ 군의 편제 개편 : 훈련도감(중앙군) 설치

  ㉡ 지방군 편제 개편 : 진관 체제에 속오법(束伍法) 절충

  ㉢ 무기 강화 : 화포 개량, 조총 제작

(2) 정유재란(선조 30, 1597)

① **왜군의 재침입**

  ㉠ 휴전 회담의 결렬 : 3년여에 걸친 명과 일본 간 휴전 회담 결렬

  ㉡ 직산 전투(1597. 9) : 조 · 명 연합군이 왜군을 직산(稷山)에서 격퇴

② **명량 대첩(1597. 9)** : 울돌목에서 13척으로 왜군의 배 133척을 격퇴, 왜군은 남해안 일대로 후퇴

③ **노량 해전(1598. 11)** : 도요토미 히데요시 사망 후 철수하는 왜군을 격파, 이순신 전사

Check Point

임진왜란의 3대첩
- 이순신의 한산도 대첩(1592) : 왜군의 수륙 병진 정책을 좌절시킨 싸움이다. 지형적 특징과 학익진을 이용하여 왜군을 섬멸하였다.
- 김시민의 진주성 혈전(1592) : 진주 목사인 김시민과 3,800명의 조선군이 약 2만에 달하는 왜군에 맞서 진주성을 지켜낸 싸움이다. 이 싸움에서의 승리로 조선은 경상도 지역을 보존할 수 있었고 왜군은 호남을 넘보지 못하게 되었다.
- 권율의 행주 대첩(1593) : 벽제관에서의 승리로 사기가 충천해 있던 왜군에 대항하여 행주산성을 지켜낸 싸움이다. 부녀자들까지 동원되어 돌을 날랐다는 이야기로 유명하다.

Check Point

속오군
조선 후기에 속오법에 따라 훈련 · 편성한 지방군이다. 양반에서 노비까지 모두 편제되었으나, 후기로 갈수록 양반의 회피가 증가하였다. 훈련은 농한기에만 이루어지는데, 평상시에는 생업에 종사하고 유사시에 전투에 동원되었다.

수군의 승리 원인
① 문화적 우월성과 자신감 등 잠재적 역량의 우월성
② 자발적 전투 참여 등 국민의 총력전 전개
③ 무기 및 함포 제조 기술의 우수성과 전술의 승리
④ 지휘관의 뛰어난 전술, 정연한 수군 편제

임진왜란 순서
• 임진왜란 발발 : 부산 일대 함락, 정발 · 송상현 패배
• 충주 탄금대 전투 : 신립 패배
• 선조의 의주 피난 : 명에 원군 요청
• 한산도 대첩 : 한산도에서 학익진 전법으로 승리
• 진주 대첩 : 진주목사 김시민이 승리
• 행주 대첩 : 권율 승리
• 명의 휴전 협상
• 정유재란 : 3년여에 걸친 명과 일본 간의 휴전 협상 결렬, 왜군의 재침입
• 명량 대첩 : 울돌목에서 13척으로 133척의 배를 격퇴
• 노량 해전 : 이순신 전사, 정유재란 종결

(3) 왜란의 영향

① 대내적 영향

㉠ **막대한 물적 · 인적 피해** : 전쟁과 약탈, 방화로 인구 격감, 농촌 황폐화, 학자와 기술자 피랍, 식량 및 재정 궁핍(→ 토지 대장과 양안 소실)

㉡ **경지 면적 감소** : 전쟁 전 170만 결에서 54만 결로 격감

㉢ **문화재 소실** : 경복궁, 불국사, 서적 · 실록, 전주 사고를 제외한 4대 사고(史庫) 소실

㉣ **사회 혼란** : 공명첩 발급과 납속책 실시 등으로 신분제가 동요, 이몽학의 난(1596) 등 농민 봉기 발생

㉤ **비변사 강화와 군제 개편** : 훈련도감(삼수미세 징수) 설치, 속오군(양천혼성군) 창설

㉥ **서적 편찬** : 이순신의 〈난중일기〉, 유성룡의 〈징비록〉, 허준의 〈동의보감〉 등

㉦ **무기 발명** : 거북선, 비격진천뢰(이장손), 화차(변이중) 등

㉧ 고추 · 호박 · 담배 등이 전래됨

Check Point

징비록
유성룡이 임진왜란(1592~1598) 동안 경험한 사실을 기록한 책이다. 대부분 임진왜란 이후의 일을 다루고 있으나, 임진왜란 이전 대일 관계에 있어서의 교린 사정을 일부 기록함으로써 임진왜란의 배경을 밝히고자 하였다. 임진왜란의 원인, 전황 등이 기록되어 있어 임진왜란 연구에 있어 귀중한 사료로 평가받고 있다.

공명첩, 납속책
- 공명첩(空名帖) : 나라의 재정을 보충하기 위하여 부유층에게 돈이나 곡식을 받고 팔았던 명예직 임명장
- 납속책(納粟策) : 군량 및 재정의 부족을 보충하기 위해서 천한 신분을 면해 주거나 관직을 주는 것을 말하는데, 곡식의 많고 적음에 따라 면천납속(免賤納粟)과 수직납속(受職納粟)을 실시

이몽학의 난
선조 29년(1596) 충청도 홍산을 중심으로 일어난 반란이다. 이몽학은 임진왜란 직후 굶주린 농민을 "왜적의 재침입을 막고 나라를 바로잡겠다."라는 명분으로 선동하여 청양·대흥을 휩쓸고 홍주를 공격하였다. 홍주 목사 홍가신은 민병을 동원하여 반격하고, 이몽학에게 현상금을 걸어 반란군의 분열을 도모하였다. 이몽학의 부하인 김경창과 임억명은 전세가 불리함을 알자 이몽학의 목을 베어 투항하였고, 반란의 배후 인물인 한현도 체포되면서 반란은 평정되었다.

② 대외적 영향
　㉠ 일본
　　• 활자·그림·서적을 약탈하고 성리학자와 활자 인쇄공, 도공 등을 포로로 데려감(→ 일본 성리학과 도자기 문화 발달의 토대)
　　• 도쿠가와 막부 성립의 계기
　㉡ 중국 : 명의 참전 중 북방 여진족이 급속히 성장, 명은 쇠퇴(→ 명·청 교체의 계기)

4. 광해군의 중립 외교와 인조 반정

(1) 대륙의 정세 변화
　① 후금의 건국(1616) : 임진왜란 중 명이 약화된 틈에 여진의 누르하치가 후금을 건국
　② 후금의 세력 확장 : 후금이 명에 선전 포고(1618)(→ 명은 조선에 지원군 요청)

(2) 광해군(1608~1623)의 정책
　① 대내적 : 전후 수습책 실시, 북인(대북) 중심의 혁신 정치 도모
　② 대외적 : 명과 후금 사이에서 국가 생존을 위해 실리적인 중립 외교 정책을 전개
　㉠ 성격 : 임진왜란 때 도운 명의 요구와 후금과의 관계를 모두 고려
　　• 광해군은 강홍립을 지휘관으로 파병(1619)하면서 상황에 따라 대처하도록 지시

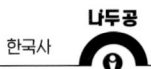

• 조·명 연합군은 후금군에게 패하였고 강홍립 등은 후금에 항복

    ⓒ 경과 : 명의 원군 요청을 적절히 거절하며 후금과 친선을 꾀하는 중립 정책 고수

(3) 인조 반정(1623)

  ① 배경 : 서인 등의 사림파는 광해군의 중립 외교 정책과 성리학자에 대한 비판, 여러 패륜 행위(임해군과 영창대군 살해, 인목대비 유폐) 등에 불만을 지님

  ② 경과 : 서인인 이귀, 김유, 이괄 등이 거병하여 광해군을 축출하고 능양군을 인조로 옹립하는 인조 반정을 일으킴

  ③ 결과 : 인조 반정으로 집권한 서인은 존왕양이와 모화 사상 등을 기반으로 친명배금 정책을 실시하여 후금을 자극(→ 호란의 원인으로 작용)

정여립

조선 선조 때의 문신이자 사상가이다. 이이와 성혼 문하로 서인에 속하였으나, 이이 사후 동인과 가까이 지내면서 이이·박순·성혼을 비판하여 왕의 미움을 사 관직에서 물러났다. 이후 낙향하여 활쏘기 모임 등을 통해 대동계를 조직하였으며, 선조 20년(1587) 왜구가 손죽도에 침입하자 대동계를 이끌고 이를 물리쳤다. 선조 22년(1589) 반란으로 고발되어 관련자들이 체포되자 죽도로 도망하였다가 자살하였다. 정철 등의 서인이 이 사건을 처리하였는데, 그 과정에서 정여립과 가깝게 지냈다는 이유로 다수의 동인이 처형되는 기축옥사가 일어나 동인 세력이 크게 약화되었다. 정여립에 대해서는 여러 가지 설이 있는데, 그를 역모 인물로 보는 설이 있는 반면 '천하에는 일정한 주인이 따로 없다', '누구라도 임금을 섬길 수 있다'라는 주장을 한 혁신적인 사상가로 보는 설도 있다.

5. 호란의 발발과 전개

(1) 정묘호란(인조 5, 1627)

  ① 원인

    ㉠ 서인은 광해군의 중립 외교 정책을 비판하며 친명배금 정책을 추진

    ⓒ 명의 장군 모문룡이 평안도 철산군 가도에 주둔할 때 서인 정권이 이를 지원하여 후금을 긴장시킴(가도 사건)

    ⓒ 이괄의 난(1624)으로 난의 주모자 한명련이 처형되자 그 아들이 후금으로 도망하여 인조 즉위의 부당성과 조선 정벌을 요청

  ② 경과

    ㉠ **후금의 침략** : 평안도 의주를 거쳐 황해도 평산에 이름, 인조는 강화도로 피난

    ⓒ **의병의 항쟁** : 철산 용골산성의 정봉수와 의주의 이립 등이 기병하여 관군

Check Point

이괄의 난

이괄은 인조 반정에 참여하여 많은 공을 세웠으나, 반정 계획에 늦게 참가했다는 이유로 2등 공신에 올라 한성부윤에 임명되었다. 이후 이괄은 평안 병사로 좌천되어 평안도 영변으로 부임하였다. 불만을 품은 이괄은 반란을 꾀하다가 적발되었는데, 그를 압송하기 위해 의금부 도사가 오고 있다는 연락을 받은 그는 인조 2년(1624) 반란을 일으켰다. 한때 한양을 점령하기까지 했던 반란군은 안령에서 대파되었으며, 이괄의 부하인 기익헌과 이수백 등이 주모자인 이괄·한명련 등을 살해하고 관군에 투항하면서 반란은 평정되었다.

과 합세

③ 결과

　　㉠ 강화 : 후금의 군대는 보급로가 끊어지자 강화를 제의(→ 후금의 목표는 대
　　　　륙의 장악에 있었으므로 쉽게 화의)

　　㉡ 정묘약조 체결 : 형제의 맹약, 군대 철수, 조공의 약속 등(→ 명과의 계속적
　　　　인 외교는 허용됨)

(2) 병자호란(인조 14, 1636)

① 원인

　　㉠ 청의 건국 : 후금은 세력을 계속 확장하여 국호를 청으로 바꾸고 심양을 수
　　　　도로 건국

　　㉡ 인조의 계속적인 반청 정책

　　㉢ 청의 군신 관계 요구에 대해 주화론(외교적 교섭)과 주전론(척화론, 전쟁
　　　　불사)이 대립

② 경과

　　㉠ 대세가 주전론으로 기울자 청은 다시 대군을 이끌고 침입

　　㉡ 인조는 남한산성으로 피난, 45일간 항전하다 주화파 최명길 등이 청과 강
　　　　화(→ 삼전도에서 굴욕적인 강화)

③ 결과

　　㉠ 조선은 청과 군신 관계를 맺고, 명과의 외교를 단절

　　㉡ 두 왕자와 강경 척화론자(김상헌, 홍익한 · 윤집 · 오달제의 삼학사)들이 인
　　　　질로 잡혀감

김상헌과 최명길

• 김상헌 : 강직한 성격으로 인해 광해군에 대해 비판적인 입장을 취했으며 인조 반정 이후 정권을 잡은
서인들과도 잦은 의견 충돌을 보였다. 병자호란 당시 예조 판서로 있으면서 청에 맞서 싸울 것을 주장
하였는데, 강화가 굳어진 후 최명길이 작성한 항복 문서를 찢고 통곡하였다는 것은 유명한 일화이다.
청으로부터 위험 인물로 지목되어 4년여 동안 청에 억류되었다가 소현세자와 함께 귀국하였으며 효종
때 좌의정에 올랐다.

• 최명길 : 인조 반정의 공신이기도 한 그는 양명학에 관심을 보이고 그 사상을 후대에 이어준 중요한 인
물로 평가되고 있다. 이괄의 난이 발발했을 때는 진압에 결정적인 계기를 마련하였으며 병자호란 초기
에는 목숨을 걸고 적장에게 항의하여 인조가 남한산성으로 피신할 시간을 벌기도 하였다. 병자호란 후
국외적으로는 조선과 청을 오가며 패전국으로서 겪는 어려움을 당당하게 해결해 나갔으며 국내적으로
는 많은 개혁안을 실행에 옮겨 민생을 돌보았다. 명분론이 우세한 조선 사회의 분위기상 폄하되었던 그
는 오늘날 외부의 압력에 굴하지 않는 강직함과 시대의 변화에 적응하는 유연함을 동시에 갖춘 인물로
평가받고 있다.

Check Point

주전론과 주화론

• 주전론(척화론) : 성리학의 명분
론을 강조하여 청을 응징할 것
을 주장. 김상헌 · 윤집 · 오달
제, 홍익한

• 주화론 : 명분보다 실리를 강조
하는 현실론을 바탕으로 청과
외교를 하고 내치를 강화할 것
을 주장. 최명길 · 이귀 등 양명
학자

 [지방직 9급 기출]

**02. 조선 시대 각 시기별 대외
관계에 대한 설명으로 옳지 않
은 것은?**

① 15세기 : 류큐에 불경이나
불종을 전해주어 그곳 불교
문화 발전에 기여하였다.

② 16세기 : 을묘왜변이 일어
나자 비변사로 하여금 군사
문제를 처리하도록 하였다.

③ 17세기 : 정묘호란과 병자
호란의 패배로 인해 청에
대한 문화적 열등감이 팽배
해졌다.

④ 18세기 : 청과 국경분쟁이
일어나 양국 대표가 백두산
일대를 답사하고 정계비를
세웠다.

🖪 호란 이후 조선에서는 청에
대한 적개심, 명과 관계에 있
어 소중화의식과 문화적 우
월감 등이 팽배해져 북벌론
이 제기되었다.

 답 02 ③

(3) 호란의 영향

① 서북 지방의 황폐화

② 굴욕적인 충격으로 인한 적개심, 소중화의식, 문화적인 우월감 등으로 북벌론이 제기됨

6. 북벌 운동의 전개

(1) 북벌론(北伐論)

① 의미 : 오랑캐에게 당한 수치를 씻고, 조선을 도운 명에 대한 의리를 지킴

② 형식적 외교

　㉠ 군신 관계를 맺은 후 청에 사대하는 형식의 외교를 추진

　㉡ 내심으로는 은밀하게 국방에 힘을 기울이면서 청에 대한 북벌을 준비

③ 실질적 배경 : 왕권 강화(→ 양병을 통해 왕권 확립)와 서인 정권 유지를 위한 수단(명분)

④ 전개

　㉠ 초기 : 효종은 청에 반대하는 송시열 · 송준길 · 이완 등을 중용하여 군대를 양성(어영청 등)하고 성곽을 수리

　㉡ 후기 : 숙종 때 윤휴를 중심으로 북벌의 움직임이 제기됨

⑤ 경과 : 효종의 요절 등으로 북벌은 큰 성과를 거두지 못하고 쇠퇴하다 18세기 후반부터 청의 선진 문물을 배우자는 북학론이 대두

(2) 나선 정벌(羅禪征伐)

① 배경 : 러시아의 남하로 청과 러시아 간 국경 충돌이 발생하자 청이 원병을 요청

② 내용

　㉠ 제1차 나선 정벌(효종 5, 1654) : 헤이룽강(흑룡강) 유역에 침입한 러시아군을 변급이 격퇴

　㉡ 제2차 나선 정벌(효종 9, 1658) : 헤이룽강 유역에서 신유가 조총군을 이끌고 러시아군을 격퇴

Check Point

나선 정벌

나선은 러시아를 지칭하는 말이다. 남하하는 러시아 세력과 충돌한 청은 총포로 무장한 러시아군에 연패하였다. 이에 청은 임진왜란 이후 조총을 사용하는 조선에 총수병의 파병을 요청하였고 조선은 이를 받아들였는데, 이것이 제1차 나선 정벌이다. 이후 청은 자국의 군대만으로 러시아군의 거점을 공격하였다가 패배하고 다시 조선에 파병을 요청하였는데, 조선이 이를 받아들이면서 제2차 나선 정벌로 이어졌다.

꿀! 확인 기출문제

임진왜란과 병자호란 사이의 시기에 있었던 사실들을 모두 고른 것은? [지방직 9급 기출]

> ⊙ 선조가 왜란이 끝나기 전에 사망하자 그의 뒤를 이어 광해군이 왕위에 올랐다.
> ⊙ 광해군을 추종한 북인은 동인 중에서 이황 문인을 제외한 파벌들이 연합한 붕당이었다.
> ⊙ 광해군은 명과 후금 사이의 싸움에 말려들지 않는 실리 정책을 폈다.
> ⊙ 인조 반정으로 권력을 잡은 서인정권은 광해군의 대외 정책을 계승하였다.

① ⊙, ⊙   ❷ ⊙, ⊙
③ ⊙, ⊙   ④ ⊙, ⊙

해 ② 왜란의 기간은 1592년(선조 25)에서 1598년까지이며, 병자호란은 1636년(인조 14)에서 1637년까지이다.
　　⊙ 동인이 남인과 북인으로 분열된 것은 임진왜란 직후이며, 북인은 광해군을 추종하였다. 동인은 정여립 모반 사건(1589)
　　　과 정철의 건저 상소 사건(1591)을 거치며 서인에 대한 처벌을 두고 온건파인 남인과 강경파인 북인으로 분열되었는데,
　　　남인은 이황 학파, 북인은 서경덕 학파와 조식 학파로 구성되었다.
　　⊙ 광해군(1608~23)은 명과 후금 사이에서 실리적인 중립 외교 정책을 전개하였다.
　　⊙ 선조(1567~1608)는 왜란이 끝난 후에도 생존하며, 유정(사명대사)을 보내 일본과 다시 강화를 맺고 왜관을 열어 국교를
　　　재개하였다(1607).
　　⊙ 인조 반정(1623)으로 집권한 서인 정권은 광해군의 중립 외교 정책을 비판하고 친명배금 정책을 전개하여 후금을 자극
　　　하였는데, 이는 이후 호란의 원인으로 작용하였다.

제2장

근세의 경제 구조와 경제 생활

제1절 경제 정책과 제도

1. 농본주의 경제 정책

(1) 정책의 배경

① 왕도 정치와 민생 안정 : 국가 재정의 확충과 왕도 정치 사상에 입각한 민생 안정을 위해 농업 진흥이 필요(→ 위민·애민을 중시하는 왕도 정치 사상에서는 민생 안정을 강조)

② 성리학적 경제관 : 조선 건국의 주도세력인 신진사대부는 성리학적 경제관점에서 농업 중심의 경제구조를 강조(중농정책)

(2) 중농 정책의 실시

① 토지 개간 장려 : 적극적인 양전사업의 전개로 경지면적이 50여만 결에서 15세기 중엽 160여만 결로 증가

② 농업기술 및 농기구 개발 : 농업 생산력 향상을 위한 새로운 농업기술·농법, 농기구 등을 개발하여 민간에 보급

③ 농민의 조세부담 경감 : 농민의 조세 부담을 경감하여 민생 안정을 도모

Check Point

국가의 상공업 통제 약화
16세기에 이르러 통제력이 약화되면서 상공업에 대한 통제 정책은 해이해지고 상공업에 대한 통제 체제가 무너져 감에 따라 점차 국내 상공업과 무역이 활발하게 전개되었다.

(3) 상공업 정책

① 상공업의 통제 : 유교적 농본억상 정책에 따라 국가가 통제(→무허가 영업을 규제)

② 직업적 차별 : 사·농·공·상 간의 직업적인 차별로 상공업자를 천대

③ 유교적 경제관 : 검약을 강조하여 소비는 억제

④ 자급자족적 농업 중심의 경제

　　㉠ 상공업 활동 · 무역 등이 부진, 도로와 교통수단도 미비

　　㉡ 화폐의 보급 · 유통이 부진하고 약간의 저화와 동전만이 삼베 · 무명 · 미곡

　　　과 함께 사용

2. 토지 제도

(1) 과전법(科田法)의 시행

① 과전의 의미 : 관리들에게 준 토지로, 소유권이 아니라 수조권을 지급

② 토지 제도의 운영 방향 : 고려와 마찬가지로 관리의 경제 기반 보장과 국가 재
　　정 유지

③ 목적 : 국가 재정 기반과 건국에 참여한 신진 사대부의 경제 기반을 확보, 농
　　민 생활 향상

수조권에 따른 공전·사전

왕토 사상으로 인해 토지의 소유권은 원칙적으로 국가에 있는데, 과전법상의 토지는 수조권에 따라서는 공전(公田)과 사전(私田)으로 구분할 수 있으며, 이때 수조권이 국가에 있는 것은 공전, 개인 · 기관에 있는 것은 사전이다. 공전은 고려 시대의 민전 등 대부분의 일반 농민이 소유하고 있던 것을 국가가 징세의 대상으로 파악한 것으로서, 국가는 농민들에게 경작권을 보장하는 대신 조(租)를 징수하였다.

(2) 과전법의 특성

① 신진 사대부의 경제적 기반 : 관리가 직접 수조권 행사(→ 사대부 우대 조항)

② 세습 불가의 원칙과 예외 : 1대(代)가 원칙이나, 수신전 · 휼량전 · 공신전 등은
　　세습(→ 사대부 우대 조항)

③ 1/10세 규정 : 공 · 사전을 불문하고 생산량의 1/10세를 규정하여, 법적으로 병
　　작반수제를 금지하고 농민을 보호

④ 농민의 경작권 보장 : 수조권자 · 소유권자가 바뀌어도 이를 보장해 농민의 지
　　지를 유도

⑤ 현직 · 전직 관리(직 · 산관)에게 수조권 지급

(3) 과전법의 내용

① 대상 : 수조지를 경기 지방의 토지로 한정하여 전지만 지급

② 종류

　　㉠ 과전 : 관리(직 · 산관의 모든 관료)에게 나누어 준 일반적 토지로 원칙상

세습 불허, 최고 150결(1과)~최하 10결(18과)

    ⓒ **공신전** : 공신에게 지급, 세습 · 면세

    ⓒ **별사전** : 준공신에게 지급되는 토지(3대에 한하여 세습, 경기도 외에도 지급)

    ⓔ **내수사전(궁방전)** : 왕실 경비 충당을 위해 지급

    ⓜ **공해전과 늠전(관둔전)**

       • **공해전** : 중앙 관청의 경비 충당을 위해 지급

       • **늠전 · 관둔전** : 지방 관청의 경비 충당을 위해 지급

    ⓗ **역둔전** : 역의 경비 충당을 위해 지급

    ⓢ **수신전** : 관료 사망 후 그의 처에게 세습되는 과전

    ⓞ **휼양전** : 관료 사망 후 그의 자녀가 고아일 때 세습되는 과전

    ⓩ **군전** : 전직 문 · 무관이나 한량(閑良)에게 지급

    ⓒ **사원전** : 사원에 지급된 토지

    ⓚ **학전** : 성균관 · 4학 · 향교에 소속된 토지

    ⓔ **면세전** : 궁방전(궁실과 궁가에 지급), 궁장토(왕실 소유 토지), 관둔전, 역둔전(→ 외역전은 폐지됨)

  ③ **폐단** : 수신전 · 휼양전 등이 세습되고 공신 · 관리가 증가함에 따라 새로 관직에 나간 관리에게 줄 토지가 부족해짐

Check Point

외역전

고려 시대 향리에게 지급되었던 토지를 말한다. 향리직은 세습되었으므로, 외역전은 사유지나 마찬가지였다. 세종 27년(1445) 외역전을 폐지하면서 향리에게 녹봉도 지급하지 않고 지방 관청 자체에서 경비를 조달하도록 하면서 갖가지 폐단이 일어나게 되었다.

구분	전시과(고려)	과전법(조선)
차이점	• 전지와 시지를 지급 • 전국적 규모로 지급 • 관수관급제(공유성) • 농민의 경작권이 불안정	• 전지만 지급 • 경기도에 한하여 지급 • 관리가 수조권 행사(자주성) • 농민의 경작권을 법적으로 보장(경자유전의 원칙)
공통점	• 원칙적으로 소유권은 국가에 있으며, 수조권을 지급 • 직 · 산관 모두에게 수조권만을 지급 • 관등에 따라 차등 지급, 세습 불가가 원칙(퇴직이나 사망 시 반납이 원칙) • 세율 : 1/10세	

(4) 직전법과 관수관급제

  ① **직전법(세조 12, 1466)**

    ㉠ **내용** : 현직 관리에게만 수조권을 지급하여 국가의 수조권 지배를 강화, 110결(1과)~10결(18과)

    ㉡ **목적** : 사전(私田)의 증가를 막아 과전의 부족을 해결함으로써 신진 관료의 경제 기반을 마련하고 국가 재정 수입을 증가시키며, 국가의 토지 · 농민 지배를 강화(→ 농민을 위한 것이 아님)

    ㉢ **1/10세** : 생산량을 조사하여 1/10을 농민에게 수취(→ 관리(수조권자)가 농

민(경작권자)에게 1/10의 조를 거두고, 국가에 조의 1/15을 세로 납부)

    ② **문제점** : 양반 관료들의 토지 소유 욕구를 자극하여 농민에 대한 수조권 수탈이 증가하고 과다한 수취를 유발(→ 농민의 어려움 가중, 농장 확대, 고리대 발생 등)

  ② **관수관급제**(성종 1, 1470) : 직전법하에서 시행

    ㉠ **내용** : 관리의 수조권 행사를 금지, 국가(지방 관청)에서 생산량을 조사하여 수취하고 해당 관리에게 미·포로 지급

    ㉡ **목적** : 국가의 토지 지배 강화(→ 수조권을 빌미로 한 양반 관료들의 농민 지배 방지), 관리의 부정 방지

    ㉢ **결과** : 양반 관료의 토지 소유 욕구를 더욱 자극하여 농장이 더욱 확대, 수조권적 지배가 실질적으로 소멸되어 조와 세의 구분이 없어지고 전세로 통일

  ③ **녹봉제**(명종 11, 1556)

    ㉠ **배경** : 과전 부족의 타개를 위해 실시한 직전법의 실패

    ㉡ **내용** : 직전법을 폐지(수조권 지급 제도 폐지)하고 국가가 관료에게 녹봉만 지급

    ㉢ **결과** : 수조권에 입각한 토지 지배(전주 전객제)가 소멸하고 소유권과 병작반수제에 의한 지주 전호제가 일반화되는 계기가 됨(→ 이로써 국가는 관료를 배제하고 농민에 대한 직접 지배권을 확보, 농민은 완전한 토지 소유권을 확보)

토지 제도	과전법 (태조)	→	직전법 (세조)	→	녹봉제 (명종)	→
공존 제도		공법 (세종)		관수관급제 (성종)		영정법 (인조)

 확인 기출문제

다음 조선 전기의 토지 제도에 대한 설명으로 옳지 않은 것은? [지방직 9급 기출]

> (가) 지방 관청에서 그 해의 생산량을 조사하고 조(租)를 거두어 관리에게 나누어 주었다.
> (나) 국가 재정과 관직에 진출한 신진 사대부의 경제적 기반을 확보하기 위해 만들어졌다.
> (다) 과전의 세습 등으로 관료에게 지급할 토지가 부족해지자 현직 관리에게만 토지를 지급하였다.

① (가)가 실시되어 국가의 토지 지배권이 한층 강화되었다.
② (나)에서 사전은 처음에 경기지방에 한정하여 지급하였다.
❸ (다)가 폐지됨에 따라 지주전호제 관행이 줄어들었다.
④ 시기 순으로 (나), (다), (가)의 순서로 실시되었다.

🖩 ③ 제시된 (가)는 성종 때의 관수관급제(1470), (나)는 고려 말 시행된 과전법(1391), (다)는 세조 때의 직전법(1466)이다. 직전

 기출 Plus   [국가직 9급 기출]

01. 과전법과 그 변화에 대한 설명으로 옳지 않은 것은?

① 수신전, 휼양전을 죽은 관료의 가족에게 지급하였다.
② 공음전을 5품 이상의 관료에게 주어 세습을 허용하였다.
③ 세조대에 직전법으로 바꾸어 현직 관리에게만 수조권을 지급하였다.
④ 성종대에는 관수관급제를 실시하여 전주의 직접 수조를 지양하였다.

🖩 공음전은 고려 문종대인 11세기에 5품 이상의 고급관료들에게 지급한, 세습이 가능한 토지이다. 과전법은 고려 말 신진사대부들이 자신들의 경제적 기반을 마련하기 위해 실시한 제도이므로 공음전과는 거리가 멀다.

답 01 ②

02. 다음 제시문의 수취 제도가 만들어질 당시의 농업 발달 특징으로 옳은 것을 모두 고르면?

각 도의 수전(水田), 한전(旱田)의 소출 다소를 자세히 알 수가 없으니, 공법(貢法)에서의 수세액을 규정하기가 어렵습니다. 지금부터는 전척(田尺)으로 측량한 매 1결에 대하여, 상상(上上)의 수전에는 몇 석 파종하고 한전에서는 무슨 곡종 몇 두를 파종하여, 상상년에는 수전은 몇 석, 한전은 몇 두를 수확하며, 하하년에는 수전은 몇 석, 한전은 몇 석을 수확하는지, …… 각 관의 관둔전에서도 과거 5년간의 파종 및 수확의 다소를 위와 같이 조사하여 보고하도록 합니다.

㉠ 쌀의 수요가 늘면서 밭을 논으로 바꾸는 현상이 활발하였다.
㉡ 신속은 〈농가집성〉을 펴내 벼농사 중심의 농법을 소개하였다.
㉢ 남부 지방에서 모내기가 보급되어 일부 지역은 벼와 보리의 이모작이 가능해졌다.
㉣ 시비법의 발달로 경작지를 묵히지 않고 계속 농사지을 수 있게 되었다.

① ㉠, ㉡　　② ㉡, ㉢
③ ㉢, ㉣　　④ ㉠, ㉢, ㉣

해 조선 전기 세종 때 확정된 공법(貢法)에 대한 내용이다. 조선 전기에는 일부 남부 지방에 모내기가 보급되어 벼와 보리의 이모작이 가능해졌으며, 각종 시비법이 발달하여 연작이 가능해졌다.

답 **02** ③

법이 폐지됨에 따라 수조권에 입각한 토지지배가 소멸하고 소유권에 의한 지주전호제가 확산되었다.
① 관수관급제는 수조권을 국가(관청)가 가지게 한 것으로, 관수관급제의 실시로 수조권을 빌미로 한 양반관료들의 농민지배는 억제되고 국가의 농민·토지 지배가 강화되었다.
② 과전법에서 사전은 경기 지방의 토지로 한정되었다.
④ 실시 순서는 고려 말에 실시된 과전법(1391), 세조 때 실시된 직전법(1466), 성종 때 실시된 관수관급제(1470)의 순서가 된다.

3. 수취 체제의 확립

(1) 수취 제도의 구성

① 토지에 부과되는 조세
② 가호 등에 부과되는 공납
③ 정남에게 부과되는 부역(군역·요역) 등

(2) 조세(租稅)

① 납세 의무 : 토지 소유자는 원칙적으로 국가에 조세를 납부
② 조세의 구분
　㉠ 조(租) : 1/10세에 따라 경작인(농민)이 수조권자에게 결당 최고 30두(→ 최대 농업 생산량인 결당 300두의 1/10)를 납부
　㉡ 세(稅) : 수조권자(관리)는 국가에 2두(30두의 1/15)를 납부
③ 세액 결정 방법
　㉠ 손실답험법(損失踏驗法) : 태종 때의 세제(측량법), 1결의 최대 생산량을 300두로 정하고 수확량의 1/10을 내는데, 매년 토지 손실을 조사해 30두에서 공제하여 납부액을 결정
　㉡ 공법(貢法) : 세종 때 확정(1444), 전분 6등법과 연분 9등법
　　• 전분 6등급(결부법) : 토지의 등급(비옥도)에 따라 1결당 토지 면적을 6등전으로 차등하여 부세(→ 수등이척에 의한 이적동세), 여기서의 1결은 미곡 300두를 생산하는 토지의 크기
　　• 연분 9등급 : 풍·흉의 정도에 따라 9등급(상상년~하하년)으로 구분하여 1결당 최고 20두(상상년)에서 최하 4두(하하년)를 내도록 함

上年	中年	下年
上 → 20두	上 → 14두	上 → 8두
中 → 18두	中 → 12두	中 → 6두
下 → 16두	下 → 10두	下 → 4두

④ 현물 납세 : 조세는 쌀(백미) · 콩(대두) 등으로 납부

꼭! 확인 기출문제

다음 토지 및 조세 제도에 관한 내용을 시기 순으로 바르게 나열한 것은? [국가직 9급 기출]

> ㉠ 풍흉에 관계없이 전세를 토지 1결당 미곡 4두로 고정시켰다.
> ㉡ 토지 비옥도와 풍흉의 정도에 따라 조세 액수를 1결당 최고 20두에서 최하 4두로 하였다.
> ㉢ 토지의 지급 대상을 현직 관리로 한정하였다.
> ㉣ 관료들을 18과로 나누어 최고 150결에서 최하 10결의 과전을 지급하였다.

① ㉡ → ㉢ → ㉣ → ㉠
② ㉡ → ㉣ → ㉠ → ㉢
③ ㉣ → ㉠ → ㉡ → ㉢
❹ ㉣ → ㉡ → ㉢ → ㉠

해 ㉣ 과전법(1391)에 대한 내용이다. 과전법에서는 관료를 관직 · 관품에 따라 18과로 구분하고, 제1과(최고)는 150결, 제18과(최하)는 10결의 과전을 차등 지급하였다.
㉡ 세종 때는 공법을 시행하여 토지 비옥도에 따라 6등법(전분 6등급), 풍 · 흉의 정도에 따라 9등급(연분 9등법)으로 구분하여 1결당 최고 20두에서 최하 4두를 내도록 하였다.
㉢ 세조 때의 직전법(1466)에 대한 내용이다. 직전법은 현직 관리에게만 수조권을 지급한 것으로, 국가 재정 수입 증대와 중앙 집권 강화를 목적으로 실시하였다.
㉠ 인조 때의 영정법(1635)에 대한 내용이다. 영정법은 종전 연분 9등제에서 풍흉에 따라 최대 20두에서 4두를 납부하던 전세를 풍흉에 관계없이 토지 1결당 미곡 4두로 고정한 것이다.

(3) 공납(貢納)

① 부과 및 징수 : 중앙 관청에서 군현을 단위로 하여 지역 토산물을 조사하여 군현에 물품과 액수를 할당하면, 각 군현은 토지의 다소에 따라 가호에 다시 할당하여 거둠
② 품목 : 각종 수공업 제품과 토산물(광물 · 수산물 · 모피 · 과실 · 약재 등)
③ 종류 : 공물(상공 · 별공)과 진상
  ㉠ 상공 : 매년 국가에서 미리 상정한 특산물 바침(→ 정기적), 호 단위 부과
  ㉡ 별공 : 상정 용도 이외에 국가에서 필요에 따라 현물 부과(→ 부정기적)
  ㉢ 진상 : 공물 이외의 현물을 공납, 주로 각 도의 관찰사나 수령이 국왕에 상납하는 것을 말하며 진상물로는 식료품이 대부분
④ 폐단
  ㉠ 농민에게 부담이 집중 : 부과 기준의 모순으로 사실상 농민들에게 부담이 집중
  ㉡ 점퇴의 폐단 : 공물 방납자와 서리의 농간으로 점퇴(불합격 처리)가 늘어 이를 회피하기 위해 공물의 대납이 증가
  ㉢ 방납의 폐단 : 공물에 대하여, 불법 수단으로 상납을 막은 후 대납을 통해 이득을 취함
⑤ 결과 : 국가 수입이 감소하고 농민 부담과 농민의 토지 이탈 증가(→ 개혁론이

Check Point

대납
공물의 생산량이 점차 감소하거나 생산지의 변화로 그 특산물이 없을 때 미 · 포로 상인이나 관리에게 대신 납부하는 것으로, 보통 방납이라고 함

대두됨)

(4) 군역과 요역

① **대상** : 16세 이상의 정남

② **군역(軍役)**

　㉠ **보법(保法)** : 군사 복무를 위해 교대로 근무하여야 하는 정군(正軍)과 정군이 복무하는 데에 드는 비용(매년 포 2필)을 보조하는 보인(保人)이 있음

　㉡ **면역(免役)** : 양반 · 서리 · 향리 등은 관청에서 일하므로 군역 면제

③ **요역(搖役)**

　㉠ **내용** : 가호를 기준으로 정남의 수를 고려하여 뽑아서 공사에 동원

　㉡ **종류** : 국가 차원의 동원(궁궐, 성곽 공사 등), 군현 차원의 동원(조세 운반 등)

　㉢ **부과 기준** : 성종 때 토지 8결 당 1인, 1년 중 6일 이내로 동원하도록 제한(→ 임의로 징발하는 경우도 많았음)

　㉣ **문제점** : 과도한 징발, 운영 과정에서 지방관의 임의적 징발이 많아 농민들의 부담이 큼

　㉤ **요역의 변화** : 요역 동원을 기피하여 피역 · 도망이 발생, 요역의 대립 및 물납화 · 전세화

(5) 기타 국가의 재정

① **수입** : 조세 · 공물 · 역 이외에 염전 · 광산 · 산림 · 어장 · 상인 · 수공업자 등이 내는 세금

② **지출** : 군량미나 구휼미로 비축하고 나머지는 왕실 경비 · 공공 행사비 · 관리의 녹봉 · 군량미 · 빈민 구제비 · 의료비 등으로 지출

③ **예산 제도** : 세조 때부터 세출표인 횡간을 먼저 작성하고 세입표인 공안을 작성

④ **양안(量案)**

　㉠ **의미** : 양전 사업에 의해 작성된 토지 대장을 말하는데, 양전 사업은 20년마다 한 번씩 실시(→ 실제로는 지켜지지 않음)

　㉡ **작성 목적** : 소유권 분쟁의 해결, 국가 재정의 기본인 전세의 충실한 징수

(6) 조운 제도

① **의의** : 조운은 조세와 공물을 각지의 조창을 거쳐 서울의 경창까지 운반하는 과정을 말하며, 강을 이용한 수운과 바닷길을 이용하는 해운이 있음

Check Point

횡간과 공안

• **횡간** : 조선 시대의 세출 예산표를 말한다. 조선 시대 국가 재정의 대부분은 토지를 바탕으로 한 전세와 공물로 충당된다. 국가에서는 관청 · 관리 등에게 직접 토지의 수조권을 지급함으로써 비용을 충당하도록 하는 동시에, 일부는 현물 지급을 통해 보충하였다. 횡간은 1년간 국가에서 지급하는 현물을 기재한 것이다.

• **공안** : 조선 시대의 세입 예산표를 말한다. 조선 시대에는 다음 해 소요될 공물을 매년 말에 조사한 후 각 지방에 명하여 징수하게 하였는데, 이때 공물의 품목 · 수량을 기재한 것을 공안이라고 한다.

② 관리 : 수령이 운반의 책임을 지며, 호조에서 이를 관리
③ 운반
  ㉠ 지방 군현의 조세와 공물은 육운 · 수운을 이용해 주요 강가나 바닷가에 설치된 조창으로 운반
  ㉡ 각지의 조창에서 조운을 이용해 경창(京倉)으로 운송
  ㉢ 전라도 · 충청도 · 황해도는 바닷길로, 강원도는 한강, 경상도는 낙동강과 남한강 또는 바닷길을 통하여 운송
④ 잉류(仍留) 지역 : 평안도와 함경도, 제주도의 조세와 공물은 경창으로 이동하지 않고 군사비와 사신 접대비 등으로 현지에서 사용

4. 수취 제도의 문란과 농민 생활의 악화

(1) 공납의 폐단
① 방납의 폐단 발생
  ㉠ 관청의 서리들이 공물을 대신 내고 그 대가를 챙기는 방납이 증가해 농민 부담 가중
  ㉡ 농민이 도망 시 지역의 이웃이나 친척에게 대신 납부하게 함(→ 유망 농민의 급증 초래)
② 개선의 시도 : 이이와 유성룡 등은 공물을 쌀로 걷는 수미법(收米法)을 주장

(2) 군역의 폐단
① 군역과 요역의 기피 현상과 도망이 증가
② 방군수포제와 대립제
  ㉠ 방군수포제(放軍收布制) : 군역에 복무해야 할 사람에게 포(布)를 받고 군역을 면제
  ㉡ 대립제(代立制) : 다른 사람을 사서 군역을 대신하게 하는 대립이 불법적으로 행해짐
③ 군적의 부실
  ㉠ 군포 부담의 과중과 군역 기피 현상으로 도망자가 늘면서 군적(軍籍)이 부실해짐
  ㉡ 각 군현에서는 정해진 액수를 맞추기 위해 남아 있는 사람에게 부족한 군포를 걷음

Check Point

수미법
상품 화폐 경제가 발달하지 못했던 조선 전기의 한계에 따라 공물은 현물로 납부될 수밖에 없었다. 당시 화폐를 대신하여 사용되던 것으로는 쌀과 포가 있었는데, 공물을 현물 대신 쌀로 납부하게 되면 폐단을 줄이고 수송과 저장에 있어서도 수월해질 것이므로, 이이와 조광조 등은 공납의 개선책으로 수미법을 주장하였다.

Check Point

군역 제도의 흐름
보법(保法, 세조) → 대립제(15세기 중엽) → 방군수포제(16세기 초) → 군적수포제(16세기 중엽) → 군역의 폐단이 만연 → 균역법(영조 26, 1750) → 군정(軍政)의 문란 → 호포제(대원군)

(3) 환곡의 폐단

① 환곡제 : 곤궁한 농민에게 곡물을 빌려주고 1/10 정도의 이자를 거두는 것

② 지방 수령과 향리들이 정해진 이자보다 많이 거두어 유용하는 폐단이 나타남

(4) 농민 생활의 악화

① 생활고로 유민이 증가

② 유민 중 일부는 도적이 되어 문제를 일으킴(→ 명종 때의 임꺽정 등)

실록을 통해 알아보는 16세기 농민들의 처지

• 백성으로 농지를 가진 자가 없고 농지를 가진 자는 오직 부유한 상인들과 사족(士族)들의 집뿐입니다.

– 〈중종실록〉 –

• 근래 도적이 벌떼처럼 일어나 공공연하게 노략질을 하며 양민을 죽이고 방자한 행동을 거리낌 없이 하여도 주현에서 막지 못하고 병사(兵使)도 잡지 못하니 그 형세가 점점 커져서 여러 곳으로 퍼지고 있습니다. 심지어 서울에서도 떼로 일어나 빈집에 진을 치고 밤이면 모였다가 새벽이면 흩어지고 칼로 사람을 다치게 합니다.

– 〈명종실록〉 –

• 지방에서 토산물을 공물로 바칠 때 (중앙 관청의 서리들이) 공납을 일체 막고 본래 값의 백 배가 되지 않으면 받지도 않습니다. 백성들이 견디지 못하여 세금을 못 내고 도망하는 자가 줄을 이었습니다.

– 〈선조실록〉 –

 확인 기출문제

〈보기 1〉에 대한 올바른 설명을 〈보기 2〉에서 고르면? [국가직 9급 기출]

보기1

조선 건국 후 세종 즉위 전까지 양반의 경제 기반은 과전, 녹봉, 자기 소유의 토지와 노비 등이 있었다.

보기2

㉠ 과전 : 경기도를 비롯하여 전국의 토지를 대상으로 지급하였다.

㉡ 녹봉 : 과전을 받는 관리에게는 녹봉이 지급되지 않았다.

㉢ 자기 소유의 토지 : 유망민들을 모아 노비처럼 만들어 자신의 토지를 경작하게 하는 경우도 있었다.

㉣ 노비 : 외거 노비는 자기 재산을 가질 수 있었고 조상에 대한 제사를 지내기도 했다.

① ㉠, ㉡   ② ㉡, ㉢

❸ ㉢, ㉣   ④ ㉠, ㉣

해 ㉢ 양반들이 소유한 농장 등은 주로 노비가 경작했는데, 유망민들을 모아 노비처럼 부리며 토지를 경작하게 하는 경우도 있었다.

㉣ 주인집에서 떨어져 독립된 가옥에서 사는 노비를 외거 노비라 하는데, 특히 사노비 중 외거 노비는 노동력을 제공하는 대신 신공(身貢)으로 포와 돈을 바쳤으며 자기 재산(토지, 가옥, 노비 등)을 소유할 수 있었고 조상에 대한 제사를 지내기도 했다.

㉠ 조선 시대 과전법하에서는 수조지의 대상이 경기도 지방의 토지로 한정되었다. 전국의 토지를 지급 대상으로 한 것은 고려의 전시과이다.

㉡ 관료들에게는 토지(과전) 외에도 녹봉이 관등별로 지급되었다.

제2절 경제 활동

1. 경제 생활

(1) 양반의 경제 생활

① 경제적 기반

　㉠ 과전과 녹봉, 토지, 노비 등이 일반적 경제 기반

　㉡ 양반의 대부분은 지주였으므로, 토지와 노비가 가장 주요한 수입원

② 토지의 소유와 경작

　㉠ 양반 소유의 토지는 규모가 커서 농장의 형태를 이루고 있었음

　㉡ 농장은 직영하거나 노비에게 분급해 경작하게 했으며, 유망민들을 노비처럼 부리며 경작하게 하는 경우도 존재

　㉢ 토지 규모가 큰 경우 병작반수 형태로 농민들이 소작(병작반수의 전호 경영)

　㉣ 농장은 15세기 후반에 이르러 더욱 증가

③ 재산으로서의 노비(奴婢) 소유

　㉠ 노비를 구매하기도 하나, 주로 소유한 노비가 출산한 자녀는 노비가 되는 법에 따라 출산이나 혼인을 시켜 수를 늘림

　㉡ 솔거 노비의 경우 주로 가사일이나 농경 등을 시킴

　㉢ 외거 노비(다수의 노비)의 경우 신공(身貢)으로 포와 돈을 수취(→외거 노비는 토지나 가옥 등 자기 재산을 소유할 수 있으며 제사를 지내기도 함)

(2) 농민 경제 생활의 변화

① 정부의 지원 및 장려

　㉠ 개간을 장려하고 저수지 등 수리 시설을 보수·확충하여 농사지을 수 있는 기반을 마련

　㉡ 농업 생산력을 높이기 위하여 〈농사직설〉·〈사시찬요〉·〈금양잡록〉 등 농서를 간행 보급

② 양반들도 간이 수리시설을 만들고 중국의 농업기술을 도입

③ 농민들도 농업 생산력을 향상시키려고 노력한 결과 농민 생활은 이전보다 개선

Check Point

양반의 토지 소유 규모
보통 200~300마지기, 2000마지기 이상의 소유자도 존재(1마지기 =약 200평)

Check Point

노비의 신공
남자 노비(奴)는 면포 1필과 저화 20장, 여자 노비(婢)는 면포 1필과 저화 10장을 각각 신공으로 바침

2. 농업

(1) 농업 기술의 발달

① 밭농사
  - ㉠ 고려 시대에 보급된 윤작법이 더욱 확대되어 조 · 보리 · 콩의 2년 3작이 널리 시행
  - ㉡ 농종법(이랑에 파종)에서 견종법(고랑에 파종)으로 발전하여 생산량 증가

② 논농사
  - ㉠ 남부 지방에 이앙법이 보급됨(→ 수리 문제로 일부 지방으로 제한)
  - ㉡ 남부의 일부 지방에서 벼와 보리의 이모작이 가능해지면서 생산량 증가(→ 이앙법과 이모작은 여말 선초에 보급되기 시작하였지만, 전국적인 확대 보급은 조선 후기)
  - ㉢ 벼농사에서는 봄철에 비가 적은 기후 조건 때문에 건사리[乾耕法]가 이용되었고, 무논[水田]에 종자를 직접 뿌리는 물사리[水耕法]도 행해짐

③ 시비법 : 밑거름과 뒷거름을 주는 각종 시비법이 발달하여 경작지를 묵히지 않고 매년 경작(연작)이 가능

④ 가을갈이의 농사법이 점차 보급됨

⑤ 농기구 개량 : 쟁기 · 낫 · 호미 등의 농기구가 더욱 개량되어 농업 생산량 증대에 기여

⑥ 의생활의 변화 및 개선
  - ㉠ 고려 말 시작된 목화 재배가 확대되어 무명옷이 보편화되면서 의생활이 더욱 개선됨(→ 무명은 화폐처럼 사용되기도 함)
  - ㉡ 삼 · 모시풀의 재배 성행, 누에치기가 확산되면서 양잠(養蠶)에 관한 농서가 편찬됨

(2) 농민의 몰락과 정부의 대책

① 농민의 몰락
  - ㉠ 소작농의 증가 : 지주제의 확대로 인한 농민의 소작농화(→ 소작료로 수확의 반(半) 이상을 내야 하는 어려운 처지에 처함)
  - ㉡ 유망 농민의 증가 : 화전민이나 도적으로 전락

② 정부의 대책
  - ㉠ 〈구황촬요〉의 편찬 : 잡곡 · 도토리 · 나무 껍질 등을 먹을 수 있도록 가공하는 방법을 제시
  - ㉡ 통제 강화 : 호패법 · 오가 작통법 등을 강화하여 농민의 유망을 막고 통제

를 강화

ⓒ 향약 시행 : 지주인 지방 양반들도 향약을 시행하여 농촌 사회를 안정시키
려 함

3. 수공업 생산 활동

(1) 관영 수공업

① 정비 : 고려보다 관영 수공업 체제를 잘 정비, 수공업의 중심

② 관장제(官匠制) : 장인(기술자)을 공장안에 등록시켜 관청에서 필요한 물품을
제작 · 공급, 사장(私匠)은 억제함

③ 생산 품목 : 화약, 무기, 의류, 활자 인쇄, 그릇, 문방구 등을 제조 · 납품

④ 장인은 대개 공노비이나 독립적 가계를 유지, 국역의 의무가 끝나면 사적 경
영이 가능하였고 초과 물품을 판매하기도 함

⑤ 관영 수공업은 16세기에 부역제가 해이해지고 상업이 발전하면서 점차 쇠퇴
하고 사장이 발달(사장이 납포장 형태로 독립 · 발전)

(2) 민영 수공업과 가내 수공업

① 민영 수공업

㉠ 국역이 끝난 장인이나 공장안에 등록되지 않은 장인이 도시에서 장인세를
납부하며 생산 · 판매

㉡ 주로 농민의 농기구를 만들며, 양반의 사치품도 생산

② 가내 수공업 : 농가에서 자급자족의 형태로 무명 · 명주 · 모시 · 베 등을 생산

4. 상업 활동

(1) 정부의 상업 통제

① 상공업 통제 : 유교적 농본억상 정책, 유교적 경제관으로 검약 강조, 소비 억
제, 상인 천대

② 시전 중심의 상업

㉠ 시전은 도성에 설치된 대표적 상설 기구

㉡ 경시서(평시서)를 두어 시전을 감독하고 불법적 상행위를 통제

③ 시전 상인

㉠ 관허 상인으로, 종로 거리에 상점가를 만들어 점포세와 상세를 거둠

ⓛ 금난전권 : 왕실이나 관청에 물품을 공급하는 대신에 특정 상품에 대한 독점 판매권을 부여받음(→ 육의전을 제외한 금난전권은 1791년 신해통공으로 폐지)

④ 육의전 : 명주, 종이, 어물, 모시와 베, 무명, 비단을 파는 점포로, 시전 중 가장 번성(→ 금난전권하에서는 사상이 취급할 수 없음)

조선 후기 사상의 성장과 상업의 융성

조선 전기에는 상업 활동이 미미하였으며, 관허 상인인 시전 상인이 활약하는 정도였다. 그러나 17세기 이후 상업 활동이 활발해지기 시작하면서 공인과 함께 사상의 성장이 크게 두드러졌는데, 난전이나 객주·여각 등의 사상들은 도고(독점적 상인)로 성장하여 자본주의를 싹트게 하였다. 사상들은 종루, 송파, 이현, 칠패 등지에서 난전을 발달시켜 집단 시장을 형성하였다. 한편, 시전 상인 중에서는 공인이 유일하게 도고로 성장하였다.

(2) 장시

① **장시의 발달** : 15세기 후반부터 등장, 16세기 중엽에 이르러 전국적으로 확대(→ 18세기 중엽에는 전국 각지에 1천여 곳의 시장이 개설됨)

② **정부의 억제** : 농업 위축을 염려해 장시의 발전을 억제하였으나 일부 장시는 정기 시장으로 정착

③ **활동** : 보부상들이 일용 잡화나 농·수산물, 수공업 제품, 약재 등을 장시를 통해 판매·유통(→ 보부상은 생산자와 소비자를 이어 주는 관허 행상의 역할을 수행)

장시의 등장과 발달

농촌 시장인 장시가 처음 등장한 것은 15세기 말이었다. 15세기 말, 왜구의 침입으로 황폐해진 해안 지역의 농토 개간이 완료되고 농업 생산력이 현저히 발달하였다. 특히, 넓은 나주 평야를 끼고 있으며 서해안에 인접한 나주와 무안 지역은 다양한 물품이 생산되었으며, 생산자들이 이를 자유롭게 처분할 수 있는 여건도 마련되어 있었다. 장시는 점차 삼남 전 지역과 경기도 등지로 확산되었고, 출현할 당시 15일이나 10일 간격이던 개시일도 점차 5일 간격으로 조정되었다. 이러한 장시 확산 추세는 18세기에 더욱 두드러져 18세기 중반 전국의 장시는 천 여 곳에 달하게 되었다.

(3) 화폐

① 정부는 조선 초기에 저화(태종), 조선통보(세종), 팔방통보(세조) 등을 만들어 유통시키려 하였으나 상업의 부진에 따라 화폐의 유통도 부진(→ 화폐는 조선 후기 숙종 때 전국적으로 유통)

② 농민들은 교역의 매개로 주로 쌀과 베를 이용

꼭! 확인 기출문제

01. ㉠~㉣과 관련된 사실로 옳지 않은 것은? [지방직 9급 기출]

> 조선 전기에 농업에서는 유교적 민본주의를 바탕으로 ㉠ 농서의 편찬과 보급, ㉡ 수리 시설의 확충 등 안정된 농업 조건을 만들기 위한 권농 정책이 추진되었다. 상공업에서는 ㉢ 시전의 설치, ㉣ 관영 수공업의 정비 등을 통하여 국가에서 필요로 하는 물품을 안정적으로 조달할 수 있는 체계를 만들었다.

❶ ㉠ : 〈농가집성〉의 간행
② ㉡ : 저수지 다수 축조
③ ㉢ : 관청 필수품 공급
④ ㉣ : 수공업자의 공장안 등록

해 ① 〈농가집성〉은 조선 후기인 17세기 중반(효종 7, 1655)에 신속이 왕명을 받고 〈농사직설〉을 증보하여 편찬한 농서로서, 벼농사 중심의 농법과 이앙법·견종법 등을 소개하였다. 조선 전기에 편찬된 농서로는 〈농사직설〉과 〈사시찬요〉, 〈금양잡록〉 등이 있다.
② 조선 전기에 정부의 권농 정책에 따라 개간이 장려되고 수리 시설이 보수·확충되어 농사지을 수 있는 기반이 마련되었다.
③ 시전 상인은 왕실이나 관청에 물품을 공급하고, 그 대가로 특정 상품에 대한 독점 판매권인 금난전권을 부여받은 관허 상인들을 말한다.
④ 조선 전기에 관영 수공업 체제가 정비되면서 관영 수공업이 수공업의 중심이 되었다. 정부는 수공업자(장인)들을 공장안(工匠案)에 등록시켜 관청에서 필요한 물품을 제작·공급하게 하였는데, 상대적으로 사장(私匠)은 억제되었다.

02. 조선 초기 상업과 관련된 설명으로 옳지 않은 것은? [지방직 9급 기출]

① 시전 상인은 왕실이나 관청에 물품을 공급하는 대신에 특정 상품에 대한 독점 판매권을 부여받았다.
② 보부상은 일용 잡화나 농산물·수산물·약재 등을 가지고 다니면서 판매하였다.
❸ 삼한통보·해동통보·활구 등을 만들어 유통하였다.
④ 경시서(평시서)에서 시전 상인들의 불법적 상행위를 단속하였다.

해 ③ 고려 숙종 때 삼한통보, 해동통보, 해동중보 등의 동전과 활구(은병)를 만들었으나 자급자족적 농업 중심 사회에서 대부분의 농민들이 화폐의 필요성을 거의 느끼지 못하였기 때문에 널리 유통되지는 못하였다. 조선 초기에는 저화(태종), 조선통보(세종), 팔방통보(세조) 등을 제조하였으나 상업의 부진으로 화폐의 유통도 활발하지 못하였다. 화폐가 전국적으로 유통되기 시작한 것은 조선 후기 숙종 때이다.
① 국가와 결탁한 시전 상인들은 난전을 금할 권리를 가지고 있었으며, 물품에 대해 독점적 판매가 가능하였다.
② 조선 보부상들은 장시를 통해 주로 농산물·수산물·약재·수공업 제품 등을 판매·유통하였고, 생산자와 소비자를 이어 주는 관허 행상의 역할을 하였다.
④ 조선 전기 상업의 경우 국가의 통제 하에 시전을 중심으로 이루어졌는데, 국가에서는 경시서(평시서)를 두어 시전 상인들을 감독하고 불법적 상행위를 단속하였다.

(4) 국제 무역

① 주변국과의 무역

　㉠ 명 : 공무역과 사무역을 허용

　㉡ 여진 : 국경 지역에 설치한 무역소를 통하여 교역

　㉢ 일본 : 동래에 설치한 왜관을 중심으로 무역

② 사무역 : 국경 부근의 사무역은 엄격하게 감시, 주로 무명과 식량이 거래됨

기출 Plus [지방직 9급 기출]

01. 조선 시대 시전에 대한 설명으로 옳은 것은?

① 신해통공으로 육의전의 금난전권이 폐지되었다.
② 경시서를 두어 시전과 지방의 장시를 통제하였다.
③ 시전은 보부상을 관장하여 독점 판매의 혜택을 오래 누렸다.
④ 국역의 형태로 궁중과 관청에 필요한 물품을 조달할 의무가 있었다.

해 시전 상인은 관허 상인으로, 왕실이나 관청에 필요한 물품을 공급할 의무를 지는 대신에 특정 상품에 대한 독점 판매권을 부여받았다.
① 신해통공(1791) 조치로 육의전을 제외한 시전의 금난전권이 폐지되었다.
② 경시서는 시전을 감독하는 기구이며, 장시를 통제하기 위한 기구는 아니었다.
③ 시전에서 보부상을 관장하는 권한을 행사한 것은 아니다.

Check Point

무역소
조선 초 여진을 경제적으로 회유하고자 국경 지대에 설치한 무역 장소를 말한다. 조선은 무역소를 통해 여진과의 교역을 허용하여 경제적으로 여진의 욕구를 채워줌으로써 변방의 분쟁을 방지하고자 하였다. 이곳에서 여진족은 말, 해동청, 모피 등을 가지고 와 조선의 포, 곡식, 소금, 농기구, 종이 등과 교환하였다. 경성·경원 무역소는 회령·경원의 북관 개시, 평안도 중강 개시의 연원이 되었다.

제3장

근세의 사회 구조와 사회 생활

제1절 양반 관료 중심의 사회

1. 신분 제도

(1) 신분 제도의 변동

① 변동 방향 : 크게 양인 확대와 지배층의 분화(양반층과 중인층)로 변동

    ㉠ 양인 확대 정책 : 향·소·부곡 등 천민 집단의 소멸, 양인화, 노비 변정 사업 등

    ㉡ 지배층의 분화 : 향리의 양반 상승 제한, 서리와 기술관 제도의 도입, 서얼과 재가녀 자손의 차별 등 양반층의 자기 도태를 통해 지배 신분층은 양반과 중인으로 양분

② 신분 이동 : 조선 시대는 엄격한 신분제 사회였으나 신분 이동이 가능(→ 고려보다 개방적)

    ㉠ 법적으로 양인이면 과거에 응시하여 관직에 진출 가능

    ㉡ 양반도 죄를 지으면 노비가 되거나, 경제적으로 몰락하여 중인이나 상민이 되기도 함

    ㉢ 고려에 비하여 개방적이었지만, 여전히 지배층과 피지배층이 존재하는 신분 사회

(2) 양천(良賤) 제도

① 이분제의 법제화 : 사회 신분을 법제적으로 양인과 천민으로 양분(형식적 신분 구분)

    ㉠ 양인(良人) : 과거 응시가 가능한 자유민으로 조세·국역 등의 의무를 짐,

Check Point

노비 변정 사업
태종 때 실시된 정책으로, 고려 말 억울하게 노비가 된 자를 양인으로 풀어주었다. 국가 재정 확충과 국역 확보를 목적으로 한다.

Check Point

고려 시대와 조선 시대의 신분제 변화

귀족	양반
중류층	중인
양민	상민
천민	천민
고려시대	조선시대

양반 · 중인 · 상민으로 구성

ⓒ 천민(賤民) : 비자유민으로서 개인이나 국가에 소속되어 천역을 담당, 노비 등

② 결과 : 갑오개혁(1894) 이전까지 조선 사회를 지탱한 기본적 · 법제적 신분 규범

(3) 반상(班常) 제도

① 양반과 중인 신분이 정착되면서 지배층인 양반과 피지배층인 상민을 구별하는 반상 제도가 일반화됨(실질적 신분 구분)

② 양인이 분화되면서 점차 양반 · 중인 · 상민 · 천민의 신분 제도(4분제)가 정착

③ 신분제를 정당화하는 성리학이 기본 이념으로 정착하면서 16세기 이후 사회 전면에 부각됨

(4) 양반 제도의 특성

① 세습적 성격

㉠ 음서제 : 공신이나 2품 이상의 고위관직의 자제가 대상

ⓒ 대가제 : 정3품 이상의 자에게 별가된 품계를 대신 아들 · 동생 · 조카 · 사위에게 줄 수 있게 하는 제도

② 가문 중시 : 의정부 · 승정원 · 이조 · 삼사 · 예문관 등의 청요직(청직과 요직)의 등용에는 가문을 문제 삼음

③ 배타성

㉠ 결혼에 있어 다른 신분과 구별, 서얼출신과 재가녀 자손 등의 관직진출에 제약이 따름

ⓒ 양반의 이권 보호를 위해 교육과 과거제도 등 여러 조치를 마련

ⓒ 한품서용, 체아직 등

2. 양반(兩班)

(1) 의의

① 개념의 확대 : 본래 문반과 무반을 아울러 부르는 명칭이었으나, 양반 관료 체제가 정비되면서 문 · 무반직을 가진 사람뿐만 아니라 그 가족이나 가문까지도 양반으로 지칭(→ 신분 개념)

② 특권적 생활 : 각종 법률과 제도로써 양반의 신분적 특권을 제도화

㉠ 정치적 특권 : 과거 · 음서 · 천거 등을 통하여 국가 고위 관직을 독점

ⓛ **사회 · 경제적 특권** : 지주층으로 토지와 노비를 소유, 국역 면제

　　ⓒ **유학적 소양에 치중** : 생산 활동에 종사하지 않고 관료로 활동하거나 유학
　　　자로서의 소양에만 치중, 노동을 천시

> **선비의 일상**
> ① 새벽 2~4시 : 기상(여름철), 앎과 느낌을 계발하는 공부
> ② 4~6시 : 기상(겨울철), 새벽 문안, 뜻을 세우고 몸을 공경히 하는 공부
> ③ 6~8시 : 자제들에게 글을 가르침, 독서와 사색
> ④ 8~10시 : 식사, 마음을 가다듬고 고요히 살핌
> ⑤ 10~12시 : 손님 접대, 독서
> ⑥ 정오~오후 2시 : 일꾼들을 살핌, 친지에게 편지, 경전과 역사서 독서
> ⑦ 2~4시 : 독서 또는 사색, 여가를 즐기거나 실용 기술을 익힘
> ⑧ 4~6시 : 식사, 여유 있는 마음으로 독서, 성현의 기상을 본받는 묵상
> ⑨ 6~8시 : 가족과 일꾼의 일을 점검, 자제들 교육
> ⑩ 8~10시 : 일기, 장부 정리, 자제 교육, 우주 · 인생 · 자기 행동에 대한 묵상
> ⑪ 10~12시 : 수면, 심신을 안정시키고 원기를 배양함
> ⑫ 자정~새벽 2시 : 깊은 잠, 밤기운으로 심신을 북돋음
>
> － 〈일용지결〉 －

(2) 양반 증가 억제책

　① **목적** : 자신들의 기득권을 지키기 위하여 지배층이 더 늘어나는 것을 막음

　② **제한적 양반** : 문무 양반의 관직을 받은 자들만을 사족으로 인정

　③ **한품서용제(限品敍用制)** : 향리, 서리, 기술관, 군교, 역리 등 중인의 관직 진
　　출 시 품계를 제한

　④ **서얼차대법(庶孼差待法)** : 첩에서 난 소생들을 서얼이라고 하여 차별하고 관직
　　진출 · 과거 응시를 제한(서얼금고법)

3. 중인(中人)

(1) 의의

　① **의미**

　　㉠ **넓은 의미** : 양반과 상민의 중간 신분 계층을 총칭하는 개념

　　㉡ **좁은 의미** : 기술관을 지칭

　② **성립** : 15세기부터 형성되어 16세기에 세습화되었고, 17세기 중엽 이후에 독
　　립된 신분층으로 성립

　③ **사회적 예우** : 양반보다는 못하나 전문 기술이나 행정 실무를 담당하며 나름

대로 지배층으로 행세

(2) 종류

① **서리 · 향리 · 기술관** : 직역을 세습하고 같은 신분 안에서 혼인, 관청 근처에서 거주

② **서얼** : 중인과 같은 신분적 처우를 받았으므로 중서라고도 불림, 문과 응시 불가(서얼금고법)

③ **역관** : 사신을 수행하면서 무역에 관여

④ **향리** : 토착 세력으로서 수령을 보좌

Check Point

중인의 부 획득
• 역관 : 사신을 수행하면서 무역에 개입하여 이득 획득
• 향리 : 수령을 보좌하면서 비리를 통해 이득 획득

4. 상민(常民)

(1) 의의 및 성격

① 평민 · 양인으로도 불리며, 백성의 대부분을 차지하는 농민 · 수공업자 · 상인 등으로 구성

② 농본억상 정책으로 공 · 상인은 농민보다 아래에 위치

③ 법적으로는 과거 응시가 가능하나, 실제 상민이 과거에 응시하는 것은 매우 어려웠음

④ 전쟁이나 비상시에 군공을 세우는 경우 외에는 신분 상승 기회가 적음

(2) 종류

① **농민** : 조세 · 공납 · 부역 등의 의무를 부담

② **수공업자** : 공장(工匠)으로 불리며 관영이나 민영 수공업에 종사, 공장세를 납부

③ **상인** : 시전 상인과 보부상 등, 상인세를 납부

④ **신량역천** : 법제적으로 양인이나 사회적으로 천민 취급을 받는 계층

  ㉠ 양인 중에서 천역을 담당하는 계층으로, 양인의 최하층

  ㉡ 일정 기간 국역을 지면 양인으로서 공민권을 가질 수 있는, 일종의 조건부 양인

  ㉢ 조졸(뱃사공), 수릉군(묘지기), 생선간(어부), 목자간(목축인), 봉화간(봉화 올리는 사람), 철간(광부), 염간(소금 굽는 사람), 화척(도살꾼), 재인(광대) 등

Check Point

칠반천역
고된 일에 종사하는 일곱 부류를 지칭하는 말로, 수군, 봉수군, 역졸, 조졸, 조례(관청의 잡역 담당), 나장(형사 업무 담당), 일수(지방 고을의 잡역 담당)가 이에 해당한다.

5. 천민(賤民)

(1) 구성 및 사회적 대우

① 구성 : 노비가 대부분이며, 백정·무당·창기·광대 등도 천민으로 천대됨
② 사회적 대우
　㉠ 권리 박탈 : 비자유민으로, 교육받거나 벼슬길에 나갈 수 없음
　㉡ 재산으로 취급 : 매매·상속·증여의 대상이 됨
　㉢ 일천즉천 원칙 : 부모 한쪽이 노비일 경우 자녀도 노비가 되는 것이 일반화
　㉣ 천자수모법 적용 : 부모의 소유주가 다를 때 자녀는 어머니 측 소유주의 재산
　㉤ 양천교혼(良賤交婚) : 원칙적으로 금지(→ 실제로는 양반의 노비 증식책에 따라 행해짐)

(2) 공·사노비

① 공노비 : 입역 노비와 납공 노비(외거 노비)로 구분
　㉠ 독립된 가옥에 거주하며, 국가에 신공을 바치거나 관청에 노동력을 제공
　㉡ 국역 외의 수입은 자기가 소유하며, 사노비에 비해 생활 여건이 낮고 재산 축적의 기회가 많음
　㉢ 60세가 되면 신공을 면해 주며, 70세 이상의 노비에게는 노인직(명예직)을 부여
② 사노비 : 입역 노비(솔거 노비)와 납공 노비(외거 노비)로 구분
　㉠ 솔거 노비는 주인집에서 함께 거주하며 외거 노비는 독립된 가옥에서 거주
　㉡ 외거 노비는 주인에게 노동력을 제공하는 대신 신공(身貢)을 바침

제2절 사회 정책과 제도

1. 사회 정책과 시설

(1) 사회 정책의 배경 및 목표

① 배경 : 성리학적 명분론에 입각한 농본 정책의 추진
② 목표

ⓐ 양반 지배 체제의 강화를 위한 사회 · 신분 질서 유지

ⓑ 농민 생활의 안정을 통한 국가의 안정과 재정 기반의 마련

(2) 사회 정책 및 제도

① 소극적 정책 : 농민의 토지 이탈 방지 정책

ⓐ 양반 지주들의 토지 겸병을 억제

ⓑ 농번기 잡역 동원을 금하고 농사에 전념하도록 함

ⓒ 각종 재해나 흉년을 당한 농민에 대한 조세 감면

② 적극적 구휼 · 구호 정책

ⓐ 의창, 상평창 : 국가에서 설치 · 운영

ⓑ 환곡제

- 국가(관청)에서 춘궁기에 양식과 종자 · 곡물을 빌려준 뒤에 추수기에 회수
- 15세기 : 의창에서 담당, 원곡만 회수
- 16세기 : 상평창에서 대신 운영, 원곡 부족으로 모곡이라 하여 원곡 소모분의 1/10을 이자로 거둠
- 17세기 이후 : 이자를 3/10으로 인상하여 고리대로 변질

ⓒ 사창제(세종)

- 향촌사회에서 자치적으로 실시 · 운영한 것으로, 사창을 설치하고 일정 이자를 붙여 농민에게 대여
- 양반 지주들이 농민 생활을 안정시켜 양반 중심의 향촌 질서를 유지하기 위한 것
- 정부가 지원하는 사창제는 세종에서 문종 때 제도화되었다가 곧 부실해져 성종 때 폐지됨

③ 의료 시설

ⓐ 혜민국, 동 · 서 대비원 : 약재 판매 및 서민 환자의 의료 구제를 담당

ⓑ 제생원 : 행려의 구호 및 진료를 담당

ⓒ 동 · 서 활인서 : 유랑자 · 빈민의 수용과 구료, 사망한 행려의 매장을 담당

ⓓ 의녀 제도 : 질병의 치료와 간병, 산파 등의 역할을 수행

(3) 사회 정책 및 시설의 한계

① 최소한의 생활을 보장해 줌으로써 농민의 유망을 방지하기 위한 미봉책에 불과

② 오가작통법과 호패법 등의 농민 통제책을 적극적으로 실시

> **Check Point**
>
> **고려와 조선의 사회 및 의료 시설**
> · 고려
> - 사회 시설 : 의창, 상평창, 제위보
> - 의료 시설 : 동 · 서 대비원, 혜민국, 구제도감, 구급도감
> · 조선
> - 사회 시설 : 환곡제(국가 주도), 사창제(민간 주도)
> - 의료 시설 : 동 · 서 대비원, 혜민국, 제생원, 동 · 서 활인원

2. 법률 제도

(1) 법률 체제

▶ 경국대전

① 형법
  ㉠ 대명률(大明律) : 〈경국대전〉의 형전 조항이 우선 적용되었으나, 그 내용이 소략하여 형벌 사항은 일반적으로 대명률을 적용
  ㉡ 연좌제 : 가장 무거운 범죄인 반역죄와 강상죄에는 연좌제가 적용되어 가족이 처벌되고, 고을의 명칭이 강등되며, 수령이 낮은 고과를 받거나 파면당하기도 함
② 형벌 : 태·장·도·유·사형 5종이 기본으로 시행
  ㉠ 태(笞) : 주로 경범죄에 해당하는 처벌로 작은 곤장으로 때리며, 10대부터 50대까지 10대씩 5단계가 있음
  ㉡ 장(杖) : 대곤·중곤·소곤 등의 곤장으로 60대부터 100대까지 10대씩 5단계로 나눠 가하는 형벌
  ㉢ 도(徒) : 징역형의 일종, 1~3년 정도의 강제 노역에 처하며 보통 태장형을 수반
  ㉣ 유(流) : 귀양(→ 섬에 유배시키는 정도안치, 울타리를 쳐 거주지를 제한하는 위리안치, 가시덤불을 쌓는 가극안치, 고향에서만 살게 하는 본향안치 등)
  ㉤ 사(死) : 사형(→ 효시, 교시, 참시 등)
③ 민법
  ㉠ 관습법 중심 : 민사에 관한 사항은 지방관이 관습법에 따라 처리
  ㉡ 소송의 내용 : 초기에는 노비와 관련된 소송, 이후 산소(묘자리)와 관련된 산송(山訟)이 주류를 이룸
  ㉢ 물권(物權) 개념의 발달 : 고려 시대에 비하여 물건과 토지의 소유권 관념이 발달
  ㉣ 재산 분쟁 : 재산 소유 등과 관련된 분쟁은 문건에 의한 증거에 의존
  ㉤ 상속 : 성리학 정착 이후 종법에 따라 이루어졌으며, 제사와 노비 상속을 중시

(2) 사법 기관 및 재판

① 중앙
  ㉠ 사헌부 : 백관의 규찰, 양반의 일반 재판
  ㉡ 형조 : 사법 행정에 대한 감독 및 일반 사건에 대한 재심을 담당

ⓒ **의금부** : 국가대죄(국사범, 반역죄, 강상죄 등)를 다스리는 국왕 직속 기관

ⓡ **포도청** : 상민의 범죄를 담당하는 경찰 기관

ⓜ **한성부** : 수도의 치안 및 토지 · 가옥 소송을 담당

ⓗ **장례원** : 노비 문서 및 노비 범죄를 관장

② **지방** : 관찰사와 수령이 각각 관할 구역 내의 사법권을 행사

③ **재판 과정**

ㄱ 재판에 불만이 있을 경우 사건에 따라 다른 관청이나 상부 관청에 재심 청구 가능

ㄴ 신문고 등 임금에게 직접 호소하는 방법도 있으나 일반적으로 시행된 방법은 아님

ㄷ 송사에 있어 재판관은 원고와 피고의 주장을 참고하여 결정하며, 항고도 가능

신문고 제도

고할 데가 없는 백성으로 원통하고 억울한 일을 품은 자는 나와서 등문고(登聞鼓)를 치라고 명하였다. 의정부에서 상소하기를 "서울과 외방의 고할 데 없는 백성이 억울한 일을 소재지의 관청에 고발하여도 소재지의 관청에서 이를 다스려 주지 않는 자는 나와서 등문고를 치도록 허락하소서. 또한 법을 맡은 관청으로 하여금 등문한 일을 추궁해 밝히고 아뢰어 처결하여 억울한 것을 밝히게 하소서. 그 중에 사사롭고 (남에게) 원망을 품어서 감히 무고를 행하는 자는 반좌율(反坐律)을 적용하여 참소하고 간사하게 말하는 것을 막으소서." 하여 그대로 따르고, 등문고를 고쳐 신문고(申聞鼓)라 하였다.　　　　　　– ⟨태종실록⟩ –

제3절　향촌 사회

1. 향촌 사회의 모습

(1) 향촌의 구성

① **향촌** : 중앙과 대칭되는 개념으로, 지방 행정 구역을 의미함

ㄱ **향(鄕)** : 행정 구역상 군현의 단위를 지칭

ㄴ **촌(村)** : 촌락이나 마을 단위를 지칭

② **군현제의 정비**

ㄱ 전국을 8도로 나누고 그 아래 부 · 목 · 군 · 현을 두어 중앙에서 지방관 파견

ⓒ 군 · 현 밑에는 면 · 리 등을 설치하였으나 관리가 파견되지는 않음

(2) 향촌 자치의 모습

① **유향소(留鄕所)** : 지방 자치를 위하여 설치, 수령을 보좌하고 향리를 감찰하며 풍속을 바로잡기 위한 기구

② **경재소(京在所)** : 현직 관료로 하여금 연고지의 유향소를 통제하게 하는 제도로서, 중앙과 지방 간의 연락 업무 담당

③ **향청 · 향안 · 향규**

ⓐ 경재소가 혁파되면서(1603) 유향소는 향소(향청)로 명칭 변경

ⓑ 향청의 구성원인 사족들은 계속적인 지배를 위해 향안을 작성하고 향규를 제정

• **향안(鄕案)** : 향촌 사회의 지배층인 지방 사족이나 향회 구성원의 명단을 적은 장부

• **향회(鄕會)** : 향안에 오른 지방 사족의 총회, 결속을 다지고 지방민을 통제

• **향규(鄕規)** : 향안에 오른 사족(향원)들 간의 약속이자 향회의 운영 규칙, 유향소 · 향계(鄕契)의 업무 및 직임자의 선임에 관한 규약

④ **향약**

ⓐ 형성

• 사림의 성장에 따라 16세기 이후 전통적 향촌 규약과 조직체가 향약으로 대체

• 지방 사족은 향촌 사회 운영 질서를 강구하고 면리제와 병행된 향약 조직을 형성

ⓑ 확산 : 중종 때 조광조에 의하여 처음 보급, 16세기 이후에 전국적으로 확산

ⓒ 기능 : 향촌 사회의 자치 규약

⑤ **동약(동계)** : 사족들이 조직한 촌락 단위의 조직(향약의 하부 조직)

향촌 지배 기반의 변모
조선 시대 양반들의 향촌 지배는 전기에는 유향소나 향약 등에 기반을 두고 있었지만, 후기에는 혈족적인 족계(族契)나 상하 합계 형태의 동계(洞契)를 발달시켰다.

2. 촌락의 구성과 운영

(1) 촌락의 구성

① 자연촌 : 농민 생활과 향촌 구성의 기본 단위, 동·리로 편제된 조직

    ㉠ 면리제 : 조선 초기에 자연촌 단위의 몇 개의 리를 면으로 묶음

    ㉡ 오가작통제 : 서로 이웃하고 있는 다섯 집을 하나의 통으로 묶고 통수를 두어 관장

② 양반 거주의 반촌(班村)과 평민·천민 거주의 민촌(民村)이 나타나기도 함

Check Point

조선 시대 농민 통제 정책
• 면리제 실시
• 호패법 실시
• 오가작통제 실시
• 농민의 자유로운 거주 이전 금지
• 3년마다 군현 단위로 호적 조사

(2) 촌락의 운영

① 동계(洞契)·동약(洞約)

    ㉠ 의미
- 동계 : 마을의 일을 처리하기 위한 계
- 동약 : 마을 단위의 자치 조직

    ㉡ 조직 목적 : 촌락민들에 대한 지배력 강화

    ㉢ 전환 : 양반 사족들만 참여하다가 임진왜란 이후 평민층도 참여(→ 상하 합계의 형태를 띰)

② 두레, 향도 : 촌락의 농민 조직

    ㉠ 두레 : 공동 노동의 작업 공동체

    ㉡ 향도 : 신앙적 성격과 공동체적 성격을 모두 띠는 전통적 공동체로, 촌민들이 모여 음주·가무를 즐기고 상장을 서로 돕는 역할을 함

③ 향도계·동린계 : 농촌의 자생적 생활 문화 조직

Check Point

공동체 조직의 참여자
동계나 동약과는 달리 두레, 향도, 향도계, 동린계는 모두 일반 백성들의 자생적 생활 문화 조직이며, 양반은 적극적으로 참여하지 않았다.

꼭! 확인 기출문제

다음 제도를 시행한 목적에 해당하는 것만을 〈보기〉에서 모두 고른 것은? [국가직 9급 기출]

- 무릇 민호(民戶)는 그 이웃과 더불어 모으되, 가족 숫자의 다과(多寡)와 재산의 빈부에 관계없이 다섯 집마다 한 통(統)을 만들고, 통 안에 한 사람을 골라서 통수(統帥)로 삼아 통 안의 일을 맡게 한다.
- 1리(里) 마다 5통 이상에서 10통까지는 소리(小里)를 삼고, … (중략) … 리(里) 안에서 또 이정(里正)을 임명한다.

                                           – 「비변사등록」 –

보기

ㄱ. 농민들의 도망과 이탈 방지   ㄴ. 부세와 군역의 안정적인 확보

ㄷ. 재지사족 중심의 향촌 자치 활성화   ㄹ. 향권을 둘러싼 구향과 신향 간의 향전 억제

❶ ㄱ, ㄴ   ② ㄱ, ㄹ   ③ ㄴ, ㄷ   ④ ㄷ, ㄹ

해 ① 첫 번째 사료는 오가작통제이며, 두 번째 사료는 면리제이다. 오가작통제는 다섯 집을 하나의 통으로 편성한 것이고, 면리제는 자연촌 단위의 몇 개의 리를 면으로 묶은 것이다. 이들은 모두 조선 시대 농민 통제 정책의 일환으로, 농민의 도망과 이탈을 방지하고 부세와 군역의 안정적 확보를 목적으로 실시된 제도이다.

제4절 성리학적 사회 질서의 확립

1. 예학과 보학

(1) 예학(禮學)

① **성립 배경** : 성리학은 신분 질서 유지를 위해 상하 관계를 중시하는 명분론을 강조하는데, 이러한 성리학적 도덕 윤리를 강조하면서 신분 질서의 안정을 추구하고자 성립

② **발전** : 사림을 중심으로 발전

 ㉠ 삼강오륜을 기본 덕목으로 강조하여 현실적으로 가부장적 종법 질서로 구현

 ㉡ 도덕과 예학의 기본 서적인 〈소학〉과 〈주자가례〉를 보급해 향촌 사회에 대한 지배력 강화

 ㉢ 가묘(家廟)와 사당을 건립하여 성리학적 사회 질서를 유지

 ㉣ 신분 질서의 안정을 위한 의례를 중요시함으로써 상장 제례에 관한 예학이 발달

③ **영향**

 ㉠ 공헌 : 상장 제례의 의식을 바로 잡고 유교주의적 가족 제도의 확립에 기여

 ㉡ 폐단 : 형식화, 사림 간 정쟁의 구실이나 사대부의 신분적 우월성 강조에 이용

④ **예학자** : 김장생 〈가례집람〉, 정구 〈오선생예설분류〉

(2) 보학(譜學)

① **필요성** : 가족과 친족 공동체의 유대를 통한 문벌 형성, 신분적 우위 확보

② **기능**

 ㉠ 종족의 종적인 내력과 횡적인 종족 관계를 확인시켜 주는 기능

 ㉡ 족보를 통해서 안으로는 종족 내부의 결속을 다지고 밖으로 신분적 우월 의식을 가짐

 ㉢ 결혼 상대자를 구하거나 붕당을 구별하는 데 있어서 중요한 자료로 활용

 ㉣ 족보의 편찬과 보학의 발달은 조선 후기에 더욱 활발해져 양반 문벌 제도를 강화(→ 17세기 무렵 족보 발행이 보편화됨)

③ **족보의 변화**

 ㉠ 전기 : 내외 자손을 모두 기록하는 자손보(→ 남녀 구별 없이 출생 순으로

　기록)

　　　ⓛ 후기 : 부계 친족만을 수록하는 씨족보(→ 선남후녀 순서로 기록하는 것이

　　　　　보편화됨)

2. 서원과 향약

(1) 서원

　① 기원 : 중종 38년(1543)에 풍기 군수 주세붕이 안향의 봉사를 위해 설립한 백

　　　운동 서원(→ 이후 백운동 서원은 이황의 건의로 소수 서원이라는 편액을 받

　　　으며 최초의 사액 서원이 됨)

　② 운영의 독자성 : 독자적인 규정을 통한 교육 및 연구

　③ 사액 서원의 특권 : 면세 · 면역, 국가로부터 서적 · 토지 · 노비 등을 받음

　④ 보급

　　　㉠ 배경 : 교육 기관이므로 견제를 적게 받으며, 문중을 과시하는 효과도 있어

　　　　　번창

　　　ⓛ 시기 : 사화로 인해 향촌에서 은거하던 사림의 활동 기반으로서 임진왜란

　　　　　이후 급속히 발전

　　　ⓒ 16세기 말에는 100개였으나 17, 18세기에는 600여 개로 증가

　⑤ 기능

　　　㉠ 선현의 추모, 학문의 심화 · 발전 및 양반 자제 교육

　　　ⓛ 사림의 농촌 지배를 보다 강화하고 향촌 사림을 결집

　　　ⓒ 양반의 지위 보장, 각종 국역 면제

　　　ⓔ 지방 문화 발전에 이바지

　⑥ 영향

　　　㉠ 공헌 : 학문 발달과 지방 문화 발전에 기여

　　　ⓛ 폐단 : 사림들의 농민 수탈 기구로 전락, 붕당 결속의 온상지(→ 정쟁을

　　　　　격화)

꼭! 확인 기출문제

(가) 교육기관에 대한 설명으로 옳은 것은? [국가직 9급 기출]

주세붕이 비로소 (가) 을/를 창건할 적에 세상에서 자못 의심했으나, 그의 뜻은 더욱 독실해져 무리들의 비웃음을 무릅쓰고 비방을 극복하여 전례 없던 장한 일을 이루었습니다. …(중략)… 최충, 우탁, 정몽주, 길재, 김종직, 김굉필 같은 이가 살던 곳에 (가) 을/를 건립하게 될 것입니다.　　　　　－「퇴계집」－

Check Point

서원의 건립
주세붕이 서원을 창건할 적에 세상에서 의심하였으나 주세붕의 뜻은 더욱 독실해져, 무리의 비웃음을 무릅쓰고 비방을 극복하여 전래에 없던 장한 일을 단행하였으니 …… 앞으로 정몽주, 길재, 김종직 같은 이가 살던 곳에 모두 서원이 건립되게 될 것이며……
－〈퇴계전서〉－

Check Point

사액(賜額)
임금이 서원 등에 이름을 지어서 현판을 내리는 일을 말한다.

① 지방의 군현에 있던 유일한 관학이다.
② 선비와 평민의 자제에게 「천자문」 등을 가르쳤다.
③ 성적 우수자는 문과의 초시를 면제해 주었다.
❹ 학문 연구와 선현의 제사를 위해 설립된 사설 교육기관이다.

해 ④ 주어진 사료는 '퇴계 이황'의 문집으로 '이황'과 '주세붕'을 통해 (가)가 서원임을 알 수 있다. 서원은 조선 중기 이후 학문 연구와 선현제향(先賢祭享)을 위하여 사림에 의해 설립된 사설 교육기관인 동시에 향촌 자치운영기구이다.
　① 향교에 대한 설명이다. 향교는 부, 목, 군, 현에 각각 하나씩 설치되었으며, 지방의 군현에 있던 유일한 관학이다.
　② 서당에 대한 설명이다. 초등 교육 기관인 서당에서는 선비와 평민의 자제에게 「천자문」 등을 가르쳤다.
　③ 성균관에 대한 설명이다. 성균관은 서울에 설치한 국립대학격의 유학교육기관으로, 성균관의 성적우수자는 문과의 초시를 면제해주었다.

(2) 향약

① 의의
　㉠ 조선 시대의 향촌 규약, 또는 그 규약에 근거한 조직체
　㉡ 어려운 일을 당하였을 때 단결하여 서로 돕는 전통을 계승하면서 삼강오륜을 중심으로 한 유교 윤리를 가미(→ 유교의 예속으로써 백성들을 교화)
　㉢ 서원과 함께 사림의 세력 기반이 됨

② 보급
　㉠ 중종 때 조광조 등이 보급에 힘썼으나 성공하지 못함
　㉡ 사림 세력이 정계에 자리 잡은 16세기 후반부터 널리 보급

③ 구성
　㉠ 도약정(회장), 부약정(부회장), 약정(간부), 직월(간사)
　㉡ 지방의 유력한 사람이 향약의 간부인 약정 등에 임명되며, 때로는 지방관보다 강한 지배력을 행사

④ 운영 : 향약의 윤리 규범은 사족과 농민 간에 차별적으로 적용되었으며, 규약 위배 시 일정 제재를 받음(동리에서 추방되기도 함)

⑤ 기능
　㉠ 조선 사회의 풍속 교화 기능
　㉡ 향촌 사회의 질서 유지와 함께 치안까지 담당하는 등 향촌 자치적 기능 수행
　㉢ 농민 통제 강화
　㉣ 재지사족의 결속을 공고히 하고, 향촌 사회에서의 지위를 견고하게 구축

⑥ 폐단
　㉠ 토호와 향반 등 지방 유력자들이 주민들을 위협·수탈할 수 있는 배경을 제공
　㉡ 향약의 간부들이 서로 다투고 모함하여 오히려 풍속과 질서를 해치는 경우가 발생

Check Point

향약의 4대 덕목
- 덕업상권(德業相勸) : 좋은 일은 서로 권한다.
- 과실상규(過失相規) : 잘못한 일은 서로 꾸짖는다.
- 예속상교(禮俗相交) : 서로 예의로써 사귄다.
- 환난상휼(患難相恤) : 재난과 어려움은 서로 돕는다.

Check Point

해주 향약 입약 범례문
무릇 뒤에 향약에 가입하기를 원하는 자에게는 반드시 먼저 규약문을 보여 몇 달 동안 실행할 수 있는가를 스스로 헤아려 본 뒤에 가입하기를 청하게 한다. 가입을 청하는 자는 반드시 단자에 참가하기를 원하는 뜻을 자세히 적어서 모임이 있을 때에 진술하고, 사람을 시켜 약정(約正)에게 바치면 약정은 여러 사람에게 물어서 좋다고 한 다음에야 글로 답하고 다음 모임에 참여하게 한다.
– 〈율곡전서〉 –

민족 문화의 발달

제1절 민족 문화의 발전

1. 민족 문화의 성립

(1) 성립 배경
① 15세기 문화를 주도한 관학파 관료와 학자들은 성리학 이외의 학문·사상이라도 중앙 집권 체제 강화나 민생 안정·부국 강병에 도움이 되는 것은 모두 수용
② 세종 때부터 성종 때까지 유교 이념에 토대를 두고 과학 기술과 실용적 학문을 발달시켜 민족 문화 발전의 토대 구축

(2) 민족 문화의 발전의 토대
① 집권층의 노력은 민족적·자주적인 성격의 민족 문화의 발전을 이끎
② 세종은 한글을 창제하여 민족 문화의 기반을 넓히고 더욱 발전할 수 있는 토대를 구축

2. 교육 제도

(1) 교육 제도의 발달
① 배경
  ㉠ 건국과 함께 유교를 정치 이념으로 채택
  ㉡ 유학을 생활 규범화하고 교육과 사상 등에서도 준거로 삼음
② 성격

Check Point

청금록

조선 시대 성균관, 사학, 향교, 서원 등에 비치되었던 명부이다. 유생들의 인적 사항을 내용으로 하며, 이미 문과에 급제하여 관리로 있는 자의 기록도 삭제하지 않고 보관하였다. 〈영조실록〉에서는 "청금록은 재임(조선 시대 성균관 등의 유생 중 유생의 의견을 대표하거나 여러 일을 처리하기 위해 뽑힌 임원)이 아니고서는 열고 닫을 수 없으며, 유생의 명단을 기록한 장부를 살피는 것은 학문을 숭상하고 유학을 중시하는 도리가 아닙니다."라고 기록하였다.

ⓒ 과거 제도와 유기적으로 연계되어, 관리 양성을 위한 과거 시험 준비 과정
의 성격을 지님

ⓛ 사농일치의 교육이 원칙

③ 관학과 사학

ⓒ 관학 : 국비로 운영, 조선 초기에는 관학이 우세

ⓛ 사학 : 16세기 이후 사학이 교육을 주도(→ 성균관과 향교의 기능은 약화되
고 지방 사족들이 세운 서원의 기능이 커짐)

(2) 교육 기관

① 국립 교육 기관

ⓒ 고등 교육 기관 : 국립 대학인 성균관을 두고, 입학 자격으로 생원·진사를
원칙으로 함

ⓛ 중등 교육 기관 : 중앙의 4부 학당(4학)과 지방의 향교(鄉校)

② 사립 교육 기관

ⓒ 서원 : 백운동 서원(중종 38, 1543)이 시초

• 봄·가을로 향음주례(鄉飮酒禮), 향사례를 지내는 동시에 인재를 모아 학
문을 가르침

• 이름난 선비나 공신의 덕행을 추모하고 학문을 수양함으로써 향촌 사회
를 교화

ⓛ 서당

• 초등 교육을 담당한 사립 교육 기관(→ 8·9세부터 15·16세까지가 대상)

• 주로 4학이나 향교에 입학하지 못한 선비와 평민의 자제가 입학(입학 정
원이나 신분상의 제한은 없음), 〈천자문〉과 초보적인 유교 경전을 교육

ⓒ 한계 : 계통적으로 연결되지 않고 각각 독립된 교육 기관

조선 시대 일반적 교육 단계(문과)

서당 → 중앙 : 4부 학당 / 지방 : 향교 → 소 과(생진과) 응시 → 성균관 대학 또는 대과 응시

3. 한글 창제

(1) 배경

▶ 훈민정음 언해본

Check Point
성균관의 구성
• 명륜당(明倫堂) : 유학의 강의실
• 양재(兩齋) : 유생들의 기숙사
• 비천당(丕闡堂) : 알성시를 치
르는 곳
• 존경각(尊經閣) : 국립 도서관
• 문묘(文廟) : 선현의 위패(位牌)
를 모신 사당

Check Point
기술 교육 기관
• 호조 : 산학
• 형조 : 율학
• 전의감 : 의학
• 관상감 : 천문·지리
• 장악원 : 악학
• 사역원 : 외국어
• 도화서 : 회화
• 소격서 : 도학

① 일찍부터 한자를 쓰고 이두나 향찰을 사용하였으나, 이로는 의사 소통이 불편

② 일상적으로 쓰는 말에 맞으면서도 배우고 쓰기 좋은 우리의 문자가 필요

③ 피지배층을 도덕적으로 교화시켜 양반 중심 사회를 유지하기 위해 문자의 대중화가 필요

(2) 한글의 창제와 보급

① 한글의 창제 : 세종은 집현전 학자들과 한글을 창제(1443)한 후 〈훈민정음〉을 반포(1446)

② 한글의 보급

ㄱ 〈용비어천가〉와 〈월인천강지곡〉 등을 지어 한글로 간행

ㄴ 불경 · 농서 · 윤리서 · 병서 등을 한글로 번역하거나 편찬

ㄷ 서리들의 채용에 훈민정음을 시험 과목으로 포함

③ 사용의 부진 : 언문이라 하여 천시됨

(3) 한글 창제의 의의

① 민족 고유 문자의 제정

② 문화 민족으로서의 긍지

③ 민족 문화의 발전을 촉진

4. 역사서의 편찬

(1) 건국 초기

① 역사서 편찬

ㄱ 목적 : 왕조의 정통성에 대한 명분을 밝히고 성리학적 통치 규범을 정착

ㄴ 사관 : 성리학적 사관

ㄷ 대표적 사서 : 태조 때 정도전의 〈고려국사〉, 태종 때 권근 · 하륜의 〈동국사략〉

• 고려국사 : 고려 멸망의 당위성과 조선 건국의 정당성을 합리화(부전)

• 동국사략 : 단군 – 기자 – 위만 – 한4군 – 삼한 – 삼국 – 고려의 순으로 체계화

② 실록의 편찬(〈조선왕조실록〉)

ㄱ 의의 : 한 국왕이 죽으면 다음 국왕 때 춘추관을 중심으로 실록청을 설치하고 사관들이 기록한 사초, 각 관청의 문서들을 모아 만든 시정기 등을 중심으로 편년체로 편찬, 〈태조실록〉부터 〈철종실록〉까지 계속됨

Check Point

한글 서적
• 한글 서적 : 용비어천가(최초), 월인천강지곡, 동국정운, 석보상절, 월인석보, 불경언해, 훈몽자회
• 한글 번역본 : 삼강행실도, 두시언해, 칠서언해, 소학언해 등

Check Point

고려국사
태조 4년(1395) 편찬된 고려 시대의 역사이다. 유교적 · 사대적 성향을 띠며, 후대의 왕들에게 정치적 교훈을 주려는 목적이 강하게 반영되었다. 또한 재상과 대간의 직책이 갖는 중요성을 강조함으로써 왕도 정치와 재상 중심 정치를 강조하였다. 내용이 소략하고 인물에 대한 평가가 공평하지 못하다는 점, 내용상 틀린 부분이 있다는 점, 과거에 사용했던 칭호를 개서한 점, 조선 건국을 사대부 중심으로 서술한 점 등이 문제가 되어 1414년 개수되기 시작한 이후 몇 차례에 걸쳐 수정되다가 문종 때 서술 체제가 완전히 다른 〈고려사〉로 편찬되었다. 〈고려사절요〉의 모체가 되었다.

기출 Plus
[법원직 9급 기출]

01. 다음 기록과 관련하여 임금의 명에 따라 새로이 개수된 역사서에 대한 설명으로 옳은 것은?

임금이 말하기를, "…… 고려 실록에 기록되어 있는 천변과 지괴를 정사(正史)에 기록하지 않은 것은, 전례에 의하여 다시 첨가하여 기록하지 말고, 또 그 군왕의 시호는 아울러 실록에 의하여 태조 신성왕, 혜종 의공왕이라 하고, 묘호와 시호도 그 사실을 인멸하지 말 것이며, 그 태후, 태자와 관제(官制)도 또한 모름지기 고치지 말고, 오직 대사천하(大赦天下)라고 한 곳에는 천하 두 글자만 고칠 것이요, 또한 천하를 경내로 고칠 필요는 없는 것이다."라고 하였다.
– 〈조선왕조실록, 세종 5년〉 –

① 고조선부터 고려 말까지의 통사였다.
② 고려의 역사를 기전체로 서술하였다.
③ 박상의 〈동국사략〉의 역사관을 극복하였다.
④ 이제현이 성리학적 사관에 입각하여 편찬하였다.

해 제시문은 세종 5년의 일을 기록한 〈조선왕조실록〉의 일부로, 세종의 명에 따라 편찬된 고려 시대에 관한 사서를 설명하고 있다.
②는 〈고려사〉에 대한 설명인데, 〈고려사〉는 김종서·정인지 등이 세종의 명으로 편찬에 착수하여 문종 1년(1451)에 완성한 총 139권의 기전체 사서로, 고려 왕조를 다룬 정사이다.

답 01 ②

ⓛ 편찬의 자료 : 실록 편찬을 위한 자료인 사초는 국왕도 보지 못하게 하여 기록의 신뢰도를 높였으며, 이외에도 〈의정부 등록〉·〈승정원 일기〉·〈비변사 등록〉·〈시정기〉·〈일성록〉 등을 이용

ⓒ 형식 : 연표 중심의 편년체로 기록

사고(史庫)의 정비

① 4대 사고(세종) : 춘추관·성주·충주·전주 사고, 왜란 중 전주 사고만이 존속되었다가 광해군 때 5대 사고로 재정비

② 5대 사고(광해군) : 춘추관·오대산·태백산·마니산·묘향산 사고, 현재 태백산 사고본과 마니산(정족산) 사고본, 오대산 사고본(2006년 일본이 오대산 사고본 40여 권을 기증 형식으로 반환)만이 전하며, 묘향산(적상산) 사고본은 북한에서 보유

(2) 15세기 중엽

① 특징

ⓐ 성리학적 대의 명분보다는 민족적 자각을 일깨우고자 함(→ 자주적 사관)

ⓑ 왕실과 국가의 위신을 높이며 문화를 향상시키는 방향에서 역사 편찬

② 대표적 사서

ⓐ 고려사, 고려사절요 : 고려의 역사를 자주적 입장에서 재정리

• 고려사 : 김종서·정인지 등이 세종의 명으로 편찬하여 문종 1년(1451)에 완성한 기전체 사서(139권)로, 조선 건국을 합리화하기 위하여 여말의 사실을 왜곡하고 있으나 고려의 정치·경제·사회 연구에 귀중한 문헌(→ 군주 중심의 역사 서술)

• 고려사절요 : 김종서·정인지 등이 독자적으로 편찬하여 문종 2년(1452)에 완성한 편년체의 사서(35권)로, 〈고려사〉에서 빠진 부분을 보충·추가(→ 신하의 입장에서 서술)

ⓑ 삼국사절요 : 서거정·노사신 등이 삼국 시대의 자주적 통사를 편찬하려는 입장에서 편찬한 편년체 사서로, 세조에 착수하여 성종 때 완성

ⓒ 동국통감

• 세조 때 편찬에 착수하였다가 완성하지 못한 것을 성종 15년(1484)에 서거정이 왕명으로 편찬한 편년체의 사서로, 단군에서 여말까지를 기록한 최초의 통사

• 3조선(단군, 기자, 조선)과 삼한을 외기(外記)로 책머리에 수록하고, 삼국 – 통일 신라 – 고려로 이어지는 흐름을 부각

• 편찬의 체제나 방법이 성리학적 명분론에 입각하고 있으나, 단군을 민족

의 시조로 보는 등 자주적 입장에서 재정리

(3) 16세기

① 특징

○ 15세기 역사관을 비판하고 사림의 존화주의적 · 왕도주의적 의식을 반영

○ 존화 사상을 바탕으로 우리나라 역사를 소중화의 역사로 파악

○ 기자 조선을 강조하고 유교 문화와 대립되는 고유 문화는 음사(淫事)라 하여 이단시함

② 대표적 사서

○ 박상의 〈동국사략〉 : 사림의 통사로 15세기 〈동국통감〉을 비판, 엄정한 도덕적 기준으로 우리 역사를 재정리, 강목체를 철저히 적용

○ 박세무의 〈동몽선습〉 : 기자에서 시작되는 우리 역사의 도덕 사관 강조

○ 윤두서의 〈기자지〉 : 기자 조선 연구의 심화(5권 1책)

○ 이이의 〈기자실기〉 : 왕도 정치의 기원을 기자 조선에서 찾는 존화주의적 사서(→ 기자에 대한 추앙이라는 사림의 의식을 반영)

○ 오운의 〈동사찬요〉 : 왜란 이후의 역사 의식을 기전체로 서술, 절의를 지킨 인물을 찬양하는 열전이 중심

○ 신숙주의 〈국조보감〉 : 〈조선왕조실록〉에서 모범이 될 만한 사실 발췌, 요약(세조~순종)

▶ 동국사략

5. 지도와 지리서

(1) 편찬 목적

① 조선 전기 : 중앙 집권과 국방 강화라는 정치적 · 군사적 목적에서 편찬

② 조선 후기 : 주로 경제적 · 문화적 목적에서 편찬

(2) 지도

① 15세기 초

○ 혼일강리역대국도지도(1402) : 태종 때 권근 · 김사형 · 이회 등이 제작한 세계지도로, 현존하는 동양 최고(最古)의 세계 지도, 중화사상 반영, 이슬람 지도학의 영향, 유럽과 아프리카 대륙까지 묘사

○ 팔도도 : 세종 때 제작된 전국지도(부전)

○ 동국지도 : 세조 때 양성지 등이 왕명에 따라 실지 답사를 통해 완성한 최초의 실측 지도, 두만강과 압록강 부분 · 하천과 산맥 및 인문 사항 자세히

▶ 혼일강리역대국도지도

▶ 조선방역지도

기록

② 16세기 : 8도 주현의 진상품 파악을 위해 제작한 조선방역지도(만주와 쓰시마 섬 표기, 해안선이 현재와 일치)가 현존

(3) 지리서

① 팔도지리지 : 세종 때(1430) 8도의 지리 · 역사 · 정치 · 사회 · 경제 · 군사 · 교통 등의 내용을 수록한 최초의 인문지리서로, 〈세종실록〉에 수록

② 동국여지승람 : 〈팔도지리지〉를 보완하여 성종 때(1481) 서거정 등이 편찬, 군현의 연혁 · 지세 · 인물 · 풍속 · 산물 · 교통 등을 자세히 수록하여 인문지리적 지식 수준을 높임, 증보판인 〈신증동국여지승람〉(이행 등, 1528)이 현존

③ 읍지(邑誌) : 일부 군 · 현에서 제작, 향토의 문화적 유산에 대한 관심 반영

꼭! 확인 기출문제

밑줄 친 '이 지도'에 대한 설명으로 옳지 않은 것은? [국가직 9급 기출]

> 1402년 제작된 이 지도는 조선 학자들에 의해 제작된 세계 지도이다. 권근의 글에 의하면 중국에서 수입한 '성교광피도'와 '혼일강리도'를 기초로 하고, 우리나라와 일본의 지도를 합해서 제작하였다고 한다.

① 유럽과 아프리카 대륙까지 묘사하였다.
② 중국이 세계의 중심이라는 중화사상이 반영되었다.
③ 이 지도의 작성에는 이슬람 지도학의 영향이 있었다.
❹ 우리나라에 해당하는 부분은 백리척을 사용하여 과학화에 기여하였다.

해 ❹ 혼일강리역대국도지도는 현존하는 동양 최고(最古)의 세계 지도로, 조선 태종 때 권근 · 김사형 · 이회 등이 제작하였다 (1402). 우리나라에 해당하는 부분을 백리척을 사용하여 그린 지도는 동국지도로 조선 영조 때 정상기가 제작하였다.
① 혼일강리역대국도지도에는 아메리카 대륙을 제외한 아시아 · 유럽 · 아프리카 대륙이 묘사되어 있다.
② 혼일강리역대국도지도는 중국이 세계의 중심이라는 중화사상이 반영되어 중국과 조선이 가장 크게 그려져 있다.
③ 혼일강리역대국도지도는 이슬람 지도학의 영향을 받은 원나라의 세계지도를 바탕으로 조선과 일본을 덧붙였다.

6. 윤리서와 의례서, 법전의 편찬

(1) 윤리 · 의례서의 편찬

① 편찬 배경 : 유교 질서의 확립

② 15세기 윤리 · 의례서

㉠ 효행록 : 여말 권근의 책을 설순이 참고하여 개정

㉡ 삼강행실도(1431) : 세종 때 모범적인 충신 · 효자 · 열녀 등의 행적을 그림으로 그리고 설명(→ 한자와 한글로 설명)

㉢ 국조오례의(國朝五禮儀) : 성종 때 신숙주 · 정척 등이 국가 왕실의 여러 행

▶ 삼강행실도

사에 필요한 의례를 정비 · 제정한 의례서(→ 오례는 빈례 · 흉례 · 가례 · 길례 · 군례를 말함)

③ 16세기 윤리 · 의례서 : 사림이 〈소학〉과 〈주자가례〉의 보급에 노력

　　㉠ 이륜행실도(중종 13, 1518) : 연장자와 연소자, 친구 사이에서 지켜야 할 윤리 강조

　　㉡ 동몽수지(중종 12, 1517) : 어린이가 지켜야 할 예절을 기록

 꼭! 확인 기출문제

밑줄 친 '국왕'의 재위 기간에 있었던 일로 옳은 것은? [국가직 9급 기출]

> 지금 국왕께서 풍속을 바꾸려는 데에 뜻이 있으므로 신은 지극하신 뜻을 받들어 완악한 풍속을 고치고자 합니다. …(중략)… 『이륜행실(二倫行實)』로 말하면 신이 전에 승지가 되었을 때에 간행할 것을 청했습니다. 삼강이 중한 것은 아무리 어리석은 부부라도 모두 알고 있으나, 붕우 · 형제의 이륜에 이르러서는 평범한 사람들이 제대로 모르는 경우가 있습니다.

❶ 주세붕이 백운동 서원을 세웠다.
② 김시습이 『금오신화』를 저술하였다.
③ 『국조오례의』가 편찬되고 『동국여지승람』이 만들어졌다.
④ 문화와 제도를 유교식으로 갖추기 위해 집현전을 창설하였다.

🅗 ① 제시된 사료는 연장자와 연소자 및 친구 사이에서 지켜야 할 윤리를 강조한 『이륜행실도』로 중종 때 김안국이 저술하였다. 중종 때에는 풍기 군수 주세붕이 안향의 봉사를 위해 최초의 서원인 백운동 서원을 건립하였다.
② 『금오신화』는 최초의 한문 소설로 세조 때에 김시습이 저술하였다.
③ 『국조오례의』는 신숙주 · 정척 등이 국가 왕실의 여러 행사에 필요한 의례를 정비 · 제정한 의례서이고, 『동국여지승람』은 서거정 등이 군현의 연혁 · 지세 · 인물 · 풍속 · 산물 · 교통 등을 자세히 수록한 인문지리서로 둘 다 성종 때에 저술되었다.
④ 세종은 왕실의 학술 및 정책 연구기관인 집현전을 설치하여 인재를 육성하고 편찬 사업을 추진하였다.

(2) 법전의 편찬

① 배경 : 유교적 통치 규범을 성문화

② 건국 초기 : 정도전은 〈조선경국전〉과 〈경제문감〉을, 조준은 〈경제육전〉을 편찬

③ 경국대전(經國大典)

　　㉠ 세조 때부터 편찬되기 시작하여 성종 때 완성

　　㉡ 이전 · 호전 · 예전 · 병전 · 형전 · 공전의 6전으로 구성

　　㉢ 조선 초 유교적 통치 질서와 문물 제도가 완성되었음을 의미

④ 전기의 주요 법전

책명	시기	인물	내용
조선경국전	태조 3년(1394)	정도전	조선의 정책 지침

경제문감	태조 4년(1395)	정도전 · 권근	정치 문물 초안서
경제육전	태조 6년(1397)	조준 · 하륜	조선 최초의 공식 법전
속육전	태종 13년(1413)	하륜	〈경제육전〉의 증보
경국대전	성종 16년(1485)	최항 · 노사신	• 유교적 통치 질서와 문물 제도의 완비를 의미하는 기본 법전 • 이 · 호 · 예 · 병 · 형 · 공전의 6전으로 구성

기출 Plus

[서울시 9급 기출]

01. 다음에 제시된 각 세력에 대한 설명으로 옳지 <u>않은</u> 것은?

> (가) 막대한 토지를 소유한 대지주층으로, 조선 초기에 관학파의 학풍을 계승하여 문물 제도의 정비에 크게 기여하였다.
>
> (나) 15세기 중반 이후 중소지주적인 배경을 가지고 영남 지방과 기호 지방을 중심으로 성장하였다.

① (가)는 중앙 집권의 강화에 기여하였다.
② (가)는 성리학 이외의 학문에 포용적이었다.
③ (나)는 향촌 자치를 내세우며 왕도정치를 강조하였다.
④ 조광조는 현량과를 통해서 (나)를 대거 등용하였다.
⑤ (가)와 (나)의 대립으로 예송논쟁이 일어났다.

(가)는 15세기 주도 세력인 훈구파, (나)는 16세기 이후의 주도 세력인 사림파에 대한 설명이다.
예송 논쟁은 왕위 계승의 정통성에 대한 사림 세력(서인과 남인) 간의 대립으로 발생하였다. 훈구 세력과 사림 세력의 대립으로 발생한 것은 사화(士禍)이다.

제2절 성리학의 발달

1. 건국 초기의 성리학파

(1) 관학파(훈구파)
① **시기** : 15세기 정치를 주도하고 민족 문화 창달에 기여
  ㉠ 대내외적인 모순을 극복
  ㉡ 문물 제도 정비, 부국강병 추진
② **주도 인물** : 정도전, 권근 등
③ **성향 및 특징**
  ㉠ 부국강병과 중앙 집권화 추구
  ㉡ 사장을 중시(삼경 중시), 실용적, 격물치지(경험적 학풍)
  ㉢ 성리학 이외에 한 · 당 유학, 불교 · 도교 · 풍수지리 사상 · 민간 신앙, 군사학 · 기술학 등을 포용
  ㉣ 자주 민족 의식(단군 숭배)
  ㉤ 〈주례〉를 국가 통치 이념으로 중시
  ㉥ 막대한 토지 소유, 농장 매입
  ㉦ 성균관과 집현전 등을 통해 양성
  ㉧ 신숙주, 서거정, 정인지 등

(2) 사학파(사림파)
① **시기 및 주도 인물** : 정몽주 · 길재의 학통을 계승한 사림들이 성종 때 본격적으로 중앙 정계에 진출하여 16세기 이후 학문과 정치 주도
② **성향 및 특징**

답 **01** ⑤

    ㉠ 왕도 정치와 향촌 자치 추구(서원, 향약 중시)

    ㉡ 경학을 중시(사서 중시), 이론적, 사변주의(관념적 학풍)

    ㉢ 성리학 이념에 충실하며, 불교 · 도교 등을 배척, 기술학 천시

    ㉣ 중국 중심의 화이 사상(기자 중시)

    ㉤ 형벌보다는 교화에 의한 통치를 강조

    ㉥ 공신 · 외척의 비리와 횡포를 성리학적 명분론에 입각하여 비판

    ㉦ 서원을 중심으로 향촌에서 기반을 잡고 중앙으로 진출 후 삼사 등에서 활동

    ㉧ 김종직, 김일손, 조광조 등

2. 성리학의 발달

(1) 철학의 조류

① 발달 배경 : 16세기 사림은 도덕성과 수신을 중시하고 인간 심성에 대하여 깊은 관심을 보임

② 이기론의 선구자 : 서경덕과 이언적

    ㉠ 서경덕 : 이(理)보다는 기(氣)를 중심으로 세계를 이해, 불교와 노장 사상에 대해서 개방적인 태도

    ㉡ 이언적 : 기보다는 이를 중심으로 자신의 이론을 전개하여 후대에 큰 영향

③ 이기론의 전개

    ㉠ 주리론 : 영남학파, 동인, 이언적(선구) · 이황(대표) · 조식 · 유성룡 · 김성일 등

    ㉡ 주기론 : 기호학파, 서인, 서경덕(선구) · 이이(대표) · 조헌 · 성혼 · 김장생 등

(2) 성리학의 정착

① 이황(李滉, 1501~1570)

    ㉠ 학문 성향

      • 도덕적 행위의 근거로서 인간의 심성을 중시, 근본적 · 이상주의적인 성격

      • 주리 철학을 확립, 16세기 정통 사림의 사상적 연원, 이기이원론

    ㉡ 저서 : 〈주자서절요〉 · 〈성학십도〉 · 〈전습록변〉 등

    ㉢ 학파 형성 : 김성일 · 유성룡 등의 제자에 의하여 영남학파 형성

    ㉣ 영향

      • 위정척사론에 영향

Check Point

조식
출사를 거부하고 평생을 학문과 후진 양성에 힘쓰며 서리망국론을 제기하여 당시 서리의 폐단을 강력히 지적하였다.

311

- 임진왜란 이후 일본 성리학 발전에 영향(→ 제자 강항이 활약)

② 이이(李珥, 1536~1584)

㉠ 성향 : 개혁적 · 현실적 성격(기의 역할을 강조), 일원론적 이기이원론

㉡ 저서 : 〈동호문답〉 · 〈성학집요〉 · 〈경연일기〉 · 〈만언봉사〉 등

㉢ 변법경장론(變法更張論) : 경세가로서 현실 문제의 개혁 방안을 제시

- 대공수미법(代貢收米法) : 공납의 폐단을 해결하기 위해 공물을 쌀로 걷자는 수미법을 주장
- 10만 양병설 : 왜구의 침공해 대비해 10만 대군을 양성할 것을 주장

㉣ 학파 형성 : 조헌 · 김장생 등으로 이어져 기호학파를 형성

㉤ 영향 : 북학파 실학 사상과 개화 사상, 동학 사상에 영향을 줌

 꼭! 확인 기출문제

왕의 수신 교과서인 『성학십도』를 집필한 인물에 대한 설명으로 가장 옳은 것은? [서울시 9급 기출]

① 아동용 수신서인 『동몽선습』을 편찬하였다.
② 그의 학설을 따르는 이들이 처음에는 서인을 형성하였다.
❸ 기(氣)보다는 이(理)를 중시했고, 예안향약을 만들었다.
④ 『주자대전』의 중요 부분을 발췌하여 『주자문록』을 편찬하였다.

🔲 ③ 『성학십도』는 퇴계 이황이 선조에게 올린 것으로 군왕의 도(道)에 관한 학문의 요체를 도식으로 설명하였다. 이황은 기(氣)보다는 이(理)를 중시하는 주리 철학을 확립하였고 예안향약을 만들었다.
① 박세무는 아동용 수신서인 『동몽선습』을 편찬하였는데, 기자에서 시작되는 우리 역사의 도덕사관을 강조하였다.
② 이황의 학설을 따르는 이들은 처음에는 동인을 형성하였고, 이후 정여립 모반사건을 계기로 남인으로 분화하였다.
④ 이황은 『주자대전』의 중요 부분을 발췌하여 『주자서절요』를 편찬하였고, 『주자문록』은 이황과 4단7정 논쟁을 벌였던 기대승이 편찬하였다.

3. 학파의 형성과 대립

(1) 학파의 형성과 분화

① 학파의 형성 : 서경덕 학파 · 이황 학파 · 조식 학파가 동인을, 이이 학파 · 성혼 학파가 서인을 형성

② 동인은 정여립 모반 사건 등을 계기로 이황 학파의 남인과, 서경덕 학파 · 조식 학파의 북인으로 분화

③ 서인은 송시열 · 이이 등의 노론과, 윤증 · 성혼 등의 소론으로 분화

(2) 학파의 대립

① 북인의 집권과 서인의 집권

㉠ 북인의 집권 : 광해군 때에 북인은 적극적 사회 · 경제 정책을 펴고 중립 외교를 취했는데, 이것이 서인과 남인의 반발을 초래

㉡ 서인의 집권(남인 참여 허용) : 인조 말엽 이후 이이와 이황의 학문, 즉 주자 중심의 성리학만이 확고한 우위를 차지

② 척화론과 의리명분론

㉠ 정국이 북인에게서 송시열 등의 서인에게 넘어가면서 척화론과 의리명분론이 대세

㉡ 서인과 남인은 명에 대한 의리명분론을 강화하여 병자호란 초래

㉢ 대동법과 호포법 등 사회 · 경제 정책을 둘러싸고 격렬한 논쟁

조선의 환국 정치

서인은 인조 반정으로 정권을 잡았는데, 정책을 수립하고 상대 붕당을 탄압하는 과정에서 노장 세력과 신진 세력 간에 갈등이 깊어지면서 노론과 소론으로 나뉘었다. 이후 노론과 소론은 남인과 정국의 주도권을 놓고 대립하였고, 남인이 정계에서 완전히 밀려난 뒤에는 노론과 소론 사이의 대립으로 정국의 반전이 거듭되었다.

4. 예학의 발달

(1) 예학의 보급

① 16세기 중반 : 〈주자가례〉 중심의 생활 규범서가 출현, 학문적 연구가 이루어짐

② 16세기 후반 : 명분 중심의 윤리와 가례 등의 예의식 강조

(2) 예학의 발달

① 예와 예치의 강조

　　㉠ 17세기는 예학의 시대라고 할 정도로 예학이 발달

　　㉡ 예가 사회를 이끌어 가는 하나의 방도로서 부각되었고, 예치가 강조됨

② 예학자 : 김장생, 정구 등

③ 영향 : 유교적 가족 제도 확립과 제례 의식 정립에는 기여하였으나, 지나친 형식주의는 예송 논쟁의 구실로 이용됨

제3절 불교와 민간 신앙

1. 불교의 정비

(1) 초기

① 불교 정비책

　　㉠ 초기 : 사원이 소유한 막대한 토지와 노비를 회수

　　㉡ 태조 : 도첩제를 실시하여 승려로의 출가를 제한, 사원의 건립 억제

　　㉢ 태종 : 242개의 사원만 남기고 나머지는 폐지, 토지와 노비 몰수

　　㉣ 세종 : 교단을 정리하면서 선종과 교종 각 18사씩 모두 36개 절만 인정

　　㉤ 세조 : 원각사에 10층 석탑을 세우고, 간경도감을 설치하여 불교 경전을 번역·간행, 적극적 불교 진흥책으로 일시적인 불교 중흥

　　㉥ 성종 : 도첩제 폐지, 사림의 적극적 비판으로 불교는 왕실에서 멀어져 산간 불교로 바뀜

② 불교의 위축

　　㉠ 사원의 경제적 기반 축소와 우수한 인재의 출가 기피는 불교의 사회적 위상을 크게 약화시킴

　　㉡ 국가적 통제는 강하였으나 신앙에 대한 욕구는 완전히 억제하지 못하여 명맥을 유지

(2) 중기

① 명종 : 문정왕후의 지원 아래 일시적인 불교 회복 정책, 보우가 중용되고 승과가 부활

② 16세기 후반 : 서산대사와 같은 고승이 배출되어 교리 정비

③ 임진왜란 때 : 승병들이 크게 활약함으로써 불교계의 위상을 새롭게 정립(→ 숭유억불의 기조는 유지됨)

2. 도교와 민간 신앙

(1) 도교와 풍수지리설

① 선초 도교는 위축되어 사원이 정리되고 행사도 축소(→ 관청도 축소 · 정리)

② 국가적 제사를 주관하기 위해 소격서(昭格署) 설치, 참성단에서 초제 시행

③ 사림의 진출 이후 중종 때 소격서가 혁파되고 도교 행사가 사라지기도 함

④ 유교 정치의 정착 과정에서 전통적 관습 · 제도인 도교는 갈등을 빚었고, 임진왜란 이후 소격서는 완전히 폐지

⑤ 풍수지리설 · 도참 사상
  ㉠ 신라 말 전래된 이래 줄곧 도읍 등의 선택에 영향을 미침(→ 서경 길지설, 남경 길지설 등)
  ㉡ 조선 초기 이래로 중요시되어 한양 천도에 반영되었으며, 사대부의 묘지 선정에도 작용하여 산송(山訟) 문제가 사회적인 문제로 대두되기도 함

(2) 기타의 민간 신앙

① 민간 신앙 : 무격 신앙 · 산신 신앙 · 삼신 숭배 · 촌락제 등이 백성들 사이에 자리 잡음

② 세시 풍속 : 유교 이념과 융합되면서 조상 숭배와 촌락의 안정을 기원하는 의식화됨

③ 매장 방식의 변화 : 불교식으로 화장하던 풍습이 묘지를 쓰는 것으로 바뀌면서 명당 선호 경향이 두드러짐

제4절 과학 기술의 발달

1. 천문·역법·수학·의학

(1) 각종 기구의 발명과 제작

① 천체 관측 기구 : 혼의 · 간의가 제작됨

▶ 측우기

▶ 자격루

▶ 앙부일구

▶ 천상열차분야지도

Check Point

향약집성방
이전에 판문해(고려 시대 첨의부의 최고 관직명) 권중화가 여러 책을 뽑아 〈향약간이방〉을 짓고, 그 후 평양백 조준 등과 함께 약국 관원에게 명하여 다시 여러 책을 상고하고 또 우리나라 사람들이 경험하였던 처방을 취하여 분류해서 편찬한 다음 인쇄하여 발행하였다. …… 그러나 방서가 중국에서 나온 것이 아직 적고, 약 이름이 중국과 다른 것이 많기 때문에 의술을 전공하는 자들이 미비하다는 탄식을 면치 못하였다. …… 다시 향약방에 대해 여러 책에서 빠짐없이 찾아낸 다음 분류하여 증보하게 하니 한해가 지나 완성되었다. …… 합하여 85권으로 바치니 이름을 〈향약집성방〉이라 하였다.
– 〈동문선〉 –

② 측정 기구 : 장영실·이천 등

  ㉠ 강우량의 측정(1441) : 세종 때 세계 최초로 측우기를 만들어 전국 각지의 강우량 측정

  ㉡ 시간 측정 기구 : 물시계인 자격루와 해시계인 앙부일구 등을 제작

③ 측량 기구(1446) : 세조 때 토지 측량 기구인 인지의와 규형을 제작하여 양전 사업과 지도 제작에 널리 이용

④ 천문도(天文圖) : 건국 초기부터 천문도를 제작, 천상열차분야지도(천문도를 돌에 새긴 것) 제작

(2) 역법과 수학의 발달

① 칠정산(세종) : 중국의 수시력과 아라비아의 회회력을 참고로 한 역법서로서 우리나라 최초로 천체 운동을 정확하게 계산, 15세기 세계 과학의 첨단 수준에 해당한 것으로 평가됨

② 수학의 발달

  ㉠ 천문·역법의 발달과 토지 조사, 조세 수입 계산 등의 필요에 의해 발달

  ㉡ 수학 교재 : 명의 안지제가 지은 〈상명산법〉, 원의 주세걸이 지은 〈산학계몽〉 등(→ 아라비아 수학의 영향을 받아 수준이 높음)

(3) 의학

① 15세기에는 조선 의·약학의 자주적 체계가 마련되어 민족 의학이 더욱 발전

② 의학서

  ㉠ 향약제생집성방(1398) : 의학·본초학의 효시

  ㉡ 향약채집월령(1431) : 약용 식물을 최초로 정리한 의서(한글)

  ㉢ 향약집성방(1433) : 우리 풍토에 알맞은 약재 개발과 1천여 종의 병명 및 치료 방법을 개발·정리, 조선 의학의 학문적 체계화

  ㉣ 태산요록(1434) : 산부인과 의서

  ㉤ 신주무원록(1438) : 송의 법의학서(무원록)에 주(註)를 달아 편찬

  ㉥ 의방유취(1445) : 김순의 등, 동양 최대의 의학 백과 사전

2. 인쇄술과 제지술

(1) 활자와 인쇄 기술의 발달

① 배경 : 초기에 각종 서적의 편찬 사업이 활발하게 추진되면서 함께 발달

② 금속 활자의 개량 : 고려 시대에 발명되어 조선 초기에 개량

ⓐ 태종(1403) : 주자소를 설치하고 구리로 계미자를 주조

ⓑ 세종(1434) : 구리로 갑인자를 주조(→ 정교하고 수려한 조선 활자의 걸작)

(2) 제지술의 발달

① 활자 인쇄술과 더불어 제지술이 발달하여 종이의 생산량이 크게 증가

② 세조 때 종이를 전문적으로 생산하는 조지서(造紙署)를 설치, 다양한 종이를 대량 생산

꼭! 확인 기출문제

〈보기〉에서 설명하는 책의 제목으로 가장 옳은 것은? [서울시 9급 기출]

> **보기**
> • 1433년(세종 15)에 편찬되었다.
> • 각종 병론(病論)과 처방을 적었다.
> • 전통적인 경험에 기초했다.
> • 조선의 약재를 중시했다.

❶ 『향약집성방』   ② 『동의보감』
③ 『금양잡록』   ④ 『칠정산』

헤 ① 제시된 글은 세종 때 유효통, 노중례 등이 편찬한 의서 『향약집성방』이다. 『향약집성방』은 우리 풍토에 맞는 약재 개발과 1천여 종의 병명 및 치료방법을 개발 · 정리하여 조선의학을 학문적으로 체계화한 책이다.
② 『동의보감』(1610)은 선조의 명으로 허준이 편찬하기 시작하여 광해군 2년에 완성한 의학서이다.
③ 『금양잡록』(1492)은 성종 때 강희맹의 저서로 토성에 맞추어 적합한 품종과 특성, 내풍성, 농법의 차이 등을 설명한 책이다.
④ 『칠정산』(1444)은 세종 때 이순지와 김담이 중국의 선명력, 수시력 등을 참조하여 우리나라의 새로운 역법(曆法)을 정리하여 만든 책이다.

---

3. 농서의 편찬과 농업 기술의 발달

(1) 농서의 편찬

① 농사직설

ⓐ 세종 때 정초 등이 편찬한 우리나라 최초의 농서로서, 중국의 농업 기술을 수용하면서 우리의 실정에 맞는 독자적인 농법을 정리

ⓑ 노농(老農)의 경험과 비결을 채집하여 직파법을 권장하고 하삼도의 이모작 등을 소개하고 있으며, 씨앗의 저장법이나 토질 개량법, 모내기법 등에 관한 내용도 담고 있음

② **사시찬요** : 세종 때 강희맹이 편찬, 계절(四時)에 따른 농사와 농작물에 관한 주의 사항, 행사 등을 서술

③ **금양잡록** : 성종 때 강희맹이 금양(안양) 지방의 농민들의 경험담을 토대로 저술한 농서로서, 농사직설에 없는 내용만을 수록하는 것을 원칙으로 함

Check Point

농서의 편찬

나라는 백성을 근본으로 삼고 백성은 먹는 것으로 하늘을 삼는데, 농사라는 것은 옷과 먹는 것의 근원이므로 왕도 정치에서 먼저 힘써야 할 것이다. …… 농서를 참조하여 시기에 앞서서 미리 조치하되, 너무 이르게도 너무 늦게도 하지 말고, 다른 부역을 일으켜서 그들의 농사 시기를 빼앗을 수도 없는 것이니 각각 자신의 마음을 다하여 백성들이 근본에 힘쓰도록 인도하라.   － 〈세종실록〉 －

④ 농가집성 : 효종 때 신속이 편찬, 이앙법을 권장하고 주곡(主穀)에 관한 재배법만을 기록

(2) 농업 기술의 발달

① 2년 3작과 이모작 : 밭농사에서는 조·보리·콩의 2년 3작이 널리 시행, 논농사에서는 남부 지방 일부에서 벼와 보리의 이모작이 실시

② 건사리와 물사리 : 벼농사에서는 봄철에 비가 적은 기후 조건 때문에 건사리[乾耕法]가 이용되었고, 무논에 종자를 직접 뿌리는 물사리[水耕法]도 행해짐

③ 이앙법 : 남부 지방에서 고려 말에 이어 계속 실시

④ 시비법 : 밑거름과 뒷거름을 주는 각종 시비법이 발달하여 매년 경작이 가능

⑤ 가을갈이 : 가을갈이의 농사법이 점차 보급

(3) 의생활의 변화

① 목화 재배가 확대되어 무명옷을 두루 입게 되었고, 무명이 화폐처럼 사용됨

② 삼·모시의 재배도 성행하고, 누에치기도 확산되어 양잠에 관한 농서도 편찬

4. 병서 편찬과 무기 제조

(1) 병서의 편찬

① 조선 초기에는 국방력 강화를 위해 많은 병서를 편찬, 무기 제조 기술 발달

② 병서 : 〈진도(陳圖)〉, 〈총통등록〉, 〈동국병감〉, 〈병장도설〉, 〈역대병요〉 등

(2) 무기 제조 기술의 발달

① 화약 무기 제조 기술

㉠ 화포가 제작되고 로켓포와 유사한 화차가 제조

㉡ 최해산 : 최무선의 아들로, 태종 때 화약 무기의 제조를 담당

② 병선 제조 기술 : 태종 때 거북선을 만들었고(1413), 작고 날쌘 비거도선이 제조됨

과학 기술의 발달과 침체

① 과학 기술의 발달(15세기)

㉠ 격물치지를 강조하는 경험적 학풍 : 부국강병과 민생 안정을 위해 과학 기술의 중요성 인식

㉡ 국왕들의 장려와 유학자의 노력 : 특히 세종의 관심이 컸고, 유학자들도 기술학을 학습

㉢ 서역과 중국의 기술 수용 : 전통 문화를 계승하면서 서역과 중국의 과학 기술을 적극적으로 수용

② 과학 기술의 침체(16세기) : 과학 기술을 경시하는 풍조가 생기면서 점차 침체

01. (가) 시기에 있었던 일로 옳은 것은? [지방직 9급 기출]

이종무의 대마도 정벌	(가)	전분6등법과 연분9등법 시행

① 과전법 공포
② 이시애의 반란
❸ 『농사직설』 편찬
④ 정도전의 요동정벌 추진

해 ③ 이종무의 대마도 정벌은 1419년 세종 때에 일어난 일이고, 전분6등법과 연분9등법은 1444년에 시행되었다. 그러므로 그 사이에 들어갈 사건은 ③의 농사직설 편찬으로, 이는 1429년에 문신인 정초, 변효문 등이 세종의 명에 의하여 편찬한 농서이다.
　① 과전법은 1391년 고려 공양왕 때 이성계와 신진사대부들이 주도해 실시한 토지제도로 조선 초기 양반관료사회의 경제 기반을 이루었다.
　② 이시애의 반란은 1467년 세조 때 함경도의 호족 이시애가 일으킨 반란이다.
　④ 정도전은 태조 때 요동 정벌을 추진하였다.

02. 조선 전기에 편찬된 서적으로 가장 옳지 않은 것은? [서울시 9급 기출]

❶ 『본조편년강목』
② 『의방유취』
③ 『삼국사절요』
④ 『농사직설』

해 ① 『본조편년강목』은 고려 후기 충숙왕 때 민지가 편찬(1317)한 고려왕조에 관한 역사서로, 현존하지는 않으나 문헌기록을 통해 그 실재를 확인할 수 있는 최초의 강목체 사서이다.
　② 『의방유취』는 조선전기 세종 때 김순의가 편찬한 동양 최대의 의학 백과사전으로, 우리나라에 전해 내려오는 한방 의서들을 종류에 따라 일괄적으로 그 지식을 정리하여 집대성한 것이다.
　③ 『삼국사절요』는 서거정 · 노사신 등이 삼국시대의 자주적 통사를 편찬하려는 입장에서 편찬한 편년체 사서로, 조선전기 세조 때에 착수하여 성종 때 완성되었다.
　④ 『농사직설』은 조선전기 세종 때 정초 등이 편찬한 우리나라 최초의 농서로서, 중국의 농업기술을 수용하면서 우리 실정에 맞는 독자적인 농법을 정리하였다.

제5절　문학과 예술

1. 다양한 문학

(1) 조선 전기의 문학

① 특징

㉠ 조선 전기의 문학은 작자에 따라 내용과 형식에 큰 차이

㉡ 초기에는 격식과 질서·조화를 내세우는 경향이었으나 점차 개인적 감정과 심성을 나타내는 경향의 가사와 시조 등이 우세해짐

② 악장과 한문학

㉠ 건국 주도 세력은 악장과 한문학을 통하여 새 왕조의 탄생과 자신들의 업적을 찬양하고 우리 민족의 자주 의식 표출(→ 악장은 16세기 가사 문학으로 계승됨)

㉡ 성종 때 서거정, 노사신 등은 삼국 시대부터 조선 초기까지의 시와 산문 중에서 빼어난 것을 골라 〈동문선〉을 편찬, 우리나라의 글에 대한 자주 의식과 문화유산의 보존 및 계승의식을 반영

③ 시조

㉠ 중앙 관료 : 새 왕조 건설 찬양, 외적을 물리치며 강토를 개척하는 진취적인 기상, 농경 생활의 즐거움이나 괴로움 등, 김종서와 남이의 작품이 유명

㉡ 재야 선비 : 유교적 충절을 시조로 읊음, 길재와 원천석 등의 작품이 유명

④ 가사 문학 : 시조의 한계를 극복하고 감정을 구체적으로 표현하려는 필요에서 등장

⑤ 설화 문학

㉠ 조선 초기에 격식 없이 보고 들은 이야기를 표현한 설화가 발달

㉡ 대표 작품 : 서거정의 〈필원잡기〉, 성현의 〈용재총화〉 등

㉢ 소설로의 발전 : 김시습의 〈금오신화〉(최초의 한문 소설) 등

(2) 16세기의 문학

① 특징

㉠ 사림 문학이 주류가 되어 표현 형식보다는 흥취와 정신을 중시

㉡ 부녀자, 중인, 재야 인사 등으로 문학 향유층이 확대되고, 한시와 시조·가사 분야가 활기를 띰

② 한시 : 현실에 대한 비판 의식보다는 높은 격조를 표현

③ 시조

㉠ 성격 : 초기의 경향에서 벗어나 인간 본연의 순수한 감정을 표현

㉡ 황진이 : 남녀 간의 애정과 이별의 정한을 노래

㉢ 윤선도 : 〈오우가(五友歌)〉와 〈어부사시사〉에서 자연을 벗하여 살아가는 여유롭고 자족적인 삶을 표현

④ 가사 문학

㉠ 송순·정철·박인로 등

Check Point

〈동문선〉을 통해 드러난 자주 의식
우리나라의 글은 송이나 원의 글도 아니고 한이나 당의 글도 아니다. 바로 우리나라의 글일 따름이다.

Check Point

〈필원잡기〉와 〈용재총화〉
• 필원잡기 : 성종 18년(1487) 처음 간행된 서거정의 한문 수필집이다. 옛날부터 전해 오는 이야기 중 후세에 전할 만한 것을 추려 모아 엮은 것으로, 사실과 부합하지 않는 내용도 있으나 여러 면에서 귀중한 참고 자료가 많다.
• 용재총화 : 중종 20년(1525) 처음 간행된 성현의 책이다. 예문관·성균관의 최고 관직을 역임한 바 있는 성현은 폭넓은 학식과 관직에 임했을 때의 경험을 바탕으로 이 책을 정리하였다. 고려~조선 성종에 이르기까지 형성, 변화된 민간 풍속이나 문물 제도, 문화, 역사, 지리, 학문, 종교, 문학, 음악, 서화 등을 다루고 있어 당시의 문화 전반을 이해하는 데 큰 도움을 준다.

ⓒ 정철 : 〈관동별곡〉·〈사미인곡〉·〈속미인곡〉 같은 작품에서 풍부한 우리

말 어휘를 마음껏 구사하여 아름다운 경치와 왕에 대한 충성심을 읊음

⑤ 방외인 문학(房外人文學) : 사림 문학의 테두리를 벗어난 문학

ⓐ 어숙권의 〈패관잡기〉

ⓑ 임제의 풍자적인 우의 소설

⑥ 여류 문인의 등장

ⓐ 문학의 저변이 확대됨에 따라 여류 문인들도 다수 등장

ⓑ 신사임당은 시 · 글씨 · 그림에 두루 능하였고, 허난설헌은 한시로 유명

⑦ 민담의 전승 : 민간에서는 재미있는 민담이 전승

꼭! 확인 기출문제

조선 전기 문화에 대한 설명으로 옳은 것은? [국가직 9급 기출]

① 『어우야담』을 비롯한 야담 · 잡기류가 성행하였다.

② 유서(類書)로 불리는 백과사전이 널리 편찬되었다.

❸ 『동문선』이 편찬되어 우리 문학의 독자성을 강조하였다.

④ 중인층을 중심으로 시사가 결성되어 문학 활동을 벌였다.

해 ③ 『동문선』은 조선 전기 성종의 명으로 서거정, 노사신 등이 중심이 되어 삼국 시대부터 조선 초기까지의 시와 산문 중에
서 빼어난 것을 골라 편찬한 역대 시문선집이다. 신라의 설총, 최치원을 비롯하여 약 500인에 달하는 작가의 작품을 수
록하여 우리나라의 글에 대한 자주 의식과 문화유산의 보존 및 계승 의식을 반영하였다.

① 『어우야담』은 조선 중기(광해군 때)에 유몽인이 지은 한국 최초의 야담집이다.

② 조선 중기(광해군 때) 이수광이 편찬한 '지봉유설'을 비롯하여 18 · 19세기에 백과사전이 널리 편찬되었다.

④ 조선 중기 이후 중인계층에서도 시사(시를 짓기 위해 모인 모임)가 결성되며 '위항문학'이라는 중인 · 서얼 · 서리 출신들
에 의해 이루어진 문학이 발생하였다.

2. 건축

(1) 15세기의 건축

① 건축물의 특징

ⓐ 사원 위주의 고려와 달리 궁궐 · 관아 · 성문 · 학교 등을 중심으로 건축

ⓑ 건물주의 신분에 따라 크기와 장식에 일정한 제한(→ 국왕의 권위를 높이
고 신분 질서를 유지하기 위한 목적)

② 대표적 건축물

ⓐ 궁궐과 성문 : 경복궁, 창덕궁, 창경궁, 창경궁의 명정전과 도성의 숭례문,
창덕궁의 돈화문, 개성의 남대문과 평양의 보통문

ⓑ 불교 관련 건축 : 무위사 극락전, 해인사의 장경판전, 원각사지 10층 석탑
(세조 13, 1467) 등

▶숭례문

③ 정원 : 인공을 가하지 않은 자연미가 특색(→ 창덕궁과 창경궁의 후원(後園))

(2) 16세기의 건축

① 사림의 진출과 함께 서원의 건축이 활발
② 특징 : 가람 배치 양식과 주택 양식이 실용적으로 결합된 독특한 아름다움
③ 대표적 서원 : 경주의 옥산 서원(1572)과 안동의 도산 서원(1574)

3. 공예와 자기

(1) 공예의 발달

① 실용성과 검소함을 중시해 사치품보다는 생활 필수품이나 문방구 등이 특색 있게 발달
② 재료 : 보석류는 그리 쓰이지 않았으며, 나무 · 대 · 흙 · 왕골 등 흔하고 값싼 재료가 많이 이용됨
③ 특징 : 소박하고 견고

(2) 자기

① 분청 사기 : 고려 자기를 계승
　㉠ 제작 방식 : 청자에 백토의 분을 칠한 것으로 백색의 분과 안료로 무늬를 만들어 장식
　㉡ 특징 : 안정된 모양과 소박하고 천진스러운 무늬가 어우러져 구김살 없는 우리의 멋을 잘 표현
　㉢ 침체 : 16세기부터 세련된 백자가 본격적으로 생산되면서 생산이 감소
② 백자
　㉠ 고려 백자의 전통을 잇고 명나라 백자의 영향을 받아 이전보다 질적으로 발전
　㉡ 순백의 고상함이 선비들의 취향에 부합하여 널리 이용
　㉢ 16세기에는 순수 백자가, 17세기 이후에는 청화 백자가 유행하고 철화 백자 · 진사 백자 등이 등장

▶ 도산 서원

▶ 분청 사기

▶ 백자

🔍 꼭! 확인 기출문제

조선 시대의 예술에 대한 설명으로 옳은 것은? [지방직 9급 기출]

❶ 공예는 생활 용품이나 문방구 등에서 특색 있는 발달을 보였다.
② 분청 사기와 백자가 많이 만들어졌는데 후기로 갈수록 분청 사기가 주류를 이루었다.
③ 궁궐, 관아, 성문, 학교 건축이 발달했던 고려 시대와는 대조적으로 사원 건축이 발달하였다.
④ 양반들은 장인들이 하는 일이라 하여 서예를 기피하였으나 그림은 필수적 교양으로 여겼다.

해설 ① 조선 시대 공예에 있어서는 실용성과 검소함을 중시해 사치품보다는 생활 필수품이나 문방구 등에서 특색 있는 발달을 보였는데, 나무ㆍ대ㆍ흙ㆍ왕골 등 흔하고 값싼 재료를 많이 사용하였다.
　② 조선 전기에는 분청 사기와 백자가 많이 만들어졌는데 후기로 갈수록 백자가 주류를 이루며 발전했다. 16세기에는 순수 백자가, 17~18세기에는 청화 백자가 유행하였다.
　③ 반대로 설명되었다. 고려 시대에는 사원 건축이 발달하였으나, 조선 시대(15세기)에 들어서는 궁궐ㆍ관아ㆍ성문ㆍ학교 등이 건축의 중심이 되었고 16세기에는 사림의 진출과 함께 서원(書院) 건축이 발달하였다.
　④ 조선 시대 양반들은 서예(書藝)를 필수 교양으로 여겼으므로 명필가가 다수 등장하고 독자적 서체가 개발되기도 했다.

4. 그림과 글씨

(1) 그림

① 15세기

　㉠ 특징 : 중국 화풍을 선택적으로 소화하여 우리의 독자적인 화풍을 개발, 일본 무로마치 시대의 미술에 영향을 미침

　㉡ 대표적 화가

　　• 안견 : 화원 출신, 대표작 몽유도원도(→ 자연스러운 현실 세계와 환상적인 이상 세계를 웅장하면서도 능숙하게 처리하고, 대각선적인 운동감을 활용하여 구현한 걸작)

▶ 몽유도원도

　　• 강희안 : 문인 화가, 대표작 고사관수도(→ 선비가 무념무상에 빠진 모습을 담고 있는데, 세부 묘사는 생략하고 간결하고 과감한 필치로 인물의 내면세계를 표현)

　　• 최경 : 도화서 화원으로 인물화의 대가, 대표작 채희귀한도

② 16세기

▶ 고사관수도

▶ 송하보월도

▶ 초충도

▶ 묵죽도

　　㉠ 특징 : 다양한 화풍이 발달, 강한 필치의 산수화, 선비의 정신 세계를 표현한 사군자 등

　　㉡ 대표적 화가

　　　• 이상좌 : 노비 출신으로 화원에 발탁, 대표작 송하보월도

　　　• 이암 : 동물들의 모습을 사랑스럽게 그림

　　　• 신사임당 : 풀과 벌레를 소박하고 섬세하게 표현, 대표작 화훼초충도

　　　• 삼절(三絕) : 황집중은 포도, 이정은 대나무(묵죽도), 어몽룡은 매화(월매도)를 잘 그림

(2) 서예

① 양반의 필수 교양으로 여겨져 명필가가 다수 등장하고 독자적 서체가 개발됨

② 4대 서예가

　　㉠ 안평대군 : 송설체를 따르면서 수려하고 활달한 기풍을 살린 독자적인 글씨

　　㉡ 김구 : 인수체

　　㉢ 양사언 : 초서(草書)에 능함, 왕희지체

　　㉣ 한호(한석봉) : 왕희지체에 고유의 예술성을 가미하여 단정하면서 건실한 석봉체를 이룸

5. 음악과 무용

(1) 음악

① 15세기

　　㉠ 궁중 음악 : 음악을 교화 수단으로 여겼고, 국가의 의례와 밀접히 관련되어 중시함

　　㉡ 세종

　　　• 여민락 등 악곡을 짓고, 소리의 장단과 높낮이를 표현할 수 있는 정간보를 창안

　　　• 악곡과 악보를 정리하게 하고, 아악을 체계화하여 궁중 음악으로 발전하게 함(→ 박연의 아악 정리)

　　㉢ 악학궤범(樂學軌範) : 성종 때 성현이 편찬, 음악의 원리와 역사 · 악기 · 무용 · 의상 및 소도구까지 망라하여 정리

② 16세기

㉠ 음악의 주체가 궁중에서 서민 사회로 이동, 16세기 중엽 이후 당악·향악 등을 속악으로 발달시킴

㉡ 가사, 시조, 가곡, 민요 등이 민간에 널리 확산됨

(2) 무용과 연극

① 무용

㉠ **궁중과 관청** : 의례에서 음악과 함께 춤을 선보임, 나례춤, 처용무

㉡ **서민** : 민간에서는 농악무·무당춤·승무 등 전통 춤을 계승·발전

② 산대놀이라는 가면극과 꼭두각시 놀이라는 인형극도 유행

③ 민간에서 굿이 유행하여 촌락제, 별신굿 등으로 분화·발전

Check Point

당악과 향악

• **당악** : 통일 신라 시대와 고려 시대에 유입된 당·송의 음악을 일컫는 말로, 원래부터 있었던 향악과 구분하기 위해 당악이라 명명되었다. 고려 시대에는 좌방악이라고도 불렸다. 고려 시대에 전성기를 이루었으나 조선 시대에는 점차 줄어들었다. 현재 전해지는 것은 보허자와 낙양춘 2곡뿐인데, 이마저도 세종 때 박연을 중심으로 한 아악의 재정비에 따라 당악이 향악화되면서 당악으로서의 원형을 찾아보기 힘들다.

• **향악** : 삼국 시대~조선 시대까지 사용된 궁중 음악으로, 삼국 시대 당악이 유입되면서 이와 구분하기 위해 향악이라 명명되었다. 고려 시대에는 우방악이라고도 불렸다. 조선 초에는 조선의 역사적 당위성과 신왕조 찬양을 목적으로 크게 진작되었으나, 대부분 기존 향악에 새로 지은 악장을 얹어 불렀으므로 향악 자체의 발전에는 큰 영향을 미치지 못했다. 조선 중기 이후 당악의 향악화 경향이 뚜렷해지면서 당악과의 구분이 모호해졌다.

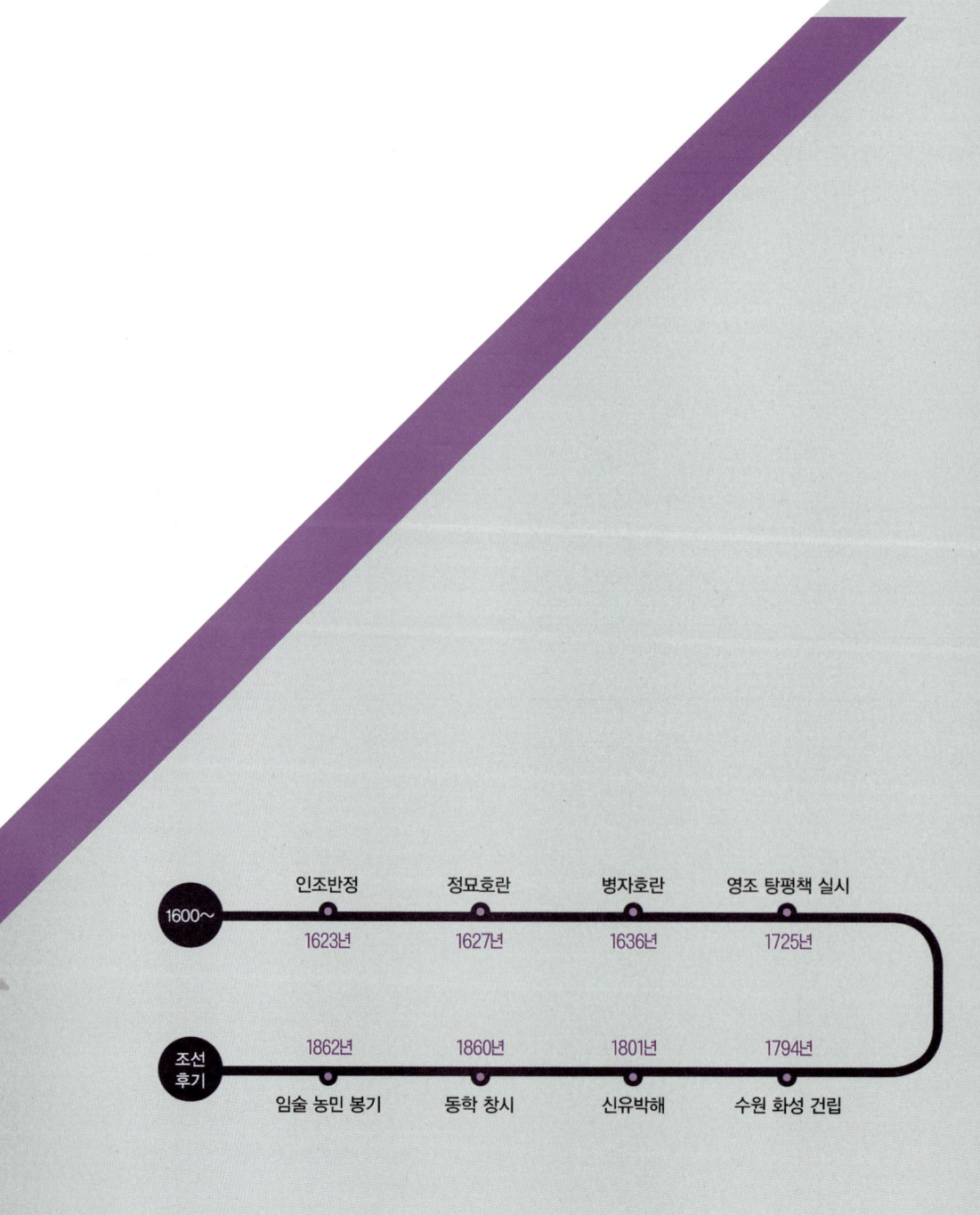

1600~

인조반정	정묘호란	병자호란	영조 탕평책 실시
1623년	1627년	1636년	1725년

조선 후기

1862년	1860년	1801년	1794년
임술 농민 봉기	동학 창시	신유박해	수원 화성 건립

5편

근대 태동기의 변동

제1장

정치 상황의 변동

제1절 조선 후기의 근대 지향적 모습

1. 경제적 측면

(1) 농업

① 생산력의 증대와 농민층의 분화

㉠ 생산력의 증대 : 이앙법과 견종법을 통한 노동력 절감, 광작의 확대, 상업 작물의 재배

㉡ 농민층의 분화 : 생산력 증대에 따라 농민층의 분화와 몰락이 촉진됨

② 경영형 부농의 성장 : 도조법(도지권)이 실시되고 조세의 금납화가 이루어짐

(2) 수공업 · 상업 · 광업

① 수공업

㉠ 국가 통제력 약화로 관영수공업은 침체

㉡ 민영수공업의 발달 : 선대제수공업의 보편화, 민간 독립수공업 발달, 공장 제수공업

② 상업 : 금난전권 철폐로 시장경제 확대, 독점상인인 도고의 등장으로 상업자본 형성

③ 광업

㉠ 설점수세법을 실시(효종, 1651)하여 민간의 사채를 허가하고 세금을 거둠

㉡ 전문경영인(덕대)이 등장(→ 자본과 경영의 분리)

Check Point

정치부문의 근대 지향성 결여

정치적 측면의 근대 지향적 모습은 국민의 참정권이 전제되는 민주정치가 구현되는 사회라 할 수 있다. 그러나 조선 후기 사회에서는 이런 모습을 찾아보기 어렵다. 조선 후기에도 입헌군주제의 틀 속에서 지배층의 수탈과 부패, 붕당정치, 세도정치 등이 전개되는데, 모두 근대 지향적 모습과는 거리가 멀다.

2. 사회적 · 문화적 측면

(1) 사회적 변화

① 신분의 변동

㉠ 양반계층의 분화(양반내부의 분열로 자기도태 현상이 발생) : 권반(벌열양반), 향반(토반), 잔반(몰락양반)

㉡ 농민계층이 경영형 부농(요호부민)과 임노동자로 분화

㉢ 부의 축적에 따른 신분상승과 중간계층의 신분상승운동이 전개됨

② 서민의식의 성장

(2) 서민 문화의 발달

① 배경 : 서민의 경제적 · 사회적 여건의 개선과 지위 향상, 근대 사상의 출현

② 민화, 사설시조, 판소리, 국학, 한글소설 등

3. 사상적 측면

(1) 근대 지향적 사상

① 합리주의 : 과학적 · 논리적 사고에 바탕을 둔 합리화의 추구

② 평등주의 : 계층 간의 평등의식 향상

(2) 실학 · 천주교 · 동학

① 실학 : 지배체제의 모순을 해결하기 위해 등장, 사회개혁 주장, 새로운 발전방향 제시

② 천주교(서학) : 중인층에 의해 전래, 평등사회와 개인의 자유를 내세워 전통사회의 질서와 가치규범에 도전

Check Point

요호부민

조선 후기 새롭게 등장한 사회 세력의 하나로 일정량의 토지와 농우를 소유한 중농층 이상의 부농이다. 이들은 부농경영, 고리대 등을 통해 부를 축적하면서 향촌사회의 새로운 세력으로 성장하였고, 신분은 대개 신분상승을 원하는 평민층이나 천민층이다.

제2절 통치 체제의 개편

1. 정치 구조의 변화

(1) 비변사의 기능 강화

① 비변사의 설치

　㉠ 3포 왜란(중종 5, 1510)을 계기로 여진족과 왜구에 대비하기 위하여 설치

　㉡ 국방 문제에 정통한 지변사재상을 중심으로 운영되던 임시 회의 기구

② 상설 기구화 : 을묘왜변(명종 10, 1555)을 계기로 상설 기구화 되어 군사 문제를 처리

③ 기능 강화 : 임진왜란을 계기로 기능 및 구성원이 확대

　㉠ **기능의 확대 · 강화** : 최고 합의 기구로서 작용(→ 국방뿐만 아니라 외교 · 내정 · 인사 · 지방 행정 등 거의 모든 정무를 관장)

　㉡ **참여 구성원의 확대** : 전 · 현직 정승, 공조를 제외한 5조의 판서와 참판, 각 군영 대장, 대제학, 강화 유수 등 국가의 중요 관원들로 확대

④ 영향

　㉠ 왕권이 약화되고 의정부와 육조 중심의 행정 체계도 유명무실해짐

　㉡ 19세기 세도 가문의 권력 유지 기반으로서 세도 정치의 중심 기구로 작용

　㉢ 비변사 등록 : 비변사의 논의를 일기체로 기록

⑤ 폐지 : 1865년 흥선대원군의 개혁 정책으로 비변사는 폐지되고, 일반 정무는 의정부, 국방 문제는 삼군부가 담당

(2) 삼사 언론 기능의 변질

① 붕당의 이해를 대변 : 삼사의 언론 기능도 변질되어 각 붕당의 이해 관계를 대변

② 이조 · 병조 전랑들은 중하급 관원에 대한 인사권과 후임자 추천권을 행사하면서 자기 세력을 확대

③ 혁파 : 삼사의 언론 기능은 변질 · 위축되었고 전랑의 권한은 영 · 정조의 탕평 정치를 거치며 혁파됨

2. 군사 제도의 개편

(1) 중앙 군사 제도

① 개편 방향

　㉠ 초기의 5위를 중심으로 한 중앙군은 16세기 이후 대립제가 일반화되면서 기능 상실

　㉡ 임진왜란을 경험한 후 새로운 군영의 필요성을 인식하여 효과적인 편제와 훈련 방식을 모색하게 됨

② 5군영(중앙군) 설치

　㉠ 훈련도감(1593)

- 설치 : 임진왜란 중 왜군의 조총에 대응하고 국방력을 강화하기 위해 유성룡의 건의에 따라 용병제를 토대로 설치(→ 조선 후기 군제의 근간이 됨)
- 편제 : 삼수병(포수·사수·살수)으로 편성
- 성격 : 장기간 근무하며 일정 급료를 받는 장번급료병, 직업 군인의 성격(상비군)
- 폐지 : 1881년에 별기군이 창설되어 신식 군대 체제가 이루어지자 그 다음해 폐지됨

ⓛ 총융청(1624) : 이괄의 난을 진압한 직후에 설치, 북한산성 및 경기 일대의 수비 담당, 경기도 속오군에 배치, 경비는 스스로 부담

ⓒ 수어청(1626) : 남한산성의 수비 군대, 경기도 속오군에 배치, 경비는 스스로 부담

ⓔ 어영청(1628)
- 처음에는 어영군으로 편제(1623)하였으나 인조 6년(1628) 어영청을 설치하고 효종의 북벌 운동 전개 시 기능을 강화하여 5군영의 중앙군으로 편성(1652), 총포병과 기병 위주
- 수도 방어 및 북벌의 본영으로서 역할, 내삼청 등과 함께 정권 유지의 방편으로 이용되기도 함
- 번상병이 교대 근무, 비용은 보로 충당(급료병)

ⓜ 금위영(1682) : 기병으로 구성되어 궁궐 수비 담당, 번상병, 비용은 보로 충당(급료병)

③ 5군영의 성격
ⓛ 임기응변적 설치 : 대외 관계와 국내 정세의 변화에 따라 필요 시마다 차례로 설치

ⓒ 서인 정권의 군사적 기반 : 서인의 사병적 성격을 띠어 정쟁에 악용(→ 특히 어영청은 북벌을 구실로 권력 유지의 방편으로 이용됨)

🔍 확인 기출문제

밑줄 친 '대의(大義)'를 이루기 위해 효종이 한 일로 옳은 것은? [지방직 9급 기출]

> 병자년 일이 완연히 어제와 같은데, 날은 저물고 갈 길은 멀다고 하셨던 성조의 하교를 생각하니 나도 모르게 눈물이 솟는구나. 사람들은 그것을 점점 당연한 일처럼 잊어가고 있고 대의(大義)에 대한 관심도 점점 희미해져 북녘 오랑캐를 가죽과 비단으로 섬겼던 일을 부끄럽게 생각지 않고 있으니 그것을 생각한다면 그 아니 가슴 아픈 일인가.
> — 『조선왕조실록』 —

Check Point

삼수병의 성격
선조 26년(1593) 10월 임금의 행차가 서울로 돌아왔으나, 성 안은 타다 남은 건물 잔해와 시체로 가득하였다. 기아에 시달린 백성들은 인육을 먹기도 하고, 외방에서는 곳곳에서 도적들이 일어났다. 이때 임금께서 도감을 설치하여 군사를 훈련시키라는 명을 내리시고 나를 그 책임자로 삼으시므로 청하기를, "쌀 1천 석을 군량으로 하되, 한 사람당 하루에 2승씩 준다고 하여 군인을 모집하면 응하는 자가 사방에서 몰려들 것입니다."라고 하였다. …… 얼마 지나지 않아 수천 명을 얻어 조총 쏘는 법과 창·칼 쓰는 기술을 가르치도록 하였다. 또 당번을 정하여 궁중을 숙직하게 하고, 임금의 행차에 호위하게 하니 민심이 점차 안정되었다. — 〈서애집〉 —

❶ 남한산성을 복구하고 어영청을 확대하였다.
❷ 훈련별대를 정초군과 통합하여 금위영을 발족시켰다.
❸ 명과 후금 사이에서 실리를 추구하는 중립외교 정책을 펼쳤다.
❹ 호위청, 총융청, 수어청 등의 부대를 창설하여 국방력을 강화하였다.

해 ① 효종은 이괄의 난을 계기로 설치된 어영군을 북벌운동 전개 시 총포병과 기병 위주로 강화하여 5군영의 중앙군으로 편성하였다(1652).
② 숙종은 궁궐 수비를 담당하는 기병으로 구성된 금위영을 설치하여 훈련도감, 총융청, 수어청, 어영청과 함께 5군영 체제를 완성하였다.
③ 광해군과 북인은 명과 후금 사이에서 중립 외교를 펼쳐 명분보다는 국가적 실익을 도모하였다.
④ 호위청은 인조반정 직후에 설치된 숙위기구이며, 총융청과 수어청은 이괄의 난 이후 인조시기에 설치되었던 부대로서 총융청은 북한산성, 수어청은 남한산성을 방비했다.

(2) 지방 군사 제도

① 제승방략 체제(制勝方略體制)

㉠ 조선 초기의 진관 체제가 잦은 외적 침입에 효과가 없자 16세기 후반에 수립한 것으로, 유사시에 필요한 방어처에 병력을 동원하여 중앙에서 파견되는 장수가 지휘하는 체제

㉡ 임진왜란 중 큰 효과를 거두지 못하자 다시 진관을 복구하고 속오법에 따라 군대를 편제하는 속오군 체제로 정비

② 속오군(束伍軍) : 양천혼성군, 속오법에 따른 훈련과 편성

㉠ 편제 : 양반으로부터 노비까지 향민 전체가 속오군으로 편제됨(→ 후기로 갈수록 양반의 회피 증가)

㉡ 동원 : 농한기에만 훈련에 참가, 평상시에는 생업에 종사하고 유사시에 전투에 동원

㉢ 영향 : 노비의 지위 상승, 신분제 동요

제3절 붕당 정치와 탕평론

1. 붕당(朋黨)의 형성

(1) 근본 원인

① 직접적으로는 양반의 증가, 근본적으로는 양반의 특권 유지 때문에 발생

② 특히 언론 삼사 요직의 인사권과 추천권을 가진 이조 전랑을 둘러싼 대립으로 분당이 촉발

(2) 사림 세력의 갈등

① **사림의 정국 주도** : 선조가 즉위하면서 향촌에서 기반을 다져 온 사림 세력이 대거 중앙 정계로 진출하여 정국을 주도

② **사림의 갈등** : 척신 정치의 잔재를 어떻게 청산할 것인가를 둘러싸고 갈등

　㉠ **기성 사림** : 명종 때부터 정권에 참여해 온 세력

　　• 기호학파(이이의 문인), 심의겸(대표자)

　　• 척신 정치의 과감한 청산에 소극적(척신 외척 중 사림을 보호했던 사람을 옹호)

　㉡ **신진 사림** : 향촌에서 기반을 다진 후 선조 때부터 중앙에 진출

　　• 영남학파(이황의 문인), 김효원(대표자)

　　• 원칙에 더욱 철저하여 사림 정치의 실현을 강력하게 주장

(3) 동인과 서인의 분당(선조 8, 1575)

① **배경** : 기성 사림의 신망을 받던 심의겸(서인)과 신진 사림의 지지를 받던 김효원(동인) 사이의 대립으로 동·서인으로 분당되면서 붕당이 형성

② **동인(東人)**

　㉠ 이황·조식·서경덕의 학문을 계승(급진적·원칙적 주리학파)

　㉡ 김효원, 우성전, 이산해, 이발 등 신진 세력의 참여로 먼저 붕당의 형세를 이룸

　㉢ 명종 때 정치에 참여하지 않은 신진 사림, 척신 정치 잔재의 청산에 적극적

③ **서인(西人)**

　㉠ 이이와 성혼의 문인들이 가담함으로써 붕당의 모습을 갖춤(점진적·현실적 주기학파)

　㉡ 심의겸, 박순, 윤두수, 윤근수, 정철 등

　㉢ 명종 때 정치에 참여했던 기성 사림, 척신 정치 잔재 청산에 소극적

동인과 서인의 분당
선조 8년(1575), 김효원이 이조 전랑으로 천거되었다. 이에 인순왕후의 동생인 심의겸은 김효원에 대하여 이조 전랑이 될 자격이 없다며 적극 반대하였다. 그의 반대에도 불구하고 김효원은 이조 전랑이 되었다가 얼마 후 다른 곳으로 자리를 옮기게 되었는데, 그 후임으로 천거된 사람이 바로 심의겸의 아우 심충겸이었다. 김효원은 왕의 외척으로서 이조 전랑이 되는 것은 바르지 못하다는 이유로 심충겸이 이조 전랑에 오르는 것을 반대하였다. 사람들은 심의겸이 집이 도성 서쪽 정동에 있다 하여 그의 일파를 서인, 김효원의 집이 도성 동쪽 건천동에 있다 하여 그의 일파를 동인이라고 불렀다.

(4) 붕당의 성격

① 16세기 왕권이 약화되고 사림 정치가 전개되면서 형성

② 정치 이념과 학문 경향에 따라 결집(→ 정파적 성격과 학파적 성격을 동시에 지님)

사화(士禍)와 붕당(朋黨)의 비교

• 공통점 : 양반 지배층 간의 분열 · 대립, 성리학적 이념의 차이로 갈등
• 차이점

사화	• 훈구 ↔ 사림, 정책적 대립 • 중앙(궁중)을 무대로 대립 • 16세기, 단기적 대립(연산군~명종)
붕당	• 사림 간의 대립, 공론(公論)의 대립 • 지방(서원, 농장)을 근거로 대립 • 17세기에 격화, 장기간(1575~1865)

 꼭! 확인 기출문제

다음의 사건과 관련된 설명으로 옳은 것은? [서울시 9급 기출]

> 김효원이 과거에 장원으로 급제하여 이조 전랑의 물망에 올랐으나, 그가 윤원형의 문객이었다 하여 심의겸이 반대하였다. 그 후에 심충겸(심의겸의 동생)이 장원 급제를 하여 이조 전랑에 천거되었으나, 외척이라 하여 김효원이 반대하였다.
> ─『연려실기술』─

① 외척들의 반발로 이 사건에 관련된 훈구 세력과 사림 세력이 제거되었다.
② 심의겸 쪽에는 정치의 도덕성을 강조한 서경덕, 이황, 조식의 문인들이 가세하였다.
③ 이이, 성혼의 문인들은 주기론(主氣論)에 입각하여 양쪽을 모두 비판하며 타협안을 제시하였다.
❹ 이 사건 이후 사림을 중심으로 정치적, 학문적 견해 차이에 따른 붕당정치가 나타났다.

해 ④ 제시된 자료는 동인과 서인이 분당하는 원인이 된 이조 전랑직을 두고 일어난 일에 대한 내용이다. 기성 사림의 신망을 받던 심의겸(서인)과 신진 사림의 지지를 받던 김효원(동인) 사이의 대립으로 동 · 서인으로 분당되면서 붕당이 형성되었다(선조 8, 1575).

2. 붕당 정치의 전개

(1) 동인의 분열

① **동인의 우세** : 동서 분당 후 처음에는 동인이 수적 우세를 바탕으로 정국 주도(→ 상대 세력을 소인당으로 규정하는 주자의 붕당론 주장)

② **남 · 북인의 분당**

㉠ 동인은 정여립 모반 사건(1589) 등을 계기로 온건파인 남인(이황 학파)과

급진파인 북인(서경덕 · 조식 학파)으로 분당

ⓛ 처음에는 남인이 정국을 주도했으나 임진왜란 후 북인이 집권하여 광해군 때까지 정국을 주도

정철의 건저상소 사건
선조에게 적자가 없어 당시 좌의정이던 정철이 선조에게 건저(왕세자를 세우는 일)를 주청하였는데, 이를 알고 있던 영의정 이산해(동인)가 모략을 꾸며 정철이 삭탈 관직된 사건이다. 이 일로 이성중, 이해수 등의 서인도 모두 강등되어 서인은 크게 위축되었다.

(2) 광해군의 정치와 인조 반정
① **중립 외교** : 명과 후금 사이에서 중립 외교 전개, 전후 복구 사업 추진
② **북인의 독점** : 광해군의 지지 세력인 북인은 서인과 남인 등을 배제
③ **인조 반정(1623)** : 폐모살제(廢母殺弟) 사건(인목대비 유폐, 영창대군 살해), 재정 악화, 민심 이탈 등을 계기로 발발한 인조 반정으로 몰락

(3) 붕당 정치의 진전
① **연합 정치** : 인조 반정을 주도한 서인은 남인 일부와 연합하여 정국을 운영, 서로의 학문적 입장을 인정하고 상호 비판적인 공존 체제를 이룸
② **학문적 경향** : 이황과 이이의 학문(주자 중심의 성리학)이 확고한 우위를 차지 (→ 서경덕과 조식 사상, 양명학, 노장 사상 등은 배척)
③ **여론의 주재** : 주로 서원을 중심으로 여론이 모아져 중앙 정치에 반영되었는데, 학파에서 학식과 덕망을 겸비한 산림(山林)이 재야에서 그 여론을 주재
④ **서인의 우세** : 이후 현종 때까지는 서인이 우세한 가운데 남인과 연합하여 공존하며 서인 정권 스스로 전제와 독주를 경계(→ 비판 세력의 공존을 인정하는 붕당 정치 전개)

(4) 자율적 예송 논쟁과 붕당의 공존
① **발생 배경** : 차남으로 집권한 효종의 정통성과 관련하여, 1659년 효종의 사망 시(→ 기해예송)와 1674년 효종 비의 사망 시(→ 갑인예송)에 인조의 계비 자의대비(조대비)의 복제(服制)를 쟁점으로 두 차례에 걸쳐 발생
② **의의** : 효종의 왕위 계승과 관련하여, 정통성에 대한 예학 논쟁인 동시에 집권을 위한 투쟁
③ **예송 논쟁의 전개**
  ㉠ 제1차 예송 논쟁(기해예송, 1659)

335

기출 Plus
[국가직 9급 기출]

01. (가)~(라) 시기에 있었던 사실로 옳은 것은?

연산군 즉위 → (가) → 중종 즉위 → (나) → 효종 즉위 → (다) → 영조 즉위 → (라) → 정조 즉위

① (가) - 현량과를 실시하였다.
② (나) - 무오사화와 갑자사화가 일어났다.
③ (다) - 두 차례에 걸친 예송이 일어났다.
④ (라) - 신해통공으로 금난전권을 폐지하였다.

웹 제1차 예송 논쟁(기해예송)은 효종 사망 시, 제2차 예송 논쟁(갑인예송)은 효종 비의 사망 시 자의대비의 복제를 두고 벌어진 논쟁으로 (다)시기에 해당된다. 현량과는 중종 때 조광조의 건의로 실시되었으므로, (나)시기에 해당된다. 무오사화와 갑자사화는 연산군 때 일어났으므로 (가)시기에 해당된다. 신해통공으로 육의전을 제외한 금난전권이 폐지된 것은 정조 때의 일이다.

• 효종 사망 시 자의대비의 복제를 두고 송시열·송준길 등 서인은 1년설을, 윤휴·허목·허적 등 남인은 3년설을 주장
• 서인 : 효종이 적장자가 아님을 들어 왕과 사대부에게 동일한 예가 적용되어야 한다는 입장(왕사동례)에서 1년설을 주장
• 남인 : 왕에게는 일반 사대부와 다른 예가 적용되어야 한다는 입장(왕사부동례)에서 3년설을 주장
• 실권을 장악하고 있던 서인의 주장(1년설)이 수용되어 서인 집권이 지속됨(→ 남인은 군사적 기반을 강화하며 점차 세력을 확대)

ⓒ 제2차 예송 논쟁(갑인예송, 1674)
• 효종 비의 사망 시 서인은 9개월을, 남인은 1년을 주장
• 남인의 주장이 수용되어 남인이 집권하고 서인이 약화됨

④ 붕당의 공존 : 갑인예송의 결과 남인의 우세 속에서 서인과 공존하는 정국은 경신환국(1680)으로 분열과 대립이 격화되기까지 정국 지속

꼭! 확인 기출문제

다음과 같이 주장한 붕당에 대한 설명으로 옳은 것은? [지방직 9급 기출]

기해년의 일은 생각할수록 망극합니다. 그때 저들이 효종 대왕을 서자처럼 여겨 대왕대비의 상복을 기년복(1년 상복)으로 낮추어 입도록 하자고 청했으니, 지금이라도 잘못된 일은 바로잡아야 하지 않겠습니까?

① 인조반정으로 몰락하였다.
❷ 기사환국으로 다시 집권하였다.
③ 경신환국을 통해 정국을 주도하였다.
④ 정제두 등이 양명학을 본격적으로 수용하였다.

웹 ② 지문은 2차 예송논쟁인 갑인예송(1674) 때, 남인의 주장이다. 남인은 기사환국(숙종이 희빈 장씨 소생인 연령군(경종)의 세자 책봉에 반대하는 서인을 유배·사사하고, 인현황후를 폐비시킨 사건, 1689)에서 재집권 하게 되었다.
① 인조반정은 1623년 이귀 등 서인 일파가 광해군 및 집권당인 이이첨 등의 대북파(북인)를 몰아내고 인조를 왕으로 옹립한 정변이다.
③ 경신환국은 서인이 허적(남인)의 서자 허견 등이 역모를 꾀했다고 고발하여 남인을 대거 숙청한 사건으로 서인이 다시 집권하게 되었으며, 서인은 윤증 등의 소론과 송시열 등의 노론으로 분열하였다. 이 사건으로 붕당 정치 원리가 무너지고 상대 세력을 인정하지 않는 일당 전제화 추세가 등장하였다.
④ 17세기 정제두를 비롯한 소론 학자들이 양명학을 연구하여 본격적으로 수용하였고, 강화학파를 형성하였다.

(5) 붕당 정치의 성격 및 평가
① 정치적 성격의 변천
  ㉠ 붕당 정치의 성격 : 학연과 지연을 바탕으로 붕당 간 치열한 정권 다툼 전개
  ㉡ 붕당 정치의 변천
    • 초기 : 상대 붕당을 소인당(小人黨), 자기 붕당을 군자당(君子黨)이라 주장

답 01 ③

- 후기 : 모두 군자당으로 보고, 견제와 협력을 바탕으로 한 붕당 정치 전개

② 평가

ㄱ 긍정적 측면

- 공론(公論)의 수렴 : 공론에 입각한 상호 비판·견제를 통한 정치 운영 형태
- 언로(言路)의 중시 : 삼사의 언관과 이조 전랑의 비중이 큼
- 산림(山林)의 출현 : 학식과 덕망을 겸비하고 재야에서 여론을 주재

ㄴ 한계 : 붕당이 내세운 공론은 백성들의 의견이 아니라 지배층 의견 수렴에 그침

3. 붕당 정치의 변질

(1) 붕당간의 대립 격화

① 배경

ㄱ 일당 전제화의 추세 : 숙종 때에 이르러 붕당 사이의 견제와 균형이 무너지면서 특정 붕당이 정권을 독점하는 일당 전제화의 추세가 대두(→ 환국 발생)

ㄴ 노론과 소론의 대립

- 분열 : 인조반정으로 정권을 잡은 서인은 노론과 소론으로 분열
- 성격 : 노론은 송시열을 중심으로 하여 대의명분과 민생안정을 강조하는 반면, 소론은 윤증을 중심으로 하여 실리를 중시하고 적극적 북방개척을 주장

ㄷ 정치적 쟁점의 변화 : 사상적 문제에서 군사력과 경제력 확보에 필수적인 군영장악으로 이동

② 결과

ㄱ 서인과 남인의 공조체제 붕괴와 환국(換局)의 빈발

ㄴ 집권 세력의 교체를 왕이 직접 주도함에 따라 외척의 비중 강화, 비변사 기능 강화

ㄷ 전랑의 정치적 비중 약화

(2) 붕당 정치의 변질

① 경신환국(경신대출척, 숙종 6, 1680)

ㄱ 서인 집권 : 서인이 허적(남인)의 서자 허견 등이 역모를 꾀했다 고발하여 남인을 대거 숙청

ⓛ 결과
- 서인은 남인의 처벌을 놓고 온건론인 소론(윤증), 강경론인 노론(송시열)으로 분열
- 붕당 정치 원리가 무너지고 상대 세력을 인정하지 않는 일당 전제화 추세가 등장

② 기사환국(숙종 15, 1689) : 숙종이 희빈 장씨 소생인 연령군(경종)의 세자 책봉에 반대하는 서인(송시열, 김수항 등)을 유배·사사하고, 인현왕후를 폐비시킴(→ 남인 재집권)

③ 갑술환국(갑술옥사, 숙종 20, 1694)
- ㉠ 폐비 민씨 복위 운동을 저지하려던 남인이 실권하고 서인이 집권(→ 남인을 숙청)
- ㉡ 남인은 재기 불능이 되고, 서인(노론과 소론) 간에 대립하는 일당 독재 정국이 전개

④ 병신처분(1716) : 소론을 배제하고 노론을 중용

⑤ 정유독대(1717) : 숙종과 노론의 영수 이이명의 독대를 통해 병약한 세자(경종)를 대신해 연잉군(영조)을 후사로 논의(→ 소론의 반발과 숙종의 와병으로 실패)

⑥ 신임옥사(신임사화)(1721~1722) : 노론 축출, 소론 일당정국
- ㉠ 신축옥사(신축환국)(1721) : 경종 때 소론이 세자책봉 문제로 노론을 축출
- ㉡ 임인옥사(1722) : 경종 때 소론이 경종 시해와 연잉군(영조) 옹립 음모를 고변해 노론을 탄압

무고의 옥(숙종 27, 1701)
희빈 장씨가 인현 왕후를 저주하고 기도한 사실이 발각되어 일어났다. 이 사건으로 소론 세력은 약화되었고 노론이 조정에 크게 진출하는 계기가 되었다.

Check Point

재지사족(在地士族)
조선 시대의 지방 지배 세력을 일컫는 말이다. 향촌 사회에서 경제적 기반(중소 지주)과 신분적 배경(사족), 그리고 학문적 소양(성리학)을 지녔다.

(3) 붕당 정치의 변질 결과

① 정치 운영의 변화 : 환국으로 왕과 직결된 외척이나 종실 등의 정치 권력 확대

② 붕당 정치의 기반 붕괴 : 일당 전제화, 비변사의 기능 강화, 언론 기관이나 재지사족의 정치참여 곤란(전랑의 권력 약화)

③ 벌열 가문의 정권 독점 : 공론이 아닌 개인이나 가문의 이익을 우선(→공론의 변질 및 정치적 비중 축소)

④ 양반층의 분화 : 양반층의 자기 도태로 다수의 양반이 몰락

⑤ 서원의 역할 변화 : 양반의 낙향이 늘어 서원이 남설되었고, 서원 고유의 여론

형성 기능이 퇴색함(→ 붕당 정치의 본거지 역할을 수행하지 못함)

4. 탕평론

(1) 탕평론의 배경

① 붕당 정치의 변질로 인한 극단적 정쟁과 정치 세력 간 균형의 붕괴, 사회 분열 등의 문제가 발생

② 국왕이 강력한 왕권을 토대로 정치의 중심에서 세력 균형을 유지하고자 하는 탕평론이 제기

> **탕평론**
> ① 기원 : 홍범조의 '왕도탕탕 왕도평평(王道蕩蕩 王道平平)'
> ② 의미 : 임금은 항상 치우침이나 사심이 없이 공평무사해야 한다는 것을 의미(→ 당을 이루지 않는 상태에 이르는 것)
> ③ 본질 : 무편무당(無偏無黨)과 왕권·신권의 조화를 중시, 정치적 균형을 정립하는 것

(2) 탕평론의 전개

① 제기 : 숙종 때

ㄱ 숙종 이전 : 서인과 남인이 공존하던 자율적 붕당 시대(17세기 전반)

ㄴ 숙종 이후 : 붕당의 변질·격화(17세기 후반)를 해결하기 위해 왕에 의한 타율적 균형책으로 탕평론이 제기됨

② 목적 : 인사 관리를 통한 정치적 세력 균형의 유지

③ 한계 : 숙종의 탕평책은 명목상의 탕평론에 지나지 않아 균형의 원리가 지켜지지 않았고, 노론 중심의 편당적인 인사 관리로 환국이 일어나는 빌미를 제공

④ 환국 이후의 정국 : 환국은 숙종 말에서 경종에 이르는 동안 전개되어 노론과 소론의 대립이 격화됨, 영조의 대리청정 문제로 노론과 소론 대립(정종)

5. 영조의 탕평 정치

(1) 즉위 초기의 정국

① 탕평교서(蕩平敎書) 발표 : 탕평교서를 통해 어지러운 정국을 바로잡으려 하였으나 실패

② 이인좌의 난(영조 4, 1728) 발생

기출 Plus

[지방직 9급 기출]

02. (가)와 (나) 사이의 시기에 있었던 일로 옳은 것은?

> (가) 남인들이 대거 관직에서 쫓겨나고 허적과 윤휴 등이 처형되었다.
> (나) 인현왕후가 복위되고 노론과 소론이 정계에 복귀하였다.

① 송시열과 김수항 등이 처형당하였다.
② 서인과 남인이 두 차례에 걸쳐 예송을 전개하였다.
③ 서인 정치에 한계를 느낀 정여립이 모반을 일으켰다.
④ 청의 요구에 따라 조총부대를 영고탑으로 파견하였다.

해 (가)는 1680년 숙종 때 일어난 경신환국, (나)는 1694년에 일어난 갑술환국이다. ①은 1689년에 있었던 기사환국으로, 처형당한 송시열, 김수항 모두 서인이었다.

답 02 ①

⊙ 소론 강경파와 남인 일부가 경종의 죽음에 영조와 노론이 관계되었다고 주장하며, 영조의 탕평책에 반대하여 반란

⊙ 반란군은 청주성을 함락했으나 안성 등지에서 관군에 패배하고 잔존 세력이 체포된 후 소멸

⊙ 붕당 관계를 재편성하는 계기가 됨

(2) 탕평파 중심의 정국 운영

① 탕평파 육성 : 이인좌의 난을 계기로 붕당을 없앨 것을 내세우며 왕의 논리에 동의하는 탕평파를 육성(완론탕평)하고, 이를 중심으로 정국을 운영(→ 붕당의 정치적 의미는 퇴색되고 정치권력은 왕과 탕평파로 집중)

② 산림의 존재 부정 : 붕당의 뿌리를 제거하기 위하여 본거지인 서원을 대폭 정리

③ 이조 전랑의 권한 약화 : 자대권(후임자 천거권) 및 낭천권의 관행을 없앰

(3) 국왕의 지도력 회복

① 정국 운영 등 거의 모든 부문에서 큰 영향력을 행사, 붕당의 정치적 의미 퇴색

② 왕과 탕평파로 정치 권력 집중

(4) 한계

① 미봉책 : 붕당 정치의 폐단을 근본적으로 해결한 것은 아니었으며, 강력한 왕권으로 붕당 간의 다툼을 일시적으로 억누른 것에 불과

② 노론의 독주 : 노론이 정국을 주도하고 소론 강경파가 자주 변란을 일으킴

영조의 문물·제도 정비

① 민생 안정책
  ⊙ 균역법(1750) : 군역 부담을 완화하기 위하여 군포를 1년에 1필로 경감
  ⓛ 권농 정책 : 농업 정책과 수취 제도를 개선하고 〈농가집성〉을 대량 보급
  ⓒ 3심제 : 가혹한 형벌을 폐지하고 사형수에 대한 3심제를 엄격하게 시행
  ⓔ 노비공감법(1755) : 노비의 신공을 반으로 줄임
  ⓜ 신문고를 부활
② 군영 정비 : 훈련도감·금위영·어영청이 도성을 나누어 방위하는 체제를 갖춤
③ 서원 정리 : 붕당의 본거지인 서원을 정리(→ 붕당·사치·음주를 3대 유폐로 지정)
④ 청계천 준설(1760) : 홍수에 따른 하천 범람을 막고 도시 정비를 위해 준설
⑤ 기로과 실시 : 60세 이상의 늙은 선비를 대상으로 과거 실시
⑥ 편찬 사업
  ⊙ 속대전(1746) : 〈경국대전〉을 개정하여 편찬한 법전으로, 법전체계를 재정리하고, 형법(형량) 개선
  ⓛ 동국문헌비고 : 홍봉한이 편찬한 한국학 백과사전으로, 문물제도의 정비에 기여

Check Point

탕평교서
붕당 간 정쟁의 폐단을 지적하고 탕평의 필요성을 주장한 교서이다.

Check Point

신공(노비공)
조선 시대 외거 노비들은 국가나 주인에게 신역을 바치지 않는 대신 신공을 바쳤다. 〈경국대전〉에 따르면 공노비인 남자는 면포 1필과 저화 20장(면포 1필의 가격)이고 여자는 면포 1필과 저화 10장이었으며, 사노비인 남자는 면포 2필이고 여자는 면포 1.5필이었다. 신공은 영조 31년(1755) 노비공감법을 통해 감소하였으며, 영조 51년(1775)에는 여자의 신공이 완전히 폐지되고 남자만 신공으로 면포 1필을 납부하였다.

ⓒ 무원록(증수무원록)(1748) : 송의 〈무원록〉에 주석을 붙여 세종 때 간행한 〈신주무원록〉(1440)을 다시 증보하고 용어를 해석·교정하여 편찬한 법의학서

ⓔ 속오례의(국조속오례의)(1744) : 왕명으로 예조에서 이종성 등이 중심이 되어 〈오례의(五禮儀)〉의 속편으로 편찬한 예절서

꼭! 확인 기출문제

01. 영조 집권 초기에 일어난 다음 사건과 관련된 설명으로 옳지 않은 것은? [국가직 9급 기출]

> 충청도에서 정부군과 반란군이 대규모 전투를 벌였으며 전라도에서도 반군이 조직되었다. 반란에 참가한 주동자들은 비록 정쟁에 패하고 관직에서 소외되었지만, 서울과 지방의 명문 사대부 가문 출신이었다. 반군은 청주성을 함락하고 안성과 죽산으로 향하였다.

① 주요 원인 중의 하나는 경종의 사인에 대한 의혹이다.
❷ 반란군이 한양을 점령하고 왕이 피난길에 올랐다.
③ 탕평책을 추진하는 데 더욱 명분을 제공하였다.
④ 소론 및 남인 강경파가 주동이 되어 일으킨 것이다.

해 ② 제시문은 영조 집권 초에 발생한 이인좌의 난(영조 4, 1728)에 대한 내용이다. 이인좌의 난 당시 반란군은 한양을 점령하지 못하였으며, 왕이 피난을 간 것도 아니다. 1728년 3월 초 이인좌를 중심으로 한 반란군은 안성·양성에서 거병여 청주성을 함락했으나, 3월 말 안성·죽산에서 관군에게 격파되어 이인좌 등이 붙잡혔다. 뒤이어 청주에 남아 있던 반군 잔존 세력이 체포된 이후 반군 세력은 소멸하였다.
　① · ④ 소론 강경파와 남인 일부 세력은 경종이 독살되었고 이에 영조와 노론이 관계되었다고 주장하며 영조와 노론을 제거하고 밀풍군(密豊君) 탄(坦)을 추대하고자 하였다.
　③ 이인좌의 난은 붕당 관계를 재편성하게 하는 계기가 되었다. 영조는 이인좌의 난 이후 붕당을 없앨 것을 내세우며 왕의 논리에 동의하는 탕평파를 육성하고 이를 중심으로 정국을 운영하였다(완론탕평).

02. 다음의 기록이 보이는 왕대의 정치 변화를 바르게 설명한 것은? [국가직 9급 기출]

> (왕이) 양역을 절반으로 줄이라고 명하셨다. 왕이 말하였다. "호포나 결포는 모두 문제점이 있다. 이제는 1필로 줄이는 것으로 온전히 돌아갈 것이니 경들은 대책을 강구하라."

① 특정 붕당이 정권을 독점하는 일당 전제화의 추세가 대두되었다.
② 왕위 계승에 대한 정통성과 관련하여 두 차례의 예송이 발생하였다.
③ 정치 집단은 소수의 가문 출신으로 좁아지면서 그 기반이 축소되었다.
❹ 붕당을 없애자는 논리에 동의하는 관료들을 중심으로 탕평정국을 운영하였다.

해 ④ 제시된 자료는 「영조실록」의 일부로 균역법의 실시에 대한 내용을 다루고 있다. 균역법은 군포의 폐단을 해결하기 위해 영조대인 1750년에 실시된 제도로, 그때까지 2필씩 납부하던 군포를 1필만 납부하도록 하였다. 영조는 이인좌의 난(1728)을 계기로 붕당을 없앨 것을 내세우며 왕의 논리에 동의하는 탕평파를 육성(완론탕평)하고, 이들을 중심으로 탕평정국을 운영하였다. 이로 인해 붕당의 정치적 의미는 퇴색되고 정치권력은 왕과 탕평파로 집중되었다.
　① 숙종대에는 환국이 반복되면서 붕당 사이의 견제와 균형이 무너지고 특정 붕당이 정권을 독점하는 일당 전제화의 추세가 대두되었다.
　② 현종대에 일어난 예송논쟁은 차남으로 집권한 효종의 정통성과 관련하여 발생한 기해예송(1659)과 갑인예송(1674)을 말한다.
　③ 정조 사망 후 순조가 어린 나이에 즉위하였는데, 순조의 장인인 김조순이 순조를 보필하면서 안동 김씨가 정치권력을 독점하는 세도 정치가 시작되었다. 세도 정치는 이후에도 이어져 헌종대에는 풍양 조씨가, 철종대에는 다시 안동 김씨가 정치권력을 장악하였다.

기출 Plus [지방직 9급 기출]

03. 다음 정책을 시행한 왕에 대한 설명으로 옳은 것은?

> • 속대전을 편찬하여 법령을 정비하였다.
> • 사형수에 대한 삼복법(三覆法)을 엄격하게 시행하였다.
> • 신문고 제도를 부활시켜 백성들의 억울함을 풀어주고자 하였다.

① 신해통공을 단행해 상업 활동의 자유를 확대하였다.
② 삼정이정청을 설치해 농민의 불만을 해결하려 하였다.
③ 붕당의 폐단을 제거하기 위해 서원을 대폭 정리하였다.
④ 환곡제를 면민이 공동출자하여 운영하는 사창제로 전환하였다.

해 「속대전」 편찬, 삼복법 시행, 신문고 제도의 부활은 영조 때의 정책이다. 영조 때 붕당의 약화시키기 위해 붕당의 본거지인 서원을 대폭 정리하였다.(173개 소의 서원 철폐)

6. 정조의 탕평 정치

(1) 탕평 정치의 추진

① 추진 방향 : 사도세자의 죽음을 둘러싼 시파와 벽파 간의 갈등을 경험한 정조는 영조 때보다 더욱 강력한 탕평책을 추진하고 이를 통해 왕권 강화

② 진붕(眞朋)과 위붕(僞朋)의 구분 : 각 붕당의 주장이 옳은지 그른지를 명백히 가리는 적극적인 탕평(준론탕평)을 추진하여 영조 때 권세를 키워 온 척신 · 환관 등을 제거

③ 남인(시파) 중용 : 노론(벽파) 외에 소론의 일부 세력과 그 동안 정치에서 배제되었던 남인 계열이 중용됨

(2) 왕권의 강화

① 인사 관리 : 붕당의 입장을 떠나 의리와 명분에 합치되고 능력 있는 사람을 중용

② 규장각의 설치 · 강화

㉠ 설치 : 본래 역대 왕의 글과 책을 수집 · 보관하기 위한 왕실 도서관의 기능

㉡ 기능 강화 : 본래의 기능에 국왕 비서실, 문신 교육, 과거 시험 주관 등의 기능을 통합적으로 부여하여 권력과 정책을 뒷받침할 수 있는 강력한 정치 기구로 육성

㉢ 서얼 등용 : 능력 있는 서얼을 등용하여 규장각 검서관 등으로 임명

③ 문신의 재교육 : 초월적 군주로 군림하면서 스승의 입장에서 신하를 양성하고 재교육

④ 초계문신제(抄啓文臣制) 시행 : 신진 인물이나 중 · 하급(당하관 이하) 관리 가운데 능력 있는 자들을 재교육시키고 시험을 통해 승진

⑤ 장용영(壯勇營) 설치 : 친위 부대인 장용영을 설치하여 각 군영의 독립적 성격을 약화시키고 병권을 장악함으로써 왕권을 뒷받침하는 군사적 기반을 갖춤

Check Point

시파와 벽파

정조의 아버지인 사도세자와 관련된 국론 분열은 영조 때부터 존재해 왔다. 이로 인한 대립은 정조 즉위 후 심화되었는데 이때 정조에게 동의한 무리를 시파, 반대한 무리를 벽파라고 한다.

Check Point

규장각 검서관

규장각 각신의 보좌, 문서 필사 등의 업무를 맡은 관리로, 대부분이 서얼 출신이었다. 정조는 규장각 검서관을 매우 중시하여 정직이 아닌 잡직임에도 까다롭게 임명하였다. 초대 검서관에는 이덕무, 유득공, 박제가 등이 임명되었다.

꼭! 확인 기출문제

밑줄 친 국왕의 정책으로 옳지 않은 것은? [국가직 9급 기출]

> 국왕께서 왕위에 즉위한 첫 해에 맨 먼저 〈도서집성〉 5천여 권을 연경의 시장에서 사오고, 또 옛날 홍문관에 간직했던 책과 명에서 보내온 책들을 모았다. …… 창덕궁 안 규장각 서남쪽에 열고관을 건립하여 중국본을 저장하고, 북쪽에는 국내본을 저장하니, 총 3만 권 이상이 되었다.

① 통치규범을 재정리하기 위하여 〈대전통편〉을 편찬하였다.

❷ 당파와 관계없이 인물을 등용하는 완론탕평을 실시하였다.

③ 당하관 관료의 재교육을 위해 초계문신제도 시행하였다.

④ 왕권을 강화하기 위해 장용영이라는 친위부대를 창설하였다.

> **해** ② 제시문은 정조 때 청에서 들어온 〈고금도서집성〉에 관한 내용으로 '규장각'에 저장하였다는 내용을 통해 정조 때의 일임을 알 수 있다.
>
> 완론탕평은 영조의 정책에 해당한다. 정조는 영조 때보다 더 강력한 탕평책인 준론탕평을 추진하여 각 붕당의 주장이 옳은지 그른지를 명백히 구분하였고, 이를 통해 그동안 권세를 키워 온 척신·환관 등을 제거하고 왕권을 강화하고자 하였다.
> ① 정조 때 편찬된 〈대전통편〉은 〈경국대전〉을 원전으로 하여 통치규범을 재정리하고, 규장각 제도를 법제화하였다.
> ③ 초계문신제는 정조 때 왕권강화를 위해 실시된 것으로, 신진 인물이나 중·하급관리 가운데 능력 있는 자들을 재교육시키고 시험을 통해 승진시킨 제도이다.
> ④ 정조는 친위 부대인 장용영을 창설하여 병권을 장악함으로써 왕권 강화를 위한 군사적 기반을 갖추었다.

(3) 화성(華城)의 건설

① 수원에 화성을 세워 정치적·군사적 기능을 부여

② 상공인을 유치하여 자신의 정치적 이상을 실현하는 상징적 도시로 육성하고자 함

③ 화성 행차 시 일반 백성들과의 접촉 기회를 확대하여 이들의 의견을 정치에 반영(→ 백성들의 상언과 격쟁의 기회를 확대)

(4) 수령의 권한 강화

① 수령이 군현 단위의 향약을 직접 주관하게 해 사림의 영향력을 줄이고 수령의 권한을 강화

② 지방 사족의 향촌 지배력 억제, 국가의 통치력 강화

(5) 정조의 문물·제도 정비

① 민생 안정과 서얼·노비의 차별 완화, 청과 서양의 문물 수용, 실학 장려

② 신해통공(1791) : 상공업 진흥과 재정 수입 확대를 위해 육의전을 제외한 금난전권 철폐

③ 문체 반정 운동 : 문화 정책의 일환으로, 박지원 등이 패사소품체(稗史小品體)를 구사해 글을 쓰자 문체를 정통 고문으로 바로잡으려 한 것

④ 편찬

  ㉠ 대전통편 : 〈경국대전〉을 원전으로 하여 통치 규범을 전반적으로 재정리하기 위하여 편찬한 것으로, 규장각 제도를 법제화

  ㉡ 추관지·탁지지 : 형조의 사례집으로 〈추관지〉를, 호조의 사례집으로 〈탁지지〉를 편찬

  ㉢ 동문휘고 : 외교 문서 정리

  ㉣ 증보문헌비고 : 영조 때 편찬된 〈동국문헌비고〉의 증보판으로, 상고 시대

이후 우리나라의 제도 · 문물을 정리한 백과사전(→ 고종 때 편찬 완료)

ㅁ **무예도보통지** : 이덕무 · 박제가 · 백동수 등이 왕명으로 편찬한 병법서(종합무예 · 무기서)

ㅂ **제언절목** : 제언의 수리와 신축을 위해 편찬(1778)

ㅅ **규장전운** : 소리와 문자를 연구해 일원화를 도모한 음운서

ㅇ **홍재전서 · 일득록** : 정조의 문집인 〈홍재전서〉와 정조의 어록인 〈일득록〉을 편찬

⑤ **활자** : 정리자, 한구자, 생생자(목판) 등을 주조

탕평 정치의 성격 및 한계

탕평 정치는 왕이 중심이 되어서 붕당 정치에서 나타난 문제점을 극복하려는 것으로, 붕당 사이의 대립을 조정하고, 사회 · 경제적 변화 위에서 지배층에게 부분적인 양보를 요구하는 정책을 추진하는 등 개혁적인 측면도 포함하고 있었다. 그러나 탕평 정치는 근본적으로 왕권을 중심으로 한 권력 집중 및 정치 세력의 균형을 꾀하면서 기존 사회 체제를 재정비하여 안정시키려는 것이었다. 따라서 여러 정책들이 보수적인 성격을 띠고 있었고, 정치 운영 면에서는 왕의 개인적인 역량에 크게 의존하였으므로 탕평 정치가 구조적인 틀을 갖추어 안정적으로 유지되기는 어려웠다.

 꼭! 확인 기출문제

01. 〈보기〉의 정책이 시행된 왕대에 대한 설명으로 가장 옳은 것은? [서울시 9급 기출]

> **보기**
> 백성들이 육전[육의전(六矣廛)] 이외에는 허가받은 시전 상인들과 같이 장사를 할 수 있도록 하셨다. 채제공이 아뢰기를 "(전략) 마땅히 평시서(平市署)로 하여금 20, 30년 사이에 새로 벌인 영세한 가게 이름을 조사해 내어 모조리 없애도록 하고, 형조와 한성부에 분부하여 육전이 아니라면 난전이라 하여 잡혀 오는 자들을 처벌하지 말도록 할 뿐만 아니라 잡아 온 자를 처벌하시면, 장사하는 사람들은 서로 매매하는 이익이 있을 것이고 백성들도 가난에 대한 걱정이 없어질 것입니다. 그 원망은 신이 스스로 감당하겠습니다."라고 하니 왕께서 따랐다.

① 법령을 정비하여 속대전을 편찬하였다.
② 청과 국경선을 정하고 백두산정계비를 세웠다.
③ 조세제도를 개편하여 영정법을 시행하였다.
❹ 인재를 양성하기 위해 초계문신제를 시행하였다.

해 ④ 제시된 글의 정책은 조선 정조가 시행한 신해통공(1791)으로, 신해통공은 상공업 진흥과 재정 수입 확대를 위해 육의전을 제외한 금난전권을 철폐한 제도이다. 정조는 또한 '초계문신제'를 시행하였는데, 신진 인물이나 중 · 하급(당하관 이하) 관리 가운데 능력 있는 자들을 재교육시키고 시험을 통해 승진 시켜주는 제도였다.
① 속대전(1746)은 영조가 〈경국대전〉을 개정하여 편찬한 법전이다.
② 백두산정계비(1712)는 숙종이 청과 백두산 일대를 답사하여 국경을 확정하고 세운 경계비이다.
③ 영정법(1635)은 인조가 풍흉에 관계없이 전세를 고정하기로 한 전세 징수법이다.

02. 다음 여러 왕대의 정책들과 정치적 목적이 가장 유사한 것은? [국가직 9급 기출]

> • 신라 신문왕 : 문무 관리에게 관료전을 지급하고 녹읍을 폐지하였다.
> • 고려 광종 : 과거 제도를 시행하고 관리의 공복을 제정하였다.
> • 조선 태종 : 육조 직계제를 확립하고 사병을 혁파하였다.

① 집사부 시중보다 상대등의 권력을 강화하였다.

② 향약과 사창제를 실시하고 서원을 설립하였다.

❸ 장용영을 설치하고 규장각을 확대 개편하였다.

④ 중방을 실질적인 최고 권력 기관으로 만들었다.

해 ③ 신문왕은 신라 중대 전제 왕권 강화와 귀족 세력 억제를 위해 관리에게 관료전을 지급(687)하고 귀족의 경제 기반이었던 녹읍을 폐지(689)하였다.

과거제(958)는 고려 초 광종이 왕권 강화책의 하나로 시행한 것으로, 공신의 자제를 우선적으로 등용하던 종래의 음서 등을 억제하고 유학을 익힌 신진 인사를 과거제를 통해 등용하여 신구 세력의 교체를 도모하였다.

태종은 육조 직계제를 실시하여 육조의 업무를 의정부를 거치지 않고 왕에게 직접 보고하게 하였는데, 이는 국정을 왕이 직접 관장함으로써 왕권을 강화하고 국왕 중심의 통치 체제를 정비하기 위한 것이었다.

제시된 내용은 모두 왕권 강화의 목적으로 시행한 정책이다. 정조는 친위부대인 장용영(壯勇營) 설치하여 각 군영의 독립적 성격을 약화시키고 병권을 장악하여 왕권을 뒷받침하는 군사적 기반을 갖추었다.

① 신라 중대는 왕권이 강화(전제화)되면서 왕명을 받들고 기밀 사무를 관장하는 집사부 시중의 기능이 강화되었고, 상대등과 진골 귀족 세력은 약화되었다.

② 향약이나 서원, 유향소(향청), 사창제 등은 모두 중앙 집권이 아닌 지방 자치와 관련된 제도나 조직이다. 향약은 조선 시대의 향촌 규약 또는 그 규약에 근거한 조직체를 일컫는 것으로, 서원과 함께 지방 사림의 세력 기반이 되었다. 사창제(社倉制)는 조선 초 향촌 사회에서 자치적으로 실시·운영된 구휼 제도로, 양반 지주들이 농민 생활을 안정시켜 양반 사족 중심의 향촌 질서를 유지하기 위한 것이었다.

④ 고려 무신정변 이후 무신들이 장악한 중방이 최고 권력 기관이 되면서 왕권은 약화되었고, 통치 질서가 흔들리면서 중앙 정부의 지방 통제력도 약화되었다.

제4절 정치 질서의 붕괴

1. 세도 정치

(1) 세도 정치의 성립

① 의의 : 세도 정치란 종래의 일당 전제마저 거부하고 특정 가문이 권력을 독점하는 정치 형태로서, 가문의 사익을 위해 정국이 운영되어 정치 질서가 붕괴됨

② 성립 배경

㉠ 탕평 정치로 왕에게 권력이 집중된 것이 19세기 세도 정치의 빌미가 됨

㉡ 왕이 탕평 정치기에 하던 역할을 하지 못하게 되자 정치 세력 간의 균형이 깨지고 몇몇 유력 가문의 인물에게 권력이 집중됨

(2) 세도 정치의 전개

① 순조(23대, 1800~1834)

㉠ 정순왕후의 수렴청정

• 정조 때 정권에서 소외되었던 노론 벽파 세력이 정국을 주도하고 인사

Check Point

세도 정치

순조·헌종·철종의 3대 60여 년 간에 걸친 세도 정치하에서 왕정(王政)과 왕권은 명목에 지나지 않았고, 왕도 정치는 하나의 허구에 지나지 않았다. 세도 가문은 정치적 기능이 강화된 비변사를 거의 독점적으로 장악하여 권력을 행사하였고, 훈련도감 등의 군권도 장기적으로 독점하여 정권 유지의 토대를 확고히 하였다.

Check Point

신유박해
정조 사후 정권을 잡은 보수 세력은 천주교도와 진보 세력에 대한 대대적인 숙청을 실시하였다. 이로 인해 이승훈, 이가환 등이 처형되었으며 정약용 등은 유배되었고 박지원, 박제가 등은 관직에서 쫓겨나게 되었다.

Check Point

정치 기강의 문란
세도 정치기에는 세도가를 견제할 세력의 부재로 인해 정치 기강이 문란해졌는데, 뇌물을 통한 관직의 매매가 공공연히 이루어졌고, 과거 시험에서는 부정이 횡행하여 실력보다 세도가와의 관계가 합격과 진출 관직을 좌우하였다. 또한 매매를 통해 관직에 오른 관리들이 수탈을 통해 재산을 축적함으로써 백성들의 고통은 점점 증가해갔다.

Check Point

붕당 정치와 세도 정치
세도 정치는 기존의 일당 전제마저 거부하고 특정 가문에서 권력을 독점하는 정치 형태이다. 붕당 정치가 이루어지던 시기에는 붕당들이 서로 대립하면서 어느 정도 여론을 수렴하였으며 정치적 명분을 내세워 사회 변동에 대처하기도 하였으나, 세도 정치 시기에는 세도 정권에 대해 비판을 할 수 있는 세력이 없었으므로 이들의 권력 행사를 견제할 방법이 없었다.

권 · 군권 장악

- 정조 때 등용된 남인과 소론, 규장각을 통해 양성한 인물들을 대거 축출(신유박해)
- 장용영을 혁파하고 훈련도감을 정상화시켜 이를 장악
  - ㉡ 안동 김씨 일파의 세도 정치 전개 : 정순왕후 사후 벽파 세력이 퇴조, 순조의 장인 김조순의 안동 김씨 일파가 세도 정치를 전개
  - ② 헌종(24대, 1834~1849) : 헌종의 외척인 조만영 · 조인영 등의 풍양 조씨 가문이 득세
  - ③ 철종(25대, 1849~1863) : 김문근 등 안동 김씨 세력이 다시 권력 장악

2. 세도 정치기의 권력 구조

(1) 가문 정치(家門政治)
① 정치 기반 축소 : 중앙 정치를 주도하는 것은 소수의 가문으로 축소
② 유력 가문의 권력 독점 : 왕실 외척으로서의 정치 권력, 산림으로서의 명망, 관료 가문의 기반을 동시에 가지고 권력 독점

(2) 권력 구조 및 기반
① 정2품 이상의 고위직만이 정치적 기능을 발휘하고 그 아래의 관리들은 행정 실무만 담당하게 됨
② 의정부와 육조는 유명무실화되고 실질적인 힘은 비변사로 집중되었으며, 비변사에서도 실질적 역할은 유력 가문 출신의 인물들이 독차지
③ 훈련도감(5군영) 등의 군권을 장기적으로 독점하여 정권 유지의 토대를 다짐

3. 세도 정치의 한계와 폐단

(1) 세도 정권의 한계
① 사회 개혁 의지와 능력 결여 : 개혁 세력의 정치 참여 배제, 사회 통합 실패
② 지방 사회에 대한 몰이해 : 세도가들은 도시 귀족의 체질을 지녔고 집권 후 개혁 의지도 상실하여 상대적으로 뒤떨어진 지방 사회의 사정을 이해하지 못함

(2) 세도 정치의 폐단
① 왕권의 약화 : 세도가의 권력 독점과 인사 관리의 전횡

② 정치 기강의 문란

ㄱ 과거 제도의 문란(부정, 합격자 남발), 매관매직(賣官賣職)의 성행

ㄴ 수령 · 아전들의 수탈 : 자신들의 지위를 강화하고 수탈을 일삼음

ㄷ 삼정의 문란 : 전정, 군정, 환곡의 문란이 극에 달함

③ 상품 화폐 경제의 발전 저해 : 농민뿐만 아니라 상공업자도 수탈 대상이 되어 성장하던 상인 · 부농들을 통치 집단 속으로 포섭하지 못함

④ 농민 봉기의 발생 : 농민 등의 불만이 극에 달해 처음에는 소청 · 벽서 운동으로 전개되다가 이후 농민 봉기로 확대

세도 정치와 역사 발전

정치적 문란(사회적 탄압, 경제적 수탈 등)이 심각했던 시기이며, 이러한 세도 정치기는 역사 발전을 방해하였다.

 확인 기출문제

다음과 같은 정치 상황 하에서 나타난 현상으로 옳은 것은? [지방직 9급 기출]

19세기의 정치는 권력 구조 면에서 고위직만 정치적 기능을 발휘하여 그 아래의 관리들은 행정 실무만 맡게 되었고, 비변사가 핵심적인 정치 기구로 자리 잡았다.

① 왕에게 모든 권력이 집중되었다.
❷ 남인 · 소론 · 지방 선비들이 권력에서 배제되어 사회 통합에 실패하였다.
③ 공론이 중지되면서 이조 전랑의 권한이 강화되었다.
④ 예송 논쟁이 일어나 붕당 간 대립이 격화되었다.

해 ② 제시된 내용은 19세기에 세도 정치가 전개되면서 나타난 현상이다. 세도 정치는 특정 가문이 권력을 독점하여 가문의 이익을 위해 정국을 운영하는 정치 형태를 말하는데, 세도 정치기(1800~1863)에는 정2품 이상의 고위직만이 정치적 기능을 발휘하고 그 아래의 관리들은 행정 실무만 담당하게 되었으며, 의정부와 육조는 유명무실해지고 실권이 비변사로 집중되었다.
어린 순조가 즉위하면서 시작된 정순왕후의 수렴청정으로 세도 정치가 전개되었는데, 이 시기에는 정조 때 등용된 남인과 소론, 지방 선비 등이 권력에서 배제되고 노론 벽파 세력이 정국을 독점하였다.
① 세도 정치기에 왕권은 실추되고 소수의 유력 가문이 권력을 장악하였다.
③ 이조 전랑의 권한은 영 · 정조 시대를 거치며 혁파되었고, 세도 정치기에는 비변사의 권한이 크게 강화되었다.
④ 예송 논쟁은 현종 때 서인과 남인 간에 발생한 것으로, 이때까지는 비판 세력의 공존이 인정되는 자율적 · 이상적 붕당 정치가 행해졌다.

기출 Plus [국가직 9급 기출]

01. 19세기 조선 사회에 대한 설명으로 옳은 것만을 모두 고르면?

ㄱ. 순조 초에 훈련도감이 벽파 세력에 의해 혁파되고, 군영 대장 후보자를 결정할 권한은 당시 권력 집단이 장악한 비변사가 가지고 있었다.
ㄴ. 중앙정치 참여층이 경화 벌열로 압축되고 중앙 관인과 재지사족 간에 존재했던 경향의 연계가 단절되면서 전통적인 사림의 공론 형성은 거의 불가능해졌다.
ㄷ. 환곡은 본래 진휼책의 하나였지만, 각 아문에서 환곡의 모곡을 재정 수입의 주요 항목으로 이용하면서 부세와 다름없이 운영되었다.
ㄹ. 홍경래 난을 계기로 국가는 삼정이정청을 설치하여 삼정의 개선 방안을 모색하였으며, 각지의 사족들 또한 상소문을 올려 해결 방안을 제시하였다.

① ㄱ, ㄴ, ㄷ   ② ㄴ, ㄷ
③ ㄴ, ㄷ, ㄹ   ④ ㄷ, ㄹ

해 ㄱ. 순조 때 노론 벽파 세력들은 장용영을 혁파하고 훈련도감 등의 군권을 독점하여 정권 유지의 기반으로 삼았다.
ㄹ. 삼정이정청은 홍경래의 난(1811)이 아니라 임술 농민봉기(진주민란, 1862)를 계기로 설치되었다.

제5절 대외 관계의 변화

1. 대청 외교

(1) 청과의 관계
① **북벌 정책의 추진** : 표면상 사대 관계를 맺었으나 내심으로는 적개심이 남아 북벌 정책을 오랫동안 고수, 전란 후 민심 수습과 국방력을 강화하는 데 기여
② **청의 발전과 북학론의 대두**
    ㉠ 청은 전통 문화를 장려하고 서양 문물을 수용해 문화 국가로 변모
    ㉡ 사신들은 천리경, 자명종, 화포, 만국지도, 〈천주실의〉 등 여러 문물을 소개
    ㉢ 학자들 중 일부는 청을 배척하지만 말고 이로운 것은 배우자는 북학론을 제기

(2) 청과의 영토 분쟁
① **국경 분쟁** : 청이 만주 지방을 성역화하면서 우리나라와 국경 분쟁이 발생
② **백두산 정계비 건립(숙종 38, 1712)** : 청의 오라총관 목극등 등과 조선 관원들이 백두산 일대를 답사하여 국경을 확정하고 건립
    ㉠ 백두산 정계비를 세우고, 동쪽으로 토문강과 서쪽으로 압록강을 경계로 삼음
    ㉡ 19세기 토문강의 위치에 대한 해석상의 차이 때문에 간도 귀속 문제 발생
③ **간도 귀속 문제** : 우리가 불법적으로 외교권을 상실한 상태에서 청과 일본 사이에 체결된 간도 협약(1909)에 따라 청의 영토로 귀속

2. 대일 외교

(1) 기유약조(광해군 1, 1609)
① 도쿠가와 막부는 전후 경제적 어려움 해결과 선진 문물 수용을 위해 국교 재개를 요청
② 선조 37년(1604), 유정(사명당)을 파견하여 일본과 강화하고 3,000여 명의 조선인 포로를 송환
③ 기유약조를 맺어 부산포에 다시 왜관을 설치, 제한된 범위 내에서의 교섭 허

▶ 철거전 백두산 정계비

Check Point

간도 협약
1909년 일본은 남만 철도의 안봉선 개축을 두고 청과 흥정하여 철도 부설권을 얻는 대신 청에게 간도 지방을 넘겨주었다.

용-(1609)

(2) 통신사(通信使)의 파견

① 조선의 선진 문화를 받아들이고, 막부의 권위를 인정받기 위해 사절 파견을 요청

② 사절의 파견 : 조선에서는 1607년부터 1811년까지 12회에 걸쳐 사절을 파견

(3) 울릉도와 독도 문제

① 충돌의 원인 : 삼국 시대 이래 우리의 영토였으나 일본 어민들이 자주 침범

② 안용복의 활동 : 숙종 때 동래의 어민인 안용복은 울릉도에 출몰하는 일본 어민들을 쫓아내고, 일본에 2차례 건너가 울릉도와 독도가 조선의 영토임을 확인받고 돌아옴

③ 19세기 말 정부는 울릉도에 주민 이주를 장려하고 군을 설치하여 관리를 파견, 독도까지 관할하게 함

꼭! 확인 기출문제

다음 비문의 내용과 관련이 있는 것은? [인사위 9급 기출]

> 오라총관 목극등이 국경을 조사하라는 교지를 받들어 이곳에 이르러 살펴보고 서쪽은 압록강으로 하고 동쪽은 토문강으로 경계를 정하여 강이 갈라지는 고개 위에 비석을 세워 기록하노라.

❶ 간도 귀속 문제
② 대마도 영토 분쟁
③ 독도 영유권 분쟁
④ 광해군의 중립 외교 문제

해 ① 제시문은 백두산 정계비(1712)에 관한 내용이다. 백두산 정계비는 숙종 때 청과 영토 분쟁 문제가 발생했을 때 청의 오라총관 목극등 등과 조선 관원들이 백두산 일대를 답사하여 국경을 확정한 후 백두산으로부터 북방 4km 지점에 세운 경계비이다. 비문의 내용에 따르면 양국의 경계를 동쪽으로 토문강, 서쪽으로 압록강으로 정하였는데, 이후 토문강의 위치에 대한 해석상의 차이 때문에 간도 귀속 문제가 발생하였다.

Check Point

통신사(외교사절단)
조선의 왕이 막부의 장군(쇼군)에게 파견하던 사절이다. 실제로 일본에 건너가 통신사로서의 임무를 수행한 것은 세종 11년(1429) 교토에 파견된 정사 박서생의 사절단이 최초이다. 조선 후기의 통신사는 막부의 장군이 있는 에도(도쿄)를 목적지로 파견되었는데, 그곳까지 가는 도중에 통신사가 묵는 객사는 한시문과 학술의 필담창화라고 하는 문화 교류의 장이 되었다.

▶ 통신사 행렬도

제2장

경제 구조의 변동

Check Point

조선 후기의 수탈과 통제 강화
• 수령과 향리 중심의 향촌지배방식으로 바뀜에 따라 이들에 의한 농민 수탈이 증가
• 농민의 이탈 방지를 위해 호패법과 오가작통제를 강화

기출 Plus

[국가직 9급 기출]

01. 다음과 같은 상황을 극복하기 위해 조선 정부가 시행한 정책으로 가장 적절한 것은?

임진왜란과 병자호란을 거치면서 농촌 사회는 심각하게 파괴되었다. 수많은 농민이 전란 중에 사망하거나 피난을 가고 경작지는 황폐화되었다. 그러나 농민의 조세부담은 줄어들지 않았다. 양난 이후 조선 정부의 가장 큰 어려움은 농경지의 황폐와 전세 제도의 문란이었다.

① 양전 사업 실시
② 군적 수포제 실시
③ 연분 9등법 실시
④ 오가작통제 실시

해 토지 결수는 격감하고 전세 제도는 문란하여 개간과 양전 사업을 통해 토지 결수와 전세 수입원을 증대시키려 하였다.

답 01 ①

제1절 수취 체제의 개편

1. 수취 체제 개편의 배경 및 내용

(1) 개편의 배경

① 농촌사회의 붕괴
  ㉠ 양 난(兩亂)으로 수많은 농민이 사망하거나 피난을 갔으며, 굶주림과 질병에 시달림
  ㉡ 경작지가 황폐화되었고, 조세 부담은 줄지 않아 농촌 생활이 파탄에 이름
② 정부 대책의 미흡 : 농민들의 어려움에도 불구하고 양반 지배층은 정치적 다툼에 몰두하여 민생 문제에 대처하지 못하였고, 복구를 위한 정부의 대책은 미봉책에 그침
③ 개편의 필요성 제기 : 농민들의 불만 해소와 농촌 사회의 안정, 재정 기반 확대를 위해 수취 체제 개편의 필요성이 대두됨

(2) 개편의 내용 및 한계

① 개편의 기본 방향 : 농민들의 부담을 줄이고 지주의 부담은 늘림
② 개편의 내용 : 전세는 영정법, 공납은 대동법, 군역은 균역법으로 개편
③ 개편의 한계
  ㉠ 수취 체제 개편으로 농촌 사회가 일시적으로 안정되는 듯하였으나, 이는 결국 양반 중심의 지배체제 유지에 목적이 있었기에 실제 운영 결과에 있어서 농민 부담은 별로 줄지 않음
  ㉡ 농민들은 생존을 위해 농업에서의 자구책을 마련하기 위해 노력

2. 전세(田税) 제도의 개편

(1) 경제 상황과 정부의 개선책

① 양 난 이후의 경제 상황 : 농경지의 황폐와 토지 제도의 문란이 가장 심각했는데, 당시 토지 결수가 임진왜란 전 150만 결에서 직후 30여만 결로 크게 감소

② 정부의 개선책

㉠ 개간 장려 : 진전(陳田)의 개간 등

㉡ 양전 사업 : 양안에서 빠진 토지(은결)를 찾아 전세의 수입원을 증대하려는 의도

③ 정부 정책의 한계 : 농민들의 삶을 향상시킬 수 없는 미봉책에 불과했으며, 개간과 양전 사업으로 토지 결수는 증가하였으나 수세지는 전체의 60% 정도에 그침

(2) 영정법(永定法)의 시행(인조 13, 1635)

① 내용 : 종전 연분 9등제하에서 풍흉에 따라 최대 20에서 최하 4두를 납부하던 것을 풍흉에 관계없이 토지 1결당 미곡 4두로 전세를 고정(→ 전세의 정액화)

② 결과

㉠ 전세의 비율이 이전보다 다소 낮아짐(→ 지주나 자영농의 부담 경감)

㉡ 전세 납부 시 부과되는 수수료와 운송비의 보충 비용 등이 전세액보다 많아 오히려 농민의 부담이 가중됨(→ 농민의 대부분을 차지하는 병작농에게는 도움이 되지 못함)

3. 공납의 전세화

(1) 공납의 폐해

① 방납의 폐해 : 농민들의 토지 이탈 가속

② 국가 재정의 악화 : 양 난 후 더욱 악화

(2) 대동법(大同法)의 시행(광해군 1, 1608)

① 내용 : 가호에 부과하던 토산물(현물)을 토지 결수에 따라 쌀 등으로 납부하게 하고, 정부는 수납한 쌀 등을 공인에게 공가(貢價)로 지급하여 그들을 통해 필요한 물품을 구입

② 실시 목적

㉠ 경저리 등 지방 관리의 방납 폐해를 시정하고, 전후 농민 부담을 경감

ⓛ 국가 수요품과 공물의 불일치 문제 개선, 국가 재정 확충, 군량미 부족
      해결

③ 경과 : 양반 지주의 반대가 심해 전국 실시에 100년이란 기간이 소요

      ㉠ 광해군 1년(1608) : 이원익 · 한백겸의 주장으로 선혜청을 설치하고 경기도
      에서 처음 실시(→ 1결당 16두 징수)

      ⓛ 인조 1년(1623) : 조익의 주장으로 강원도에서 실시

      ⓒ 효종 : 김육의 주장으로 충청도 · 전라도에서 실시

      ⓔ 숙종 34년(1708) : 황해도에서 실시(→ 평안 · 함경도를 제외한 전국 실시,
      1결당 12두 징수)

④ 결과

      ㉠ 농민 부담 경감 : 부과가 종전 가호 단위에서 전세(토지 결수) 단위로 바뀌
      어, 토지 1결당 미곡 12두만을 납부

      ⓛ 공납의 전세화 : 공물 대신 토지 결수에 따라 쌀을 차등 과세

      ⓒ 조세의 금납화 : 종래 현물 징수에서 쌀(대동미) · 베(대동포) · 동전(대동
      전)으로 납부

      ⓔ 국가 재정의 회복 : 과세 기준의 변경으로 지주 부담이 늘고, 대동법의 관
      리 · 운영과 재정 수입을 선혜청에서 담당하게 되면서 국가 재정은 어느 정
      도 회복됨

      ⓜ 공인(貢人) : 대동법이 실시되면서 등장한 관허 상인으로 이들의 활발한 활
      동은 상품 화폐 경제의 발달을 촉진

      ⓗ 상품 화폐 경제의 발달

      • 상품 수요가 증가하고 시장이 활성화(→ 삼량진 · 강경 · 원산 등의 쌀 집
      산지가 상업 도시로 성장)

      • 상품 구매력의 증가로 자급자족에서 유통 경제로 변화

⑤ 한계 : 대동법의 운영 과정에서 폐단이 나타나 농민은 다시 어려움을 겪게 됨

      ㉠ 현물 징수의 존속 : 대동법 실시 후에도 별공 · 진상 등의 현물세 존속

      ⓛ 전세의 전가 : 지주에게 부과된 대동세를 소작농에게 전가

      ⓒ 가혹한 수탈 : 수령 및 아전들이 농민을 수탈

꼭! 확인 기출문제

〈보기 1〉의 밑줄 친 '이 법'에 대한 옳은 설명을 〈보기 2〉에서 모두 고른 것은? [서울시 9급 기출]

보기1

영의정 이원익이 아뢰기를, "각 고을에서 바치는 공물이 각급 관청의 방납인들에 의해 중간에서 막혀 물건 하나의 가격이 몇 배 또는 몇 십 배, 몇 백 배가 되어 그 폐단이 이미 고질화되었습니다. 그러니 지금 마땅히 별도로 하나의 청을 설치하여 이 법을 시행하도록 하소서."라고 하니 왕이 따랐다.

보기2

ㄱ. 이 법이 실시된 뒤 현물 징수가 완전히 없어졌다.
ㄴ. 처음에는 경기도에서 시험적으로 시행되었다.
ㄷ. 과세 기준을 가호 단위에서 토지 결수로 바꾸었다.
ㄹ. 풍흉의 정도에 따라 조세 액수를 조정하였다.

---

① ㄱ, ㄴ 　　　　　　　　　② ㄱ, ㄷ
❸ ㄴ, ㄷ 　　　　　　　　　④ ㄷ, ㄹ

해 ③ 제시된 글의 밑줄 친 '이 법'은 광해군 때에 시행한 대동법이다. 대동법은 방납의 폐해를 시정하고 농민부담을 경감시키며 국가재정을 확충하기 위해 시행되었는데, 그때까지 가호(家戶) 단위로 부과하던 토산물을 토지 결수에 따라 쌀 등으로 받고 그 쌀을 공인에게 공가로 지급하여 그들을 통해 물품을 구입하게 하는 제도이다. 경기도에서 처음 시행되었으며 양반 지주의 반대로 전국적으로 실시되기까지 100년이라는 기간이 소요되었다.
　ㄱ. 대동법이 실시된 후에도 별공·진상 등의 현물이 존속하였다.
　ㄹ. 풍흉에 따라 조세 액수를 결정했던 세율법은 답험손실법으로, 1391년 공양왕의 과전법 실시 이후 1444년 세종의 전세제도 개정 때까지 시행되었다.

4. 균역법(均役法)의 시행

(1) 군역 제도 개편의 배경

① 5군영의 성립 : 16세기 이후 모병제가 제도화되자 군역을 대신하는 수포군이 점차 증가
② 양역의 폐단 발생
　㉠ 군포의 중복 징수 : 장정 한 명에게 이중 삼중으로 군포를 부담하는 경우가 빈발
　㉡ 군포 양의 불균등 및 면역(공명첩, 납속책) 증가, 부정부패 만연
③ 양역(良役)의 회피 증가, 군역에 대한 농민의 저항 발생
④ 양역변통론(良役變通論)의 대두 : 호포론(영조), 농병일치론(유형원) 등

기출 Plus [지방직 9급 기출]

03. 다음 지시에 따라 실시된 제도로 옳은 것은?

왕이 양역을 절반으로 줄이라고 명령했다. "…… 호포(戶布)나 결포(結布) 모두 문제가 있다. 이제 1필을 줄이는 것으로 온전히 돌아갈 것이니 경들은 1필을 줄였을 때 생기는 세입 감소분을 보충할 방법을 강구하라."

① 지조법을 시행하고 호조로 재정을 일원화하였다.
② 토산물로 징수하던 공물을 쌀이나 무명, 동전 등으로 통일하였다.
③ 황폐해진 농지를 개간하도록 권장하고 전국적인 양전 사업을 시행하였다.
④ 일부 양반층에게 선무군관이라는 칭호를 주고 군포 1필을 납부하게 하였다.

해 제시된 사료는 종전의 군적 수포제에서 군포 2필을 부담하던 것을 1년에 군포 1필로 경감하도록 한 균역법이다. 균역법의 시행으로 부족한 군포 수입을 보충하기 위해 일부 양반층에게 선무군관이라는 칭호를 주고 군포 1필을 납부하게 하였다. 지조법을 시행하고 호조로 재정을 일원화한 것은 갑신정변의 개혁 내용이다. 토산물로 징수하던 공물을 쌀이나 무명, 동전 등으로 통일한 것은 대동법이다. 임진왜란과 같은 대규모 전란 이후 황폐해진 농지를 개간하도록 권장하고 전국적인 양전 사업을 시행하였다.

답 03 ④

Check Point

군적수포제

16세기 중엽 방군수포제의 폐해가 극심해지자 군적수포제를 실시하여 병역 의무자들에게 16개월에 군포 2필만을 부담시키고 현역 복무를 면제받게 하였다. 군적수포제를 통해 복무를 면제받은 사람을 납포군이라고 하였다.

 기출 Plus

[법원직 9급 기출]

04. 다음 사료에서 설명하는 폐단을 막기 위해서 시행한 조세 제도 개혁은?

> 지방에서 토산물을 공물로 바칠 때, (중앙 관청의 서리가) 공납을 일체 막고 본래 값의 백배가 되지 않으면 받지도 않습니다. 백성이 견디지 못하여 세금을 못 내고 도망하는 자가 줄을 이었습니다.
> — 〈선조실록〉 —

① 영정법   ② 대동법
③ 균역법   ④ 호포법

해 제시문은 공납 과정에서 발생한 방납의 폐단을 지적하는 내용이다. 이를 해결하기 위해 집집마다 부과하던 토산물(현물)을 토지 1결당 미곡 12두로 납부하도록 하는 대동법(1608)을 실시하였다.

(2) 균역법(영조 26, 1750)

① **내용** : 종전의 군적수포제에서 군포 2필을 부담하던 것을 1년에 군포 1필로 경감

② **부족분의 보충** : 부가세 징수

   ⊙ **결작** : 감소된 재정을 보충하기 위해 지주에게 결작(토지 1결당 미곡 2두)을 부과

   ⓒ **선무군관포** : 일부 상층 양인에게 선무군관이란 칭호를 주고 군포 1필 부과

   ⓒ **잡세** : 어장세 · 염세 · 선박세 등

③ **결과**

   ⊙ 일시적으로 군포 부담이 줄어 농민들의 저항이 다소 진정되었고 국가 재정도 증가

   ⓒ 군역이 면제되었던 상류 신분층(양반 · 지주)이 군포와 결작을 부담함으로써 군역이 어느 정도 평준화

   ⓒ 결작이 소작 농민에게 전가되어 군적이 다시 문란해짐

꼭! 확인 기출문제

임진왜란 이후 시행된 경제 정책에 대한 설명으로 옳지 않은 것은? [지방직 9급 기출]

① 풍흉에 관계없이 전세를 토지 1결당 미곡 4~6두로 고정시켰다.

② 군포를 연간 1필로 줄이면서 지주에게 토지 1결당 미곡 2두의 결작을 부담시켰다.

③ 공납제의 폐해를 줄이기 위하여 공물 대신 미곡 · 면포 · 화폐를 받았다.

❹ 세습으로 인한 과전의 부족 문제를 해결하기 위해 현직 관리에게만 수조권을 지급하였다.

해 ④ 임진왜란 전인 세조 때 시행된 직전법(세조 12, 1466)에 대한 설명이다. 직전법은 과전법하에서의 공신전 · 수신전 · 휼양전 등 토지의 세습으로 새로 관직에 진출한 관리에게 줄 토지가 부족해지자 이를 해결하기 위해 현직 관리에게만 토지(수조권)를 지급하도록 한 제도이다.

① 15세기 말 이후부터 연분 9등법이 무시된 채 풍흉에 관계없이 토지 1결당 4~6두의 세액을 징수하는 것이 관례화되어 갔으나, 이것을 법제화하여 풍흉에 관계없이 전세를 1결당 4두로 고정시킨 영정법(인조 13, 1635)은 임진왜란 이후에 시행되었다.

② 18세기 중반에 시행된 균역법(영조 26, 1750)에 대한 내용이다. 균역법의 시행에 따른 군포의 부족분은 결작, 선무군관포, 잡세 등으로 보충하였다.

③ 임진왜란 이후 광해군 때 실시된 대동법(1608)에 대한 설명이다. 대동법은 1608년에 경기도에서 처음 실시되었으나 양반 지주의 반대가 심해 전국 실시에 100년이란 기간이 소요되었다. 대동법의 전국적인 실시는 1708년이다.

 답 04 ②

제2절 경제 생활의 향상

1. 농업

(1) 농업 생산력의 증대

① 농경지 확충 : 황폐한 농토의 개간(농민은 오히려 소유지 감축) 등

② 수리 시설 복구와 관리

　㉠ 제언, 천방, 보(洑) 등 수리 시설 정비·확대(→ 농민이 스스로 보를 설치하기도 함)

　㉡ 제언사를 설치(현종)하고 제언절목을 반포(정조)하여 국가에서 저수지 관리

③ 시비법 개량 : 퇴비·분뇨·석회 등 거름의 종류 및 거름 주는 방법을 다양하게 개발

④ 새로운 영농 방법 도입을 통한 생산력 증대, 농업 경영의 전문화·다양화

　㉠ 논농사 : 직파법에서 이앙법으로 전환(15세기), 이앙법의 일반화·확대(17세기 이후)로 노동력 절감, 생산량 증대, 이모작 가능

　㉡ 밭농사 : 농종법(壟種法)에서 견종법(畎種法)으로 변화(→ 노동력 절감, 생산량 증대, 보리 재배 지역이 북쪽으로 확대)

⑤ 농기구의 개량

　㉠ 18세기 이후 철제 수공업이 발달하면서 여러 농기구 제작

　㉡ 쟁기·써레·쇠스랑·호미 등이 널리 사용됨

　㉢ 논농사에서는 소를 이용한 쟁기의 사용이 보편화되어 생산력 증대

⑥ 농업 경영 방식의 변화

　㉠ 이앙법(모내기법) 보급

　　• 단위 면적당 경작 노동력이 80% 정도 감소, 농민 1인당 경작 면적도 5배 정도 증가

　　• 이앙법 실시로 광작이 발생(→ 부농의 등장)

　㉡ 부농

　　• 지주형 부농 : 지주들도 직접 경작하는 토지를 확대(→ 대토지 소유 문제 대두)

　　• 경영형 부농 : 자작농은 물론 일부 소작농도 더 많은 농토를 경작하여 재산 증식(→ 임노동자 고용, 농민 계층의 분화)

Check Point

제언절목
정조 2년(1778) 비변사에서 제정한 제언(농업 용수용 수리 시설) 관련 규정이다. 저수지 면적의 유지, 저수지 관리 방법, 저수지 수축 방법, 인력 동원 방법 등을 규정하고 있다. 〈비변사 등록〉과 〈정조실록〉에 전한다.

 기출 Plus 　[지방직 9급 기출]

01. 다음에 제시된 시기의 경제상으로 옳지 않은 것은?

> 농부가 벼농사를 짓는 것보다 담배 등의 상품 작물을 재배하는 것이 비옥한 땅의 농사에서 얻는 소득보다 많다.

① 광작의 보급과 확대

② 자영농 감소와 임노동자의 증가

③ 양반으로의 신분 상승이 성행

④ 경제의 활성화로 인한 농민 생활의 평준화

🖪 제시문은 담배 등 상품 작물의 재배가 증가한 조선 후기에 대한 내용이다. 조선 후기에는 경제가 활성화되기는 하였지만, 농민층의 계층 분화로 인해 농민들의 빈부 차가 커졌다.

 답　**01** ④

> **이앙법의 이점**
>
> 이앙(移秧)을 하는 것은 세 가지 이유가 있다. 김매기의 노력을 더는 것이 첫째요, 두 땅의 힘으로 하나의 모를 서로 기르는 것이 둘째이며, 좋지 않은 것은 솎아 내고 싱싱하고 튼튼한 것을 고를 수 있는 것이 셋째이다. 어떤 사람들은 큰 가뭄을 만나면 모든 노력이 헛되어 버리니 위험하다고 하나 그렇지 않다.
>
> — 서유구, 〈임원경제지〉 —

⑦ 상품 작물의 재배
  ㉠ 18세기에는 쌀, 인삼, 목화, 고추, 약초, 과일 등의 작물을 재배하여 시장에 팔아 가계 수입 증가
  ㉡ 인삼 : 개성을 중심으로 16세기부터 본격적으로 재배, 18세기 삼남 지방으로 확대
  ㉢ 상품 작물의 전래 : 담배(17세기, 일본), 고구마(18세기, 일본), 감자(19세기, 청)

(2) 지주 전호제의 일반화

① 토지 확대와 지주 전호제의 일반화 : 양 난 이후 양반이 토지 개간과 매입을 통해 토지를 확대하여 이를 소작 농민에게 소작료를 받고 임대하는 지주 전호제가 증가하였고, 18세기 말에 일반화됨
② 지주 전호제의 변화
  ㉠ 초기 : 양반과 지주라는 지위를 이용하여 소작료 등의 부담을 마음대로 강요
  ㉡ 변화 계기 : 상품 화폐 경제가 발달되면서 소작인의 저항이 심해지자 소작권을 인정하고 소작료도 낮추는 추세가 나타남
  ㉢ 후기 : 지주와 전호 사이의 신분적 관계보다 경제적인 관계로 바뀌어 감

(3) 몰락 농민의 증가

① 토지의 상품화
  ㉠ 농민이 부세의 부담, 고리채, 관혼상제 비용 등으로 헐값에 내놓은 토지를 양반 관료·토호·상인이 매입
  ㉡ 토지의 상품화는 상품 화폐 경제의 발달과 함께 더욱 가속화
② 농민의 이농 현상
  ㉠ 광작의 보급으로 소작 농민들이 소작지를 잃기는 쉬워지고 얻기는 더욱 어려워짐
  ㉡ 농촌을 떠나거나 품팔이로 생계를 유지하는 농민이 증가
③ 농민 계층의 분화

Check Point

양반 지주의 경제 생활
• 소작료 소득 등을 통한 경제 기반의 유지·확대
• 토지에서 발생하는 수입을 통한 토지 매입에 열중
• 물주(物主)로서 상인에게 자금을 대거나 고리대로 부를 축적
• 경제적 변동에 적응하지 못하여 몰락하는 양반(잔반) 발생

Check Point

계층 분화 촉진의 요인
농업의 이앙법과 광작, 수공업의 납포장과 선대제 수공업, 상업의 객주와 상인 물주 등

- ㉠ 농촌을 떠난 농민은 도시로 가 상공업에 종사하거나 광산이나 포구의 임노동자가 됨
- ㉡ 이 시기에 광산 · 포구 등에는 새로운 도시가 형성됨

(4) 지대(地代)의 변화

① 배경
- ㉠ 소작 농민들은 더 유리한 경작 조건을 얻기 위하여 지주를 상대로 소작 쟁의를 벌임
- ㉡ 이러한 과정에서 소작권을 인정받고, 소작료 부담도 다소 완화됨

② 타조법(打租法) : 전기~후기의 일반적 지대
- ㉠ 소작인이 지주에게 수확의 반을 바침(→ 정률 지대)
- ㉡ 특징 : 농민에게 불리하고 지주에게 유리
  - 농민이 전세 · 종자 · 농기구를 부담하며, 지주의 간섭이 심해 자유로운 영농이 제약
  - 소작료 외에 사적 노역을 감당하기도 했으며, 소작료가 임의로 책정되기도 함(→ 지주와 전호 간에 예속 관계 성립, 지주 전호제 심화)

③ 도조법(賭租法) : 후기에 보급
- ㉠ 일정 소작료(대개 평년작을 기준으로 수확량의 1/3)를 납부(→ 정액 지대)
- ㉡ 농민들의 항조 투쟁 결과 18세기에 일부 지방에서 등장(→ 전기의 타조법이 후기에도 일반화되어 있었으나 후기에 도조법의 비중이 점차 증가)
- ㉢ 특징 : 소작인에게 유리(→ 지주와 전호 간에 계약 관계, 지주제 약화)
  - 도지권(賭地權)의 매매 · 양도 · 상속 가능(→ 자본주의의 맹아)
  - 전호가 자유롭게 농업 경영 : 소작농이라도 상품 작물을 재배할 수 있었으며 소작권을 인정받음
  - 일부 농민은 토지를 개간 · 매입하여 지주가 되기도 함

④ 도전법(賭錢法)
- ㉠ 18세기 말 이후 상품 화폐 경제의 진전에 따른 소작료의 금납화
- ㉡ 소작농의 농업 경영을 보다 자유롭게 해 주는 기반으로 작용

2. 민영 수공업의 발달

(1) 발달 배경

① 시장 경제의 확대
- ㉠ 수요의 증가 : 인구 증가와 관수품 수요 증가

ⓒ 공급의 증가 : 상품 화폐 경제의 발달로 시장 판매를 위한 수공업품 생산
　　활발

② 관영 수공업의 쇠퇴 : 16세기 전후 장인들의 공장안 등록 기피로 공장안에 의
　　한 무상 징발이 어려워짐, 정부의 재정 악화 등으로 관영 수공업 체제의 유지
　　가 곤란

(2) 민영 수공업의 발달

① 공장안 폐지(신해통공, 1791) : 정조 때 장인의 등록제를 폐지하여 장인세만 부
　　담하면 납포장으로서 자유롭게 물품 생산 가능

② 민간 수요와 관수품의 수요 증가 : 민영 수공업을 통해 증가 수요 충족

③ 점(店)의 발달 : 민간 수공업자의 작업장(철점, 사기점 등), 전문 생산 체제 돌입

④ 도시를 중심으로 발달하였지만 점차 농촌에서도 나타남

(3) 농촌 수공업의 발달

① 전기의 자급자족 수준에 머물지 않고 전문적으로 상품을 생산하는 농가도 등장

② 주로 옷감(직물)과 그릇 종류를 생산

(4) 수공업 형태의 변화

① 선대제(先貸制) 수공업 : 17~18세기 수공업의 보편적 형태

ⓐ 공인이나 상인이 주문과 함께 자금과 원료를 제공하면, 민간 수공업자들은
　　이를 가지고 제품을 생산

ⓑ 수공업자들은 상업 자본에 예속되어 독자적 생산 · 판매가 어려워짐(→ 상
　　인 물주의 수공업 지배)

② 독립 수공업자의 등장

ⓐ 18세기 후반에 등장, 독자적으로 제품을 생산 · 판매하는 수공업자

ⓑ 수공업자들의 독립 현상은 주로 놋그릇 · 농기구 · 모자 · 장도 분야에서 두
　　드러짐

3. 광업의 발달

(1) 발달 배경

① 민영 수공업의 발달에 따라 원료인 광물의 수요가 급증

② 청과의 무역 등으로 은광 개발이 촉진됨, 18세기 말부터 금광의 개발도 활발
　　해짐

Check Point

납포장(納布匠)
자신이 만든 제품을 판매하고 그
에 대한 세금으로 국가에 베를 내
던 수공업자를 말하며, 주로 지방
의 유철장 · 수철장 · 주철장을 가
리킨다.

③ 광산의 개발은 이득이 많았기 때문에 몰래 채굴하는 잠채(潛採)도 성행

(2) 광산 경영의 변화

① 초기(15세기) : 정부의 광산 독점으로 사적인 광산 경영은 통제(→ 농민을 동원해 운영)

② 16세기 : 농민들이 광산으로의 강제 부역을 거부하기 시작함

③ 17세기

  ㉠ 광산 개발 촉진 : 청과의 무역으로 은광의 개발이 활기(→ 잠채 성행)

  ㉡ 설점수세(효종 2, 1651) : 민간의 사채(私採)를 허가, 정부에서는 별장을 파견하여 수세를 독점(→ 재정 수입 증가 및 생산 촉진을 위해 시행)

  ㉢ 정부의 감독 아래 허가를 받은 민간인이 광산 채굴 가능

  ㉣ 호조의 별장제(숙종 13, 1687) : 별장이 호조의 경비로 설점을 설치하고 수세를 관리

은광의 개발
청과의 무역에서는 은이 화폐로서의 기능을 하였다. 청과의 교역이 활성화됨에 따라 은광의 개발도 활발해졌다.

④ 18세기

  ㉠ 호조의 수세 독점 : 18세기 초에는 호조가 수세를 독점하였으나, 관찰사와 수령의 방해로 점차 쇠퇴

  ㉡ 덕대제와 수령수세 : 18세기 중엽부터는 국가의 감독을 받지 않고 자본(상인 물주)과 경영(덕대)이 분리된 광산 경영 형태가 일반화됨(→ 상업 자본의 광산 경영으로 금광의 개발이 활발해짐), 수령이 수세를 관리

  ㉢ 잠채 성행 : 18세기 중엽 이후 농민이 광산에 몰리는 것을 막기 위해 공개적 채취를 금하자 잠채가 성행

  ㉣ 자유로운 채광 허용 : 18세기 후반부터는 민간인의 자유로운 채광을 허용하여 광업이 활기를 띰

(3) 조선 후기의 광산 경영의 특징

① 덕대제 : 경영 전문가인 덕대가 상인 물주에게 자본을 조달받아 채굴업자와 채굴 노동자 등을 고용하여 광물을 채굴하고 제련하는 것이 일반화됨

② 협업 체제 : 작업 과정은 분업에 토대를 둔 협업으로 진행

02. 조선 후기 광업에 대한 설명으로 가장 옳지 않은 것은?

① 정부의 통제 정책으로 잠채가 사라졌다.

② 자본과 경영이 분리된 생산 방식이었다.

③ 청과의 무역으로 은의 수요가 증가하였다.

④ 17세기 이후 민간인의 광산 채굴을 허용하였다.

해 18세기 중엽 이후 농민이 광산에 몰리는 것을 막기 위해 공개적으로 채취를 금하자 잠채가 성행하였다. 18세기 중엽부터는 국가의 감독을 받지 않고 자본(상인 물주)과 경영(덕대)이 분리된 광산 경영 형태가 일반화되며 금광 개발이 더욱 활발해졌다. 청과의 무역에서는 은이 화폐로서의 기능을 하였기 때문에 청과의 교역이 활성화됨에 따라 은광의 개발도 활발해졌다. 17세기에 민간인들이 금광·은광 등을 운영하는 것을 허가하고 그 대가로 세금을 거두는 '설점수세제'가 실시되면서 민간인의 광산 채굴이 허용되었다.

Check Point

도고

조선 후기, 대규모 자본을 동원하여 상품을 매점매석함으로써 이윤 극대화를 노린 상인을 말한다. 국가에서는 신해통공 등을 통해 도고를 혁파하려 하였지만, 관청이나 권세가 등과 결탁한 이들을 근절할 수는 없었다. 이들이 쌀이나 소금 등 생활 필수품까지 매점매석함으로써 상품 부족과 물가 상승이 야기되었다.

꼭! 확인 기출문제

조선시대의 대외관계에 대한 설명으로 가장 옳은 것은? [서울시 9급 기출]

① 태조는 북방의 여진족을 몰아내고 4군 6진을 개척하였다.

② 왜란이 끝난 후 조선은 일본에 통신사를 파견하여 국교 재개를 요청하였다.

③ 조선후기 북학운동의 한계를 느낀 지식인들은 북벌운동을 전개하였다.

❹ 조선후기 중국과의 외교와 무역에 은이 대거 소비되면서 은광이 활발하게 개발되었다.

해 ④ 조선후기 청과의 외교와 무역에서는 은이 화폐로서의 기능을 하였고 청과의 교역이 활발해짐에 따라 은광의 개발도 활발해지고 잠채(潛採)도 성행하였다.

① 북방의 여진족을 몰아내고 4군 6진을 개척한 것은 세종 때이다. 최윤덕은 압록강 유역의 4군을, 김종서는 두만강 유역의 6진을 확보하였다.

② 왜란이 끝난 후 일본의 도쿠가와 막부는 전후 경제적 어려움 해결과 선진 문물 수용을 위해 국교재개와 사절 파견을 조선에 요청하였다.

③ 조선후기 오랑캐에게 당한 수치를 씻고 조선을 도운 명에 대한 의리를 지키자며 청에 대한 북벌을 준비하였으나, 효종의 요절 등으로 북벌은 큰 성과를 거두지 못하고 쇠퇴하다 18세기 후반부터 청의 선진 문물을 배우자는 북학론이 대두되었다.

제3절 상품 화폐 경제의 발달

1. 사상(私商)의 성장

(1) 상업 활동의 변화

① 전기의 국가 통제 중심에서 벗어나 후기에는 사경제가 발달함

② 유통 경제의 활성화

③ 부세 및 소작료의 금납화로 상품 화폐 경제가 더욱 진전

④ 계층의 분화

(2) 상업 활동의 주역

① 공인(貢人)

㉠ 의의 : 대동법이 실시되면서 나타난 어용 상인으로, 관청에서 공가를 미리 받아 필요한 물품을 사서 납부

㉡ 공계 : 관청별로 또는 물품별로 공동 출자를 해서 계를 조직하고 상권 독점

㉢ 결과 : 납부할 물품을 수공업자에게 위탁함으로써 수공업의 성장을 뒷받침

㉣ 성장 : 특정 물품에 대한 독점력을 갖게 되어 독점적 도매 상인인 도고로 성장

② 사상(私商)

　㉠ 등장 : 17세기 초 도시 근교의 농어민이나 소규모의 생산자 등

　㉡ 억제 : 국가의 허가를 받지 않고 상업에 종사하는 난전이므로 적극적인 상행위는 어려움, 시전 상인의 금난전권으로 위축됨

　㉢ 시전과의 대립 : 17세기 후반 사상들은 보다 적극적인 상행위로 종루 · 이현 · 칠패 등에 근거지를 마련하고 종래의 시전과 대립

　㉣ 상권의 확대 : 새로 점포를 열거나, 금난전권이 적용되지 않는 길목으로 상권 확대

　㉤ 성장 : 사상의 성장을 더 막을 수 없었던 국가가 금난전권을 철폐한 후 성장이 가속화(→ 일부는 도고로 성장)

　㉥ 사상의 활동

　　• 지방의 장시를 연결하면서 물품을 교역하고, 각지에 지점을 두어 상권을 확장

　　• 대표적 사상 : 개성의 송상, 경강 상인(선상, 강상), 의주의 만상, 동래의 내상 등

　　• 도고의 활동 : 주로 칠패 · 송파 등 도성 주변에서 활동하였으며, 그 외 지방 도시로도 확대

Check Point

금난전권 폐지
육의전을 제외한 시전의 금난전권 폐지 → 노론의 경제적 기반 약화, 자유 상인이 납부한 세금을 통해 국가 재정 확충

Check Point

육의전
육주비전 · 육부전 · 육분전 · 육장전 · 육조비전 · 육주부전이라고도 하며, 육의전은 선전 · 면포전 · 면주전 · 지전 · 포전 · 내외어물전으로 되어 있다. 이들은 국역을 부담하는 대신 정부로부터 강력한 특권을 부여받아 주로 왕실과 국가 의식에 필요한 물품의 수요를 전담하는 등 상품의 독점과 전매권을 행사해 상업경제를 지배하면서 조선말까지 특권적인 지위를 차지하였고, 갑오개혁 때 혁파되었다.

꼭! 확인 기출문제

밑줄 친 ㉠~㉣과 관련된 임란 이후 경제에 대한 설명으로 옳지 <u>않은</u> 것은? [국가직 9급 기출]

> • ㉠ 서울 안팎과 번화한 큰 도시에 파 · 마늘 · 배추 · 오이 밭 따위는 10묘의 땅에서 얻은 수확이 돈 수만을 헤아리게 된다. 서도 지방의 ㉡ 담배 밭, 북도 지방의 삼밭, 한산의 모시밭, 전주의 생강 밭, 강진의 ㉢ 고구마 밭, 황주의 지황 밭에서의 수확은 모두 상상등전(上上等田)의 논에서 나는 수확보다 그 이익이 10배에 이른다.
> • 작은 보습으로 이랑에다 고랑을 내는데, 너비 1척, 깊이 1척이다. 이렇게 한 이랑, 즉 1묘 마다 고랑 3개와 두둑 3개를 만들면, 두둑의 높이와 너비는 고랑의 깊이와 너비와 같아진다. 그 뒤 ㉣ 고랑에 거름 재를 두껍게 펴고, 구멍 뚫린 박에 조를 담고서 파종한다.

❶ ㉠－신해통공을 반포하여 육의전의 금난전권을 폐지하였다.
② ㉡－인삼과 더불어 대표적인 상업작물로 재배되었다.
③ ㉢－「감저보」, 「감저신보」에서 재배법을 기술하였다.
④ ㉣－밭농사에서 농업 생산력의 발전을 가져온 농법이었다.

🅷 ① 신해통공(1791)이 반포되어 육의전을 제외한 시전상인들의 금난전권을 폐지하였다.
　② 임란 이후 고추, 담배 등이 일본으로부터 전래되어 인삼, 담배 등은 상업 작물로 재배되었다.
　③ 임란 이후 고구마와 같은 구휼식량이 일본에서 전래되었고, 「감저보」, 「감저신보」에 재배법이 기술되어있다.
　④ 임란 이후 국내에는 볍씨를 논에 직접 뿌리던 직파법에서 종자를 모판에 자라게 한 후 물을 댄 논에 옮겨 심는 모내기법, 보리나 조, 콩 등 밭농사를 지을 때 밭두둑을 높이 만들고 고랑에 씨를 뿌리는 골뿌림법이 널리 보급되어 농업 생산력의 발전을 가져왔다.

송상, 강상
- 송상 : 개성 상인
  - 전국에 상권을 확대하여 송방(지점)을 설치
  - 인삼을 직접 재배 · 가공하여 판매(상업적 농업)
  - 상거래 장부를 기입(송도사개부기)
  - 청 · 일본과의 중계 무역 등 대외 무역에도 깊이 관여
- 강상 : 경강 상인
  - 한강과 서남 해안을 무대로 활동
  - 미곡, 소금, 어물 등의 운송과 판매를 장악
  - 선박의 제조와 판매 등 조선업에도 진출
  - 운송업(대동미 운송)에 종사하면서 거상으로 성장

2. 장시의 발달

(1) 성립과 발전

① 15세기 말 남부 지방에서 시작하여 18세기 중엽에는 전국에 천여 개소가 개설됨

② 조선 후기 전국적으로 발달한 장시를 토대로 사상이 성장

③ 보통 5일마다 정기 시장 개설

④ 지역적 상권 · 상업 중심지로 자리 잡고 이윤을 확대

(2) 보부상(褓負商)

① 농촌의 장시를 하나의 유통망으로 연계시킨 상인

② 생산자와 소비자를 이어 주는 역할을 한 행상으로서, 장날을 이용하여 활동

③ 자신들의 이익을 지키고 단결하기 위하여 보부상단이라는 조합을 구성

3. 포구에서의 상업 활동

(1) 포구(浦口)의 성장

① **성장 배경** : 물화의 대부분이 수로로 운송되었으며, 18세기에 이르러 교통과 운송의 중심지로 성장

② **상업 중심지로 성장**

㉠ 포구에서의 상거래는 장시보다 규모가 컸음

㉡ 상거래의 연계(인근 포구 간 또는 인근 장시와 연계)

Check Point

보부상

부보상이라고도 하며 보상과 부상으로 나뉜다. 보상은 귀금속 등을 이용한 세공품, 문방구 등 부피가 작고 가격이 비싼 물건들을 보자기[褓]에 싸서 들거나 메고 다녔다. 부상은 나무 그릇이나 토기 등부피가 크고 조잡한 물건들을 지게에 지고[負] 다녔다.

Check Point

포구의 발달

조선 시대에는 상업 활동이 활발하지 못했으므로 도로가 그리 발달하지 못하였다. 대부분의 세곡을 운반하는 데 사용된 길은 강이나 바다를 이용한 수로였다. 이에 따라 강이나 바다의 포구는 여러 지역에서 운반된 물건들이 모이는 곳으로 자연스럽게 번성하게 되었고, 그와 함께 객주와 여각 등이 출현하였다.

(2) 선상(船商) · 객주(客主) · 여각(旅閣)

① 유통권의 형성

㉠ 선상 · 객주 · 여각 등이 포구를 거점으로 상행위를 전개하며 유통권을 형성

㉡ 칠성포 · 강경포 · 원산포 등의 포구에서는 장시가 열리기도 함

② 선상(경강 상인)

㉠ 선상의 활동이 두드러지면서 전국의 포구가 하나의 유통권을 형성해 감

㉡ 선박을 이용해 각 지방의 물품을 구입한 후 포구에서 처분

③ 객주 · 여각

㉠ 물화가 포구에 들어오면 매매를 중개하고, 운송 · 보관 · 숙박 · 금융 등의 영업도 함

㉡ 지방의 큰 장시에서도 활동

거간(居間)
대표적인 중간상인으로 생산자와 상인, 상인과 상인, 상인과 소비자, 국내 상인과 외국 상인 사이에서 거래를 알선하였다.

4. 중계 무역의 발달

(1) 청과의 무역

① 국경 무역 : 17세기 중엽부터 대청 무역이 활발해지면서 의주의 중강과 중국 봉황의 책문 등 국경 지대를 중심으로 개시(공무역)와 후시(사무역)가 동시에 이루어짐

㉠ 개시(開市) : 공인된 무역 장소로, 중강 개시와 북관 개시, 왜관 개시 등이 있었으며, 인조 때 중강 개시(中江開市)가 최초로 공인됨

㉡ 후시(後市) : 밀무역으로, 책문 후시와 중강 후시, 북관 후시, 왜관 후시 등이 있었으며, 책문 후시(柵門後市)가 가장 활발

㉢ 종사 상인 : 의주의 만상은 대중국 무역을 주도하면서 재화를 축적

㉣ 중계 상인 : 개성의 송상

② 교역품

㉠ 수출품 : 은 · 종이 · 무명 · 인삼 등

㉡ 수입품 : 비단 · 약재 · 문방구 등

Check Point

만상
임진왜란 중 식량 확보를 위해 중강을 중심으로 개시가 열린 것을 시작으로 개시 무역이 발달하게 되었는데, 이는 국가의 통제를 받았으므로, 상인들 사이에서는 사무역이 성행하게 되었다. 특히 만상은 청으로 가는 사신을 수행하는 역관 등과 결탁하여 사신 일행에 끼어들어 책문에서 청 상인들과 밀무역, 즉 책문 후시를 시작하였다. 만상은 금 · 은 · 인삼 · 소가죽 등을 가지고 가 청의 비단 · 약재 · 보석류 등과 거래하였다. 18세기에는 송상을 중심으로 내상과 만상이 연결되는 국제 중계 무역이 발달하기도 하였다. 정부는 밀무역 단속을 위해 만상의 대청 무역을 금지시키고자 하였으나, 만상의 반발과 관리들의 부패로 인해 큰 실효를 거두지는 못했다. 영조 30년(1754) 만상에게만 책문 무역이 허용되었으며, 이들의 대청 무역은 개항기까지 계속되었다.

(2) 일본과의 무역

① **발달** : 17세기 이후 관계가 정상화되면서 왜관 개시를 통한 공무역이 활발하게 전개

② **종사 상인** : 동래의 내상이 일본과의 해상 무역을 주도

③ **중계 상인** : 송상이 인삼 교역을 목적으로 내상과의 중계 무역에 종사

④ **수출품** : 조선은 인삼 · 쌀 · 무명 등을 판매하는 한편, 청에서 수입한 물품들을 넘겨주는 중계 무역을 통해 이득을 취함

⑤ **수입품** : 은 · 구리 · 황 · 후추 등(→ 일본에서 수입한 은은 다시 청에 수출됨)

(3) 문제점

① 사치품의 수입이 많고 수출품에 은과 인삼이 많아 국가 재정 기반이 약화되고 민생이 피폐

② 많은 인삼 수출로 국내 약용 인삼이 부족

5. 화폐 유통

(1) 화폐의 확대 · 보급

① 상공업이 발달하고 대동미와 기타 세금, 지대 등을 전화(錢貨)로 대납하는 것이 가능해짐

② 교환 수단인 동시에 재산 축적의 수단으로 이용됨

③ 18세기 후반부터 동광 개발이 활발히 추진되어 원료인 구리 공급이 용이

④ 정부는 각 기관에 동전의 발행을 권장

⑤ 동전 발행에 대한 통제가 해이해지면서 사적으로 주조하는 경우도 발생

(2) 동전(銅錢)과 신용 화폐(信用貨幣)

① **동전의 유통**

㉠ **배경** : 상공업이 발달에 따른 교환의 매개

㉡ **경과** : 인조 때 동전을 주조하여 개성을 중심으로 통용, 효종 때 널리 유통시킴, 숙종 때 전국적으로 유통

㉢ **용도** : 18세기 후반부터는 세금과 소작료도 동전으로 대납, 상평통보로 물건 구매

② **신용 화폐의 보급**

㉠ 대규모 상거래에서는 동전의 사용이 불편하여 환(換) · 어음 등의 신용 화

Check Point

상평통보
인조 11년(1633) 김신육 · 김육 등의 건의로 발행되었다. 그러나 사용이 미비하여 유통이 중지되었다가, 숙종 4년(1678) 허적 · 권대운 등의 주장으로 다시 주조되어 서울과 서북 일부에서 유통되었으며, 이후 전국적으로 확산되었다.

폐 가 사용됨

ⓒ 상품 화폐 경제가 발달하면서 신용 화폐가 점차 증가

(3) 화폐 유통의 영향

① 긍정적 영향 : 상품 유통 촉진에 기여

② 부정적 영향

ⓐ 지주나 대상인들은 화폐를 재산 축적 수단으로 이용(→ 발행량이 늘어나도 유통 화폐가 부족한 전황 현상이 초래됨)

ⓑ 전황으로 인한 화폐의 부족은 고리대로 이어져 농민의 피해가 극심

다음에서 묘사하고 있는 시기의 역사적 사실로 옳지 않은 것은? [국가직 9급 기출]

> 허생은 안성의 한 주막에 자리 잡고서 밤, 대추, 감, 귤 등의 과일을 모두 값을 배로 주고 사들였다. 그가 과일을 도고하자, 온 나라가 제사나 잔치를 치르지 못할 지경에 이르렀다. 따라서 과일값은 크게 폭등하였다. 그는 이에 10배의 값으로 과일을 되팔았다. 이어서 그는 그 돈으로 곧 호미, 삼베, 명주 등을 사 가지고 제주도로 들어가 말총을 모두 사들였다. 말총은 망건의 재료였다. 얼마 되지 않아 망건 값이 10배나 올랐다. 이렇게 하여 그는 50만 냥에 이르는 큰 돈을 벌었다.

❶ 보부상들을 보호할 목적으로 혜상공국이 설치되었다.

② 특정 상품들을 독점 판매하는 도고 상업이 성행하였다.

③ 상업이 활성화되면서 선박을 이용한 운수업도 발전하였다.

④ 전국적으로 발달한 장시를 토대로 한 사상들이 성장하였다.

🖩 ① 제시된 내용은 18세기 후반(조선 후기)에 저술된 박지원의 〈허생전〉 중 일부로, 독점적 도고상(도고)에 관한 내용이다. ①의 혜상공국은 고종 20년(1883) 개항기 일본 등 열강의 경제 침탈에 대응하여 영세상인인 보부상을 보호하고 보상과 부상을 통괄 관리하기 위해 설치된 기관이다.

Check Point

폐전론의 대두

전황 문제가 심각해지고 전화가 고리대의 수단으로 이용되면서 일부 실학자들은 전화의 보급에 대하여 부정적인 시각을 보이기도 했다. 특히 중농학자인 이익은 〈곽우록〉에서 화폐가 고리대로 이용되는 폐단을 지적하며 폐전론을 주장하기도 하였다.

제3장

사회의 변화

제1절 신분 제도의 동요

1. 양반층의 분화

(1) 배경
① 양반의 분화
- ㉠ 원인 : 붕당 정치의 변질과 일당 전제화의 경향으로 양반층의 분화(자기 도태 현상)를 초래
- ㉡ 다수 양반들이 몰락하는 계기로 작용
② 경제 구조의 변화 : 농업 생산력의 발달, 상품 화폐 경제의 진전, 상공업의 발달 등(→ 신분 변동이 가속화)
③ 사회 계층 구성의 변화 : 경영형 부농, 상업 자본가, 임노동자, 독립 수공업자 등이 출현

(2) 양반층의 분화
① 분화의 원인 : 조선 후기 붕당 정치의 변질로 인한 양반 상호간의 정치적 갈등
② 계층적 분화
- ㉠ 벌열 양반(권반) : 지역 사회에서 권세 있는 양반으로 사회 · 경제적 특권을 독차지, 대부분 중앙과 연결되어 있음
- ㉡ 향반(토반) : 향촌 사회에서 겨우 위세를 유지하고 있는 양반
- ㉢ 몰락 양반(잔반) : 평민과 다름없는 처지의 양반
  - 자영농 · 소작 전호화, 상업 · 수공업에 종사하거나 임노동자로 전락하기도 함

▶ 풍속화(자리를 짜는 몰락 양반의 모습)

• 서학 · 동학 등에 관심을 갖게 됨, 현실 비판적, 민중 항거자로 기능

(3) 신분 구성의 변동

① 양반의 증가 : 후기로 갈수록 양반 수는 증가하고 상민과 노비 수는 감소

② 원인 : 부를 축적한 농민들이 양반 신분을 사거나 족보를 위조하여 양반으로 행세

③ 결과 : 신분 변동이 활발해져 양반 중심의 신분 체제 동요

2. 중간 계층의 신분 변동

(1) 중간 계층에 대한 사회적 차별과 역할 제약

① 서얼

㉠ 인구 비중은 높았으나 성리학적 명분론에 의해 과거 응시나 사회 활동 등에 제약이 따름

㉡ 서얼차대법에 따라 문과 응시가 금지됨(→ 무과 · 잡과는 가능), 관직의 종류와 승진에 제한이 따름(→ 한품서용제)

② 중인층

㉠ 낮은 인구 비중에 비해 사회적 역할이 컸음에도 고위직으로의 진출이 제한

㉡ 법제상 문 · 무과 응시가 가능하나 실제로는 서얼과 같이 천대받음, 청요직 임명에 제약이 따름

(2) 신분 상승의 추구

① 서얼

㉠ 제약의 완화 : 임진왜란 이후 정부의 납속책 · 공명첩 등으로 서얼의 관직 진출 증가

㉡ 허통(許通) 운동 : 신분 상승을 요구하는 서얼의 상소 운동으로 18~19세기에 활발히 전개

• 통청윤음(영조 48, 1772)으로 서얼의 삼사 청요직 임명이 가능하게 됨

• 정유절목(정조 1, 1777)에 따라 허통의 범위가 크게 확대(→ 유득공 · 박제가 · 이덕무 등이 규장각 검서관으로 등용되기도 함)

• 신해허통(철종 2, 1851)으로 완전한 청요직 허통이 이루어짐

㉢ 영향 : 기술직 중인에게 자극을 주어 통청 운동이 전개됨

② 중인

㉠ 신분 상승 운동의 전개 배경 : 조선 후기의 사회 · 경제적 변동, 서얼의 신

Check Point

역관

통역을 담당한 역관들은 사신들을 수행하여 중국 등을 오가며 밀무역을 통해 재산을 쌓아 양반 못지않은 경제력을 소유하고 있었으며 풍부한 실무 경험을 갖고 있었다. 조선 후기 신분 해방을 위해 적극적으로 나선 이들은 근대화에도 중요한 역할을 하였는데, 대표적인 인물로는 개화파의 형성에 영향을 미친 오경석이 있다.

답 01 ①

기출 Plus

[지방직 9급 기출]

02. 밑줄 친 '공(公)'이 속한 신분 계층에 대한 설명으로 옳은 것은?

공(公)은 열일곱에 사역원(司譯院) 한학과(漢學科)에 합격하여, 틈이 나면 성현(聖賢)의 책을 부지런히 연구하여 쉬는 날이 없었다. 경전과 백가에 두루 통달하여 드디어 세상에 이름이 났다. …… 공은 평생 고문을 좋아하였다.
- 〈완암집〉 -

① 조선 초기 - 개시 무역에 종사하여 많은 부를 축적하였다.
② 조선 중기 - 서원 건립을 주도하고 성현들의 제사를 받들었다.
③ 조선 후기 - 소청 운동을 통해 신분 상승 운동을 전개하였다.
④ 개항 전후 - 외세 침략에 맞서 위정 척사 운동을 주도하였다.

헤 조선 시대의 번역·통역 및 외국어 교육 기관인 사역원(역과) 한학과에 합격했다는 것으로 보아 역관에 대한 내용임을 알 수 있다. 중인층에 속하는 역관은 조선 후기 신분 상승을 위한 소청 운동을 전개하였다.
① 역관이 무역을 통해 부를 축적한 것은 조선 후기의 일이다. 17세기 이후 역관 중 일부는 대청 외교 업무에 종사하면서 무역에 관여하여 많은 부를 축적하기도 했다.
② 사림(양반)에 해당하는 내용이다.
④ 개항기 위정척사 운동을 주도한 계층은 주로 보수적인 유생(성리학자)이었다.

답 02 ③

분 상승 운동, 기술직 종사로 축적된 재산과 풍부한 실무 경험

© 통청 운동

• 전개 : 중인도 청요직에 오를 수 있도록 해 줄 것을 요구

• 결과와 의의 : 성공하지 못하였으나 이를 통해 전문직으로서의 역할을 부각

© 역관의 역할 : 대청 외교 업무에 종사하면서 서학을 비롯한 외래 문화 수용에 선구적 역할을 수행하여 새로운 사회의 수립을 추구

청요직(淸要職)
조선 시대 관리들이 선망하는 홍문관·사간원·사헌부 등의 관직을 말한다. 청요직 출신은 판서나 정승으로 진출하는 데 유리하였다.

 꽉! 확인 기출문제

(가), (나) 신분층에 대한 설명으로 옳지 않은 것은? [국가직 9급 기출]

오래도록 막혀 있으면 반드시 터놓아야 하고, 원한은 쌓이면 반드시 풀어야 하는 것이 하늘의 이치다. (가) 와/과 (나) 에게 벼슬길이 막히게 된 것은 우리나라의 편벽된 일로 이제 몇백 년이 되었다. (가) 은/는 다행히 조정의 큰 성덕을 입어 문관은 승문원, 무관은 선전관에 임명되고 있다. 그런데도 우리들 (나) 은/는 홀로 이 은혜를 함께 입지 못하니 어찌 탄식조차 없겠는가?

① (가)의 신분 상승 운동은 (나)에게 자극을 주었다.
② (가)는 수차례에 걸친 집단 상소를 통해 관직 진출의 제한을 없애 줄 것을 요구하였다.
❸ (나)에 해당하는 인물로는 정조 때 규장각 검서관으로 등용된 유득공, 박제가, 이덕무 등이 있다.
④ (나)는 주로 기술직에 종사하며 축적한 재산과 탄탄한 실무 경력을 바탕으로 신분상승을 추구하였다.

해 ③ 제시된 글의 (가)는 서얼, (나)는 중인이다. ③의 유득공, 박제가, 이덕무 등은 (나) 중인이 아니라 (가) 서얼 출신이다.
① 서얼은 조선 후기에 신분 상승 운동을 활발히 전개하였고 이는 기술직 중인에게도 자극을 주어 통청 운동이 전개되게 하였다.
② 서얼은 허통 운동을 활발히 전개하는데, 이는 신분 상승을 요구하는 서얼의 상소 운동이다.
④ 중인들은 주로 기술직에 종사하며 그로 축적된 재산과 풍부한 실무 경험을 바탕으로 중인도 청요직에 오를 수 있게 해달라는 통청 운동을 전개하였다.

3. 농민층의 분화

(1) 농민층의 구성 및 생활 모습

① 농민층의 구성

㉠ 지주층 : 상층의 소수 농민(일부는 부농으로 성장)

㉡ 자영농·소작농 : 대다수의 농민

② 농민의 생활 모습

　　　　㉠ 자급자족적 생활을 영위, 국역 부담

　　　　㉡ 거주 이전의 제한(호패법 · 오가작통법 · 도첩제 등)

　　　　㉢ 수취의 증가와 수취 체제 개선의 실패로 인해 어려움이 지속

　　　　㉣ 생활을 개선하기 위한 자구책 강구, 자활 도모

(2) 부농과 임노동자

① 부농

　　㉠ 영농 방법 개선과 광작 경영 등을 통해 부를 축적한 부농 출현

　　㉡ 새로운 지주들의 신분 상승 추구 : 군역을 면하고 경제 활동에서 편의를 제공받을 수 있는 양반이 되고자 함

　　　• 재력을 바탕으로 공명첩을 사거나 족보를 위조

　　　• 경제력으로 양반 신분을 사들인 농민들은 자신의 영향력을 키워 나가고자 함

　　　• 양반의 수는 증가하고 상민 · 노비의 수는 감소

② 임노동자

　　㉠ 배경 : 이앙법의 확대와 상품 화폐 경제의 발달 등으로 인해 농민의 계층 분화 발생, 다수의 농민이 토지에서 밀려남

　　㉡ 국가의 고용

　　　• 16세기 중엽 이래 부역제가 해이해지면서 고용

　　　• 17~18세기에는 노동력 동원이 어려워져 임노동자 고용이 일반화됨

　　㉢ 부농층의 고용 : 가족 노동력만으로는 경영이 어려운 부농층에서 고용

(3) 상민 감소의 문제점과 대책

① 문제점 : 조세 및 군역 부담자가 감소하여 국가 재정이나 국방에 지장을 초래

② 대책 : 노비 해방 · 신분 상승을 통해 상민 수를 늘림

4. 노비의 해방

(1) 신분 구조에 대한 저항

① 신분 상승 노력

　　㉠ 군공 및 납속으로 신분 상승을 추구

　　㉡ 공노비를 종래의 입역 노비에서 신공을 바치는 납공 노비로 전환시킴

② 노비의 도망

　　㉠ 납공 노비 등의 도망 확산, 잔존 노비의 신공 부담 증가

Check Point

상품 작물

조선 후기에 이르러 인삼, 담배, 약재, 목화, 삼 등의 특용 작물의 재배가 활발해졌는데, 이렇게 시장에서 매매되기 위한 목적으로 재배되는 농작물을 상품 작물이라고 한다. 쌀도 상품화되어 시장에서 매매되었으며 경영형 부농은 상품 작물을 통해 부를 축적하였다. 상품 작물은 조선 후기 시장의 활성화 및 경영형 부농층의 형성과 농민의 분화에 큰 영향을 미쳤다.

Check Point

노비 관련법의 변화

• 고려
　- 정종 : 양인과 천민 간 혼인 금지(원칙), 천자수모법(보완책)
　- 충렬왕 : 일천즉천법(부모 중 한 쪽이 노비면 그 자녀도 노비) 실시

• 조선
　- 태종 : 노비의 양인화를 위해 노비 종부법 실시
　- 세조 : 일천즉천법 실시
　- 영조 : 노비 종모법 실시
　- 순조 : 공노비 해방
　- 고종 : 공 · 사노비의 법적 해방

ⓛ 정부는 신공을 줄여주고, 도망자를 찾아내려 하였으나 큰 성과를 거두지
못함

(2) 노비의 해방

① 일천즉천의 법제 폐지 : 현종 10년(1669) 해당 법제를 폐지하고 종모법(從母法)으로 개정

② 노비 종모법의 정착 : 영조 7년(1731) 노비 종모법(아버지가 노비라도 어머니가 양민이면 양민으로 삼음)을 확정·시행

③ 공노비 해방 : 순조 원년(1801)에 중앙 관서의 노비 6만 6,000여 명을 해방

④ 노비 세습제의 폐지 : 고종 23년(1886) 폐지

⑤ 사노비 해방 : 갑오개혁(1894)으로 공·사노비가 모두 해방됨(→ 법제상 노비 신분의 소멸)

제2절 사회 구조의 변화

1. 가족 및 혼인 제도

(1) 가족 제도의 변화

① 조선 중기

ⓐ 남귀여가혼(男歸女家婚) 존속 : 혼인 후에 남자가 여자 집에서 생활하는 경우가 존재

ⓑ 자녀 균분 상속의 관행 : 대를 잇는 자식에게 상속분의 1/5을 더 주는 것 외에는 균분

ⓒ 제사의 자녀 분담(윤회 봉사)

② 17세기 중엽 이후(조선 후기)

ⓐ 친영(親迎) 제도의 정착 : 성리학적인 영향으로 부계 중심의 가족 제도가 확립되면서 혼인 후 곧바로 남자 집에서 생활

ⓑ 장자 우선 상속 및 제사의 장자 부담(장자 중심 봉사) 정착

ⓒ 아들이 없는 경우 양자를 들이는 것이 일반화

ⓓ 부계 중심의 가족 제도 강화, 부계 위주의 족보 편찬

ⓔ 종중(宗中) 우선의 인식, 동성 마을의 형성

기출 Plus

[국가직 9급 기출]

01. 여말 선초 성리학의 도입으로 나타난 조선 후기의 사회 풍습으로 옳지 <u>않은</u> 것은?

① 과부의 재가를 금지하고 효자나 열녀를 표창하였다.

② 재산 상속에서 제사를 담당하는 장자를 우대하는 경향이 나타났다.

③ 남귀여가혼이 점차 축소되면서 친영제로 전환되어 갔다.

④ 사찰 대신 집안에 가묘를 설치하고 영정을 봉안하여 제사를 지냈다.

해 집안에 가묘(家廟)를 설치하여 조상의 위패를 모시고 제사를 지내던 풍습은 조선 시대에 일반화되기는 했으나, 이는 유교에서 비롯된 일반적 민간 신앙이므로 여말 성리학의 도입으로 나타난 사회 풍습이라 보기는 어렵다.

답 01 ④

    ⓑ 가족 제도를 유지하기 위한 윤리 덕목으로 효와 정절 강조(→ 효자나 열녀를 표창)

    ⓢ 가족 제도가 사회 질서를 지탱하는 버팀목 역할을 수행

    ⓞ 과부의 재가 금지

(2) 혼인 제도의 변화

① 일부일처제와 첩 : 일부일처를 기본으로 하였지만 남자들은 첩을 들일 수 있었음

② 적(嫡) · 서(庶)의 엄격한 구분 : 서얼의 문과 응시 금지, 제사나 재산 상속 등에서의 차별

③ 혼인 결정권 : 대개 집안의 가장이 결정, 법적으로 남자 15세 · 여자 14세면 혼인 가능

④ 친영 제도의 정착

재가 금지

경전에 이르기를 "믿음은 부인의 덕이다. 한 번 남편과 결혼하면 종신토록 고치지 않는다."하였다. 이 때문에 삼종(三從)의 의(義)가 있고 한 번이라도 어기는 예가 없는 것이다. 세상의 도덕이 날로 나빠진 뒤로부터 여자의 덕이 정숙하지 못하여 사족(士族)의 딸이 예의를 생각지 아니해서 혹은 부모 때문에 절개를 잃고 혹은 자진해서 재가하니 한갓 자기의 가풍을 파괴할 뿐만 아니라 실로 성현의 가르침에 누를 끼친다. 만일 엄하게 금령을 세우지 않으면 음란한 행동을 막기 어렵다. 이제부터는 재가한 여자의 자손들은 관료가 되지 못하게 풍속을 바르게 한다.

－〈성종실록〉－

2. 인구의 변동

(1) 호구 조사의 실시

① 목적 : 국가 운영에 필요한 인적 자원 파악

② 호적 대장 : 원칙적으로 3년마다 작성, 호적 대장에 기록된 인구를 근거로 공물과 군역 등을 부과

(2) 인구의 분포와 변화

① 인구의 거주 : 경상도 · 전라도 · 충청도의 하삼도에 전 인구의 50%, 경기도 · 강원도에 20%, 평안도 · 황해도 · 함경도에 30% 정도가 거주

② 인구의 변화

    ㉠ 건국 초 : 550만~750만 명

Check Point

호적 대장
인적 자원을 파악하고 신분제를 안정적으로 유지하기 위한 목적으로 작성되었다. 성인 남성만을 대상으로 기록되었으므로 실제 인구 수와는 차이가 났다.

ⓛ 16세기 : 임진왜란 이전에 1,000만 명을 돌파

　　　ⓒ 임진왜란 이후 : 전란의 영향으로 줄었다가 다시 증가

　　　ⓔ 19세기 말엽 : 1,700만 명 정도

　　③ 한성의 인구 : 세종 때에 이미 10만 명 이상이 거주, 양난을 겪으면서 조금 줄
　　　어들었으나 18세기에 들어와서는 20만 명을 넘음

3. 양반의 지배력 약화

(1) 신분제의 동요와 양반의 지배력 약화

　　① 향촌 사회에서의 양반

　　　㉠ 양반은 족보를 만들어 가족 전체가 양반 가문으로 행세

　　　㉡ 청금록과 향안에 등록하여 양반의 신분을 확인받음

　　　㉢ 양반들은 촌락 단위의 동약을 실시하거나 족적 결합(族的結合)을 강화

　　　㉣ 향회를 통해 향촌 사회의 여론을 이끌고 유교적 향약을 강요하여 농민을
　　　　지배

　　② 양반의 지배력 약화 : 조선 후기 신분의 상하 변동이 촉진되면서 향촌 사회 내
　　　부에서의 양반의 권위가 하락

(2) 성장한 부농층의 도전

　　① 신분 상승 : 신분 상승을 바라는 부농층의 상승 욕구와 재정 위기 타개를 위한
　　　정부의 이해가 일치하여, 향촌의 새로운 부농층에게 납속이나 향직의 매매를
　　　통한 합법적 신분 상승의 길이 열림(→ 신향층을 형성)

　　② 향회 장악 기도 : 부농층은 관권과 결탁하고 향안에 이름을 올리며 향회의 장
　　　악을 기도

　　③ 향회의 자문 기구화 : 종래 양반의 이익을 대변하던 향회는 관권과 결탁한 부
　　　농층이 장악하면서 수령이 세금 부과를 묻는 자문 기구로 변질되어 견제 기능
　　　상실

　　④ 부농층과 정부(관권)의 연결 : 부농층은 종래 재지사족(구향층)이 담당하던 정
　　　부의 부세 제도 운영에 적극 참여하였고, 향임직에 진출하지 못한 부농층도
　　　수령이나 향리 등 관권과 결탁하여 상당한 지위를 확보(→ 이로 인해 관권이
　　　강화됨과 동시에 이를 담당하던 수령과 향리의 권한·역할이 증대되어 상대
　　　적으로 기존 재지사족의 향촌 지배력은 약화)

　　⑤ 향촌 지배에서 소외된 대다수 농민들

　　　㉠ 지배층이나, 지배층과 연결된 부농층 등에 수탈을 당함

ⓒ 19세기 이후 농민 봉기에 주도적으로 참여하여 봉건적 수탈 기구에 대항하는 세력이 되기도 함

 참고

향전

새로이 대두하여 향안에 입록된 신향(소외 양반, 서얼, 부농층, 중인층 등 포함)과 구향(기존의 향권을 장악하고 있던 사족)이 향정의 주도권을 두고 벌인 다툼을 말한다. 현실적인 힘의 우위를 확보하고 있는 신향이 수령(관권)의 묵시적 지원이나 결탁을 통해 향전을 유리하게 전개해 나갔다.

 꼭! 확인 기출문제

01. 다음 사실이 있었던 시기의 향촌사회에 대한 설명으로 옳지 않은 것은? [국가직 9급 기출]

> 황해도 봉산 사람 이극천이 향전(鄕戰) 때문에 투서하여 그와 알력이 있는 사람들을 무고하였는데, 내용이 감히 말할 수 없는 문제에 저촉되었다.

① 향전의 전개 속에서 수령의 권한이 강화되었다.
② 신향층은 수령과 그를 보좌하는 향리층과 결탁하였다.
❸ 수령은 경재소와 유향소를 연결하여 지방통치를 강화하였다.
④ 재지사족은 동계와 동약을 통해 향촌사회에 대한 영향력을 유지하려 하였다.

🕮 ③ 제시된 글은 조선 후기에 향권 장악을 목적으로 한 신향과 구향의 대립인 향전(鄕戰)에 대한 내용이다. 향전이 집중적으로 문제되었던 때는 영–정조 대인데, 경재소는 1603년 선조 때 폐지되었다.
① 조선 후기 향촌 사회에서는 양반의 권위는 하락하고 수령을 중심으로 한 관권이 강화되었다.
② 신향은 조선 후기 중기에 재력을 바탕으로 수령·향리와 결탁하며 구향을 견제하였다.
④ 동약은 조선 중기 이후 재지사족이 신분질서와 부세제(賦稅制)를 유지하기 위해 만든 동 단위의 자치 조직으로, 재지사족 간 동족적·지역적 유대를 강화하는 역할을 하였으며, 문중의 세력을 측정하는 지표로 사용되기도 하였다. 이를 통해 재지사족은 향촌사회에 대한 영향력을 유지하려 하였다.

02. 영·정조 대의 정치 상황을 설명한 것으로 옳지 않은 것은? [지방직 9급 기출]

① 붕당의 폐해를 타파하기 위해 탕평책을 실시하였다.
② 삼사의 언론 기능이 약화되고 이조 전랑의 권한도 약화되었다.
❸ 붕당 정치의 기반이 무너졌으나 사족 중심의 향촌 지배는 공고해졌다.
④ 왕권이 강화되면서 왕은 정국 운영에서 큰 영향력을 행사하였다.

🕮 ③ 17세기 후반 숙종 대를 거치며 이전의 자율적 붕당 정치 원리가 무너지고 일당 전제화 추세가 등장(1680, 경신환국)하면서 붕당 정치의 기반이 붕괴된 것은 사실이나, 조선 후기 향촌 사회에서의 양반 사족의 지배력은 약화되었고 부농층(요호부민)을 중심으로 한 신향층이 성장하여 향촌에서의 영향력을 확대하였다.
① 붕당 정치의 변질로 인한 극단적 정쟁과 정치 세력 균형의 붕괴, 사회 분열 등의 문제가 발생하면서 강력한 왕권을 토대로 국왕이 정치의 중심에서 세력 균형을 유지하려는 탕평론이 제기되었다.
② 조선 후기 삼사의 언론 기능이 변질되어 각 붕당의 이해 관계를 대변하게 되었으며 이조 전랑도 중하급 관원에 대한 인사권과 후임자 추천권을 행사하면서 세력을 확대하였는데, 영·정조 대의 탕평 정치를 거치며 삼사의 언론 기능은 약화되고 전랑의 권한도 혁파되었다.
④ 영·정조 대에는 왕권이 강하여 정국 운영 등 거의 모든 부문에서 왕이 큰 영향력을 행사하였고 상대적으로 붕당의 정치적 의미는 퇴색되었다. 탕평 정치는 근본적으로 왕권을 중심으로 권력의 집중과 정치 세력의 균형을 꾀하면서 기존 사회 체제를 재정비하여 안정시키는 것이었다.

기출 **Plus** [지방직 9급 기출]

02. 다음과 같은 현상이 일어나게 된 배경으로 옳지 않은 것은?

> 향회라는 것이 한 마을 사민(士民)의 공론에 따른 것이 아니고, 수령의 손 아래 놀아나는 좌수·별감들이 통문을 돌려 불러 모은 것에 불과합니다. 그 향회에서는 관의 비용이 부족하다는 핑계로 제멋대로 돈을 거두고 법을 만드니, 일의 원통함이 이보다 심한 것이 없습니다.

① 사족의 향촌 지배력이 약화되었다.
② 수령과 향리의 영향력이 약해졌다.
③ 향회는 수령의 부세 자문 기구로 전락하였다.
④ 양반 사족과 부농층이 향촌의 주도권 다툼을 벌였다.

🕮 제시된 자료는 조선 후기 향촌 사회의 모습이다. 향안을 기반으로 구성된 향회에서 사민보다 수령·좌수·별감의 영향력이 더 크다는 내용을 통해 당시 향촌 사회에서 양반의 권위가 하락하고 관권이 강화되었음을 알 수 있다.

답 **02** ②

제3절 사회 변혁의 움직임

1. 사회 불안과 민간 신앙의 성행

(1) 사회 불안의 심화
① 배경
  ㉠ 정치 기강의 문란(세도 정치)과 신분제의 동요
  ㉡ 지배층의 수탈 심화, 삼정의 문란
  ㉢ 농민 의식의 향상
  ㉣ 자연 재해(수해, 콜레라)의 발생
  ㉤ 이양선의 출몰
② 결과
  ㉠ 비기·도참설이 유행
  ㉡ 민심은 극도로 흉흉하고 도적이 곳곳에 창궐

(2) 민간 신앙의 성행
① 예언 사상의 유행
  ㉠ 유교적 명분론이 설득력을 잃어가자 비기·도참 등을 이용한 예언 사상이 유행(정감록 등)
  ㉡ 말세의 도래, 왕조 교체 등 근거 없는 낭설이 횡행하여 민심 혼란이 가중됨
② 무격 신앙의 성행 : 개인적·구복적 성격의 고유 신앙
③ 내세를 위한 미륵 신앙의 성행 : 이상향 제시, 살아 있는 미륵불을 자처하며 민심 현혹
④ 민간 신앙의 의의 : 사회 불안 속에서 성행하며 피지배층의 정신적 피난처 역할을 함

Check Point

정감록
조선 후기 민간에서 성행한 예언서이다. 조선 이후의 흥망 등을 예언하여 이씨의 한양 다음에는 정씨의 계룡산, 조씨의 가야산이 흥할 것이라고 하였다.

2. 천주교의 전파

(1) 천주교의 전래
① 17세기에 베이징을 방문하고 돌아온 사신들이 서학(학문적 대상)으로 소개
② 18세기 후반 신앙으로 받아들여짐

(2) 교세의 확장

① 남인 계열의 실학자들이 천주교 서적인 〈천주실의〉를 읽고 신앙 생활

② 이승훈이 영세를 받고 돌아와 활발한 신앙 활동 전개

(3) 박해

① 원인

　㉠ **사상적 원인** : 천주교의 평등관·내세관이 조선 왕조의 근본 질서에 반함

　㉡ **사회적 원인** : 제사 거부는 유교적 패륜이며, 반상의 계층 사회 구조에 부적합

　㉢ **정치적 원인** : 정쟁·정권 다툼의 구실, 서양 세력의 접근에 대한 위기 의식

② 경과

　㉠ **사교로 규정** : 처음에는 저절로 사라질 것으로 생각하고 내버려두었으나 교세가 계속 확장되고 그 교리 등이 유교 질서에 반해 사교로 규정

　㉡ **정조** : 천주교에 비교적 관대하던 시파가 정권을 잡아 큰 탄압이 없었음

　㉢ **순조** : 노론 강경파인 벽파가 집권하면서 탄압이 가해짐

　㉣ **안동 김씨 세도 정치기** : 탄압이 완화되며 백성들에게 활발히 전파

　㉤ 조선 교구가 설정되고 서양인 신부들이 들어와 포교하면서 교세가 점차 확장됨

③ 박해 사건

　㉠ **추조 적발 사건(정조 9, 1785)**

　　• 이벽, 이승훈, 정약용 등이 김범우의 집에서 미사를 올리다 형조의 관원들에게 발각됨

　　• 김범우는 귀양 중 사망, 천주교에 대해 금령 반포

　㉡ **반회 사건(정조 11, 1787)**

　　• 이승훈, 정약용, 이가환 등이 김석대의 집에서 성경 강습

　　• 김석대 처형, 서학서의 수입을 일절 금하고 불태움, 금압령 강화

　㉢ **신해박해(정조 15, 1791)**

　　• 진산 사건이라고도 함

　　• 전라도 진산의 양반 윤지충 등이 모친상을 천주교식으로 지냄(신주 소각)

　　• 윤지충 순교, 남인 시파의 우세로 비교적 관대하게 처벌

　　• 중국 천주교회로부터 주문모 신부가 선교사로 파견됨(1794)

　㉣ **신유박해(순조 1, 1801)**

　　• 벽파(노론 강경파)가 시파를 축출하기 위한 정치적 박해(→ 시파 세력의 위축·실학의 쇠퇴)

Check Point

황사영 백서 사건
순조(1801) 때 신유박해가 전개되자 기독교인 황사영이 중국 로마 가톨릭교회 북경교구의 주교에게 박해에 대한 것을 전하려다가 발각되어 사형된 사건

Check Point

병인박해
1864년 시베리아를 건너 남하한 러시아는 함경도에 와서 조선과의 통상을 요구하였다. 이때 몇몇 천주교도들의 건의에 따라 흥선대원군은 프랑스 선교사를 통해 프랑스와 동맹을 체결하고자 하였으나 시기가 맞지 않아 계획은 수포로 돌아갔다. 이전부터 천주교는 배척을 받고 있었는데, 이 사건으로 인해 비난이 고조되자 흥선대원군은 천주교를 탄압하기로 결심하였다. 1866년 천주교 탄압이 선포됨에 따라 프랑스 선교사 9명이 처형되고 수천 명의 천주교도들이 학살되었다. 이 박해를 피해 탈출한 리델 신부가 프랑스 해군사령관 로즈 제독에게 이 사실을 알림으로써 병인양요가 일어나게 되었다.

• 이승훈 · 이가환 · 정약종 · 주문모 신부 등 3백여 명 처형
• 정약용 · 정약전 등이 강진과 흑산도로 유배됨
• 황사영 백서(帛書) 사건 발생
ⓜ 기해박해(헌종 5, 1839)
  • 안동 김씨와 풍양 조씨의 세도 쟁탈전 성격
  • 프랑스 신부 등 처형
  • 척사윤음(斥邪綸音) 반포
  • 오가작통법을 이용하여 박해
ⓗ 병오박해(헌종 12, 1846) : 김대건 신부 처형
ⓢ 병인박해(고종 3, 1866)
  • 대왕대비교령으로 천주교 금압령
  • 최대의 박해, 프랑스 신부(9명)와 남종삼 등 8천여 명 처형(→ 병인양요 발생)

황사영 백서(帛書) 사건
신유박해의 내용과 대응 방안을 적은 밀서를 중국 베이징의 구베아 주교에게 보내려고 한 사건을 말한다. 이 사건으로 황사영은 처형되고 천주교는 더욱 탄압을 받게 되었다.

천주교 박해 시기

시기	박해
정조(1785)	추조 적발 사건
정조(1787)	반회 사건
정조(1791)	신해박해
순조(1801)	신유박해
헌종(1839)	기해박해
헌종(1846)	병오박해
고종(1866)	병인박해

(4) 교세 확장의 원인
  ① 세도 정치로 인한 사회 불안과 어려운 현실의 극복

② 신 앞에 모든 인간은 평등하다는 논리, 내세 신앙 등의 교리가 백성들의 공감을 얻음

3. 동학(東學)의 발생

(1) 성립

① 성립 배경
  ㉠ 세도 정치와 사회적 혼란, 민심의 동요
  ㉡ 서양의 통상 요구와 천주교 세력의 확대로 인한 위기 의식의 고조
② 창시 : 철종 11년(1860)에 경주 출신인 최제우(崔濟愚)가 창시

(2) 성격

① 성리학 · 불교 · 서학 등을 배척하면서도 교리에는 유 · 불 · 선의 주요 내용과 장점을 종합
② 샤머니즘, 주문과 부적 등 민간 신앙 요소도 결합되어 있으며, 현세구복적 성격
③ 시천주(侍天主), 사인여천(事人如天), 인내천(人乃天) 사상을 강조해 인간 평등을 반영
④ 운수 사상과 혁명 사상(조선 왕조를 부정)을 담고 있음
⑤ 혁명적 · 반제국주의적 성격을 띠며, 사회 모순을 극복하고 외세의 침략을 막아내자는 주장을 전개
⑥ 반봉건적 성격을 토대로 반상의 철폐, 노비 제도 폐지, 여성과 어린이의 인격 존중 등을 강조

(3) 탄압

① 철종 14년(1863) : 사교로 규정하고 금령 반포
② 고종 1년(1864) : 혹세무민(세상을 어지럽히고 백성을 현혹함)의 죄로 교주 최제우를 처형

(4) 교세의 확대

① 2대 교주 최시형은 교세를 확대하면서 〈동경대전(東經大全)〉과 〈용담유사(龍潭遺詞)〉를 펴내어 교리를 정리
② 의식과 제도를 정착시키고 포 · 접 등 교단 조직을 정비

Check Point

인내천
- 의미 : 사람이 곧 하늘
- 신분 및 계급을 초월하여 모든 인간을 평등하게 봄(인심이 곧 천심이요, 사람을 섬기는 것은 하늘을 섬기는 것) → 농민들 사이에서 급속도로 전파

Check Point

〈동경대전〉과 〈용담유사〉
- 동경대전 : 최제우가 지은 동학의 경전이다. 최제우 생전에는 간행되지 못하고, 2대 교주인 최시형 때 간행되었다.
- 용담유사 : 최제우가 지은 포교 가사집이다. 2대 교주인 최시형 때 간행되었다.

동학의 사상

동학의 교리는 유·불·선의 주요 내용을 바탕으로 하였으며, 여기에 주문과 부적 등 민간 신앙의 요소들을 결합하였다. 동학은 사회 모순을 극복하고 일본과 서양 국가의 침략을 막아내자는 주장을 폈으며, 모든 사람이 평등하다는 인내천 사상을 강조하였다.

꼭! 확인 기출문제

다음 자료에 나타난 사상에 대한 설명으로 옳은 것은? [국가직 9급 기출]

> 사람이 곧 하늘이라. 그러므로 사람은 평등하며 차별이 없나니, 사람이 마음대로 귀천을 나눔은 하늘을 거스르는 것이다. 우리 도인은 차별을 없애고 선사의 뜻을 받들어 생활하기를 바라노라.

① 이 사상에 대해 순조 즉위 이후 대탄압이 가해졌다.
❷ 이 사상을 바탕으로 『동경대전』과 『용담유사』가 편찬되었다.
③ 이 사상을 근거로 몰락한 양반의 지휘 아래 평안도에서 난이 일어났다.
④ 이 사상을 근거로 단성에서 시작된 농민봉기는 진주로 이어졌다.

해② 제시된 글은 동학에서 주장한 모든 사람이 평등하다는 '인내천(人乃天) 사상'이다. 이 사상을 바탕으로 최제우가 생전에 지은 『동경대전』과 『용담유사』를 최제우 처형 후 동학의 2대 교주 최시형이 간행하였다.
  ① 순조 즉위 이후 대탄압이 가해진 것은 천주교이다. 천주교 4대 박해로는 순조 때 신유박해(1801)와 헌종 때 기해박해(1839), 병오박해(1846), 고종 때 병인박해(1866)가 있다.
  ③ 1811년에 일어난 홍경래의 난으로, 동학의 사상과 시간적 거리가 있다.
  ④ 1862년에 일어난 임술 농민 봉기로, 동학의 사상을 바탕으로 하진 않았다.

4. 농민의 항거

(1) 원인

① 사회 불안 고조, 유교적 왕도 정치의 퇴색, 신분제의 동요
② 19세기 세도 정치하에서 탐관오리의 부정과 탐학
③ 사회·경제적 모순의 심화
④ 극심한 삼정의 문란

삼정의 문란
• 전정(田政)의 문란
  – 은결(隱結) : 양안에 미등록된 땅에서 징수하는 것
  – 진결(陳結) : 황무지에서 징세하는 것
  – 도결(都結) : 정액 이상의 전세를 징수하는 것
  – 백지징세(白地徵稅) : 유휴지(遊休地)에서 징세하는 것
• 군정(軍政)의 문란
  – 백골징포 : 사망자에게 부과

- 마감채 : 일시불로 부과
- 인징 : 이웃에게 강제 부과
- 황구첨정 : 어린이에게 부과
- 족징 : 도망자나 사망자의 친척에게 부과
- 강년채 : 60세 이상의 면역자에게 부과
- 환곡(還穀)의 문란
  - 늑대(勒貸) : 필요 이상의 미곡을 강제로 대여하고 이자를 받는 것
  - 허류(虛留) : 재고가 없음에도 있는 것같이 허위로 문서를 만들어 놓는 것
  - 입본(入本) : 풍·흉의 미곡 시세를 예측하여 대전(貸錢) 및 환전으로 이익을 취하는 것
  - 탄정(呑停) : 흉년에 강제로 징수하여 감하는 부분을 취하는 것
  - 반작(反作) : 허위 장부를 만들어 대여량을 늘리고 회수량을 줄이는 것
  - 분석(分石) : 쌀에 겨를 섞어 늘려서 대여하고 이자를 취하는 것
  - 증고(增估) : 정해진 것보다 높은 이자를 징수하는 것
  - 가분(加分) : 저장해야 할 부분을 대여하여 이자를 받는 것

(2) 항거의 형태 및 변화

① 농토를 버리고 유민이 되거나, 산간 벽지로 들어가 화전민·도적이 됨
② 농민의 사회 의식은 더욱 성장해 지배층의 압제에 대하여 종래의 소극적인 자세에서 벗어나 보다 적극적으로 대결
③ 소청·벽서·괘서 등의 항거 형태로 시작하여 점차 농민 봉기로 변화

(3) 전개

① 홍경래 난(평안도 농민 전쟁, 순조 11, 1811)
  ㉠ 의의 : 세도 정치기 당시 농민 봉기의 선구
  ㉡ 중심 세력 : 몰락 양반인 홍경래의 지휘하에 광산 노동자들이 중심적으로 참여하였고, 영세 농민·중소 상인·유랑인·잔반 등 다양한 세력이 합세
  ㉢ 원인
    - 서북인(평안도민)에 대한 차별(→ 관직 진출의 기회가 상대적으로 제한) 및 가혹한 수취
    - 서울 특권 상인 등의 이권 보호를 위해 평안도 지역 상공인과 광산 경영인을 탄압·차별하고 상공업 활동을 억압
    - 세도 정치로 인한 관기 문란, 계속되는 가뭄·흉작으로 인한 민심 이반
  ㉣ 경과 : 가산 다복동에서 발발하여 한때 청천강 이북의 7개 고을을 점령하였으나 5개월 만에 평정
  ㉤ 영향 : 이후 각지의 농민 봉기 발생에 영향을 미침(→ 관리들의 부정과 탐학은 시정되지 않음)
② 임술 농민 봉기(진주 민란·백건당의 난, 철종 13, 1862)
  ㉠ 의의 : 삼남 일대에서 민란이 잇달아 촉발되어 농민 봉기의 전국적 확대 계기

Check Point

홍경래
평안북도의 몰락 양반 출신인 홍경래는 평양 향시를 통과하고 유교와 풍수지리를 익힌 지식인이나 대과에 낙방하였다. 당시 대과에서는 시골 선비에 대한 차별이 심했을 뿐만 아니라, 서북 출신은 고구려 유민으로 구분되어 천한 취급을 받고 있었으므로 홍경래가 대과를 통해 관직에 나아가는 것은 어려운 일이었다. 세상을 바꿀 결심을 한 홍경래는 사회를 살피고 동료들을 규합하여 봉기를 주도하였다. 그러나 만 4개월 동안 이어졌던 봉기는 실패로 끝났으며, 홍경래는 정주성 싸움에서 전사하였다.

Check Point

임술 농민 봉기
임술년(1862년) 2월 19일, 진주민 수만 명이 머리에 흰 수건을 두르고 손에는 몽둥이를 들고 무리를 지어 진주 읍내에 모여 서리들의 가옥 수십 호를 불사르고 부수어, 그 움직임이 결코 가볍지 않았다. 병사가 해산시키고자 장시에 나가니 흰 수건을 두른 백성들이 그를 빙 둘러싸고는 백성들의 재물을 횡령한 조목, 아전들이 세금을 포탈하고 강제로 징수한 일들을 면전에서 여러 번 문책하는데, 그 능멸하고 핍박함이 조금도 거리낌이 없었다.
　　　　　　　－〈임술록〉－

[국가직 9급 기출]

02. 다음 글을 남긴 국왕의 재위 기간에 일어난 사실로 옳은 것은?

> 보잘 것 없는 나, 소자가 어린 나이로 어렵고 큰 유업을 계승하여 지금 12년이나 되었다. 그러나 나는 덕이 부족하여 위로는 천명(天命)을 두려워하지 못하고 아래로는 민심에 답하지 못하였으므로, 밤낮으로 잊지 못하고 근심하며 두렵게 여기면서 혹시라도 선대왕께서 물려주신 소중한 유업이 잘못되지 않을까 걱정하였다. 그런데 지난번 가산(嘉山)의 토적(土賊)이 변란을 일으켜 청천강 이북의 수많은 생령이 도탄에 빠지고 어육(魚肉)이 되었으니 나의 죄이다.
> ―「비변사등록」―

① 최제우가 동학을 창도하였다.
② 공노비 6만 6천여 명을 양인으로 해방시켰다.
③ 미국 상선 제너럴 셔먼 호가 격침되었다.
④ 삼정 문제를 해결하기 위해 삼정이정청을 설치하였다.

해 '어린 나이', '지난번 가산의 토적이 변란', '청천강 이북의 수많은 생령'을 통해 1811년(순조11)에 일어난 홍경래의 난 임을 알 수 있다. 순조는 원년(1801)에 중앙 관서의 노비 6만 6,000여 명을 해방시켰다.

ⓒ 원인 : 진주 지역 포악한 관리(백낙신·홍병원 등)의 탐학

ⓒ 경과

- 몰락 양반 유계춘의 지휘하에 농민들이 진주성을 점령
- 정부는 박규수를 안핵사로 파견하여 탐관오리를 파직하고 난의 주동자를 처형
- 수습책으로 삼정의 폐단을 시정하기 위한 임시 관청인 삼정이정청이 설치되었지만 큰 효과는 거두지 못함

(4) 항거의 의의

① 농민들의 사회 의식이 더욱 성장(→ 농민 봉기가 신분 해방의 주장에까지는 이르지 못함)
② 양반 중심 통치 체제의 붕괴 가속화

답 02 ②

문화의 새 기운

제1절 성리학의 발전 및 한계

1. 성리학의 흐름

(1) 성리학 연구의 전개 및 분파

① 성리학의 연구는 정국의 흐름과 밀접하게 관련되어 진행

② 17세기 붕당들은 정통성을 가지기 위해 학연에 유의하여 학문적 토대를 굳힘

    ㉠ 영남학파가 주로 동인 계열을, 기호학파가 주로 서인 계열을 이끎

    ㉡ 동인은 다시 남인과 북인으로 나뉨

- 남인 : 이황의 학통, 정계보다는 향촌 사회에서 영향을 발휘, 자영농 및 중소 지주층의 이익 강조, 농촌 문제에 관심이 큼
- 북인 : 조식의 학통, 부국강병을 중시, 절의를 강조하여 다수의 의병장을 배출

    ㉢ 인조 반정으로 정국을 주도하게 된 서인은 숙종 때에 이르러 노론과 소론으로 분파

(2) 노론과 소론의 성리학

① 노론 : 성리학의 교조화 · 절대화

    ㉠ 송시열 중심의 노론은 이이의 학풍을 이어 의리명분론을 강화하며 주자 중심의 성리학을 절대화함(→ 주자의 본뜻에 충실함으로써 사회의 모순을 해결할 수 있다고 봄)

    ㉡ 신권 정치(臣權政治) 강조, 상공업에 관심, 수취 체제 개선과 민생 안정 · 노비속량 강조

Check Point

윤증
조선 중기의 학자로, 송시열의 제자이다. 병자호란 이후 명에 대한 의리를 주장하는 송시열과 대립하여 대청 실리 외교를 주장하였으며, 양난 이후의 빈곤 및 사회 변동 등 정국의 변화는 송시열의 주자학적 조화론과 의리론만으로 바로잡을 수 없다고 비판하였다. 두 사람 간의 논쟁은 서인이 노론과 소론으로 분파되는 계기인 회니시비(懷尼是非)로 이어졌다.

기출 Plus [지방직 9급 기출]

01. 조선 시대의 학파 및 학설에 관한 설명으로 옳지 않은 것은?
① 주로 서경덕 학파와 이황 학파, 조식 학파가 동인을 형성하였고, 이이 학파와 성혼 학파가 서인을 형성하였다.
② 16세기 중반부터 성리학에 대한 이해가 심화되면서 학설과 지역적 차이에 따라 서원을 중심으로 학파가 형성되기 시작하였다.
③ 18세기 호락(湖洛) 논쟁은 노론과 소론 간의 학문적 논쟁이었다.
④ 주로 서경덕 학파와 조식 학파로 구성된 북인은 서인보다 성리학적 의리명분론에 구애를 덜 받았다.

해 18세기 호락 논쟁(湖洛論爭)은 심성론(心性論) 문제를 둘러싸고 전개된 노론 내부의 성리학 이론 논쟁이었다. 이는 인물성이론(人物性異論)을 주장하는 충청도 지역 중심의 호론과 인물성동론(人物性同論)을 주장하는 서울·경기 지역 중심의 낙론 간의 학문적 의견이 대립한 것이었다.

답 01 ③

② 소론 : 성리학의 교조성 비판, 성리학의 상대적 · 탄력적 이해

　㉠ 윤증을 중심으로 하는 소론은 성혼의 사상을 바탕으로 하며, 이황의 학설에 호의를 보이는 반면, 이이에 대해 비판적이기도 해 성리학 이해에 있어 탄력적

　㉡ 사문난적으로 배격된 윤휴의 학설을 두둔하기도 하고 양명학과 노장 사상에도 관심을 보임

(3) 성리학의 이론 논쟁

① 16세기 : 4단 7정 논쟁(이황과 기대승), 이기철학의 논쟁(이황의 주리론과 이이의 주기론 간의 논쟁)

② 17세기 : 성리학의 이기론을 둘러싼 논쟁

　㉠ 이황 학파의 영남 남인과 이이 학파의 노론 간 이기론을 둘러싼 논쟁이 치열하게 전개

　㉡ 성격 : 조선 성리학의 정통성 우위를 확보하기 위한 논쟁

③ 18세기 : 호락 논쟁(湖洛論爭)

　㉠ 심성론 문제를 둘러싸고 전개된 노론 내부의 성리학 이론 논쟁

　㉡ 내용

구분	호론(湖論)	낙론(洛論)
주도 세력	충청도 지역을 중심으로 송시열의 제자인 권상하 · 한원진 · 윤봉구 등이 주도	서울 · 경기 지역을 중심으로 김창협 · 이간 · 이재 · 어유봉 · 박필주 · 김원행 등이 주도
본성론	• 인간과 사물의 본성이 다르다는 인물성이론(人物性異論)을 주장 • 기(氣)의 차별성 강조(주기론) • 성인과 범인의 마음이 다르다는 성범성이론(聖凡性異論) 강조(→신분제 · 지주전호제 등 지배 질서 인정)	• 인간과 사물의 본성이 같다는 인물성동론(人物性同論)을 주장 • 이(理)의 보편성 강조 • 인간의 본성을 자연에까지 확대 • 성범성동론(聖凡性同論) 강조(→일반인 중시, 신분 차별 개혁)
계승	화이론 · 대의명분론을 강조하여 북벌론과 위정척사 사상으로 연결	화이론 비판, 자연 과학 중시, 북학 사상 · 이용후생 사상으로 연결

꼭! 확인 기출문제

18세기 조선 사상계의 동향에 대한 설명으로 옳지 않은 것은? [국가직 9급 기출]

① 북학 사상은 인물성동론을 철학적 기초로 하였다.
❷ 낙론은 대의명분을 강조한 북벌론으로 발전되어 갔다.
③ 인물성이론은 대체로 충청도 지역 노론학자들이 주장했다.
④ 송시열의 유지에 따라 만동묘를 세워 명나라 신종과 의종을 제사지냈다.

2. 성리학의 한계와 비판

(1) 성리학의 한계

① 지배 신분으로서 양반의 특권을 강화(지배층의 지위 합리화)하기 위한 목적으로 이용됨

② 타 학문과 사상을 배척하여 사상적 경직성을 띠는 등 성리학이 교조화됨

③ 조선 후기의 사회 모순에 대하여 근본적 대책을 강구하지 못함

(2) 성리학의 비판(탈성리학)

① 사상적 경향

　㉠ 17세기 후반부터 본격화된 것으로 주자 중심의 성리학을 상대화

　㉡ 6경과 제자백가 사상을 근거로 성리학을 재해석

② 대표적인 학자

　㉠ 윤휴 : 유교 경전에 대하여 주자와 다른 독자적인 해석을 하여 유학의 반역자(사문난적)라 지탄을 받았고, 결국 송시열의 예론을 비판하다가 사형당함

　㉡ 박세당 : 양명학과 노장 사상의 영향을 받아 〈사변록(思辨錄)〉을 써 주자의 학설을 비판하다가 사문난적으로 몰려 학계에서 배척됨

박세당의 탈성리학적 경향
박세당은 성리학에 대하여 스승을 무비판적으로 답습하는 것으로 파악하고 자유로운 비판을 강조하였다. 즉, 주자가 원대한 형이상학적 최고선(善)의 정신을 통해 인식의 절대성을 강조한 데 반해, 박세당은 일상적 행사를 통한 인식의 타당성을 강조하여 인식의 상대성을 제시하였다. 그 뿐만 아니라 주자가 주장한 인간 본성의 선천성을 비판하고 인간의 도덕적 판단력을 인정함으로써 인간의 능동적 실천 행위와 주체적인 사고 행위를 강조하였다. 또한 그는 노자의 〈도덕경〉을 적극적으로 해석하였다. 이러한 박세당의 사상은 조선 후기의 폐쇄적이고 배타적인 성리학적 흐름에 대하여 포용성과 개방성을 강조하였다는 점에서 그 역사적 의미를 찾을 수 있다.

Check Point

윤휴
조선 후기의 문신이자 학자로 젊은 시절부터 서인 계열인 송시열, 송준길, 유계 등과 남인 계열인 권시, 권준 등과 친분이 있었다. 기해예송 때 송시열의 주장이 내포한 오류를 가장 먼저 지적하였으며, 갑인예송 때에도 같은 기준에서 서인측 견해가 잘못되었음을 지적하였다. 북벌을 실현시키고자 무과인 만과를 설치하고 병거와 화차를 개발·보급하고자 하였다. 주자에 대해서는 성학 발전에 최대의 공로를 세웠다고 높이 평가하였으며, 성학 발전을 위해서는 후학들이 선유의 업적을 토대로 새로운 해석과 이해의 경지를 개척해야 한다고 주장하면서 새로운 해석을 시도하였다. 그의 시도는 처음에는 당색을 초월하여 칭송되었으나 이후 정치적으로 악용되어 사문난적으로 규탄의 대상이 되었다. 경신환국으로 사사되었다.

참고

사변록(思辨錄)

경(經)에 실린 말이 그 근본은 비록 하나이지마는 그 실마리는 천 갈래 만 갈래이니, 이것이 이른바 하나로 모이는 데 생각은 백이나 되고, 같이 돌아가는 데 길은 다르다는 것이다. 그러므로 비록 독창적인 지식과 깊은 조예가 있으면 오히려 그 귀추의 갈피를 다하여 미묘한 부분까지 놓침이 없을 수 없는 경우가 있다. 반드시 여러 장점을 널리 모으고 조그마한 선도 버리지 아니하여야만 대략적인 것도 유실되지 않고, 얕고 가까운 것도 누락되지 아니하여, 깊고 심원하고 정밀하고 구비한 체제가 비로소 완전하게 된다.

3. 양명학의 수용

(1) 양명학

① 의의

㉠ 명나라 왕수인(호 : 양명)이 성리학을 비판하는 〈전습록〉을 저술했는데, 그의 사상을 연구하는 학풍을 양명학이라 함

㉡ 성리학의 교조화와 형식화, 사상적 경직성 등을 비판하며 지행합일의 실천성을 강조하는 주관적 실천 철학

② 수용 및 연구

㉠ 전래 : 중종 때에 조선에 전래

㉡ 수용과 확산 : 17세기 후반 소론 학자들에 의하여 본격적으로 수용되어 주로 서경덕 학파와 불우한 종친들 사이에서 점차 확산

㉢ 본격적 연구 : 18세기 정제두의 강화학파에 의해 이루어짐

③ 사상 체계 : 인간의 마음이 곧 이(理)라는 심즉리(心卽理), 인간이 상하 존비의 차별 없이 타고난 천리로서의 양지를 실현하여 사물을 바로잡을 수 있다는 치양지설(致良知說), 앎은 행함을 통해서 성립한다는 지행합일설(知行合一說) 등을 근간으로 함

(2) 정제두의 활동

① 저서

㉠ 〈존언〉·〈만물일체설〉 등으로 양명학의 학문적 체계를 수립

㉡ 변퇴계전습록변 : 왕수인의 〈전습록〉을 비판한 이황의 〈전습록변〉에 대해 다시 비판

② 양지설(良知說), 지행합일설 강조

③ 일반민을 도덕 실천의 주체로 상정하고, 이를 바탕으로 신분제 폐지를 주장

④ 강화학파의 성립

Check Point

강화학파
조선 후기 정제두 등 양명학자들이 강화도를 중심으로 형성한 학파를 말한다. 그를 따라 모인 소론 학자들과 친인척 등을 중심으로 계승·발전하였다. 훈민정음 연구에도 관심을 보였고, 특히 실학에 많은 영향을 주어 실사구시의 이론적 기초를 제공하였다.

㉠ 18세기 초 양명학 연구와 제자 양성에 힘써 강화학파를 이룸

㉡ 제자들이 정권에서 소외된 소론이었기 때문에 그의 학문은 가학의 형태로 계승

▶ 강화학파의 계보

(3) 영향 및 한계

① 영향

㉠ 양명학을 바탕으로 역사학 · 국어학 · 문학 등에서 새로운 경지를 개척해 갔으며 실학자들과도 서로 영향을 미침

㉡ 한말 박은식 · 정인보 등은 양명학을 계승하여 민족 운동을 전개

② 한계

㉠ 이론과 달리 실천성이 부족

㉡ 이단으로 몰려 내면적으로만 추구

㉢ 성리학을 기본으로 하고 양명학을 겸행하는 경우가 많음

제2절 실학의 발달

1. 실학의 성립과 발전

(1) 등장 배경

① 17~18세기의 사회 · 경제적 변동에 따른 사회적 모순의 해결 방법을 구상하는 과정에서 대두

② 심각한 사회 모순에도 불구하고 지배 이념인 성리학은 현실 문제를 해결할 수 없었음

③ 성리학의 한계를 인식 · 비판하면서 현실 문제를 탐구하려는 학문적 · 사상적 움직임으로 등장

(2) 실학의 성립

① 16세기 말

㉠ 정치 · 문화 혁신의 움직임이 싹터 정인홍 등이 성리학 이외의 사상을 폭넓게 수용하려 함

㉡ 성리학을 고집하는 보수적 학자들의 반발로 학문적 체계를 세우지 못함

② 17세기

㉠ 사회 통합과 국제 정세 대처를 위해 국가 역량이 강화되어야 한다는 사회적 인식이 만연

㉡ 이수광 · 한백겸 · 유형원 등은 나름의 개혁 방안을 제시

• 이수광 : 〈지봉유설〉을 저술하여 문화 인식의 폭을 확대

• 한백겸 : 〈동국지리지〉를 저술하여 역사 지리를 치밀하게 고증

(3) 실학의 발전(18세기)

① 확산 : 농업 중심의 개혁론, 상공업 중심의 개혁론, 국학 연구 등을 중심으로 확산

② 영향 : 청에서 전해진 고증학과 서양 과학의 영향을 받음

③ 목표 : 민생 안정과 부국강병을 목표로 비판적 · 실증적 사회 개혁론 제시

2. 농업 중심의 개혁론

(1) 농업 중심의 개혁

① 신분층 : 대부분 경기 지방에서 활약한 남인 출신

② 제도적 개혁론 : 농민의 입장에서 토지 · 조세 · 군사 · 교육 제도 등 각종 폐단을 시정하려 함

㉠ 지주제 철폐와 자영농 육성을 주장(→ 농민 생활 안정을 위한 토지 제도 개혁을 가장 중시)

Check Point

고증학과 실학
고증학은 명말 청초에 일어난 학풍으로 실증적 고전 연구를 중시하였는데, 실증적 귀납법을 통해 종래의 경서 연구 방법을 혁신하였다. 청으로부터 전해진 고증학으로 인해 우리나라의 실학 연구는 그 깊이를 더하게 되었다.

ⓛ 농업을 국부의 원천으로 파악, 화폐의 폐단 지적

③ **농업 기술 개발론** : 수리 시설의 확충, 종자와 농기구의 개량, 경작 방법과 시비법의 개선 등을 제시

④ **학문적 이상** : 유교적 이상 국가의 실현 추구(복고적 성격, 신분 차별 인정)

⑤ **한계 및 영향**

  ㉠ **한계** : 재야 지식인들의 공감을 받았지만 국가 정책에는 별로 반영되지 못함

  ㉡ **영향** : 한말 애국 계몽 사상가들과 일제 강점기 국학자들에게 큰 영향을 미침

(2) **중농학파(경세치용 학파, 성호학파)**

① **유형원(1622~1673)** : 농업 중심 개혁론의 선구자

  ㉠ **저술**

    • 반계수록 : 균전제 실시 주장

    • 동국여지 : 사회 개혁안의 기초 자료 정리

  ㉡ **균전론(均田論)**

    • 주나라 정전법의 영향을 받아 자영농 육성을 위한 토지 제도의 개혁을 주장

    • 관리 · 선비 · 농민에게 토지의 차등적 재분배를 주장

    • 토지 국유제 원칙에서 토지 매매 금지와 대토지 소유 방지를 주장

    • 자영농 육성을 통한 병농일치의 군사 제도, 사농일치의 교육 제도 확립을 주장

  ㉢ **한계** : 사 · 농 · 공 · 상의 직업적 우열 인정, 양천의 구별(상민과 노비의 차별), 적서 차별, 문음 제도와 노비 제도 인정

유형원의 균전론

농부 한 사람이 1경(40마지기)의 토지를 받으며 법에 따라 조세를 내고 4경마다 군인 1명을 내게 한다. 사(士)로서 처음 학교에 입학한 자는 2경의 토지를 받고, 현직 관료는 9품부터 7품까지는 6경, 그리고 정2품의 12경에 이르기까지 조금씩 더해 준다. 병역 의무는 모두 면제해 주며, 현직에 근무할 때는 녹을 별도로 받는다. 퇴직하였을 때는 받은 토지로 생계를 유지한다.   – 〈반계수록〉 –

② **이익(1681~1763)** : 농업 중심의 개혁론을 더욱 발전시킴, 학파를 형성

  ㉠ **학파 형성** : 18세기 전반에 주로 활약하며 유형원의 실학 사상을 계승 · 발전시키고 많은 제자들을 길러내 성호학파를 형성

  ㉡ **저술**

• 성호사설 : 화이관 탈피 · 우리 역사의 체계화 주장
• 곽우록 : 농촌 경제의 안정책과 토지 개혁론(한전론) 등을 기록
• 붕당론 : 붕당의 폐해를 지적

ⓒ 한전론(限田論)

• 균전론 비판 : 급진적 · 비현실적이라 비판(토지 재분배를 위한 지주 토지의 몰수는 불가능)

• 대안으로 한전론을 제시 : 토지매매의 하한선을 정함(기본적인 생활 유지에 필요한 규모의 토지를 영업전으로 지정하여 법으로 매매를 금지하고 나머지 토지만 매매를 허용하여 점진적으로 토지 소유의 평등을 이룸)

ⓔ 6좀 폐지론 : 나라를 좀먹는 여섯 가지의 폐단으로, 양반 제도 · 노비 제도 · 과거 제도 · 기교(사치와 미신) · 승려 · 게으름을 지적하고 그 시정을 강력히 주장

ⓜ 농촌 경제의 안정책 : 고리대와 화폐 사용의 폐단을 지적, 환곡 대신 사창제 실시를 주장

ⓗ 역사관 : 역사의 흥망성쇠는 시세(時勢)에 따라 이루어진다고 봄(안정복에게 영향)

이익의 한전론
국가는 마땅히 일가(一家)의 생활에 맞추어 재산을 계산해서 한전(限田) 몇 부(負)를 1호의 영업전(永業田)으로 하여 당나라의 제도처럼 한다. 그러나 땅이 많다고 해서 빼앗아 줄이지 않으며, 못 미친다고 해서 더 주지 않는다. …… 땅이 많아서 팔고자 하는 자는 영업전 몇 부(負) 이외에는 허락하여 준다. 오직 영업전 몇 부 안에서 사고파는 것만을 철저히 살핀다. 영업전을 산 자는 다른 사람의 영업전을 빼앗은 죄로 다스리고 판 자도 몰래 판 죄로 다스린다.
– 〈곽우록〉 –

③ 정약용(1762~1836) : 이익의 실학 사상을 계승하면서 실학을 집대성

㉠ 활약 : 정조 때 벼슬길에 올랐으나 신유박해 때에 전라도 강진에 유배

㉡ 저술 : 500여 권의 저술을 〈여유당전서(與猶堂全書)〉로 남김

• 3부작(1표 2서, 一表二書) : 지방 행정의 개혁 및 지방관(목민관)의 도리에 대하여 쓴 〈목민심서〉, 중앙의 정치 조직과 행정 개혁에 대하여 쓴 〈경세유표〉, 형옥을 담당한 관리들이 유의할 사항에 대해 쓴 〈흠흠신서〉

• 3논설 : 여전제와 정전제를 논한 〈전론(田論)〉, 통치자는 백성을 위해 존재한다고 강조하여 정치의 근본을 주장한 〈원목(原牧)〉, 왕조 교체(역성혁명)의 가능성과 민권 사상의 정당성을 논증한 〈탕론(蕩論)〉

• 기예론 : 농업 기술과 공업 기술을 논의(→ 중농학자이면서 중상학자의

주장을 수용하여 기술을 중시, 실학의 집대성)

ⓒ **여전론(閭田論)** : 토지 제도의 개혁론으로 처음에는 여전론을, 후에 정전론을 주장

- 한 마을(1여)을 단위로 하여 토지를 공동으로 소유하고 공동으로 경작하여 수확량을 노동량에 따라 분배하는 일종의 공동 농장 제도(→ 토지 공동 소유로 대토지 소유의 가능성을 차단)
- 균전론과 한전론을 모두 비판 : 토지의 사적 소유는 결국 토지의 편중을 야기
- 농자수전(農者受田)의 원칙 강조 : 농사짓는 사람만이 토지를 소유

ⓔ **정전론(井田論)**

- 여전론은 이상적인 형태라 스스로 판단해 현실적 차선책으로 제시
- 국가가 토지를 매입한 후 가난한 농민에게 분배해 자영 농민을 육성하고, 사들이지 못한 지주의 토지는 공동 경작지로서 병작 농민에게 골고루 경작하게 하여 세를 거둠

ⓜ **국방 개혁** : 농민 생활의 안정을 토대로 향촌 단위의 방위 체제 강화를 주장

> **정약용의 여전론**
> 이제 농사를 짓는 사람에게 토지를 갖게 하고, 농사를 짓지 않는 사람에게는 토지를 갖지 못하게 하려면 여전제를 실시해야 한다. 여전법이란 무엇인가. 산과 강을 지세 기준으로 확정하여 경계를 삼고, 그 경계선 안에 포괄되어 있는 지역을 여로 한다. 여 셋을 합쳐 리라 하고 리 다섯을 합쳐 방이라 하고 방 다섯을 합쳐 읍이라 한다. 1여에는 여장을 두며 무릇 1여의 토지는 1여의 인민이 공동으로 경작하도록 하고, 내 땅 네 땅을 구별하지 않고 오직 여장의 명령에 따른다. 여민이 농경하는 경우 여장은 매일 개개인의 노동량을 장부에 기록했다가 가을이 되면 오곡의 수확물을 모두 여장의 집에 가져와 분배한다. 이때 국가에 바치는 세를 먼저 제하고, 그 나머지를 노동량에 따라 여민에게 분배한다. ― 〈여유당전서〉 ―

④ **박세당(1629~1703)**

ㄱ **색경** : 농사 전반에 걸친 해설서로, 〈농가집성〉을 비판 · 보완

ㄴ **사변록** : 윤휴와 함께 성리학을 비판하다가 사문난적으로 몰림

⑤ **홍만선(1643~1715)** : 농업 기술을 중심으로 섭생(攝生) · 구급 치료법 등을 소백과사전처럼 기술한 〈산림경제〉를 저술

⑥ **서유구(1764~1845)**

ㄱ **종저보** : 일본에서 고구마 종자를 수입하여 재배를 장려하고 그 재배법을 알림

ㄴ **임원경제지(〈임원십육지〉)** : 이미 편찬된 농서들을 토대로 농업을 비롯한 산업 전반의 지식을 모아 편찬한 농촌 생활백과사전

Check Point

정약용의 〈원목(原牧)〉
목재(牧者)가 백성을 위하여 있는가, 백성이 목자를 위하여 있는가. 백성이라는 것은 곡식과 피륙을 제공하여 목자를 섬기고, 또 가마와 말을 제공하여 목자를 송영하는 것이다. 결국 백성은 피와 살과 정신까지 바쳐 목자를 살찌게 하는 것이니, 이것으로 보자면 백성이 목자를 위하여 존재하는 것이 아닌가.
아니다. 목자가 백성을 위해 존재한다. 오랜 옛날에는 목자가 없이 백성만이 있었다. …… 그러므로 목자의 근원은 마을의 어른이다. 백성이 목자를 위해 있는 것이 아니라 목자가 백성을 위해 있는 것이다.

3. 상공업 중심의 개혁론

(1) 특징

① 신분층 : 18세기 후반 한성의 노론 중심
② 상공업 진흥 : 도시를 배경으로 농업뿐만 아니라 상공업 진흥과 기술 혁신을 주장
　㉠ 국부의 원천을 국가 통제하의 상공업 운영에 있다고 봄
　㉡ 지주제를 인정하고 농업의 개량화 · 전문화 추구(→ 청의 선진 농업 기술 수용을 주장)
③ 학문적 이상 : 유교적 이상 국가에서 탈피(→ 신분 제도 철폐)
④ 영향
　㉠ 농업에 치우친 유교적 이상 국가론에서 탈피하여 부국강병을 위한 적극적 방안 제시
　㉡ 19세기 개화 사상가들에게 영향을 줌

(2) 중상학파(이용후생학파, 북학파)

① 유수원(1694~1755)
　㉠ 우서(迂書) : 중국과 우리 문물을 비교하면서 정치 · 경제 · 사회 전반의 개혁을 제시
　㉡ 개혁론
　　• 농업의 전문화 · 상업화, 기술 혁신을 통해 생산력 증강
　　• 농업에만 의존해서는 안 되며 상공업을 함께 진흥(→ 상공업 진흥과 기술 혁신 강조)
　　• 사 · 농 · 공 · 상의 직업적 평등과 전문화를 주장(→ 신분 차별의 철폐)
　　• 상인 간의 합자를 통한 경영 규모의 확대
　　• 상인이 생산자를 고용하여 생산 · 판매 주관(선대제 수공업 등)
　　• 대상인의 지역 사회 개발 참여 및 학교 건립 · 교량 건설 · 방위 시설 구축 등에 대한 공헌
　　• 국가의 상업 활동 통제를 통한 물자 낭비 · 가격 조작 방지, 사상의 횡포 견제

유수원의 신분 차별 철폐론
상공업은 말업(末業)이라고 하지만 본래 부정하거나 비루한 일이 아니다. 그것은 스스로 재간이 없고 덕망이 없음을 안 사람이 관직에 나가지 않고 스스로의 노력으로 먹고 사는 것인데 어찌 더럽거나 천한 일이겠는가? …… 허다한 고질적인 폐단이 모두 양반을 우대하는 헛된 명분에서 나오고 있으니, 근본을 따져보면 국초에 법제를 마련할 때 사민을 제대로 분별하지 못한 데 있는 것이다.
－〈우서〉－

기출 Plus

[지방직 9급 기출]
01. 다음에서 설명하는 인물의 저술로 옳은 것은?

• 종래의 조선 농학과 박물학을 집대성하였다.
• 전국 주요 지역에 국가 시범 농장인 둔전을 설치하여 혁신적 농법과 경영 방법으로 수익을 올려서 국가 재정을 보충할 것을 제안했다.

① 색경　　② 산림경제
③ 과농소초　④ 임원경제지

閨 서유구는 조선 후기 실학자로 농촌 생활에 관한 백과사전식 박물지인 「임원경제지」를 저술하였으며, 토지개혁론으로 국가 시범 농장제도인 둔전제의 실시를 주장하였다. 「색경」은 농사 전반에 걸친 해설서로, 박세당이 「농가집성」을 비판 · 보완하여 기술하였다. 홍만선은 「산림경제」에서 농업 기술을 중심으로 섭생(攝生) · 구급 치료법 등을 소백과 사전처럼 기술하였다. 「과농소초」는 18세기 말에 박지원이 저술한 농업 경영서이다.

답 01 ④

② 홍대용(1731~1783)

　　㉠ 저술 : 〈임하경륜〉·〈의산문답〉·〈연기(燕記)〉 등이 〈담헌서〉에 전해짐, 수학 관계 저술로 〈주해수용〉이 있음(→ 우리나라, 중국, 서양 수학의 연구 성과를 정리)

　　㉡ 개혁론

　　　• 농업(토지) 개혁론으로 균전론을 주장(→ 결부제를 그대로 인정한 위에서, 1호당 평균 2결씩의 농지를 배분)

　　　• 임하경륜(부국론) : 기술의 혁신, 신분제 개혁 주장(놀고먹는 선비도 생산 활동에 종사), 병농일치의 군대 조직, 교육 기회의 균등을 강조, 성리학의 극복이 부국강병의 근본이라 주장

　　　• 의산문답 : 김석문의 지구 회전설을 계승해 지전설을 주장하여 화이관 비판(→ 지전설 : 김석문, 홍대용, 이익, 정약용 등)

③ 박지원(1737~1805)

　　㉠ 열하일기(熱河日記) : 청에 다녀와 문물을 소개하고 이를 수용할 것을 주장

　　㉡ 농업 관련 저술 : 〈과농소초(課農小抄)〉·〈한민명전의(限民名田議)〉 등에서 영농 방법의 혁신, 상업적 농업의 장려, 수리 시설의 확충 등을 통한 농업 생산력 증대에 관심

　　㉢ 한전론의 중요성을 강조하면서 농업 생산력의 향상에 관심을 가짐

　　㉣ 상공업의 진흥을 강조하면서 수레와 선박의 이용, 화폐 유통의 필요성 등을 주장

　　㉤ 양반 문벌 제도 비판 : 〈양반전〉, 〈허생전〉, 〈호질〉을 통해 양반 사회의 모순과 부조리·비생산성을 비판

꼭! 확인 기출문제

밑줄 친 '그'의 저술로 옳은 것은?　[지방직 9급 기출]

서울의 노론 집안에서 태어난 <u>그</u>는 『양반전』을 지어 양반사회의 허위를 고발하였다. <u>그</u>는 또한 한전론을 주장하였으며, 상공업 진흥에도 관심을 기울여 수레와 선박의 이용 등에 대해서도 주목하였다.

① 『북학의』　　　　　　　　　　❷ 『과농소초』

③ 『의산문답』　　　　　　　　　④ 『지봉유설』

해 ❷ 『양반전』을 지은 사람은 조선후기 실학자 겸 소설가인 '박지원'이다. 박지원의 저서로는 『과농소초』, 『열하일기』, 『연암집』, 『허생전』 등이 있는데 그중, 『과농소초』는 조선시대 농업기술과 농업정책에 관하여 논한 책이다.
　① 조선의 실학자 박제가가 청나라의 풍속과 제도를 시찰하고 돌아와서 쓴 기행문이다.
　③ 조선의 실학자 홍대용이 지은 자연관 및 과학사상서이다.
　④ 광해군 때의 실학자 이수광이 편찬한 한국 최초의 백과사전적인 저술이다.

④ 박제가(1750~1805) : 청에 다녀온 후 〈북학의〉를 저술

㉠ 상공업의 육성, 청과의 통상 강화, 세계 무역에의 참여, 서양 기술의 습득
을 주장

㉡ 선박과 수레의 이용 증가 및 벽돌 이용 등을 강조

㉢ **소비의 권장** : 생산과 소비와의 관계를 우물물에 비유하면서 생산을 자극
하기 위해서는 절약보다 소비를 권장해야 한다고 주장

㉣ 신분 차별 타파, 양반의 상업 종사 등을 주장

TIP

박제가의 소비관(消費觀)

비유하건대 재물은 대체로 샘과 같은 것이다. 퍼내면 차고, 버려두면 말라 버린다. 그러므로 비단옷을 입
지 않아서 나라에 비단 짜는 사람이 없게 되면 여공이 쇠퇴하고, 쭈그러진 그릇을 싫어하지 않고 기교를
숭상하지 않아서 공장(工匠)이 도야(陶冶)하는 일이 없게 되면 기예가 망하게 되며, 농사가 황폐해져서 그
법을 잃게 되므로 사·농·공·상의 사민이 모두 곤궁하여 서로 구제할 수 없게 된다.   ─ 〈북학의〉 ─

⑤ 이덕무(1741~1793) : 북학을 주장, 〈청장관전서〉를 남김

 꼭! 확인 기출문제

〈보기〉의 글을 쓴 학자의 주장에 대한 설명으로 가장 옳은 것은? [서울시 9급 기출]

> **보기**
>
> 검소하다는 것은 물건이 있어도 남용하지 않는 것을 말하는 것이지 자신에게 물건이 없다 하여 스스로 단념하
> 는 것을 말하는 것이 아니다. 지금 우리나라 안에는 구슬을 캐는 집이 없고 시장에 산호 따위의 보배가 없다. 또
> 금과 은을 가지고 가게에 들어가도 떡을 살 수 없는 형편이다. …… 이것은 물건을 이용하는 방법을 모르기 때
> 문이다. 이용할 줄 모르니 생산할 줄 모르고, 생산할 줄 모르니 백성은 나날이 궁핍해지는 것이다.

① 균전론을 내세워 사농공상 직업에 따라 토지를 분배하여 자영농을 육성할 것을 주장하였다.

❷ 상공업을 육성하고 선박, 수레, 벽돌 등 발달된 청의 기술을 적극적으로 수용하자고 제안하였다.

③ 처음에는 여전론, 이후에는 정전제를 내세워 자영농 육성을 위한 토지제도 개혁을 주장하였다.

④ 통일 신라와 발해가 병립한 시기를 남북국 시대로 설정하여 발해를 우리 역사의 체계 속에 적극적으
로 포용하였다.

해 ② 제시된 글은 조선의 실학자 박제가가 쓴 〈북학의〉의 일부이다. 박제가는 조선 후기의 대표적인 실학자로, 생산과 소비와
의 관계를 우물물에 비유하면서 생산을 자극하기 위해서는 절약보다 소비를 권장해야 한다고 주장하였다. 청에 네 차례
나 다녀오며 청의 문물을 받아들이고 상공업을 육성하고자 하였다.

① 균전론을 내세워 자영농 육성을 위한 토지 제도의 개혁을 주장했던 학자는 유형원이다. 유형원은 그의 저서 〈반계수록
〉에서 균전제 실시를 주장하였는데, 이는 토지를 국유화하고 백성들에게 신분에 따라 차등적으로 재분배하여 자영농을
육성하려 하기 위함이었다. 지주제를 타파하려는 개혁안이었으나, 사농공상이라는 직업적 우열을 인정하고 상민과 노
비를 차별하는 등의 한계를 벗어나지는 못하였다.

③ 토지제도의 개혁론으로 처음에는 여전론을, 후에는 정전론을 주장한 학자는 정약용이다. 여전론은 한 마을(1여)을 단위
로 하여 토지를 공동 소유·경작한 후 노동량에 따라 수확량을 분배하는 일종의 공동 농장 제도로, 토지의 사유화를 인
정하지 않고 농자수전(農者受田)의 원칙에 따라 농사를 짓는 사람만이 토지를 소유하도록 하는 제도이다. 그러나 정약
용은 이 여전론이 현실적으로 실현 불가함을 인정하고 정전론을 주장하게 되는데, 원래 중국의 정전론은 한 토지 구역
을 정(井)자로 9등분하여 8호의 농가가 각각 한 구역씩 농작하고 가운데 구역은 공동으로 농작하여 수확물을 조세로 내
는 제도였다. 이것을 그대로 조선에 시행하기엔 토지적 한계가 있어, 8결의 사전(私田)과 1결의 공전(公田)을 갖는 형식
으로 도입하고자 하였다.

④ 발해가 고구려의 후계임을 밝혀 적극적으로 우리 역사에 포함시키려 한 학자는 〈발해고〉를 쓴 유득공이다. 유득공은 조
선의 북학파 학자로, 〈발해고〉를 저술하여 발해사 연구를 심화하고 한반도 중심의 협소한 사관을 극복하고자 하였다.

4. 국학 연구의 확대

(1) 연구의 계기와 성과

① 계기
- ㉠ 사회 변화에 소극적인 성리학에 대한 비판과 반발
- ㉡ 실학의 발달, 양난 후 민족 전통 문화에 대한 관심과 애국심의 고조

② 성과
- ㉠ 우리 역사 · 지리 · 국어 등을 연구하여 국사 서적 출간, 지도 제작, 한글 연구 등의 성과를 남김
- ㉡ 근대 지향적 학문의 성립과 발전에 기여

(2) 역사학 연구

① 연구 경향
- ㉠ 역사의 주체성과 독자성 강조 : 중국 중심의 역사관에서 벗어나 민족에 대한 주체적 자각과 우리 역사에 대한 체계화를 강조
- ㉡ 실증적 · 고증학적 방법

> **17세기 주요 사서**
> - 〈여사제강〉(1667) : 조선 현종 때 서인 유계가 고려사를 개관하여 편년체로 저술한 사서로, 북벌운동과 재상 중심의 정치를 강조(노론 사이에서 가장 추앙받는 사서로 손꼽힘)
> - 〈동사(東事)〉(1667) : 조선 현종 때 남인 허목이 지어 숙종에게 바친 사서로, 단군 · 기자 · 신라를 중국의 삼대(三代)의 이상시대에 비유하고, 우리의 자연환경과 풍속 · 인성의 독자성을 강조하여 그에 맞는 정치를 촉구(북벌운동과 붕당정치를 비판한 점이 특징)
> - 〈동국통감제강〉(1672) : 조선 현종 때 영남 남인 홍여하가 지은 편년체 사서로, 왕권 강화를 강조하고 붕당정치의 폐해를 역설, 기자조선 · 마한 · 신라로 이어지는 정통론에 입각하여 고대사 체계를 파악

② 이익과 홍대용
- ㉠ 이익 : 중국 중심의 역사관에서 벗어나 우리 역사를 체계화할 것을 주장하여 민족에 대한 주체적 자각을 높이는 데 이바지
- ㉡ 홍대용 : 민족에 대한 주체적 자각을 강조

③ 안정복
- ㉠ 역사 의식 : 이익의 제자로 그의 역사 의식을 계승하고 연구 성과를 축적 · 종합, 중국 중심의 역사관 비판
- ㉡ 동사강목(東史綱目, 1778) : 고조선부터 고려 말까지의 우리 역사를 독자적 정통론(마한 정통론)을 통해 체계화했으며, 사실들을 치밀하게 고증하여 고증 사학의 토대를 닦음(→ 성리학적 명분론에 입각하여 서술하면서도 독

Check Point

시대별 역사 연구 성과
- 17세기 : 〈여사제강〉 · 〈동사(東事)〉 · 〈동국통감제강〉 등
- 18세기 : 〈동사회강〉 · 〈동사강목〉 · 〈발해고〉 등
- 19세기 : 〈해동역사〉 · 〈연려실기술〉 등

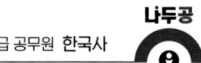

자적 정통론에 따르는 자주 의식의 일면을 보여 주고 있음)

④ 한치윤 : 단군 조선부터 고려 시대까지를 서술한 기전체 사서인 〈해동역사(海東繹史)〉를 편찬(→ 500여 종의 외국 자료를 인용해 고증적인 역사 의식·서술을 이해하는 데 있어 대표적 사서의 하나로 평가, 민족사 인식의 폭 확대에 기여)

⑤ 이종휘 : 고구려사인 〈동사〉를 저술하여 고대사 연구의 시야를 만주까지 확대

⑥ 유득공 : 〈발해고〉를 저술하여 발해사 연구를 심화하고 한반도 중심의 협소한 사관을 극복

유득공의 발해 인식
고려에서 발해사를 편찬하지 못하였으니, 고려가 떨치지 못했다는 것을 알 수 있다. 옛날에 고씨가 북쪽 지방에 자리잡고 고구려라 했고, 부여씨가 서쪽 지방에 머물면서 백제라 했으며, 박·석·김 씨가 동남 지방에 살면서 신라라 하였다. 이 삼국에는 마땅히 삼국에 대한 사서가 있어야 할 텐데, 고려가 이것을 편찬하였으니 옳은 일이다. 부여씨가 망하고 고씨가 망한 다음 김씨가 남쪽을 차지하고, 대씨가 북쪽을 차지하고는 발해라 했으니, 이것을 남북국이라 한다. 남북국에는 남북국의 사서가 있었을 터인데 고려가 편찬하지 않은 것은 잘못이다. 저 대씨는 어떤 사람인가. 바로 고구려 사람이다. 그들이 차지하고 있던 땅은 어떤 땅인가. 바로 고구려 땅인데, 동쪽을 개척하고 다시 서쪽을 개척하고 다시 북쪽을 개척해서 나라를 넓혔을 뿐이다.
– 〈발해고〉 –

⑦ 이긍익 · 〈연려실기술(燃藜室記述)〉에서 400여 종의 야사(野史)를 참고하여 조선 왕조의 정치·문화사를 객관적·실증적 입장에서 서술하고 우리나라 역대의 문화를 백과사전식으로 정리

김정희의 〈금석과안록(金石過眼錄)〉
김정희는 민족사와 전통문화에 대한 관심에서 금석학을 연구하여 〈금석과안록(金石過眼錄)〉을 저술하였다. 그는 여기서 북한산비가 진흥왕 순수비임을 밝혔으며 황초령비도 판독하였다.

서얼, 중인의 역사서와 여항 문학
• 역사서 : 이진흥〈연조귀감〉(1777), 〈규사〉(1859), 유재건〈이향견문록〉(1862), 이경민〈희조일사〉(1866)
• 여항 문학 : 조희룡〈호산외기〉 중 42명의 여항인들의 전기 수록, 〈풍요삼선〉의 위항인들의 시

다음과 같은 특징을 가진 조선 후기 역사서는? [지방직 9급 기출]

> • 단군으로부터 고려에 이르기까지의 우리 역사를 치밀한 고증에 입각하여 엮은 통사이다.
> • 마한을 중시하고 삼국을 무통(無統)으로 보는 입장에서 우리 역사를 체계화하였다.

① 허목의 동사　　　　　　　　　② 유계의 여사제강

③ 한치윤의 해동역사　　　　　　❹ 안정복의 동사강목

해 ④ 안정복은 「동사강목」을 저술하고 고조선부터 고려 말까지의 우리 역사를 독자적 정통론(마한 정통론)을 통해 체계화하
　 였으며, 사실들을 치밀하게 고증하여 고증 사학의 토대를 닦았다(1778).
　① 「동사(東事)」는 조선 현종 때 남인 허목이 지어 숙종에게 바친 사서로, 단군·기자·신라를 중국 삼대(三代)의 이상시대
　　 에 비유하고 우리의 자연환경과 풍속·인성의 독자성을 강조하여 그에 맞는 정치를 촉구하였다. 북벌운동과 붕당정치
　　 를 비판한 점이 특징이다.
　② 「여사제강」은 조선 현종 때 서인 유계가 고려사를 개관하여 편년체로 저술한 사서로, 북벌운동과 재상 중심의 정치를 강
　　 조하였다.
　③ 한치윤의 「해동역사(海東繹史)」는 단군 조선부터 고려 시대까지를 서술한 기전체 사서로, 500여종의 외국 자료를 인용
　　 해 고증적인 역사의식을 이해하고 민족사 인식의 폭을 확대하는 데 기여하였다.

(3) 지리학 연구

① 계기

　㉠ 공간에 대한 관심은 국토 연구로 나타나 우수한 지리서가 편찬되고 새 지
　　 도가 제작됨

　㉡ 국토에 대한 학문적 이해가 축적되고 서양식 지도의 전파로 보다 과학적이
　　 고 정밀한 지도와 지리지가 제작·편찬됨

② 세계관의 변화 : 중국 중심의 화이 사상을 극복하는 등 세계관의 변화가 나타
　 남, 〈곤여만국전도(坤輿萬國全圖)〉·〈직방외기〉 등

③ 지리서의 편찬

　㉠ 역사 지리서 : 한백겸의 〈동국지리지〉, 정약용의 〈아방강역고〉 등

　㉡ 인문 지리서 : 이중환의 〈택리지(팔역지)〉(→ 30년간의 답사를 통해 각 지
　　 역의 지리와 사회·경제를 연구, 자연 환경과 물산·풍속·인심 등을 서
　　 술), 허목의 〈지승〉

　㉢ 기타 : 유형원의 〈여지지〉, 신경준의 〈강계고〉(각지의 교통 및 경계를 밝
　　 힘), 김정호의 〈대동지지〉(전국 실지 답사)

④ 지도의 편찬

　㉠ 배경 : 중국을 통해 서양식 지도가 전해져 보다 정밀하고 과학적인 지도 제
　　 작이 가능해짐

　㉡ 목적

　　• 조선 초기 : 정치·행정·군사적 목적을 중심으로 관찬(官撰)

- 조선 후기 : 경제·산업·문화적 관심이 반영되어 산맥과 하천·제언, 항만·도로망 표시가 정밀해짐

⑤ 조선 후기의 지도

▶ 대동여지도

ㄱ 동국지도(팔도분도)
- 18세기 영조 때 정상기가 제작한 것으로 최초로 100리척의 축척 개념을 사용해 제작
- 조선 후기 대축척 지도의 발달과 정확하고 과학적·실용적인 지도 제작에 공헌(→ 〈청구도〉, 〈대동여지도〉 등에 영향)

ㄴ 청구도(청구선표도)
- 순조 34년(1834) 김정호가 만든 전국 지도(채색 필사본)로 가로 22판, 세로 29층으로 나누어 만든 총 321면의 첩지도
- 세로줄과 가로줄을 넣어 축척과 좌표를 표시, 현존하는 옛 지도 중에서 가장 큰 것으로 〈대동여지도〉의 기초가 됨

ㄷ 대동여지도
- 철종 12년(1861) 김정호가 제작한 우리나라 대축척 지도로, 산맥·하천·포구·도로망의 표시가 정밀해지고 거리를 알 수 있도록 10리마다 눈금을 표시
- 전도를 22첩으로 나누어 각 첩을 책처럼 접을 수 있게 만든 분첩절첩식(分帖折疊式) 지도로서, 목판으로 인쇄

ㄹ 요계관방지도(1706) : 숙종 때 이이명이 편찬한 군사 지도

 꼭! 확인 기출문제

조선 후기 지도 편찬에 대한 설명으로 가장 옳지 않은 것은? [서울시 9급 기출]

① 김정호는 대동여지도를 편찬하기 이전에 이미 청구도 등을 제작하였다.
② 정상기는 백리척을 이용하여 동국지도를 제작하였다.
③ 모눈종이를 이용한 정밀한 지도도 제작되었다.
❹ 대동여지도가 완성되자 나라의 기밀을 누설시킬 우려가 있다고 하여 판목은 압수 소각되었다.

헤 ④ 조선 후기에는 중국을 통해 서양식 지도가 전해져 보다 정밀하고 과학적인 지도 제작이 가능해졌다. 일제 강점기 최남선 등은 대동여지도의 판목을 흥선 대원군이 압수하여 소각했다고 주장했으나, 소각되지 않고 현존하고 있다.
① 1834년(순조 34) 김정호가 세로줄 가로줄을 넣어 축척과 좌표를 표시한 청구도를 제작하였다. 이후 김정호는 1861년(철종 12) 우리나라 대축척 지도인 대동여지도를 제작하였으며, 이 지도에는 산맥, 하천, 도로망의 표시가 정밀히 되어있으며 거리를 알 수 있도록 10리마다 눈금을 표시하였다. 대동여지도는 전도를 22첩으로 나누어 각 첩을 책처럼 접을 수 있게 만든 분첩절첩식 지도로서, 목판으로 인쇄되었다.
② 18세기 영조 때 정상기가 제작한 동국지도는 최초로 100리척의 축척 개념을 사용하였다.
③ 영조 때 모눈종이를 이용한 방안 지도인 조선지도가 제작되었다. 조선지도는 위치·거리·방향 등의 정보를 정확하게 하기 위해 각 지도는 동일한 축척의 20리 방안 위에 그렸다.

(4) 국어학 연구

① 의의 : 한글의 우수성에 대한 인식, 즉 문화적 자아 의식을 크게 높임

② 서적

　　㉠ 음운에 대한 연구 성과 : 신경준의 〈훈민정음운해〉, 유희의 〈언문지〉 등

　　㉡ 어휘 수집에 대한 연구 성과 : 이성지의 〈재물보〉, 권문해의 〈대동운부군옥〉, 이의봉의 〈고금석림〉, 정약용의 〈아언각비〉, 유희의 〈물명고〉 등

　　㉢ 기타 : 중국 운서와 비교해 한글 자모의 성질을 밝힌 황윤석의 〈자모변〉 등

국어학 연구서

① 훈민정음운해(訓民正音韻解) : 신경준(정조), 발음법을 제시하고 음운을 역학적으로 도해

② 언문지(諺文志) : 유희(순조), 음리(音理)와 음가(音價)를 규명

③ 재물보(才物譜) : 이성지(정조), 만물의 명칭을 고증

④ 아언각비(雅言覺非) : 정약용(정조), 속어(사투리)와 속자 고증

⑤ 고금석림(古今釋林) : 이의봉(정조), 시대별 · 분야별로 정리한 사전

(5) 백과사전의 편찬

① 효시 : 이수광의 〈지봉유설〉을 시작으로, 18 · 19세기에 한층 발전

② 주요 저서의 내용

지봉유설(芝峰類說)	이수광(광해군)	천문 · 지리 · 군사 · 관제 등 25항목별로 나누어 저술
대동운부군옥 (大東韻府群玉)	권문해(선조)	단군~선조의 역사 사실을 어휘의 맨 끝자를 기준으로 하여 운(韻)으로 분류한 어휘 백과사전
유원총보(類苑叢寶)	김육(인조)	문학 · 제도 등 27개 항목으로 기술
동국문헌비고 (東國文獻備考)	홍봉한(영조)	지리 · 정치 · 경제 · 문화 등을 체계적으로 정리한 한국학 백과사전
성호사설(星湖僿說)	이익(영조)	천지 · 만물 · 경사 · 인사 · 시문의 5개 부문으로 서술
청장관전서 (靑莊館全書)	이덕무(정조)	아들 이광규가 이덕무의 글을 시문 · 중국의 역사 · 풍속 · 제도 등으로 편집
오주연문장전산고 (五洲衍文長箋散稿)	이규경(헌종)	우리나라와 중국 등 외국의 고금 사항에 관한 고증

Check Point

한글서적

농민의 지위 향상에 따른 의식의 성장으로 국민적 교화의 필요성이 절실했고, 세종의 민족문자 의식과 애민정신이 반영되었다. 주요 한글서적으로는 〈용비어천가〉 · 〈동국정운〉 · 〈석보상절〉 · 〈월인석보〉 · 〈월인천강지곡〉 · 〈불경언해〉 · 〈훈몽자회〉 · 〈사성통해〉 등이 있으며, 한글 번역서적으로 〈삼강행실도〉 · 〈두시언해〉 · 〈소학언해〉 등이 있다.

Check Point

증보문헌비고

영조 때 편찬된 〈동국문헌비고〉의 증보판으로, 제도 · 문물을 정리한 백과사전이다. 고종 때 편찬이 완료되었다.

제3절 과학 기술의 발달

1. 서양 문물의 수용

(1) 서양 과학 기술의 수용

① 조선 후기에는 전통적 과학 기술을 계승·발전시키는 동시에 중국을 통하여 전래된 서양의 과학 기술을 수용하여 큰 진전을 보임

② 서양 문물의 수용

 ㉠ 17세기경부터 중국을 왕래하던 사신들을 통해 도입

 ㉡ 선조 때 이광정은 세계지도(곤여만국전도)를 전하고, 이수광은 〈지봉유설〉에서 마테오 리치의 〈천주실의〉를 소개

 ㉢ 인조 때 소현세자에 의해 과학 및 천주교 관련 서적이 전래되고, 정두원은 화포·천리경·자명종·천문서 등을 전함

 ㉣ 효종 때 김육이 시헌력(時憲曆)을 전함

▶ 곤여만국전도

③ **실학자들의 관심** : 이익과 그의 제자들 및 북학파 실학자들은 서양 문물에 관심을 보임

④ **서양인의 표류** : 벨테브레(1628)와 하멜 일행(1653)이 우리나라에 표류하여 문물을 전파하기도 함

(2) 과학 기술 수용의 정체

① 서양 과학 기술의 수용은 18세기까지는 어느 정도 이루어졌으나 19세기에 이르러서는 천주교 억압으로 진전되지 못함

② 후기의 기술 발전은 주로 농업 및 의학과 관련된 분야에 집중되고, 교통·통신과 제조업이나 군사 분야에서는 상대적으로 미미

2. 천문학·수학·의학의 발달

(1) 천문학의 발달
① 학자
- ㉠ 이익 : 서양 천문학에 큰 관심을 가지고 연구
- ㉡ 김석문 : 지전설(地轉說)을 우리나라에서 처음으로 주장하여 우주관을 전환시킴
- ㉢ 홍대용 : 지전설을 주장하였고, 지구가 우주의 중심이 아니라는 무한 우주론을 주장
- ㉣ 이수광 : 17세기 초 〈지봉유설〉에서 일식 · 월식 · 벼락 · 조수의 간만 등을 언급

② 천문서 : 숙종 때 김석문의 〈역학도해〉, 정조 때 홍대용의 〈담헌연기〉, 고종 때 최한기의 〈지구전요〉 등

③ 의의
- ㉠ 전통적 우주관에서 벗어나 근대적 우주관으로 접근
- ㉡ 지전설은 성리학적 세계관을 비판하는 근거로 작용(→ 중국 중심의 세계관 탈피)

(2) 수학과 역법
① 수학의 발달
- ㉠ 최석정과 황윤석이 전통 수학을 집대성
- ㉡ 마테오 리치가 유클리드 기하학을 한문으로 번역한 〈기하원본〉이 도입됨
- ㉢ 홍대용의 〈주해수용〉 : 우리나라 · 중국 · 서양 수학의 연구 성과 정리

② 역법의 발달 : 김육 등에 의해 시헌력이 도입되었는데, 이는 선교사 아담 샬이 중심이 되어 만든 것으로 종전의 역법보다 더 발전한 것(→ 조선에서는 60여 년간의 노력 끝에 시헌력을 채용)

(3) 의학의 발달
① 17세기 의학
- ㉠ 허준의 〈동의보감〉 : 전통 한의학을 체계적으로 정리하여 의료 지식의 민간 보급에 기여, 중국과 일본에서도 간행됨
- ㉡ 허임의 〈침구경험방(鍼灸經驗方)〉 : 침구술의 집대성

② 18세기 의학
- ㉠ 서양 의학의 전래 : 인체의 해부학적 구조와 생리적 기능에 대해 보다 정확

▶ 홍대용의 혼천의

 [국가직 9급 기출]

01. 조선 후기 과학 문화에 대한 설명으로 옳지 않은 것은?
① 유클리드 기하학을 중국어로 번역한 〈기하원본〉이 도입되기도 하였다.
② 지석영은 서양 의학의 성과를 토대로 서구의 종두법을 최초로 소개하였다.
③ 곤여만국전도 같은 세계 지도가 전해짐으로써 보다 과학적이고 정밀한 지리학의 지식을 가지게 되었다.
④ 서호수는 우리 고유의 농학을 중심에 두고 중국 농학을 선별적으로 수용하여 한국 농학의 새로운 체계화를 시도하였다.

해 서양의 종두법을 최초로 소개한 것은 정약용의 〈마과회통(麻科會通)〉이다. 정약용은 박제가와 함께 종두법을 연구하고 마진(홍역)에 대한 연구를 종합하여 〈마과회통〉을 편찬하였는데, 그 부록편인 〈신증종두기법(新證種痘奇法)〉 1편에서 영국인 제너의 종두법을 처음으로 소개하였다.

 01 ②

한 지식 습득

    ⓒ **정약용** : 마진(홍역)에 대한 연구를 종합하여 〈마과회통〉을 편찬하였으며, 박제가와 함께 종두법을 연구(→ 〈마과회통〉 부록편에서 영국인 제너가 발명한 종두법을 처음으로 소개)

  ③ **19세기 의학** : 이제마는 〈동의수세보원(東醫壽世保元)〉을 저술하여 사상의학을 확립

Check Point

사상의학

사람의 체질을 태양인, 태음인, 소양인, 소음인으로 구분하여 치료하는 체질 의학 이론으로서 오늘날까지 한의학계에서 통용되고 있다.

꼭! 확인 기출문제

다음 의학 이론을 담고 있는 서적은? [국가직 9급 기출]

> 사람의 체질을 태양인 · 태음인 · 소양인 · 소음인으로 구분하여 치료하는 체질 의학 이론으로, 오늘날까지도 한의학계에서 통용되고 있다.

① 동의보감   ② 방약합편
③ 마과회통   ❹ 동의수세보원

🔍 ④ 제시된 내용은 이제마가 그의 저서 〈동의수세보원(東醫壽世保元)〉(1894)에서 제시한 사상의학에 관한 내용이다.
   ① 〈동의보감〉(1610)은 17세기 초 허준이 저술한 것으로, 전통 한의학을 체계적으로 정리하여 의료지식의 민간 보급에 기여하는 등 의학 발전에 큰 공헌을 한 대표적 의학서로 평가받고 있다.
   ② 〈방약합편〉(1884)은 조선 후기 황도연이 민족의 주체적 입장에서 한약의 처방을 설명한 의서로, 1884(고종 21)년에 그의 아들 황필수가 편찬하였다.
   ③ 〈마과회통〉(1798)은 정약용이 마진(홍역)에 대한 연구를 종합하여 편찬한 의서로, 부록편에서 영국인 제너가 발명한 종두법을 처음으로 소개하였다.

3. 농업과 어업의 발달

(1) 농서의 편찬

  ① **농가집성**

    ㉠ 17세기에 신속이 〈농사직설〉을 증보하여 저술한 것으로, 조선 초기 농서의 집대성

    ⓒ 벼농사 중심의 농법을 소개하고 이앙법 · 견종법 소개

  ② **색경 · 산림경제 · 해동농서**

    ㉠ 박세당은 숙종 때 〈색경〉을 지어 수전 농업 위주의 〈농가집성〉을 비판

    ⓒ 홍만선은 17세기 말 〈산림경제〉를 지어 농법뿐 아니라 식품 가공 · 저장 등 농가의 일상 생활을 기록

    ⓒ 서호수는 18세기 말 〈해동농서〉를 지어 우리 농학을 종합 · 체계화(우리 고유의 농학을 중심에 두고 중국 농학을 선별적으로 수용)

  ③ **과농소초** : 박지원이 18세기 말에 저술한 농업 경영서

Check Point

박지원의 〈과농소초〉

농업 기술 및 농업 정책을 논하고 있으며, 개혁책으로 한전법을 제시하고 있다. 〈농사직설〉, 〈금양잡록〉, 〈산림경제〉 등의 농서를 당시의 입장에서 종합적으로 비판하였다.

④ 임원경제지(임원십육지) : 서유구가 19세기 중엽 농업과 전원 생활에 필요한 것을 16개 부분으로 나누어 편찬(농촌 생활에 관한 백과 사전적 박물지)

⑤ 감저보(강필리), 감저신보(김장순), 종저보(서유구)

(2) 농업 기술 및 관개 시설의 발달

① 농업 기술의 발달

㉠ 논농사 : 17세기부터 이앙법이 급속히 보급되어 노동력 절감과 생산량 증대에 공헌

㉡ 밭농사 : 이랑 간의 간격이 좁아지고, 깊이갈이로 이랑과 고랑의 높이 차이를 크게 함

㉢ 시비법의 발달 : 여러 종류의 거름을 사용하여 토지의 생산력을 높임

㉣ 농업 생산력 증대 : 쟁기의 기능이 개선되고 소를 이용한 쟁기 사용이 보편화되어 농업 생산력이 증대

② 수리 관개 시설의 발달

㉠ 논농사를 위해 당진의 합덕지, 연안의 남대지 등의 저수지 등이 많이 만들어짐

㉡ 18세기 중엽 이후 밭을 논으로 바꾸는 것이 활발해져 논의 비율이 더 높아짐

③ 개간·간척 사업의 진전 : 조선 후기에는 황무지 개간과 해안 지방의 간척 사업이 활발하게 진전되어 경지 면적이 증가

(3) 어업 기술의 발달

① 어구 개량 : 어법(漁法)이 보급되고, 어망의 재료도 보다 튼튼한 면사로 바뀜

② 김 양식 기술 : 17세기에 기술이 개발되어 전라도를 중심으로 보급

③ 냉장선 등장 : 18세기 후반 등장해 수산물의 유통이 활발해짐

④ 자산어보(玆山魚譜) : 정약전은 흑산도 귀양 중 근해의 해산물 등을 직접 채집·조사하여 155종의 해산물에 대한 명칭·분포·형태·습성 등을 기록, 어류학의 신기원을 이룸

정약용과 과학 기술 발전
① 기예론을 통해 과학 기술 발전의 중요성을 역설
② 기술 개발을 중시하고 선진 기술 수용을 강조
③ 수원성 축조 시 거중기를 제작하여 사용
④ 한강의 배다리(舟橋)를 설계
⑤ 조선·총포·병거(兵車)의 제조 등에 관한 새로운 지식 보급
⑥ 외발 수레 등 건설 기계 제작

▶ 거중기

제4절 문학과 예술의 새 경향

1. 서민 문화의 발달

(1) 서민 문화의 대두
① 계기
- ㉠ 서당 교육 보급 등으로 서민 의식 향상
- ㉡ 서민의 경제적·신분적 지위의 향상, 현실에 대한 새로운 인식
② 창작 주체의 다양화 : 양반 외에 역관·서리 등의 중인층, 상공업 계층과 부농층, 상민, 광대 등의 활동도 활기를 띰

(2) 문화 변화의 특징
① 조선 전기
- ㉠ 성리학적 윤리관을 강조, 생활 교양·심성 수련이 목표, 정적이고 소극적
- ㉡ 예술도 양반들의 교양이나 여가를 위한 것이 대부분
② 조선 후기 : 성리학적 문화관에서 탈피
- ㉠ 문학이나 예술 작품을 통해 감정을 적나라하게 표현
- ㉡ 양반의 위선적 모습을 비판하고 사회의 부정과 비리를 풍자·고발
- ㉢ 작품의 주인공이 영웅적인 존재에서 서민적인 인물로 전환, 배경도 비현실적인 세계에서 현실적인 인간 세계로 전환
- ㉣ 민화 등 서민들이 제작한 예술 작품이 증가

(3) 서민 문화의 확대
① 문학 : 한글 소설의 증가, 사설 시조의 등장
② 판소리·탈춤 : 서민 문화를 확대하는 데 크게 기여
③ 회화 : 저변이 확대되어 풍속화와 민화가 유행
④ 음악·무용 : 감정을 대담하게 표현

2. 한글 소설과 사설 시조

(1) 한글 소설
① 허균의 〈홍길동전〉
- ㉠ 최초의 한글 소설

ⓒ 서얼 차대 철폐와 탐관오리 응징 등을 주장

ⓒ 시대 상황을 비판하고, 새로운 이상향을 추구

② **춘향전** : 대표적인 한글 소설로, 최대의 걸작으로 손꼽힘

③ **김만중의 〈사씨남정기〉** : 축첩 제도의 모순과 해결 방법을 제시

④ **박씨전** : 아내의 내조로 남편을 입신시킨다는 여성 영웅 소설

⑤ **별주부전(토끼전)** : 위기를 지혜로써 극복하는 토끼(서민)의 모습을 통해 봉건 지배층의 향락과 탐욕을 비판

⑥ **기타** : 〈심청전〉, 〈장화홍련전〉, 〈콩쥐팥쥐전〉, 〈임경업전〉 등

(2) 사설 시조

① 17세기 이후 서민들을 중심으로 만들어진 자유로운 격식의 시조

② 선비의 절의와 자연관을 담은 이전의 시조와는 달리 서민들의 감정을 솔직하게 표현

③ 격식에 구애되지 않고 남녀 간의 사랑이나 현실에 대한 비판을 거리낌 없이 표현

(3) 시사(詩社)의 조직

① 중인층과 서민층의 문학 창작 모임을 말하며, 주로 시인 동우회가 결성됨

② **대표적인 시사** : 천수경의 옥계시사, 최경흠의 직하시사 등

③ **풍자 시인** : 김삿갓(김병연)·정수동 등

(4) 한문학

① 사회의 부조리한 현실을 예리하게 비판

② **정약용** : 삼정의 문란을 폭로하는 한시를 남김

③ **박지원**

ⓒ **작품(한문 소설)** : 〈양반전〉·〈허생전〉·〈호질〉·〈민옹전〉 등을 통해 양반 사회의 모순과 부조리를 비판·풍자

ⓒ 현실을 올바르게 표현할 수 있는 문체로 혁신할 것을 주장하기도 함(패관 소품체)

조선 시대 문학의 흐름
- 15세기 : 사장 문학(詞章文學), 출판·인쇄 문화 발전
- 16세기 : 가사·시조 문학, 경학(經學) 강조
- 17세기 : 군담 소설, 사회 비판적 한글 소설 등장
- 18세기 : 실학 정신의 반영, 문체의 혁신 시도, 한문 소설, 가정 소설, 타령, 사설 시조, 위항(委巷) 문학
- 19세기 : 서민 문학의 절정기, 판소리 정리, 시사(詩社) 조직

Check Point

〈박씨전〉과 〈임경업전〉
병자호란을 배경으로 한 군담 소설이다. 전란으로 피폐해진 민족적 자존심을 고취시키는 한편 무능한 집권층을 비판하였다.

Check Point

〈허생전〉
허생은 안성의 한 주막에 자리 잡고서 밤, 대추, 감, 귤 등의 과일을 모두 값을 배로 주고 사들였다. 그가 과일을 도고하자, 온 나라가 제사나 잔치를 치르지 못할 지경에 이르렀다. 따라서 과일값은 크게 폭등하였다. 그는 이에 10배의 값으로 과일을 되팔았다. 이어서 그는 그 돈으로 곧 호미, 삼베, 명주 등을 사 가지고 제주도로 들어가 말총을 모두 사들였다. 말총은 망건의 재료였다. 얼마 되지 않아 망건 값이 10배나 올랐다. 이렇게 하여 그는 50만 냥에 이르는 큰 돈을 벌었다.

Check Point

패관소품체와 문체 반정
- 패관소품체 : 양반 계층에서 주로 사용하는 장문·고문체와는 달리 자유분방한 형식의 감각적인 단문체로, 박지원의 〈열하일기〉가 대표적이다.
- 문체 반정 : 패관소품체를 잡문체라 규정하여, 기존의 한문 문장 체제인 순정 고문으로 회복하자는 주장이다. 이와 관련하여 정조는 "근래 선비들의 추향이 점점 저하되어 문풍도 날로 비속해지고 있다. …… 내용이 빈약하고 기교만 부려 전연 옛 사람의 체취는 없고 조급하고 경박하여 평온한 세상의 문장 같지 않다."라고 하였다.

Check Point

위항 문학
중인·서얼·서리 출신 하급 관리들과 평민들을 중심으로 창작된 문학을 말한다.

3. 판소리와 가면극

(1) 판소리

① 특징

㉠ 창과 사설로 이야기를 엮어 가므로 감정 표현이 직접적이고 솔직함

㉡ 분위기에 따른 광대의 즉흥적 이야기 전개와 관중들의 참여 등으로 서민 등 넓은 계층으로부터 호응을 받아 서민 문화의 중심이 됨

② 작품

㉠ 현재 판소리 열두 마당 중 춘향가 · 심청가 · 흥보가 · 적벽가 · 수궁가 등 다섯 마당이 전함

㉡ 신재효 : 19세기 후반에 판소리 사설을 창작 · 정리

(2) 가면극의 성행

① 탈놀이 : 향촌에서 마을 굿의 일부로서 공연

② 산대놀이 : 산대(山臺)라는 무대에서 공연되던 가면극이 민중 오락으로 정착되어 성행

③ 내용 : 지배층과 승려들의 부패와 위선을 풍자, 하층 서민인 말뚝이와 취발이를 등장시켜 양반의 허구를 폭로하고 비난

(3) 판소리와 가면극의 의의

① 사회적 모순을 예리하게 지적

② 서민들의 자신의 존재를 자각하는 데 기여

4. 미술의 새 경향

(1) 조선 후기 미술의 특징

① 그림 : 진경 산수화와 풍속화의 유행

② 서예 : 우리의 정서를 담은 글씨 등장

(2) 진경 산수화(眞景山水畵)

① 수용 · 창안 : 중국 남종과 북종 화풍을 고루 수용하여 우리의 고유한 자연과 풍속에 맞춘 새로운 화법으로 창안한 것

② 배경 : 17세기부터 우리 문화에 대한 자부심이 높아졌고, 고유 정서와 자연을 표현하려는 예술 운동으로 나타남

▶ 금강전도

Check Point

18세기 후반의 미술의 특징
풍속화 유행, 실학적 화풍, 서양화 기법 도입, 민화의 발달

404

③ **정선** : 18세기 진경 산수화의 세계를 개척
   ㉠ 서울 근교와 강원도의 명승지들을 두루 답사하여 사실적으로 그림
   ㉡ 대표작 : 인왕제색도, 금강전도, 여산초당도, 입암도 등

▶ 인왕제색도

④ **의의** : 우리의 자연을 사실적으로 그려 회화의 토착화를 이룩

(3) 풍속화(風俗畵)

① **의의** : 18세기 후반, 조선 후기의 새로운 현상들을 긍정적 의미로 이해하고, 당시 사람들의 생활 정경과 일상적인 모습을 생동감 있게 그려 회화의 폭을 확대

② **김홍도**
   ㉠ **경향** : 정선의 뒤를 이어 산수화와 풍속화에 새 경지를 개척, 산수화 · 기록화 · 신선도 등을 많이 그렸지만 특히 정감 어린 풍속화로 유명(전원 화가)
   ㉡ **작품** : 밭갈이 · 추수 · 씨름 · 서당 · 베짜기 등(→ 주로 농촌의 생활상 묘사, 자신의 일에 몰두하는 사람들의 특징을 소탈하고 익살스러운 필치로 표현, 배경이 없음)

③ **김득신** : 관인 화가(궁정 화가)로 풍속화에 능했음, 파적도 · 야공도, 김홍도의 제자(강세황 → 김홍도 → 김득신)

▶ 씨름도(김홍도)

④ **신윤복**
   ㉠ **경향 및 기법** : 김홍도에 버금가는 풍속 화가로, 간결하고 소탈한 김홍도에 비해 섬세하고 세련된 필치를 구사(도회지 화가)
   ㉡ **작품** : 주유도, 주막도, 여인도, 단오풍경, 풍속화첩 등(→ 주로 양반들과 부녀자들의 생활과 유흥, 남녀 사이의 애정 등을 감각적이고 해학적으로 묘사, 배경 있음)

▶ 단오풍경(신윤복)

(4) 기타 화풍

① **강세황**
   ㉠ 서양화 기법(원근법)을 반영하여 더욱 실감나게 표현, 영통동구도
   ㉡ 시 · 서 · 화의 삼절로 불리며, 한국적 남종 문인화풍의 정착에 공헌

▶ 영통동구도(강세황)

ⓒ 문집인 〈표암유고〉에서 사실화법론에 대한 사상을 표현하였고, 풍속화에 대한 자세한 내용과 함께 제자 김홍도의 작품을 설명함

② 김수철 : 산사만종도(서양화 기법), 송계한담도

(5) 복고적 화풍

① 문인화의 부활 : 진경 산수화와 풍속화, 실학적 화풍은 19세기에 김정희 등을 통한 문인화의 부활로 침체

② 대표적 화가

ⓐ 김정희 : 세한도, 묵죽도 등

▶ 묵죽도(김정희)

▶ 세한도(김정희)

ⓑ 장승업

• 관인 화가, 조선 시대 3대 화가(→ 안견, 김홍도, 장승업)

• 강렬한 필법과 채색법으로 뛰어난 기량을 발휘, 군마도 · 수상서금도 등

ⓒ 신위의 대나무, 이하응(흥선대원군)의 묵란도 등

(6) 민화

① 대상 : 조선 후기에는 민중의 미적 감각을 잘 나타낸 민화가 유행

② 소재 : 한국의 자연과 농경 · 풍속 등을 소재로 해 · 달 · 나무 · 꽃 · 동물 · 물고기 등을 그림

③ 특징

ⓐ 목적 : 예술적 감상보다는 서민의 생활 공간을 장식하기 위한 그림

ⓑ 서민의 기원과 소망, 민간 신앙, 생활 윤리 규범을 담고 있음

ⓒ 우화적이며, 내용이나 발상 등에 소박한 우리 정서가 배어 있음

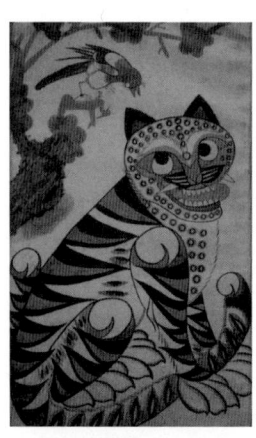

▶ 민화(까치와 호랑이)

(7) 서예

① 이광사 : 우리 정서와 개성을 추구하는 단아한 글씨의 동국진체(東國眞體)를 완성

② 김정희 : 서예 발전의 성과를 바탕으로 고금의 필법을 두루 연구하여 굳센 기운과 다양한 조형성을 가진 추사체(秋史體)를 창안

▶ 추사체

조선 후기 미술과 서예의 흐름

① 17~18세기 초
  ㉠ 정선이 개척한 진경 산수화(眞景山水畵)가 유행
  ㉡ 허목이 고문전이라는 새로운 서체를 창안
② 18세기
  ㉠ 풍속화 유행, 실학적 화풍, 서양화 기법 도입, 민화의 발달
  ㉡ 이광사가 우리 정서와 개성을 추구하는 단아한 동국진체(東國眞體)를 완성
③ 19세기
  ㉠ 복고적 화풍 유행(→문인화의 부활로 진경 산수화와 풍속화, 실학적 화풍 침체)
  ㉡ 김정희가 고금의 필법을 토대로 굳센 기운과 다양한 조형성을 가진 추사체를 창안

꼭! 확인 기출문제

조선 후기의 문학과 예술의 경향에 대한 설명으로 옳지 <u>않은</u> 것은? [지방직 9급 기출]

① 추사체가 창안되어 서예의 새로운 경지를 열었다.
❷ 〈양반전〉·〈허생전〉 등의 한글 소설을 통해 양반 사회를 비판·풍자하였다.
③ 진경 산수화와 풍속화가 유행하였다.
④ 미술에 서양화의 기법이 반영되어 사물을 실감나게 표현하였다.

해 ② 박지원의 〈양반전〉·〈허생전〉 등은 한문 소설이다. 조선 후기 실학의 유행과 함께 한문학에 있어서도 부조리한 현실을 예리하게 비판하는 경향이 나타났는데, 특히 박지원의 한문 소설은 양반 사회의 모순과 부조리를 비판·풍자한 것으로 유명하다.
① 19세기 활약한 김정희는 그 동안의 서예 발전의 성과를 바탕으로 고금의 필법을 두루 연구하여 굳센 기운과 다양한 조형성을 가진 추사체(秋史體)를 창안함으로써 서예의 새로운 경지를 열었다.
③ 조선 후기 그림에 있어 가장 두드러진 새 경향은 진경 산수화(17~18세기 초)와 풍속화(18세기 후반)가 유행한 것이었다.
④ 18세기 후반에 활약한 강세황은 서양화 기법(원근법)을 반영하여 더욱 실감나게 표현한 대표적 화가로, 서양 화법의 수용과 남종 문인화·진경 산수화·풍속화 등의 유행에 영향을 미쳤다. 강세황의 대표작으로는 〈영통동구도〉, 〈난죽도〉 등이 있다.

▶ 금산사 미륵전

▶ 화엄사 각황전

▶ 법주사 팔상전

조선 후기 공예품의 특징
- 소박하고 견고
- 값싼 재료를 주로 이용
- 생활 필수품 위주의 생산

▶ 청화 백자

5. 건축의 변화

(1) 17세기의 건축

① 성격 : 사원 건축 중심, 규모가 큰 다층 건물(→ 불교의 지위 향상과 양반 · 지주층 등의 경제적 성장을 반영)

② 대표적 건축물 : 금산사 미륵전, 화엄사 각황전, 법주사 팔상전 등

(2) 18세기의 건축

① 성격 : 사회적으로 부상한 부농과 상인층의 지원을 받아 장식성 강한 사원이 많이 건립됨

② 대표적 건축물 : 논산 쌍계사 · 부안 개암사 · 안성 석남사 등

③ 수원 화성 : 정조 때 전통적 성곽 양식 위에 서양식 건축 기술(거중기 · 활차)을 도입하여 축조

▶ 쌍계사 대웅전(논산)

▶ 개암사 대웅보전

▶ 수원 화성 팔달문

(3) 19세기 이후의 건축

① 19세기 : 흥선대원군이 국왕의 권위를 제고하고자 경복궁의 근정전과 경회루를 재건(화려하고 장중한 건물로 유명)

② 20세기 초 : 덕수궁 석조전(르네상스 양식)

6. 공예와 음악

(1) 공예

① 자기

㉠ 발전 : 백자가 민간에까지 널리 사용되면서 본격적으로 발전

㉡ 청화 백자
- 형태가 다양해지고 안료도 청화 · 철화 · 진사 등으로 다채로워짐
- 제기와 문방구 등 생활 용품이 많고, 형태와 문양이 독특하고 준수한 세련미를 풍김

㉢ 서민 : 옹기(甕器)를 많이 사용

② **목공예** : 생활 수준의 향상에 따라 크게 발전, 장롱 · 책상 · 문갑 · 소반 · 의
자 · 필통 등

③ **화각 공예(華角工藝)** : 쇠뿔을 쪼개어 아름다운 무늬를 표현

▶ 화각 공예

(2) 음악

① **특징** : 향유층이 확대됨에 따라 성격이 다른 음악이 다양하게 나타나 발전

② **계층별 취향** : 양반층은 종래의 가곡 · 시조를, 서민층은 민요를 즐겨 부름

③ 상업의 성황으로 직업적인 광대나 기생들이 판소리 · 산조와 잡가 등을 창작

④ **경향** : 전반적으로 감정을 솔직하게 표현

개항기

고종 즉위,
흥선 대원군 집권
1863년

강화도 조약
1876년

갑신정변
1884년

동학 농민 운동,
갑오개혁
1894년

~1910

1905년
을사조약

1897년
대한제국 수립

1896년
아관파천

1895년
을미사변,
을미개혁

6편

근대의 변화와 흐름

제1장

근대 사회의 정치 변동

1. 흥선대원군

(1) 흥선대원군의 집정

① 집권(1863~1873)

ⓐ 섭정 : 철종의 급서(1863)로 어린 고종이 즉위하자 생부로서 실권을 장악하고 섭정

ⓑ 시대적 상황

• 대내적 : 세도 정치의 폐단이 극에 달하여 홍경래의 난과 임술민란(진주민란) 등 민중 저항 발생, 정부 권위의 약화, 민심 이반이 커짐

• 대외적 : 일본과 서양 열강의 침략(서세동점)으로 위기에 처함(→ 이양선 출몰, 중국을 통한 서양 문물의 유입)

② 정책 방향

ⓐ 대내적 : 외척의 세도를 제거하고 왕권 강화와 애민 정책 추구

ⓑ 대외적 : 외세의 통상 요구 거부(쇄국 정책)

▶ 흥선대원군

청과 일본의 시대적 배경
• 청 : 백련교도의 난·관리 부패·재정 궁핍을 겪음, 제1차 아편 전쟁과 제2차 아편 전쟁(애로호 사건)을 겪으며 정세가 불안해짐
• 일본 : 미·일 화친 조약 체결, 메이지 유신(하급 무사들을 중심으로 새로운 개혁 추진)

(2) 왕권 강화

① 인재의 고른 등용(사색 등용) : 붕당 및 세도 정치의 폐단을 시정하고 전제 왕권을 강화하고자 능력에 따라 인재를 등용

② 통치 체제의 재정비

   ㉠ 왕권 강화의 일환으로 비변사를 혁파하고 의정부와 삼군부의 기능 회복(→ 정치와 군사 분리)

   ㉡ 훈련도감의 삼수병을 강화

   ㉢ 〈대전회통〉, 〈육전조례〉 등의 법전 편찬

     • 대전회통(1865) : 〈경국대전〉·〈속대전〉·〈대전통편〉 등을 보완하는 의미에서 편찬한 것으로, 이들 법전의 모든 내용에 새로운 내용을 추가하여 편찬

     • 육전조례(1867) : 〈대전회통(大典會通)〉과 짝을 이루어 편찬한 것으로, 1865년 12월부터 1866년 사이에 각 관아에서 시행하던 모든 조례와 〈대전회통〉에서 빠진 여러 시행규정을 모아 육전으로 분류하여 편집

③ 경제 · 사회 · 문화 개혁

   ㉠ 지방관과 토호(土豪), 권세가의 토지 겸병 금지, 농민에 대한 불법적 수탈을 처벌

   ㉡ 포구에서의 세금 징수 금지, 대상인의 도고 금지

   ㉢ 청나라와 일본 상품에 대한 관세징수 강화

   ㉣ 풍속교정 : 일상 의복과 풍속을 고치고 탐관오리 숙청

   ㉤ 허례허식과 사치 억제, 청 · 일 문화에 대한 감시 등

④ 경복궁 중건

   ㉠ 목적 : 왕권 강화, 국가 위신의 제고 및 정체성 회복

   ㉡ 부작용 : 원납전을 강제로 징수하고 당백전을 남발하여 경제적 혼란(물가 상승 등)을 초래했으며, 양반의 묘지림을 벌목하고 백성을 토목 공사에 징발하는 과정에서 큰 원성이 발생

▶ 경복궁 경회루

▶ 당백전

경복궁 중건을 위한 동전 주조와 세금 징수
• 당백전 : 경복궁 중건에 필요한 재원의 마련을 위해 발행한 동전(→인플레이션 초래)
• 원납전 : 경비 충당을 위해 관민에게 수취한 (강제)기부금
• 결두전 : 재원 마련을 위해 논 1결마다 100문씩 징수한 임시세
• 성문세(城門稅) : 4대문을 출입하는 사람과 물품에 부과한 통행세

Check Point

흥선대원군의 서원 철폐 정책
서원이 소유한 토지는 면세의 대상이었으며, 유생들은 면역의 혜택을 받고 있었다. 이는 국가 재정을 어렵게 만드는 한 원인이었다. 흥선대원군의 서원 철폐 정책은 백성들로부터 환영을 받았으나 유생들로부터는 큰 반발을 샀으며, 결국 흥선대원군은 유림 세력으로부터 배척을 받아 권좌에서 물러나게 되었다.

(3) 민생 안정(애민 정책)

① 서원 정리

[지방직 9급 기출]

01. 밑줄 친 '이때' 재위한 국왕 대에 있었던 사실로 옳은 것은?

> 이때 거두어들인 돈을 '스스로 내는 돈'이라는 뜻에서 원납전이라 하였다. 그런데 백성들은 입을 삐쭉거리면서 '원납전 즉 원망하며 바친 돈이다.' 라고 하였다.
>
> ─「매천야록」에서─

① 세한도가 제작되었다.
② 삼정이정청이 설치되었다.
③ 삼군부가 부활되고 삼수병이 강화되었다.
④ 비변사 당상들이 중요한 권력을 장악하였다.

해 원납전은 조선 후기 흥선대원군이 경복궁 중건과 계속되는 군비 확장을 위해 강제로 걷은 기부금이다. 흥선대원군은 아들 고종이 어린 나이로 즉위하자 수렴청정을 해야 할 조대비의 위임을 받아 왕조의 위기를 극복하고 실추된 왕권을 회복하고자 여러 개혁을 추진하였다. 흥선대원군은 당파를 초월한 인재 등용과 부패 관리 척결을 하기 위하여 전국에 널리 퍼진 서원 중 47개를 제외한 모든 서원을 철폐했다. 왕권을 강화하기 위하여 비변사를 폐지하고 양반에게 세금을 징수하였다. 또 의정부와 삼군부의 기능을 회복하였으며 대전회통의 편찬 등을 통해 왕권을 강화하였다.

⊙ 국가 재정을 좀먹고 백성을 수탈하며 붕당의 온상이던 서원을 정리(→ 600여 개소의 서원 가운데 47개소만 남긴 채 철폐·정리하여 유생의 강력한 반발 초래)
ⓛ 목적 : 국가 재정 확충과 민생 안정, 지방 토호 세력의 약화를 통한 전제 왕권 강화
② 삼정(三政) 개혁 : 농민 봉기의 원인인 삼정을 개혁하여 국가 재정 확충과 민생 안정 도모

군정(軍政)의 개혁	• 호포법(戶布法)을 실시하여 양반에게도 군포를 징수(→ 양반의 거센 반발을 초래) • 양반 지주층의 특권적 면세 철회(→ 민란 방지 목적)
환곡(還穀)의 개혁	• 가장 폐단이 심했던 환곡제를 사창제(社倉制)로 개혁하여 농민 부담을 경감하고 재정 수입 확보 • 지역과 빈부에 따른 환곡의 차등 분배를 통해 불공정한 폐단이 없도록 함
전정(田政)의 개혁	양전 사업을 실시하여 양안(토지 대장)에서 누락된 토지를 발굴(→ 전국적 사결 작업(査結作業)을 통해 토호와 지방 서리의 은루결을 적발하여 수세결로 편입)

(4) 개혁의 의의와 한계

① 의의
  ⊙ 전통적 통치 체제를 재정비하여 국가 기강을 바로잡고, 국가 재정을 확충
  ⓛ 양반의 수탈 방지와 민생 안정에 어느 정도 기여
② 한계
  ⊙ 사회 모순에 대한 구조적·근본적 해결이 아닌 전통 체제 내의 개혁(복고적 개혁)으로, 조선 왕조의 모순·폐단을 고치는 것보다 왕권과 봉건 체제의 확립을 우선시함
  ⓛ 부세 체제의 개선을 통해 향촌 사회의 안정에 어느 정도 기여했으나 삼정의 폐단이 계속되어 농민 항쟁이 격화됨

(5) 통상 수교 거부 정책

① 사회적 배경
  ⊙ 서양 세력의 침투 : 19세기 중엽 서양 세력의 침투로 충격, 위기 의식 고조
  ⓛ 천주교의 교세 확장과 양화(洋貨)의 유입 : 대원군은 국방력을 강화하고 통상 요구를 거절
② 병인양요(1866)
  ⊙ 병인박해(1866)

- 원인 : 대원군 집권 초기에는 선교사의 알선으로 프랑스 세력을 끌어들여 러시아 세력의 남하를 견제하려 함(천주교에 호의적) → 프랑스와의 교섭 실패, 청의 천주교 탄압 소식, 국내 유생들의 강력한 요구 등으로 천주교에 대한 탄압으로 전환
- 결과 : 프랑스 신부들과 수천 명의 신도들이 처형, 대왕대비교령으로 천주교 금압령 발표

ⓒ 병인양요(1866)
- 프랑스는 병인박해 때의 프랑스 신부 처형을 구실로 로즈 제독이 이끄는 7척의 군함을 파병
- 대원군의 군은 항전 의지와 한성근·양헌수 부대의 항전으로 문수산성과 정족산성에서 프랑스 군을 격퇴(→ 프랑스는 철군 시 문화재에 불을 지르고 외규장각에 보관된 유물 360여 점을 약탈, 이 중 도서 300여 권은 2011년에 반환됨)

③ 오페르트 도굴 사건(1868) : 독일 상인 오페르트가 통상을 거부당하자 충청남도 덕산에 있는 남연군의 묘를 도굴하다가 발각(→ 대원군의 쇄국 의지 강화, 백성들도 서양인을 야만인이라 배척함)

④ 신미양요(1871)
ⓐ 원인(1866) : 병인양요 직전에 미국 상선 제너럴셔먼호가 통상을 요구하다 평양 군민과 충돌하여 불타 침몰된 사건(제너럴셔먼호 사건)
ⓑ 경과 : 미국은 제너럴셔먼호 사건을 구실로 로저스 제독이 이끄는 5척의 군함으로 강화도를 공격
ⓒ 결과 : 어재연 등이 이끄는 조선의 수비대가 광성보와 갑곶(甲串) 등지에서 격퇴하고 척화비(斥和碑) 건립

제너럴셔먼호 사건(1866)
대동강에 침입하여 통상을 요구하며 행패를 부리던 미국 상선 제너럴셔먼호(General Sherman號)를 평양 군민들이 반격하여 불태워 버린 사건이다. 이 사건은 신미양요의 원인이 되었다.

⑤ 양요의 결과
ⓐ 전국에 척사교서를 내리고 척화비를 건립(→ 서양과의 수교 거부를 천명)
ⓑ 외세의 침략을 일시적으로 저지하였으나 조선의 문호 개방을 늦추는 결과를 초래

▶ 척화비

꼭! 확인 기출문제

01. 다음 사건이 일어난 왕의 재위 기간에 있었던 사실로 옳은 것은? [국가직 9급 기출]

> 그들 조선군은 비상한 용기를 가지고 응전하면서 성벽에 올라 미군에게 돌을 던졌다. 창칼로 상대하는데 창칼이 없는 병사들은 맨손으로 흙을 쥐어 적군 눈에 뿌렸다. 모든 것을 각오하고 한 걸음 한 걸음 다가드는 적군에게 죽기로 싸우다 마침내 총에 맞아 죽거나 물에 빠져 죽었다.

❶ 군포에 대한 양반들의 면세특권이 폐지되었다.
② 금난전권을 제한하려는 통공정책이 시작되었다.
③ 결작세가 신설되면서 지주들의 부담이 증가하였다.
④ 영정법이 제정되어 복잡한 전세 방식이 일원화되었다.

해 ① 제시된 글은 1871년 고종 때 일어난 신미양요이다. 제너럴셔먼호 사건을 구실로 미국이 5척의 군함으로 강화도를 공격하였으나 흥선대원군의 강경한 통상수교거부정책과 조선 민중의 저항에 뜻을 이루지 못하고 물러난 사건이다. 그 결과 흥선대원군은 전국에 척화비(斥和碑)를 세우고 쇄국정책을 더욱 강화하였다. ①은 고종 때 흥선대원군이 실시한 호포법(戸布法)으로, 양반과 상민의 구분 없이 집집마다 군포를 내도록 한 제도이다. 이는 양반의 거센 반발을 초래하였으나 민생 안정에 어느 정도 기여했다.
② 신해통공(1791)을 통해 육의전을 제외한 금난전권을 폐지한 왕은 조선 시대 정조이다. 금난전권이란, 시전 상인이 왕실이나 관청에 물품을 공급하는 대신 부여받은 특정 상품에 대한 독점 판매권이다.
③ 균역법을 보완하기 위해 지주에게 토지 1결당 미곡 2두의 결작을 부과한 왕은 조선 시대 영조이다.
④ 풍흉에 관계 없이 토지 비옥도에 따라 1결당 미곡 4~6두를 징수하는 영정법(1635)을 시행한 왕은 조선 시대 인조이다. 이를 통해 전세의 비율이 이전보다 낮아져 지주나 자영농의 부담은 감소하였으나, 각종 부과세로 인해 오히려 농민의 부담은 증가하였다.

02. 두 차례의 양요에 대한 설명으로 가장 옳은 것은? [서울시 9급 기출]

① 어재연이 이끄는 조선군은 프랑스군을 상대로 승리를 거두었다.
❷ 미국 상선 제너럴 셔먼 호는 평양 주민을 약탈하였다.
③ 양헌수 부대는 광성보 전투에서 결사항전 하였으나 퇴각하였다.
④ 박규수는 화공작전을 펴서 프랑스 군대를 공격하였다.

해 ② 미국 상선 제너럴셔먼호가 통상을 요구하다 평양 군민과 충돌하여 불타 침몰되자, 미국은 이 사건을 구실로 강화도를 공격하여 신미양요가 발발하였다.
① 미국이 제너럴셔먼호 사건을 구실로 강화도를 공격하여 신미양요가 발발하자 어재연 등이 이끄는 조선의 수비대가 광성보에서 항전하였으나 패배하였다.
③ 프랑스는 병인박해 때의 프랑스 신부 처형을 구실로 7척의 군함을 파병하였고 양헌수 부대가 정족산성에서 활약하여 프랑스 군을 격퇴시켰다.
④ 박규수가 평양 감사로 있을 때, 대동강에 침입하여 통상을 요구하며 행패를 부리던 미국 상선 제너럴셔먼호를 평양 군민들과 합심하여 화공작전으로 불태워버렸다.

2. 강화도 조약(조·일 수호 조약·병자 수호 조규, 1876)

(1) 배경

① 대원군의 하야(1873)
  ㉠ 경복궁 중건과 악화의 발행으로 민심 이반, 농민 봉기
  ㉡ 서원 정리, 호포법 등으로 양반 유생과의 갈등 심화

Check Point

만동묘
임진왜란 때 조선을 도와준 데 대한 보답으로 명의 신종을 제사지내기 위해 숙종 30년(1704) 충북 괴산군 청천면 화양동에 지은 사당이다. 노론의 소굴이 되어 상소와 비판을 올리고 양민을 수탈하는 등 폐해가 심했다. 흥선대원군 때 철폐되었으나 그가 하야한 후인 고종 11년(1874) 다시 세워졌다. 일제강점기에 유생들이 모여 명의 신종에게 제사를 지내므로 조선총독부가 강제 철거하였다. 현재는 만동묘정비만 남아 있다.

ⓒ 최익현의 탄핵 상소 및 유생들의 하야 요구

② 명성황후의 집권

ㄱ 이유원(영의정), 박규수(우의정), 조영하(금위대장) 등을 중심으로 정권을 장악, 최익현 석방(1875)

ㄴ 반 대원군 정책 전개

- 청의 돈을 수입하여 원활한 재정을 도모
- 대표적 서원인 화양동 만동묘를 부활(→ 서원 복원)
- 대원군 측 인사에 대한 탄압
- 대일 외교 정책 등 국내외 정책의 변화

③ 통상 개화론자 대두

ㄱ 국내 상황 : 개항 반대론이 우세하였으나, 개항의 필요성을 주장하는 움직임도 싹틈

ㄴ 통상 개화론자의 등장 : 박규수, 오경석, 유홍기, 이동인, 이규경 등

ㄷ 의의 : 개화론자들의 세력이 성장하여 문호 개방의 여건을 마련

④ 운요호(운양호) 사건(1875)

ㄱ 운요호가 연안을 탐색하다 강화도 초지진에서 조선 측의 포격을 받음

ㄴ 일본은 보복으로 영종도를 점령·약탈, 책임 추궁을 위해 춘일호를 부산에 입항시킴

ㄷ 일본이 청에 책임을 묻자, 청은 문제 확대를 꺼려 명성황후 정권에 일본과 조약을 맺도록 권유

▶ 운요호

(2) 강화도 조약(조·일 수호 조약, 병자 수호 조규)

① 강화도 조약의 체결(1876. 2)

ㄱ 의의 : 우리나라가 외국과 맺은 최초의 근대적 조약이자 불평등 조약, 신헌과 구로다가 대표로 체결

ㄴ 청의 종주권 부인(→ 조선 침략을 용이하게 하려는 일본의 포석)

ㄷ 침략 의도 및 주권 침해

- 침략 의도 : 부산·원산·인천 개항(→ 정치적·군사적·경제적 거점 마련), 일본인의 통상 활동 허가, 조선 연해의 자유로운 측량 등
- 불평등 조약(주권 침해) : 일본인 범죄의 일본 영사 재판권(치외법권 조항), 해안 측량권 등

▶ 강화도 조약의 체결

01. 다음 조약과 관련된 설명으로 옳지 <u>않은</u> 것은?

제4관 조선국 부산 초량진에는 일본 공관이 있어 오랫동안 양국 인민의 통상 구역이 되어 있다. 이제 종전의 관례와 세견선 등을 혁파하고 새로 만든 조약에 의거하여 무역 사무를 처리하도록 한다. 또한, 조선국 정부는 따로 제5관에 기재된 2개의 항구를 열어 일본국 인민의 왕래 통상함을 들어주어야 한다.

제6관 …… 양국의 선박이 대양 중에서 파괴되어 선원이 표착하는 경우에는 그 지방 인민이 즉시 그들을 구휼, 생명을 보전하게 하고 지방관에게 보고하여 해당 지방관은 본국으로 호송하거나 그 근방 주재하는 본국 관원에게 인도한다.

① 경기, 충청, 전라, 경상, 함경 5도 연해 중 항구 두 곳을 택하여 개항한다.
② 일본은 개항장에 일본 상민을 관리하는 관원을 설치할 수 있다.
③ 양국 인민은 각기 자유로이 교역하며, 관리가 간여하거나 제한하지 못한다.
④ 널리 구미 각국과 신의로써 친교하고, 안으로는 정치를 개혁한다.

해 제시문은 1876년에 일본과 체결한 강화도 조약(병자 수호 조약, 조·일 수호 조약)의 내용 중 일부이다.
④는 갑신정변 이후 개화파(급진 개화파) 김옥균이 고종에게 보낸 서한을 통해 역설한 내용이다.

답 01 ④

강화도 조약(조·일 수호 조규)의 주요 내용
- 제1관 : 조선국은 자주의 나라이며, 일본과 평등한 권리를 가진다.
  → 조선에 대한 청의 종주권 부정, 일본의 침략 의도 내포
- 제2관 : 일본국 정부는 지금부터 15개월 후 수시로 사신을 조선국 서울에 파견한다.
- 제4관 : 조선국은 부산 외에 두 곳을 개항하고, 일본인이 왕래 통상함을 허가한다.
  → 부산(경제적 목적) 개항, 1880년에는 원산(군사적 목적), 1883년에는 인천(정치적 목적)을 각각 개항
- 제7관 : 조선국은 일본국의 항해자가 자유롭게 해안을 측량하도록 허가한다.
  → 해안 측량권은 조선에 대한 자주권 침해
- 제9관 : 양국 인민의 민간무역 활동에서 관리의 간섭을 받지 않는다.
- 제10관 : 일본국 인민이 조선국 지정의 각 항구에 머무르는 동안에 죄를 범한 것은 조선국 인민에게 관계된 사건일 때에도 모두 일본 관원이 심판할 것이다.
  → 치외법권 규정으로, 명백한 자주권 침해이자 불평등 조약임을 의미

② 조·일 통상 장정과 조·일 수호 조규 부록
  ㉠ 의의 : 강화도 조약의 부속 조약으로 마련
  ㉡ 내용

조약	내용	
조·일 무역 규칙 (1876. 7)	• 일본 수출입 상품 무관세 및 선박의 무항세(無港稅) • 조선 양곡 무제한 유출 허용(조선국 개항장에서 쌀과 잡곡 수출 허용)	일본의 경제적 침략을 위한 발판 마련
조·일 수호 조규 부록 (1876. 8)	• 일본 공사의 수도 상주 • 조선 국내에서 일본 외교관의 여행 자유 • 개항장에서의 일본 거류민의 거주 지역 설정 • 일본 화폐의 유통(사용) 허용	

  ㉢ 결과 : 일본은 경제 침략을 위한 발판 마련, 조선은 국내 산업 보호 근거 상실

조·일 수호 조규의 후속 조약
① 수호 조규 속약(1882) : 일본 관리와 상인의 활동 영역을 사방 10리에서 50리(1882년)로 확대하고, 다시 100리(1883년)로 확대
② 조·일 통상 장정(개정)(1883. 7)
  ㉠ 1876년 체결된 조·일 통상 조약(무역규칙)의 불합리한 부분이 다소 시정되어 관세 자주권이 일부 회복되었으나, 협정 관세에 불과하고 내지 관세권도 부정되었으며, 최혜국 조항이 포함되는 등 여전히 불평등한 조약으로 남음
  ㉡ 곡물 수출 금지(방곡령) 조항이 포함되었으나, 방곡령 시행 1개월 전 일본 영사관에 통고 의무 조항을 두었고(→1889년 방곡령 당시 일본의 배상금 요구의 근거가 됨), 인천항에서의 곡물 수출 금지권도 폐지됨

🔍 꼭! 확인 기출문제

〈보기〉의 조약이 체결된 이후에 일어난 사건으로 가장 옳지 <u>않은</u> 것은? [서울시 9급 기출]

> ┌─ 보기 ─
> 〈제1관〉 조선국은 자주국으로서 일본국과 평등한 권리를 보유한다.
> 〈제7관〉 조선의 연해 도서는 지극히 위험하므로 일본의 항해자가 자유로이 해안을 측량함을 허가한다.

❶ 만동묘가 철폐되었다.
② 이범윤이 간도 시찰원으로 파견되었다.
③ 통리기무아문이 설치되었다.
④ 영남 유생들이 만인소를 올렸다.

📝 ① 제시된 글의 조약은 1876년에 체결된 '강화도 조약'이다. 만동묘는 임진왜란 때 조선을 도와준 데 대한 보답으로 명의 신종을 제사 지내기 위해 숙종 때에 충북 괴산군 청천면 화양동에 지은 사당이다. 노론의 소굴이 되어 상소와 비판을 올리고 양민을 수탈하는 등 폐해가 심했다. 흥선 대원군 때 철폐되었으나(1865) 그가 하야한 후인 고종 11년(1874) 다시 세워졌다. 일제강점기에 유생들이 모여 명의 신종에게 제사를 지내므로 조선 총독부가 강제 철거하였다.
② 이범윤이 간도 시찰원으로 파견된 해는 1902년이다.
③ 통리기무아문이 설치된 해는 1880년이다.
④ 영남 만인소 사건이 일어난 해는 1881년이다.

(3) 각국과의 조약 체결

① 조 · 미 수호 통상 조약의 체결(1882)

  ㉠ 배경

   • 조선이 일본과 조약을 맺자 미국은 일본에 알선을 요청

   • 러시아 남하에 대응해 미국과 연합해야 한다는 〈조선책략〉이 지식층에 유포

  ㉡ 체결 : 러시아와 일본 세력을 견제하고, 조선에 대한 종주권을 승인받을 기회를 노리던 청의 알선으로 체결, 신헌과 슈펠트가 대표로 체결

  ㉢ 내용 : 거중조정(상호 안전 보장), 치외법권, 최혜국 대우(최초), 협정 관세율 적용(최초), 조차지 설정의 승인 등

  ㉣ 의의 : 서양과 맺은 최초의 조약으로 처음으로 최혜국 대우를 규정, 불평등 조약(치외법권, 최혜국 대우, 조차지 설정 등), 청의 종주권 저지

② 영국(1882) : 청의 중재로 민영목과 파크스가 대표로 조 · 영 수호 통상 조약을 체결(비준은 1883년), 치외 법권과 조차지 설정에 관한 내용 포함

③ 독일(1882) : 청의 중재로 제물포에서 체결

④ 그 외 이탈리아(1884), 러시아(1884), 프랑스(1886)와도 외교 관계를 맺음

Check Point

조선책략(朝鮮策略)
• 도입 : 청의 주일 참사관인 황쭌셴이 지은 책으로, 김홍집(2차 수신사)이 도입
• 내용 : 조선의 당면 외교 정책으로 친중(親中) · 결일(結日) · 연미(聯美)를 주장
• 목적 : 일본 견제, 청의 종주권을 국제적으로 승인
• 영향 : 미국 · 영국 · 독일 등과의 수교 알선 계기, 개화론 자극, 위정척사론의 격화 요인

Check Point

조 · 미 수호 통상 조약 주요 내용
• 제1조(거중조정) : 서로 돕고 중간 역할을 잘 하며 우애 있게 지낸다.
• 제2조(최혜국 대우) : 병권 대신을 서로 파견하여 수도에 주재시킬 수 있고, 최혜국 대우를 받는다.
• 제4조(치외법권) : 미국 국민이 조선인을 모욕하거나 재산을 훼손하는 경우 미국 영사나 그 권한을 가진 관리만이 미국 법률에 따라 처벌한다.
• 제5조(협정 관세율 적용) : 미국 상인과 상선이 조선에 와서 무역을 할 때 입출항하는 화물은 모두 세금을 바쳐야 하며, 세금을 거두어들이는 일은 조선이 자주적으로 한다.

꼭! 확인 기출문제

(가), (나)가 설명하는 조약을 옳게 짝 지은 것은? [국가직 9급 기출]

(가) 강화도 조약에 이어 몇 달 뒤 체결되었다. 양곡의 무제한 유출을 가능하게 한 규정과 일본정부에 소속된 선박은 항세를 납부하지 않는다는 규정이 들어 있었다.

(나) 김홍집이 일본에서 황준헌의 『조선책략』을 가져 오면서 그 내용의 영향으로 체결되었으며, 청의 적극적인 알선이 있었다. 거중조정 조항과 최혜국 대우의 규정이 포함되어 있었다.

	(가)	(나)
❶	조 · 일 무역규칙	조 · 미 수호통상조약
②	조 · 일 무역규칙	조 · 러 수호통상조약
③	조 · 일 수호조규부록	조 · 미 수호통상조약
④	조 · 일 수호조규부록	조 · 러 수호통상조약

🔍 ① (가)는 1876년(고종 13)에 체결된 통상장정인 조 · 일 무역규칙으로 양곡의 무제한 유출과 무항세에 관한 조항이 규정되어 있다. (나)는 1882년(고종 19) 조선과 미국 간에 국교와 통상을 목적으로 체결된 조 · 미수호통상조약이다. 2차 수신사로 일본에 갔던 김홍집이 황준헌의 『조선책략』을 조선으로 가져와 유포함으로써 조 · 미 수호통상조약 체결에 영향을 주었다. 청의 알선으로 체결된 조 · 미 수호통상 조약에서는 거중조정, 최혜국 대우 조항, 관세 부과 등이 규정되었다.
조 · 일 수호조규부록은 1876년(고종 13) 8월 24일 「조 · 일 수호조규」(강화도조약, 1876)를 보완하기 위해 조인된 조약이다.
조 · 러 수호통상조약은 1884년 자유 입항을 규정하고 치외법권과 관세 규정에 관한 조약이다.

(4) 개화 정책의 추진

① 제도의 개편

행정 기구	• 개화 정책 전담 기구인 통리기무아문을 설치(1880) 　– 의정부 · 육조와 별도로 설치, 삼군부는 폐지 　– 신문물 수용과 부국강병 도모 등 개화 정책 추진 • 통리기무아문 아래 12사를 두고 외교 · 군사 · 산업 등의 업무를 분장 • 규장각 기능을 부활시켜, 개화 정치를 뒷받침하는 학술 기관으로 활용
군사 제도	• 종래의 5군영을 무위영 · 장어영의 2영으로 통합 · 개편 • 신식 군대 양성을 위해 무위영 아래 별도로 별기군을 창설(1881) 　– 양반 자제로 편성된 사관 생도와 일반 군졸로 구성된 교련병대 　– 소총으로 무장한 신식 군대로서 국왕 근위병으로 특별 대우함 　– 일본인 교관을 채용하여 근대적 군사 훈련 실시

② 외교 사절 및 해외 시찰단 파견

　㉠ 수신사 파견

　　• 제1차 수신사 김기수 : 〈일동기유〉에서 신문명을 조심스럽게 비판하고, 〈수신사 일기〉를 써 일본의 신문물 소개

　　• 제2차 수신사 김홍집 : 황쭌센의 〈조선책략〉을 가지고 들어와 개화 정책에 영향을 미침

　㉡ 조사 시찰단(신사 유람단) 파견(1881) : 박정양 · 어윤중 · 홍영식 등으로 구성, 일본의 발전상을 보고 돌아와 개화 정책의 추진을 뒷받침(→ 박문국 ·

Check Point

일동기유
제1차 수신사로 일본에 다녀온 김기수가 메이지 유신 이후 발전된 일본의 문물을 시찰한 후 기록한 책이다. 근세 한일 외교사는 물론 메이지 유신 직후의 일본을 연구하는 데 중요한 자료이다.

전환국 설치의 계기)

　　ⓒ **영선사(1881)** : 김윤식을 단장으로 청에 파견하여 무기 제조법과 근대적 군사 훈련법을 배움(→ 서울에 최초의 근대적 병기 공장인 기기창 설치)

　　ⓔ **보빙 사절단(1883)** : 최초의 구미 사절단, 유길준이 미국에 남아 유학하고 유럽 여행 후 귀국

 꼭! 확인 기출문제

(가) 시기에 있었던 일로 옳은 것은? [지방직 9급 기출]

```
┌─────────────────────────────────────┐
│         강화도 조약을 체결하였다.          │
└─────────────────────────────────────┘
                    ↓
┌─────────────────────────────────────┐
│                (가)                  │
└─────────────────────────────────────┘
                    ↓
┌─────────────────────────────────────┐
│        청에 영선사를 파견하였다.          │
└─────────────────────────────────────┘
```

① 군국기무처를 두고 여러 건의 개혁안을 처리하였다.
❷ 개화 정책을 추진할 기구로 통리기무아문을 설치하였다.
③ 국정 개혁의 기본 방향을 담은 홍범 14조를 공포하였다.
④ 구본신참의 개혁 원칙을 정하고 대한국국제를 선포하였다.

해 ② 강화도 조약은 1876년 고종 때 강화도에서 조선과 일본이 체결한 강압적 불평등 조약이고, 영선사는 1881년에 중국의 선진 문물을 배우기 위해 청나라에 파견했던 시찰단이다. 그러므로 그 사이에 들어갈 사건은 통리기무아문 설치이다. 통리기무아문은 고종이 개화 정책을 추진하기 위해 1880년에 설치한 최초의 근대적 개화기구로, 그 아래 12사를 두어 신문물 수용과 부국강병 도모 등의 개화 정책을 추진하였다.
　① 군국기무처는 1894년에 설치된 관청으로, 청·일 전쟁 때 관제를 개혁하기 위해 임시로 설치하여 여러 개혁안을 처리했다.
　③ 홍범 14조는 1894년에 정치 제도의 근대화와 자주독립국가로서의 기초를 세우기 위해 제정되어 1895년에 반포되었다.
　④ 대한국국제는 1899년 대한제국이 공포한 국제이다.

제2절 위정척사 운동과 개화 사상

1. 위정척사 운동(衛正斥邪運動)

(1) 의의

　　① **의미** : 바른 것은 지키고 사악한 것을 물리치는, 즉 정학인 성리학 및 성리학적 질서를 수호하고 성리학 이외의 모든 종교와 사상을 배격하는 운동

　　② **사상적 배경** : 주리론을 계승한 기정진의 이일원론(理一元論)

③ 목적 : 반외세·반침략 정책을 통한 조선의 정치·경제·사회·사상 체제의 유지

(2) 성격
① 강력한 반외세·반침략 운동 : 정치·경제적 측면에서 강력한 반침략·반외세(→ 동학 농민 운동과의 공통점) 정책을 전개하고, 대원군의 쇄국정책을 뒷받침
② 봉건적 전근대성 : 교역은 경제적 파멸을 초래하고 문호 개방은 열강 침략으로 직결된다고 봄

(3) 위정척사 운동의 전개
① 1860년대(통상 반대 운동) : 척화주전론(이항로, 기정진), 통상 수교 거부 정책을 뒷받침
  ㉠ 이항로 : 주전론을 고종에게 진언, 〈화서아언〉 편찬, 내수외양과 의병의 조직 등을 주장
  ㉡ 기정진 : 양물금단론(洋物禁斷論), 위정척사 이념 정립
② 1870년대(개항 반대 운동) : 왜양일체론(최익현의 5불가소), 개항 불가론
③ 1880년대(개화 반대 운동) : 영남 만인소(→ 개화 정책과 〈조선책략〉의 유포에 반발, 이만손), 만언척사소(홍재학)
④ 1890년대(항일 의병 운동) : 항일 투쟁(유인석, 이소응 등)
⑤ 경과 : 고종은 척사 상소를 물리치고 개화 정책을 강행(→김홍집 인책, 홍재학 사형, 이만손 유배)
⑥ 한계
  ㉠ 개화 정책 추진에 장애물, 역사의 발전을 가로막는 역기능
  ㉡ 전제주의적 정치 체제, 봉건적 경제 체제, 차별적 사회체제 등 유지하려는 것에 목적

위정척사 주장
① **통상 반대론(1860년대)** : 서양 오랑캐의 화(禍)가 오늘날에 이르러서는 홍수나 맹수의 해(害)보다 더 심합니다. 전하께서는 부지런히 힘쓰시고 경계하시어 안으로는 관리들로 하여금 사학(邪學)의 무리를 잡아 베게 하시고, 밖으로는 장병으로 하여금 바다를 건너오는 적을 정벌케 하소서.
② **개항불가론(1870년대)** : 일단 강화를 맺고 나면 저들은 물화를 교역하는 데 욕심을 낼 것입니다. 저들의 물화는 모두 지나치게 사치스럽고 기이한 노리개로, 손으로 만든 것이어서 그 양이 무궁합니다. 우리의 물화는 모두 백성들의 생명이 달린 것이고 땅에서 나는 것이므로 한정이 있습니다. …… 저들이 비록 왜인이라고 하나 실은 양적(洋賊)입니다.

③ 조선책략 반대(1880년대) : 러시아, 미국, 일본은 같은 오랑캐입니다. 그들 사이에 누구는 후하게 대하고 누구는 박하게 대하기는 어려운 일입니다. …… 더욱이 세계에는 미국, 일본 같은 나라가 헤아릴 수 없이 많습니다. 만일 저마다 불쾌해 하며, 이익을 추구하여 땅이나 물품을 요구하기를 마치 일본과 같이 한다면, 전하께서는 어떻게 이를 막아 내시겠습니까?

④ 을미의병(1895) : 원통함을 어찌하리. 이미 국모의 원수를 생각하며 이를 갈았는데, 참혹함이 더욱 심해져 임금께서 또 머리를 깎으시는 지경에 이르렀다. …… 이에 감히 먼저 의병을 일으키고서 마침내 이 뜻을 세상에 포고하노니, 위로 공경(公卿)에서 아래로 서민에 이르기까지, 어느 누가 애통하고 절박한 뜻이 없을 것인가.

2. 개화 사상

(1) 개화 사상의 형성 : 통상개화론(초기 개화파)

① 대내적으로는 실학(특히 북학파)의 사상을 발전적으로 계승, 동도서기와 부국강병을 목표로 함

② 대외적으로는 양무 운동(청)과 문명개화론(일본)의 영향을 받음

③ 인물

　㉠ 박규수 : 박지원의 손자, 운요호 사건 때 일본과의 수교를 적극 주장

　㉡ 오경석 : 역관, 〈해국도지〉·〈영환지략〉 반입

　㉢ 유홍기(유대치) : 의관, 김옥균·홍영식 등을 지도

(2) 개화파의 형성과 분화

① 개화파의 형성 : 박규수와 유홍기의 지도를 받은 김옥균·박영효·유길준 등

② 개화파의 두 흐름 : 서양의 과학 기술만을 도입하자는 동도서기론적 온건파와, 과학 기술 이외에 정치·사회 제도까지 도입하자는 급진파

Check Point

동도서기론(東道西器論)

우리(동양)의 전통 윤리와 도덕을 유지하면서 서양의 과학 기술을 받아들여 부국강병을 이룩하자는 주장이다. 중국의 중체서용론(中體西用論)이나 일본의 화혼양재론(和魂洋才論)과 마찬가지로 19세기 서양 자본주의 열강의 침략에 대응하기 위한 방법의 하나로 조선 지식인들이 주장한 논리였다.

Check Point

오경석과 유홍기

조선 후기에 해외 사정에 밝았던 것은 중인, 특히 역관들이었다. 오경석은 이러한 역관들 중 대표적인 인물이다. 그는 여러 차례 중국을 왕래하면서 보고 들은 것을 통해 언젠가 서양 세력이 조선에도 침투할 것이라고 판단하고 이에 대비하기 위한 개혁이 필요하다고 생각했다. 그는 사상적 동지인 의관 유홍기와 생각을 함께 하였는데, 중인인 그들은 신분의 한계로 인해 직접 정치의 전면에 나설 수 없었지만 그 사상은 유홍기의 가르침을 받은 개화파들에게 큰 영향을 미쳤다.

구분	온건 개화파(사대당, 수구당)	급진 개화파(개화당)
주도 인물	김홍집, 김윤식, 어윤중, 민영익, 민긍식 (→ 명성황후 정권과 연결)	김옥균, 박영효, 홍영식, 서광범, 서재필 (→ 명성황후 정권에 반대, 갑신정변에 참여)
개화에 대한 관점	유교에 의한 개화(→ 조선은 개화된 나라)	문명개화론(→ 조선은 야만 상태 탈피를 위해 개화가 필요)
개화 방법	• 동도서기론에 기반한 개화 • 청의 양무운동을 본받아 점진적인 개혁 추구	• 변법자강론에 따른 전면적 개화(→ 서양의 기술뿐만 아니라 제도, 종교 및 사상의 도입까지 주장) • 일본의 메이지유신을 본받아 급진적 개혁을 추구
외교적 입장	• 청과 사대관계의 지속 · 유지(친청 세력) • 중화 질서 아래서 조선의 위치를 파악 (양절체제의 외교론)	• 청과의 사대적 외교관계의 청산을 강조 • 청에 대한 종속에서 벗어난 조선의 완전한 자주독립을 주장

③ 개화당의 활동

　㉠ 근대적 국정 개혁의 필요성을 절감하고, 임오군란을 계기로 활발한 활동을 전개

　㉡ 고종의 신임으로 여러 개화 시책을 추진(→ 박문국 설치, 유학생 파견, 우정국 설치 등)

　㉢ 일본으로부터의 차관 도입 실패, 친청 세력의 견제 등으로 개화 운동은 난관에 봉착

 꼭! 확인 기출문제

다음 자료에 나타난 사상에 대한 설명으로 옳은 것은? [국가직 9급 기출]

> 군신, 부자, 부부, 붕우, 장유의 윤리는 인간의 본성에 부여된 것으로서 천지를 통하는 만고불변의 이치이고, 위에 존재하는 것으로서 도(道)가 됩니다. 이에 대해 배, 수레, 군사, 농사, 기계가 국민에게 편리하고 나라에 이롭게 하는 것은 외형적인 것으로서 기(器)가 됩니다. 신이 변혁을 꾀하고자 하는 것은 기(器)이지 도(道)가 아닙니다.

① 왜양일체론(倭洋一體論)을 주장하였다.
❷ 근대 문물 수용의 사상적 기반이 되었다.
③ 갑신정변 주도 세력의 견해를 대변하였다.
④ 우등한 사회가 열등한 사회를 지배하는 것이 당연하다고 보았다.

해 ② 제시된 글은 온건 개화파인 윤선학이 1882년에 올린 상소이다. 온건 개화파는 '동도서기'를 주장하였는데, 동도서기는 우리(동양)의 전통 윤리와 도덕을 유지하면서 서양의 과학 기술을 받아들여 부국강병을 이룩하자는 주장이다.
① 왜양일체론은 1870년대에 최익현이 개항을 반대하는 논리로 사용한 주장으로, 왜(일본)와 양(서양)은 하나라는 의미이다.
③ 김옥균을 비롯한 급진 개화파는 문명 개화론을 바탕으로 갑신정변을 일으켰다.
④ 1870년대 이후 제국주의 정당화에 기여한 스펜서의 사회진화론이다.

제3절 근대적 개혁의 추진과 구국 민족 운동의 전개

1. 임오군란(1882)

(1) 배경
① 명성황후(민씨) 정권의 개화파와, 대원군·유생의 보수파 간 갈등
② 일본에 대한 민족적 척왜 감정
③ 신식 군대(별기군) 우대 및 구식 군대에 대한 차별(→ 직접적 원인 : 구식 군인의 급료가 13개월간 체불됨)

(2) 경과
① 구식 군인들은 명성황후 정권의 고관들과 일본인 교관을 죽임
② 포도청·의금부를 습격하고 일본 공사관을 불태움
③ 대원군의 일시적 재집권 : 구식 군인들의 요구로 대원군이 재집권, 통리기무아문과 별기군 폐지, 5군영 부활(→ 청에 납치)

(3) 결과
① 명성황후 일파가 청에 군대 파견 요청 → 청 군대 파견, 대원군 압송
② 청의 내정 간섭 강화 : 마젠창(정치 고문)과 묄렌도르프(외교 고문), 천슈탕(경제 고문), 하아트(세관 고문) 등을 파견, 위안스카이(군사 고문)의 군대 상주
③ 조선을 둘러싼 청·일 양국 간 대립 위기 초래(→ 일본이 거류민 보호를 내세워 군대 파견의 움직임을 보이자 청은 대원군을 군란의 책임자로 압송해감으로써 이러한 구실을 차단하려 함)
④ 명성황후 일파의 재집권 : 청의 내정 간섭과 정부의 친청 정책으로 개화 정책은 후퇴
　　㉠ 관제 개편
　　　• 통리교섭통상사무아문(외아문) : 외교·통상 및 신문물 도입 등을 관장
　　　• 통리군국사무아문(내아문) : 군무·내무를 관장
　　㉡ 군제 개편 : 친군영과 4영 설치(→ 위안스카이가 병권을 장악, 청국식의 군대 훈련)
⑤ 조약의 체결
　　㉠ 제물포 조약(1882. 7)
　　　• 일본과 제물포 조약을 체결하여 배상금을 지불하고 군란 주동자의 처벌

을 약속, 일본 공사관의 경비병 주둔을 인정(→ 일본군의 주둔 허용)

• 박영효를 사죄사로 일본에 파견(→ 태극기를 최초로 사용)

• 일본의 정치 · 경제적 침투가 한층 강화(→ 일본은 개항장 100리까지 활동범위를 확대)

ⓛ 조 · 청 상민 수륙 무역 장정(1882. 8)

• 청의 속국 인정, 치외법권

• 서울과 양화진 개방, 내지통상권, 연안 무역 · 어업권, 청 군함 항행권 등 (→ 청 상인의 통상 특권이 넓게 허용되어 조선 상인들의 피해 증가)

▶ 1884년에 제작된 태극기

> **TIP**
>
> **제물포 조약의 내용**
> 제1조 지금으로부터 20일을 기하여 범인을 체포하여 엄징할 것
> 제2조 일본국 피해자를 후례로 장사지낼 것
> 제3조 5만 원을 지불하여 피해자 유족 및 부상자에게 급여할 것
> 제4조 배상금 50만 원을 지불할 것
> 제5조 일본 공사관에 군대를 주둔시켜 경비에 임하는 것을 허용할 것
> 제6조 조선국은 대관을 특파하여 일본국에게 사죄할 것

 꼭! 확인 기출문제

조약 (가), (나) 사이 시기의 경제 상황으로 옳은 것은? [지방직 9급 기출]

(가)	(나)
• 조선국 항구에 머무르는 일본은 쌀과 잡곡을 수출 · 수입할 수 있다. • 일본국 정부에 소속된 모든 선박은 항세(港稅)를 납부하지 않는다.	• 입항하거나 출항하는 각 화물이 세관을 통과할 때에는 세칙에 따라 관세를 납부해야 한다. • 조선 정부가 쌀 수출을 금지하고자 할 때에는 반드시 먼저 1개월 전에 지방관이 일본 영사관에게 통고해야한다.

① 메가타 재정고문이 화폐정리사업을 시도하였다.
② 혜상공국의 폐지 등을 주장한 정변이 발생하였다.
❸ 양화진에 청국인 상점을 허용하는 조약이 체결되었다.
④ 함경도 방곡령 사건으로 일본과 외교적 마찰이 일어났다.

해 ③ (가)는 1876년에 체결된 조 · 일 무역규칙으로 양곡의 무제한 유출, 일본 선박에 대한 무항세와 일본 제품에 대한 일시적 면세에 대한 규칙이 있다. (나)는 1883년에 체결된 조 · 일 통상장정으로 관세권 설정과 방곡령에 대한 규칙이 있다. 1882년 체결된 조 · 청상민수륙무역장정은 치외법권은 물론 개항장이 아닌 서울 양화진에 청 상인이 점포를 개설할 수 있는 권리, 호조를 가진 자에게는 개항장 밖의 내륙통상권과 연안 무역권까지 인정하였다.
① 재정 고문으로 부임한 메가타는 화폐정리 사업(1905)을 추진하여 황실 재정을 해체하고 한국의 금융을 장악하였다.
② 자유상업을 방해하는 보부상 보호 기구인 혜상공국의 폐지를 주장하면서 갑신정변이 일어났다.(1884)
④ 함경도 방곡령 사건은 1889년 함경도 관찰사 조병식이 곡물 무분별한 유출을 막기 위해 개정된 조 · 일통상장정에 의해 1개월 전에 외교 담당 관청에 통고하고 방곡령을 실시하였으나, 일본은 1개월 전에 자신들에게 통보하지 않았다는 이유로 오히려 손해배상을 받았다.

2. 갑신정변(1884)

(1) 배경

① 바닥난 국가 재정 문제로 인한 대립 : 개화당의 대일 차관 도입이 실패

② 친청 세력의 탄압 : 개화당에 대한 탄압으로 비상 수단 도모

③ 청군의 철수 : 베트남 문제로 청군이 조선에서 일부 철수(→ 청·프 전쟁)

④ 일본의 음모 : 조선에서의 열세를 만회하고자 정변 시 개화당에 군사적 지원을 약속

Check Point

청·프 전쟁
베트남에 대한 청의 종주권 문제로 프랑스와 청 사이에 벌어진 전쟁이다.

(2) 경과

① 발발 : 우정국 개국 축하연을 이용해 사대당 요인을 살해하고 개화당 정부를 수립

② 개혁 요강 마련 : 14개조의 정강을 마련

(3) 갑신정변의 개혁 내용

① 청에 대한 사대 외교(조공)를 폐지하고, 입헌 군주제로의 정치 개혁을 추구

② 지조법을 개정하고, 재정을 호조로 일원화하여 국가 재정을 충실히 함

③ 혜상공국(보부상을 보호하기 위한 기관)의 폐지와 각 도 환상미의 폐지

④ 문벌을 폐지하여 인민 평등을 도모, 능력에 따른 인재 등용

⑤ 군대(근위대)와 경찰(순사)을 설치

Check Point

혜상공국
1883년 보부상이 중심이 되어 조직된 상인조합으로 대원군의 쇄국 정책을 강력히 지지하였다.
외국상인의 불법 상행위 저지, 불량행상 폐단 저지, 보부상 권익 보호 등의 활동을 하였고, 1885년 상리국으로 개칭되었다.

갑신정변의 14개조 정강(신정부 강령 14개조)

1. 청에 잡혀간 흥선 대원군을 곧 귀국하게 하고, 종래 청에 대하여 행하던 조공의 허례를 폐한다.
2. 문벌을 폐지하여 인민 평등의 권리를 세워, 능력에 따라 관리를 임명한다.
3. 지조법을 개혁하여 관리의 부정을 막고 백성을 보호하며, 국가 재정을 넉넉하게 한다.
4. 내시부를 없애고, 그 중에 우수한 인재를 등용한다.
5. 부정한 관리 중 그 죄가 심한 자는 치죄한다.
6. 각 도의 환상미를 영구히 받지 않는다.
7. 규장각을 폐지한다.
8. 급히 순사를 두어 도둑을 방지한다.
9. 혜상공국을 혁파한다.
10. 귀양살이를 하고 있는 자와 옥에 갇혀 있는 자는 그 정상을 참작하여 적당히 형을 감한다.
11. 4영을 합하여 1영으로 하되, 영 중에서 장정을 선발하여 근위대를 급히 설치한다.
12. 모든 재정은 호조에서 통할한다.
13. 대신과 참찬은 의정부에 모여 정령을 의결하고 반포한다.
14. 의정부, 육조 외에 모든 불필요한 기관을 없앤다.

▶ 개화파

(4) 정변의 실패

① 청의 무력 개입(3일 천하로 끝남)

② 외세 의존적 정변 방식(일본의 지원은 미미)

③ 개화당의 세력 기반이 약했으며, 개혁이 너무 급박하고 대의명분이 부족해 국민이 외면

(5) 결과

① 청의 내정 간섭이 더욱 강화(→ 위안스카이가 상경하며 내정 간섭), 보수 세력의 장기 집권

② 개화 세력이 도태되어 상당 기간 개화 운동의 흐름이 약화됨(→ 조선의 자주와 개화에 부정적인 영향)

(6) 조약

① 일본과 한성 조약 체결 : 일본의 강요로 배상금 지불, 공사관 신축비 부담

② 청 · 일 간 톈진 조약 체결 : 청 · 일 양국군은 조선에서 철수하고 장차 파병할 경우 상대국에 미리 알릴 것(→ 일본은 청과 동등하게 조선에 대한 파병권 획득)

(7) 의의

① 근대 국가 수립을 목표로 하는 최초의 정치 개혁 운동(최초로 입헌 군주제 추구)

② 민족 운동의 방향을 제시한 우리나라 근대화 운동의 선구

③ 최초의 위에서 아래로의 근대화 운동

④ 청에 대한 사대 극복의 의지를 반영하고, 문벌폐지와 사민평등, 조세제도 개혁을 주장

⑤ 조선에 대한 국제 사회의 인식을 새롭게 하는 계기

꼭! 확인 기출문제

갑신정변 이후 국내외 정세로 옳지 않은 것은? [국가직 9급 기출]

① 독일 부영사 부들러는 조선의 영세 중립국화를 건의하였다.

② 러시아의 남하정책에 대응하여 영국 함대가 거문도를 불법 점령하였다.

❸ 조 · 청 상민수륙무역장정을 체결하여 청나라 상인에게 통상 특혜를 허용하였다.

④ 청 · 일 양국 군대가 조선에서 철수하는 것 등을 내용으로 하는 톈진조약이 체결되었다.

🈁 ③ 조 · 청 상민수륙무역장정은 1882년 임오군란 직후 청의 내정 간섭이 강화된 상황에서 체결된 조약이므로, 갑신정변(1884년) 이전의 일이다. 갑신정변은 급진 개화파 세력이 일으킨 사건으로, 우정국 개국 축하연을 이용해 사대당 요인을 살해하고 개화당 정부를 수립한 후 14개조의 정강을 마련하였다.
① 갑신정변 직후 독일의 부영사 부들러(Budler, H)가 조선 중립화론을 제기하였다.
② 영국이 러시아의 남하를 견제하고자 거문도를 불법 점령하였다.
④ 청 · 일 양국군은 조선에서 철수하고 장차 파병할 경우 상대국에 미리 알릴 것을 내용으로 하는 톈진조약이 체결되었다.

 기출 Plus [국가직 9급 기출]

02. 밑줄 친 '사건'에 대한 설명으로 옳은 것은?

> 4~5명의 개화당이 사건을 일으켜서 나라를 위태롭게 한 다음 청나라 사람의 억압과 능멸이 대단하였다. …(중략)… 종전에는 개화가 이롭다고 말하면 그다지 싫어하지 않았으나 이 사건 이후 조야(朝野) 모두 '개화당은 충의를 모르고 외인과 연결하여 매국배종(賣國背宗)하였다'고 하였다.
> – 『윤치호일기』 –

① 정동구락부 세력이 주도하였다.

② 일본군과 함께 경복궁을 침범하였다.

③ 차관 도입을 위한 수신사 파견의 계기가 되었다.

④ 일본 공사관이 불타고 일본군이 청군에 패퇴하였다.

🈁 밑줄 친 사건은 급진개화파가 주도한 갑신정변(1884)이다. 갑신정변 때 청군이 군사적 개입을 하면서 일본군은 청군에 패퇴하였다. 갑신정변 때 일본 공사관도 불타게 되었는데, 일본은 이 책임을 조선에 물어 한성조약을 체결하였다.

답 02 ④

갑신정변 이후의 국내외 정세
- 러시아의 남하 정책 : 조 · 러 수호 통상 조약 체결(1884), 조 · 러 비밀 협약 추진(청의 방해로 실패)
- 거문도 사건(1885~1887) : 영국이 러시아의 남하를 견제하고자 거문도를 불법 점령
- 조선 중립화론 제기 : 독일 부영사 부들러, 유길준
- 방곡령(1889) : 실패

한반도 중립화론
1885년 조선 주재 독일 부영사인 부들러가 조선의 외교 담당관이었던 김윤식에게 한반도 중립화를 건의하였다. 그는 당시의 정세상 조선은 청과 일의 전쟁터가 되고 그 승자에게 조선이 넘어가게 될 것이라 했다. 그러나 이러한 건의는 조선 정부에 의해 묵살되고 마는데, 이를 접한 유길준이 1885년 미국 유학을 중단하고 유럽을 거쳐 귀국한 후 중립론 논문을 발표했다. 유길준은 당시 강대국들과 일본의 침략 의도를 명확히 인식하고, 영국의 거문도 사건, 러시아의 남하 정책, 미국과 중국의 외교적 입장과 정책, 일본의 침략 저의 등을 종합해 강대국들의 보장 하에 중립화하는 것이 필요하다고 판단하고 있었다.

3. 동학 농민 운동

(1) 배경

① 국내의 상황

ㄱ 위기 의식의 증가 : 개항 이래 전개된 열강의 침략 경쟁이 갑신정변 후 가열

ㄴ 정부의 무능력과 부패 : 궁중 예산 낭비와 배상금 지불 등으로 국가 재정 궁핍, 대외 관계 비용의 증가, 외세와의 타협

ㄷ 농민 수탈의 심화 : 과중한 조세 부담, 지방관의 압제와 수탈 증가

② 일본의 경제적 침투

ㄱ 일본의 침투로 농촌 경제 파탄, 농민층의 불안 · 불만 팽배

ㄴ 입도선매나 고리대의 방법으로 곡물을 사들여 폭리, 무역 독점(→ 1890년대 초 수출 총액의 90% 이상, 수입 총액의 50% 이상을 차지)

ㄷ 방곡령 사건(1889) : 일본의 경제적 침략에 대응하여 함경도와 황해도 지방에서 방곡령을 내리기도 하였으나, 배상금만 물고 실효를 거두지 못함

③ 농민층의 동요 : 농민층의 사회 불만 증대, 정치 및 사회 의식 성장(→ 사회 변혁 욕구가 증대)

④ 동학의 교세 확장

ㄱ 요인

• 인간 평등 사상과 사회 개혁 사상이 농민의 변혁 요구에 부합함

• 동학의 포접제(包接制) 조직이 농민 세력의 규합을 가능하게 함
• 민족 종교적 성격과 반봉건적 성격이 농민층과 몰락 양반에게 환영받음

ⓒ 교조 신원 운동
• 삼례 집회(제1차 교조 신원 운동, 1892) : 교조 신원과 지방관의 탄압 금지를 요구
• 서울 복합 상소(제2차 교조 신원 운동, 1893) : 궁궐 앞에서 교조 신원과 외국인 철수를 요구
• 보은 집회(제3차 교조 신원 운동, 1893) : 동학교도와 농민이 대규모 집회를 통해 탐관오리 숙청, 반봉건·반외세·척왜양창의 등을 요구(→ 정치적 성격, 동학의 사회 세력화 및 본격적 농민 운동의 시작을 의미)

> **동학의 경전**
> ① **동경대전** : 교조 최제우의 유묵을 최시형이 1882년 편찬(한자로 간행)한 것으로, 포덕문(布德文), 논학문(論學文), 수덕문(修德文), 불연기연(不然其然)의 4편을 중심으로 구성되어 있다.
> ② **용담유사** : 최제우의 포교용 가사집이다. 1909년에 한글로 간행되었다. 용담가(龍潭歌), 안심가(安心歌), 권학가(勸學歌) 등이 소개되어 있다.

(2) 동학 농민 운동의 전개

① 고부 민란(고부 농민 봉기, 1894. 1~1894. 3)
　ⓐ **고부 민란** : 고부 군수 조병갑의 학정에 항거, 전봉준 등이 농민군을 이끌고 관아를 점령, 봉기를 계획하고 미리 사발통문(沙鉢通文)을 돌림
　ⓑ **봉기의 지속** : 안핵사 이용태가 동학교도를 색출·탄압하자 전봉준·김개남·손화중·오지영 등의 지도하에 농민군은 봉기를 지속(→ 보국안민과 제폭구민을 기치로 한 무장포고문 선포)

② 1차 봉기 : 반봉건적 성격이 강함
　ⓐ **백산 재봉기(1894. 3. 25)** : 백산에 다시 결집하여 전봉준·김개남·손화중 등이 조직을 재정비하고 격문을 선포(→ 무장포고문에 비해 농민 전쟁의 출사표 성격이 강함)하고 4대 강령 발표
　ⓑ **황토현 전투(1894. 4, 절정기)** : 황토현 싸움에서 관군(전라 감영의 지방 관군)을 물리치고(최대의 승리), 정읍·고창·함평·장성 등을 공략
　ⓒ **장성 전투와 전주성 입성(1894. 5)** : 홍계훈의 관군(중앙군)을 장성에서 격퇴하고 전주성을 점령
　ⓓ **청·일의 개입** : 정부의 요청으로 청이 파병하자 일본도 톈진 조약을 구실로 파병

▶ 사발통문

백산 재봉기의 격문과 4대 강령

- 격문 : 우리가 의를 들어 여기에 이름은 그 본뜻이 결단코 다른 데에 있지 아니하고 창생을 도탄의 속에서 건지고 국가를 반석 위에 두자 함이라. 안으로는 탐학한 관리의 머리를 베고 밖으로는 횡포한 강적의 무리를 구축코자 함이라. …… 양반과 부호의 앞에 고통을 받는 민중들과, 방백과 수령의 밑에 굴욕을 받는 소리들은 우리와 같이 원한이 깊은 자라. 조금도 주저치 말고 이 시각으로 일어서라. 만일 기회를 잃으면 후회하여도 미치지 못하리라.
- 4대 강령
  - 사람을 함부로 죽이지 말고 가축을 함부로 잡아먹지 말라.
  - 충효를 다하여 세상을 구하고 백성을 편안하게 하라.
  - 일본 오랑캐를 몰아내고 나라의 정치를 바로잡는다.
  - 군사를 몰아 서울로 쳐들어가 권귀(權貴)를 모두 없앤다.

③ 전주 화약(1894. 5)과 집강소 활동

　　㉠ 청·일군이 개입하자 정부는 휴전을 제의해 전주 화약이 성립

　　㉡ 집강소 설치와 폐정 개혁안 : 전주 화약 성립 후 농민군은 전라도 일대에 집강소(민정 기관으로 치안과 행정 담당)를 설치하고, 폐정 개혁 12개조를 요구

폐정(弊政) 개혁 12개조

1. 동학도(東學徒)는 정부와의 원한(怨恨)을 씻고 서정(庶政)에 협력한다.
2. 탐관오리(貪官汚吏)는 그 죄상을 조사하여 엄징(嚴懲)한다.
3. 횡포(橫暴)한 부호(富豪)를 엄징한다.
4. 불량한 유림(儒林)과 양반의 무리를 징벌한다.
5. 노비 문서(奴婢文書)를 소각한다.
6. 7종의 천인 차별을 개선하고, 백정이 쓰는 평량갓[평양립(平凉笠)]은 없앤다.
7. 청상과부(靑孀寡婦)의 개가(改嫁)를 허용한다.
8. 무명(無名)의 잡세는 일체 폐지한다.
9. 관리 채용에는 지벌(地閥)을 타파하고 인재를 등용한다.
10. 왜(倭)와 통하는 자는 엄징한다.
11. 공사채(公私債)를 물론하고 기왕의 것을 무효로 한다.
12. 토지는 평균하여 분작(分作)한다.

－〈동학사〉－

▶압송되는 전봉준

④ 2차 봉기 : 반외세의 기치로 재봉기

　㉠ 동학 농민군의 재봉기 : 청 · 일 전쟁(1894)에서 주도권을 잡은 일본이 내정 간섭을 강화하자, 이에 대항해 대규모로 다시 봉기

　㉡ 남접(전봉준)과 북접(손병희)이 논산에 집결하여 연합

　㉢ 공주 우금치 혈전(1894. 11) : 전봉준(남접)과 손병희(북접)의 연합군이 서울로 북진하다 공주

▶동학 농민 전쟁

우금치에서 관군과 민보군, 일본군을 상대로 격전(→ 전봉준 등 지도자들은 체포, 동학 농민 운동 실패)

구분	중심 세력	활동 내용	성격
1차 봉기 (고부 민란~ 전주 화약)	남접(전봉준, 김개남, 손화중 등)	• 황토현 전투 • 집강소 설치, 폐정 개혁안	반봉건적 사회 개혁 운동
2차 봉기	남접(전봉준) + 북접 (손병희)	공주 우금치 전투	반외세, 항일 구국 운동

(3) 동학 농민 운동의 영향과 한계

① 동학 농민 운동의 영향

　㉠ 반봉건적 · 반침략적 민족 운동의 전개

　㉡ 갑오개혁에 부분적으로 영향을 미쳐 근대 사회로의 발전을 촉진(→ 성리학적 전통 질서 붕괴에 기여)

　㉢ 밑으로부터의 자주적 사회 개혁 운동(혁명 운동)

　㉣ 동학 농민군의 잔여 세력이 의병 운동에 가담(→ 항일 무장 투쟁 활성화)

　㉤ 진압 과정에서 청 · 일 전쟁이 발발

② 한계

　㉠ 신분 제도 타파 의식은 분명하나 포괄적인 근대 사회 의식은 결여됨

　㉡ 근대 사회를 건설하기 위한 구체적인 방안을 제시하지 못함

꼭! 확인 기출문제

(가)의 체결 이후에 일어난 사실로 옳은 것은? [국가직 9급 기출]

> 청군과 일본군의 개입으로 사태가 악화되자 농민군은 폐정개혁을 제시하며 정부와 (가) 을/를 맺었다. 이에 따라 농민군은 해산하였다.

① 농민군이 황토현에서 감영군을 격파하였다.
② 고부군수 조병갑이 만석보를 쌓아 수세를 강제로 거두었다.
③ 안핵사 이용태가 농민을 동학도로 몰아 처벌하였다.
❹ 남접군과 북접군이 논산에서 합류하여 연합군을 형성하였다.

해 ④ (가)는 동학 농민 운동 중 청군, 일본군의 개입으로 사태가 악화되자, 조선 정부와 농민군 사이에서 체결된 전주화약 (1894.5)이다. 이후 농민군은 전라도 일대에 집강소를 설치하고, 폐정 개혁안 12조 실시(반봉건, 반외세적 성격)를 요구하였다. 그리고 조선 정부의 철군 요구에도 불구하고, 일본이 경복궁을 점령하고 내정간섭을 강화하자, 동학 농민군이 재봉기 하였다. 남접군(전봉준)과 북접군(손병희)이 논산에 집결하여, 관군 및 일본군에 맞섰으나, 공주 우금치 전투(1894.11)에서 대패하였다.
　① 농민군이 황토현에서 전라 감영의 지방관군을 물리친 황토현 전투(1894.4)는 동학 농민 운동 1차 봉기 때의 일이다.
　② 고부군수 조병갑이 만석보를 쌓아 수세를 강제로 거두어 전봉준을 필두로 동학 농민 운동(1894.1~3)이 일어났다.
　③ 안핵사 이용태가 농민을 동학도로 몰아 처벌하여 전봉준, 김개남 등의 지도하에 농민들은 보국안민과 제폭구민을 기치로 한 무장포고문을 선포하였다.(1894.1~3)

4. 갑오개혁(고종 31, 1894)과 을미개혁(고종 32, 1895)

(1) 갑오개혁(甲午改革, 1894~1895)

① 개혁의 추진 배경
　㉠ 자주적 개혁의 추진
　　• 개항 이후의 여러 모순을 해결하기 바라는 농민들의 개혁 요구가 거세어지자 정부에서 자주적으로 개혁을 추진
　　• 교정청(校正廳)의 설치 : 국왕의 명을 받아 설치, 개혁 정책을 협의
　㉡ 일본의 간섭(타율적 측면)
　　• 경제적 이권 탈취와 침략의 발판 마련을 위해 조선의 내정 개혁 주장
　　• 경복궁 점령과 군국기무처 설치(→ 교정청 폐지)
② 제1차 갑오개혁(1894. 7~1894. 12)
　㉠ 친일 정권의 수립 : 명성황후 정권은 무력화되고 김홍집과 흥선대원군 중심의 제1차 김홍집 친일 내각 성립
　㉡ 군국기무처 설치 : 초정부적 회의 기관인 군국기무처를 설치하고 개혁을 추진
　㉢ 일본의 적극적 간섭 : 갑신정변을 주동했던 박영효와 서광범이 귀국해 개혁에 참여

Check Point

군국기무처
입법권을 가진 초정부적 개혁 추진 기구이다. 임시 기구이며, 정치 · 경제 · 사회 등 국가 주요 정책에 대한 개혁안을 심의하였다.

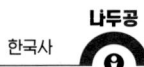

㉣ 제1차 개혁의 내용

• 정치면 : 내각의 권한을 강화하고 왕권을 제한

연호	개국 연호를 사용하여 청의 종주권 부인
전제화 견제	왕실(궁내부)과 정부(의정부) 사무를 분리하고 정치 실권을 상당 부분 내각이 가지도록 해 국왕 전제권을 제한, 육조를 80아문으로 개편, 관등품계 12등급으로 축소
과거제 폐지	문무관 차별 철폐, 신분 차별 없는 새로운 관리 임용 제도 채택

• 경제면

재정 일원화	모든 재정 사무를 탁지아문이 관장, 왕실과 정부의 재정을 분리
화폐, 조세	은(銀) 본위 화폐 제도를 채택, 일본 화폐의 통용을 허용, 조세의 금납제 시행
도량형 정비	도량형을 개정 · 통일

• 사회면

신분제 철폐	양반과 평민의 계급을 타파하고, 공 · 사 노비 제도를 폐지
전통적 폐습 타파	• 조혼 금지, 과부 개가 허용 • 악법 폐지(인신매매 금지, 고문과 연좌법의 폐지 등)

• 군사면 : 일본이 조선의 군사력 강화나 군제 개혁을 꺼려 군사면의 개혁은 소홀(→ 일본인 고문관 및 군사교관 초빙)

③ 제2차 갑오개혁(1894. 12~1895. 7)

㉠ 연립 내각 성립 : 군국기무처가 폐지되고 제2차 김홍집 · 박영효 친일 연립 내각이 성립

㉡ 홍범 14조 : 고종은 종묘에 나가 독립 서고문을 바치고 홍범 14조를 반포 (1895. 1)

• 독립 서고문 : 나라의 자주 독립을 선포한 일종의 독립 선언문

• 홍범 14조 : 자주권 · 행정 · 재정 · 교육 · 관리 임용 · 민권 보장을 규정한 국정 개혁의 기본 강령

홍범(洪範) 14조
1. 청에 의존하는 생각을 버리고 자주 독립의 기초를 세운다.
2. 왕실 전범(典範)을 제정하여 왕위 계승의 법칙과 종친과 외척과의 구별을 명확히 한다.
3. 임금은 각 대신과 의논하여 정사를 행하고, 종실(宗室) · 외척(外戚)의 내정 간섭을 용납하지 않는다.
4. 왕실 사무와 국정 사무를 나누어 서로 혼동하지 않는다.
5. 의정부(議政府) 및 각 아문(衙門)의 직무 · 권한을 명백히 규정한다.
6. 납세는 법으로 정하고 함부로 세금을 징수하지 아니한다.
7. 조세의 징수와 경비 지출은 모두 탁지아문(度支衙門)의 관할에 속한다.

8. 왕실의 경비는 솔선하여 절약하고, 이로써 각 아문과 지방관의 모범이 되게 한다.
9. 왕실과 관부(官府)의 1년 회계를 예정하여 재정의 기초를 확립한다.
10. 지방 제도를 개정하여 지방 관리의 직권을 제한한다.
11. 총명한 젊은이들을 파견하여 외국의 학술·기예를 견습시킨다.
12. 장교를 교육하고 징병을 실시하여 군제의 근본을 확립한다.
13. 민법·형법을 제정하여 인민의 생명과 재산을 보전한다.
14. 문벌을 가리지 않고 인재 등용의 길을 넓힌다.

ⓒ 제2차 개혁의 내용

정치	• 의정부 80아문을 7부로 개편 • 지방관제를 8도에서 23부 337군으로 개편(→ 종래의 도·부·목·군·현의 대소행정구역 통폐합, 소지역주의 채택) • 내각과 분리된 궁내부 관제를 대폭 축소 • 지방관의 사법권·군사권 박탈(행정권만을 가짐) • 사법권과 행정권 분리(사법부 독립)와 재판소 설치(1심·2심 재판소 분리·설치)를 위해 〈재판소구성법〉과 〈법관양성소규정〉 등을 공포 • 상리국 폐지
교육	• 교육입국조서 발표(근대적 학제 등) • 신교육 실시, 한성사범학교 설립
군사·경찰	훈련대·시위대 설치, 근대적 군사·경찰제도 확립을 위한 〈군부관제〉, 〈경무청관제〉 등을 제정

ⓓ 개혁의 중단 : 삼국 간섭(1895. 4)에 따른 일본 세력의 약화, 박영효가 반역죄로 일본으로 망명

삼국간섭(1895)
일본이 청일 전쟁의 승리 후 체결한 시모노세키 조약에 따라 청으로부터 요동반도를 할양받게 되자, 남하 정책을 추진하던 러시아가 이를 견제하고자 프랑스, 독일과 함께 요동반도의 반환을 일본에 요구하였다. 삼국간섭의 결과 일본은 요동반도를 돌려주고 세력이 위축되었는데, 국내에서는 이러한 정세를 이용해 일본을 견제하기 위해 친러내각(김홍집 내각)이 성립하였다.

 확인 기출문제

〈보기〉는 동학농민군이 제시한 「폐정개혁안」 12개조 중 일부이다. 이 중 갑오개혁에 반영된 것을 모두 고른 것은? [서울시 9급 기출]

보기
ㄱ. 무명의 잡다한 세금은 일체 거두지 않는다.
ㄴ. 토지는 균등히 나누어 경작한다.
ㄷ. 왜와 통하는 자는 엄중히 징벌한다.
ㄹ. 젊어서 과부가 된 여성의 재혼을 허용한다.

① ㄱ, ㄴ
❷ ㄱ, ㄹ
③ ㄴ, ㄷ
④ ㄷ, ㄹ

기출 Plus [국가직 9급 기출]

03. 갑오개혁과 동학 농민 운동에서 공통적으로 제기된 개혁안으로 옳은 것은?
① 과부가 된 여성의 개가를 허용한다.
② 각 도의 각종 세금은 화폐로 내게 한다.
③ 죄인 자신 이외의 모든 연좌율을 폐지한다.
④ 공채이든 사채이든 기왕의 것은 모두 무효로 한다.

해 갑오개혁(제1차 갑오개혁)에서 전통적·봉건적 폐습을 타파하기 위한 개혁의 하나로 과부의 개가(改嫁)를 허용하였고, 동학 농민 운동의 폐정개혁 12조에서도 청상과부(靑孀寡婦)의 개가를 허용하는 내용이 포함되었다.
② · ③ 조세의 금납제나 연좌법의 폐지는 갑오개혁에만 포함된 개혁안이다.
④ 동학 농민 운동의 개혁안(폐정개혁 12조)에서 제기된 내용이다.

답 03 ①

⏣ ② ㄱ. 제2차 갑오개혁(1894.12~1895.7) 때 발표한 홍범 14조의 6조에 '납세는 법으로 정하고 함부로 세금을 징수하지 아니한다.'가 있다. 이는 세금을 법대로 공정하게 거두어 기존의 세금 제도를 개선하고자 한 것이다. ㄹ. 제1차 갑오개혁(1894.7~1894.12) 때 전통적 폐습을 타파하는 개혁이 이루어졌는데, 조혼의 금지와 과부의 개가 허용 등의 내용이 포함되어 있다.
갑오개혁의 한계는 일본의 강요에 의해 타율적으로 시작되었다는 점과 토지 제도 개혁에 대한 내용이 없다는 점이다. 그러므로 ㄴ과 ㄷ은 갑오개혁에 반영된 것이라고 볼 수 없다.

(2) 을미개혁(제3차 개혁, 1895. 8~1896. 2)

① 을미사변(1895) : 박영효가 실각한 뒤 제3차 김홍집 내각이 성립되었는데, 명성황후가 친러파와 연결하여 일본을 견제하려 하자 일제는 명성황후를 시해하고 친일 내각을 구성

명성황후 시해 사건(을미사변, 1895)

일제는 갑오개혁에 관여하면서 흥선대원군을 내세워 명성황후 세력을 제거하려 하였다. 명성황후는 이러한 일제의 야욕을 간파하고 일제를 배후로 한 개혁 세력에 대항하였는데, 청·일 전쟁에서 승리한 일제의 압력이 거세지자 친러 정책을 내세워 일본 세력에 대항하였다. 삼국간섭으로 대륙을 침략하려던 일제의 기세가 꺾이자 조선 정계의 친러 경향은 더욱 굳어졌다. 이에 일본 공사 미우라는 일제의 한반도 침략 정책의 장애물인 명성황후와 친러 세력을 일소하고자 일부 친일 정객과 짜고 고종 32년(1895) 10월 일본 군대와 낭인을 동원하여 왕궁을 습격한 후 명성황후를 시해하고 그 시체를 불사르는 만행을 저질렀다.

② 개혁의 추진 : 제4차 김홍집 친일 내각은 중단되었던 개혁을 계속하여 을미개혁을 추진

㉠ 유생들의 반발 : 단발령에 대한 유생들의 강경한 반발

㉡ 개혁의 중단 : 명성황후 시해와 단발령을 계기로 유생층과 농민이 의병을 일으켰고, 친러파는 국왕을 러시아 공사관으로 피신(아관파천, 1896)시킴으로써 개혁 중단

(3) 갑오·을미개혁의 의의 및 한계

① 한계

㉠ 일본의 강요에 의해 타율적으로 시작됨, 조선 침략을 용이하게 하려는 체제 개편

㉡ 토지 제도의 개혁이 전혀 없고, 군제 개혁에 소홀

② 의의

㉠ 침략 의도가 반영된 것이지만 전통 질서를 타파하는 근대적 개혁의 성격을 지님(→ 실질적인 근대 사회로의 전환 계기)

㉡ 갑신정변과 동학 농민 운동의 개혁 요구가 일부 반영(→ 민족 내부의 근대화 노력의 일면)

▶ 명성 황후 인산(장례)

Check Point

을미개혁의 내용
1. 종두법 실시
2. 소학교 설립
3. 태양력 사용
4. 우편 제도 실시
5. 연호 건양(建陽) 사용
6. 단발령 실시
7. 군제의 개편 : 훈련대 폐지, 중앙군(친위대 2개)·지방군(진위대) 설치

5. 아관파천(건양 1, 1896)

(1) 전개

① 배경

　㉠ 을미사변으로 일본에 반감이 커진 틈을 타 한반도를 두고 일본과 경쟁을 펴던 러시아가 국내의 친러파와 모의

▶아관파천 당시 러시아 공사관

　㉡ 고종은 왕권을 제약하려는 개화 세력의 개혁에 불만을 가지게 되었고, 을미사변 후 신변의 위험을 느낌

② 경과 : 러시아 공사 베베르가 친러파와 모의하여 고종을 러시아 공사관으로 파천시켜 1년간 머물게 함

(2) 결과

① **친러내각의 성립** : 친일파가 제거되고 이범진·이완용 등의 친러내각이 정권을 장악

② **지방 제도 개편** : 전국을 13도로 개편

③ **일본의 협상 추진** : 수세에 몰린 일본이 러시아와 세력 균형을 위해 협상을 벌임

㉠ 베베르 · 소촌(고무라) 각서(1896. 5) : 같은 수의 러시아군 · 일본군 주둔과 조선국왕의 재량에 따른 환궁 등을 합의하고 러시아는 아관파천을 합법화함

㉡ 러시아 로바노프의 비밀외교(1896. 6)

- 청(이홍장)과 중 · 러 비밀군사동맹 체결
- 로바노프 · 산현(야마가타) 협정서에서 러 · 일 완충지대를 설정(한반도 분할)
- 민영환 · 로바노프는 고종의 신변보호, 군사교관과 재정고문(→ 알렉세예프) 파견, 차관 제공, 전신선 가설 등을 합의

㉢ 니시 · 로젠 협정(1898. 4) : 조선에서의 정치적 · 경제적 이해관계를 상호 승인(→ 러시아는 조선에서의 일본의 경제적 우위를 인정하고, 고문을 철수)

④ 이권 침탈의 증가 : 아관파천 후 조선의 주권이 약화되고 외세의 이권 침탈이 증가함(→ 최혜국 조항을 내세워 열강의 이권 요구가 급증)

6. 독립 협회(獨立協會, 1896)

(1) 배경 및 성립

① 아관파천으로 친러 내각이 성립함으로써 국가의 자주성이 손상되고 이권 침탈이 가중됨

② 서재필 등은 자유 민주주의적 개혁 사상을 민중에게 보급하고 국민의 힘으로 자주 독립 국가를 건설하기 위하여 독립신문을 창간하고 독립 협회를 창립(1896. 7)

(2) 구성

① 사상적 구성 : 서구 자유민주주의 사상(서재필 · 윤치호)과 개신 유학 사상 · 유교 혁신 사상(남궁억, 정교)이 합쳐져 자주 자강 · 개화 혁신 사상으로 승화(이상재)

② 구성원 : 근대 개혁 사상을 지닌 진보적 지식인들이 지도부를 이루고 도시 시민층이 주요 구성원으로 참여, 학생 · 노동자 · 여성 · 천민 등 광범한 계층의 지지

(3) 주장

① 자주 국권 운동 : 국권과 국익 수호 운동(→ 자주적 중립 외교, 내정 간섭 반대, 자주 독립 정신 고취, 이권 요구 반대, 민중 계몽 등)

Check Point

독립신문

1896년 4월 서재필이 민중 계몽을 위해 창간한 신문으로, 최초의 민간 신문(최초의 근대 신문은 1883년 창간된 한성순보)이자 순한글 신문이다. 창간 이듬해인 1897년부터 한글판과 영문판을 분리하여 2개의 신문으로 발행하였다.

▶ 독립신문

Check Point

독립협회의 기본 사상
- 자주 국권 사상 : 민족주의 사상
- 자유 민권 사상 : 민주주의 사상
- 자강 개혁 사상 : 근대화 사상

② **자강 개혁 운동** : 입헌 군주제, 신교육 운동, 상공업 장려, 근대적 국방력 강화

③ **자유 민권 운동** : 민권(자유권 · 재산권) 보장 운동, 국민 참정권 운동(민의 반영, 의회 설립 운동 등)

(4) 활동

① **이권 수호 운동** : 러시아의 절영도 조차 요구 규탄, 한 · 러 은행 폐쇄

② **독립 기념물의 건립** : 자주 독립의 상징인 독립문을 세우고, 모화관을 독립관으로 개수

③ **민중의 계도** : 강연회 · 토론회 개최, 신문 · 잡지의 발간 등을 통해 근대적 지식과 국권 · 민권 사상을 고취

④ **만민 공동회 개최(1898. 3)** : 우리나라 최초의 근대적 민중 대회(→ 외국의 내정 간섭 · 이권 요구 · 토지 조사 요구 등에 대항하여 반환을 요구)

⑤ **관민 공동회 개최(1898. 10~1898. 11)**

ㄱ 만민 공동회의 규탄을 받던 보수 정부가 무너지고 개혁파 박정양이 정권을 장악하자 정부 관료와 각계각층의 시민 등 만여 명이 참여하여 개최

ㄴ 의회식 중추원 신관제를 반포하여 최초로 국회 설립 단계까지 진행(1898. 11)

ㄷ 헌의 6조 : 헌의 6조를 결의하고 국왕의 재가를 받음(→ 실현되지는 못함)

관민 공동회의 헌의 6조

1. 외국인에게 의지하지 말고 관민이 한마음으로 힘을 합하여 전제 황권을 견고하게 할 것(→ 입헌 군주제를 주장하면서도, 전제 왕권을 부인하지는 못하는 한계)
2. 외국과의 이권에 관한 계약과 조약은 각 대신과 중추원 의장이 합동 날인하여 시행할 것
3. 국가 재정은 탁지부에서 전관(專管)하고, 예산과 결산을 국민에게 공표할 것
4. 중대 범죄를 공판하되, 피고의 인권을 존중할 것
5. 칙임관을 임명할 때에는 정부에 그 뜻을 물어서 중의에 따를 것
6. 정해진 규정(홍범 14조)을 실천할 것

– 독립신문 –

(5) 독립 협회의 해산(1898. 12)

① **보수파의 모함** : 시민 의식이 성숙하지 못한 상태에서 서구식 입헌 군주제의 실현을 추구하여 보수 세력의 지지를 얻지 못함(→ 조병식 등 보수 세력이 고종에게 독립 협회가 왕정을 폐지하고 공화정을 실시하려 한다고 모함하여 독립 협회 해산령(1898. 11)이 내려짐)

② **시민의 투쟁** : 시민들은 만민 공동회를 열어 독립 협회의 부활과 개혁파 내각의 수립, 의회식 중추원의 설치 등을 요구하면서 격렬한 투쟁

▶ 독립문

답 04 ③

③ 해산 : 황국 협회를 이용한 보수 세력의 탄압으로 해산(1898. 12)

④ 의의 : 민중에 의한 자주적인 근대화 운동 전개

 꼭! 확인 기출문제

다음과 같은 주제로 토론회를 개최한 단체에 대한 설명으로 옳은 것은? [지방직 9급 기출]

일자	주제
1897.8.29.	조선에 급선무는 인민의 교육
1897.9.5.	도로 수정하는 것이 위생에 제일 방책
⋮	⋮
1897.12.26.	인민의 귀로 듣고 눈으로 보는 것을 개명케 하려면 우리나라 신문지며 다른 나라 신문지들을 널리 반포하는 것이 제일 긴요함

① 헌정연구회의 활동을 계승하여 월보를 간행하고 지회를 설치하였다.

❷ 국민 계몽을 위해 회보를 발간하고 만민공동회 등 대규모 집회를 열었다.

③ 보부상 중심의 단체로 황권 강화를 통한 부국강병을 행동지침으로 삼았다.

④ 일본이 황무지 개간을 구실로 토지를 약탈하려 하자 대중적 반대 운동을 벌였다.

헤 ❷ 제시된 단체는 1896년에 지식인 계층을 중심으로 만들어진 근대적 사회단체인 '독립 협회'이다. 독립 협회는 서구 열강과 일본이 한반도 침략을 노리던 상황에서 근대화와 정치 개혁으로 나라의 힘을 길러 자주독립 국가를 만드는 것이 목적이었는데, 1897년 중반부터는 서재필, 윤치호 등을 중심으로 토론회를 개최해 신교육과 산업 개발, 미신 타파, 위생 및 치안, 신문 보급 등 근대 개혁에 필요한 것들을 알렸다. 또한 고종의 아관파천 이후에는 우리나라에서 처음으로 근대적 민중 대회인 만민공동회를 열어 러시아의 군사 교관과 재정 고문을 돌려보내기도 했다.

① 헌정연구회의 활동을 계승한 단체는 1906년 서울에서 조직되었던 '대한자강회'이다. 국민 교육을 강화하고 국력을 배양하여 독립의 기초를 마련하기 위한 목적으로 조직되었다.

③ 독립협회에 대항하려고 정부가 1898년에 조직한 '황국협회'이다. 독립협회는 입헌군주제를 주장한 개혁적 정치조직이었고, 황국협회는 전제군주제를 주장하는 보수세력의 집단이었다.

④ 일본의 조선황무지 개간권 요구에 대항하기 위하여 1904년에 조직된 '보안회'이다. 이들의 조직적인 반대 운동은 전국적으로 호응을 얻어 결국 정부는 일본의 요구를 거절한다고 발표하였다.

7. 대한 제국(大韓帝國)

(1) 배경

안으로는 외세의 간섭을 막고 자주 독립 국가를 세우려는 국민적 자각, 밖으로는 러시아 독점 세력을 견제하려는 국제적 여론

(2) 대한 제국의 성립(1897. 10)

러시아 공사관에서 1년 만에 환궁한 고종은 국호를 대한 제국, 연호를 광무로 고치고 황제라 칭하여 자주 국가임을 내외에 선포

(3) 광무개혁

① 성격

    ㉠ 점진적 개혁 : 일본의 강요로 추진된 갑오 · 을미개혁의 급진성을 비판하고 점진적인 개혁을 추진

    ㉡ 복고주의적 개혁 : 구본신참(舊本新參 : 옛것을 근본으로 새로운 것을 참작한다)의 시정 방향을 제시

② 내용

▶ 황궁우와 원구단

정치면	• 황제권의 강화(전제황권) : 복고적 개혁의 성격
	• 대한국제(대한국 국제)의 반포 : 대한국제는 광무정권이 1899년 제정한 일종의 헌법으로, 대한 제국이 전제 정치 국가이며 황제권의 무한함을 강조
	• 원수부 설치 : 황제가 군권을 장악하기 위해 최고 군통수기관으로 원수부를 설치
	• 국방력 강화
	  – 경군(京軍)의 경우 친위대를 2개 연대로 증강하고 시위대를 창설 · 증강, 호위군도 호위대로 증강 · 개편
	  – 지방군의 경우 진위대(鎭衛隊)를 6개 연대로 증강(→원수부의 지휘를 받음)

경제면	• 근대적 토지 소유 제도 마련 : 양지아문을 설치(1898)하여 양전사업을 실시(1899)하고 지계(토지증서) 발급 • 내장원의 재정업무 관할 : 탁지부에서 관할하던 재정업무를 궁내부 소속의 내장원으로 이관 • 상공업 진흥책을 실시하여 황실(정부)이 직접 공장을 설립하거나 민간 회사의 설립을 지원 • 실업학교 및 기술교육기관을 설립 • 금본위제 화폐 제도 채택 시도
사회면	• 종합 병원인 광제원(廣濟院)을 설치 • 신교육령에 의해 소학교 · 중학교 · 사범학교 등을 설립 • 고급장교의 양성을 위해 무관학교를 설립(1898) • 교통 · 통신 · 전기 · 의료 등 각 분야에 걸친 근대적 시설을 확충

③ 한계

    ㉠ 근대 사회로의 지향이나, 황권의 강화와 황실 중심의 개혁(위에서부터 아래로의 개혁)

    ㉡ 진보적 개혁 운동을 탄압하여 국민 지지 상실(보수적 추진 세력의 한계)

    ㉢ 열강의 간섭을 완전히 배제하지 못해 큰 성과를 거두지 못함

대한국제(대한국 국제)의 주요 내용

제1조 대한국은 세계 만국이 공인한 자주 독립 제국이다.
제2조 대한국의 정치는 만세 불변의 전제 정치이다.
제3조 대한국 대황제는 무한한 군권(君權)을 누린다.
제4조 대한국의 신민은 대황제의 군권을 침해할 수 없다.
제5조 대한국 대황제는 육 · 해군을 통솔한다.
제6조 대한국 대황제는 법률을 제정하여 그 반포와 집행을 명하고, 대사 · 특사 · 감형 · 복권 등을 명한다.
제7조 대한국 대황제는 행정 각부의 관제를 정하고, 행정상 필요한 칙령을 발한다.
제8조 대한국 대황제는 문 · 무 관리의 출척(黜陟) 및 임면권(任免權)을 가진다.
제9조 대한국 대황제는 각 조약 체결 국가에 사신을 파견하고, 선전 · 강화 및 제반 조약을 체결한다.

01. 대한제국 시기에 추진된 정책으로 옳지 않은 것은? [지방직 9급 기출]

① 시위대와 진위대를 증강하였다.
❷ 「독립신문」의 창간을 지원하였다.
③ 화폐제도의 개혁과 중앙은행의 창립을 추진하였다.
④ 황실 재정을 담당하는 내장원의 기능을 확대하였다.

🖪 ② 러시아 공사관에서 1년 만에 환궁한 고종은 국호를 대한 제국, 연호를 광무로 고치고 황제라 칭하며 자주 국가임을 내외에 선포하였다(1897). 대한제국은 구본신참(옛것을 근본으로 새로운 것을 참작한다)의 시정 방향을 제시하였다. 독립신문은 1896년 김홍집 내각과 신채호의 지원을 받아 서재필 등이 창간한 우리나라의 최초의 한글 신문이다.
　① 정치적 면에서는 황제가 군권을 장악하기 위하여 원수부를 설치하여 경군의 경우 친위대를 2개 연대로 증강하고, 시위대를 창설, 증강하였다. 지방군의 경우 진위대를 6개 연대로 증강하였다.
　③·④ 경제적 면에서는 탁지부에서 관할하던 재정업무를 궁내부 소속의 내장원으로 이관하였다. 또 일제의 경제 침탈에 맞서 금본위 화폐개혁과 중앙은행 설립을 시도하였다.

02. 대한제국 정부가 시행한 정책으로 옳은 것은? [지방직 9급 기출]

① 별기군을 폐지하고 5군영을 복구하였다.
❷ 양전 사업을 시행하고자 양지아문을 설치하였다.
③ 통리기무아문을 설치하여 개화 정책을 추진하였다.
④ 화폐 제도를 은본위제로 개혁하고자 신식화폐발행장정을 공포하였다.

🖪 ② 대한제국은 근대적 토지 소유제도 마련을 위해 양지아문을 설치(1898)하여 양전사업을 실시하고(1899), 지계아문에서 지계(토지증서)를 토지 소유자에게 발급하였다(1901).
　① 강화도 조약을 체결한 이후 개화정책의 일환으로 신식 군대 양성을 위해 무위영 아래 별도로 별기군을 창설하였으나(1881), 임오군란으로 흥선대원군이 재집권하면서 별기군이 폐지되고 5군영이 부활하였다(1882).
　③ 통리기무아문은 고종이 개화정책을 추진하기 위해 설치한 최초의 근대적 개화기구로, 그 아래 12사를 두어 신문물 수용과 부국강병 도모 등의 개화정책을 추진하였다(1880).
　④ 제차 갑오개혁 때 신식화폐발행장정을 발표하여 은본위 화폐제도를 채택하고 조세의 금납제를 시행하였다(1894).

제4절 항일 의병 투쟁과 애국 계몽 운동

1. 항일 의병 투쟁

(1) 항일 의병 투쟁의 발발

① 배경 : 청·일 전쟁으로 조선에서 청을 몰아낸 일본이 침략 의도를 노골적으로 드러내자 여러 방면에서 민족적 저항이 일어났는데, 의병 항쟁은 그 중 가장 적극적인 형태의 저항

② 시초 : 1894년 8월 서상철이 갑오개혁에 따른 반일 감정(직접적 동기는 동년 6월 일본군의 경복궁 침입 사건)으로 거사

(2) 을미의병(1895)

① **을미의병의 계기** : 최초의 항일 의병으로, 명성황후 시해와 단발령을 계기로 발생

② **구성원과 활동** : 유인석·이소응·허위 등 위정척사 사상을 가진 유생들이 주도, 농민들과 동학 농민군의 잔여 세력이 가담하여 전국적으로 확대

③ **해산** : 아관파천 후 단발령이 철회되고 고종의 해산 권고 조칙이 내려지자 대부분 자진 해산

④ **활빈당의 활동** : 해산된 농민 일부가 활빈당을 조직하여 반봉건·반침략 운동을 계속함

(3) 을사의병의 발발(1905)

① **의병의 재봉기** : 을사조약의 폐기와 친일 내각의 타도를 내세우고 격렬한 무장 항전(→ 항일 의병 전쟁의 전개)

② **의병장** : 민종식, 최익현, 신돌석 등

ㄱ **민종식** : 관리 출신, 을사조약이 체결된 뒤 의병을 일으켜 홍주성(홍성)을 점령

ㄴ **최익현** : 을사조약 이후 태인에서 임병찬과 의병을 일으킨 후, 태인·정읍·순창에서 활약

ㄷ **신돌석** : 을사의병 때 등장한 평민 의병장으로, 영해·일월산·울진 등 강원도와 경상도 접경 지대에서 크게 활약

③ **특징** : 종래 의병장은 대체로 유생이었으나 이때부터 평민 출신 의병장이 활동

(4) 정미의병(1907)

① **계기**

ㄱ 고종의 강제 퇴위

ㄴ 군대 해산(1907. 8) : 제1연대 제1대대장 박승환의 자결(→ 해산 군인의 의병 가담 가속화)

② **특징**

ㄱ **조직과 화력의 강화** : 해산 군인들이 의병에 합류하면서 의병의 조직과 화력이 강화

ㄴ **활동 영역의 확산** : 전국 각지, 나아가 간도와 연해주 등 국외로까지 확산

▶ 단발령

01. 다음은 항일 의병 운동의 시기별 특징을 설명한 것이다. (나) 시기에 일어난 역사적 사실이 아닌 것은?

(가) 존왕양이를 내세우며 지방 관아를 습격하여 단발을 강요하는 친일 수령들을 처단하였다.

(나) 일본의 외교권 박탈을 계기로 국권 회복을 위한 무장 항전을 전개하였다.

(다) 유생과 군인, 농민, 광부 등 각계각층을 포함하여 전력이 향상된 의병은 일본군과 직접 전투를 벌였다.

① 민종식은 1천여 의병을 이끌고 홍주성을 점령하였다.

② 평민 출신 의병장 신돌석이 처음으로 등장하여 강원도와 경상도의 접경 지대에서 크게 활약하였다.

③ 의병 지도자들은 서울 진공 작전을 시도하여 경기도 양주에서 13도 창의군을 결성하였다.

④ 최익현은 정부 진위대와의 전투에 임해서 스스로 부대를 해산시키고 체포당하였다.

해 (가)는 을미의병(1895), (나)는 을사의병(1905), (다)는 정미의병(1907)이다. 13도 창의군을 조직(1907. 12)하여 서울 진공 작전(1908)을 시도한 것은 (다) 시기에 해당된다.

Check Point

항일 의사들의 활동

· 장인환 · 전명운(1908) : 외교 고문 스티븐스 샌프란시스코에서 사살
· 이재명(1909) : 명동 성당에서 이완용 칼로 찔러 중상 입힘

 01 ③

꼭! 확인 기출문제

다음 표는 항일의병의 전투상황을 나타낸 것이다. 표에 나타난 시기의 의병활동에 대한 설명으로 옳지 **않은** 것은? [지방직 9급 기출]

연도	전투 횟수	참가 의병수
1907(8~12월)	323	44,116
1908	1,452	69,832
1909	898	25,763
1910	147	1,891
1911(1~6월)	33	216

① 해산된 군인의 합류로 전투력이 크게 향상되었다.
② 일본의 '남한 대토벌 작전'으로 인해 의병 투쟁은 크게 타격을 받았다.
③ 전국의 의병부대가 연합전선을 형성하여 서울 진공 작전을 시도하였다.
❹ 평민 출신 의병장인 신돌석이 등장하여 호남지역에서 유격전을 벌였다.

해 ④ 제시된 표는 정미의병(1907)에 대한 도표인데, 평민 의병장인 신돌석은 을사의병(1905) 때 등장하여 강원도와 경상도 접경지대에서 크게 활약하였다.
① 정미의병 때는 해산 군인들이 의병에 합류하여 의병의 조직과 화력이 크게 향상되었다.
② 일본군의 잔인한 '남한 대토벌 작전(1909)'을 계기로 정미의병은 크게 타격을 받고 점차 소멸되어 갔다.
③ 정미의병 당시 의병 연합부대가 서울 진공 작전(1907. 12~1908. 1)을 전개하기도 하였다.

(5) 의병 전쟁의 확대

① 13도 창의군 조직(1907. 12)

㉠ 유생 이인영을 총대장, 허위를 군사장으로 13도 연합 의병이 조직

㉡ 외교 활동의 전개 : 서울 주재 각국 영사관에 의병을 국제법상의 교전 단체로 승인해 줄 것을 요구하여, 스스로 독립군임을 자처

㉢ 서울 진공 작전(1908) : 의병 연합 부대는 서울 근교까지 진격(1908. 1)하였으나, 일본군의 반격으로 후퇴

▶ 의병의 봉기

② 국내 진입 작전 : 홍범도와 이범윤이 지휘하는 간도와 연해주의 의병들이 작

전 모색

③ **안중근의 거사(1909)** : 하얼빈 역에서 일제의 침략 원흉인 이토 히로부미를 처단, 이듬해인 1910년 3월 26일 뤼순 감옥에서 순국

을미·을사·정미의병의 격문

① **을미의병**
원통함을 어찌하리오. 국모의 원수를 생각하며 이를 갈았는데 참혹함이 더욱 심해져 임금께서 또 머리를 깎으시는 지경에 이르렀다.
    – 유인석의 창의문 –

② **을사의병**
작년 10월에 저들이 한 행위는 오랜 옛날에도 일찍이 없던 일로서 억압으로 한 조각의 종이에 조인하여 500년 전해오던 종묘 사직이 드디어 하루밤에 망하였으니 ……
    – 최익현의 격문 –

③ **정미의병**
군대를 움직이는 데 가장 중요한 점은 고립을 피하고 일치단결하는 것에 있다. 따라서 각도의 의병을 통일하여 둑을 무너뜨릴 기세로 서울에 진격하면, 전 국토가 우리 손 안에 들어오고 한국 문제의 해결에 있어서도 유리하게 될 것이다.
    – 이인영의 격문 –

(6) 의병 전쟁의 위축

① 일본군의 잔인한 남한 대토벌 작전(1909)을 계기로 정미의병은 점차 소멸되었고, 일부 의병은 만주와 연해주로 근거지를 옮겨 독립군으로 발전

② 많은 의병들은 간도와 연해주로 건너가 독립군이 되어 일제에 강력한 항전을 전개(→ 국내 진공 작전을 추진하기도 함)

③ 일부 의병들은 국내에 남아 산악 지대에서 유격전을 전개

(7) 의병 전쟁의 의의와 한계

① 의병 전쟁의 한계
  ㉠ 국내적 요인 : 비조직성, 전통적 신분제를 고집하여 유생층과 농민 간 갈등
  ㉡ 국외적 요인 : 열강 침략의 보편화, 을사조약으로 외교권이 상실되어 국제적으로 고립

② 의병 전쟁의 의의
  ㉠ 민족 저항 정신 표출
  ㉡ 항일 무장 독립 투쟁의 기반
  ㉢ 반제국주의 · 민족주의 운동

2. 애국 계몽 운동의 전개

(1) 애국 계몽 운동

Check Point

남한 대토벌 작전(南韓大討伐作戰)
1909년 9월 1일부터 10월 30일까지 2달에 걸쳐 진행된, 전라남도와 그 외곽 지대의 반일 의병 전쟁에 대한 일본군의 초토화 작전이다. 3단계에 걸친 작전 전개로 의병장만도 103명이 희생되었다. 이후 의병들은 만주와 연해주로 옮겨가 본격적인 항일 무장 투쟁을 벌이게 되었다.

▶ 의병 부대의 모습

① 의미
  ㉠ 독립 협회의 자강 개혁과 서양의 사회 진화론에 영향을 받아 등장
  ㉡ 을사조약(1905) 전후에 나타난 문화 활동과 산업 진흥 등 실력 양성을 통해 국권을 회복하자는 운동
② 주도 세력 : 지식인, 관료, 개혁적 유학자

(2) 애국 계몽 운동 단체

① 보안회(1904) : 일제의 황무지 개간권 요구에 반대하여 이를 저지
② 헌정 연구회(1905) : 국민의 정치 의식 고취와 입헌정체의 수립을 목적으로 설립됨, 일진회의 반민족적인 행위를 규탄하다가 해산
③ 대한 자강회(1906)
  ㉠ 조직 : 헌정 연구회를 모체로, 사회 단체와 언론 기관을 주축으로 하여 창립
  ㉡ 참여 : 윤치호, 장지연 등
  ㉢ 목적 : 교육과 산업의 진흥을 통한 독립의 기초 마련
  ㉣ 활동 : 독립 협회 정신을 계승하여 월보의 간행과 연설회의 개최 등을 통하여 국권 회복을 위한 실력 양성 운동 및 일진회에 대항하여 애국 계몽 운동 전개
  ㉤ 해체 : 일제의 고종 황제에 대한 양위 강요에 격렬한 반대 운동을 주도하다가 강제로 해체됨
④ 대한 협회(1907)
  ㉠ 조직 및 활동 : 오세창 · 윤효정 · 권동진 등이 대한 자강회를 계승하여 조직, 교육의 보급 · 산업의 개발 · 민권의 신장 · 행정의 개선 등을 강령으로 내걸고 실력 양성 운동을 전개
  ㉡ 해체 : 우리나라에 대한 일제의 지배권 강화에 따라 활동이 약화되어 1910년 한 · 일 병합 조약 이후 해체
⑤ 신민회(1907)
  ㉠ 조직 : 사회 각계각층의 인사를 망라하여 조직된 비밀 결사
  ㉡ 구성원 : 안창호, 양기탁 등
  ㉢ 목적 : 국권 회복, 공화정체의 국민 국가 건설
  ㉣ 활동
    • 문화적 · 경제적 실력 양성 운동 : 자기 회사 설립(평양), 태극서관 설립(대구), 대성 학교 · 오산 학교 · 점진 학교 설립 등
    • 양기탁 등이 경영하던 대한매일신보를 기관지로 활용했고, 1908년 최남

선의 주도하에 〈소년〉을 기관 잡지로 창간

- **군사적 실력 양성 운동** : 이상룡 · 이시영이 남만주에 삼원보, 이승희 · 이상설이 밀산부에 한흥동을 각각 건설하여 항일 의병 운동에 이어 무장 독립 운동의 터전이 됨
- 강경파(양기탁, 신채호 등)와 온건파(안창호)로 분화(1909)

 ⓑ **해체(1911)** : 일제가 날조한 105인 사건으로 해체

105인 사건

일본 경찰은 안중근의 사촌인 안명근이 무관 학교를 세울 자금을 모으다가 체포되자 이를 총독 데라우치 마사타케의 암살 미수 사건으로 날조하여, 신민회 회원을 비롯한 민족주의자 6백여 명을 검거해 고문을 가하였다. 그 결과 105명이 기소되었는데(1911), 그들 중 윤치호, 양기탁, 안태국, 이승훈, 임치정, 옥관빈 등 6명만이 징역을 선고받았다. 기소된 인물이 105명이라 105인 사건이라 명명되었다.

꼭! 확인 기출문제

다음 활동을 전개한 단체로 옳은 것은? [지방직 9급 기출]

> 평양 대성학교와 정주 오산학교를 설립하였고 민족 자본을 일으키기 위해 평양에 자기 회사를 세웠다. 또한 민중계몽을 위해 태극 서관을 운영하여 출판물을 간행하였다. 그리고 장기적인 독립운동의 기반을 마련하여 독립 전쟁을 수행할 목적으로 국외에 독립운동기지 건설을 추진하였다.

① 보안회   **❷ 신민회**
③ 대한 자강회   ④ 대한 광복회

해 ② 신민회(1907)는 사회 각계각층의 인사를 총망라한 비밀결사 조직으로 국권의 회복과 공화정체의 국민 국가 건설을 궁극적 목표로 하여 활동하였는데, 문화 · 경제적 측면의 실력 양성 운동 뿐만 아니라 군사적 실력 양성 운동도 추진하여 남만주에 삼원보, 밀산부 한흥동 등의 독립운동 기지를 건설하였다.

(3) 의의 및 한계

① **의의**

 ㉠ 민족 독립 운동의 이념과 전략을 제시

 ㉡ 장기적인 민족 독립 운동의 기반 구축

② **한계** : 애국 계몽 운동은 일제에 예속된 상태에서 전개되어 성과 면에서 일정한 한계

Check Point

애국 계몽 운동의 전개
독립협회의 해체 뒤 개화 자강 계열 단체들이 설립되어 친일 단체인 일진회에 대항하면서 구국 민족 운동을 전개하였는데, 1905년을 전후하여 이러한 개화 자강 계열의 민족 운동은 국권 회복을 위한 실력 양성 운동, 곧 애국 계몽 운동으로 발전하였다.

Check Point

일진회
친일적 민의가 필요하다고 여긴 일본이 1904년에 설립한 친일 단체이다. 송병준, 윤시병, 유학주 등을 중심으로 적극적인 친일 활동을 전개하였다. 고종이 강제로 퇴위된 당시 전국 각지에서 봉기한 의병들은 일진회 회원들을 살해하고 일진회의 지부 및 기관지인 국민신보사를 습격하여 파괴하였다. 1910년 합병 조약이 체결된 후 해체되었다.

Check Point

신민회의 4대 강령
- 국민에게 민족 의식과 독립 사상을 고취할 것
- 동지를 찾아 단합하여 민족 운동의 역량을 축적할 것
- 각종의 상공업 기관을 만들어 단체의 재정과 국민의 부력을 증진할 것
- 교육 기관을 각지에 설치하여 청소년 교육을 진흥할 것

제2장

개항 이후의 경제와 사회

제1절 열강의 경제 침탈과 경제적 구국 운동

1. 열강의 경제 침탈

(1) 일본 상인의 경제 침투

① 초기
  ㉠ 부산 · 원산 등 개항지를 중심으로 거류지 무역 전개
    • 활동 범위가 개항장 주변 10리 이내로 제한
    • 개항장 주변의 객주, 여각, 보부상 등이 일본 상인과 연결하여 성장
  ㉡ 재판권, 무관세, 일본 화폐의 사용 등의 불평등 조약을 이용해 약탈적 무역 전개
  ㉢ 광목 · 섬유 등 일용품을 들여와 팔고, 싼값으로 쌀 · 콩 · 금 등을 사들이는 중계 무역으로 막대한 이득을 취함
  ㉣ 무관세로 많은 상품을 들여와 국내 산업에 큰 타격

② 1880년대
  ㉠ **활동 범위의 확대** : 무역 활동 범위가 개항장 100리까지 확대되어 내륙까지 진출(→ 농촌에까지 활동 무대를 넓힘)
  ㉡ **곡물 수매에 주력** : 자본주의 초기의 식량 부족을 해결하기 위해 조선의 곡물을 대량 수입해 감(→ 조선의 곡물 가격 폭등과 식량난 초래)
  ㉢ **조 · 청 상민 수륙 무역 장정(1882) 체결 이후** : 청 상인의 활발한 진출로 청 · 일 양국의 각축 격화(→ 청에서의 수입 비율이 점차 증가)

③ 1890년대
  ㉠ 청 · 일 전쟁 이후 일본 상인들이 국내 상권을 거의 독점, 일본 제일 은행의

Check Point

조 · 청 상민 수륙 무역 장정
고종 19년(1882) 조선과 청이 양국 상인의 통상에 대해 맺은 규정이다. 서두에 조선에 대한 청의 종주권을 명시하고 있으며, 조선의 비준도 생략되었다. 임오군란 이후 청의 내정 간섭이 강화된 상황에서 체결되었으며, 이후의 통상 조약 등에도 영향을 미쳐 불평등 조약 체계 확립에 결정적인 역할을 하였다.

지점을 설치하고 대한 제국의 금융을 장악해 감

ⓛ 조선의 전 수입액 중 50% 이상, 수출액 중 90% 이상을 차지

개항(1876)	임오군란(1882)	청 · 일전쟁(1894)
일본 상인 주도 • 중계 무역 : 영국산 면제품 • 약탈 무역 : 무관세 무제한 무역, 영사 재판권 • 거류지 무역 : 개항장 10리 이내(→ 객주, 여각, 보부상의 활동 활발)	**조 · 청 상민 수륙 무역 장정(1882)** • 청 상인의 내지 통상권 허용 • 객주, 보부상 등에 타격 상권 경쟁 청 ◄───► 일 청 · 일 전쟁	**일본의 무역 독점**

(2) 일본의 금융 지배 : 화폐 정리 사업(1905, 재정 고문 메가타)

① 일본의 제일 은행이 대한 제국의 화폐 발행권, 국고 출납권 장악

② 금 본위 화폐 제도

③ 영향 : 민족 은행 몰락, 국내 중소 상인 몰락, 화폐 가치 상승

(3) 일본의 차관 제공 : 대한 제국의 경제와 재정 장악 도모

① 청 · 일 전쟁 이후에는 내정 간섭과 이권 획득 목적으로 제공

② 러 · 일 전쟁 이후에는 화폐 정리, 시설 개선 명목으로 제공

(4) 일본의 토지 약탈

① 개항 직후

ㄱ 초기 : 일본 상인들이 개항장 안의 토지를 빌려 쓰는 데 그침

ㄴ 토지 소유의 확대 : 활동 범위가 개항장 밖으로 확대됨에 따라, 차압과 고리대를 이용하여 우리 농민의 토지를 헐값으로 사서 점차 농장을 확대해 감

② 청 · 일 전쟁 이후(1890년대) : 일본 대자본가들이 침투하여 대규모 농장 경영, 전주 · 군산 · 나주 일대에 대규모 농장 경영

③ 1900년대 : 토지 약탈의 본격화

ㄱ 계기 : 러 · 일 전쟁

ㄴ 명목 : 철도 부지 및 군용지 확보, 황무지 개간, 역둔토(驛屯土)의 수용 등

ㄷ 결과 : 1908년에 설립된 동양 척식 주식 회사는 1년 만에 3만 정보의 토지

▶동양 척식 주식 회사

를 소유하게 되었고, 국권을 빼앗길 무렵에는 1억 5천만 평에 이르는 토지를 일본인이 소유

(5) 제국주의 열강의 이권 침탈

▶ 열강의 이권 침탈

① **배경** : 아관파천 이후 본격화, 최혜국 대우 규정을 이용하여 철도 부설권·금광 채굴권·산림 채벌권 등 이권 침탈

② **이권 침탈**

  ㉠ **러시아** : 경원·종성 광산 채굴권, 압록강·울릉도 산림 채벌권, 조·러 은행 설치권

  ㉡ **일본** : 경인선 철도 부설권(미국으로부터 인수), 경부선·경원선 부설권, 직산 금광 채굴권

Check Point

철도에 대한 일본의 집착
열강의 경제적 침탈 속에서 일본은 특히 철도와 관련된 이권의 획득에 집착하였는데, 이는 철도가 인적·물적 자원을 대량으로 운송할 수 있는 육상 운송 수단으로서 대륙침략 시 일본군의 수송과 조선에서의 쌀을 반출 시 유용하기 때문이었다. 그리하여 미국이 처음 획득한 경인선 부설권을 사들이고, 이어서 경부선, 경의선, 경원선 부설권까지 차지하여 개통하였다.

  ㉢ **미국** : 서울 시내 전차 부설권, 서울 시내 전기·수도 시설권, 운산 금광 채굴권

  ㉣ **프랑스** : 경의선 철도 부설권(일본에 양도), 창성 금광 채굴권, 평양 무연탄 채굴권

  ㉤ **영국** : 은산 금광 채굴권

  ㉥ **독일** : 당현 금광 채굴권

  ㉦ **청** : 황해도·평안도 연안 어채권, 인천-한성-의주 전선 가설권, 서울-부산 전선 가설권

꼭! 확인 기출문제

〈보기〉의 밑줄 친 (가)국가에 대한 설명으로 가장 옳은 것은? [서울시 9급 기출]

┌─ 보기 ─────────────────────────────
정부는 (가) 공사의 서울 부임에 답례할 겸 서구의 근대 문물을 시찰하기 위해 1883년 (가)에 보빙사를 파견하였다. 보빙사의 구성원은 민영익, 홍영식, 서광범 등 11명이었다.
└────────────────────────────────────

① 삼국 간섭에 참여하였다.

② 용암포를 강제 점령하고 조차를 요구하였다.

③ 거문도를 불법으로 점령하였다.

❹ 운산 금광 채굴권을 차지하였다.

해 ④ 1882년 조·미수호통상조약의 체결 후 이듬해 공사 푸트가 서울 부임에 대한 답례와 양국 간 친선을 위하여 보빙사를 파견하였다(1883). 보빙사 일행은 미국 대통령 아서를 접견하고 국서와 신임장을 제출하였다. 그 후 40여일의 기간 동안 박람회, 병원, 신문사, 육군사관학교 등을 시찰하였다. 아관파천(1896) 이후 조선의 주권이 약화되고 외세의 이권 침탈이 증가하였다. 러시아는 삼림 채벌권을 독점하였고 일본은 철도 부설권을 독점하였으며, 미국은 전기 시설을 독점하고, 운산 등의 금광 채굴권을 차지하였다.
① 삼국간섭은 청일전쟁의 강화조약인 시모노세키조약에서 인정된 일본의 라오둥(요동)반도 영유에 반대하는 러시아·프 랑스·독일의 공동간섭을 말한다.
② 러시아는 용암포를 강제 점령하고 조차를 요구하였다.
③ 영국은 러시아의 남하 정책을 견제하기 위해 거문도에 불법으로 군대를 주둔시키고 군사 기지로 2년간 점령하였다.

2. 경제적 구국 운동의 전개

(1) 방곡령과 상권 수호 운동

① 방곡령(防穀令, 1889)

㉠ **목적** : 일본 상인의 농촌 시장 침투와 지나친 곡물 반출을 막기 위함

㉡ **실시** : 개항 이후 곡물의 일본 유출이 늘어나면서 가격이 폭등한데다가 흉 년이 겹쳐 함경도와 황해도를 중심으로 시행

㉢ **결과** : 일제는 1개월 전에 통고해야 한다는 조·일 통상 장정(1883) 규정을 구실로 방곡령의 철회를 요구하고 거액의 배상금을 요구

② **상권 수호 운동** : 상인들은 상권 수호 운동을 벌여 경제적 침탈에 적극적으로 대응

㉠ **시전 상인** : 황국 중앙 총상회를 만들어 서울의 상권을 지키려 함

㉡ **경강 상인** : 증기선을 도입하여 빼앗긴 운송권을 회복하려 함

③ 상회사의 설립

㉠ **배경** : 일부 상인들은 열강의 경제적 침탈에 대항하여 자본주의 생산 방식 이나 새로운 경영 방식을 도입하고 많은 회사들을 설립

㉡ 1880년대에는 관리들과 객주, 보부상 등을 중심으로 대동상회·장통상회 등과 같은 동업자 조합 성격의 상회사가 주로 설립되었고, 대한 제국의 상 공업 진흥 정책이 실시된 이후에는 해운회사·철도회사·광업회사 등과 같은 근대적 형태의 주식회사도 설립

④ 근대적 산업 자본의 성장

㉠ **조선 유기 상회(鍮器商會)** : 유기 공업과 야철 공업을 계승하여 서울에 설립

㉡ **직조 산업** : 외국산 면직물의 수입으로 타격을 받았지만, 민족 자본에 의하 여 직조 공장과 종로 직조사 등을 설립하여 생산 활동 전개

ⓒ 기타 : 연초 공장(煙草工場), 사기 공장(砂器工場) 등

(2) 민족 은행 설립
① 일본의 금융 기관 침투와 고리대금업에 대응하기 위하여 우리 자본으로 은행 설립
  ㄱ 조선 은행(1896) : 관료 자본이 중심이 된 민간 은행(최초)
  ㄴ 민간 은행 : 한성 은행, 천일 은행 등
② 메가타의 화폐 정리 사업(1905), 자금과 기술의 부족, 미숙한 운영 방식 등으로 문을 닫거나 일본계 은행에 합병(→ 일제의 금융권 장악 가속화)

(3) 국채 보상 운동(國債報償運動, 1907)
① 배경 : 일제의 강제 차관 도입으로 인해 정부가 짊어진 1,300만 원의 외채를 국민의 힘으로 상환하여 국권을 회복하자는 운동
② 경과
  ㄱ 서상돈 · 김광제 등이 대구에서 개최한 국민 대회를 계기로 전국으로 확산
  ㄴ 국채 보상 기성회가 서울 등 전국 각지로 확대되고 대한매일신보 등 여러 신문사들도 적극 후원(→ 금연 운동 전개)
  ㄷ 부녀자들은 비녀와 가락지를 팔아서 이에 호응했으며, 여성 단체인 진명 부인회 · 대한 부인회 등은 보상금 모집소를 설치하여 적극적인 활동을 전개
  ㄹ 일본까지 파급되어 800여 명의 유학생들도 참여
③ 결과 : 일본은 국채 보상 기성회의 간사인 양기탁에게 국채 보상금을 횡령하였다는 누명을 씌워 구속하고 1908년 초 2천만 원의 차관을 억지로 추가 공급하여 좌절시킴

(4) 황무지 개간권 반대 운동(1904)
① 보안회는 일제의 황무지 개간권 요구에 대한 반대 운동을 벌여 토지 약탈 음모를 분쇄
② 이도재 등은 농광 회사를 설립하여 황무지를 우리 손으로 개간할 것을 주장

꼭! 확인 기출문제

다음은 대한제국 시기에 설립된 어느 회사에 관한 내용이다. 밑줄 친 '이 회사'에 대한 설명으로 옳은 것은? [국가직 9급 기출]

> • 이 회사의 고금(股金, 주권)은 액면 50원씩이고, 총 1천만 원을 발행하고, 주당 불입금은 5년간 총 10회 5원씩 나눠서 낸다.
> • 이 회사는 국내 진황지 개간, 관개 사무와 산림천택(山林川澤), 식양채벌(殖養採伐) 등의 사무 이외에 금 · 은 · 동 · 철 · 석유 등의 각종 채굴 사무에 종사한다.

① 종로의 백목전 상인이 주도가 된 직조 회사였다.
② 역둔토나 국유 미간지를 약탈하려는 국책 회사였다.
❸ 황무지 개간권 요구에 대응하여 설립된 특허 회사였다.
④ 외국 상인과의 상권 경쟁을 위해 시전 상인이 만든 척식 회사였다.

해 ③ 제시된 사료는 농광회사의 사업규칙으로, 일제의 황무지 개간권 요구에 대응하여 이도재 등은 농광회사를 설립하여 황무지를 우리 손으로 개간할 것을 주장하였다(1904).
① 외국산 면직물의 수입으로 타격을 입은 국내 직조산업을 활성화하기 위해 종로의 백목전 상인이 주도가 되어 종로직조사를 설립하고 생산활동을 전개하였다(1900).
② 동양척식주식회사는 일제가 토지조사령 발표 후 역둔토나 국유 미간지를 약탈하기 위해 세운 국책회사이다(1908).
④ 서울의 시전 상인들은 외국 상인과의 상권 경쟁을 위해 황국중앙총상회를 만들어 상권 수호 운동을 전개함으로써 일제의 경제적 침탈에 적극적으로 대응하였다(1898).

(5) 독립 협회의 이권 수호 운동

① 러시아의 이권 침탈 저지

ㄱ 절영도의 조차 요구 저지 : 러시아가 석탄고 기지 설치를 위해 절영도의 조차를 요구하자 독립 협회는 만민 공동회를 개최하여 러시아의 요구를 저지함

ㄴ 한 · 러 은행의 폐쇄

ㄷ 도서(島嶼)의 매도 요구 저지

② 프랑스 광산 채굴권 요구 저지

③ 미국 · 독일 등 열강이 차지한 철도 · 광산 · 산림에 대한 이권 반대 운동 전개

만민 공동회의 상소

근대 우리나라 국유 광산이라든지, 철도 기지 · 서북 삼림 · 연해 어업 등등, 이 모든 것에 대한 외국인들의 권리 취득 요구를 우리 정부에서 한 가지라도 허락해 주지 않은 것이 있는가. 이렇게 외국인들의 요구가 그칠 줄 모르는데, 오늘에 이르러서는 일인(日人)들이 또다시 국내 산림천택(山林川澤)과 원야(原野) 개발권까지 허가해 줄 것을 요청하기에 이를 정도로 극심해졌으니. 정부는 또 이 요구를 허가할 작정인가. 만일 이것마저 허가한다면 외국인들이 이 위에 또다시 요구할 만한 무엇이 남아 있겠으며, 우리도 또한 무엇이 남아서 이런 요구에 응할 것이 있겠는가. 이렇게 되면 그야말로 500년의 마지막 날이 될 것이요, 삼천리의 종국(終局)이 될 것이니. 우리 정부에서는 반드시 이를 거절할 줄로 안다.　　　— 이상재 —

제2절 근대 평등 사회의 추구

1. 평등 의식의 확산

(1) 19세기 사회의 변화

① 계기 : 천주교와 동학, 개신교의 전파는 사회 전반의 변화에 지대한 영향을 끼침

② 평등 의식의 확산 : 평등 의식이 확산되면서 종래 신분 제도에 변화가 나타남

(2) 종교의 영향

① 천주교 : 19세기 중엽에 교세가 확장되어 평등 의식의 확산에 기여, 중인·평민·부녀자 신도가 많음

② 동학 : 인내천 사상을 통해 적서 차별과 남존 여비를 부정(→ 평등주의), 주로 평민층 이하의 지지를 받음

③ 개신교 : 19세기 말 전래, 포교의 수단으로 학교를 설립하고 의료 사업 전개, 한글 보급, 미신 타파, 남녀 평등 사상 보급, 근대 문명 소개, 애국 계몽 운동에 기여

(3) 갑신정변의 영향

① 진보적 사고 : 양반 신분 제도와 문벌 폐지, 인민 평등 실현 등

② 조선의 불합리한 신분 제도를 사회적 불평등의 근원이자 국가 발전을 저해하는 주요 원인으로 인식하고 개혁하고자 함

2. 사회 개혁 운동

(1) 동학 농민군의 사회 개혁

① 의의 : 반상(班常)을 구별하는 관행을 부정하고 인간 평등과 인권 존중의 반봉건적 사회 개혁을 추구하여 사회 전반에 커다란 변화를 야기

② 폐정 개혁안

　㉠ 반봉건적 사회 개혁안 요구 : 노비 문서 소각, 천인 차별 개선, 불량한 유림과 양반 징벌, 지벌의 타파

　㉡ 지주제 철폐의 요구 : 지조법 개혁을 넘어 토지의 평균 분작을 요구

③ 한계 : 신분 간의 갈등 초래(양반 지주의 저항 초래, 민보군, 집강소)

(2) 갑오개혁과 신분제의 폐지

① 사회면의 개혁

㉠ 동학 농민 운동의 요구 수용 : 갑오개혁에 일부 수용되어 사회 개혁이 많음

㉡ 개혁 추진의 중심 기구인 군국기무처를 통해 전통적 신분 제도와 문벌·출신 지역에 따른 인재 등용의 폐습을 개혁

② 개혁 내용 : 평등주의적 사회 질서 수립, 노비 및 천민층의 점진적 해방, 기술직 중인의 관직 등용 확대, 여성의 대우 향상과 혼인 풍습 개선 등

③ 결과

㉠ 양반 중심의 신분 제도가 폐지되고 능력 본위의 인재 등용이 이루어지는 계기로 작용

㉡ 연좌제 폐지는 즉시 효력을 발생한 반면, 대부분의 사회 개혁안은 전통적 신분 제도를 곧바로 타파하기보다 점진적·개량적으로 접근

④ 의의 : 조선의 근대화에 기여했으며, 양반의 권력 독점을 해체시키는 계기가 됨

Check Point

갑오개혁 때 추진된 사회 개혁
- 문벌에 따른 차별과 양반, 상민 등의 계급을 타파하고 귀천의 구별 없이 인재를 뽑아 등용한다.
- 지금까지 내려온 문존 무비(文尊武卑)의 차별을 폐지한다.
- 공·사 노비 제도를 모두 폐지하고 인신매매를 금지한다.
- 연좌법을 모두 폐지하여 죄인 자신 이외에는 처벌하지 않는다.
- 남녀의 조혼을 엄금하여 남자는 20세, 여자는 16세에 결혼을 허락한다.
- 과부의 재혼은 귀천을 막론하고 그 자유에 맡긴다.

3. 민권 운동의 전개

(1) 독립 협회의 운동

① 활동 방향 : 주권 독립 운동, 민권 운동(인권 운동과 참정권 실현 운동으로 전개)

② 기본 사상 : 자주 국권 사상·자유 민권 사상·자강 개혁 사상

③ 의의

㉠ 민중의 자발적 참여, 평등 의식의 확산

㉡ 근대화 사상의 계승 : 대한 제국 말기의 애국 계몽 사상으로 이어짐

④ 해체 : 입헌 군주제를 주장하는 것에 위기를 느낀 정부가 황국 협회를 동원하여 탄압

민권론

대저 동양 풍속이 나라를 정부가 독단하는 고로 나라가 위태한 때를 당하여도 백성은 권리가 없으므로 나라 흥망을 전혀 정부에다가 미루고 수수방관만 하고, 정부는 나중에 몇몇 사람이 순절만 할 줄로 성사를 삼는 고로 나라 힘이 미약하여 망하는 폐단이 자주 날뿐더러 …… 그런즉 지금 폐단을 없앨 방법과 재략은 다름 아니라, 갑자기 백성의 권리를 모두 주어 나라 일을 하려 할 것도 아니요, 관민이 합심하여 정부와 백성의 권리가 서로 절반씩 된 후에야 대한이 억만 년 무강할 줄로 나는 아노라.

– 독립신문(1898. 12. 15) –

애국 계몽 운동

1905~1910년에 전개된 실력 양성 운동을 총칭한다. 1905년 을사조약 이후 우리 민족의 국권 회복 운동은 애국 계몽 운동과 의병 운동의 두 측면에서 전개되었다. 이 중 애국 계몽 운동은 일제에 국권을 박탈당한 이유를 힘과 실력의 부족에서 찾아, 실력을 배양·축적해야 한다고 주장하였다. 이들은 국내에서 사업을 수행하여 민력을 키우고, 청소년을 민족 간부로 양성하며, 국외에 무관 학교를 중심으로 한 독립군 기지를 설치하고 독립군을 양성하여 실력을 쌓아 두었다가 일제를 몰아내어 국권을 회복하고자 하였다. 보안회, 헌정 연구회, 대한 자강회, 신민회, 흥사단 등이 애국 계몽 운동 단체에 속한다.

(2) 애국 계몽 운동

① 활동 내용 : 사회·교육·경제·언론 등 각 분야에서 국민의 근대 의식과 민족 의식을 고취

② 영향

　㉠ 사회 인식의 전환 : 근대 교육이 보급되고 근대 지식과 사상이 보편화되어 사회 인식의 전환을 초래

　㉡ 민주주의 사상의 진전 : 애국 계몽 운동가들이 민주 공화정체의 우월성과 국민 국가 건설의 필요성을 주장

제3장

근대 문화의 발달

제1절 근대 문물의 수용

1. 서양 과학 기술의 수용

(1) 과학 기술 수용론의 등장
① 근대 이전 : 서양의 과학 기술에 대한 관심은 17세기 실학자들에 의하여 싹틈
② 개항 이후 : 당시의 개화파는 우리의 정신 문화는 지키면서 서양의 과학 기술을 수용하자는 동도서기론을 제창

(2) 서양 과학 기술의 수용 과정
① 개항 이전 : 1860년대 흥선대원군 집권기에도 서양의 침략에 대응하기 위한 무기 제조 기술에 많은 관심을 보임
② 개항 이후
　㉠ 동도서기론에 입각하여 서양 과학 기술 수용
　㉡ 조사 시찰단과 영선사 파견
　㉢ 무기 제조 기술 외에 산업 기술의 수용에도 관심이 높아져서, 1880년대에는 양잠 · 방직 · 제지 · 광산 등에 관한 기계를 도입하고 외국 기술자를 초빙
　㉣ 1890년대 : 근대적 과학 기술의 수용을 위해서는 교육 제도의 개혁이 급선무임을 인식하여 갑오개혁 이후 유학생의 해외 파견을 장려하고 교육 시설을 갖추는 데 노력

2. 근대 시설의 수용

Check Point

박문국과 광인사
- 박문국 : 고종 20년(1883) 김옥균, 서광범, 박영효 등의 노력으로 설치된 출판 기관이다. 같은 해 10월 한성순보를 발간하였다. 갑신정변의 실패로 폐지되었다가 고종 22년(1885) 통리교섭통상아문의 건의에 따라 재설치되었다.
- 광인사 : 출판사를 겸한 한국 최초의 근대식 민간 인쇄소로, 고종 22년(1884) 일본에서 납 활자를 수입하고 판화 인쇄 시설을 갖추었다. 광인국이라고도 한다.

기출 Plus
[지방직 9급 기출]

01. 다음 각 문화재에 대한 설명으로 옳지 않은 것은?
① 화엄사 각황전은 다층식 외형을 지녔다.
② 수덕사 대웅전은 주심포 양식의 건물이다.
③ 부석사 무량수전은 배흘림 기둥을 갖고 있다.
④ 덕수궁 석조전은 서양 고딕 양식의 건물이다.

劃 덕수궁 석조전은 덕수궁 안에 지어진 최초의 서양식 석조 건물로 르네상스식 건물로 지어졌으며, 고딕 양식의 대표적 건축물은 명동 성당이다.

▶ 덕수궁 석조전

▶ 명동 성당

 답 01 ④

(1) 근대 시설의 도입

① 인쇄 시설
  ㉠ 박문국 설립(1883. 8) : 최초의 신문인 〈한성순보〉 창간(1883. 10), 갑신정변으로 〈한성순보〉가 중단된 후 〈한성주보〉를 속간(1886. 1)
  ㉡ 광인사 설립(1884) : 최초의 근대적 민간 출판사, 근대 기술에 관한 서적 출판

② 통신 시설
  ㉠ 전신 : 청에 의해 서울과 인천 간에 가설(1885), 이후 독자적 기술에 의한 근대적 통신망 완성
  ㉡ 전화 : 처음에 궁궐 안에 가설(1896), 그 후 서울 시내에도 가설(1902)
  ㉢ 우편 : 우정국이 갑신정변으로 중단되었다가 을미개혁 이후 부활(우체사, 1895), 만국 우편 연합에 가입하여 여러 나라와 우편물을 교환(1900)

③ 교통 시설
  ㉠ 철도 : 최초로 경인선(1899)이 부설되었고 경부선(1905)과 경의선(1906)은 일본의 군사적 목적에 의하여 부설
  ㉡ 전차 : 황실과 미국인 콜브란의 합자로 설립된 한성 전기 주식 회사가 발전소를 건설하고 서대문과 청량리 간에 최초로 전차를 운행(1899)

④ 의료 시설
  ㉠ 광혜원 : 우리나라 최초의 근대식 국립 의료 기관인 광혜원을 설립(1885)하고 미국인 선교사 알렌(Allen)이 운영하게 함(후에 제중원으로 개칭)
  ㉡ 광제원 : 정부가 1900년에 설립한 관립 의학교로, 의료 기술을 보급하고 백성의 치료를 담당(→ 지석영은 여기서 종두법을 연구·보급)
  ㉢ 대한 의원 : 정부에서 1907년 설립한 국립 병원, 의료 요원 양성 및 신식 의료 기술 보급
  ㉣ 자혜 의원 : 전국 각지에 설치된 근대식 국립 의료원으로, 도립 병원의 전신(1909)
  ㉤ 세브란스 병원 : 미국 선교부가 1904년 개인 병원으로 건립

⑤ 건축 : 서구 양식의 건물인 독립문(프랑스의 개선문을 모방), 덕수궁 석조전(르네상스 양식), 명동 성당(중세 고딕 양식) 등

⑥ 무기 : 기기상

⑦ 화폐 주조 : 전환국

(2) 근대 시설 수용의 의의

외세의 이권 침탈이나 침략 목적에 이용되기도 하였으나, 한편으로는 국민 생활 편리의 진작과 생활 개선에 이바지

제2절 언론과 교육 · 학문의 보급

1. 언론 활동

(1) 언론 기관의 발달

언론 기관	주요 활동
한성순보(1883~1884)	• 박영효 등 개화파가 창간하여 박문국에서 발간한 최초의 신문 • 관보 성격의 순한문판 신문으로, 10일 주기로 발간 • 국가 정책 홍보와 서양의 근대 문물 소개 • 갑신정변으로 박문국 폐지 시 중단
한성주보(1886~1888)	• 박문국 재설치 후 〈한성순보〉를 이어 속간 • 최초의 국한문 혼용 • 최초로 상업광고를 실음
독립신문(1896~1899)	• 서재필이 발행한 독립협회의 기관지로서, 최초의 민간지, 격일간지 • 순한글판과 영문판 간행, 띄어쓰기 실시 • 국민에 대한 계몽과 민족 자주의식, 자유민권사상의 배양을 목적으로 발간 • 사회진화론에 의한 세계질서 파악, 의병활동에 부정적 인식
매일신문(1898~1899)	• 협성회의 회보를 발전시킨 최초의 순한글 일간지 • 개화사상과 국민의 각성을 주장, 독립협회 해산으로 폐간
황성신문(1898~1910)	• 남궁억, 유근 등 개신유학자들이 발간, 국한문 혼용 • 민족주의적 성격의 항일 신문, 보안회 지원, 장지연의 '시일야방성대곡'을 게재하고 을사조약을 폭로하여 80일간 정간
제국신문(1898~1910)	• 이종일이 발행한 순한글의 계몽적 일간지(일반 대중과 부녀자 중심) • 국민 계몽과 자강 사상 고취, 신교육과 실업 발달 강조 • 의병활동에 부정적
대한매일신보(1904~1910)	• 영국인 베델이 양기탁 등과 함께 창간, 국한문판 · 한글판 · 영문판 간행(최대 발행부수) • 신민회 기관지로 활용, 국채 보상 운동에 주도적으로 참여 • 영 · 일동맹으로 검열이 면제, 서양문물 소개 • 의병활동, 친일 내각과 일진회의 매국행위 폭로 · 규탄 등 일제침략을 상세히 보도한 반일 신문으로, 항일운동의 전국적 확산에 기여 • 1910년 고종의 '을사조약부인친서'를 보도하다 총독부에 매수되어 일제 기관지(매일신보)로 속간
만세보(1906~1907)	• 천도교의 후원을 받아 오세창이 창간한 천도교 기관지 • 사회진보주의 제창(신지식 개발, 신문화 보급운동) • 일진회의 〈국민신보〉에 대항(일진회 공격) • 이인직의 〈혈의 누〉 연재
경향신문(1906~1910)	가톨릭교회의 기관지, 주간지, 민족성 강조
대한민보(1909~1910)	대한협회의 기관지로, 일진회의 기관지인 〈국민신보〉에 대항
경남일보(1909~1914)	최초의 지방지

Check Point

친일 신문, 일본 신문
- **한성신보** : 일본인이 발간, 을미사변 은폐기사 게재
- **대동신보** : 일본인 신문
- **경성일보** : 〈한성신보〉와 〈대동신보〉를 합병한 신문으로, 통감부와 총독부의 기관지 성격
- **서울 프레스** : 영자신문
- **대한신문** : 이완용 내각의 기관지
- **국민신보** : 일진회(이용구 · 송병준 등)의 기관지
- **매일신보** : 총독부가 〈대한매일신보〉를 매수해 발행한 기관지

(2) 일제의 언론 탄압

① 신문지법(1907)을 제정하여 언론을 탄압

② 국권 피탈 이후 민족 신문을 강제 폐간 · 매수

꼭! 확인 기출문제

〈보기〉의 사설이 발표되는 계기가 된 사건에 대한 설명으로 가장 옳은 것은? [서울시 9급 기출]

┌ 보기 ────────────────────────────────────
…… 그러나 슬프도다. 저 개돼지만도 못한 이른바 우리 정부의 대신이란 자들은 자기 일신의 영달과 이익이나
바라면서 위협에 겁먹어 머뭇대거나 벌벌 떨며 나라를 팔아먹는 도적이 되기를 감수하였던 것이다. 아, 4,000
년의 강토와 500년의 사직을 다른 나라에 갖다 바치고, 2,000만 국민을 타국의 노예가 되게 하였으니, ……
아! 원통한지고, 아! 분한지고, 우리 2,000만 타국인의 노예가 된 동포여! 살았는가, 죽었는가? 단군, 기자 이래
4,000년 국민정신이 하룻밤 사이에 갑자기 망하고 말 것인가. 원통하고 원통하다. 동포여! 동포여!
──

① 친러 성향의 내각이 수립되어 러시아의 정치적 간섭이 강화되었고, 열강의 이권 침탈도 심해졌다.

❷ 러일전쟁 승리 이후 일본은 대한제국의 외교권을 박탈하는 조약을 체결하여 대한제국을 일본의 보호
국으로 만들었다.

③ 일본은 헤이그 특사 파견을 문제 삼아 고종 황제를 강제로 퇴위시키고, 대한제국의 군대를 해산하는
조약을 체결하였다.

④ 총리 대신 이완용과 조선 통감 데라우치 사이에 조약이 체결되어 국권을 상실하였다.

해 ② 제시된 글은 〈황성신문〉에 실린 장지연의 사설, '시일야방성대곡(오늘 목 놓아 통곡하노라)'이다. 시일야방성대곡은 을사
조약(을사늑약)의 부당성을 알리고 조정 대신들을 비판하는 내용을 담고 있다. 을사조약(을사늑약)은 1905년 11월, 러일
전쟁에서 승리한 일본이 보호국이라는 명목 아래에 대한제국의 외교권을 빼앗고 식민지화시키기 위해 강제로 맺은 조
약이다.
① 아관파천(1896)
③ 한 · 일 신협약(정미 7조약, 1907.7)
④ 한 · 일 병합 조약(1910.8.22.)

2. 근대 교육의 발전

(1) 근대 교육의 실시 : 1880년대부터 개화 운동의 일환으로 근대 교육이 보급됨

① 원산 학사(1883) : 최초의 근대적 사립 학교, 외국어 · 자연 과학 등 근대 학문
과 무술을 가르침

② 동문학(1883) : 정부가 세운 영어 강습 기관(통리교섭통상사무아문의 부속 기관)

③ 육영 공원(1886) : 정부가 보빙사 민영익의 건의로 설립한 최초의 근대식 관립
학교, 길모어 · 헐버트 등 미국인 교사를 초빙하여 상류층의 자제들에게 근대
학문 교육

(2) 근대적 교육 제도의 정비

① 교육 입국 조서 반포(1895)

ㄱ 근대적 교육 제도가 마련되어 소학교·중학교 등 각종 관립 학교가 설립

ㄴ 국가의 부강은 국민의 교육에 있음을 내용으로 함

② 광무개혁 : 실업 학교 설립

> **교육 입국 조서**
>
> 세계의 형세를 보면 부강하고 독립하여 잘사는 모든 나라는 다 국민의 지식이 밝기 때문이다. 이 지식을 밝히는 것은 교육으로 된 것이니 교육은 실로 국가를 보존하는 근본이 된다. …… 이제 짐은 정부에 명하여 널리 학교를 세우고 인재를 길러 새로운 국민의 학식으로써 국가 중흥의 큰 공을 세우고자 하니, 국민들은 나라를 위하는 마음으로 지·덕·체를 기를지어다. 왕실의 안전이 국민들의 교육에 있고, 국가의 부강도 국민들의 교육에 있도다.

(3) 사립 학교

① 개신교 계통

ㄱ 개신교 선교사들이 학교를 설립하여 학생들에게 근대 학문을 가르치고 민족 의식을 고취했으며, 민주주의 사상의 보급에 이바지

ㄴ 배재 학당(1885), 이화 학당(1886), 경신 학교(1886), 정신 여학교, 숭실 학교(1897), 배화 여학교, 숭의 여학교, 보성 여학교 등

② 민족주의 계통의 학교

ㄱ 민족 지도자들의 학교 설립

- 배경 : 을사조약 이후 민족 지도자들은 근대 교육이 민족 운동의 기반이라 주장
- 학교의 설립 : 보성 학교(1906), 양정 의숙(1905), 휘문 의숙(1906), 숙명 여학교(1906), 진명 여학교(1906), 서전 서숙(1906), 대성 학교(1908), 오산 학교(1907), 흥무관 학교(1907), 동덕 여자 의숙(1908), 흥화 학교(1898), 점진 학교(1899)

ㄴ 학회의 구국 교육 운동 : 대한 자강회·신민회 등 정치·사회 단체와 서북 학회·호남 학회·기호 흥학회·교남 교육회·관동 학회 등 많은 학회가 구국 교육 운동 전개

③ 여성 교육 : 황성신문에 최초의 여성 선언문 〈여성 통문〉 발표, 독립신문은 정부가 여성 교육을 위해 예산을 집행할 것을 주장, 순성 여학교 건립(1899)

3. 국학 연구의 진전

(1) 배경

Check Point

대성 학교

…… 학생들은 20세, 30세의 청년 유지들로, 입을 벌리면 나라를 걱정하였고, 행동은 모두 민족의 지도자를 자부하였다. 학교의 과정은 중등 학교라고 하지만, 그 정도가 높아 4학년 과정은 어느 전문 학교의 3학년 과정과 대등하였으며, 학교의 설비도 중등 학교로서는 유례가 없을 만큼 잘 갖추었다. …… 이 학교는 애국 정신을 고취하는 것을 목적으로 한 학교였으므로, 매일 아침 엄숙한 조회를 하여 애국가를 부른 후 애국에 관한 훈화가 있어 학생들은 이를 마음속 깊이 받아들였다. …… 체조 교사는 군대의 사관으로 뜻이 높던 철혈의 사람 정인목으로, 그는 군대식으로 학생들을 교련하였다. 눈이 쌓인 추운 겨울에 광야에서 체조를 시켰으며, 쇠를 녹이는 폭양 아래에서 전술 강화를 하였고 ……

– 〈안도산 전서〉 –

▶ 대성 학교

Check Point

주시경

우리글에 '한민족의 크고 바르고 으뜸가는 글'이라는 뜻의 '한글'이라는 이름을 붙인 주시경은 당시 근대 학문을 배운 지식인으로서 후진을 양성하고 민족 정신을 고양시키기 위해 활발한 활동을 펼쳤다. 또한 그는 우리말의 문법을 최초로 정립하였으며, 표의주의 철자법과 한자어 순화 등 혁신적인 주장을 하였다. 〈국어 문법〉, 〈말의 소리〉 등의 저서를 남겼다.

① 실학이 원류이며, 실학파의 민족 의식과 근대 지향 의식이 근대적 민족주의로 발전

② 애국 계몽 운동의 일환으로 국사와 국어를 연구하여 민족 의식과 애국심을 고취하고자 함

(2) 국사 연구 분야

① 근대 계몽 사학의 성립 : 장지연, 신채호, 박은식 등

　㉠ 구국 위인 전기 : 〈을지문덕전〉, 〈강감찬전〉, 〈이순신전〉 등

　㉡ 외국 흥망사 소개 : 〈미국 독립사〉, 〈월남 망국사〉 등

　㉢ 일제 침략 비판 : 〈매천야록〉, 〈대한계년사〉 등

② 민족주의 사학의 방향 제시 : 신채호의 〈독사신론〉

③ 조선 광문회의 설립(1910) : 최남선과 박은식이 조직하여 민족 고전을 정리 · 간행

④ 국사 교과서 간행 : 〈유년필독〉, 〈동국사략〉

(3) 국어 연구

① 국 · 한문체의 보급 : 갑오개혁 이후 관립 학교의 설립과 함께 국 · 한문 혼용의 교과서 간행

　㉠ 서유견문(西遊見聞) : 유길준, 새로운 국 · 한문체의 보급에 크게 공헌

　㉡ 독립신문 · 제국신문은 순한글, 한성순보 · 황성신문 · 대한매일신보 등은 국한문 혼용

② 국문 연구소의 설립(1907) : 주시경 · 지석영이 설립, 국문 정리와 국어의 이해 체계 확립, 〈국어문법〉 편찬

제3절 문예와 종교의 새 경향

1. 문학의 새 경향

(1) 신소설(新小說)

① 특징

　㉠ 순 한글로 쓰였고, 언문 일치의 문장을 사용

ⓛ 봉건적인 윤리·도덕의 배격과 미신 타파, 남녀 평등 사상과 자주 독립 의식을 고취

② 대표작 : 이인직의 〈혈의 누〉(1906), 안국선의 〈금수회의록〉(1908), 이해조의 〈자유종〉(1910) 등

(2) 신체시

① 1908년 이후 등장한 새로운 형태의 시로, 정형적 시 형식을 탈피하여 자유로운 율조로 새로운 사상을 담음(→ 정형 시가에서 현대 자유시로 넘어가는 과도기적·실험적 시가)

② 대표작 : 최남선의 〈해에게서 소년에게〉(1908, 소년)

(3) 외국 문학의 번역

① 작품 : 〈천로역정〉, 〈이솝 이야기〉, 〈로빈슨 표류기〉 등

② 의의 : 신문학의 발달에 이바지하였고, 근대 의식의 보급에도 기여

(4) 문학 활동의 비판 및 의의

일부 외국 문화에 대한 무분별한 수입·소개로 식민지 문화의 터전을 만들어 주기도 했지만, 일반적으로 민족 의식을 높이는 역할을 함

2. 예술계의 변화

(1) 음악

① 서양 음악 소개 : 크리스트교가 수용되어 찬송가가 불리면서 소개

② 창가의 유행 : 서양식 악곡에 맞추어 부르는 신식 노래로 〈애국가〉, 〈권학가〉, 〈독립가〉 등이 널리 애창됨

(2) 연극

① 민속 가면극 : 전통적인 민속 가면극이 민중들 사이에 여전히 성행

② 신극 운동 : 우리나라 최초의 서양식 극장인 원각사가 세워짐(1908), 〈은세계〉·〈치악산〉 등의 작품이 공연됨

(3) 미술

① 서양식 유화 도입

② 전통 회화의 발전 : 김정희 계통의 문인 화가들이 발전시킴

▶ 원각사

기출 Plus
[국가직 9급 기출]

01. 20세기 초 종교계의 민족 운동에 대한 설명으로 옳지 <u>않</u>은 것은?

① 한용운은 일본 불교계의 침투에 대항하면서 민족 불교의 자주성을 지키기 위해 노력하였다.

② 손병희는 일진회가 동학 조직을 흡수하려 하자, 천도교를 창설하고 정통성을 지키려 하였다.

③ 박은식은 〈유교구신론〉을 지어 유교가 민주적이고 평등한 종교로 거듭나야 한다고 주장했다.

④ 김택영은 전국의 유림들과 더불어 대동학회를 결성한 후 유교를 통한 애국 계몽 운동을 펼쳐나갔다.

해 대동학회(大同學會, 1907)는 민족 종교 단체가 아니라 일제의 사주로 조직된 대표적 친일 유교 단체이다. 대동학회는 신·구 학문 연구를 표방하면서 유림계를 친일화하려는 목적으로, 이완용 등의 자금을 제공받은 신기선 등이 조직하였다. 대동학회 월보를 간행하였으며, 1909년에 이용직, 김학진 등을 중심으로 하여 공자교로 개칭하였다.

3. 종교 운동의 새 국면

(1) 천주교

① 1886년 프랑스와의 수호 통상 조약 이후 선교 활동 허용

② 교육, 언론, 사회 사업(양로원·고아원) 등에 공헌, 애국 계몽 운동의 대열에 참여

(2) 개신교

① 종교 운동은 개신교의 참여로 활발하게 전개

② 교육과 의료 사업 등에 많은 업적

③ 배재 학당, 이화 학당, 세브란스 병원

(3) 천도교(동학)

① **전통 사회의 혁신** : 민중 종교로 성장한 동학은 전통 사회를 혁신하는 데 크게 기여

② **민족 종교로의 발전** : 대한 제국 시기 이용구 등 친일파가 일진회를 조직하고 동학 조직을 흡수하려 하자, 제3대 교주인 손병희는 동학을 천도교로 개칭하고 민족 종교로 발전시킴(1905)

③ **민족 의식 고취** : 만세보라는 민족 신문을 발간하여 민족 의식을 고취

④ **교육 활동 전개** : 보성 학교·동덕 여학교 인수

(4) 대종교

① **창시** : 나철·오기호 등은 단군 신앙을 기반으로 대종교를 창시(1909)

② **성격·활동** : 민족적 입장을 강조하는 종교 활동을 벌였고, 특히 간도·연해주 등지에서의 항일 운동과 밀접한 관련을 가지면서 성장

(5) 불교

① 통감부의 간섭으로 일본 불교에 예속화 진행

② 한용운 등은 조선 불교 유신론(1913)을 내세워 일본 불교계의 침투에 대항하고 불교의 혁신과 자주성 회복을 위해 노력

(6) 유교

① 반침략적 성격은 강하였으나 시대의 흐름에 역행한다는 비판

② 박은식의 유교 구신론(1909) : 양명학에 토대, 실천적 유교 정신 강조(→ 유교의 단점을 지양하고 민족주의·민주주의 이념에 적응하려는 움직임을 보임)

(7) 친일 종교 단체

① 대동 학회 : 친일 유교 단체

② 동양 전도관 : 친일 기독교 단체

③ 본원사 : 친일 불교 단체

일제
강점기

국권 침탈   3·1 운동   6·10 만세 운동   신간회 조직

1910년   1919년   1926년   1927년

~1945

1945년   1941년   1938년   1935년

8·15 광복   대한민국 건국   조선 의용대 창설   민족 혁명당 창립
강령 발표

7편

민족 독립
운동의 전개

제1장

국권 침탈과 민족의 수난

제1절 일제의 국권 침탈

1. 국제적 배경

(1) 청 · 일 전쟁(1894~1895)

  ① 조선에 대한 주도권 전쟁

  ② 시모노세키 조약(1895) : 일본의 주도권 장악

(2) 러시아의 남하 정책 및 영국과 일본의 견제

  ① 러시아의 남하 정책

   ㉠ 베이징 조약(1860)으로 연해주 획득(→ 조선과 국경을 접하게 됨)

   ㉡ 러 · 일 협상(1896)으로 조선에 러시아군이 주둔

   ㉢ 조 · 러 육로 통상 조약의 체결(1888)

   ㉣ 마산 · 목포의 조차 시도

   ㉤ 용암포 조차 시도(광무 7, 1903)

  ② 제1차 영 · 일 동맹(1902. 1)

   ㉠ 극동에서 세력 확대를 꾀하던 러시아를 겨냥하여 영국과 일본이 동맹 체결

   ㉡ 영국은 조선에서의 일본의 이권을 인정하고, 일본은 청에서 영국의 이권을 인정함

(3) 러 · 일 전쟁(1904~1905)

  ① 발발 : 한반도 분할에 관한 러 · 일 간의 협상이 결렬된 후 일본이 여순을 기습 침략하여 러시아 발틱 함대를 대파

② 경과

    ㉠ 전쟁 중인 1905년 7월 미 · 일 간의 가쓰라 – 태프트 밀약이 체결(→ 일본의 한국 보호를 인정)

    ㉡ 1905년 8월 제 2차 영 · 일 동맹 체결(→ 일본의 한국에 대한 지도 보호 및 감리 조치 인정)

③ 결과 : 미국의 중재로 포츠머스 조약 체결(1905. 9)

    ㉠ 국제적 : 일본의 한국에 대한 우월권 확보

    ㉡ 국내적 : 일본의 한국 침탈 본격화

 꼭! 확인 기출문제

다음 조약들을 순서대로 바르게 나열한 것은? [법원직 9급 기출]

> (가) 을사조약   (나) 제2차 영 · 일 동맹
> (다) 포츠머스 강화 조약   (라) 가쓰라–태프트 밀약

① (가) – (나) – (다) – (라)   ② (나) – (라) – (다) – (가)

③ (다) – (가) – (나) – (라)   ❹ (라) – (나) – (다) – (가)

해 ④ (라) 가쓰라–태프트 밀약(1905. 7)
   (나) 제2차 영 · 일 동맹(1905. 8)
   (다) 포츠머스 강화 조약(1905. 9)
   (가) 을사조약(제2차 한 · 일 협약, 1905. 11)

참고

가쓰라 – 태프트 밀약, 제2차 영·일 동맹, 포츠머스 조약

① 가쓰라 – 태프트 밀약(1905)

  첫째, 필리핀은 미국과 같은 친일적인 나라가 통치하는 것이 일본에 유리하며, 일본은 필리핀에 대하여 어떤 침략적 의도도 갖고 있지 않다.

  둘째, 극동의 전반적 평화를 유지하는 데는 일본 · 미국 · 영국 등 3국 정부의 상호 양해를 달성하는 것이 최선의 길이며 사실상 유일한 수단이다.

  셋째, 미국은 일본이 대한 제국의 보호권을 확립하는 것이 러 · 일 전쟁의 논리적 귀결이며 극동 평화에 직접 이바지할 것으로 인정한다.

② 제2차 영 · 일 동맹(1905)

  제3조 일본은 한국에서 정치 · 군사 · 경제상의 탁월한 이익을 옹호 증진하기 위해 정당하고 …… 지도 감리 및 보호 조치를 한국에서 집행할 권리를 갖는다.

③ 포츠머스 조약(1905)

• 러시아는 한국에 대한 일본의 정치 · 군사 · 경제상의 특별 권리를 승인(→한국에 대한 일본의 지도 · 보호 · 감리권을 승인하여 한국 지배가 국제적으로 확인됨)

• 러시아는 북위 50° 이남의 사할린 남반부 섬을 일본에 할양

• 여순 · 대련에 있어서의 조차권 승인, 장춘 이남의 철도부설권 등을 할양

• 동해, 오호츠크 해, 베링 해 연안의 어업권을 일본에 양도

• 양국 군대는 동시에 철수하고 동등한 권리로 상호 이권을 존중

2. 일제의 국권 침탈

(1) 한 · 일 의정서(1904. 2)

① 체결 과정 : 대한 제국의 국외 중립 선언(1904. 1) → 러 · 일 전쟁 발발(1904. 2) → 일제의 대규모 병력 투입 및 군사적 요지 점령

② 내용 : 일본군은 전략상 필요한 지역을 마음대로 사용, 대한 제국과 러시아 간 조약을 파기, 대한 제국은 일본의 동의 없이 제3국과 조약 체결을 하지 못함

(2) 제1차 한 · 일 협약(1904. 8)

① 체결 과정 : 러 · 일 전쟁의 전세가 유리하게 전개되자 일제는 한국 식민지화 방안을 확정하고, 제1차 한 · 일 협약의 체결을 강요

② 고문 정치 : 외교 · 재정 등 각 분야에 고문을 두고 한국의 내정에 간섭

    ㉠ 외교 고문 : 스티븐스(→ 1908년 미국 샌프란시스코에서 장인환, 전명운이 사살)

    ㉡ 재정 고문 : 메가타(→ 화폐 정리 사업 실시)

(3) 제2차 한 · 일 협약(을사조약, 1905. 11)

① 체결 과정

    ㉠ 조약의 강요 : 러 · 일 전쟁에서 승리한 일본은 미국 · 영국 · 러시아 등 열강으로부터 한국의 독점적 지배권을 인정받은 후 한국을 보호국으로 만들기 위해 을사조약의 체결을 강요

    ㉡ 조약의 일방적 공포 : 우리 정부의 강력한 반대에도 불구하고 일제는 일방적으로 조약 공포

② 결과

    ㉠ 외교권을 빼앗고, 통감부를 설치하여 내정까지 간섭(통감 정치)

    ㉡ 각계각층에서는 일제의 침략을 규탄하고, 조약의 폐기를 주장하는 운동 발발

③ 저항

    ㉠ 을사의병 : 최익현, 민종식, 신돌석

    ㉡ 친일 매국노의 처단 : 5적 암살단(나철 · 오혁(오기호) 등)

    ㉢ 상소 운동 : 조약의 폐기를 요구하는 상소 운동(조병세 등)

    ㉣ 항일 언론 활동 : 장지연의 시일야방성대곡(황성신문)

    ㉤ 자결 : 자결로써 항거(민영환 등)

④ 외교를 통한 저항

    ㉠ 미국에 헐버트 특사 파견(1905) : 을사조약의 무효와 독립의 지원 호소

▶ 을사조약 문서

▶ 을사조약 무효 선언서

▶ 헤이그 특사

ⓒ 헤이그 특사 파견(1907) : 고종은 조약 무효를 선언하고 특사를 파견해 일
제 침략의 부당성과 국제적 압력을 호소(→ 일제의 방해로 실패, 이를 구실
로 고종 황제를 강제로 퇴위시킴)

을사조약

제2조 일본 정부는 한국과 타국 간에 현존하는 조약의 실행을 완수하는 임무를 담당하고 한국 정부는 지
금부터 일본 정부의 중개를 거치지 않고서는 국제적 성질을 가진 어떤 조약이나 약속을 맺지 않을
것을 서로 약속한다.
제3조 일본 정부는 그 대표자로 한국 황제 폐하 밑에 1명의 통감을 두되 통감은 오로지 외교에 관한 사항
을 관리하기 위하여 경성에 주재하고 친히 한국 황제 폐하를 만날 수 있는 권리를 가진다.

(4) 한 · 일 신협약(정미 7조약, 1907. 7)

① 체결 과정 : 고종을 퇴위시키고 순종을 즉위시킨 후 황제의 동의 없이 강제로 체결
② 내용
　ㄱ 정부에 일본인 차관을 두어 실제 행정권을 장악하는 차관 정치 실시
　ㄴ 모든 통치권이 통감부로 이관(→ 통감부 권한 강화, 내정권 장악)
　ㄷ 군대 해산(1907. 8) : 일제는 군대를 해산하고 의병의 저항을 무력으로 진압
③ 정미의병(1907) : 해산 군인들이 의병에 합류

Check Point

정미의병
군대를 움직이는 데 가장 중요한
점은 고립을 피하고 일치단결하는
것에 있다. 따라서 각 도의 의병을
통일하여 둑을 무너뜨릴 기세로
서울에 진격하면, 전 국토가 우리
손 안에 들어오고 한국 문제의 해
결에 있어서도 유리하게 될 것이다.
– 이인영 격문 –

정미 7조약

제2조 한국정부의 법령제정 및 중요한 행정상의 처분은 미리 통감의 승인을 거칠 것
제3조 한국의 사법사무는 보통 행정사무와 이를 구분할 것
제4조 한국 고등 관리의 임면은 통감의 동의로써 이를 행할 것
제5조 한국정부는 통감이 추천하는 일본인을 한국 관리에 용빙할 것
제6조 한국정부는 통감의 동의 없이 외국인을 한국 관리에 임명하지 말 것

꼭! 확인 기출문제

밑줄 친 '이 협약'에 대한 설명으로 옳은 것은? [지방직 9급 기출]

> 일제는 군대를 증강해 강압적 분위기를 조성한 다음 친일 내각과 이 협약을 체결했다. 이 협약을 체결할 때, 일
> 제는 대한제국 군대의 해산을 요구해 관철시켰다. 이때 해산된 군인의 상당수는 일본군과 격전을 벌인 후 의병
> 부대에 합류하였다.

① 고종이 헤이그에 특사를 파견하는 계기가 되었다.
② 최익현이 의병 운동을 처음 시작한 원인이 되었다.
③ 재정고문 메가타가 화폐정리사업을 실시하는 근거가 되었다.
❹ 통감이 추천하는 일본인을 한국 관리에 임명한다는 내용을 담고 있다.

해 ④ 제시문의 '이 협약'은 일제가 헤이그에 특사를 파견한 고종을 강제 퇴위시키고 체결한 한 · 일 신협약(정미 7조약)으로 (1907), 제5조에 한국 정부는 통감이 추천하는 일본인을 한국 관리로 임명한다는 내용을 포함하고 있다.
  ① 고종의 헤이그 특사 파견은 일제가 한 · 일 신협약을 강제로 체결한 원인이 된 사건으로, 을사늑약의 부당성을 알리기 위해 고종이 헤이그 만국평화회의에 특사를 파견하였다.
  ② 최익현은 흥선대원군의 하야를 요구하는 탄핵상소를 올리고 왜양일체론에 입각하여 위정척사운동을 전개한 인물로, 을사늑약 체결에 반대하여 태인에서 의병활동을 전개하다 체포되어 쓰시마 섬에서 순국하였다.
  ③ 일제는 러 · 일 전쟁의 전세가 유리하게 전개되자 한 · 일 협약의 체결을 강요하고 재정 고문으로 메가타를 임명하여 화폐정리사업을 실시하였다.

(5) 기유각서(1909. 7)

사법권 · 감옥 사무권 강탈, 경찰권 강탈(1910. 6)

(6) 한 · 일 병합 조약(1910. 8. 22)

① 이완용과 데라우치 간에 국권 피탈 문서가 조인됨
② 주권 박탈로 일본의 식민 통치 시작(→ 천황과 총독에 의한 통치, 국내외 독립 운동의 본격화)

(7) 조선 총독부(朝鮮總督府)

▶ 조선 총독부

① 설치(1910) : 식민 통치의 중추 기관으로 조선 총독부를 설치하고 강력한 헌병 경찰 통치를 실시, 언론 · 집회 · 출판 · 결사의 자유를 박탈
② 총독부의 조직
  ㉠ 조선 총독 : 일본군 현역 대장 중에서 임명됨, 일본 왕에 직속되어 절대 권력을 행사
  ㉡ 조직 체계 : 총독 아래에 행정을 담당하는 정무총감, 치안을 담당하는 경무총감을 둠
  ㉢ 중추원(中樞院)
    • 자문 기관으로, 친일파 한국인을 참여시키는 회유 술책
    • 3 · 1 운동까지 한 차례의 정식 회의도 소집되지 않은 명목뿐인 기관

Check Point

국권 침탈 과정
한 · 일 의정서(1904.2) → 제1차 한 · 일 협약(1904.8) → 제2차 한 · 일 협약(을사조약, 1905.11) → 한 · 일 신협약(정미 7조약, 1907.7) → 기유각서(1909.7) → 한 · 일 병합 조약(1910.8.22)

🔍 확인 기출문제

다음 빈칸 안에 있었던 일로 알맞은 것은? [지방직 9급 기출]

한 · 일 의정서 ⇒ 제1차 한 · 일 협약 ⇒ 제2차 한 · 일 협약 ⇒ (   ) ⇒ 한 · 일 합방

① 각 분야에 고문(顧問)을 두었다.
② 통감부를 설치하여 내정을 간섭하였다.
③ 외교권을 박탈당하였다.
❹ 사법권과 감옥 관장 사무를 빼앗겼다.

해 ④ 제2차 한 · 일 협약(을사조약)은 1905년, 한 · 일 합방(한 · 일 병합 조약)은 1910년의 일이다.
　　사법권과 감옥 관장 사무를 강탈당한 것은 1909년 기유각서 때이므로 빈칸의 시기에 있었던 일로 적합하다.
　① 1차 한 · 일 협약(1904. 8)에 대한 내용이다.
　② · ③ 제2차 한 · 일 협약(을사조약, 1905)으로 외교권을 박탈당하고, 통감 정치가 시작되었다.

제2절 일제의 식민 통치와 민족의 수난

1. 1910년대(1910~1919)

(1) 무단 통치(헌병 경찰 통치)

① 헌병 경찰제 : 헌병의 경찰 업무 대행

　㉠ 헌병 경찰의 즉결 처분권 행사, 체포 및 구금(영장 불요)

　㉡ 태형 처벌 : 조선 태형령 시행

② 위협적 분위기 조성 : 관리와 교원들까지 제복과 칼을 착용

③ 언론 · 출판 · 집회 · 결사의 자유 박탈, 안악 사건과 105인 사건 조작

▶ 헌병 경찰 통치하의 식민지 교육

조선 태형령
제1조 3월 이하의 징역 또는 구류에 처하여야 할 자는 그 정상에 따라 태형에 처할 수 있다.
제4조 본령에 의해 태형에 처하거나 또는 벌금이나 과료를 태형으로 바꾸는 경우에는 1일 또는 1원을 태 하나로 친다. 1원 이하는 태 하나로 계산한다.
제11조 태형은 감옥 또는 즉결 관서에서 비밀리에 행한다.
제13조 본령은 조선인에 한하여 적용한다.

(2) 경제적 수탈

① 토지 조사 사업(1910~1918)

　㉠ 의도 : 일제는 근대적 토지 소유권 제도를 확립한다고 선전하였으나, 실제로는 토지를 약탈하고 지주층을 회유하여 식민지화에 필요한 재정 수입원을 마련하기 위함

　㉡ 토지 조사령 발표(1912) : 막대한 자금과 인원을 동원하여 전국적인 토지 조사 사업 시행

▶ 토지 조사 사업

토지 조사령(1912)

① 토지 소유권은 총독 또는 그 권한을 위촉받은 자가 결재, 확정한다.
② 소유권 주장에는 신고주의를 원칙으로 한다.
③ 토지 소유자는 조선 총독이 정하는 기간 내에 주소, 씨명, 명칭 및 소유지의 소재, 지목, 결수를 임시 토지 조사 국장에게 신고해야 한다. 단 국유지는 보관 관청이 임시 토지 국장에게 통지해야 한다.

   ⓒ **기한부 신고제** : 토지 신고제가 농민에게 널리 알려지지 않았으며, 신고 기간도 짧고 절차가 복잡하여 신고의 기회를 놓친 사람이 많았음

   ⓔ **소작농의 소작권(경작권) 불인정**

   ⓜ **결과**
- **토지의 약탈**
  - 미신고 토지, 공공 토지, 마을 · 문중 소유 토지, 산림 · 초원 · 황무지 등을 조선 총독부가 소유(→ 1930년대 전국 농토의 약 40%를 탈취)
  - 소유권 분쟁 시 결수연명부와 양안만을 근거로 하였으므로 많은 토지가 소유권을 인정받지 못하고 총독부의 소유로 넘어감
  - 탈취한 토지를 동양 척식 주식 회사를 비롯한 일본인 토지 회사나 개인에게 헐값으로 불하
- **농민 생활 피폐**
  - 소작권 불인정으로 농민들이 계약 소작농으로 전락, 고율의 소작료 부담
  - 지주제의 강화 : 친일 지주화, 소작농 증가
  - 해외로의 이주 : 생활 기반을 상실한 농민은 일본인의 고리대에 시달리게 되었고, 생계 유지를 위해 화전민이 되거나 만주 · 연해주 등지로 이주

② **산업의 침탈**

   ㉠ **회사령(1910)** : 회사 설립 허가제를 통해 민족 기업의 성장 억제, 일제의 상품 시장화

   ㉡ **자원 약탈 및 경제활동 통제** : 자원 약탈을 위해 삼림령(1911), 어업령(1911), 광업령(1915), 임야조사령(1918) 등을 실시하여 민족 경제가 성장할 수 있는 토대를 빼앗고, 산업 경제 활동도 금융조합 · 농공은행 등을 통해 경제 활동을 통제

   ㉢ **경제 기반과 산업의 독점** : 민족 자본은 위축되고 경제발전이 막힘
- 철도 · 항만 · 통신 · 도로 등을 모두 총독부와 일본의 대기업이 독점
- 인삼 · 소금 · 담배 등도 총독부에서 전매

▶ 일제에 의해 삭제된 신문 기사

2. 1920년대(1919~1931(만주 사변) 또는 1937(중·일 전쟁))

(1) 문화 통치

① 배경 : 3·1 운동에 나타난 민족적 저항, 국제적 여론 악화

② 목적 : 가혹한 식민 통치 은폐와 우리 민족에 대한 이간·분열·기만 통치, 식민지배에 도움이 되는 인간양성 추구

③ 문화 통치의 내용과 실상

일제의 정책	실상
문관 총독	한 명도 임명되지 않음
보통 경찰제	경찰 예산 및 관서·경찰의 수 증가, 고등계 형사 강화
조선·동아일보 간행	검열 강화, 기사 삭제, 정간·폐간
한국인의 교육 기회 확대	초등 교육·실업 교육 치중(경성 제국 대학은 일본인을 위한 대학)
• 참정권 허용 – 중추원 회의 실시 – 부·면 협의회 설치 • 결사·집회의 자유 허용	• 친일파를 위원으로 임명, 친일 단체·자산가·종교인의 집회만 인정 • 독립 단체(신간회)의 허용은 독립 운동에 대한 감시와 통제를 쉽게 하기 위함 • 치안 유지법(1925) 제정

(2) 경제적 수탈

① 산미 증식 계획(1920~1934)

㉠ 배경 : 제1차 세계 대전 후 일제는 고도 성장을 위한 공업화 추진에 따른

▶ 일제가 우리나라에서 수탈한 쌀을 일본으로 운반하기 위해 군산항에 쌓아둔 쌀

식량 부족과 쌀값 폭등을 우리나라에서의 식량 수탈로 해결하려 함

ⓛ 방법

- 수리 조합 설치와 토지 및 품종·종자 개량, 비료 증산 등의 개선(→ 미곡 증산이 목적)
- 우리 농업을 논 농사(쌀) 중심의 기형적인 단작형 농업 구조로 전환
- 조선 농회령을 제정(1926)하고 지주 중심의 착취 극대화를 위한 조선 농회 조직

ⓒ 결과

- 식량 사정 악화 : 증산량보다 훨씬 많은 수탈, 만주 잡곡 수입
- 농촌 경제의 파탄 : 쌀 수급량과 관계없이 정해진 목표대로 수탈함으로써 농촌 경제를 파탄에 빠뜨림
- 농민 몰락 : 수리 조합비·비료 대금 등 증산 비용을 농민에게 전가, 지주의 소작료 인상
- 화전민·유랑민·소작농 증가, 만주나 일본 등으로 이주
- 식민지 지주제를 강화하여 식민 지배체제를 위한 사회적 기반을 마련
- 쌀 중심의 단작형 농업 구조 형성
- 소작 쟁의 발생의 원인 제공
- 일제의 농촌 진흥 운동 실시(1932~1940)

ⓔ 1930년대 세계 경제 공황과 일본 내 농민 보호를 위해 1934년 중단

일제의 경제적 수탈

① 한국인과 일본인의 1인당 평균 쌀 소비량(단위 : 석)

연도	1917	1919	1921	1923	1925	1926	1927	1928
한국인	0.7200	0.7429	0.6749	0.6743	0.5186	0.5325	0.5245	0.5402
일본인	1.126	1.124	1.153	1.153	1.128	1.131	1.095	1.129

② 산미 증식 계획 기간의 미곡 생산량과 수탈량(단위 : 만 석)

연도	1920	1922	1924	1926	1928	1930	1931	1933
생산량	1,488	1,510	1,322	1,530	1,351	1,918	1,587	1,819
수탈량	209	321	489	579	702	517	903	799

② 회사령 철폐(1920) : 허가제를 신고제로 바꿔 일본 독점 자본의 진출이 용이하게 함

③ 일제 독점 자본의 침투

  ㉠ 1920년대
  - 일제 독점 자본들이 광업 · 비료 · 섬유 회사 등을 설립하고 우리나라의 공업 생산을 장악하는 등 본격적 침투가 시작
  - 1920년대 중반 자본 투자는 경공업에서 중공업 분야로 옮겨짐
  ㉡ 1930년대 : 일본이 만주와 중국을 침략함에 따라 우리나라는 군수 물자를 공급하는 병참 기지가 되어 중공업 투자가 더욱 증가

3. 1930년대 이후(1931 또는 1937~1945)

(1) 민족 말살 통치

① 배경 : 대공황(1929)을 타개하기 위해 침략 전쟁 확대(→ 만주 사변(1931), 중 · 일 전쟁(1937), 태평양 전쟁(1941))

② 목적 : 조선의 민족성을 말살하고 일본인으로 동화시켜 전쟁 수행을 위한 인적 · 물적 수탈 강화

③ 민족 말살 구호 : 내선 일체, 일선 동조론, 황국 신민화

④ 민족 말살 정책 : 우리 말 · 우리 역사 교육 금지, 조선 · 동아일보 폐간, 창씨개명, 황국 신민 서사 암송, 신사 참배, 궁성 요배 강요

(2) 경제적 수탈

① 병참 기지화 정책
  ㉠ 배경 : 경제 공황 극복을 위한 침략 전쟁 전개로 전쟁 물자의 조달 필요
  ㉡ 발전소, 군수 공장, 금속 · 기계 · 중화학 공업, 광공업 육성(북부 지방)

② 남면 북양 정책(1934) : 공업 원료 증산 정책(→ 남부에서는 면화, 북부에서는 면양 사육 장려)

③ 국가 총동원령(1938)
  ㉠ 식량 수탈 : 산미 증식 계획 재개, 미곡 공출제, 식량 배급제
  ㉡ 전쟁 물자 공출 : 금속제 공출(농기구, 식기, 제기, 교회나 사원의 종)
  ㉢ 인적 자원의 수탈
  - 징용 : 노무 동원(1939), 징용령(1939)
  - 근로 동원 : 어린 학생을 동원
  - 여자 정신대 근로령(1944) : 여성 동원을 법제화
  - 일본군 위안부 : 반인권적, 반인륜적 범죄
  - 병력 동원 : 지원병제(1938), 학도 지원병제(1943), 징병제(1944)

Check Point

민족 말살 정책의 내용
- 내선 일체(内鮮一體) : 내(内)는 내지인 일본을, 선(鮮)은 조선을 가리키며, 일본과 조선은 한 몸이라는 뜻이다. 한국인을 일본인으로 동화시키고자 하였다.
- 일선 동조론(日鮮同祖論) : 일본인과 조선인은 조상이 같다는 이론으로, 한국인의 민족 정신을 근원적으로 말살하기 위한 이론이다.
- 황국 신민 서사(皇國臣民誓詞) : "우리들은 대일본 제국의 신민이다. 우리들은 마음을 합하여 천황 폐하에게 충의를 다한다."를 요지로 한다.

▶ 황국 신민 서사 암송

▶ 신사 참배

▶ 금속 공출

▶ 일본군 위안부

꿀! 확인 기출문제

01. 일제시기의 경제 정책에 관한 설명으로 옳지 않은 것은? [지방직 9급 기출]

❶ 일제는 산미 증산 계획을 이루기 위해 지주제를 철폐하였다.

② 일제는 1930년대 이후에 조선의 공업 구조를 군수 공업 체제로 바꾸었다.

③ 일제의 토지 조사 사업으로 많은 양의 토지가 총독부 소유지로 편입되었다.

④ 일제는 1910년에 회사령을 공포하여 조선인의 회사 설립을 통제하였다.

해 ① 산미 증식 계획(1920~1934)은 일제가 제1차 세계 대전 후의 공업화 정책 추진에 따른 식량 부족 문제를 식량 수탈로 해결하기 위해 시행한 것으로, 조선 쌀의 일본 유출을 증가시켰으며 식민지 지주제를 강화하였다. 특히 수리 조합이 지주를 중심으로 운영되어 대지주들은 혜택을 받은 반면 중소 지주나 자작농 · 소작농들은 수리 조합비의 부담과 고율 소작료, 고리대 등에 의해 몰락해 갔다. 이러한 일제의 적극적인 식민 지주 육성 정책에 따라 성장한 조선인 지주들은 식민지 지배 체제를 위한 사회적 기반의 역할을 수행하기도 하였다.
② 1930년대 이후 일제가 만주와 중국을 침략함에 따라 우리나라는 군수 물자를 공급하는 병참 기지가 되어 공업 구조가 군수 공업 체제로 전환되었다.
③ 일제가 실시한 토지 조사 사업(1910~1918)의 결과 미신고 토지는 물론 공공 토지, 마을이나 문중 소유의 토지, 산림 · 초원 · 황무지 등의 토지가 모두 조선 총독부 소유로 편입되었다.
④ 일제는 회사령(1910)을 공포하여 회사 설립을 허가제로 하여 민족 기업의 성장을 억제하였다.

02. 밑줄 친 ㉠, ㉡에 대한 설명으로 옳은 것은? [지방직 9급 기출]

> 신고산이 우르르 함흥차 가는 소리에
> ㉠ 지원병 보낸 어머니 가슴만 쥐어뜯고요
>
> …(중략)…
>
> 신고산이 우르르 함흥차 가는 소리에
> ㉡ 정신대 보낸 어머니 딸이 가엾어 울고요

❶ ㉠ – 학생들도 모집 대상이었다.

② ㉠ – 처음에는 징병제에 따라 동원되기 시작하였다.

③ ㉡ – 국민징용령에 근거한 조직이었다.

④ ㉡ – 물자 공출 장려를 목표로 결성하였다.

해 ① 일제는 1937년 중일전쟁 이후 1945년 태평양전쟁이 끝날 때까지 일본은 수십만 명의 한국 남성을 강제로 연행해 가서 노동력을 착취하였고, 전쟁이 확대되면서 부족한 노동력을 보충하기 위해서 한국의 어린 남학생, 여성들까지 징용해갔다. 1938년 국가 총동원령을 선포하며 남성은 지원병제도, 학도병제도 등을 실시하여 전쟁에 동원하였다. 여성은 정신근로령을 제정하여, 정신대라는 이름으로 강제로 동원한 후 일본군 위안부생활을 강요하였다.

제2장

민족 독립 운동의 전개

제1절 3 · 1 운동과 대한민국 임시정부

1. 3·1 운동 이전의 민족 운동

(1) 국내의 민족 운동

① 의병 활동 : 서북 지방의 채응언 부대

② 국내 항일 비밀 결사

㉠ 일제의 무자비한 탄압에 따라 비밀 결사 운동으로 변모되어 조직적으로 전개

㉡ 독립 의군부 · 대한 광복회 · 조선 국권 회복단 등 많은 항일 결사를 조직해 일제에 저항

독립 의군부 (1912~1914)	• 조직 : 1912년 고종의 밀명으로 임병찬 등 각지의 유생들이 조직 · 결성, 복벽주의 단체 • 활동 : 조선 총독부와 일본 정부에 한국 침략의 부당성을 밝히고 국권 반환 요구 · 민중 봉기 계획
조선 국권 회복단 (1915)	• 조직 : 이시영 · 서상일 등의 유생이 시회(詩會)를 가장하여 조직한 비밀결사, 국권 강탈 후 조직된 전국 규모의 항일 운동 단체, 공화주의 단체 • 활동 : 단군 숭배, 3 · 1운동 시 만세 운동 주도, 군자금 모집, 만주 · 연해주의 독립 단체로 연계 투쟁 전개, 파리 강화 화의에 보낼 독립 청원서 작성 운동에 참여
대한 광복회 (1915~1918)	• 조직 : 풍기의 대한광복단(1913)과 대구의 조선 국권 회복단의 일부 인사가 모여 군대식으로 조직 · 결성, 각 도와 만주에 지부 설치, 박상진(총사령) · 김좌진(부사령) · 채기중 • 활동 : 군자금을 모아 만주에 독립 사관 학교 설립, 연해주에서 무기 구입, 독립 전쟁을 통한 국권 회복을 목표로 함(→ 1910년대 항일 결사 중에서 가장 활발한 활동 전개)
기타	• 단체 : 송죽회(1913)(→ 여성들이 조직한 유일한 비밀결사), 선명단(鮮明團), 자립단, 기성단, 조선국민회 등 • 활동 : 교사 · 학생 · 종교인 · 농민 · 노동자 · 여성 등 사회 각계각층 참여

Check Point

남만주(서간도)의 독립 운동 기지
이회영 등은 신민회의 지원을 받아 남만주에 삼원보를 건설하였다. 이곳에서 조직된 항일 독립 운동 단체인 경학사는 훗날 부민단, 한족회로 발전하면서 서로 군정서를 양성하였다. 또한 삼원보에 설립된 신흥 강습소는 가장 대표적인 독립군 사관 양성 기관이라고 할 수 있는 신흥 무관 학교로 발전하였다.

(2) 국외의 민족 운동

① 국외 독립 운동 기지 건설 : 무장 투쟁을 계승하고 독립 전쟁의 기반을 다짐

만주	• 1910년 서간도 삼원보에 자치기구인 경학사(경학사는 부민단(1912) ⇒ 한족회(1919)로 발전)와 군사교육기관인 신흥 강습소 설립(신흥 강습소(1911)는 신흥학교(1912) ⇒ 신흥무관학교(1919)로 발전) • 북간도 용정에 간민회(1913)(대한 국민회(1919)로 개편) · 중광단(1911)(북로 군정서로 발전), 서전서숙(1906) · 명동학교(1908) 운영 • 소 · 만 국경 지역에 이상설 · 이승희 등이 설립한 밀산부의 한흥동도 중요 기지(→대한 독립군단 결성)
상해	• 동제사(1912) : 상해에서 신규식 · 박은식 · 조소앙 등이 조직한 비밀결사(→1913년 중국 국민당 인사까지 참여 · 개편), 청년 교육에 주력(박달학원 설립) • 신한 혁명당(1915) : 이상설 · 박은식 · 신규식 중심, 대동 단결 선언(1917) 제창(→최초로 애국 계몽 운동과 의병 운동의 통합을 시도) • 대동 보국단(1915) : 신규식 · 박은식의 주도로 동제사의 대체 조직으로 설립, 대동사상 주창(→대동 단결 선언(1917)에 영향) • 신한 청년단(신한 청년당)(1918) : 김규식 · 서병호 · 여운형 · 문일평 · 신규식 등을 중심으로 조직, 활발한 외교활동(→파리 강화 회의에 김규식 파견)으로 3 · 1 운동과 임시정부 수립에 영향
연해주	• 블라디보스토크 신한촌을 중심으로 13도 의군(1910) · 성명회(1910) · 권업회(1911) · 대한 광복군정부(1914) · 한인 사회당(1918) · 대한 국민 의회(1919, 3 · 1 운동 이후) 등이 활동 • 활동 : 이주 한인들의 결속 도모, 교육 사업 주력, 독립군 양성 등
미주	• 공립 협회(1905), 대한인 국민회(1909), 흥사단(1913), 대조선 국민 군단(1914), 구미 위원회(1919), 숭무 학교 등 • 활동 : 국제 외교 활동 전개, 독립 운동 자금 모금
일본	유학생들이 중심이 되어 민족의 단결 · 각성 촉구
중국	한 · 중 간의 유대 강화 노력

해외 독립군 기지 건설
국외의 애국 지사들은 국내와 긴밀히 연락을 취하면서 독립 운동 기지를 건설하고 독립 운동을 전개

▶ 만주 · 연해주의 독립 운동 기지

② 대동 단결 선언(大同團結宣言, 1917. 7. 상해)

　㉠ 목적 : 독립 운동 세력에 의한 임시정부 수립 노력의 일환

ⓛ 발기인 : 신규식 · 조소앙 · 박용만 · 홍명희 · 박은식 · 신채호 · 김규식(김성) · 조성환 등 14인

ⓒ 제안 내용
- 국가 상속(國家相續)의 대의를 선포하여 해외 동포의 총 단결을 주장
- 국가적 행동의 한 단계 높은 활동을 표방하며 민권의 대동 단결로 독립 운동 세력의 통일 전선 결성

ⓔ 선언의 요지 : 융희 황제의 주권 포기를 단정함으로써 조선 왕실의 존재를 신국가 건설의 도정에서 배제

꼭! 확인 기출문제

밑줄 친 '그'의 활동으로 옳은 것은? [지방직 9급 기출]

> 경술년(1910)에 여러 형제들이 모여서 같이 만주로 갈 준비를 하였다. …… 그(1867~1932)는 1만여 석의 재산과 가옥을 모두 팔고 큰집, 작은 집이 함께 압록강을 건너 떠났다. 그는 만주에서 독립군 양성 기관인 신흥 강습소를 설립하였다.

① 조선어학회 사건으로 옥고를 치렀다.
❷ 독립운동 단체인 경학사를 조직하였다.
③ 3 · 1운동 민족대표 33인 중 한 명이었다.
④ '삼균주의'에 입각한 한국국민당을 결성하였다.

🄷 ❷ 제시된 글은 독립운동가 '이회영'에 대한 설명이다. 여섯 형제와 일가족 전체가 전재산을 정리하고 만주로 가서 독립운동을 펼쳤으며, 신민회의 지원을 받아 삼원보를 건설하였다. 이곳에서 경학사를 조직하고 신흥 강습소(신흥무관학교)를 설립하였다. 신흥 강습소는 훗날 신흥무관학교로 발전하여 김좌진 등 수많은 독립군을 양성해냈다.
① 조선어학회 사건은 일제가 조선인 민족 말살 정책에 따라 한글 연구를 한 학자들을 탄압 · 투옥한 사건으로 1942년 10월부터 시작되었다.
③ 민족대표 33인은 3 · 1운동 때 독립선언서에 서명을 한 33인을 이른다. 여기에 이회영은 포함되지 않는다.
④ 한국국민당은 1935년 김구 등이 중국 항저우에서 만들었다.

2. 3·1 운동의 전개

(1) 배경
① 레닌의 식민지 민족 해방 운동 지원 선언
② 윌슨의 민족 자결주의 제창 : 파리 강화 회의
③ 김규식의 파리 강화 회의 파견 : 신한 청년단
④ 대한 독립 선언서(1918, 만주), 2 · 8 독립 선언(1919, 일본 유학생)
⑤ 고종 황제의 죽음(1919. 1) : 독살설 유포

독립 선언서

① 대한 독립 선언서(무오 독립 선언서)

우리 대한은 완전한 자주 독립과 우리들의 평등 복리를 우리 자손들에게 대대로 전하기 위하여 여기 이민족 전제의 학대와 압박을 벗어나서 대한 민주주의 자립을 선포하노라. …… 봉기하라! 독립군아! 일제히 독립군은 천지를 휩쓸라. …… 한번 죽음은 인간이 면할 수 없는 바이니, 개 돼지 같은 일생을 누가 구차히 도모하겠는가? 살신성인하면 2천만 동포는 마음과 몸을 부활하니 어찌 일신을 아끼며, 집안 재산을 바쳐 나라를 되찾으면 3천리 옥토는 자기의 소유이니 어찌 일가(一家)를 아끼랴. …… 국민의 본령을 자각한 독립임을 기억하고 동양의 평화를 보장하고 인류의 평등을 실시하기 위한 자립임을 명심하여, 황천의 명령을 받들고 일체의 못된 굴레에서 해탈하는 건국임을 확신하여 육탄 혈전으로 독립을 완성하라.

② 2·8 독립 선언서

조선 청년 독립단은 우리 2천만 민족을 대표하여 정의와 자유의 승리를 득(得)한 세계의 만국 앞에 독립을 기성하기를 선언하노라. …… 어느 방면으로 보아도 우리 민족과 일본과의 이해는 서로 배치되며 항상 그 해를 보는 자는 우리 민족이니, 우리 민족이 우리 민족의 생존할 권리를 위하여 독립을 주장하노라. …… 오족은 생존의 권리를 위하여 온갖 자유 행동을 취하여 최후의 일인까지 열혈을 유할지니 오족은 일본에 대하여 영원히 혈전을 선언하리라.

(2) 3·1 운동의 전개

① 시위 운동 준비

　㉠ 종교계(천도교, 불교, 기독교) 중심

　㉡ 대중화, 일원화, 비폭력의 3대 원칙

② 독립 선포 : 최남선이 독립 선언서를 작성하고, 손병희·이승훈·한용운 등 민족 대표 33인의 이름으로 독립 선언서를 발표하여 국내외에 독립을 선포

③ 만세 시위 운동의 전개

제1단계 (준비·점화 단계)	민족 대표들이 독립 선언서를 제작하고 종로의 태화관에 모여 낭독·배포함으로써 서울과 지방에서 학생·시민들이 중심이 되어 거족적인 만세 시위를 전개(→ 이때의 독립 운동의 방향은 비폭력 주의)
제2단계 (본격적 단계)	• 학생·상인·노동자층이 본격 참가하여 시위 운동이 도시로 확산 • 학생들이 주도적 역할을 하였고, 상인·노동자들이 만세 시위·파업·운동 자금 제공 등의 방법으로 적극 호응
제3단계 (확산 단계)	• 만세 시위 운동이 주요 도시로부터 전국의 각지로 확산 • 농민들이 시위에 적극적으로 참가함으로써 시위 규모가 확대되고, 시위 군중들은 면 사무소·헌병 주재소·토지 회사·친일 지주 등을 습격(→ 비폭력 주의가 무력적인 저항 운동으로 변모)

④ 국외의 만세 시위 운동 : 만주(간도 지방), 연해주(블라디보스토크), 미국(필라델피아 한인 자유 대회), 일본(도쿄, 오사카 등)

기미 독립 선언서

…… 우리는 이에 조선이 독립국임과 조선인이 자주민임을 선언한다. 이 선언을 세계 온 나라에 알리어 인류 평등의 크고 바른 도리를 분명히 하며, 이것을 후손들에게 깨우쳐 우리 민족이 자기의 힘으로 살아가는 정당한 권리를 길이 지녀 누리게 하려는 것이다. 반만 년이나 이어 온 우리 역사의 권위에 의지하여 독립을 선언하는 것이며, 이천만 민중의 정성된 마음을 모아서 이 선언을 널리 펴서 밝히는 바이며, 민족의 한결 같은 자유 발전을 위하여 이것을 주장하는 것이며, 누구나 자유와 평등을 누려야 한다는 인류적 양심이 드러남으로 말미암아 온 세계가 올바르게 바뀌는 커다란 기회와 운수에 발맞추어 나아가기 위하여 이를 내세워 보이는 것이니, 이 독립 선언은 하늘의 밝은 명령이며, 민족 자결주의에로 옮겨가는 시대의 큰 형세이며, 온 인류가 함께 살아갈 권리를 실현하려는 정당한 움직임이므로, 천하의 무엇이든지 우리의 이 독립 선언을 가로막고 억누르지 못할 것이다. ……

공약 삼장
1. 금일 오인의 차거는 정의, 인도, 생존, 존영을 위하는 민족적 요구이니 자유적 정신을 발휘할 것이오, 결코 배타적 감정으로 일주하지 말라.
1. 최후의 일인까지 최후의 일각까지 민족의 정당한 의사를 쾌히 발표하라.
1. 일절의 행동은 가장 질서를 존중하야 오인의 주장과 태도로 하여금 어디까지든지 광명정대하게 하라.

⑤ 일제의 무력 탄압 : 헌병 경찰은 물론 육·해군까지 긴급 출동시켜 무차별 총격을 가하고, 가옥과 교회·학교 등을 방화·파괴, 제암리 학살 사건

⑥ 3·1 운동의 의의
  ㉠ 대규모의 독립 운동 : 독립 운동을 한 차원 높이는 중요한 분기점
  ㉡ 민족 주체성의 확인 : 독립의 희망을 갖게 하고 국내외에 민족 주체성을 확인시키는 계기
  ㉢ 민족의 저력 과시
  ㉣ 반제국적 민족 운동의 선구 : 중국·인도·동남아시아·중동 지역의 민족 운동에 선구적 역할
  ㉤ 독립 운동의 방향 제시 : 이전보다 조직적이고 체계적인 독립 운동으로 발전
  ㉥ 대한민국 임시정부 수립의 계기

 꼭! 확인 기출문제

밑줄 친 ㉠ 이후에 일어난 사실로 옳지 않은 것은? [지방직 9급 기출]

> 상쾌한 아침의 나라는 뜻을 지닌 조선은 일본의 총칼 아래 민족정신을 무참하게 유린당했다. …(중략)… 조선 민족은 독립항쟁을 줄기차게 계속하였다. 그 중에서도 중요한 것은 ㉠ 1919년의 독립만세운동이었다.
> – 네루, 「세계사 편력」–

① '암태도 소작쟁의'가 일어났다.
② '정우회 선언'이 발표되었다.
❸ 임병찬이 독립의군부를 조직하였다.
④ 조선 민립대학 기성회가 창립되었다.

🅗 ③ ㉠ 1919년의 독립만세운동은 민족 주체성을 확인하고, 반제국적 민족 운동의 선구인 3·1 운동 말한다. 1912년 임병찬이 독립의군부를 조직하였다.

Check Point

제암리 학살 사건
3·1 운동 당시 일본군이 수원 제암리에서 주민들을 집단 학살한 사건이다. 1919년 4월 15일 한 무리의 일본 군경은 만세 운동이 일어났던 제암리에 가 기독교도와 천도교도 약 30명을 교회당 안에 몰아넣은 후 문을 잠그고 집중 사격을 퍼부었다. 일본군은 증거를 없애기 위해 교회당에 불을 지른 후, 다시 부근의 채암리에 가서 민가를 방화하고 주민들을 학살했다. 이 만행에 분노한 선교사 스코필드(Frank W. Schofield)가 현장을 사진에 담아 〈수원에서의 일본군 잔학 행위에 관한 보고서〉를 작성하여 미국에 보내 여론화하였다.

① 1923년 '암태도 소작쟁의'가 일어났다.
② 1926년 '정우회 선언'이 발표되었다.
④ 1922년 조선 민립대학 기성회가 창립되었다.

3. 대한민국 임시정부

(1) 임시정부의 수립과 통합

① 통합 이전의 임시정부

    ㉠ 상황 : 3·1 운동을 계기로 조직적인 독립 운동과 국민 국가 건설을 준비하기 위하여 정부를 수립하고자 했으나, 일제의 감시와 상호 연락의 어려움으로 단일 정부를 수립하지 못하고 여러 지역에서 별개의 임시정부를 수립

    ㉡ 한성 정부 : 국내에서 이승만을 집정관 총재로, 이동휘를 국무총리로 하여 수립

    ㉢ 대한민국 임시정부 : 중국 상하이에서 수립되어 이승만을 국무총리로 추대

    ㉣ 대한 국민 의회 : 연해주에서 손병희를 대통령으로 하여 조직

② 대한민국 임시정부의 통합(1919. 4) : 국내의 한성 정부를 계승하고 대한 국민 의회를 흡수하여 상하이에 통합 정부인 대한민국 임시정부를 수립

(2) 대한민국 임시정부의 체제

① 입헌 공화제 : 민주주의에 입각한 근대적 헌법을 갖추고 대통령제를 채택

② 3권 분립 : 입법 기관인 임시 의정원, 사법 기관인 법원, 행정 기관인 국무원 (→ 우리나라 최초의 3권 분립에 입각한 민주 공화제 정부로 출범)

③ 대한민국 임시 헌법 : 대통령제, 인민의 기본 권리와 의무 규정

> **Check Point**
>
> **임시정부가 상하이에 자리 잡은 이유**
>
> 당시 상하이에는 일제의 영향력이 미치지 않았다. 또한 상하이는 세계 각국과 외교를 하기에 용이한 지역이었다. 이러한 지리적 이점을 이유로 임시정부는 상하이의 대한민국 임시정부로 통합되었다.

▶ 대한민국 임시정부 인사들

참고

> **대한민국 임시 헌장**
>
> 제1조 대한민국은 민주 공화제로 함
> 제2조 대한민국은 임시 정부가 임시 의정원의 결의에 의하여 통치함
> 제3조 대한민국의 인민은 남녀·귀천 및 빈부의 계급이 없고 일체 평등함
> 제4조 대한민국의 인민은 종교·언론·저작·출판·결사·집회·통신·주소 이전·신체 및 소유의 자유를 가짐
> 제5조 대한민국의 인민으로 공민 자격이 있는 자는 선거권 및 피선거권이 있음
> 제6조 대한민국의 인민은 교육·납세 및 병역의 의무가 있음

▶ 대한민국 임시정부가 발행한 대한 독립 선언서(1919. 4)

(3) 활동

① 역할 : 국내외의 민족 독립 운동을 더 조직적이고 효과적으로 추진하기 위한

중추 임무를 담당하여 우리 민족에게 독립의 희망을 불어넣고 국가 건설의 방략을 제시

② 비밀 행정 조직망 : 연통제와 교통국은 본국과의 연락, 군자금 모금과 정보 수집에 기여

  ㉠ **연통제(聯通制)** : 문서와 명령 전달, 군자금 송부, 정보 보고 등의 업무를 담당

  ㉡ **교통국(交通局)** : 통신 기관으로, 정보의 수집 · 분석 · 교환 · 연락의 업무를 관장

③ 활동

  ㉠ 군자금의 조달 : 애국 공채 발행이나 국민의 의연금으로 마련, 국내외에서 수합된 자금은 연통제나 교통국 조직망에 의해 임시정부에 전달되었으며, 만주의 이륭 양행이나 부산의 백산 상회를 통하여 전달되기도 함

  ㉡ 외교 활동 : 파리 강화 회의에 김규식을 대표로 파견하여 독립을 주장, 미국에 구미 위원부를 두어 국제 연맹과 워싱턴 회의에 우리 민족의 독립 열망을 전달

  ㉢ 문화 활동 : 기관지로 〈독립신문〉을 간행하여 배포, 사료 편찬소를 두어 한 · 일 관계 사료집과 〈한국 독립 운동 지혈사〉(박은식) 등 간행

  ㉣ 군사 활동

   • 한계 : 중국 영토 내에서 직접 군사 활동을 하는 데에는 많은 제약과 한계가 있었음

   • 육군 무관 학교의 설립 : 독립 전쟁을 수행할 초급 지휘관 양성

   • 임시정부 직할대 : 만주에서 활동하던 무장 독립군을 임시정부 직할의 군대로 개편하여 광복군 사령부 · 광복군 총영 · 육군 주만 참의부 등을 결성

   • 한국 광복군의 창설(1940) : 임시정부의 김구와 지청천 등이 한국 광복군을 창설하고 군사력을 증강하여 무장항전을 주도(→태평양 전쟁을 계기로 대일 선전포고를 한 후 참전(1943)했으며, 국내 진공작전을 준비했으나 일제의 패망으로 실현하지 못함)

(4) 대한민국 임시정부의 분열

① 배경

  ㉠ 연통제 · 교통국 조직 파괴, 외교 활동의 성과 미미

  ㉡ 자금난과 인력난

  ㉢ 독립 운동 방략을 둘러싼 대립 격화

기출 Plus

[서울시 9급 기출]

01. 대한민국 임시 정부에 대한 설명으로 옳지 않은 것은?

① 국내 항일 세력들과 연락하기 위해 연통제를 운영하였다.

② 국외 거주 동포에게 독립 공채를 발행하였다.

③ 만주 지역의 무장 투쟁 세력들도 참여하였다.

④ 임시 정부 수립 직후 임시 의정원을 구성하였다.

■ 의장 이동녕, 국무총리 이승만을 중심으로 1919년 4월 11일 임시 의정원이 구성된 후, 1919년 4월 13일 국내의 한성 정부를 계승하고 대한 국민 의회를 흡수하여 상하이에 통합 정부인 대한민국 임시정부를 수립하였다.

Check Point

대한민국 임시정부 내의 의견 대립

• 무장 투쟁론과 외교 독립론 간 갈등

• 이승만의 위임 통치론에 대한 무장 투쟁파의 반발

 답 01 ④

방법론	주도 인물	특징
외교 독립론	이승만	• 외교 활동을 통해 강대국의 도움을 받아 독립을 이루자고 주장 • 제국주의 세력의 원조를 요구하는 한계를 지님
실력 양성론 (준비론)	안창호	• 아직 힘이 미약하므로 힘을 길러 독립 전쟁을 준비해야 한다고 주장 • 교육과 산업 발전을 통한 민족의 실력 양성이 우선(→민립 대학 설립 운동, 물산 장려 운동 등) • 식민지배하에서 민족 실력 양성은 현실적으로 곤란
무장 투쟁론	이동휘, 신채호	• 무장 투쟁(전쟁 등)을 통해 독립을 쟁취해야 한다고 주장 • 이동휘는 소련과의 연대를 강조하고, 신채호는 민중 직접 혁명론을 주장 • 일제의 힘에 맞서 무장 투쟁을 통해 독립을 쟁취하는 것은 현실적으로 어려움

② 국민 대표 회의 소집(1923. 1~1923. 5)

㉠ 배경

- 독립 운동 방법론을 둘러싼 임시 정부의 대립과 침체
- 외교론의 성과에 대한 독립운동 세력의 불신과 비판(→위임 통치 청원서 사건(이승만)에 대한 불만 고조)
- 임시 정부 개편의 필요성 제기(→레닌 정부가 한국 독립운동 지원을 약속하며 임시 정부 개조를 요구)

㉡ 소집 : 신채호, 박용만 등 외교 중심 노선에 비판적인 인사들의 요구로 회의 소집

㉢ 창조파와 개조파의 대립

구분	주장	인물
창조파	• 임시정부 해체, 신정부 수립 • 무력 항쟁 강조	신채호, 박용만
개조파	• 임시정부의 개혁과 존속 주장 • 실력 양성, 자치 운동, 외교 활동 강조	안창호
현상 유지파	• 임시정부를 그대로 유지 • 국민 대표 회의에 불참	이동녕, 김구

㉣ 결과 : 독립 운동 세력의 분열 심화

- 창조파는 새 정부(한(韓) 정부)를 조직하고 연해주로 이동하였으나 소련의 지원을 얻지 못해 힘을 잃음(→일부는 무정부주의 운동에, 일부는 중국 공산당에 가담)
- 임시 정부는 이승만을 위임 통치건을 이유로 탄핵하고 박은식을 2대 대통령으로 추대, 제2차·제3차 개헌을 추진하며 체제를 정비

Check Point

이승만의 위임 통치론
파리 강화 회의(1919)에 파견된 이승만은 미국 대통령 윌슨에게 위임 통치 청원서를 제출했다. 한국을 일본의 학정으로부터 벗어나게 한 후 당분간 국제 연맹의 통치하에 있다가 장래 독립하게 해달라는 내용의 이 청원서는 독립 운동가들을 분노시켰다. 이에 대하여 신채호는 "이완용은 있는 정부를 팔아먹었지만, 이승만은 없는 정부를 팔아먹었다."라고 말하며 임시 정부가 필요 없다고 주장하였다.

(5) 대한민국 임시정부의 변화

① 이승만 탄핵(1925), 2대 대통령으로 박은식 선출

② 헌정의 변천 : 5차에 걸친 개헌을 통하여 주석·부주석 체제로 개편

제정 및 개헌	시기	체제
임시 헌장 제정	1919. 4	임시 의정원(의장 이동녕, 국무총리 이승만) 중심으로 헌법 제정
제1차 개헌	1919. 9	대통령 지도제(1대 대통령 이승만, 2대 대통령 박은식, 국무총리 이동휘)
제2차 개헌	1925	국무령 중심제(내각 책임 지도제, 국무령 김구), 사법 조항 폐지
제3차 개헌	1927	국무 위원 중심제(집단 지도 체제, 김구·이동녕 등 10여 명)
제4차 개헌	1940	주석제(주석 김구)
제5차 개헌	1944	주석·부주석제(주석 김구, 부주석 김규식), 심판원 조항(사법 조항) 규정

③ 대한민국 임시정부의 시대 구분

  ㉠ 1919~1932 : 제1기 상해 시대

  ㉡ 1932~1940 : 제2기 이동 시대

  ㉢ 1940~1945 : 제3기 충칭 시대

(6) 대한민국 임시정부의 의의와 한계

① 의의 : 우리나라 최초의 공화제 정부

② 한계 : 독립 운동의 방법론에 대한 의견 차로 인해 통일된 구심체 역할을 수행하기에는 역부족

꼭! 확인 기출문제

다음 발의로 개최된 ㉠에 대한 설명으로 옳은 것은? [국가직 9급 기출]

> 베이징 방면의 인사는 분열을 통탄하며 통일을 촉진하는 단체를 출현시키고 상하이 일대의 인사는 이를 고려하여 개혁을 제창하고 있다. …(중략)… 근본적 대해결로써 통일적 재조를 꾀하여 독립운동의 신국면을 타개하려고 함에는 다만 민의뿐이므로 이에 ㉠ 의 소집을 제창한다.

① 파리강화회의에 김규식을 파견하는 것이 논의되었다.

② 삼균주의를 바탕으로 한 건국강령이 채택되었다.

③ 한국국민당을 통한 정당정치 실시가 결정되었다.

❹ 창조파와 개조파 등의 주장이 대립되었다.

해 ④ 제시된 사료는 북경 군사통일회의의 국민대표회의 소집 요구 중 일부 내용으로, 1923년에 개최된 국민대표회의에서는 창조파와 개조파의 주장이 대립하여 회의는 결렬되었고 상당수 인사들이 임시정부를 탈퇴하였다. 창조파는 새 정부를 조직하고 연해주로 이동하였으나 소련의 지원을 얻지 못했고, 임시정부는 위임 통치건을 이유로 이승만을 탄핵하고 박은식을 2대 대통령으로 추대하여 2·3차 개헌을 추진하며 체제를 정비하였다.
① 파리 강화회의에 김규식을 파견한 것은 신한 청년당(1918)의 일이다.
② 조소앙은 삼균주의에 따라 정치·경제·교육의 균등을 주장하고, 대한민국 건국 강령을 제정하였다(1941).
③ 김구 등이 한국국민당을 통한 정당정치의 실시를 결정하였다(1935).

제2절 무장 독립 전쟁의 전개

1. 3·1 운동 이후의 국내의 항일 운동

(1) 국내 무장 항일 투쟁

① 3 · 1 운동 이후 무장 항일 투쟁은 주로 만주와 연해주를 중심으로 전개되었으나, 국내에서도 독립군 부대가 결성되어 치열한 전투를 전개

② 평북 동암산을 근거로 한 보합단, 평북 천마산의 천마산대, 황해도 구월산의 구월산대

③ 만주의 독립군과 긴밀한 연락을 취하며 식민 통치 기관 파괴, 일본 군경과의 교전, 친일파 처단, 군자금 모금 등의 무장 항일 투쟁을 전개

(2) 6 · 10 만세 운동(1926)

① 배경 : 순종의 사망을 계기로 민족 감정 고조(제2의 3 · 1 운동), 일제의 수탈 정책과 식민지 교육에 대한 반발

② 준비 : 민족주의 계열(천도교)과 사회주의 계열 만세 시위 운동을 준비하였으나 사전에 발각

③ 전개

㉠ 순종의 인산일을 계기로 격문을 살포하고 시위 운동 전개

㉡ 조선 학생 과학 연구회(사회주의계)를 비롯한 전문학교와 고등보통학교 학생들이 주도

④ 결과 : 200여 명의 학생이 검거됨

⑤ 의의

㉠ 민족주의계와 사회주의계가 연대하는 계기 마련(→ 신간회 결성(1927)에 영향을 미침)

㉡ 학생 운동의 변화 : 학생들이 민족 운동의 구심점으로서 역할 자각

6·10 만세 운동 때의 격문

격문 1

조선은 조선인의 조선이다.　　　　　　8시간 노동제 실시하라.
학교의 용어는 조선어로.　　　　　　　동일 노동 동일 임금.
학교장은 조선 사람이어야 한다.　　　　소작제를 4 · 6제로 하고
　　　　　　　　　　　　　　　　　　공과금은 지주가 납입한다.

동양 척식 회사를 철폐하자.　　　　　소작권을 이동하지 못한다.
일본인 물품을 배척하자.　　　　　　일본인 지주의 소작료는 주지 말자.
격문 2
조선 민중아! 우리의 철천지 원수는 자본 · 제국주의 일본이다.
2천만 동포야! 죽음을 각오하고 싸우자! 만세 만세 조선 독립 만세!

▶6 · 10 만세 운동

(3) 광주 학생 항일 운동(1929)

① 배경

　　㉠ 청년 · 학생들의 자각 : 민족 자주 의식이 커지고, 스스로 민족 독립 투쟁의
　　　중요한 존재임을 자각

　　㉡ 식민지 교육에의 항거 : 독서회, 성진회 등 학생 조직 활동(→ 동맹 휴학 등
　　　의 항일 투쟁 전개)

　　㉢ 신간회의 활동

② 경과

　　㉠ 발단 : 광주에서 발생한 한 · 일 학생 간의 충돌을 일본 경찰이 편파적으로
　　　처리

　　㉡ 전개 : 일반 국민들이 가세하여 전국적인 규모의 항일 투쟁으로 확대되었
　　　고, 만주 지역의 학생들과 일본 유학생들까지 궐기

　　㉢ 신간회의 조사단 파견 · 활동

③ 의의 : 약 5개월 동안 전국의 학생 54,000여 명이 참여함으로써 3 · 1 운동 이
　　후 최대의 민족 운동으로 발전

광주 학생 항일 운동 때의 격문
학생, 대중이여 궐기하라! 검거된 학생은 우리 손으로 탈환하자.
언론 · 결사 · 집회 · 출판의 자유를 획득하라.
식민지 교육 제도를 철폐하라.
조선인 본위의 교육 제도를 확립하라.
용감한 학생, 대중이여!
최후까지 우리의 슬로건을 지지하라. 그리고 궐기하라. 전사여 힘차게 싸워라.

2. 의열단과 한인 애국단의 활동

(1) 의열단의 항일 의거

① 조직 : 1919년 만주 길림성에서 김원봉, 윤세주 등이 조직

② 목적 : 일제의 요인 암살, 식민 통치 기관 파괴

[국가직 9급 기출]

01. 다음 선언문을 강령으로 했던 단체의 활동으로 옳지 않은 것은?

> 우리는 일본 강도 정치 즉 이족 통치가 우리 조선 민족 생존의 적임을 선언하는 동시에, 우리는 혁명 수단으로 우리 생존의 적인 강도 일본을 살벌함이 곧 우리의 정당한 수단임을 선언하노라.

① 민족혁명당 창당에 가담하였다.

② 경성 부민관에 폭탄을 투척하였다.

③ 일본 제국의회와 황궁을 공격할 계획을 세웠다.

④ 임시정부 요인과 제휴한 투탄 계획을 추진하였다.

해 지문은 의열단의 강령인 조선혁명선언의 내용이다. 경성 부민관 폭탄 투척은 1945년 7월 조문기가 시행하였다. 조문기는 친일인명사전 편찬을 주도하였다.

답 01 ②

③ **활동 지침** : 신채호의 조선 혁명 선언(1923)(→ 자치론, 외교론, 준비론 등 기존의 독립 운동 방법을 비판하고 민중의 직접 혁명을 통한 독립 쟁취를 주장)

> **조선 혁명 선언**
>
> 내정 독립이나 참정권이나 자치를 운동하는 자 누구이냐? …… 3 · 1 운동 이후에 강도 일본이 또 우리의 독립 운동을 완화시키려고 송병준 · 민원식 등 한 두 매국노를 시키어 이따위 미친 주장을 부름이니, 이에 부화뇌동하는 자, 맹인이 아니면 어찌 간사한 무리가 아니냐?
>
> 첫째는 외교론이니 …… 청원서나 여러 나라 공관에 던지며 탄원서나 일본 정부에 보내어 국세(國勢)의 외롭고 약함을 슬피 호소하여 국가 존망 · 민족 사활의 대문제를 외국인 심지어 적국인의 처분으로 결정하기만 기다리었도다.
>
> 둘째는 준비론이니 …… 강도 일본이 정치 · 경제 양 방면으로 구박을 주어 경제가 날로 곤란하게 생산 기관이 전부 박탈되어 입고 먹을 방법도 단절되는 때에 무엇으로, 어떻게 실업을 발전하며, 교육을 확장하며, 더구나 어디서, 얼마나, 군인을 양성하며, 양성들 일본 전투력의 백분의 일에 비교되게라도 할 수 있느냐?
>
> 이상의 이유에 의하여 우리는 '외교', '준비' 등의 미몽을 버리고 민중 직접 혁명의 수단을 취함을 선언하노라. …… 민중은 우리 혁명의 대본영이다. 폭력은 우리 혁명의 유일한 무기이다. 우리는 민중 속에 가서 민중과 손을 잡고 끊임없는 폭력─암살 · 파괴 · 폭동으로써 강도 일본의 통치를 타도하고, 우리 생활에 불합리한 일체 제도를 개조하여 인류로써 인류를 압박치 못하며, 사회로써 사회를 박탈치 못하는 이상적 조선을 건설할지니라.
>
> ─ 신채호 ─

④ **활동** : 박재혁의 부산 경찰서 폭탄 투척(1920), 김익상의 조선 총독부 폭탄 투척(1921), 김상옥의 종로 경찰서 폭탄 투척(1923), 김지섭의 일본 황궁 폭탄 투척(1924), 나석주의 동양 척식 주식 회사 폭탄 투척(1926)

⑤ **의열단의 투쟁 방향 전환**

ㄱ **배경** : 1920년대 후반 개별적인 의거의 한계를 깨닫고 대중적 무장 투쟁의 필요성을 인식

ㄴ **독립 운동 지도자 양성** : 중국의 황포(황푸) 군관 학교에 입학(1925), 조선 혁명 간부 학교 설립(1932)

ㄷ **정당 조직** : (조선) 민족 혁명당 결성(1935)

ㄹ **군대 조직** : 조선 의용대(1938)

 꼭! 확인 기출문제

ㄱ **조직에 대한 설명으로 옳은 것은?** [지방직 9급 기출]

> 1922년 3월, 중국 상하이에서 (ㄱ)이/가 일본 육군대장 타나카 기이치(田中義一)를 암살하고자 한 사건이 발생했다. 이때 체포된 독립운동가들은 일본 경찰에 인도되어 심문을 받게 되었는데, 그 심문 과정에서 (ㄱ)에 속한 김익상이 1921년 9월 조선총독부 건물에 폭탄을 던진 의거의 당사자라는 사실이 밝혀졌다.

① 공화주의를 주장하는 내용의 대동단결선언을 작성해 발표하였다.

② 이 조직에 속한 이봉창이 일왕이 탄 마차 행렬에 폭탄을 던졌다.

❸ 일부 구성원을 황푸군관학교에 보내 군사 훈련을 받도록 하였다.
④ 새로 부임하는 사이토 조선 총독에게 폭탄을 투척하는 의거를 일으켰다.

해 ③ 제시된 사료는 의열단 소속의 오성륜과 김익상이 일본 육군대장 타나카 기이치를 암살하고자 벌인 황포탄 의거(1922)에 대한 설명이다. 김원봉이 만주 길림성에서 조직한 의열단은 독립운동 지도자를 양성하기 위해 단원들을 중국의 황푸군관학교에 보내 군사훈련을 받도록 하였다.
① 박은식·신규식·조소앙 등 신한 혁명당 소속의 14인은 대동단결선언을 발표하고, 융희 황제의 주권 포기를 단정하는 공화주의를 주창하였다(1917).
② 한인 애국단 소속의 이봉창은 도쿄에서 일왕의 행렬에 폭탄을 투척하였다(1932).
④ 노인 동맹단 소속의 강우규는 제3대 총독으로 부임하는 사이토 총독 일행에게 폭탄을 던졌으나 뜻을 이루지 못하고 체포되었다(1919).

(2) 한인 애국단의 활약

① 조직 : 1931년 상해에서 김구가 임시정부의 위기 타개책으로 조직
② 활동
   ㉠ 이봉창 의거(1932 1. 8)
   • 일본 국왕에 폭탄 투척
   • 중국 신문의 호의적 논평으로 인해 1차 상하이 사변 발발, 일본이 상하이 점령
   ㉡ 윤봉길 의거(1932. 4. 29) : 상하이 홍커우 공원 의거
   • 중국 국민당(장개석) 정부가 우리 민족의 무장 독립 활동을 승인하고 임시정부를 지원하는 계기를 마련
   • 임시정부 인사들이 중국 군관학교에서 훈련할 수 있게 되어 한국 광복군 탄생의 계기가 됨
③ 의의
   ㉠ 한반도 문제에 대한 국제적 관심 고조, 독립 운동의 의기 고양
   ㉡ 중국 국민당 정부의 임시정부 지원 계기(→ 한국 광복군 창설(1940))

▶ 이봉창

▶ 윤봉길

3. 무장 독립 전쟁의 전개

(1) 봉오동 전투(1920. 6)

① 홍범도의 대한 독립군, 최진동의 군무 도독부군, 안무의 국민회군이 연합(→ 대한 독립군 중심)
② 독립군 근거지를 소탕하기 위해 간도 지역을 기습한 일본군 1개 대대 병력을 포위·공격하여 대파

대한 독립군(1919)
1919년 북간도에서 조직된 항일 무장 단체로, 홍범도(사령관), 주달(부사령관) 등을 중심으로 200여 명 정도로 구성되었다.

훈춘 사건(간도 사건, 1920. 10)
봉오동 전투에서 패배한 일제가 간도 지역의 조선 독립군을 토벌하기 위해 조작한 사건이다. 1920년 10월 2일 일본군에게 매수된 마적단이 훈춘을 습격했는데, 일제는 이 사건을 불령선인(不逞鮮人)이 저질렀다고 주장하며 즉각 군대와 경찰을 출동시켰다.

▶ 청산리 대첩에서 승리한 북로 군정서군

▶ 간도참변(독립군 총살장면)

Check Point

3부의 관할 지역과 성격
대한민국 임시정부의 직할 부대를 표방한 참의부는 압록강 근처에, 정의부는 남만주 일대에, 자유시에서 돌아온 독립군을 중심으로 구성된 신민부는 북만주 일대에 자리를 잡았다. 이들 3부는 만주의 여러 독립 운동 단체가 통합되면서 성립된 것으로, 사실상의 정부라고 할 수 있었다. 3부는 동포 사회에서 선출된 임원으로 행정부, 입법부, 사법부가 구성되었는데, 그 운영과 독립군 양성을 위한 비용은 동포 사회에서 걷은 세금으로 충당되었다.

(2) 청산리 대첩(1920. 10)

① 김좌진의 북로 군정서군, 홍범도의 대한 독립군, 안무의 국민회군 등 연합
② 간도 청산리의 어랑촌, 백운평, 천수평 등에서 6일간 10여 차례의 전투 끝에 일본군 대파
③ 독립군 사상 최대의 승리

(3) 간도 참변(1920. 10)

① 봉오동 · 청산리 전투에서의 패배에 대한 일제의 보복
② 독립군과 만주의 한인촌에 대한 무차별 학살, 방화, 파괴(경신 참변)
③ 간도 지역의 독립군 활동이 큰 타격을 입음

(4) 대한 독립 군단(1920. 12)

① 간도 참변으로 독립군이 각지로 분산하여 대오를 정비하던 중, 소 · 만 국경지대의 밀산부에 집결하여 서일을 총재로 독립군 부대를 통합 · 조직
② 소련령 자유시로 부대 이동

(5) 자유시 참변(1921. 6)

① 자유시로 이동한 대한 독립 군단은 레닌의 적색군을 도와 내전에 참전
② 적색군의 무장 해제 요구에 독립군이 저항하자 공격

(6) 3부 성립

① 자유시 참변 이후 독립군은 다시 만주로 탈출하여 조직을 재정비하면서 역량을 강화한 후, 각 단체의 통합 운동을 추진
② 3부

참의부(1923)	압록강 건너 만주의 집안(輯安) 일대에 설치된 임시 정부 직할하의 정부 형태
정의부(1924)	길림과 봉천을 중심으로 하는 남만주 일대를 담당하는 정부 형태
신민부(1925)	자유시 참변 후 소련에서 되돌아온 독립군을 중심으로 북만주 일대에서 조직된 정부 형태

③ 3부의 활동 : 민정 기관과 군정 기관을 갖추고 자체의 무장 독립군을 편성하여 국경을 넘나들며 일제와 치열한 전투를 벌임

(7) 미쓰야 협정(1925)

① 총독부 경무국장 미쓰야와 만주의 봉천성 경무처장 우진 사이에 맺어진 협정
② 만주 지역의 한국인 독립 운동가를 체포해 일본에 인계한다는 조약

미쓰야(三矢) 협정(1925. 6)
① 한국인의 무기 휴대와 한국 내 침입을 엄금하며, 위반자는 검거하여 일본 경찰에 인도한다.
② 재만 한인 단체를 해산시키고 무장을 해제하며, 무기와 탄약을 몰수한다.
③ 일제가 지명하는 독립 운동 지도자를 체포하여 일본 경찰에 인도한다.
④ 한국인 취체(取締)의 실황을 상호 통보한다.

(8) 3부의 통합 운동

① 3부의 통합 운동으로 전민족 유일당 촉성 대회가 전개되었으나 실패하고, 이후 혁신의회와 국민부의 활동으로 전개
② 혁신 의회(1928) : 북만주의 독립 운동 세력인 김좌진 · 지청천 등을 중심으로 혁신 의회로 통합되었고, 산하에 한국 독립당 · 한국 독립군(지청천) 편성
③ 국민부(1929) : 신민부 내의 민정부를 중심으로 통합되어 산하에 조선 혁명당 · 조선 혁명군(양세봉) 편성

(9) 한 · 중 연합 작전

① 배경 : 일제가 1931년 만주 사변을 일으켜 괴뢰 정권인 만주국을 수립한 이후 독립군은 중국군과 연합하여 항일전을 전개
② 활동 : 한국 독립군과 조선 혁명군을 중심으로 1930년대 중반까지 전개됨
　㉠ 한국 독립군 : 지청천이 인솔하며, 중국의 호로군과 한 · 중 연합군을 편성하여 쌍성보 전투(1932) · 사도하자 전투(1933) · 동경성 전투(1933) · 대전자령 전투(1933)에서 승리
　㉡ 조선 혁명군 : 양세봉의 지휘로 중국 의용군과 연합, 영릉가 전투(1932) · 흥경성 전투(1933)에서 대승

 [지방직 9급 기출]

02. 밑줄 친 '그'가 일으킨 사건의 영향에 대한 설명으로 옳은 것은?

일제는 1월 28일 일본 승려 사건을 계기로 전쟁을 도발하였다. 일본은 이때 시라카와 대장을 사령관으로 삼아 중국과의 전쟁을 승리로 이끌었다. 그는 이해 봄 야채상으로 가장하여 일본군의 정보를 탐지한 뒤 4월 29일 이른바 천장절 겸 전승 축하 기념식에 폭탄을 투척하기로 하였다. 식장에 참석하여 수류탄을 투척함으로써 파견군 사령관 시라카와, 일본 거류민단장 가와바다 등은 즉사하였다.

① 이를 계기로 신간회가 결성되었다.
② 한국 광복군 형성의 기초가 되었다.
③ 민족 유일당 운동의 계기가 되었다.
④ 미쓰야 협정이 체결되는 계기가 되었다.

해 제시된 내용은 윤봉길 의사의 상하이 홍커우 공원 투탄 의거(1932)에 대한 설명이다. 윤봉길 의사의 의거는 중국 장개석 정부가 우리 임시정부를 지원하는 계기를 마련하였고, 임시정부 인사들이 중국 군관 학교에 들어갈 수 있게 되어 한국 광복군(1940) 탄생의 계기가 되었다.

답 02 ②

③ 독립군의 이동 : 양세봉 순국(1934) 후 세력이 약화되어 중국 본토 지역으로 이동

㉠ 한·중 연합 작전은 일본군의 대토벌 작전, 중국군의 사기 저하, 양세봉의 순국(1934) 등으로 약화됨

㉡ 임시정부 직할군단 편성을 위해 중국 본토로 이동하여 한국 광복군 창설(1940) 참여

꼭! 확인 기출문제

다음 전투를 이끈 한국인 부대에 대한 설명으로 옳은 것은? [국가직 9급 기출]

> 아군은 사도하자에 주둔 병력을 증강시키면서 훈련에 여념이 없었다. 새벽에 적군은 황가둔에서 이도하 방면을 거쳐 사도하로 진격하여 왔다. 그런데 적군은 아군이 세운 작전대로 함정에 들어왔고, 이에 일제히 포문을 열어 급습함으로써 적군은 응전할 사이도 없이 격파되었다.

① 양세봉이 총사령관이었다.
② 미쓰야 협정이 체결되기 직전까지 활약하였다.
❸ 한국독립당의 산하부대로 동경성 전투도 수행하였다.
④ 조선민족전선연맹이 중국 국민당의 지원을 받아 창설되었다.

해 ③ 사도하자 전투는 1933년 한국독립군과 중국 구국군의 연합체인 연합토일군과 일·만 연합군이 만주의 사도하자에서 격돌하여 연합토일군이 승리를 하였다. 지청천의 한국독립군은 한국독립당의 산하부대로 쌍성보 전투, 경박호 전투, 대전자령 전투, 동경성 전투에서도 승리하였다.
① 양세봉은 조선혁명군 사령관이었다.
② 미쓰야 협정이 체결된 것은 1925년이며, 한국독립군은 주로 1930년대 초에 활약하였다.
④ 조선민족전선연맹의 김원봉은 중국 국민당의 지원을 받아 1938년 조선의용대를 창설하였다.

(10) 만주 지역의 항일 유격 투쟁(1930년대 중반 이후)

▶ 무장 독립군의 대일 항전

① 동북 인민 혁명군(1933. 9) : 만주에서 중국 공산당과 한인 사회주의자가 연합하여 결성(한·중 연합 항일 무장 단체)

[지방직 9급 기출]

03. ㉠ 부대에 대한 설명으로 옳은 것은?

(㉠)은/는 1933년에 중국인 부대와 연합하여 동경성 전투 등을 치르며 큰 전과를 올렸고, 대전자령에서는 일본군을 기습 공격하여 승리를 거두었다.

① 하와이에 대조선 국민군단을 창설하였다.
② 양세봉의 지휘하에 흥경성 전투에 참여하였다.
③ 만주 지역에서 활동했던 한국독립당의 산하 조직이었다.
④ 중국 의용군과 연합하여 영릉가 전투에서 일본군을 물리쳤다.

해 한국독립당의 산하 조직인 한국독립군은 지청천의 지휘 아래 중국군과 연합하여 호로군을 조직하고 쌍성보, 동경성, 사도하자, 대전자령 전투 등에서 일본군에게 승리하였다.
하와이에서는 독립군 사관을 양성할 목적으로 박용만이 대조선 국민군단을 결성하고 군사훈련을 실시하였다. 양세봉의 조선혁명군은 중국 의용군과 연합작전을 펼쳐 영릉가 전투와 흥경성 전투에서 일본군에 대승을 거두었다.

답 03 ③

② 동북 항일 연군(1936) : 동북 인민 혁명군이 개편하여 조직

③ 조국 광복회(1936) : 동북 항일 연군의 사회주의자가 함경도 지역의 민족주의 세력과 연결하여 조직한 반제 민족 운동 단체로, 국내 조직을 두고 활동

④ 보천보 전투(1937) : 동북 항일 연군이 조국 광복회의 국내 조직원들과 압록강을 건너 함경남도 보천보 일대를 점령한 사건(→ 국내 진공 작전)

(11) (조선) 민족 혁명당(1935)과 조선 의용대(1938), 조선 의용군(1942)

① (조선) 민족 혁명당(1935. 7)

㉠ 한국 독립당, 조선 혁명당, 의열단 등이 연합하여 중국 난징에서 결성

㉡ 김원봉(의열단)이 민족 혁명당을 주도하게 되자 조소앙(한국 독립당)과 이청천이 탈퇴

㉢ 민족 혁명당의 내분으로 의열단 계열만 남기고 모두 임정으로 복귀하자, 김원봉은 좌익계 단체를 통합해 조선 민족 전선 연맹을 결성(1937)

② 조선 의용대

㉠ 배경 : 중·일 전쟁(1937)이 일어나자 군사 조직의 필요성이 대두

㉡ 조선 민족 전선 연맹 산하 부대로 한커우에서 창설(1938. 10)

㉢ 중국 국민당과 연합하여 포로 심문, 요인 사살, 첩보 작전 수행

▶ 조선 의용대의 이동

㉣ 분열(1940년대 초)

• 김원봉이 이끄는 조선 의용대 일부는 충칭의 한국 광복군에 합류(1942)

• 다수의 조선 의용대 세력은 중국 화북 지역으로 이동하여 중국 팔로군, 조선 독립 동맹과 그 산하의 조선 의용군으로 합류

③ 조선 독립 동맹과 조선 의용군

㉠ 조선 독립 동맹(1942. 7) : 화북 조선 청년 연합회(1941) 등 중국 화북 지방의 사회주의 세력(김두봉·김무정 등)이 조선 의용대원을 흡수하여 조직을 확대 개편하면서 결성

㉡ 조선 의용군(1942)

• 조선 독립 동맹이 조선 의용대를 개편하여 조선 의용군을 조직

• 조선 의용군은 중국 팔로군과 함께 태평양 전쟁에 참전해 항일전을 전개

▶ 조선 의용대 창립(1938. 10)

Check Point

조선 의용군(1942)
조선 독립 동맹의 군사 조직이다. 후에 북한 인민군으로 편입되었다.

Check Point

한국 광복 운동 단체 연합회, 전국 연합 진선 협회

• 한국 광복 운동 단체 연합회(1937) : 한국 국민당(김구), 민족 혁명당에서 탈당한 한국 독립당(조소앙)과 조선 혁명당(이청천) 등이 연합하여 조직

• 전국 연합 진선 협회(1939) : 한국 광복 운동 단체 연합회와 조선 민족 전선 연맹(김원봉)이 추진한 통합운동(통일전선)으로, 중·일 전쟁의 확대와 국민당 정부의 요구 등에 따라 결성을 추진하였으나 조선 민족 전선 연맹 내 일부 세력의 반대로 무산

▶ 한국 광복군의 사열식

(→임시 정부의 광복군에 참여하지 않음)
- 해방 직후 중국 공산군에 편입되어 국공 내전에 참전했으며, 이후 북한으로 들어가 인민군에 편입

(12) 대한민국 임시정부의 이동과 한국 광복군의 창설(1940)
① 임시 정부의 체제 정비
  ㉠ 충칭 정부(1940) : 한국 독립당 결성
  ㉡ 주석제 채택(1940) : 김구 주석 중심의 단일 지도 체제 강화
  ㉢ 건국 강령 발표(1941) : 조소앙의 3균주의(정치, 경제, 교육적 균등)
② 한국 광복군의 창설(1940)과 활동
  ㉠ 창설 : 임시 정부의 김구와 지청천 등이 신흥 무관 학교 출신의 독립군과 중국 대륙에 산재해 있던 무장 투쟁 세력을 모아 충칭(중경)에서 창설, 조선 의용대를 흡수(1942)
  ㉡ 활동
  - 대일 선전 포고(1941)
  - 영국군과 연합 작전 전개(1943) : 인도, 미얀마 전선
  - 포로 심문, 암호 번역, 선전 전단 작성 등 심리전 수행
  - 국내 진입 작전(1945. 9) : 미국 전략정보처(OSS)의 지원과 국내 정진군 특수 훈련(→ 일제 패망으로 실행 못함)

 꼭! 확인 기출문제

1942년 중국 화북 지방에서 결성된 조선 독립 동맹에 대한 설명으로 옳은 것은? [지방직 9급 기출]

❶ 조선 의용군을 거느리고 중공군과 연합하여 항일 전쟁에 참가하였다.
② 조국 광복회를 결성하고 보천보 전투를 수행하였다.
③ 중국 국민당군과 합세하여 중국 각 지역에서 항일 투쟁을 전개하였다.
④ 시베리아 지방으로 이동하여 소련군과 합세하여 정탐 활동을 전개하였다.

해 ① 조선 독립 동맹(1942)은 중국 팔로군과 함께 태평양 전쟁에 참여해 일본군을 물리치기도 했다. 조선 독립 동맹은 중국 화북 지방의 사회주의 세력이 김두봉·김무정 등을 중심으로 결성한 무장 독립 조직으로, 산하에 조선 의용대를 개편한 조선 의용군(1942)을 두고 활동했다. 조선 의용군은 해방 직후 중국 공산군에 편입되어 국공 내전에 참전하기도 했으며 이후 북한으로 들어가 인민군에 편입되었다.
② 만주 각지의 동북 인민 혁명군 등이 연합하여 결성된 동북 항일 연군(1935)은 1937년 조국 광복회의 국내 세력과 함께 압록강을 건너 함경남도 보천보 일대를 점령하였다(보천보 전투). 이 전투는 동아일보·조선일보 등의 국내 신문에 크게 보도되어 조선인의 사기를 크게 진작시켰고 이때 활약한 김일성의 이름이 알려지는 계기가 되었다. 한편, 조국 광복회(1936)는 만주의 한인 사회주의자를 중심으로 한 항일 무장 투쟁 세력이 조직한 반제 민족 운동 단체이다.
③ 조선 독립 동맹은 중국 공산당의 주력 부대의 하나인 팔로군과 연합하여 항일 투쟁을 전개하였다. 팔로군은 중국 공산당과 장제스(蔣介石)가 이끄는 중국 국민당이 맺은 항일 동맹(제2차 통일 전선)이 결성된 해(1937)에 만들어져 국민당 정부의 감독을 받았으나 실제로는 국민당 정부와는 관계없이 독자적으로 움직였으며, 특히 공산당과 국민당 간의 관계가 악화(1941)된 후에는 독립성이 더욱 강해졌다. 중국 국민당의 지원을 받으며 연합 관계를 지속한 조직은 임시 정부의 김구와 지청천 등이 창설한 한국 광복군(1940)이다.

기출 Plus
[서울시 9급 기출]

04. 〈보기〉의 독립운동단체 결성 시기를 순서대로 바르게 나열한 것은?

―〈보기〉―
ㄱ. 조선 의용대
ㄴ. 의열단
ㄷ. 참의부
ㄹ. 대한 광복회
ㅁ. 근우회

① ㄱ-ㄴ-ㄷ-ㅁ-ㄹ
② ㄴ-ㄷ-ㅁ-ㄱ-ㄹ
③ ㄷ-ㄹ-ㅁ-ㄴ-ㄱ
④ ㄹ-ㄴ-ㄷ-ㅁ-ㄱ

해 ㄹ. 대한 광복회는 1915년에 결성된 독립운동단체로, 무기를 구입하고 만주에 독립 사관 학교를 설립하려는 목적으로 군자금을 모으는 등 무장 투쟁을 통한 국권 회복을 목표로 한 단체이다.
ㄴ. 의열단은 1919년에 김원봉, 윤세주 등이 조직한 단체로, 일제의 요인 암살과 식민 통치 기관의 파괴를 목적으로 하였다.
ㄷ. 참의부는 1923년에 만들어진 단체로, 독립운동 세력 사이에 내분이 일어나자 만주의 독립군을 통합하기 위해 만들어져 임시 정부의 직할부대로 활동하였다.
ㅁ. 근우회는 1927년에 신간회의 출범과 더불어 김활란 등을 중심으로 결성된 여성계의 민족 유일당이다.
ㄱ. 조선 의용대는 1938년에 김원봉이 중국의 한커우에서 조직한 독립무장부대로, 중일전쟁(1937)이 일어나자 군사 조직의 필요성이 대두되어 만들어졌다.

답 04 ④

제3장

사회 · 경제 · 문화적 민족 운동

제1절 사회 · 경제적 민족 운동

1. 민족 실력 양성 운동(민족주의)

(1) 민족 실력 양성론 대두
① 애국 계몽 운동 계승, 사회 진화론의 영향
② 3·1 운동 이후 민족의 실력 양성을 통한 민족 운동 주장

(2) 민족 기업의 육성
① 배경
  ㉠ 3·1 운동 이후 민족 산업을 육성하여 경제적 자립을 도모하려는 움직임이 고조되었는데, 일제의 각종 규제로 민족 기업 활동은 소규모 공장의 건설에서 두드러짐
  ㉡ 대도시에서 순수한 민족 자본에 의하여 직포 공장, 메리야스 공장, 고무신 공장 등 경공업 관련 공장들이 건립됨
② 민족 기업
  ㉠ 규모 : 1910년대까지는 소규모였으나, 1920년대에 이르러서는 노동자의 수가 200명이 넘는 공장도 나타남
  ㉡ 유형
  • 대지주 출신의 기업인이 지주와 상인의 자본을 모아 대규모의 공장을 세운 것으로, 대표적인 것이 경성 방직 주식회사
  • 서민 출신 상인들이 자본을 모아 새로운 기업 분야를 개척한 것으로, 대표적인 것이 평양의 '메리야스 공장'

기출 Plus [지방직 9급 기출]

01. 밑줄 친 '운동'에 대한 설명으로 옳은 것은?

조선 사람은 조선 사람이 만든 물건만 쓰고 살자고 하는 <u>운동</u>이 일어나고 있다. 그렇게 하면 조선인 자본가의 공업이 일어난다고 한다. …(중략)… 이 <u>운동</u>이 잘 되면 조선인 공업이 발전해야 하지만 아직 그렇지 않다. …(중략)… 이 <u>운동</u>을 위해 곧 발행된다는 잡지에 회사를 만들라고 호소하지만 말고 기업을 하는 방법 같은 것을 소개해야 한다. －개벽－

① 조선총독부가 회사령을 폐지하는 계기가 되었다.
② 원산파업을 계기로 조직적으로 전개될 수 있었다.
③ 조만식 등에 의해 평양에서 시작되어 전국으로 확산되었다.
④ 조선노농총동맹의 적극적 참여로 대중적인 기반이 확충되었다.

해 물산장려운동은 조만식 등의 주도로 평양에서 조선물산장려회가 발족된 후 전국으로 확산되었다(1920).

답 01 ③

497

ⓒ 운영 : 민족 기업은 순수한 한국인만으로 운영

ⓔ 품질 : 한국인의 기호에 맞게 내구성이 강하고 무게 있는 제품을 만듦

③ **민족 은행의 설립** : 금융업에도 한국인의 진출(삼남은행 등)

④ **민족 기업의 위축** : 1930년대에 들어와 식민 통치 체제가 강화되고 탄압으로 위축

ㄱ 일제의 통제에 따른 경쟁력 상실

ㄴ 기업 정비령을 통해 민족 기업을 억압하여 강제 청산하거나 일본 공장에 흡수 · 합병

(3) 물산 장려 운동

▶ 물산 장려운동 포스터

① **배경**

ㄱ 회사령 철폐(1920), 관세 철폐(1923)

ㄴ 일본 대기업의 한국 진출로 국내 기업의 위기감 고조

② **목적** : 민족 기업을 지원하고 민족 산업을 육성함으로써 민족 경제의 자립을 달성(→'내 살림 내 것으로'라는 구호를 내세움)

③ **조직의 발족 및 전개**

ㄱ **(평양) 조선 물산 장려회(1920)** : 조만식 등이 중심이 되어 최초 발족

ㄴ **(서울) 조선 물산 장려회(1923)** : 조선 물산 장려회가 설립되고 서울에 물산 장려회가 설립되면서 전국으로 확산

ㄷ **기타** : 학생들의 자작회(1922), 토산 애용 부인회, 토산 장려회, 청년회 등

④ **활동** : 일본 상품 배격, 국산품 애용 등을 강조

ㄱ **구호** : 내 살림 내 것으로, 조선 사람 조선 것, 우리가 만들어서 우리가 쓰자

ㄴ 강연회, 선전 행사

ㄷ **확산** : 전국적 민족 운동으로 확산되면서 근검 절약, 생활 개선, 금주 · 단연 운동도 전개

⑤ **문제점**

ㄱ 상인, 자본가 중심으로 추진되어 상품 가격 상승 초래

ㄴ 사회주의자들의 비판

⑥ **결과** : 초기에는 전국적으로 확산되었으나, 일제의 탄압과 친일파의 개입, 사회주의 계열의 방해 등으로 큰 성과를 거두지 못함

조선 물산 장려회의 취지서와 궐기문

① 조선 물산 장려회 취지서(1923)

우리에게 먹을 것이 없고 입을 것이 없고 의지하여 살 것이 없으면 우리의 생활은 파괴가 될 것이다. …… 부자(富者)와 빈자(貧者)를 막론하고 우리가 우리의 손에 산업 권리 생활의 제일 조건을 장악하지 아니하면 우리는 도저히 우리의 생명(生命)·인격(人格)·사회(社會)의 발전(發展)을 기대하지 못할지니, 우리는 이와 같은 견지에서 우리 조선 사람의 물산(物産)을 장려하기 위하여 조선 사람은 조선 사람이 지은 것을 사 쓰고, 조선 사람은 단결하여 그 쓰는 물건을 스스로 제작하여 공급하기를 목적하노라.

② 조선 물산 장려회 궐기문

내 살림 내 것으로!
보아라! 우리의 먹고 입고 쓰는 것이 다 우리의 손으로 만든 것이 아니었다.
이것이 세상에 제일 무섭고 위태한 일인 줄 오늘에야 우리는 깨달았다.
피가 있고 눈물이 있는 형제들아, 우리가 서로 붙잡고 서로 의지하여 살고서 볼일이다.
입어라! 조선 사람이 짠 것을.
먹어라! 조선 사람이 만든 것을.
써라! 조선 사람이 지은 것을.
조선 사람, 조선 것.

▶ 물산 장려 운동

(4) 민립 대학 설립 운동

① 배경 : 민족 역량 강화 위해 고등 교육의 필요성

② 전개

  ㉠ 총독부가 대학 설립 요구를 묵살하자 조선 교육회는 우리 손으로 대학을 설립하고자 조선 민립 대학 기성 준비회(1922, 이상재)를 결성

  ㉡ 모금 운동 전개(1923) : 조선 민립 대학 기성회를 중심으로 모금 운동을 전개(→ 한민족 1천만이 한 사람 1원씩)

③ 결과

  ㉠ 지역 유지들과 사회단체의 후원으로 순조롭게 진행되었으나 일제의 방해와 남부 지방의 가뭄과 수해로 모금이 어려워져 결국 좌절

  ㉡ 일제는 1924년 경성 제국 대학을 설립을 통해 조선인의 불만 무마를 시도

Check Point

물산 장려 운동 비판
물산 장려 운동의 사상적 도화수가 된 것이 누구인가? …… 실상을 말하면 노동자에겐 이제 새삼스럽게 물산 장려를 말할 필요가 없는 것이다. 그네는 벌써 오랜 옛날부터 훌륭한 물산 장려 계급이다. 그네는 중산 계급이 양복이나 비단옷을 입는 대신 무명과 베옷을 입었고, 저들 자본가가 위스키나 브랜디나 정종을 마시는 대신 소주나 막걸리를 마시지 않았는가? …… 이리하여 저들은 민족적, 애국적하는 감상적 미사로써 눈물을 흘리면서 저들과 이해가 있어서는 저들도 외래 자본가와 조금도 다를 것이 없는 것을 알며, 따라서 저들 신시랑류의 침략에 빠져 계급 전선을 몽롱케는 못할 것이다.

조선 민립 대학 설립 기성회의 발기 취지서

우리의 운명을 어떻게 개척할까? …… 가장 급한 일이 되고 가장 먼저 해결할 필요가 있으며, 가장 힘 있고, 필요한 수단은 교육이 아니면 아니 된다. …… 민중의 보편적 지식은 보통 교육으로도 가능하지만 심오한 지식과 학문은 고등 교육이 아니면 불가하며, …… 오늘날 조선인이 세계 문화 민족의 일원으로 남과 어깨를 견주고 우리의 생존을 유지하며 문화의 창조와 향상을 기도하려면, 대학의 설립이 아니고는 다른 방도가 없도다.

(5) 문맹 퇴치 운동

① 배경 : 식민지 차별 교육 정책으로 한국인의 문맹률 증가

② 전개 : 3 · 1 운동을 계기로 문맹 퇴치가 급선무임을 자각하고 실천에 옮김

③ 야학 운동 : 1920년대 전반에 각지에 야학이 설립되면서 활발하게 전개

④ 언론사, 학생, 조선어 학회의 활동

　　㉠ 언론사를 중심으로 1920년대 초 시작되어, 1930년대에는 언론계와 청년 학생이 힘을 합쳐 문맹 퇴치에 노력(→ 문자 보급 운동, 브나로드 운동 등)

　　㉡ 조선어 학회는 전국에 한글 강습소를 개최

▶브나로드 운동

꼭! 확인 기출문제

(가)에 대한 설명으로 옳은 것은? [국가직 9급 기출]

> 문화통치의 일환으로 한글 신문의 발행이 허용되었다. 이에 따라 (가) 이/가 창간되었다. (가) 은/는 자치운동을 모색하던 이광수의 「민족적 경륜」을 실어 비판받기도 하였으나, '일장기 말소사건'으로 일제로부터 정간 처분을 받기도 하였다.

① 한글 보급 운동에 앞장서 『한글원본』을 만들었다.
❷ 브나로드 운동이라는 농촌 계몽 운동을 전개하였다.
③ 『개벽』, 『신여성』, 『어린이』 등의 잡지를 발행하였다.
④ 신간회가 결성되자 신간회 본부와 같은 역할을 하게 되었다.

🖐 ② 제시된 글의 (가)는 '동아일보'이다. '브나로드 운동'은 1931년 동아일보에서 전개한 농촌 계몽 운동으로, 문맹 퇴치를 목적으로 한 이 운동은 많은 학생들이 참여하여 효과를 거두었으며 1933년 계몽 운동이라 개칭하면서 폭넓게 지속되다가 1935년 조선총독부 경무국의 명령으로 중단되었다. '브나로드(Vnarod)'는 러시아어로 '민중 속으로'라는 뜻이다.
① 『한글원본』은 조선일보사가 발행한 한글 교재이다.
③ 『개벽』, 『신여성』, 『어린이』 등의 잡지는 천도교단에서 만든 개벽사에서 발행한 잡지이다.
④ 조선일보의 회장을 맡았던 이상재는 1927년에 신간회가 결성되자 회장을 맡게 되었으며 조선일보는 신간회의 본부와 같은 역할을 하게 된다.

2. 사회 운동(사회적 민족주의)

(1) 농민 운동

① 배경

    ㉠ 토지 조사 사업과 산미 증식 계획으로 인해 농민 생활의 궁핍

    ㉡ 소작농 억압(지주제 강화 · 소작권 상실), 고율의 소작료와 세금 부담

② **소작쟁의의 발생** : 3 · 1 운동 이후 정치 · 사회적으로 각성된 소작농들은 1919년 처음으로 소작쟁의를 일으킨 이후, 1920년대부터 본격적으로 소작료 인하, 소작권 박탈 반대 등을 요구(→ 농민 운동은 주로 소작쟁의를 중심으로 전개)

③ **1920년대의 농민 운동** : 생존권 확보를 위한 투쟁 성격의 소작쟁의

    ㉠ **1920년대 전반기** : 주로 소작인 조합이 중심이 된 소작쟁의로, 50% 이상이었던 고율의 소작료 인하와 소작권 이동 반대가 주목적

    ㉡ **암태도 소작쟁의(1923~1924)** : 전남 신안군 암태도의 소작농민들이 전개한 농민운동으로, 지주들의 소작료 인상율 저지와 1920년대 각지의 소작운동에 큰 영향을 미침

    ㉢ **1920년대 후반기** : 자작농까지 포함하는 농민 조합이 소작쟁의를 주도

④ **농민조합의 결성** : 1920년대에 농민의 자구책으로 결성

    ㉠ **조선 노 · 농 총동맹** : 1924년 사회주의자를 중심으로 노동자 · 농민 운동 단체로 결성되어 초기의 노동자 및 농민 운동을 지원

    ㉡ **조선 농민 총동맹** : 1927년에 조선 노 · 농 총동맹 단체가 농민 총동맹과 노동자 총동맹으로 분리되어 보다 조직적으로 농민 운동을 지도

⑤ **1930년대 이후 농민 운동** : 항일 운동의 성격(정치 투쟁의 성격)

    ㉠ 일본인 대지주나 일본 지주 회사들을 대상으로 한 소작쟁의는 참여 농민의 수와 그 규모가 커졌고, 민족 운동의 성격을 지니면서 격렬해지는 경우가 증가

    ㉡ 운동의 형태도 소작쟁의뿐 아니라 경제적 약탈 전반에 대항하는 투쟁으로 나아갔으며, 점차 대중적 봉기 형태로 변화

    ㉢ 혁명적 농민 조합 운동을 전개, 농민의 토지 소유권과 지주제 폐지를 주장

    ㉣ 중 · 일 전쟁(1937) 이후 일제의 탄압 강화로 농민 · 노동 운동이 크게 위축

(2) 노동 운동

① 배경

    ㉠ 일제의 식민지 공업화 정책

    ㉡ 노동자 수의 증가

    ㉢ 저임금과 열악한 노동 조건

       • 임금은 적고(→일본인의 절반에도 못 미침) 노동 시간은 길었으며, 작업 환경도 극히 열악

Check Point

암태도 소작 쟁의(1923~1924)
고율의 소작료로 고통을 겪던 암태도 소작농들은 1923년 소작인회를 조직한 후 소작료를 4할로 내릴 것을 요구하였다. 지주가 이를 거부하자 소작농들은 추수 거부 투쟁과 소작료 불납 동맹으로 대응하였으며, 동원된 일본 경찰에 대항하기 위하여 순찰대를 조직하기도 하였다. 소작 쟁의 결과 소작농들이 승리하여 소작료가 인하되었다.

- 일제는 노동 입법이 결여된 조선의 상황을 최대한 악용하여 초과 이윤을 획득의 인상 요구와 8시간 노동제의 시행을 중심으로 쟁의
② 노동 쟁의의 발생 : 임금 인상, 점차 단체 계약권 확립, 8시간 노동제 실시, 악질 일본인 감독의 추방, 노동 조건의 개선 등을 요구(→생존권 확보 투쟁)
③ 노동 조합의 결성
  ㉠ 조선 노동 공제회(1920), 조선 노·농 총동맹(1924)
  ㉡ 1927년 조선 노·농 총동맹에서 조선 노동 총동맹이 분리
④ 노동 운동의 대중화 : 대도시에 한정되던 노동쟁의가 1920년대 후반기 전국 각지로 확산되었으며, 영흥·원산 등의 지역에서 총파업이 발생
⑤ 대표적 노동 운동
  ㉠ 부산 부두 노동자 파업(1921) : 최초의 대규모 연대파업, 임금 인상 요구
  ㉡ 서울 고무 공장 여자 노동자 파업(1923) : 최초의 여성 노동자 연대 파업
  ㉢ 원산 총파업(1929)
    • 1929년 1월 22일 원산 노동 연합회에 소속 노동자와 일반 노동자들이 합세하여 75일간 전개, 1920년대 최대의 파업투쟁
    • 원산시를 완전히 마비상태에 빠뜨려 일제에 큰 타격을 가하였고, 1930년대 이후의 노동 운동을 혁명적 성격으로 전환시키는 계기가 됨

 확인 기출문제

01. 일제 강점기 농민 운동에 대한 서술로 옳은 것을 모두 고른 것은? [지방직 9급 기출]

㉠ 초기 소작 쟁의의 요구 사항은 주로 소작권 이동 반대, 소작료 인하 등이었다.
㉡ 일본인 농장·지주 회사를 상대로 한 소작 쟁의는 규모도 크고 격렬해지는 경우가 많았다.
㉢ 1920년대 농민들은 자위책으로 소작인 조합 등의 농민 단체를 결성하였다.
㉣ 소작인 조합은 1940년대 이후 자작농까지 포괄하는 농민 조합으로 바뀌어갔다.

① ㉠
② ㉠, ㉡
❸ ㉠, ㉡, ㉢
④ ㉠, ㉡, ㉢, ㉣

해 ㉠ 1920년대부터 시작된 초기 농민 운동은 주로 소작 쟁의가 중심이 되었는데, 소작 쟁의는 주로 소작료 인하와 소작권 이동 반대가 목적이었다.
㉡ 일본인 농장·지주 회사를 대상으로 하는 소작 쟁의는 참여 농민의 수가 많아 그 규모도 크고 격렬해지는 경우가 많았다.
㉢ 1924년에 전국 노·농 총동맹, 1927년에 전국 농민 총동맹 등의 농민 조합이 결성되었다.
㉣ 1920년대 전반에는 주로 소작인 조합이 중심이 된 소작 쟁의가 전개되었으나 1920년대 후반에는 자작농까지 포함하는 농민 조합이 소작 쟁의를 주도하였다.

02. 일제하에 일어났던 농민·노동 운동에 대한 설명으로 옳지 않은 것은? [지방직 9급 기출]

① 1920년대 소작 쟁의는 주로 소작인 조합을 중심으로 전개되었다.
② 1920년대 노동 운동 중에서 가장 규모가 큰 투쟁은 원산 총파업이었다.
③ 1920년대 농민 운동으로 암태도 소작 쟁의가 일어났다.
❹ 1920년대에 이르러 농민·노동자의 쟁의가 절정에 달하였다.

(3) 청년 운동

① **방향** : 1920년대 초에 전국의 청년 운동 단체는 100여 개가 되었으며, 이들은 표면적으로는 품성의 도야와 지식 계발, 풍속의 개량 등을 추구했으나 실제로는 민족의 생활과 역량을 향상시킴으로써 자주 독립의 기초를 이룩하려 함

② **활동**
  ㉠ 강연회 · 토론회 개최, 학교 · 강습소 · 야학 등을 설치 · 운영, 운동회 등을 통한 심신 단련
  ㉡ 단연회 · 금주회 · 저축 조합 등을 결성하여 사회 교화와 생활 개선 추구

③ **조선 청년 총동맹(1924)** : 1920년대 사회주의 사상이 유입된 후 청년 단체들은 민족주의와 사회주의 계열로 나뉘었는데, 이 같은 청년 운동의 분열을 수습하기 위하여 조직

④ **학생 운동**
  ㉠ **전개** : 대개 동맹 휴학의 형태로 전개되었는데, 처음에는 시설 개선이나 일인 교원 배척 등의 요구가 많았으나 점차 식민지 노예 교육 철폐, 조선 역사 교육과 조선어 사용, 언론 · 집회의 자유 등을 요구
  ㉡ **광주 학생 항일 운동(1929)** : 반일 감정을 토대로 일어난 민족 운동으로서 청년 운동의 절정

꼭! 확인 기출문제

〈보기〉에서 일제강점기의 사건을 발생한 순서대로 바르게 나열한 것은? [서울시 9급 기출]

보기
ㄱ. 물산장려운동   ㄴ. 3 · 1운동
ㄷ. 광주학생항일운동   ㄹ. 6 · 10만세운동

① ㄱ → ㄴ → ㄷ → ㄹ   ② ㄱ → ㄷ → ㄴ → ㄹ
❸ ㄴ → ㄱ → ㄹ → ㄷ   ④ ㄴ → ㄹ → ㄷ → ㄱ

해 ③ 3 · 1운동(1919) → 물산장려운동(1920) → 6 · 10만세운동(1926) → 광주학생항일운동(1929)

(4) 여성 운동

① 배경

㉠ 3 · 1운동 등 국내외 독립 운동에 여성이 대거 참여하는 등 여성의 정치 · 사회 의식 고양

㉡ 민족 실력 양성을 위한 사회 개조와 신문화 건설에 여성들의 역할이 요구되면서 여성의 계몽과 교육이 활발히 전개

② 여성 단체의 조직

㉠ 1920년대 초반 : 대체로 가부장제나 인습 타파라는 주제로 계몽 차원에서 전개

㉡ 1920년대 중반 : 여성 해방의 문제를 계급해방 · 민족해방의 문제와 연결지으면서 사회주의 운동과 결합

㉢ 1920년대 후반 : 여성의 지위 향상을 취지로 여성 직업 단체들이 조직되어 여성들이 사회 활동에 참여

③ 근우회(1927)

㉠ 신간회의 출범과 더불어 탄생, 김활란 등을 중심으로 여성계의 민족 유일당으로 조직

㉡ 행동 강령 : 여성 노동자의 권익 옹호와 생활 개선

Check Point

근우회의 행동 강령
• 여성에 대한 사회적 · 법률적 일체 차별 철폐
• 일체 봉건적인 인습과 미신 타파
• 조혼(早婚) 방지 및 결혼의 자유
• 인신 매매 및 공창(公娼) 폐지
• 농촌 부인의 경제적 이익 옹호
• 부인 노동의 임금 차별 철폐 및 산전 · 산후 임금 지불
• 부인 및 소년공의 위험 노동 및 야업(夜業) 폐지

(5) 소년 운동

① 인물 : 방정환, 조철호

② 발전

㉠ 천도교 소년회(1921)

• 천도교 청년회에서 독립하면서 소년 운동이 본격화, 전국적 확산

• 어린이날 제정, 최초의 순수 아동 잡지 〈어린이〉 발행, '어린이'라는 말을 만듦

㉡ 조선 소년 연합회(1927) : 전국적 조직체로서 조직되어 체계적인 소년 운동 전개

③ 중단

㉠ 지도자들 간의 사상과 이념의 대립으로 분열

㉡ 일제는 중 · 일 전쟁 발발 후 한국의 청소년 운동을 일체 금지하고 단체를 해산

(6) 조선 형평사 운동(1923)

① 배경 : 백정들은 갑오개혁에 의해 법제적으로는 권리를 인정받았으나, 사회적

▶ 형평사 운동 포스터

으로는 오랜 관습 속에서 계속 차별

② **조직** : 이학찬을 중심으로 한 백정들은 진주에서 조선 형평사를 창립

③ **전개**

  ㉠ 사회적으로 평등한 대우를 요구하는 형평 운동을 전개

  ㉡ 각종 파업과 소작 쟁의에도 참여하여 민족 해방 운동으로 발전

④ **변질** : 1930년대 중반 이후 경제적 이익 향상 운동으로 변질

> **조선 형평사 발기 취지문**
> 공평(公平)은 사회의 근본이고 애정(愛情)은 인류의 본령이다. 그러한 까닭으로 우리는 계급(階級)을 타파하고 모욕적(侮辱的)인 칭호를 폐지하여, 우리도 참다운 인간이 되는 것을 기하자는 것이 우리의 주장이다.

3. 사회주의 운동과 신간회

(1) 사회주의 운동의 유입

① **수용**

  ㉠ **대두** : 3 · 1 운동 이후 국내에서는 민족 실력 양성 운동이 각 방면에서 일어나면서 이 무렵 사회주의 운동이 대두

  ㉡ **수용** : 1920년대 러시아와 중국 지역에서 활동하던 독립 운동가들이 수용

  ㉢ **중심 세력** : 초기의 사회주의 운동은 소수의 지식인이나 청년 · 학생을 중심으로 전파

② **영향**

  ㉠ 사회 · 경제 운동을 활성화시켰고, 권익과 지위 향상을 위한 활동에 영향을 미침

  ㉡ 사회주의 운동이 본격화되면서 노동 · 농민 · 청년 · 학생 · 여성 운동과 형평운동 등이 본격 전개

  ㉢ 국내 사회주의자들은 비밀리에 조선 공산당(1925)을 결성

③ **독립 노선의 분열** : 민족주의 운동과의 대립, 노선에 따른 계열간 대립이 발생

  ㉠ **사회주의 진영** : 일본 제국주의, 지주, 자본가를 타도 대상으로 파악

  ㉡ **민족주의 진영** : 민족의 대단결 강조, 실력 양성 운동의 추진

기출 Plus [지방직 9급 기출]

02. (가) 단체로 옳은 것은?

(가) 발기취지(發起趣旨)
인간 사회는 많은 불합리를 산출한 동시에 그 해결을 우리에게 요구하고 있다. 여성 문제는 그중의 하나이다. …… 과거의 조선 여성운동은 분산되어 있었다. 그것에는 통일된 조직이 없었고 통일된 지도 정신도 없었고 통일된 항쟁이 없었다. …… 우리는 우선 조선 자매 전체의 역량을 공고히 단결하여 운동을 전반적으로 전개하지 아니하면 아니 된다.
— 「동아일보」 1927. 5. 11.—

① 근우회   ② 신간회
③ 신민회   ④ 정우회

해 제시된 글은 1927년에 조직되었던 광복운동 후원 여성 단체인 '근우회'에 대한 내용이다. 근우회는 신간회의 출범과 더불어 탄생한 조직으로, 김활란 등을 중심으로 한 여성계의 민족 유일당이다.

Check Point

독립운동 세력의 분화
• 민족주의 세력
• 사회주의 세력
• 아나키스트(무정부주의자) 세력

 답 02 ①

민족 유일당 운동(좌·우 합작 운동)

국외	• 한국 독립 유일당 북경 촉성회(1926) • 3부 통합(국민부, 혁신 의회) • (조선) 민족 혁명당(1935) • 조국 광복회(1936) • 조선 의용대의 한국 광복군 합류(1942)
국내	• 조선 청년 총동맹(1924) • 6 · 10 만세 운동(1926) • 신간회, 근우회(1927) • 조선 건국 동맹(1944)

Check Point

자치 운동

일제가 민족 분열 통치, 이른바 문화 통치를 실시한 시기에 많은 사람들이 일제와의 타협을 주장하였다. 3 · 1 운동의 민족 대표 33인 중 한 사람인 최린은 우리나라가 금방 독립하는 것은 불가능하다고 판단, 조선 의회를 설치해야 한다는 등의 적극적인 자치 운동을 주장하였다. 이광수는 1924년 동아일보를 통해 '국내에서는 일본이 허용하는 범위 내에서 정치 운동을 해야 한다'는 주장을 발표하였다.

Check Point

민족 유일당 운동의 전개(동아일보, 1925년 9월 27일자)

지금 우리 사회에는 두 가지 조류가 있다. 하나는 민족주의 운동(민족 해방)의 조류요, 또 하나는 사회주의 운동(계급 해방)의 조류인가 한다. 이 두 가지 조류가 물론 해방의 근본적 정신에 있어서는 조금도 다를 것이 없다. 그러나 운동의 방법과 이론적 해석에 이르러서는 털끝의 차이로 1000리의 차이가 생겨 도리어 민족 운동의 전선을 혼란스럽게 하여, 결국은 (일제로 하여금) 어부의 이를 취하게 하며 골육(骨肉)의 다툼을 일으키는 것은 어찌 우리 민족의 장래를 위하여 통탄할 바가 아니랴.

(2) 신간회(민족 유일당 운동, 1927~1931)

① 배경 : 민족 운동의 분열과 위기

계열		주요 활동
민족주의 계열	자치론 (타협적 민족주의)	• 일제의 식민 지배를 인정하고 자치 운동 전개 • 민족성 개조 주장 • 이광수(민족 개조론, 민족적 경륜 발표), 최린
	비타협적 민족주의	• 일제와의 타협 거부, 민족 개량주의 비판 • 실력 양성 운동, 즉각적인 독립 추구 • 사회주의자들과의 연대를 추진, 조선 민흥회 조직 • 이상재, 안재홍
사회주의 계열		• 치안 유지법(1925)으로 사회주의 운동 탄압 • 민족 운동의 분열을 초래한다는 비판을 받음 • 정우회 선언 : 민족주의 계열과의 연합을 주장

정우회 선언

우리 운동 자체가 벌써 종래의 국한되어 있던 경제적 투쟁의 형태, 그보다 일층 계급적이며 대중적이며 의식적인 정치적 형태로 비약하지 아니하면 아니 될 전환기에 달한 것이다. …… 따라서 민족주의적 세력에 대하여는 그 부르주아 민주주의적 성질을 명백하게 인식하는 동시에 또 과정적 동맹자적 성질도 충분하게 승인하여, 그것이 타락하는 형태로 출현되지 아니하는 것에 한하여는 적극적으로 제휴하여 대중의 개량적 이익을 위하여서도 종래의 소극적인 태도를 버리고 분연히 싸워야 할 것이다.

꼭! 확인 기출문제

다음 주장에서 강조하는 있는 내용으로 가장 적절한 것은? [국가직 9급 기출]

> 그러면 지금의 조선 민족에게는 왜 정치적 생활이 없는가?
> 일본이 조선을 병합한 이래로 조선에게는 모든 정치활동을 금지한 것이 첫째 원인이다. 지금까지 해 온 정치적 운동은 모두 일본을 적대시하는 운동뿐이었다. 이런 종류의 정치 운동은 해외에서나 할 수 있는 일이고, 조선 내에서는 허용되는 범위 내에서 일대 정치적 결사를 조직해야 한다는 것이 우리의 주장이다.

① 무장투쟁을 통해 독립을 이루어야 한다.
② 농민, 노동자를 단결시켜 일제를 타도해야 한다.
❸ 일제의 식민 지배를 인정하고 그 밑에서 정치적 실력양성을 해야 한다.
④ 국제적인 외교를 통해서 일제의 만행을 알리고 우리나라의 독립을 알려야 한다.

📖 ③ 제시된 자료는 이광수가 〈동아일보〉를 통해 발표한 〈민족적 경륜〉(1924)의 일부로, 일제의 지배하에서 자치를 이루는 것을 목표로 했던 자치운동(자치론)에 관한 내용이다. 일제강점기 민족주의자들 중 이광수 · 최남선 · 최린 · 김성수 등의 타협적 민족주의자들은 일제의 식민 지배 현실을 인정하고 허용 가능한 범위 내에서 정치적 실력양성을 해야 한다는 자치운동, 즉 참정권 운동을 주장하였다(선실력 후독립 주장).
한편, 이러한 타협적 민족주의자들의 자치운동에 반발한 이상재 · 안재홍 · 권동진 등은 비타협적 민족전선의 수립을 제창하였고, 1920년대 급속히 성장한 사회주의자들과의 협력을 모색하여 민족 유일당 운동(신간회 중심)을 전개하였다.
① · ④ ①은 독립 운동의 방법 중 무장투쟁론에 대한 내용이며, ④는 외교론에 대한 내용이다.
② 일제 강점기에 전개된 농민 · 노동자운동에 대한 내용이다. 농민과 노동자들의 쟁의는 1930년대 항일운동의 성격을 띠면서 더욱 격렬해져 절정에 달하였다.

② 신간회 결성과 활동
   ㉠ 결성(1927)
      • 민족주의 진영과 사회주의 진영이 민족 유일당, 민족 협동 전선의 기치 아래 결성
      • 조선 민흥회(비타협 민족주의 계열)와 정우회(사회주의 계열)가 연합하여 합법적 단체로 결성(회장 이상재 · 안재홍 등이 중심)
   ㉡ 조직 : 민족 운동계의 다수 세력이 참가하였으며, 전국에 약 140여 개소의 지회 설립, 일본과 만주에도 지회 설립이 시도됨
   ㉢ 강령 : 민족의 단결, 정치 · 경제적 각성 촉진, 기회주의자 배격
   ㉣ 활동
      • 민중 계몽 활동
      • 노동 쟁의, 소작 쟁의, 동맹 휴학 등 대중 운동 지도
      • 광주 학생 항일 운동 조사단을 파견하고 민중 대회를 계획하였으나 일제에 의해 무산
③ 신간회의 해체(해소, 1931)
   ㉠ 민중 대회 이후 일제의 탄압 강화(신간회 1차 지도부 체포)
   ㉡ 2차 지도부(민족주의 계열)의 개량화(→ 자치론 주장)
   ㉢ 코민테른의 지시를 받은 사회주의자들이 협동 전선 포기(→ 신간회 해소론)

Check Point

신간회의 기본 강령
• 민족의 단결을 공고히 한다.
• 정치적 · 경제적 각성을 촉구한다.
• 기회주의자를 일체 배격한다.

④ 의의
  ㉠ 사회주의 세력과 비타협적 민족주의 세력이 연합한 협동 단체
  ㉡ 일제 강점기 최대의 합법적인 반일 사회 단체

참고

신간회 해소를 둘러싼 논쟁

① **신간회 해소 주장 : 사회주의**
해소 투쟁의 전개는 우익 민족주의자의 정체 폭로와 노동 주체의 강대화에 기반해야 한다. 우익 민족주의자의 정체는 이상의 우리의 해소 이론에 의해 폭로되었으리라고 믿는다. …… 이러한 운동은 노농 대중을 우익화하는 것이다. 산업별 조합을 계급적 진영이 되게 하며 강대화하는 데에 그 산업별 조합 또는 직업별 조합이 모든 투쟁의 담당자가 되어야 할 것이다.

② **신간회 해소 반대 : 민족주의**
단결은 힘이다. 약자의 힘은 단결이다. 모든 역량을 집중하여 단결을 공고히 하자. …… 조선인의 대중적 운동의 목표는 정면의 일정한 세력을 향하여 집중되어야 할 것이니 이에서 민족 운동과 계급 운동은 동지적 협동으로 병립 병진하여야 할 것이다.

4. 해외 동포들의 활동

(1) 만주

① 이주 목적
  ㉠ 이주 초기 : 19세기 후반 국내의 모순으로 궁핍해진 농민들이 생활 터전을 찾아 이주
  ㉡ 일제 침략 이후 : 20세기에 들어와 주로 항일 운동을 전개하기 위하여 이주

② 이주 동포들의 활동
  ㉠ 신민회 : 독립 운동 기지 결성
    • 남만주(서간도) : 삼원보 선설, 신한민촌 형성, 신흥 학교 설립 운동, 경학사, 부민단
    • 북만주 : 밀산부에 한흥동 건설
  ㉡ 간도 : 서전 서숙(1906, 이상설), 명동 학교

③ 만주 동포들의 시련
  ㉠ 간도 참변(1920) : 일본군이 출병하여 독립 운동 기지를 초토화하면서 무차별 학살
  ㉡ 만보산 사건 : 1931년 일제의 악의적인 한·중 이간책으로 조선 농민과 중국 농민 사이에 벌어진 유혈 농지 분쟁 사건
  ㉢ 일제의 대륙 침략 : 1930년대 일제의 본격적 대륙 침략으로 근거지를 상실하고 수난

(2) 연해주

① 이주 동포들의 활동

ㄱ 삶의 조건 : 러시아는 변방 개척을 위하여 처음에는 이주를 허용하고 토지를 제공하기도 하여 만주 이주 동포보다 좋은 조건이었음

ㄴ 신한촌의 형성 : 1905년 이후 이주 한인이 급증하여 한인 집단촌이 형성되고 많은 민족 단체들과 학교가 설립

ㄷ 13도 의군 결성 : 1910년 6월 러시아 블라디보스토크에서 유인석 · 이상설 · 이범윤 등이 러시아령 내의 의병 조직을 통합하여 결성

ㄹ 정부의 수립

- 대한 광복군 정부(1914) : 블라디보스토크에서 이상설과 이동휘를 정 · 부통령으로 하여 수립
- 대한 국민 의회(노령 정부, 1919) : 3 · 1 운동 때 조직하여 손병희를 대통령으로 하는 정부를 수립

② 이주 동포들의 시련

ㄱ 1920년대 초 : 볼셰비키가 정권을 장악한 후 한국인 무장 활동을 금지, 무장 해제 강요

ㄴ 1930년대 말 : 1937년에는 연해주의 한인들이 소련에 의해 중앙아시아로 강제 이주

(3) 일본

① 이주 형태

ㄱ 한말 : 주로 학문을 배우기 위한 유학생들이 이주

ㄴ 국권 강탈 후 : 생활 터전을 상실한 농민들이 건너가 산업 노동자로 취업

② 동포들의 활동 : 최팔용을 중심으로 조선 청년 독립단을 구성하여 2 · 8 독립 선언을 발표함

③ 동포들의 시련

ㄱ 민족 차별 : 일제 자본가에게서 착취당함, 열악한 노동 환경 등

ㄴ 관동 대지진 : 1923년 관동 지방에서 발생한 지진으로 일본 내 민심이 흉흉해지자 일본 당국은 유언비어를 퍼뜨려 사회 불안의 원인을 한국인의 탓으로 돌렸고, 이로 인해 재일 동포 6,000여 명이 일본인에게 학살됨

(4) 미국

① 이민의 시작

ㄱ 하와이 이민

Check Point

2 · 8 독립 선언
1919년 2월 8일, 도쿄 조선 유학생 학우회는 독립 선언서와 결의문을 낭독한 뒤 일본 정부와 국회, 각국 대사관 등에 이를 보냈다. 3 · 1 독립 선언보다 강경한 태도로 일제의 침략을 고발하고 있으며, 민족 자결 주의의 적용을 요구하는 한편 독립을 위해 마지막 한 사람까지 투쟁하겠다는 내용을 담고 있다.

- 1902년 정부의 보증으로 하와이 노동 이민 시작
- 주로 사탕수수밭 노동자와 그 가족 등으로 가혹한 노동에 시달림
ⓒ 이후 미국 본토와 멕시코, 쿠바 등으로 이민 지역 확대
② 이주 동포들의 활동
ㄱ 대한인 국민회(1909)
- 장인환, 전명운의 스티븐스 사살 계기로 조직
- 외교 활동 전개, 독립 의연금 모금
ⓛ 흥사단(1913) : 안창호
ⓒ 대조선 국민군단(1914) : 박용만, 군사 조직
ⓔ 구미 위원부(1919) : 임시정부의 외교 기관, 이승만
ⓜ 태평양 전쟁 참전 : 한인군 편성, 많은 한인 청년들이 미군에 자원 입대

제2절 일제 침탈기의 민족 문화

1. 일제의 식민지 문화 정책

(1) 일제의 식민지 교육 정책

① 교육 목표

ㄱ 우민화 교육을 통해 이른바 한국인의 황국신민화를 추구하여 일제의 식민지 정책에 순종하도록 함, 일본인으로 동화

ⓛ 일본어를 배우도록 강요하고 민족주의 교육 기관을 억압, 초급의 실업 기술 교육만을 실시하여 하급 기술자를 양성

ⓒ 중·일 전쟁 이후에는 더욱 혹독한 식민지 교육 정책을 실시하여 내선일체·일선동조론·황국 신민화와 같은 허황된 구호 아래 우리말과 역사 교육을 일체 금지

② 일제의 조선 교육령

구분	내용
제1차 (1911)	• 정책 방향 : 무단정치에 적합한 충량한 국민을 양성하기 위한 교육 • 우민화 교육 : 교육 기회 축소, 사립학교 축소(사립 학교 규칙, 1911)(→학교 설립·폐지에 총독부의 허가를 요구) • 보통 학교 수업 연한 축소 : 일본인은 6년, 한국인은 4년(단축) • 초등·기술·실업 교육 등 낮은 수준의 실용 교육 강조 • 민족의식 억압, 조선어 과목의 선택화, 역사·지리 제외, 일본어 교육 강요 • 서당 규칙(1918) : 개량 서당의 민족 교육 탄압(→ 서당 설립을 인가제에서 허가제로 변경)

제2차
(1922)
	• 유화 정책 : 한국인과 일본인의 공학 원칙, 동등 교육 및 교육상의 차별 철폐라는 명분 제시(→ 3 · 1운동 이후 식민통치 방식 변경에 따른 명목상의 정책)
	• 조선어 필수 과목 : 한국 역사 · 지리 시간은 최소화하고 일본어와 역사 · 지리 시간을 늘려 실질적 식민교육을 강화
	• 보통 학교 수업 연한 연장 : 일본인과 동일한 6년제, 고등 보통 학교는 5년
	  – 일본인 : 소학교, 중학교
	  – 한국인 : 보통 학교, 고등 보통 학교
	• 사범 대학 설치, 대학교육 허용(→ 민립 대학 설립 운동 발생)
	• 경성 제국 대학 설립(설치에 관한 법률 반포) : 조선에 있는 일본인을 위한 대학(→ 조선인 차별), 민립 대학 설립 운동 저지가 목적

제3차 (1938)	• 정책 방향 : 민족 말살 정책에 따른 내선일체 · 황국 신민화 강조 • 황국 신민화 교육 : 황국 신민 양성을 목적으로 황국 신민서사 제정 · 암송을 강요 • 조선어의 선택 과목화(수의과목)(→ 우리말 교육과 국사 교육 억압) • 교명을 일제와 동일하게 조정 : 보통 학교를 소학교로, 고등 보통 학교를 중학교로 개칭(→ 일본어로 된 수업만 가능) • 국민 학교 : 1941년에는 소학교를 국민 학교로 개정
제4차 (1943)	• 정책 방향 : 전시 체제에 따른 황국 신민화 교육 강화 • 중등 교육의 수업 연한 단축 • 조선어, 조선사 교육의 금지 • 국민 학교에서 대학교까지 모두 황국 신민 양성을 위한 군사 기지화 • 전시 교육령 공포, 전시 비상조치 및 학도 전시 동원 체제의 확립(→ 1943년 학도 지원병제 실시, 1944년 징병제 · 정신대 근무령 시행)

꼭! 확인 기출문제

일제가 다음과 같은 취지의 조선 교육령을 공포한 데 대한 설명으로 옳은 것은? [지방직 9급 기출]

> • 보통 학교의 수업 연한을 4년에서 6년으로, 고등 보통 학교는 4년에서 5년으로 연장한다.
> • 조선인과 일본인의 공학을 원칙으로 한다.

① 헌병 경찰 중심의 통치 체제하에서 낮은 수준의 실용 교육만 실시하고자 하였다.
② 태평양 전쟁을 일으키고 황국 신민화 교육을 더욱 강화하고자 하였다.
③ 만주 침략을 감행하고 한국인을 동화시켜 침략 전쟁의 협조자로 만들고자 하였다.
❹ 3 · 1운동 이후 격화된 한국인의 반일 감정을 무마하고자 하였다.

해 ④ 일제가 보통 교육의 수업 연한을 6년으로, 고등 보통 학교의 수업 연한을 5년으로 연장하고 명분상의 교육 차별 철폐를 규정한 것은 제2차 조선 교육령(1922)이다. 제2차 조선 교육령은 3 · 1운동 이후 격화된 우리 민족의 반감을 무마하기 위한 식민 통치 방식의 변경에 따라 제정되었다.
① 무단 정치(헌병 경찰 통치)하에서 우민화 교육 및 보통 교육, 실업 교육, 기술 교육 등 낮은 수준의 실용 교육만을 실시하고자 공포된 것은 제1차 조선 교육령(1911)이다.
② 전시 체제에 따라 황국 신민화 교육을 더욱 강화하기 위해 공포된 것은 제4차 조선 교육령(1943)이다.
③ 만주 사변(1931) 이후에 공포된 것은 제3차 조선 교육령(1938)이다.

(2) 일제의 한국사 왜곡

① **목적** : 한국사의 자율성 · 독창성 부인, 식민 통치 합리화

② **식민 사관** : 식민지 근대화론

   ㉠ **정체성론** : 고대 이래로 역사 발전이 정체(→ 중세 부재론)

기출 Plus [법원직 9급 기출]

01. 다음과 같은 조선 교육령이 발표된 때와 가장 가까운 시기에 시행한 일제의 정책은?

> 제1조 소학교는 국민 도덕의 함양과 보통의 지능을 갖게 함으로써 충량한 황국 신민을 육성하는 데 있다.
> 제13조 소학교의 교과목은 수신 · 국어(일어) · 산술 · 국사 · 지리 · 이과 · 직업 · 도화이다. 조선어는 수의(隨意 : 선택) 과목으로 한다.

① 토지 조사 사업을 실시하여 소작농들의 경작권을 박탈하였다.
② 관세 철폐령을 내려 일본 상품의 조선 진출의 길을 확대하였다.
③ 한국인의 전시 동원을 위한 국가 총동원령을 발표하였다.
④ 징병제를 실시하여 20만여 명의 조선 청년들을 징집하였다.

해 제시문은 일제의 3차 조선 교육령(1938)의 내용이다. 일제는 3차 조선 교육령을 통해 황국 신민 서사를 제정하여 암송을 강요하였으며, 보통 학교를 소학교로, 고등 보통 학교를 중학교로 개칭하였다.
일제는 중 · 일 전쟁(1937)을 일으켜 대륙 침략을 본격화하였으며, 국가 총동원령(1938)을 발표하여 인적 · 물적 수탈을 강화하였다.

답 01 ③

511

ⓛ 타율성론(반도 사관) : 외세의 간섭과 압력에 의해 타율적으로 전개, 한국사의 독자적 발전 부정(→ 임나 일본부설)

ⓒ 당파성론 : 한국사의 오랜 당파 싸움은 민족성에 기인

③ 단체 : 조선사 편수회(〈조선사〉 간행), 청구학회(〈청구학보〉 발행)

(3) 언론 탄압

① 1910년대 : 대한 제국 시기 발행된 신문 폐간, 매일 신보(총독부 기관지)만 간행

② 1920년대 : 조선·동아일보의 발행(1920)을 허가하였으나 검열, 기사 삭제, 발행 정지

③ 1930년대 : 만주 사변 이후 언론 탄압 강화, 일장기 삭제 사건(1936)으로 동아일보 정간

④ 1940년대 : 조선·동아일보 폐간(1940)

(4) 종교 탄압

① 기독교 : 안악 사건, 105인 사건, 신사 참배 강요

② 불교 : 사찰령을 제정(1911)하여 전국 사찰을 총독에 직속시킴

③ 천도교 : 3·1 운동에 주도적 역할을 했다는 이유로 감시 강화, 지방 교구 폐쇄

④ 대종교 : 일제의 탄압으로 본거지를 만주로 이동

2. 민족 문화 수호 운동

(1) 한글 연구

① 조선어 연구회(1921)

ㄱ 조직 : 3·1 운동 이후 이윤재·최현배 등이 국문 연구소의 전통을 이어 조직

ㄴ 활동 : 잡지 〈한글〉을 간행, 가갸날을 정하여 한글의 보급과 대중화에 공헌(한글 보급 운동은 우리말·우리글 말살 정책에 대항한 항일 운동인 동시에 민족 문자의 수호 운동)

② 조선어 학회(1931)

개편	조선어 연구회가 조선어 학회로 개편되면서 그 연구도 더욱 심화
활동	• 한글 교재를 출판하고, 회원들이 전국을 순회하며 한글을 교육·보급 • 한글 맞춤법 통일안(1933)과 표준어(1936) 제정 • 〈우리말 큰사전〉의 편찬에 착수(→ 일제의 방해로 성공하지 못함)
해산	1940년대 초에 일제는 조선어 학회 사건을 일으켜 수많은 회원들을 체포·투옥하여 강제로 해산

(2) 민족주의 사학

① 방향 : 일제의 한국사 왜곡에 맞서 민족 문화의 우수성과 한국사의 주체적 발전을 강조

② 박은식

　㉠ 민족 사관 : 민족 정신을 혼(魂)으로 파악하고, 혼이 담긴 민족사의 중요성을 강조

　㉡ 저술 및 내용

　　• 한국통사 : 근대 이후 일본의 침략 과정을 밝힘("나라는 형(形)이요, 역사는 신(神)이다.")

　　• 한국 독립 운동 지혈사 : 일제 침략에 대항하여 투쟁한 한민족의 독립 운동을 서술

　　• 유교구신론 : 양명학을 기초로 유교를 개혁하기 위해 저술

　　• 기타 : 〈천개소문전〉, 〈동명왕실기〉 등을 저술, 〈서사건국지〉 번역

　㉢ 주요 활동

　　• 서북학회(1908)의 기관지인 〈서북학회월보〉의 주필로 직접 잡지를 편집하고 다수의 애국계몽 논설을 게재

　　• 임시정부의 대통령지도제하에서 제2대 대통령을 지냄

박은식의 역사 인식

대개 국교(國敎)·국학(國學)·국어(國語)·국문(國文)·국사(國史)는 혼(魂)에 속하는 것이요, 전곡(錢穀)·군대(軍隊)·성지(城池)·함선(艦船)·기계(機械)는 백(魄)에 속하는 것이다. 그런데 혼의 됨됨은 백에 따라서 죽고 사는 것이 아니다. 그러므로 국교·국사가 망하지 않으면 그 나라는 망하지 않는다. 오호라, 한국의 백은 이미 죽었으나 이른바 혼은 살아 있는가 없는가. …… 옛 사람이 말하기를, 나라는 가히 멸할 수 있으나 역사는 가히 멸할 수 없으니, 대개 나라는 형(形)이요, 역사는 신(神)이기 때문이다.

－〈한국통사〉－

 꼭! 확인 기출문제

다음과 같은 활동을 펼친 인물에 대한 설명으로 옳은 것은? [지방직 9급 기출]

• 대한매일신보에 애국적인 논설을 썼다.
• 유교 개혁의 뜻을 담은 「유교구신론」을 집필하였다.

① 적극적인 의열 활동을 위해 한인애국단을 만들었다.
❷ 일본의 침략상을 폭로하는 「한국통사」를 저술하였다.
③ 실증사학의 입장에서 연구하는 진단학회를 조직하였다.
④ 김원봉의 요청을 받아들여 「조선혁명선언」을 작성하였다.

Check Point

〈독립 운동 지혈사〉
우리 민족은 단군 성조의 자손으로서 동해의 명승지에 자리 잡고 있다. 인재의 배출과 문물의 제작에 있어서 우수한 자격을 갖추어, 다른 민족보다 뛰어난 것도 사실이다. …… 우리의 국혼(國魂)은 결코 다른 민족에 동화될 수 없다.

▶ 박은식

해 ② 제시된 글은 박은식에 대한 설명이다. 「한국통사」는 1915년 상해에서 간행된 책으로, 투철한 민족사관에 의거하여 지은 근대역사서이다. 근대 이후 일본의 한국 침략과정을 서술하고 있으며 "옛 사람이 말 하기를, 나라는 가히 멸할 수 있으나 역사는 가히 멸할 수 없으니, 대개 나라는 형(形)이요, 역사는 신(神)이기 때문이다."라는 머리말에서 박은식의 역사 인식을 확인할 수 있다.
① 한인애국단은 1931년 중국 상해에서 김구를 중심으로 조직된 항일독립운동 단체로, 일본의 주요인물을 암살하려는 목적을 가지고 조직되었으며 이봉창, 윤봉길 등이 단원으로 참여하였다.
③ 진단학회는 1934년 이병도, 이윤재, 손진태 등이 한국의 역사·언어·문학 및 주변국의 문화를 연구하기 위해 조직한 학술단체이다.
④ 조선혁명선언은 김원봉의 요청을 받고 1923년에 신채호가 작성한 의열단 선언서로, 민중을 일깨워 민중에 의한 직접 혁명으로 폭력 투쟁을 전개해야 독립을 이룰 수 있다는 내용을 담고 있다.

▶ 신채호

③ **신채호**

㉠ **연구 부분 및 사관**

- 일제의 왜곡이 심하였던 고대사 연구에 치중하여 〈조선 상고사〉·〈조선사 연구초〉등을 저술하여 민족주의 역사학의 기반을 확립(→ 우리 역사의 우수성·독자성을 강조하여 식민 사관을 비판)
- 민족 사관으로 낭가(郎家) 사상을 강조

㉡ **저술 및 내용** : 고대사 연구

- 조선 상고사 : 역사는 아(我)와 비아(非我)의 투쟁의 기록
- 조선사 연구초 : 낭가 사상을 강조하여 묘청의 서경 천도 운동을 '조선 1천년래 제일대 사건'으로 높이 평가(→ 이러한 사상을 토대로 민족 독립의 정신적 기반을 다지고자 함)
- 조선 상고 문화사 : 〈조선 상고사〉에서 다루지 못한 상고사 관련 부분과 우리 민족의 전통적 풍속, 문화 등을 다룸(대종교와 연결되는 전통적 민간신앙에 관심을 보임)
- 독사신론 : 일제 식민사관에 기초한 일부 국사교과서를 비판하기 위해 〈대한 매일 신보〉에 연재, 만주와 부여족 중심의 고대사 서술로 근대 민족주의 역사학의 초석을 다짐
- 조선 혁명 선언(한국 독립 선언서, 의열단 선언) : 의열단의 요청으로 집필
  - 일제의 강도정치를 고발하고, 항일독립운동의 방법으로 무장투쟁을 강조하여 문화운동·독립 외교론·준비론을 철저히 비판
  - 민중 혁명을 강조하여 민족독립운동을 민중 해방 운동과 동일시했으며, 혁명 방법으로서 민중 봉기를 주장
- 기타 저술 : 〈을지문덕전〉, 〈이충무공전〉, 〈동국거걸 최도통전〉 등 애국 명장의 전기를 저술하여 애국심 고취, 〈이태리건국 삼걸전〉 번역

신채호의 〈조선 상고사〉

역사란 무엇이뇨. 인류 사회의 아(我)와 비아(非我)의 투쟁이 시간에서 발전하여 공간까지 확대하는 심적 활동의 상태의 기록이니, 세계사라 하면 세계 인류의 그리 되어 온 상태의 기록이며, 조선사라 하면 조선 민족이 그리 되어 온 상태의 기록이니라. 그리하여 아에 대한 비아의 접촉이 많을수록 비아에 대한 아의 투쟁이 더욱 맹렬하여 인류 사회의 활동이 휴식할 사이가 없으며, 역사의 전도가 완결될 날이 없다. 그러므로 역사는 아와 비아의 투쟁의 기록이니라.

꼭! 확인 기출문제

(가), (나)를 주장한 인물에 대한 설명으로 옳은 것은? [지방직 9급 기출]

> (가) 내정 독립이나 참정권이나 자치를 운운하는 자 누구이냐? 너희들이 '동양 평화', '한국 독립 보전' 등을 담보한 맹약이 먹도 마르지 아니하여 삼천리강토를 집어 먹힌 역사를 잊었느냐? …… 민중은 우리 혁명의 대본영이다. 폭력은 우리 혁명의 유일한 무기이다.
> (나) 나라는 없어질 수 있으나 역사는 없어질 수 없으니 그것은 나라는 형체이고 역사는 정신이기 때문이다. …… 정신이 보존되어 없어지지 않으면 형체는 부활할 때가 있을 것이다.

① (가)-대한민국 임시 정부에서 처음으로 대통령을 역임하였다.
❷ (가)-독사신론을 연재하여 민족주의 사학의 발판을 마련하였다.
③ (나)-조선 불교 유신론을 통해 새로운 사회의 방향을 추구하였다.
④ (나)-낭가 사상을 강조하여 민족독립의 정신적 기반을 만들려고 하였다.

해 ② (가)는 신채호가 의열단의 요청으로 집필한 〈조선 혁명 선언(의열단 선언)〉으로, 항일 무장투쟁을 강조하고 문화운동·독립외교론·준비론을 비판하였다. (나)는 박은식이 저술한 〈한국통사〉의 일부이다. 신채호는 〈독사신론〉을 〈대한 매일 신보〉에 연재하여 근대 민족주의 역사학의 초석을 마련하였다.
① 대한민국 임시 정부의 초대 대통령은 이승만이다. 박은식이 2대 대통령을 역임하였다.
③ 〈조선불교유신론〉(1913)은 한용운이 저술하였다. 한용은 이를 통해 일제 불교계의 침투에 대항하고 불교의 혁신과 자주성 회복을 위해 노력하였다. 박은식은 유교의 개혁을 위해 〈유교구신론〉(1909)을 저술하였다.
④ 신채호에 대한 설명이다. 박은식은 '혼' 사상을 주장하였다.

④ 정인보
　㉠ 연구 방향
　　• 양명학과 실학사상을 주로 연구
　　• 신채호를 계승하여 고대사 연구에 치중하였고, '오천 년간 조선의 얼'을 신문에 연재
　㉡ 조선사 연구 : 단군부터 삼국 시대에 이르는 우리나라 고대사를 특정 주제로 설정하여 통사적으로 서술한 사서로 식민 사관에 대항하여 고대사 왜곡을 바로잡고자 광개토대왕비를 새롭게 해석하고, 한사군 실재성을 부인
　㉢ 민족 사관 : '얼' 사상을 강조
⑤ 문일평 : 〈대미관계 50년사〉·〈호암 전집〉을 저술, 개항 후의 근대사 연구에 역점, 조선심(朝鮮心)으로 1930년대 조선학 운동을 전개
⑥ 안재홍 : 〈조선 상고사감〉을 저술, 민족 정기를 강조, 신민족주의자로서 1930

년대 조선학 운동 전개

⑦ 최남선

 ⊙ 백두산 중심의 불함문화론(不咸文化論)을 전개하여 식민 사관에 대항

 ○ 〈아시조선〉·〈고사통〉·〈조선역사〉 등을 저술, 〈조선 광문회〉를 조직하여 고전의 정리·간행

⑧ 손진태 : 〈조선 민족사론〉·〈국사 대요〉를 저술, 신민족주의 사관의 확립에 노력

▶ 왼쪽부터 박은식의 〈한국 독립 운동 지혈사〉, 신채호의 〈조선사 연구초〉, 정인보의 〈조선사 연구〉, 문일평의 〈조선사화〉, 안재홍의 〈조선상고사감〉

⑨ 기타

 ⊙ 안확 : 〈조선문명사〉에서 붕당 정치를 긍정적으로 인식하여 일제의 당파성론 비판

 ○ 이능화 : 〈조선불교통사〉, 〈조선도교사〉 등을 저술, 한국 종교 및 민속 방면의 연구 공헌

 © 장도빈 : 〈국사〉, 〈이순신전〉, 〈조선역사록〉 등을 저술, 민족주의 사학 발전에 공헌

꼭! 확인 기출문제

아래의 〈조선사〉와 〈한국통사〉에 대한 설명으로 옳지 <u>않은</u> 것은? [지방직 9급 기출]

> 〈한국통사〉는 간행 직후 중국, 노령, 미주의 한국인 동포들은 물론이고, 국내에서도 비밀리에 대량 보급되어 민족적 자부심을 높여주고, 독립 투쟁 정신을 크게 고취하였다. 일제는 이에 매우 당황하여 1916년 조선 반도 편찬 위원회를 설치하고 〈조선사(朝鮮史)〉 37책을 편찬하였다.

① 〈조선사〉 편찬자들은 조선의 역사를 정체성·타율성으로 설명하려 하였다.

② 〈한국통사〉의 저자는 우리의 민족 정신을 '혼(魂)'으로 파악하였다.

③ 〈조선사〉 편찬의 목적은 식민 통치를 효율적으로 실시하려는 것이었다.

❹ 〈한국통사〉의 저자는 〈조선사 연구초〉도 집필하여 민족 정기를 선양하였다.

(3) 사회 · 경제 사학

① 특징 : 유물 사관에 바탕을 두고, 한국사가 세계사의 보편 법칙에 따라 발전하였음을 강조하여 식민 사관의 정체성론을 타파하고자 하였고, 민족주의 사학의 정신사관을 비판(대립)

② 학자 및 저서
- ㉠ 백남운 : 사적 유물론을 도입하여 일제의 정체성론에 대항, 〈조선 사회 경제사〉 · 〈조선 봉건 사회 경제사〉
- ㉡ 이청원 : 〈조선 역사 독본〉, 〈조선 사회사 독본〉
- ㉢ 박극채, 전석담 등

(4) 실증 사학

① 특징 : 문헌 고증에 의한 실증적인 방법으로 한국사를 연구함으로써 역사 상황을 정확하고 올바르게 인식하고자 함

② 진단 학회 조직(1934) : 청구학회를 중심으로 한 일본 어용학자들의 왜곡된 한국사 연구에 대항하여 이병도 · 손진태 등이 조직, 〈진단 학보〉를 발간하면서 한국사 연구

③ 학자 및 저서
- ㉠ 손진태 : 신민족주의 사관(新民族主義史觀) 제창, 〈조선 민족사개론〉, 〈국사대요〉 등
- ㉡ 이병도 : 진단 학회 대표, 〈역주 삼국사기〉, 〈조선사 대관〉 등
- ㉢ 이윤제, 이상백, 신석호 등

3. 교육과 종교 활동

(1) 교육 운동

① 조선 교육회(1920) : 한규설, 이상재 등이 조직하여 민족 교육의 진흥에 노력, 민립 대학 설립 운동 전개

② **문맹 퇴치 운동** : 조선일보와 동아일보 등 언론 단체 참여

③ **사립 학교** : 근대적 지식 보급, 항일 민족 운동의 거점

④ **개량 서당** : 일제의 제도 교육에 편입되기를 거부한 한국인을 교육(→ 서당 규칙(1918)을 제정하여 탄압)

⑤ **야학** : 1920년대 전반 활성화, 민중에게 자주 의식과 반일 사상 고취(→ 만주 사변(1931) 이후 야학 탄압)

(2) 종교 활동

① **천도교** : 제2의 3·1 운동을 계획하여 자주 독립 선언문 발표, 〈개벽〉·〈어린이〉·〈학생〉 등의 잡지를 간행하여 민중의 자각과 근대 문물의 보급에 기여

② **개신교** : 천도교와 함께 3·1 운동에 적극 참여, 민중 계몽과 문화 사업을 활발하게 전개, 1930년대 후반에는 신사 참배를 거부하여 탄압을 받음

③ **천주교** : 고아원·양로원 등 사회 사업을 계속 확대하면서 〈경향〉 등의 잡지를 통해 민중 계몽에 이바지, 만주에서 항일 운동 단체인 의민단을 조직하여 항일 무장 투쟁 전개

④ **대종교**

　㉠ 천도교와 더불어 양대 민족 종교를 형성

　㉡ 교단 본부를 만주로 이동해 민족 의식 고취, 적극적인 민족 교육 및 항일 투쟁

　㉢ 지도자들은 항일 무장 단체인 중광단을 조직, 3·1 운동 직후 북로 군정서로 개편하여 청산리 대첩에 참여

⑤ **불교** : 3·1 운동에 참여, 한용운 등의 승려들이 총독부의 정책에 맞서 민족 종교의 전통을 지키려 노력, 교육 기관을 설립하여 민족 교육 운동에 기여

⑥ **원불교** : 박중빈이 창시(1916), 불교의 현대화와 생활화를 주창, 민족 역량 배양과 남녀 평등, 허례 허식의 폐지 등 생활 개선 및 새생활 운동에 앞장섬

4. 문예 활동

(1) 문학 활동

① 1910년대

　㉠ 근대 문학의 태동기로, 계몽적 성격의 문학이 유행

　㉡ 이광수·최남선 등이 근대 문학의 개척에 공헌, 이광수의 〈무정〉

② 3·1 운동 이후(1920년대)

　㉠ 순수 문학

02. 〈보기〉의 글을 쓴 인물의 주장과 같은 입장에 대한 설명으로 가장 옳은 것은?

〈보기〉
우리 조선의 역사적 발전의 전 과정은 가령, 지리적 조건, 인종학적 골상, 문화 형태의 외형적 특징 등에서 다소의 차이는 인정되더라도, 외관적인 소위 특수성은 다른 문화 민족의 역사적 발전 법칙과 구별되어야 하는 독자적인 것은 아니며, 세계사적·일원론적인 역사 법칙에 의해 다른 여러 민족과 거의 같은 궤도로 발전 과정을 거쳐 온 것이다.

① 민족 정신을 강조하여 우리의 고유한 특색과 전통을 찾았다.
② 신채호와 박은식의 사학을 계승하였다.
③ 역사학의 주관적 해석을 배제하고 문헌 고증을 중시하였다.
④ 한국사의 발전과정을 사회 경제 사학의 관점에서 서술하였다.

해 제시된 글은 백남운이 지은 〈조선 봉건 사회 경제사〉로, 한국의 고대 경제사를 체계적으로 서술한 연구서이다. 백남운은 사적 유물론을 도입하여 일본의 정체성론에 대항하였으며 사회 경제의 역사적 발전 과정을 본질적으로 분석, 비판, 총관하고자 하였다.

답 02 ④

- 계몽주의를 지양하는 순수 문학이 발전(→ 염상섭 · 이상화 등은 현실 타파와 현실 개조의 의지를 표현)
- 일부 작가들이 동인지를 간행(→ 김동인이 주동이 된 〈창조〉와 염상섭이 주관한 〈백조〉가 대표적)
- 잡지의 간행 : 〈창조〉(1919), 〈폐허〉(1920), 〈백조〉(1922), 〈조선 문단〉(1924)

ⓒ 1920년대 중반 : 식민지적 현실을 극복하는 데 노력, 새로운 문학 기반과 사조 형성
- 신경향파 문학의 대두 : 사회주의 문학, 1920년대 사회주의 사상이 지식인 사이에 퍼지면서 현실 비판 의식이 더욱 강화됨, 1925년 카프(KAPF, 조선 프롤레타리아 예술가 동맹)를 결성
- 프로 문학의 대두 : 신경향파 문학 이후 등장하여 극단적인 계급 노선을 추구
- 국민 문학 운동의 전개
  - 민족주의 계열이 계급주의에 반대하고 문학을 통해 민족주의 이념을 전개
  - 동반 작가라고 불림, 염상섭과 현진건 등이 대표적

③ 1930년대 이후
ⓐ 일제의 탄압이 강화되자 많은 문인들이 작품 활동을 중단하거나 현실도피적인 순수 문학을 전개(→ 정지용과 김영랑, 박용철 등은 시문학 동인으로 활약하며 순수 문학 발전에 기여)
ⓑ 문학의 분야가 소설 · 희곡 · 평론 · 수필 등으로 다양해지고 내용도 세련미를 갖춤
ⓒ 친일 문학 : 문인들은 작품 활동을 중단하고 침묵으로 일관하였으나, 이광수 · 최남선 등 일부 문인들은 침략 전쟁을 찬양하는 활동에 참여
ⓓ 저항 문학
- 전문적 문인 : 한용운 · 이육사 · 윤동주 등은 항일의식과 민족 정서를 담은 작품을 창작
- 비전문적 문인 : 독립 운동가 조소앙, 현상윤 등은 일제에 저항하는 작품을 남김
- 역사 소설 : 김동인 · 윤백남 등은 많은 역사 소설을 남겨 역사와 민족의식을 고취

(2) 민족 예술

▶ 창조

① 음악 : 항일 독립 의식과 예술적 감정을 음악과 연주를 통해 표현
　　㉠ 창가(1910년대) : 학도가, 한양가, 거국가 등 망국의 슬픔과 저항적 성격을 담은 노래 유행
　　㉡ 가곡 · 동요
　　　• 가곡 : 홍난파 · 현제명 · 윤극영 등(→ 홍난파의 봉선화는 민족적 심정을 특히 잘 표현)
　　　• 동요 : 〈반달〉 · 〈고향의 봄〉 등, 민족적 정서로 인하여 오늘날까지 애창됨
　　㉢ 한국(코리아) 환상곡 : 국외에서는 안익태가 애국가와 한국 환상곡을 작곡
② 미술 : 안중식은 한국 전통 회화 발전에 기여, 고희동과 이중섭은 서양화를 대표
③ 연극 : 민족 의식을 고취하는 수단으로, 민중을 계몽하고 독립 정신을 고취
　　㉠ 3 · 1 운동 이전 : 신파극단들이 공연을 통해 나라 잃은 슬픔과 외로움을 나눔
　　㉡ 3 · 1 운동 이후
　　　• 극예술 협회(1920) : 계몽 운동이 확산되자 동경 유학생들이 조직, 연극 공연을 민중 계몽의 수단으로 삼아 활발히 활동
　　　• 토월회(1923) · 극예술 연구회(1931) : 본격적인 근대 연극 등장에 기여, 전국 순회 공연을 통하여 민족을 각성하고 민족 의식 고취
　　　• 많은 연극 단체가 곳곳에 창립되어 민족의 비참한 현실을 고발하고 일제 수탈을 폭로
　　㉢ 일제의 탄압 : 중 · 일 전쟁을 계기로 혹독한 탄압을 가하여 연극 무대는 오락 일변도의 가극 무대로 변하였고, 일본어를 쓰지 않는 연극은 공연이 허가되지 않음
④ 영화 : 다른 어느 분야보다 발전이 늦음
　　㉠ 나운규의 아리랑(1926) : 한국 영화를 획기적으로 도약시키는 계기
　　㉡ 일제의 탄압 : 1930년대까지 어느 정도 민족적인 색채를 띠던 영화 예술은 1940년 조선 영화령이 발표되면서 심한 탄압을 받음
⑤ 문화 · 예술 활동의 탄압 : 제2차 세계 대전이 일어난 후 일제는 모든 문화 · 예술 분야에 대한 통제를 강화

▶ 흰 소(이중섭)

▶ 영화 아리랑의 포스터

 꼭! 확인 기출문제

(가) 기구가 존속한 시기의 사람들이 볼 수 있었던 사실로 적절한 것은?　[국가직 9급 기출]

> 지주는 조선 총독이 정하는 기간 내에 (가) 혹은 그것의 출장소 직원에게 신고해야 한다. 만약 제출을 태만히 하거나 신고서를 제출하지 않을 시에는 당국에서 해당 토지에 대해 소유권의 유무 등을 조사하다가 소유자를 알지 못하는 경우에 지주가 없는 것으로 간주하여 국유지로 편입할 수 있다.

① 조선청년연합회에 출입하는 일본인 고문
❷ 신문에 연재 중인 소설 무정을 읽는 학생
③ 연초 전매 제도에 따라 조합에 수매되는 담배
④ 의열단에 가입하는 신흥 무관 학교 출신 청년

해 ② 제시된 사료에서 (가) 기구는 조선총독부 임시토지조사국으로, 토지 약탈과 식민지화에 필요한 재정 수입원을 마련하기 위해 토지조사사업을 실시하였다. 이 시기에 최초의 근대적 장편소설인 이광수의 『무정』이 발표되었다(1917).
① 3·1 운동을 계기로 각지에서 설립된 청년 단체를 망라하여 역량을 결집하고 민족운동의 동력으로 활용하기 위해 조선청년연합회가 결성되었다(1920).
③ 일제는 조선 연초업의 모든 부분을 통제하기 위해 연초전매령을 제정·공포하여 연초전매를 실시하였다(1921).
④ 김원봉은 신채호의 조선혁명선언을 행동 강령으로 하여 일제의 요인암살과 식민통치기관의 파괴를 목적으로 만주 길림성에서 의열단을 조직하였다(1919).

5. 사회 구조와 생활 모습

(1) 의식주

① 의생활
- ㉠ 한복, 고무신, 모자 차림이 주를 이룸
- ㉡ 양복과 여성의 단발머리, 파마머리, 블라우스, 스커트를 입는 경우가 늘어남
- ㉢ 모던걸, 모던보이 등장(1920년대)
- ㉣ 남성은 국방색의 국민복, 여성은 '몸뻬'라는 일바지 입도록 강요(1940년대)

② **식생활** : 잡곡밥, 풀뿌리, 나무껍질 등으로 연명, 도시의 상류층은 일본음식과 서양식이 소비됨

③ **주거 생활** : 농촌(초가·기와로 된 전통 한옥), 도시(2층 양옥집, 개량 한옥), 영단 주택이 지어짐(노동자의 주택 부족 문제 해결, 조선주택영단령)

(2) 식민지 도시화

① 개항장의 도시화
② 군산, 목포 등 항만 도시 성장, 철도 교통 발전
③ 북부 지방의 공업 도시 성장
④ 화신 백화점의 등장, 시가지 형성, 도시 빈민층 증가(토막촌)

 기출 Plus

[국가직 9급 기출]

03. 일제강점기 조선인의 생활 모습으로 옳지 않은 것은?

① 도시 외곽의 토막촌에는 빈민이 살았다.
② 번화가에서 최신 유행의 모던걸과 모던보이가 활동하였다.
③ 몸뻬를 입은 여성들이 근로보국대에서 강제 노동을 하였다.
④ 상류층이 한식 주택을 2층으로 개량한 영단 주택에 모여 살았다.

해 영단주택은 일본에서는 서민계급의 주택문제를 해결하기 위해 공급한 주택유형이지만, 식민지 조선에서는 전시체제 하에서 일제가 조선의 병참기지화를 위해 건설한 군수산업체에서 근무하는 노동자의 주택부족문제를 해결하기 위해 공급된 주택이다. 그러므로 영단주택은 상류층이 한식 주택을 2층으로 개량한 주택이 아니다.
'토막'이란 집 없는 빈민들이 공터에 만들어놓은 움막이나 움집을 이르는 말로, 1920년대에 농촌을 떠나 도시로 유입되는 인구가 늘어나면서 살 집을 구하지 못한 농민들이 도시 외곽에 토막촌을 형성하여 모여 살았다. 1920년대에는 번화가에서 쇼핑과 외식을 즐기는 최신 유행의 모던걸과 모던보이가 등장하고, 신여성의 상징으로 단발이 유행하였다. 일제는 학생과 여성 등의 노동력을 동원하기 위해 근로보국대를 만들어 일본인들이 일할 때 입던 몸뻬를 입혀 강제 노동을 시켰다.

답 03 ④

1945~

대한민국 정부 수립	6·25 전쟁	4·19 혁명	5·16 군사 정변
1948년	1950년	1960년	1961년

현재

2018년	1987년	1980년	1970년
4·27 판문점 선언	6월 민주 항쟁	5·18 민주화 운동	새마을 운동

8편

현대 사회의 발전

제1장

대한민국의 건국과 발전

기출 Plus

[지방직 9급 기출]

01. 다음의 단체와 관련된 설명으로 옳지 않은 것은?

국내에서 8 · 15 해방 직후 전국에 145개의 지부를 조직하고 본격적인 건국 작업에 들어갔다.

① '조선 민주주의 인민 공화국'을 선포하였다.
② 좌파와 우파 인사들로 조직되었으나, 좌파의 득세로 우파 민족주의자들이 탈퇴하였다.
③ 국내 치안을 담당하기 위해 치안대를 조직하였다.
④ 여운형이 중심이 되어 조직된 조선 건국 동맹이 모태가 되었다.

᭢ 제시문에 해당하는 단체는 조선 건국 준비 위원회(1945. 8. 15)이다. 조선 건국 준비 위원회는 본격적인 건국 작업에 착수하면서 좌 · 우익이 분열되어 조선 인민 공화국을 선포(1945. 9)한 후 해산하였다. 조선 민주주의 인민 공화국(1948. 9. 9)은 북한에서 수립 · 선포한 것으로, 소련의 지시로 기존의 인민 위원회(1946)를 인민 공화국으로 고치면서 정부 수립을 선포하였다.

답 01 ①

제1절 광복과 대한민국의 건국

1. 조국의 광복

(1) 광복 직전의 건국 준비 활동

① 국내외의 건국 준비

㉠ 국외 활동

대한민국 임시 정부	• 대한민국 건국 강령의 제정(1941) : 조소앙의 삼균주의에 따라 정치 · 경제 · 교육의 균등을 규정 – 보통선거를 통한 민주 공화국 수립 – 토지와 대기업의 국유화, 중소기업의 사영 – 빈농 우선의 토지분급, 노동자 · 농민 · 지식인 · 상인의 단결, 의무교육 실시 등 • 정부 체제의 개편 – 중심 세력 : 김구가 민족주의 계열의 단체를 통합하여 조직한 한국독립당이 중심 세력을 형성 – 연합 전선 형성 : (조선)민족 혁명당의 지도자와 그 산하의 조선 의용대 일부를 수용해 연합 전선을 형성하고 한국 광복군(정규군)을 강화 (→ 적극적 항일 전쟁을 전개)
조선 독립 동맹 (1942)	• 중국 화북의 사회주의 계열 독립 운동가들이 결성 • 김두봉(주석), 조선 의용군을 거느림, 한국 광복군에 합류하지 않고 연안을 중심으로 독자적 활동(→ 연안파) • 건국 강령 – 보통선거를 통한 민주 공화국의 건국 – 모든 정치적 자유의 보장, 남녀평등, 의무교육제 – 일제의 모든 자산과 토지 몰수(토지 국유화), 일제와 관련된 대기업의 국영화와 토지 분배

ⓒ 국내 활동

조선 건국 동맹 (1944)	• 국내에서 조직한 비밀결사조직으로, 중도 좌파인 여운형(위원장)의 주도로 만들어짐 • 건국 강령 제정 : 일제 타도와 민주국가 건설, 노동운동에 치중 • 조선 건국 준비 위원회 조직(1945. 8) : 지방 조직과 군사위원회 등을 통해 건국 작업 진행 • 3원칙(3불 원칙) : 불언(不言), 불문(不文), 불명(不名) • 해방 후 조직 분열
치안권 이양 교섭 (1945. 8. 10)	패망이 임박하여 총독부는 일본인의 무사 귀국을 위해 민족지도자 송진우 · 여운형과 접촉(→ 송진우는 임정봉대(臨政奉戴)를 명분으로 거절, 여운형은 5개의 조건을 전제로 치안수임요청 수락)
조선 건국 준비 위원회 (1945. 8. 15)	• 여운형(위원장) · 안재홍(부위원장), 좌우인사 포함(→ 해방 후 최초의 통일전선 성격의 정치단체) • 건국 강령 : 완전한 독립국가 건설과 민주주의 정권 수립 • 활동 : 건국 치안대 조직, 식량 대책 위원회 설치, 지방지부 조직 확장(전국 145개 지부 결성) • 본격적인 건국 작업에 착수하면서 좌 · 우익이 분열(→ 안재홍 등 우파의 사퇴 후 좌파 세력이 우세), 조선 인민 공화국 선포 후 해산(1945. 9)
조선 인민 공화국 (1945. 9. 6)	• 건국 준비 위원회에서 우세를 확보한 좌파 세력이 전국 인민 대표자 회의를 개최하고 인민 공화국을 선포 • 이승만(주석) · 여운형(부주석)이 주도, 민족 통일 전선 원칙을 바탕으로 하나 지방별 주도 세력에 따라 정치성향의 차이가 큼 • 활동 　– 인민 위원회 : 지방 치안 유지, 일제가 남긴 적산(敵産) 관리 　– 대중조직 결성 : 조선 노동 조합 평의회, 전국 농민 조합 총동맹, 조선 민주 청년 동맹, 조선 부녀 총동맹 등
국민 대회 준비 위원회 · 한국 민주당(1945. 9. 8)	• 송진우 등 우파는 조선 인민 공화국을 공산주의라 규정하고 이에 대항해 민족주의 계열을 중심으로 한국 민주당 결성(1945. 9. 8) • 임시 정부를 지지하고 국민총회 집결을 명분으로 국민 대회 준비회를 개최 • 임시 정부 봉대론을 주장했으나, 임시 정부는 한민당을 친일세력으로 규정해 거부

② 건국 준비 활동의 공통점 : 민주 공화국 수립이 목표

(2) 8 · 15 광복

① 독립 투쟁의 전개

　㉠ 독립을 위한 노력은 정치 · 경제 · 사회 · 문화 · 외교 등 모든 영역에 걸쳐서 지속적으로 전개

　㉡ 독립 운동의 방법도 무장 투쟁 · 외교 활동 · 민족 문화 수호 운동(실력 양성 운동) 등으로 전개

　㉢ 줄기찬 독립 운동이 국내외에 널리 알려져 국제적으로도 독립 국가 수립을 긍정

▶ 광복의 기쁨

② 광복의 의의 : 연합군이 승리한 결과이기도 하나, 우리 민족이 국내외에서 줄 기차게 전개해 온 독립 투쟁의 결실이자 민족 운동사의 위대한 업적

광복 당시 여러 정당의 활동
① 한국 민주당 : 송진우 · 김성수, 민족주의 우파 세력 중심으로 임시정부 지지, 미 군정에 적극 참여
② 독립 촉성 중앙 협의회 : 이승만을 중심으로 한국 민주당 · 국민당 · 조선 공산당 등 2백여 개 단체가 모여 구성한 협의체, 독립 쟁취를 위하여 공동 투쟁 · 공동 노선을 취할 것을 결의
③ 한국 독립당 : 김구가 중심, 통일 정부 수립을 위한 활동 전개
④ 국민당 : 안재홍, 중도 우파, 신민주주의 및 신민족주의 표방
⑤ 조선 인민당 : 여운형, 중도 좌파, 좌 · 우 합작 운동 전개

2. 남북의 분단

(1) 열강의 한국 문제 논의
① 카이로 회담(1943. 11) : 미국 · 영국 · 중국의 3국 수뇌가 적당한 시기에 한국을 독립시킬 것을 최초로 결의하고, 일본의 무조건 항복 요구
② 얄타 회담(1945. 2) : 미국 · 영국 · 소련 3국 수뇌가 소련의 대일 참전을 결정하고, 한반도 신탁통치를 밀약
③ 포츠담 선언(1945. 7) : 미국 · 영국 · 소련이 일본의 무조건 항복과 한국 독립(카이로 회담 내용), 한반도 신탁통치(얄타 회담 내용) 재확인

(2) 국토의 분단
① 38도선의 확정 : 일본군 무장 해제를 이유로 미 · 소 양군이 남과 북에 각각 진주
② 군정의 실시 : 남한에 주둔한 미군은 군정을 실시하면서 친미적인 우익 정부의 수립을 후원하였고, 북한에서도 소련군과 공산주의자들이 공산 정권을 수립하기 위한 기반을 닦음
③ 민족 분단의 고착화

(3) 광복 이후 남북한의 정세
① 남한의 정세
㉠ 정치 세력 간의 갈등 : 여운형 · 안재홍을 중심으로 하는 조선 건국 준비 위원회, 임시 정부가 귀국한 후에 독립 국가를 이룩하자는 한국 민주당 등 여러 정치 세력 간의 갈등
㉡ 경제적 혼란 : 급등하는 물가와 쌀을 비롯한 생활 필수품의 결핍

Check Point

카이로 회담과 포츠담 회담
• 카이로 회담 : 일제의 군사 행동에 대한 압력을 결의하고 일제가 탈취한 지역에 대한 독립 문제를 논의한 회담이다. 우리나라와 관련된 특별 조항을 마련하여 "적당한 시기에 한국을 독립시킨다."고 결정하였으나, '적당한 시기'에 대한 명확한 언급이 없어 문제가 되었다.
• 포츠담 회담 : 카이로 회담의 실행, 일제의 군국주의 배제 및 무장 해제, 점령군의 철수, 일제의 무조건적 항복 등을 규정한 회담이다.

▶ 38도선 푯말(강원 양양)

ⓒ 좌익 세력의 사회 교란 : 각지에서 유혈 충돌이 발발

② 북한의 정세

ⓐ 소련군과 함께 북한에 들어 온 김일성 등 공산주의자들을 중심으로 정치 활동을 전개하고 공산주의 정권 수립을 위한 기반 조성

ⓑ 그들에 반대하는 조만식 등 민족주의 계열의 인사들을 숙청

Check Point

신의주 반공 의거

1945년 11월 23일에 일어난 학생 의거이다. "공산당을 몰아내자.", "소련군 물러가라.", "학원의 자유를 쟁취하자." 등의 구호를 외쳤다.

3. 모스크바 3상 회의와 좌·우 대립의 격화

(1) 미 군정 실시

① 총독부 체제 유지, 우익 세력 지원

② 조선 건국 준비 위원회 · 대한민국 임시정부를 불인정

조선 인민에게 고함

제1조 북위 38도선 이남의 조선 영토와 그 곳에 거주하는 주민에 대한 최고 통치권은 본관에게 있다.

제2조 정부 등 전 공공 사업 기관에 종사하는 유급 또는 무급 직원과 고용인 그리고 기타 제반 중요한 사업에 종사하는 자는 별도의 명령이 있을 때까지 종래의 정상 기능과 업무를 수행할 것이며 모든 기록 및 재산을 보호 보존해야 한다.

제3조 점령군에 대해 반항하거나 공공의 치안과 안전을 해치는 행위는 엄중히 처벌한다.

– 맥아더 사령관 포고문 제1호(1945. 9. 7) –

(2) 모스크바 3상 회의(1945. 12)

① 미군과 소련군의 군정이 실시되는 가운데 미국 · 영국 · 소련의 3국 외상은 모스크바에서 회의를 열어 한반도 문제를 협의

② 이 회의에서 한국에 임시 민주 정부를 수립하기 위하여 미 · 소 공동 위원회를 설치하고, 최고 5년 동안 미 · 영 · 중 · 소 4개국의 신탁 통치하에 두기로 결정

③ **결정서의 채택 과정(신탁 통치안)** : 미국은 한국의 참여가 제한된 4개국 대표에 의한 신탁 통치를 먼저 제안 → 소련은 민주주의적 임시정부 수립을 기본 취지로 하여 신탁통치를 5년 이내로 한정하자는 수정안을 제안 → 소련의 수정안에 대해 미국이 다시 일부를 수정하여 신탁 통치에 대한 모스크바 3상 회의 결정서가 채택

Check Point

좌 · 우 대립의 전개 방향

• 우익 세력의 통일 전선(비상 국민 회의)
  – 1946년 1월, 임정(臨政) 세력 (김구 · 이승만) 중심
  – 비상 정치 회의 준비회(동년 1월 20일)
  – 우익의 통일 전선 구축이 목적
  – 좌 · 우익의 연립을 요구하고 반탁(反託)을 중심으로 모든 정당이 통일할 것을 주장
• 좌익 세력의 통일 전선(민주주의 민족 전선)
  – 1946년 1월, 조선 공산당 · 조선 인민당 · 독립 동맹(조선 신민당) 등이 주체, 임정 세력에서 이탈한 김원봉 · 성주식 · 김성숙 · 장건상 등이 중심
  – 조선 민족의 완전한 독립과 민주주의 정권 수립을 위한 임무 달성이 목적
  – 조선 인민 공화국(朝鮮人民共和國)의 후신

▶ 신탁 통치 반대 시위

▶ 신탁 통치 찬성 시위

TIP

한국에 대한 모스크바 3상 회의 결정서(1945)

• 한국을 독립 국가로 재건하기 위해 임시적인 한국 민주 정부를 수립한다.
• 한국 임시 정부 수립을 돕기 위해 미 · 소 공동 위원회를 설치한다.
• 미, 영, 소, 중의 4개국이 공동 관리하는 최고 5년 기한의 신탁 통치를 실시한다.
• 남북한의 행정 · 경제면의 항구적 균형을 수립하기 위해 2주일 이내에 미 · 소 양군 사령부 대표 회의를 소집한다.

(3) 신탁 통치안과 좌 · 우 세력의 대립

① 초기의 정세(전면적인 반탁)

  ㉠ 신탁 통치안을 식민지 지배와 차이가 없는 것이므로 모욕으로 받아들임

  ㉡ 전국적으로 신탁통치에 대한 반대 운동이 확산

② 좌 · 우 세력의 대립

  ㉠ 김구와 이승만, 조만식 등의 우익 세력과 민족주의 세력은 적극적인 반탁 운동을 전개

   • 반탁 활동과 조직 결성 : 반탁 전국 대회를 개최하고, 신탁 통치 반대 국민 총동원 위원회 조직(1945. 12)

   • 대한 독립 촉성 국민회 결성 : 이승만 계열인 독립 촉성 중앙 협의회와 김구 계열의 신탁 통치 반대 국민 총동원 중앙 위원회가 반탁 운동이라는 공통 목적에서 통합 결성(1946. 2. 8)

  ㉡ 박헌영 · 김일성 등 좌익 세력들은 처음에 신탁 통치를 반대하다 소련의 사주를 받은 후 모스크바 3상 회의의 결정(신탁 통치 결정)을 수용하기로 하여 좌 · 우 세력은 격렬하게 대립

꼭! 확인 기출문제

1945년 12월에 개최된 모스크바 3상 회의에 대한 설명으로 옳지 않은 것은? [지방직 9급 기출]

❶ 회의에서 미국은 한국의 즉시 독립을, 소련은 4개국 신탁 통치를 제안하였다.

② 김구, 이승만 등은 격렬한 신탁 통치 반대 운동을 펼쳤다.

③ 회의의 결정에 따라 미국, 소련 양군 대표로 구성된 공동 위원회가 개최되었다.

④ 조선 공산당은 모스크바 3상 회의 지지 시위를 벌였다.

🖪 ① 모스크바 3상 회의(모스크바 3국 외상 회의, 1945. 12)에서 미국은 한국의 참여가 제한된 4개국 대표에 의한 신탁 통치를 제안하였고, 소련은 민주주의적 임시 정부 수립을 기본 취지로 하여 신탁 통치를 5년 이내로 한정하자는 수정안을 제안하였다. 이에 대한 토론을 통해 소련의 수정안에 미국이 다시 일부 수정을 가하여 신탁 통치에 대한 모스크바 3상 회의 결정서가 채택되었다.

② · ④ 김구와 이승만, 조만식 등의 우익 세력과 민족주의 세력은 신탁 통치에 대한 반대 운동을 전개하였다. 조선 공산당 등의 좌익 세력들은 처음에 반탁의 입장에서 소련의 사주를 받은 후 찬탁으로 입장을 바꾸어 모스크바 3상회의의 결정을 지지하였다.

③ 모스크바 3상회의 결정서에 따라 미국과 소련의 양국군 대표로 구성된 미 · 소 공동 위원회가 개최되었다(1946. 3).

(4) 미 · 소 공동 위원회와 좌 · 우 합작 운동

① 제1차 미 · 소 공동 위원회(1946. 3) : 서울에서 개최되었으나 참여 단체를 놓고 대립하여 결렬

　㉠ 소련의 주장 : 모스크바 3상 회의의 협정(신탁 통치안)을 지지하는 정당 · 사회단체들만이 공동 위원회와 임시 정부 수립 문제를 협의할 대상이 될 수 있음(→ 반탁 단체의 참여 배제를 주장)

　㉡ 미국의 주장 : 신탁통치 반대세력들도 협의대상이 되어야 함(→ 모든 정당 및 단체의 협의를 주장)

② 이승만의 정읍 발언(1946. 6) : 남한만의 단독 정부 수립 주장

정읍 발언

이제 무기한 휴회된 미 · 소 공동 위원회가 재개될 기색도 보이지 않으며, 통일 정부를 고대하나 여의치 않습니다. 남방만이라도 임시 정부 혹은 위원회 같은 것을 조직하여 38도선 이북에서 소련이 철퇴하도록 세계 공론에 호소해야 할 것이니, 여러분도 결심해야 할 것입니다.

③ 좌우 합작 운동

　㉠ 전개

　　• 이승만의 정읍 발언 이후 단독 정부 수립운동이 일어나자, 이에 분단을 우려한 여운형 · 김규식 등의 중도파가 중심이 되어 좌우 합작 위원회를 결성(1946. 7)하고, 단독 정부 수립을 반대하며 좌우 합작 운동을 전개(→ 좌우 합작 7원칙 발표)

　　• 미군정은 중도적 좌우 세력을 결집해 지지 기반을 확대하고자 좌우 합작 운동을 지원

　㉡ 좌우 합작 7원칙의 발표(1946.10) : 합작의 필요성을 인정하여 좌 · 우익이 모여 좌우 합작 위원회를 구성하였으나 신탁통치 · 토지개혁 · 반민족 행위자 처리 등의 문제를 둘러싸고 좌 · 우 양측이 크게 차이를 보였는데, 우익 측을 대표한 김규식과 좌익 측을 대표한 여운형은 양측의 주장을 절충하여 좌우합작 7원칙을 발표(→ 좌 · 우익 양진영 모두 불만을 표시하며 반대)

　㉢ 결과 : 동서냉전의 시작, 이승만 등의 단독정부 수립운동, 미 · 소 공동 위원회 결렬, 참가 세력 간의 갈등, 여운형의 암살(1947. 7) 등으로 인해 좌우 합작 운동은 결국 실패

④ 남조선 과도 입법 의원 및 과도 정부 구성

　㉠ 남조선 과도 입법 의원(1946. 12) : 제1차 미 · 소 공동 위원회의 결렬 후 미군정의 주도로 과도 입법 의원 성립(→ 미군정의 인준권 · 거부권으로 형식상의 입법기관에 그침)

Check Point

좌 · 우 합작 7원칙(1946. 10)

1. 모스크바 3상 회의 결정에 의해 좌 · 우 합작으로 임시 정부 수립
2. 미 · 소 공동 위원회의 속개를 요청하는 공동 성명 발표
3. 몰수 · 유조건(有條件) 몰수 등으로 농민에게 토지 무상 분여 및 중요 산업의 국유화
4. 친일파 및 민족 반역자 처리 문제는 장차 구성될 입법 기구에서 처리
5. 정치범의 석방과 테러적 행동의 중단
6. 합작 위원회에 의한 입법 기구의 구성
7. 언론 · 집회 · 결사 · 출판 · 교통 · 투표 등의 자유 절대 보장

ⓛ 남조선 과도 정부(1947. 6~1948. 5. 10)

ⓛ 남조선 과도 정부(1947. 6~1948. 5. 10)
- 과도 입법 의원의 구성 후 미 군정 장관 아래 대법원장(김용무)과 민정 장관(안재홍)을 임명하고, 이를 남조선 과도 정부라 명명(1947. 6)(→ 민정 장관의 임명으로 형식상 행정권을 수임하였으나, 중요 사항에 대해서는 미국인 고문에게 거부권 부여)
- 미군정하에서 민정 이양을 위한 과도기 정부의 성격을 지님

⑤ 제2차 미ㆍ소 공동 위원회(1947. 5~1947. 10)
- ㉠ 1947년 트루먼 독트린이 발표되면서 미ㆍ소 간 갈등과 냉전이 시작
- ㉡ 이승만은 단독 정부의 수립 주장에 대해 미 국무성이 이를 시사한 후 사실상 결렬(1947. 7)
- ㉢ 소련 측이 미국 측의 지지 기반인 반탁 단체를 제외하자고 주장하자 미국 측은 미소 공동 위원회 활동에 소극적인 태도를 보임
- ㉣ 공동 위원회 참가 단체를 두고 다시 대립하면서 난관에 봉착하자, 미국 측은 미국ㆍ영국ㆍ중국ㆍ소련의 4개국 외상 회담에 맡기자고 하였으나 소련 측이 이를 거부
- ㉤ 미ㆍ소 공동 위원회의 소관 사항이었던 한국 문제는 1947년 9월 국제연합(UN)으로 이관됨

4. 대한민국 정부의 수립

(1) 한국 독립 문제의 유엔 상정과 유엔 한국 임시 위원단의 활동

① 한국 독립 문제의 유엔 총회 상정
- ㉠ 원인 : 미ㆍ소 공동 위원회의 실패로 미국과 소련은 남북한에서 별도의 정부를 세우는 데 관심을 가지게 됨
- ㉡ 한반도 문제의 유엔 이관 : 미ㆍ소 공동 위원회의 결렬 후 미국은 한반도 문제를 유엔에 이관(1947. 9)
- ㉢ 유엔 총회의 총선거 결의 : 유엔 한국 임시 위원단의 감시 하에 인구 비례에 의한 남북한 총선거 실시를 결의(1947. 11)

② 유엔 한국 임시 위원단의 구성
- ㉠ 유엔의 결정 : 한국 임시 위원단을 구성(1948. 1)하고, 선거를 통하여 통일된 독립 정부 수립
- ㉡ 소련의 거부 : 남한까지 공산화하려 했으므로 유엔의 결정에 반대, 유엔 한국 임시 위원단이 북한에 입국하지 못함(1948. 1)
- ㉢ 유엔 소총회의 총선거 실시 결정(1948. 2) : 소련의 반대로 남북한 총선거가

불가능해지자, 유엔은 소총회에서 선거가 가능한 지역에서만이라도 총선 거를 실시하여 정부를 수립하도록 결정

(2) 남북 협상(남북 대표자 연석 회의, 1948. 4)

① 김구(한국 독립당)·김규식(민족 자주 연맹) 등의 중도 우파는 남한만의 선거 로 단독 정부가 수립되면 남북분단이 계속될 것을 우려하여 남북한이 협상을 통해서 통일 정부를 수립하자고 주장

② 김구·김규식·김두봉·김일성의 4인 회의 등이 개최되었으나 의미 있는 결 정이나 합의에 도달하지 못함

③ 단독 정부 수립 반대와 통일 정부의 구성을 위한 남북협상은 미·소 간의 냉 전체제, 북한 정권의 독자 정부 수립 기도 등으로 실현되지 못함

▶ 남북 협상을 위해 38도선을 넘 는 김구 일행

 참고

김구의 단독 정부 수립 반대

조국이 있어야 한국 사람이 있고, 한국 사람이 있고야 민주주의도 공산주의도 무슨 단체도 있을 수 있는 것이다. 그러면 우리의 자주 독립적 통일 정부를 수립하려는 이때에 있어서 어찌 개인이나 자기 집단의 사리사욕에 탐하여 국가 민족의 백년대계를 그르칠 자가 있으랴 …… 현실에 있어서 나의 유일한 염원 은 3천만 동포가 다 손을 잡고 통일된 조국의 달성을 위하여 공동 분투하는 것뿐이다. 이 육신을 조국이 필요로 한다면 당장에라도 제단에 바치겠다. 나는 통일된 조국을 건설하려다 38선을 베고 쓰러질지언정 일신의 구차한 안일을 위하여 단독 정부를 세우는 데는 협력하지 않겠다.
- 삼천만 동포에게 읍고함(1948. 2) -

 꼭! 확인 기출문제

밑줄 친 '그'에 대한 설명으로 옳은 것은? [지방직 9급 기출]

그는 신민회 회원으로 활동하면서 해서교육총회에 가담해 교육 사업에 힘을 기울였으며, 안악사건에 연루되어 일제 경찰에 체포되었다. 1923년에 열린 국민대표회의에서 창조파와 개조파가 대립했을 때, 그는 국민대표회의 의 해산을 명하는 내무부령을 공포하였다. 그 뒤 그는 한국국민당을 조직하는 등 독립운동 정당을 만들기 위해 노력하였다.

❶ 평양에서 열린 남북 협상 회의에 참석하였다.
② 조선민족혁명당을 조직하고 조선의용대를 이끌었다.
③ 안재홍과 함께 조선건국준비위원회를 주도적으로 조직하였다.
④ 대통령 직선제를 골자로 하는 발췌 개헌안을 국회에 제출하였다.

해 ① 해당 지문의 '그'는 김구이다. 김구는 김규식과 함께 평양에서 개최된 남북 협상 회의에 참석하여 단독 정부 수립 반대와 통일 정부 구성을 위해 김일성, 김두봉과 남북 협상을 추진하였다.
② 김원봉은 조선민족혁명당을 결성하여(1935) 여러 독립운동 세력을 통합하기 위해 노력하였으며, 중국 우한에서 군사 조 직인 조선의용대를 창설하여(1938) 포로 심문, 요인 사살, 첩보 작전을 수행하였다.
③ 여운형은 조선건국동맹을 조직한 후 이를 토대로 지방 조직과 군사위원회 등을 통해 건국 작업을 진행하기 위해 안재 홍과 함께 조선건국준비위원회를 설립하였다(1945).
④ 2대 국회에서 반이승만 성향의 무소속 의원이 대거 당선되자 간접선거 방식으로는 재선이 불가능한 이승만 정부와 자유당 은 6·25 전쟁 중 부산에서 계엄령을 선포하고 대통령 직선제와 양원제 개헌안을 토론 없이 기립 투표로 통과시켰다(1952).

 기출 Plus [국가직 9급 기출]

03. (가)~(라)를 시기순으로 바 르게 나열한 것은?

(가) 좌우합작 7원칙이 발 표되었다.
(나) 조선 건국 준비 위원 회가 결성되었다.
(다) 모스크바 3국 외상 회 의가 개최되었다.
(라) 김구와 김규식이 남북 협상을 제의하였다.

① (나) → (가) → (라) → (다)
② (나) → (다) → (가) → (라)
③ (다) → (가) → (나) → (라)
④ (다) → (나) → (가) → (라)

해 (나) : 조선건국준비위원회의 결성(1945. 8. 15)
(다) : 모스크바 3국 외상회의의 결정(1945. 12)
(가) : 좌우합작 7원칙의 발표 (1946. 10)
(라) : 김구와 김규식의 남북 협상 제의(1948. 4)

 답 03 ②

▶ 제주도 4·3 사건

▶ 5·10 총선거에서 투표하는 유권자

Check Point

통일 독립 촉성회(1948. 7)
단독 정부 수립에 반대해 총선거에 참여하지 않은 김구의 한국 독립당과 김규식의 민족 자주연맹 등이 중심이 되어 결성된 단체로, 민족 문제의 자주적 해결과 통일 정부 수립을 목적으로 하였다.

Check Point

반민 특위 사건
이승만 정부와 경찰이 반민 특위를 습격하여 특위 산하 특경대를 체포한 사건

(3) 건국 전후의 사회적 혼란

① 제주도 4·3 사건
- ㉠ 1948년 4월 3일부터 1954년 9월 21일까지 제주도에서 남조선 노동당(남로당) 세력이 주도가 되어 벌어진 무장 항쟁 및 그에 대한 대한민국 군경과 극우 단체의 유혈 진압
- ㉡ 주장 : 남한 단독 선거 반대, 경찰과 극우 단체의 탄압에 대한 저항, 반미구국투쟁 등
- ㉢ 진압 과정에서 무고한 주민들이 많이 희생됨

② 여수·순천 사건(10·19 여수 14연대 폭동, 1948)
- ㉠ 여수에 주둔하던 국군 제14연대가 제주 4·3 사건 진압을 위한 출동 명령을 거부하고 순천 등지까지 무력 점거를 확산시킨 사건
- ㉡ 동족을 학살할 수 없다는 것과 친일파 처단, 조국 통일을 명분으로 하여 발생
- ㉢ 이승만 정부는 계엄령 선포 후 이를 진압하고 국가 보안법을 제정, 반란 군인과 이에 가담한 양민들 일부는 빨치산을 조직

(4) 대한민국의 수립

① 총선거 실시(1948. 5. 10) : 남한에서 5·10 총선거가 실시되어 제헌 국회 구성
② 헌법 제정·공포(1948. 7. 17) : 제헌 국회는 임시 정부의 법통을 계승한 민주 공화국 체제의 헌법 제정·공포
③ 정부 수립(1948. 8. 15) : 이승만을 대통령으로, 이시영을 부통령으로 선출하여 대한민국의 수립을 국내외에 선포하였고, 유엔 총회에서 한반도의 유일한 합법 정부로 승인받음

(5) 반민족 행위 처벌법

① 반민족 행위 처벌법의 제정(1948. 9)
- ㉠ 목적 : 일제 잔재를 청산하기 위하여 제헌 국회에서 제정
- ㉡ 내용 : 일제 강점기 친일 행위를 한 사람들을 처벌하고 공민권을 제한하는 것 등

② 반민 특위의 활동 : 반민족 행위 처벌법에 의거하여 국회의원 10명으로 구성된 반민족 행위 특별 조사 위원회에서 친일 주요 인사들을 조사
③ 결과 : 반공을 우선시하던 이승만 정부의 방해로 친일파 처벌이 좌절됨
- ㉠ 친일파들은 법 제정 바로 다음 날 반공 구국 궐기 대회(1948. 9. 23)를 열었고, 이승만 정부는 이 대회를 적극 지원
- ㉡ 국론 분열과 혼란을 구실로 반민특위를 공개적으로 반대(→ 국회 프락치

사건(1949. 5)과 반민 특위 습격 사건(1949. 6) 등)

ⓒ 법을 개정하여 2년으로 명시된 반민법의 시효를 1년으로 줄이고 특위 활동을 종료시킴

반민족 행위 처벌법(시행 1948. 9. 22)

제1조 일본 정부와 통모하여 한 · 일 합병에 적극 협력한 자, 한국의 주권을 침해하는 조약 또는 문서에 조인한 자와 모의한 자는 사형 또는 무기징역에 처하고 그 재산과 유산의 전부 혹은 2분지 1이상을 몰수한다.

제2조 일본 정부로부터 작을 수한 자 또는 일본 제국 의회의 의원이 되었던 자는 무기 또는 5년 이상의 징역에 처하고 그 재산과 유산의 전부 혹은 2분지 1이상을 몰수한다.

제3조 일본 치하 독립 운동자나 그 가족을 악의로 살상박해한 자 또는 이를 지휘한 자는 사형, 무기 또는 5년 이상의 징역에 처하고 그 재산의 전부 혹은 일부를 몰수한다.

제4조 좌의 각호의 1에 해당하는 자는 10년 이하의 징역에 처하거나 15년 이하의 공민권을 정지하고 그 재산의 전부 혹은 일부를 몰수할 수 있다.

제4조 1. 습작한 자

　　　2. 중추원 부의장, 고문 또는 삼의 되었던 자

　　　3. 칙임관 이상의 관리 되었던 자

　　　4. 밀정 행위로 독립 운동을 방해한 자

　　　5. 독립을 방해할 목적으로 단체를 조직했거나 그 단체의 수뇌 간부로 활동하였던 자

　　　6. 군, 경찰의 관리로서 악질적인 행위로 민족에게 해를 가한 자

　　　7. 비행기, 병기 또는 탄약 등 군수 공업을 책임 경영한 자

　　　8. 도, 부의 자문 또는 결의 기관의 의원이 되었던 자로서 일정에 아부하여 그 반민족적 죄적이 현저한 자

　　　9. 관공리 되었던 자로서 그 직위를 악용하여 민족에게 해를 가한 악질적 죄적이 현저한 자

　　　10. 일본 국책을 추진시킬 목적으로 설립된 각 단체 본부의 수뇌 간부로서 악질적인 지도적 행동을 한 자

　　　11. 종교, 사회, 문화, 경제 기타 각 부문에 있어서 민족적인 정신과 신념을 배반하고 일본 침략주의와 그 시책을 수행하는 데 협력하기 위하여 악질적인 반민족적 언론, 저작과 기타 방법으로써 지도한 자

　　　12. 개인으로서 악질적인 행위로 일제에 아부하여 민족에게 해를 가한 자

제5조 일본 치하에 고등관 3등급 이상, 훈 5등 이상을 받은 관공리 또는 헌병, 헌병보, 고등 경찰의 직에 있던 자는 본법의 공소 시효 경과 전에는 공무원에 임명될 수 없다. 단, 기술관은 제외한다.

제6조 본법에 규정한 죄를 범한 자 개전의 정상이 현저한 자는 그 형을 경감 또는 면제할 수 있다.

제7조 타인을 모함할 목적 또는 범죄자를 옹호할 목적으로 본법에 규정한 범죄에 관하여 허위의 신고, 위증, 증거 인멸을 한 자 또는 범죄자에게 도피의 길을 협조한 자는 당해 내용에 해당한 범죄 규정으로 처벌한다.

제8조 본법에 규정한 죄를 범한 자로서 단체를 조직하는 자는 1년 이하의 징역에 처한다. (이하 생략)

 꼭! 확인 기출문제

01. 다음의 사건을 시기순으로 바르게 나열한 것은? [지방직 9급 기출]

(가) 제헌국회가 구성되어 헌법을 제정하였다.

(나) 여운형과 김규식은 좌우합작위원회를 조직하였다.

(다) 조선건국동맹을 기반으로 조선건국준비위원회가 조직되었다.

(라) 민주주의 임시정부 수립을 논의하기 위해 제1차 미 · 소공동위원회가 열렸다.

04. 밑줄 친 '이들'을 처리하기 위해 광복 이후 나타난 것으로 옳은 것은?

- 조선 문제 해결의 사활은 이들을 많이 얻는 데에 있으므로 이들에게 편의와 원조를 주어 수재 교육의 이름 아래 많은 이들을 긴 안목으로 키운다.
- 양반, 유생 가운데 직업이 없는 자에게 생활 방도를 주는 대가로 이들을 온갖 선전과 민정 염탐에 이용한다.

① 반민 특위 조직
② 단독 정부 수립
③ 국가 보안법 제정
④ 신탁 통치 반대 운동

해 제시문은 1920년대 조선 총독 사이토가 제기한 조선 통치에 대한 비밀 문건인 《조선 민족 운동에 대한 대책》의 내용으로, '이들'은 친일파를 지칭한다.
이승만 정권 초기인 제헌 국회에서 광복 이후 일제의 잔재를 청산하기 위해 반민족 행위 처벌법(1948. 9)을 제정하고, 이 법에 따라 국회의원 10명으로 구성된 반민족 행위 특별 조사 위원회(반민 특위)를 구성하였다.

① (가)-(다)-(나)-(라)
② (나)-(다)-(라)-(가)
❸ (다)-(라)-(나)-(가)
④ (라)-(나)-(가)-(다)

해 ③ (다) 1945년 8월 15일 광복과 더불어 건국을 준비하기 위해 여운형을 중심으로 조선건국준비위원회가 조직되었다.
(라) 1946년 3월 20일에 한국의 임시정부 수립을 원조하기 위하여 미·소 점령군이 제1차 미소공동위원회를 소집하였다.
(나) 1946년 7월 25일에 여운형과 김규식을 중심으로 좌우 합작에 의한 통일정부 수립을 위해 좌우합작위원회를 조직하였다.
(가) 1948년 5월 10일에 총선거로 제헌국회가 구성되고 같은 해 7월 17일에 제헌헌법을 공포하였다.

02. 대한민국 정부 수립 이후에 일어난 사건을 〈보기〉에서 모두 고른 것은? [서울시 9급 기출]

보기
ㄱ. 반민족 행위 특별 조사 위원회 설치
ㄴ. 농지 개혁법 시행
ㄷ. 안두희의 김구 암살
ㄹ. 제주 4·3 사건 발생
ㅁ. 여수·순천 10·19 사건 발생

① ㄱ, ㄴ, ㅁ
❷ ㄱ, ㄴ, ㄷ, ㅁ
③ ㄱ, ㄴ, ㄹ, ㅁ
④ ㄱ, ㄴ, ㄷ, ㄹ, ㅁ

해 ② 대한민국 정부 수립 1948년 8월
ㄱ. 1948년 9월 반민족 행위 특별 조사 위원회 설치되어 반민족 행위자들을 체포하려하였으나, 이승만과 친일 세력에 의해 좌절되었다.
ㄴ. 1950년 시행된 농지개혁으로 유상몰수, 유상분배를 통해 농민에게 땅을 분배하였다.
ㄷ. 1949년 안두희는 김구를 암살하였다.
ㅁ. 1948년 10월 여수·순천 10·19 사건이 발생하였다. 이 사건은 제주 4·3사태를 진압하라는 출동명령을 동족을 학살할 수 없다는 것과 38°선을 철폐하고 조국통일을 이루자는 명분으로 거부한 제14연대가 순천 등지까지 무력 점거한 사건이다.

5. 북한 정권의 수립

(1) 정권의 수립

① 평남 건국 준비 위원회의 결성 : 광복 이후 평양에서 조만식을 중심으로 결성
② 인민 위원회의 조직(1945. 8) : 소련은 평남 건국 준비 위원회를 해체하고, 평안남도 인민 정치 위원회를 비롯한 각 지방 인민 위원회를 조직
③ 조선 공산당 북조선 분국 설치(1945. 10) : 미·소가 한반도를 분할 점령한 상태에서 서울 중앙당(조선 공산당 중앙 위원회)의 지도력을 문제 삼아 북조선 분국을 만들고 사실상의 독자적 혁명을 진행
④ 북조선 5도 행정국 발족(1945. 10. 28) : 10월 8일에는 평양에서 북조선 5도 인민 위원회 연합 회의가 소집되고, 이어 10월 28일에 북조선 5도 행정 10국이 정식 발족
⑤ 북조선 공산당의 독립(1945. 12) : 조선 공산당 북조선 분국을 북조선 공산당으로 개칭하고 김일성을 책임자로 선출하여 조선 공산당의 영향권에서 탈피·

답 **04** ①

독립

⑥ 북조선 임시 인민 위원회 구성(1946. 2) : 소련은 북조선 임시 인민 위원회를 구성

⑦ 북조선 노동당 창당(1946. 8) : 북조선 공산당과 북조선 신민당을 통합하여 창당

⑧ 인민 위원 선출(1946. 11) : 북한 전역에 걸쳐 도·시·군 인민 위원회 선거를 실시하여 3,459명의 인민 위원 선출

⑨ 북조선 인민 회의 및 인민 위원회 구성(1947. 2) : 북조선 도·시·군 인민 위원회 대회가 개최되어 여기에서 선출된 대의원 237명으로 북조선 인민 회의를 구성하고 북조선 인민 위원회를 결성(→ 인민 위원회는 김일성을 위원장으로 하여 모두 22명으로 구성)

⑩ 인민 공화국 헌법 초안의 채택(1948. 4) : 인민 회의 특별 회의에서 헌법 수정 초안을 축조·심의하여 인민 공화국 헌법 초안으로 정식 채택(→ 1948년 7월 실시)

⑪ 최고 인민 회의 대의원 선출(1948. 8) : 북한 최초의 최고 인민 회의 대의원 선거가 실시되어 총 212명의 대의원이 선출

⑫ 조선 민주주의 인민 공화국 수립(1948. 9. 9) : 소련의 지시로 인민 위원회를 인민 공화국으로 고치고 정부 수립 선포, 인민 공화국 헌법을 심의 채택(→ 김일성을 수상으로 하는 조선 민주주의 공화국 정부 출범)

(2) 공산주의 지배 체제 확립

① 토지 개혁(1946. 3) : 임시 인민 위원회는 토지 개혁법을 제정하여 무상 몰수·무상 분배를 단행(→ 실제로는 모든 토지의 국유화)

② 체제 강화 : 남녀 평등법을 제정해 여성 노동력을 동원하고, 산업 국유화법을 통과시켜 공산주의 체제를 강화

꾁! 확인 기출문제

6·25 전쟁 이전 북한에서 일어난 다음의 사건들을 연대순으로 바르게 나열한 것은? [국가직 9급 기출]

㉠ 북조선 5도 행정국 설치	㉡ 토지 개혁 단행
㉢ 북조선 노동당 창당	㉣ 조선 공산당 북조선 분국 조직

① ㉠ → ㉡ → ㉢ → ㉣   ② ㉠ → ㉡ → ㉣ → ㉢
③ ㉡ → ㉠ → ㉣ → ㉢   ❹ ㉣ → ㉠ → ㉡ → ㉢

해 ④ ㉣ 조선 공산당 북조선 분국 조직(1945. 10)
㉠ 북조선 5도 행정국 설치(1945. 10. 28)
㉡ 북한의 토지 개혁 단행(1946. 3)
㉢ 북조선 노동당 창당(1946. 8)

기출 Plus   [선관위 9급 기출]

05. 다음에서 언급하고 있는 행위자(들)와 관련된 설명으로 옳지 않은 것은?

- 일본의 전쟁 수행을 돕기 위해 군수품 제조 업체를 운영하거나, 헌납할 당시의 화폐 단위로 10만 원 이상의 금품을 헌납한 행위자
- 고등문관 이상의 관리, 헌병, 경찰 또는 판사, 검사, 사법 관리로서 우리 민족 구성원을 감금, 고문, 학대하는 등 탄압에 적극 앞장선 행위자
- 학병, 지원병, 징병 또는 징용을 전국적으로 선전, 선동하거나 강요한 행위자

① 황국 신민화 정책과 침략 전쟁을 동조·찬양하는 일에 앞장섰다.

② 만주 등지에서 기업이나 공장 경영을 하기도 하였다.

③ 흥남에 대규모 질소 비료 공장을 설립하였다.

④ 일제의 경찰이나 밀정이 되어 민족 운동을 탄압하였다.

해 제시문은 2004년에 제정한 일제 강점하 반민족 행위 진상 규명에 관한 특별법의 규정 내용 중 일부이다. 제시된 내용은 이 법 제2조 '친일 반민족 행위'의 정의에 해당되는 내용이므로, 여기서의 행위자는 친일 반민족 행위자라 할 수 있다.
1930년대 흥남에 설립한 대규모의 질소 비료 공장은 친일 반민족 행위자가 아닌 일본이 대륙 침략을 준비하기 위해 설립한 것이다.

답 05 ③

▶ 피난하는 사람들

▶ 전쟁으로 파괴된 건물

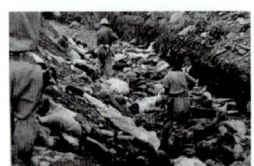
▶ 6 · 25때 보도연맹사건

(3) 6 · 25 전쟁과 공산군의 격퇴

① 6 · 25 전쟁의 발발(1950. 6. 25)

㉠ 배경 : 북한의 군사력 강화, 미군 철수와 미국 극동 방위선에서 한반도 제외(→ 애치슨 라인)

㉡ 발발 : 김일성은 비밀리에 소련과 중국의 지원을 약속받아 남침을 감행

② 경과 : 전쟁 발발 → 서울 함락(1950. 6. 28) → 한강 대교 폭파(1950. 6. 28) → 낙동강 전선으로 후퇴(1950. 7) → 인천 상륙 작전(1950. 9. 15) → 서울 탈환(1950. 9. 28) → 중공군 개입(1950. 10. 25) → 압록강 초산까지 전진(1950. 10. 26) → 서울 철수(1951. 1. 4) → 서울 재수복(1951. 3. 14) → 휴전 제의(1951. 6. 23) → 휴전 협정 체결(1953. 7. 27)

③ 유엔군과 중공군의 개입

㉠ 유엔군의 참전 : 미국 · 영국 · 프랑스 등 16개국의 군대로 구성된 유엔군 참전

㉡ 중공군의 개입 : 중공군의 개입으로 국군과 유엔군은 후퇴, 38도선 부근에서 교전

④ 휴전

㉠ 휴전 제의(1951. 6. 23) : 소련의 유엔 대표가 휴전을 제의

㉡ 휴전 반대 : 우리 정부와 국민은 분단의 영구화를 우려하여 범국민적으로 휴전 반대

㉢ 휴전 성립(1953. 7. 27) : 유엔군과 공산군 사이에 휴전이 성립

⑤ 전후 복구

㉠ 복구 사업 : 황폐된 국토의 재건과 산업 부흥에 힘씀, 자유 우방들의 원조

㉡ 한 · 미 상호 방위 조약의 체결(1953. 10)

⑥ 결과 : 인명 피해, 재산 손실, 적대적 대립 체제를 갖춤, 미국의 영향력이 커짐

제2절 민주주의의 시련과 발전

1. 이승만 정부(제1공화국)의 장기 집권과 4·19 혁명

(1) 이승만 정부의 반공 정책

① 반공 정책 : 북진 통일론 주장, 반공의 통치 이념

② **영향** : 반공 명분으로 반대 세력 탄압, 국민의 자유와 국회의 정치활동 제한, 부패 척결과 친일파 청산에 소극적

(2) 이승만 정부의 장기 집권

① **발췌 개헌(제1차 개헌, 1952. 7)**

㉠ **배경** : 2대 국회(1950. 5)에서 반이승만 성향의 무소속 의원 대거 당선(→ 국회에서의 간접 선거 방식으로는 이승만의 대통령 재선이 불가능)

㉡ **개헌 내용** : 간선제에서 직선제로 대통령 선출 방식 개정

㉢ **과정** : 자유당 창당(1951. 12), 계엄령 → 야당 의원 50여 명 연행 → 대통령 직선제 개헌안이 기립 투표로 통과됨

㉣ **결과** : 이승만의 대통령 재선(1952. 8)

② **사사오입 개헌(제2차 개헌, 1954. 11)**

㉠ **배경** : 3대 국회 의원 선거에서 관권 개입으로 자유당 압승

㉡ **과정** : 초대 대통령에 한해 중임 제한 규정을 철폐하는 개헌안 제출 → 부결(1표 부족) → 2일 후 사사오입의 논리로 개헌안 불법 통과

㉢ **결과** : 장기 집권을 위해 독재를 강화하면서 부정부패가 심화되고, 자유당 지지 세력 크게 감소, 민주당 창당

③ **3대 대통령 선거(1956)**

㉠ **대통령 후보** : 이승만(자유당), 신익희(민주당), 조봉암(무소속)

㉡ **부통령 후보** : 이기붕(자유당), 장면(민주당)

㉢ **결과**
  - 신익희의 갑작스런 서거로 이승만 당선
  - 민주당 장면 후보의 부통령 당선
  - 조봉암 후보의 선전과 선거 후 진보당 창당

④ **독재 체제의 강화**

㉠ **진보당 사건(1958)** : 진보당의 당수 조봉암을 간첩 혐의로 처형

㉡ **신국가 보안법 제정(보안법 파동, 1958)** : 반공 체제 강화를 구실로 야당 탄압

㉢ **언론 탄압** : 경향신문 폐간(1959)

(3) 4 · 19 혁명(1960)

① **배경**

㉠ 이승만 정권의 독재와 장기 집권, 탄압, 부정 부패

㉡ 1960년 자유당 정권의 3 · 15 부정 선거, 부정 선거 규탄 시위에 대한 유혈 진압

Check Point

사사오입 개헌
발췌 개헌을 통해 대통령에 재선한 이승만은 장기 집권을 위하여 헌법을 고치고자 하였다. 이에 자유당은 대통령의 3선 금지 조항 폐지에 대한 개헌안을 표결에 부쳤는데, 개헌 정족수인 136표에서 1표가 부족하여 부결되었다. 그러자 자유당은 저명한 수학자를 동원하여 사사오입(반올림)을 적용. 재적 의원 203명의 2/3은 135.333……이므로 135명으로도 정족수가 된다고 주장하며 개헌안의 통과를 선포하였다.

▶ 3대 대통령 선거 구호

3 · 15 부정 선거
자유당 정권은 이승만의 대통령 당선이 확실시되자 이기붕마저 부통령에 당선시키기 위해 온갖 부정한 방법을 동원하였다. 이에 따라 3인조, 9인조 투표가 이루어졌고 투표함을 바꿔치기하는가 하면 야당의 선거 감시원을 투표소에서 쫓아내기도 하였다.

▶ 4 · 19 혁명

② 경과

   ㉠ 선거 당일(1960. 3. 15) 부정 선거를 규탄하는 3 · 15 마산 의거에서 경찰의 발포로 많은 사상자가 발생(→ 자유당 정권은 시위의 배후에 공산 세력이 있다고 발표하여 시민의 반감을 삼)

   ㉡ 마산 의거에서 행방불명되었던 김주열 학생의 시신이 발견(1960. 4. 11)되었는데, 경찰의 최루탄에 의한 사망임이 밝혀져 항의 시위가 발발했으며 이에 대한 진압 과정에서 경찰의 발포로 다시 희생자 속출

   ㉢ 4월 18일 고려대 학생들의 총궐기 시위 직후 정치 깡패들이 기습 · 폭행하여 수십 명의 사상자 발생(4 · 18 고대생 습격 사건)

   ㉣ 부정 선거와 강경 진압으로 인한 사상자 속출 등의 진상이 밝혀지면서 국민의 분노가 극에 달해 4월 19일 학생 · 시민들의 대규모 시위가 발발(4 · 19 혁명)

   ㉤ 4월 22일 재야인사들이 이승만 대통령의 퇴진을 요구

   ㉥ 4월 25일 서울 시내 27개 대학 259명의 대학 교수들이 시국 선언문을 발표하고, 시위에 가세(4 · 25 대학 교수단 선언)

   ㉦ 4월 26일 이승만은 라디오 연설을 통해 대통령 자리에서 하야하겠다고 발표, 자유당 정권 붕괴

③ 의의 : 학생과 시민이 중심이 되어 독재 정권을 무너뜨린 민주 혁명으로서, 우리 민족의 민주 역량을 전 세계에 보여주었고 민주주의가 더 한층 발전할 수 있는 토대가 됨

4·19 혁명 당시 서울대 문리대 선언문
상아의 진리탑을 박차고 거리에 나선 우리는 질풍과 같은 역사의 조류에 자신을 참여시킴으로써 이성과 진리, 그리고 자유의 대학 정신을 현실의 참담한 박토(薄土)에 뿌리려 하는 바이다. 오늘의 우리는 자신들의 지성과 양심의 엄숙한 명령으로 하여 사악과 잔학의 현상을 규탄(糾彈), 광정(匡正)하려는 주체적 판단과 사명감의 발로임을 떳떳이 천명하는 바이다. …… 민주주의와 민중의 공복이며 중립적 권력체인 관료와 경찰은 민주를 위장한 가부장적 전제 권력의 하수인을 발 벗었다. 민주주의 이념의 최저의 공리인 선거권마저 권력의 마수 앞에 농단(壟斷)되었다. 언론, 출판, 집회, 결사 및 사상의 자유의 불빛은 무식한 전제 권력의 악랄한 발악으로 하여 깜빡이던 빛조차 사라졌다. 긴 칠흑 같은 밤의 계속이다. …… 보래 현실의 뒷골목에서 용기 없는 자학을 되씹는 자까지 우리의 대열을 따른다. 나가자! 자유의 비결은 용기일 뿐이다. 우리의 대열은 이성과 양심과 평화, 그리고 자유에의 열렬한 사랑의 대열이다. 모든 법은 우리를 보장한다.

2. 장면 내각(제2공화국, 1960. 8~1961. 5)

(1) 허정 과도 내각

4 · 19 혁명 후의 혼란 수습을 위해 헌법을 내각 책임제와 양원제 국회로 개정(제 3차 개헌, 1960. 6. 15)

(2) 장면 내각

① 총선거에서 민주당 압승

② 장면 내각 출범, 국회에서 대통령 윤보선 당선

③ 내각 책임제 · 양원제 의회 설립, 민의원과 참의원 선거 실시

(3) 민주주의의 발전

① 언론 활동 보장 : 국가 보안법 개정, 경향신문 복간

② 노동 조합 운동 고조 : 교원 노조, 언론인 노조 등

③ 통일 운동의 활성화 : 중립화 통일론, 남북 협상론, 남북 교류론 등

(4) 한계

① 민주당의 내분 심화 : 구파와 신파

② 개혁 의지 약화로 각종 개혁 부진(→ 5 · 16 군사 정변(1961)으로 붕괴)

꼭! 확인 기출문제

01. 4 · 19 혁명의 영향으로 볼 수 없는 것은? [지방직 9급 기출]

① 내각 책임제 정부와 양원제 의회가 출범하였다.

❷ 반민족 행위자에 대한 처벌법이 제정되었다.

③ 부정 축재자에 대한 처벌 요구가 높아졌다.

④ 통일에 관한 논의가 활발하게 제기되었다.

圖 ② 반민족 행위 처벌법(1948. 9)은 4 · 19 혁명 이전인 제1공화국 때 일제 잔재 청산을 위해 제정되었다.
 ① 4 · 19 혁명 직후 내각 책임제와 양원제 의회를 골자로 하는 제3차 개헌(1960. 6. 15)이 이루어졌다.
 ③ 4 · 19 혁명의 영향으로 제1공화국이 붕괴된 직후 부정 축재자 등에 대한 처벌 요구가 높아져, 부정 축재 처리법이 1961년 7월 14일 제정 · 공포되었다.
 ④ 4 · 19 혁명 이후 출범한 제2공화국 정부에서는 통일 논의가 활발하게 개진되어 중립화 통일론이나 남북 협상론 · 남북 교류론 등이 제기되었다.

02. 밑줄 친 '새 헌법'에 대한 설명으로 옳은 것은? [지방직 9급 기출]

> 정부에서는 6월 15일 국회에서 통과된 개헌안을 이송받자 이날 긴급 국무회의를 소집하고 정식으로 이를 공포하였다. 이로써 개정된 새 헌법은 16일 0시를 기해 효력을 발생케 되었다. 새 헌법이 공포됨으로써 16일부터는 실질적인 내각책임제의 정부를 갖게 되었으며 허정 수석국무위원은 자동으로 국무총리가 된다.
> ─「경향신문」 1960. 6. 16.─

① 임시수도 부산에서 개정되었다.

② '사사오입'의 논리로 통과되었다.

③ 통일주체국민회의 설치를 규정한 조항이 있다.

❹ 민의원과 참의원으로 구성된 국회 조항이 있다.

해 ④ 제시된 글은 1960년 4 · 19혁명 이후에 공포된 제3차 개헌(내각책임제 개헌)이다. 이 개헌안이 채택된 후 처음으로 민의원과 참의원의 선거가 실시되었다.
　① 1952년 부산의 피난국회에서 통과된 제1차 개헌이다.
　② 1954년 사사오입(반올림)의 논리로 개헌안을 불법 통과시킨 제2차 개헌이다.
　③ 1972년 평화적 통일지향 한국적 민주주의의 토착화를 내세운 제7차 개헌안이다.

3. 5·16 군사 정변과 박정희 정부의 수립(제3공화국)

(1) 5 · 16 군사 정변(1961)

① 발발 : 장면 내각은 자유 민주주의의 실현을 위해 노력하였으나, 박정희를 중심으로 한 군부 세력은 사회의 혼란을 구실로 군사 정변을 일으켜 정권을 잡음

② 군정의 실시

　㉠ 국가 재건 최고 회의 구성 : 헌정을 중단시키고 군정을 실시

　㉡ 혁명 공약 : 반공을 국시로 경제 재건과 사회 안정 추구, 구정치인들의 정치 활동 금지

▶5 · 16 군사 정변 당시 박정희 (가운데)

5·16 군사 정변 세력의 혁명 공약

1. 반공을 국시(國是)의 제일의(第一義)로 삼고 지금까지 형식적이고 구호에만 그친 반공 태세를 재정비 · 강화한다.
2. 유엔 헌장을 준수하고 국제 협약(國際協約)을 충실히 이행할 것이며 미국을 위시한 자유 우방과의 유대를 더욱 공고히 한다.
3. 이 나라 사회의 모든 부패와 구악(舊惡)을 일소하고 퇴폐한 국민 도의와 민족 정기를 다시 바로잡기 위하여 청신한 기풍을 진작시킨다.
4. 절망과 기아 선상(飢餓線上)에서 허덕이는 민생고(民生苦)를 시급히 해결하고 국가 자주 경제 재건에 총력을 경주한다.
5. 민족적 숙원인 국토 통일(國土統一)을 위하여 공산주의와 대결할 수 있는 실력 배양에 전력을 집중한다.
6. 이와 같은 우리의 과업이 성취되면 참신(斬新)하고도 양심적인 정치인들에게 언제든지 정권을 이양하고 우리들 본연의 임무에 복귀할 준비를 갖춘다.

Check Point

한 · 일 협정
1965년에 체결된, 한국과 일본 양국의 국교 관계를 규정한 조약이다. 협정 결과 일본으로부터 많은 차관을 들여와 경제 발전의 원동력으로 사용할 수 있었으나 식민 통치에 대한 배상 문제, 어업 문제 등에서 일본에 지나치게 양보했다는 비난을 받았다. 6 · 3 시위의 원인이 되었다.

(2) 박정희 정부(제3공화국, 1963~1972)

① 성립

　㉠ 제5차 개헌 : 대통령제 환원, 대통령 직선제, 임기 4년

　㉡ 민선 이양 약속을 버리고 민주 공화당 창당, 박정희의 대통령 당선

② 경제 성장 제일주의 : 경제 개발 5개년 계획 추진

③ 한 · 일 협정(1965)

　㉠ 배경

- 한국 : 경제 개발 계획 추진에 필요한 재원 마련
- 미국 : 사회주의 세력에 대한 한 · 미 · 일 공동 체제 필요

ⓛ 경과 : 김종필과 오히라 간의 한일 회담 진행(1962)(→ 차관 제공 합의)

ⓒ 6 · 3 시위(6 · 3 항쟁) 전개(1964) : 굴욕 외교(제2의 을사조약) 반대 시위

- 한 · 일 회담의 진행 과정에서 일제 강점기에 대한 사죄와 과거사 청산이라는 본질이 굴욕적인 청구권 교섭에 밀려 훼손된 것에 대한 분노로 촉발
- 박정희 정부는 계엄령과 위수령, 휴교령을 선포하여 국민적 저항을 억압

ⓒ 내용 : 독립 축하금 3억 달러, 민간 차관 제공, 청구권 문제

ⓜ 문제점 : 식민지 지배에 대한 보상과 사죄 문제 미해결

한·일 협정 반대 시위(6·3 시위)
국제 협력이라는 미명 아래 우리 민족의 치떨리는 원수 일본 제국주의를 수입, 대미 의존적 반신불수인 한국 경제를 2중 계속의 철쇄로 속박하는 것이 조국의 근대화로 가는 첩경이라고 기만하는 반민족적 음모를 획책하고 있다. 우리는 외세 의존의 모든 사상과 제도의 근본적 개혁 없이는, 전 국민의 희생 위에 홀로 군림하는 매판 자본의 타도 없이는, 외세 의존과 그 주구 매판 자본을 지지하는 정치 질서의 철폐 없이는 민족 자립으로 가는 어떠한 길도 폐쇄되어 있음을 분명히 인식한다.

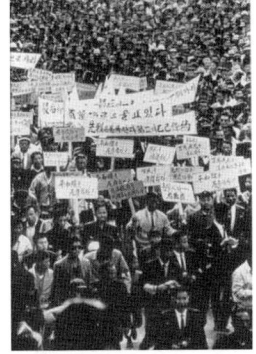

▶ 6 · 3 시위

④ 베트남 파병(1964~1973)

ⓛ 과정 : 브라운 각서로 국군의 전력 증강과 차관 원조 약속

ⓛ 영향 : 외화 획득, 건설 사업 참여 등 베트남 특수로 경제 발전, 많은 전사자 발생

브라운 각서(1966)
1. 한국에 있는 대한민국 국군의 현대화 계획을 위하여 앞으로 수년 동안에 상당량의 장비를 제공한다.
2. 월남 공화국에 파견되는 추가 병력에 필요한 장비를 제공하며 또한 파월 추가 병력에 따르는 일체의 추가적 원화 경비를 부담한다.
3. 파월 대한민국 부대에 소요되는 보급 물자 용역 및 장비를 실행할 수 있는 한도까지 대한민국에서 구매하며 파월 미군과 월남군을 위한 물자 중 결정된 구매 품목을 한국에서 발주한다.
4. 수출 진흥의 전반 부분에 있어서 대한민국에 대한 기술 협조를 강화한다.

⑤ 3선 개헌(1969. 9)

ⓛ 배경 : 박정희 정부의 장기 집권 의도, 한반도 긴장 고조

- 1 · 21 사태(1968) : 31명의 북한 무장 공비가 청와대 기습 시도
- 푸에블로호 납치(1968) : 북한이 미국 첩보함을 영해 침범을 이유로 납치

ⓛ 결과

- 장기 집권을 위한 3선 개헌이 강행되자 학생들의 시위가 거세게 전개되고, 여 · 야 국회의원들 사이에는 극심한 대립과 갈등이 발생

• 7대 대선에서 3선에 성공하였으나 야당 반발과 민심 이반 현상이 두드러짐

꼭! 확인 기출문제

다음은 1960년대 어느 일간지에 실린 사설이다. 밑줄 친 '파병'에 대한 설명으로 옳은 것만을 모두 고르면? [지방직 9급 기출]

> 우리는 원했든 원하지 안했든 이미 이 전쟁에 직접적인 관계를 맺었고 파병을 찬반(贊反)하던 국민이 이젠 다힘과 마음을 합해서 파병된 용사들을 성원하고 있거니와 근대 전쟁이 전투하는 사람만의 전쟁이 아니라 온 국민이 참가하는 '총력전'이라는 것을 알고 이 전쟁의 승리를 위해 모든 국민의 단합을 호소하는 바이다.

> ㄱ. 발췌개헌안 통과에 영향을 주었다.
> ㄴ. 브라운 각서를 체결하는 이유가 되었다.
> ㄷ. 1960년대 경제개발계획의 추진에 기여하였다.
> ㄹ. 한 · 미 상호방위원조협정을 체결하는 계기가 되었다.

① ㄱ, ㄴ   ② ㄱ, ㄷ
❸ ㄴ, ㄷ   ④ ㄷ, ㄹ

🖐 ③ 밑줄 친 파병은 베트남 파병으로 1964년 베트남 전쟁 당시 미국은 한국을 비롯한 우방국에 지원을 호소하였고, 이에 한국 정부는 의무 요원과 태권도 교관 요원을 파견하였다. 그러다 브라운 주한 미국 대사가 박정희 대통령을 방문하여 한국군 증파를 요청하였다. 이에 우리 정부는 1965년부터 전투부대를 베트남에 파병하기 시작, 1973년 철군할 때까지 8년 5개월 동안 베트남전에 참전한 인원은 32만여 명에 달한다. 우리 정부는 베트남전에 전투부대를 파병하면서 미국 측과 파병에 대한 보상 조치로 '브라운 각서'를 맺었으며(ㄴ), 베트남전 파병은 경제적으로는 '브라운 각서'와 '월남 특수'를 통한 고용 증대와 경제 성장을 일으키는 효과도 있었다(ㄷ). 그러나 미국의 권유로 시작된 베트남전 참전으로 전사 5000여 명 · 부상 1만 5000여 명의 큰 희생을 치렀다.

4. 유신 체제(제4공화국, 1972~1979)

(1) 배경

① 닉슨 독트린에 따른 냉전 체제 완화로 미군의 베트남 철수, 주한 미군 감축
② 박정희 정부는 강력하고도 안정된 정부가 필요하다는 주장을 내세워 10월 유신을 단행

(2) 성립 과정

① 10월 유신 선포(1972. 10) : 비상 계엄 선포, 국회 해산, 정치 활동 금지, 언론 · 방송 · 보도 · 출판의 사전 검열, 각 대학 휴교
② 성격
　㉠ 권위주의 독제 체제 : 의회 민주주의와 삼권 분립의 기본 원칙을 전면 부정하고 대통령에게 강력한 통치권을 부여
　㉡ 장기 집권 도모 : 민주 헌정체제에서 벗어나 대통령의 종신 집권을 도모

▶ 10월 유신

③ 유신 헌법(제7차 개헌, 1972. 12. 27) : 국민 투표로 통과

　㉠ 대통령 간선제 : 통일 주체 국민 회의에서 대통령 선출

　㉡ 대통령의 임기 6년, 중임 제한 철폐

　㉢ 대통령 권한 극대화 : 긴급 조치권, 국회 해산권, 유신 정우회 국회 의원(국회의원의 1/3 임명권)

유신 헌법의 주요 내용
- 국회와 별도로 통일 주체 국민 회의를 대의 기구로 설정, 대통령 및 일부 국회 의원 선출권 부여
- 대통령에게 국회 해산권, 긴급 조치권 등 초헌법적 권한 부여
- 대통령은 법관 및 국회 의원의 1/3에 해당하는 임기 3년의 유신 정우회 의원을 임명
- 대통령 임기를 6년으로 연장

긴급 조치 9호(1975. 5. 13)
① 유언비어 · 사실 왜곡 금지, 집회 · 시위 또는 신문 · 방송 · 통신 등 공중 전파 수단이나 문서 등에 의한 헌법의 부정 · 반대 · 왜곡이나 개정 · 폐지 주장 등 금지
② 학생의 집단적 정치 활동 금지
③ 본 조치의 비방 금지

(3) 유신 체제에 대한 저항

① 유신 반대 운동 : 학원 · 언론 · 종교 · 정계 등 각 분야에서 민주 헌정의 회복과 개헌을 요구하는 시위발생(→ 서울대 유신 철폐 시위, 개헌 청원 100만 인 서명 운동 등)

② 민주 회복 국민 회의(1974) : 재야 인사, 종교인, 언론인 등

③ 3 · 1 민주구국선언문 발표

④ 우방 국가를 비롯한 국제 사회에서도 유신 체제의 인권 탄압을 비판

(4) 민주화 운동 탄압

① 긴급 조치 발동(1974) : 국민의 자유 · 권리의 무제한 제약

② 민청학련 사건(1974) : 학생, 민주 인사 탄압

③ 군사 통치 강화 : 학도 호국단 조직, 민방위대 창설

(5) 붕괴

① 1979년 부 · 마 항쟁이 발발하는 등 시위가 연일 계속되어 집권 세력 내부에서도 갈등이 발생

▶마산에 내려온 공수 부대의 모습

② 10 · 26 사태(대통령 시해)로 유신 정권 붕괴

꼭! 확인 기출문제

〈보기〉와 같은 내용의 헌법으로 개정된 이후 발생한 사건으로 가장 옳은 것은? [서울시 9급 기출]

> **보기**
>
> 제39조 대통령은 통일주체국민회의에서 토론없이 무기명 투표로 선거한다.
> 제40조 통일주체국민회의는 국회의원 정수의 1/3에 해당하는 수의 국회의원을 선거한다.
> 제43조 대통령은 조국의 평화적 통일을 위한 성실한 의무를 진다.

① 굴욕적인 한일회담에 반대하는 학생 시위가 전개되었다.
❷ 재야 인사들이 명동성당에 모여 '3 · 1 민주구국선언'을 발표하였다.
③ 친일파 청산을 위해 반민족행위특별조사위원회를 설치하였다.
④ 민생안정을 위해 농가 부채 탕감, 화폐 개혁 등을 실시하였다.

📖 ② 보기에 주어진 헌법은 유신헌법이다(1972.12.27, 7차 개헌). 닉슨 독트린에 따른 냉전 체제 완화로 미군의 베트남 철수, 주한 미군 감축으로 박정희 정부는 강력하고도 안정된 정부가 필요하다는 주장을 내세워 10월 유신을 단행하였다(1972.10). 이에 여러 분야에서 민주 헌정의 회복과 개헌을 요구하는 재야인사와 종교인, 언론인 등이 모여 민주 회복 국민회의(1974)가 열렸다. 또 재야 정치인들과 종교인 등이 모여 명동성당에서 '3.1 민주구국선언문'을 발표하였다(1976.3.1.).
① 1965년 체결된 한일 협정에, 일제 강점기에 대한 사죄와 과거사 청산이라는 본질이 굴욕적인 청구권 교섭에 밀려 훼손된 것에 분노하여 학생들은 6.3 시위를 전개하였다.
③ 제헌 국회는 일제강점기 친일파의 반민족행위를 조사하고 처벌하기 위해 반민족행위특별조사위원회를 설치하였다.
④ 5.16 군사정변 이후 박정희 정부는 민생 안정을 위해 농가 부채 탕감, 화폐 개혁 등을 실시하였다.

5. 5·18 민주화 운동(1980)과 전두환 세력의 집권(제5공화국)

(1) 신군부 세력의 정권 장악

① 12 · 12 사태(1979) : 10 · 26 사태로 인한 혼란을 이용해 계엄령을 선포한 신군부 세력(전두환 · 노태우 등)이 병력을 동원해 쿠데타로 통치권을 장악

② 집권 준비 : 계엄령 유지, 헌법 개정 지연

(2) 서울의 봄(1980)

① 배경 : 신군부의 대두, 민주화 지연

② 경과 : 5월 15일 서울역 앞에서 시위(4 · 19 혁명 이후 최대 규모)

③ 탄압 : 비상 계엄령의 전국 확대(5. 17), 국회 폐쇄, 민주 인사 체포

(3) 5 · 18 광주 민주화 운동(1980)

① 과정 : 민주화를 열망하는 국민의 요구는 5 · 18 광주 민주화 운동으로 이어졌는데, 계엄군의 무자비한 진압으로 많은 시민과 학생이 희생됨

② 의의 : 신군부의 도덕성 상실, 1980년대 민족 민주 운동의 토대, 학생 운동의 새로운 전환점(반미 운동의 시작)

▶ 5 · 18 광주 민주화 운동

Check Point

반미 감정
당시 우리나라 군대의 작전권을 가진 미국이 광주로의 군대 이동에 동의하여 무력 진압이 이루어졌는데, 이로 인해 미국에 대한 반감이 싹트기 시작했다.

광주 시민군 궐기문(1980. 5. 25)

우리는 왜 총을 들 수밖에 없었는가? 그 대답은 너무나 간단합니다. 너무나 무자비한 만행을 더 이상 보고 있을 수만 없어서 너도나도 총을 들고 나섰던 것입니다. …… 그러나 아! 이럴 수가 있단 말입니까? 계엄 당국은 18일 오후부터 공수 부대를 대량 투입하여 시내 곳곳에서 학생, 시민에게 무차별 살상을 자행하였으니! ……

(4) 전두환 정부

① 국가 보위 비상 대책 위원회(1980. 5)

  ㉠ 기능 : 대통령의 자문 기관, 행정 · 사법 업무의 조정 · 통제 담당

  ㉡ 활동 : 김대중 내란 음모 사건 기소, 언론 통폐합, 비판적 기자 · 교수 해직

② 전두환 정부의 성립(1980. 8) : 7년 단임의 대통령 간선제(대통령 선거인단)의 헌법 제정(→ 전두환 대통령 선출)

③ 강압 통치 : 정치 활동 규제, 공직자 숙청, 언론 통폐합, 민주화 운동, 노동 운동 탄압

④ 유화 정책 : 해외 여행 자유화, 통행 금지 해제, 교복 자율화 등

⑤ 경제 성장 : 3저 호황(유가 하락, 달러 가치 하락, 금리 하락)

Check Point

국가 보위 비상 대책 위원회(국보위)
대통령의 자문 및 보좌 기관이라는 명목으로 조직된 비상 기구이다. 위원장은 전두환이다.

6. 6월 민주 항쟁(1987)과 노태우 정부(제6공화국)

(1) 6월 민주 항쟁

① 배경

  ㉠ 전두환 정권의 독재 정치

  ㉡ 박종철 고문 치사(1987. 1. 14)

② 전개

  ㉠ 직선제 요구 시위

  ㉡ 4 · 13 호헌 조치 : 현행 헌법으로 대통령 선거

  ㉢ 이한열 사망(6. 9)

  ㉣ 박종철 고문 치사 규탄 및 호헌 철폐 국민 대회(6월 민주화 운동, 6. 10)

▶6월 민주 항쟁

6·10 국민 대회 선언문

오늘 우리는 전 세계 이목이 우리를 주시하는 가운데 40년 독재 정치를 청산하고 희망찬 민주 국가를 건설하기 위한 거보를 전 국민과 함께 내딛는다. 국가의 미래요 소망인 꽃다운 젊은이를 야만적인 고문으로 죽여 놓고 그것도 모자라서 뻔뻔스럽게 국민을 속이려 했던 현 정권에게 국민의 분노가 무엇인지를 분명히 보여주고, 국민적 여망인 개헌을 일방적으로 파기한 4 · 13 폭거를 철회시키기 위한 민주 장정을 시작한다.

③ 결과 : 노태우의 6·29 민주화 선언 발표(대통령 직선제, 평화적 정권 이양, 기본권 보장 약속)

6·29 민주화 선언

1. 여야 합의 하에 조속히 대통령 직선제로 개헌하고 새 헌법에 의해 대통령 선거를 실시. 1988년 2월 평화적 정부 이양을 실현한다.
2. 직선 제도의 변경뿐만 아니라 이를 민주적으로 실천하기 위해 대통령 선거법을 개정. 자유로운 출마와 공정한 선거를 보장하여 국민의 심판을 받도록 한다.
3. 국민적 화해와 대동단결을 위해 김대중 씨를 사면 복권시키고, 자유 민주주의적 기본 질서를 부인한 반국가사범이나 살상·방화·파괴 등으로 국기를 흔들었던 소수를 제외한 모든 시국 관련 사정들을 석방한다.

4·19 혁명과 6월 민주 항쟁 비교

	4·19 혁명	6월 민주 항쟁
원인	3·15 부정 선거	4·13 호헌 조치
전개 과정	김주열 사망 → 전국적 시위 → 계엄령 발동	박종철·이한열 사망 → 전국적 시위 → 계엄령 발동 안 함
결과	• 내각 책임제 • 정권 교체(장면 내각)	• 대통령 직선제 • 정권 교체 실패(노태우 정부)

(2) 노태우 정부(제6공화국, 1988. 3～1993. 2)

① 헌법 개정(1987. 10) : 5년 단임, 대통령 직선제
② 성립 : 야당의 후보 단일화 실패로 노태우 대통령 당선(1987)
③ 정치 : 5공 청문회 개최, 지방 자치제 부분적 실시, 언론 기본법 폐지
④ 외교 : 북방 정책(→ 소련(1990), 중국(1992)과 수교), 남북한 유엔 동시 가입(1991)
⑤ 3당 합당(1990)
　㉠ 1988년 13대 총선에서 여당인 민정당 참패(→ 여소 야대 국회 성립으로 정부 정책 추진에 어려움)
　㉡ 민주 정의당(노태우), 통일 민주당(김영삼), 신민주 공화당(김종필)의 합당(→ 민주 자유당 결성)

7. 김영삼 정부(문민 정부, 1993. 3~1998. 2)

(1) 성립
1992년 12월 김영삼 대통령 당선(→ 5·16 군사 정변 이후 30여 년만의 민간인 출신 대통령)

(2) 주요 정책
공직자 재산 등록, 금융 실명제, 지방 자치제 전면 실시, 역사 바로 세우기 운동 (전두환, 노태우 구속)

(3) 외환 위기
집권 말기 국제 통화 기금(IMF)의 구제 금융 지원 요청

8. 김대중 정부(국민의 정부, 1998. 3~2003. 2)

(1) 성립
야당의 김대중 후보가 당선(→ 최초의 평화적 정권 교체)

(2) 주요 정책
① 외환위기 극복, 민주주의와 시장 경제의 병행 발전을 천명
② 국정 전반의 개혁과 경제난의 극복, 국민 화합의 실현, 법과 질서의 수호 등을 국가적 과제로 제시
③ 햇볕 정책 추진(→ 금강산 관광 사업 시작(1998), 남북 정상 회담 개최 및 6·15 공동 선언 발표(2000))

꼭! 확인 기출문제

대한민국의 민주화 여정에 대한 설명으로 가장 옳은 것은? [서울시 9급 기출]

① 1960년대 : 장기집권을 획책한 박정희의 사사오입개헌에 맞서 학생들과 재야인사들이 그 반대투쟁을 전개하였다.
② 1970년대 : 유신개헌을 통해 평화적으로 민주화를 추진할 수 있는 법률적 기틀을 제공하였다.
③ 1980년대 : 6월 민주항쟁을 통해 군사정권을 종식시키고 선거를 통해 문민정부가 출범하였다.
❹ 1990년대 : 대선결과에 따라 평화적 정권교체가 실현되었다.

해 ④ 야당의 김대중 후보가 당선됨으로써 여야 간에 최초의 평화적 정권교체가 이루어지고 국민의 정부가 출범되었다(1998.3 ~ 2003.2).

① 자유당의 이승만 정부는 장기집권을 위해 초대 대통령에 한해 중임 제한 규정을 철폐하는 개헌안을 사사오입의 논리로 불법 통과시켰고, 이에 맞서 학생들과 재야인사들이 반대투쟁을 전개하였다(1954).
② 박정희 정부는 강력하고도 안정된 정부가 필요하다는 주장을 내세워 비상계엄 선포, 국회 해산, 정치 활동 금지, 언론·방송·보도·출판의 사전 검열, 각 대학 휴교 등의 10월 유신을 단행하고(1972) 제7차 개헌(유신 헌법)을 통해 제4공화국을 출범시켰다.
③ 6월 민주항쟁의 결과 노태우의 6·29 민주화 선언에 따라 5년 단임의 대통령 직선제 개헌이 이루어졌으나(1987), 야권 후보의 분열로 노태우가 당선되어 군사정권을 종식시키지 못했다. 한편 제14대 김영삼 대통령의 문민정부 출범은 1993년이다.

 참고

헌법의 변천

	정부	개정 요지	특기 사항
제헌 헌법(1948)		• 대통령 간선제(국회) • 1회 중임 가능, 임기 4년	제헌 의회에서 제정
제1차 개헌(1952)	이승만	대통령 직선제	발췌 개헌
제2차 개헌(1954)	이승만	초대 대통령에 한해 연임 제한 규정 철폐	사사오입
제3차 개헌(1960)	허정 과도 내각	• 내각 책임제, 양원제 • 기본권 강화	4·19 혁명의 결과
제4차 개헌 (1960. 11)	장면 내각	부정 선거 관련자, 부정 축재자 처벌 소급 특별법 제정을 위한 개헌	
제5차 개헌(1962)	군사 정부	• 대통령 직선제 • 임기 4년, 단원제	국민 투표를 통한 개정(최초)
제6차 개헌(1969)	박정희	대통령 3선 금지 규정 철폐	
제7차 개헌(1972)	박정희	• 대통령 간선제(통일 주체 국민 회의) • 임기 6년, 중임 제한 없음	유신 헌법
제8차 개헌(1980)	전두환	• 대통령 간선제(선거인단) • 임기 7년, 단임제	단임제
제9차 개헌(1987)	전두환	• 대통령 직선제 • 임기 5년, 단임	6월 민주 항쟁의 결과

9. 김대중 정부 이후

(1) 노무현 정부(참여 정부, 2003.02~2008.02)

저소득층을 위한 복지 정책 강화, 한·칠레 자유 무역 협정 발표(2004), 제2차 남북 정상회담(2007)

(2) 이명박 정부(2008.02~2013.02)

4대강 살리기(친환경 녹색 성장 등) 추진, 한미 FTA 비준(2012)

(3) 박근혜 정부(2013.02~2017.03), 문재인 정부(2017.05~)

① 박근혜 정부 : 5년 임기를 채우지 못하고 2017년 3월 10일 탄핵됨
② 문재인 정부 : 2017년 5월 9일 대통령 선거 실시, 당선됨

제2장

통일 정책

제1절 북한 정치의 전개

1. 김일성 독재 체제 구축

(1) **정권 수립 초기 : 연립 정권 형태**

  ① 남조선 노동당(남로당) : 박헌영

  ② 연안파 : 김두봉, 최창익

  ③ 소련파 : 허가이, 박창옥

  ④ 갑산파 : 김일성, 박금철, 이효순

(2) **1950년대**

  ① 반대파 숙청을 통한 김일성 체제 강화

    ㉠ 6 · 25 전쟁 직후 남로당계 숙청

    ㉡ 소련파와 연안파가 김일성 개인 숭배를 비판한 8월 종파 사건(1956. 8)을 전후하여 소련파와 연안파 숙청

  ② 중앙당 집중 지도 사업 : 주민들에 대한 사상 검토 작업

  ③ 천리마 운동 전개(1956년 12월 이후) : 북한 최초의 본격적 공산주의 운동

  ④ 농업협동화에 의한 협동농장 건설 : 1954년부터 농촌 지역의 협동화가 추진되어 1958년 모든 농촌이 협동농장으로 재편

(3) **주체 사상의 성립(1967)**

  ① 배경 : 중 · 소 분쟁을 계기로 북한 실정에 맞는 혁명과 건설을 추진(→ 경제와 주체의 자립 주장)

② 성립

ㄱ 김일성 유일 사상 체계 확립(1967)

ㄴ 온 사회의 주체 사상화(1970)

③ 목적 : 김일성 개인 숭배 합리화, 반대파 숙청의 구실로 이용

ㄱ 김일성 중심의 통치 체제를 뒷받침하기 위하여 유일 사상 체계 확립

ㄴ 주체 사상 : 정치의 자주, 국방의 자위, 경제의 자립

(4) 김일성 유일 체제 확립(1970년대)

① 사회주의 헌법(1972. 12) : 국가 주석제 도입(→ 최고 지도자로서 절대 권력 행사)

② 수령 유일 체제 구축 : 김일성이 조선 노동당 총비서 · 주석 겸임, 3대 혁명 소조 운동(→ 주체 사상화 작업과 경제건설 계획 추진에 따라 전개된 사상 · 기술 · 문화 혁명)

③ 김정일 후계 체제 구축 : 조선 노동당 비서(1973)(→ 유일한 후계자로 내정(1974), 3대 혁명 소조 운동 주도)

(5) 1980~1990년대

① 부자세습제의 권력 승계

ㄱ 1980년대 이후 김정일의 당내 영향력과 후계 체제 강화

ㄴ 김정일의 권력 장악 : 국방위원장 추임(1993), 1994년 김일성 사망 후 권력 승계

② 합영법 제정(1984), 두만강 경제 특구 지정(1991), 합작법 제정(1992)

③ 핵 확산 방지 조약(NPT) 탈퇴 선언(1993)

2. 경제의 침체

(1) 배경

① 동유럽 사회주의 국가의 몰락

② 주체 사상과 계획경제에 의한 경제적 고립과 정책의 실패

③ 지나친 국방비 지출

④ 식량, 원자재, 에너지, 외화부족 등 경제위기

(2) 북한 경제의 변화

① 합작 회사 경영법 제정(합영법, 1984), 신합영법(1994)

② 경제 개방 : 나진 · 선봉 자유 무역 지대 설치(1991), 외국인 투자법 제정(1992)

Check Point

3대 혁명 소조 운동
과학자, 지식인, 기술자 등으로 구성된 소규모 집단(소조)을 생산 현장에 투입시켜 농민을 돕거나 지도하도록 하여 사회 전반에 활력을 불어넣자는 운동이다.

Check Point

합영법
1984년에 북한에 대한 외국인의 활발한 투자를 위해 제정했다. 외국 기업이나 개인이 북한에 합작 기업을 설립, 운영할 수 있도록 하는 것을 중심으로 한다.

③ 남한과의 교류 증진 : 금강산 관광 사업(1998), 신의주 경제 특구(2002), 개성 공단(개성 공업 특구, 2004)

제2절 통일 정책과 남북 교류

1. 남북한의 대치(1950~1960년대)

(1) 이승만 정부

① 통일 정책 : 북진 통일론, 반공 정책 고수(→전쟁을 겪은 후 분단은 고착화되고, 통일에 대한 논의도 이루어지지 못함)

② 진보당 사건(1958) : 평화 통일론을 주장한 조봉암 사형

(2) 장면 내각

① 통일 정책 : 북진 통일론 철회, 유엔 감시하의 남북한 총선거 주장, 선 경제 건설 후 통일 제시

② 민간에서의 통일 논의 활발 : 중립화 통일론, 평화 통일론, 남·북 학생 회담 추진(가자 북으로, 오라 남으로)(→ 정부가 저지함)

(3) 박정희 정부

① 반공 강화 : 반공을 국시로 삼음

② 선 건설 후 통일론 제시(→ 민간의 통일 운동 탄압)

(4) 북한의 통일 정책

① 연방제 통일 방안 제시(1960) : 남북의 정치 체제 유지, 과도적 대책으로 연방제 실시

② 1·21 사태(1968), 푸에블로호 납치(1968) : 한반도의 긴장 고조

2. 남북 대화의 출발(1970~1980년대)

(1) 배경

냉전 완화, 닉슨 독트린(1969), 닉슨 대통령의 중국 방문(1972)

(2) 통일 정책의 변화(1970년대)

① 8 · 15 선언(1970) : 한반도 평화 정착을 위한 선의의 체제 경쟁 제의

② 남북 적십자 회담 제의(1971) : 북한이 수용하여 남북한 적십자 회담이 개최됨
(→ 남북한 최초로 평화 협상의 길이 열림)

③ 7 · 4 남북 공동성명(1972)

　㉠ 민족 통일 3대 원칙 : '자주 · 평화 · 민족 대단결'의 원칙

　㉡ 합의 사항 : 통일 문제 협의를 위해 남북조절위원회 설치, 남북 직통 전화
　　설치

　㉢ 한계 : 남북한 모두 독재 체제 강화에 이용(유신 헌법, 사회주의 헌법)

▶ 7 · 4 남북 공동 성명

7·4 남북 공동 성명

첫째, 통일은 외세에 의존하거나 외세의 간섭을 받음이 없이 자주적으로 해결하여야 한다.
둘째, 통일은 서로 상대방을 반대하는 무력 행사에 의거하지 않고 평화적 방법으로 실현하여야 한다.
셋째, 사상과 이념, 제도의 차이를 초월하여 우선 하나의 민족으로서 민족적 대단결을 도모하여야 한다.

④ 6 · 23 평화 통일 외교 정책 선언(1973) : 남북한 유엔 동시 가입과 호혜 평등의
원칙하에 문호를 개방

⑤ 상호 불가침 협정의 체결(1974) : 평화 통일의 3대 기본 원칙에 입각해 제안

6·23 선언

2. 한반도의 평화는 반드시 유지되어야 하며, 남북한은 서로 내정에 간섭하지 않으며 침략을 하지 않아야
한다.
5. 국제 연합의 다수 회원국의 뜻이라면 통일에 장애가 되지 않는다는 전제하에 우리는 북한과 함께 국제
연합에 가입하는 것을 반대하지 않는다.
6. 대한민국은 호혜 평등의 원칙하에 모든 국가에게 문호를 개방할 것이며, 우리와 이념과 체제를 달리하
는 국가들도 우리에게 문호를 개방할 것을 촉구한다.

(3) 남북한의 통일 방안(1980년대)

① 남한 : 민족 화합 민주 통일 방안 제시(1982)

| 민족 통일 협의회 구성 | → | 국민 투표로 통일 헌법 | → | 남북한 총선거 | → | 통일 민주 공화국 |

② 북한 : 고려 민주 연방 공화국 창립 방안(1980), 1국가 2체제(국가 보안법 철
폐, 미군 철수가 전제 조건)

③ 남북 이산가족 고향 방문(1985) : 이산가족 고향 방문단 및 예술 공연단의 교환
방문

3. 남북 관계의 새로운 진전(1990년대 이후)

▶ 제5차 남북 고위급 회담

(1) 노태우 정부 : 냉전 체제 붕괴 → 남북 관계 변화

① 7 · 7선언(1988) : 북한을 적대의 대상이 아니라 상호 신뢰 · 화해 · 협력을 바탕으로 공동 번영을 추구하는 민족 공동체 일원으로 인식

② 한민족 공동체 통일 방안(1989) : 자주 · 평화 · 민주의 원칙 아래 제시

③ 남북 고위급 회담, 남북한 유엔 동시 가입(1991)

④ 남북 기본 합의서 채택(1991. 12) · 발효(1992) : 상호 화해와 불가침, 교류 및 협력 확대 등을 규정

⑤ 한반도 비핵화 공동 선언 채택(1991. 12) · 발효(1992) : 핵무기의 보유나 사용금지 등을 규정

남북 기본 합의서

남과 북은 분단된 조국의 평화적 통일을 염원하는 온 겨레의 뜻에 따라 7 · 4 남북 공동 성명에서 천명된 조국 통일 3대 원칙을 재확인하고, 정치 · 군사적 대결 상태를 해소하여 민족적 화해를 이룩하고, 무력에 의한 침략과 충돌을 막고 긴장 완화와 평화를 보장하며, 다각적인 교류 협력을 실현하여 민족 공동의 이익과 번영을 도모하며, 쌍방 사이의 관계가 나라와 나라 사이의 관계가 아닌 통일을 지향하는 과정에서 잠정적으로 형성되는 특수 관계라는 것을 인정하고, 평화 통일을 성취하기 위한 공동의 노력을 경주할 것을 다짐하면서 다음과 같이 합의하였다.

1. 남과 북은 서로 상대방의 체제를 인정하고 존중한다.
9. 남과 북은 상대방에 대하여 무력을 사용하지 않으며, 상대방을 무력으로 침략하지 아니한다.
15. 남과 북은 민족 경제의 통일적이며 균형적인 발전과 민족 전체의 복리 향상을 도모하기 위하여 자원의 공동 개발, 민족 내부 교류로서 물자 교류, 합작 투자 등 경제 교류와 협력을 실시한다.
18. 남과 북은 흩어진 가족과 친지의 자유로운 서신 거래와 왕래, 상봉 및 방문을 실시하고 자유 의사에 의한 재결합을 실현하며 기타 인도적으로 해결할 문제에 대한 대책을 강구한다.

(2) 김영삼 정부

① 3단계 3기조 통일 정책(1993) : 화해 · 협력, 남북 연합, 통일 국가 완성의 3단계 통일 방안을 효율적으로 실천하기 위해 민주적 국민합의, 공존공영, 민족 복리의 3대 기조를 바탕으로 하는 통일 정책을 마련

② 민족 공동체 통일 방안(1994. 8) : 한민족 공동체 통일 방안과 3단계 3기조 통일 정책을 수렴하여 종합한 것

③ 제네바 합의(1994) : 북한 핵 동결, 경수로 건설 제공, 북 · 미 관계 정상화

④ 한반도 에너지 개발 기구(KEDO)에 의한 경수로 발전 사업 추진

(3) 김대중 정부

① 베를린 선언(2000) : 남북 경협, 냉전 종식과 평화 공존, 남북한 당국 간 대화 추진

② 남북 정상 회담 개최(2000)

③ 6 · 15 남북 공동 선언(2000) : 1국가 2체제 통일 방안 수용(통일을 위한 남북의 연합제와 연방제의 공통성 인정), 이산가족 방문단의 교환, 협력과 교류의 활성화 등

④ 금강산 관광 시작(1998), 육로 관광은 2003년부터 시작

⑤ 경의선 철도 연결 사업(2000년 9월 착공)

6·15 남북 공동 선언

1. 남과 북은 나라의 통일 문제를 그 주인인 우리 민족끼리 서로 힘을 합쳐 자주적으로 해결해 나가기로 하였다.
2. 남과 북은 나라의 통일을 위한 남측의 연합제 안과 북측의 낮은 단계 연방제 안이 서로 공통성이 있다고 인정하고, 앞으로 이 방향에서 통일을 지향해 나가기로 하였다.
3. 남과 북은 올해 8 · 15에 즈음하여 흩어진 가족, 친척 방문단을 교환하며 비전향 장기수 문제를 해결하는 등 인도적인 문제를 조속히 풀어나가기로 하였다.
4. 남과 북은 경제 협력을 통하여 민족 경제를 균형적으로 발전시키고 사회, 문화, 체육, 보건, 환경 등 제반 분야의 협력과 교류를 활성화하여 서로 신뢰를 다져 가기로 하였다.

(4) 노무현 정부

① 남북 경의선 철도 복원(2003년 6월 연결 행사) 및 정기 운행(2007. 12)

② 2007 남북 정상 선언문(10 · 4 선언, 2007. 10)

    ㉠ 제2차 남북 정상회담으로 기본 8개 조항에 합의하고 공동으로 서명

    ㉡ 6 · 15 남북 공동 선언의 구현, 남북 관계의 상호 존중과 신뢰, 군사적 적대 관계 종식 및 한반도 긴장 완화와 평화 보장을 위한 협력, 다자간 협력, 경제 협력 사업의 활성화 및 확대, 각 분야의 교류와 협력, 인도주의 협력 사업의 적극 추진 등을 포함

③ 개성 관광(2007. 12) : 2007년 12월에 시작되었으며, 2008년 12월 이후 중단된 상태

▶ 제1차 남북 정상 회담(2000)

▶ 제2차 남북 정상 회담(2007)

 참고

남북 관계 발전과 평화 번영을 위한 선언(2007 남북 정상 선언문)

1. 남과 북은 6 · 15 남북 공동 선언을 고수하고 적극 구현해 나간다.
2. 남과 북은 사상과 제도의 차이를 초월하여 남북 관계를 상호 존중과 신뢰 관계로 확고히 전환시켜 나가기로 하였다.
3. 남과 북은 군사적 적대 관계를 종식시키고 한반도에서 긴장 완화와 평화를 보장하기 위해 긴밀히 협력하기로 하였다.
4. 남과 북은 현 정전 체제를 종식시키고 항구적인 평화 체제를 구축해 나가야 한다는 데 인식을 같이하고 직접 관련된 3자 또는 4자 정상들이 한반도 지역에서 만나 종전을 선언하는 문제를 추진하기 위해 협력해 나가기로 하였다.
5. 남과 북은 민족 경제의 균형적 발전과 공동의 번영을 위해 경제 협력 사업을 공리 공영과 유무 상통의 원칙에서 적극 활성화하고 지속적으로 확대 발전시켜 나가기로 하였다.
6. 남과 북은 민족의 유구한 역사와 우수한 문화를 빛내기 위해 역사, 언어, 교육, 과학 기술, 문화 예술, 체육 등 사회 문화 분야의 교류와 협력을 발전시켜 나가기로 하였다.
7. 남과 북은 인도주의 협력 사업을 적극 추진해 나가기로 하였다.
8. 남과 북은 국제 무대에서 민족의 이익과 해외 동포들의 권리와 이익을 위한 협력을 강화해 나가기로 하였다.

(5) 문재인 정부

① 4 · 27 판문점 선언(2018)
② '한반도의 평화와 번영, 통일을 위한 판문점 선언'

 꼭! 확인 기출문제

01. 다음 중 노태우 정부 시기에 이루어진 남북 관계의 내용으로 옳은 것은? [국가직 9급 기출]

❶ 남한과 북한이 동시에 유엔에 가입하였다.
② 7 · 4 남북 공동 성명을 발표하여 통일 3대 원칙을 마련하였다.
③ 6 · 15 남북 공동 선언을 발표하여 남북 경제 교류를 활성화시켰다.
④ 금강산 관광 사업을 시작하여 민간 차원에서 교류가 본격화되었다.

해 ① 남한과 북한의 유엔 동시 가입은 노태우 정부 시기인 1991년 9월 제46차 유엔 총회에서 이루어졌다.
② 박정희 정부 시기인 1972년 7월 서울과 평양에서 7 · 4 남북 공동 성명을 발표해 자주 · 평화 · 민족 대단결의 통일 원칙을 제시하였다.
③ 6 · 15 남북 공동 선언 김대중 정부 시기인 2000년 6월 남북 정상 회담 당시 남북한 정부가 합의 · 발표하였다.
④ 금강산 관광 사업은 김대중 정부 시기인 1998년 11월 금강호 출항으로 시작되었고 육로 관광은 2003년부터 시작되었다.

02. 다음 내용을 발생한 시기 순으로 바르게 나열한 것은? [국가직 9급 기출]

ㄱ 남북 사이의 화해와 불가침 및 교류 · 협력에 관한 합의서 채택
ㄴ 6 · 15 남북 공동 선언
ㄷ 남북 관계 발전과 평화 번영을 위한 선언
ㄹ 금강산 관광 개시
ㅁ 남북 경의선 철도 복원 기공식

① ㄱ → ㄴ → ㄷ → ㄹ → ㅁ
❷ ㄱ → ㄹ → ㄴ → ㅁ → ㄷ
③ ㄹ → ㄱ → ㄴ → ㄷ → ㅁ
④ ㄹ → ㄴ → ㄱ → ㅁ → ㄷ

01. 다음과 같은 조항을 직접 포함하고 있는 것은?

• 남과 북은 서로 상대방의 체제를 인정하고 존중한다.
• 남과 북은 상대방에 대하여 무력을 사용하지 않으며, 상대방을 무력으로 침략하지 아니한다.

① 7 · 4 남북 공동 성명
② 남북 기본 합의서
③ 6 · 15 남북 공동 선언
④ 10 · 4 남북 정상 회담

해 제시된 조항은 1991년 채택된 남북 사이의 화해와 불가침 및 교류 · 협력에 관한 합의서(남북 기본 합의서) 중 일부이다. 남북 기본 합의서에는 남북 화해(체제의 상호 인정 및 존중), 남북 불가침 및 교류 협력에 대한 조항이 포함되어 있다.

 답 **01** ②

해 ㉠ 남북 사이의 화해와 불가침 및 교류·협력에 관한 합의서(남북 기본 합의서)는 1991년 12월에 채택되었다.
㉣ 금강산 관광 사업은 김대중 정부 시기인 1998년 11월 금강호 출항으로 시작되었다(육로 관광은 2003년부터 시작됨). 개성 관광은 노무현 정부 시기인 2007년 12월 시작되었다. 그러나 이명박 정부 출범 이후 남북 관계 경색으로 금강산 관광은 2008년 7월 이후, 개성 관광은 2008년 12월 이후 모두 중단된 상태이다.
㉢ 6·15 남북 공동 선언은 김대중 정부 때인 2000년 6월 제1차 남북 정상 회담 당시 남북한 정부가 합의하여 발표하였다.
㉤ 남북 경의선 철도 복원 기공식은 제1차 남북 정상 회담 이후인 2000년 9월의 일이다.
㉡ 남북 관계 발전과 평화 번영을 위한 선언(2007 남북 정상 선언)은 노무현 정부의 제2차 남북 정상 회담(2007. 10) 당시의 10·4 선언을 말한다.

03. 다음 합의문에 대한 설명으로 옳은 것은? [지방직 9급 기출]

> 쌍방은 오랫동안 서로 만나보지 못한 결과로 생긴 남북 사이의 오해와 불신을 풀고 긴장의 고조를 완화시키며 나아가서 조국 통일을 촉진시키기 위하여 다음과 같은 문제들에 완전한 견해의 일치를 보았다.
> 1. 쌍방은 다음과 같은 조국 통일 원칙들에 합의를 보았다.
> 첫째, 통일은 외세에 의존하거나 외세의 간섭을 받음이 없이 자주적으로 해결하여야 한다.
> 둘째, 통일은 서로 상대방을 반대하는 무력행사에 의거하지 않고 평화적 방법으로 실현하여야 한다.
> ...(중략)...
> 4. 쌍방은 지금 온 민족의 거대한 기대 속에 진행되고 있는 남북적십자회담이 하루빨리 성사되도록 적극 협조하는 데 합의하였다.
> ...(후략)...

① 남북기본합의서와 동시에 작성된 문서이다.
❷ 남북조절위원회를 구성하기로 합의한 내용이 담겨 있다.
③ 분단 후 최초로 열린 남북정상회담의 결과로 발표된 성명서이다.
④ 금강산 관광사업을 추진하기로 결정했다는 내용이 수록되어 있다.

해 ② 제시된 사료는 박정희 정부 때에 발표된 7·4 남북공동성명의 내용으로, 이 성명서를 계기로 통일문제 협의를 위해 남북조절위원회가 구성되고 남북직통전화가 개설되었다(1972).
① 남북기본합의서 채택은 노태우 정부 때에 남북고위급회담 후 상호 화해와 불가침, 교류 및 협력 확대 등을 규정하기 위해 작성된 문서이다(1991).
③·④ 김대중 정부 때에는 햇볕정책의 일환으로 평양에서 최초로 남북정상회담이 개최되었고, 6·15 남북공동선언문이 채택되었다. 이를 기초로 경의선 철도 연결, 개성공단 조성, 이산가족 상봉, 금강산 관광사업 등이 이루어졌다.

04. 1972년 7월 4일 남북 공동 성명의 내용으로 옳지 않은 것은? [지방직 9급 기출]

① 통일은 외세에 의존하거나 외세의 간섭을 받지 않고 자주적으로 해결한다.
② 통일은 무력 행사에 의거하지 않고 평화적 방법으로 실현한다.
③ 사상과 이념, 제도의 차이를 초월하여 하나의 민족으로서 민족적 대단결을 도모한다.
❹ 남측의 연합제 안과 북측의 연방제 안을 인정하고 이 방향에서 통일을 지향한다.

해 ④ 2000년 6·15 남북 공동 선언의 내용이다. 6·15 남북 공동 선언에는 통일에 관한 내용으로, 통일 문제의 자주적 해결(남과 북은 나라의 통일 문제를 그 주인인 우리 민족끼리 서로 힘을 합쳐 자주적으로 해결해 나가기로 하였다)과 남북 통일 방안의 공통성 인정 및 이에 기초한 통일 지향(남과 북은 나라의 통일을 위한 남측의 연합제 안과 북측의 낮은 단계의 연방제 안이 서로 공통성이 있다고 인정하고 앞으로 이 방향에서 통일을 지향시켜 나가기로 하였다)을 담고 있다.
①·②·③ 7·4 남북 공동 성명은 1972년 7월 남북한 당국이 분단 이후 최초로 통일과 관련하여 합의·발표한 공동 성명으로, 자주·평화·민족 대단결의 통일 원칙을 제시하였다.

기출 Plus [서울시 9급 기출]

02. 〈보기 1〉의 (가)와 (나)가 발표된 시기의 사이에 있었던 사실을 〈보기 2〉에서 모두 고른 것은?

〈보기1〉
(가) 첫째, 통일은 외세에 의존하거나 외세의 간섭을 받음이 없이 자주적으로 해결하여야 한다.
둘째, 통일은 서로 상대방을 반대하는 무력행사에 의거하지 않고 평화방법으로 실현하여야 한다.
셋째, 사상과 이념, 제도의 차이를 초월하여 우선 하나의 민족으로서 민족적 대단결을 도모하여야 한다.
(나) 1. 남과 북은 나라의 통일 문제를 그 주인인 우리 민족끼리 서로 힘을 합쳐 자주적으로 해결한다.
2. 남과 북은 남측의 연합제 안과 북측의 낮은 단계의 연방제 안이 서로 공통성이 있다고 인정한다.

〈보기2〉
ㄱ. 금강산 관광이 시작되었다.
ㄴ. 남북 조절 위원회를 설치하였다.
ㄷ. 경의선과 동해선 철도가 연결되었다.
ㄹ. 남과 북이 동시에 유엔에 가입하였다.

① ㄱ, ㄴ, ㄷ ② ㄱ, ㄴ, ㄹ
③ ㄱ, ㄷ, ㄹ ④ ㄴ, ㄷ, ㄹ

해 (가)는 1972년 7·4 남북 공동 성명, (나)는 2000년 6·15 남북공동선언의 내용이다.

답 02 ②

제3장

경제 발전과
사회·문화의 변화

제1절 현대의 경제 발전

1. 해방 이후의 경제 혼란과 전후 복구

(1) 광복 직후의 경제 혼란
① 일제하의 우리 경제는 일본 경제에 예속되어 자본과 기술이 일본인들에게 독점됨으로써 정상적으로 발전하지 못함
② 국토 분단과 경제 혼란의 계속
  ㉠ 미 군정 체제 : 극심한 인플레이션, 원자재와 소비재 부족, 식량 부족 등으로 큰 어려움을 겪음
  ㉡ 남·북 분단 : 지하 자원과 중공업 시설이 북한에 치우친 상황에서 국토가 분단되어 북으로부터 전기 공급마저 중단되자 농업과 경공업 중심의 남한 경제는 어려움이 가중됨
  ㉢ 월남민의 증가 : 많은 동포들이 월남함으로써 남한에서는 실업률의 증대와 식량 부족으로 경제 혼란이 심화

으로 인해 제대로 시행될 수 없었던 식량 배급 정책은 도시 주민들의 불만을 드높였다. 1946년에 발생했던 9월 총파업과 10월 항쟁의 한 배경에는 농촌과 도시 곳곳에서 지속적으로 악화되었던 바로 이 같은 식량 문제가 작용하고 있었다.

– 국사편찬위원회 –

(2) 이승만 정부의 경제 정책

① 경제 정책의 기본 방향

    ㉠ 농업과 공업의 균형 발전, 소작제의 철폐, 기업 활동의 자유 보장, 사회 보장 제도의 실시, 인플레이션의 극복 등

    ㉡ 미국과 경제 원조 협정을 체결, 일본인이 소유했던 공장을 민간 기업에 불하, 농지 개혁법을 제정·시행하여 농촌 경제의 안정을 꾀함

② 농지 개혁법(1949년 제정, 1950년 시행)

    ㉠ 목적 : 소작제를 철폐하고 자영농을 육성하고자 경자 유전의 원칙에 따라 시행

    ㉡ 원칙

- 삼림, 임야 등 비경작지를 제외한 농지만을 대상으로 한 개혁
- 3정보를 상한으로 그 이상의 농지는 유상 매입하고 지가 증권을 발급하여 5년간 지급
- 매수한 토지는 영세 농민에게 3정보를 한도로 유상 분배하여 5년간 수확량의 30%씩을 상환하도록 함(→ 예외적으로 부재 지주의 농지는 무상 몰수·유상 분배)

북한의 토지 개혁(1946. 3)

5정보 이상의 토지를 소유한 대지주의 토지, 일본인과 민족 반역자의 토지를 무상 몰수하여 농민에게 무상 분배

    ㉢ 결과

- 지주 중심의 토지 제도가 해체되고 자작지와 자작농이 증가
- 소작권 이동을 금지하고 농지 매매를 제한
- 지주층의 반대로 제도 시행 전에 사전 매도 현상이 발생
- 지주의 사전 매도로 법의 실효성이 떨어지고 신흥 지주 계층 형성(→ 산업 자본의 확보에 한계가 따름)

기출 Plus

[지방직 9급 기출]

01. 다음 법령과 관련한 설명으로 옳은 것은?

제5조 정부는 다음에 의하여 농지를 취득한다.
1. 다음의 농지는 정부에 귀속한다.
(가) 법령 및 조약에 의하여 몰수 또는 국유로 된 토지
(나) 소유권의 명의가 분명하지 않은 농지

① 농지 이외 임야도 포함되었다.
② 신한공사가 보유하던 토지를 분배하였다.
③ 중앙토지행정처가 분배 업무를 주무하였다.
④ 분배받은 농민은 평년 생산량의 30%를 5년간 상환하였다.

📘 주어진 법령은 농가경제 자립과 농업생산력 증진으로 인한 농민생활의 향상 및 국민경제의 균형과 발전에 기여하기 위하여 제정된 법률인 농지개혁법이다. 농지개혁법은 대한민국 정부수립 직후, 북한에서 농지를 무상 몰수하여 농민에게 무상 분배한 농지개혁이 실시됨에 대응하여, 대한민국에서도 농지 개혁을 실시하기 위하여 제정된 법률이다. 대한민국은 자본주의체제하의 자유 민주 국가이므로 북한과 같이 무상몰수와 무상분배는 허용되지 않아 소유자가 직접 경작하지 않는 농토(소작인이 경작하는 농토)에 한하여 정부가 5년 연부보상을 조건으로 소유자로부터 유상 취득하여 농민에게 분배해 주고, 농민으로부터 5년 동안에 농산물로써 정부에 연부로 상환하게 하는 이른바 유상몰수·유상분배의 농지개혁을 실시하였던 것이다.

 01 ④

농지 개혁법의 실시

① 주요 내용

　㉠ 유상 매입 : 법령 및 조약에 의하여 몰수하거나 국유로 된 농지, 직접 땅을 경작하지 않는 사람의 농지, 직접 땅을 경작하더라도 농가 1가구당 3정보를 초과하는 농지는 정부가 사들였다.

　㉡ 총 경영 면적 제한 : 분배 농지는 1가구당 총 경영 면적이 3정보를 넘지 못하였다.

　㉢ 상환 : 분배받은 농지에 대한 상환액은 평년작을 기준으로 하여 주요 생산물의 1.5배로 하고, 5년 동안 균등 상환하도록 하였다.

② 실시 전후 소작지 면적의 변화 : 1947년 소작지의 89.1%가 1951년까지 자작지(自作地)로 바뀌었다. 그중 미국 군정청에 귀속되었던 농지를 유상 분배한 것이 18.9%였고, 지주의 임의 처분에 의한 것이 49.2%이므로 농지 개혁의 실시로 소작지에서 자작지로 바뀐 것은 31.9%에 불과하였다.

　　　– 이종범, 〈농지 개혁사 연구〉 –

③ **귀속 재산 불하** : 일본인 소유의 재산을 민간인에게 불하

④ **경제 복구 사업**

　㉠ 정부와 국민의 노력 및 외국의 원조 등에 힘입어 전후 복구 사업이 급속히 진행됨

　㉡ **삼백 산업(三白産業)의 성장** : 1950년대 후반부터 미국의 원조 물자에 토대를 둔 제분(製粉)·제당(製糖) 공업과 섬유 공업이 성장

　㉢ 문제점

　　• 원조 경제의 폐해 : 소비재 산업이 급속하게 성장한 데 비하여 생산재 산업은 발전하지 못하여 원료를 수입에 의존

　　• 미국 잉여 농산물 도입에 따른 농업 기반 파괴

　　• 경제의 대미 의존도 심화

　㉣ **삼분 산업(三粉産業)의 생산 증가** : 시멘트·비료·밀가루 등

2. 경제 발전의 과정

(1) 경제 개발 5개년 계획의 추진 : 박정희 정부

① 경제 개발 계획의 수립

　㉠ **최초 계획** : 이승만 정부가 작성한 7개년 계획

　㉡ **수정** : 장면 내각은 처음의 7개년 계획안을 5개년 계획안으로 수정

　㉢ **실천** : 1960년대 박정희 정부가 경제 개발 5개년 계획을 추진

② 경제 개발 계획의 추진

　㉠ **제1, 2차 경제 개발 계획(1962~1971)** : 기간 산업, 사회 간접 자본 확충, 경공업 중심의 수출 산업 육성, 베트남 특수로 호황, 새마을 운동 시작(1970)

　㉡ **제3, 4차 경제 개발 계획(1972~1981)** : 중화학 공업 육성, 중동 진출, 새마

을 운동 확산

③ **성과** : 고도 성장, 국민 소득 증가, 신흥 공업국으로 부상

④ **문제점** : 빈부 격차 심화, 미·일 의존도 심화, 외채 급증, 농촌 피폐, 재벌 중심 경제, 정경 유착, 저임금과 노동 운동 탄압, 공해 문제 등(→ 개발 독재에 대한 불만, 민주화 열망 초래)

 꼭! 확인 기출문제

1960년대의 경제 상황으로 옳지 않은 것은? [국가직 9급 기출]

① 제1차 경제 개발 5개년 계획이 추진되었다.

② 베트남 파병을 계기로 베트남 특수를 누리게 되었다.

❸ 미국의 무상 원조가 경제 개발의 주요 재원으로 활용되었다.

④ 경제 건설에 필요한 재원 조달을 위해 한·일 협정이 체결되었다.

📖 ③ 미국의 무상 원조를 토대로 경제 개발이 이루어진 것은 1950년대 제1공화국(이승만 정권) 시기이다.
　① 제1차 경제 개발 5개년 계획은 1962년에 시작되었다.
　② 월남 파병은 1964년에 이루어졌다.
　④ 한·일 협정은 박정희 정권 시기인 1965년 체결되었다.

TiP

1960~1970년대 무역의 특징

• 원자재와 기술의 외국 의존도가 높아 외화 가득률이 낮음 : 1962년에서 1973년까지 공산품만의 외화 가득률은 34%에서 62%로 증가하였지만 수출 전체의 외화 가득률은 82%에서 65%로 줄었음

• 국가 경제의 무역 의존 증가 : 수출 위주의 정책으로 인하여 무역 의존도는 1961년의 21%에서 1975년에는 74%로 증가

• 무역 상대국이 일본과 미국에 편중 : 원자재와 기계를 일본에서 들어온 다음 상품을 만들어 주로 미국에 수출하는 구조를 가지고 있으며, 1967년에 미국과 일본에 대한 편중도가 69%인데 1972년에는 72%로 증가하는 추세

(2) 1980년대 이후의 경제

① **1980년 전후** : 중화학 공업에 대한 과잉·중복 투자, 정치 불안정, 제2차 석유 파동(→ 경제 위기 발생)

② **전두환 정부** : 중화학 공업 투자 조정, 3저 호황(저유가, 저달러, 저금리)

③ **김영삼 정부** : 금융 실명제 실시, 신경제 5개년 계획 발표(1993), 세계 무역 기구(WTO) 출범(1995), 경제 협력 개발 기구(OECD) 가입(1996) → 외환 위기(1997)

④ **김대중 정부**

　㉠ 금 모으기 운동, 노사정 위원회 구성, 신자유주의 경제 정책 추진

　㉡ 수출, 무역 흑자 증가, 벤처 기업 창업 등으로 외환 위기 극복

Check Point

1980년대 이후 노동 환경의 변화

• 노동 운동의 활발한 전개 : 민주화 운동의 진전과 사회의식의 향상, 권리 주장의 확산 등에 따라 노동 운동이 활발하게 전개

• 정부의 노동 정책의 변화

　– 저임금 문제 등 전반적인 노동 문제를 해결하기 위하여 노동 관계법을 개정

　– 기업가와 노동자의 인간적 관계와 직업윤리를 정착시키기 위하여 노력

　– 새로운 노사 문화가 정착되고 노동 환경이 개선되어 생산성도 증가

Check Point

제2차 석유 파동(1979)

• 중화학 공업 위주의 경제 정책 추진으로 인해 경제 성장률 마이너스 기록, 물가 상승, 경기 불황, 국제 수지 악화(1980년대)

• 3저 호황(저금리, 저유가, 저달러)으로 극복

Check Point

외환 위기(1997)

• 금융권의 부실 재정, 대기업의 과잉 투자, 외국 자본의 국외 이동 등으로 인해 발생한 외환 부족

기출 Plus

[국가직 9급 기출]

02. 다음은 우리나라 경제성장 과정을 시간순으로 나열한 것이다. (가)에 들어갈 내용으로 옳은 것은?

수출액 100억 달러를 돌파하다.
↓
제2차 석유파동으로 경제가 침체에 빠지다.
↓
(가)
↓
경제 협력 개발 기구에 가입하다.

① 제3차 경제개발 5개년 계획이 실시되다.
② 저금리, 저유가, 저달러의 3저 호황을 경험하다.
③ 베트남 파병을 시작하고 「브라운 각서」를 체결하다.
④ 일본과 대일 청구권 문제에 합의하고 「한일 기본 조약」을 체결하다.

해 수출액 100억 달러 돌파는 1977년, 제2차 석유파동은 1979년, 경제 협력 개발 기구(OECD) 가입은 1996년이다. 저금리, 저유가, 저달러의 3저 호황을 경험하며 우리 경제가 유례없는 호황을 누렸던 시기는 1986~88년이다. 중화학공업 육성을 중요시 여긴 제3차 경제개발 5개년 계획은 1972~76년이다. 베트남전을 치르는 미국은 한국에 파병을 요구하였고 1965년부터 전투부대를 베트남에 파병하기 시작한다. 이에 대한 보상 조치인 '브라운 각서'는 1966년에 맺어졌다. 한국과 일본의 국교관계를 규정한 '한일 기본 조약'은 1965년에 맺어졌다.

답 02 ②

(3) 한국 경제의 과제

　① 시장과 자본의 개방 압력

　② 도 · 농 간의 경제 불균형 심화

　③ 경제 민주화 : 재벌 중심 구조 개혁, 노동자 권익 보호, 정경 유착 근절

꼭! 확인 기출문제

1950년대 이후 한국 사회의 상황에 대한 설명으로 옳은 것은? [국가직 9급 기출]

❶ 1950년에 시행된 농지 개혁으로 토지가 없던 농민이 토지를 갖게 되었다.
② 1960년대에 임금은 낮았지만 낮은 물가 덕분으로 노동자들이 고통을 겪지는 않았다.
③ 1970년대에 이르러 정부는 노동 3권을 철저히 보장하는 정책을 채택하였다.
④ 1980년대 초부터는 노동 조합을 자유롭게 설립할 수 있게 되었다.

해 ① 소작제를 철폐하고 자영농을 육성하고자 농지 개혁법이 제정(1949) · 시행(1950)되었는데, 시행 결과 지주 중심의 토지 제도가 해체되고 자작지와 자작농이 전보다 증가하였다.
② 1960년대 제3공화국 정부의 성장 위주 경제 정책으로 노동자 수는 크게 증가하고 빈부의 차도 커졌으며, 다수의 노동자들은 저임금과 높은 물가로 고통을 겪었다.
③ 1970년대에는 유신 독재 체제의 강요에 따라 노동 3권은 보장되지 않았고 노동 조합도 전면적으로 탄압을 받았다. 1970년 전태일의 분신 이후 노동자들의 노동 쟁의 및 노동 조합 설립 운동이 크게 증가하였는데, 당시 박정희 군사 정권은 1972년 유신 헌법과 긴급 조치를 통해 노동 3권을 억압하고 사회 전 영역에 걸쳐 무단 독재 통치를 자행하였다.
④ 1980년대에도 군사 쿠데타로 집권한 전두환 정부가 노동 조합 설립 및 노동 운동을 탄압했는데, 1981년 노동법 개정을 통해 노조 설립 요건을 강화하고 노조의 활동을 억압하는 각종 규제 조항을 신설하였다.

제2절　현대 사회의 변화

1. 사회의 변화

(1) 급속한 경제 발전에 따른 사회 문제

　① 농촌의 피폐와 도시 빈민층의 형성

　② 기업의 근로 기준법 위반, 노사 갈등의 발생

　③ 환경 오염의 증가

　④ 국가 주도의 급속한 경제 발전에 따라 노약자 · 빈곤층 · 실업자 등 소외 계층 발생

(2) 1960년대 이후의 정책

　① 성장 위주의 정책 : 대기업 성장, 노동자 수의 증가, 빈부의 차 발생

　② 도시와 농촌의 불균형 : 사회 기반 시설 및 소득의 격차, 대규모 이농 현상으로

대도시의 인구의 급증(도시 문제 발생), 농촌 인구 감소

③ 사회 보장 제도 시행 : 급격한 성장에서 오는 문제들을 해결하기 위하여 사회 보장 제도를 마련(→ 오늘날에는 서민을 위한 생활 보조금, 무주택자를 위한 주택 건설, 고용 보험 및 연금 제도 등을 시행하여 복지 사회를 구현)

2. 산업화와 도시화

(1) 산업 구조의 변화

① 산업화의 진전과 고도 성장 달성

② 산업 구조가 선진국형으로 바뀌었고, 공업 구조도 경공업 중심에서 중화학 공업 중심으로 바뀜

(2) 사회 문제의 발생

① 환경 문제의 발생

ㄱ 성장 우선주의 정책에 수반하여 1960년대 말부터 발생

ㄴ 환경 문제 해결을 위해 환경부처를 설치하고 관련 법률 제정, 공해 규제, 환경에 대한 경각심 고취, 환경 보호 실천 등에 역점을 둠

② 농촌 문제의 발생

ㄱ 수출 주도형 경제 개발로 말미암아 농업은 희생을 감수(저곡가, 연구 및 투자 부족)

ㄴ 침체된 농촌 사회에 활기를 불어 넣기 위해 새마을 운동 실시

(3) 산업화와 도시화의 영향

① 우리나라의 근대화와 발전에 크게 기여

② 가족 제도의 붕괴, 노동자 및 실업자 문제 등 여러 사회 · 경제적 문제도 양산

③ 산업화와 함께 여성의 지위와 사회적 위상이 제고

노동 운동
- 산업화 초기 노동자는 낮은 임금과 열악한 환경으로 고통
- 전태일 분신 사건(1970) : 서울 청계천 평화 시장에서 재단사로 일함, 암울한 노동 현실을 사회의 고발
- 박정희 정부 : 노동 3권을 크게 제한하여 노동 운동 탄압(YH 사건)
- 1987년 민주 항쟁 이후 수많은 노동조합 결성
- 국제 노동 기구(ILO) 가입(1991)

제3절 현대 문화의 변화

1. 교육, 사상 및 종교

(1) 교육의 발전

① 미 군정 시기

  ㉠ 식민지 교육 체제가 무너지고 미국식 교육이 도입

  ㉡ 6 · 3 · 3 · 4제의 학제를 근간으로 하는 교육 제도 마련

  ㉢ 교육 이념 : 홍익 인간, 애국심의 함양, 민주 시민의 육성 등

② 이승만 정부

  ㉠ 의무 교육 실시 : 초등 학교 의무 교육 실시, 초등 학교 · 중등 학교 · 대학의 증설

  ㉡ 국방 교육 강조 : 안보 의식 고취에 중점, 도의 교육(道義敎育)을 진작, 과학 기술 교육의 강화를 위한 1인 1기 교육 실시

③ 4 · 19 혁명 이후 : 교육의 정치적 중립을 확보하려는 움직임과 더불어 학원 민주화 운동이 활발하게 전개

④ 박정희 정부

  ㉠ 교육의 중앙 집권화와 관료적 통제

  ㉡ 국민 교육 헌장의 선포

  ㉢ 교육 제도의 정비 : 중학교 무시험 진학 제도, 대학 입학 예비고사와 학사 자격 고시 등

⑤ 1970년대

  ㉠ 국사와 국민 윤리 교육의 강화와 함께 새마을 교육이 실시, 고교 평준화가 추진됨

  ㉡ 한국 교육 개발원이 설립, 방송 통신 대학과 고등 학교가 설치되어 사회 교육을 강화

⑥ 1980년대

  ㉠ 국민 정신 교육을 강조하고 통일 안보 교육, 경제 교육 등을 실시

  ㉡ 입시 과외의 폐해를 줄이기 위한 조치가 취해짐, 대학 졸업 정원 제도 도입

  ㉢ 1980년대 이후 고등 교육의 대중화를 위해 많은 대학이 설립

⑦ 1990년대 이후

  ㉠ 급속한 정보화와 기술의 향상에 따라 창의력 신장과 시민 의식을 육성하기 위한 교육 개혁이 지속적으로 추진됨

▶ 국민 교육 헌장

Check Point

학력 구성의 변화

광복 이후 교육은 양적 면에서 크게 확대되어, 사회 전체적으로 고학력화되어 가고 있다. 특히 초등 학교 졸업 이하의 비율이 큰 폭으로 감소하였고, 중졸자의 비율도 1990년 이후 감소하고 있다.

ⓛ 열린 교육 · 평생 학습 사회 건설 지향, 대학 수학 능력 시험 도입

ⓒ 김대중 정부 시대 : 중학교 의무 교육 실시, 만 5세 유아에 대한 무상 교육 · 보육 등 추진

(2) 사상 및 종교

① 현대의 사상

㉠ 광복 후 : 민족주의, 민주주의, 반공 등 여러 이념이 혼재

ⓛ 1960년대 이후 : 민주화 진전으로 민족주의와 민주주의가 중요한 이념으로 자리 잡음

ⓒ 1980년대 초 : 5 · 18 민주화 운동과 6월 민주 항쟁 등을 거치면서 사회 전반에 걸쳐 이들 이념들이 뿌리를 내림

ⓔ 1980년대 말 : 냉전 체제가 해체되기 시작하였고, 남북 간 화해의 기운이 높아짐

② 종교 활동

㉠ 개신교 : 광복 이후 비약적인 발전을 거듭하여, 교단의 통일과 사회 참여를 모색하면서 교세를 확장

ⓛ 천주교 : 세계적인 연계성과 통일된 교구 조직을 통하여 일찍부터 활발한 포교 활동 전개, 교황의 방한, 103위 순교자의 시성 등으로 획기적인 발전

ⓒ 불교 : 1970년대부터 스스로 일대 혁신 운동을 전개하여 농촌 지역뿐만 아니라 도시에서도 지속적으로 발전

ⓔ 기타 종교 : 민족 종교인 천도교 · 대종교 · 원불교도 그 나름의 기반 확립과 교세 확장에 노력

2. 예술과 문학

(1) 시기별 전개

① 광복 후

㉠ 예술 단체의 분열 : 광복 직후 좌 · 우익에 따라 성격이 나뉘어 분열

• 조선 문화 건설 중앙 협의회 : 좌경적 색채를 띤 문화 예술 단체

• 전국 문화 단체 총연합회 : 민족주의자들이 발족시킨 문화 예술 단체

ⓛ 6 · 25를 겪는 과정에서 민족주의적 자유주의 문인 중심의 순수 문학 작품이 주류를 이룸

ⓒ 시 : 김기림 등이 해방 공간 시기에 새해의 노래 등을 발표

② 1960년대

[국가직 9급 기출]

01. 현대 문화의 성장과 발전에 대한 설명으로 옳지 않은 것은?

① 1970년대 이후 무비판적으로 수용하였던 서구 문화에 대한 반성이 일어나면서 전통 문화를 되살리는 노력이 펼쳐졌다.

② 1960년대 이후 정치적 민주화와 사회 경제적 평등을 지향하는 민중 문화 활동이 활발하였다.

③ 1987년 6월 민주 항쟁을 거치면서 언론에 대한 정부의 통제와 간섭은 줄어들고 언론의 자유는 확대되었다.

④ 1980년대 이후에는 고등 교육의 대중화를 위하여 대학이 많이 세워졌다.

해 민중의 삶을 주제로 삼은 민중 문학 활동이 활발해진 것은 1970년대이며, 1980년대에 들어 그 활동이 더 활발해졌다.

㉠ 중등 교육의 확대와 경제 여건 향상에 따라 문화의 대중화 현상이 등장

㉡ 전쟁 중 소시민들의 삶을 주제로 하는 문학 예술 작품이 출간됨, 인간의 가치와 삶을 주제로 다룬 예술 활동이 활발해짐

㉢ 국립 극장과 드라마 센터가 건립되었고, 각 대학에는 예술 분야의 학과가 설치됨

③ 1970년대

㉠ 무비판적으로 수용되던 서구 문화에 대한 반성으로 민족 문학론이 대두되어 현실의 비판과 민주화 운동의 실천, 통일 문제를 다루는 데까지 진전

㉡ 일부에서는 민중의 삶을 주제로 삼는 민중 문학 운동이 전개(→ 1980년대에 더욱 활발하게 전개)

④ 1980년대 이후

㉠ 문화 향유층이 급격하게 확대되었고, 다양한 내용과 형식을 가진 문화가 등장

㉡ 이전 문화의 틀에서 벗어나 더 분방한 경향을 추구하는 포스트모더니즘이 등장

(2) 현대 문화의 문제점과 과제

① 전통 문화는 점점 대중화와 서양화에 밀려 자리를 잃어 가고 있으며, 감각적이고 상업적인 대중 문화가 성행

② 세계화의 추세 속에서 민족 문화를 발전시키는 것과 세계적인 문화를 창출하는 것이 과제로 제기됨

참고

언론 활동·대중문화·체육 활동·과학 기술의 발전

① 언론 활동
- 광복 이후 : 신문, 잡지, 라디오, 텔레비전 방송, 인터넷 신문, 인터넷 방송 등 등장
- 언론 통제 : 박정희 정부, 전두환 정부의 언론 탄압
- 1990년대 이후는 정보의 취사선택으로 언론의 사회적 책임을 요구하는 여론이 높음, 인터넷 익명성에 의한 부정적 문제가 제기

② 대중문화
- 미군정기와 6·25 전쟁을 통해 미국식 춤과 노래 유행, 경제 발전과 대중 매체 보급으로 1960년대부터 대중문화 성장
- 가요, 드라마, 코미디가 대중문화의 중심(1970년대), 민주화와 사회·경제적 평등을 지향하는 활동이 대중문화에 영향(1980년대~1990년대), 한류라는 이름으로 여러 나라에서 인기를 가짐(1990년대 말 이후)

③ 체육 활동
- 보스턴 마라톤 대회에서 우리나라 선수 우승으로 국가 위상을 알림(1947), 선수촌 건립(박정희 정부), 몬트리올 올림픽 대회 레슬링 종목에서 광복 이후 최초로 금메달 획득(1976)
- 제10회 아시아 경기 대회(1986), 제24회 서울 올림픽 대회(1988), 월드컵 축구 대회(2002) 개최
- 삶의 질 향상을 위한 사회 체육에 대한 관심과 지원 높아짐

④ 과학 기술
- 원자력 연구소 설립(1950년대), 한국 과학 기술 연구소(KIST) 설립(1966)
- 정부와 민간의 기술 투자, 통신·교통·컴퓨터·반도체 등 성장
- 위성 아리랑호, 무궁화 7호, 나로호 등 발사 성공
- 과제 : 소외시킨 기초 학문에 대한 투자, 인간 윤리와 자연환경과 조화를 이루어야함

9급 공무원
개념서 + 문제집

말도 안되는 이 가격~ 실화임?

나두공 동영상강의

3만원 가격파괴

익사이팅한 초필살 이론 **개념서** 동영상 강의와
센세이셔널한 알짜 문제풀이 **문제집** 동영상 강의가 만나

9급 공무원으로 가는 탄탄한 길!

+ 개념서 국어
문제집 국어 | 민상윤 교수님

종합반 국어(3만원)

+ 개념서 영어
문제집 영어 | 조성열 교수님

종합반 영어(3만원)

+ 개념서 한국사
문제집 한국사 | 박기훈 교수님

종합반 한국사(3만원)

+ 개념서 행정법총론
문제집 행정법총론 | 김일영 교수님

종합반 행정법총론(3만원)

+ 개념서 행정학개론
문제집 행정학개론 | 이승철 교수님

종합반 행정학개론(3만원)

+ 개념서 국어+영어+한국사
문제집 국어+영어+한국사

종합반 3과목 패키지(7만원)

+ 개념서 국어+영어+한국사+행정법총론+행정학개론
문제집 국어+영어+한국사+행정법총론+행정학개론

종합반 5과목 패키지(10만원)

9급 공무원 한국사 문제집
동영상 강의 커리큘럼

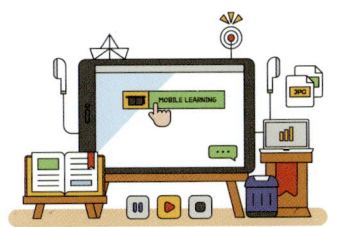

※ 강의 커리큘럼은 사정에 따라 변경될 수 있습니다. 자세한 내용은 나두공 홈페이지를 참조하시기 바랍니다.

9급 공무원 응시자격

※ 경찰 공무원, 소방 공무원, 교사 등 특정직 공무원의 채용은 별도 법령에 의거하고 있어 응시자격 등 이 다를 수 있으니 해당법령과 공고문을 참고하시기 바랍니다.

※ 매년 채용시험 관련 법령 개정으로 응시자격이 변경될 수 있으므로 필요한 경우 확인절차를 거치시 기 바랍니다.

01 최종시험 예정일이 속한 연도를 기준으로 공무원 응시가능 연령(9급 : 18세이상)에 해당한다.
(단, 9급 교정·보호직의 경우 20세 이상)

02 아래의 공무원 응시 결격사유 중 어느 하나에도 해당되지 않는다.

1. 피성년후견인
2. 파산선고를 받고 복권되지 아니한 자
3. 금고 이상의 실형을 선고받고 그 집행이 종료되거나 집행을 받지 아니하기로 확정된 후 5년이 지나지 아니한 자
4. 금고 이상의 형을 선고받고 그 집행유예 기간이 끝난 날부터 2년이 지나지 아니한 자
5. 금고 이상의 형의 선고유예를 받은 경우에 그 선고유예 기간 중에 있는 자
6. 법원의 판결 또는 다른 법률에 따라 자격이 상실되거나 정지된 자
7. 징계로 파면처분을 받은 때부터 5년이 지나지 아니한 자
8. 징계로 해임처분을 받은 때부터 3년이 지나지 아니한 자

단, 검찰직 지원자는 금고 이상의 형을 선고받은 경우 응시할 수 없습니다.

03 공무원으로서의 직무수행에 지장을 주지 않는 건강상태를 유지하고 있어, 공무원 채용 신체검사에서 불합격 판정기준에 해당되지 않는다.

04 9급 지역별 구분모집 지원자의 경우, 시험시행년도 1월 1일을 포함하여 1월 1일 전 또는 후로 연속하 여 3개월 이상 해당 지역에 주민등록이 되어 있다.

05 지방직 공무원, 경찰 등 다른 공무원시험을 포함하여 공무원 임용시험에서 부정한 행위를 한 적이 없다.

06 국어, 영어, 한국사와 선택하고자 하는 직류의 시험과목 기출문제를 풀어보았으며, 합격을 위한 최소한의 점수는 과목별로 40점 이상임을 알고 있다.

● 위의 요건들은 7급, 9급 공무원 시험에 응시하기 위한 기본 조건입니다.

● 장애인 구분모집, 저소득층 구분모집 지원자는 해당 요건을 추가로 확인하시기 바랍니다.

"나두 공무원 할 수 있다"

나두공

9급 공무원 한국사

문제집

2026
나두공 9급 공무원 한국사 **문제집**

인쇄일 2025년 10월 1일 5판 1쇄 인쇄
발행일 2025년 10월 5일 5판 1쇄 발행
등 록 제17-269호
판 권 시스컴2025

발행처 시스컴 출판사
발행인 송인식
지은이 나두공 수험연구소

ISBN 979-11-6941-705-1 13350
정 가 18,000원

주소 서울시 금천구 가산디지털1로 225, 514호(가산포휴) | **시스컴** www.siscom.co.kr / **나두공** www.nadoogong.com
E-mail siscombooks@naver.com | **전화** 02)866-9311 | **Fax** 02)866-9312

최근 20, 30대 청년은 취업에 대한 좌절로 N포세대가 되는 경우가 많으며 그나마 국가의 지원으로 버티고 있는 실정이다. 취업의 안정성마저 불안해진 현재, 정규직 평가에서 떨어진 계약직 노동자들은 다른 일자리를 구해야 하는 실정이다.

이러한 사회 현상으로 인해 오래전부터 9급 공무원의 안정성은 청년들로 하여금 취업 안정성에 있어 좋은 평가를 받고 있으며 경쟁도 치열하다. 때문에 고등학생일 때부터 공무원시험을 준비하여 성인이 되자마자 9급 공무원이 되는 학생이 부쩍 늘어났으며, 직장인들 또한 공무원 시험을 고민하고 있다. 이에 발맞춰 지역인재를 채용하는 공고를 신설하기에 이르러 공개경쟁채용시험의 다양화로 시험 출제 방식도 체계화되었다.

이 책은 현재 출제되는 문제 위주로 고득점을 획득할 수 있도록 하였다. 대표 유형문제를 통해 최신 출제 유형을 파악할 수 있으며, 문제는 다양하고 풍부하게 구성하여 어려운 유형을 맞닥뜨리더라도 쉽게 풀어나갈 수 있게 해설 및 핵심정리를 덧붙여 점수 획득에 있어 도움이 될 수 있도록 하였다.

이 책을 통해 공무원 시험을 시작하려는 수험생과 기존에 시험을 봐왔던 수험생의 건승을 기원한다.

시험 과목

직렬	직류	시험 과목
행정직	일반행정	국어, 영어, 한국사, 행정법총론, 행정학개론
	고용노동	국어, 영어, 한국사, 행정법총론, 노동법개론
	선거행정	국어, 영어, 한국사, 행정법총론, 공직선거법
직업상담직	직업상담	국어, 영어, 한국사, 노동법개론, 직업상담 · 심리학개론
세무직(국가직)	세무	국어, 영어, 한국사, 세법개론, 회계학
세무직(지방직)		국어, 영어, 한국사, 지방세법, 회계학
사회복지직	사회복지	국어, 영어, 한국사, 사회복지학개론, 행정법총론
교육행정직	교육행정	국어, 영어, 한국사, 교육학개론, 행정법총론
관세직	관세	국어, 영어, 한국사, 관세법개론, 회계원리
통계직	통계	국어, 영어, 한국사, 통계학개론, 경제학개론
교정직	교정	국어, 영어, 한국사, 교정학개론, 형사소송법개론
보호직	보호	국어, 영어, 한국사, 형사정책개론, 사회복지학개론
검찰직	검찰	국어, 영어, 한국사, 형법, 형사소송법
마약수사직	마약수사	국어, 영어, 한국사, 형법, 형사소송법
출입국관리직	출입국관리	국어, 영어, 한국사, 국제법개론, 행정법총론
철도경찰직	철도경찰	국어, 영어, 한국사, 형사소송법개론, 형법총론
공업직	일반기계	국어, 영어, 한국사, 기계일반, 기계설계
	전기	국어, 영어, 한국사, 전기이론, 전기기기
	화공	국어, 영어, 한국사, 화학공학일반, 공업화학
농업직	일반농업	국어, 영어, 한국사, 재배학개론, 식용작물
임업직	산림자원	국어, 영어, 한국사, 조림, 임업경영
시설직	일반토목	국어, 영어, 한국사, 응용역학개론, 토목설계
	건축	국어, 영어, 한국사, 건축계획, 건축구조
	시설조경	국어, 영어, 한국사, 조경학, 조경계획 및 설계

방재안전직	방재안전	국어, 영어, 한국사, 재난관리론, 안전관리론
전산직	전산개발	국어, 영어, 한국사, 컴퓨터일반, 정보보호론
	정보보호	국어, 영어, 한국사, 네트워크 보안, 정보시스템 보안
방송통신직	전송기술	국어, 영어, 한국사, 전자공학개론, 무선공학개론
법원사무직 (법원직)	법원사무	국어, 영어, 한국사, 헌법, 민법, 민사소송법, 형법, 형사소송법
등기사무직 (법원직)	등기사무	국어, 영어, 한국사, 헌법, 민법, 민사소송법, 상법, 부동산등기법
사서직 (국회직)	사서	국어, 영어, 한국사, 헌법, 정보학개론
속기직 (국회직)	속기	국어, 영어, 한국사, 헌법, 행정학개론
방호직 (국회직)	방호	국어, 영어, 한국사, 헌법, 사회
경위직 (국회직)	경위	국어, 영어, 한국사, 헌법, 행정법총론
방송직 (국회직)	방송제작	국어, 영어, 한국사, 방송학, 영상제작론
	취재보도	국어, 영어, 한국사, 방송학, 취재보도론
	촬영	국어, 영어, 한국사, 방송학, 미디어론

- 교정학개론에 형사정책 및 행형학, 국제법개론에 국제경제법, 행정학개론에 지방행정이 포함되며, 공직선거법에 '제16장 벌칙'은 제외됩니다.
- 노동법개론은 근로기준법·최저임금법·노동조합 및 노동관계조정법에서 하위법령을 포함하여 출제됩니다.
- 시설조경 직류의 조경학은 조경일반(미학, 조경사 등), 조경시공구조, 조경재료(식물재료 포함), 조경생태(생태복원 포함), 조경관리(식물, 시설물 등)에서, 조경계획 및 설계는 조경식재 및 시설물 계획, 조경계획과 설계과정, 공원·녹지계획과 설계, 휴양·단지계획과 설계, 전통조경계획과 설계에서 출제됩니다.

※ 추후 변경 가능성이 있으므로 반드시 응시 기간 내 시험과목 및 범위를 확인하시기 바랍니다.

9급 공무원 시험 안내

응시자격

1. 인터넷 접수만 가능
2. 접수방법 : 사이버국가고시센터(www.gosi.kr)에 접속하여 접수할 수 있습니다.
3. 접수시간 : 기간 중 24시간 접수
4. 비용 : 응시수수료(7급 7,000원, 9급 5,000원) 외에 소정의 처리비용(휴대폰 · 카드 결제, 계좌이체비용)이 소요됩니다.

※ 저소득층 해당자(국민기초생활 보장법에 따른 수급자 또는 한부모가족지원법에 따른 지원대상자)는 응시수수료가 면제됩니다.

※ 응시원서 접수 시 등록용 사진파일(JPG, PNG)이 필요하며 접수 완료 후 변경 불가합니다.

학력 및 경력

제한 없음

시험방법

1. 제1·2차시험(병합실시) : 선택형 필기
2. 제3차시험 : 면접

※ 교정직(교정) 및 철도경찰직(철도경찰)의 6급 이하 채용시험의 경우, 9급 제1 · 2차 시험(병합실시) 합격자를 대상으로 실기시험(체력검사)을 실시하고, 실기시험 합격자에 한하여 면접시험을 실시합니다.

원서접수 유의사항

1. 접수기간에는 기재사항(응시직렬, 응시지역, 선택과목 등)을 수정할 수 있으나, 접수기간이 종료된 후에는 수정할 수 없습니다.
2. 응시자는 응시원서에 표기한 응시지역(시 도)에서만 필기시험에 응시할 수 있습니다.

※ 다만, 지역별 구분모집[9급 행정직(일반), 9급 행정직(우정사업본부)] 응시자의 필기시험 응시지역은 해당 지역모집 시 · 도가 됩니다.(복수의 시 · 도가 하나의 모집단위일 경우, 해당 시 · 도 중 응시희망지역을 선택할 수 있습니다.)
3. 인사혁신처에서 동일 날짜에 시행하는 임용시험에는 복수로 원서를 제출할 수 없습니다.

양성평등채용목표제

1. 대상시험 : 선발예정인원이 5명 이상인 모집단위(교정·보호직렬은 적용 제외)

2. 채용목표 : 30%

> ※ 시험실시단계별로 합격예정인원에 대한 채용목표 비율이며 인원수 계산 시, 선발예정인원이 10명 이상인 경우에는 소수점 이하를 반올림하며, 5명 이상 10명 미만일 경우에는 소수점 이하는 버립니다.

응시 결격 사유

해당 시험의 최종시험 시행예정일(면접시험 최종예정일) 현재를 기준으로 국가공무원법 제33조(외무공무원은 외무공무원법 제9조, 검찰직·마약수사직 공무원은 검찰청법 제50조)의 결격사유에 해당하거나, 국가공무원법 제74조(정년)·외무공무원법 제27조(정년)에 해당하는 자 또는 공무원임용시험령 등 관계법령에 의하여 응시자격이 정지된 자는 응시할 수 없습니다.

가산점 적용

구분	가산비율	비고
취업지원대상자	과목별 만점의 10% 또는 5%	• 취업지원대상자 가점과 의사상자 등 가점은 1개만 적용 • 취업지원대상자/의사상자 등 가점과 자격증 가산점은 각각 적용
의사상자 등	과목별 만점의 5% 또는 3%	
직렬별 가산대상 자격증 소지자	과목별 만점의 3~5% (1개의 자격증만 인정)	

기타 유의사항

1. 필기시험에서 과락(만점의 40% 미만) 과목이 있을 경우에는 불합격 처리됩니다. 필기시험의 합격선은 공무원임용시험령 제4조에 따라 구성된 시험관리위원회의 심의를 통해 결정되며, 구체적인 합격자 결정 방법 등은 공무원임용시험령 등 관계법령을 참고하시기 바랍니다.

2. 9급 공채시험에서 가산점을 받고자 하는 자는 필기시험 시행 전일까지 해당요건을 갖추어야 하며, 반드시 필기시험 시행일을 포함한 3일 이내에 사이버국가고시센터(www.gosi.kr)에 접속하여 자격증의 종류 및 가산비율을 입력해야 합니다.

※ 자격증 종류 및 가산비율을 잘못 기재하는 경우에는 응시자 본인에게 불이익이 있을 수 있습니다.

※ 반드시 응시 기간 내 공고문을 확인하시기 바랍니다.

구성 및 특징

대표유형문제

각 장에 기출문제 또는 예상문제를 실어 대표적인 유형을 빠르게 파악할 수 있도록 하였습니다. 정답해설 및 오답해설을 통하여 문제 풀이의 핵심을 익히고, 핵심정리를 통하여 유사 주제의 문제에도 대비할 수 있도록 하였습니다.

단원별 구성

편과 장을 나두공 개념서 시리즈에 맞는 문제들로 구성하여 이론 학습과 문제 풀이를 간단하게 연계될 수 있도록 하였고, 최근 출제되는 유형들로 구성하여 효율적으로 시험에 대비할 수 있도록 하였습니다.

해 설

문제아래 해설을 통해 문제풀이 도중에 막히는 부분을 쉽게 알 수 있게 설명하여 주도적으로 정답을 찾을 수 있게 하였습니다. 또한 유사 문제를 풀 시에 오답을 방지할 수 있도록 보충 설명을 기재하였습니다.

핵심정리

문제에서 다룬 개념과 이론 등을 실어 주요 내용을 빠르게 파악할 수 있게 구성하였습니다. 요약한 이론을 통해 관련된 문제를 푸는데 있어 막힘이 없게 핵심만을 추려냈습니다.

목 차

20일 완성 Study Plan

		분류	날짜	학습 시간
1편 선사 시대 및 국가의 형성	Day 1	제1장 한반도의 선사 시대		
	Day 2	제2장 국가의 형성과 발달		
2편 고대의 성립과 발전	Day 3	제1장 고대의 통치 구조와 정치 활동		
	Day 4	제2장 고대의 경제 구조와 경제 생활		
		제3장 고대의 사회 구조와 사회 생활		
	Day 5	제4장 고대 문화의 발달		
3편 중세의 성립과 발전	Day 6	제1장 중세의 통치 구조와 정치 활동		
	Day 7	제2장 중세의 경제 구조와 경제 생활		
		제3장 중세의 사회 구조와 사회 생활		
	Day 8	제4장 중세 문화의 발달		
4편 근세의 성립과 발전	Day 9	제1장 근세의 통치 구조와 정치 활동		
	Day 10	제2장 근세의 경제 구조와 경제 생활		
		제3장 근세의 사회 구조와 사회 생활		
	Day 11	제4장 민족 문화의 발달		
5편 근대 태동기의 변동	Day 12	제1장 정치 상황의 변동		
	Day 13	제2장 경제 구조의 변동		
		제3장 사회의 변화		
	Day 14	제4장 문화의 새 기운		
6편 근대의 변화와 흐름	Day 15	제1장 근대 사회의 정치 변동		
	Day 16	제2장 개항 이후의 경제와 사회		
		제3장 근대 문화의 발달		
7편 민족 독립 운동의 전개	Day 17	제1장 국권 침탈과 민족의 수난		
	Day 18	제2장 민족 독립 운동의 전개		
		제3장 사회 · 경제 · 문화적 민족 운동		
8편 현대 사회의 발전	Day 19	제1장 대한민국의 건국과 발전		
	Day 20	제2장 통일 정책		
		제3장 경제 발전과 사회 · 문화의 변화		

나두공

9급 공무원

제 **1** 편

선사 시대 및 국가의 형성

실전 문제

제1장 한반도의 선사 시대

● 대표유형문제 ●

〈보기〉를 보고 이 유적지가 나타난 시기에 대한 설명으로 옳지 <u>않은</u> 것은?

─── 보기 ───

상원 검은모루 유적, 연천 전곡리 유적, 공주 석장리 유적

① 이 시대가 시작된 것은 70만 년 전부터이다.
❷ 대표적인 사냥 도구로는 긁개, 밀개 등이 있다.
③ 석기를 다듬는 기법에 따라 전기, 중기, 후기로 구분하였다.
④ 무리 중에서 경험이 많고 지혜로운 사람이 지도자가 되었으나 권력을 가지지는 못하였다.

정답해설 〈보기〉에서 언급된 시기는 구석기시대이다. 긁개, 밀개, 자르개 등은 구석기시대의 조리용 도구이다. 구석기시대의 사냥 도구에는 찍개, 찌르개, 주먹도끼 등이 있다.

오답해설 ① 구석기시대는 대략 70만 년 전부터 시작되어 1만 년 전까지 이어졌다.
③ 구석기시대는 석기를 다듬는 기법에 따라 전기, 중기, 후기로 구분하기도 하는데, 전기에는 큰 석기 한 개를 가지고 다양한 용도로 사용하였다.
④ 구석기시대는 지도자가 권력을 갖지 못하는 평등한 사회였다(계급이 발생하지 않음).

핵심정리 **구석기시대의 범위**
① **시간적 범위** : 70만 년 전부터 1만 년 전까지(→ 구석기시대 최고의 유적인 단양 금굴은 약 70만 년 전에 형성)
② **시대구분** : 석기(뗀석기)를 다듬는 기법에 따라 전기 · 중기 · 후기로 구분하기도 함

전기 (대략 70만 ~ 10만 년 전)	• 큰 석기 한 개를 다양한 용도로 사용 • 주먹도끼, 찍개, 찌르개 등
중기 (대략 10만 ~ 4만 년 전)	• 큰 몸돌에서 떼어 낸 돌 조각인 격지(박편)를 잔손질하여 용도에 맞게 제작 · 사용(한 개의 석기가 하나의 용도로 사용됨) • 밀개, 긁개, 자르개, 새기개, 찌르개 등
후기 (대략 4만 ~ 1만 년 전)	• 쐐기 같은 것을 이용해 형태가 같은 여러 개의 돌날격지를 만드는 데까지 발달 • 슴베찌르개 등

③ **공간적 범위** : 구석기시대의 유적은 제주도에서 함경도까지 거의 전국 각지에 걸쳐 분포

01

역사의 의미에 대한 설명 중 옳지 않은 것은?

① 기록으로서의 역사는 객관적 의미의 역사이다.

② 사실로서의 역사는 시간적으로 현재까지 일어난 모든 과거의 사건을 말한다.

③ 역사를 배운다는 것은 역사가가 선정하고 연구한 기록으로서의 역사를 배우는 것이다.

④ 기록으로서의 역사는 과거의 사실을 토대로 역사가가 이를 조사 · 연구해 주관적으로 재구성한 것이다.

해설 기록으로서의 역사는 과거의 사실을 토대로 역사가가 이를 조사하고 연구하여 주관적으로 재구성한 것이다. 이 과정에서 필연적으로 역사가의 가치관과 같은 주관적 요소가 개입하게 되므로 주관적 의미의 역사라고 한다.

핵심정리

주관적 의미의 역사

특성	• 과거의 사실(史實) 또는 사료를 토대로 함 • 역사를 배운다는 것은 역사가가 선정 · 기록한 역사를 배우는 것을 말함
역사와 역사가에 대한 표현	• 역사란 역사가와 사실 간의 부단한 상호작용의 과정이며, 과거와 현재와의 끊임없는 대화이다(E. Karr). • 역사는 죽은 과거가 아니라 현재 속에 살아 있는 과거이다(콜링우드). • 역사는 아(我)와 비아(非我)의 투쟁이다(신채호).

02

'사실로서의 역사' 서술로 알맞은 것은?

① 고구려는 요동의 동쪽 천리에 있다. … 좋은 밭이 없어서 힘들여 일구어도 배를 채우기에는 부족하였다. 사람들의 성품은 흉악하고 급해서 노략질하기를 좋아했다.

② 묘청 등이 승리하였다면 조선사가 독립적, 진취적으로 진전하였을 것이니, 이 사건을 어찌 일천년래 제일대사건이라 하지 아니하랴.

③ 건국 초에 향리의 자제를 뽑아 서울에 머물게 하여 출신지의 일에 대하여 자문하였는데, 이를 기인이라고 한다.

④ 부여는 장성의 북쪽에 있으며 현도에서 천리쯤 떨어져 있다. … 사람들의 체격은 매우 크고 성품이 강직 용맹하며 근엄 후덕해서 다른 나라를 노략질 하지 않았다.

해설 사실로서의 역사는 역사가의 주관적 개입이 배제된 객관적 의미의 역사에 해당한다. ③은 역사가의 주관적 입장이 배제되어 있으므로 객관적 의미의 역사이다.

03

다음의 역사관에 입장에 따른 역사 연구 방법으로 옳지 않은 것은?

> • 역사가는 시대정신으로부터 자유로워야 한다.
> • 역사가는 자신을 숨기고 역사적 사실로 하여금 말하게 하라.
> • 역사는 과학이어야 한다. 따라서 인과 관계에 따른 사실의 설명이 가장 중요하다.

① 고대 무역항인 당항성에 가서 토성의 길이를 측정하였다.
② 김부식의 〈삼국사기〉는 불교 관련 기사가 거의 없다.
③ 돌무지무덤인 서울 석촌동 고분과 만주의 장군총을 비교하였다.
④ 고려시대 관료 중에서 과거 합격자와 문음으로 등용된 사람의 명단을 정리하였다.

해설 제시문은 '사실로서의 역사'에 대한 설명이다. ②는 고려 시대의 불교는 고려 사회에 많은 영향을 마쳤지만 저자 김부식이 유학자로서 유교 사관을 바탕으로 삼국사기를 서술하였다. 이는 역사 서술에 자신의 주관적 관점이 직접 반영된 '기록으로서의 역사'이다.

핵심정리

객관적 의미의 역사

특성	• 객관적 사실(事實) 또는 시간적으로 과거에서 현재에 이르기까지 일어났던 모든 사실을 역사의 구성요소로 함 • 역사가의 주관적 개입은 배제되고, 객관적 고증에 따른 연구를 토대로 함
역사와 역사가에 대한 표현	• 역사는 과학이어야 한다. 따라서 인과관계에 따른 사실의 설명이 가장 중요하다. • 역사에서의 객관적 진리는 존재한다. • 역사가는 자신을 숨기고 역사적 사실로 하여금 말하게 하라(L. Ranke).

04

다음 중 한반도 신석기인의 생활에 대한 설명으로 옳지 않은 것은?

① 땅을 넓게 파서 움집을 짓고 살았다.
② 일부 지방에서는 벼농사가 시작되었다.
③ 애니미즘, 샤머니즘, 토테미즘 등의 신앙의 형태가 있었다.
④ 혈연을 바탕으로 한 씨족을 기본 구성단위로 하여 마을을 형성하였다.

해설 벼농사가 시작된 것은 신석기 시대가 아니라 청동기 시대이다. 청동기 시대의 농업은 조·보리·콩 등 밭농사가 중심이었지만 일부 저습지에서 벼농사가 시작되었다. 청동기 시대의 유적지인 여주 흔암리와 부여 송국리, 서천 화금리 유적 등지에서 불에 탄 볍씨(탄화미)가 출토되었는데, 이는 청동기 시대에 벼농사가 시작되었음을 반영한다.
① 신석기인의 주거는 주로 해안이나 강가에 움집을 짓고 생활하였는데, 움집 자리의 바닥은 원형이나 둥근 방형이며, 규모는 4~5명 정도의 한 가족이 살기에 알맞은 크기였다.
③ 신석기 시대의 원시신앙 활동에는 애니미즘(Animism)과 샤머니즘(Shamanism), 토테미즘(Totemism)이 있었다. 애니미즘(정령신앙)은 자연계에 존재하는 모든 자연 현상이나 자연물에 정령(생명)이 있다고 믿는 신앙이었고, 샤머니즘(무격신앙)은 영혼이나 하늘을 인간과 연결시켜주는 존재인 무당(巫堂)과 그 주술을 믿는 신앙이었으며, 토테미즘(동물숭배)은 자기 부족의 기원을 특정 동·식물과 연결시켜 그것을 숭배하는 신앙을 말한다.
④ 신석기 시대는 혈연을 바탕으로 하는 씨족을 기본 구성단위로 하는 사회로, 씨족은 점차 다른 씨족과의 혼인(족외혼)을 통하여 부족을 이루어 나갔다.

05

세계화 시대의 역사의식에 대한 태도로 옳은 것은?

① 민족적 자존심을 버리고 세계 문화에 공헌하여야 한다.

② 근대사를 주도해 온 서구 문화의 전면적인 수용이 필요하다.

③ 민족사적 특수성과 세계사적 보편성을 조화시켜야 한다.

④ 외부 세계의 변화에 민감하게 반응하여 폐쇄적 민족주의에 바탕을 두어야 한다.

해설 세계화 시대의 역사의식은 안으로 민족 주체성을 견지하되, 밖으로는 외부 세계의 변화에 적극적으로 대응하는 개방적 민족주의에 기초하여야 한다. 내 것을 버리고 무조건 외래의 문화만을 추종하는 것은 세계화 시대에 버려야 할 닫힌 사고이다.

핵심정리

우리 민족 문화의 특성

• 세계사에서 보기 드문 단일민족 국가로 전통을 지님
• 선사시대에는 아시아나 북방 문화가 연계되는 문화를 이룩하였고, 이후 중국 문화의 영향을 받으며 독자적인 고대 문화를 형성
• 고려시대에는 불교를 정신적 이념으로 채택하였고, 조선시대에는 유교적 가치와 문화가 중심이 됨

06 서울시 유공자 9급 기출

구석기시대의 사회 모습에 대한 설명으로 가장 옳지 않은 것은?

① 모든 사람이 평등한 공동체적 생활을 하였다.

② 집터는 대개 움집 자리로, 바닥은 원형이나 모서리가 둥근 사각형이었다.

③ 뼈 도구와 뗀석기를 가지고 사냥과 채집을 하였다.

④ 무리를 이루어 사냥감을 찾아다니며 생활하였다.

해설 구석기시대에는 평등한 공동체적 생활을 하였고 무리를 이루어 사냥감을 찾아다니며 이동생활을 하였다. 또한 뼈나 뿔로 만든 도구와 뗀석기를 사용하였다. 대부분 자연 동굴에 거주하였으며, 바위 그늘이나 강가에 막집을 짓고 거주하기도 하였다.
② 신석기시대의 주거 모습이다.

핵심정리

주거생활 비교

① 구석기시대

• 대부분 자연 동굴에 거주하였으며, 바위 그늘(단양 상시리)이나 강가에 막집(공주 석장리)을 짓고 거주하기도 함
• 구석기 후기의 막집 자리에는 기둥 자리와 담 자리, 불 땐 자리가 남아 있음
• **주거지의 규모** : 작은 것은 3∼4명, 큰 것은 10명 정도가 살 수 있을 정도의 크기

② 신석기시대

• **주거 형태** : 주로 해안이나 강가에 움집을 짓고 생활
• **움집의 구조 및 규모**
  – 바닥은 원형이나 둥근 방형이며, 규모는 4∼5명 정도의 한 가족이 살기에 알맞은 크기
  – 움집의 중앙에는 취사와 난방을 위한 화덕이 위치
  – 채광에 좋은 남쪽으로 출입문을 내었고, 화덕이나 출입문 옆에는 저장 구덩이를 만들어 식량이나 도구를 저장

07

다음 유물을 통해 알 수 있는 당시의 생활 모습은?

> • 주먹도끼   • 팔매돌
> • 슴베찌르개   • 찍개

① 음식물을 조리하거나 저장할 수 있게 되었다.
② 옷이나 그물을 만들어 사용하였다.
③ 이삭을 잘라 추수하였다.
④ 사냥과 채집을 하면서 생활하였다.

해설 표에 나온 도구들은 사냥이나 채집을 할 때 사용하는 석
기들이다. 구석기시대에는 농경이 시작되기 전이므로
사냥과 채집을 하면서 생활하였다.
① 음식물의 조리나 저장을 알 수 있는 유물은 토기이
며, 토기의 사용을 통해 음식물의 조리 및 저장이 용
이해져 생활이 개선된 것은 신석기시대이다.
② 옷이나 그물 등을 제작했음을 알 수 있는 유물은 가
락바퀴나 뼈바늘이며, 이는 모두 신석기시대의 유물
이다.
③ 이삭을 잘라 추수하였음을 알 수 있는 유물은 반달돌
칼이며, 반달돌칼은 청동기시대의 유물이다.

> **핵심정리**
>
> ### 구석기시대의 유물
>
>
>
> ▲ 긁개   ▲ 찍개
>
> ▲ 슴베찌르개   ▲ 주먹도끼

08

다음 글과 관련 있는 시대의 유물은?

> 한반도와 그 주변 지역에는 약 70만 년 전부
> 터 사람이 살기 시작하였다. 처음에는 돌을 거
> 의 그대로 사용하다가 점차 쓰임새에 따라 여
> 러 가지 뗀석기를 만들어 사용하였다. 짐승과
> 물고기를 잡아먹고 식물의 열매나 뿌리도 채취
> 하여 먹었다. 또한 계절에 따라 이동하는 생활
> 을 하면서 동굴에서 살거나 강가에 막집을 짓
> 고 살았다.

① 거푸집   ② 주먹도끼
③ 반달돌칼   ④ 빗살무늬 토기

해설 제시문에서 언급된 시기는 구석기시대이다. 약 70만 년 전
부터 1만 년 전까지 이어졌다. 주먹도끼는 구석기시대의
대표적 사냥 도구로서 사냥의 용도 외에도 동물의 가죽을
벗기고 땅을 팔 때 널리 사용되었다. 구석기시대에 사용된
사냥 도구에는 주먹도끼 외에도 찍개, 찌르개 등이 있다.
① 거푸집은 청동 제품을 제작하였던 틀을 말하며, 청동
기시대와 철기시대에 사용되었다. 거푸집, 세형동검,
잔무늬 거울 등은 모두 한반도 내에서 청동기 문화의
독자성(토착화)을 보여주는 유물이다.
③ 반달돌칼은 이삭을 자르는 데 사용한 추수용 농기구
로, 주로 청동기시대에 사용되었다.
④ 신석기시대의 대표적 토기인 빗살무늬 토기는 회색으
로 된 사토질 토기로, 도토리나 달걀 모양의 뾰족한 밑
또는 둥근 밑 모양을 하고 있으며 크기도 다양하다.

> **핵심정리**
>
> ### 구석기시대의 경제·사회생활
>
> • **이동 생활** : 사냥이나 어로, 채집 생활을 영위하였으
> 며, 농경은 시작되지 않음
> • **도구의 사용**
>   – 뗀석기와 함께 뼈 도구(골각기)를 용도에 따라 사용
>   – 찍개, 주먹도끼 등을 여러 용도로 사용했으나 뗀석
>   기 제작 기술이 발달하여 용도가 나누어짐
> • **평등 사회** : 무리 중 경험이 많고 지혜로운 사람이 지
> 도자가 되었으나, 권력을 갖지는 못해 모든 사람이 평
> 등(계급이 없는 평등 사회)
> • **매장의 풍습** : 시신을 매장하는 풍습이 발생함

09

다음 자료에서 선사시대와 역사시대를 구분하는 중요한 기준을 언급한 사실은?

> 이 시기의 사람들은 이전의 ㉠ 식량 채집 생활 단계에서 ㉡ 농경과 목축을 하기 시작 하였다. 이로써 인류의 생활은 크게 변하였다. 이후 철기를 사용하게 됨에 따라 농업 생산력이 발전하였고 그때까지의 청동기는 의식용 도구로 변하였다. 한편 철기와 함께 ㉢ 명도전, 오수전, 반량전 등이 사용되었고 경남 창원 다호리에서는 붓이 출토되어 한반도 남단까지 ㉣ 한자가 보급되었다.

① ㉠

② ㉡

③ ㉢

④ ㉣

해설 선사시대와 역사시대의 구분은 문자 사용 여부에 달려 있다. 즉, 선사시대는 문자를 사용하지 않은 구석기·신석기시대를 말하고, 역사시대는 문자를 만들어 쓰기 시작한 청동기시대 이후를 말한다.

핵심정리

선사시대와 역사시대

선사시대와 역사시대를 구분하는 일반적인 기준은 문자 사용 여부이다. 우리나라의 경우 문자를 사용하기 시작한 때가 초기 철기시대이므로, 이 시기를 역사시대의 시작으로 보고 있다. 선사시대는 문자 기록이 없으므로 유적이나 유물을 통해 당시의 상황을 유추할 수밖에 없는 반면, 역사시대는 유물이나 유적 이외에 문자 기록물을 통해 보다 쉽고 상세하게 그 시대의 모습을 파악할 수 있다. 창원 다호리 유적에서 붓이 출토되었는데, 이는 당시(B.C. 2세기경)의 문자(한자 사용 및 중국과의 교류)를 반영한다.

10 국가직 9급 기출

1960년대 전반 남북한에서 각기 조사 발굴되어 한국사에서 구석기 시대의 존재를 확인시켜 준 유적들을 바르게 짝지은 것은?

	남한	북한
①	제주 빌레못 유적	상원 검은모루 유적
②	공주 석장리 유적	웅기 굴포리 유적
③	단양 상시리 유적	덕천 승리산 유적
④	연천 전곡리 유적	평양 만달리 유적

해설 남한과 북한의 구석기 최초 출토 유적지는 각각 공주 석장리 유적(1964년 발굴), 웅기 굴포리 유적(1963년 발굴)이다.
① 제주 빌레못 유적(1973년 발굴), 상원 검은모루 유적(1966~1970년 발굴)
③ 단양 상시리 유적(1981년 발굴), 덕천 승리산 유적(1972~1973년 발굴)
④ 연천 전곡리 유적(1978년 발굴), 평양 만달리 유적(1980년 발견)

핵심정리

구석기시대의 예술활동

• 사냥감의 번성을 비는 주술적 성격을 지님
• 후기에 이르러 석회암이나 동물의 뼈 또는 뿔 등을 이용하여 조각품을 만듦
• 공주 석장리에서 개 모양의 석상 및 고래·멧돼지·새 등을 새긴 조각과 그림(선각화)이 발견되었고, 단양 수양개에서도 고래와 물고기 등을 새긴 조각이 발견됨

11

다음 지역에서 발견된 유적을 통해 알 수 있는 당시 사람들의 생활모습으로 옳은 것은?

- 경기도 연천 전곡리
- 충북 단양 수양개
- 평남 상원 검은모루동굴

① 농경이 처음으로 시작되었다.
② 태양과 물을 숭배하였다.
③ 동굴이나 바위 그늘에서 살았다.
④ 사유재산제도와 계급이 나타나 사회 전반에 걸쳐 큰 변화가 일어나게 되었다.

해설 구석기시대의 유적으로는 평남 상원 검은모루동굴, 경기도 연천 전곡리, 충남 공주 석장리 등이 있다.
①, ② 신석기시대, ④ 청동기시대

핵심정리

구석기시대의 유적지

12

다음과 일치하는 시대상은?

이 시기 사람들은 농경, 목축 생활을 하면서 정착 생활이 가능해졌고, 이로 인해 인류 문화는 비약적으로 발전하였다.

① 동굴이나 막집에서 10명 내외가 생활하였다.
② 씨족 중심 사회였으나 점차 족외혼 풍습이 일반화되었다.
③ 신분제가 확립되고 활발한 정복 사업이 이루어졌다.
④ 중국과의 문화 교류가 이루어지면서 한자를 사용하게 되었다.

해설 제시문은 신석기시대의 생활 모습이며, 부족은 혈연을 바탕으로 한 씨족을 기본 구성단위로 하였고, 씨족은 점차 다른 씨족과의 혼인을 통하여 부족을 이루었다.
① 구석기시대, ③ 철기시대, ④ 고대 국가

13

다음 유물이 등장한 시기의 생활 모습에 관한 설명으로 옳은 것은?

- 팽이처럼 밑이 뾰족하거나 둥글고, 표면에 빗살처럼 생긴 무늬가 새겨져 있다.
- 곡식을 담는 데 많이 이용되었다.

① 사유재산제 사회였다.
② 동굴이나 막집에 살았다.
③ 주로 동물 사냥과 어로를 했다.
④ 뗀석기, 골각기 등을 사용하였다.

해설 제시된 설명은 빗살무늬 토기에 대한 내용이다. 빗살무늬 토기가 주로 사용된 시기는 신석기시대이다. 신석기시대에는 농경이 시작되었으나 전반적으로는 사냥과 어로, 채집이 주된 경제생활이었다.
① 청동기시대, ②, ④ 구석기시대

핵심정리

신석기시대의 유물

▲ 가락바퀴 　　▲ 돌도끼 　　▲ 돌보습

▲ 뼈바늘 　　▲ 돌갈판과 갈돌

14 　지방직 9급 기출

다음 유물이 만들어진 시대의 사회상으로 옳은 것은?

- 충북 청주 산성동 출토 가락바퀴
- 경남 통영 연대도 출토 치레걸이
- 인천 옹진 소야도 출토 조개 껍데기 가면
- 강원 양양 오산리 출토 사람 얼굴 조각상

① 한자의 전래로 붓이 사용되었다.
② 무덤은 일반적으로 고인돌이 사용되었다.
③ 조, 피 등을 재배하는 농경이 시작되었다.
④ 반량전, 오수전 등의 중국 화폐가 사용되었다.

해설 가락바퀴, 치레걸이, 조개 껍데기 가면, 사람 얼굴 조각상 등은 신석기 시대 유물들이다. 뼈바늘이 출토되었다는 것은 당시 사회에서 옷이나 그물을 제작하는 원시적 수공업 생산이 이루어졌음을 의미한다. 신석기 시대에 농경의 시작되어 조, 피, 수수 등의 밭농사가 중심을 이루었다.
① 창원 다호리 유적에서 붓이 출토되었는데, 이는 철기 시대 당시(BC 2세기경)의 문자(한자)사용 및 중국과의 문화적 교류를 반영하고 있다.
② 고인돌은 우리나라 전역에 분포하는 청동기 시대의 대표적인 무덤양식으로, 건립에 막대한 노동력이 필요하다는 점에서 당시 계급의 분화 및 지배층의 정치 권력·경제력을 반영하고 있다.
④ 반량전, 오수전 등의 중국 화폐는 철기 시대 중국과 활발한 교류가 있었음을 보여 준다.

15 　지방직 9급 기출

한반도 선사시대에 대한 설명으로 옳지 않은 것은?

① 구석기시대 전기에는 주먹도끼와 슴베찌르개 등이 사용되었다.
② 신석기시대 집터는 대부분 움집으로 바닥은 원형이나 모서리가 둥근 사각형이다.
③ 신석기시대 사람들은 조개류를 많이 먹었으며, 때로는 장식으로 이용하기도 하였다.
④ 청동기시대의 전형적인 유물로는 비파형동검·붉은간토기·반달돌칼·홈자귀 등이 있다.

해설 주먹도끼는 구석기시대 전기의 유물이지만, 슴베찌르개는 구석기시대 후기의 유물이다.

핵심정리

- **구석기시대 전기** : 주먹도끼, 찍개, 찌르개 등
- **구석기시대 중기** : 밀개, 긁개, 자르개, 새기개, 찌르개 등
- **구석기시대 후기** : 슴베찌르개 등

16

다음의 사실이 처음 발생했을 때의 사회 모습으로 옳은 것은?

- 태양과 물을 숭배
- 곰과 호랑이 숭배
- 조상 숭배
- 영혼 숭배
- 무당과 주술을 믿는 샤머니즘

① 주먹도끼, 찍개, 찌르개, 밀개와 같은 도구를 사용하였다.

② 빗살무늬토기를 제작하였다.

③ 반달돌칼로 이삭을 잘랐다.

④ 세형동검, 거푸집 등이 대표적 유물이다.

해설 제시문은 신석기시대의 신앙 생활에 대한 내용이다.
① 구석기시대, ③, ④ 청동기시대

핵심정리

신석기시대의 원시신앙

구분	특징
애니미즘 (Animism)	• 정령 신앙 • 자연계에 존재하는 모든 자연 현상이나 자연물에 정령(생명)이 있다고 믿는 신앙 • 농경과 정착 생활을 하게 되면서 발생 • 풍요로운 생산을 기원하는 의미가 담겨 있으며, 농사에 큰 영향을 끼치는 태양과 물에 대한 숭배가 으뜸
샤머니즘 (Shamanism)	• 무격 신앙 • 영혼·하늘을 인간과 연결시켜 주는 존재인 무당과 그 주술을 믿는 신앙
토테미즘 (Totemism)	• 동물 숭배 • 자기 부족의 기원을 특정 동·식물과 연결시켜 그것을 숭배하는 신앙 • 단군왕검(곰), 박혁거세(말), 김알지(닭), 석탈해(까치), 김수로왕(거북이) 등이 이에 해당
영혼 숭배	사람이 죽어도 영혼은 영원하다고 생각
기타	금기(Taboo), 투우, 부당, 호신부의 지참 등

17

다음에 해당하는 시대의 상황으로 옳은 것은?

- 각 씨족별로 대략 20~30명씩 무리를 이루어 생활하였다.
- 공동 노동, 공동 분배의 공동체적인 삶을 영위하였다.

① 뼈바늘로 옷을 지어 입기도 하였다.

② 잉여 생산물의 축적이 계급의 분할을 촉진하였다.

③ 주로 강을 끼고 있는 야산이나 구릉 지대에 살았다.

④ 전형적인 유물로 반달돌칼, 홈자귀 등이 있다.

해설 제시된 시대의 상황은 신석기시대이다.
① 신석기시대는 가락바퀴(방추차)나 뼈바늘(골침)로 옷이나 그물을 제작하였다(원시 수공업 형태).
② 청동기시대에는 축적된 잉여 생산물을 두고 갈등이 발생하였고, 사유재산과 빈부 차가 생기면서 계급이 분화되었다.
③ 청동기시대에 강을 끼고 있는 야산이나 구릉 지대에 집단취락이 형성되기 시작하였다.
④ 반달돌칼(추수용), 홈자귀(경작용), 바퀴날 도끼 등은 청동기시대의 주요 유물이다.

핵심정리

씨족 중심의 사회

- 신석기시대는 혈연을 바탕으로 하는 씨족을 기본 구성 단위로 하는 사회로, 씨족은 점차 다른 씨족과의 혼인(족외혼)을 통하여 부족을 이룸
- 중요한 일은 씨족회의의 만장일치에 의해 결정(화백회의에 영향), 청소년 집단훈련이 존재(화랑도에 영향)
- 연장자나 경험이 많은 자가 부족을 이끄는 평등 사회
- 집단적·공동체적 제천행사나 신앙 활동이 존재

18 국가직 9급 기출

밑줄 친 '이 시대'의 사회 모습으로 옳은 것은?

> <u>이 시대</u>의 황해도 봉산 지탑리와 평양 남경 유적에서 탄화된 좁쌀이 발견되는 것으로 보아 잡곡류 경작이 이루어졌음을 알 수 있다. 농경의 발달로 수렵과 어로가 경제생활에서 차지하는 비중이 줄어들기 시작하였지만, 여전히 식량을 얻는 중요한 수단이었다. 한편 가락바퀴나 뼈바늘을 이용하여 옷이나 그물을 만드는 등 원시적인 수공업 생산이 이루어지기 시작하였다.

① 생산물의 분배 과정에서 사유 재산 제도가 등장하였다.
② 마을 주변에 방어 및 의례 목적으로 환호(도랑)를 두르기도 하였다.
③ 흑요석의 출토 사례로 보아 원거리 교류나 교역이 있었음을 알 수 있다.
④ 집자리는 주거용 외에 창고, 작업장, 집회소, 공공 의식 장소 등도 확인되었다.

해설 탄화된 좁쌀, 가락바퀴, 뼈바늘 등을 통해 제시된 내용이 신석기 시대의 사회 모습을 나타내고 있음을 알 수 있다. 신석기인은 이전 시대와 달리 사냥이나 식량 채집 단계에서 벗어나 농경과 목축 등 생산 경제활동(식량 생산 단계)을 전개함으로써 인류의 생활이 큰 변화를 초래하였다.
③ 광주 삼리 등 구석기시대의 유적지와 동삼동 패총 등 신석기시대의 유적지에서 출토되는 흑요석은 백두산이나 일본 큐슈 지역과 같이 화산과 관련된 지역에서 발견되는 광물이다. 이를 통해 당시 원거리 교류가 있었음을 추측할 수 있다.
① 사유 재산 제도가 등장한 것은 청동기 시대의 일이다.
② 환호(도랑)는 취락을 방어하기 위해 시설로 청동기 시대부터 만들어졌다.
④ 창고, 작업장, 집회소, 공공 의식 장소 등이 만들어진 것은 청동기 시대의 일이다.

19

다음은 어느 시기의 집터 형태에 관한 설명이다. 이 당시의 농업 형태에 대한 설명으로 옳은 것은?

> 직사각형 모양의 움집은 점차 지상 가옥으로 바뀌어 갔다. 움집 중앙에 있던 화덕은 한쪽 벽으로 옮겨지고, 저장 구덩이도 따로 설치하거나 한쪽 벽면을 밖으로 돌출시켜 만들어 놓았으며, 움집을 세우는 데 주춧돌을 이용하기도 하였다.

① 조, 보리, 콩, 수수 등 밭농사가 중심이었지만, 일부 저습지에서는 벼농사가 이루어졌다.
② 철제 농기구가 등장함에 따라 농사를 짓는 데 소를 이용하기 시작하였다.
③ 5곡과 채소류를 주로 재배하였으며 가축의 뒷거름을 비료로 사용하기도 하였다.
④ 탄화된 좁쌀이 출토된 것으로 보아 잡곡류가 경작되었으나 벼농사는 아직 이루어지지 않았다.

해설 제시문은 청동기시대의 집터 형태를 설명한 것이다. 청동기시대에는 밭농사(조, 보리, 콩, 수수 등) 중심이었지만, 일부 저습지에서는 벼농사를 하기도 하였다.

┌──── **핵심정리** ────┐

청동기시대의 집터
방형, 장방형, 원형 등이 있으나 대개 장방형이다. 내부에는 대체로 화덕자리가 있고 지붕을 받치기 위한 기둥구멍이 뚫어져 있으며 출입 시설과 저장 시설을 갖추고 있다. 대구 월성동, 서변동 유적과 김천 송죽리, 경주 황성동 유적 등이 있다.

20

다음과 같은 사실들이 행해질 당시에 나타난 현상으로 옳은 것은?

> • 고인돌, 돌널무덤, 돌무지무덤 등이 축조되었다.
> • 우세한 부족이 스스로를 하늘의 자손이라고 믿는 선민 사상이 나타났다.

① 정치 권력의 독점이 이루어져 고대 왕국이 확립되었다.
② 토기의 제작이 비로소 이루어져 삶의 질이 향상되었다.
③ 계급 사회가 형성되면서 군장이 등장하였다.
④ 우경을 이용하는 벼농사가 본격적으로 이루어졌다.

해설 제시문은 청동기시대에 대한 설명이다. 청동기시대에는 평등 사회에서 계급 사회로 바뀌어 권력과 경제력을 가진 지배자인 군장이 등장하였다.

21

우리나라 청동기시대에 계급이 발생하게 된 가장 근본적인 원인은?

① 금속제 무기 사용
② 잉여 생산물 발생
③ 부족 사회 형성
④ 선민 사상 유행

해설 청동기시대에 이르러 생산력의 증가에 따라 잉여 생산물이 생기게 되자 힘이 강한 자가 개인적으로 소유하게 되었다. 생산물의 분배와 사유화 때문에 사람들 사이에 갈등이 생겨나고 빈부의 격차와 계급의 분화를 촉진하였다.

22

다음은 어느 시대와 가장 관련이 깊은가?

> • 세형동검
> • 위만
> • 온돌 및 지상가옥 출현
> • 잔무늬거울

① 신석기시대~청동기시대 전기
② 신석기시대~청동기시대 후기
③ 청동기시대 후기~초기 철기시대
④ 청동기시대 전기~초기 철기시대

해설 청동기시대에서 철기시대로 넘어가는 시기의 유물이다.

23

서울 암사동 선사유적지에 대한 설명과 관계가 없는 것은?

① 빗살무늬 토기를 사용한 주민들의 유적지이다.
② 농경 생활이 시작되었지만, 여전히 수렵 생활에 의존하였다.
③ 움집의 규모는 대략 성인 4명 정도가 살기에 적당했다.
④ 집터는 대체로 직사각형이며, 움집은 점차 지상 가옥으로 바뀌어 갔다.

해설 서울 암사동 선사유적지에서는 신석기시대의 빗살무늬 토기가 발견되었다. 집터가 직사각형이고, 지상 가옥으로 바뀐 것은 청동기시대부터이다.

24

다음 중 청동기 시대에 대한 설명으로 옳은 것은?

① 부족은 혈연을 바탕으로 한 씨족을 기본 구성 단위로 하였다.

② 움집의 구조는 장방에서 둥근 모양으로 변천되었다.

③ 청동으로 된 도끼 등의 공구가 출토되었지만 농구는 발견되지 않았다.

④ 상원 검은모루 동굴, 연천 전곡리, 공주 석장리 등이 대표적 유적지이다.

해설 청동으로 된 무기나 공구는 출토되었으나 청동으로 된 농기구는 만들어지지 않았다.

　① 신석기 시대는 혈연을 바탕으로 하는 씨족을 기본 구 성 단위로 하는 사회이며, 씨족은 다른 씨족과의 혼인을 통해 부족을 이루었다.

　② 반대로 설명되었다. 움집 구조는 원형이나 둥근 방형에서 장방형으로 변천되었다.

　④ 상원 검은모루 동굴, 연천 전곡리, 공주 석장리 등은 구석기 시대의 대표적인 유적지이다.

핵심정리

청동기시대의 유물

▲ 반달 돌칼　　　▲ 청동거울

25

우리나라 초기 철기 시대의 상황으로 옳지 않은 것은?

① 청동기 문화가 더욱 발달하여 잔무늬 거울 등이 제작되었다.

② 민무늬 토기 외에 덧띠 토기, 검은 간 토기 등이 사용되었다.

③ 원형의 송국리형 주거가 등장하였다.

④ 중국으로부터 철기와 함께 명도전, 반량전 등이 유입되었다.

해설 부여의 송국리 유적지는 청동기시대의 대표 유적지인데, 청동기시대의 주거 형태는 원형이 아니라 장방형의 움집 형태이다.

　① 철기 시대에는 거친무늬 거울은 잔무늬 거울로 형태가 변화하였다.

　② 청동기 시대부터 사용된 민무늬 토기와 검은 간 토기(흑도)는 계속 사용되었다.

　④ 철기와 함께 중국 화폐인 명도전, 반량전 등이 유입되었다.

핵심정리

청동기시대와 철기시대의 주거 생활

• 청동기시대

　– 처음에는 장방형의 움집(수혈 주거)으로 깊이가 얕았으며, 점차 지상 가옥에 근접하여 가면서 움집을 세우는 데에 주춧돌을 이용하기도 함

　– 후기의 지상 가옥은 농경 생활의 영향으로 점차 배산임수의 지역에 취락을 형성하고, 구릉이나 산간지에 집단 취락(마을)의 형태를 이룸

• 철기시대

　– 배산임수가 확대되고 지상 가옥 형태가 보편적으로 나타나기 시작했으며, 산성에 거주하기도 함

　– 농경의 발달과 인구의 증가로 정착 생활의 규모가 점차 확대되어 대규모의 취락 형태가 나타남

26

우리나라 청동기 문화에 대한 설명으로 옳지 않은 것은?

① 청동기시대에는 농경문화가 이전 시대보다 발달했으며, 이는 청동제 농기구의 보급에 따른 결과였다.

② 철기시대 이후 철제 무기와 철제 연모를 쓰게 되면서 청동기는 의례용 도구로 사용되었다.

③ 한반도 지역 청동기 문화는 기원전 10세기경부터 시작하였으며 비파형동검과 민무늬 토기가 대표적 유물이다.

④ 청동기시대의 대표적인 유적인 고인돌은 우리나라 전역에 걸쳐 분포되어 있다.

> **해설** 청동기시대에는 농경문화가 이전 시대보다 발달했지만 여전히 돌도끼나 홈자귀, 괭이, 나무로 만든 농기구를 이용하여 농사를 지었다.

27

고인돌을 많이 만들던 시대에 대한 설명으로 옳지 않은 것은?

① 대표적인 유적으로 제천 창내 유적, 서울 암사동 유적 등이 있다.

② 계급이 분화되고 지배자가 등장하였다.

③ 추수용 도구로 반달돌칼을 사용하였다.

④ 대표적인 토기는 민무늬 토기이다.

> **해설** 제천 창내 유적은 구석기시대 유적이며, 서울 암사동 유적은 신석기시대의 유적이다.
> ② 청동기시대에는 정치 권력과 경제력을 가진 지배자가 등장하였다.
> ③ 반달돌칼은 청동기시대에 주로 사용된 추수용 도구이다. 반달돌칼은 신석기시대에 처음 등장하였으나 본격적인 농경이 시작된 청동기시대에 주로 사용되었다.
> ④ 청동기시대에 대표적인 토기는 민무늬토기로 지역에 따라 모양이나 형태가 조금씩 다르다.

핵심정리

무덤과 고인돌

- **무덤양식** : 청동기시대에는 고인돌과 돌무지무덤 · 돌널무덤, 돌덧널무덤(돌곽무덤), 석곽묘 등이 주로 만들어짐
- **고인돌(지석묘)** : 고인돌은 청동기시대의 대표적인 무덤으로, 족장 등 권력계급의 무덤
  - 형태 : 우리나라 전역에 분포하며 북방식(탁자식)과 남방식(기반식, 바둑판식)이 있는데 굄돌을 세우고 그 위에 거대하고 편평한 덮개돌을 얹은 북방식이 일반적인 형태
  - 의의 : 건립에 막대한 노동력이 필요하다는 점에서 고인돌은 당시 계급의 분화 및 지배층의 정치 권력과 경제력을 잘 반영

▲ 북방식 고인돌　　　▲ 남방식 고인돌

28

(가) 시대에 대한 설명으로 옳은 것은?

(가)시대에는 농경과 정착 생활을 시작하면서 농사에 영향을 주는 자연 현상이나 태양, 물 등 자연물에도 정령이 있다고 믿는 애니미즘이 생겨났다. 또한, 하늘이나 영혼을 인간과 연결해주는 무당과 그 주술을 믿는 샤머니즘이 나타났고, 자기 부족의 기원을 특정한 동식물과 연결해 그 동식물을 숭배하는 토테미즘이 나타났다.

① 고인돌을 만들었다.
② 세형동검을 사용하였다.
③ 가락바퀴를 사용하였다.
④ 명도전, 반량전 등 중국화폐를 사용하였다.

해설 (가)에 해당하는 시기는 신석기 시대이다. 농경과 정착 생활의 시작, 원시신앙의 발생 등의 내용을 통해 이를 알 수 있다. 가락바퀴는 뼈바늘과 함께 그물이나 의복을 제작할 때 사용한 도구로, 신석기 시대부터 사용되었다.
① 고인돌은 청동기 시대의 대표적 무덤 양식이다.
② 세형동검은 초기 철기 시대의 유물이다.
④ 명도전, 반량전 등 중국 화폐는 중국과의 교류 사실을 보여주는 유물로, 철기 시대 유적지에서 발견된다.

핵심정리

구석기 시대와 신석기 시대 비교

구분	구석기 시대	신석기 시대
주거 형태	동굴, 강가의 막집, 바위 그늘	해안이나 강가에 원형·둥근 방형의 움집
경제 생활	사냥과 채집	농경과 목축의 시작, 사냥·채집·어로, 원시 수공업
사회 생활	무리·이동 생활, 평등 사회	정착 생활, 부족 사회, 평등 사회
예술 활동	사냥감의 번성을 비는 주술적 성격	토우, 안면상, 여인상, 패면(조개껍데기 가면) 등
종교 생활	주술	애니미즘, 샤머니즘, 토테미즘, 영혼 및 조상 숭배
유물	• 뗀석기 : 주먹도끼, 찍개, 슴베찌르개 • 골각기	• 간석기 • 토기 : 이른 민무늬 토기, 덧무늬 토기, 빗살무늬 토기, 변형즐문 토기

29

기원전 4세기의 사실에 대한 설명으로 옳지 않은 것은?

① 철기가 보급되어 철제 무기와 철제 연모가 만들어지면서 청동기는 의식용 도구로 변하였다.
② 이 시기에 명도전, 반량전, 오수전 등이 출토되는 것으로 보아 중국과의 교류가 활발했음을 알 수 있다.
③ 이 시기 유적에서는 청동기 때 사용되었던 세형동검, 잔무늬 거울은 발견되지 않았다.
④ 청동기시대부터 만들어진 민무늬 토기 이외에 덧띠 토기, 검은 간 토기 등도 사용되었다.

> 해설 우리나라는 기원전 4세기경에 철기가 도입되기 시작했는데, 이 시기(초기 철기시대)는 청동기 후기와 시기상 겹치며, 오랫동안 청동기와 철기가 함께 사용되었다. 따라서 청동기시대부터 사용된 민무늬 토기와 검은 간 토기는 계속 사용되었으며 청동기시대의 비파형동검과 거친무늬 거울은 각각 세형동검과 잔무늬 거울로 변화 · 발전하였다.

핵심정리

철기시대의 유물

▲ 거푸집 　　　▲ 민무늬 토기

▲ 잔무늬 거울 　　　▲ 세형 동검

30

철기가 보급됨에 따라 나타나는 현상으로 옳지 않은 것은?

① 철제 무기와 농기구 사용으로 청동기는 자취를 감추었다.
② 각지에 보다 강력한 정치 조직체인 국가가 성립되었다.
③ 생산력이 증가되어 지배자의 부의 축적이 확대되었다.
④ 부족들 간의 교역이 활발해짐에 따라 문화가 융합되었다.

> 해설 철제 농기구의 사용으로 농업이 발달하여 경제 기반이 확대되었고, 철제 무기와 철제 연모를 씀에 따라 그때까지 사용해 오던 청동기는 의식용 도구로 변하였다.

핵심정리

철기 문화의 성립

• 성립 시기
　– 기원전 5 ~ 4세기경부터 중국 스키타이 계통의 철기가 전래됨
　– 초기 철기시대는 청동기 후기와 시기상 겹치며, 오랫동안 청동기와 철기가 함께 사용됨
• 특징
　– 철제 농기구의 보급 · 사용으로 농업이 발달하고 경제 기반이 확대됨
　– 철제를 무기와 연모 등에 보편적으로 사용하게 되면서 청동기는 의식용 도구가 됨
　– 철기 도입으로 청동기 문화도 더욱 발달하여 한반도 안에서 독자적인 발전을 이룸

31

다음의 내용이 설명하는 시대 상황과 관련이 있는 것은?

> • 어떤 사람이 주택을 건설하려고 집터를 공사했는데 큰 돌이 나와서 더 깊이 파보았더니 4개의 판석 형태의 굄돌이 세워져 있었다.
> • 우리나라의 남부 지방에서 고운 흙으로 만든 붉은색의 간 토기가 발견되었다.

① 반달돌칼
② 가락바퀴
③ 용도가 뚜렷한 뗀석기
④ 둥근 움집

해설 제시문은 청동기시대의 북방식(탁자식) 고인돌과 붉은 간 토기에 대한 내용이다. 반달돌칼은 청동기시대에 이삭을 자르는 용도(추수용)로 사용되었던 농기구이다.
② 가락바퀴(방추차)는 신석기시대에 실을 뽑을 때 사용된 도구이다. 신석기시대에는 가락바퀴나 뼈바늘로 옷이나 그물을 제작하였는데, 이는 당시 원시 수공업의 형태가 존재했음을 보여준다.
③ 뗀석기는 구석기시대의 도구이다.
④ 움집은 신석기시대의 대표적 주거 형태인데, 움집의 바닥은 원형이나 둥근 방형이며, 4~5명 정도의 한 가족이 살기에 알맞은 크기를 갖추었다. 움집의 중앙에는 취사와 난방을 위해 화덕을 두었다.

32

청동기와 철기시대의 생활에 대한 설명으로 옳지 않은 것은?

① 집터의 형태는 대체로 직사각형이며 움집은 점차 지상 가옥으로 바뀌어 갔다.
② 농경의 발달과 인구의 증가로 정착 생활의 규모가 확대되어 취락형태를 이루고 있었다.
③ 이 시기 사람들은 돌로 만든 농기구 외에 청동으로 만든 농기구로 땅을 개간하여 농경을 더욱 발전시켰다.
④ 청동이나 철로 된 금속제 무기의 사용으로 정복활동이 활발해졌고, 지배와 피지배의 분화는 촉진되었다.

해설 청동제 농기구는 사용되지 않았다. 신석기시대에는 석기나 목기가 사용되었고, 철기가 보급되어 주로 사용된 후에는 기존의 석기나 목기 외에 철제 농기구가 사용되었다.

핵심정리

농기구의 개선 및 발달
• 이전 시대부터 사용되던 석기 농기구가 다양해지고 기능도 개선되었으며, 철제 농기구가 새로 도입되어 농업이 전보다 발달하고 생산 경제가 크게 향상됨
• 청동기시대에는 농기구로 돌도끼나 반달돌칼, 홈자귀, 나무로 만든 농기구 등을 주로 사용하였고, 철기시대에 접어들면서 기존의 석기나 목기 외에도 점차 낫 · 쟁기 등의 철제 농기구가 보급됨

제2장 국가의 형성과 발달

● 대표유형문제 ●

다음은 어느 나라에 대한 기록이다. (가)에 들어갈 내용으로 옳은 것을 모두 고른 것은?

모든 대가들은 스스로 사자, 조의, 선인을 두었는데, 이들의 명단을 반드시 왕에게 보고해야 한다. 대가의 사자, 조의, 선인은 마치 중국의 경(卿)이나 대부(大夫)의 가신과 같은 것으로, 회합할 때에 좌석의 순서상 왕의 사자, 조의, 선인과 같은 줄에 앉지 못한다. _____(가)_____

– 〈삼국지〉, 위서 동이전

ㄱ 10월에 동맹이라는 제천행사를 치렀다.
ㄴ 왕 아래에 가축의 이름을 딴 관리들이 있었다.
ㄷ 제가회의에서 범죄자를 처벌하였고, 서옥제가 있었다.
ㄹ 단궁, 과하마, 반어피 등이 유명하고, 책화라는 제도가 있었다.

① ㄱ, ㄴ
❷ ㄱ, ㄷ
③ ㄴ, ㄷ
④ ㄷ, ㄹ

정답해설 제시문은 고구려에 대한 설명이다. 고구려는 부여와 마찬가지로 왕 아래에 상가, 고추가 등의 대가들이 있었으며, 이들은 각기 사자, 조의, 선인 등 관리를 거느리고 독립된 세력을 유지하였다. 그리고 중대한 범죄자가 있으면 제가회의에 의해 사형에 처하고, 그 가족을 노비로 삼았다. 또한, 고구려에는 서옥제의 풍속이 있었고 건국 시조인 주몽과 그 어머니 유화부인을 조상신으로 섬겨 제사를 지냈으며, 10월에는 추수 감사제인 동맹이라는 제천행사를 성대하게 지냈다.

오답해설 ㄴ 왕 아래 가축의 이름을 딴 마가, 우가, 저가, 구가와 대사자·사자 등의 관리가 있었던 나라는 부여이다.
ㄹ 책화는 각 부족의 영역을 함부로 침범하지 못하게 하는 제도로서, 동예의 풍습이다.

핵심정리 국가의 형성
농경의 발달로 잉여 생산물이 생기고 청동기가 사용되면서 사유재산 제도와 계급이 발생하였다. 그 결과 부와 권력을 가진 족장(군장)이 출현하였다. 족장은 세력을 키워 주변 지역을 아우르고 마침내 국가를 이룩하였다. 이 시기 성립된 우리나라 최초의 국가가 고조선이었다. 이후 기원전 5세기경부터 철기가 보급되었고, 만주와 한반도 각지에는 부여, 고구려, 옥저, 동예, 삼한 등의 여러 나라가 성립되었다. 이 나라들은 철기를 사용하여 농업을 발전시키고 독특한 사회 풍습을 가지고 있었다. 이들 가운데 일부는 다른 나라에 통합되었고, 일부는 연맹 왕국으로 발전하여 중앙집권국가를 형성할 수 있는 기반을 마련하였다.

▲ 초기 국가의 위치

01

고조선의 영역(세력 범위)을 알아보기에 적합한 것은?

① 미송리식 토기
② 세형동검
③ 바둑판식 고인돌
④ 돌무지덧널무덤

해설 고조선의 세력 범위는 미송리식 토기, 비파형동검과 고인돌(북방식)의 출토 분포로 알 수 있다. 미송리식 토기는 평북 의주 미송리 동굴에서 처음 나타났으며 주로 청천강 이북, 길림, 요령 일대에 분포한다.

핵심정리

고조선의 세력 범위 관련 유물

· **비파형동검** : 비파형으로 생긴 칼날과 손잡이가 따로 주조된 조립식 검이다.

· **미송리식 토기** : 바닥이 평평하여 세워 둘 수 있으며, 토기의 표면에 집선무늬가 있고, 양쪽에 손잡이가 달렸다.

· **고인돌** : 고인돌 중에서도 탁자식 고인돌이 고조선의 영역과 관련이 깊다. 탁자식 고인돌은 굄돌의 다리가 길고, 뚜껑돌이 평평하며 묘실이 지상으로 나와 있다.

▲ 고조선의 세력 범위

02

㉠ 국가에 대한 설명으로 옳은 것은?

> (㉠)에서는 백성들에게 금하는 법 8조가 있었다. 그것은 대개 사람을 죽인 자는 즉시 죽이고, 남에게 상처를 입히는 자는 곡식으로 갚는다. 도둑질을 한 자는 노비로 삼는다. 용서받고자 하는 자는 한 사람마다 50만 전을 내야 한다. 비록 용서를 받아 보통 백성이 되어도 사람들이 이를 부끄럽게 여겨 혼인을 하고자 해도 짝을 구할 수 없다.

① 옥저와 동예를 정복하였다.
② 족외혼과 책화의 풍습이 있었다.
③ 별도의 행정구역인 사출도가 있었다.
④ 중국의 한과 대립할 정도로 성장하였다.

해설 제시된 자료는 고조선의 8조법이므로 ㉠ 국가는 고조선이다. 8조법은 고조선 사회의 기본 규율을 정한 법으로, 만민법·공동법적 성격을 갖고 있었다. 현재는 3개 조목만이 반고의 『한서지리지』에 전한다. 이를 통해 고조선이 생명과 노동력을 중시하고 사유 재산을 보호하였음을 알 수 있다. 위만 왕조에 접어들면서 철기가 본격적으로 수용되자 군사력이 증강되어 활발한 정복 전쟁이 이루어졌으며, 농업 생산력도 증가하여 수공업·상업·무역이 발달하였다. 성장한 위만 왕조는 한과 예·진이 직접적으로 무역하는 것을 막고 중계무역을 실시하여 많은 이익을 얻는 한편 이에 불만을 품은 한과 대립하였다.

03

다음 '한서의 8조법'에 나타난 고조선 사회에 대한 설명으로 옳지 않은 것은?

> • 살인자는 사형에 처한다.
> • 남에게 상해를 입힌 자는 곡식으로 배상한다.
> • 도둑질한 자는 노비로 삼으며, 용서받고자 할 때는 50만 냥을 내야 한다.

① 제정 분리　　　② 생명 존중
③ 사유재산제　　④ 농경 사회

해설 단군은 제사장, 왕검은 정치적 지배자를 뜻하는 말로, 고조선은 제정일치 사회였다.

04

고조선에 대한 다음 설명 중 옳지 않은 것은?

① 〈삼국유사〉의 기록에 따르면 단군왕검이 고조선을 건국하였다.
② 고조선은 한반도 중심으로 성장하여 점차 세력을 확대하면서 요령 지방까지 발전하였다.
③ 고조선은 기원전 3세기경 왕을 칭할 정도의 국가체제를 갖추었다.
④ 위만조선은 발전된 철기 문화를 적극 수용하여 경제적 기반을 확대하였고, 그 토대 위에서 중앙정치조직을 갖춘 강력한 국가로 성장해 갔다.

해설 고조선은 요령지방을 중심으로 성장하여 점차 인접한 족장 사회들을 통합하면서 한반도까지 발전하였다.
① 우리나라의 〈삼국유사〉와 〈동국통감〉, 중국의 〈관자〉(최초의 기록), 〈산해경〉, 〈사기〉 등이 있다. 〈삼국유사〉와 〈동국통감〉에서는, 고조선은 단군왕검이 기원전 2333년 건국하였다고 기록하고 있다.
③ 고조선은 기원전 3세기경 부왕, 준왕 같은 강력한 왕이 등장하면서 왕위세습제가 마련되었고, 그 밑에 상·대부·대신·장군 등의 중앙관직을 두고 박사·도위 등의 지방관을 파견하였다
④ 위만조선은 발전된 철기 문화를 본격적으로 수용하면서 농업과 무기 생산을 중심으로 한 수공업, 상업, 무역이 발달했으며 이러한 사회·경제적 발전을 기반으로 하여 중앙정치조직을 갖춘 강력한 국가로 성장해 갔다.

핵심정리

위만 왕조의 고조선(위만조선)
• **유이민의 이주와 위만의 집권**
　– 기원전 3세기 말 전국시대의 혼란으로 유이민들이 고조선으로 이주하였고 진·한 교체기를 거치며 다시 대규모 이주가 있었는데, 위만은 이때 1,000여 명의 무리를 이끌고 이주
　– 위만은 유이민 세력을 규합하여 세력을 확대하고, 고조선과 한(漢) 사이의 긴장관계를 이용해 준왕을 몰아내고 스스로 왕이 됨(B.C. 194년)
• **위만조선의 성격** : 고조선의 토착세력과 유민, 유이민 세력이 규합하여 성립한 연맹국가
• **위만이 조선인이라는 근거**
　– 위만이 상투를 틀고 조선인의 옷을 입고 있었다는 점(사마천의 〈사기〉에 기록)
　– 고조선의 준왕이 위만을 신임하여 서쪽 변경 수비를 맡긴 점
　– 나라 이름을 그대로 조선이라 하였고, 토착민 출신으로 높은 지위에 오른 자가 많았음
• **정치조직의 정비**
　– 통치체제 : 왕 아래 비왕과 상(相)이라는 독립적 군장과 경·대신·장군 등의 관료체계를 갖춤
　– 군사체제 : 기병과 보병 형태를 갖춘 상비군체제를 갖추고 한(漢)에 대항
　– 중앙 및 지방 지배체제 : 중앙정부는 국왕을 중심으로 직접 통치를 하였으나, 지방의 경우 독자적 권력을 가진 군장에 의해 간접적으로 지배

05 서울시 9급 기출

다음 보기 중 같은 나라에 대한 설명으로 묶인 것은?

> ㉠ 간음한 자와 투기가 심한 부인을 사형에 처하는 엄격한 법이 있었다.
> ㉡ 다른 부족의 경계를 침범할 경우에는 가축이나 노비로 변상해야 하는 풍습이 있었다.
> ㉢ 전쟁이 일어났을 때 소를 죽여 그 굽으로 점을 치는 풍습이 있었다.
> ㉣ 남자가 일정 기간 처가에서 살다가 본가로 돌아가는 풍속이 있었다.
> ㉤ 가족이 죽으면 가매장을 하였다가 뼈만 추려서 목곽에 넣는 풍습이 있었다.

① ㉠, ㉡   ② ㉠, ㉢
③ ㉡, ㉣   ④ ㉣, ㉤

해설 ㉠, ㉢은 부여의 4대금법과 우제점법에 해당한다. 4대금법에서는 살인, 절도, 간음, 질투를 규정하고 있다.
㉡ 각 부족의 영역을 엄격히 구분하여, 다른 부족의 생활권을 침범하면 노비나 소와 말로 변상하도록 하는 책화는 동예의 풍습이다. 이를 통해 지역구분의 엄격함, 사유재산 중시, 법률의 발달 등을 엿볼 수 있다.
㉣ 서옥제는 고구려의 풍습으로, 데릴사위제라고도 한다. 남녀가 혼인을 정한 뒤, 신랑이 신부집의 뒤꼍에 작은 집(서옥)을 짓고 거기서 자식을 낳아 기르다가, 자식이 장성하면 가족이 함께 신랑 집으로 돌아가는 제도이다.
㉤ 가족의 시체를 가매장했다가 나중에 그 뼈만 추려서 커다란 목곽에 안치하는 세골장제(두벌묻기)는 옥저의 풍습이다. 옥저에서는 가족 공동묘인 이 목곽 입구에 죽은 자의 양식으로 쌀을 담은 항아리를 매달아 놓기도 하였다.

06

만주와 한반도 지역에 철기 문화를 기반으로 건국한 여러 나라 중 부여에 대한 설명으로 옳지 않은 것은?

① 이미 1세기 초에 왕호를 사용하였다.
② 왕이 죽으면 순장을 하는 풍습이 있었다.
③ 만주 송화강 유역의 평야 지대를 중심으로 성장하였다.
④ 살인자와 그 가족 모두 사형에 처했다.

해설 살인을 하면 사형에 처했는데 그 가족은 노비로 삼는 연좌제가 있었다.
① 부여는 이미 1세기 초(49)에 중국식 왕호를 사용하는 등 발전된 국가의 모습을 보였다.
② 왕이 죽으면 많은 사람(노비)들을 함께 묻는 순장의 풍습이 존재했다.
③ 1세기 경 만주의 송화강(쑹화강) 유역 평야 지대를 중심으로 본격적으로 성장했다.

┌─── **핵심정리** ───┐

부여의 4대금법
- **살인죄** : 살인자는 사형에 처하고 그 가족은 노비로 삼음(연좌제 적용)
- **절도죄** : 남의 물건을 훔쳤을 때에는 물건 값의 12배를 배상(1책 12법)
- **간음죄** : 간음한 자는 사형에 처함
- **투기죄** : 부녀가 투기하면 사형에 처하되 그 시체를 수도 남쪽 산에 버려 썩게 하며, 시체를 가져가려면 소·말을 바쳐야 함(투기죄도 사형에 처하고, 매장하지 못하게 함)

07

옥저에 대한 설명으로 옳지 않은 것은?

① 어물과 소금 등 해산물이 풍부하였다.

② 민며느리제의 풍습이 있었다.

③ 벼슬로는 상가, 고추가, 대로, 패자 등이 있었다.

④ 가족이 죽으면 시체를 가매장하였다가 나중에 그 뼈를 추려서 가족 공동무덤인 목곽에 안치하였다.

해설 '상가, 고추가, 대로, 패자'는 고구려의 벼슬이다.

핵심정리

옥저

• 성립 지역 : 함흥 평야 일대에 위치
• 발달 모습

정치	• 왕이 없고 각 읍락에는 읍군·삼로라는 군장이 있어서 자기 부족을 통치하였으나, 큰 정치 세력을 형성하지는 못함 • 옥저현후 세력이 가장 강대하였으나, 고구려의 압박과 변방에 위치한 탓에 연맹 왕국으로 발전하지 못하고 고구려에 흡수됨
경제	• 소금과 어물 등 해산물이 풍부하였으며, 이를 고구려에 공납으로 바침 • 토지가 비옥하여 농사가 잘되어 오곡이 풍부
풍속	• 고구려와 같은 부여족 계통으로, 주거·의복·예절 등에 있어 고구려와 유사(혼인풍속 등에서는 차이도 존재) • 매매혼의 일종인 민며느리제(예부제)가 존재 • 가족의 시체를 가매장하였다가 나중에 그 뼈를 추려 가족 공동묘인 커다란 목곽에 안치(세골장제, 두벌 묻기) • 가족 공동묘와 목곽 입구에는 죽은 자의 양식으로 쌀을 담은 항아리를 매달아 놓기도 함

08

다음 괄호 안에 공통으로 들어갈 나라에 대한 설명으로 옳은 것은?

• 고구려, 백제는 (　　　　) 계통이다.
• (　　　　)는 이미 1세기 초에 왕호를 사용하였고, 중국과 외교 관계를 맺는 등 발전된 국가의 모습을 보였다.

① 무천이라는 제천행사를 매년 10월에 열었다.

② 소도가 있어, 이곳에서 천군은 농경과 종교에 대한 의례를 주관하였다.

③ 책화라 하여 각 부족의 영역을 함부로 침범하지 못하게 하였다.

④ 농경과 목축이 주산업이었으며 말, 주옥, 모피 등이 유명하였다.

해설 제시문은 부여에 대한 설명으로, 부여는 비록 연맹 왕국의 단계에서 멸망하였지만 고구려나 백제의 건국 세력이 부여의 한 계통임을 자처하는 등 역사적 의미가 매우 크다.
①, ③ 동예의 풍속, ② 삼한의 풍속

09

국가와 그 나라의 풍습이 바르게 짝지어지지 않은 것은?

① 고구려 – 동맹　　　② 부여 – 영고
③ 삼한 – 무천　　　④ 동예 – 책화

해설 무천은 동예의 제천행사이다. 삼한은 해마다 씨를 뿌리고 난 뒤인 5월 수릿날과 가을 곡식을 거두어들이는 10월에 계절제를 열어 하늘에 제사를 지냈다.

10

다음에서 설명하고 있는 국가의 특징에 해당하는 것은?

> 북으로는 고구려, 옥저(沃沮)와 접하고, 남으로는 진한(辰韓)에 이어지며, 서로는 낙랑군과 접하였다고 전해진다. 해마다 10월에는 공동으로 하늘에 제사를 지냈고, 밤낮으로 마시고 춤과 노래를 즐겼다. 이 축제를 '무천'이라 하였다.

① 사람을 죽인 자는 즉시 죽이고, 남에게 상처를 입힌 자는 곡식으로 갚으며, 도둑질을 한 자는 노비로 삼되, 용서받고자 하는 자는 한 사람마다 50만 전을 내게 했다.
② 중앙에는 왕 아래에 가축의 이름을 딴 마가, 우가, 저가, 구가 등의 관리가 있어서 각기 읍락들을 통솔했다.
③ 정치적 지배자 외에 제사장인 천군이 존재하였고, 천군이 농경과 종교의 의례를 주관하는 소도가 있었는데, 죄인이 이곳으로 도망하면 잡아 가지 못했다.
④ 산천을 중시하여 남의 부족의 영역을 함부로 침범하지 못하게 하였는데, 만약 다른 부족의 영역을 침범하면 책화라 하여 소나 말, 노비로 변상하게 했다.

해설 제시된 내용은 초기 국가인 동예의 위치와 제천 행사인 무천에 대한 설명이다. 동예는 산천 등 각 부족의 영역을 엄격히 구분하여, 다른 부족이 이를 침범하면 노비와 소·말로 변상하게 하는 책화(責禍)가 존재하였다.
① 사람을 죽인 자는 사형에 처하고(相殺以當時償殺), 상해를 입힌 자는 곡식으로 배상하며(相傷以穀償), 도둑질한 자는 그 주인의 노비로 삼되 자속하려면 1인당 50만 전을 내야한다(相盜者男沒入爲其家奴 女子爲婢)는 것은 모두 고조선의 8조법에 해당한다. 이러한 8조법은 반고(班固)의 「한서지리지」에 전하는데, 고조선 사회 전체에 해당되는 만민법이자 보복법의 성격을 지니고 있다.
② 부여는 왕 아래에 가축의 이름을 딴 마가(馬加)·우가(牛加)·저가(猪加)·구가(狗加) 등의 4가(加)를 두며, 4가는 각기 행정 구획인 사출도(四出道)를 다스리고 있어, 왕이 직접 통치하는 중앙과 합쳐 5부를 구성하였다.
③ 삼한에는 정치적 지배자의 권력·지배력이 강화되면서 이와 분리하여 제사장인 천군(天君)이 따로 존재하는 제정분리의 모습을 나타냈다. 별읍의 신성지역인 소도(蘇塗)는 천군이 의례를 주관하고 제사를 지내는 곳으로 군장의 세력이 미치지 못하며, 죄인이 이곳으로 도망을 하여도 잡아가지 못하였다.

11

다음 설명 중 옳은 것은?

① 비파형 동검, 미송리식 토기는 고구려의 특징적인 유물이다.

② 결혼 풍습으로 고구려의 서옥제와 옥저의 민며느리제가 있었다.

③ 고조선은 기원전 10세기경 철기 문화를 기반으로 성립되었다.

④ 삼한은 청동기 문화를 바탕으로 농업이 발달하였다.

해설 고구려는 처가에 머무르며 봉사하는 봉사혼의 일종인 서옥제가 존재하였고, 옥저는 매매혼의 일종인 민며느리제가 있었다.

　① 비파형동검과 미송리식 토기는 고인돌, 거친무늬 거울과 함께 고조선의 특징적인 유물이다.

　③ 고조선은 기원전 2333년에 청동기 문화를 기반으로 성립되었다.

　④ 삼한은 철제 농기구의 사용으로 농경이 발달하였고 벼농사를 지었다.

핵심정리

결혼제도

고구려의 서옥제는 남자가 여자의 노동력을 가져오기 위해 일정 기간 여자 집에 머물며 자신의 노동력을 여자 집에 제공하는 것이다. 또한 옥저의 민며느리제는 여자가 제대로 된 노동력을 제공할 정도의 나이가 될 때까지 남자 집에서 먹여 주고, 재워 주어 양육 비용을 대신 맡아 주는 것인데 이로써 여자 집의 손실을 대신하는 것이다. 이를 통해 그 시기에는 노동력이 상당히 중요한 요소였음을 알 수 있으며, 여자 집의 노동력 소실을 보상해 주기 위한 노력이 결혼제도에 스며들었던 것으로 볼 수 있다.

12

다음 자료를 통해 알 수 있는 고조선과 부여의 공통점을 모두 고르면?

〈고조선〉
• 사람을 죽인 자는 사형에 처한다.
• 사람을 상해한 자는 곡물로써 배상한다.
• 남의 물건을 훔친 자는 노비로 삼되 자속하려는 자는 돈 50만을 내야 한다.
• 부인들은 정신하여 음란하지 않았다.

〈부여〉
• 살인자는 사형에 처하고 그 가족은 노비로 삼는다.
• 절도자는 물건 값의 12배를 배상한다.
• 간음자는 사형에 처한다.
• 투기가 심한 부인은 사형에 처하되 그 시체를 산 위에 버려 썩게 한다. 단, 그 여자의 집에서 시체를 가져가려면 소와 말을 바쳐야 한다.

ⓐ 사유재산, 노동력 중시
ⓑ 계급 사회
ⓒ 가부장제 사회
ⓓ 제정분리 사회

① ㉠, ㉡

② ㉠, ㉣

③ ㉠, ㉢, ㉣

④ ㉠, ㉡, ㉢

해설 고조선과 부여에서는 사유재산과 노동력을 중시하였고, 농업 중심의 계급 사회였으며, 가부장적 사회였음을 알 수 있다.

13 지방직 9급 기출

다음에 해당하는 나라에 대한 설명으로 옳은 것은?

> • 은력(殷曆) 정월에 지내는 제천행사는 나라에서 여는 대회로 날마다 먹고 마시고 노래하고 춤추는데, 이를 영고라 하였다. 이때 형옥을 중단하고 죄수를 풀어주었다.
> • 국내에 있을 때의 의복은 흰색을 숭상하며, 흰 베로 만든 큰 소매 달린 도포와 바지를 입고 가죽신을 신는다. 외국에 나갈 때는 비단옷·수 놓은 옷·모직옷을 즐겨입는다.
>
> — 『삼국지』 위서 동이전 —

① 사람이 죽으면 뼈만 추려 가족 공동 무덤인 목곽에 안치하였다.

② 읍군이나 삼로라고 불린 군장이 자기 영역을 다스렸다.

③ 가축 이름을 딴 마가, 우가, 저가, 구가 등이 있었다.

④ 천신을 섬기는 제사장인 천군이 있었다.

해설 영고라는 제천행사와 의복은 흰색을 숭상하는 것으로 보아 부여와 관련된 사료라는 것을 알 수 있다. 왕 아래에 가축의 이름을 딴 마가(馬加)·우가(牛加)·저가(豬加)·구가(狗加)와 대사자·사자 등의 관리를 두었다. 4가(加)는 각기 행정 구획인 사출도(四出道)를 다스리고 있어서, 왕이 직접 통치하는 중앙과 합쳐 5부를 구성하였다.

① 옥저는 가족의 시체를 가매장하였다가 나중에 그 뼈를 추려 가족 공동묘인 커다란 목곽에 안치하는 풍속이 있었다.

② 동예와 옥저의 군장인 읍군, 삼로는 자기 부족을 통치하였다.

④ 삼한은 정치적 지배자의 권력·지배력이 강화되면서, 이와 분리하여 제사장인 천군(天君)이 따로 존재하였다.

핵심정리

부여의 풍속
- **백의를 숭상** : 흰 옷을 입는 풍속(백의민족의 유래)
- **형사취수제(兄死娶嫂制)** : 부여·고구려에서 존재한 풍습으로 노동력 확보를 목적으로 한 근친혼제
- **순장·후장** : 왕이 죽으면 사람들을 함께 묻는 순장과, 껴묻거리를 함께 묻는 후장의 풍습이 존재하였는데 그 대상은 평민이 아닌 노비였으며, 부여·고구려·신라·가야·삼한 등에서 행해짐
- **우제점복** : 점성술이 발달. 소를 죽여 그 굽으로 길흉을 점치는 우제점법이 존재하였으며 전쟁이 일어났을 때 제천의식을 행하고 우제점법을 시행하였다. 부여·고구려·삼한 등에 존재하던 풍습
- **영고(迎鼓)** : 수렵사회의 전통을 보여주는 제천행사로, 매년 음력 12월에 개최하였다. 하늘에 제사를 지내고 노래와 춤을 즐기며 죄수를 풀어주기도 함

14

다음과 같은 신성지역이 있었던 고대 국가는?

> 천군이 주관하는 소도는 군장의 세력이 미치지 못하는 곳으로, 죄인이 도망을 하여 이곳에 숨으면 잡아가지 못하였다.

① 고구려　　　② 옥저
③ 삼한　　　　④ 부여

해설 삼한에는 정치적 지배자 외에 제사장인 천군이 있었고 신성지역으로 소도가 있었는데, 이곳에서 천군은 농경과 종교에 대한 의례를 주관하였다. 이런 제사장의 존재에서 고대 신앙의 변화와 제정의 분리를 엿볼 수 있다.

핵심정리

삼한의 제정분리
- 정치적 지배자의 권력 · 지배력이 강화되면서, 이와 분리하여 제사장인 천군(天君)이 따로 존재(고조선이나 부여 등의 제정일치 사회보다 진화)
- 국읍의 천군은 천신 제사를, 별읍의 천군은 농경과 종교적 의례를 주관
- 별읍의 신성지역인 소도(蘇塗)는 천군이 의례를 주관하고 제사를 지내는 곳으로 제정분리에 따라 군장(법률)의 세력이 미치지 못하며 죄인이 이곳으로 도망을 하여도 잡아가지 못함(솟대를 세워 신성지역을 표시)

15

동예에 대한 설명으로 옳은 것은?

① 족외혼을 엄격히 지켰다.
② 동천왕이 관구검을 피해 이곳으로 도망했다.
③ 고구려에 미인을 바쳤으며, 이들을 노복처럼 부렸다.
④ 제가회의에서 국가의 중대사를 결정했다.

해설 동예는 같은 씨족 · 종족 · 계급 안에서의 혼인을 금하고 다른 집단에서 배우자를 구하는 엄격한 족외혼의 풍습을 지켰다.

핵심정리

동예
- **성립 지역** : 강원도 북부의 동해안(영흥, 덕원, 안변 지방)에 위치
- **발달 모습**

정치	• 왕이 없고, 후 · 읍군 · 삼로 등의 군장이 하호를 통치 • 불내예후국이 중심 세력이었으나, 연맹체를 형성하지 못하고 고구려에 병합됨
경제	• 토지가 비옥하고 해산물이 풍부하여 농경 · 어로 등 경제 생활이 윤택 • 명주와 베를 짜는 등 방직 기술이 발달 • 특산물로 단궁(檀弓), 나무 활), 과하마(果下馬, 키 작은 말), 반어피(班魚皮, 바다 표범의 가죽)가 유명
풍속	• 엄격한 족외혼으로 동성불혼 유지(씨족 사회의 유습) • 각 부족의 영역을 엄격히 구분하여 다른 부족의 생활권을 침범하면 노비와 소 · 말로 변상하게 하는 책화(責禍)가 존재(씨족 사회의 유습) • 별자리를 관찰하여 농사의 풍흉을 예측 • 10월에 무천(舞天)이라는 제천행사 • 농경과 수렵의 수호신을 숭배하여 제사를 지내는 풍습이 존재

16

다음 제시문에 해당하는 것과 관련 있는 내용은?

> 구릉과 넓은 못이 많아서 동이 지역 가운데서 가장 넓고 평탄한 곳이다. 토질은 오곡을 가꾸기에는 알맞지만 과일은 생산되지 않았다. 사람들 체격이 매우 크고 성품이 강직 용맹하며 근엄하고 후덕하여 다른 나라를 노략질하지 않았다.

① 소굽으로 점을 보았다.
② 삼로, 읍군 등이 존재하였다.
③ 가족공동묘를 시행하였다.
④ 단궁, 과하마, 반어피 등을 생산하였다.

해설 제시문은 부여에 대한 설명으로, 부여는 전쟁이 일어났을 때 제천의식을 행하고 소를 죽여 그 굽으로 길흉을 점치기도 하였다.
② 옥저와 동예, ③ 옥저, ④ 동예

17

초기 고구려에 대한 설명으로 옳은 것은?

① 압록강 중류의 국내성에서 졸본 지방으로 옮겨 발전하였다.
② 행정구획인 사출도가 있었다.
③ 민며느리제의 풍습이 있었다.
④ 옥저를 정복하고 낙랑에 대해서도 압력을 가하였다.

해설 고구려는 활발한 정복 전쟁으로 한의 군현을 공략하여 요동 지방으로 진출하였고, 동쪽으로는 부전 고원을 넘어 옥저를 정복하였다.
① 졸본 지방에 자리를 잡았다가 국내성으로 옮겨 발전하였다.
② 사출도는 부여의 행정구역이다.
③ 고구려는 서옥제의 풍속이 있었다.

18

초기 여러 국가들에 대한 설명으로 옳지 않은 것은?

① 고구려 – 각 부족장들도 사자, 조의, 선인 등을 거느렸다.
② 옥저 – 소금, 어물 등의 해산물을 고구려에 공납으로 바쳤다.
③ 동예 – 다른 씨족의 생활권을 침범하지 못하게 하였다.
④ 부여 – 초기 국가의 단계를 거쳐 고대 국가 단계로까지 발전하였다.

해설 부여는 연맹 왕국 단계에서 멸망하였다.

핵심정리

부여의 쇠퇴
• 대외관계에 있어 북쪽으로는 선비족(鮮卑族), 남쪽으로는 고구려와 대립하고 후한과 친교를 맺어 긴밀한 관계 유지
• 3세기 말(285) 선비족의 침략으로 쇠퇴하기 시작하였고, 346년 선비족의 침략으로 수많은 부여인이 포로로 잡혀가는 등 어려움을 겪음
• 이후 고구려의 보호하에 있다가 결국 고구려(문자왕, 494)에 항복

19

다음과 관련 있는 나라에 대한 설명으로 옳은 것은?

> • 큰 산과 깊은 골짜기가 많아 평원과 연못이 없어서 계곡을 따라 살며 골짜기 물을 식수로 마셨다.
> • 좋은 밭이 없어서 힘들여 일구어도 배를 채우기는 부족하였다.
> • 사람들의 성품은 흉악하고 급해서 노략질하기를 좋아하였다.

① 요령을 중심으로 시작해서 한반도로 발전해 나갔다.
② 특산물로 단궁, 과하마, 반어피를 생산하였다.
③ 마가, 우가, 저가, 구가와 대사자, 사자 등의 관리가 있었다.
④ 10월에 동맹이라는 제천행사를 성대하게 행했다.

해설 제시문은 초기 고구려에 대한 설명이다.
① 고조선, ② 동예, ③ 부여

핵심정리

고구려의 풍속
• 장례 풍속
 – 결혼 후 수의 장만, 부모나 남편의 상은 3년으로 함
 – 후장제가 유행하여 부장품을 함께 묻어 주었고, 장례 시 북을 치고 노래를 부르며 송별의식을 행함
• 제천행사 등
 – 10월에 동맹(東盟)을 국동대혈에서 성대하게 거행
 – 건국 시조인 주몽(국조신)과 그의 어머니 유화부인(지신·수신)을 조상신으로 섬겨 제사를 지냄

20

삼한에 대한 설명으로 옳은 것은?

① 철이 많이 생산되어 낙랑과 왜 등에 수출하였다.
② 제정일치 사회였다.
③ 12월에 영고라는 제천 행사를 열었다.
④ 책화라는 풍속이 있었다.

해설 마산 성산동과 진해의 야철지 등에서 철(鐵)이 많이 생산되어 낙랑·왜 등에 수출하였다.
② 천군이 주관하는 소도는 군장의 세력이 미치지 못하였다는 점에서, 제정분리의 사회임을 알 수 있다.
③ 부여의 제천 행사는 영고이며 수렵 사회의 전통을 보여 준다.
④ 동예에는 책화라는 풍속이 있었다.

핵심정리

삼한의 성립 및 발전
• 성립
 – B.C. 4세기 무렵 고조선 남쪽 지역에서는 경기·충청·전라 서해안 지방을 중심으로 진(辰)이 성장
 – B.C. 2세기 무렵 고조선 사회의 변동으로 인해 유이민이 대거 남하함에 따라 새로운 문화(철기 문화)가 토착 문화와 융합되면서 진은 마한·변한·진한 등의 연맹체로 분화·발전
• 발전
 – 마한 : 삼한 중 세력이 가장 컸던 마한은 천안·익산·나주를 중심으로 한 경기·충청·전라도 지방에서 성립하였는데, 후에 마한 54국의 하나인 목지국(백제국)이 마한을 통합하여 백제로 발전
 – 진한 : 대구·경주를 중심으로 성립하였으며, 후에 진한 12국의 하나인 사로국이 성장하여 신라로 발전
 – 변한 : 낙동강 유역(김해, 마산)을 중심으로 발전하였으며, 후에 변한의 구야국이 6가야 연맹체의 중심 세력으로 성장

제 2 편

고대의 성립과 발전

실전문제 제1장 고대의 통치 구조와 정치 활동

대표유형문제

지방직 9급 기출

삼국시대 금석문 자료에 대한 설명으로 옳지 <u>않은</u> 것은?

① 호우총 출토 청동 호우의 존재를 통해 신라와 고구려 관계를 살펴볼 수 있다.

② 사택지적비를 통해 당시 백제가 도가(道家)에 대한 이해를 하고 있었음을 알 수 있다.

③ 울진 봉평리 신라비를 통해 신라가 동해안의 북쪽 방면으로 세력을 확장하였음을 알 수 있다.

❹ 충주 고구려비(중원 고구려비)를 통해 신라가 고구려에게 자신을 '동이(東夷)'라고 낮추어 표현했음을 알 수 있다.

정답해설 중원고구려비는 고구려가 한반도 남하정책을 추진하는 과정에서 신라를 포섭했던 대외관계를 알 수 있는 유물이다. 서기 495년에 만들어진 중원고구려비에서 신라왕은 '동이매금(東夷寐錦)'으로 일컬어지는데, 매금이란 신라왕의 고유 칭호였던 마립간의 다른 표기이고, 동이(동쪽 오랑캐)는 고구려를 중심으로 신라를 보는 시각을 나타낸다. 또한 고구려가 신라를 '동이(東夷)'로 칭하는 부분에서 고구려 중심의 세계관과 종주국으로서의 의복을 하사하였다는 사실을 알 수 있다.

오답해설 ① 경주 호우의 호우명 그릇의 밑바닥에 "을묘년 국강상 광개토지 호태왕 호우십"이라는 글씨가 있는데, 이것은 광개토대왕을 기리는 내용으로 당시 양국의 역학관계를 보여준다.
② 사택지적비는 백제 의자왕 때 사택지적이라는 사람이 세월의 덧없음을 한탄하면서 만든 비로서, 도교의 노장사상을 반영하고 있다.
③ 울진 봉평리 신라비는 신라가 영토확장으로 동해안 지역에 실직주(悉直州)를 설치하고 이곳 지역을 새로 편입함에 따라 주민들의 항쟁사태가 일어나자 신라에는 이를 응징하기 위해 육부회의(六部會議)를 열고 대인(大人)을 파견하여 벌을 주고, 다시 대항하지 않도록 하기 위해 이 비를 세운 것으로 해석되고 있다.

핵심정리 **신라의 주요 금석문**
• 포항 중성리비(지증왕, 501)
• 영일 냉수리비(지증왕, 503)
• 울진 봉평 신라비(법흥왕, 524)
• 영천 청제비(법흥왕, 536)
• 단양 적성비(진흥왕, 551)
• **진흥왕 순수비** : 북한산비(555), 창녕비(561), 황초령비 · 마운령비(568)
• 남산 신성비(진평왕, 591)
• 임신서기석(진평왕, 612)

01

삼국이 중앙집권국가로 발전해가는 과정을 잘못 설명한 것은?

① 종래의 군장세력은 자기 부족에 대한 지배권을 강화하였다.

② 율령의 반포로 체제 정비가 가속화되었다.

③ 불교를 수용하여 중앙집권화의 사상적 뒷받침을 하였다.

④ 영토 국가로 발전해 가면서 국왕의 권력이 강화되었다.

해설 고대 국가가 형성되면서 왕은 자기 집단 내부의 지배력을 강화하는 동시에, 다른 집단에 대한 지배력을 키워나 갔다. 이런 과정에서 군장세력은 중앙세력에 통합되어 중앙의 귀족이나 관료로 흡수되었다.

02

다음 왕들의 공통점은?

- 소수림왕
- 침류왕
- 법흥왕

① 왕권 강화
② 율령 반포
③ 정복 활동
④ 불교 공인

해설 고구려의 소수림왕, 백제의 침류왕, 신라의 법흥왕은 불교를 공인하여 중앙집권체제를 사상적으로 뒷받침 하였다.

삼국의 국가별 발전 순서

- 고대 국가의 기틀 마련(중앙집권적 토대 구축) : 고구려(태조왕) → 백제(고이왕) → 신라(내물왕)
- 율령 반포 : 백제(고이왕) → 고구려(소수림왕) → 신라(법흥왕)
- 고대 국가 완성(중앙집권체제의 완성) : 백제(근초고왕) → 고구려(소수림왕) → 신라(법흥왕)

03

다음은 고구려와 백제의 발전 과정을 서술한 것이다. 이러한 고구려와 백제의 팽창이 가능하였던 시대적 배경으로 가장 적절한 것은?

- 고구려가 한 군현세력을 축출하고, 이어서 요동지역을 확보하였다.
- 백제가 요서지방으로 진출하고, 이어서 산동지방과 일본에까지 진출하였다.

① 위, 촉, 오 삼국이 형성되어 중국 사회가 혼란해졌다.

② 고구려와 백제가 율령을 반포하여 집권체제가 강화되었다.

③ 북방 민족의 침입으로 중국의 혼란 상태가 장기간 지속되었다.

④ 고구려와 백제는 동맹을 맺어 중국의 압력에 공동으로 대항하였다.

해설 당시 중국은 여러 나라로 분열된 상태가 지속되고 있었다. 이를 틈타 고구려, 백제의 영토 확장은 활기를 띠었다.

04

다음 중 이 나라에서 일어났던 사실로 옳은 것은?

> • 수도는 6부로 정리하고 지방은 5주 2소경으로 정비하였다.
> • 불교를 수용하여 국가의 통치이념으로 이용하였다.
> • 율령을 반포하고 17관등 및 백관의 공복을 정하였다.

① 율령을 반포하고 태학을 설립하여 인재를 육성하였다.

② 건원이란 연호를 사용하고 병부를 설치하였다.

③ 남부여로 개칭하고 중앙관서와 지방제도를 강화하였다.

④ 한군현을 몰아내고 중국의 침입을 막는 방파제 역할을 하였다.

해설 제시문은 신라의 정치적 발전을 설명한 내용이다.
　　①, ④ 고구려에 대한 설명이다.
　　③ 백제에 대한 설명이다.

┌─ **핵심정리** ─┐

신라의 정치적 발전

• **눌지왕(417~458)** : 백제와 동맹을 맺어 고구려의 간섭을 배제하고자 함
• **소지왕(479~500)** : 6촌을 6부의 행정구역으로 개편. 백제 동성왕과 결혼 동맹 체결
• **지증왕(500~514)** : 국호를 신라로 바꾸고, 왕호도 마립간에서 왕으로 고침. 수도와 지방 행정구역을 정리. 우산국 복속(512)
• **법흥왕(514~540)** : 병부 설치, 율령 반포, 공복 제정 등을 통하여 통치 질서 확립, 골품제도 정비, 불교 공인, 건원이라는 연호 사용, 금관가야 정복

05

4세기경 삼국의 정세에 대한 설명으로 옳지 않은 것은?

① 고구려는 낙랑을 쳐서 중국 세력을 몰아내는 데 성공하였다.

② 백제의 영역은 남으로 전라도 남해안에 이르렀으며, 북으로는 고구려의 평양성까지 공격하였다.

③ 신라에서 김씨가 왕위를 독점하여 세습하게 되었다.

④ 대가야가 신라에 통합되었다.

해설 대가야가 신라에 멸망한 시기는 562년(6세기)이다.
　　① 고구려는 미천왕 때(313) 낙랑군을 완전히 몰아내고 압록강 중류 지역을 벗어나 남쪽으로 진출할 수 있는 발판을 마련하였다.
　　② 백제는 근초고왕 때(4세기 중반) 마한의 세력을 정복하여 전라도 남해안에 이르렀으며, 북으로는 황해도 지역을 놓고 고구려와 대결하였다.
　　③ 신라는 내물왕 때(4세기) 김씨에 의한 왕위 계승권이 확립되었고, 왕의 칭호도 마립간으로 바뀌었다.

┌─ **핵심정리** ─┐

백제의 전성기(4세기)

06

다음은 칠지도에 새겨진 글이다. (가)와 (나)에 들어갈 나라는?

> 이 칼은 모든 군대를 물리칠 수 있는 것이다. 마땅히 후왕(侯王)에게 줄 만하다. 아직까지 이런 칼이 없었다. (가) 왕세자 기생성음(寄生聖音)이 일부러 (나) 왕을 위해 만들었다. 후세에 전하도록 하라.

	(가)	(나)
①	신라	백제
②	백제	왜
③	고구려	당
④	백제	당

해설 칠지도는 백제 근초고왕의 아들 근구수왕이 사신을 통하여 일본 왕에게 보낸 것이다. 모두 7개의 칼날을 이루고 있어 칠지도라는 이름이 붙여졌다.

핵심정리

칠지도(七支刀)
- **의의** : 백제 근초고왕이 일본의 신공황후에게 친선 외교의 목적으로 하사한 칼로서, 일본서기(日本書紀)에 칠지도라 기록되어 있다.
- **명문의 기록 내용** : 공공후왕(供供侯王)의 공(供)은 초기에 바친다는 뜻으로 해석하여 일본에서 백제 봉헌설을 제기하기도 했고 "侯王"은 "제후인 왕"으로 해석하여 동진(東晉)에서 백제를 통해 왜왕에서 하사했다는 동진 하사설이 제기되기도 하였으나 현재는 백제 하사설이 가장 유력하다.

▲ 칠지도

07

다음 중 삼국의 발전 과정에 대한 설명이 옳은 것은?

① 고구려는 고국천왕 때 귀족자제의 교육기관인 태학을 설립하였다.

② 4세기 백제는 활발한 영토 확장과 대외 활동을 전개하였다.

③ 백제는 근초고왕 때 동진으로부터 불교를 수용하였다.

④ 신라 법흥왕 때 왕호를 마립간에서 왕으로 개칭하였다.

해설 4세기 근초고왕(346~375) 때 백제는 북으로 고구려의 평양성을 공격하고 마한의 나머지 세력을 정복(369)하여 오늘날의 경기 · 충청 · 전라도와 낙동강 중류, 강원 · 황해도의 일부 지역에 이르는 최대 영토를 확보하였다. 또한 대외 활동을 활발히 하여 요서 · 산둥 · 일본 규슈 지방에 이르는 고대 상업 세력권을 형성하였다.

① 태학은 고구려 소수림왕(371~384) 때 설치된 국립교육기관으로 우리나라 최초의 학교이다. 귀족자제의 교육기관이며 유교경전과 문학, 무예를 교육하였다.

③ 백제 근초고왕 때 동진과 수교(372)를 맺었으나 불교를 수용한 것은 침류왕 때이다. 침류왕(384~385)은 동진의 마라난타로부터 불교를 수용(384)하여 중앙집권체제를 사상적으로 뒷받침하였다.

④ 신라 지증왕(500~514)은 왕의 칭호를 '마립간'에서 '왕'으로 바꾸었고, 국호를 '사로국'에서 '신라'로 바꾸었다.

08

다음 비문의 내용에 해당하는 고구려 왕의 업적으로 옳은 것은?

> 영락 10년(400) 경자에 보병과 기병 5만을 보내 신라를 구원하게 하였다. 후퇴하는 왜적을 추격하여 종발성을 함락하고 병사를 두어 지키게 하였다.

① 임진강 등 한강 이북을 장악하였다.
② 태학을 설립하여 인재를 양성하였다.
③ 당의 침입에 대비하여 천리장성을 쌓았다.
④ 평양으로 천도하여 남진 정책을 본격화하였다.

해설 제시된 내용은 광개토대왕릉비의 내용으로, 광개토대왕 때 고구려가 신라 해안에 침입한 왜를 토벌(400)한 것을 기록한 것이다. 광개토대왕은 남쪽으로 백제의 위례성을 공격하여 임진강 · 한강선까지 진출하였다.
② 소수림왕 시기에 국립 유학 교육 기관인 태학을 설립하였다.
③ 7세기 초 연개소문이 주도하여 천리장성을 쌓았다.
④ 장수왕의 업적으로 평양 천도를 통해 남진 정책을 본격화하였다.

핵심정리

광개토대왕(391~413)의 업적
- 만주에 대한 지배권을 확대
- 선비족의 후연(모용씨)을 격파하여 요동지역 확보
- 백제의 위례성을 공격하여 임진강 · 한강선까지 진출
- 신라에 침입한 왜구를 낙동강 유역에서 토벌함으로써 한반도 남부에까지 영향력 행사(400) → 광개토대왕 비문에 백제 · 왜 · 가야 연합군을 격파한 내용이 기록
- 우리나라 최초로 '영락(永樂)'이라는 독자적 연호를 사용하여 중국과 대등함을 과시

09

5세기 고구려에 관한 설명으로 옳은 것은?

① 옥저를 정복하였다.
② 부여성과 비사성을 연결하는 천리장성을 축조하였다.
③ 국가 체제를 개혁하여 중앙집권국가로의 체제를 강화하였다.
④ 남한강 유역까지 진출하게 되었으며 중원 고구려비를 세웠다.

해설 5세기 고구려 장수왕은 한강 전 지역을 포함하여 죽령 일대로부터 남양만을 연결하는 선까지 그 판도를 넓혔다.
① 2세기, ② 7세기, ③ 4세기

핵심정리

장수왕(413~491)의 영토 확장
- 평양으로 천도(427) → 왕권강화 및 남하정책
- 한강 이남 지역 차지 → 백제와 신라를 압박

▲ 고구려의 전성기(5세기)

10

삼국의 대외관계에 대한 설명으로 옳은 것을 모두 고른 것은?

> ㉠ 고구려와 백제, 신라와 백제는 동맹관계없이 적대관계만 유지하였다.
> ㉡ 백제는 4세기 중엽 이후에 요서, 산둥지방, 일본에 세력을 미치고 있었다.
> ㉢ 고구려의 장수왕이 활약할 당시 중국은 위, 촉, 오 등으로 분열되었다.
> ㉣ 신라는 수·당과의 연결을 꾀하여 고구려와 백제의 압력에 대항하고자 하였다.

① ㉠, ㉡   ② ㉡, ㉢
③ ㉡, ㉣   ④ ㉢, ㉣

해설 ㉠ 고구려와 백제는 신라에 대항하기 위하여 여·제 동맹을 맺었고, 신라와 백제는 5세기에 고구려의 남하 정책에 대비하기 위하여 나·제 동맹을 맺었다.
㉢ 장수왕은 중국 남북조와 교류하면서 대립하고 있던 두 세력을 조종하는 외교정책을 써서 중국을 견제하였다.

핵심정리

시기별 동맹관계
한강 유역을 장악한 전성기 국가를 제외한 나머지 두 국가는 동맹을 맺어 대비하였다.
• 4세기 : 백제의 한강 유역 장악 ↔ 고구려·신라 동맹
• 5세기 : 고구려의 한강 유역 장악 ↔ 신라·백제 동맹
• 6세기 : 신라의 한강 유역 장악 ↔ 고구려·백제 동맹

---

11 〔국가직 9급 기출〕

고구려와 신라의 관계를 다음과 같이 알려주고 있는 삼국시대의 금석문은?

> • 고구려의 군대가 신라 영토에 주둔했던 것으로 이해할 수 있는 기록이 보인다.
> • 고구려가 신라의 왕을 호칭할 때 '동이 매금(東夷寐錦)'이라고 부르고 있다.
> • 고구려가 신라의 왕과 신하들에게 의복을 하사하는 의식을 거행한 것으로 보인다.

① 광개토왕비   ② 집안고구려비
③ 중원고구려비   ④ 영일냉수리비

해설 고구려 장수왕의 중원고구려비에 대한 설명이다. 중원 고구려비는 고구려가 한반도 남하정책을 추진하는 과정에서 신라를 포섭했던 대외관계를 알 수 있는 유물이다. 서기 495년에 만들어진 중원고구려비에서 신라왕은 '동이매금(東夷寐錦)'으로 일컬어지는데, 매금이란 신라왕의 고유 칭호였던 마립간의 다른 표기이고, 동이(동쪽 오랑캐)는 고구려를 중심으로 신라를 보는 시각을 나타낸다. '신라토내당주(新羅土內幢主)'라는 표현은 중원고구려비 건립 단계에 고구려 군대가 신라 영토 내에 주둔하고 있는 실정을 알려주어 당시 양국 간의 관계를 상징적으로 보여주는 자료이다. 또한 고구려가 신라를 '동이(東夷)'로 칭하면서 종주국으로서의 의복을 하사하였다는 사실도 이 비를 통해 알 수 있다.
① 광개토대왕릉비(장수왕 2, 414)에는 비려 정복(395), 백제 정벌(396), 읍루(숙신)(398) 정벌, 신라·가야 지방의 왜구 토벌(400), 동부여 정복(410) 등에 대한 기록이 있으나, 북위를 무찌른 내용은 기록되어 있지 않다. 광개토대왕이 활약하던 4세기 후반에서 5세기 초에 고구려는 북위와 형식상의 화친관계가 형성되었다.
② 집안고구려비는 중국 지린성 지안시에서 발견된 고구려 비석이다.
④ 영일냉수리비는 경북 영일군(현 포항시)에 있는 가장 오래된 신라의 비석(국보 제264호)으로 영일 지방의 재산 관련 분쟁 판결에 관한 내용이 기록되어 있다.

광개토대왕릉비의 내용

- **전반** : 고구려의 건국 내력(주몽 설화), 광개토대왕의 치적에 대한 칭송
- **중반** : 영락 5년 비려 정복(395), 백제 정벌(396), 읍루 (숙신) 정벌(398), 400년 신라·가야 지방의 왜 토벌, 동부여 정복(410) 등 64성 1,400촌을 공략한 내용이 기록
- **후반** : 무덤을 지키는 수묘인에 관한 기록

장수왕의 남하정책이 미친 영향

- 신라와 백제의 나·제 동맹 체결(433~553)
- 백제의 개로왕이 북위(후위)에 군사 원조를 요청(472)
- 백제가 수도를 한성에서 웅진(공주)으로 천도(475)
- 충북 중원 고구려비의 건립

12

다음의 상황이 전개된 시기를 아래 연표에서 고른 것은?

18년	2월	백제왕이 좋은 말 두 필을 보내왔다.
18년	9월	백제왕이 다시 흰 매를 보내왔다. ……
39년	10월	고구려가 백제를 침범하므로 왕이 군사를 보내 구원하였다.

– 『삼국사기』 눌지 마립간

(가)	(나)	(다)	(라)
371년	427년	533년	
고구려	신라		
평양천도	한강 유역 확보		

① (가)　　　　　② (나)
③ (다)　　　　　④ (라)

해설 제시된 상황이 전개된 시기는 신라의 눌지 마립간(눌지왕, 417~458) 18년과 39년 때이므로 연표의 (다) 시기에 해당된다. 눌지왕은 고구려 장수왕이 평양으로 천도하고 남하정책을 펴자, 백제 비유왕과 나·제 동맹을 체결(433)하였으며, 왕위의 부자상속제를 확립하여 왕권을 강화하였다.

13

6세기 초 신라의 정치적 발전 상황으로 가장 타당한 것은?

① 우산국(울릉도)을 복속하였다.
② 중국의 요서지방과 산둥지방까지 진출하였다.
③ 만주지방에 대한 대규모의 정복사업을 단행하였다.
④ 고령의 대가야를 정복하여 낙동강 서쪽을 장악하였다.

해설 신라는 지증왕 때 우산국(울릉도)을 복속시켰다(512). 대가야를 정복한 것은 진흥왕 때이다(562).
② 백제의 근초고왕, ③ 고구려의 광개토대왕

14

신라가 한강 유역을 장악한 이후에 발생한 역사적 사실로 옳은 것은?

① 백제의 근초고왕은 중국의 요서와 산둥지방으로 진출하였다.
② 고구려는 중국의 남북조와 외교관계를 맺었다.
③ 신라와 백제는 나·제 동맹을 맺어 고구려에 대항하였다.
④ 신라는 중국과 직접 외교관계를 맺고 중국 문화를 수용하였다.

해설 신라의 한강 유역의 장악으로 황해를 통하여 중국과 직접 교섭할 수 있는 유리한 발판을 마련하였다.

15

다음은 삼국의 발전 과정에서 있었던 사실이다. 시대순으로 바르게 나열한 것은?

> ㉠ 고구려의 침공을 받은 백제는 웅진으로 도읍을 옮겼다.
> ㉡ 수의 위협을 받던 고구려는 돌궐, 백제와 연합 세력을 구축하였다.
> ㉢ 한강 유역을 차지하고 대가야를 병합한 신라가 삼국 경쟁의 주도권을 장악하게 되었다.

① ㉠ → ㉡ → ㉢
② ㉠ → ㉢ → ㉡
③ ㉡ → ㉠ → ㉢
④ ㉢ → ㉠ → ㉡

해설 ㉠ 백제는 고구려의 남하정책에 밀려 웅진(공주)으로 도읍을 옮겼다(475).
㉡ 신라의 팽창으로 나·제 동맹이 결렬되자 고구려와 백제, 돌궐이 연결하여 신라를 공격하였다(6세기 말).
㉢ 진흥왕 때 고령의 대가야를 정복하여 낙동강 서쪽을 장악하였다(562).

16

백제 근초고왕의 업적에 대한 다음의 설명 중 옳지 않은 것은?

① 남쪽으로는 마한을 멸하여 전라남도 해안까지 확보하였다.
② 박사 고흥으로 하여금 백제의 역사서인 『書記(서기)』를 편찬하게 하였다.
③ 중국의 동진, 일본과 무역활동을 전개하였다.
④ 북쪽으로는 고구려의 평양성까지 쳐들어가 고국천왕을 전사시켰다.

해설 4세기 백제 근초고왕 때인 371년 백제가 고구려 평양성을 공격했을 때 고구려 고국원왕은 이를 막다 전사하였다.
①, ③ 4세기 근초고왕(346~375) 때 백제는 북으로 고구려의 평양성을 공격하고 마한의 나머지 세력을 정복(369)하여 오늘날의 경기·충청·전라도와 낙동강 중류, 강원·황해도의 일부 지역에 이르는 최대 영토를 확보하였다. 또한 대외 활동을 활발히 하여 요서·산둥·일본 규슈 지방에 이르는 고대 상업 세력권을 형성하였다.
② 근초고왕 때 고흥은 『서기(書記)』를 편찬하였다.

17

신라의 영역이 다음 지도와 같았을 때 일어난 사실은?

① 나·제 동맹의 결성
② 황룡사 건립
③ 불교 공인
④ 율령 반포

해설 지도는 6세기 신라의 전성기인 진흥왕(540~576) 때이다. 진흥왕은 영토를 확장하고 삼국 항쟁을 주도하였고, 화랑도를 공인(제도화)하였다. 황룡사·흥륜사를 건립하여 불교를 부흥하고, 불교 교단을 정비하였다. 또한 최고 정무기관 품주(稟主)를 설치하여 국가기무와 재정을 담당하게 하였고 순수비를 건립하였다.
① 5세기 초 눌지왕, ③, ④ 6세기 초 법흥왕

18 국가직 9급 기출

삼국시대 각국의 역사상에 대한 설명으로 옳은 것만을 모두 고른 것은?

> ㉠ 고구려의 소노부는 자체의 종묘와 사직에 제사를 지내기도 하였다.
> ㉡ 백제 성왕은 중앙 관청을 22부로 확대 정비하고 수도를 5부로, 지방을 5방으로 정비하였다.
> ㉢ 영일 냉수리 신라비와 울진 봉평 신라비에 의하면 왕은 소속부의 명칭을 띠고 있었다.

① ㉠, ㉡   ② ㉠, ㉢
③ ㉡, ㉢   ④ ㉠, ㉡, ㉢

해설 ㉠ 고구려의 소노부는 전(前) 왕족으로, 3세기까지도 독자적으로 종묘(宗廟)를 유지했고 영성사직(靈星社稷)에 대한 제사를 거행하기도 했다. 처음에는 소노부에서 왕이 나오다 태조왕 때부터 계루부에서 왕이 나와 주도권을 행사하였는데, 왕족인 계루부와 전 왕족인 소노부의 적통대인(嫡統大人), 왕비족인 절노부의 대인을 '고추가(고추대가)'라 하여 왕권에 버금가는 세력으로 대우하였다.
㉡ 백제 성왕(523~554)은 수도를 사비로 천도(538)하고 국호를 남부여로 고치면서 중흥을 꾀하였는데, 이 시기에 중앙 관청을 22부로 확대하고 행정조직을 5부(수도) 5방(지방)으로 정비하였다.
㉢ 신라의 영일 냉수리비와 울진 봉평 신라비에는 신라 6부에 대한 내용과 함께 왕도 소속부의 명칭을 띠고 있었다는 것이 기록되어 있는데, 이는 왕이 6부의 실력자와 합의하여 국정의 주요 내용을 결정하였다는 것을 보여준다.

19 서울시 9급 기출

〈보기〉의 사건이 있었던 시기의 사실로 가장 옳은 것은?

> —— 보기 ——
> 가을 9월에 고구려 왕 거련(巨璉)이 군사 3만 명을 이끌고 왕도(王都) 한성을 포위하였다. 왕은 성문을 닫고 나가 싸우지 않았다. …… 왕은 곤궁하여 어찌할 바를 모르다가, 기병 수십을 거느리고 성문을 나가 서쪽으로 도망쳤다. 고구려인이 쫓아가 그를 살해하였다.
> － 『삼국사기』 －

① 성왕이 신라군에게 살해되었다.
② 신라가 건원이라는 연호를 사용하였다.
③ 을지문덕이 살수에서 수의 군대를 물리쳤다.
④ 고구려가 중국의 남북조와 동시에 교류하였다.

해설 백제의 수도 한성을 함락한 것은 고구려 장수왕(413~491) 때이다. 장수왕은 남진 정책을 추진하여 백제의 수도인 한성을 점령하고 백제 개로왕이 전사하였다. 이 시기에 장수왕은 중국 남북조와 교류하는 외교 정책을 펼쳤다.
① 성왕은 신라 진흥왕과 연합하여 한강 유역을 부분적으로 수복하였지만 곧 신라에 빼앗기고, 성왕 자신도 554년 관산성(옥천)에서 전사하였다.
② 법흥왕(514~540) 때 건원(建元)이라는 연호를 사용함으로써 자주 국가로서의 위상을 높였다.
③ 을지문덕이 이끄는 고구려군은 612년 살수에서 수의 군대를 물리쳤다.

20

다음 중 왕과 업적이 바르게 연결된 것은?

① 자비왕 - 주(州)와 군(郡)의 지방행정구역을 정리하고 우산국을 복속

② 무령왕 - 신라와 연합하여 한강 유역을 수복하고 일본에 불교를 전함

③ 법흥왕 - 율령의 반포, 불교의 공인, 태학의 설립 등으로 국가체제를 개혁

④ 장수왕 - 중국 남북조와 각각 교류하고 남양만 일대까지 판도를 넓힘

해설 장수왕(413~491)은 중국 남북조와 교류하며 한강 전 지역을 포함하여 죽령 일대로부터 남양만을 연결하는 선까지 장악하였다.
  ① 지증왕(500~514)은 국호(사로국 → 신라)와 왕의 칭호(마립간 → 왕)를 바꾸고, 행정구역을 정리(중국식 군현제 도입, 소경제 설치)하였으며, 우산국을 복속(512)하고, 우경을 시작(권농책)하였다.
  ② 백제 성왕(523~554)은 신라 진흥왕과 함께 한강 유역을 수복하였고, 노리사치계를 통하여 일본에 불교를 전파하였다(552).
  ③ 고구려 소수림왕(371~384)은 불교 수용(372), 태학 설립(372), 율령 반포(373) 등을 실시하여 국가체제를 확고히 하였다.

핵심정리

장수왕(413~491)의 업적
- **외교정책** : 중국 남북조와 각각 교류하여 대립하고 있던 두 세력을 조종·이용
- **평양 천도와 남하정책** : 수도를 국내성에서 평양으로 천도(427)하여 안으로는 왕권을 강화하고 밖으로는 백제와 신라를 압박
- **영토 확장** : 백제의 수도인 한성을 함락(백제 개로왕 전사, 475)하고 한강 전 지역을 포함하여 죽령 일대로부터 남양만을 연결하는 선까지 장악
- **제도 정비** : 지방 행정제도로 5부를 신설·정비, 청소년에게 무예와 한학을 교육하기 위해 경당을 설치(최초의 사학)

21

다음 사료에 나타난 국가에 대한 설명으로 옳지 않은 것은?

> …(전략)… 여섯 개의 알은 화하여 아기가 되어 있는데 용모가 매우 깨끗했으며 이내 평상 위에 앉았다. 사람들은 모두 절하고 하례하면서 극진히 공경했다. 이들은 나날이 자라더니 10여일이 지나자 키가 9척으로 은나라 탕왕과 같고, 얼굴이 용안임은 하나라 고조와 같았다. 눈동자가 겹으로 된 것은 우나라 순임금과 같았다. 그 달 보름에 왕위에 올랐는데 세상에 처음 나타났다고 하여 이름을 수로라 하거나 혹은 수릉이라 했다. 나라를 대가락이라 하고, 또 가야국이라고도 했으니 곧 여섯 가야 중의 하나이다. 나머지 다섯 사람도 각기 가서 다섯 가야국의 임금이 되었다. 가야는 동쪽은 황산강, 서남쪽은 창해, 서북쪽은 지리산, 동북쪽은 가야산이며 남쪽은 나라의 끝이었다.

① 3세기경 김해의 금관가야를 중심으로 연맹 왕국으로 발전하였다.

② 철의 생산과 낙랑, 왜와의 중계 무역으로 크게 번성하였다.

③ 고대 국가로 발전했지만 신라에게 멸망당하였다.

④ 5세기 후반에는 고령지방의 대가야를 중심으로 후기 가야 연맹을 이룩하였다.

해설 김해 가야국의 수로왕 신화이다. 가야는 고대 국가로 발전하지 못하고 연맹 왕국 단계에서 멸망하였다.

22 [지방직 9급 기출]

시기 순으로 바르게 나열한 것은?

- ㉠ 고구려의 흥안령 일대 장악
- ㉡ 백제의 사비 천도
- ㉢ 신라의 마운령비 건립
- ㉣ 전기 가야 연맹의 약화

① ㉠ → ㉣ → ㉢ → ㉡
② ㉠ → ㉣ → ㉡ → ㉢
③ ㉣ → ㉠ → ㉢ → ㉡
④ ㉣ → ㉠ → ㉡ → ㉢

해설 ㉣ 금관 가야를 중심으로 한 전기 가야 연맹은 4세기 말부터 5세기 초에 고구려군의 공격으로 중심세력이 해체되고 낙동강 서안으로 축소되며, 이후 고령을 중심으로 한 대가야가 주도권을 행사하였다.
㉠ 고구려는 5세기 장수왕 때인 479년에 유연(柔燕)과 연합하여 거란족 일파인 지두우(地豆于)를 분할점령하여 흥안령 일대의 초원지대를 장악하였다.
㉡ 백제는 6세기 성왕 때 수도를 사비(부여)로 천도(538)하고 국호를 남부여로 개칭하였다.
㉢ 신라는 진흥왕 때 함흥평야까지 점령하여 함경남도로 진출하고 황초령비와 마운령비(568)를 건립하였다.

핵심정리

가야의 성립과 해체
- **성립** : 삼국이 국가 조직을 정비해 가던 시기에 낙동강 하류 유역의 변한 지역에서 철기 문화를 토대로 사회 통합을 거쳐 2세기 이후 여러 정치 집단들이 등장(변한 12국)
- **해체**
  - 신라와 백제의 다툼 속에서 연맹이 분열되어 금관 가야가 신라 법흥왕 때 복속(532)
  - 대가야가 신라 진흥왕 때 점령(562)되어 가야 연맹은 완전히 해체됨

23

다음 글에 나타난 당의 야욕을 분쇄한 결정적 싸움으로 묶인 것을 모두 고른 것은?

이것은 현재 중국의 역사학계가 인정하고 있는 중국의 역사 지도입니다. 여기 한반도 쪽을 한번 보시죠. 어떻게 된 게 백제와 고구려 지역이 중국 당나라의 영토로 표시돼 있습니다. 당나라는 신라와 연합해 백제와 고구려를 무너뜨린 뒤 백제와 고구려를 당의 지배하에 두려고 백제의 옛 땅에는 웅진 도독부를, 고구려의 옛 땅에는 안동 도호부를 설치했는데요, 중국에서는 이것을 당나라의 지배로 보고 지금 역사 지도에 이렇게 그려 놓은 것입니다. 만약 신라가 나·당 전쟁에서 승리하지 않았다면 이 지도는 한반도 전체를 당나라 것으로 그려 놓고 있을 겁니다.

- ㉠ 살수에서 수의 30만 대군을 격파하였다.
- ㉡ 황산벌에서 계백의 5천을 격파하였다.
- ㉢ 안시성에서 당의 30만 대군을 격파하였다.
- ㉣ 기벌포에서 당의 해군 4천을 격파하였다.
- ㉤ 매소성에 주둔한 당의 20만 대군을 격파하였다.

① ㉠, ㉡
② ㉡, ㉢
③ ㉢, ㉣
④ ㉣, ㉤

해설 신라는 남침해 오던 당의 20만 대군을 매소성에서 격파하여 나·당 전쟁의 주도권을 장악하였으며, 금강 하구의 기벌포에서 당의 수군을 섬멸하여 당의 세력을 완전히 몰아내 삼국통일을 이루었다.

24

다음 시는 조준이 지은 한시를 우리말로 번역한 것이다. 이 시의 배경이 되는 사건에 대한 설명이 옳지 않은 것은?

> 살수의 푸른 물결 굽이쳐 흐르는데
> 수의 백만 대군 고기밥이 되었구나.
> 촌부들은 지금도 웃으며 이야기한다.
> 수양제의 헛된 정복의 꿈을

① 이 사건의 영향으로 수는 곧 멸망하였다.
② 수의 한반도에 대한 침략을 저지하였다.
③ 30만 대군이 거의 전멸하였다.
④ 이 사건 후 고구려는 중국에 저자세 외교로 전환하였다.

해설 수양제의 침입 때 을지문덕은 살수에서 수나라 군대를 유인하여 크게 격파하여 결정적인 승리를 거두었다. 이후 고구려는 국경 지방에 천리장성을 쌓으면서 중국의 침략에 강하게 대응하였다.

핵심정리

수 문제와 양제의 침략

제1차 침입 (영양왕, 598)	수 문제의 30만 대군이 침입했으나 장마와 전염병으로 실패
제2차 침입 (영양왕, 612)	수 양제의 113만 대군이 침입했으나 을지문덕이 이끄는 고구려 군에게 살수에서 대패(살수대첩)
제3·4차 침입 (영양왕, 613·614)	수 양제가 침입했으나 모두 실패

25

다음의 내용을 시대 순으로 바르게 나열한 것은?

> ㉠ 살수대첩   ㉡ 백제 멸망
> ㉢ 나·당 전쟁   ㉣ 고구려 멸망
> ㉤ 안시성 싸움

① ㉠ → ㉡ → ㉢ → ㉣ → ㉤
② ㉠ → ㉤ → ㉡ → ㉣ → ㉢
③ ㉡ → ㉢ → ㉣ → ㉤ → ㉠
④ ㉢ → ㉣ → ㉤ → ㉠ → ㉡

해설 살수대첩은 612년, 백제 멸망은 660년, 나·당 전쟁은 668~676년, 고구려 멸망은 668년, 안시성 싸움은 645년에 일어났다.

26

다음의 공통점으로 알맞은 것은?

> • 김유신은 무열왕을 왕으로 추대하여 이때부터 진골이 왕이 되었다.
> • 문무왕 때 통일 왕국을 이룩하였다.
> • 유교 정치 이념이 확립되고 지방관이 파견되었다.

① 전제 왕권의 강화
② 귀족 사회의 동요
③ 농민 생활의 안정
④ 율령·제도의 정비

해설 통일을 전후하여 나타난 중요한 정치적 변화는 왕권의 전제화로, 이때부터 태종 무열왕의 직계 자손만이 왕위를 세습하였다.

제2편
고대의 성립과 발전

27 [국가직 9급 기출]

(가) 시기에 신라에서 있었던 사실은?

> 고구려의 침입으로 한성이 함락되자, 수도를 웅진으로 옮겼다.
> ↓
> (가)
> ↓
> 성왕은 사비로 도읍을 옮겼다.

① 대가야를 정복하였다.

② 황초령순수비를 세웠다.

③ 거칠부가 『국사』를 편찬하였다.

④ 이차돈의 순교를 계기로 불교가 공인되었다.

해설 고구려의 침입으로 백제의 한성이 함락되자 수도를 웅진으로 천도한 것은 475년, 성왕이 사비로 도읍을 옮긴 것은 538년이다. 신라는 법흥왕 때 이차돈의 순교를 계기로 527년에 공인되었다. 신라는 불교 수용 과정에서 전통적 민간 사상과의 마찰이 심하고 보수적인 귀족 세력의 반대로 수용 후 100년이 지나서 공인되었다.

① 진흥왕은 고령의 대가야를 정복하는 등 낙동강 유역을 확보하였다(561).

② 진흥왕은 원산만과 함흥 평야 등을 점령하여 함경남도에 진출하여 세운 비석이다(568).

③ 진흥왕은 거칠부로 하여금 『국사(國史)』를 편찬하게 하였다(545).

28

통일신라에 대한 설명으로 옳지 않은 것은?

① 경덕왕은 왕권을 강화하기 위하여 관료전을 지급하고 녹읍을 폐지하였다.

② 군사조직으로 중앙에 9서당과 지방에 10정을 두었다.

③ 신라 말기에 중앙정부의 통제에서 벗어나 반독립적인 세력으로 성장한 세력을 '호족'이라 한다.

④ 신라 말기에 6두품과 선종 승려들은 호족과 연계하였다.

해설 전제왕권 강화를 위해 관리에게 관료전을 지급(687)하고 귀족의 경제 기반이던 녹읍을 폐지(689)한 왕은 신문왕이다.

② 통일신라시대에는 중앙군으로 9서당, 지방군으로 10정을 두었다.

③ 신라 말기에 중앙통제가 약화되자 농민 봉기를 배경으로 호족세력이 반독립적 세력으로 성장하였다. 호족세력의 출신 유형으로는 몰락하여 낙향한 중앙귀족, 해상세력, 토호세력 등이 있다.

④ 신라 말기에는 6두품과 선종세력은 사회비판적 세력으로 변모하면서 호족세력과 연계하여 사회개혁을 추구하였다.

29

다음 글이 나타내는 의미를 통해 해석한 시대적 상황으로 옳은 것은?

> 이 섬의 대나무는 낮이면 갈라져 둘이 되고 밤이면 합하여 하나가 되는지라. 왕은 이 기이한 소식을 듣고 현장에 거동하였다. 이때 나타난 용에게 왕이 대나무의 이치를 물으니 용은 비유하건대, 한 손으로는 어느 소리도 낼 수 없지만 두 손이 마주치면 능히 소리가 나는지라. 이 대도 역시 합한 후에야 소리가 나는 것이오. ……

① 통일전쟁이 시작되었다.
② 6두품이 등용되어 왕의 조언을 맡았다.
③ 석굴암 · 불국사를 창건하였다.
④ 귀족의 반발로 녹읍이 부활하고 사원의 면세전이 증가하였다.

해설 만파식적의 유래는 〈삼국유사〉에 전해지는데, 신문왕(681~692)이 대나무를 베어 피리를 부니 나라의 온갖 걱정과 근심이 사라졌다는 내용이다. 신문왕은 통일신라 중대의 인물로, 이 시기에는 왕권의 전제화가 이루어지고 6두품 세력이 왕권과 결탁하여 왕의 정치적 조언자로 활동하고 행정 실무를 담당하였다.
① 676년 신라는 삼국을 통일하였다.
③ 경덕왕 때 석굴암 · 불국사가 창건(751)되었다.
④ 신문왕은 귀족의 경제 기반이었던 녹읍을 폐지하였다. 경덕왕 때 녹읍이 부활하고 사원의 면세전이 증가하였다.

30

다음은 통일신라의 어느 관직을 비교한 것이다. 이와 관련된 설명으로 가장 타당한 것은?

> (가) 그는 국왕의 한정적 대변자이며 중요한 국정을 총괄적으로 담당하였다. 왕과 혈연적으로 가까웠으며 천재지변이 일어나면 그 책임을 지고 자리에서 물러나기도 했다.
> (나) 그는 비록 거느린 관부나 하급관리는 없지만 화백회의의 의장으로, 귀족의 대표로서 왕권을 견제하다가 어느 정도 왕권과 귀족세력의 균형을 이루는 데 기여하였다.

① (가)와 (나) 모두 6두품 출신이다.
② (가)는 중대에, (나)는 상대에 세력이 강하였다.
③ (가)는 귀족세력의 이익을 대변하였다.
④ (나) 세력의 강화로 왕권이 전제화될 수 있는 바탕이 마련되었다.

해설 (가)는 시중으로 왕명을 받들고 기밀 사무를 관장하는 집사부의 장관이고, (나)는 상대등으로 진골 이상의 귀족 중신들이 모여 국가의 중대사를 의논 · 결정하는 귀족회의의 의장이다. (가)와 (나)는 대립되는 세력으로 왕권이 약했던 신라 상대와 하대에는 상대등이, 왕권이 강했던 중대에는 시중의 권한이 컸다.

핵심정리

신라의 중앙관제
• 수상격인 상대등은 귀족회의를 주관하며 왕권 견제
• 진덕여왕 이후 집사부가 설치되면서, 집사부의 시중이 수상 역할
• 수상의 변천 : 이벌찬 → 상대등 → 중시 → 시중

제2편 고대의 성립과 발전

31

다음 사건이 일어났던 시기의 사실로 옳지 않은 것은?

> 신문왕 즉위년 8월 16일에 왕은 교서를 내리어 가로되, …… 상중(喪中)에 난이 서울에서 일어날 줄을 누가 생각하였으랴? 적괴(賊魁)인 흠돌·흥원·진공 등은 그 벼슬이 재능으로 높아간 것도 아니요, 실상 왕은(王恩)으로 올라간 것이지만, …… 부귀를 보전하지 못하고, 이에 불인(不仁)·불의(不義)로 위복(威福)을 작(作)하고, …… 같은 악인들이 서로 도와 기일을 약정한 후 반역을 행하려 하였다. …… 이러므로 병중(兵衆)을 모아 그 무도한 자들을 없애려 하매, 혹은 산곡으로 도망가고 혹은 궁궐에 와서 투항하였다.

① 귀족세력을 축출하고 정치세력을 다시 편성하였다.
② 화랑도를 국가적인 조직으로 개편하였다.
③ 녹읍을 폐지하고 관리에게 관료전을 지급하였다.
④ 유학 교육을 위하여 국학을 설립하였다.

해설 신문왕이 즉위하던 해에 왕의 장인 김흠돌의 모역 사건이 있었다. 이 사건에는 많은 귀족들이 관련되어 있어서 귀족들에 대한 대대적인 숙청이 행해졌고, 이를 계기로 왕권이 전제화되었다. 화랑도를 국가적인 조직으로 개편한 것은 진흥왕 때의 일이다.

32

신라 중대에 대한 설명으로 옳은 것은?

① 상대등의 권한이 강화되고, 6두품이 주요 관서의 장관이 되었다.
② 9주 5소경을 비롯한 행정조직이 혜공왕 때 완성되었다.
③ 골품제가 쇠퇴하고 유학자들은 강력한 왕권에 반대하였다.
④ 녹읍의 폐지와 관료전의 지급으로 귀족들의 직접적인 지배력을 배제하였다.

해설 신문왕(681~692)은 관리에게 관료전을 지급하고 귀족의 경제 기반이었던 녹읍을 폐지하여 왕권을 강화하였다.
① 중대에는 시중의 권한이 강화되고, 진골세력이 장관을 독점하였다.
② 9주 5소경을 비롯한 행정조직은 신문왕 때 완성되었다.
③ 신라 하대에 일어난 현상이다.

33

다음과 같은 상황이 나타난 시기의 사실로 옳은 것은?

> 나라 안의 여러 주와 군에서 공부(貢賦)를 바치지 않으니, 창고가 텅 비고 나라의 쓰임이 궁핍해졌다. 왕이 사신을 보내 독촉하였지만, 오히려 이로 말미암아 곳곳에서 도적이 벌떼같이 일어났다. 이에 원종, 애노 등이 상주에서 의거하여 반란을 일으켰다.

① 거대한 돌무지 덧널무덤이 많이 만들어졌다.

② 불국토의 이상을 조화롭고 균형 있게 표현한 불국사가 건립되었다.

③ 정진과 사색하는 모습의 미륵반가사유상이 많이 만들어졌다.

④ 승려의 사리를 봉안하는 승탑과 탑비(塔碑)가 유행하였다.

해설 제시된 내용은 주와 군의 조세납부 거부로 인해 국가재정이 악화된 신라 하대의 상황에 대한 〈삼국사기〉의 기록이다. 진성여왕 때는 원종·애노 등이 사벌주에서 반란을 일으켰는데, 정부에서 이를 진압하지 못해 난이 전국으로 확산되기도 하였다. 신라 하대에는 선종의 유행에 따라 승려의 사리를 안치한 묘탑인 승탑과 탑비(塔碑)가 다수 제작되었다.
① 돌무지덧널무덤(적석목곽분)은 5~6세기 신라에서 주로 만든 무덤양식이다.
② 불국사(佛國寺)는 신라 중대에 건립되었다.
③ 미륵반가사유상은 삼국시대 신라와 백제에서 많이 만들어졌다.

─────────────
핵심정리
신라 하대의 사회
• 농민들은 토지를 상실하고 소작농이 되기도 하고, 걸식(乞食)하거나 산간에서 화전을 일구기도 함
• 정부의 기강이 문란해지고, 지방의 조세 납부 거부로 인해 국가재정이 악화
• 촌주에 대한 국가통제력이 약화되면서 지방행정의 지배체제가 붕괴
• 농민층의 봉기로 인해 중앙정부의 통제력 상실(원종과 애노의 난이 발발하여 전국으로 확산)
─────────────

34

신라 말 호족 세력이 성장하게 된 배경과 관련이 없는 것은?

① 중앙에서 지방으로 내려간 진골과 6두품 귀족들이 호족화되었다.

② 진골세력과 6두품세력이 왕위 쟁탈전을 벌임으로써 중앙 정부의 권위가 하락하였다.

③ 가혹한 수탈로 전국 각처에서 농민 봉기가 일어났다.

④ 지방의 토착세력도 중앙 정부의 통제력에서 벗어나 반독립적 세력을 형성하였다.

해설 신라 하대의 왕위 쟁탈전은 진골 귀족들 사이에 일어났다. 신라 하대에 6두품세력은 진골세력에 의하여 탄압과 배척을 당하자 호족세력과 연결되어 반신라적 성향을 띠게 되었다.

─────────────
핵심정리
신라 하대의 정치적 변동
• **귀족의 반란과 하대의 시작**
  – 혜공왕(765~780) 때인 768년 대공의 난이 발생
  – 김양상(내물왕계)이 상대등이 되어 권력을 장악
  – 김양상과 이찬, 김경신이 김지정의 난을 진압하는 과정에서 혜공왕이 죽자, 김양상이 거병하여 스스로 왕(선덕왕)이 되어 신라 하대가 시작됨(780)
• **권력 투쟁의 격화**
  – 왕위 쟁탈전의 전개 : 진골 귀족들은 경제 기반을 확대하여 사병을 거느렸으며, 이러한 군사력과 경제력을 토대로 왕위 쟁탈전 전개 → 진골 귀족 내부의 분열을 의미하며, 이로 인해 신라 하대 155년 간 20명의 왕이 교체됨
  – 왕권의 약화 : 왕권이 약화되고 귀족 연합적인 정치가 운영되었으며, 집사부 시중보다 상대등의 권력이 다시 강대해짐 → 상대등 중심의 족당 정치
  – 지방 통제력의 약화 : 김헌창의 난(822)은 중앙 정부의 지방 통제력이 더욱 약화되는 계기로 작용
─────────────

제2편 고대의 성립과 발전

35 서울시 9급 기출

〈보기〉의 (가) 인물에 대한 설명으로 가장 옳은 것은?

─── 보기 ───

- 태조는 정예 기병 5천 명을 거느리고 공산(公山) 아래에서 (가) 을/를 맞아서 크게 싸웠다. 태조의 장수 김락과 신숭겸은 죽고 모든 군사가 패하였으며, 태조는 겨우 죽음을 면하였다.
- (가) 이/가 크게 군사를 일으켜 고창군(古昌郡)의 병산 아래에 가서 태조와 싸웠으나 이기지 못하였다. 전사자가 8천여 명이었다.

① 오월에 사신을 보내 교류하였다.

② 송악에서 철원으로 도읍을 옮겼다.

③ 기훤, 양길의 휘하에서 세력을 키웠다.

④ 예성강을 중심으로 성장한 해상 세력이다.

해설 (가)의 인물은 후백제를 건국하였던 견훤이다. 견훤은 신라 경애왕을 제거하고 고려와 공산 전투에서 승리하였으며 고창 전투에서 고려에게 패하였다. 견훤은 중국 오월(吳越)·후당(後唐)과 통교(적극적 대중국 외교)하였다.
② 궁예는 송악에서 철원으로 도읍을 옮겼다.
③ 궁예는 기훤, 양길을 몰아내고 세력을 키웠다.
④ 태조 왕건은 예성강을 중심으로 성장하였다.

핵심정리

후삼국의 성립

구분	후백제의 성립	후고구려의 성립
건국	견훤이 전라도 지방의 군사력과 호족세력을 중심으로 완산주(전주)에서 건국(900)	궁예가 초적·도적세력을 기반으로 반신라 감정을 자극하면서 세력을 확대한 후, 양길을 몰아내고 송악(개성)에서 건국(901)
영토	차령 이남의 충청, 전라 지역을 차지하여 경제력과 군사력을 확보	상주, 영주 일대까지 차지하는 등 옛 신라 땅의 절반 이상을 확보
한계	• 확실한 세력기반이 없었고 신라의 군사 조직을 흡수하지 못하였다. • 신라에 적대적이었고 농민에게 지나치게 조세를 수취하였으며, 호족을 포섭하는 데 실패	• 전쟁을 위하여 지나친 수취로 세(稅)부담이 가중되고, 가혹한 수탈을 자행 • 무고한 관료와 장군을 살해하였고 미륵신앙을 이용하여 전제 정치 도모 • 신하들에 의해 축출

36 국가직 9급 기출

발해의 대외관계에 대한 설명으로 옳지 않은 것은?

① 당과 신라를 견제하기 위해 돌궐과 외교관계를 맺기도 하였다.
② 일본과는 서경 압록부를 통해 여러 차례 사신이 왕래하였다.
③ 당에 유학생을 보냈는데 빈공과에 급제한 사람이 여러 명 나왔다.
④ 일본은 발해에 보낸 국서에서 발해왕을 고려왕으로 표현하기도 하였다.

해설 **발해의 대외 교통로**
• 일본도 : 수도 상경에서 동경 용원부 방향
• 신라도 : 수도 상경에서 남경 남해부 방향
• 조공도 : 수도 상경에서 서경 압록부 방향
• 영주도 : 수도 상경에서 장령부 방향
• 거란도 : 수도 상경에서 부여 방향

핵심정리

발해의 대외관계
• **당(唐)과의 관계** : 초기(무왕)에는 적대적이었다가 중기 이후(문왕) 친선관계로 전환
• **신라와의 관계** : 대체로 대립하였으나 친선관계를 형성하기도 함
• **돌궐과의 관계** : 당의 군사적 침략 견제를 위해 친선관계 유지
• **일본과의 관계** : 당과 연결된 신라를 견제하기 위해 친선관계 유지

37

발해에 대한 설명으로 옳지 않은 것은?

① 당의 연호를 사용하였다.
② 국립대학인 주자감을 설치하였고 당과의 교류로 불교 발전을 위해 노력하였다.
③ 전략적 요충지에 5경을 두었고 지방행정의 중심인 15부에는 도독을 두었다.
④ 최대 영토는 북으로는 흑룡강에서 송화강, 남으로는 대동강과 원산만을 형성하였다.

해설 발해는 중국과 대등한 지위에 있음을 대외적으로 과시하기 위하여 천통(고왕), 인안(무왕), 대흥(문왕), 건흥(선왕) 등의 독자적 연호를 사용했다.

38

발해가 고구려를 계승했다는 증거가 아닌 것은?

① 무덤양식이 굴식돌방무덤이고 온돌장치를 사용하였다.
② 발해가 왜에 보내는 문서에 고려 국왕을 자처하였다.
③ 지배층이 고씨와 대씨 등 고구려 계통이 거의 대부분이었다.
④ 상경에 주작대로를 건설하고 3성 6부 제도를 도입하였다.

해설 발해는 당의 제도인 3성 6부 제도를 도입하여 왕을 중심으로 하는 중앙집권적 지배체제를 갖추었다. 수도인 상경은 당시 당의 수도인 장안을 본떠 건설하였으며, 외성을 쌓고, 남북으로 넓은 주작대로를 내었다.

39

삼국시대의 통치체제에 관한 설명 중 옳지 않은 것은?

① 촌은 지방 세력가인 촌주가 다스렸다.

② 신라의 군사조직으로 서당과 정이 있었다.

③ 지방행정조직과 군사조직이 이원화되어 있었다.

④ 백제의 수상격인 상좌평은 정사암 회의에서 선출하였다.

> **해설** 삼국시대에는 지방행정조직과 군사조직이 일원적 체제를 갖추어 지방행정조직이 그대로 군사조직이 되어 지방관이 곧 군대의 지휘관이었다.
> ① 삼국시대에는 부·방·주나 성·군 단위까지는 지방관을 파견했으며, 말단 행정단위인 촌에는 지방관을 파견하지 않고 지방 세력인 촌주를 통해 간접적으로 지배하였다.
> ② 신라는 중앙군으로 서당(誓幢)이라는 군대가 있었고, 지방군으로 정(停)을 주 단위로 설치하였다(통일 전 1서당 6정에서 통일 후 9서당 10정으로 확대).
> ④ 백제의 수상격인 상좌평(또는 내신좌평)은 국정을 총괄적으로 운영하는 관직으로, 3년마다 정사암 회의에서 선출되었다.

40

다음은 삼국 정치조직과 관련된 설명이다. 이를 바탕으로 당시 정치의 특성을 유추한 것으로 옳은 것은?

> 삼국시대에는 왕권의 성장에도 불구하고 여전히 귀족들 간의 합의제가 존재하였다. 고구려의 제가회의, 백제의 정사암회의, 신라의 화백회의가 이를 보여주는 것이다. 특히 신라의 화백은 상대등을 의장으로 하는 귀족들의 회의기구로서 국가 중대사를 결정하였다.

① 국왕 중심의 귀족 연합적인 정치가 행해지고 있었다.

② 왕권이 미약하여 귀족 중심의 정치가 행해지고 있었다.

③ 왕권을 제한하기 위하여 귀족들이 한 장소에 모였다.

④ 중앙집권체제를 바탕으로 강력한 전제 정치가 행해지고 있었다.

> **해설** 삼국은 중앙집권국가로 성장하였으면서도 귀족들의 합의로 국가의 중대사를 결정하였다. 이러한 귀족회의제는 왕권에 대한 견제보다는 합의체 정치체제의 운영에 관심이 더 컸다.

41

다음 중 삼국 시대에 대한 설명으로 옳지 않은 것은?

① 고구려는 삼국 중에서 가장 먼저 국가체제를 정비하였다.

② 신라는 진한 소국의 하나인 사로국에서 발전하였고, 내물왕 때부터 김씨 왕위세습이 이루어졌다.

③ 백제는 고구려 계통의 유이민 세력과 금강 유역의 토착세력의 결합으로 성립되었다.

④ 가야는 풍부한 철의 생산과 해상교통을 이용하여 낙랑과 규슈지방을 연결하는 중계무역이 발달하였다.

> **해설** 백제는 한강 유역의 토착세력과 고구려 계통의 유이민 세력의 결합으로 성립되었으며(BC 18), 우수한 철기 문화를 보유한 유이민 집단이 지배층을 형성하였다.
> ① 고구려는 태조왕(53~146) 때 삼국 중 가장 먼저 국가의 집권체제를 정비하였다(고구려, 백제, 신라의 순서로 고대국가 체제가 정비됨).

② 대구·경주 지역을 중심으로 발전한 진한 12국의 하나인 사로국이 성장하여 신라로 발전하였다. 또한 내물왕(356~402) 때 체제가 정비되면서 김씨에 의한 왕위 계승권이 확립(형제상속)되고 왕의 칭호도 대군장을 뜻하는 마립간으로 바뀌었다.

④ 가야는 풍부한 철 생산과 함께 해상교통을 이용한 낙랑, 왜의 규슈 지방과 중계무역이 번성하였다.

핵심정리

초기의 통치체제

• 지배집단

구분	수도	지방(장관)	특수행정구역
고구려	5부	5부(부·성제) – 장관 : 욕살 – 성 : 처려근지	3경(평양성·국내성·한성)
백제	5부	5방(방·군제) – 장관 : 방령 – 군 : 군장	22담로(무령왕, 웅진시대)
신라	6부	5주(주·군제) – 장관 : 군주 – 군 : 태수	2소경(중원경·동원경)

• 귀족회의체 : 국가의 중요한 일의 결정은 각 부의 귀족들로 구성된 회의체에서 행함(고구려의 제가회의, 백제의 정사암회의, 신라의 화백회의)

42

남북국의 통치체제에 대한 설명으로 옳지 않은 것은?

① 통일신라는 집사부 아래에 위화부를 비롯한 13부를 두었다.

② 발해의 중앙조직은 3성과 6부를 근간으로 편성하였다.

③ 발해는 지방관을 감찰하기 위하여 외사정을 파견하였다.

④ 통일신라는 군사·행정상의 요지에 5소경을 두어 지방의 균형 있는 발전을 꾀하였다.

해설 외사정을 파견한 국가는 통일신라이다. 통일신라는 지방관을 감찰하기 위하여 외사정을 파견하고 지방 세력을 견제하기 위하여 상수리제도를 실시하였다.

43

발해의 정치조직은 당의 제도를 기본으로 하였지만 독자성은 유지하였다. 다음 중 독자성의 근거로 볼 수 있는 것을 모두 고른 것은?

> ㉠ 관리를 감찰하는 기구를 두었다.
> ㉡ 중앙관제의 명칭을 당과 달리하였다.
> ㉢ 중앙관제를 3성 중심으로 편성하였다.
> ㉣ 좌사정과 우사정이 3부씩 각각 나누어 관할하였다.

① ㉠, ㉡ ② ㉠, ㉢
③ ㉡, ㉢ ④ ㉡, ㉣

해설 발해의 중앙 관제

• 3성 6부
  – 왕(가독부) 아래 최고 권력기구이자 귀족 합의기구인 정당성을 둠
  – 정당성은 왕명을 반포하는 선조성(좌상)과 왕명을 작성하는 중대성(우상)과 함께 3성을 구성, 충·인·의·지·예·신부의 6부를 두어 업무 분장
  – 정당성의 장관인 대내상이 수상으로 국정 총괄, 그 아래의 좌사정이 충·인·의부를, 우사정이 지·예·신부를 각각 분장(2원적 통치 체제)
• 독자성 : 당의 제도를 수용하였지만, 6부의 명칭·운영은 독자적
• 특별 기관
  – 중정대 : 관리들의 비위(非違)를 감찰하는 감찰기관
  – 문적원 : 서적의 관리 담당(도서관)
  – 주자감 : 중앙의 최고 교육기관(국립대학)

실전문제

제2장 고대의 경제 구조와 경제 생활

● 대표유형문제 ●

서울시 9급 기출

〈보기〉의 통일신라시대의 경제제도를 시간 순으로 바르게 나열한 것은?

── 보기 ──

ㄱ. 중앙과 지방의 여러 관리에게 매달 주던 녹봉을 없애고 다시 녹읍을 주었다.

ㄴ. 중앙과 지방 관리들의 녹읍을 폐지하고 해마다 조(租)를 차등 있게 주었으며 이를 일정한 법으로 삼았다.

ㄷ. 처음으로 백성들에게 정전(丁田)을 지급하였다.

ㄹ. 교서를 내려 문무 관료들에게 토지를 차등 있게 주었다.

① ㄴ → ㄱ → ㄹ → ㄷ   ② ㄴ → ㄹ → ㄱ → ㄷ

③ ㄹ → ㄷ → ㄴ → ㄱ   ❹ ㄹ → ㄴ → ㄷ → ㄱ

정답해설 ㄹ. 신문왕 때에 문무 관료들에게 토지를 차등 지급하는 관료전을 시행하였는데, 관료전은 관리들이 관직에 복무하는 대가로 받은 토지로 조세만을 받을 수 있으며 농민을 지배할 권한은 없고 관직에서 물러나면 국가에 반납해야 했다(687).

ㄴ. 신문왕 때에 중앙과 지방 관리들의 녹읍을 폐지하고 해마다 조(租)를 차등 있게 지급하였는데, 이는 귀족들에 의한 농민의 인신적 지배를 억제하고 왕권강화와 국가재정 및 민생안정을 위한 조치였다(689).

ㄷ. 성덕왕 때에 백성들에게 처음으로 정전(丁田)을 지급하여 농민에 대한 국가의 토지 지배력을 강화하였다.(722).

ㄱ. 경덕왕 때에 귀족들의 반발로 중앙과 지방의 여러 관리에게 매달 주던 녹봉을 없애고 녹읍을 다시 주었다(757).

오답해설 ①, ②, ③ 시간 순서가 아니다.

핵심정리 **신라시대의 토지제도**

녹읍의 지급	• 녹읍(祿邑)은 관료 귀족에게 지급한 토지로서 조세 수취와 노동력 징발 가능 • 왕권은 아직 미약
관료전 지급 (신문왕)	• 왕권강화와 귀족세력 억압을 위해 관료전 지급(687) • 관리에게 녹읍 폐지(689)
정전 지급 (성덕왕)	• 왕토사상에 의거하여 백성에게 정전 지급 → 국가에 일정한 역의 대가로 지급한 것으로, 국가의 농민(토지)에 대한 지배 강화(722) • 귀족에 대한 국왕의 권한을 강화하고 농민 경제를 안정시키는 것이 목적
녹읍 부활 (경덕왕)	• 신라 중대의 전제 왕권이 동요되기 시작하면서 진골 귀족이 반발로 녹읍이 부활(757) • 녹읍을 토대로 한 귀족들의 지배가 유지되고 대토지 소유가 확대되면서 농민의 부담은 더욱 가중

01

다음 신라의 녹읍에 대한 내용을 토대로 알 수 있는 사실이 아닌 것은?

> "녹읍은 관료에게 일정한 지역의 토지를 지급하는 데 있어 그 수조권뿐만 아니라 그 토지에 딸린 노동력과 공물을 수취할 수 있는 것이다. 신문왕 9년에는 녹읍을 혁파하고 대신 매년 단순한 급료인 녹봉을 지급하였다."

① 녹읍의 부활은 귀족 세력의 완강함을 말해 준다.
② 녹읍이 부활된 시기는 신라 하대이다.
③ 녹읍의 혁파는 귀족 관료에 대한 억압책이다.
④ 관료는 녹읍에서 조세, 공물, 요역을 징발할 수 있었다.

해설 녹읍은 국가에서 관료 귀족에게 지급한 일정 지역의 토지로서 조세를 수취할 뿐만 아니라 그 토지에 딸린 노동력을 징발할 수 있었다. 신문왕은 전제 왕권을 강화하고 귀족세력을 억압하기 위한 방책으로 녹읍을 폐지하고 관리들에게 녹봉 대신 관료전을 지급하였다. 녹읍제는 귀족들의 반발로 신라 중대인 경덕왕 16년(757)에 다시 부활하였다. 위 제시문으로는 녹읍이 부활된 시기를 알 수 없다.

02

다음 중 고대 농민의 생활상이 아닌 것은?

① 삼국시대 농업 생산력은 저조하였다.
② 삼국시대 지방 농민은 잡역과 군역을 담당하였다.
③ 통일신라에서는 왕토사상에 기초하여 일반 백성에게도 토지를 지급하였다.
④ 일본 동대사 정창원에서 발견된 민정문서를 통해 삼국의 생활상을 알 수 있다.

해설 민정문서는 통일신라시대의 촌락의 경제 생활과 국가의 세무 행정을 알 수 있는 자료이다.
　① 삼국시대는 농업 생산력의 수준이 낮았다.
　② 지방 농민은 전쟁 물자를 조달하거나 잡역부로 동원되었으며 전쟁에 군사로 참여하기도 하였다.
　③ 성덕왕 21년(722)에 농민에게 국가에 대한 일정한 역의 대가로 토지를 지급하였다.

핵심정리

왕토사상

왕토사상이란 "모든 토지는 왕토 아닌 것이 없고 모든 백성은 왕의 신하 아닌 것이 없다."라고 하여 나라 안의 모든 땅과 백성은 왕의 것이라는 전제적인 사상이다. 이러한 사상은 중앙집권국가가 등장한 삼국시대에 대두되어 고려, 조선시대까지 계승되었다.

03

다음 자료를 바탕으로 삼국시대의 수취제도를 바르게 설명한 것을 모두 고른 것은?

- 세(인두세)는 포목 5필에 곡식 5섬이다. 조(租)는 상호가 1섬이고, 그 다음이 7알이며, 하호는 5말을 낸다.(고구려)
- 세는 포목, 명주실과 삼, 쌀을 내었는데, 풍흉에 따라 차등을 두어 받았다.(백제)
- 3월, 주·군에 영을 내려 "토목 공사 때문에 농사지을 시기를 놓치지 않게 하라."고 하였다.(신라)

- ㉠ 재산의 정도에 따라 호를 나누어 세금을 거두었다.
- ㉡ 삼국의 조세는 화폐로 납부하는 것이 일반적이었다.
- ㉢ 국가는 노동력이 필요하면 임노동자를 고용하였다.
- ㉣ 삼국은 가능한 한 합리적인 방식으로 세금을 부과했다.

① ㉠, ㉡　　　　　② ㉡, ㉢
③ ㉢, ㉣　　　　　④ ㉠, ㉣

해설 삼국시대에 농민에 대한 과도한 수취는 농민 경제의 발전을 억누르고 농민을 토지로부터 이탈시켜 사회 체제가 동요하는 계기가 되었다. 이런 이유로 삼국은 가능한 한 합리적인 방식으로 세금을 부과하여 대체로 재산의 정도에 따라 호를 나누어 곡물과 포를 거두었으며, 그 지역의 특산물도 거두었다.

핵심정리

삼국의 농민에 대한 수취

수취 체제의 정비	• 합리적 세금 부과 : 노동력의 크기로 호를 나누어 곡물과 포 징수 • 국가에서 노동력이 필요하면 15세 이상의 남자 동원
농민 경제의 안정책	• 구휼정책 : 진대법 실시 • 철제 농기구 보급, 저수지 축조 • 우경이나 황무지의 개간 권장

04

다음 내용에 해당하는 성격의 토지는?

- 농민이 소유하고 국가에서 세금 징수
- 매매, 상속, 개간이 가능한 토지

① 정전　　　　　② 녹읍
③ 공음전　　　　④ 내장전

해설 성덕왕 21년에는 일반 백성에게 정전을 지급하여 농민이 직접 경작하고 국가에 조를 바치게 하여 국가의 농민에 대한 지배권이 강화되었다. 신라의 농민들은 조상으로부터 물려받은 정전을 경작하고 조를 바치는 자영 농민이 대부분이었다.
② 국가에서 관료로 일하는 귀족에게 지급한 토지로, 조세 수취와 노동력 징발이 가능했다.
③ 고려시대 5품 이상 고위 관리나 특별한 업적이 있는 관리에게 지급하던 토지이다.
④ 고려시대 왕실이 소유하여 직접 경영하던 직속 토지이다.

05 지방직 9급 기출

통일신라시대 민정문서(장적)에 대한 설명으로 옳지 않은 것은?

① 인구, 가호, 노비 및 소와 말의 증감까지 매년 작성하였다.

② 토지에는 연수유전답, 촌주위답, 내시령답이 포함되어 있다.

③ 사람은 남녀로 나누고, 연령을 기준으로 하여 6등급으로 구분하였다.

④ 호(戶)는 상상호(上上戶)에서 하하호(下下戶)까지 9등급으로 구분하였다.

해설 민정문서는 촌주가 자연촌을 단위로 매년 변동 사항을 조사하여 3년마다 촌단위로 다시 작성하였다.

② 토지에는 연수유전답, 촌주위답, 내시령답, 관모전답 등이 포함되어 있다.

③ 인구는 남녀별 · 연령별로 구분하여 6등급으로 구분하였다.

④ 호(戶)는 인정(人丁)의 수에 따라 상상호(上上戶)에서 하하호(下下戶)까지 9등급으로 구분하였다.

핵심정리

민정문서의 내용

구분		연수유전답	기타 재산			
			우	마	상목	백자목
사해 점촌	답	94결 2부 4속	22	25	1004	120
	전					
살하 지촌	답	62결 10부	12	18	1280	?
	전					

구분	호등					인구		
	중하	하상	하중	하하	수좌	남	여	노비
사해 점촌	4	2	–	5	–	64	78	9
살하 지촌	1	2	5	6	1	47	78	7

토지의 종류

• 연수유전답 : 국가가 농민에게 지급한 논밭
• 관모전답 : 관청의 경비 조달을 위한 토지
• 내시령답 : 관리에게 지급된 토지
• 촌주위답 : 촌주에게 지급된 토지

06

다음 자료에 대한 설명으로 옳은 것은?

> 토지는 논 · 밭 · 촌주위답 · 내시령답 등 토지의 종류와 면적을 기록하고, 사람들은 인구 · 가호 · 노비의 수와 3년 동안의 사망 · 이동 등 변동 내용을 기록하였다. 그 밖에 소와 말의 수, 뽕나무 · 잣나무 · 호두나무의 수까지 기록하였다. …… 기록된 4개 촌은 호구 43개에 총인구는 노비 25명을 포함하여 442명(남 194명, 여 248)이며, 소 53마리, 말 61마리, 뽕나무 4,249그루 등의 재산을 소유하고 있었다.

① 남자 나이 16세에서 60세까지의 인구를 연령별 9등급으로 조사하였다.

② 국가에서 노동력 수취를 위해 만들어졌다.

③ 촌주가 매년 변동사항을 조사하여 5년마다 작성하였다.

④ 촌주를 견제하기 위해 기인제도를 실행하였다.

해설 제시문은 통일신라시대의 민정문서에 관한 자료이다.

① 16세에서 60세의 남자의 연령을 기준으로 나이에 따라 6등급으로 구분하였다.

③ 매년 변동 사항을 조사하여 3년마다 문서를 작성하였다.

④ 통일신라시대에는 지방세력을 견제하기 위하여 지방 호족을 일정 기간 서울에 머물게 한 상수리제도가 있었다. 기인제도는 고려시대의 제도이다.

민정문서

• 서원경 부근 4개 촌락에 대한 내용으로, 1933년 일본 나라시 동대사 정창원에서 발견
• **조사 및 작성** : 경덕왕 14년(755)부터 매년 변동 사항을 조사하여 촌주가 3년마다 다시 작성
• **목적 및 의의** : 자원과 노동력을 철저히 편제하여 조세 수취와 노동력 징발의 기준을 정하기 위한 것으로 율령 정치의 발달을 엿볼 수 있음
• **내용** : 남녀별 · 연령별 인구수, 촌락의 토지 크기, 소 · 말 등 가축의 수, 토산물, 유실수 파악
• **가호 등급** : 노동력이 많고 적음에 따라 9등급
• **인구** : 남녀별 · 연령별 6등급

07

다음은 신라시대의 토지의 변천 모습이다. (가)에 들어갈 토지에 대한 설명으로 옳은 것은?

> 녹읍 · 식읍 → (가) → 정전 → 녹읍제 부활

① 수조권만 인정하였다.
② 귀족세력을 유지 · 강화하기 위하여 지급되었다.
③ 수조권과 노동력 징발권까지 인정하였다.
④ 성덕왕 때 백성에게 지급되었다.

해설 (가)에 들어갈 토지는 관료전이다.
　② 관료전은 귀족세력을 억압하기 위하여 지급되었다.
　③ 수조권과 노동력 징발권까지 인정된 토지는 녹읍과 식읍이다.
　④ 신문왕 때 관료들에게 지급되었다.

08

통일신라시대 귀족경제의 변화를 말해주고 있는 밑줄 친 '이것'에 대한 설명으로 옳은 것은?

> 　전제왕권이 강화되면서 신문왕 9년(689)에 이것을 폐지하였다. 이를 대신하여 조(租)의 수취만을 허락하는 관료전이 주어졌고, 한편 일정한 양의 곡식이 세조(歲租)로서 또한 주어졌다. 그러나 경덕왕 16년(757)에 이르러 다시 이것이 부활되는 변화과정을 겪었다.

① 이것이 폐지되자 전국의 모든 국토는 '왕토(王土)'라는 사상이 새롭게 나오게 되었다.
② 수급자가 토지로부터 조(租)를 받을 뿐 아니라, 그 지역의 주민을 노역(勞役)에 동원할 수 있었다.
③ 삼국통일 이후 국가에 큰 공을 세운 육두품 신분의 사람들에게 특별히 지급하였다.
④ 촌락에 거주하는 양인농민인 백정이 공동으로 경작하였다.

해설 녹읍은 관료 귀족에게 지급한 일정 지역의 토지로서 조세 수취권 외에 해당 지역민에 대한 노동력 징발의 특권도 부여되었다. 신문왕 9년(689)에 귀족의 경제기반이었던 녹읍을 폐지하고 관료전을 지급하였다가 경덕왕 16년(757) 때 다시 부활하게 되었다.
　① 직전법이 폐지되자 전국의 모든 국토는 국가의 소유라는 '왕토(王土)'라는 사상이 새롭게 나오게 되었다.
　③ 삼국통일 이후 국가에 큰 공을 세운 사람들에게 지급된 것은 식읍이다. 6두품 신분의 사람들에게 한정하여 지급하지는 않았다.
　④ 촌락에 거주하는 양인농민을 백정이라 칭한 것은 통일신라시대가 아닌 고려시대의 일이다.

핵심정리

식읍, 녹읍, 관료전, 정전

- 식읍
  - 공로를 세운 대가로 왕족이나 공신에게 지급한 토지와 가호
  - 조세 수취와 노동력 징발권을 부여
- 녹읍
  - 귀족 관료에게 관직 복무의 대가로서 지급한 일정 토지로, 녹과(祿科)의 성격을 지님
  - 조세 수취와 노동력 징발 가능
- 관료전
  - 신라 중대 신문왕 때 관리들에게 지급된 전지로, 수조권만을 부여
  - 신문왕은 귀족세력을 억압하고 왕권을 강화하기 위해 관료전을 지급하고, 식읍을 제한하고 녹읍도 폐지(689)
- 정전
  - 당의 규제제를 모방하여 16세 이상 60세 이하의 정남에게 일정한 역의 대가로 지급한 토지
  - 성덕왕은 왕토사상에 의거하여 정전을 지급하여 국가의 토지 지배권을 강화

09

다음 사료를 통해 알 수 있는 역사적 변화로 적절한 것은?

> 재상가에는 녹(祿)이 끊이지 않았다. 노동(奴僮)이 3,000명이고 비슷한 수의 갑옷과 무기, 소, 말, 돼지가 있었다. 바다 가운데 섬에 길러 필요할 때 활로 쏘아서 잡아먹었다. 곡식을 꾸어서 갚지 못하면 노비로 삼았다.

① 국가에서 귀족에게 녹읍 및 식읍을 주었다.
② 중앙 통제가 약해지면서 반 독립적 세력이 적극적으로 사회변화를 추구하였다.
③ 처음으로 백성에게 정전을 지급하였다.
④ 여러 내외관의 월봉을 없애고 다시 녹읍을 나누어 주었다.

해설 사료의 내용은 신라 하대의 모습으로, 중앙 통제가 약해지고 몰락한 중앙 귀족, 해상 세력 등이 반 독립적 세력으로 성장한 지방 세력인 호족에 대한 설명이다. 이들은 근거지에 성을 쌓고 스스로 성주 및 장군이라 칭하였으며 중앙 정부의 가혹한 수탈에 대항하여 농민과 함께 무장 조직을 갖추었다.

핵심정리

귀족의 경제생활

- 경제적 기반
  - 국가로부터 녹읍·식읍을 지급 받음
  - 대토지와 많은 노비 소유
- 경제 기반 확대
  - 전쟁 참여로 더 많은 토지와 노비 소유
  - 고리대를 이용하여 농민 수탁
- 생활 모습
  - 중국에서 수입한 비단, 보석 등으로 치장
  - 기와집 등 호화 주택 이용

제2편
고대의 경제활동 발전

10

다음 사료는 고구려 농민들의 삶의 일면을 나타내고 있다. 이와 같은 상황에서 실시되었던 정책으로 옳은 것은?

> 왕이 사냥을 나갔을 때 길거리에서 우는 사람이 있어서 왜 우느냐고 물었더니 "신(臣)은 가난하여 품팔이로 어머니를 봉양하는데 금년에는 곡식이 잘되지 않아 품팔이도 할 수 없고, 한 되, 한 말의 식도 얻을 수 없어 웁니다." 이에 왕이 "아, 내가 백성의 부모가 되어 백성들에게 이처럼 어려움을 겪게 했으니, 이 모든 것이 나의 죄로구나." ……
>
> — 〈삼국사기〉

① 궁핍한 백성에게 봄에 곡식을 빌려주고 가을에 갚게 하였다.
② 백성들을 징발하여 성곽과 도로를 보수하였다.
③ 민정문서를 작성하여 조세와 노동력 징발의 자료로 삼았다.
④ 특산물세를 쌀로 대신 내게 하고 군포도 경감하였다.

해설 진대법은 고국천왕 때 가난한 농민을 구제하기 위한 시책으로, 먹을거리가 부족한 봄에 곡식을 빌려주었다가 가을에 추수한 것으로 갚도록 한 제도이다.

─ 핵심정리 ─

고구려의 진대법
- 2세기 고국천왕 때 시행
- 흉년이나 춘궁기에 국가가 농민에게 양곡을 대여해주고 수확기에 갚게 한 전근대 시대의 구휼제도
- 몰락 농민의 귀족 예속을 막고 공민 확보를 위해 실시

11

삼국시대 농업에 대한 설명으로 옳지 않은 것은?

① 지증왕 때 우경이 시작되었다.
② 거름을 주는 기술이 발달하여 휴경지가 줄어들었다.
③ 농민은 자기 소유의 땅을 경작하거나 귀족의 땅을 소작하였다.
④ 농기구는 돌이나 나무로 만든 것과 일부분을 철로 보완한 것을 사용하다가 점차 철제 농기구가 보급되었다.

해설 삼국시대는 농업기술이 발달하지 못하여 매년 경작이 곤란하였다. 고려시대부터 거름을 주는 시비법이 발달하여 밑거름과 덧거름을 주게 되면서 경작지를 묵히지 않고 계속해서 농사를 지을 수 있게 되었다.

12

다음과 같은 시기에 해당하는 신라의 농업기술은?

> 국호를 신라로 바꾸고, 왕의 칭호도 마립간에서 왕으로 고쳤으며, 대외적으로 우산국을 복속하였다.

① 타조법이 시행되었다.
② 모내기법이 확산되었다.
③ 가축의 배설물을 거름으로 사용하였다.
④ 철제 농기구의 사용과 우경이 확대되었다.

해설 6세기의 신라 지증왕 때의 사실이다.
① 조선 초기, ② 조선 후기, ③ 고려시대

13

남북국 시대의 경제에 대한 설명으로 옳지 않은 것은?

① 발해의 수취 제도는 조세, 공물, 요역 등으로 구분할 수 있다.

② 발해는 당으로부터 비단, 서적 등을 수입하고, 말과 자기 등을 수출하였다.

③ 삼국 통일 후 비약적인 경제 발전으로 신라의 수도 경주에 처음으로 시장이 설치되었다.

④ 삼국 통일 후에도 신라에서는 시비법이 발달하지 못하여 같은 토지를 해마다 경작할 수 없었다.

> **해설** 통일 이전에도 경주에 동시가 설치되어 있었고 통일 이후 동시만으로는 상품 수요를 감당할 수 없어 서시와 남시를 설치하였다.
> ① 토지에 대한 세금인 조세, 특산물을 거두는 공물, 공사에 백성들을 동원하는 역으로 구분되는 수취제도는 발해에서도 시행되었다.
> ② 발해의 수출품은 주로 모피, 인삼 등 토산물과 불상, 자기 등 수공업품이었다. 당으로부터는 귀족의 수요품인 비단, 책 등을 수입하였다.
> ④ 통일 이후 사회 안정으로 농업 생산이 늘어나기는 했지만 아직 매년 경작하는 단계에는 이르지 못했다. 1년 또는 몇 년을 묵혀 두었다가 경작해야 하였다. 고려 후기~조선 초 시비법의 발달로 휴경지가 줄어들고 연작 생산이 이루어졌다.

14

통일신라의 경제생활에 대한 설명으로 옳은 것은?

① 진대법을 실시하여 춘궁기에 백성을 구휼하였다.

② 비단과 책을 중국에 수출하였다.

③ 노동력과 생산 자원을 철저하게 편제하여 관리하였다.

④ 일반 백성에게 녹읍과 식읍을 나누어 주었다.

> **해설** 민정문서를 작성하여 노동력 및 자원의 파악과 관리를 하였다.
> ① 진대법은 고구려에서 실시한 구휼 정책이다.
> ② 비단과 서적은 중국에서 수입하였고, 베 · 견직물 · 인삼 · 금은 세공품 등을 수출하였다.
> ④ 녹읍과 식읍은 통일 전 귀족들에게 지급, 통일 후에 일반 백성에게는 정전이 지급되었다.

15

삼국시대 대외무역에 대한 설명으로 옳지 않은 것은?

① 고구려는 남북조 및 북방 민족과 무역을 하였다.

② 4세기 이후의 삼국의 국제 무역이 크게 발달하였다.

③ 왕실과 귀족의 필요에 의하여 공무역의 형태로 이루어졌다.

④ 삼국은 촌락 공동체 중심의 자급자족 경제 단계에 있었다.

> **해설** 삼국은 촌락 공동체 중심의 자급자족 단계에서 벗어나 시장이 생기고 특산물을 수출하기도 하였다.

16

고대 국가의 무역 활동에 관한 설명으로 옳지 않은 것은?

① 고구려 : 남북조 및 유목민인 북방 민족과 무역을 하였다.

② 백제 : 남중국 및 왜와 무역을 활발하게 전개하였다.

③ 신라 : 한강 유역 진출 후 중국과 직접 교역하였다.

④ 발해 : 일본과는 적대관계에 있어 교역하지 않았다.

해설 발해는 일본과 외교관계를 중시하여 무역을 활발히 전개하였는데, 무역 규모가 커서 한 번에 수백 명이 오가기도 하였다.

17

다음 (가) 국가의 경제에 대한 설명으로 옳지 않은 것은?

> 고려가 (가)의 역사를 편찬하지 않았으니, 고려가 떨치지 못한 것을 알겠다. ······ 부여씨가 망하고 고씨가 망하게 되니 김씨가 그 남쪽 땅을 차지하고, 대씨가 그 북쪽 땅을 소유하여 (가)라고 하였다. 이것을 남북국이라고 한다. 그러니 마땅히 남북국사가 있어야 할 것이다. 고려가 이것을 편찬하지 않은 것은 잘못이다.

① 밭농사를 주로 지었고 목축이 발달하였다.

② 중국의 남북조 및 북방 유목 민족과 무역을 하였다.

③ 모피, 인삼, 말, 불상, 자기 등을 수출하였다.

④ 철 · 구리 · 금 등 금속 가공업과 삼베 · 명주 · 비단 등의 직물업이 발달하였다.

해설 제시문은 유득공이 지은 한국 최초의 발해사서인 〈발해고〉이다. (가)에 들어갈 나라는 발해이며 중국의 남북조 및 북방 유목 민족과 무역을 한 것은 고구려이다.

핵심정리

발해의 경제와 무역

• 발해의 경제

농업	• 밭농사 중심. 철제 농기구 사용 • 수리시설이 확충되면서 일부에서 벼농사 지음
목축과 수렵	• 목축(돼지, 소, 말, 양) 발달. 솔빈부의 말은 주요 수출품 • 모피, 녹용. 사향 등을 해외에 수출
수공업	• 철 · 구리 · 금은 등 금속가공업과 삼베 · 명주 · 비단 등의 직물업 발달 • 철의 대량생산, 좋은 품질의 구리 생산
상업	• 도시와 교통 요충지에 상업 발달 • 현물 화폐를 주로 사용하나 외국 화폐가 유통

• 발해의 대외무역

당	• 발해관(발해 사신들이 머물던 숙소) 설치 • 모피, 인삼 등 토산물과 불상. 자기 등 수공업품 수출 • 비단. 책 등 수입
일본	• 일본과의 외교관계를 중시하여 무역을 활발히 전개
신라	• 초기에는 원만하지 못했으나 필요에 따라 사신 교환

18

다음 (가)에 들어갈 나라의 대외무역에 관한 설명으로 틀린 것은?

> 장보고는 (가)로 돌아와 흥덕왕을 찾아보고 말하기를 "중국에서는 널리 우리나라 사람들을 노비로 삼으니 청해진을 만들어 적으로 하여금 사람들을 약탈하지 못하도록 하기를 원하나이다."라고 하였다. 청해는 (가) 해로(海路)의 요충으로 지금의 완도를 말하는데, 대왕은 그 말을 따라 장보고에게 군사 만 명을 거느리고 해상을 방비하게 하니, 그 후로는 해상으로 잡혀가는 사람이 없었다.

① 당과의 관계가 긴밀해지면서 무역이 번성하였다.
② 산둥 반도와 양쯔강 하류에 신라방을 설치하였다.
③ 이슬람 상인이 울산까지 와서 무역하였다.
④ 산둥 반도의 덩저우에 발해관을 설치하였다.

해설 제시문은 통일신라시대 때 장보고의 활동에 대한 사료로, (가)에 들어갈 나라는 신라이다. 산둥 반도의 덩저우에 발해관을 설치한 것은 발해의 대외 무역에 관한 설명이다.

핵심정리

통일신라의 무역

- **대당 무역** : 공무역, 사무역
  - 수출품 : 금·은 세공품, 인삼
  - 수입품 : 귀족들의 사치품, 비단, 책, 약제
- **대일 교류** : 초기에는 제한, 8세기 이후 활발
- **이슬람과의 교류** : 국제 무역이 발달하면서 이슬람 상인이 울산까지 왕래
- **무역항** : 당항성(남양만), 영암, 울산(국제 무역항)
- **청해진** : 장보고가 완도에 설치, 해적 소탕, 남해와 황해의 해상 무역권 장악
- **신라인의 중국진출**
  - 산둥 반도, 양쯔강 하류
  - 신라방·신라촌(집단 거주지), 신라소(행정 기관), 신라관(숙소), 신라원(사원, 장보고가 설치한 법화원이 대표적)

▲ 남북국 시대의 무역로

실전 문제

제3장 고대의 사회 구조와 사회 생활

● 대표유형문제 ●

국가직 9급 기출

다음 자료에 나타난 통일신라시대의 신분층과 연관된 설명으로 옳은 것은?

> (그들의) 집에는 녹(祿)이 끊이지 않았다. 노동(奴僮)이 3천 명이며, 비슷한 수의 갑병(甲兵)이 있다. 소, 말, 돼지는 바다 가운데 섬에서 기르다가 필요할 때 활로 쏘아 잡아먹는다. 곡식을 남에게 빌려 주어 늘리는데, 기간 안에 갚지 못하면 노비로 삼아 부린다.   – 『신당서』 –

① 관등 승진의 상한은 아찬까지였다.
② 도당 유학생의 대부분을 차지하였다.
③ 돌무지덧널무덤을 묘제로 사용하였다.
❹ 식읍 · 전장 등을 경제적 기반으로 하였다.

정답해설 지문에서 설명하고 있는 통일신라시대의 신분층은 진골귀족이다. 이들은 식읍 · 전장 등을 경제적 기반으로 하는 등 부유한 생활을 하였다.

오답해설 ① 관등 승진의 상한이 아찬까지인 신분은 6두품이고, 진골귀족은 상한이 없었다.
② 도당 유학생은 대부분 6두품이다. 이들은 당에서 빈공과에 합격하는 등 활발한 활동을 하였다.
③ 돌무지덧널무덤은 신라시대의 무덤양식이며, 통일신라시대에는 굴식돌방무덤의 무덤양식이 많이 사용되었으며, 화장도 성행하였다.

핵심정리 **골품제의 구성**

- **성골** : 김씨 왕족 중 부모가 모두 왕족인 최고의 신분으로, 폐쇄적 혼인정책(족내혼)으로 인해 진덕여왕을 끝으로 사라짐
- **진골** : 집사부 장관인 시중(중시) 및 1관등에서 5관등까지 임명되는 각 부 장관을 독점, 왕이 될 자격이 없는 왕족이었으나, 중대(태종 무열왕) 이후 성골 출신의 도태로 진골에서 왕이 나옴
- **6두품(득난)** : 진골 아래 있는 두품 중 최고 상급층, 진골에 비해 관직 진출이나 신분상 제약이 큼, 종교나 학문 분야에서 활동하여 통일 초기(중대) 왕권의 전제화에 공헌했으나 하대에는 반신라 세력으로 변모, 최고 6관등 아찬까지 진출(관직 상한은 있으나 하한은 없음), 가옥은 21자로 제한

등급	관등명	진골	6두품	5두품	4두품
1	이벌찬	■			
2	이 찬				
3	잡 찬				
4	파진찬				
5	대아찬				
6	아 찬		■		
7	일길찬				
8	사 찬				
9	급벌찬				
10	대나마			■	
11	나 마				
12	대 사				■
13	사 지				
14	길 사				
15	대 오				
16	소 오				
17	조 위				
관등		골품			

01

다음 자료에 나타난 삼국의 사회 모습으로 옳은 것은?

> 고구려 왕 사유(고국원왕) 보병과 기병 2만을 거느리고 와서 치양(황해도 백주)에 주둔하고 군사를 나누어 민가를 약탈하였다. 왕(근초고왕)이 태자에게 군사를 주니 곧장 치양으로 가서 고구려군을 급히 깨뜨리고 5,000명을 사로잡았다. 그 포로를 장사에게 나누어 주었다.

① 개인의 능력에 따른 신분 이동이 많았을 것이다.
② 개인의 재산과 생명을 존중하는 사회였을 것이다.
③ 삼국시대에는 전쟁이 빈번하여 전쟁 노비가 많았을 것이다.
④ 전쟁 포로보다 빚을 갚지 못해 노비가 된 자가 많았을 것이다.

해설 삼국시대에는 전쟁이 빈번하여 전쟁 노비가 많았다.
    ① 삼국시대에는 혈통이나 출신 가문의 등급에 따른 엄격한 신분제도가 있었다.
    ② 삼국시대에는 정복과 복속이 빈번하게 이루어지면서 개인의 재산과 생명은 경시될 수밖에 없었다.
    ④ 삼국시대에는 전쟁이 빈번하여 부채 노비보다 전쟁 노비가 더 많았으며, 통일신라 이후 전쟁 노비는 사라졌다.

02

삼국 사회의 성격으로 옳은 것은?

① 율령을 제정하여 지배층은 특권을 유지하였다.
② 계층상의 차이가 분명하였으나 어느 정도 신분 이동이 촉진되었다.
③ 개인의 신분은 능력에 따라 결정되었다.
④ 지배층만을 대상으로 한 별도의 신분제는 없었다.

해설 삼국시대에는 율령을 제정하여 지배층의 신분을 유지하였으며, 개인의 신분은 능력보다는 그가 속한 친족의 사회적 위치에 따라 결정되었다.

핵심정리

삼국시대 신분의 구성
- **귀족** : 왕족을 비롯한 부족장 세력이 귀족으로 재편성되어, 정치 권력을 소유하고 사회·경제적 특권을 누림
- **평민** : 대부분 농민, 자유민이었으나 정치적·사회적 제약을 받았으며 조세를 납부하고 노동력을 징발·제공
- **천민**
  - 향·부곡민 : 촌락을 단위로 한 집단 예속민으로, 평민보다 무거운 부담을 짐(하층 양인 또는 천민으로 분류되나, 노비와 같이 주인에게 예속된 것은 아님)
  - 노비 : 왕실이나 관청, 귀족 등에 예속되어 신분이 자유롭지 못했으며, 가족을 구성하는 데 제약이 따름(전쟁 포로나 범죄 채무 등으로 노비로 전락하는 경우가 다수)

제**2**편
고대의 생활과 발전

03

삼국 사회에 대한 설명으로 옳지 않은 것은?

① 고구려에서는 정치를 주도하며 사회적으로 높은 지위를 누린 계층은 왕족인 고씨를 비롯하여 5부 출신의 귀족들이었다.

② 신라에서는 각 지방의 족장세력을 통합하기 위해 골품제도를 마련하여 통치 기반을 만들었다.

③ 백제에서는 남의 물건을 훔친 자는 훔친 물건의 12배를 물게 하였다.

④ 삼국은 귀족, 평민, 천민의 계층 구조를 바탕으로 그 지배층 내부에서 엄격한 신분제도를 운영하였다.

해설 훔친 물건의 12배를 물게 하는 형법은 고구려의 법이고, 백제에서는 도둑질한 자는 귀양 보냄과 동시에 2배를 물게 하였다.

━━━ **핵심정리** ━━━

고구려와 백제의 형률

• 고구려
- 사회질서와 기강 유지를 위해 형법이 매우 엄격하여 법률을 어기거나 사회질서를 해치는 자가 드물었음
- 반역·반란은 중죄로 보아 죄인은 사형에 처하고 그 가족은 노비로 삼음
- 적에게 항복한 자나 전쟁에서 패한 자 역시 사형에 처함
- 1책 12법 : 도둑질한 자는 12배를 물게 함

• 백제
- 반역자나 전쟁에서 퇴각한 자, 살인자는 사형(참형)
- 절도범은 귀양을 보내는 동시에 훔친 물건의 2배 또는 3배를 배상
- 관리의 뇌물죄·횡령죄는 3배를 배상하고 종신토록 금고형에 처함
- 부인으로서 간음한 자는 남편집의 노예로 삼음

04

다음의 내용이 공통으로 의미하는 것은?

• 고구려 : 감옥이 없고 범죄자가 있으면 제가들이 모여서 논의하여 사형에 처하고 처자는 몰수하여 노비로 삼는다.

• 백제 : 호암사에는 정사암이라는 바위가 있다. 국가에서 재상을 뽑을 때 후보자 3~4명의 이름을 써서 상자에 넣어 바위 위에 두었다. 얼마 뒤에 열어 보아 이름 위에 도장이 찍혀 있는 자를 재상으로 삼았다. 이 때문에 정사암이라는 이름이 생기게 되었다.

• 신라 : 큰일이 있을 때는 반드시 중의에 따른다. 이를 화백이라 부른다. 한 사람이라도 반대하면 통과하지 못하였다.

① 만장일치제로 회의 내용을 결정하였다.

② 계급 간의 대립과 갈등을 조절·완화하는 구실을 하였다.

③ 귀족들의 영향력이 강하였다.

④ 전제 왕권이 확립되었다.

해설 제시문은 삼국시대에 있었던 귀족들의 합의제도를 나타낸다. 이들 합의제도는 공통적으로 왕권을 견제하면서 귀족들의 권한이 강력하였음을 보여준다.

━━━ **핵심정리** ━━━

삼국의 귀족회의와 수상

• 고구려 : 제가회의, 대대로(임기 3년)
• 백제 : 정사암회의, 상좌평(임기 3년)
• 신라 : 화백회의(만장일치제), 상대등(임기 3년)

05

다음에서 설명하는 것은?

> 신라의 신분제도로서 왕권을 강화하며 각 지방의 족장세력을 통합하는 과정에서 성립되었다. 혈연에 따라 사회적 제약이 가해지며 신라 사회에서 개인의 사회 활동과 정치 활동의 범위까지 엄격히 제한하였다.

① 화랑도　　　　② 골품제도
③ 화백회의　　　　④ 제가회의

해설 제시문의 내용은 골품제(骨品制)에 대한 것이다.

핵심정리

신라의 골품제
- **성립** : 부족 연맹체에서 고대 국가(중앙집권국가)로 발전하는 과정에서 각 지방의 족장을 지배 계층으로 흡수 · 편제하면서 그들의 신분 보장을 이해 마련
- **성격**
  - 왕권을 강화하면서 혈연에 따라 사회적 제약이 가해지는 폐쇄적 신분제도
  - 개인의 사회 활동과 정치 활동의 범위까지 엄격히 제한
  - 관등 승진의 상한선이 골품에 따라 정해져 불만 세력 발생
  - 가옥의 규모와 장식물, 복색, 수레 등 일상 생활까지 규제하는 기준

06

신라의 골품제도에 대한 설명으로 옳은 것은?

① 4두품은 '득난'이라고도 하였다.
② 정치적 지위는 물론 일상생활에도 영향을 미쳤다.
③ 신라의 삼국 통일 이후 왕권 강화 과정에서 성립되었다.
④ 고구려, 백제에는 이와 유사한 신분제도가 없었다.

해설 골품제도는 개인의 사회 활동과 정치 활동의 범위까지 엄격히 제한되었다.
① 6두품은 득난(得難)이라고도 불렸으며 제6관등인 아찬까지 승진할 수 있었다.
③ 골품제도는 통일 전 고대국가 성립 시기에 지방 족장세력을 통합 · 편제하는 과정에서 성립된 폐쇄적인 신분제도이다.
④ 고구려는 고씨와 5부 출신의 귀족들이 연합하여 정치를 주도하였고, 백제는 왕족인 부여씨와 8성의 귀족이 연합하여 정치를 주도하였다.

핵심정리

신라의 골품에 따른 규제
- **복색**
  "진골대 등은 복두를 임의로 쓰되 겉옷과 반소매 옷 · 바지에는 모두 계수금라를 금하며, 허리띠에는 연문백옥을 금한다. 가죽신에는 자주색 가죽 사용을 금하고, 가죽신 띠에는 은문백옥을 금하며, 버선은 능이 하를 임의로 사용하고, 신발은 가죽 · 실 · 삼을 임의로 사용하라. 포는 26승 이하 짜리를 쓰라. ……"라고 하였다.
  　　　　　　　　　　　　　　　　　　 - 〈삼국사기〉
- **방의 규모**
  진골의 방은 길이와 폭이 24척을 넘을 수 없으며, 6두품의 방은 길이와 폭이 21척을 넘을 수 없고, 5두품의 방은 길이와 폭이 18척을 넘어서는 안 되며 4두품 이하 백성의 방은 길이와 폭이 15척을 넘지 말아야 한다. 지방의 진촌주는 5품과 같으며, 차촌주는 4품과 같다.
  　　　　　　　　　　　　　　　　　　 - 〈삼국사기〉

07

다음 자료를 통해 화랑도가 신라 사회에 미친 영향이 아닌 것은?

> 귀산 등이 그 문하에 가서 단정한 태도로 "저희 세속의 선비들이 어리석어 아는 바가 없으니, 원컨대 한 말씀을 내려주셔서 종신토록 계명을 삼았으면 합니다."라고 말하였다. 법사는 "불교의 계율에는 보살계가 있는데 그 종목이 10가지라서 너희처럼 남의 신하된 자로서는 아마 감당하기 어려울 것이다. 여기 세속 5계가 있으니, 하나는 충으로써 임금을 섬기고, 둘은 효로써 부모를 섬기며, 셋은 믿음으로써 친구를 사귀고, 넷은 전장에 나아가 물러서지 않으며, 다섯은 생명 있는 것을 가려서 죽인다는 것이다. 너희는 실행에 옮기되 소홀히 하지 말라."라고 하였다.

① 계층 간의 대립과 갈등을 조절·완화하는 역할을 하였다.
② 화랑도 활동을 통해 국가에서 필요로 하는 인재가 양성되었다.
③ 중대사를 합의제로 결정하여 국민 통합에 기여하였다.
④ 사군이충(事君以忠)으로 보아 충성을 중시하는 사회임을 알 수 있다.

해설 화랑도는 귀족 자제 중에서 선발된 화랑을 지도자로 삼고 귀족은 물론 평민까지 망라한 많은 낭도들이 그를 따랐다. 이와 같이 여러 계층이 같은 조직 속에서 일체감을 갖고 활동함으로써 화랑도는 계층 간의 대립과 갈등을 조절·완화하는 구실을 하였다. 신라가 정복 활동을 강화하던 진흥왕 때 국가 차원에서 화랑도를 장려하고 조직으로 확대한 결과 삼국 통일에 기여한 많은 인재를 배출할 수 있었다. 원광은 세속 5계를 가르쳐 마음가짐과 행동의 규범을 제시하였다.
중대사를 합의제로 결정한 기구는 화백제도로, 귀족들의 단결을 굳게 하고 국왕과 귀족 간의 권력을 조절하는 기능을 담당하였다.

핵심정리

화랑도(花郎徒)

- **기원 및 발전** : 씨족 공동체 전통을 가진 원화(源花)가 발전한 원시 청소년 집단으로, 정복 활동을 강화하던 진흥왕 때 국가 조직으로 공인·발전
- **구성**
  - 화랑 : 단장(수령)이며, 진골 귀족 중 낭도의 추대로 선임
  - 낭도 : 신분(귀족~평민)에 관계없이 왕경 6부민이면 입단 가능
  - 승려 : 구성원의 교육 및 지도
- **목적 및 기능**
  - 제천의식의 거행, 전통적 사회 규범을 배우고 협동과 단결 정신 고취
  - 심신의 연마, 사냥과 전쟁에 대한 교육 및 군인 양성
  - 종교나 의례적 기능에서 점차 교육과 군사적 기능이 강화됨(통일 후 군사적 기능은 약화)
- **특성**
  - 여러 계층이 한 조직 속에 구성되어 일체감을 형성
  - 계층 간 대립과 갈등의 조절·완화
  - 사회적 중견 인물을 양성하고 국민의 단결과 삼국 통일의 원동력으로 작용(김유신, 사다함, 관창 등을 배출)

08

나말 여초의 지방 사회에서 일어나고 있던 상황을 잘못 설명한 것은?

① 촌주를 중심으로 촌락 행정을 주관하고 지방관의 통제를 받는 지배체제가 강화되었다.

② 지방 통제력이 약화되면서 호족들이 성장할 수 있는 배경이 되었다.

③ 6두품으로 은거하기도 하고 지방 호족세력과 연계하여 사회 개혁을 추구하였다.

④ 골품제의 한계에 대한 불만이 크게 늘어 새로운 정치 이념이 제시되었다.

해설 신라 말 중앙 정부의 통제력이 전반적으로 약화되면서 토착세력인 촌주에 대한 통제력과 이를 통한 지방의 지배체제도 약화되었다. 신라 말 촌주세력은 지방 호족세력이나 선종세력과 결탁하고 스스로 지방 호족이 되는 등 독립적 · 반신라적 성향을 보였다.

② 신라 말 중앙 통제가 약화되고 농민봉기가 늘어나면서 각처에서 호족들이 반독립적인 세력으로 성장하였다. 이들은 자기 근거지에 성을 쌓고 군대를 보유하여 스스로 성주 혹은 장군이라고 칭하면서 지방의 행정권 · 군사권, 경제적 지배력을 장악하였다.

③, ④ 6두품 세력은 골품제의 한계로 인해 정치적 출세에 제한을 받아 은둔생활을 하기도 하였고, 사회 비판의식이 커지면서 새로운 정치 이념을 제시하여 반신라 세력으로 성장하였다. 또한 이들은 선종 세력과 지방의 호족세력과 연계하여 사회 개혁을 추구하기도 하였는데, 이는 새로운 사회 개창의 원동력으로 작용하였다.

09

다음은 신라의 어느 인물에 대한 기록 중의 일부이다. 그가 활동하던 시기의 동향을 가장 바르게 설명한 것은?

> 무열왕이 즉위하자 당나라에서 사자가 와서 조서를 전했는데, 읽기 어려운 곳이 있었다. 왕이 강수를 불러 물으니 조서를 한 번 보고서 해석하여 설명하는데, 의심나거나 막힘이 없었다. 이에 왕이 당 황제의 조서에 회답하는 표문을 짓게 하였는데 글이 잘 짜여지고 문장이 극진하였다.
>
> – 〈삼국사기〉

① 과거제도의 시행 등 새로운 정치 이념을 제시하였다.

② 왕의 정치적 조언자로 활동하거나 행정실무를 담당하였다.

③ 골품제도의 모순을 시정하고자 개혁의 방향을 제시하였다.

④ 지방에 학교를 설치하여 학문을 확산시키는 데 공헌하였다.

해설 제시문은 7세기 신라 무열왕 때부터 신문왕 때까지 활약했던 6두품 출신의 관리 강수에 대한 설명이다. 이 시기는 통일 이후, 즉 신라 중대로서 6두품은 학문 · 종교 분야에서 뛰어나 활발한 정치적 진출을 이루었다.

10 기상직 9급 기출

다음 밑줄 친 인물이 속한 사회 계층에 대한 설명으로 옳은 것을 〈보기〉에서 고른 것은?

태종대왕(太宗大王)이 즉위하자 당의 사신이 와서 조서를 전했는데, 그 가운데 해독하기 어려운 부분이 있었다. 왕이 그를 불러 물으니, 그가 왕 앞에서 한번 보고는 설명하고 해석하는데 의심스럽거나 막히는 데가 없었다. 왕이 놀랍고도 기뻐 서로 만남이 늦은 것을 한탄하고 그의 성명을 물었다. 그가 대답하여 아뢰었다. "신은 본래 임나가량(任那加良) 사람이며 이름은 우두(牛頭)입니다." 왕이 말했다. "경의 두골을 보니 <u>강수</u> 선생이라고 부를 만하다." 왕은 그에게 당 황제의 조서에 감사하는 회신의 표를 짓게 하였다. 문장이 세련되고 뜻이 깊었으므로, 왕이 더욱 그를 기특히 여겨 이름을 부르지 않고 임생(任生)이라고만 하였다.

『삼국사기』

─ 보기 ─

ㄱ. 속현에서 농민들의 실질적인 지배세력이었다.
ㄴ. 학문과 종교분야에서 활발히 활동하였다.
ㄷ. 신분은 양인이었으나 직역이 천해 사회적 차별이 심하였다.
ㄹ. 6관등인 아찬까지만 승진할 수 있었다.

① ㄱ, ㄴ   ② ㄱ, ㄷ
③ ㄴ, ㄹ   ④ ㄷ, ㄹ

해설 제시된 자료는 신라 중대 무열왕 때 외교 문서 작성에 능통했던 강수에 대한 내용으로 그가 속한 신분은 6두품이다.
ㄱ. 고려의 향리에 대한 설명이다. 향리는 속군 속현의 조세와 공물 징수, 노동력 징발 사무를 담당하였다.
ㄷ. '신량역천(身良役賤)' 계층에 대한 설명이다. 이들은 법제적으로는 양인이지만 직역이 천하다고 하여 '신량역천(身良役賤)' 계층이라고 하였고, 천역(賤役)에서 벗어나지 않는 한 양인으로서의 권리를 행사할 수 없었다.

11

다음 설명과 관계 깊은 사실을 모두 고른 것은?

신라 지배층은 삼한(삼국)이 하나가 되었다는 자부심을 갖게 되었다.

㉠ 백제와 고구려 유민을 9서당에 편성하였다.
㉡ 백제와 고구려의 옛 지배층에게 신라의 관등을 주었다.
㉢ 6두품이 활발하게 정치적 진출을 하였다.
㉣ 골품의 구분이 하급 신분층부터 무의미해졌다.

① ㉠, ㉡   ② ㉠, ㉢
③ ㉡, ㉣   ④ ㉢, ㉣

해설 신라는 통일 직후에 백제와 고구려의 유민들을 9서당에 편성함으로써 민족 통합에 노력하였으며, 백제와 고구려의 옛 지배층에게 신라 관등을 주어 포용하였다.

12

발해에 대한 설명이 사실과 다른 것은?

① 고구려 계승의식이 강하였다.

② 발해의 주민 구성에서 다수를 차지한 것은 거란인이다.

③ 발해의 지식인은 당으로 유학가 빈공과에 응시하기도 하였다.

④ 발해의 지배층들은 중앙과 지방의 중요한 관직을 차지하고 노비와 예속민을 거느리고 있었다.

해설 발해의 다수를 차지한 것은 말갈인이며, 이들은 주로 피지배층이었다.

핵심정리

발해 사회의 모습

① 사회 구성
- **지배층**
  - 왕족인 대씨와 귀족인 고씨 등의 고구려계 사람들이 대부분
  - 주요 관직을 차지하고, 수도나 큰 고을에 살면서 노비와 예속민을 거느림
- **피지배층**
  - 주로 주민의 다수를 차지한 말갈인으로 구성
  - 일부는 지배층이 되거나 촌장이 되어 국가 행정을 보조

② 생활 모습
- **상층 사회** : 당의 제도와 문화를 수용하였으며, 지식인들은 당에 유학하여 빈공과에 합격하기도 함
- **하층 사회** : 촌락민들은 촌장(수령)을 통해 국가의 지배를 받았으며, 고구려나 말갈 사회의 전통적인 생활 모습을 오랫동안 유지

13

다음 사료는 신라 말기의 사회 모습을 보여주고 있다. 이러한 현상이 일어나게 된 원인은?

> 진성여왕 3년(889) 나라 안의 여러 주·군에서 공부(貢賦)를 바치지 않으니 창고가 비어 버리고 나라의 쓰임이 궁핍해졌다. 왕이 사신을 보내어 독촉하였지만, 이로 말미암아 곳곳에서 도적이 벌떼같이 일어났다. 이에 원종, 애노 등이 사벌주(상주)에 의거하여 반란을 일으키니 왕이 나마 벼슬의 영기에게 명하여 붙잡게 하였다. 영기가 적진을 쳐다보고는 두려워하여 나아가지 못했다.

① 국가 기강 해이에 따른 수취 체제의 문란

② 전쟁으로 인한 재정의 파탄

③ 외적의 침입에 따른 농토의 황폐화

④ 중앙집권 강화에 따른 지방 세력의 약화

해설 9세기 말 진성여왕 때에는 중앙 정부의 기강이 극도로 문란해졌으며, 지방의 조세납부 거부로 국가 재정이 바닥이 드러났다. 그리하여 한층 더 강압적으로 조세를 징수하자 상주의 원종과 애노의 난을 시작으로 농민의 항쟁이 전국적으로 확산되었다.

핵심정리

신라 말기의 반란

진성여왕 3년(889) 나라 안의 여러 주·군에서 공부(貢賦)를 바치지 않으니 창고가 비어 버리고 나라의 쓰임이 궁핍해졌다. 왕이 사신을 보내어 독촉하였지만, 이로 말미암아 곳곳에서 도적이 벌떼 같이 일어났다. 이에 원종·애노 등이 사벌주(상주)에 의거하여 반란을 일으키니 왕이 나마 벼슬의 영기에게 명하여 잡게 하였다.

– 〈삼국사기〉

제4장 고대 문화의 발달

대표유형문제

국가직 9급 기출

신라 하대 불교계의 새로운 경향을 알려주는 다음의 사상에 대한 설명으로 옳은 것은?

> 불립문자(不立文字)라 하여 문자를 세워 말하지 않는다고 주장하고, 복잡한 교리를 떠나서 심성(心性)을 도야하는 데 치중하였다. 그러므로 이 사상에서 주장하는 바는 인간의 타고난 본성이 곧 불성(佛性)임을 알면 그것이 불교의 도리를 깨닫는 것이라는 견성오도(見性悟道)에 있었다.

① 전제왕권을 강화해주는 이념적 도구로 크게 작용하였다.

❷ 지방에서 새로이 대두한 호족들의 사상으로 받아들여졌다.

③ 왕실은 이 사상을 포섭하려는 노력에 관심을 기울이지 않았다.

④ 인도에까지 가서 공부해 온 승려들에 의해 전파되었다.

정답해설 제시문은 신라 하대 선종에 대한 설명이다. 선종은 귀족세력의 분열과 지방세력의 성장과 함께 신라 하대에 유행하였고, 지방호족의 세력과 함께 반신라적 움직임과 결부되어 새로운 사회의 사상적 토대를 마련하였다.

오답해설 ① 교종은 전제왕권을 강화해주는 이념적 도구로 작용하였다.
③ 왕실은 이 사상을 포섭하려고 노력하였다.
④ 선종은 도의가 당에서 귀국하며 도입된 것으로 보고 있다.

핵심정리 **선종의 발달**

• **전래 및 발전** : 통일 전후에 전래되었으나 교종의 위세에 눌려 관심의 대상이 되지 못하다가 신라 말 지방 세력의 발호에 맞추어 기반 확대(6두품과 호족의 후원으로 발전)

• **특징**
  – 기존 사상에 의존하지 않고 스스로 사색해 진리를 깨닫는 실천 수행과 좌선을 중시
  – 교종에 반대하고 반체제적 입장에서 독자 세력을 구축하려는 호족의 성향에 부합

• **의의**
  – 지방 문화의 역량 증대 및 중국 문화의 이해와 인식의 확대
  – 새로운 시대의 이념 제공(반신라적 움직임과 결부되어 새 왕조 개창의 사상적 기반이 됨)

01

다음 중 백제 예술의 성격은?

① 패기와 정열이 넘치는 문화

② 우아하고 세련된 문화

③ 소박한 전통적 문화

④ 부드러우면서도 웅장한 문화

해설 백제는 우아하고 세련된 귀족적 성격을 지녔으며, 중국 문화의 수입과 전달의 역할로 세련된 문화를 이룩하였다. ①은 고구려, ③은 신라, ④는 발해 예술의 성격이다.

핵심정리

삼국의 문화

① 삼국 문화의 기본 성격
- **2원적 성격**
  - 초기 : 소박한 전통 문화의 성격이 지배(토우, 설화, 음악 등)
  - 통일기 : 중국 남북조 등 여러 문화를 수용하고 불교의 영향을 받으면서 고도의 세련미를 보여줌(사원, 불상 등)
- **불교 문화의 영향** : 문화의 폭을 확대하고 국민 사상의 통합과 국력 강화에 기여하였으며, 귀족 문화 형성에 큰 영향을 미침
- **문화적 동질성** : 경쟁 과정에서 자라난 동족 의식으로 인해 언어와 풍습, 사상 등에 있어 동질적인 문화적 특성을 보임

② 삼국 문화의 특징

고구려	• 중국 문화에 대한 비판 능력 함양 • 패기와 정열이 넘치는 문화
백제	• 우아하고 세련된 귀족적 성격을 지님 • 중국 문화의 수입과 전달의 역할로 세련된 문화를 이룩
신라	• 초기에는 소박한 전통을 유지 • 고구려와 백제의 영향으로 조화미와 세련미를 이룩

02

다음 중 삼국시대의 문화에 대한 내용으로 옳지 않은 것은?

① 삼국시대에는 유교 중심의 통치체제가 뿌리내리기 시작하였다.

② 고구려에서는 국통, 주통, 군통을 두어 교단을 조직하였다.

③ 삼국시대에는 귀족사회를 중심으로 도교가 유행하였다.

④ 삼국은 중앙집권 체제의 확립과 지방세력 통합에 힘쓰던 시기에 불교를 수용하였다.

해설 국통(승통), 주통, 군통 등을 통해 불교 교단을 정비하고, 황룡사, 흥륜사 등을 건립하여 불교를 부흥한 것은 신라 진흥왕이다.

① 삼국시대에는 유교 중심의 통치체제가 뿌리내리기 시작했다. 고구려의 경우 중국과 인접하여 비교적 일찍부터 유교 사상을 수용하였고, 전통적 사상과 유교 사상을 잘 조화시켜 국가발전을 이룩하는 등 유교가 통치원리와 규범으로서 자리 잡게 되었다. 백제의 경우도 유교에 영향을 받은 충·효의 유교 윤리, 정치기구인 육좌평, 16관등, 남당 등은 그 저변에 유학 사상이 깔려있다. 신라의 유교 사상은 지증왕에서 법흥왕 때 체제정비를 기점으로, 국가체제와 사회질서를 유지하는 기본이념으로서 유교가 뿌리내리게 되었다.

③ 도교는 고구려 영류왕(624) 때 전래되었는데, 삼국의 귀족사회를 중심으로 산천 숭배나 신선 신앙과 결합하면서 도교가 유행하였다.

④ 삼국의 불교는 왕권 및 중앙집권 체제의 강화를 위해 지배층이 중심이 되어 수용되었고, 왕실의 지원으로 국가적·호국적 성격이 강하였다.

03

통일신라시대의 김대문, 최치원 등은 많은 저술을 남긴 학자들이다. 이들의 저술 중 현존하는 것은?

① 고승전
② 한산기
③ 화랑세기
④ 계원필경

해설 〈계원필경〉은 최치원의 시문집으로 현재 전하고 있다.

--- 핵심정리 ---

최치원

• 당의 빈공과에 급제하고 귀국 후 진성여왕에게 개혁안 10여 조를 건의(→ 수용되지 않음)
• 골품제의 한계를 자각하고 과거제도를 주장하였으며, 반신라적 사상을 견지
• 〈계원필경〉, 〈제왕연대력〉, 〈법장화상전〉 등을 저술

04

통일신라시대의 유학에 관한 설명으로 옳지 않은 것은?

① 신문왕은 유학을 통치 이념으로 확립하기 위하여 국학을 설립하였다.
② 유교적 성격을 띤 향가가 많았고, 6두품 출신의 유학자들이 향가를 지어 유학의 이념을 확산시켰다.
③ 원성왕은 독서삼품과를 설치하여 골품 위주의 관리 등용을 지양하고 유학의 교양에 따른 능력 위주의 관리 선발 제도를 확립하려 하였다.
④ 설총은 군주에게 도덕 정치를 요구하는 화왕계를 지어 신문왕의 노력을 뒷받침하였다.

해설 향가는 불교적 성격을 띠었으며 승려나 화랑의 작품이 많았다.

05

다음 중 삼국시대 불교에 관한 설명으로 옳지 않은 것은?

① 고구려의 승랑은 삼론종 발전에 기여하였다.
② 백제에서는 개인의 해탈을 강조하는 계율종이 성행하였다.
③ 삼국의 불교는 고구려, 백제, 신라 순서로 도입되었다.
④ 신라 왕족보다 귀족이 옹호하여 귀족 중심으로 발달하였다.

해설 신라의 불교는 왕실의 강력한 비호아래 호국적 성격을 띠며 발달하였다. 신라의 경우 5세기 눌지왕 때 불교가 전래되었으나, 민간의 전통신앙 및 보수적 귀족세력과의 마찰로 6세기 법흥왕 때 와서야 공인(527)되었다.
① 고구려에서는 6세기 이후 공(空)을 중시하는 삼론종이 발달하였는데, 승랑은 6세기 무렵 삼론종 발전에 기여하였고, 중국에서 활약하며 중국 삼론종의 3대조가 되었다.
② 백제는 계율을 통해 개인의 소승적 해탈을 강조하는 계율종이 성행하였고, 일본에 전파되어 큰 영향을 미쳤다.
③ 삼국의 불교는 고구려, 백제, 신라의 순서로 도입되었다. 고구려의 경우 소수림왕 때 중국 전진(前秦)의 순도를 통하여 불교가 전래(372)되었고, 백제는 동진(東晉)의 마라난타를 통해 침류왕 때 전래(384)되었으며, 신라는 고구려 묵호자를 통해 전래된 후 6세기 법흥왕 때 국가적으로 공인(527)되었다.

--- 핵심정리 ---

불교 전래 및 공인

고구려	중국 전진의 순도를 통하여 소수림왕 때 전래(372)
백제	동진의 마라난타를 통해 침류왕 때 전래(384)
신라	고구려 묵호자를 통해 전래, 6세기 법흥왕 때 국가적으로 공인(527)

06

삼국시대 불교에 대한 설명으로 옳은 것은?

① 고구려는 전진의 아도로부터 불교를 들여왔다.

② 일반 민중도 불교의 영향을 받아서 현세구복을 기원하였다.

③ 신라의 진흥왕은 자신을 전륜성왕이라 자처하였다.

④ 백제는 남조의 영향으로 왕즉불 사상을 받아들였다.

해설 진흥왕은 자신의 두 아들의 이름도 전륜성왕설화에서 이름을 따 금륜과 동륜이라고 했다. 인도의 아소카왕과 비교하여 자신을 전륜성왕이라 자처했다.

① 고구려에 불교를 전래한 것은 전진의 순도이고 소수림왕 때 불교를 수용하였다.

② 삼국시대의 불교는 현세구복적 성격을 갖고 있으나 왕실에서 불교를 수용하였고 일반 민중까지 불교가 확대된 것은 통일 신라 이후의 사실로 본다.

④ 신라는 왕이 곧 부처라는 왕즉불 사상을 받아들여 왕권을 강화하였다.

핵심정리

삼국시대 불교의 성격

- 중앙집권 체제가 정비되고 지방세력이 통합될 무렵 왕실과 귀족을 중심으로 수용·공인(왕권강화와 중앙집권화에 기여하였고, 특권 귀족 계층을 옹호)
- 지배층 중심의 호국적 성격이 강하였고, 신분제를 합리화(지배층 중심의 미륵신앙 성행, 윤회설·업보 사상 중시)
- 대승 불교와 소승 불교가 혼재되어 전래되었으나 대승 불교가 주류를 이루었으며, 여러 종파 간 사상적 대립과 발전을 거침
- 전통적 토착신앙을 흡수하여 샤머니즘 성격과 현세구복적 성격이 강함
- 선진 문화 수용과 고대 문화 발달에 기여하였고, 새로운 문화 창조에 중요한 가치관으로 작용
- 철학적 인식 토대를 확립하고 신앙의 기능을 제공하여 인간 사회의 갈등이나 모순을 해소

07

다음 사료를 통해 알 수 있는 종교에 대한 설명으로 옳은 것은?

> 진지왕 때에 와서 흥륜사의 승려 진자가 법당의 미륵상 앞에서 소원을 빌며 말했다. "원컨대, 우리 부처님이 화랑으로 변하여 세상에 나타나시면 내가 항상 얼굴을 가까이 뫼시고 받들어 모시겠습니다." 그 정성스럽고 지극한 기원의 심정이 날로 더해 가더니 어느 날 꿈에 한 승려가 나타나 말했다. "웅천의 수원사에 가면 미륵선화(彌勒仙花)를 볼 수 있으리라." 진자가 꿈에서 깨어 놀랍고도 기뻐서 그 절을 찾아가니, 한 소년이 친절하게 맞이하며 자신도 서울 사람이라고 하였다. 진자가 다시 서울로 올라와 마을을 찾아다니면서 그를 찾았다. 그러다가 화장을 하고 장신구를 갖춘 수려한 남자 아이가 영묘사의 동북쪽 길가에서 노는 것을 보았다. 진자는 그가 미륵선화라고 생각하여 가마에 태우고 들어와서 왕에게 보였다. 왕은 그를 공경하고 사랑하여 받들어 국선(國仙)으로 삼았다. 그는 자제(子弟)들을 화목하게 했으며, 예의와 가르침이 다른 사람과 다르고, 풍류가 세상에 빛났다.

① 노자와 장자의 사상을 토대로 하고 신선사상을 근본으로 하였다.

② 신라에서 널리 받아들인 불교의 중심 교리는 미륵불 신앙이었다.

③ 신라 말기의 도선과 같은 선종 승려들이 중국에서 들여왔다.

④ 도참신앙과 결부되어 산수의 생김새로 미래를 예측하는 경향이 나타났다.

해설 지문은 미륵신앙과 화랑에 대한 사료이다. 미륵불 신앙은 왕이 곧 부처라는 사상을 통하여 왕의 권위를 높여주는 한편, 귀족들의 특권을 인정해 주는 일면이 있었다. 아울러 미륵불이 나타나 이상적인 불국토를 건설한다는 미륵불 신앙은 화랑제도와 밀접한 관련을 가지면서 신라 사회에 정착되었다.

①은 도교, ③, ④는 풍수지리설에 대한 설명이다.

08

다음 중 불교 사상과 관련된 설명으로 옳지 않은 것은?

① 고구려의 승려 승랑은 삼론종 발전에 기여하였다.

② 고구려계 유민인 진표는 법상종(法相宗)의 학문적 확립에 큰 역할을 하였다.

③ 신라 불교의 호국성을 보여주는 것으로 원광의 세속오계가 있다.

④ 의상은 당나라에서 화엄종을 전해와 해동 화엄종(海東華嚴宗)의 시조가 되었다.

해설 진표(眞表)는 김제 금산사를 중심으로 법상종을 개척하였는데, 법상종은 학문적 연구보다는 점찰로서 자신의 과보를 점치고 참회 수행하는 실천적 경향이 강하였다. 따라서 ②는 옳지 않다.

① 고구려의 승려 승랑은 6세기 무렵 삼론종 발전에 기여하였고, 중국 남조에서 활약하며 중국 삼론종학을 확립하였다.

③ 신라 진평왕 때 활약한 원광(圓光)의 세속오계는 화랑의 기본 계율이자 불교의 도덕률로서, 당시 불교의 호국정신을 포함하고 있다.

④ 의상(義湘)은 당에 유학하여 중국 화엄종의 제2조인 지엄의 문하에서 화엄종을 연구하였으며, 「화엄일승법계도(華嚴一乘法界圖)」를 저술하여 화엄사상을 정립하고 해동화엄종의 시조가 되었다.

09 지방직 9급 기출

다음과 같은 불교 사상의 영향을 받아 만들어진 문화재는?

> 이 불교 사상은 개인적 정신세계를 추구하는 경향이 강하였기 때문에 지방에서 독자적인 세력을 이루어 성주나 장군을 자처하던 자들로부터 큰 호응을 받았다.

① 성덕대왕신종

② 쌍봉사 철감선사탑

③ 경천사지 십층석탑

④ 금동미륵보살 반가사유상

해설 신라 하대에는 개인적 정신세계를 찾는 경향이 강하여 좌선을 중시하는 선종(禪宗)이 발달하였는데, 교종에 반대하고 반체제적 입장에서 지방의 독자적 세력을 구축하려는 호족의 성향에 부합하였다. 선종의 영향으로 쌍봉사 철감선사탑이나 4산비명 등 이름난 승려의 사리를 보존하는 승탑과 탑비가 유행하였다.

핵심정리

선종의 특징과 의의

특징	• 기존의 사상체계에 의존하지 않고 스스로 사색하여 진리를 깨닫는 것을 중시(실천 수행 강조, 실천적 경향) • 개인적 정신세계를 찾는 경향이 강하여 좌선을 중시 • 교종에 반대하고 반체제적 입장에서 지방의 독자적 세력을 구축하려는 호족의 성향에 부합
의의	• 경주 중심의 문화를 극복하고 지방 문화의 역량을 증대 • 새로운 시대의 이념과 사상을 제공 • 불교의식과 권위를 배격, 종파 불교가 본격적으로 전개됨 • 쌍봉사 철감선사 승탑과 같은 승탑과 탑비가 유행

10

다음 〈보기〉에서 의상과 관련된 설명을 모두 고르면?

───── 보기 ─────

㉠ 일심사상을 바탕으로 다른 종파들과 사상적 대립을 조화시키고 화쟁사상을 주장하였다.
㉡ 모든 존재는 상호 의존적인 관계에 있으면서 서로 조화를 이루고 있다는 화엄사상을 정립하였다.
㉢ 당 현장에게 유식 불교의 깊은 뜻을 수학하고, 현장사상을 계승하였다.
㉣ 아미타 신앙과 함께 현세에서 고난을 구제받고자 하는 관음신앙을 이끌었다.
㉤ 여러 나라의 풍물을 생생하게 기록한 〈왕오천축국전〉을 남겼다.

① ㉠, ㉡   ② ㉡, ㉢
③ ㉠, ㉤   ④ ㉡, ㉣

해설 의상은 모든 존재는 상호 의존적인 관계에 있으면서 서로 조화를 이루고 있다는 화엄사상을 정립하고 이를 바탕으로 교단을 형성하여 많은 제자를 양성하였다. 또한 화엄 종단에서 아미타 신앙과 함께 현세에서 고난을 구제받고자 하는 관음신앙을 이끌었다.
㉠은 원효, ㉢은 원측, ㉤은 혜초에 대한 설명이다.

11

통일 신라 말의 사상적 동향에 대한 설명으로 옳은 것은?

① 심성 도야를 중시하는 교종보다 경전 중심의 선종이 유행하였다.
② 아미타 신앙과 함께 현세에서 구원받고자 하는 신앙이 설파되었다.

③ 선종의 승려와 6두품 출신의 유학자들은 사상적인 차이 때문에 서로 대립하였다.
④ 신라 말기에 도선이 당에서 들여온 풍수지리설이 호족과 연결되어 발전을 보았다.

해설 신라 말 도선 등의 선종 승려들이 중국에서 유행한 풍수지리설을 전래하였다. 교종이 경전 중심인데 반해 선종은 심성 도야를 강조하였고, 아미타 신앙이 들어온 것은 신라 중대에 해당하며, 선종과 6두품 출신들은 상호 결합하였다.

12

다음에서 공통적으로 담겨 있는 사상은?

• 고구려의 강서 고분 벽화
• 백제 무령왕릉의 지석
• 발해의 정혜공주 묘지

① 도교   ② 풍수지리설
③ 불교   ④ 유교

핵심정리

도교사상의 반영

고구려	강서 고분 벽화의 사신도
백제	• 신수문전, 사택지적비, 무령왕릉 지석 등 • 삼신산, 도관, 도사 등의 문양
신라	화랑도의 국선도, 풍월도, 풍류도 등이 도교에서 비롯
통일 신라	최치원의 4산 비명
발해	정효공주, 정혜공주 묘지

13

고대의 과학기술에 대한 설명으로 틀린 것은?

① 고구려에는 별자리를 그린 천문도가 만들어졌고, 고분 벽화에도 별자리 그림이 남아 있다.

② 통일신라시대의 석굴암의 석굴 구조는 정밀한 수학적 지식이 이용되었음을 알 수 있다.

③ 불국사 3층 석탑에서 발견된 무구정광대다라니경은 현존하는 가장 오래된 목판인쇄물이다.

④ 신라 지역의 고분 벽화에는 철을 단련하고 수레바퀴를 제작하는 기술자의 모습이 그려져 있다.

해설 고구려는 철 생산이 중요한 국가적 산업이었으며, 철광석이 풍부하여 일찍부터 철을 다루는 기술이 발달하였다. 고구려에서 출토된 철제 무기와 도구 등은 그 품질이 우수하며, 고분 벽화에는 철을 단련하고 수레바퀴를 제작하는 기술자의 모습이 사실적으로 그려져 있다.

핵심정리

금속 제련술의 발달

① **고구려**
- 철광석이 풍부하여 제철 기술이 발달함(철 생산이 국가의 중요 산업)
- 고구려 지역에서 출토된 철제 무기와 도구 등은 그 품질이 우수됨
- 고분 벽화에 철을 단련하는 기술자의 모습이 사실적으로 묘사됨

② **백제**
- **칠지도(七支刀)**
  - 강철로 만든 우수한 제품으로, 금으로 상감한 글씨가 새겨져 있음
  - 4세기 후반에 근초고왕이 왜왕에게 하사한 것으로, 당시 양국의 교류 관계를 보여줌
  - 백제 금동대향로 : 백제의 금속 공예 기술이 중국을 능가할 정도로 매우 뛰어났음을 보여주는 걸작품, 불교와 도교의 요소 반영

③ **신라**
- **신라** : 고분에서 출토된 금관들은 제작 기법이 뛰어나며 독특한 모양이 돋보임
- **통일신라** : 12만 근의 구리와 아연이 함유된 청동으로 제작한 성덕대왕 신종의 신비한 종소리는 당시의 금속 주조 기술이 매우 뛰어났음을 입증

---

14 서울시 9급 기출

〈보기〉에서 발해 문화가 고구려를 계승하였음을 보여주는 문화유산을 모두 고른 것은?

보기
ㄱ. 온돌 장치	ㄴ. 벽돌무덤
ㄷ. 굴식돌방무덤	ㄹ. 주작대로

① ㄱ, ㄴ   ② ㄱ, ㄷ

③ ㄴ, ㄹ   ④ ㄷ, ㄹ

해설 발해는 건국 주도 세력과 지배층, 사신이 대부분 고구려인이고 일본과의 외교 문서에서 고려 및 고려국왕이라는 명칭을 사용하기도 하는 등 고구려 계승 근거를 보여준다.
- ㄱ. 발해 궁전의 온돌 장치는 고구려 계승 근거를 보여준다.
- ㄷ. 대표적인 굴식 돌방무덤인 정혜 공주 묘는 고구려 양식을 계승한 것이다.
- ㄴ. 벽돌무덤인 정효 공주 묘는 당의 영향을 받은 것이다.
- ㄹ. 당의 수도인 장안성을 모방하여 주작대로를 건설하였다.

15 국가직 9급 기출

신라 승려 ⊙과 ⓒ에 대한 설명으로 옳지 않은 것은?

> (⊙)은(는) 불교 서적을 폭넓게 이해하고, 일심(一心) 사상을 바탕으로 여러 종파들의 사상적 대립을 조화시키며, 분파 의식을 극복하려고 노력하였다. 한편 (ⓒ)은(는) 모든 존재가 상호 의존적인 관계에 있으면서 서로 조화를 이룬다는 화엄 사상을 정립하고, 교단을 형성하여 많은 제자를 양성하였다.

① ⊙은 미륵 신앙을 전파하며 불교 대중화의 길을 열었다.

② ⊙은 무애가라는 노래를 유포하며 일반 백성을 교화하였다.

③ ⓒ은 관음 신앙과 함께 아미타 신앙을 화엄 교단의 주요 신앙으로 삼았다.

④ ⓒ은 국왕이 큰 공사를 일으켜 도성을 새로이 정비하려 할 때 백성을 위해 이를 만류하였다.

해설 ⊙은 원효, ⓒ은 의상에 대한 설명이다. 미륵 신앙이 일반 백성에 널리 유포되는 데 기여한 승려는 진표이다.
② 무애가는 원효가 지은 불교가요로 정확한 제작연대를 모르고 가사도 현존하지 않는다. 〈삼국유사〉와 〈파한집〉에 노래의 유래가 기록되어 있다.
③ 의상은 아미타 신앙과 함께 현세에서 고난을 구제받고자 하는 관음 신앙을 설파하였다.
④ 왕(문무왕)이 수도(금성)에 성곽을 쌓으려고 할 때, 정도(正道)만 행하면 복업(福業)이 오래갈 것이라 말하며 만류하였다.

16

다음 시기의 고분에 대한 설명으로 옳은 것은?

① 한성 시대 : 작고 세련된 무덤을 축조하였다.

② 웅진 시대 : 계단식 돌무지무덤을 축조하였다.

③ 웅진 시대 : 굴식 돌방무덤과 벽돌무덤이 함께 발굴되었다.

④ 사비 시대 : 석촌동 고분이 대표적이다.

해설 한성 시대에는 계단식 돌무지무덤을 만들었으며 석촌동 고분이 대표적이다. 웅진 시대에는 굴식 돌방무덤과 벽돌무덤이 발굴되었고, 사비 시대에는 규모가 작고 세련된 굴식 돌방무덤이 유행하였다.

핵심정리

백제 시대의 고분
- **한성 시대** : 초기 한성 시기에는 같은 계통인 고구려의 영향을 받아 계단식 돌무지무덤(석촌동 고분 등)이 중심
- **웅진 시대** : 굴식 돌방무덤과 널방을 벽돌로 쌓은 벽돌무덤(공주 송산리 고분군의 무령왕릉), 6세기경 중국 남조의 영향을 받음
- **사비 시대** : 규모가 작지만 세련된 굴식 돌방무덤(부여 능산리 고분)

17

다음에서 설명하는 무덤 양식으로 된 고분은?

> 신라에서 주로 만든 무덤으로 지상이나 지하에 시신과 껴묻거리를 넣은 나무덧널을 설치하고 그 위에 댓돌을 쌓은 다음에 흙으로 덮었다. 도굴이 어려워 껴묻거리가 그대로 남아 있다.

① 장군총　　　　② 무령왕릉
③ 석촌동 고분　　④ 천마총

해설 지문은 돌무지덧널무덤에 대한 설명이다. 신라는 삼국 통일 직전에 거대한 돌무지덧널무덤을 많이 만들었으며, 통일 후 점차 규모가 작은 굴식돌방무덤으로 바뀌었다. 돌무지덧널무덤의 대표 고분은 천마총과 황남총이다.
① 돌무지무덤, ② 벽돌무덤, ③ 계단식 돌무지무덤

핵심정리

신라의 무덤양식

통일 전	돌무지덧널무덤	천마총, 호우총	• 돌무지덧널무덤이 주로 만들어졌으며 벽화가 없음(천마도는 마구에 그린 그림) • 도굴이 어려워 대부분 부장품이 그대로 남아 있음
통일 후	굴식돌방무덤	괘릉	• 돌무지덧널무덤이 규모가 작은 굴식돌방무덤으로 바뀜 • 봉토 주위에 둘레돌을 두르고 12지신상을 조각
	불교식 화장		• 불교의 영향으로 화장이 유행(고려·조선에 계승) • 문무왕릉(수중릉)

18

다음은 발해의 유물과 유적에 대한 설명이다. (가)에 공통으로 들어갈 국가는?

> • 정혜공주 묘는 굴식돌방무덤으로 모줄임 천장 구조가 (가)의 고분과 닮았다.
> • 발해의 벽돌과 기와 무늬는 (가)의 영향을 받아 소박하고 힘찬 모습을 띠고 있다.
> • 상경과 동경의 절터에서는 (가)의 양식을 계승한 것으로 여겨지는 불상이 발굴되었다.

① 백제　　　　　② 고구려
③ 신라　　　　　④ 고조선

해설 발해의 문화는 고구려 문화를 토대로 당의 문화를 흡수하여 재구성하였다. 굴식돌방무덤, 모줄임 구조, 벽돌과 기와 무늬 등은 고구려의 영향을 받은 모습이며, 상경의 구조와 주작대로 등은 당의 영향을 받았다.

핵심정리

발해의 공예

• 조각
　– 전체적으로 균형이 잘 잡혀 있으며, 고구려의 영향을 받아 기와·벽돌 등의 문양이 소박하고 직선적
　– 상경에 남아 있는 석등은 8각의 기단 위에 볼록한 간석을 두고 연꽃을 조각(고구려의 영향을 받았으며, 발해 석조 미술의 대표로 꼽힘)
• 자기 : 가볍고 광택이 있으며 종류나 크기·모양·색깔 등이 매우 다양하여 당나라로 수출
• 금·은으로 정교하고 아름다운 그릇이나 사리함 제작

19 국가직 9급 기출

고구려 고분에 그려진 벽화의 내용으로 가장 적절한 것은?

① 흰 수염의 노인이 호랑이를 탄 채로 담배를 피우는 모습

② 무명옷을 입고 목화밭을 일구는 여인의 모습

③ 은하수를 사이에 두고 견우와 직녀가 만나는 모습

④ 초가지붕 옆에서 감자, 고추 등의 농작물을 재배하는 모습

해설 견우직녀도는 평안남도 대안시 덕흥리에 있는 대표적인 고구려 전기의 벽화 고분이다. 이 고분에는 견우직녀도 외에 수렵도, 하례도(賀禮圖), 기마행렬도, 기사도(騎射圖), 마구간·외양간 등의 다양한 벽화가 있으며 5세기 초 당시, 고구려 고분의 구조와 벽화 양식을 알게 해주는 자료이다.

①, ④ 담배, 감자, 고추 등은 모두 조선 후기에 전래·재배되었다. 즉, 담배와 고추는 17세기경 일본에서, 감자는 19세기경 청에서 전래되었다.

② 목화는 고려 말 원에서 전래되었으며, 조선시대에 재배가 확대되면서 무명옷이 보편화되는 등 의생활이 크게 개선되었다.

핵심정리

고구려의 고분 벽화

• 당시 고구려 사람들의 생활·문화·종교 등을 파악할 수 있는 귀중한 자료

• 무용총의 수렵도와 강서대묘의 사신도에서 패기와 진취성을 엿볼 수 있음

• 초기에는 주로 생활을 표현한 그림이 많았고, 후기로 갈수록 점차 추상화되어 사신도와 같은 상징적 그림으로 변함

20

다음 중 삼국시대 무덤에 대한 설명으로 옳지 않은 것은?

① 사후에도 삶이 있다고 믿어 부장품을 넣었다.

② 신라는 고구려와 백제의 영향으로 돌널이 있는 돌방무덤을 만들었다.

③ 신라무덤에서는 부장품이 많이 출토된다.

④ 백제는 중국남조의 영향을 받은 벽돌무덤으로 무령왕릉이 있었다.

해설 신라는 돌무지 덧널무덤을 많이 만들었으며, 고구려와 백제의 영향으로 굴식 돌방무덤(횡혈식 석실분)을 만들었다. 굴식 돌방무덤은 돌로 방을 만들고 입구에 통로를 만든 무덤 형태로, 돌널(石棺)이 있는 형태는 아니었다.

① 무덤의 부장품은 사후(死後) 세계를 인정하게 되면서 생전의 생활이 계속되도록 많은 부장품을 넣게 되었는데, 삼국시대에는 부장품이 중국의 후장 풍습의 영향을 받아 수량이 늘고 질적으로도 호화롭게 바뀌었다.

③ 신라는 주로 돌무지덧널무덤을 많이 만들었는데, 천마총이나 호우총 등 돌무지덧널무덤은 도굴이 어려워 대부분 부장품이 그대로 남아 있는 것이 특징이다. 돌무지덧널무덤(적석목곽분)은 지상이나 지하에 시신과 껴묻거리를 넣은 나무 덧널을 설치하고 그 위에 댓돌을 쌓은 다음 흙으로 덮은 구조로, 공간이 부족해 방이 따로 없고 벽화도 없는 것이 특징이다.

④ 백제는 중국 남조의 영향으로 널방을 벽돌로 쌓은 벽돌무덤이 유행하였는데, 대표적인 벽돌무덤으로 공주 송산리 고분군의 무령왕릉이 있다.

고구려의 고분 벽화

고분	벽화	특징
삼실총	무사·역사의 벽화	원형으로 된 봉분 안에 세 개의 널방이 ㄱ자 형으로 위치
각저총	씨름도	만주 통구우에 있는 토총. 귀족 생활. 별자리 그림
무용총	무용도 수렵도	14명이 춤추는 무용도, 수렵·전쟁을 묘사한 수렵도, 거문고 연주도
쌍영총	기사도 우거도 여인도	서역 계통의 영향. 전실과 후실 사이의 팔각쌍주와 두팔천정은 당대의 높은 건축술과 예술미를 반영
강서 대묘	사신도	사신도와 선인상. 사신도는 도교의 영향을 받은 것으로 색의 조화가 뛰어나며 정열과 패기를 지님
장천 1호분	예불도 기린도	장천 1호분의 기린상과 천마총의 천마상은 고구려와 신라의 문화적 연계성을 보여줌
안악 3호분	대행렬도 수박도	고구려 지배층의 행사를 그린 대행렬도와 수박도 등이 발견됨

21

고대 국가의 문화에 대한 설명으로 틀린 것은?

① 정림사지 5층 석탑은 백제의 대표적인 석탑으로 안정되면서도 경쾌한 모습으로 유명하다.
② 발해의 벽돌과 기와 무늬는 신라의 영향을 받아 소박하고 힘찬 모습을 띠고 있다.
③ 연가 7년명 금동여래입상은 북조 양식을 따르나 강인한 인상은 고구려의 독창성이 보인다.
④ 불국사는 불국토의 이상을 조화와 균형 감각으로 표현한 사원이다.

해설 발해의 벽돌과 기와 무늬는 고구려의 영향을 받아 소박하고 힘찬 모습을 띠고 있다.

22 지방직 9급 기출

다음 괄호 안에 들어갈 사항으로 옳은 것만을 〈보기〉에서 모두 고른 것은?

2000년 12월에 유네스코 세계 유산으로 지정된 경주 역사 유적 지구는 남산 지구, 월성 지구, 대릉원 지구, 황룡사 지구, 산성 지구로 세분된다. 이 중에 남산 지구에 해당하는 문화 유산으로는 (   ) 등이 있다.

보기
ㄱ. 계림　　　　ㄴ. 나정(蘿井)
ㄷ. 포석정　　　ㄹ. 분황사
ㅁ. 첨성대　　　ㅂ. 배리 석불 입상

① ㄱ, ㄴ, ㄷ　　② ㄱ, ㄹ, ㅁ
③ ㄴ, ㄷ, ㅂ　　④ ㄹ, ㅁ, ㅂ

해설 경주 역사 유적 지구
• 남산 지구 : 나정, 포석정, 용장사곡 석불 좌상(보물 187), 신선암 마애보살상(보물 199), 칠불암 마애석불(보물 200), 불곡 석불 좌상(보물 198), 탑곡 마애조상군(보물 201), 용장사곡 삼층석탑(보물 186), 천룡사지 삼층석탑(보물 1188), 남산리 삼층석탑(보물 124), 배리 석불입상(보물 63) 등
• 월성 지구 : 황성옛터, 계림, 경주 월성, 임해전지, 안압지, 첨성대(국보 31), 전랑지, 내물왕릉
• 대릉원 지구 : 미추왕릉, 황남리 고분군, 노동리 고분군, 노서리 고분군, 오릉, 동부사적지대, 재매정
• 황룡사 지구 : 황룡사지, 분황사 석탑(국보 30)
• 산성 지구 : 명활산성

23

발해 문화에 대한 설명으로 옳은 것은?

① 국가에서 정책적으로 유학을 장려하였기 때문에 불교가 쇠퇴하였다.

② 외교 문서와 공식 기록은 한자를 개량한 발해 문자를 사용하였다.

③ 고구려와 당 문화를 받아들여 독자적인 문화를 이룩하였다.

④ 발해 문화는 고려에 이어져 신라 문화보다 큰 영향을 미쳤다.

해설 발해는 고구려 문화의 바탕 위에 당 문화가 혼합된 특징을 가진다.

① 고구려의 불교를 계승한 발해의 불교는 왕실과 귀족을 중심으로 성행하였다.

② 대외적인 문서와 국내외 공식 문서는 한문을 사용하였다.

④ 고려는 신라 문화의 영향을 받아 독창적인 문화로 성장하였다.

핵심정리

발해의 학문 연구

• 학문 발달 장려 : 당에 유학생을 보내고 서적을 수입

• 한학 교육을 장려

- 주자감을 설립하여 귀족 자제들에게 유교 경전을 교육

- 6부의 명칭이 유교식이며, 정혜공주 · 정효공주 묘 비문은 4 · 6 변려체의 한문으로 작성됨, 5경과 〈맹자〉, 〈논어〉, 3사(〈사기〉 · 〈한서〉 · 〈후한서〉), 〈진서〉, 〈열녀전〉 등을 인용

- 외교 사신(양태사, 왕효렴 등)과 승려(인정, 인소 등) 중 많은 사람이 한시에 능통

• 발해 문자 : 외교 문서나 공식 기록에는 한자를 사용하였으나, 이와는 다른 발해 문자가 수도 동경성의 압자 기와에서 발견됨

24

한국 고대 사회 문화의 일본 전파와 관련된 설명으로 옳지 않은 것은?

① 백제의 아직기는 일본에 한자를 전해주었다.

② 고구려의 승려 혜자는 쇼토쿠 태자의 스승이 되었다.

③ 신라인들은 배를 만드는 조선술과 제방을 만드는 축제술을 일본에 전해 주었다.

④ 다카마쓰 무덤에서 발견된 벽화를 통해 가야 문화가 일본에 영향을 미쳤음을 알 수 있다.

해설 일본 다카마쓰 고분 벽화는 고구려 수산리 고분 벽화의 영향을 받았다.

① 백제 4세기 아직기는 일본의 태자에게 한자를 가르쳤다.

② 고구려의 혜자는 쇼토쿠 태자(성덕 태자)의 스승이 되었다.

③ 신라는 일본과 문화 교류는 적었지만, 조선술과 축제술을 전해 주어 '한인의 연못'이라는 이름까지 생겼다.

핵심정리

고구려 문화의 일본 전파

• 7세기 초에 담징이 종이 · 먹의 제조 방법과 맷돌 · 붓 등을 전하였고, 호류사의 금당 벽화를 그림

• 혜자는 쇼토쿠 태자(성덕 태자)의 스승이 됨

• 혜관은 삼론종을 전파하여 불교 전파에 큰 공을 세움

• 일본 나라 시에서 발견된 다카마쓰 고분 벽화가 고구려 수산리 고분 벽화와 흡사함, 일본에서 발견된 고송총은 고구려 계통의 기마 민족 문화의 영향을 받음

25

삼국과 통일신라 문화의 일본 전파에 관한 설명으로 옳지 않은 것은?

① 삼국은 일본 고대 문화를 형성·발전시켜 주었다.

② 백제의 아직기와 왕인은 일본에 건너가서 한문을 가르쳐 주었다.

③ 고구려의 담징은 호류사의 벽화를 그렸다고 전해진다.

④ 일본은 통일신라 문화를 수입함으로써 아스카 문화를 이룩하였다.

해설 일본은 견신라사 및 유학생을 보내어 신라 문화를 수입해 갔고, 원효·강수·설총 등의 불교·유교 문화는 하쿠호 문화에 영향을 주었다.

핵심정리

통일신라 문화의 전파

• 전파 경로 및 특징
  – 통일신라 문화의 전파는 주로 일본에서 수시로 파견한 사신(견신라사)을 통해 이루어짐
  – 불상, 가람 배치, 탑, 율령과 정치 제도 등은 특히 신라의 영향이 가장 컸음

• 하쿠호 문화의 성립
  – 원효·강수·설총이 발전시킨 불교와 유교 문화는 일본 하쿠호 문화의 성립에 기여
  – 심상에 의해 전해진 의상의 화엄사상은 일본 화엄종을 크게 일으키는 데 많은 영향을 줌

26

삼국 문화의 일본 전파 내용으로 옳은 것을 〈보기〉에서 고르면?

보기

㉠ 왕인 – 천자문과 논어 전파
㉡ 담징 – 종이와 먹의 제조술 전파
㉢ 혜자 – 호류지 금당 벽화 제작
㉣ 아직기 – 조선술과 제방 축조술 전파
㉤ 노리사치계 – 일본 쇼토쿠 태자 교육

---

① ㉠, ㉡   ② ㉡, ㉢

③ ㉢, ㉣   ④ ㉣, ㉤

해설 ㉠ 백제의 왕인은 천자문과 논어를 일본에 전파하여 일본 아스카 문화에 영향을 주었다.
㉡ 고구려의 담징은 종이와 먹의 제조술을 전파하고 맷돌·붓 등을 전하였다.
㉢ 호류사의 금당 벽화를 그린 사람은 담징이다.
㉣ 조선술과 제방 축조술을 전파한 것은 신라이다.
㉤ 일본 쇼토쿠 태자를 교육한 사람은 혜자이다. 백제의 노리사치계는 일본에 불경과 불상 등의 불교 문화를 전하였다.

핵심정리

백제 문화의 전파

• 삼국 중에서 백제가 삼국문화의 일본 전수에 가장 크게 기여
• **한문학의 전파** : 4세기 아직기는 일본의 태자에게 한자를 가르쳤고, 왕인은 〈천자문〉과 〈논어〉를 전수
• **불교 문화의 전파** : 6세기에는 노리사치계가 불경과 불상을 전함
• 5경 박사·의박사·역박사와 천문박사, 화가, 공예 기술자 등이 건너갔으며, 그 영향으로 5층 석탑이 세워지고 백제 가람이라는 건축 양식이 생겨남

27

통일신라의 문화에 대한 틀린 것은?

① 유교경전 중 〈논어〉와 〈효경〉이 가장 중시되었다.

② 국학에서는 박사를 두어 유교경전, 천문학, 법률 등을 가르쳤다.

③ 향가의 주요 내용은 동료 간의 의리, 형제 간의 사랑, 국왕의 선정에 대한 촉구 등이다.

④ 혜초와 같은 시기에 중국에서 활동한 김교각은 신라 왕족 출신으로 지장보살의 화신으로 숭앙되었다.

해설 신문왕 때 국학이라는 유학교육 기관을 설립하여 〈논어〉와 〈효경〉 등의 유교경전을 가르쳤으며 천문학, 수학, 의학, 법률학 등은 따로 학교를 세워 가르쳤다.

핵심정리

국학

- 신문왕 때 설립한 유학 교육 기관으로, 충효사상 등 유교적 정치 이념으로 전제 왕권 강화에 기여
- 경덕왕 때 태학이라 고치고 박사와 조교를 두어 〈논어〉와 〈효경〉 등의 유교 경전을 교육, 혜공왕 때 국학으로 환원
- 입학 자격은 15~30세의 귀족 자제로 제한되며, 졸업 시 대나마·나마의 관위를 부여
- 〈논어〉와 〈효경〉을 필수 과목으로 하여, 〈주역〉·〈상서〉·〈모시〉·〈예기〉·〈좌씨전〉 등을 수학
- 골품제로 인해 그 기능을 제대로 발휘하지 못했으나, 학문과 유학의 보급에 기여하고 무치를 문치로 바꾸는 계기가 됨

28

시기 순으로 바르게 나열한 것은?

ㄱ. 노리사치계는 일본에 불경과 불상을 전하였다.

ㄴ. 최승로는 시무 28조 개혁안을 올려 유교를 치국의 근본으로 삼을 것을 주장하였다.

ㄷ. 김부식은 기전체 역사서인 '삼국사기'를 편찬하였다.

ㄹ. 원효는 일심사상을 바탕으로 다른 종파들과의 사상적 대립을 조화시키고자 노력하였다.

① ㄱ → ㄹ → ㄷ → ㄴ

② ㄱ → ㄹ → ㄴ → ㄷ

③ ㄹ → ㄱ → ㄴ → ㄷ

④ ㄹ → ㄱ → ㄷ → ㄴ

해설 ㄱ. 백제의 노리사치계가 일본에 불경과 불상, 경론 등을 전파(552)한 것은 6세기 중반 성왕 때이다.

ㄹ. 신라의 원효(元曉, 617~686)는 7세기의 승려로, 통일 전후로 크게 활약하였다. 원효는 〈대승기신론소〉, 〈금강삼매경론〉, 〈십문화쟁론〉 등을 저술하여 불교의 사상적 이해 기준을 확립하였고, '모든 것이 한마음에서 나온다'는 일심사상(一心思想)을 바탕으로 다른 종파들과 사상적 대립을 조화시키고자 노력하였다.

ㄴ. 최승로는 10세기 후반 고려 성종(981~997) 때 활약한 유학자로, 982년에 시무책으로 시무 28조의 개혁안을 성종에게 올리고, 유교를 치국의 본으로 삼을 것을 주장하였다.

ㄷ. 김부식 등이 왕명으로 〈삼국사기〉(1145)를 편찬한 것은 12세기 중반인 고려 인종 때이다. 〈삼국사기〉는 유교적 합리주의 사관에 기초하여 신라를 중심으로 서술한 기전체(紀傳體) 사서로, 현존하는 우리나라 최고(最古)의 역사서이다.

9급 공무원

제3편

중세의 성립과 발전

29

2716931731제1장 중세의 통치 구조와 정치 활동

제2장 중세의 경제 구조와 경제 생활

제3장 중세의 사회 구조와 사회 생활

제4장 중세 문화의 발달

실전문제 제1장 중세의 통치 구조와 정치 활동

대표유형문제

서울시 9급 기출

〈보기〉의 밑줄 친 '왕'이 재위하던 시기에 대한 설명으로 가장 옳은 것은?

보기

　왕이 명령하여 노비를 안검하고 시비를 살펴 분별하게 하였다. (이 때문에) 종이 그 주인을 배반하는 자가 헤아릴 수 없을 정도였다. 이 때문에 윗사람을 능멸하는 기풍이 크게 행해지니, 사람들이 모두 원망하였다. 왕비가 간절히 말렸는데도 듣지 않았다.

① 서경 천도를 추진하였다.
❷ 광덕, 준풍 등의 연호를 사용하였다.
③ 지방관을 파견하고 향리제도를 마련하였다.
④ 기인제도를 최초로 실시하여 호족들을 통제하였다.

정답해설 〈보기〉의 밑줄 친 왕은 노비 안검을 통해 고려 광종임을 알 수 있다. 노비 안검법은 양인이었다가 불법으로 노비가 된 자를 해방시켜 줌으로써, 호족·공신 세력을 약화시키고 국가 재정 수입 기반을 확대한 것을 말한다. 광종은 국왕을 황제라 칭하고 광덕·준풍 등의 독자적 연호를 사용하였다.

오답해설 ① 고려 정종(3대, 945~949)은 서경 천도 계획을 세워 풍수도참을 명분으로 훈신 세력 제거를 위해 계획하였으나, 공신의 반대와 정종의 병사로 실현되지 못하였다.
③ 고려 성종(6대, 981~997)은 12목을 설치하여 지방관(목사)을 파견하고 향리 제도를 정비하였다.
④ 고려 태조(1대, 918~943)는 지방 호족 세력의 회유·견제를 위해 기인 제도를 활용하였다.

핵심정리 광종(4대, 949~975)의 왕권 강화 정책
• 개혁 주도 세력 강화
• 군사 기반 마련
• 칭제 건원 : 국왕을 황제라 칭함, 광덕·준풍 등 독자적 연호 사용, 개경을 황도라 함
• 노비 안검법 실시
• 과거 제도 실시 : 후주 사람 쌍기의 건의로 실시
• 백관의 공복 제정 : 지배층의 위계 질서 확립을 목적으로 제정, 4등급으로 구분
• 주현공부법, 불교의 장려

01 서울시 9급 기출

다음 밑줄 친 왕에 대한 설명으로 옳은 것은?

> 왕의 이름은 소(昭)다. 치세 초반에는 신하에게 예를 갖추어 대우하고 송사를 처리하는데 현명하였다. 빈민을 구휼하고, 유학을 중히 여기며, 노비를 조사하여 풀어 주었다. 밤낮으로 부지런하여 거의 태평의 정치를 이루었다. 중반 이후로는 신하를 많이 죽이고, 불법(佛法)을 지나치게 좋아하며 절도가 없이 사치스러웠다.
> – 『고려사절요』 –

① 쌍기의 건의로 과거제를 실시하였다.

② 12목을 설치하고 지방관을 파견하였다.

③ 호족을 견제하기 위해 사심관과 기인제도를 마련하였다.

④ 승려인 신돈을 등용하여 전민변정도감을 설치하였다.

해설 노비안검법(956)을 실시한 광종에 대한 내용이라는 것을 알 수 있다. 과거 제도는 후주인 쌍기의 건의로 실시(958)되었는데, 호족 세력을 누르고 신구 세력의 교체를 도모하려는 의도가 담겨 있었다.
② 최승로가 올린 시무 28조에 따라 전국에 12목을 설치하고 지방관을 파견한 왕은 성종이다.
③ 지방 호족 세력의 회유·견제를 위해 사심관제도와 기인제도를 활용한 것은 태조이다.
④ 신돈을 등용하여 전민변정도감을 운영한 것은 공민왕이다.

핵심정리

광종의 왕권강화

- **개혁 주도 세력 강화** : 개국 공신 계열의 훈신 등을 숙청하고 군소 호족과 신진 관료 중용
- **군사 기반 마련** : 내군을 장위부로 개편
- **칭제 건원** : 국왕을 황제라 칭하고 광덕·준풍 등 독자적 연호를 사용(자주의식의 표현, 국왕 권위 제고)
- **노비안검법 실시** : 양인이었다가 불법으로 노비가 된 자를 조사하여 해방
- **과거제도의 실시** : 유학을 익힌 신진 인사를 등용해 호족세력을 누르고 신구 세력의 교체를 도모
- **백관의 공복 제정** : 지배층의 위계질서 확립을 목적으로 제정, 4등급으로 구분
- **주현공부법(州縣貢賦法)** : 국가 수입 증대와 지방호족 통제를 위해 주현 단위로 공물과 부역의 양을 정함
- **불교의 장려**

02 지방직 9급 기출

(가)에 들어갈 기구로 옳은 것은?

> 고려 시대 중서문하성과 중추원의 고위 관료들은 도병마사와 (가)에서 국가의 중요한 일을 논의하였다. 도병마사에서는 국방과 군사 문제를 다루었고, (가)에서는 제도와 격식을 만들었다.

① 삼사

② 상서성

③ 어사대

④ 식목도감

해설 고려는 2성 6부의 중앙 관제를 마련하고 중서문하성과 중추원의 고위 관료들은 도병마사와 식목도감에서 국가의 중요한 일을 논의하였다. (가)는 식목도감으로 법의 제정이나 각종 시행 규정을 다루고 국가 중요 의식을 관장하였다.
　　① 삼사(三司)는 전곡(화폐와 곡식)의 출납에 대한 회계와 녹봉 관리를 담당하였다.
　　② 상서성은 실제 정무를 나누어 담당하는 육부를 두고 정책의 집행을 담당하였다.
　　③ 어사대(御史臺)는 정치의 잘잘못을 논하고 관리들의 비리를 감찰하는 곳이다.

03

고려의 건국이 중세 사회의 성립임을 나타내 주는 설명으로 잘못된 것은?

① 유교 사상에 입각한 새로운 질서가 마련되었다.
② 지방호족 출신이 과거를 통하여 중앙 관료로 진출하였다.
③ 춘대추납의 빈민구제제도가 시행되었다.
④ 폐쇄적 사회체제에서 개방적 사회체제로 발전하였다.

해설 춘대추납의 빈민구제제도는 고구려의 진대법으로, 중세 사회의 특징이라고 볼 수 없다.

04

다음 중 최승로가 시무 28조에서 제시한 정책이 아닌 것은?

① 귀족정치의 지향
② 불교와 토속신앙 옹호
③ 유교정치 이념의 구현
④ 중앙집권의 추진

해설 최승로의 시무 28조는 유교정치 이념에 입각한 중앙 집권적 귀족정치가 목표이기 때문에 불교에 대한 비판과 토속신앙에 대한 제한적 태도를 보였다.

05

고려 광종 ~ 성종대에 있었던 일로 옳은 것을 〈보기〉에서 모두 고른 것은?

─── 보기 ───
㉠ 백관의 공복을 제정하였다.
㉡ 전국적으로 전시과제도를 마련하였다.
㉢ 조계종에서 선종과 교종을 통합하려고 하였다.
㉣ 과거제도를 실시하여 신구세력 교체를 통해 왕권을 강화하였다.
㉤ 원의 내정간섭이 본격화되었다.

① ㉠, ㉡, ㉢
② ㉠, ㉡, ㉣
③ ㉡, ㉢, ㉤
④ ㉡, ㉣, ㉤

해설 ㉢ 조계종에서 선종과 교종을 통합하려고 한 때는 무신 집권 시기이다.
　　㉤ 고려 후기에 원의 내정간섭이 시작되었다.
　　㉠, ㉣ 광종은 백관의 공복을 제정하였고 과거제도를 실시하였다.
　　㉡ 경종은 전시과제도를 마련하였다.

06

다음 중 고려시대 정치 체제에 대한 설명으로 옳은 것은?

① 삼사는 군사 기밀과 왕명의 출납을 담당하였다.
② 상서성의 장에 문하시중을 임명하였다.
③ 중정대는 정치의 잘잘못을 논하고 관리의 비밀을 감찰하였다.
④ 도병마사와 식목도감은 재신과 추밀이 회의하여 결정하는 독자적 기구였다.

해설 도병마사와 식목도감은 모두 고려의 독자기구였다.
① 고려의 삼사는 화폐와 곡식의 출납에 대한 회계를 맡았다.
② 상서성의 장은 상서령이다. 문하시중은 중서문하성의 장관이다.
③ 관리들의 비리를 감찰하는 임무를 맡은 기관은 어사대이다.

핵심정리

고려의 중앙정치조직

2성 6부	• 중서문하성(재부) : 최고 정무기관 – 재신과 낭사로 구성 • 상서성 : 실제 정무를 나누어 담당하는 육부를 두고 정책의 집행을 담당 • 이부, 병부, 호부, 형부, 예부, 공부의 육부를 둠
중추원과 삼사	• 중추원(추부, 추밀원) : 왕명 출납·궁궐·숙위·군국기무 등의 정무를 담당 – 2품 이상 추신과 3품 이하 승선으로 구성 • 삼사 : 전곡(화폐와 곡식)의 출납에 대한 회계와 녹봉 관리를 담당
도병마사와 식목도감	• 도병마사 : 국방 문제를 담당하는 임시 기구 • 식목도감 : 법의 제정이나 각종 시행 규정을 다루고 국가 중요 의식을 관장
기타 기관	어사대, 한림원, 춘추관, 통문관, 보문각, 사천대

07 〔지방직 9급 기출〕

고려시대의 정치 기구에 대한 설명으로 옳지 않은 것은?

관부	장관	특징
㉠	문하시중 (종1)	정치의 최고관부로서 재부라고 불림
㉡	판원사 (종2)	왕명출납, 숙위, 군기(軍紀)
㉢	판사 (재신 겸)	국방, 군사문제의 회의 기관
㉣	판사 (재신 겸)	법제, 격식문제의 회의 기관

① ㉠의 관직은 2품 이상의 재신과 3품 이하의 낭사로 구분되었다.
② ㉠과 ㉡의 고관인 재추들이 모여 국가의 중대사를 협의·결정하는 기구가 ㉢과 ㉣이었다.
③ ㉢은 고려 후기에 이르러 국가의 모든 정무를 관장하는 최고 기구로 발전하였다.
④ ㉢은 당의 관제를, ㉣은 송의 관제를 본 딴 것이었다.

해설 국방 문제를 담당하는 도병마사(㉢)와 법의 제정이나 국가 중요 의식·격식을 관장하는 식목도감(㉣)은 모두 고려의 독자적 정치 기구에 해당한다.
① 정치의 최고 관부인 중서문하성(재부)은 재신(2품 이상)과 낭사(3품 이하)로 구성된다.
② 도병마사와 식목도감은 중서문하성의 고관인 재신과 중추원의 고관인 추신(추밀)이 국가 중대를 협의·결정하는 재추합의기구에 해당한다.
③ 도병마사는 국방 문제를 담당하는 임시 기구였으나 고려 후기에 도평의사사(도당)로 개편되면서 국정 전반의 중요 사항을 합의·집행하는 최고 상설정무기구로 발전하였다.

핵심정리

도병마사와 식목도감

- 도병마사
  - 국방 문제를 담당하는 임시기구, 성종 때 시행
  - 무신정변 후 중추원(추신)과 중서문하성(재신)이 참여하여 국방 문제를 심의하는 합의기구로 발전
  - 고려 후기의 원 간섭기(충렬왕)에 도평의사사(도당)로 개편되면서 구성원이 확대되고 국정 전반의 중요 사항을 합의·집행하는 최고 상설 정무기구로 발전(조선 정종 때 혁파)
- 식목도감 : 법의 제정이나 각종 시행 규정을 다루고 국가 중요 의식을 관장, 장은 판사

08 국가직 9급 기출

고려의 농민을 위한 정책으로 옳지 않은 것은?

① 농민 자제의 과거를 위한 기금으로 광학보를 설치하였다.

② 개간지는 일정 기간 면세하여 줌으로써 농민의 부담을 경감해 주었다.

③ 재해를 당했을 때에는 세금을 감면해 농민 생활의 안정을 꾀하였다.

④ 농번기에는 잡역 동원을 금지하여 농사에 지장을 주지 않으려 하였다.

해설 정종 때 설치된 광학보는 승려의 면학을 위한 장학 재단이었다.

09

고려시대 지방행정에 대한 설명으로 옳지 않은 것은?

① 성종 때 12목이 설치되었다.

② 양계 지역은 계수관이 관할하였다.

③ 향·소·부곡 등의 특수행정조직이 있었다.

④ 5도에는 안찰사가 파견되었으며 도내의 지방을 순찰하였다.

해설 양계 지역은 북방 국경 지대의 군사 중심지인 동계·북계를 말하는데, 병마사가 파견되어 관리하였다.
  ① 성종은 시무 28조에 따라 전국에 12목을 설치하고 지방관을 파견하였다.
  ③ 고려에는 농민들이 주로 거주하는 향과 부곡, 공납품을 만들어 바치는 공장(工匠)들이 집단 거주하던 소라는 특수 행정 구역이 있었다.
  ④ 5도는 행정의 중심이며, 경상도·전라도·양광도·교주도·서해도를 말한다. 도에는 지방관으로 안찰사를 파견하며, 아래에는 주·군·현과 향·소·부곡을 두었다.

핵심정리

지방행정조직의 정비

① 성종(981~997)
- 성종 초부터 정비되기 시작
- 3경(三京) : 풍수지리설에 따라 개경(개성)·서경 (평양)·동경(경주)을 설치
- 전국에 12목을 설치하고 지방관 파견

② 현종(1009~1031) : 전국의 5도 양계와 4도호부, 8 목을 완성(지방 제도의 완비)
- 5도
  - 행정의 중심이며, 경상도·전라도·양광도·교 주도·서해도를 일컬음
  - 도에는 지방관으로 안찰사를 파견하며, 아래에 주·군·현과 향·소·부곡을 둠
- 양계(兩界)
  - 북방 국경 지대의 군사 중심지인 동계·북계를 말하며, 병마사가 파견됨
  - 양계 아래 국방상의 요충지에 진(군사적 특수지 역)을 설치하고, 촌을 둠
- 4도호부 : 군사적 방비의 중심지, 안북(안주)·안남 (전주)·안동(경주)·안변(등주)
- 8목 : 지방행정의 실질적 중심부이며 공납(향공선 상)의 기능을 담당. 광주(廣州)·청주·충주·전 주·나주·황주·진주·상주 등

▲ 고려의 5도 양계

10 [지방직 9급 기출]

고려시대에 대한 설명으로 옳지 않은 것은?

① 지방의 모든 군현에 지방관이 파견되어 행정 을 담당하였다.

② 중앙군은 2군 6위, 지방군은 주현군·주진군 으로 편성되었다.

③ 발해의 유민들을 받아들였으며, 발해 세자 대 광현을 왕족으로 대우하였다.

④ 광종은 황제라 칭하였고, 개경을 황도(皇都)라 불렀으며, 독자적 연호를 사용하였다.

해설 고려시대에는 지방관이 파견된 주군·주현보다 지방관 이 파견되지 않은 속군·속현이 더 많았다. 이는 중앙의 통제력이 지방까지 완전히 미치지 못했음을 보여준다. 조선시대에 지방과 백성에 대한 국가의 지배력이 강화 (중앙집권의 강화)되면서 모든 군현에 지방관이 파견되 어 속군·속현은 소멸되었다.
② 고려시대의 중앙군은 2군 6위로 편성되었고, 지방군 은 5도의 일반 군현에 주둔하는 주현군과 국경지방 인 양계에 주둔하는 주진군으로 편성되었다. 2군은 응양군과 용호군(국왕의 친위대)으로 구성되었고, 6 위는 수도와 국경의 방비를 담당하는 좌우위·신호 위·흥위위와 금오위(경찰), 천우위(의장), 감문위(궁 궐·성문 수비)로 구성되었다.
③ 고려는 고구려 계승의식이 강해 고구려 지역을 차지 하고 있던 발해도 고구려를 계승한 것으로 보아 함께 포용했는데, 발해 멸망 시 발해의 유민을 수용하고 발해의 왕자 대광현을 왕족으로 우대하여 동족 의식 을 분명히 하였다.
④ 광종은 국왕을 황제로, 수도 개경을 황도라 칭하였고, 광덕·준풍 등의 독자적 연호를 사용하였다. 이는 자 주의식의 표현이며, 국왕의 권위를 제고하여 왕권을 다지기 위한 목적을 담고 있다.

11

다음 자료의 밑줄 친 '새로운 군대'의 활약으로 일어난 사실은?

> "신이 오랑캐에게 패한 것은 그들의 기병인데 우리는 보병이라 대적할 수 없었기 때문이었습니다." 이에 왕에게 건의하여 <u>새로운 군대</u>를 편성하였다. 문·무 산관, 상인, 농민들 가운데 말을 가진 자를 신기군으로 삼았고, 과거에 합격하지 못한 20살 이상 남자들 중 말이 없는 자를 모두 신보군에 속하게 하였다. 또 승려를 뽑아서 항마군으로 삼았다.
>
> – 〈고려사절요〉

① 귀주에서 거란군을 격파하였다.

② 개경까지 침입했던 홍건적을 격퇴하였다.

③ 처인성에서 몽고군의 공격을 막아냈다.

④ 여진족을 물리치고 동북지방에 9성을 쌓았다.

해설 고려는 윤관의 건의에 따라 기병을 보강한 특수 부대인 별무반을 편성하여 여진 정벌을 준비하였다. 윤관은 별무반을 이끌고 여진족을 물리쳐 동북지방 일대에 9성을 쌓았다.

핵심정리

특수군

- **광군(光軍)** : 정종 때 거란에 대비해 청천강에 배치한 상비군(30만)
- **별무반** : 백정(농민)이 주력인 전투 부대로, 신기군(기병)·신보군(보병)·항마군(승병)으로 편성
- **도방** : 무신 정권의 사적 무력 기반
- **삼별초** : 수도의 치안 유지를 담당하던 야별초(좌·우별초)에 신의군(귀환 포로)을 합쳐 편성
- **연호군** : 농민과 노비로 구성된 지방 방위군

12

고려시대의 과거제도에 대한 설명으로 틀린 것은?

① 과거에 합격한 사람은 시험관인 좌주와 특별히 돈독한 관계를 유지하였다.

② 법제적으로 양인 이상은 과거에 응시할 수 있었다.

③ 5품 이상의 고위 관료의 자손들은 과거를 거치지 않고도 음서의 혜택을 받았다.

④ 고려의 과거에는 정기적인 식년시 외에도 알성시, 증광시 등의 별시가 있었다.

해설 ④는 조선시대의 과거제도에 대한 설명이다. 고려시대의 과거는 3년에 한 번씩 실시하는 식년시가 원칙이었고, 격년시도 유행하였다.

핵심정리

과거제도

- **시행 및 목적**
  - 시행 : 광종 9년(958) 후주인 쌍기의 건의로 실시
  - 목적 : 호족세력 억압, 유교적 문치·관료주의의 제도화, 신구 세력 교체를 통한 왕권강화
- **종류**
  - 제술과(제술업, 진사과) : 문예(서술·문장) 등을 시험하는 문과로, 과거 중 가장 중시(조선의 진사과)
  - 명경과(명경업, 생원과) : 유교 경전(경서·논리)을 시험하는 문과(조선의 생원과)
  - 잡과(잡업) : 법률·회계·지리·의약 등 실용 기술학을 시험하여 기술관 선발
  - 승과 : 교종시와 선종시로 구분되며, 합격 후 '승통'과 '대선사' 등의 승계를 받고 토지를 지급받음
  - 무과 : 실시되지 않음 → 예종 때 일시 실시, 공양왕 때 상설, 무학재를 통해 무인 등용
- **실시** : 예부에서 관장, 3년에 한 번씩 보는 식년시가 원칙이나 격년시가 유행

13 지방직 9급 기출

다음 왕의 재위 기간에 있었던 사실로 옳은 것은?

> 왕은 중국에 36명의 승려를 파견하여 법안종을 배우도록 하였다. 또한 제관과 의통을 파견하여 천태학에 대한 관심을 보였다.

① 승과 제도를 시행하였다.
② 요세가 세운 백련사를 후원하였다.
③ 의천이 국청사를 창건하는 것을 후원하였다.
④ 거란과의 전쟁을 물리치기 위해 초조대장경을 조성하였다.

해설 고려의 광종은 균여로 하여금 귀법사를 창건하여 화엄종을 통합케 하고, 법안종(선종)과 천태학(교종)을 통한 교선 통합을 모색하는 등 불교 통합 정책에 힘썼다. 승과 제도는 승려를 대상으로 실시했던 과거를 말한다. 광종 때인 958년에 처음으로 과거제도를 실시하면서 승과도 함께 설치하였다.
② 요세의 백련사를 후원한 것은 최씨 무신 정권이다.
③ 숙종 재위 기간에 있었던 일이다.
④ 현종 때 초조대장경을 조성하였다.

14

고려시대의 과거와 음서제도에 대한 설명으로 틀린 것은?

① 명경과에서는 유교 경전에 대한 이해 능력을 시험하여 문신을 뽑았다.
② 음서의 범위는 공신, 5품 이상의 자제로 제한되었다.
③ 과거에 합격한 사람은 시험관인 좌주와 결속을 강화하였다.
④ 양인 이상이면 원칙적으로 과거에 응시할 수 있었다.

해설 음서제의 혜택은 공신과 종실의 자손 외에 5품 이상의 관료의 아들, 손자, 사위, 동생 등에게도 주어졌다.

핵심정리

고려의 관리등용 특채제도
• **음서제도(성종)**
  – 공신과 종실 및 5품 이상 관료의 자손, 즉 아들·손자·사위·동생·조카에게 과거를 거치지 않고도 관료가 될 수 있도록 부여한 특혜
  – 고려 관료 체제의 귀족적 특성을 반영(조선시대에는 그 비중에 감소해 문음의 대상은 2품 이상의 자손이며, 출세에 있어 과거보다 영향을 덜 미침)
• **천거** : 고급 관료의 추천으로 가문이 어려운 인재를 중용하는 제도 → 천거자의 연대 책임이 수반됨
• **고려 관리 선발제도의 특성**
  – 신분에 치중하던 고대 사회와 달리 능력이 중시하는 사회임을 반영
  – 문벌귀족 사회의 성격을 반영(교육과 과거가 연결되어 문벌귀족 출신의 합격자가 많음)
  – 관직 진출 후 대부분 산관만을 받고 대기하다가 하위의 실직으로 진출

15 서울시 9급 기출

다음의 밑줄 친 ㉠과 관련된 설명으로 가장 옳지 않은 것은?

> 원의 간섭을 받으면서 그에 의존한 고려의 왕권은 이전 시기에 비하여 상대적으로 안정되었고 ㉠ 중앙 지배층도 개편되었다. …… 그들은 왕의 측근 세력과 함께 권력을 잡아 농장을 확대하고 양민을 억압하여 노비로 삼는 등 사회 모순을 격화시켰다.

① ㉠은 가문의 권위보다는 현실적인 관직을 통하여 정치 권력을 행사하였다.
② 공민왕은 ㉠의 경제력을 약화시키기 위해 전민변정도감을 설치하였다.
③ ㉠은 사원 세력의 대표인 신돈과 연대하여 신진사대부에 대항하였다.
④ ㉠에는 종래의 문벌 귀족 가문, 무신정권기에 등장한 가문, 원과의 관계에서 성장한 가문 등이 포함되었다.

해설 원 간섭기의 중앙 지배층은 권문세족이다. 신돈은 권문세족의 경제 기반을 약화시키고자 한 인물로, 전민변정도감을 설치하는 등 왕권 강화와 국가재정 확보를 위해 힘썼다.
① 권문세족은 현실적 관직인 도평의사사와 정방을 장악하여 권력을 행사하였다.
② 공민왕은 전민변정도감을 운영(1366)하여 권문세족들이 부당하게 빼앗은 토지와 노비를 본래의 소유주에게 돌려주거나 양민으로 해방시켰다.
④ 권문세족에는 고려 전기부터 그 세력을 이어 온 문벌 귀족 가문, 무신 정권기에 대두한 가문(무신 가문, 능문능리의 신진관인 가문), 원의 세력을 배경으로 성장한 가문 등이 있다.

핵심정리

권문세족과 신진사대부

구분	권문세족	신진사대부
유형	• 전기 이래의 문벌귀족 • 무신 집권기에 성장 • 친원파	• 지방 향리 출신 • 공로 포상자(동적직 · 겸교직) • 친명파
정치 성향	• 음서 출신 • 여말의 요직 장악 • 보수적 · 귀족적	• 과거 출신 • 행정적 · 관료 지향적 • 진취적 · 개혁적
경제 기반	• 부재 지주 • 토지의 점탈 · 겸병 · 매입 등	• 재향 중소 지주, 소규모 농장을 가진 자영 농민 • 토지의 개간 · 매입 등
사상	• 유학사상 • 불교신봉 • 민간의식 → 상장 제례	• 성리학 수용 : 주문공가례 채택(민간의식 배격) • 실천주의 · 소학 보급

16

다음과 같은 개혁 정책을 추진한 왕은?

> • 정방 폐지
> • 의염창과 전농사를 설치
> • 사림원을 설치하여 신진사대부 양성

① 광종　　　　　② 공민왕
③ 충렬왕　　　　④ 충선왕

해설 지문은 충선왕의 개혁 정책이다. 충선왕은 전농사와 의염창을 설치하여 국가 수입을 확대하고 농민 생활을 안정시키려고 하였으며, 사림원을 설치하여 유교 이념에 따라 관료 정치를 회복하고자 하였다.

17

다음과 같이 주장한 고려시대의 정치 세력에 대한 설명으로 옳은 것은?

> • 개경은 지덕이 쇠하였으므로 서경으로 서울을 옮기자.
> • 금에 대한 사대외교는 굴욕적이므로 금국을 정벌하자.
> • 고려는 송이나 금에 못지않은 나라이므로 우리도 황제를 칭하고 연호를 사용하자.

① 유교 정치사상을 기본 이념으로 채택하였다.
② 보수적인 집단으로 신라 계승의식이 강하였다.
③ 현실 안정을 추구하는 실리 위주의 대외정책을 폈다.
④ 국초의 북진정책을 계승하였고, 풍수지리설과 결부된 전통사상을 중시하였다.

해설 서경천도운동을 주도한 묘청세력에 대한 설명이다. 묘청세력은 풍수지리설을 내세워 서경으로 도읍을 옮겨 보수적인 개경의 문벌귀족 세력을 누르고 왕권을 강화하면서 자주적인 혁신 정치를 시행하려 하였다. ①, ②, ③은 개경 귀족 세력에 대한 설명이다.

핵심정리

개경파와 서경파의 대립

구분	개경 중심 세력	서경 중심 세력
대표자	김부식 · 김인존 등	묘청 · 정지상 등
특징 및 주장	• 왕권 견제, 신라 계승, 보수적 · 사대적 · 합리주의적 유교사상 • 정권 유지를 위해 금과의 사대관계 주장 • 문벌 귀족 신분	• 왕권의 위상 강화, 고구려 계승, 풍수지리설에 근거한 자주적 · 진취적 전통 사상 • 서경 천도론과 길지론, 금국 정벌론 주장

18 서울시 9급 기출

다음 사건을 시기순으로 바르게 나열한 것은?

> (가) 정중부와 이의방이 정변을 일으켰다.
> (나) 최충헌이 이의민을 제거하고 권력을 잡았다.
> (다) 충주성에서 천민들이 몽골군에 맞서 싸웠다.
> (라) 이자겸이 척준경과 더불어 난을 일으켰다.

① (가) → (나) → (라) → (다)
② (가) → (다) → (나) → (라)
③ (라) → (가) → (나) → (다)
④ (라) → (가) → (다) → (나)

해설 (라) 이자겸은 반대파(인종의 측근 세력)를 제거하고 척준경과 함께 난을 일으켜 권력을 장악 하였다 (1126).
(가) 정중부 · 이고 · 이의방 등이 다수의 문신을 살해, 의종을 폐하고 명종을 옹립한 무신정변이 일어났다 (1170).
(나) 최충헌이 이의민을 제거하고 무신 간의 권력 쟁탈전을 수습하여 강력한 독재 정권을 이룩하였다 (1196). 1196년부터 1258년까지 4대 60여 년간 최씨의 무단 독재 정치가 이어졌다.
(다) 몽골의 5차 침입(1253~1254)으로 충주성에서 김윤후가 이끄는 민병과 관노의 승리로 이어졌다.

핵심정리

무신 간의 권력 쟁탈전

• **이의방(1171~1174)** : 중방 강화
• **정중부(1174~1179)** : 이의방을 제거하고 중방을 중심으로 정권을 독점
• **경대승(1179~1183)** : 정중부를 제거하고 집권, 신변 보호를 위해 사병 집단인 도방을 설치
• **이의민(1183~1196)** : 경대승의 병사 후 정권을 잡았으나 최씨 형제에게 피살
• **최충헌(1196~1219)** : 이의민을 제거하고 무신 간의 권력 쟁탈전을 수습하여 강력한 독재 정권을 이룩 (1196년부터 1258년까지 4대 60여 년간 최씨 무단 독재 정치)

19

〈보기〉에 ⊙에 대한 설명으로 가장 옳은 것은?

— 보기 —

(⊙)은 임금을 폐하고 세우는 것을 자기 마음대로 하였으며, 항상 조정 안에 있으면서 자기 부하들과 함께 가만히 정안(政案, 관리들의 근무 성적을 매긴 것)을 가지고 벼슬을 내릴 후보자로 자기 당파에 속하는 자를 추천하는 문안을 작성하고, 승선이라는 벼슬아치에게 주어 임금께 아뢰게 하면 임금이 어쩔 수 없이 그대로 쫓았다. 그리하여 (⊙)의 아들 이(훗날의 우), 손자 항, 항의 아들 의의 4대가 정권을 잡아 그런 관행이 일반화되었다.

— 이제현, 〈역옹패설〉

① 정방을 설치하여 인사권을 장악하였다.
② 최고 국정 총괄 역할을 하는 교정도감을 설치하여 운영하였다.
③ 정동행성이문소를 폐지하고 2성 6부의 관제를 복구했다.
④ 몽골 침략으로 소실된 초조대장경을 대신하여 재조대장경(팔만대장경)을 조판하였다.

해설 ⊙은 '아들 이(우), 손자 항, 항의 아들 의'를 통해 최충헌임을 알 수 있다. 최충헌은 최고 권력 기구인 교정도감을 설치하여 운영하였다.
① 최우는 문무 관직에 대한 인사권을 장악하기 위해 정방을 설치하였다(1225).
③ 정동행성이문소가 폐지된 것은 반원 자주 정책으로 공민왕 때이다.
④ 팔만대장경은 최우 때 조판을 시작하여 최항 시기에 완성하였다(1236~1251).

20

다음 중 고려시대 무신집권기 때 일어난 사실이 아닌 것은?
① 전민변정도감의 설치
② 피지배층의 민란 발생
③ 교정도감과 서방 설치
④ 패관문학의 발생

해설 전민변정도감을 설치하여 권문세족들이 부당하게 빼앗은 토지와 노비를 본래 소유주에게 돌려준 것은 공민왕 때의 일이다.
② 대단위 농장이 발달함에 따라 국가 경제가 피폐해지고 농촌이 몰락하여 민란의 배경이 되었다.
③ 최충헌은 교정도감, 최우는 서방을 설치하여 권력을 행사하였다.
④ 유학이 침체되고 사대부의 수필 형식의 문학이 패관문학으로 발달하였다.

핵심정리

무신정변의 영향

정치적	왕권의 약화를 초래, 중방의 기능 강화, 문벌 귀족 사회가 붕괴되면서 관료 사회로의 전환이 촉진됨
경제적	전시과가 붕괴되어 사전(私田)과 농장이 확대 (지배층의 대토지 소유가 증가)
사회적	신분제 동요(향·소·부곡이 감소하고 천민의 신분 해방이 이루어짐), 중앙 정부의 지방 통제력 약화로 농민과 천민의 대규모 봉기 발발
사상적	선종의 일종인 조계종 발달, 천태종의 침체
문학적	육학이 쇠퇴하고 패관문학 발달, 시조문학 발생, 낭만적 성향의 문학 활동 전개
군사적	사병의 확대, 권력 다툼의 격화

21

고려 후기 정국에 대한 동향으로 옳지 않은 것은?

① 정치기구는 첨의부 – 4사 체제로 개편되었다.

② 충렬왕과 충선왕의 계승은 원나라 무종의 옹립과 관련이 있다.

③ 원의 기황후 세력이 충혜왕 정권을 위협하였다.

④ 공민왕 12년, 흥왕사의 변을 계기로 외척의 입지가 강화되었다.

> **해설** 흥왕사의 변(1363, 공민왕 12년)은 김용(金鏞) 등의 측근 세력이 공민왕의 반원 개혁정책에 반감을 갖고 흥왕사의 행궁(行宮)에 머무르고 있던 공민왕을 시해하려고 한 사건이다. 공민왕은 이 사건 직후 측근 세력을 모두 축출하고 승려 신돈을 등용하여 개혁정치를 추진하였다.
> ① 고려 후기 원 간섭기인 1275년(충렬왕 1년) 중서문하성(中書門下省)과 상서성(尚書省)이 합쳐진 첨의부(僉議府)가 중앙 행정의 최고 관부가 되었고, 6부(六部)는 전리사(典理司)·군부사(軍簿司)·판도사(版圖司)·전법사(典法司)의 4사(四司)로 통폐합되었다.
> ② 충렬왕과 충선왕의 왕위 계승을 둘러싼 갈등은 원나라 무종의 옹립과 관련이 있는데, 충선왕이 지지한 원나라 무종이 황제에 옹립되면서 일시적으로 갈등이 봉합되기도 했으나 이때의 정치적 혼란은 이후 충숙왕과 충혜왕 때의 왕위를 둘러싼 혼란에도 영향을 미쳤다.
> ③ 충혜왕은 충숙왕에 이어 즉위(1330)하였으나 1332년 왕위에서 쫓겨나 원나라로 갔다가 1339년 충숙왕 사후 다시 즉위하게 되었다. 충혜왕은 집권 당시 원의 기황후 세력에 의해 위협을 받았으며, 결국 친원 세력의 반감을 사 원나라에 의해 귀양을 가다 죽음을 맞았다.

22

다음 중 고려시대 몽고의 영향력하에서 있었던 일이 아닌 것은?

① 만적의 난 등 하층민의 동요가 있었다.

② 결혼도감을 통하여 공녀를 요구하였다.

③ 권문세족이 등장하여 도평의사사를 장악하였다.

④ 다루가치라는 감찰관을 파견하여 내정에 간섭하였다.

> **해설** 만적의 난은 무신집권 시대에 최충헌의 사노 만적이 신분 해방을 외치며 일으켰던 사건으로, 반란은 비록 실패로 끝났지만 무신집권기에 신분 해방을 목표로 일어난 천민 반란 중 가장 대표적이었다는 점에 커다란 의미가 있다.

핵심정리

무신집권기 하층민의 봉기
- 망이·망소이의 난(공주 명학소 봉기, 1176)
- 전주 관노의 난(전주의 관노비 봉기, 1182)
- 만적의 난(만적의 신분 해방 운동, 1198)

23

고려의 영토가 다음의 지도와 같았던 시기의 역사적 상황이 아닌 것은?

① 무력으로 쌍성총관부를 공격하여 철령 이북 땅을 공략하였다.

② 전민변정도감을 운영하여 토지를 돌려주고 노비를 양민으로 해방시켰다.

③ 신돈을 등용하여 개혁 정치를 추진하였다.

④ 사림원을 설치하고 신진사대부를 양성하여 개혁 정치를 주도하였다.

해설 제시된 지도는 공민왕 때의 영토와 국경을 나타낸 것이다. 공민왕은 쌍성총관부를 공격하여 철령 이북의 땅을 수복하였다. 개혁 정치 기구로 사림원(詞林院)을 설치한 것은 충선왕 때이다.

① 공민왕은 무력으로 쌍성총관부를 공격하여 철령 이북의 땅을 수복하였고, 요동을 공략하고 요양을 점령하기도 하였다.

② 공민왕은 전민변정도감을 설치하여 권문세족들이 부당하게 빼앗은 토지를 본래 소유주에게 돌려주고 노비를 양민으로 해방시켰다(권문세족의 약화와 국가 재정 수입의 확대를 추구).

③ 공민왕은 흥왕사의 변(김용의 난, 1363)으로 측근 세력 붕괴, 신돈을 등용(1365)하여 개혁 정치를 추진하였다.

24

다음에서 설명하고 있는 왕이 실시한 정책으로 옳은 것은?

> 충숙왕의 둘째 아들로서 원나라 노국대장공주를 아내로 맞이하고 원에서 살다가 원의 후원으로 왕위에 올랐으나 고려인의 정체성을 결코 잃지 않았다.

① 수도를 한양으로 옮겼다.

② 정동행성의 이문소를 폐지하였다.

③ 연구기관인 만권당을 설립하였다.

④ 삼군도총제부를 설치하였다.

해설 제시된 '왕'은 고려 공민왕이다. 공민왕은 내정 간섭기구인 정동행성 이문소를 폐지하는 등 반원·개혁정책을 추진하였다.

① 조선 태조 때 조선(朝鮮)을 세우고 도읍을 한양(漢陽)으로 옮겨 초기 국가의 기틀을 다졌다.

③ 만권당(萬卷堂)은 고려의 충선왕이 원나라 연경(燕京)에 설치한 학문연구소이다.

④ 삼군도총제부는 고려 말 조선 초인 1391년(공양왕 3)에 군대를 통솔하던 관청으로, 기존의 5군 제도를 없애고 3군으로 중앙군을 재편하면서 설치된 기관이다.

핵심정리

공민왕의 대내적 개혁

• 왕권을 제약하고 신진사대부의 등장을 억제하고 있던 정방을 폐지

• 신돈을 등용하여 개혁정치 추진

• 전민변정도감을 운영하여 권문세족들이 빼앗은 토지를 돌려주거나 노비를 양민으로 해방

• 국자감을 성균관으로 개칭하고 순수유학 교육기관으로 개편하여 유학교육 강화, 과거제도 정비

25

공민왕의 개혁정치가 실패로 끝난 이유로 옳지 않은 것은?

① 신진사대부 세력이 강력히 반발하였다.

② 왜구가 빈번히 침범하였다.

③ 원나라의 압력이 심하였다.

④ 권문세족과 대결할 만한 힘이 없었다.

> **해설** 공민왕의 개혁정치는 권문세족의 견제, 신진사대부 세력의 미약, 원의 압력, 왜구의 빈번한 침략 등으로 실패하고 말았다.

26

고려의 대외 교섭에 대한 설명으로 옳지 않은 것은?

① 남송은 금나라와의 분쟁에 고려가 개입하기를 원했다.

② 광종은 후주의 사신이 온 것을 계기로 과거 제도를 실시하며 혁신정치를 추진하였다.

③ 고려의 외교교섭은 외왕내제(外王內帝)였다.

④ 고려와 일본의 물자교류가 활발했던 것은 현종 때였다.

> **해설** 고려와 일본은 정식 외교관계가 맺어지지 않아 상대적으로 물자교류가 활발하지 않았다. 주로 11세기 후반부터 일본 상인은 수은 · 유황 등을 가져와 식량 · 인삼 · 서적 등과 바꾸어 가는 식으로 물자교류가 이루어졌다.
> ① 남송이 취한 연려제금책(聯麗制金策)은 '고려와 연합하여 금을 억제하는 정책'을 의미한다. 따라서 금나라와의 분쟁에 고려가 개입하기를 희망하는 것이다.
> ② 광종은 후주의 사신 일행으로 왔다 귀화한 쌍기의 건의를 받아들여 과거제도를 시행하였다. 광종은 왕권의 안정과 중앙집권체제를 강화하기 위해 노비안검법(956), 과거제도(958), 백관의 공복 제정(960), 칭제건원(稱帝建元), 개국공신 계열의 훈신 숙청 등 혁신적 정책을 추진하였다.
> ③ 외왕내제(外王內帝)는 고려가 외교교섭에 있어 취한 자주적 입장을 반영하는 것으로, 밖으로는 왕을 칭하고 안으로는 황제를 칭하였다는 것을 의미한다. 이는 고려가 대외적으로는 제후국으로서의 외교정책을 취하였으나, 대내적으로는 황제국으로서의 자주적 입장을 견지하고 있었다는 것을 반영한다. 광종 때 국왕을 황제로 칭하고 광덕 · 준풍 등의 독자적 연호를 사용한 점과 개경을 황도(皇都)라고 칭했던 점 등을 외왕내제(外王內帝)의 예로 들 수 있다.

핵심정리

고려 초기의 대외관계

• **대외정책** : 친송정책, 중립정책
 - 송의 건국(960) 직후 외교 관계를 맺고(962) 우호 관계를 유지
 - 송이 거란을 공격하기 위해 고려에 원병을 요청했을 때 실제로 출병하지 않음
 - 송(남송)이 고려와 연결하여 금을 제거하려 할 때(연려제금책)도 개입하지 않고 중립을 지킴

• **대송관계의 성격** : 고려는 경제 · 문화적 목적에서, 송은 정치 · 군사적 목적에서 교류

27 지방직 9급 기출

(가)~(다)는 고려시대 대외관계와 관련된 자료이다. 이를 시기 순으로 바르게 나열한 것은?

(가) 윤관이 "신이 여진에게 패한 이유는 여진 군은 기병인데 우리는 보병이라 대적할 수 없었기 때문입니다."라고 아뢰었다.

(나) 서희가 소손녕에게 "우리나라는 고구려의 옛 땅이오. 그러므로 국호를 고려라 하고 평양에 도읍하였으니, 만일 영토의 경계로 따진다면, 그대 나라의 동경이 모두 우리 경내에 있거늘 어찌 침식이라 하리요."라고 주장하였다.

(다) 유승단이 "성곽을 버리며 종사를 버리고, 바다 가운데 있는 섬에 숨어 엎드려 구차 히 세월을 보내면서, 변두리의 백성으로 하여금 장정은 칼날과 화살 끝에 다 없어 지게 하고, 노약자들은 노예가 되게 함은 국가를 위한 좋은 계책이 아닙니다."라고 반대하였다.

① (가) → (나) → (다)
② (나) → (가) → (다)
③ (나) → (다) → (가)
④ (다) → (나) → (가)

해설 (나) 서희(942~998)는 993년(성종 12) 거란의 1차 침입 때 소손녕(蕭遜寧)과의 담판으로 활약했던 인물이다.

(가) 윤관(~1111)은 1107년(예종 2) 20만에 달하는 대군을 이끌고 여진을 정벌, 동북 9성(城)설치와 함께 고려 영토를 확장한 고려시대 문관이다.

(다) 유승단(1168~1232)은 고려 후기의 문신으로 1232년에 최우(崔瑀)가 재추(宰樞)를 소집하여 강화 천도를 논의하는 자리에서 모두 두려워하여 말을 못하였으나 다만 유승단만이 종사를 버리고 섬에 숨어 구차하게 사는 것은 나라를 위하여 좋은 계책이 아니라고 반대하였다.

핵심정리

대외관계의 전개

- 거란과의 항쟁
  - 제1차 침입(993) : 고려는 거란으로부터 고구려의 후계자임을 인정받고 청천강 이북의 강동 6주를 확보했으며, 송과 교류를 끊고 거란과 교류할 것을 약속
  - 제2차 침입(1010) : 강조가 통주에서 패했으나 양규가 귀주 전투에서 승리, 거란군은 퇴로가 차단될 것이 두려워 고려와 강화
  - 제3차 침입(1018) : 거란과의 강화와 송과의 단절을 약속, 고려는 거란의 연호를 사용, 강동 6주는 고려의 영토로 인정

- 전란의 영향
  - 고려의 승리로 고려 · 송 · 거란 간의 세력 균형 유지
  - 강감찬의 건의와 왕가도의 감독으로 개경에 나성을 축조하고, 천리장성을 쌓아 국방을 강화
  - 감목양마법을 실시하여 군마를 확보
  - 면군급고법(노부모를 모신 장정의 면군), 주현공거법 등의 사회 시책 실시
  - 대장경 조판, 7대 실록 편찬 등 문화 사업
  - 고려와 거란 간의 문화적 교류 발생, 거란인의 집단 마을(거란장) 형성

▲ 강동 6주와 천리장성

제1장 _ 중세의 통치 구조와 정치 활동

28 국가직 9급 기출

밑줄 친 '이번 문서'를 보낸 조직에 대한 설명으로 옳은 것은?

> • 이전 문서에서는 몽고의 연호를 사용했는데, 이번 문서에서는 연호를 사용하지 않았다.
> • 이전 문서에서는 몽고의 덕에 귀의하여 군신 관계를 맺었다고 하였는데, 이번 문서에서는 강화로 도읍을 옮긴 지 40년에 가깝지만, 오랑캐의 풍습을 미워하여 진도로 도읍을 옮겼다고 한다.
>
> — 『고려첩장(高麗牒狀)』 —

① 최우가 도적을 막기 위해 만든 조직에서 비롯되었다.
② 최충헌이 신변 보호와 집권체제 강화를 위해 조직하였다.
③ 거란의 침입에 대비하기 위한 조직으로 편성되었다.
④ 쌍성총관부 탈환에 주도적인 역할을 한 조직이었다.

해설 제시문은 '고려첩장 불심조조(高麗牒狀 不審條條)'란 제목으로 1271년 고려시대 삼별초가 일본에 보내 몽고와 함께 싸울 것을 제안한 문서이다. 삼별초는 최우가 자신의 권력 기반 강화를 위해 조직한 최씨 무신정권의 사병 집단이었다. 최씨 정권 붕괴 이후 몽고와의 강화에 반대하며 진도와 제주도로 근거지를 옮기며 항쟁하다 1273년 고려·몽골 연합군의 공격을 받아 섬멸당했다. 당시 삼별초 정부는 몽고를 적대시하여 몽고의 연호를 쓰지 않았다는 점과 강화도에서의 40년 항전 이후 항몽전통을 계승해 진도로 천도(遷都)했음을 밝히고 있다.
② 최충헌이 신변 보호와 집권체제 강화를 위해 사병기관인 도방을 재건하였다.
③ 거란의 침입에 대비하기 위한 조직으로 편성된 것은 정종 때의 광군이다.
④ 1356년(공민왕 5) 공민왕은 유인우를 동북면 병마사로 임명해 쌍성총관부 지역을 탈환하게 했다.

29

고려의 대외 문물교류에 대한 설명 중 옳은 것은?

① 고려의 북진정책으로 인해 여진과의 교류는 없었다.
② 고려는 송으로부터 비단, 약재, 책, 악기 등을 수입하였다.
③ 대외무역이 발전함에 따라 청해진은 국제 무역항으로 번성하였다.
④ 대식국인으로 불린 아라비아 상인들은 주로 요를 거쳐 고려와 교역하였다.

해설 고려와 송과의 무역에서, 고려는 송으로부터 비단·약재·서적·악기 등을 수입하였고, 금·은·인삼·종이·붓·먹·나전칠기 등을 수출하였다.
① 여진과도 교류를 했으며, 여진 은·모피·말 등 을 가지고 와서, 식량·농기구 등을 수입해 갔다.
③ 고려 때는 대외무역의 발전에 따라 예성강 어귀의 벽란도가 국제 무역항으로 번성하였다.
④ 아라비아(대식국) 상인들은 주로 송을 통해 무역을 했으며, '고려(Corea)'를 서방에 전하였다.

제 3 편

중세의 성립과 발전

정답 27 ② 28 ① 29 ②

실전문제

제2장 중세의 경제 구조와 경제 생활

● 대표유형문제 ●

(가) 토지제도에 대한 설명으로 옳은 것은?

> 비로소 직관(職官)·산관(散官) 각 품(品)의 (가)을/를 제정하였는데, 관품의 높고 낮은 것은 논하지 않고 다만 인품만 가지고 그 등급을 결정하였다.
>
> – 「고려사」 –

❶ 4색 공복을 기준으로 문반, 무반, 잡업으로 나누어 지급 결수를 정하였다.
② 산관이 지급 대상에서 제외되었으며 무반의 차별 대우가 개선되었다.
③ 전임 관료와 현임 관료를 대상으로 경기지방에 한하여 지급하였다.
④ 고려의 건국과정에서 충성도와 공로에 따라 차등 지급되었다.

정답해설 제시된 사료는 경종 때 제정된 시정전시과이다. 시정전시과는 4색 공복 및 인품을 기준으로 문반, 무반, 잡업으로 나누어 지급 결수를 정하였다.

오답해설 ② 경정전시과 : 토지가 부족하게 되어 현직 관료에만 지급, 문·무관의 차별 완화(문종 30년, 1076)
③ 과전법 : 관직 복무에 대한 대가(공양왕 3년, 1391)
④ 역분전 : 후삼국 통일 후 공신에게 지급(태조 23년, 940)

핵심정리 전시과 제도의 변화
- **시정 전시과(경종 1, 976)** : 모든 전현직 관리를 대상으로 관품과 인품·세력을 반영하여 토지(전지와 시지)를 지급
- **개정 전시과(목종 1, 998)** : 관직만을 고려하여 18품 관등에 따라 170~17결을 차등 지급
- **경정 전시과(문종 30, 1076)** : 토지가 부족하게 되어 현직 관료에게만 지급(170~15결), 전시과의 완성 형태로 5품 이상에게 공음전을 지급하였으므로 공음 전시과 라고도 함, 문·무관의 차별을 완화

01

고려시대에 농민을 보호하기 위한 대책으로 틀린 것은?

① 농번기에는 잡역 동원을 금지하였다.

② 개간한 땅에 대해서는 평생 면세하여 주었다.

③ 흉년에는 빈민을 구제하기 위해 의창제를 실시하였다.

④ 재해가 있을 경우 그 정도에 따라 조세를 면해 주었다.

해설 황폐해진 경작지를 개간하여 경작하는 자는 사전의 경우 첫해에는 수확의 전부를 가지고, 2년째부터 경작지의 주인과 수확량을 반씩 나누었다. 공전의 경우에는 3년까지 수확의 전부를 가지고 4년째부터 법에 따라 조를 바쳤다.

핵심정리

국가재정의 운영

① 수취 체제의 정비
  • 양안과 호적 작성
    – 내용 : 토지(양전사업)와 호구를 조사하여 토지대장인 양안과 호구장부인 호적을 작성하고, 이를 근거로 조세 · 공물 · 부역 등을 부과
    – 목적 : 국가재정의 안정적 운영
  • 왕실 · 관천의 수조권 : 토지로부터 조세를 수취할 수 있는 수조권을 분급
  • 재정 운영 원칙 : 수취제도를 기반으로 한 재정 운영 원칙을 정립

② 재정 운영 관청
  • 담당 관청 : 호부, 삼사, 개별 관청
    – 호부(戶部) : 호적과 양안을 만들어 인구와 토지를 파악 · 관리
    – 삼사(三司) : 재정의 수입과 관련된 사무를 담당
  • 재정 지출 : 관리의 녹봉, 왕실 경비, 일반 비용(제사 · 연등회 · 팔관회 · 비용, 건축 및 수리비, 국왕의 하사품 비용 등), 국방비(가장 많은 비용을 지출) 등
  • 관청의 경비
    – 토지 지급 : 관청 운영 경비 사용을 위해 중앙으로부터 토지를 지급받음(공해전)
    – 자체 비용 조달 : 경비가 부족한 경우가 많아 각 관청에서 마련하기도 함

02 국가직 9급 기출

다음에서 설명하는 화폐가 사용된 시기의 경제 상황으로 옳은 것은?

> 초기에는 은 1근으로 우리나라 지형을 본떠 만들었는데 그 가치는 포목 100필에 해당하는 고액이었다. 주로 외국과의 교역에 사용되었으며 후에 은의 조달이 힘들어지고 동을 혼합한 위조가 성행하자, 크기를 축소한 소은병을 만들었다.

① 청해진이 설치되어 무역권을 장악하였다.

② 동시전이 설치되어 시장을 감독하였다.

③ 책, 차 등을 파는 관영상점을 두었다.

④ 이앙법이 전국적으로 보급되었다.

해설 제시문에서 설명한 화폐는 은병(활구)으로, 고려 숙종 때 주전도감에서 제작되었으나 일반적인 거래에는 사용되지 못하였다. 이 화폐가 통용되던 시기에는 개경 · 서경 · 동경 등의 대도시에 관영 상점을 설치하여 책, 차 등을 주로 파는 주점 · 다점 · 서적점 등을 두었다.
  ① 청해진은 신라 하대 흥덕왕 때인 828년에 장보고의 건의로 완도에 설치되어 해상 무역권을 장악하였다.
  ② 동시전은 신라 지증왕 때인 509년에 설치되어 시장 관리기관으로써의 감독 역할을 하였다.
  ④ 이앙법이 남부 지방에 일부 보급되기 시작한 것은 고려 말이며, 이앙법이 전국적으로 보급되기 시작한 것은 조선 후기이다.

핵심정리

고려의 화폐 발행

화폐를 발행하면 그 이익금을 재정에 보탤 수 있고 경제 활동을 장악할 수 있으므로, 상업 활동이 활발해지는 것과 함께 화폐 발행이 논의되었다. 그리하여 성종 때 건원중보가 제작되었으나 널리 유통되지는 못했다. 이후 숙종 때 삼한통보, 해동통보, 해동중보 등의 동전과 활구(은병)가 제작되었으나 당시의 자급자족적 경제 상황에서는 불필요했으므로 주로 다점이나 주점에서 사용되었을 뿐이며, 일반적인 거래에 있어서는 곡식이나 베가 사용되었다.

정답 01 ② 02 ③

03

고려시대의 재정운영과 조세제도에 대한 설명으로 옳지 않은 것은?

① 조세는 논과 밭으로 구분하였으며 생산량의 10분의 1을 수취하였다.

② 요역은 성곽, 관아, 제방의 축조, 도로보수 등의 토목공사, 광물 채취 등에 동원 되었다.

③ 공물은 중앙관청에서 필요한 공물의 종류와 액수를 나누어 주현에 부과하면, 주현에서 속현과 향, 부곡, 소에 할당하였다.

④ 호적과 양안을 만들어 인구와 토지를 파악·관리하는 곳은 삼사이며, 실제적인 조세 수취와 집행은 각 관청에서 담당하였다.

해설 호부는 호적과 양안을 만들어 인구와 토지를 파악. 관리하였다.

핵심정리

수취제도의 한계
- 귀족 사회가 변질되어 가면서 지배층의 착취 수단으로 전락
- 많은 농민들이 유민화되고 농촌 사회가 동요하는 원인으로 작용

04 지방직 9급 기출

다음 토지 제도에 대한 설명으로 옳은 것은?

> 경기는 사방의 근본이니 마땅히 과전을 설치하여 사대부를 우대한다. 무릇 경성에 거주하여 왕실을 시위(侍衛)하는 자는 직위의 고하에 따라 과전을 받는다. 토지를 받은 자가 죽은 후, 그의 아내가 자식이 있고 수신하는 자는 남편의 과전을 모두 물려받고, 자식이 없이 수신하는 자의 경우는 반을 물려받는다. 부모가 모두 사망하고 그 자손이 유약한 자는 휼양전으로 아버지의 과전을 전부 물려받고, 20세가 되면 본인의 과에 따라 받는다.
>
> – 〈고려사〉

① 과전을 지급함으로써 조선개국 세력의 경제적 기반이 되었다.

② 관리가 되었으면서도 관직을 받지 못한 사람들에게 한인전을 지급하였다.

③ 관직이나 직역을 담당하는 사람들에게 농지와 땔감을 채취하는 시지를 주었다.

④ 공로가 많은 사람들에게 인품을 기준으로 역분전을 차등지급하였다.

해설 고려 말에 실시된 과전법에 대한 내용이다. 위화도회군(1388)으로 정권을 장악한 이성계는 공양왕 때인 1390년 과전법을 공포하였다. 과전법은 신흥 사대부를 위한 경제적 기반이 되었다.
② 한인전은 고려시대 전시과 제도에서 6품 이하 하급 관료의 자제로서 관직에 오르지 못한 자에게 지급하던 토지이다.
③ 과전법에서는 시지를 지급하지 않았다.
④ 공로가 많은 사람들에게 인품을 기준으로 역분전을 차등지급한 것은 고려 태조 때의 일이다.

05

고려시대 토지 제도에 대한 설명으로 옳지 않은 것은?

① 5품 이상 관리의 자손은 공음전시를 받을 수 있다.

② 6품 이하 관리의 자제로서 관직에 오르지 못하면 한인전을 지급하였다.

③ 구분전은 자손이 없는 하급 관리와 군인 유가족에게 주는 것이다.

④ 왕실의 경비 충당을 위해 지급하는 것은 군인전이다.

> **해설** 왕실의 경비 충당을 위해 지급한 것은 내장전이고, 군인전은 군역의 대가로 2군 6위의 직업 군인에게 주는 토지로, 군역이 세습됨에 따라 자손에게 세습되었다.

핵심정리

고려 말의 토지제도
① 전시과제도의 붕괴와 농장의 확대
  • 전시과제도의 붕괴
    – 귀족들의 토지 독점과 세습 경향으로 원칙대로 운영되지 못하였고, 조세를 거둘 수 있는 토지가 점차 감소
    – 무신정변을 거치면서 이러한 폐단이 극도로 악화되어 전시과 붕괴
  • 농장의 확대 : 귀족들의 토지 겸병과 농장의 확대는 원 간섭기를 거치며 전국적으로 확산
② 정부의 대책
  • 녹과전의 지급(1271) : 전시과제도가 완전히 붕괴되어 토지를 지급할 수 없게 되자 일시적으로 관리의 생계를 위해 일시적으로 지급
  • 국가재정의 파탄 : 미봉책인 녹과전 지급이 실패하고 고려 말 국가재정은 파탄에 이름

06

고려시대의 토지제도에 나타나는 과전, 공음전, 한인전, 구분전이 공통적으로 반영하는 것은?

① 관직 사회의 안정적 유지를 위한 토지 분급

② 하급 관료에게 지급한 토지

③ 모든 토지의 소유와 세습을 부정하는 왕토 사상

④ 농민의 생활 안정을 위한 경작권 보호

> **해설** 과전은 문 · 무반 관료에게 지급한 토지, 공음전은 5품 이상의 관료에게 지급되는 토지, 한인전은 6품 이하의 하급 관료의 자제로서 관직에 오르지 못한 사람에게 지급한 토지, 구분전은 하급 관료와 군인의 유가족에게 지급되는 토지이다. 이런 토지 제도는 국가가 관직 사회의 안정적 유지를 위한 토지 분급에 주안점을 둔 것이다.

07

고려시대의 토지제도에 대한 설명으로 옳은 것은?

① 토지제도는 전시과가 기본이었다.

② 공해전은 현직 군인에게 지급되었다.

③ 군인전은 군역의 대가로 지급되었으나 세습은 인정되지 않았다.

④ 공전과 사전은 경작지의 구분에 불과하였다.

> **해설** 고려시대의 토지제도는 전시과 제도를 기본으로 하였다.
> ② 공해전은 경비 충당을 위해 중앙과 지방의 각 관청에 지급되었다.
> ③ 군인전은 군역이 세습됨에 따라 자손에게 세습이 가능하였다.
> ④ 공전은 국가가 수조권을 가지고, 사전은 개인이 수조권을 갖는다.

08

다음 〈보기〉에서 토지제도에 대한 설명을 모두 고르면?

보기

- ㉠ 민전은 소유권이 보장되었고 소유자는 세금을 내지 않아도 되었다.
- ㉡ 토지를 받은 자가 죽거나 관직에서 물러날 때 토지를 국가에 반납하는 것이 원칙이었다.
- ㉢ 한인전은 5품 이상의 고급 관료의 자제로서 관직에 오르지 못한 자에게 지급되었다.
- ㉣ 향리는 토지를 받지 못하였다.
- ㉤ 공음전은 세습이 가능하였고, 문벌귀족의 세습적인 경제적 기반이 되었다.

① ㉠, ㉡   ② ㉠, ㉢
③ ㉡, ㉤   ④ ㉣, ㉤

해설 ㉠ 민전은 소유권이 보장되어 함부로 빼앗을 수 없었고, 소유자는 국가에 일정한 세금을 내야 했다.
㉢ 한인전은 6품 이하의 하급 관료의 자제로서 관직에 오르지 못한 사람에게 지급했다.
㉣ 향리에게는 외역전이 지급되었으며 향직이 세습되었기 때문에 토지도 자손에게 세습이 가능하였다.

핵심정리

민전(民田)

귀족에서 농민·노비에 이르기까지 백성들이 상속, 개간, 매매 등을 통하여 소유하고 있었던 사유지로서, 소유권 상 사전(사유지)이지만 수조권 상 공전(납세지)이다. 양안에 소유권이 명시되어 국가의 보호를 받고 있었으며, 국가에 생산량의 일정 부분(1/10)을 조세로 부담하여야 한다. 대부분의 민전은 개인 소유지였지만 왕실이나 관청의 소유지도 존재하였다.

09

고려의 토지 분급제도에 대한 다음 설명 중 옳은 것은?

① 공음전은 5품 이상의 관리에게 지급하여 세습을 허용하였다.
② 외역전은 관직을 얻지 못한 하급 관리 자제에게 지급하였다.
③ 구분전은 왕실의 경비를 충당하기 위해 지급하였다.
④ 개정전시과는 관직의 고하와 인품을 고려하여 지급하였다.

해설 고려 전시과 체제의 공음전은 5품 이상의 관료에게 지급된 세습 가능한 토지였다. 이는 음서제와 함께 문벌귀족의 지위를 유지해 나갈 수 있는 기반이 되었다.
② 외역전은 향리에게 지급된 토지이며, 관직을 얻지 못한 하급관리의 자제에게 지급된 토지는 한인전이다.
③ 구분전은 하급 관료와 군인의 유가족에게 생계를 위해 지급된 토지이다. 왕실의 경비를 충당하기 위해 내장전을 지급하였다.
④ 관직의 고하와 인품을 반영하여 토지를 지급한 것은 시정전시과이다. 개정전시과에서는 관직만을 고려하여 18품 관등에 따라 토지를 지급하였다.

핵심정리

귀족의 경제생활

① 경제 기반
- 과전, 공음전·공신전
  - 과전 : 관료의 사망·퇴직 시 반납하는 것이 원칙이나, 유족의 생계유지를 명목으로 일부를 물려받을 수 있음
  - 공음전·공신전 : 세습 가능
  - 생산량을 기준으로 과전에서는 1/10을, 공음전·공신전에서는 대체로 1/2을 조세로 받음
- 녹봉
  - 문종 때 완비된 녹봉제도에 따라 현직 관리들은 쌀·보리 등의 곡식을 주로 받았으나, 때로는 베나 비단을 받기도 하였음
  - 1년에 두 번씩 녹패(祿牌)라는 문서를 창고에 제시하고 받음
- 소유지 : 지대 수취(생산량의 1/2)와 신공(외거 노비 등으로부터 베나 곡식 수취)으로 상당한 수입을 거둠
- 농장(대토지) : 권력이나 고리대를 이용해 토지를 점탈하거나 헐값에 매입, 또는 개간을 통해 확대, 대리인을 보내 소작인을 관리하고 지대를 수취
  - 백성의 토지 점탈로 농장 확대, 가난한 백성을 노비로 만들어 농장을 경작시킴
  - 조세를 부담할 백성의 감소, 면세·면역의 대상인 농장의 증가 → 국가의 조세 수입 감소, 국가 재정 궁핍

② 귀족의 사치 생활
- 큰 누각을 짓고 별장을 소유
- 외출 시 시종을 거느리고 말을 탔으며, 여가로 수입한 차(茶)를 즐김
- 전문 기술자가 짜거나 중국에서 수입한 비단으로 만든 옷을 입었음

10

다음 중 고려시대 농업에 관한 내용으로 옳지 않은 것은?

① 농번기에는 농민의 잡역 동원을 금지하였다.

② 2년 3작의 윤작법이 점차 보급되었다.

③ 개간한 땅에 대해서는 일정 기간 면세하였다.

④ 광작 농업으로 농가의 소득이 늘어나 부농이 될 수 있었다.

해설 조선 후기에는 상품화폐경제의 발달과 함께 양반 지주의 이윤 추구가 경제적 욕구를 자극하여 광작을 하는 대지주가 많이 나타났다.

핵심정리

농업기술의 발달
- 수리시설 발달 : 후기에 농수로와 해안 방조제, 제언 등 수리시설 관련 기술이 발달하여 간척사업이 시작됨(저수지 개축, 해안 저습지의 간척사업 등)
- 농기구와 종자의 개량 : 호미와 보습 등의 농기구의 개량 및 종자의 개량
- 심경법 일반화 : 우경에 의한 심경법(깊이갈이) 확대·일반화
- 시비법 : 시비법의 도입으로 휴경지가 줄고 연작 가능한 토지 증가, 제초법 발달
- 윤작법 보급 : 밭농사에 있어 2년 3작의 윤작법이 점차 보급·발달, 밭작물 품종 다양화
- 이앙법 도입 : 논농사에 있어 주로 직파법이 이용되었으나, 고려 말 이앙법이 남부 지방 일부에 보급
- 약용 작물 재배, 접목 기술의 발달로 과일 생산력 증가

11 국가직 9급 기출

다음과 같은 문화 활동을 전후한 시기의 농업 기술 발달에 관한 내용으로 옳은 것을 모두 고르면?

- 서예에서 간결한 구양순체 대신에 우아한 송설체가 유행하였다.
- 고려 태조에서 숙종 대까지의 역대 임금의 치적을 정리한 〈사략〉이 편찬되었다.

- ㉠ 2년 3작의 윤작법이 점차 보급되었다.
- ㉡ 원의 〈농상집요〉가 소개되었다.
- ㉢ 우경에 의한 심경법이 확대되었다.
- ㉣ 상품 작물이 광범위하게 재배되었다.

① ㉠, ㉡   ② ㉡, ㉢
③ ㉠, ㉡, ㉢   ④ ㉡, ㉢, ㉣

해설 고려 전기에는 구양순체가 주류를 이루었지만, 고려 후기에 들어오면서 조맹부의 우아한 송설체가 유행하였다. 이제현의 〈사략(史略)〉은 고려 말 성리학적 유교 사관에서 저술된 대표적 사서이다.
㉠ 밭농사에 있어 2년 3작의 윤작법이 점차 보급된 것은 고려 말부터이다.
㉡ 〈농상집요〉는 고려 말 이암이 중국(원)으로부터 수입한 농서로, 중국 화북지방의 농법을 정리한 것이다. 특히 당시의 새로운 유용 작물인 목화 재배를 장려한 내용을 포함하고 있으나 우리나라 실정에 맞지 않는 한계가 있었다.
㉢ 우경에 의한 심경법(소를 이용한 깊이갈이)이 널리 보급된 것은 고려 후기이다.
㉣ 인삼, 담배, 목화, 약초, 채소, 과일 등 상품 작물이 널리 재배된 것은 조선 후기이다.

12

고려시대 귀족의 경제생활에 대한 설명으로 옳지 않은 것은?

① 귀족의 경제 기반에는 과전과 녹봉이 있었다.
② 고리대를 이용하여 농민에게 토지를 빼앗기도 하였다.
③ 과전에서 생산량의 10분의 1을 조세로 받았다.
④ 소득을 늘리기 위해 황무지를 개간하고 새로운 농업 기술을 배웠다.

해설 ④는 고려시대 농민의 경제생활에 대한 설명이다.

핵심정리

농민의 경제생활
① 생계 유지와 생활 개선책
  • 생계의 유지
    - 민전을 경작하거나 국·공유지나 다른 사람의 소유지를 경작(소작)
    - 삼베·모시·비단 짜기, 품팔이 등으로 생계를 유지
  • 생활 개선책
    - 진전이나 황무지를 개간하고(지대·조세 감면 대상), 농업 기술을 배움
    - 12세기 이후에는 연해안의 저급지와 간척지를 개간하여 경작지를 확대
② 권농정책
  • 농민 생활 안정과 국가 재정 확보를 위해 실시
  • 시책
    - 광종 : 황무지 개간 규정을 마련해 토지 개간을 장려
    - 성종 : 각 지방의 무기를 거두어 농기구로 만들어 보급

13 지방직 9급 기출

고려시대의 수공업에 대한 설명으로 옳지 않은 것은?

① 고려시대의 수공업은 관청수공업, 소(所)수공업, 사원수공업, 민간수공업으로 구분할 수 있다.

② 중앙과 지방의 관청에서는 그곳에서 일할 기술자들을 공장안(工匠案)에 등록해 두었다.

③ 소(所)에서는 금, 은, 철 등 광산물과 실, 종이, 먹 등 수공업 제품 외에 생강을 생산하기도 하였다.

④ 고려 후기에는 소(所)에서 죽제품, 명주, 삼베 등 다양한 물품을 만들어 민간에 팔기도 하였다.

> **해설** 고려 전기에는 소(所)수공업이 발달하여 다양한 물품을 만들어 팔기도 하였으나, 후기에는 상대적으로 쇠퇴하고 민간수공업과 사원수공업이 발달하였다.
> ① 고려의 수공업은 관청수공업, 소(所)수공업, 사원수공업, 민간수공업으로 구분할 수 있다.
> ② 관청수공업은 기술자들을 공장안(工匠案)에 올려 중앙과 지방의 관청에서 필요한 관수품을 생산하게 하는 것을 말한다.
> ③ 소(所)에서는 금·은·철·구리 등의 광산물, 실·옷감·종이·먹 등의 수공업품, 차, 생강 등의 지역 생산물 등을 생산해 공물로 납부하였다.

> **핵심정리**
> **민간 수요의 증가**
> • 고려 후기에는 유통 경제가 발전하면서 민간에서 수공업품의 수요가 증가
> • 관청 수공업에서 생산하던 제품뿐만 아니라 다양한 물품을 민간에서 제조

14 지방직 9급 기출

다음 상황이 나타난 시기에 볼 수 있는 모습으로 옳은 것은?

> 대외 무역이 발전하면서 예성강 어귀의 벽란도가 국제 무역항으로 번성했으며, 대식국(大食國)으로 불리던 아라비아 상인들도 들어와 수은·향료·산호 등을 팔았다.

① 해동통보와 은병(銀甁) 같은 화폐를 만들어 사용하였다.

② 인구·토지면적 등을 기록한 장적(帳籍, 촌락문서)이 작성되었다.

③ 개성의 송상은 전국에 송방(松房)이라는 지점을 개설해서 활동하였다.

④ 지방 장시의 객주와 여각은 상품의 매매뿐 아니라 숙박·창고·운송 업무까지 운영하였다.

> **해설** 제시문의 벽란도는 고려시대의 무역항으로, 고려시대에는 대외 무역을 장려하였으므로 벽란도를 통해 중국·일본·만양·아라비아 상인이 내왕하는 등 활발한 대외 무역이 이루어졌다. 고려 숙종 때에는 주전도감을 설치하여 해동통보와 은병(銀甁) 같은 화폐를 만들어 사용하였으나, 당시의 자급자족적 경제 상황에서는 불필요했으므로 주로 다점이나 주점에서 사용되었다.
> ② 인구·토지면적 등을 기록한 장적(帳籍, 촌락문서)이 작성되었다. → 통일신라시대
> ③ 개성의 송상은 전국에 송방(松房)이라는 지점을 개설해서 활동하였다. → 조선시대
> ④ 지방 장시의 객주와 여각은 상품의 매매뿐 아니라 숙박·창고·운송 업무까지 운영하였다. → 조선시대

> **핵심정리**
> **시기별 대표적 무역항**
> • **삼국 시대** : 당항성
> • **통일 신라** : 당항성, 영암, 울산항
> • **고려 시대** : 벽란도(국제 무역항), 금주(김해)
> • **조선 초기** : 3포(부산포·염포·제포)
> • **조선 후기** : 부산포

15

고려시대 경제활동에 대한 설명으로 옳지 않은 것은?

① 귀족들이 화폐 사용을 지지하여 화폐가 전국 적으로 유통되었다.

② 고려 전기에 수공업의 중심을 이룬 것은 관청 수공업과 소(所)수공업이었다.

③ 고려 후기에는 국가가 재정 수입을 늘리기 위하여 소금 전매제를 시행하기도 하였다.

④ 농민이 진전(陣田)이나 황무지를 개간하면 국가에서 일정 기간 소작료나 조세를 감면해 주었다.

해설 고려시대에는 화폐의 유통이 부진했으며, 주로 곡식이나 삼베가 일반적인 거래에 사용되었다. 성종 때 우리나라 최초의 금속화폐인 건원중보(996)가 만들어졌고, 숙종 때에는 삼한통보, 해동통보, 해동중보 등의 동전과 활구(은병)라는 은전을 만들었으나 모두 널리 유통되지 못하였다. 고려시대에 화폐 유통이 부진했던 이유는 당시 사회가 자급자족적 농업 경제 중심의 사회로 대부분의 농민들이 화폐의 필요성을 거의 느끼지 못하였기 때문이다. 한편, 화폐가 전국적으로 유통되기 시작한 것은 조선 후기 숙종 때이다.

② 고려시대 수공업은 관청에 기술자를 소속시켜 왕실과 국가에서 필요로 하는 물품을 생산하는 관청 수공업과 먹이나 종이, 금, 은 등의 수공업 제품을 생산하는 소(所)수공업 등이 중심을 이루었다.

③ 고려 후기에는 국가가 재정 수입 증가를 위해 소금 전매제를 시행하기도 하였는데, 충선왕 때 소금 전매 사업을 담당하기 위해 의염창을 설치하였다.

④ 농민들에 대한 생활 개선책의 하나로, 진전(陳田)이나 황무지를 개간하는 경우 국가에서 지대나 조세를 일정 기간 감면해 주었다.

16

다음 중 고려시대의 경제생활에 관한 설명으로 옳지 않은 것은?

① 우경에 의한 심경법이 보급되었다.

② 제지, 직포 등은 사원 수공업을 통하여 많이 생산되었다.

③ 송나라와의 무역 거점은 벽란도였다.

④ 공익재단 보(寶)를 통해 농민들의 생활이 개선되었다.

해설 보(寶)를 시행하던 실질적인 과정에서 많은 폐단이 발생하여 농민들의 생활은 더욱 어려워졌다.

핵심정리

고리대의 성행과 금융제도

① **고리대의 성행**
- 왕실·귀족·사원은 고리대로 재산을 늘렸고, 생활이 빈곤했던 농민들은 돈을 갚지 못해 토지를 빼앗기거나 노비로 전락하기도 함
- 고리대를 해결하기 위한 보가 고리 습득에만 연연해 농민 생활에 오히려 피해를 끼침

② **보(寶)의 출현**
- **기원** : 신라시대 점찰보(진평왕 35, 613), 공덕보
- **의의** : 일정 기금을 만들어 그 이자를 공적인 사업의 경비로 충당하는 공익재단
- **종류**
  - 학보(태조) : 교육을 위해 서경에 설립한 장학재단
  - 경보(정종) : 불경 간행을 돕기 위한 재단
  - 광학보(정종) : 승려의 면학을 위한 장학재단
  - 제위보(광종) : 빈민 구제를 위한 기금
  - 금종보(현종) : 현화사 범종 주조를 위한 재단
  - 팔관보(문종) : 팔관회 경비 지출을 위한 재단
- **결과(폐단)** : 이자 획득에만 급급해 농민들의 생활에 막대한 피해를 끼침

17

고려시대의 무역활동에 대한 설명으로 틀린 것은?

① 아라비아 상인들로 인해 고려의 이름이 세계에 알려지게 되었다.

② 일본과의 무역은 송·거란에 비해 활발하지 않았다.

③ 거란과 여진은 은을 가지고 와서 농기구나 식량 등과 바꾸어 갔다.

④ 원의 간섭기에는 사무역이 통제를 받아 쇠퇴하였다.

해설 원의 간섭기에는 공무역이 행해지는 한편, 사무역이 다시 활발해졌다. 사무역으로 금·은·소·말 등이 지나치게 유출되어 문제가 발생하기도 하였다.

18

각 시대의 대외관계에 대한 설명으로 옳은 것은?

① 삼국시대는 다른 나라와 무역을 하지 않았다.

② 고려는 송나라에 비단, 책, 약재 등을 수출하였다.

③ 통일신라시대에는 일본과의 활발한 교류로 일본에 신라방이 만들어졌다.

④ 고려시대에 아라비아 상인들은 고려에 들어와서 수은, 향료, 산호 등을 팔았다.

해설 고려시대에 아라비아 상인들은 진상품의 성격으로 수은, 물감, 향료, 산호, 호박 등을 가져와 팔았고 은, 비단을 수입하였다.
① 고구려는 중국의 전진과 통교하였고 백제는 중국 동진, 양과 연결되었다.
② 고려는 송에 종이, 붓, 먹, 나전칠기를 수출하였다.
③ 통일신라시대에는 당과의 무역 확대로 산둥 반도에 신라인의 거주지인 신라방이 만들어졌다.

핵심정리

여러 국가와의 무역

- **대송무역**
  - 수출품 : 금·은·인삼·종이·붓·먹·부채·나전 칠기·화문석 등(고려의 종이와 먹은 질이 뛰어나 송의 문인들에게 비싼 값으로 수출)
  - 수입품 : 비단·약재·서적·악기 등 왕실과 귀족의 수요품
- **거란** : 은·모피·말 등을 가지고 와서, 식량·농기구·문방구·구리·철 등을 수입해 감
- **여진** : 은·모피·말 등을 가지고 와서, 식량·농기구·포목 등을 수입해 감
- **일본** : 송·거란 등에 비하여 활발하지는 않았으며, 11세기 후반부터 수은·유황 등을 가져와 식량·인삼·서적 등과 바꾸어 감
- **아라비아(대식국)**
  - 진상품의 성격으로 수은·물감·향료·산호·호박 등을 가져와 은·비단을 수입해 감
  - 주로 중국을 통해 무역을 했으며, 고려(Corea)를 서방에 전함

▲ 고려의 대외무역

실전 문제

제3장 중세의 사회 구조와 사회 생활

● 대표유형문제 ●

국가직 9급 기출

고려시대 향리에 대한 설명으로 옳은 것만을 모두 고르면?

> ㄱ. 부호장 이하의 향리는 사심관의 감독을 받았다.
> ㄴ. 상층 향리는 과거로 중앙 관직에 진출할 수 있었다.
> ㄷ. 일부향리의 자제들은 기인으로 선발되어 개경으로 보내졌다.
> ㄹ. 속현의 행정 실무는 향리가 담당하였다.

① ㄱ

② ㄱ, ㄴ

③ ㄴ, ㄷ, ㄹ

❹ ㄱ, ㄴ, ㄷ, ㄹ

정답해설 ㄱ. 중앙의 고관을 출신지의 사심관으로 임명하고 그 지방의 부호장 이하 관리의 임명권을 지니도록 하여 향리 감독, 풍속 교정, 부역 조달 등의 임무와 지방의 치안·행정에 책임을 지도록 하였다(사심관 제도).
　　　　 ㄴ. 상층 향리(호족 출신의 향리)는 과거를 통해 관직에 진출할 수 있었고, 호장·부호장을 대대로 배출하는 지방의 실질적인 지배층이었다.
　　　　 ㄷ. 향리의 자제를 인질로 뽑아 중앙(개경)에 머무르게 한 것으로, 지방 세력을 견제하고 왕권을 강화하기 위한 제도가 있었다(기인 제도).
　　　　 ㄹ. 고려시대에는 현실적 여건상 모든 군현에 지방관이 파견되지 못하였다. 주현은 중앙으로부터 지방관이 파견되었고 속현은 지방관이 파견되지 않았다. 속현의 실제 행정은 그 지역의 향리가 담당하였다.

핵심정리 향리(鄕吏)
　　• 임무 : 조세나 공물의 징수와 노역 징발 등 실제적인 행정 사무 담당(대민 행정 실무자)
　　• 출신 : 나말 여초의 중소 호족 출신이 많음
　　• 토착 세력으로서 향촌 사회의 지배층이므로 중앙에서 일시 파견되는 지방관보다 영향력이 컸음

01

고려시대 지배층의 변천 과정을 바르게 나열한 것은?

① 호족 → 무신 → 권문세족 → 문벌 귀족 → 신진사대부
② 무신 → 권문세족 → 호족 → 문벌 귀족 → 신진사대부
③ 호족 → 문벌 귀족 → 무신 → 권문세족 → 신진사대부
④ 권문세족 → 무신 → 문벌 귀족 → 신진사대부 → 호족

해설 고려 초 호족부터 시작하여 고려 중기에는 문벌귀족, 무신집권기에는 무신, 원 간섭기에는 권문세족, 고려 말에는 신진사대부 순으로 변천하였다.

핵심정리

문벌귀족, 권문세족, 신진사대부

	문벌귀족	권문세족	신진사대부
시기	고려 중기	원 간섭기	고려 말기
출신	호족, 6두품, 공신	친원파	지방 향리
정치	•왕실이나 유력 가문과 중첩된 혼인 관계 •음서와 과거를 통해 관직 진출	•원과 결탁 •도평의사사 장악 •음서를 통해 관직 진출	과거를 통해 관직 진출
경제	공음전	대농장 소유	중소 지주

02 [지방직 9급 기출]

고려 후기의 신분 변동에 대한 설명으로 옳지 않은 것은?

① 무신집권기에 노비들의 신분해방운동이 일어났다.
② 향리들은 음서를 통하여 활발하게 권문세족이 되어갔다.
③ 신분이 미천한 환관 중에서도 권세가가 나타났다.
④ 일반 농민이 군공을 세워 무반으로 출세하는 경우도 있었다.

해설 향리는 음서의 대상이 아니었다. 향리들은 주로 고려 후기에 과거를 통해 관계에 진출하여 신진사대부로 성장하였다.
① 무신의 난 이후 신분해방운동이 급증하였고, 무신 집권기에 노비들은 만적의 난(1198), 진주노비의 난(1200) 등을 일으켰다.
③, ④ 고려 후기에는 역관, 향리, 평민, 부곡민, 노비, 환관 중에서도 전공을 세우거나 몽골 귀족과의 혼인 등을 통해서 출세하는 경우가 있었다.

핵심정리

중류층의 유형 및 특징
• 유형
  - 잡류 : 중앙 관청의 말단 서리
  - 남반 : 궁중 실무 관리
  - 군반 : 직업 군인인 하급 장교
  - 향리 : 지방행정의 실무를 담당
  - 역리 : 지방의 역(驛)을 관리
  - 기술과 : 잡과로 진출, 녹봉과 전시과가 지급됨
• 특징 : 세습직이며 그에 상응하는 토지를 국가로부터 지급받음
• 호족 출신의 향리 : 지방의 호족 출신은 점차 향리로 편제되어 갔으나, 호장·부호장을 대대로 배출하는 지방의 실질적 지배층

03 국가직 9급 기출

고려시대에는 귀족·양반과 일반 양민 사이에 '중간계층' 또는 '중류층'이라 불리는 신분층이 존재하였다. 이 신분층에 대한 설명으로 옳지 않은 것은?

① 남반은 궁중의 잡일을 맡는 내료직(內僚職)이다.

② 하급 장교들도 이 신분층에 포함되는 것으로 분류되고 있다.

③ 서리는 중앙의 각 사(司)에서 기록이나 문부(文簿)의 관장 등 실무에 종사하였다.

④ 향리에게는 양반으로 신분을 상승시킬 수 있는 길을 열어 놓지 않았다.

해설 고려시대 중간계층은 귀족과 양인의 중간층인 문무반 6품 이하의 관리로, 남반, 군반, 서리, 향리 등이 있었다. 지방 행정의 실무를 담당했던 향리는 제술과, 명경과 등의 과거를 통해 관직으로의 신분 상승도 할 수 있었고, 후에 향리출신의 자제들은 성리학을 수용하여 후에 신진 사대부로 성장하게 되었다.
　① 남반은 궁중의 숙직이나 국왕의 호종 및 왕명의 전달, 의장 등 궁중의 잡일을 맡는 내료직(內僚職)이다.
　② 향리는 대체로 호장, 기관, 장교, 통인으로 조직되어, 하급 장교들도 이 신분층에 포함되는 것으로 분류되고 있다.
　③ 서리는 중앙의 각 사(司)에서 기록이나 문부(文簿)의 관장 등 실무에 종사한 하급관리층을 말한다.

핵심정리

신분구조
- 특징
  - 신분 계층별로 호적을 따로 작성(신분과 직역의 일치를 위해 종적·군적 등의 호적을 따로 작성)
  - 문반·무반·남반의 세 계층이 관인층을 구성하며, 세습이 원칙
  - 경제력을 기초로 정호와 백정호로 구분하여 신분제와 역제를 운영
- 지배층
  - 귀족(특권 계층) : 왕족, 준왕족, 외척, 5품 이상의 문무 관료 등
  - 중간 계층 : 문·무반 6품 이하 관리, 남반·향리 등

- 피지배층
  - 양인 : 농민(백정), 상인, 수공업자, 향·소·부곡민, 진척(뱃사공), 역인 등
  - 노비 : 공노비와 사노비 등

04

고려시대 노비의 생활상으로 가장 옳은 것은?

① 생활보장책으로 녹과전을 지급받았다.

② 노비 간의 소생은 어머니의 소유주에게 귀속되었다.

③ 음서나 공음전의 혜택을 받았다.

④ 수공업이나 광업품의 생산을 주된 생업으로 하였다.

해설 고려시대의 노비는 재산으로 간주되어 국가로부터 엄격히 관리되었고, 주인에게 예속되어 인격적 대우를 받지 못하였다. 또한 귀족들은 노비를 늘리기 위하여 부모 중 한쪽이 노비이면 자식도 노비가 되게 하였고, 노비 간의 소생은 어머니의 소유주에게 귀속되었다.

핵심정리

노비의 특징 및 관리
① 노비의 특징
- 전쟁 포로나 형벌, 경제적 몰락으로 발생
- 국역·납세의 의무는 없으나 주인에게 예속되어 신공을 부담(노동력, 납공)
- 성과 본관이 없으며 이름만을 가짐
- 법적으로 재물(재산)이나 국민(인격적 존재)의 지위를 동시에 지님
② 노비의 관리
- 재산으로 간주 : 엄격히 관리되었으며, 매매·증여·상속의 대상이 됨
- 노비 세습의 원칙
  - 양천 결혼 시 일천즉천의 원칙(부모 중의 한 쪽이 노비이면 그 자식도 노비가 됨) 적용
  - 양천 결혼은 금지되나 귀족들은 재산 증식을 위해 이를 자행함
  - 노비 간 소생은 천자수모법에 따른(소유자가 서로 다른 노비 간의 결혼도 가능함)

05 국가직 9급 기출

고려시대 백성들의 생활 모습에 대한 설명으로 바르게 기술한 것을 〈보기〉에서 고르면?

───── 보기 ─────

ㄱ 아들이 없을 경우 제사를 지내기 위해 양자를 들였다.
ㄴ 장례와 제사는 정부 정책에 따라 주로 유교적 규범을 따랐다.
ㄷ 여러 가지 조세와 잡역 등의 부담으로 안정된 생활을 유지하기 어려웠다.
ㄹ 초기의 신앙적인 향도가 후기에는 점차 마을이 공동체 생활을 주도하는 조직으로 바뀌었다.

① ㄱ, ㄴ
② ㄴ, ㄷ
③ ㄷ, ㄹ
④ ㄱ, ㄹ

해설 ㄷ 고려시대 백성들은 각종 조세와 공물, 역의 의무를 부담하여 대체로 생활이 어려웠다.
ㄹ 고려시대의 향도는 초기의 신앙적 성격에서 후기에는 점차 자신들의 이익을 위한 것으로 성격이 바뀌었다. 향도는 대표적인 농민 공동체 조직으로서 마을 노역, 혼례, 상장례, 마을 제사 등 공동체 생활을 주도하였다.
ㄱ 고려시대에는 아들이 없을 경우 양자를 들이지 않고 딸이 제사를 지내거나 돌아가며 제사를 지냈다(윤행).
ㄴ 고려시대의 장례와 제사는 토착신앙과 융합된 불교의 전통의식과 도교신앙의 풍속을 따랐다.

06

다음 자료를 통해 알 수 있는 내용으로 가장 적절한 것은?

• 삼사에서 말하기를 "지난 해 밀성 관내의 뇌산부곡 등 세 곳은 홍수로 논밭 작물이 피해를 보았으므로 청컨대 1년치 조세를 면제하십시오"라고 하니, 이를 따랐다.
• 향, 부곡, 악공, 잡류의 자손은 과거에 응시하는 것을 허락하지 않는다.
• 익안폐현은 충주의 다인철소인데, 주민들이 몽고의 침입을 막는 데 공이 있어 현으로 삼아 충주의 속현이 되었다.

– 〈고려사〉

① 소의 주민은 주로 농사를 지었다.
② 부곡민은 조세를 부담하지 않았다.
③ 부곡민은 과거에 응시하여 관리가 될 수 있었다.
④ 소의 주민이 공을 세우면 소가 현으로 승격될 수 있었다.

해설 고려 후기 무신집권기나 대몽항쟁기에는 군현 단위의 승격 또는 강등이 발생하였는데, 제시된 자료의 세 번째 내용처럼 소의 주민도 공을 세우면 일반 군현으로 승격되기도 하였고, 일반 군현민들이 반란을 일으킨 경우 군현이 부곡 등으로 강등되기도 하였다.
① 향 · 부곡에 거주하는 사람들은 농업에, 소에 거주하는 사람들은 주로 수공업에 종사하였다.
② 제시된 자료의 첫 번째 내용에서 알 수 있듯이, 향 · 소 · 부곡민도 양인으로서 조세를 부담하였다. 이들은 실제로는 양인의 최하층(신량역천)으로, 일반 양민에 비하여 규제가 심하고 더 많은 세금을 부담하는 등 더욱 천대받는 신분이었다.
③ 부곡민은 과거응시가 불가능하였다. 승려와 천민을 제외한 양인 이상이 응시할 수 있었다.

07

다음의 빈칸 안에 들어갈 사회 조직에 대한 설명으로 옳은 것을 〈보기〉에서 고른 것은?

> 소승이 (　　　) 천명과 더불어 크게 발원(發願)하여 침향(沈香)을 땅에 묻고 미륵보살이 하생(下生)되기를 기다려서 용화회(龍華會) 위에 세 번이나 모셔 이 매향불사(埋香佛事)로 공양을 올려 …… 미륵보살께서 우리의 동맹을 위하여 미리 이 나라에 나시고, …… 모두가 구족(具足)한 깨달음을 이루어 임금님의 만세와 나라의 융성, 그리고 중생의 안녕을 비옵니다.

─── 보기 ───
ㄱ. 초제(醮祭)를 통하여 나라의 안녕과 왕실의 번영을 기원하였다.
ㄴ. 미래불의 도래를 통한 민중의 구원을 바라는 불교 신앙과 관련이 있었다.
ㄷ. 국가가 농민의 생활을 안정시켜 국가 재정을 확보하기 위해 조직하였다.
ㄹ. 마을의 노역, 혼례와 상장례, 마을 제사 등을 주관하는 농민 공동조직의 기능을 수행하였다.

① ㄱ, ㄴ   ② ㄱ, ㄹ
③ ㄴ, ㄹ   ④ ㄷ, ㄹ

해설 빈칸 안에 들어갈 사회조직은 고려 향도이다.
ㄴ. 위기가 닥쳤을 때를 대비하여 향나무를 바닷가에 묻었다가 이를 통하여 미륵을 만나 구원받고자 하는 염원에서 향나무를 땅에 묻는 활동을 매향이라고 하며 이 매향 활동을 하는 무리들을 향도라고 하였다.
ㄹ. 고려 후기에 향도는 신앙적 색채가 약화되고 점차 마을 공동체 조직으로 변하였다. 향도는 주로 상장제례(喪葬祭禮)와 같은 행사가 있을 때 마을 사람들이 나서서 함께 거들어주는 활동을 하였다.

ㄱ. 도교에 대한 설명이다. 고려 시대에는 도사가 초제를 주관하여 국가 안녕과 왕실 번영을 기원하였으며 조선 초기에는 고려 때 성행했던 도교 행사를 줄여 재정의 낭비를 막으면서도 소격서를 두어 제천 행사를 주관하게 하였다.
ㄷ. 향도와 전혀 관계없는 내용이다. 고려 시대 농민 안정을 위해 만들어진 대표적 기구는 의창(흑창)이다.

08

고려 사회의 풍속으로 옳지 않은 것은?
① 불효죄는 반역죄와 더불어 중죄로 처벌하였다.
② 상장 제례는 모두 유교 의식에 따라 행해졌다.
③ 죄에는 태, 장, 도, 유, 사 등 5종류의 형이 있었다.
④ 불교 행사인 연등회와 토착신앙과 불교가 융합된 팔관회가 성행하였다.

해설 장례와 제사에 관한 의례는 유교적 규범을 시행하려는 정부의 의도와는 달리, 대개 토착신앙과 융합된 불교의 전통의식과 도교신앙의 풍속을 따랐다.

09

고려시대의 사회 모습에 대한 설명으로 옳지 않은 것은?
① 부모 중 한쪽이 노비이면 자식도 노비가 되었다.
② 의창이라는 빈민구제제도가 있었다.
③ 문벌귀족은 음서와 공음전, 혼인을 통해 신분을 유지하였다.
④ 일부일처제를 원칙으로 하며 초기부터 근친혼이나 동성혼을 금지하였다.

해설 혼인 형태는 일부일처제가 일반적인 현상이었으며, 고려 초 왕실에서는 친족 간의 혼인이 성행하였다.

고려의 풍습과 혼인

• 풍습

– 장례와 제사 : 대개 토착신앙과 융합된 불교의 전통 의식과 도교신앙의 풍속을 따름

– 명절 : 정월 초하루·삼짇날·단오·유두·추석, 단오 때 격구와 그네뛰기, 씨름 등을 즐김

– 국가 2대 제전 : 불교 행사인 연등회, 토착신앙과 불교가 융합된 팔관회 중시

	연등회	팔관회
유사점	• 군신이 가무와 음주를 즐기며, 부처나 천지신명에게 제사 • 국가와 왕실의 태평을 기원	
구별	• 2월 15일 전국에서 개최 • 불교 행사 • 원래는 부처의 공덕에 대한 공양의 선덕을 쌓는 행사였다가 신에 대한 제사로 성격이 변화	• 개경(11월)과 서경(10월)에서 개최 • 토속신앙(제천행사)과 불교의 결합 • 송·여진·아라비아 상인들이 진상품을 바치고 국제무역을 행함(국제적 행사)

• 혼인

– 혼인의 적령 : 대략 여자는 18세 전후, 남자는 20세 전후

– 근친혼의 성행 : 고려 초 왕실에서 성행, 중기 이후 금령에도 불구하고 근친혼 풍습이 사라지지 않아 사회문제로 대도되기도 함

– 혼인의 형태 : 왕실은 일부다처제, 일반 평민은 일부일처제(일부일처제가 일반적 형태)

10

고려시대의 가족 제도에 대한 설명으로 옳지 않은 것은?

① 여성은 재혼이 가능하였다.

② 아들이 없는 경우 딸이 제사를 지냈다.

③ 사위가 처가의 호적에 입적하는 것을 법으로 금지하였다.

④ 부모의 재산은 아들과 딸의 구분 없이 고르게 상속되었다.

해설 사위가 처가의 호적에 입적하는 경우가 적지 않았다.

11

원 간섭기의 사회 변화로 옳지 않은 것은?

① 친원세력이 신진사대부로 성장하는 경우도 있었다.

② 고려에서는 몽고풍이 유행하여 변발과 몽고식 복장 등이 널리 퍼졌다.

③ 공녀의 공출은 고려와 원 사이에 풀어야 할 시급한 문제로 대두되었다.

④ 원과 강화를 맺은 이후 두 나라 사이에 사람과 물자의 왕래가 많아졌다.

해설 고려 후기 권문세족은 친원세력으로, 농장을 소유한 권력층이었다.

제3편 중세의 성립과 발전

실전 문제

제4장 중세 문화의 발달

● 대표유형문제 ●

지방직 9급 기출

다음 내용의 역사서에 대한 설명으로 옳은 것은?

> 왕께서는 "우리나라 사람들은 유교 경전과 중국 역사에 대해서는 자세히 말하는 사람이 있으나 우리나라의 사실에 이르러서는 잘 알지 못하니 매우 유감이다. 중국 역사서에 우리 삼국의 열전이 있지만 상세하게 실리지 않았다. 또한, 삼국의 고기(古記)는 문체가 거칠고 졸렬하며 빠진 부분이 많으므로, 이런 까닭에 임금의 선과 악, 신하의 충과 사악, 국가의 안위 등에 관한 것을 다 드러내어 그로써 후세에 권계(勸戒)를 보이지 못했다. 마땅히 일관된 역사를 완성하고 만대에 물려주어 해와 별처럼 빛나도록 해야 하겠다."라고 하셨습니다.

① 불교를 중심으로 신화와 설화를 정리하였다.

❷ 유교적인 합리주의 사관에 따라 기전체로 서술되었다.

③ 단군조선을 우리 역사의 시작으로 본 통사이다.

④ 진흥왕의 명을 받아 거칠부가 편찬하였다.

정답해설 제시된 자료의 역사서는 고려 중기 인종 23년(1145)에 김부식이 저술한 진삼국사기표(삼국사기를 올리는 글)이다. 『삼국사기』는 유교적 합리주의 사관에 기초하여 신라를 중심으로 서술하였으며 본기·열전·지·연표 등으로 구분되어 서술된 기전체(紀傳體) 사서다.

오답해설 ① 단군부터 고려 말까지의 불교사를 중심으로 서술한 기사본말체 형식의 사서로 단군의 건국 이야기, 가야에 대한 기록, 고대의 민간 설화, 불교 설화 등을 수록한 일연의 『삼국유사』다.
③ 성종 15년(1484)에 서거정이 왕명으로 편찬한 편년체의 사서로, 단군에서 여말까지를 기록한 최초의 통사인 『동국통감』의 설명이다.
④ 진흥왕 때 거칠부가 편찬한 책은 『국사(國史)』다.

핵심정리 **삼국사기(인종 23, 1145)**
• **시기** : 인종 때 김부식 등이 왕명을 받아 편찬
• **의의** : 현존하는 우리나라 최고의 역사서
• **사관** : 유교적 합리주의 사관에 기초하여 신라를 중심으로 서술
• **체제** : 본기·열전·지·연표 등으로 구분되어 서술된 기전체(紀傳體) 사서
• **구성** : 총 50권으로 구성
• **특징**
  – 상고사(고조선~삼한)를 인식하면서도 이를 서술하지 않고 유교적 합리주의 사관에 기초하여 신라 중심의 삼국사만을 편찬
  – 삼국을 각각 '본기'로 구성하고, 전통적 생활사를 유교 사관에 맞게 개서

01 서울시 9급 기출

〈보기〉에서 고려시대 회화 작품을 모두 고른 것은?

```
─────────── 보기 ───────────
ㄱ. 고사관수도        ㄴ. 부석사 조사당 벽화
ㄷ. 예성강도          ㄹ. 송하보월도
```

① ㄱ, ㄷ   ② ㄱ, ㄹ

③ ㄴ, ㄷ   ④ ㄴ, ㄹ

해설 ㄴ. 부석사 조사당 벽화의 사천왕상은 고려시대 대표적인 불화이다.
ㄷ. 예성강도는 고려시대의 회화로 이령과 그의 아들 이광필, 고유방 등이 그렸다.
ㄱ. 고사관수도는 조선 전기의 강희안의 작품으로 선비가 무념무상에 빠진 모습을 담고 있는데, 세부 묘사는 생략하고 간결하고 과감한 필치로 인물의 내면세계를 표현하였다.
ㄹ. 송하보월도는 조선 중기의 노비 출신으로 화원에 발탁한 이상좌의 작품이다.

핵심정리

고려시대의 회화
- **발달** : 도화원에 소속된 전문 화원의 그림과 문인 · 승려의 문인화로 구분
- **전기** : 예성강도를 그린 이령과 그의 아들 이광필, 고유방 등
- **후기**
  - 사군자 중심의 문인화와 불화가 유행
  - 회화의 문학화와 낭만적 경향 : 사군자 · 묵죽의 유행, 이규보와 이제현의 시화 일치론
  - 천산대렵도 : 공민왕의 작품으로, 원대 북화의 영향을 받아 필치가 뚜렷하고 표현이 세밀함
- **불화**
  - 배경 : 고려 후기 관음 신앙이 유행하면서 왕실과 권문세족의 구복적 요구에 따라 많이 그려짐
  - 내용 : 극락왕생을 기원하는 아미타불도와 지장보살도 및 관음보살도
  - 대표 작품 : 일본에 현전하는 혜허의 관음보살도(양류관음도와 수월관음도)는 장엄하고 섬세 · 화려
  - 사찰 · 고분 벽화 : 부석사 조사당 벽화의 사천왕상, 수덕사 대웅전 벽화의 수학도 등

02

묘청 등의 서경천도운동이 좌절된 후 나타난 역사학의 경향은?

① 단군을 우리 민족의 시조로 보는 자주의식이 나타났다.

② 고구려 계승의식을 표방한 역사서가 편찬되었다.

③ 정통과 대의 명분을 중시하는 사관이 나타났다.

④ 유교 사관에 입각하여 신라 계승의식이 강한 역사서가 편찬되었다.

해설 묘청 등의 서경파는 불교사상을 바탕으로 북진주의를 내세우고 고구려 계승의식이 강하였다. 그러나 서경천도운동이 신라 계승의식이 강한 개경파에 의해 진압되면서 유교적 합리주의 사관에 기초하여 〈삼국사기〉가 편찬되었다.

03

다음 사서의 사관을 바르게 설명한 것은?

```
동명왕편, 삼국유사, 제왕운기, 해동고승전
```

① 왕도주의 정치의식을 반영하였다.

② 유교적 합리주의 사관이 반영되었다.

③ 민족적 자주의식을 강조하였다.

④ 대의명분을 중시하는 성리학적 사관이 나타났다.

해설 고려 후기에는 민족적 자주의식을 바탕으로 전통문화를 올바르게 이해하려는 경향이 대두되었다.

04

고려시대 역사서의 특징으로 옳지 않은 것은?

① 〈삼국유사〉는 종교적 입장에서 고대의 전통문화를 서술하였다.
② 〈삼국사기〉는 당시 보수적인 유교사관을 잘 대변해 주는 역사서이다.
③ 〈사략〉에는 성리학적 유교사관이 반영되었다.
④ 〈제왕운기〉는 민족의식을 바탕으로 고구려의 전통을 장엄한 서사시로 엮은 것이다.

해설 이승휴의 〈제왕운기〉는 우리나라의 역사를 단군에서부터 서술하면서 우리 역사를 중국사와 대등하게 파악하는 자주성을 나타내었다. 고구려의 전통을 장엄한 서사시로 엮은 것은 이규보의 〈동명왕편〉이다.

핵심정리

고려시대의 사관과 사서

시기	사관(史觀) 및 계승의식	대표적 사서(史書)
고려 전기	유교사관, 고구려 계승의식	황주량의 〈7대실록(고려실록)〉, 박인량의 〈고금록〉
고려 중기	유교적 합리주의 사관, 신라 계승의식	김부식의 〈삼국사기〉
무신 집권기	자주사관, 고구려 계승의식	이규보의 〈동명왕편〉, 각훈의 〈해동고승전〉
대몽 항쟁기	자주사관, 고구려 계승의식	일연의 〈삼국유사〉, 이승휴의 〈제왕운기〉
고려 말 ~ 조선 초기	성리학적 유교사관, 고조선 계승의식	이제현의 〈사략〉, 원부·허공·이인복의 〈고금록〉, 정가신의 〈천추금경록〉, 민지의 〈본조편년강목〉, 정도전의 〈고려국사〉(선초), 권근의 〈동국사략〉(선초)

05 국가직 9급 기출

다음과 같은 역사인식에 따라서 편찬된 역사서에 대한 설명으로 옳은 것은?

> 대저 옛 성인은 예악으로 나라를 일으키고 인의로 가르쳤으며 괴력난신(怪力亂神)은 말하지 않았다. 그러나 제왕이 장차 일어날 때는 부명(符命)과 도록(圖錄)을 받게 되므로 반드시 남보다 다른 일이 있었다. 그래야만 능히 큰 변화를 타고 대업을 이룰 수 있는 것이다. …(중략)… 그러니 삼국의 시조가 모두 신비하고 기이한 일을 연유하여 태어났다는 것을 어찌 괴이하다 할 수 있겠는가. 이것이 신이(神異)로써 이 책의 앞머리를 삼은 까닭이다.

① 정통 의식과 대의명분을 강조하였다.
② 유교적 합리주의 사관에 기초하여 기전체로 서술하였다.
③ 고구려 계승 의식을 반영하고 고구려의 전통을 노래하였다.
④ 우리의 고유문화와 전통을 중시하였으며 단군 신화를 수록하였다.

해설 고려시대 일연이 쓴 〈삼국유사〉의 일부로, 〈삼국유사〉는 단군신화를 수록한 최초의 역사서이다.
  ① 이제현의 〈사략〉에 대한 내용으로 〈사략〉은 성리학적 유교 사관에 입각하여 저술되었다.
  ② 김부식의 〈삼국사기〉에 대한 내용이다. 〈삼국사기〉는 현존하는 우리나라 최고(最古)의 역사서로 유교적 합리주의 사관에 기초한다.
  ③ 이규보의 〈동명왕편〉에 대한 내용이다. 〈동명왕편〉은 동명왕의 업적을 칭송한 영웅 서사시이다.

06

다음과 같이 왕명을 받아 편찬한 책에 대한 설명으로 옳지 않은 것은?

> 신 부식은 아뢰옵니다. 옛날에는 여러 나라들도 각각 사관을 두어 일을 기록하였습니다. …… 해동의 삼국도 지나온 세월이 장구하니, 마땅히 그 사실이 책으로 기록되어야 하므로 마침내 늙은 신에게 명하여 편집하게 하셨사오나, 아는 바가 부족하여 어찌할 바를 모르겠습니다.

① 현존하는 우리나라의 역사서 가운데 가장 오래된 것이다.
② 기전체로 서술되어 본기, 지, 열전 등으로 나누어 구성되었다.
③ 고구려 계승의식보다는 신라 계승의식이 좀 더 많이 반영되었다고 평가된다.
④ 몽골 침략의 위기를 겪으며 우리의 전통문화를 올바르게 이해하려는 움직임에서 편찬되었다.

해설 제시된 글은 김부식이 〈삼국사기〉(1145)를 다 짓고 임금에게 올린 「진삼국사기표」(삼국사기를 올리는 글)이다. 대몽항쟁기(1231~1270)에 우리의 전통문화를 올바르게 이해하려는 움직임에서 편찬된 자주적 사서로는 〈삼국유사〉와 〈제왕운기〉 등이 있다.
　① 〈삼국사기〉는 고려 인종 때(인종 23) 왕명으로 편찬된 사서로, 현존하는 우리나라 최고(最古)의 역사서이다.
　② 〈삼국사기〉는 본기·열전·지 등으로 구분되어 서술된 기전체(紀傳體) 사서이다.
　③ 〈삼국사기〉는 유교적 합리주의 사관에 기초하여 신라를 중심으로 서술된 사서이다.

핵심정리

삼국사기와 삼국유사의 비교

구분	삼국사기(三國史記)	삼국유사(三國遺事)
시기	고려 중기(1145) 김부식 저술	원 간섭기(1281) 일연 저술
사관	유교적·도덕적·합리주의	불교적·자주적·신이적(神異的)
체제	기전체의 정사체 (총 50권)	기사본말체 (총 9권)
내용	• 고조선 및 삼한을 기록하지 않고, 삼국사(신라 중심)의 단대사(單代史)를 편찬 • 삼국을 모두 대등하게 다루어 각각 '본기'로 구성하고 '본기'에서 각 국가를 '我(우리)'라고 칭함	• 단군~고려 말 충렬왕 때까지 기록, 신라 관계 기록이 다수 수록 • 단군조선과 가야 기록, 민간전승과 불교 설화 및 향가 수록 • 단군신화를 소개했으나 이에 대한 체계화는 미흡

07

고려시대의 역사서에 대한 설명으로 옳은 것은?

① 해동고승전 – 각훈이 편찬한 것으로 교종의 입장에서 불교사를 정리하였다.
② 삼국사기 – 김부식이 저술한 편년체 역사서이다.
③ 제왕운기 – 김관의가 저술한 책으로 단군 역사를 다루고 있다.
④ 고려사 – 고려 말에 편찬된 〈고려국사〉 등을 참고해 만든 역사서이다.

해설 각훈이 편찬한 〈해동고승전〉은 우리나라의 불교사를 중국과 대등한 입장에서 서술하고 교종의 입장에서 불교를 정리하였다(2권 현전).

08

다음은 고려시대 불교에 관한 내용이다. 옳은 것으로 묶인 것은?

> ㉠ 천태종의 지눌은 선종을 중심으로 교종을 포용하는 선교일치를 주장하였다.
> ㉡ 의천은 불교와 유교가 심성 수양이라는 면에서 차이가 없다고 하였다.
> ㉢ 의천이 죽은 뒤 교단은 분열되고 귀족 중심이 되었다.
> ㉣ 요세는 참회수행과 염불을 통한 극락왕생을 주장하며 백련사를 결성했다.

① ㉠, ㉢
② ㉠, ㉣
③ ㉡, ㉢
④ ㉢, ㉣

해설 ㉢ 의천이 죽은 뒤 천태종이 분열하면서 교단은 통합되지 못하고 분열되어 귀족 중심이 되었다.

㉣ 원묘국사 요세(了世)는 백련사에서 실천 중심의 수행인들을 모아 백련결사(白蓮結社)를 조직하여 불교 정화 운동을 전개하였다.

㉠ 지눌은 조계종을 창시하여 선종을 중심으로 교종을 포용함으로써 선·교일치사상의 완성을 추구하였다. 국청사를 중심으로 고려 천태종을 창시한 사람은 대각국사 의천이다.

㉡ 불교와 유교의 통합을 주장한 승려는 유불일치설(儒佛一致說)을 주장한 혜심이다.

09

고려시대의 조계종에 관한 설명으로 옳지 않은 것은?

① 선종을 중심으로 교종을 통합하려는 종파로 지눌에 의해 개창되었다.
② 조계종은 무신정권의 정책적인 후원을 받아 개척해 나갔다.
③ 이론과 실천을 강조하는 교관겸수를 제창하고 화쟁사상을 중시하였다.
④ 심성의 도야를 강조하여 성리학을 수용할 수 있는 사상적 토대를 마련하였다.

해설 교관겸수는 천태종을 창시한 의천이 제창하였고, 조계종을 창시한 지눌은 정혜쌍수와 돈오점수를 제창하였다.

─── 핵심정리 ───

의천의 교단통합운동
- 흥왕사를 근거지로 삼아 화엄종을 중심으로 교종 통합을 추구(불완전한 교단상의 통합, 형식적 통합)
- 선종을 통합하기 위하여 국청사를 창건하고 천태종을 창시(교종의 입장에서 선종을 통합)
- 국청사를 중심으로 이론의 연마와 실천을 아울러 강조하는 교관겸수(教觀兼修)를 제창, 지관(止觀)을 강조(교관겸수에서 '교'란 불교의 이론적인 교리 체계를 의미하며, '관'이란 실천적인 수행법으로서의 지관을 의미)
- 관념적인 화엄학을 비판하고, 원효의 화쟁사상을 중시
- 불교의 폐단을 시정하는 대책이 뒤따르지 않아 의천 사후 교단은 다시 분열(의천파와 균여수)

10 지방직 9급 기출

밑줄 친 '나'에 대한 설명으로 옳지 않은 것은?

> <u>나</u>는 도(道)를 구하는 데 뜻을 두어 덕이 높은 스승을 두루 찾아다녔다. 그러다가 진수대법사 문하에서 교관(敎觀)을 대강 배웠다. 법사께서는 강의하다가 쉬는 시간에도 늘 "관(觀)도 배우지 않을 수 없고, 경(經)도 배우지 않을 수 없다."라고 제자들에게 훈시하였다. 내가 교관에 마음을 다 쏟는 까닭은 이 말에 깊이 감복하였기 때문이다.

① 해동 천태종을 창시하였다.
② 이론과 실천의 양면을 강조하였다.
③ 교종의 입장에서 선종을 통합하였다.
④ 정혜쌍수로 대표되는 결사운동을 일으켰다.

해설 제시문은 고려 승려 의천의 교관겸수(敎觀兼修)에 대한 내용이다. 의천은 교단 통합 운동을 전개하여 국청사를 중심으로 천태종을 창시하였고, 이론의 연마와 실천을 아울러 강조하는 교관겸수를 제창하였다. 정혜쌍수를 주장하며 신앙결사운동을 전개한 사람은 보조국사 지눌이다. 무신집권기의 승려인 보조국사 지눌은 당시 불교계의 타락상을 비판하고, 승려 본연의 자세로 돌아가 독경과 선의 수행에 힘쓰자는 개혁운동인 수선사결사운동을 송광사를 중심으로 전개하였다.
①, ③ 선종을 통합하기 위하여 교종의 입장에서 선종을 통합하여 국청사를 창건하고 천태종을 창시하였다.
② 국청사를 중심으로 이론의 연마와 실천을 아울러 강조하는 교관겸수(敎觀兼修)를 제창하였다.

11

다음 중 보조국사 지눌이 활약하였을 당시의 모습으로 옳은 것은?

① 속장경이 간행되었다.
② 교종의 입장에서 선종을 통합하는 운동이 전개되었다.
③ 당시 불교계의 타락을 비판하는 신앙결사운동이 전개되었다.
④ 성리학을 수용한 신진사대부들이 불교의 폐단을 비판하였다.

해설 ①, ② 의천이 활약하였을 때의 불교계의 동향이다.
④ 원 간섭기(고려 후기) 때이다.

핵심정리

보조국사 지눌(1158~1210)
- **선 · 교 일치사상의 완성** : 조계종을 창시해 선종을 중심으로 교종을 포용하여 선 · 교 일치사상의 완성을 추구(최씨 무신정권의 후원으로 조계종 발달)
  - **정혜쌍수(定慧雙修)** : 선정과 지혜를 같이 닦아야 한다는 것으로, 선과 교학이 근본에 있어 둘이 아니라는 사상체계를 말함(철저한 수행을 선도)
  - **돈오점수(頓悟漸修)** : 인간의 마음이 곧 부처의 마음임을 깨닫고(돈오) 그 뒤에 깨달음을 꾸준히 실천하는 것(점수)을 말함(꾸준한 수행으로 깨달음의 확인을 아울러 강조)
- **수선사 결사운동** : 명리에 집착하는 무신집권기 당시 불교계의 타락상을 비판하고 승려 본연의 자세로 돌아가 독경과 선 수행 등에 고루 힘쓰자는 개혁 운동. 송광사를 중심으로 전개

12

고려시대 도교와 풍수지리설에 대한 설명으로 틀린 것은?

① 서경길지설은 묘청의 서경천도운동의 이론적 근거가 되기도 하였다.

② 북진정책의 퇴조와 함께 한양명당설이 대두되기도 하였다.

③ 팔관회는 불교에 민간신앙이 어우러진 행사였다.

④ 고려 현종은 유교정치사상의 정립과 함께 도교 행사를 금지하였다.

해설 고려 성종 때에는 유교정치사상의 도입으로 연등회, 팔관회 등 불교행사를 금지하였다.

핵심정리

도교와 풍수지리사상의 발달

도교	• 성행 : 고려시대에는 유교·불교와 함께 성행 • 특징 : 불로장생과 현세구복 추구, 은둔적 • 활동 　- 궁중에서는 하늘에 제사를 지내는 초제가 성행 　- 예종 때 도교 사원이 처음 건립되어 도교 행사가 개최 • 한계 　- 불교적 요소와 도참사상이 수용되어 일관된 체계를 보이지 못하였으며, 교단도 성립하지 못하여 민간신앙으로 전개됨 　- 팔관회의 성격 : 도교와 민간신앙 및 불교가 어우러진 행사
풍수지리	• 발달 : 신라 말에 큰 관심의 대상이 되었던 풍수지리설에 미래의 길흉화복을 예언하는 도참사상이 더해져 고려시대에 크게 유행 • 국가 신앙화 　- 태조가 훈요 10조에서 강조한 후 국가 신앙화 　- 분사제도(성종), 3소제, 잡과의 지리업 　- 산천비보도감의 설치 　- 해동비록 : 예종 때 풍수지리설을 집대성 (부전) • 영향 : 서경길지설과 남경길지설

13

다음 밑줄 친 '이 종교'와 관련이 있는 사항을 〈보기〉에서 모두 고르면?

> 불로장생과 현세의 구복을 추구하는 이 종교는 여러 가지 신을 모시면서 재앙을 물리치고 복을 빌며 나라의 안녕과 왕실의 번영을 기원하였다. 조선시대에는 성리학의 영향으로 크게 위축되어 행사도 줄어들었다. 그러나 제천행사가 국가의 권위를 높이는 점이 인정되어 참성단에서 일월성신에게 제사를 지냈다.

보기

㉠ 임신서기석　　　㉡ 초제
㉢ 백제 금동대향로　㉣ 팔관회

① ㉠, ㉡　　　　　　② ㉡, ㉢
③ ㉠, ㉡, ㉢　　　　④ ㉡, ㉢, ㉣

해설 지문은 도교에 대한 설명이다.

㉠ 두 화랑이 3년 안에 〈시경〉·〈상서〉·〈예기〉 등 유교 경전을 익히고 국가에 대한 충성을 실천할 것을 맹세한 유교사상이다.

㉡ 도교에서 하늘에 제사 지내는 행사를 말한다.

㉢ 신선들이 사는 이상 세계를 형상으로 표현하였다.

㉣ 도교와 민간신앙 및 불교가 어우러진 행사였다.

14

다음 〈보기〉에서 고려시대에 있었던 사실을 모두 고르면?

보기

⊙ 무구정광대다라니경 간행
ⓒ 직지심체요절 간행
ⓒ 이앙법 · 윤작법 보급
ⓔ 농사직설 편찬
ⓜ 향약구급방 편찬
ⓗ 측우기 발명

① ⊙, ⓒ, ⓒ   ② ⓒ, ⓒ, ⓔ
③ ⓒ, ⓒ, ⓜ   ④ ⊙, ⓔ, ⓜ

해설 ⓒ, ⓒ, ⓜ은 고려시대, ⊙은 통일신라시대, ⓔ, ⓗ은 조선시대의 일이다.

핵심정리

농업 기술의 발달
• 개간과 간척
• 수리시설의 개선 : 김제의 벽골제와 밀양의 수산제가 개축, 소규모 제언(저수지) 확충
• 농업 기술의 보급 및 발달
  – 직파법
  – 이앙법과 윤작법 보급
  – 심경법 보급
  – 시비법의 발달
• 농서의 도입
  – 고려 후기에는 중국의 농서를 도입하여 이용
  – 이암은 원의 〈농상집요〉를 소개 · 보급
• 목화의 재배 : 고려 말 공민왕 때 문익점이 원에서 목화씨를 들여와 목화 재배가 시작되면서 의생활이 크게 변화

15

13~14세기 과학기술에 대한 설명으로 틀린 것은?

① 화통도감을 설치하고 화약을 제조하여 진포 싸움에서 왜구를 격퇴하였다.
② 목화 재배를 통해 무명천을 만들게 되었고, 의생활에 큰 변화가 일어났다.
③ 중국 화북지방의 농법에 대해 기술한 농서를 도입하였다.
④ 우리나라 최고의 의학 서적인 〈향약집성방〉이 간행되었다.

해설 현존하는 최고의 의학 서적은 〈향약구급방〉이다. 〈향약구급방〉은 13세기 고려 고종 때 편찬된 것으로, 각종 질병에 대한 처방과 국산 약재 180여 종을 소개하고 있다.
① 고려 말 정부는 화통도감(火㷋都監)을 설치하고 최무선을 중심으로 화약과 화포를 제작하였다. 최무선은 이를 이용하여 진포(금강 하구) 싸움에서 왜구를 크게 격퇴하였다.
② 고려 말 공민왕 때 문익점이 원에서 목화씨를 들여오면서 목화 재배가 시작되었고, 무명천을 만들게 되면서 의생활에 큰 변화가 일어났다.
③ 고려 말 중국 화북 농법(밭농사)을 소개한 농서는 〈농상집요〉이다. 〈농상집요〉는 이암이 중국(원)으로부터 수입한 농서로서 경간 · 파종 · 재상 · 과실 · 약초 등 10문(門)으로 구성되어 있었으나 우리나라 실정에 맞지 않는 한계가 있었다.

16

다음 중 고려시대의 인쇄술에 대한 설명으로 틀린 것은?

① 고려시대의 기술학에서 가장 뛰어난 것은 인쇄술이었다.

② 대장경은 불심으로 외적의 침입을 막기 위해 만들어졌다.

③ 고려 후기에 금속활자 인쇄술이 발명되었다.

④ 상정고금예문은 현존하는 최고의 금속활자본이다.

> **해설** 최고의 금속활자본인 〈상정고금예문〉은 현존하지 않으며, 청주 흥덕사에서 간행한 〈직지심체요절〉이 현존하는 세계 최고의 금속활자본으로 공인받고 있다.

17 지방직 9급 기출

고려시대에 제작된 대장경에 대한 설명으로 옳지 않은 것은?

① 초조대장경은 거란의 침입 때 부처의 힘을 빌려 적을 물리치고자 만들었다.

② 속장경(교장)은 의천이 경(經), 율(律), 논(論) 삼장의 불교경전을 모아 간행한 것이다.

③ 재조대장경은 몽고 침략으로 초조대장경이 소실된 후 고종 때 다시 만든 것이다.

④ 현재 합천 해인사에 보관되어 있는 팔만대장경은 재조대장경을 가리킨다.

> **해설** 〈속장경(교장)〉은 경(經), 율(律), 논(論) 삼장의 불교경전을 모아 간행한 것이 아니라, 삼장의 주석서인 장(章), 소(疏)를 모아 간행한 것이다.

① 초조대장경은 고려가 거란의 침입을 받았을 때 부처의 힘을 빌려 이를 물리치기 위한 목적으로 대구 부인사에서 간행되었다.

③, ④ 재조대장경(1251)은 몽고 침입으로 초조대장경이 소실된 후 불력으로 몽고 침입에 대비하고자 고종 때 다시 만든 것으로, 조선 초 합천 해인사로 이동한 후 현재까지 보관되어 있다.

핵심정리

대장경의 간행

- 초조대장경(初彫大藏經, 1087)
  - 현종 때 거란의 침입을 받은 고려가 부처의 힘을 빌려 이를 물리치고자 대구 부인사에서 간행
  - 몽고 침입 때에 불타 버리고 인쇄본 일부가 남음
- 속장경(屬藏經, 1073~0196)
  - 거란의 침입에 대비, 의천이 고려는 물론 송과 요, 일본 등의 대장경에 대한 주석서를 수집해 편찬
  - 목록인 〈신편제종교장총록(新編諸宗敎藏總錄)〉을 만들고, 흥왕사에 교장도감을 설치하여 10여 년에 걸쳐 4,700여 권의 전적을 간행
  - 몽고의 3차 침입 시 소실, 인쇄본의 일부가 전함
- 팔만대장경(재조대장경, 1236~1251)
  - 몽고 침입에 대비, 고종 때 강화도에 대장도감을 설치하여 16년 만에 조판하여 선원사 장경도감에 보관
  - 조선 초 해인사로 이동한 후 현재까지 합천 해인사(장경판전)에 8만 매가 넘는 목판이 모두 보존
  - 방대한 내용을 담았으면서도 잘못된 글자나 빠진 글자가 거의 없을 만큼 정밀한 제작과 글씨의 아름다움 등으로 세계에서 가장 우수한 대장경으로 손꼽힘

▲ 팔만대장경

18

고려시대의 금속활자에 대한 다음 설명 중 옳지 않은 것은?

① 금속활자는 한 번 만들면 여러 종류의 책을 쉽게 찍을 수 있었다.

② 고종 21년(1234)에 〈상정고금예문〉을 인쇄했다는 기록이 있다.

③ 프랑스에 있는 〈직지심체요절〉은 청주 용두사에서 간행했다.

④ 공양왕은 서적원을 설치하여 활자의 주조와 인쇄를 맡게 했다.

해설 현존하는 세계 최고(最古)의 금속활자본인 〈직지심체요절〉(1377)은 청주 흥덕사에서 간행되었다.

① 금속활자는 한 번 만들면 여러 가지 책을 찍는 데 유용하였다. 목판인쇄술은 한 종류의 책을 다량으로 인쇄하는 데는 적합하나 여러 가지 책을 소량 인쇄하는 데는 활판인쇄술보다 못하여, 고려시대에는 일찍부터 활판인쇄술 개발에 힘을 기울여 후기에는 금속활자 인쇄술을 발명하였다.

② 이규보의 〈동국이상국집〉의 기록에 따르면, 고종 21년 강화도 피난시 〈상정고금예문〉(1234)이 금속활자로 인쇄되었다는 기록이 있다. 이것은 시기상 서양의 것보다 200여 년이나 앞선 것이나, 현재 전하지 않는다.

④ 공양왕 때 설치된 서적원(1392)은 활자의 주조와 인쇄를 담당하였다.

19

다음 〈보기〉에서 고려 후기 문화에 대한 설명을 모두 고르면?

─ 보기 ─

㉠ 성리학의 수용

㉡ 목화씨의 전래

㉢ 기술학 존중

㉣ 이모작 보급

① ㉠, ㉡   ② ㉡, ㉢

③ ㉠, ㉢   ④ ㉡, ㉣

해설 고려 후기에는 성리학이 전래되어 사상계뿐만 아니라 정치·사회·경제·문화의 각 분야에 걸쳐 큰 영향을 주었다. 또한 공민왕 때 문익점이 원에서 목화씨를 들여와 의생활에 큰 변화가 일어나게 되었다.

핵심정리

원 간섭기의 성리학	• 충렬왕 때 안향이 처음 소개 • 한·당의 훈고학적 유학의 보수화를 비판하고 이를 한 단계 발전시킨 철학적 신유학으로 발전 • 충선왕 때 이제현은 원의 만권당에서 성리학에 대한 이해를 심화하였고, 귀국 후 이색 등에게 영향을 주어 성리학 전파에 이바지 • 이색 이후 정몽주·권근·김구용·박상충·이숭인·정도전 등에게 전수되어 연구가 심화·발전 • 5경보다 4서를 중시
고려 말의 성리학	• 형이상학적 측면보다 일상 생활과 관계되는 실천적 기능을 강조 • 〈소학(小學)〉과 〈주자가례〉를 중시 • 권문세족과 불교의 폐단을 비판 • 고려 후기에는 신진사대부의 성장 및 성리학 수용과 더불어 정통의식과 대의명분을 강조하는 성리학적 유교사관이 대두

제 **3** 편

중세의 성립과 발전

20

고려시대의 건축과 조형예술에 대한 설명으로 옳지 않은 것은?

① 초기에는 광주 춘궁리 철불 같은 대형 철불이 많이 조성되었다.

② 지역에 따라서 고대 삼국의 전통을 계승한 석탑이 조성되기도 하였다.

③ 팔각원당형의 승탑이 많이 만들어졌는데, 그 대표적인 예로 법천사 지광국사 현묘탑을 들 수 있다.

④ 후기에는 사리원의 성불사 응진전과 같은 다포식 건물이 출현하여 조선시대 건축에 큰 영향을 끼쳤다.

> 해설 법천사 지광국사 현묘탑은 팔각원당형의 승탑이 아니라 사각형의 특이한 양식으로 만들어졌다. 팔각원당형을 하고 있는 대표적인 승탑으로는 고달사지 승탑이 있다.
> ① 고려 초기에는 대형 철불이 다수 조성되었는데, 광주 춘궁리 철불은 이 시기의 대표적 철불로 우리나라 최대의 철불에 해당하며, 목에 3가닥의 주름을 표현한 삼도(三道)가 선명하게 표시되어 있다.
> ② 고려시대의 석탑(石塔)은 신라 양식을 일부 계승하면서 그 위에 독자적인 조형 감각을 가미한 것이 특징적이며, 지역에 따라서는 고대 삼국의 전통을 계승한 석탑이 조성되기도 하였다. 3층탑이 유행했던 신라와 달리 대체로 다각다층탑이 많았고, 안정감은 부족하나 자연스러운 모습을 띠고 있으며, 석탑의 몸체를 받치는 받침이 보편화되었다.
> ④ 고려 후기에는 전기부터 유행한 주심포식 양식 외에, 공포가 기둥 위뿐만 아니라 기둥 사이에도 짜여져 있는 다포식 양식이 나타나 조선시대 건축에도 큰 영향을 미쳤다. 다포식 양식 대표적 건축물로는 황해도 사리원의 성불사 응진전, 석왕사 응진전, 심원사 보광전 등이 있다. 한편 주심포식 양식은 지붕 무게를 기둥에 전달하면서 건물을 치장하는 공포가 기둥 위에만 짜여진 건축 양식을 말하며, 대표적 건물로는 안동 봉정사 극락전(1363), 영주 부석사 무량수전(1376), 예산 수덕사 대웅전(1308) 등이 있다. 봉정사 극락전은 가장 오래된 목조건물로, 주심포 양식의 엔타시스 기둥(배흘림기둥)을 하고 있다.

21

다음 중 고려 전기의 문화에 대한 설명으로 옳은 것은?

① 부석사 무량수전은 다포양식으로 만들어졌다.

② 경기도 광주에서 상감청자가 발달하였다.

③ 관촉사 석조미륵보살과 같은 거대한 불상이 지어졌다.

④ 선종의 유행으로 승탑이 많이 제작되었고 석종형 승탑이 주로 만들어졌다.

> 해설 고려 초기에 제작된 동양 최대의 논산 관촉사 석조 미륵보살 입상이 제작되었다. 지방 문화를 반영하였고 균형과 비례가 맞지 않는 점이 특징이다.
> ① 부석사 무량수전은 주심포식 건물이다.
> ② 고려의 청자는 자기를 만들 수 있는 흙이 생산되고 연료가 풍부한 지역에서 구워졌는데, 전라도 강진과 부안이 유명하였다.
> ④ 고려 초기에는 화려하였으나 후기에는 석종 형식으로 변하였다.

22

다음 시와 관련된 시대 상황으로 옳은 것은?

> 가시리 가시리잇고 나는
> ᄇ리고 가시리잇고 나는
> 위 증즐가 大平盛代

① 사장 문학이 과거제의 시행으로 발달하였다.
② 속요는 서민의 생활 감정을 대담하고 자유분방한 형식으로 드러내었다.
③ 형식에 구애받지 않는 설화 형식으로 현실도피적 수필 문학의 발달을 가져왔다.
④ 가전체 문학으로 사물을 의인화하여 현실을 합리적으로 파악하려는 경향을 띠었다.

해설 고려 후기에는 작가가 알려지지 않은 속요가 유행하여 서민의 생활 감정을 대담하고 자유분방한 형식으로 드러냈다.

━━━ 핵심정리 ━━━

고려 후기 문학의 새 경향
• 경기체가
 − 주체 : 신진사대부
 − 작품 : 한림별곡, 관동별곡, 죽계별곡 등
 − 성격 : 주로 유교 정신과 자연의 아름다움 묘사
• 장가(속요)
 − 의미 : 민중 사회에서 유행한 작가 미상의 가요
 − 작품 : 청산별곡, 가시리, 쌍화점 등
 − 성격 : 대부분은 서민의 생활 감정을 대담하고 자유분방한 형식으로 표현

23 지방직 9급 기출

고려 · 조선시대 음악에 대한 설명으로 옳은 것은?

① 고려시대 향악은 주로 제례 때 연주되었다.
② 고려시대에는 동동, 대동강, 오관산 등이 창작 유행되었다.
③ 조선시대에는 정간보를 만들어 음악의 원리와 역사를 체계화 하였다.
④ 조선시대 가사, 시조, 가곡 등은 아악을 발전시켜 연주한 것이다.

해설 동동, 대동강, 오관산 등은 모두 고려시대에 민중 사회에서 창작 · 유행한 고려가요(속요)에 해당한다.
 ① 고려시대 제례 때 주로 연주된 음악은 향악(鄕樂)이 아니라 아악(雅樂)이다. 아악은 송에서 수입된 대성악이 궁중음악으로 발전된 것으로, 주로 제례에서 연주되었다.
 ③ 조선시대 음악의 원리와 역사 · 악기 · 무용 · 의상 및 소도구까지 망라하여 정리한 것은 악학궤범(樂學軌範)이다. 정간보는 세종 때 소리의 장단과 높낮이를 표현할 수 있도록 만든 최초의 악보이다.
 ④ 가사와 시조는 아악과 직접적인 관련이 없다. 조선 초 새 왕조의 탄생과 자신들의 업적을 찬양하던 악장이 16세기에 가사문학으로 계승되었다.

━━━ 핵심정리 ━━━

고려의 음악
• 아악(雅樂)
 − 송에서 수입된 대성악이 궁중음악으로 발전
 − 주로 제사에 사용됨
 − 고려와 조선시대의 문묘 제례악이 여기에 해당하며, 오늘날까지도 격조 높은 전통 음악으로 계승
• 향악(鄕樂) : 속악이라고도 하며 우리의 고유 음악이 당악(唐樂)의 영향을 받아 발달한 것

제 **4** 편

근세의
성립과 발전

제1장 근세의 통치 구조와 정치 활동

대표유형문제

국가직 9급 기출

밑줄 친 '왕'에 대한 설명으로 옳은 것은?

> 1919년 3월 1일 탑골 공원에서 민족대표 33인이 서명한 독립선언서가 낭독되었다. 이 공원에 있는 탑은 왕이 세운 것으로 경천사 10층 석탑의 영향을 받았다.

① 우리나라 전쟁사를 정리한 『동국병감』을 편찬하였다.
② 우리나라 역대 문장의 정수를 모은 『동문선』을 편찬하였다.
❸ 6조 직계제를 실시하여 국왕 중심의 정치체제를 구축하였다.
④ 한양으로 다시 천도하면서 이궁인 창덕궁을 창건하였다.

정답해설 밑줄 친 '왕'은 세조이다. 세조 때 원각사가 세워졌으며, 경천사 10층 석탑에 영향을 받아 원각사지 10층 석탑이 건립되었다. 세조는 6조 직계의 통치 체제로 환원하고 공신·언관의 견제를 위해 집현전을 폐지하였으며 종친을 등용해 왕권을 강화하였다.

오답해설 ① 『동국병감』은 우리나라와 중국 또는 여진 사이에서 일어난 30여 차례의 전쟁을 시대 순으로 기술한 책으로 조선 문종의 명에 따라 편찬하여 선조 41년(1608)에 간행되었다.
② 성종 때 서거정, 노사신 등은 삼국 시대부터 조선 초기까지의 시와 산문 중에서 빼어난 것을 골라 『동문선』을 편찬하였다.
④ 태종 때 경복궁의 이궁인 창덕궁이 건립되었다.

핵심정리 **세조의 왕권 강화책**
• 6조 직계의 통치 체제로 환원, 공신·언관의 견제를 위해 집현전을 폐지, 종친 등용
• 호적 사업을 강화하여 보법(保法)을 실시
• 직전법 실시(과전의 부족에 따라 현직 관료에게 토지를 지급)
• 『경국대전』 편찬에 착수해 호조전(戸曹典)·형조전(刑曹典)을 완성(성종 때 전체 완수)
• 전제 왕권 강화와 부국강병을 위해 유교를 억압하고, 민족종교와 도교, 법가의 이념을 절충

01

조선 왕조가 유교적 통치 이념을 채택함으로써 나타난 사실로 관련 없는 것은?

① 사회적으로 양천의 구분을 없애어 평등 사회를 구현하였다.

② 정치적으로 윤리와 도덕을 바탕으로 하는 왕도 정치를 구현하려 하였다.

③ 경제적으로 지배층의 농민 지배를 허용하는 사회 경제 관계를 관철시켰다.

④ 사상적으로 종교적 생활까지도 유교사상으로 흡수하고자 하였다.

해설 조선 왕조는 사회적으로 양천의 구분을 엄격히 하고, 이에 따른 직역을 법제화하였다.

02

조선시대에 경연, 상소, 구언제도를 실시한 가장 근본적인 까닭은?

① 관리들의 횡포를 견제하기 위하여

② 명나라의 침입에 대비하기 위하여

③ 유교적 통치 이념을 실현하기 위하여

④ 백성들의 학덕을 키우기 위하여

해설 • 경연제도 : 국왕이 학식 있는 신하와 함께 정책을 토론
• 상소 : 여론을 정책에 반영시킴
• 구언제도 : 백관과 민중의 의견을 물음

03 〔국가직 9급 기출〕

다음 정치관과 관련이 깊은 정책으로 옳은 것은?

> 임금의 직책은 한 사람의 재상을 논정하는 데 있다 하였으니, 바로 총재(冢宰)를 두고 한 말이다. 총재는 위로는 임금을 받들고 밑으로는 백관을 통솔하여 만민을 다스리는 것이니 직책이 매우 크다. 또 임금의 자질에는 어리석음과 현명함이 있고 강함과 유약함의 차이가 있으니, 옳은 일은 아뢰고 옳지 않은 일은 막아서, 임금으로 하여금 대중(大中)의 경지에 들게 해야 한다. 그러므로 상(相)이라 하니, 곧 보상(輔相)한다는 뜻이다.

① 육조 직계제의 시행

② 사간원의 독립

③ 의정부 서사제의 시행

④ 집현전의 설치

해설 주어진 글은 조선 시대 정도전이 저술한 〈조선경국전〉의 일부로 총재, 즉 재상의 중요성을 언급하고 있다. 의정부 서사제는 왕권과 신권의 조화를 추구한, 재상 중심의 정치체제이다. 의정부 서사제하에서는 육조에서 각각의 업무를 의정부에 먼저 보고하여 의정부에서 그 내용의 가부를 헤아려 왕에게 올리면, 왕이 이를 보고 결정하여 내린 교지를 의정부에서 육조에 보내 시행하도록 하였다.
① , ② 왕의 명령을 집행하는 행정기관인 육조 직계제 시행과, 언관으로서 왕에 대한 간쟁을 하는 사간원의 독립은 왕권강화 정책의 일환이었다. 태종은 언론기관인 사간원을 독립시켜 대신들을 견제하게 하였다.
④ 집현전은 학자양성과 학문연구를 위한 기관으로 재상 중심 정치와 직접적인 연관은 없다.

04

다음 내용과 관련이 깊은 국왕 때에 일어난 일이 아닌 것은?

> 전하께서는 …… 신 서거정 등에게 명해 제가의 작품을 뽑아 한 질을 만들게 하셨습니다. 저희들은 전하의 위촉을 받아 삼국시대로부터 지금에 이르기까지 사(辭), 부(賦), 시(時), 문(文) 등 여러 문체를 수집하여 이 중 문장과 이치가 순정하여 교화에 도움이 되는 것을 취하고 분류하여 130권을 편찬해 올립니다.

① 홍문관을 설치하여 왕의 정치적 고문 역할을 하였다.
② 언론 기관인 사간원을 독립시켜 대신을 견제하게 하였다.
③ 재가녀 자손의 관리 등용을 제한하는 법을 공포하였다.
④ 정읍사, 처용가 등이 한글로 수록된 악학궤범이 편찬되었다.

해설 제시된 내용은 조선 성종 때 서거정, 노사신 등이 편찬한 〈동문선〉의 서문에 해당한다. 〈동문선〉은 삼국시대부터 조선 초기까지의 시와 산문 중에서 빼어난 것을 골라 편찬한 시문으로, 우리나라의 글에 대한 자주의식과 문화유산의 보존 및 계승의식이 반영되어 있다. ②에 언급된 사간원을 독립시켜 대신을 견제한 것은 태종에 대한 설명이다.
① 성종 때 집현전을 계승하여 학술·언론기관인 홍문관을 설치하였다. 경서(經書)·사적(史籍) 관리와 왕의 정치적 고문 역할을 하였다.
③ 성종 때 완성·공포된 〈경국대전〉(1485)에서 재가(再嫁)하거나 실행(失行)한 부녀의 자손의 문과 응시를 제한하는 규정을 두었다.
④ 〈악학궤범〉(1493)은 성종 때 편찬되었다.

핵심정리

조선 성종(1469~1494) 때의 정책 및 업적

- **홍문관(옥당) 설치** : 학술·언론기관(집현전 계승), 경서(經書)·사적(史籍) 관리와 왕의 정치적 고문 역할
- **경연 중시** : 단순히 왕의 학문연마를 위한 자리가 아니라 신하(정승, 관리)가 함께 모여 정책을 토론하고 심의
- **관학의 진흥** : 성균관과 향교에 학전과 서적을 지급하고 관학을 진흥
- **사림(士林) 등용** : 김숙자·김종직 등의 사림을 등용하여 의정부의 대신들을 견제하게 함으로써 훈구와 사림의 균형을 추구
- **유향소의 부활(1488)** : 유향소는 세조 때 이시애의 난으로 폐지(1467)되었으나 성종 때 사림세력의 정치적 영향력 확대에 따라 부활됨
- **독서당(호당) 운영** : 관료의 학문 재충전을 위해 운영한 제도로, 성종 때 마포의 남호독서당, 중종 때 두모포에 동호독서당이 대표적
- 〈경국대전〉 반포(1485)
- **관수관급제의 실시(1470)** : 직전법하에서 관수관급제 실시하여 양반 관료의 토지 겸병과 세습, 수탈을 방지
- **숭유억불책** : 도첩제를 폐지하여 승려 출가를 막음(완전한 억불책)
- **문물 정비와 편찬사업** : 건국 이후 문물제도의 정비를 마무리하고, 〈경국대전〉, 〈삼국사절요〉, 〈고려사절요〉, 〈악학궤범〉, 〈동국통감〉, 〈동국여지승람〉, 〈동문선〉, 〈국조오례의〉 등을 편찬

05 서울시 9급 기출

다음 제도의 시행에 대한 설명으로 옳은 것은?

> 6조에서 올라오는 모든 일을 영의정, 좌의정, 우의정이 중심이 되는 의정부에서 논의하여 합의된 사항을 국왕에게 올려 결재 받게 하였다.

① 이 제도의 시행으로 국왕이 재상들을 직접 통솔할 수 있게 되어 왕권 강화에 기여하였다.

② 무력으로 집권한 태종과 세조는 이 제도를 이용하여 초기의 불안한 왕권을 안정시켰다.

③ 민본정치를 추구한 정도전은 이 제도를 폐지하고 6조의 업무를 국왕에게 직접 보고하게 하였다.

④ 세종은 안정된 왕권과 경제력을 바탕으로 이 제도를 시행하여 왕권과 신권의 조화를 추구하였다.

해설 제시된 자료는 의정부 서사제에 대한 내용이다. 의정부 서사제는 이조의 인사, 병조의 인사·군사, 형조의 사형수 이외 판결 등을 제외한 대부분의 정책을 의정부에서 심의한 후 합의된 사항을 왕에게 올려 결재하는 재상 중심의 정치 체제이다. 세종은 태종대에 시행된 6조 직계제를 폐지하고 의정부 서사제를 시행하여 왕권과 신권의 조화를 추구했다.

① 의정부 서사제는 신권에 의한 왕권 견제책에 해당한다.

② 무력으로 집권한 태종과 세조가 활용한 것은 6조 직계제이다. 이것은 의정부 서사제와는 달리 6조에서 모든 일을 왕에게 바로 전달하는 왕권 강화책이다.

③ 의정부는 정종대에 설치되었는데 정도전은 그 이전인 태조대에 사망하였으므로 시기상 맞지 않다. 또한 정도전은 재상 중심의 정치를 주장하였으므로 6조 직계제와는 거리가 멀다.

핵심정리

세종(1418~1450)

① 유교 정치의 실현
- 의정부 서사제(議政府署事制) 부활 : 6조 직계제와 절충하여 운영(왕권과 신권의 조화)
  - 대부분의 정책을 의정부에서 심의한 후 합의된 사항을 왕에게 올려 결재
  - 인사와 군사 문제, 사형수의 판결 등은 국왕이 직접 처리
- 집현전 설치 : 당의 제도와 고려의 수문전·보문각을 참고하여 설치
  - 궁중 내에 설치된 왕실의 학술 및 정책 연구기관으로, 구성원의 신분과 특권이 보장됨
  - 학문 연구 외에 왕실 교육(경연·서연)과 서적 편찬, 왕의 자문 기능을 담당

② 문화 발전
- 활자 주조 : 경자자, 갑인자, 병진자, 경오자
- 서적 간행
  - 한글 서적 : 〈용비어천가〉, 음운서인 〈동국정운〉, 불경 언해서인 〈석보상절〉, 불교 찬가인 〈월인천강지곡〉 간행
  - 〈고려사〉, 〈육전등록〉, 〈치평요람〉, 〈역대병요〉, 〈팔도지리지〉, 〈효행록〉, 〈삼강행실도〉, 〈농사직설〉, 〈칠정산 내외편〉, 〈사신요초〉, 〈총통등록〉, 〈의방유취〉, 〈향약집성방〉, 〈향약채취월령〉, 〈태산요록〉 등 간행
- 관습도감 설치 : 박연으로 하여금 아악·당악·향악을 정리하게 함
- 역법 개정 : 원의 수시력과 명의 대통력을 참고로 하여 칠정산 내편을 만들고 아라비아 회회력을 참조하여 칠정산 외편을 만듦(독자성)
- 과학 기구의 발명 : 측우기, 자격루(물시계), 앙부일구(해시계), 혼천의(천체 운행 측정기)

06

고려시대에는 관리의 임명이나 법률의 개폐가 있을 때에는 관리들이 서경하고 간쟁하는 제도가 있었다. 이와 같은 기능을 수행하는 조선의 정치 기구를 〈보기〉에서 모두 고르면?

─── 보기 ───
- ㉠ 승정원
- ㉡ 사간원
- ㉢ 춘추관
- ㉣ 의금부
- ㉤ 사헌부

① ㉠, ㉡　　　　② ㉠, ㉢

③ ㉡, ㉤　　　　④ ㉢, ㉣

해설 고려시대 어사대의 관원과 중서문하성의 낭사(郎舍)는 성대[또는 대성(臺省)·대간(臺諫)] 등으로 불리며, 간쟁(諫諍)·봉박(封駁)·서경(署經)의 권한을 행사하였다. 간쟁은 왕의 잘못을 논하는(직언) 것을 말하고, 봉박은 잘못된 왕명을 시행하지 않고 되돌려 보내는 것(거부권)을 말하며, 서경권(署經權)은 모든 관리 임명 및 법령의 개폐·국왕의 대관식 등에 대한 동의권을 말한다. 이러한 간쟁·봉박·서경권은 왕의 전제권을 제약하는 기능을 하였다.

조선의 삼사는 정사를 비판하고 관리의 비리를 감찰하는 언론 기능을 담당하였는데, 이는 권력의 독점과 부정을 방지하기 위한 것이었다.

━━━ **핵심정리** ━━━

삼사(三司)의 구성
- **사헌부** : 감찰 탄핵 기관, 사간원과 함께 대간(臺諫)을 구성하여 서경(署經)권 행사(정5품 당하관 이하의 임면 동의권), 장은 대사헌(종2품)
- **사간원** : 언관(言官)으로서 왕에 대한 간쟁, 장은 대사간(정3품)
- **홍문관** : 경연을 관장, 문필·학술기관, 고문 역할, 장은 대제학(정2품)

07

조선의 통치기구에 대한 설명으로 옳은 것은?

① 홍문관은 정치의 득실을 논하고 관리의 잘못을 규찰하고 풍기·습속을 교정하는 일을 담당하였다.

② 의정부는 최고의 행정집행기관으로 그 중요성에 의해 점차 실권을 강화하였다.

③ 지방 양반들로 조직된 향청은 수령을 보좌하고 풍속을 바로 잡고 향리를 규찰하는 등의 임무를 맡았다.

④ 예문관과 춘추관은 대간(臺諫)이라 불렸는데, 임명된 관리의 신분·경력 등을 심의·승인하는 역할을 담당하였다.

해설 지방 양반들로 조직된 향청(유향소)은 수령을 보좌·감시하고 향리의 비행을 규찰하며, 좌수·별감의 선출, 정령 시달, 풍속 교정과 백성 교화, 향회 소집, 여론 수렴 등의 기능을 담당하였다.

① 홍문관(옥당)은 궁중 경서(經書) 및 사적(史籍) 관리와 왕의 정치적 고문 역할을 담당하였다.

② 의정부는 최고의 의사결정기관으로 조선 후기 이후에는 유명무실화되고 실질적인 힘은 비변사로 집중되었으며, 비변사에도 실질적 역할은 유력 가문 출신의 인물들이 독차지하게 되었다.

④ 예문관은 왕의 교서를 작성, 춘추관은 역사서의 편찬 및 보관을 담당하였다. 사헌부의 대간(臺諫)은 임명된 관리의 신분·경력 등을 심의·승인하는 역할(서경권)을 담당하였다.

08

조선시대 지방행정조직에 대한 설명으로 옳지 않은 것은?

① 전국을 8도로 나누고, 고을 크기에 따라 지방관 등급을 조정하였다.

② 고려시대까지 특수행정구역이었던 향, 부곡, 소를 일반 군현으로 승격시켰다.

③ 전국의 주민을 국가가 직접 지배하기 위해 모든 군현에 수령을 임명하고, 또 수령의 비행을 견제하기 위해 전국 8도에 관찰사를 파견하였다.

④ 기본 행정구역은 부, 목, 군, 현으로 구획하였다. 또 군·현 아래 면·리·통을 두고 10호를 하나의 통으로 편성하였다.

해설 조선시대에는 다섯 호(戶)를 하나의 통(統)으로 편성하는 오가작통법(五家作統法)을 시행하였다. 그리고 5개의 통(統)을 1개의 리(里)로 구성하고, 3∼4개의 리(里)를 1개의 면(面)으로 구성하였다. 오가작통법은 호구 파악과 농민 이탈 방지, 천주교인 색출 등에 활용되었다.
① 조선시대에는 전국을 8도로 나누고 고을의 크기에 따라 지방관의 등급을 조정하였다.
② 고려시대 특수행정구역이었던 향, 소, 부곡을 일반 군현으로 승격하여 지방민의 삶의 질 향상을 도모하였다.
③ 중앙집권을 강화하기 위해 모든 군현에 지방관(수령)을 파견(속군·속현의 소멸)하였고, 수령의 비행을 견제하기 위해 8도에 관찰사를 파견하였다.

09 국가직 9급 기출

다음 지방행정제도를 시기 순으로 바르게 나열한 것은?

> ㉠ 전국을 8도로 나누고 도 아래에는 부·목·군·현을 두었다.
> ㉡ 전국을 5도와 양계, 경기로 나누었다.
> ㉢ 9주 5소경의 지방제도를 마련하였다.
> ㉣ 전국을 23부 337군으로 개편하였다.

① ㉠ → ㉡ → ㉢ → ㉣
② ㉡ → ㉢ → ㉣ → ㉠
③ ㉢ → ㉡ → ㉠ → ㉣
④ ㉣ → ㉢ → ㉡ → ㉠

해설 ㉢ 9주 5소경의 지방행정조직을 완비한 것은 통일신라(신문왕) 때이다.
㉡ 전국을 크게 5도 양계와 경기로 나눈 것은 고려시대이다. 고려 현종(1009∼1031) 때 전국의 5도 양계와 4도호부, 8목을 완성하여 지방행정제도를 완비하였다.
㉠ 전국을 8도로 나누고 그 아래 부(5부)·목(20목)·군(82군)·현(175현)을 둔 것은 조선시대이다.
㉣ 지방행정구역을 8도에서 23부(府) 337군(郡)으로 개편한 것은 갑오개혁(제2차 갑오개혁) 때이다.

제**4**편
근세의 성립과 발전

10

조선시대의 지방행정제도에 관한 설명으로 옳은 것은?

① 지방행정의 최고 책임자는 안찰사였다.

② 지방관을 자기 출신지에 임명하여 행정을 효율적으로 추진하였다.

③ 향리들의 권한을 대폭 강화시켜 수령을 감시하도록 하였다.

④ 중앙에서 모든 군현에 수령을 파견하였다.

해설 속군·속현과 향·소·부곡을 일반 군현으로 승격하고, 모든 군현에 수령을 파견하였다.

① 지방행정의 최고 책임자는 관찰사로 전국 8도에 각각 임명되었으며 행정권·군사권·감찰권·사법권을 행사하였다.

② 지방관의 임명에 있어서 그 세력을 견제하기 위하여 지방관을 출신지에 파견하지 않는 상피제를 실시하였다.

③ 향리는 지방 말단의 실제 행정을 담당하였다.

11

조선시대 수령의 직무 중 가장 중요한 것은?

① 향리를 지휘하고 조세를 징수한다.

② 서원을 세워 향민을 교육시킨다.

③ 속현과 향·소·부곡을 관리한다.

④ 농업과 상공업을 장려한다.

해설 수령은 왕의 대리인으로 지방의 행정·사법·군사권을 가지고 있었으며 조세와 공물을 징수하였다.

핵심정리

조선시대 지방행정조직

① 지방행정의 특성

• 지방과 백성에 대한 국가의 지배력 강화(중앙집권 강화)

 – 모든 군현에 지방관 파견(속군·속현 소멸), 지방관의 상피제·임기제 적용

 – 관찰사와 수령의 권한 강화(향리 지위 격하)

• 향, 소, 부곡의 소멸 : 군현으로 승격하여 지방민의 삶의 질 향상

• 면·리 제도의 정착

② 지방행정조직

• 8도 : 감영 소재지

 – 전국을 8도로 나누고 크기에 따라 지방관의 등급을 조정

 – 관찰사(종2품, 외직의 장) 파견 : 행정·감찰·사법·군사권을 지님(병마·수군 절도사 겸직)

• 5부(부윤, 종2품)와 5대 도호부(부사, 정3품)

• 목 : 전국 20목, 장은 목사(정3품)

• 군·현

 – 군 : 전국 82군, 장은 군수(종4품)

 – 현 : 전국 175현, 장은 현령(종5품) 또는 현감(종6품)

 – 속군·속현과 향·소·부곡을 일반 군현으로 승격하고, 모든 군현에 수령을 파견

• 부·목·군·현의 수령

 – 행정·사법·군사권을 가지고 지방 대민 행정을 담당

 – 수령의 불법과 수탈을 견제·방지하기 위해 유향소를 설치, 관찰사에게 수령 감찰권 부여, 암행어사 파견

• 면(面)·리(里)·통(統) : 전기에 정비, 후기에 완전 정착

 – 군현 아래에는 면(면장), 리(이정), 통(통주)을 두었는데, 1개 면은 3~4개의 리로 구성되고, 1개 리는 5개의 통으로 구성

 – 오가작통법 : 다섯 집을 하나의 통으로 편성한 것으로 호구 파악, 농민 이탈 방지, 천주교인 색출 등에 활용

12

조선 전기의 군사 제도에 대한 설명으로 옳지 않은 것은?

① 지방의 주요 거점을 중심으로 진관을 편제하였다.

② 금위영을 설치하여 도성을 수비하였다.

③ 5위도총부가 군무를 통괄하였다.

④ 잡색군은 생업에 종사하다가 일정 기간 군사 훈련을 받았다.

해설 금위영은 조선 후기 5군영(중앙군)에 속하였으며 숙종 때 설치하였다.
① 진관 체제는 세조 이후 실시된 지역 단위의 방위 체제이다.
③ 5위는 5위도총부가 통괄하였다. 5위도총부는 중앙군의 핵심 조직으로 궁궐과 서울을 수비하였다.
④ 잡색군은 전직 관료 · 서리 · 향리 · 교생 · 노비 등 각 계각층의 장정들로 편성된 정규군 외의 예비군으로, 평상시에는 본업에 종사하면서 일정한 기간 동안 군사 훈련을 받아 유사시에 향토방위를 담당하였다.

핵심정리

중앙군
- **국왕 친위대(내삼청)** : 내금위, 우림위, 겸사복
- **5위(5위도총부)**
  - 중앙군의 핵심 조직으로 궁궐과 서울을 수비, 장은 도총관(문반 관료)
  - 의흥위 · 용양위 · 호분위 · 충좌위 · 충무위
- **훈련원** : 군사 훈련과 무관 시험 관장, 장은 지사
- **중앙군의 구성** : 정군을 중심으로 갑사나 특수병으로 구성

13

조선 전기의 군사제도 및 군역에 대한 설명으로 옳은 것은?

① 잡색군이 설치되어 상비군으로서 국경을 수비하였다.

② 양인개병과 농병일치를 원칙으로 하였다.

③ 중앙군은 2군과 6위로 구성되었다.

④ 노비는 군역의 의무가 없으므로 군에 편제되지 않았다.

해설 16세 이상 60세 이하의 모든 양인 남자는 군역을 담당하며 군역은 양인 농민이 자유인으로서 가지는 권리에 대한 대가의 성격이다.
①, ④ 잡색군은 서리, 잡학인, 신량역천인, 노비 등이 소속되어 유사시에 대비하게 한 일종의 예비군이었다.
③ 중앙군은 궁궐과 서울을 수비하는 5위로 구성되었다.

핵심정리

조선의 군역제도
- **양인개병제와 병농일치제 실시**
  - 16세 이상 60세 이하의 모든 양인 남자는 군역을 담당
  - 군역은 양인 농민이 자유인으로서 가지는 권리에 대한 대가의 성격
- **정군(正軍)과 보인(保人)**
  - 모든 양인은 현역군인인 정군이 되거나 정군의 비용을 부담하는 보인(봉족)으로 편성
  - 정군 : 서울 · 국경 요충지에 배속, 복무 기간에 따라 품계와 녹봉을 받기도 함
  - 보인 : 정남 2명을 1보로 함. 정군 가족의 재정적 지원자로서 1년에 포 2필 부담
- **면제 대상** : 현직 관료와 학생은 군역이 면제됨, 권리가 없는 노비도 군역 의무가 없음, 상인 · 수공업자 · 어민도 제외
- 종친과 외척 · 공신이나 고급 관료의 자제들은 특수군에 편입되어 군역을 부담

14

조선시대 과거에 합격하지 않고 간단한 시험으로 서리나 하급 관리로 진출할 수 있었던 제도는?

① 현량과   ② 음서

③ 잡과   ④ 취재

해설 취재는 과거와는 별도로 하급 관리를 뽑기 위한 임용시험으로 재주가 부족하거나 나이가 많아 과거에 응시하기 어려운 사람들이 응시하였다.

핵심정리

관리의 등용

• **과거제도의 특성**

  - 문과와 무과, 잡과가 있으며, 형식상 문·무과가 동등하나 실질적으로는 문과를 중시(무과에는 소과가 없으며, 고위 관원이 되기 위해서는 문과에 합격하는 것이 유리)

  - 신분 이동을 촉진하는 제도로서 법적으로는, 양인 이상이면 누구나 응시가 가능(수공업자·상인, 무당, 노비, 서얼 제외)

  - 교육의 기회가 양반에게 독점되어 과거 역시 양반들이 사실상 독점(일반 백성은 경제적 여건이나 사회적 처지로 과거에 합격하기가 어려웠음)

• **특별채용 시험**

  - 음서(문음) : 음서의 대상이 2품 이상의 자제로 고려시대에 비하여 크게 줄었고 취재를 거쳐 시험에 합격해야만 서리직을 주었으며, 문과에 합격하지 않으면 고관으로 승진하기 어려웠음

  - 취재(取才) : 과거 응시가 어려운 사람들을 대상으로 한 특별채용 시험(하급 실무직 임명 시험)으로 산학(호조), 도학(소격서), 화학(도화서), 악학(장악원) 등으로 분류

  - 이과(吏科) : 서리·향리·아전 선발 시험, 훈민정음이 시험 과목에 포함됨

  - 천거 : 고관(대개 3품 이상)의 추천을 받아 간단한 시험(취재)을 치른 후 관직에 등용(중종 때 조광조에 의해 실시된 현량과)

15

다음 자료의 (가)에 대한 설명으로 옳은 것을 모두 고르면?

신진사대부	급진 개혁파(혁명파) → 훈구파
	점진 개혁파(온건파) → (가)

㉠ 많은 토지를 소유한 대지주층으로 성장했다.

㉡ 도덕과 의리를 바탕으로 하는 왕도정치를 강조하였다.

㉢ 부국강병과 왕권강화를 통한 중앙집권체제를 추구하였다.

㉣ 서원과 향약을 통해 향촌사회에서 꾸준히 세력을 확대하였다.

① ㉠, ㉡   ② ㉠, ㉣

③ ㉡, ㉢   ④ ㉡, ㉣

해설 (가)에 들어갈 세력은 사림파이다.

㉡ 사림파는 도덕·의리·명분을 중시하며, 이를 바탕으로 하는 왕도정치(王道政治)를 강조하였다.

㉣ 사림파는 서원과 유향소, 향약 등을 바탕으로 향촌사회의 지배세력을 구축하였다.

㉠ 많은 토지를 소유하여 대지주층으로 성장한 세력은 훈구파이다. 사림파는 훈구파의 대토지 소유를 비판하였다.

㉢ 훈구파에 대한 설명이다. 사림파는 향촌자치를 주장하였다.

핵심정리

훈구세력과 사림세력의 비교

주요 개념	훈구세력(관학파)	사림세력(사학파)
출신	혁명파 사대부의 후예	온건파 사대부의 후예
역할	15세기 민족 문화의 주역	16세기 이후 사상계를 지배
경향	사장 중심 (시와 문장능력)	경학 중시 (유학의 깊이)
사상	성리학 신봉, 타 학문도 포용	성리학 이외의 학문을 이단으로 배격
정치 체제	중앙집권 추구, 부국강병책, 민생안정 추구, 패도정치 인정 (법치주의)	향촌자치 추구, 도덕과 의리 숭상, 왕도정치 추구 (왕도주의)
민족 사관	자주적 사관 (단군 중시)	중국 중심의 화이사상 (기자 중시)
인재 양성	성균관, 집현전을 통해 양성	지방 사학을 통해 양성

16

사림이 향약 보급에 노력한 근본적인 이유는?

① 왕권 강화
② 자영 농민층의 육성
③ 향촌 지주층의 기반 유지
④ 향촌 자치제의 확립

해설 사림세력은 향촌정치를 내세웠으며 서원과 향약을 통하여 향촌사회에서 세력을 확대하였다. 사림들은 농민에 대하여 중앙에서 임명된 지방관보다도 더 강한 지배력을 행사하였다.

17 서울시 9급 기출

〈보기〉의 제도가 처음 시행된 시기의 군사제도에 대한 설명으로 가장 옳은 것은?

> **보기**
>
> 경성과 지방의 군사에 보인을 지급하는데 차등이 있다. 장기 복무하는 환관도 2보를 지급한다. 장정 2인을 1보로 하고, 갑사에게는 2보를 지급한다. 기병, 수군은 1보 1정을 준다. 보병, 봉수군은 1보를 준다. 보인으로서 취재에 합격하면 군사가 될 수 있다.

① 중앙군을 5군영으로 편성하였다.
② 2군 6위가 중앙과 국경을 수비하였다.
③ 지방군은 진관 체제를 바탕으로 조직되었다.
④ 양반부터 노비까지 모두 속오군에 편입시켰다.

해설 〈보기〉는 보법으로 보인 지급과 정남 2명을 1보로 한다는 점에서 조선 전기의 군사제도임을 알 수 있다. 지방군은 세조 이후 실시된 지역(군·현)단위의 방위 체제(요충지의 고을에 성을 쌓아 방어 체제를 강화)인 진관 체제(鎭管體制)를 바탕으로 조직되었다.
① 조선 후기 서울과 외곽지역을 방어하기 위해 편제된 5개의 군영이다. 훈련도감, 총융청, 수어청, 어영청, 금위영이 이에 해당한다.
② 고려 시대의 군사 제도로서 2군은 응양군·용호군, 6위는 좌우위·신호위·흥위위·금오위·천우위·감문위로 구성되어있다.
④ 조선 후기 지방 군사 제도로 양반부터 노비까지 향민 전체가 속오군으로 편제되었고 후기로 갈수록 양반의 회피가 증가하였다.

18

다음에서 설명하는 학파가 융성했을 때 조선시대의 사회 · 문화를 잘못 설명한 것은?

> 성리학을 학문의 주류로 삼았으며, 향촌자치와 왕도정치를 추구하였다.

① 서원, 향약의 보급
② 북진정책의 비판
③ 자주적 사장(한문학) 발달
④ 주리론, 주기론의 융성

해설 사림세력에 대한 설명으로 성리학 이외의 학문을 이단으로 배격하여 사장(한문학)이 쇠퇴하였다.

19 국가직 9급 기출

다음 시의 지은이와 관련이 없는 것은?

> 임금 사랑하기를 어버이 사랑하듯이 하고
> 나라를 내 집안 근심하듯이 했노라.
> 밝은 해가 이 땅을 비치고 있으니
> 내 붉은 충정을 밝혀 비추리라.

① 군주의 마음을 바르게 하는 것이 중요하다고 믿어 경연을 강화하였다.
② 자신들의 의견을 공론이라고 표방하면서 급진적 개혁을 요구하였다.
③ 〈조의제문〉으로 인해 사화를 당하였다.
④ 도교 및 민간신앙을 배격하였다.

해설 제시된 시는 조광조가 유배 당시 지은 시로, 조광조를 중심으로 한 사림파는 훈구파의 반발로 사화를 당하였다(기묘사화, 1519). 조의제문(弔義帝文)을 사초(史草)에 올린 일을 문제 삼아 훈구파가 사림파를 제거한 사화는 무오사화(1498)이다.
　① 조광조는 유교를 바탕으로 한 이상적 왕도정치를 주장하여 군주의 바른 마음가짐을 강조하였다.
　② 조광조는 공론을 중시하고, 혁신정치를 위한 급격한 개혁을 주장하여 훈구세력의 반발을 샀다.
　④ 조광조는 불교와 도교, 민간신앙을 배격하고 그에 따른 행사를 금지할 것을 주장하였다(승과제도 및 소격서 폐지 등).

핵심정리

기묘사화(중종 14, 1519)
위훈삭제 등 조광조의 급격한 개혁은 공신(훈구세력 등)의 반발을 샀는데, 남곤 · 심정 등의 훈구파는 모반 음모(주초위왕의 모략)를 꾸며 조광조 · 김정 · 김식 · 정구 · 김안국 등 사림파 대부분을 제거

20

조선 초기의 대외관계에 대한 설명으로 옳지 않은 것은?

① 명나라와 태종 이후로 관계가 좋아져 교류가 활발하였다.

② 세종 때 4군 6진이 설치되어 오늘과 같은 국경선이 확정되었다.

③ 여진족에 대해 토벌 위주의 정책을 추진하였다.

④ 화약 무기를 개발하여 선박에 장착하는 등 왜구 격퇴에 노력을 기울였다.

해설 조선 초기 여진족이나 일본에 대해서는 화전(和戰)양면의 외교정책을 견지하여 회유책과 강경책을 동시에 추진하였다.

① 조선 초에 명(明)과 갈등이 발생하기도 하였으나 태종 이후 관계를 회복하여 원만한 관계를 유지하고 교류가 활발해졌다. 조선은 사대교린 정책을 기본 토대로 하였으므로 명과는 친선정책(사대관계를 바탕으로 하는 친선관계)을 취하였고 다른 주변국에 대해서는 교린정책을 취하였다.

② 세종 때 최윤덕이 4군(여연, 우예, 자성, 무창)을, 김종서가 6진(온성, 종성, 경원, 부령, 회령, 경흥)을 설치하여 오늘날과 같은 국경선이 확정되었다.

④ 조선 초 왜구의 침략에 대비하여 수군(水軍)을 강화하고 전함(戰艦)을 건조했으며, 화약·무기를 개발하여 선박에 장착하기도 하였다.

핵심정리

화전양면 외교정책

회유책	• 여진족의 귀순을 장려하기 위해 관직이나 토지, 주택 제공 • 사절의 왕래를 통한 무역을 허용 • 국경 지방인 경성과 경원에 무역소를 두고 국경 무역을 허락
강경책	• 정벌 : 국경 침입 및 약탈 시 군대를 동원하여 정벌 • 국경 공략 및 영토 확장 : 4군 6진 개척 • 지역 방어 체제 구축 : 국경 지방에 진·보를 설치

21 서울시 9급 기출

조선 초기의 대외관계에 대한 설명 중 가장 옳은 것은?

① 화이관(華夷觀)이라는 세계관에 바탕을 두고 사대교린(事大交隣)을 기본정책으로 삼았다.

② 북진정책 하에 고구려 고토의 회복을 도모하였다.

③ 일본과 여진에 대해서는 무력진압을 위주로 하였다.

④ 동남아시아국가와는 교류가 없었다.

해설 조선은 유교국가로 세계를 문명권과 오랑캐로 구분하는 화이관(華夷觀)에 바탕을 두고, 명과 친선을 유지하여 정권과 국가의 안전을 보장받고 이외의 주변 민족과는 교린 정책을 취하였다.

② 고려 초기 태조의 북진 정책에 대한 내용이다.

③ 일본과 여진에 대해서는 강경책과 온건책을 적절히 구사하였다.

④ 류쿠(오키나와), 자바(인도네시아), 시암(태국) 등 동남아시아의 여러 나라와 조공의 형태로 교역하였다.

22

다음 중 조선 시대 대외관계에 대한 설명으로 올바른 것은?

① 세종 때 두만강까지 여진족을 몰아내고 6진을 설치해 오늘날의 국경선을 확보하였다.
② 선조 때 임진왜란을 계기로 부산포, 염포, 제포 등 세 항구를 개항하였다.
③ 인조 때 병자호란으로 인하여 청나라와 형제 관계를 맺게 되었다.
④ 효종 때 북벌운동이 활발히 전개되어 청나라에 대한 복수를 실현하였다.

해설 세종 때 여진족을 몰아내고 4군 6진을 개척함으로써 오늘날의 국경선이 확정되었다. 6진은 김종서 등이 두만강 유역을 확보하여 설치한 온성, 종성, 경원, 부령, 회령, 경흥을 말한다.

② 부산포, 염포, 제포 등 삼포를 개항한 것은 세종 때이다. 세종 때는 계해약조(1443)를 체결하여 제한된 범위의 조공 무역을 허락하였는데, 당시 세견선 50척, 세사미두 200석, 거류인 60명을 허용하였다. 임진왜란 이후에는 국교를 재개하면서 통신사를 통해 조선의 선진문화를 일본에 전파하였으며, 광해군 때 기유약조(1609)를 맺어 부산포에 왜관을 설치하였다.

③ 인조 때 병자호란(1636)의 경과 청나라와 군신관계를 맺고 명과의 외교를 단절할 것을 약속하였다. 형제의 맹약을 맺은 것은 정묘호란(1627) 때 맺은 정묘약조에서였다.

④ 효종 때 군대를 양성(어영청 등)하고 성곽을 수리하는 등 북벌론(北伐論)이 활발하게 전개되었으나 효종이 요절 등으로 성공하지 못하고, 18세기 후반부터 북학론이 대두되었다.

23

다음에서 설명하는 조선 초기의 외교정책은?

> 주종 관계로 맺어진 중국 중심의 동아시아 국제 질서 속에서 나타난 외교정책이다. 그러나 이것은 서로의 독립성이 인정된 위에서 이루어진 것으로 예속관계에 의한 것이 아니었다.

① 친명배금 정책　　② 사대교린 정책
③ 중립외교 정책　　④ 화전양면 정책

해설 조선은 건국 직후부터 명과 친선관계를 유지하여 정권과 국가의 안전을 보장받고, 중국 이외의 주변 민족과는 교린정책을 취하였다. 이러한 사대교린 정책은 국가가 달라지더라도 조선 전 시기에 걸쳐 일관되게 추진된 외교정책이었다.

핵심정리

명(明)과의 관계

- **사대교린 정책(事大交隣政策)**
  - 조공 관계로 맺어진 중국 중심의 동아시아 기본적 외교정책으로, 서로의 독립성을 인정된 위에서 맺어져 예속관계로 보기는 어려움
  - 건국 직후부터 명과 친선을 유지하여 정권과 국가의 안전을 보장받고, 중국 이외의 주변 민족과는 교린 정책을 취함
  - 조선 전 시기에 걸쳐 일관된 외교정책으로 추진(기본적·원칙적 외교정책)
- **선초 명과의 대외관계** : 자주적 관계가 기본 바탕이며, 초기에 국토 확장과 실리 추구를 두고 갈등과 불협화음이 존재했으나 태종 이후 외교적 긴밀성을 유지하며 활발히 교류

24

우리나라와 일본과의 대외관계에 대한 설명으로
틀린 것은?

① 조선은 일본과의 교류에서 교린정책을 원칙으
로 하였다.

② 세종 때 이종무는 병선을 이끌고 쓰시마 섬을
토벌하였다.

③ 계해약조를 체결한 후 제한된 범위 내에서 교
역을 허락하였다.

④ 3포 왜란이나 을묘왜변에도 일본과의 교류는
끊임없이 이루어졌다.

해설 을묘왜변(명종 10년, 1555)을 계기로 일본과의 국교가
단절되어 교류가 일시 중단되었다.

핵심정리

일본과의 관계

연대	주요 사건	내용
1419 (세종 1)	쓰시마 섬 정벌	이종무 장군이 주도
1426 (세종 8)	3포 개항	• 무산포(동래), 제포(진해), 염포(울산) • 개항장에 왜관 설치, 제한된 범위의 교역 허가
1443 (세종 25)	계해약조	제한된 조공무역 허락(세견선 50척, 사시미두 200석, 거류인 60명)
1510 (중종 5)	3포 왜란, 임시관청인 비변사 설치	임신약조(1512) 체결(제포만 개항, 계해약조와 비교했을 때 절반의 조건으로 무역 허락)
1544 (중종 39)	사량진 왜변	무역 단절, 일본인 왕래 금지
1547 (명종 2)	정비약조	세견선 25척, 인원 제한 위반 시 벌칙 규정의 강화
1555 (명종 10)	을묘왜변	국교 단절, 제승방략 체제로 전환, 비변사의 상설 기구화

25

다음 〈보기〉에 제시한 역사적 사실을 시대순으로
바르게 나열한 것은?

보기

ⓐ 임진왜란   ⓑ 인조반정
ⓒ 병자호란   ⓓ 북벌론 제기
ⓔ 광해군의 개혁정치   ⓕ 정묘호란

① ⓐ → ⓑ → ⓔ → ⓕ → ⓒ → ⓓ

② ⓑ → ⓒ → ⓐ → ⓓ → ⓕ → ⓔ

③ ⓐ → ⓔ → ⓑ → ⓕ → ⓒ → ⓓ

④ ⓑ → ⓒ → ⓓ → ⓔ → ⓕ → ⓐ

해설 ⓐ 임진왜란(1592), ⓔ 광해군의 개혁정치(1608), ⓑ 인
조반정(1623), ⓕ 정묘호란(1627), ⓒ 병자호란(1636),
ⓓ 북벌론 제기(호란 이후, 효종 때)의 순으로 일어났다.

26

다음 상황이 발생하게 된 공통적인 배경은?

• 일본의 문화가 크게 발전하는 계기가 만들어
졌다.

• 북방의 여진족이 급속히 성장하여 후금을 건
국하였다.

• 납속책의 시행과 공명첩의 발행이 신분제의
동요를 가져왔다.

① 병자호란   ② 임진왜란

③ 나선 정벌   ④ 북벌 운동

제4편

근세의 성립과 발전

해설 임진왜란 이후 수많은 인명 살상과 기근, 질병으로 인구가 감소하였고, 식량 부족과 국가 재정이 궁핍해졌다. 이런 문제를 해결하기 위해 공명첩을 발급하였으나 이는 신분제의 동요를 가져왔다. 일본은 조선에서 활자, 그림, 서적 등을 약탈해 갔고, 성리학자와 활자 인쇄공 및 도자기 기술자 등을 포로로 잡아가 일본의 성리학과 도자기 문화가 발달할 수 있는 토대를 마련하였다.

핵심정리

왜란의 영향

① 대내적 영향
- **막대한 물적·인적 피해** : 전쟁과 약탈, 방화로 인구 격감, 농촌 황폐화, 학자와 기술자 피랍, 식량 및 재정 궁핍(토지 대장과 양안 소실)
- **경지 면적 감소** : 전쟁 전 170만 결에서 54만 결로 격감
- **문화재 소실** : 경복궁, 불국사, 서적·실록, 전주 사고를 제외한 4대 사고(史庫) 소실
- **사회 혼란** : 공명첩 발급과 납속책 실시 등으로 신분제가 동요, 이몽학의 난(1596) 등 농민 봉기 발생
- **비변사 강화와 군제 개편** : 훈련도감(삼수미세 징수) 설치, 속오군(양천혼성군) 창설
- **서적 편찬** : 이순신의 〈난중일기〉, 유성룡의 〈징비록〉, 허준의 〈동의보감〉 등
- **무기 발명** : 거북선, 비격진천뢰(이장손), 화차(변이중) 등
- **고추·호박·담배 등이 전래됨**

② 대외적 영향
- **일본**
  - 활자·그림·서적을 약탈하고 성리학자와 활자 인쇄공, 도공 등을 포로로 데려감(일본 성리학과 도자기 문화 발달의 토대)
  - 도쿠가와 막부 성립의 계기
- **중국** : 명의 참전 중 북방 여진족이 급속히 성장, 명은 쇠퇴(명·청 교체의 계기)

27

다음 중 임진왜란의 영향이 아닌 것은?

① 신분질서의 동요를 막기 위하여 공명첩을 발행하였다.
② 불국사와 경복궁을 비롯한 수많은 문화재가 소실되었다.
③ 토지대장과 호적이 대부분 없어져 국가재정이 궁핍해졌고 식량이 부족해졌다.
④ 일본은 활자, 그림, 서적 등을 약탈해 갔고 성리학자와 자기 기술자 등을 잡아가 일본의 성리학과 도자기가 발달하였다.

해설 국가재정의 궁핍과 식량 부족으로 인한 미봉책으로 공명첩이 대량으로 발급되어 신분제의 동요를 가져왔다.

28

임진왜란 때 활약한 의병장과 활약이 바르게 연결된 것은?

① 조헌 – 홍의장군으로 불림
② 곽재우 – 전국적으로 승병 운동을 일으킴
③ 정문부 – 함경도 길주에서 일어나 경성, 길주 일대를 회복
④ 서산대사 – 대일 강화를 위해 사신으로 일본에 건너감

해설 정문부는 전직 관료 출신으로 함경도 길주, 경성 등에서 활약하였다.
① 홍의장군으로 불려진 의병장은 곽재우이다.
② 서산대사는 묘향산에서 일어나 전국적으로 승병 운동을 일으켰다.
④ 유정(사명당)은 금강산에서 일어나 전후 대일 강화를 위해 사신으로 일본에 건너갔다.

의병장의 활약

지역	활약 내용
경상도	• 곽재우(최초의 의병) : 경상도 의령에서 거병, 진주성 혈전(1차)에 김시민과 참전, 왜란의 종전 후 관직 제의를 대부분 거절 • 정인홍(합천), 김면(고령), 권응수(영천) 등이 활약
전라도	• 고경명 : 전라도 장흥에서 거병하여 금산성 전투로 활약하다 전사(아들 고종후는 진주대첩(2차) 때 전사) • 김천일 : 전라도 나주에서 최초로 거병하여 수원·강화에서 활약, 진주대첩(2차)에서 고종후와 함께 전사 • 김덕령 : 전라도 담양에서 거병하여 남원에서 활약, 수원 전투에 참전, 이몽학의 난 관련자로 몰려 무고하게 옥사 • 양대박(남원)
충청도	조헌 : 충청도 옥천에서 거병하여 7백 결사대를 결성, 승장 영규(승려 최초의 의병)와 함께 청주 수복, 금산에서 고경명·영규 등과 전사
경기도	홍언수·홍계남(안성) 등의 활약
강원도	사명대사(유정) : 금강산에서 거병하여 평양 탈환에서 활약, 전후 대일 강화를 위해 일본에 사신으로 가서 포로 송환에 기여
황해도	이정암 : 황해도 연안성에서 거병하여 왜군을 격퇴하고 요충지를 장악
평안도	서산대사(휴정) : 묘향산에서 거병(전국 승병 운동의 선구), 평양 수복에 참전하고 개성·한성 등지에서 활약
함경도	정문부 : 전직 관료 출신으로, 함경도 길주, 경성 등에서 활약(길주 전투에 참전해 수복)

29

임진왜란 3대첩의 하나로, 남해의 재해권을 장악하고 전라도의 곡창지대를 지킨 해전은?

① 사천해전   ② 노량해전

③ 옥포해전   ④ 한산도대첩

해설 임진왜란의 3대첩은 한산도대첩, 행주대첩, 진주성대첩이다.
　① 사천해전은 이순신 장군이 거북선을 이용하여 승리를 거둔 최초의 해전이다.
　② 노량해전은 이순신 장군이 전사한 해전으로, 이 해전을 끝으로 7년간에 걸친 전란이 끝났다.
　③ 옥포해전은 이순신 장군이 왜 수군을 상대로 첫 승리를 거둔 해전이다.

임진왜란의 3대첩

• **이순신의 한산도대첩(1592)** : 왜군의 수륙병진정책을 좌절시킨 싸움이다. 지형적 특징과 학익진을 이용하여 왜군을 섬멸하였다.
• **김시민의 진주성대첩(1592)** : 진주 목사인 김시민과 3,800명의 조선군이 약 2만에 달하는 왜군에 맞서 진주성을 지켜낸 싸움이다. 이 싸움에서의 승리로 조선은 경상도 지역을 보존할 수 있었고 왜군은 호남을 넘보지 못하게 되었다.
• **권율의 행주대첩(1593)** : 벽제관에서의 승리로 사기가 충천해 있던 왜군에 대항하여 행주산성을 지켜낸 싸움이다. 부녀자들까지 동원되어 돌을 날랐다는 이야기로 유명하다.

제4편

근세의 성립과 발전

30

다음 중 광해군의 정책으로 옳지 않은 것은?

① 양안과 호적을 새로 작성하여 국가 수입을 늘렸다.

② 허준으로 하여금 동의보감을 편찬하게 하였다.

③ 불타 버린 사고(史庫)를 다시 갖추었다.

④ 명나라에 대해서는 강경책을, 후금에 대해서는 회유책을 썼다.

해설 광해군은 명이 쇠약해지고 북방 여진족이 강성해지는 정세의 변화를 간파하여 명과 후금에 대해 신속한 중립적 외교정책으로 대처하였다.

핵심정리

광해군의 중립외교

① 대륙의 정세 변화
- **후금의 건국(1616)** : 임진왜란 중 명이 약화된 틈에 여진의 누르하치가 후금을 건국
- **후금의 세력 확장** : 후금이 명에 선전포고(1618)(명은 조선에 지원군 요청)

② 광해군(1608~1623)의 정책
- **대내적** : 전후 수습책 실시, 북인(대북) 중심의 혁신 정치 도모
- **대외적** : 명과 후금 사이에서 국가 생존을 위해 실리적인 중립외교정책을 전개
  - 성격 : 임진왜란 때 도운 명의 요구와 후금과의 관계를 모두 고려(광해군은 강홍립을 지휘관으로 파병(1619)하면서 상황에 따라 대처하도록 지시, 조·명 연합군은 후금군에게 패하였고 강홍립 등은 후금에 항복)
  - 경과 : 명의 원군 요청을 적절히 거절하며 후금과 친선을 꾀하는 중립 정책 고수

31 서울시 9급 기출

임진왜란으로 발생한 문제를 해결하기 위해 광해군 재위 기간 중에 추진된 정책에 해당하지 않는 것은?

① 토지 대장과 호적을 새로 정비하였다.

② 공납제도의 문제점을 보완하기 위해 대동법을 실시하였다.

③ 임진왜란 때 활약한 충신과 열녀를 조사하여 추앙하였다.

④ 진관 체제에서 제승방략 체제로 변경하였다.

해설 진관 체제에서 제승방략 체제로의 변경은 임진왜란 이전인 명종 때이다. 제승방략 체제(制勝方略體制)는 조선 초기의 진관 체제가 잦은 외적 침입에 효과가 없자 16세기 후반에 수립한 것으로, 유사시에 필요한 방어처에 병력을 동원하여 중앙에서 파견되는 장수가 지휘하는 체제이다.

핵심정리

제승방략 체제

유사시 각 읍의 수령들이 군사를 이끌고 지정된 방위 지역으로 간 후, 한양에서 파견된 장수 또는 해당 도의 병수사를 기다렸다가 지휘를 받는 전술이다. 이러한 제승방략 체제는 후방 지역에 군사가 없으므로 일차 방어선이 무너진 후에는 적의 공세를 막을 방법이 없다는 치명적인 단점이 있으며, 이는 임진왜란 초기 패전의 한 원인이 되었다.

32

다음 자료의 주장이 제기된 시기를 아래 연표에서 고르면?

> 화의로 백성과 나라를 망치기가 오늘날과 같이 심한 적은 없습니다. 명나라는 우리나라에 있어서 곧 부모요, 오랑캐(청)는 우리나라에 있어서 곧 부모의 원수입니다. 신하된 자로서 부모의 원수와 형제가 되어서 부모를 저버리겠습니까? 하물며 임진왜란의 일은 터럭만한 것도 황제의 힘이어서 우리나라가 살아 숨 쉬는 한 잊기 어렵습니다. …… 차라리 나라가 없어질지라도 의리는 저버릴 수 없습니다. …… 어찌 차마 화의를 주장하는 것입니까?

(가)	(나)	(다)	(라)
임진왜란	기유약조	인조반정	병자호란

① (가)   ② (나)
③ (다)   ④ (라)

해설 인조 때 척화론자인 윤집이 올린 상소문이다. 당시 조선의 척화론은 병자호란의 원인으로 작용하였으므로 제시된 상소문은 (다) 시기에 제기된 것이다.
인조반정(1623)으로 집권한 서인은 존양왕이와 모화사상을 기반으로 친명배금 정책을 전개하였는데, 이러한 정책이 후금을 자극하여 정묘호란(1627)을 겪고 후금과 형제의 맹약을 맺게 되었다. 이후 후금이 세력을 계속 확장하여 국호를 청으로 고치고 조선에 군신 관계를 요구하자, 이에 윤집 등의 척화론(주전론)자와 최명길 등의 주화론자가 대립하게 되었다. 결국 조정의 대세가 척화론(주전론)으로 기울면서 청을 자극하게 되어 병자호란(1636)이 발발하였다.

33

다음 시기에 대한 설명으로 틀린 것은?

임진왜란	→	광해군	→	인조반정	→
		㉠		㉡	㉢
병자호란	→	현종	→	숙종	
㉣					

① ㉠ – 명이 쇠퇴하고 북방 여진족이 급속하게 성장하였다.
② ㉡ – 대외 정세 변화의 영향으로 신중한 중립 정책을 펼쳤다.
③ ㉢ – 명에 대한 의리로 친명배금정책을 폈다.
④ ㉣ – 북벌외교로 인해 청과 외교가 단절되었다.

해설 호란이 끝나고 청과 군신관계를 맺은 조선은, 겉으로는 청에 사대하는 형식의 외교를 추진하였으나 은밀하게 국방을 강화하고 북벌을 준비하였다.

핵심정리

북벌론(北伐論)
- **형식적 외교** : 군신 관계를 맺은 후 청에 사대하는 형식의 외교를 추진, 내심으로는 은밀하게 국방에 힘을 기울이면서 청에 대한 북벌을 준비
- **실질적 배경** : 왕권 강화(양병을 통해 왕권 확립)와 서인 정권 유지를 위한 수단(명분)
- **경과** : 효종의 요절 등으로 북벌은 큰 성과를 거두지 못하고 쇠퇴하다 18세기 후반부터 청의 선진 문물을 배우자는 북학론이 대두

제4편
근세의 성립과 발전

실전
문제

제2장 근세의 경제 구조와 경제 생활

● 대표유형문제 ●

국가직 9급 기출

다음의 토지세 관련 제도의 공통 목적으로 가장 알맞은 것은?

- 현직 관리에게만 수조권을 지급하는 직전법을 실시하였다.
- 관청이 그 해의 생산량을 조사하여 직접 거두고 관리에게 지급하는 관수관급제를 시행하였다.
- 토지의 비옥도에 따라 6급으로 나누는 전분 6등법과 풍흉의 정도에 따라 상상(上上)년에서 하하(下下)년까지 9등급으로 차등 조세하는 연분 9등법이 시행되었다.

① 왕권과 신권의 조화를 추구하였다.

② 관료층의 수조권 행사를 확대하기 위해서였다.

③ 농민 생활의 안정과 통제가 목적이었다.

❹ 국가의 안정적 재정수입 확보와 토지 지배력을 강화하기 위해서였다.

정답해설 직전법과 관수관급제, 전분 6등법과 연분 9등법의 시행 목적으로 가장 알맞은 것은 국가의 재정수입 확보와 토지 지배력의 강화라 할 수 있다. 직전법은 세습전의 증가로 새로운 관리에게 지급할 토지가 부족해지자, 전직 관리에게 지급했던 토지를 몰수하고 현직 관리에게만 수조권을 지급한 것이다. 이로 인해 국가의 재정 확보가 용이해졌으나 양반층의 토지 소유 욕구를 자극하여 양반층의 수조권 남용이 심화되고, 훈구파의 농장이 확대되는 문제가 발생하였다. 관수관급제는 양반관료들이 직전법 실시 후 농민으로부터 공법 규정액을 초과하여 거두어들이는 일이 자주 발생하자, 관청에서 관리의 수조권을 대행하여 직접 거두고 관리에게 지급하게 한 것을 말한다. 관수관급제의 시행 결과 농민에 대한 국가의 토지 지배권이 강화되었으나, 고리대 등의 방법에 의한 양반의 토지겸병이 증가하면서 농민 몰락이 가속화되었다. 전분 6등법과 연분 9등법은 세종 때 실시된 전세제도로, 공납 및 군역·요역과 함께 국가 재정의 토대를 이루었다.

오답해설 ① 왕권과 신권의 조화는 토지 관련 제도의 개혁과 직접적인 관련이 없다. 조선 초 세종은 의정부 서사제를 운영하면서 인사 및 군사문제, 사형수의 판결 등은 국왕이 직접 처리하여 왕권과 신권의 조화를 추구하였다.
② 직전법과 관수관급제의 실시는 양반관료층의 수조권 행사를 억제하기 위한 측면이 강했다.
③ 농민 생활의 안정과 통제보다는 국가의 토지 지배력을 강화하고 안정적인 재정수입을 확보하기 위한 목적으로 실시하였다.

핵심정리 공법(貢法)
- 세종 때 확정(1444), 전분 6등법과 연분 9등법
- 전분 6등급(결부법) : 토지의 등급에 따라 1결당 토지 면적을 6등전으로 차등하여 부세(수등이척에 의한 이적동세), 여기서의 1결은 미곡 300두를 생산하는 토지의 크기
- 연분 9등급 : 풍·흉의 정도에 따라 9등급(상상년~하하년)으로 구분하여 1결당 최고 20두(상상년)에서 최하 4두(하하년)를 내도록 함

01

조선 전기 경제정책에 대한 다음 설명 중 옳지 않은 것은?

① 조선은 유교적 민본정치의 핵심이 되는 민생안정을 위하여 농본주의 정책을 펼쳤다.

② 조선 전기에는 국가가 적극적으로 상공업 활동을 권장하여 사회발전을 꾀하였다.

③ 조선 초에는 국가재정의 기반이 되는 수취체제를 정비하여 양인으로부터 전세와 공납을 징수하고 역을 징발하였다.

④ 세종 때 전분 6등법, 연분 9등법을 실시하여 전조(田租)를 토지의 비옥도나 풍흉에 따라 차등 징수하였다.

해설 조선 전기에는 유교적 농본억상 정책에 따라 상공업 활동을 국가가 통제하였다.
① 조선은 국가재정의 확충과 왕도정치 사상에 입각한 민생안정을 위해 농본주의 경제정책을 펼쳤다.
③ 조선 초에는 국가재정 기반의 확립을 위해 수취 체제를 정비하였는데, 수취제도는 토지에 부과되는 조세와 가호에 부과되는 공납, 정남에게 부과되는 부역(군역 · 요역)으로 구성되었다.
④ 세종 때는 전분 6등법과 연분 9등법 시행(1444)하여 토지의 비옥도에 따라 6등전으로, 풍 · 흉의 정도에 따라 9등급으로 구분하여 조세 액수를 1결당 최고 20두에서 최하 4두로 차등 징수하였다.

핵심정리

조선 전기의 농본주의 경제정책

① 정책의 배경
- **왕도정치와 민생안정** : 국가재정의 확충과 왕도정치 사상에 입각한 민생안정을 위해 농업 진흥이 필요
- **성리학적 경제관** : 조선 건국의 주도세력인 신진사대부는 성리학적 경제 관점에서 농업 중심의 경제 구조를 강조하여 중농정책을 시행

② 중농정책
- **토지개간 장려** : 적극적인 양전사업의 전개로 경지 면적이 50여만 결에서 15세기 중엽 160여만 결로 증가
- **농업기술 및 농기구 개발** : 농업 생산력 향상을 위한 새로운 농업기술 · 농법, 농기구 등을 개발하여 민간에 보급
- **농민의 조세부담 경감** : 농민의 조세부담을 경감하여 민생안정을 도모

③ 상공업 억제
- **상공업의 국가 통제** : 유교적 농본억상 정책에 따라 국가가 통제(무허가 영업을 규제)
- **직업적 차별** : 사 · 농 · 공 · 상 간의 직업적인 차별로 상공업자를 천대
- **유교적 경제관** : 검약을 강조하여 소비를 억제
- **자급자족적 농업중심의 경제**
  - 상공업 활동과 무역 등이 부진, 도로와 교통수단도 미비
  - 화폐의 보급 · 유통이 부진하고 약간의 저화와 동전만이 삼베 · 무명 · 미곡과 함께 사용

④ 국가의 통제 약화
- 16세기에 이르러 통제력이 약화되면서 상공업에 대한 통제 정책은 해이해짐
- 상공업에 대한 통제체제가 무너져 가면서 국내 상공업과 무역이 보다 활발해짐

02

다음 자료에 대한 설명으로 옳지 않은 것은?

> 조선 건국 후 세종 즉위 전까지 양반의 경제 기반은 과전, 녹봉, 자기 소유의 노비와 토지 등이 있었다.

① 과전은 경기도를 비롯하여 전국의 토지를 대상으로 지급하였다.

② 과전을 받는 관리에게 과전 외에 녹봉을 지급하였다.

③ 외거노비는 자기 재산을 가질 수 있었고 조상에 대한 제사를 지내기도 했다.

④ 자기 소유의 토지는 유망민들을 모아 노비처럼 만들어 자신의 토지를 경작하게 하는 경우도 있었다.

해설 조선시대 과전법 하에서는 수조지의 대상이 경기도 지방의 토지로 한정되었다(고려 전시과에서는 전국적 토지가 지급 대상).

② 관료들에게 토지(과전)외에 관등별로 녹봉을 지급하였다(고려 전시과에서도 동일).

③ 주인집에서 떨어져 독립된 가옥에서 사는 노비를 외거노비라 하였다. 특히 사노비 중 외거노비는 노동력을 제공하는 대신 신공(身貢)으로 포와 돈을 바쳤으며 자기 재산(토지, 가옥, 노비 등)을 소유할 수 있었고 조상에 대한 제사를 지내기도 하였다.

④ 양반들이 소유한 농장은 주로 노비가 경작했는데, 유망민들을 모아 노비처럼 부리며 토지를 경작하게 하는 경우도 있었다.

03 국가직 9급 기출

조선 전기의 경제정책과 경제활동에 대한 설명으로 옳지 않은 것은?

① 과전법에서 과전은 관리들에게 해당 토지의 소유권을 지급한 것이다.

② 양반도 간이 수리시설을 만들고, 중국의 농업 기술을 도입하는 등 농업에 관심이 많았다.

③ 16세기에 이르러 수취제도의 폐단과 지주 전호제의 발달로 인해 몰락하는 농민이 증가하였다.

④ 평안도와 함경도에서 거두는 조세는 경창으로 수송하지 않고 그곳의 군사비와 사신 접대비로 쓰게 하였다.

해설 조선시대의 과전은 과전법에서 관리들에게 준 토지를 말하는 것으로, 소유권이 아니라 수조권(收租權)만을 지급하였다. 수조권이란 농민으로부터 농산물의 일부인 조를 수취할 수 있는 권리를 말한다.

② 조선 초기에는 정부의 다양한 농업 지원책에 따라 양반들도 간이 수리시설을 만들고 중국의 농업 기술을 도입하였으며, 농민들은 농업 생산력의 향상을 통해 이전보다 생활을 개선해 나갔다.

③ 조선 초기 과전법하에서 관리들은 수조권과 노동력 징발권을 가지고 있었으나 점차 수조권에 입각한 토지 지배는 소멸되고 병작반수에 입각한 지주 전호제가 발달하면서 자영농은 감소하고 몰락하는 농민이 증가하였다. 즉, 16세기 관수관급제와 녹봉제의 실시로 수조권을 빌미로 한 양반 관료들의 농민 지배력이 상실되었는데, 이는 양반 관료들의 토지 소유욕을 자극하게 되어 결과적으로 지배층과 농민 간 소유권과 병작반수제에 입각한 지주 전호제의 확산을 초래하게 되었다. 지주전호제의 확산으로 양반 관료들의 농장은 증가하였고, 자영농은 감소하게 되어 농민들의 생활은 더욱 어려워졌다(토지 상실, 소작농화).

④ 평안도와 함경도, 제주도의 조세와 공물은 경창으로 이동하지 않고 군사비와 사신 접대비 등으로 현지에서 사용하였다(잉류지역). 그 외 지방 군현의 조세와 공물은 육운 · 수운을 이용해 주요 강가나 바닷가에 설치된 조창으로 운반하고 여기에서 조운을 이용해 경창(京倉)으로 운송하였다(전라도 · 충청도 · 황해도는 바닷길로, 강원도는 한강, 경상도는 낙동강과 남한강 또는 바닷길을 통하여 운송).

핵심정리

과전법(科田法)의 시행

• 개요
  – 과전의 의미 : 관리들에게 준 토지로, 소유권이 아니라 수조권을 지급
  – 토지제도의 운영 방향 : 고려와 마찬가지로 관리의 경제 기반 보장과 국가재정 유지
  – 목적 : 국가재정 기반과 건국에 참여한 신진사대부의 경제 기반 확보, 농민 생활 향상

• 특성
  – 신진사대부의 경제적 기반 : 관리가 직접 수조권 행사(사대부 우대 조항)
  – 세습 불가의 원칙과 예외 : 1대(代)가 원칙이나, 수신전 · 휼량전 · 공신전 등은 세습(사대부 우대 조항)
  – 1/10세 규정 : 공 · 사전을 불문하고 생산량의 1/10세를 규정하여, 법적으로 병작반수제를 금지하고 농민을 보호
  – 농민의 경작권 보장 : 수조권자 · 소유권자가 바뀌어도 이를 보장해 농민의 지지를 유도
  – 현직 · 전직 관리(직 · 산관)에게 수조권 지급

04

다음 조선 전기의 토지제도에 대한 설명으로 옳지 않은 것은?

> (가) 지방 관청에서 그 해의 생산량을 조사하고 조(租)를 거두어 관리에게 나누어 주었다.
> (나) 국가재정과 관직에 진출한 신진사대부의 경제적 기반을 확보하기 위해 만들었다.
> (다) 과전의 세습 등으로 관료에게 지급할 토지가 부족해지자 현직 관리에게만 토지를 지급하였다.

① (가)가 실시되어 국가의 토지 지배권이 한층 강화되었다.
② (나)에서 사전은 처음에 경기지방에 한정하여 지급하였다.
③ (다)가 폐지됨에 따라 지주전호제 관행이 줄어들었다.
④ 시기 순으로 (나), (다), (가)의 순서로 실시되었다.

해설 (가)는 성종 때의 관수관급제(1470), (나)는 고려 말 시행된 과전법(1391), (다)는 세조 때의 직전법(1466)이다. 직전법이 폐지되면서 수조권에 입각한 토지지배가 소멸하고 소유권에 의한 지주전호제가 확산되었다.
  ① 관수관급제는 수조권을 국가(관청)가 가지게 한 것으로, 수조권을 빌미로 한 양반관료들의 농민지배는 억제되고 국가의 농민 · 토지 지배가 강화되었다.
  ② 과전법에서 사전은 경기지방의 토지로 한정되었다.
  ④ 실시 순서는 고려 말에 실시된 과전법(1391), 성종 때 실시된 관수관급제(1470), 세조 때 실시된 직전법(1466)의 순서가 된다.

제4편 근세의 성립과 발전

05

조선 전기 경제제도에 대한 설명으로 옳은 것은?

① 과전의 지급은 전국에 걸쳐 행해졌다.

② 직전법은 퇴직 관인의 경제력을 보장하기 위해 실시되었다.

③ 세종 때 공법의 실시로 수조율이 1/10로 확정되었다.

④ 과전법하에서 병작제는 법적으로 제한을 받았다.

해설 과전법은 공·사전을 불문하고 생산량의 1/10세를 규정하여, 법적으로 병작반수제(소작농이 땅 주인에게 수확량의 절반을 바치던 제도)를 금지하고 농민을 보호하였다.
① 과전은 경기 토지에 한정하였다.
② 직전법은 현직 관리 위주로 지급되었다.
③ 당시 1결당 600두 수확으로 보고 수조율 1/30을 적용하여 최고 1결당 20두로 책정하였다.

핵심정리

직전법(세조 12, 1466)

- **내용** : 현직 관리에게만 수조권을 지급하여 국가의 수조권 지배를 강화, 110결(1과)~10결(18과)
- **목적** : 사전(私田)의 증가를 막아 과전의 부족을 해결함으로써 신진 관료의 경제 기반을 마련하고 국가재정 수입을 증가시키며, 국가의 토지·농민 지배를 강화(농민을 위한 것이 아님)
- **1/10세** : 생산량을 조사하여 1/10을 농민에게 수취(관리(수조권자)가 농민(경작권자)에게 1/10의 조를 거두고, 국가에 조의 1/15을 세로 납부)
- **문제점** : 양반 관료들의 토지 소유 욕구를 자극하여 농민에 대한 수조권 수탈이 증가(농민의 어려움 가중, 농장 확대, 고리대 발생 등)

06

조선시대의 토지제도에 대하여 잘못 설명하고 있는 것은?

① 사전은 경기지방에 한하여 지급하였다.

② 전직 문무관이나 한량에게는 별사전을 주었다.

③ 공전제를 원칙으로 한 과전법이 기초가 되었다.

④ 사전의 확대로 세조는 직전제를 실시하여 현직자에게만 토지를 지급하였다.

해설 별사전은 고려시대에 승려와 풍수지리업에 종사하는 사람에게 지급한 토지이다.

핵심정리

과전법의 종류

- **과전** : 관리(직·산관의 모든 관료)에게 나누어준 일반적 토지로 원칙상 세습 불허, 최고 150결(1과) ~ 최하 10결(18과)
- **공신전** : 공신에게 지급, 세습·면세
- **별사전** : 준공신에게 지급되는 토지(3대에 한하여 세습, 경기도 외에도 지급)
- **내수사전(궁방전)** : 왕실 경비 충당을 위해 지급
- **공해전과 늠전(관둔전)**
  - 공해전 : 중앙 관청의 경비 충당을 위해 지급
  - 늠전·관둔전 : 지방 관청의 경비 충당을 위해 지급
- **역둔전** : 역의 경비 충당을 위해 지급
- **수신전** : 관료 사망 후 그의 처에게 세습되는 과전
- **휼양전** : 관료 사망 후 그의 자녀가 고아일 때 세습되는 과전
- **군전** : 전직 문·무관이나 한량(閑良)에게 지급
- **사원전** : 사원에 지급된 토지
- **학전** : 성균관·4학·향교에 소속된 토지
- **면세전** : 궁방전(궁실과 궁가에 지급), 궁장토(왕실 소유 토지), 관둔전, 역둔전(외역전은 폐지됨)

07

다음 〈보기〉의 내용으로 나타나는 문제점으로 볼 수 있는 것은?

— 보기 —

- 과전의 지급은 경기에 한한다.
- 과전은 반납이 원칙이나 수신전, 휼양전의 이름으로 세습되기도 한다.

① 과전지의 부족 현상이 초래되었다.
② 농민의 항조 운동이 일어났을 것이다.
③ 경기지방 외의 지역의 조세부담이 과중하였다.
④ 지방 양반의 세력이 약화되었다.

해설 과전은 받은 사람이 죽거나 반역을 하면 국가에 반환하도록 정해져 있었으나, 토지가 세습되자 새로 관직에 나간 관리에게 줄 토지가 부족하게 되었다.

핵심정리

전시과와 과전법

구분	전시과(고려)	과전법(조선)
차이점	• 전지와 시지를 지급 • 전국적 규모로 지급 • 관수관급제(공유성) • 농민의 경작권이 불안정	• 전지만 지급 • 경기도에 한하여 지급 • 관리가 수조권 행사(자주성) • 농민의 경작권을 법적으로 보장(경자유전의 원칙)
공통점	• 원칙적으로 소유권은 국가에 있으며, 수조권을 지급 • 직·산관 모두에게 수조권만을 지급 • 관등에 따라 차등 지급, 세습 불가가 원칙(퇴직이나 사망 시 반납이 원칙) • 세율 : 1/10세	

08

조선 전기와 중기의 토지제도 운영에 대하여 바르게 설명한 것은?

① 토지국유제 원칙으로 토지의 사유화가 인정되지 않았다.
② 과전은 받은 사람이 죽으면 그 자손이 세습하는 것이 원칙이었다.
③ 과전법이 실시되면서 병작반수제에 입각한 지주제가 더욱 확산되었다.
④ 공전은 원래 농민이 소유하고 있던 민전을 징세 대상으로 파악한 것이다.

해설 국가는 농민들에게 공전의 경작권을 보장해 주고, 이들로부터 조를 받았다.

핵심정리

조세(租稅)

- **납세 의무** : 토지 소유자는 원칙적으로 국가에 조세를 납부
- **조세의 구분**
  - 조(租) : 1/10세에 따라 경작인(농민)이 수조권자에게 결당 최고 30두(최대 농업 생산량인 결당 300두의 1/10)를 납부
  - 세(稅) : 수조권자(관리)는 국가에 2두(30두의 1/15)을 납부
- **세액 결정 방법**
  - 손실답험법(損失踏驗法) : 태종 때의 세제(측량법), 1결의 최대 생산량을 300두로 정하고 수확량의 1/10을 내는데, 매년 토지 손실을 조사해 30두에서 공제하여 납부액을 결정
  - 공법(貢法) : 세종 때 확정(1444), 전분 6등법과 연분 9등법
- **현물 납세** : 조세는 쌀(백미)·콩(대두) 등으로 납부

09

조선 전기 수취 체제에 대한 설명으로 옳은 것은?

① 과전법 시행으로 토지 1결당 30두씩 조세를 내게 하였다.

② 잉류 지역은 국경 지대인 평안도와 함경도만 해당되었다.

③ 공물은 장정 수에 따라 각 가호에 부과하여 거두었다.

④ 16세 이상의 정남에게는 군역과 요역의 의무가 있었다.

해설 군역과 요역은 16세 정남의 의무가 있었다.
　　① 조세는 경작자로부터 받은 30두 중에서 1결당 2두를 내게 하였다.
　　② 제주도 및 도서 지역도 잉류 지역에 해당되었다.
　　③ 공물은 장정 수가 아닌 가호마다 토산물을 부과하였다.

핵심정리

군역과 요역
- 대상 : 16세 이상의 정남
- 군역(軍役)
　- 보법(保法) : 군사 복무를 위해 교대로 근무하여야 하는 정군(正軍)과 정군이 복무하는 데에 드는 비용(매년 포 2필)을 보조하는 보인(保人)이 있음
- 요역(徭役)
　- 내용 : 가호를 기준으로 정남의 수를 고려하여 뽑아서 공사에 동원
　- 부과 기준 : 성종 때 토지 8결 당 1인. 1년 중 6일 이내로 동원하도록 제한
　- 문제점 : 과도한 징발, 임의적 징발
　- 요역의 변화 : 요역 동원을 기피하여 피역 · 도망이 발생. 요역의 대립 및 물납화 · 전세화

10

다음과 같은 현상이 나타난 시기에 대한 설명으로 틀린 것은?

> 지주전호제 확산, 방군수포 현상 성행, 방납의 폐단, 환곡제의 변질

① 공납제의 폐단이 나타났다.

② 장시가 전국적으로 확대되었다.

③ 농민의 생활이 악화되어 유민이 증가하였다.

④ 황해도와 경기도 일대에서 홍경래의 난이 일어났다.

해설 수취제도의 폐단으로 농민 생활이 어려워졌으며, 명종 때 임꺽정이 중앙 정부에 바치던 물품을 빼앗기도 하였다. 홍경래의 난은 19세기에 일어났다.

11

다음 〈보기〉의 수취제도에 대한 설명으로 옳은 것은?

> ─ 보기 ─
> - 공물을 현물 대신 쌀로 걷자는 의견이 나타났다.
> - 중앙 관청의 서리들이 공물을 대신 내고 그 대가를 많이 챙겼다.

① 공납의 폐단에 대한 설명이다.

② 원칙적으로 토지 소유자가 부담하였다.

③ 농민에게 곡물을 빌려주고 이자를 거두었다.

④ 양반, 서리, 향리들이 지는 특별 부담이었다.

해설 공납의 폐단이 확산되자 이이와 유성룡 등은 공물을 쌀로 걷는 수미법을 주장하였다.

핵심정리

수취 제도의 문란과 농민 생활의 악화

① 공납의 폐단
- 방납의 폐단 발생
  - 관청의 서리들이 공물을 대신 내고 그 대가를 챙기는 방납이 증가해 농민 부담 가중
  - 농민이 도망 시 지역의 이웃이나 친척에게 대신 납부하게 함(유망 농민의 급증 초래)
- 개선의 시도 : 이이와 유성룡 등은 공물을 쌀로 걷는 수미법(收米法)을 주장

② 군역의 폐단
- 군역과 요역의 기피 현상과 도망이 증가
- 방군수포제와 대립제
  - 방군수포제(放軍收布制) : 군역에 복무해야 할 사람에게 포(布)를 받고 군역을 면제
  - 대립제(代立制) : 다른 사람을 사서 군역을 대신하게 하는 대립이 불법적으로 행해짐
- 군적의 부실
  - 군포 부담의 과중과 군역 기피 현상으로 도망자가 늘면서 군적(軍籍)이 부실해짐
  - 각 군현에서는 정해진 액수를 맞추기 위해 남아 있는 사람에게 부족한 군포를 걷음

③ 환곡의 폐단
- 환곡제 : 곤궁한 농민에게 곡물을 빌려주고 1/10 정도의 이자를 거두는 것
- 지방 수령과 향리들이 정해진 이자보다 많이 거두어 유용하는 폐단이 나타남

④ 농민 생활의 악화
- 생활고로 유민이 증가
- 유민 중 일부는 도적이 되어 문제를 일으킴(명종 때의 임꺽정 등)

12

다음 중 조선 시대의 관영 수공업자에 대한 설명으로 가장 틀린 것은?

① 국가로부터 녹봉을 받아 가계를 꾸렸다.

② 매년 일정량을 만들어서 관청에 납부하였다.

③ 전문적인 기술자를 공장안에 등록시켰다.

④ 그들은 의류, 활자, 화약, 무기, 문방구, 그릇 등을 제조하여 납품하였다.

해설 조선 시대의 관영 수공업자는 녹봉을 받지 않았고 근무 기간 동안 식비 정도만 지급받았다. 대부분은 독립적 가계를 가지고 있어 가계 유지를 위해 자신의 할당량을 초과한 물품을 판매하기도 하였다.
② 장인들은 대부분 매년 일정량을 제조하여 관청에 납부하도록 하였다.
③ 관영 수공업의 경우 전문적 기술자(장인)는 공장안(工匠安)에 등록시켜 관청에서 필요한 물품을 제작 · 공급하게 하였다.
④ 관영 수공업자들은 화약, 무기, 의류, 활자, 그릇, 문방구 등을 제조 · 납품하였다.

핵심정리

조선 시대의 관영 수공업

- 관장제 : 장인(기술자)을 공장안(工匠安)에 등록시켜 관청에서 필요한 물품을 제작 · 공급하게 하였고, 사장(私匠)은 억제함
- 제조품목 : 화약, 무기, 의류, 활자 인쇄, 그릇, 문방구 등을 제조 · 납품
- 구성 및 생활
  - 장인은 공노비가 많았으며, 대개 독립적 가계를 유지(근무시 녹봉은 지급받지 않음)
  - 생계유지를 위해 책임납부량을 초과한 물품을 판매하기도 하였고, 국역의무가 끝나면 사적 경영이 가능
- 사장의 발달 : 관영 수공업은 16세기에 부역제가 해이해지고(장인들의 등록기피) 상업이 발전하면서 점차 쇠퇴하였으며, 사장이 납포장 형태로 독립 · 발전함

13

조선 전기 농민들의 생활 모습으로 틀린 것은?

① 조, 보리, 콩의 2년 3작이 널리 행해졌다.

② 이앙법이 전국적으로 실시 · 보급되었다.

③ 쟁기, 낫, 호미 등 농기구가 개량되었다.

④ 호패법과 오가작통법에 의해서 거주 이전이 통제되었다.

해설 고려 말에 일반적으로 행해지던 직파법 대신에 이앙법 (모내기법)이 남부 지방 일부에 보급되었다.

핵심정리

농업 기술의 발달

- **밭농사**
  - 고려시대 보급된 윤작법이 더욱 확대되어 조 · 보리 · 콩의 2년 3작이 널리 시행
  - 농종법(이랑에 파종)에서 견종법(고랑에 파종)으로 발전하여 생산량 증가
- **논농사**
  - 남부지방에 이앙법이 보급됨
  - 남부의 일부지방에서 벼와 보리의 이모작이 가능해지면서 생산량 증가(이앙법과 이모작은 여말 선초에 보급되기 시작하였지만, 전국적인 확대 보급은 조선 후기)
  - 벼농사에서는 봄철에 비가 적은 기후 조건 때문에 건사리[乾耕法]가 이용되었고, 무논[水田]에 종자를 직접 뿌리는 물사리[水耕法]도 행해짐
- **시비법** : 밑거름과 뒷거름을 주는 각종 시비법이 발달하여 경작지를 묵히지 않고 매년 경작(연작)이 가능
- 가을갈이의 농사법이 점차 보급됨
- **농기구 개량** : 쟁기 · 낫 · 호미 등의 농기구가 더욱 개량되어 농업 생산량 증대에 기여
- **의생활의 변화 및 개선**
  - 고려 말 시작된 목화 재배가 확대되어 무명옷이 보편화되면서 의생활이 더욱 개선됨
  - 삼 · 모시풀의 재배 성행, 누에치기가 확산되면서 양잠(養蠶)에 관한 농서가 편찬됨

14

다음 〈보기〉의 사건들이 추구한 공통적인 목적은?

― 보기 ―

- 오가작통법을 실시하였다.
- 환곡제도가 있었다.
- 호패법을 시행하였다.

① 농업 통제

② 상업 활동의 융성

③ 농민의 유망 방지

④ 외적의 침입에 대비

해설 정부는 호패법, 오가작통법(다섯 집을 1통으로 묶은 호적의 보조 조직) 등을 강화하여 농민의 유망을 막고 통제를 강화하였다.

핵심정리

농민의 몰락과 정부의 대책

- **농민의 몰락**
  - 소작농의 증가 : 지주제의 확대로 인한 농민의 소작농화(소작료로 수확의 반(半) 이상을 내야 하는 어려운 처지에 처함)
  - 유망 농민의 증가 : 화전민이나 도적으로 전락
- **정부의 대책**
  - 〈구황촬요〉의 편찬 : 잡곡 · 도토리 · 나무껍질 등을 먹을 수 있도록 가공하는 방법 제시
  - 통제 강화 : 호패법 · 오가작통법 등을 강화하여 농민의 유망을 막고 통제를 강화
  - 향약 시행 : 지주인 지방 양반들도 향약을 시행하여 농촌 사회를 안정시키려 함

15

조선 시대 수취 체제에 대한 설명으로 가장 적절하지 않은 것은?

① 역에는 교대로 번상해야 하는 군역과 1년에 일정한 기간 노동에 종사해야 하는 요역이 있었다.

② 전세는 과전법에 있어서 수확량의 10분의 1로 되어 있었으나, 세종 때에는 토지 비옥도와 풍흉의 정도에 따라 전분 6등법과 연분 9등법을 실시하여 차등 있게 부과하였다.

③ 공법은 토지 결수에 따라 지방의 토산물을 거두는 수취 제도였다.

④ 국가는 재정의 토대가 되는 수취 체제를 운영하기 위해 토지 대장인 양안과 인구 대장인 호적을 작성하였다. 이는 전세, 역 등을 백성에게 부과하는 근거가 되었다.

해설 세종 때 마련된 공법은 토지세 제도이며, 지방의 토산물을 거두는 수취 제도는 공납이다.

① 역(役)은 16세 이상 60세 미만의 정남(丁男)에게 부과되었으며, 군역과 요역으로 나뉘어져 있다. 특히 요역은 경작하는 토지 8결마다 한 사람을 차출하여 1년 중 6일 이내로 동원하도록 규정되었다.

② 전세(토지세)는 조선 건국 직후에 1결당 30두(수확량의 1/10)를 징수하였다. 세종 때 공법이 실시되어 최고 20두에서 최하 4두까지 차등 과세하였다.

④ 20년마다 작성하는 토지 대장인 양안과 3년마다 작성하는 인구 대장인 호적을 통해 전세, 공납, 역 등을 부과하는 자료로 활용하였다.

핵심정리

공법, 공납, 군역과 요역

- **공법(貢法)** : 세종 때 확정(1444), 전분 6등법과 연분 9등법
  - 전분 6등급(결부법) : 토지의 등급(비옥도)에 따라 1결당 토지 면적을 6등전으로 차등하여 부세(수등이척에 의한 이적동세), 여기서의 1결은 미곡 300두를 생산하는 토지의 크기
  - 연분 9등급 : 풍 · 흉의 정도에 따라 9등급(상상년~하하년)으로 구분하여 1결당 최고 20두(상상년)에서 최하 4두(하하년)를 내도록 함

- **공납(貢納)**
  - 품목 : 각종 수공업 제품과 토산물(광물 · 수산물 · 모피 · 과실 · 약재 등)
  - 상공 : 매년 국가에서 미리 상정한 특산물 바침(정기적), 호 단위 부과
  - 별공 : 상정 용도 이외에 국가에서 필요에 따라 현물 부과(부정기적)
  - 진상 : 공물 이외의 현물을 공납, 주로 각 도의 관찰사나 수령이 국왕에 상납하는 것을 말하며 진상물로는 식료품이 대부분
  - 폐단 : 부과 기준의 모순으로 사실상 농민들에게 부담이 집중, 공물 방납자와 서리의 농간으로 점퇴(불합격 처리)가 늘어 이를 회피하기 위해 공물의 대납이 증가, 공물에 대하여 불법 수단으로 상납을 막은 후 대납을 통해 이득을 취함

- **군역**
  - 보법(保法) : 군사 복무를 위해 교대로 근무하여야 하는 정군(正軍)과 정군이 복무하는 데에 드는 비용(매년 포 2필)을 보조하는 보인(保人)이 있음
  - 면역(免役) : 양반 · 서리 · 향리 등은 관청에서 일하므로 군역 면제

- **요역(搖役)**
  - 내용 : 가호를 기준으로 정남의 수를 고려하여 뽑아서 공사에 동원
  - 종류 : 국가 차원의 동원(궁궐, 성곽 공사 등), 군현 차원의 동원(조세 운반 등)
  - 부과 기준 : 성종 때 토지 8결 당 1인, 1년 중 6일 이내로 동원하도록 제한(임의로 징발하는 경우도 많았음)
  - 문제점 : 과도한 징발, 운영 과정에서 지방관의 임의적 징발이 많아 농민들의 부담이 큼
  - 요역의 변화 : 요역 동원을 기피하여 피역 · 도망이 발생, 요역의 대립 및 물납화 · 전세화

제**4**편

근세의 경제와 발전

실전
문제

제3장 근세의 사회 구조와 사회 생활

● 대표유형문제 ●

서울시 9급 기출

다음 중 고려 및 조선 시대의 신분제에 대한 설명으로 옳은 것을 모두 고른 것은?

> ㉠ 서얼은 관직의 진출이 불가능하였다.
> ㉡ 향리는 토착세력으로서 지방관을 보좌하면서 위세를 부리기도 하였다.
> ㉢ 고려 시대 백정은 일반농민이고, 조선 시대에는 도살업에 종사하던 천민을 백정이라 하였다.
> ㉣ 노비 주인은 노비에 대한 상속, 매매, 증여권을 가지고 있었다.

① ㉠, ㉡

② ㉠, ㉢

❸ ㉡, ㉢, ㉣

④ ㉠, ㉡, ㉢, ㉣

정답해설 ㉡ 고려 시대의 향리(鄕吏)는 토착세력으로서 향촌 사회의 지배층이므로 중앙에서 일시 파견되는 지방관보다 영향력이 컸으며, 조세나 공물의 징수와 노역 징발 등 실제적인 행정 사무를 담당하였다. 조선 시대의 향리는 고려 시대보다 그 영향력이 많이 약해졌으나, 지방관의 보좌기관으로 행정실무를 담당하며 위세를 부리기도 하였다.
㉢ 고려 시대의 백정(白丁)은 일반 농민층을 말하며, 양민의 주류를 형성하였다. 이에 비해 조선 시대의 백정은 도살업에 종사하는 천민을 지칭하는 말이었다.
㉣ 노비는 재산으로 간주되어 엄격히 관리되었고 매매·증여·상속 대상이 되었다.

오답해설 ㉠ 서얼(庶孼)은 서얼차대법(庶孼差待法)이라 하여 문과응시가 금지되고 한품서용을 통해 고위직에 오를 수 없었으나, 관직 진출은 가능하였다. 주로 무과나 잡과를 통해 관직에 진출하였고, 임진왜란 이후 정부의 납속책·공명첩 등으로 서얼의 관직 진출이 증가하다가 철종 때 신해허통(철종 3, 1851)으로 완전한 청요직 허통이 이루어졌다.

핵심정리 서얼

• 서얼차대법(庶孼差待法) : 첩에서 난 소생들을 서얼이라고 하여 차별하고 관직 진출과 과거 응시를 제한함
• 한품서용 : 기술관과 서얼은 정3품까지, 토관·향리는 정5품까지, 서리 등은 정7품까지만 승진 가능
• 서얼 등용 : 정조는 능력 있는 서얼을 등용하여 규장각 검서관 등으로 임명
• 제약의 완화 : 임진왜란 이후 정부의 납속책·공명첩 등으로 서얼의 관직 진출 증가
• 허통(許通) 운동 : 신분 상승을 요구하는 서얼의 상소 운동으로 18~19세기에 활발히 전개

01

조선시대에 양반들이 자기 지위를 지키기 위하여 행한 것으로 옳지 않은 것은?

① 지주로서 직접 농업 경영에 종사하였다.
② 토지와 노비를 많이 소유하였다.
③ 족보를 만들어 족당의 위엄을 높였다.
④ 첩에서 난 소생들을 서얼이라고 하여 차별하였다.

해설 조선 중기 양반들은 지주로서 권위를 유지하였고 농업 경영은 양인, 농민, 노비 등의 전호가 담당하였다.

─── 핵심정리 ───

양반(兩班)
• 특권적 생활
 – 정치적 특권 : 과거 · 음서 · 천거 등을 통하여 국가 고위 관직을 독점
 – 사회 · 경제적 특권 : 지주층으로 토지와 노비를 소유, 국역 면제
 – 유학적 소양에 치중 : 생산 활동에 종사하지 않고 관료로 활동하거나 유학자로서의 소양에만 치중, 노동을 천시
• 양반 증가 억제책
 – 목적 : 자신들의 기득권을 지키기 위하여 지배층이 더 늘어나는 것을 막음
 – 제한적 양반 : 문무 양반의 관직을 받은 자들만을 사족으로 인정
 – 한품서용제(限品敍用制) : 향리, 서리, 기술관, 군교, 역리 등 중인의 관직 진출 시 품계를 제한
 – 서얼차대법(庶孼差待法) : 첩에서 난 소생들을 서얼이라고 하여 차별하고 관직 진출 · 과거 응시를 제한

02

조선시대의 외거노비에 대한 설명으로 옳은 것은?

① 부곡에 집단적으로 거주하였다.
② 자기 재산을 소유할 수 있었다.
③ 주로 형벌노비로 구성되었다.
④ 주인집에서 함께 살면서 주인에게 노동력을 제공하였다.

해설 외거(납공)노비는 주인과 떨어져 외지에 거주하면서 주로 농경에 종사하며 독립된 호를 구성한 호주로, 가족 생활을 영위하였다. 외거노비는 토지 · 가옥 · 노비 등의 독자적 재산을 가졌으며 전호(양민 농민층)와 유사하였다. 때로는 잡직 · 군인으로의 신분상승이 가능하였고 신공의 의무로 면포 · 저화 등을 소유주에게 바쳤다.

─── 핵심정리 ───

공 · 사 노비
• 공노비 : 입역노비와 납공노비(외거노비)로 구분
 – 독립된 가옥에 거주하며, 국가에 신공을 바치거나 관청에 노동력을 제공
 – 국역 외의 수입은 자기가 소유하며, 사노비에 비해 생활 여건이 낫고 재산 축적의 기회가 많음
 – 60세가 되면 신공을 면해 주며, 70세 이상의 노비에게는 노인직(명예직)을 부여
• 사노비 : 입역노비(솔거노비)와 납공노비(외거노비)로 구분
 – 솔거노비는 주인집에서 함께 거주하며 외거노비는 독립된 가옥에서 거주
 – 외거노비는 주인에게 노동력을 제공하는 대신 신공(身貢)을 바침

제**4**편 근세의 생활과 발전

03

조선시대의 농민에 대한 설명으로 바르지 못한 것은?

① 백성의 대부분을 차지하였다.

② 호패법에 의해 거주 이전의 자유를 보장받았다.

③ 국가에 대한 전세, 공물, 역의 의무를 부담하였다.

④ 대다수는 자영농이거나 소작농이었다.

해설 호패제는 농민들의 이동을 억제하고 효과적으로 조세와 역을 부과시키기 위해 실시하였다.

핵심정리

상민(常民)

• 의의 및 성격
 – 평민·양인으로도 불리며, 백성의 대부분을 차지하는 농민·수공업자·상인 등으로 구성
 – 농본억상 정책으로 공·상인은 농민보다 아래
 – 법적으로는 과거 응시가 가능하나, 실제 상민이 과거에 응시하는 것은 매우 어려웠음
 – 전쟁이나 비상시에 군공을 세우는 경우 외에는 신분 상승 기회가 적음
• 종류
 – 농민 : 조세·공납·부역 등의 의무를 부담
 – 수공업자 : 공장(工匠)으로 불리며 관영이나 민영 수공업에 종사, 공장세를 납부
 – 상인 : 시전 상인과 보부상 등, 상인세를 납부
• 신량역천
 – 법제적으로 양인이나 사회적으로 천민 취급
 – 양인 중에서 천역을 담당하는 계층으로, 양인의 최하
 – 일정 기간 국역을 지면 양인으로서 공민권을 가질 수 있는, 일종의 조건부 양인
 – 조졸(뱃사공), 수릉군(묘지기), 생선간(어부), 목자간(목축인), 봉화간(봉화 올리는 사람), 철간(광부), 염간(소금 굽는 사람), 화척(도살꾼), 재인(광대) 등

04 인사위 9급 기출

다음 자료에 비추어 볼 때 고려와 조선의 사회상을 바르게 설명한 것은?

• 우리나라의 풍속은 (남자가) 처가에서 생활하니 처부모를 볼 때 오히려 자기 부모처럼 하고 처의 부모도 또한 그 사위를 자기 아들처럼 대한다.

– 〈성종실록〉

• 우리 집은 다른 집과 다르니 출가한 딸에게는 제사를 맡기지 말라. 재산도 또한 선대부터 하던 대로 3분의 1만 주도록 하라.

– 〈부안 김씨 분재기, 1669년〉

---

① 조선 초기는 고려처럼 일반적으로 자녀 균분 상속이 이루어졌다.

② 고려와 조선 초기는 현저한 모계 중심의 가족 제도를 유지하였다.

③ 조선 초기의 재산 상속 제도는 예학의 발달과 밀접한 관계가 있다.

④ 고려에 비해 조선은 종법의 발달로 여성의 사회적 지위가 높았다.

해설 제시된 지문의 자료를 통해 고려 시대에서 조선 중기까지는 재산 상속에서 자녀 균분 상속이 이루어졌음을 알 수 있다.

 ② 고려와 조선은 가부장적 가족 사회를 기본 단위로 하는 부계 중심의 사회였다.

 ③ 예학은 양반들이 성리학적 도덕 윤리를 강조하면서 신분 질서의 안정을 추구하고자 성립한 학문으로, 17세기에 발달하였다.

 ④ 조선은 유교 사상의 영향으로 고려에 비해 여성의 사회적 지위가 낮았다.

05

조선시대 사회정책에 대한 설명으로 옳은 것은?

① 범죄 중 가장 가볍게 취급된 것은 반역죄와 강상죄였다.

② 의료시설로 혜민국, 동·서 대비원, 제생원, 동·서 활인서 등이 있다.

③ 재판에 불만이 있어도 소송을 제기하지 못하였다.

④ 농민의 생활이 어려워졌을 때 지방 자치적으로 의창과 상평창을 설치하였고, 환곡제를 실시해 농민을 구제하였다.

해설 조선시대의 의료 시설에는 약재 판매 및 서민환자의 의료 구제를 담당한 혜민국과 동·서 대비원, 지방민의 진료를 담당한 제생원, 빈민이나 유랑자의 구료를 위한 동·서 활인서가 있었다.
① 반역죄와 강상죄는 가장 무겁게 취급된 범죄로, 연좌제(緣坐制)가 적용되어 가족이 처벌되고, 고을의 명칭이 강등되거나 수령이 파면당하기도 하였다.
③ 재판에 불만이 있을 경우 다른 관청이나 상부관청에 소송을 제기할 수 있었다.
④ 의창과 상평창의 설치와 환곡제의 실시는 모두 국가(중앙 정부)에서 실시한 것이며, 지방 자치적으로 실시한 것은 사창제(社倉制)이다. 사창제는 조선 초 향촌 사회에서 자치적으로 실시·운영된 구휼제도로, 양반 지주들이 농민 생활을 안정시켜 양반사족 중심의 향촌 질서를 유지하고자 하였다.

핵심정리

사회정책

① **소극적 정책** : 농민의 토지 이탈 방지 정책
- 양반 지주들의 토지 겸병을 억제
- 농번기 잡역 동원을 금하고 농사에 전념하도록 함
- 각종 재해나 흉년을 당한 농민에 대한 조세 감면

② **적극적 구휼·구호 정책**
- **의창, 상평창** : 국가에서 설치·운영
- **환곡제**
  - 국가(관청)에서 춘궁기에 양식과 종자·곡물을 빌려준 뒤에 추수기에 회수
  - 15세기 : 의창에서 담당, 원곡만 회수
  - 16세기 : 상평창에서 대신 운영, 원곡 부족으로 모곡이라 하여 원곡 소모분의 1/10을 이자로 거둠
  - 17세기 이후 : 이자를 3/10으로 인상, 고리대로 변질
- **사창제(세종)**
  - 향촌 사회에서 주민 자치적으로 실시·운영한 것으로, 사창을 설치하고 일정 이자를 붙여 농민에게 대여
  - 목적 : 농민 생활의 안정을 통한 양반 중심의 향촌 질서 유지
- **의료 시설**
  - 혜민국, 동·서 대비원 : 약재 판매 및 서민 환자의 의료 구제를 담당
  - 제생원 : 행려의 구호 및 진료를 담당
  - 동·서 활인서 : 유랑자·빈민의 수용과 구료, 사망한 행려의 매장을 담당
  - 의녀제도 : 질병의 치료, 간병, 산파 등의 역할 수행
- **사회 정책 및 시설의 한계**
  - 최소한의 생활을 보장해 줌으로써 농민의 유망을 방지하기 위한 미봉책에 불과
  - 오가작통법과 호패법 등의 농민 통제책을 적극적으로 실시

06

조선시대의 법률에 대한 설명으로 틀린 것은?

① 민법에서 가족제도에 관계되는 것은 주자가례에 의거하였다.

② 범죄에는 연좌법이 적용되었다.

③ 장예원은 노비의 장부와 그 소송을 처리하였다.

④ 한성부는 관리의 잘못이나 중대한 사건을 맡아서 처리하였다.

해설 한성부에서는 수도의 일반 행정과 치안을 담당하고 토지·가옥에 관한 소송을 관장하였다.

핵심정리

사법 기관 및 재판
- **중앙**
  - 사헌부 : 백관의 규찰, 양반의 일반 재판
  - 형조 : 사법 행정에 대한 감독 및 일반 사건에 대한 재심을 담당
  - 의금부 : 국가대죄(국사범, 반역죄, 강상죄 등)를 다스리는 국왕 직속 기관
  - 포도청 : 상민의 범죄를 담당하는 경찰 기관
  - 한성부 : 수도의 치안 및 토지·가옥 소송을 담당
  - 장예원 : 노비 문서 및 노비 범죄를 관장
- **지방** : 관찰사와 수령이 각각 관할 구역 내의 사법권을 행사
- **재판 과정**
  - 재판에 불만이 있을 경우 사건에 따라 다른 관청이나 상부 관청에 재심 청구 가능
  - 신문고 등 임금에게 직접 호소하는 방법도 있으나 일반적으로 시행된 방법은 아님
  - 송사에 있어 재판관은 원고와 피고의 주장을 참고하여 결정하며, 항고도 가능

07

조선시대 사회제도를 설명한 것 중 옳지 않은 것은?

① 고려시대에 비하여 물건에 대한 소유권의 개념이 약화되었다.

② 노비의 신분은 세습되며 매매, 양도, 상속의 대상이 되었다.

③ 촌락 공동체의 조직으로 향도, 계, 두레 등이 있었다.

④ 백성들의 유민화를 방지하기 위해 오가작통법과 호패법을 시행하였다.

해설 조선시대에는 물건에 대한 소유권과 토지의 소유권 관념이 고려시대에 비하여 현저히 발달하였다.

핵심정리

법률 체제
① 형법
- **대명률(大明律)** : 〈경국대전〉의 형전 조항이 우선 적용되었으나, 그 내용이 소략하여 형벌 사항은 일반적으로 대명률을 적용
- **연좌제** : 가장 무거운 범죄인 반역죄와 강상죄에는 연좌제가 적용되어 가족이 처벌되고, 고을의 명칭이 강등되며, 수령이 낮은 고과를 받거나 파면당하기도 함
② 민법
- **관습법 중심** : 민사에 관한 사항은 지방관이 관습법에 따라 처리
- **소송의 내용** : 초기에는 노비와 관련된 소송, 이후 산소(묘자리)와 관련된 산송(山訟)이 주류를 이룸
- **물권(物權) 개념의 발달** : 고려시대에 비하여 물건과 토지의 소유권 관념이 발달
- **재산 분쟁** : 재산 소유 등과 관련된 분쟁은 문건에 의한 증거에 의존
- **상속** : 성리학 정착 이후 종법에 따라 이루어졌으며, 제사와 노비 상속을 중시

08

조선 전기 향촌 사회에 대한 설명으로 옳지 않은 것은?

① 두레는 공동 노동의 전통을 보여주는 작업 공동체였다.

② 족보는 양반의 신분적 우월성을 고취하는 역할을 하였다.

③ 주로 양반들이 거주하는 반촌과 평민들이 거주하는 민촌이 생겨났다.

④ 향회에 평민들을 참여시켜 조세의 합리적인 부과와 배분을 논의하였다.

해설 향회에 평민들이 참여한 것은 조선 후기 향촌 사회의 현상이다. 향회는 원래 양반사족의 향촌 지배를 위한 기구로, 양반사족들이 결속을 다지고 유교 윤리에 따라 향촌 사회의 질서를 보다 안정적으로 유지하기 위한 목적으로 운영되었는데, 조선 후기에 들어오면서 신분의 활발한 상하 변동으로 양반의 권위가 하락하고 부농층의 상승 욕구와 재정 위기 타개를 위한 정부의 이해관계가 일치하면서 부농층을 중심으로 한 평민층의 향회 참여가 점차 늘어났다. 이로 인해 종래 양반의 이익을 대변하던 향회는 수령이 세금 부과에 대해 논의하는 자문기구로 그 성격이 바뀌었다.

┌─────── 핵심정리 ───────┐

유향소

유향소는 지방 세력의 향촌 자치 기구로, 수령을 보좌 · 감시하고 향리의 비행을 규찰하며, 정령시달, 풍속 교정, 백성 교화, 여론 수렴 등의 기능을 담당하였다. 유향소는 고려 후기에 발생하여 조선 초 세조 때 폐지되었다가, 성종 때 향청으로 부활되었다.

└───────────────────┘

09 국가직 9급 기출

다음 조직에 대한 설명으로 옳지 않은 것은?

> 가입하기를 원하는 자에게는 반드시 먼저 규약문을 보여주고, 몇 달 동안 실행할 수 있는가를 스스로 헤아려 본 뒤에 가입하기를 청하게 한다. 가입을 청하는 자는 반드시 단자에 참가하기를 원하는 뜻을 자세히 적어 모임이 있을 때에 진술하고, 사람을 시켜 약정(約正)에게 바치면 약정은 여러 사람에게 물어서 좋다고 한 다음에야 글로 답하고, 다음 모임에 참여하게 한다.   – 〈율곡전서〉 중에서

① 향촌 사회의 질서를 유지하고 치안을 담당하는 향촌의 자치 기능을 맡았다.

② 전통적 미풍양속을 계승하면서 삼강오륜을 중심으로 한 유교 윤리를 가미하였다.

③ 어려운 일이 생겼을 때에 서로 돕는 역할을 하였고, 상두꾼도 이 조직에서 유래하였다.

④ 지방 유력자가 주민을 위협, 수탈하는 배경을 제공하는 부작용도 있었다.

해설 주어진 글은 율곡 이이가 주도한 해주 향약 입약 범례문이다. 향약은 조광조에 의해 처음 소개되고 이황과 이이에 의해 널리 보급된 향촌의 자치 규율이다.
상부상조와 상여를 메는 사람인 상두꾼의 유래는 향도이다. 향도는 주로 상을 당했을 때나 어려운 일이 생겼을 때 서로 돕는 역할을 했다.

제**4**편

근세의 성립과 발전

10

다음 중 향도에 대한 설명으로 틀린 것은?

① 고려 시대에는 석탑, 불상, 절을 지을 때 향도가 주도적인 역할을 하였다.

② 조선 시대에 와서 성리학이 널리 퍼지자, 향도는 완전히 사라졌다.

③ 신앙적인 향도에서 점차 자신들의 이익을 위하여 조직되는 향도로 변모되었다.

④ 조선 시대에는 주로 상을 당하였을 때나 어려운 일이 생겼을 때에 서로 돕는 역할을 하였다.

해설 향도는 조선 시대에서도 완전히 소멸되지 않았고, 신앙적 기반과 동계 조직과 같은 공동체 조직의 성격을 모두 띠는 전통적 공동체로서의 기능을 하였다.
　① 향도(香徒)는 고려 시대 향촌의 대표적 신앙 조직이자 농민 공동체 조직으로, 석탑과 불상, 절(사찰) 등 많은 노동력이 소요되는 일을 할 때 향도가 이에 주도적으로 참여하였다.
　③ 고려 후기에는 점차 신앙적 향도에서 자신들의 이익을 위하여 조직되는 향도로 성격이 변모하여 대표적인 공동체 조직이 되었다.
　④ 촌민들의 음주·가무를 즐기고 상장을 서로 돕는 역할을 하였는데, 주로 상을 당하거나 어려운 일이 생겼을 때 상부상조하는 역할을 담당하였다.

11

조선 전기(15∼16세기)의 향촌 사회 조직과 운영에 대한 설명으로 옳지 않은 것은?

① 사창제는 사족 중심의 향촌 질서를 유지하기 위해 실시한 자율적 구휼제도였다.

② 사족은 그들의 총회인 향회를 통해서 자신들의 결속을 다지고 지방민을 통제하였다.

③ 선현의 제사와 교육을 주된 목적으로 하는 서원은 향촌 사림을 결집시키는 기능도 하였다.

④ 총액제에 의한 지방 재정의 운영으로 향촌에서 사림의 지위는 강화되었다.

해설 총액제에 의한 지방 재정 운영은 조선 후기에 해당된다. 총액제는 부세 수취의 안정과 수취 책임의 강화를 위해 고을 단위로 총액을 정해 부과한 일종의 공동 납세제도로, 전세에서의 비총제, 군포에서의 군총제, 환곡에서의 환총제 등의 형태가 있었다. 이러한 총액제는 국가재정의 확보와 지배 체제 유지를 위한 목적으로 관권과 향청의 결속을 통해 이루어졌는데, 향촌에서 기존 재지사족(구향)의 지배권이 점차 약화되고 부농층 등 신향 세력의 영향력이 커져 향회를 장악해 나가면서 정부의 이러한 부세제도 운영에 결탁·협력하게 되었다(종래 양반의 이익을 대변하던 향회가 정부(수령 등)의 세금 부과에 관한 자문기구로 변화).
　이러한 부세 수취제도는 실제 시행 과정에서 부과된 총액을 채우기 위한 수령·향리 등의 강압과 부패가 증가하였고, 군적과 호적의 관리가 부실해 수취 부담이 토지로 집중되는 부작용을 낳기도 하였다.
　① 사창제(社倉制)는 조선 초 향촌 사회에서 자치적으로 실시·운영된 구휼제도로, 양반 지주들이 농민 생활을 안정시켜 양반사족 중심의 향촌 질서를 유지하기 위한 것이었다.
　② 조선 전기에는 양반사족들이 향회를 통해 자신들의 결속을 다지고 향촌 사회에서의 지배력을 유지하였다.
　③ 서원은 선현의 추모, 학문의 심화·발전, 양반 자제 교육 등을 목적으로 하였으며, 향촌 사림의 농촌 지배를 강화하고 사림을 결집하는 기능을 하였다.

12

서원과 향약에 대한 설명으로 사실과 다른 것은?

① 최초의 서원은 중종 때 주세붕이 세운 백운동 서원이다.

② 서원은 학문의 지방적 확대에 기여하였다.

③ 서원과 향약은 사림의 농민 지배에 이용하기도 하였다.

④ 사액 서원은 정부의 지원을 받았으므로 경기 지방에 가장 많았다.

해설 사액 서원은 경기지방에만 국한된 것이 아니라 전국에 걸쳐 확산되었다. 선조 대에는 사액 서원만 전국에 100여 개가 넘었으며, 지방 유학자들의 사회적 위상을 높여 주었다.

───── **핵심정리** ─────

서원

• **기원**
  - 중종 38년(1543)에 풍기 군수 주세붕이 안향의 봉사를 위해 설립한 백운동 서원
  - 이후 백운동 서원은 이황의 건의로 소수 서원이라는 편액을 받으며 최초의 사액 서원이 됨
• **운영의 독자성** : 독자적인 규정을 통한 교육 및 연구
• **사액 서원의 특권** : 면세 · 면역, 국가로부터 서적 · 토지 · 노비 등을 받음

13

서원에 대한 설명으로 틀린 것은?

① 붕당의 근거지, 백성 수탈의 온상이 되어 19세기 후반에 대폭 철폐되었다.

② 향촌 사림을 결집시키고 향촌에서의 지배력을 강화시키는 구실을 하였다.

③ 국립 고등 교육기관으로 관학 교육에 도움을 주었다.

④ 사원, 주택, 정자양식이 실용적으로 결합된 독특한 아름다움을 지녔다.

해설 서원은 향촌으로 은거하여 생활하던 사림들이 만든 교육기관으로, 향촌을 지배하는 중요한 지방 조직으로 발전하였다.

───── **핵심정리** ─────

서원의 기능과 영향

• **보급**
  - 배경 : 교육 기관이므로 견제를 적게 받으며, 문중을 과시하는 효과도 있어 번창
  - 시기 : 사화로 인해 향촌에서 은거하던 사림의 활동 기반으로서 임진왜란 이후 급속히 발전
  - 16세기 말에는 100개였으나 17, 18세기에는 600여 개로 증가
• **기능**
  - 선현의 추모, 학문의 심화 · 발전 및 양반 자제 교육
  - 사림의 농촌 지배를 보다 강화하고 향촌 사림을 결집
  - 양반의 지위 보장, 각종 국역 면제
  - 지방 문화 발전에 이바지
• **영향**
  - 공헌 : 학문 발달과 지방 문화 발전에 기여
  - 폐단 : 사림들의 농민 수탈 기구로 전락, 붕당 결속의 온상지(정쟁을 격화)

실전문제

제4장 민족 문화의 발달

대표유형문제

지방직 9급 기출

다음 중 해외로 유출된 우리 문화재는?

① 신윤복의 미인도

❷ 안견의 몽유도원도

③ 정선의 인왕제색도

④ 강희안의 고사관수도

정답해설 「몽유도원도」는 1447년(세종 29) 조선 전기의 화가 안견이 그린 산수화로 일본 덴리[天理]대학 중앙도서관에 소장되어 있다.

오답해설 ① 조선 후기의 풍속화가 혜원 신윤복이 그린 「미인도」는 간송미술관에 소장되어 있다.

③ 조선 후기의 화가 겸재 정선이 비 내린 뒤의 인왕산을 그린 산수화 「인왕제색도」는 국보 216호로 리움미술관에 소장되어 있다.

④ 조선 초기의 화가 인재 강희안의 그림 「고사관수도」는 깎아지른 듯한 절벽을 배경으로 바위 위에 양팔을 모아 턱을 괸 채 수면을 바라보는 선비의 모습을 묘사하였는데, 국립중앙박물관에 소장되어 있다.

핵심정리 15세기 대표적 화가

- **안견** : 화원 출신, 대표작 몽유도원도(자연스러운 현실 세계와 환상적인 이상 세계를 웅장하면서도 능숙하게 처리하고, 대각선적인 운동감을 활용하여 구현한 걸작)

- **강희안** : 문인 화가, 대표작 고사관수도(선비가 무념무상에 빠진 모습을 담고 있는데, 세부 묘사는 생략하고 간결하고 과감한 필치로 인물의 내면세계를 표현)

- **최경** : 도화서 화원으로 인물화의 대가, 대표작 채희귀한도

01

다음 사료에 나타난 문화 의식과 가장 거리가 먼 것은?

> 우리나라의 글은 송이나 원의 글이 아니고 한이나 당의 글도 아닙니다. 바로 우리나라의 글일 따름입니다. 마땅히 중국 역대의 글과 나란히 천지의 사이에 행하게 하여야 합니다. 어찌 흔적 없이 사라지게 하여 전해지지 않게 하겠습니까.
>
> – 〈동문선〉

① 한글 창제   ② 대동여지도 제작
③ 진경산수화 창안   ④ 〈기자실기〉 편찬

해설 〈기자실기〉는 단군보다도 기자를 더 높이 숭상하면서 기자조선에 대한 연구를 심화한 책으로, 사림의 존화주의적 · 왕도주의적 정치의식과 문화의식을 반영한 책이다.

핵심정리

16세기의 역사서

• 특징
 – 15세기 역사관을 비판하고 사림의 존화주의적 · 왕도주의적 의식을 반영
 – 존화사상을 바탕으로 우리나라 역사를 소중화의 역사로 파악
 – 기자조선을 강조하고 유교 문화와 대립되는 고유 문화는 음사(淫事)라 하여 이단시함
• 대표적 사서 : 박상의 〈동국사략〉, 박세무의 〈동몽선습〉, 윤두서의 〈기자지〉, 이이의 〈기자실기〉, 오운의 〈동사찬요〉

02

밑줄 친 이 책은 무엇인가?

> 이 책은 세조 때에 편찬에 착수하였는데, 서거정 등이 고조선에서 고려 말까지의 역사를 정리한 편년체 역사서이다.

① 동국통감   ② 동사강목
③ 해동역사   ④ 고려사절요

해설 〈동국통감〉은 세조 때에 편찬에 착수하여 성종 15년(1484)에 서거정 등이 편찬 · 완성한 사서로, 단군조선에서 여말까지를 기록한 최초의 편년체 통사이다. 〈동국통감〉의 구성을 보면, 3조선(단군, 기자, 조선)과 삼한을 외기(外記)로 책머리에 수록하고, '삼국–통일신라–고려'로 이어지는 흐름을 부각하였다. 편찬의 체제나 방법이 성리학적 명분론에 입각하고 있으나, 단군을 민족의 시조라 보는 등 자주적 입장에서 재정리한 것으로 평가받고 있다.

② 안정복의 〈동사강목〉(1778)은 고조선으로부터 고려 말까지의 우리 역사를 독자적 정통론(마한 정통론)을 세워 체계화한 사서로, 고증 사학의 토대를 닦았다.

③ 한치윤의 〈해동역사〉는 단군조선으로부터 고려시대까지를 서술한 기전체 사서로, 500여 종의 우리나라와 외국(중국 · 일본)의 자료를 인용해 고증적인 역사의식을 드러내었다.

④ 〈고려사절요〉는 김종서 · 정인지 등이 신하의 입장에서 독자적으로 서술 · 편찬하여 문종 2년(1452)에 완성한 편년체의 사서(35권)로, 〈고려사〉에서 빠진 부분을 보충 · 추가하여 편찬한 것이다.

03 지방직 9급 기출

조선시대 의궤에 대한 설명으로 옳지 않은 것은?

① 왕실의 행사에 사용된 도구, 복식 등을 그림으로 남겨 놓았다.

② 이두와 차자(借字) 및 우리의 고유한 한자어(漢字語) 연구에도 귀중한 자료이다.

③ 왕실 혼례와 장례, 궁중의 잔치, 국왕의 행차 등 국가의 중요한 행사를 기록하였다.

④ 프랑스 국립도서관에는 신미양요 때 프랑스군이 약탈해 간 어람용 의궤가 소장되어있다.

해설 강화도의 외규장각에 보관되어 있던 『조선왕조 의궤』는 1866년(고종 23) 병인양요 당시 프랑스에 약탈당하였으나, 2010년 4월~5월 G20 서울정상회의 기간 이명박 전대통령과 니콜라스 사르코지 전대통령이 5년 단위 갱신이 가능한 대여 방식의 반환에 합의함으로써 프랑스 국립도서관에 있던 『조선왕조 의궤』를 포함한 외규장각 약탈도서 297권 모두가 임대형식으로 국내로 반환되었다.

핵심정리

의궤

우리나라의 고유한 기록유산인 『의궤』는 조선왕조가 세워진 첫해부터 멸망 때(1392~1910)까지 519년간의 왕실 의례에 관한 기록물로, 왕실의 중요한 의식(儀式)과 나라의 건축 사업 등을 글과 그림으로 기록하여 보여 주고 있다. 『의궤』는 왕실 생활의 다양한 측면을 아주 자세하게 담고 있다는 점에서 그 가치가 높다. 혼인 · 장례 · 연회 · 외국 사절 환대와 같은 중요한 의식을 행하는 데 필요한 의식 · 의전(儀典) · 형식 절차 및 필요한 사항들을 기록하고 있고, 왕실의 여러 가지 문화 활동 외에 궁전 건축과 묘 축조에 관한 내용도 자세히 담고 있다. 『의궤』는 현재 서울대학교 규장각과 한국학 중앙 연구원 장서각, 프랑스 국립 도서관과 일본 궁내부에 보관되어 있는데 이 『의궤』들은 임진왜란 이후에 제작된 것이다. 여러 곳에 있는 『의궤』중 유네스코 세계 기록 유산으로 등재되어 있는 자료는 우리나라에서 보관하고 있는 833종 3,430책뿐이다.

04

조선시대에 지방의 연혁, 지세, 토지, 풍속, 호구 등을 소개한 책은?

① 동국사략　　② 고려사절요

③ 동국통감　　④ 동국여지승람

해설 〈동국여지승람〉은 조선 성종 때 왕명으로 노사신 등이 각 도의 지리 · 풍속을 적은 책으로 팔도지리지에 인문에 관한 것을 추가하였다.

핵심정리

지도와 지리서

① 지도
- 15세기 초
  - 혼일강리역대국도지도(1402) : 태종 때 권근 · 김사형 · 이회 등이 제작한 세계지도로, 현존하는 동양 최고(最古)의 세계지도
  - 팔도도 : 세종 때 제작된 전국지도(부전)
  - 동국지도 : 세조 때 양성지 등이 왕명에 따라 실지 답사를 통해 완성한 최초의 실측지도
- 16세기 : 8도 주현의 진상품 파악을 위해 제작한 조선방역지도가 현존

② 지리서
- 〈팔도지리지〉 : 세종 때(1430) 8도의 지리 · 역사 · 정치 · 사회 · 경제 · 군사 · 교통 등의 내용을 수록한 최초의 인문지리서로, 〈세종실록〉에 수록
- 〈동국여지승람〉 : 〈팔도지리지〉를 보완하여 성종 때(1481) 서거정 등이 편찬, 군현의 연혁 · 지세 · 인물 · 풍속 · 산물 · 교통 등을 자세히 수록하여 인문지리적 지식 수준을 높임. 증보판인 〈신증동국여지승람〉(이행 등, 1528)이 현존
- 읍지(邑誌) : 일부 군 · 현에서 제작, 향토의 문화적 유산에 대한 관심 반영

05

조선시대 법전의 편찬 순서가 바르게 나열된 것은?

> ㉠ 속대전 ㉡ 경국대전
> ㉢ 조선경국전 ㉣ 대전통편

① ㉠ → ㉣ → ㉡ → ㉢
② ㉡ → ㉢ → ㉣ → ㉠
③ ㉢ → ㉡ → ㉠ → ㉣
④ ㉠ → ㉢ → ㉡ → ㉣

해설 ㉢ 조선경국전 : 1394년(태조 3년)
㉡ 경국대전 : 1485년(성종 16년)
㉠ 속대전 : 1746년(영조 22년)
㉣ 대전통편 : 1785년(정조 9년)

핵심정리

법전의 편찬

법전	편찬자	내용
조선경국전 (태조)	정도전	최초의 사찬 법전, 조선 정책 지침
경제문감 (태조)	정도전	태조 때 정치 조직의 초안
경제육전 (태조)	조준	고려 말에서 조선 초까지의 조례를 정리한 법전
경국대전 (세조~성종)	최항, 노사신	이·호·예·병·형·공전의 6전으로 구성된 조선의 기본 법전
속대전 (영조)	김재로	경국대전을 보완
대전통편 (정조)	김치인	경국대전과 속대전을 통합
대전회통 (고종)	조두순	대전통편과 그 후의 교령을 보완한 조선 법전의 총결산본
육전조례 (고종)	조두순	각 관청에서 맡은 시행 세칙을 수록한 책. 행정 법령 사례집

06

조선의 성리학에 대한 다음 설명 중 옳은 것은?

① 조선에 들어온 성리학은 '사람이 곧 하늘이다.'를 강조하는 사상이다.
② 이이는 도덕적 행위의 근거로서 심성을 중시하고, 근본적이며 이상주의적인 성격이 강하였다.
③ 이황은 이이에 비해 현실적이고 개혁적인 성격을 지녔다.
④ 16세기 중반부터 성리학 연구가 심화되면서 학설과 지역적 차이에 따라 서원을 중심으로 학파가 형성되기 시작하였다.

해설 16세기 중반부터 성리학 이해와 연구가 심화되면서 학문적 입장과 지역적 차이를 토대로 서원을 중심으로 하여 학파가 본격적으로 형성되었다.
학파의 형성 과정을 보면, 우선 경기지방(개성)을 중심으로 한 서경덕 학파와 영남학파를 형성하게 된 이황 학파와 조식 학파가 형성되었으며, 다음으로 이이 학파와 성혼 학파가 형성되어 기호학파를 형성하였다. 선조가 즉위하면서 향촌에서 기반을 다져 온 사림세력이 대거 중앙 정계로 진출하게 되는데, 이를 계기로 학파는 정치적·정파적 입장에 따라 붕당을 형성하는 배경이 된다. 그리하여 서경덕 학파와 이황 학파, 조식 학파가 동인을, 이이 학파와 성혼 학파가 서인을 형성하게 된다. 이후 동인은 정여립 모반 사건 등을 계기로 하여 이황 학파의 남인과, 서경덕 학파와 조식 학파의 북인으로 분화되고, 서인은 송시열·이이 등의 노론과, 윤증·성혼 등의 소론으로 분화된다.
① '사람이 곧 하늘이다'라는 사상(인내천 사상)은 최제우가 창시한 동학(1860)과 관련된 사상이다. 동학은 모든 사람이 평등하다는 시천주(侍天主)와 사람을 하늘같이 섬기라는 사인여천(事人如天) 사상, 인내천(人乃天) 사상 등을 강조하였다.
② 이황(李滉)에 대한 설명이다. 이황은 도덕적 행위의 근거로서 인간의 심성을 중시하였고, 근본적·이상주의적인 학문 성향을 지녔다. 주리 철학을 확립하였고, 임진왜란 이후 일본 성리학 발전에 영향을 미쳤다.

③ 이황이 아니라 이이(李珥)에 대한 설명이다. 이이는 '기'의 역할을 강조하는 일원론적 이기이원론의 학문 성향으로, 개혁적 · 현실적 성격이 강하였다. 경세가로서 현실문제의 개혁에도 관심을 가져 개혁방안으로 대공수미법(代貢收米法)과 10만양병설 등을 주장하기도 했다.

핵심정리

이황과 이이

① 이황(李滉, 1501~1570)
- 학문 성향 : 인간의 심성을 중시, 근본적 · 이상주의적인 성격, 주리 철학을 확립, 16세기 정통 사림의 사상적 연원
- 저서 : 〈주자서절요〉, 〈성학십도〉, 〈전습록변〉 등
- 학파 형성 : 김성일 · 유성룡 등의 제자에 의하여 영남학파 형성
- 영향 : 위정척사론, 임진왜란 이후 일본 성리학 발전에 영향

② 이이(李珥, 1536~1584)
- 성향 : 개혁적 · 현실적 성격(기의 역할을 강조), 일원론적 이기이원론
- 저서 : 〈동호문답〉, 〈성학집요〉, 〈경연일기〉, 〈만언봉사〉, 〈변법경장론(變法更張論)〉
- 학파 형성 : 조헌 · 김장생 등의 기호학파를 형성
- 영향 : 북학파 실학사상과 개화사상, 동학사상에 영향

07 지방직 9급 기출

다음 괄호 안에 들어갈 사상과 가장 관련이 깊은 것은?

그는 전 국토의 자연환경을 유기적으로 파악하는 인문지리적 지식에다 경주 중앙 귀족들의 부패와 무능, 지방 호족들의 대두, 오랜 전란에 지쳐서 통일의 안정된 사회를 염원하는 일반 백성들의 인식을 종합하여 체계적인 (   )을(를) 만들었다.

① 수선사 결사운동 ② 만적의 봉기
③ 정조의 화성 건설 ④ 조선의 한양 천도

해설 제시문의 괄호 안에 들어갈 사상은 신라 말 도선이 도입 · 체계화한 풍수지리사상이다. 조선의 한양 천도는 풍수지리사상을 배경으로 한 남경길지설(한양명당설)을 토대로 하여 단행되었다.
풍수지리설은 산세와 수세를 살펴 도읍 · 주택 · 묘지 등을 선정하는 인문지리적 학설로서, 신라 말 도선 등의 선종 승려들이 체계화하였다. 풍수지리설은 경주 중심의 사고에서 벗어나 다른 지방의 중요성을 자각하는 계기로 작용하였고, 나아가 지방 중심으로 국토를 재편성하려는 주장으로까지 발전하여 신라 정부의 권위를 약화시키는 구실을 하였다. 이러한 풍수지리설은 고려시대에 크게 유행하여 서경천도와 북진정책의 배경이 된 서경길지설과 북진정책의 퇴조에 따라 등장한 남경길지설(南京吉地說)의 사상적 배경이 되었다.
① 수선사 결사운동은 고려의 승려 지눌이 명리(名利)에 집착하는 당시 불교계의 타락상을 비판하고 승려 본연의 자세로 돌아갈 것을 주장하며 전개한 불교 개혁운동이다.
② 만적의 봉기(1198)는 개경에서 최충헌의 사노 만적이 신분 해방을 외치며 일으킨 난으로, 최씨 무신집권기에 이루어진 최초의 신분해방운동이다.
③ 정조의 화성(華城) 건설은 구세력을 일소하고 수원을 정치적 이상을 실현하는 상징적 도시로 육성하려는 의도에서 추진되었다.

도교와 민간신앙

① 도교와 풍수지리설
- 선초 도교는 위축되어 사원이 정리되고 행사도 축소(관청도 축소 · 정리)
- 국가적 제사를 주관하기 위해 소격서(昭格署) 설치, 참성단에서 초제 시행
- 사림의 진출 이후 중종 때 소격서가 혁파되고 도교 행사가 사라지기도 함
- 유교 정치의 정착 과정에서 전통적 관습 · 제도인 도교는 갈등을 빚었고, 임진왜란 이후 소격서는 완전히 폐지
- **풍수지리설 · 도참사상**
  - 신라 말 전래된 이래 줄곧 도읍 등의 선택에 영향을 미침(서경길지설, 남경길지설 등)
  - 조선 초기 이래로 중요시되어 한양 천도에 반영되었으며, 사대부의 묘지 선정에도 작용하여 산송(山訟) 문제가 사회적인 문제로 대두되기도 함

② 기타의 민간신앙
- **민간신앙** : 무격신앙 · 산신신앙 · 삼신숭배 · 촌락제 등이 백성들 사이에 자리 잡음
- **세시 풍속** : 유교 이념과 융합되면서 조상 숭배와 촌락의 안정을 기원하는 의식화됨
- **매장 방식의 변화** : 불교식으로 화장하던 풍습이 묘지를 쓰는 것으로 바뀌면서 명당 선호 경향이 두드러짐

08

조선시대 과학기술의 발전에 대한 설명으로 옳은 것은?

① 천체관측기구로 측우기가 제작되었다.
② 16세기의 사림유학자들은 기술학을 겸하여 학습하였다.
③ 과학의 발달은 중농주의 정책과 밀접한 관련이 있었다.
④ 토지조사와 조세수입을 계산하기 위하여 〈칠정산〉이란 수학교재가 나왔다.

해설 조선 초기에는 부국강병과 민생안정을 위하여 과학 기술이 중요하다고 인식하였으며, 농업 발전에 대한 깊은 관심으로 기상, 역법, 측량, 농학, 수학의 발달을 가져왔다.

천문·역법·수학

① 각종 기구의 발명과 제작
- **천체관측기구** : 혼의 · 간의가 제작됨
- **측정기구** : 세종 때 세계 최초로 측우기를 만들어 전국 각지의 강우량 측정, 물시계인 자격루와 해시계인 앙부일구 등을 제작
- **측량기구(1446)** : 세조 때 토지 측량 기구인 인지의와 규형을 제작하여 양전사업과 지도 제작에 널리 이용
- **천문도(天文圖)** : 건국 초기부터 천문도를 제작, 천상열차분야지도(천문도를 돌에 새긴 것) 제작

② 역법과 수학의 발달
- **〈칠정산〉(세종)** : 중국의 수시력과 아라비아의 회회력을 참고로 한 역법서로서 우리나라 최초로 천체 운동을 정확하게 계산, 15세기 세계 과학의 첨단 수준
- **수학의 발달**
  - 천문 · 역법의 발달과 토지조사, 조세수입 계산 등의 필요에 의해 발달
  - 수학 교재 : 명의 안지제가 지은 〈상명산법〉, 원의 주세걸이 지은 〈산학계몽〉 등

09

조선 전기 과학 기술의 발달에 대한 설명으로 적합하지 않은 것은?

① 〈파한집〉 등의 의서가 편찬되기도 하였다.
② 계미자, 갑인자 등의 금속활자 인쇄술이 크게 발달했다.
③ 규형의 제작으로 양전사업에 널리 활용되었다.
④ 농업 진흥에 대한 관심으로 천문, 기상, 측량, 수학이 발달하였다.

> 해설 〈파한집〉은 고려시대에 이인로가 저술한 책으로, 역대 문인들의 명시에 얽힌 이야기를 담았다.

10

조선 전기에 있었던 일들과 관련한 내용이 바르게 연결되지 못한 것은?

① 농업기술의 향상 – 농사직설 편찬
② 민족문화의 창달 – 훈민정음 창제
③ 과학기술의 발달 – 지전설 도입
④ 성리학의 발달 – 주자가례 보급

> 해설 지전설의 도입은 조선 후기에 실학자 홍대용이 주장한 것으로, 성리학적 세계관을 비판하는 근거가 되었다.

핵심정리

한글의 창제와 보급
• 세종은 집현전 학자들과 한글을 창제(1443)한 후 〈훈민정음〉을 반포(1446)
• 「용비어천가」와 「월인천강지곡」 등을 지어 한글로 간행
• 불경 · 농서 · 윤리서 · 병서 등을 한글로 번역하거나 편찬
• 서리들의 채용에 훈민정음을 시험 과목으로 포함

11

조선 초기의 과학서적에 대한 설명으로 옳은 것은?

① 〈사시찬요〉는 의학백과사전으로 광해군 때 허준 등에 의하여 편찬된 것이다.
② 〈향약집성방〉은 고려시대 이래의 전통을 이어받아 독자적인 약방을 집대성한 것이다.
③ 〈동의보감〉은 농부들의 실제 경험을 토대로 하여 농사기술을 이론적으로 정리한 것이다.
④ 〈칠정산〉은 중국과 아라비아의 산학서를 참고로 하여 쓴 수학책이다.

> 해설 〈향약집성방〉은 1433년 우리 풍토에 알맞은 약재 개발 등을 정리한 책으로 조선 의학의 학문을 체계화하였다.
> ① 〈사시찬요〉는 세조 때 강희맹이 계절에 따른 농업 기술을 저술한 책이다.
> ③ 〈동의보감〉은 광해군 때 허준이 〈향약집성방〉과 〈의방유취〉를 더욱 발전시켜 간행한 의학 서적이다.
> ④ 〈칠정산〉은 천체의 위치를 계산하는 방법을 서술한 역법서이다.

핵심정리

의학
• 15세기에는 조선 의 · 약학의 자주적 체계가 마련되어 민족 의학이 더욱 발전
• 의학서
  – 〈향약제생집성방(1398)〉 : 의학 · 본초학의 효시
  – 〈향약채집월령(1431)〉 : 약용 식물을 최초로 정리한 의서(한글)
  – 〈향약집성방(1433)〉 : 우리 풍토에 알맞은 약재 개발과 1천여 종의 병명 및 치료 방법을 개발 · 정리, 조선 의학의 학문적 체계화
  – 〈태산요록(1434)〉 : 산부인과 의서
  – 〈신주무원록(1438)〉 : 송의 법의학서(무원록)에 주(註)를 달아 편찬
  – 〈의방유취(1445)〉 : 김순의 등, 동양 최대의 의학 백과사전

12 국가직 9급 기출

'혼일강리역대국도지도'가 제작된 왕대의 문화계 동향에 대한 설명으로 옳은 것은?

① 주자소를 설치하고 구리로 '계미자'를 주조하였다.

② 유교적 질서를 확립하기 위하여 윤리서인 〈삼강행실도〉를 편찬하였다.

③ 〈경국대전〉을 간행하여 유교적 통치 질서와 문물제도를 일단락하였다.

④ 서거정 등이 중심이 되어 편년체 통사인 〈동국통감〉을 편찬하였다.

해설 혼일강리역대국도지도(1402)는 태종 때 권근·김사형·이회 등이 제작한 세계지도로서 현존하는 세계지도 중 동양에서는 가장 오래된 것이다. 주자소를 설치하고 계미자(1403, 태종 3년) 등의 동활자를 주조한 것은 태종 때이다.
② 〈삼강행실도〉(1431)는 세종 때 모범적인 충신·효자·열녀 등의 행적을 그림으로 그리고 설명한 책이다.
③. ④ 성종 때 조선의 기본 법전인 〈경국대전〉(1485, 성종 16년)을 간행하여 유교적 통치 질서와 문물제도를 정비하였고, 서거정은 단군에서 여말까지를 기록한 편년체 통사인 〈동국통감〉(1484, 성종 15년)을 편찬하였다.

핵심정리

인쇄술과 제지술

① **활자와 인쇄 기술의 발달**
- **금속 활자의 개량** : 고려시대에 발명되어 조선 초기에 개량
  - 태종(1403) : 주자소를 설치하고 구리로 계미자를 주조
  - 세종(1434) : 구리로 갑인자를 주조
② **제지술의 발달** : 활자 인쇄술과 더불어 제지술이 발달하여 종이의 생산량이 크게 증가, 세종 때 종이를 전문적으로 생산하는 조지서(造紙署)를 설치, 다양한 종이를 대량 생산

---

13 지방직 9급 기출

우리나라의 토기 및 도자기에 대한 설명으로 옳지 않은 것은?

① 신라 토기는 규산(석영) 성분의 태토를 구워 만드는데, 유약을 사용하지 않는 것이 원칙이다.

② 고려청자는 물에는 묽어지고 불에는 굳어지는 자토로 모양을 만들고 무늬를 새긴 후 유약을 발라 대략 1,250~1,300도 사이의 온도로 구워서 만든다.

③ 분청사기는 청자에 백토의 분을 칠한 것으로, 서민문화가 발달하는 조선 후기에 성행하였다.

④ 조선백자는 규산(석영)과 산화알루미늄을 주성분으로 한 태토로 모양을 만들고 그 위에 유약을 발라 대략, 1,300~1,350도에서 구워 만든다.

해설 분청사기는 고려자기를 계승한 것으로, 조선 초 15세기에 유행하다가 16세기 이후 세련된 백자가 성행하면서 생산이 감소하였다.
① 신라 토기는 규산 성분이 포함된 바탕흙(태토)을 밀폐된 가마에서 고온으로 구워 제작하며, 고온(1,200도)의 열로 생긴 재들이 유약의 역할을 하므로 따로 유약을 사용하지 않는 것이 원칙이다.
② 고려청자는 그릇 표면에 음각으로 무늬나 그림을 파새기고 백토나 흑토를 메워 고르게 한 다음 초벌구이를 하고, 다시 유약을 발라 다시 1,200~ 1,300도의 열로 구워 만든다.
④ 조선백자는 규산과 산화알루미늄을 주성분으로 하는 태토로 형태를 만들어 그 위에 유약을 발라 약 1,250도 이상의 고온에서 구워 만든다.

제**4**편 근세의 성립과 발전

14

조선시대 건축에 대한 설명으로 틀린 것은?

① 15세기에는 사원 건축이 중심을 이루었다.

② 16세기에 사림의 진출과 함께 서원 건축이 활발해졌다.

③ 무위사 극락전과 해인사 장경판전은 불교와 관련된 건축물이다.

④ 건물 안에 거주하는 사람의 신분에 따라 건물 크기와 장식에 차등을 두었다.

해설 고려시대에는 사원 건축이 중심이었는데 비해, 15세기에는 궁궐과 관아, 성곽, 성문, 학교 건축이 중심을 이루었다.

핵심정리

건축

① 15세기의 건축
- **건축물의 특징**
  - 사원 위주의 고려와 달리 궁궐·관아·성문·학교 등을 중심으로 건축
  - 건물주의 신분에 따라 크기와 장식에 일정한 제한
- **대표적 건축물**
  - 궁궐과 성문 : 경복궁, 창덕궁, 창경궁, 창경궁의 명정전과 도성의 숭례문, 창덕궁의 돈화문, 개성의 남대문과 평양의 보통문
  - 불교 관련 건축 : 무위사 극락전, 해인사의 장경판전, 원각사지 10층 석탑 등
- **정원** : 인공을 가하지 않은 자연미가 특색(창덕궁과 창경궁의 후원)

② 16세기의 건축
- 사림의 진출과 함께 서원의 건축이 활발
- **특징** : 가람배치양식과 주택양식이 실용적으로 결합된 독특한 아름다움
- **대표적 서원** : 경주의 옥산서원과 안동의 도산서원

---

15 국가직 9급 기출

다음은 조선시대의 미술작품에 대한 설명이다. 바르게 연결한 것은?

- 창덕궁과 창경궁의 전모를 그려낸 (㉠)는 기록화로서의 정확성과 정밀성이 뛰어날 뿐 아니라 배경산수의 묘사가 극히 예술적이다.
- 강희안의 (㉡)는 무념무상에 빠진 선비의 모습을 그린 작품으로 간결하고 과감한 필치로 인물의 내면세계를 느낄 수 있게 표현하였다.
- 노비 출신으로 화원에 발탁된 이상좌의 (㉢)는 바위틈에 뿌리를 박고 모진 비바람을 이겨내고 있는 나무를 통하여 강인한 정신과 굳센 기개를 표현하였다.

	㉠	㉡	㉢
①	동궐도	송하보월도	금강전도
②	동궐도	고사관수도	송하보월도
③	서궐도	송하보월도	금강전도
④	서궐도	고사관수도	송하보월도

해설 ㉠ 동궐도(東闕圖)는 조선 후기 순조 때(19세기 초) 동궐인 창덕궁과 창경궁의 전각과 궁궐 전경을 조감도식으로 그린 궁궐 그림으로, 기록화로서의 정확성과 정밀성이 뛰어나며, 배경산수의 묘사나 원근 처리 등이 빼어나다는 것이 특징이다(창덕궁과 창경궁은 경복궁의 동쪽에 있다 하여 동궐이라 함). 한편, 서궐도(西闕圖)는 경희궁의 모습을 대형 화폭에 담아낸 그림으로, 묵화로 표현한 점은 동궐도와 차이가 있으나 기법이나 구도에 있어서는 동궐도와 유사하다.

㉡ 강희안의 고사관수도는 조선 초기(15세기)의 그림으로 무념무상에 빠진 선비의 모습을 담고 있는데, 세부 묘사는 생략하고 간결하고 과감한 필치로 인물의 내면세계를 잘 표현한 것으로 유명하다.

㉢ 16세기 노비 출신의 화원인 이상좌의 대표적 작품인 송하보월도는 선비가 바위틈에 뿌리를 내리고 모진 비바람을 이겨내고 있는 소나무와 거기에 비친 달빛을 바라보는 그림으로, 강인한 정신과 굳센 기개를 표현하고 있다.

그림

① 15세기
- **특징** : 중국 화풍을 선택적으로 소화하여 우리의 독 자적인 화풍을 개발, 일본 무로마치 시대의 미술에 영향을 미침
- **대표적 화가**
  - 안견 : 화원 출신, 대표작 몽유도원도(자연스러운 현실 세계와 환상적인 이상 세계를 웅장하면서도 능숙하게 처리하고, 대각선적인 운동감을 활용하 여 구현한 걸작)
  - 강희안 : 문인 화가, 대표작 고사관수도(선비가 무념무상에 빠진 모습을 담고 있는데, 세부 묘사 는 생략하고 간결하고 과감한 필치로 인물의 내 면세계 표현)
  - 최경 : 도화서 화원으로 인물화의 대가, 대표작 채희귀한도

② 16세기
- **특징** : 다양한 화풍이 발달, 강한 필치의 산수화, 선 비의 정신 세계를 표현한 사군자 등
- **대표적 화가**
  - 이상좌 : 노비 출신으로 화원에 발탁, 대표작 송 하보월도
  - 이암 : 동물들의 모습을 사랑스럽게 그림
  - 신사임당 : 풀과 벌레를 소박하고 섬세하게 표현, 대표작 화훼초충도
  - 삼절(三絶) : 황집중은 포도, 이정은 대나무(묵죽 도), 어몽룡은 매화(월매도)를 잘 그림

16 국가직 9급 기출

우리나라 세계유산과 세계기록유산에 대한 설명 으로 옳은 것만을 모두 고르면?

> ㄱ. 공주 송산리 고분군에는 전축분인 6호분과 무령왕릉이 있다.
> ㄴ. 양산 통도사는 금강계단 불사리탑이 있는 삼보 사찰이다.
> ㄷ. 남한산성은 병자호란 때 인조가 피난했던 산성이다.
> ㄹ. 『승정원일기』는 역대 왕의 훌륭한 언행을 『실록』에서 뽑아 만든 사서이다.

① ㄱ, ㄴ
② ㄴ, ㄷ
③ ㄱ, ㄴ, ㄷ
④ ㄱ, ㄷ, ㄹ

해설 ㄱ. 공주 송산리 고분군에는 벽돌무덤(전축분)인 6호분 과 무령왕릉이 있으며 중국 남조의 영향을 받았다.
ㄴ. 신라의 자장(慈藏)이 당나라에서 불법을 배우고 돌아 와 황룡사 9층탑 창건을 건의하고 통도사와 금강계 단을 건립하였다. 우리나라의 삼보 사찰은 통도사 · 해인사 · 송광사로 각각 불 · 법 · 승을 상징한다.
ㄷ. 병자호란(인조 14, 1636) 시기에 인조는 남한산성으 로 피난하였고, 45일간 항전하다 주화파 최명길 등 이 청과 강화(삼전도의 굴욕)하였다.
ㄹ. 『국조보감』에 대한 내용이다. 『국조보감』은 『조선왕 조실록』에서 모범이 될 만한 사실을 발췌하여 요약 한 사서이다.

제5편

근대 태동기의 변동

제1장 정치 상황의 변동

● 대표유형문제 ●

국가직 9급 기출

밑줄 친 '국왕'이 실시한 정책으로 옳은 것은?

> 국왕은 행차 때면 길에 나온 백성들을 불러 직접 의견을 들었다. 또한 척신 세력을 제거하여 정치의 기강을 바로 잡았고, 당색을 가리지 않고 어진 이들을 모아 학문을 장려하였다. 침전에는 '탕탕평평실(蕩蕩平平室)'이라는 편액을 달았으며, "하나의 달빛이 땅위의 모든 강물에 비치니 강물은 세상 사람들이요, 달은 태극이며 그 태극은 바로 나다."라고 하였다.

① 병권 장악을 위해 금위영을 설치하였다.

② 명에 대한 의리를 지켜 청에 복수하자는 북벌을 추진하였다.

❸ 육의전을 제외한 시전 상인의 특권을 폐지하였다.

④ 백성의 여론을 정치에 반영하기 위해 신문고제도를 부활하였다.

정답해설 정조의 업적에 대한 설명이다. 정조는 화성 행차 시 일반 백성들과의 접촉 기회를 확대하여 이들의 의견을 정치에 반영하였고, 당색을 가리지 않고 어진 이들을 모아 학문을 장려하였다. 침전에는 '탕탕평평실(蕩蕩平平室)'이라는 편액을 달았다는 부분에서 탕평책을 실시한 정조라는 것을 알 수 있다. 정조는 1791년 신해통공을 통해 육의전을 제외한 다른 시전들의 금난전권을 폐지하면서 상인들의 자유로운 상업 활동을 인정하였다.

오답해설 ① 금위영은 조선 후기 숙종 8년(1682) 국왕의 호위와 수도 방어를 위해 중앙에 설치되었던 군영이다. 금위영의 설치는 국가 재정으로 운영되던 훈련도감을 줄여 국가 재정도 충실히 하고, 수도 방어의 군사력도 확보한다는 뜻에서 설치되었다.

② 청에 대한 북벌론은 병자호란 때의 민족적 굴욕과 적개심으로 제기되었으나 효종이 요절하게 되면서 북벌은 큰 성과를 거두지 못하고 쇠퇴하다 18세기 후반부터 청의 선진 문물을 배우자는 북학론이 대두되었다.

④ 신문고는 백성들의 억울한 일을 해결할 목적으로 대궐 밖에 설치한 북으로, 1401년(조선 태종 1)에 설치되었다. 연산군 대에 이르러 오랫동안 폐지되었다가 1771년(영조 47)에 다시 부활하였다.

핵심정리 **정조의 탕평정치**

• **추진 방향** : 시파와 벽파 간의 갈등을 경험한 후 영조 때보다 더욱 강력한 탕평책을 추진하고 이를 통해 왕권을 강화

• **진붕(眞朋)과 위붕(僞朋)의 구분** : 각 붕당의 주장이 옳은지 그른지를 명백히 가리는 적극적인 탕평(준론탕평)을 추진하여 영조 때 권세를 키워 온 척신·환관 등을 제거

• **남인(시파) 중용** : 노론(벽파) 외에 소론의 일부 세력과 그 동안 정치에서 배제되었던 남인 계열을 중용

01

다음과 같은 정치 형태가 나타난 시기의 상황에 대한 설명으로 옳은 것은?

> 정조가 죽고 순조가 12세의 나이로 즉위하자, 정조의 유탁으로 김조순이 그의 딸을 왕비로 들여 순조를 보필하게 되면서 안동 김씨에 의한 세도정치가 시작되어 중앙의 요직은 모두 이들 일족이 독점하였다. 그 뒤 조만영의 딸이 익종의 비가 되어 헌종을 낳자 헌종 때는 풍양 조씨에 의한 세도정치가 15년 가까이 계속되었다. 그러나 김조순의 일문인 김문근의 딸이 철종의 비가 되면서 다시 안동 김씨가 정국을 주도하였다.

① 붕당의 교체가 급격히 진행되는 환국이 나타나기 시작했다.

② 군역의 부담을 줄여주기 위한 균역법이 시행되었다.

③ 비변사가 핵심 정치기구로 자리 잡았다.

④ 청에 대한 적개심으로 북벌정책을 추진하였다.

해설 제시된 지문은 19세기 세도정치기에 대한 설명이다. 이 시기에는 의정부와 6조는 유명무실화되고 실질적인 힘이 비변사로 집중되어 비변사가 핵심적 정치기구로 자리 잡았다.

① 숙종 때에 이르러 왕이 인사 관리를 통해 세력 균형을 유지하려는 탕평론을 제시하였다. 그러나 명목상의 탕평론에 지나지 않아 균형의 원리가 지켜지지 않았고 정세에 따른 편당적 인사로 인해 붕당 사이의 견제와 균형이 무너지고 붕당의 교체가 급격히 진행되는 환국(換局)이 발생하기 시작하였다(특정 붕당이 정권을 독점하는 일당전제화의 추세가 대두). 환국은 숙종 말(17세기 말)에서 경종(18세기 초)에 이르는 동안 전개되었다.

② 군역 부담을 완화하기 위하여 군포를 1년에 1필로 경감해 주는 균역법은 18세기 중엽 영조 때 시행되었다(1750).

④ 17세기 중반 효종 때 두 차례의 호란에서 오랑캐(청)에게 당한 수치를 씻고 명에 대한 의리를 지킨다는 차원에서 청에 대한 북벌론이 대두되었다.

핵심정리

비변사의 기능 강화

- **비변사의 설치**
  - 3포 왜란(중종 5, 1510)을 계기로 여진족과 왜구에 대비하기 위하여 설치
  - 국방 문제에 정통한 지변사재상을 중심으로 운영되던 임시 회의 기구
- **상설 기구화** : 을묘왜변(명종 10, 1555)을 계기로 상설 기구화
- **기능 강화**
  - 임진왜란을 계기로 기능 및 구성원이 확대
  - 기능의 확대 · 강화 : 최고 합의 기구로서 작용(국방뿐만 아니라 외교 · 내정 · 인사 · 지방 행정 등 거의 모든 정무를 관장)
  - 참여 구성원의 확대 : 전 · 현직 정승, 공조를 제외한 5조의 판서와 참판, 각 군영 대장, 대제학, 강화 유수 등 국가의 중요 관원들로 확대
- **영향**
  - 왕권이 약화되고 의정부와 육조 중심의 행정 체계도 유명무실해짐
  - 19세기 세도 가문의 권력 유지 기반으로서 세도정치의 중심 기구로 작용
  - 비변사 등록 : 비변사의 논의를 일기체로 기록
- **폐지** : 1865년 흥선대원군의 개혁 정책으로 비변사는 폐지되고, 일반 정무는 의정부가, 국방 문제는 삼군부가 담당

02

조선 후기 통치체제의 변화 모습으로 옳지 않은 것은?

① 호패법과 오가작통제를 강화하였다.

② 영정법, 대동법, 균역법을 실시하였다.

③ 일당 전제화의 추세가 나타나기 시작하였다.

④ 5군영을 폐지하고 5위 제도를 실시하였다.

해설 임진왜란을 겪으면서 5위 제도의 불합리성을 깨달은 정부는 유성룡의 건의로 용병제를 토대로 한 훈련도감을 설치하였다.

03

다음에서 임진왜란 이후 군제가 아닌 것끼리 묶인 것을 고르면?

> ㉠ 총융청　　　　㉡ 속오군
> ㉢ 용양위　　　　㉣ 영장제
> ㉤ 의흥삼군부

① ㉠, ㉡　　　　　　② ㉠, ㉢

③ ㉡, ㉣　　　　　　④ ㉢, ㉤

해설 ㉢ 용양위는 조선 초기 5위(5위도총부)에 해당한다. 5위는 중앙군의 핵심조직으로 궁궐과 서울을 수비하였으며, 의흥위(중위) · 용양위(좌위) · 호분위(우위) · 충좌위(전위) · 충무위(후위)로 구성되었다.

㉤ 의흥삼군부는 조선 초 태조 때 개편 · 설치된 군무 기관이었다. 이후 태종 때 사병이 혁파되면서 강력한 집권화 정책의 방향으로 개편이 이루어졌다.

㉠ 총융청(1624)은 임진왜란 이후 5군영의 하나로, 이괄의 난을 진압한 직후에 설치되어 북한산성 및 경기 일대의 수비를 담당하였다.

㉡ 속오군(束伍軍)은 조선 후기 지방 군사제도로, 역을 지지 않는 양반으로부터 노비까지 모두 속오군으로 편제한 양천혼성군이었다. 종전의 제승방략체제가 임진왜란 중 큰 효과를 거두지 못하자 속오법에 따라 군대를 편제하는 속오군 체제로 정비하였다.

㉣ 영장제는 호란 직후 속오군의 조직 및 훈련을 위해 병법을 모르는 문관이나 음관수령 대신에 무관이 영장의 임무를 담당하게 함으로써 지방군의 훈련 및 전쟁에 효과적으로 대처하려는 것이었다.

핵심정리

중앙군사제도

- **개편 방향**
  - 초기의 5위를 중심으로 한 중앙군은 16세기 이후 대립제가 일반화되면서 기능 상실
  - 임진왜란을 경험한 후 새로운 군영의 필요성을 인식하여 효과적인 편제와 훈련 방식을 모색하게 됨
- **5군영(중앙군) 설치**
  - 훈련도감(1593) : 임진왜란 중 왜군의 조총에 대응하고 국방력을 강화하기 위해 유성룡의 건의에 따라 용병제를 토대로 설치
  - 총융청(1624) : 이괄의 난을 진압한 직후에 설치, 북한산성 및 경기 일대의 수비 담당
  - 수어청(1626) : 남한산성의 수비 군대
  - 어영청(1628) : 처음에는 어영군으로 편제(1623)하였으나 인조 6년(1628) 어영청을 설치하고 효종의 북벌운동 전개 시 기능을 강화하여 5군영의 중앙군으로 편성(1652), 총포병과 기병 위주
  - 금위영(1682) : 기병으로 구성되어 궁궐 수비 담당
- **5군영의 성격**
  - 임기응변적 설치 : 대외 관계와 국내 정세의 변화에 따라 필요 시마다 차례로 설치
  - 서인 정권의 군사적 기반 : 서인의 사병적 성격을 띠어 정쟁에 악용(특히 어영청은 북벌을 구실로 권력 유지의 방편으로 이용됨)

04 서울시 9급 기출

〈보기〉의 사건들을 일어난 순서대로 바르게 나열한 것은?

─── 보기 ───

ㄱ. 남인이 제2차 예송을 통해 집권하였다.

ㄴ. 노론과 소론이 민비를 복위하는 과정을 거쳐 집권하였다.

ㄷ. 서인은 허적이 역모를 꾸몄다고 고발하여 남인을 축출하고 집권하였다.

ㄹ. 남인은 장희빈이 낳은 왕자가 세자로 책봉되는 과정을 거쳐 집권하였다.

① ㄱ - ㄷ - ㄹ - ㄴ

② ㄴ - ㄹ - ㄷ - ㄱ

③ ㄷ - ㄱ - ㄴ - ㄹ

④ ㄹ - ㄷ - ㄱ - ㄴ

해설 ㄱ. 현종 15, 1674년에 제2차 예송 논쟁인 갑인예송은 효종 비의 사망 시 남인과 서인의 자의대비의 복상 기간을 두고 벌어졌다. 남인의 주장이 수용되어 남인이 집권하고 서인이 약화되었다.

ㄷ. 숙종 6, 1680년에 서인이 허적(남인)의 서자 허견 등이 역모를 꾀했다 고발하여 남인을 대거 숙청한 경신환국이 일어났다.

ㄹ. 숙종 15, 1689년에 숙종이 희빈 장씨 소생인 연령군(경종)의 세자 책봉에 반대하는 서인(송시열, 김수항 등)을 유배 · 사사하고, 인현왕후를 폐비시켜 남인이 재집권된 기사환국이 일어났다.

ㄴ. 숙종 20, 1694년에 폐비 민씨 복위 운동을 저지하려던 남인이 실권하고 서인이 집권하여 남인은 재기 불능이 되고, 서인(노론과 소론) 간에 대립하는 일당 독재 정국이 전개된 갑술환국이 일어났다.

05

조선시대 붕당정치의 설명으로 옳은 것은?

① 훈구와 사림의 대립으로 붕당정치가 출현하였다.

② 중종이 사림세력을 대거 등용해 붕당이 출현하였다.

③ 조광조를 중심으로 한 사림세력이 정계에 진출해 붕당이 출현하였다.

④ 사림세력이 동인 · 서인으로 분열되어 붕당이 출현하였다.

해설 기성 사림의 신망을 받았던 심의겸 세력과 신진 사림의 지지를 받았던 김효원 세력 간의 갈등과 대립으로(1575, 선조 8년) 붕당이 형성되었다.

① 훈구와 사림의 대립으로 발생한 것은 사화이다.

② 선조의 즉위 후 향촌에서 기반을 다져 온 사림세력이 대거 중앙 정계로 진출하여 정국을 주도하게 되었고, 그 과정에서 붕당이 출현하였다.

③ 조광조를 중심으로 한 사림세력의 급격한 개혁과 이에 대한 훈구세력의 반발로 발생한 것은 기묘사화(1519, 중종 14년)이다.

붕당(朋黨)의 형성

(1) 사림세력의 갈등

① **사림의 정국 주도** : 선조가 즉위하면서 향촌에서 기반을 다져 온 사림세력이 대거 중앙 정계로 진출하여 정국을 주도

② **사림의 갈등** : 척신 정치의 잔재를 어떻게 청산할 것인가를 둘러싸고 갈등

- **기성 사림** : 명종 때부터 정권에 참여해 온 세력
  - 기호학파(이이의 문인), 심의겸(대표자)
  - 척신 정치의 과감한 청산에 소극적(척신 외척 중 사림을 보호했던 사람을 옹호)
- **신진 사림** : 향촌에서 기반을 다진 후 선조 때부터 중앙에 진출
  - 영남학파(이황의 문인), 김효은(대표자)
  - 원칙에 더욱 철저하여 사림 정치의 실현을 강력하게 주장

(2) 동인과 서인의 분당(선조 8, 1575)

① **배경** : 기성 사림의 신망을 받던 심의겸(서인)과 신진 사림의 지지를 받던 김효원(동인) 사이의 대립으로 동·서인으로 분당되면서 붕당이 형성

② **동인(東人)**

- 이황·조식·서경덕의 학문을 계승(급진적·원칙적 주리학파)
- 김효원, 우성전, 이산해, 이발 등 신진 세력의 참여로 먼저 붕당의 형세를 이룸
- 명종 때 정치에 참여하지 않은 신진 사림, 척신 정치 잔재의 청산에 적극적

③ **서인(西人)**

- 이이와 성혼의 문인들이 가담함으로써 붕당의 모습을 갖춤(점진적·현실적 주기학파)
- 심의겸, 박순, 윤두수, 윤근수, 정철 등
- 명종 때 정치에 참여했던 기성 사림, 척신 정치 잔재 청산에 소극적

06

다음의 정치 상황이 나타나게 된 배경을 〈보기〉에서 모두 고르면?

붕당 간에 자율적 세력균형을 유지한 때는 17세기 초 서인과 남인이 공존관계를 유지하던 시대이며, 왕에 대한 타율적 세력균형 유지는 붕당정치가 변질되어감에 따라 나타난 17세기 후반에 제기되었다. 즉, 경신환국 이후 상대 세력의 존재를 인정하지 않는 일당 전제화가 나타난 것이다.

— 보기 —

㉠ 강력한 왕권을 바탕으로 탕평책을 실시하였다.
㉡ 양반층의 분화로 다수의 양반이 몰락하였다.
㉢ 17세기 후반 이후 상품화폐경제가 발달하였다.
㉣ 사족의 향촌 지배가 훨씬 용이해졌다.

① ㉠, ㉡   ② ㉡, ㉢
③ ㉢, ㉣   ④ ㉠, ㉡, ㉢

해설 상품화폐경제의 발달은 정치집단 사이에서 상업적 이익에 대한 관심이 높아져 이를 독점하려는 경향이 커졌으며, 향촌 사회에서 지주제와 신분제를 동요시켰다. ㉠은 배경이 아닌 결과로 볼 수 있다. ㉣은 사족의 향촌지배가 어려워졌다고 할 수 있다.

07 지방직 9급 기출

다음 (가), (나)의 주장이 정치적 대립으로 이어진 배경에 대한 설명으로 옳지 않은 것은?

> (가) 효종은 임금이셨으니 새 어머니인 인조 임금의 계비는 돌아가신 효종에 대해 3년 상복을 입어야 합니다. 임금의 예는 보통 사람과 다릅니다.
>
> (나) 효종은 형제 서열상 차남이셨으니 새 어머니인 인조 임금의 계비는 돌아가신 효종에 대해 1년복만 입어야 합니다. 천하의 예는 모두 같은 원칙에 따라야 합니다.

① 왕이 직접 나서서 환국을 주도하였다.

② 서인이 우세한 가운데 남인의 세력이 성장하였다.

③ 왕권 강화와 신권 강화에 대한 입장 차이가 있었다.

④ 효종의 왕위 계승의 정통성 문제와 관련이 있었다.

해설 제시된 자료는 현종 때 서인과 남인 간에 발생한 예송논쟁(기해예송)에 관한 내용이다. (가)는 남인, (나)는 서인의 주장이다. ①은 숙종 때 붕당 간의 공조체제가 붕괴되고 일당 전제화 추세가 전개되면서 나타난 환국(換局)에 대한 내용이다.

② 기해예송 당시 실권을 장악하고 있던 서인의 주장이 수용되어 우위를 지속해 나갔으며, 남인은 군사적 기반(훈련별대)을 강화하며 점차 세력을 확대해 나갔다.

③ 서인은 효종이 차남임을 들어 왕과 사대부에게 동일한 예가 적용되어야 한다는 입장(왕사동례)을 취하였고, 남인은 왕과 일반 사대부는 다른 예가 적용되어야 한다는 입장(왕사부동례)을 취하였다.

④ 예송논쟁은 차남으로 집권한 효종의 정통성과 관련하여, 효종의 사망 시와 효종비의 사망 시에 인조의 계비인 자의대비의 복제(服制)를 쟁점으로 두 차례에 걸쳐 발생하였다.

핵심정리

예송논쟁과 붕당의 공존

① **발생 배경** : 차남으로 집권한 효종의 정통성과 관련하여, 1659년 효종의 사망 시(기해예송)와 1674년 효종 비의 사망 시(갑인예송)에 인조의 계비 자의대비(조대비)의 복제(服制)를 쟁점으로 두 차례에 걸쳐 발생

② **의의** : 효종의 왕위 계승과 관련하여, 정통성에 대한 예학논쟁인 동시에 집권을 위한 투쟁

③ **예송논쟁의 전개**

- 제1차 예송논쟁(기해예송, 1659)
  - 효종 사망 시 자의대비의 복제를 두고 송시열 · 송준길 등 서인은 1년설을, 윤휴 · 허목 · 허적 등 남인은 3년설을 주장
  - 서인 : 효종이 적장자가 아님을 들어 왕과 사대부에게 동일한 예가 적용되어야 한다는 입장에서 1년설을 주장
  - 남인 : 왕에게는 일반 사대부와 다른 예가 적용되어야 한다는 입장에서 3년설을 주장
  - 실권을 장악하고 있던 서인의 주장(1년설)이 수용되어 서인 집권이 지속됨

- 제2차 예송논쟁(갑인예송, 1674)
  - 효종 비의 사망 시 서인은 9개월을, 남인은 1년을 주장
  - 남인의 주장이 수용되어 남인이 집권하고 서인이 약화됨

④ **붕당의 공존** : 갑인예송의 결과 남인의 우세 속에서 서인이 공존[경신환국(1680)으로 분열과 대립이 격화되기까지 정국 지속]

제 **5** 편

근대 태동기의 변동

08

다음 사건을 수습한 이후에 나타난 정치 변화를 바르게 설명한 것은?

> 적(賊)이 청주성을 함락시키니, 절도사 이봉상과 토포사 남연년이 죽었다. 처음에 적 권서봉 등이 양성에서 군사를 모아 청주의 적괴(賊魁) 이인좌와 더불어 군사 합치기를 약속하고는 청주 경내로 몰래 들어와 거짓으로 행상(行喪)하여 장례를 지낸다고 하면서 상여에다 병기(兵器)를 실어다 고을성 앞 숲 속에다 몰래 숨겨 놓았다. …… 이인좌가 자칭 대원수라 위서(僞書)하여 적당 권서봉을 목사로, 신천영을 병사로, 박종원을 영장으로 삼고, 열읍(列邑)에 흉격(凶檄)을 전해 병마(兵馬)를 불러 모았다. 영부(營府)의 재물과 곡식을 흩어 호궤(犒饋)하고 그의 도당 및 병민(兵民)으로 협종(脅從)한 자에게 상을 주었다.
> – 〈조선왕조실록〉, 영조 4년 3월

① 환국의 정치 형태가 출현하였다.
② 소론과 남인이 권력을 장악하였다.
③ 완론(緩論) 중심의 탕평 정치가 행하여졌다.
④ 왕실의 외척이 군사권을 계속하여 독점 장악하였다.

해설 영조 4년인 1728년 발생한 이인좌의 난은 소론 강경파와 남인 일부가 일으킨 반란이다. 이들은 경종의 죽음에 영조와 노론이 관계되었으며, 영조가 숙종의 아들이 아니라고 주장하였다. 반란군은 청주성을 함락시켰으나 안성 등지에서 관군에 패하고 잔존세력이 체포된 후 소멸하였다.
영조는 이인좌의 난을 계기로 붕당을 없앨 것을 내세우며, 왕의 논리에 동의하는 탕평파를 육성하고 완론탕평책을 실시하였다. 완론탕평이란 온건파를 중심으로 특정 붕당을 지지하거나 배제하지 않는 탕평책을 말한다.

09

17세기 말 숙종 때 벌어진 정치 집권 세력의 변화 양상에 대한 설명으로 가장 옳은 것은?

① 숙종 20년(1694) 남인 집안 출신의 왕비 민씨가 폐비되면서 서인(노론과 소론)이 다시 집권하였다.
② 숙종 15년(1689) 후궁 희빈 장씨가 낳은 왕자가 세자로 책봉되는 과정에서 서인이 몰락하고 남인이 다시 집권하였는데 이를 '갑술환국'이라 칭한다.
③ '경신환국'의 결과 서인은 송시열을 영수로 하는 노론과 윤증을 중심으로 하는 소론으로 분당되었다.
④ 제2차 예송 논쟁으로 집권한 서인은 숙종 6년(1680) '경신환국'으로 남인에게 정권을 빼앗기게 되었다.

해설 경신환국의 결과 서인은 남인의 처벌을 놓고 온건론인 소론(윤증), 강경론인 노론(송시열)으로 분열되었고 붕당 정치 원리가 무너지고 상대 세력을 인정하지 않는 일당 전제화 추세가 등장하였다.
① 서인 집안 출신인 왕비 민씨(인현왕후)가 복위되면서 서인이 다시 집권하였다(1694, 갑술환국).
② 후궁 장씨가 낳은 왕자가 세자로 책봉되는 과정에서 서인이 몰락하고 남인이 다시 집권하는 '기사환국'이 발생하였다.
④ 제2차 예송 논쟁으로 집권한 붕당은 남인이며, 경신환국으로 서인에게 정권을 빼앗겼다.

10 국가직 9급 기출

다음에서 설명하는 제도가 시행되었던 왕대의 상황에 대한 설명으로 옳은 것은?

양인들의 군역에 대한 절목 등을 검토하고 유생의 의견을 들었으며, 개선 방향에 관한 면밀한 검토를 거친 후 담당 관청을 설치하고 본격적으로 시행하였다. 핵심 내용은 1년에 백성이 부담하는 군포 2필을 1필로 줄이는 것이다.

① 증보문헌비고가 편찬, 간행되었다.
② 노론의 핵심 인물이 대거 처형당했다.
③ 통공정책을 써서 금난전권을 폐지하였다.
④ 청계천을 준설하여 도시를 재정비하고자 하였다.

해설 '1년에 백성이 부담하는 군포 2필을 1필로 줄이는 것이다.'를 통해 영조 때 시행한 균역법(1750)에 대한 설명임을 알 수 있다.
영조는 홍수에 따른 하천 범람을 막고 도시를 정비하기 위해 청계천을 준설하였다(1760).
① 〈증보문헌비고(增補文獻備考)〉는 영조 때 홍봉한이 편찬한 〈동국문헌비고〉를 수정한 증보판으로, 정조 때 증보하였다가 순조 때 간행되었다(1908).
② 경종 때의 신임옥사(1721년 신축환국, 1722년 임인옥사)로 노론 대신들이 다수 축출되고 소론의 일당정국이 전개되었다(세자책봉 문제, 경종 시해와 세자 연잉군 옹립 음모로 노론 축출).
③ 정조 때 상공업 진흥과 재정 수입의 확대를 위해 신해통공(1791) 조치를 단행하여 육의전을 제외한 금난전권을 철폐하였다.

11

영조와 정조 시대에 대한 다음 설명 중 옳지 않은 것은?

① 영조가 시행한 탕평책은 붕당 간의 세력 균형을 유지하여, 왕권을 강화하고 정국을 안정시키려는 것이다.
② 영조는 〈속대전〉, 〈속오례의〉, 〈동국문헌비고〉 등을 편찬하여 시대의 변화에 맞게 문물제도를 정비하였다.
③ 정조는 왕의 권력과 정책을 뒷받침하기 위해 규장각을 설립하였다.
④ 정조는 문물제도의 정비를 위하여 〈동국여지승람〉을 편찬하였다.

해설 〈동국여지승람〉(1481)은 성종 때 서거정 등이 편찬하였다. 〈동국여지승람〉은 〈팔도지리지〉를 보완하여 편찬한 것으로, 군현의 연혁·지세·인물·풍속·산물·교통 등을 자세히 수록하여 인문 지리적 지식수준을 높인 것으로 평가되고 있다. 증보판인 〈신증동국여지승람〉(1528)은 이행 등이 편찬한 것으로 오늘날까지 전하고 있다.
① 영조의 탕평책(완론탕평)은 왕의 논리에 동의하는 탕평파를 육성하고 이를 중심으로 정국을 안정적으로 운영하려는 것이었다. 이러한 정책으로 붕당의 정치적 의미는 퇴색되고 정치권력은 왕과 탕평파로 집중되었다.
② 〈속대전〉, 〈속오례의〉, 〈동국문헌비고〉 모두 영조 때 편찬된 것으로, 법제와 문물제도의 정비를 위한 목적에서 편찬되었다.
③ 정조는 왕권과 정책을 뒷받침하기 위해 규장각을 설치·강화하였다. 이는 본래 왕실 도서관의 기능을 위해 설치되었으나, 여기에 국왕 비서실의 기능과 문신교육, 과거시험 주관 등의 기능을 통합적으로 부여하여 권력과 정책을 뒷받침할 수 있는 강력한 정치 기구로 육성하였다.

제5편 근대 태동기의 변동

영조의 문물·제도 정비

- 민생 안정책
  - 균역법(1750) : 군포를 1년에 1필로 경감
  - 권농정책 : 농업정책 개선, 〈농가집성〉 보급
  - 3심제 : 가혹한 형벌 폐지, 사형수에 대한 3심제 시행
  - 노비공감법(1755) : 노비의 신공을 반으로 줄임
  - 신문고를 부활
- 군영 정비 : 훈련도감·금위영·어영청이 도성을 나누어 방위하는 체제를 갖춤
- 서원 정리 : 붕당의 본거지인 서원을 정리
- 청계천 준설(1760) : 하천 범람과 도시 정비를 위해 준설
- 기로과 실시 : 60세 이상의 선비를 대상으로 과거 실시
- 편찬 사업
  - 〈속대전〉(1744) : 경국대전을 개정하여 편찬한 법전으로, 법전체계를 재정리하고 형법(형량)을 개선
  - 〈동국문헌비고〉 : 혜경궁 홍씨의 아버지인 홍봉한이 편찬한 한국학 백과사전, 문물제도의 정비에 기여
  - 〈무원록(증수무원록)〉(1748) : 송의 〈무원록〉에 주석을 붙여 세종 때 간행한 〈신주무원록〉(1440)을 다시 증보하고 용어를 교정·해석하여 편찬한 법의학서
  - 〈속오례의(국조속오례의)〉(1744) : 왕명으로 예조에서 이종성 등이 중심이 되어 〈오례의(五禮儀)〉의 속편으로 편찬한 예절서

12

밑줄 친 '왕'이 펼친 정책에 해당하는 것은?

> 왕은 각 붕당의 주장이 옳은지 그른지를 명백히 가리는 방식으로 적극적인 탕평책을 추진하였다. 민생의 안정과 문화 부흥에 힘썼으며, 서얼과 노비에 대한 차별을 완화하였고, 왕조의 통치규범을 재정리한 『대전통편』을 편찬하였다.

① 규장각을 설치하고 서얼 출신을 검서관으로 등용한다.

② 백성들의 조세 부담을 줄여주기 위해 영정법을 실시하였다.

③ 논란을 빚어온 노비 신분 결정 방식을 종모법으로 확정하였다.

④ 붕당의 근거지가 되어 폐해를 일으키던 서원들을 대폭 정리하였다.

해설 정조는 사도세자를 죽음으로 몰아간 노론 벽파 등을 견제하기 위해서도 각 붕당의 주장이 옳은지 그른지를 명백히 가리는 적극적인 준론 탕평을 추진하였다. 정조는 규장각을 설치하고 규장각 검서관에 서얼 출신 인재들을 등용하였다.

② 인조는 영정법을 실시하여 1결당 4두의 전세를 법제화하였다.

③ 영조 때 노비종모법을 확정하고 정조 때 노비추쇄법을 폐지하였으며 순조 때 공노비를 해방시켰다. 원래 노비는 어머니 쪽 신분을 따르는 종모법이었으나 이것은 비가양부(婢嫁良夫 : 여종 비가 양인 남자와 혼인) 혼인의 경우에 해당하였으며, 일천즉천(一賤則賤)의 원칙에 따라 노(奴)와 결혼한 양인 여자 소생도 노비가 되었다. 이러한 상황 속에서 노양처소생 종모종량법(노와 양인 여자의 소생은 어머니의 신분을 따라 양인으로 삼는 법)이 제기되었다. 이 법은 선조 때 처음 제기되었으나 실시되지 못했으며 1669년(현종 10) 송시열의 주장으로 실시되었다. 이 법은 서인과 남인의 의견 차이로 인해 실시되었다가 다시 폐지되는 등 존폐가 번복되었다. 숙종 때 천인으로 하는 환천, 양인으로 하는 종량이 번복되다가 1731년(영조 7)에는 종모법으로 확정되었다.

④ 서원 정리는 영조 때와 흥선대원군 때 있었다.

핵심정리

정조의 왕권강화 정책

- **인사 관리** : 붕당의 입장을 떠나 의리와 명분에 합치되고 능력 있는 사람을 중용
- **규장각의 설치·강화**
  - 설치 : 본래 역대 왕의 글과 책을 수집·보관하기 위한 왕실 도서관의 기능
  - 기능 강화 : 본래의 기능에 국왕 비서실, 문신 교육, 과거시험 주관 등의 기능을 통합적으로 부여
  - 서얼 등용 : 능력 있는 서얼을 등용하여 규장각 검서관 등으로 임명
- **문신의 재교육** : 초월적 군주로 군림하면서 스승의 입장에서 신하를 양성하고 재교육
- **초계문신제(抄啓文臣制) 시행** : 신진 인물이나 중·하급(당하관 이하) 관리 가운데 능력 있는 자들을 재교육시키고 시험을 통해 승진
- **장용영(壯勇營) 설치** : 친위 부대인 장용영을 설치하여 각 군영의 독립적 성격을 약화시키고 병권을 장악함으로써 왕권을 뒷받침하는 군사적 기반을 갖춤
- **화성(華城)의 건설**
  - 수원에 화성을 세워 정치적·군사적 기능을 부여
  - 상공인을 유치하여 자신의 정치적 이상을 실현하는 상징적 도시로 육성하고자 함
  - 화성 행차 시, 일반 백성들과의 접촉 기회를 확대하여 이들의 의견을 정치에 반영(백성들의 상언과 격쟁의 기회를 확대)
- **수령의 권한 강화**
  - 수령이 군현 단위의 향약을 직접 주관하게 해 사림의 영향력을 줄이고 수령의 권한을 강화
  - 지방 사족의 향촌 지배력 억제, 국가의 통치력 강화
- **유수부 체제 완성** : 수원 유수부 설치
- **〈자휼전칙〉 반포** : 흉년을 당한 아이들을 구휼하고자 함

13

밑줄 친 상(上)의 재위 시에 있었던 일로 옳은 것은?

> 이 책이 완성되었다. …… 곤봉 등 6가지 기예는 척계광의 기효신서에 나왔는데 …… 장헌세자가 정사를 대리하던 중 기묘년에 명하여 죽장창 등 12가지 기예를 더 넣어 도해로 엮어 새로 신보를 만들었고, 상(上)이 즉위하자 명하여 기창 등 4가지 기예를 더 넣고 또 격구, 마상재를 덧붙여 모두 24가지 기예가 되었는데, 검서관 이덕무, 박제가에게 명하여 … 주해를 붙이게 했다.

① 민(民)의 상언과 격쟁의 기회를 늘려주었다.
② 대전회통을 편찬하여 통치 체제를 재정리하였다.
③ 군역의 부담을 줄이기 위해 균역법을 시행하였다.
④ 5군영 대신 무위영과 장어영 등 2영을 설치하였다.

해설 제시된 자료는 정조 때 이덕무, 박제가, 백동수 등이 왕명으로 편찬한 병법서인 〈무예도보통지〉에 관한 내용이다. 정조는 상언과 격쟁에 있어 신분적 차별을 없애고 누구든 왕에게 직접 호소할 수 있도록 하였고, 수시로 화성 등으로 행차하며 그 때마다 일반 백성들과의 접촉 기회를 확대하여 그들의 의견을 정치에 반영하고자 하였다.
② 정조 때 편찬된 법전은 〈대전통편〉이다. 이에 비해 〈대전회통〉(1865)은 고종 때 왕명으로 조두순, 김병학 등이 편찬한 것으로, 〈대전통편〉을 보완·개수하여 편찬한 최대의 법전이다.
③ 균역법(1750)은 영조 때 시행된 제도이다. 균역법은 종전의 군적수포제하에서 군포 2필을 부담하던 것을 1년에 군포 1필로 경감한 군역제도로, 그에 따른 부족분은 결작, 선무군관포, 어장세·염세·선박세 등의 잡세로 보충하였다.
④ 종래의 5군영을 무위영·장어영의 2영으로 통합·개편(1881)한 것은 고종 때이다. 정조는 왕권강화를 위해 친위 부대로 장용영(1793)을 설치하였다.

정조의 문물·제도 정비

- **신해통공(1791)** : 상공업 진흥과 재정 수입 확대를 위해 육의전을 제외한 금난전권 철폐
- **문체 반정 운동** : 문화 정책의 일환으로, 박지원 등이 패사소품체(稗史小品體)를 구사해 글을 쓰자 문체를 정통 고문으로 바로잡으려 한 것
- **편찬**
  - 〈대전통편〉 : 〈경국대전〉을 원전으로 하여 통치 규범을 전반적으로 재정리하기 위하여 편찬한 것으로, 규장각 제도를 법제화
  - 〈추관지〉·〈탁지지〉 : 형조의 사례집으로 〈추관지〉를, 호조의 사례집으로 〈탁지지〉를 편찬
  - 〈동문휘고〉 : 외교 문서 정리
  - 〈증보문헌비고〉 : 영조 때 편찬된 〈동국문헌비고〉의 증보판으로, 상고 시대 이후 우리나라의 제도·문물을 정리한 백과사전
  - 〈무예도보통지〉 : 병법서
  - 〈제언절목〉 : 제언의 수리와 신축을 위해 편찬 (1778)
  - 〈규장전운〉 : 소리와 문자를 연구해 일원화를 도모한 음운서
  - 〈홍재전서〉·〈일득록〉 : 정조의 문집인 〈홍재전서〉와 정조의 어록인 〈일득록〉을 편찬
- **활자** : 정리자, 한구자, 생생자(목판) 등을 주조
- 민생 안정과 서얼·노비의 차별 완화, 청과 서양의 문물 수용, 실학 장려

14 지방직 9급 기출

밑줄 친 '왕'의 재위 기간에 있었던 사실로 옳은 것은?

> 왕은 노론과 소론, 남인을 두루 등용하였으며 젊은 관료들을 재교육하기 위해 초계문신제를 시행하였다. 또 서얼 출신의 유능한 인사를 규장각 검서관으로 등용하였다.

① 동학이 창시되었다.
②『대전회통』이 편찬되었다.
③ 신해통공이 시행되었다.
④ 홍경래의 난이 발생하였다.

해설 밑줄 친 '왕'은 초계문신제 시행, 서얼 출신의 유능한 인사를 규장각 검서관으로 등용하였다는 것을 통해 정조임을 알 수 있다. 정조는 상공업 진흥과 재정 수입 확대를 위해 육의전을 제외한 금난전권을 철폐한 신해통공 (1791)을 시행하였다.
  ① 동학은 철종 11년(1860)에 경주 출신인 최제우(崔濟愚)가 창시하였다.
  ② 『대전회통』은 흥선대원군 시기에 편찬된 법전이다 (1865). 정조는 『대전통편』을 편찬하였다.
  ④ 홍경래 난(평안도 농민 전쟁)은 순조 11년 1811년 발생하였다.

신해통공(1791)
상공업 진흥과 재정 수입 확대를 위해 육의전을 제외한 금난전권을 철폐한 정책이다. 금난전권을 폐지함으로써 노론의 경제적 기반이 약화되고, 자유 상인이 납부한 세금을 통해 국가의 재정을 확충하였다. 금난전권이란 조선 후기 육의전(六矣廛)과 시전상인(市廛商人)이 상권을 독점하기 위해 정부와 결탁하여 난전을 금지할 수 있었던 권리이다.

15

다음 중 세도정치시기에 일어난 역사적 사실로 올바른 것은?

① 왕권이 강화되었고 비변사의 기능이 약화되었다.

② 함경도에서 지역차별을 이유로 홍경래의 난이 발생하였다.

③ 개항에 반대하여 위정척사 운동이 일어났다.

④ 천주교가 확산되어 부녀자 등 하층민에게 널리 수용되었다.

해설 세도정치의 시기는 정조 사후인 순조·헌종·철종의 3대 60여 년 간을 의미한다(1801~1863).

이 시기에는 정부의 거듭된 탄압에도 불구하고 천주교의 교세는 더욱 확장되어 철종 초에 이르면 신도수가 3만 여 명에 이르렀으며, 특히 부녀자 등 하층민에게 널리 수용되었다.

① 세도정치시기에는 왕권이 약화되었고, 정치적 기능이 강화된 비변사를 세도 가문이 거의 독점적으로 장악하여 권력을 행사하였다.

② 홍경래의 난(평안도 농민전쟁)(1811)은 세도정치시기에 발생한 것은 사실이나, 서북인에 대한 차별과 가혹한 수취를 원인으로 하여 평안도에서 발생하였다.

③ 개항반대운동으로서 위정척사 운동이 일어난 것은 1870년대이다. 이 시기 최익현 등은 왜양일체론과 개항불가론을 주장하였다.

핵심정리

세도 정치의 폐단

• **왕권의 약화** : 세도가의 권력 독점과 인사 관리의 전횡
• **정치 기강의 문란**
 – 과거 제도의 문란(부정, 합격자 남발), 매관매직(賣官賣職)의 성행
 – 수령·아전들의 수탈 : 자신들의 지위를 강화하고 수탈을 일삼음
 – 삼정의 문란 : 전정, 군정, 환곡의 문란이 극에 달함
• **상품 화폐 경제의 발전 저해** : 농민뿐만 아니라 상공업자도 수탈 대상이 되어 성장하던 상인·부농들을 통치 집단 속으로 포섭하지 못함
• **농민 봉기의 발생** : 농민 등의 불만이 극에 달해 처음에는 소청·벽서 운동으로 전개되다가 이후 농민 봉기로 확대

16

세도정치에 대한 설명으로 옳지 않은 것은?

① 세도정치의 결과 농촌 경제가 피폐화되었다.

② 특정 가문이 권력을 독점하였다.

③ 헌종 때에는 헌종의 외척인 풍양 조씨 가문이 한때 득세하였다.

④ 사회 전반의 변화에 대하여 적극적으로 개혁할 의지를 가지고 있었다.

해설 19세기의 세도 정권은 사회 전반의 변화에 대하여 부분적으로 위기의식을 가지기는 했으나, 이를 근본적으로 개혁할 만한 능력을 가지지 못했다.

17

다음 글을 남긴 국왕의 재위 기간에 일어난 사실로 옳은 것은?

> 보잘 것 없는 나, 소자가 어린 나이로 어렵고 큰 유업을 계승하여 지금 12년이나 되었다. 그러나 나는 덕이 부족하여 위로는 천명(天命)을 두려워하지 못하고 아래로는 민심에 답하지 못하였으므로, 밤낮으로 잊지 못하고 근심하며 두렵게 여기면서 혹시라도 선대왕께서 물려주신 소중한 유업이 잘못되지 않을까 걱정하였다. 그런데 지난번 가산(嘉山)의 토적(土賊)이 변란을 일으켜 청천강 이북의 수많은 생령이 도탄에 빠지고 어육(魚肉)이 되었으니 나의 죄이다.
>
> – 『비변사등록』 –

① 진주 지역 관리의 탐학으로 백건당의 난이 일어났다.

② 수렴청정과 함께 노론 벽파 세력이 정국을 독점하였다.

③ 공·사노비가 모두 해방되어 노비 신분이 소멸하였다.

④ 정유절목을 통해 허통의 범위가 크게 확대되었다.

해설 '어린 나이', '지난번 가산의 토적이 변란', '청천강 이북의 수많은 생령'을 통해 1811년(순조 11)에 일어난 홍경래의 난 임을 알 수 있다. 즉위 당시 어렸던 순조를 대신해 정순왕후가 수렴청정을 하며 노론 벽파 세력이 정국을 주도하였다.

① 1862년(철종 13) 진주 지역의 관리였던 백낙신·홍병원 등의 탐학으로 인해 몰락 양반 유계춘의 지휘하에 농민들이 진주성을 점령한 농민 봉기이다.

③ 1894년(고종 31) 갑오개혁으로 공·사노비가 모두 해방되어 법제상으로 노비 신분이 소멸하게 되었다.

④ 1777년(정조 1) 정유절목으로 허통의 범위가 크게 확대되어 유득공·박제가·이덕무 등이 규장각 검사관으로 등용되기도 하였다.

세도정치

(1) 성립 배경

① 탕평정치로 왕에게 권력이 집중된 것이 19세기 세도정치의 빌미가 됨

② 왕이 탕평정치기에 하던 역할을 하지 못하게 되자 정치세력 간의 균형이 깨지고 몇몇 유력 가문의 인물에게 권력이 집중됨

(2) 전개

① 순조(1800~1834)

- **정순왕후의 수렴청정**
  - 정조 때 정권에서 소외되었던 노론 벽파 세력이 정국을 주도하고 인사권·군권 장악
  - 정조 때 등용된 남인과 소론, 규장각을 통해 양성한 인물들을 대거 축출(신유박해)
  - 장용영을 혁파하고 훈련도감을 정상화시켜 장악
- **안동 김씨 일파의 세도정치 전개** : 정순왕후 사후 벽파 세력이 퇴조, 순조의 장인 김조순의 안동 김씨 일파가 세도정치를 전개

② 헌종(1834~1849) : 헌종의 외척인 조만영·조인영 등의 풍양 조씨 가문이 득세

③ 철종(1849~1863) : 김문근 등 안동 김씨 세력이 다시 권력 장악

(3) 권력 구조

① 가문정치(家門政治)

- **정치 기반 축소** : 중앙 정치를 주도하는 것은 소수의 가문으로 축소
- **유력 가문의 권력 독점** : 왕실 외척으로서의 정치 권력, 산림으로서의 명망, 관료 가문의 기반을 동시에 가지고 권력 독점

② 권력 구조 및 기반

- 정2품 이상의 고위직만이 정치적 기능을 발휘하고 그 아래의 관리들은 행정 실무만 담당하게 됨
- 의정부와 육조는 유명무실화되고 실질적인 힘은 비변사로 집중되었으며, 비변사에서도 실질적 역할은 유력 가문 출신의 인물들이 독차지
- 훈련도감(5군영) 등의 군권을 장기적으로 독점하여 정권 유지의 토대를 다짐

18 국가직 9급 기출

다음의 사건이 발생한 시기의 집권 세력에 대한 설명으로 옳지 않은 것은?

> 서토(西土)에 있는 자 어찌 억울하고 원통하지 않을 자 있겠는가. 막상 급한 일을 당해서는 … 과거에는 반드시 서로(西路)의 힘에 의지하고 서토의 문을 빌었으니 400년 동안 서로의 사람이 조정을 버린 일이 있는가. 지금 나이 어린 임금이 위에 있어서 권세 있는 간신배가 날로 치성하니 … 흉년에 굶어 부황 든 무리가 길에 널려 늙은이와 어린이가 구렁에 빠져 산 사람이 거의 죽음에 다다르게 되었다.

① 왕실의 외척이 세도를 명분으로 정권을 잡았다.
② 호조와 선혜청의 요직을 차지하여 재정 기반을 확보하였다.
③ 의정부와 병조를 권력의 핵심 기구로 삼고 인사권을 장악하였다.
④ 과거시험의 합격자를 남발하고 뇌물이나 연줄로 인사를 농단하였다.

해설 제시문은 세도정치 당시의 홍경래의 격문이다. 홍경래의 난(순조 11, 1811)은 서북인에 대한 차별과 세도정치로 인한 정치적 문란 등이 배경이 되어 발생하였다.
홍경래의 난이 발생한 당시의 세도정치하에서 의정부와 6조는 거의 유명무실화되었다. 세도 가문은 정치적 실권이 집중된 비변사를 거의 독점적으로 장악하여 권력을 행사하였고, 훈련도감(5군영) 등의 군권도 장기적으로 독점하여 정권 유지의 토대를 확고히 하였다.
① , ② 홍경래의 난이 일어날 당시는 세도정치기(순조 · 헌종 · 철종의 3대 60여 년간)로, 외척 등 일부 유력 가문 출신의 세도가들이 정치 · 경제적 요직을 차지하여 정권을 장악하였다. 이들은 호조와 선혜청의 요직을 독점함으로써 자신들의 경제적 기반을 마련하였다.
④ 세도정치 당시는 정치 기강이 문란해져 과거시험의 부정으로 합격자가 남발하는 등 매관매직(賣官買職)이 성행하였다.

핵심정리

세도정치의 한계와 폐단

① 세도정권의 한계
- **사회개혁 의지와 능력 결여** : 개혁세력의 정치 참여 배제, 사회통합 실패
- **지방 사회에 대한 몰이해** : 세도가들은 도시 귀족의 체질을 지녔고 집권 후 개혁 의지도 상실하여 상대적으로 뒤떨어진 지방 사회의 사정을 이해하지 못함

② 세도정치의 폐단
- **왕권의 약화** : 세도가의 권력 독점과 인사 관리의 전횡
- **정치 기강의 문란**
  - 과거제도의 문란(부정, 합격자 남발), 매관매직(賣官賣職)의 성행
  - 수령 · 아전들의 수탈 : 자신들의 지위를 강화하고 수탈을 일삼음
  - 삼정의 문란 : 전정, 군정, 환곡의 문란이 극에 달함
- **상품화폐경제의 발전 저해** : 농민뿐만 아니라 상공업자도 수탈 대상이 되어 성장하던 상인 · 부농들을 통치 집단 속으로 포섭하지 못함
- **농민 봉기의 발생** : 농민 등의 불만이 극에 달해 처음에는 소청 · 벽서 운동으로 전개되다가 이후 농민 봉기로 확대

19

다음 중 간도에 대한 설명으로 맞는 것은?

① 대한제국은 간도관리사로 안용복을 파견하였다.

② 일본은 청과 간도 협약으로 만주의 철도부설권을 얻었다.

③ 명과 조선의 대표가 백두산 일대를 답사한 후 백두산 정계비를 세웠다.

④ 숙종 때 청과의 영토를 확정짓기 위해 통신사를 파견하였다.

해설 을사조약으로 우리나라의 외교권을 박탈한 일본은 그들의 침략을 만주 대륙으로 확장시키려는 야망에서 안봉선 철도부설권과 푸순 탄광 채굴권의 이권을 보장받는 대신 간도를 청의 영토로 인정하는 간도 협약을 체결하였다.

핵심정리

청과의 영토 분쟁

• **국경 분쟁** : 청이 만주 지방을 성역화하면서 우리나라와 국경 분쟁이 발생

• **백두산 정계비 건립(숙종 38, 1712)** : 양국 대표가 백두산 일대를 답사하여 국경을 확정하고 건립
 – 백두산 정계비를 세우고, 동쪽으로 토문강과 서쪽으로 압록강을 경계로 삼음
 – 19세기 토문강의 위치에 대한 해석상의 차이 때문에 간도 귀속 문제 발생

• **간도 귀속 문제** : 우리가 불법적으로 외교권을 상실한 상태에서 청과 일본 사이에 체결된 간도 협약(1909)에 따라 청의 영토로 귀속

---

20 지방직 9급 기출

조선시대 각 시기별 대외관계에 대한 설명으로 옳지 않은 것은?

① 15세기 : 류큐에 불경이나 불종을 전해주어 그곳 불교문화 발전에 기여하였다.

② 16세기 : 을묘왜변이 일어나자 비변사로 하여금 군사문제를 처리하도록 하였다.

③ 17세기 : 정묘호란과 병자호란의 패배로 인해 청에 대한 문화적 열등감이 팽배해졌다.

④ 18세기 : 청과 국경분쟁이 일어나 양국 대표가 백두산 일대를 답사하고 정계비를 세웠다.

해설 호란 이후 조선에서는 청에 대한 적개심, 명과 관계에 있어 소중화의식과 문화적 우월감 등이 팽배해져 북벌론이 제기되었다.

① 조선 초에는 류큐·시암·자바 등 동남아시아의 여러 나라와 교류하였는데, 특히 류큐에 불경·범종·유교경전 등을 전해 주어 그곳의 문화 발전에 기여하였다.

② 비변사는 삼포왜란(1510)을 계기로 여진족과 왜구에 대비하기 위하여 설치된 임시기구였으나, 명종 때 을묘왜변(1555)을 계기로 이를 상설기구화하고 군사문제를 전담하여 처리하게 하였다. 이후 비변사는 임진왜란을 계기로 기능이 확대·강화되어 최고 합의기구로서 거의 모든 정무를 관장하게 되었다.

④ 청이 만주지방을 성역화하면서 우리나라와 국경 분쟁이 발생했는데, 이에 양국의 대표가 백두산 일대를 답사하여 국경을 확정하고 백두산 정계비(1712)를 세웠다. 정계비에는 동쪽으로 토문강과 서쪽으로 압록강을 경계로 삼는다는 내용이 담겨 있는데, 19세기 토문강의 위치에 대한 해석상의 차이 때문에 간도 귀속 문제가 발생하게 되었다.

21

18세기 조선의 대외관계를 바르게 설명한 것은?

① 호란의 치욕을 씻기 위한 북벌 운동이 활발하였다.

② 청과 조선의 경계를 정하기 위하여 정계비를 세웠다.

③ 일본과의 국교 재개를 위한 기유약조가 체결되었다.

④ 간도 귀속 문제를 해결하기 위한 간도 협약이 체결되었다.

해설 ①, ③은 17세기, ④는 20세기에 일어난 사건이다. 백두산 정계비는 1712년에 건립된 것으로, 정계비에서 양국 간의 국경은 서쪽으로는 압록강, 동쪽으로는 토문강을 경계로 한다.

22 국가직 9급 기출

다음의 묘사와 관련된 외교 사절에 대한 설명으로 옳지 않은 것은?

> 일본 사람이 우리나라의 시문을 구하여 얻은 자는 귀천현우(貴賤賢愚)를 막론하고 우러러보기를 신선처럼 하고 보배로 여기기를 주옥처럼 하지 않음이 없어, 비록 가마를 메고 말을 모는 천한 사람이라도 조선 사람의 해서(楷書)나 초서(草書)를 두어 글자만 얻으면 모두 손으로 이마를 받치고 감사의 성의를 표시한다.

① 1811년까지 십여 차례 수행되었다.

② 일본의 정한론을 잠재우는 데 기여하였다.

③ 일본 막부가 자신의 권위를 높이려는 목적도 있었다.

④ 18세기 후반 일본에서 국학 운동이 일어나는 자극제가 되었다.

해설 제시문은 임진왜란 이후 일본으로 파견된 조선 통신사(通信使)에 대한 내용이다. 통신사는 외교 사절로서뿐만 아니라 조선의 선진 문화를 전파하는 역할도 했으며, 일본에서는 이들을 국빈으로 예우하였다.

메이지 유신 초기에 조선을 침략 · 정벌하자는 정한론(征韓論)이 일본에서 대두되었다(1868). 당시 흥선대원군의 쇄국정책과 척왜정책(斥倭政策)으로 사신의 접견이 거부되는 등 국교 교섭에 난항을 겪으면서 1870년대 본격적으로 제기되었다.

① 통신사는 임진왜란 이후 1607년부터 1811년까지 십여 차례 파견되었다.

③ 통신사는 도쿠가와 이에야스가 수립한 에도 막부 시대에 파견되었는데, 당시의 막부 정권은 정권이 교체될 때마다 통신사를 통해 권위를 인정받으려 하였다.

④ 통신사의 파견에 따른 조선에 대한 일본의 문화적 열등감 내지 견제 심리는 18세기 이후 일본 내의 국학 운동을 자극하였다. 이러한 국학 운동이 강화되면서 19세기 초에 통신사의 파견이 중단되었다(1811).

핵심정리

통신사

조선의 왕이 막부의 장군에게 파견하던 사절을 뜻하며, 세종 11년(1429) 교토에 파견된 정사 박서생의 사절단이 최초이다. 조선 후기의 통신사는 막부의 장군이 있는 에도(도쿄)를 목적지로 파견되었는데, 그곳까지 가는 도중에 통신사가 묵는 객사는 한시문과 학술의 필담창화라고 하는 문화교류의 장이 되었다.

제**5**편

근대 태동기의 변화

실전문제

제2장 경제 구조의 변동

● 대표유형문제 ●

서울시 9급 기출

조선 후기 경제 변화에 대한 설명으로 옳지 않은 것은?

❶ 소라 불리는 특수지역에서 수공업이 이루어졌다.

② 도고라 불리는 독점적 도매상인이 활동하였다.

③ 인삼·담배 등의 상품작물이 널리 재배되었다.

④ 금광·은광을 몰래 개발하는 잠채가 번창하였다.

정답해설 소(所)는 고려시대에 존재했던 특수행정구역으로 조선 건국이후에는 사라졌으므로, 조선 후기 경제 변화와 관련이 없는 설명이다. 소(所)는 국가가 필요로 하는 공납품을 만들어 바치는 공장(工匠)들의 집단 거주지이다.

오답해설 ② 조선 후기에는 상품 화폐 경제의 발달로 독점적 도매상인인 도고가 활발히 활동할 수 있었다.

③ 조선 후기에는 쌀·인삼·담배·채소 등을 재배하는 상업적 농업이 발달하기 시작하였다.

④ 조선 후기에는 금광·은광을 몰래 채굴하는 이른바 '잠채'가 성행하였다.

핵심정리 **도고**

조선 후기, 대규모 자본을 동원하여 상품을 매점매석함으로써 이윤 극대화를 노린 상인을 말한다. 국가에서는 신해통공 등을 통해 도고를 혁파하려 하였지만, 관청이나 권세가 등과 결탁한 이들을 근절할 수는 없었다. 이들이 쌀이나 소금 등 생활필수품까지 매점매석함으로써 상품 부족과 물가 상승이 야기되었다.

01

다음과 같은 제도의 실시로 나타난 결과로 틀린 것은?

> 정부는 연분 9등법을 따르지 않고 풍흉에 관계없이 전세를 토지 1결당 미곡 4두로 고정시켰다.

① 이 제도의 실시로 전세의 비율이 이전보다 다소 낮아졌다.
② 대다수의 농민에게 크게 도움이 되지 못하였다.
③ 여러 명목의 수수료, 운송비에 대한 보충비용 등이 함께 부과되었다.
④ 지주에게도 토지 1결마다 미곡 2두를 결작이란 명목으로 거두어 부족분을 보충하였다.

해설 풍흉에 관계없이 전세를 토지 1결당 4두로 고정시킨 제도는 영정법이다. ④는 균역법의 시행에 대한 결과로, 정부는 줄어든 군포의 수입을 보충하기 위해 결작으로 토지 1결마다 2두의 미곡을 지주에게 부과시켰다.

┌─── **핵심정리** ───┐

영정법(永定法)의 시행(인조 13, 1635)
• 내용 : 종전 연분 9등제하에서 풍흉에 따라 20~4두를 납부하던 것을 풍흉에 관계없이 토지 1결당 미곡 4두로 전세를 고정(전세의 정액화)
• 결과
  - 전세의 비율이 이전보다 다소 낮아져 지주나 자영농의 부담 경감
  - 전세 납부시 부과되는 수수료와 운송비의 보충비용 등이 전세액보다 많아 오히려 농민의 부담이 가중되는 문제 발생(대부분 병작농이던 농민에게는 도움이 되지 못함)

02

(가)에 대한 설명으로 옳은 것은?

> 지금까지 (가)에게 한성부 관할 구역의 난전을 단속할 수 있도록 허용했던 금난전권을 폐지했다. 다만, 이번 조치에서 육의전은 제외한다.

① 책문 후시를 통해 대외 무역에 종사하였다.
② 주로 왜관을 중심으로 무역 활동을 하였다.
③ 상권 수호를 위해 황국 중앙 총상회를 조직하였다.
④ 한강을 중심으로 선박을 이용하여 운송업에 종사하였다.

해설 금난전권은 시전 상인이 왕실이나 관청에 물품을 공급하는 대신 부여받은 독점 판매권인데, 조선 정조는 신해통공을 실시하여 육의전을 제외한 금난전권을 폐지하였다(1791). 시전 상인들은 일본 상인들로부터 서울의 상권을 지키기 위해 황국 중앙 총상회를 만들어 상권 수호 운동을 전개하였다(1898).
① 조선 후기 상업의 발달로 사상(私商)이 등장하였고, 의주의 만상은 청과의 밀무역인 후시 무역을 주도하였다.
② 동래의 내상은 주로 왜관을 중심으로 일본과의 해상 무역을 주도하였다.
④ 경강상인(강상)은 한강을 중심으로 선박을 이용한 운송업(대동미 운송)에 종사하면서 거상으로 성장하였다.

03

다음 중 조선 시대의 경제생활에 대한 설명으로 가장 옳은 것은?

① 임진왜란 직후 감자, 고구마, 고추 등이 전래되어 농민들의 식생활이 안정되었다.

② 조선 후기 신해통공으로 육의전을 제외한 시전의 특권이 사라진 후 사상이 성장하였다.

③ 조선 전기에는 전국적으로 이앙법이 행해졌다.

④ 조선 전기에는 도조법이 발생하여 일반화되었다.

[해설] 조선 후기 사상(私商)은 상공업 진흥과 재정수입 확대를 위해 신해통공(1791) 조치가 단행된 후 육의전을 제외한 시전의 금난전권이 철폐되면서 본격적으로 성장하였다. 사상은 17세기 초, 도시 근교에서 생산된 채소·과일·수공업 제품 등을 생산해 판매하는 형태로 처음 등장하여, 17세기 후반에 들어 보다 적극적인 상행위로 종루·이현·칠패 등에 근거지를 마련하고 종래의 시전과 대립하면서 상권을 확대해 나갔다. 이후 국가에서 금난전권을 철폐한 후 그 성장이 가속화되어 일부는 도고(都賈)로 성장하기도 하였다.

① 고구마는 18세기 일본에서 전래되었고, 감자는 19세기에 청에서 전래되어 재배되었으므로, 임진왜란 직후라 보기 어렵다. 또한 임진왜란 직후 농촌은 황폐화되고 경지면적이 격감하면서 농민들의 식생활은 더욱 어려워졌다.

③ 이앙법(모내기법)이 전국적으로 보급된 것은 조선 후기의 일이다. 조선 전기에는 고려 말에 시작된 이앙법이 남부 지방에서 계속 행해졌다.

④ 조선 전기에서 후기까지 정률지대인 타조법(打租法)이 일반적 지대였고, 조선 후기에는 일정 소작료(정액지대)를 납부하는 도조법(賭租法)이 나타나 점차 보급되었다.

04

조선 후기에 다음과 같은 제도의 시행으로 나타난 결과로 옳은 것은?

- 과세의 기준이 가호에서 토지결수로 바뀌었다.
- 토지 1결당 미곡 12두를 납부하였다.
- 공납을 전세화하였다.

① 국가의 재정 사정이 크게 악화되었다.

② 공인의 활동으로 지방 장시가 성장하였다.

③ 별공이나 진상 같은 현물 징수가 완전히 폐지되었다.

④ 장기적으로 양반 중심의 사회를 강화하는 역할을 하였다.

[해설] 대동법의 실시 결과 농민들의 부담이 경감하였고, 물품의 조달을 위해 공인의 활동이 활발해지면서 각 지방에 장시가 발달하였으며 상품화폐경제가 활성화되었다.

핵심정리

대동법 시행의 결과

- **농민 부담 경감** : 부과가 종전 가호 단위에서 전세(토지 결수) 단위로 바뀌어, 토지 1결당 미곡 12두 납부
- **공납의 전세화** : 토지결수에 따라 쌀을 차등 과세
- **조세의 금납화** : 종래 현물 징수에서 쌀(대동미)·베(대동포)·동전(대동전)으로 납부
- **국가 재정의 회복**
- **공인(貢人)** : 대동법이 실시되면서 등장한 관허 상인으로 이들의 활발한 활동은 상품화폐경제의 발달 촉진
- **상품화폐경제의 발달**
  - 상품 수요가 증가하고 시장이 활성화(삼랑진·강경·원산 등의 쌀 집산지가 상업 도시로 성장)
  - 자급자족에서 유통 경제로 변화

---

05 지방직 9급 기출

조선 후기의 경제활동에 대한 설명으로 옳지 않은 것은?

① 대동법의 시행으로 공물 납부는 모두 쌀을 납부하는 것으로 바뀌었다.

② 영정법을 제정하여 풍흉에 관계없이 토지 1결당 전세를 고정하였다.

③ 사상의 활동은 개성, 평양, 의주, 동래 등 지방도시에서도 활발하였다.

④ 덕대가 노동자를 고용하여 광산을 개발하기도 하였다.

해설 대동법(1608)은 공납(상공)의 전세화에 따라 종래 토산물(현물)로 납부하던 것을 쌀(대동미), 삼베(대동포), 동전(대동전)으로도 납부할 수 있도록 한 것이다. 따라서 공물 납부가 모두 쌀을 납부하는 것으로 바뀌었다는 것은 옳지 않다. 또한 별공·진상 등의 현물 징수도 존속하였다.

② 영정법의 시행(1635, 인조 13년)으로, 종전 연분 9등제하에서 풍흉에 따라 20~4두를 납부하던 것을 풍흉에 관계없이 토지 1결당 미곡 4두로 전세를 고정하였다(전세의 정액화).

③ 조선 후기 사상(私商)의 활동이 활발해졌는데, 대표적 사상으로는 개성의 송상, 서울의 경강상인(선상, 강상), 의주의 만상, 동래의 내상 등이 있다.

④ 조선 후기에는 광산 경영의 전문가인 덕대가 상인 물주에게 자본을 조달받아 채굴 노동자 등을 고용하여 광물을 채굴하고 제련하는 덕대제가 일반화되었다.

06

다음 〈보기〉의 제도가 실시되면서 나타난 어용상인은?

— 보기 —

이 법의 도입은 조선 후기 커다란 사회·경제적 변화를 가져왔다. 국가에 대한 세금의 일종인 진상과 공물대금이 방납인이라 불리던 공물대납업자의 횡포로 수십·수백 배에 이르자 농민 등 납세자의 피해가 극심했는데 이 법의 실시로 이러한 폐단이 예방되면서 농민들의 부담이 크게 줄어들었다. 그리고 상품 및 화폐경제의 발달이 촉진되었다.

① 사상   ② 시전상인

③ 공인   ④ 보부상

해설 정부에서는 대동법의 실시로 공인이라는 공납 청부업자를 지정하여 이들에게 공가(貢價)를 먼저 지불하고 필요한 관청 수요품을 조달하게 하였다.

핵심정리

공인
대동법 실시 이후 국가에서 필요로 하는 물품을 사서 납부하던 어용상인을 말한다. 이들은 국가로부터 미리 지급받은 공가로 수공업자·시전 등으로부터 물품을 구매·납부하고 수수료나 차액을 차지하였다. 이들의 등장으로 선대제 수공업의 발달이 더욱 두드러지게 되었는데, 이러한 현상은 조선 후기 자본주의적 요소의 형성 및 발달을 나타내는 요소라고 할 수 있다.

07

균역법의 실시로 나타난 변화와 거리가 먼 것은?

① 농민들의 군포 부담은 1년에 2필에서 1필로
줄어들었다.

② 지주들은 토지 1결당 미곡 2두씩 부담했다.

③ 궁방과 아문은 어세, 선세 및 염세를 균역청에
양도했다.

④ 족징 및 인징 등 군역을 둘러싼 폐단이 완전히
사라졌다.

해설 균역법의 실시로 군포의 부담이 절반으로 줄어들게 되
자 농민의 부담이 가벼워졌지만 정부의 장정 수 책정이
급격히 많아짐으로써 농민의 부담은 가중되어 다시 족
징, 인징 등의 폐단이 나타났다.

핵심정리

군정의 문란

- 족징 : 도망자나 사망자의 체납분을 친족에게 징수
- 인징 : 체납분을 이웃에게 징수
- 백골징포 : 죽은 사람에게 군포를 부과, 가족이 부담
- 황구첨정 : 어린아이도 군적에 올려 군포 부과
- 강년채 : 60세 이상의 면역자에게 나이를 줄여 부과
- 마감채 : 병역 의무자에게 면역을 대가로 하여 일시불
로 군포 징수

08

다음 중 조선 후기 경제생활에 대한 설명으로
틀린 것은?

① 보부상은 농촌의 장시를 하나의 유통망으로
연계시켰다.

② 조선 후기 대표적인 선상은 경강상인이었다.

③ 장시는 지방민의 교역장소로 보통 5일마다 열
렸다.

④ 사상에서 공인으로 상업활동의 주도세력이 변
하였다.

해설 사상(私商)은 조선 후기로 가면서 점차 활발하게 활동하
여 상업활동의 주도세력의 하나가 되었다는 점에서 옳
지 않다. 조선 후기에는 상업활동이 활발해지면서 공인
과 함께 사상의 성장이 크게 두드러지는데, 특히 난전이
나 객주 · 여각으로 성장한 사상들이 결국 독점적 상인
인 도고로 성장하여 자본주의를 싹트게 한다. 사상들은
종루, 송파, 이현, 칠패 등지에서 난전을 발달시켜 집단
시장을 형성하게 된다. 시전상인 중에는 유일하게 공인
이 도고로 성장한다.

① 보부상(褓負商)은 농촌의 장시를 하나의 유통망으로
연계시킨 상인(관상)으로서 생산자와 소비자를 이어
주는 행상의 역할을 하였으며, 자신들의 이익을 지키
고 단결하기 위하여 보부상단(褓負商團)이라는 조합
을 구성하기도 했다.

② 조선 후기 대표적인 선상인 경강상인은 선박을 이용
해서 각 지방의 물품을 구입해 와 포구에서 처분하
였는데, 주로 한강을 무대로 미곡, 소금, 어물 등의 운
송 · 판매를 장악하여 부를 축적하였다.

③ 장시는 조선 후기인 18세기 중엽에는 전국에 1,000
여 개소가 개설될 정도로 발달하였는데, 통상 5일마
다 정기 시장이 개설되어 지역적 상권 · 상업 중심지
로 자리 잡게 되었다.

09

조선 후기의 경제 상황에 대한 설명으로 옳은 것은?

① 벼농사가 더욱 확대되어 각종 상품 작물의 재배가 위축되었다.
② 경영형 부농이 나타난 반면, 영세농의 이농 현상이 촉진되었다.
③ 소작농의 지대(地代)가 도조법에서 타조법으로 바뀌었다.
④ 서민 지주가 크게 성장하여 양반 관료들의 토지 집적 현상이 완화되었다.

해설 자작농은 물론 일부 소작농도 더 많은 농토를 경작하여 재산을 증식하는 경영형 부농이 나타났지만, 광작의 보급으로 소작 농민들이 소작지를 잃기는 쉬워지고 얻기는 어려워져 농촌을 떠나거나 품팔이로 생계를 유지하는 농민이 증가하였다.
① 조선 후기에는 모내기법이 확대되고, 상품 작물의 재배가 활발하였다.
③ 소작농의 지대(地代)가 타조법에서 도조법으로 바뀌었다. 소작인이 지주에게 수확의 반을 바치는 종래의 타조법은 전세와 종자, 농기구를 소작인이 부담하게 되어 농민으로서는 불리한 조건이었다. 18세기에 들어와 농민들의 불만과 반발로 일부 지방에서 도조법이 나타났는데, 도조법은 농사의 풍작과 흉작에 관계 없이 해마다 정해진 일정 지대액을 납부하는 것으로, 대개 수확량의 1/3~1/4을 지주에게 바치도록 되어 있기 때문에 소작인에게는 타조법보다 유리하였다.
④ 양반 관료들의 토지 집적은 상품화폐경제가 발달하면서 가속화되었으며, 다수의 농민들은 토지를 소유하지 못하고 농촌에서 유리되어 도시 상공업에 종사하거나 임노동자가 되었다.

10

조선 후기에 보급된 이앙법에 대한 설명으로 틀린 것은?

① 벼와 보리의 이모작을 가능하게 하였다.
② 단위 면적당 생산량을 증가시켰다.
③ 시비법이 개량되고 윤작법이 가능해졌다.
④ 직파법에 비해 노동력을 덜어주었다.

해설 가축의 거름을 사용하여 시비법이 개선되고 휴한농법이 개선된 것은 고려시대에 나타난 농업의 발달이다.

핵심정리

농업 생산력의 증대
• **농경지 확충** : 황폐한 농토의 개간 등
• **수리시설 복구와 관리**
　– 제언, 천방, 보(洑) 등 수리시설 정비·확대
　– 제언사를 설치하고(현종) 제언절목을 반포하여(정조) 국가에서 저수지 관리
• **시비법 개량** : 퇴비·분뇨·석회 등 거름의 종류 및 거름 주는 방법을 다양하게 개발
• **새로운 영농 방법 도입**
　– 논농사 : 직파법에서 이앙법으로 전환(15세기), 이앙법의 일반화·확대(17세기 이후)로 노동력 절감, 생산량 증대, 이모작 가능
　– 밭농사 : 농종법(壟種法)에서 견종법(畎種法)으로 변화(노동력 절감, 생산량 증대, 보리 재배 확대)
• **농기구의 개량**
　– 18세기 이후 철제 수공업 발달로 여러 농기구 제작
　– 쟁기·써레·쇠스랑·호미 등이 널리 사용됨
　– 소를 이용한 쟁기의 사용이 보편화로 생산력 증대

11

조선 후기 농민의 생활모습으로 보기 어려운 것은?

① 장날에 장시에 나가 채소를 팔았다.

② 어머니가 밭에서 고구마를 캐셨다.

③ 볕이 좋은 날 마당에서 고추를 말렸다.

④ 볍씨를 뿌린 땅에서 그대로 키워 벼를 수확하였다.

해설 ④는 직파법에 대한 설명으로 조선 초기 벼농사의 일반적 방법이었다.

12

조선 후기 사회의 모습으로 적절하지 않은 것은?

① 면화는 당시 서민들이 가장 많이 사용한 옷감의 원료이다.

② 시장에 팔기 위한 작물을 재배하여 가계 수입을 증가시켰다.

③ 담배, 면화, 약초, 채소 등의 재배가 점차 감소하였다.

④ 모내기법이 널리 확산되어 농가의 소득을 늘려 주었다.

해설 18세기에는 상품의 유통이 활발해짐에 따라 농업 방식과 기술 혁신으로 곡물, 면화, 채소, 담배, 약초 등을 상품으로 재배하게 되어 자급자족 농업에서 상업적 농업 체제로 변화하였다.

13 지방직 9급 기출

조선 후기(17~19세기)의 상공업 발달에 대한 설명으로 옳지 않은 것은?

① 인구의 자연 증가와 인구의 도시 유입으로 상품화폐경제의 진전이 보다 촉진되었다.

② 물산이 모이는 포구에서의 상거래는 장시에서의 상거래보다 규모가 컸다.

③ 선대제가 성행하면서 상인들이 수공업자들에게 예속되었다.

④ 의주의 중강과 봉황의 책문 등 국경을 중심으로 관무역과 사무역이 이루어졌다.

해설 ③은 반대로 설명되었다. 선대제(先貸制) 수공업은 민간 수공업자들이 공인이나 상인에게 주문과 함께 자금과 원료를 미리 받아서 제품을 생산하는 형태의 수공업을 말하는데, 조선 후기에는 선대제 수공업의 성행으로 수공업자들이 상업 자본(공인이나 상인 등)에 예속되어 독자적 제품의 생산·판매가 어려워졌다.

① 조선 후기 인구의 증가와 인구의 도시 유입으로 상품의 생산과 유통이 활발해지고 상업 활동이 촉진되어 상품화폐경제가 더욱 진전되었다.

② 물화의 대부분이 수로로 운송되면서 조선 후기 교통과 운송의 중심지로 포구(浦口)가 성장하였다. 포구에서의 상거래가 장시에서의 상거래보다 규모가 커지고 인근 포구 간 또는 인근 장시와 상거래가 연계되면서 포구는 상업의 중심지로 성장하였다.

④ 17세기 중엽부터 대청 무역이 활발해지면서 의주의 중강과 중국 봉황의 책문 등 국경 지역을 중심으로 관무역과 사무역이 동시에 이루어졌다(중강개시, 책문후시).

민영 수공업의 발달

① 발달 배경
- 시장 경제의 확대
  - 수요의 증가 : 인구 증가와 관수품 수요 증가
  - 공급의 증가 : 상품화폐경제의 발달로 시장판매를 위한 수공업품 생산 활발
- 관영 수공업의 쇠퇴 : 16세기 전후 장인들의 공장안 등록 기피로 공장안에 의한 무상 징발이 어려워짐, 정부의 재정 악화 등으로 관영 수공업 체제의 유지가 곤란

② 민영 수공업의 발달
- 공장안 폐지(신해통공, 1791) : 정조 때 장인의 등록제를 폐지하여 장인세만 부담하면 납포장으로서 자유롭게 물품 생산 가능
- 민간 수요와 관수품의 수요 증가 : 민영 수공업을 통해 증가 수요 충족
- 점(店)의 발달 : 민간 수공업자의 작업장(철점, 사기점 등), 전문 생산 체제 돌입
- 도시를 중심으로 발달하였지만 점차 농촌에서도 나타남

③ 농촌 수공업의 발달
- 전기의 자급자족 수준에 머물지 않고 전문적으로 상품을 생산하는 농가도 등장
- 주로 옷감(직물)과 그릇 종류를 생산

④ 수공업 형태의 변화
- 선대제(先貸制) 수공업 : 17~18세기 수공업의 보편적 형태
  - 공인이나 상인이 주문과 함께 자금과 원료를 제공하면, 민간 수공업자들은 이를 가지고 제품을 생산
  - 수공업자들은 상업 자본에 예속되어 독자적 생산·판매가 어려워짐(상인 물주의 수공업 지배)
- 독립 수공업자의 등장
  - 18세기 후반에 등장, 독자적으로 제품을 생산·판매하는 수공업자
  - 수공업자들의 독립 현상은 주로 놋그릇·농기구·모자·장도 분야에서 두드러짐

14

조선 후기 광업에 대한 설명으로 틀린 것은?

① 조선 초기에는 관영이었으나 점차 사유화되어 갔다.

② 청과의 무역으로 은의 수요가 늘어나면서 17세기에는 약 70개소의 은광이 개발되었다.

③ 18세기 후반에는 국가의 감독을 받아 민간인이 광물을 채굴할 수 있게 하였다.

④ 광산에 농민이 몰려 정부가 공개적 채취를 금하자 몰래 채굴하는 잠채가 성행하였다.

해설 18세기 후반에는 국가의 감독을 받지 않고 민간인이 광물을 자유롭게 채굴할 수 있도록 하여 이후 민간인에 의한 광업이 활기를 띠게 되었다.

광업의 발달(18세기)

- 호조의 수세 독점 : 18세기 초에는 호조가 수세를 독점하였으나, 관찰사와 수령의 방해로 점차 쇠퇴
- 덕대제와 수령수세 : 18세기 중엽부터는 국가의 감독을 받지 않고 자본(상인 물주)과 경영(덕대)이 분리된 광산 경영 형태가 일반화됨(상업 자본의 광산 경영으로 금광의 개발이 활발해짐), 수령이 수세를 관리
- 잠채 성행 : 18세기 중엽 이후 농민이 광산에 몰리는 것을 막기 위해 공개적 채취를 금하자 잠채가 성행
- 자유로운 채광 허용 : 18세기 후반부터는 민간인의 자유로운 채광을 허용하여 광업이 활기를 띰
- 조선 후기의 광산 경영의 특징
  - 덕대제 : 경영 전문가인 덕대가 상인 물주에게 자본을 조달받아 채굴업자와 채굴 노동자 등을 고용하여 광물을 채굴하고 제련하는 것이 일반화됨
  - 협업 체제 : 분업에 토대를 둔 협업으로 진행

제5편

근로 태동기의 변동

15 국가직 9급 기출

시기별 대외 교류에 관한 설명으로 옳지 않은 것은?

① 백제 : 노리사치계가 일본에 불경과 불상을 전하였다.
② 통일신라 : 장보고가 청해진을 설치하여 해상권을 장악하였다.
③ 고려 : 예성강 하구의 벽란도가 국제항으로 번성하였다.
④ 조선 : 명과의 교류에서 중강개시와 책문후시가 전개되었다.

해설 조선은 청과의 교류에서 17세기 중엽부터 대청 무역이 활발해져 의주의 중강과 중국 봉황의 책문 등 국경 지대를 중심으로 개시(공무역)와 후시(사무역)가 동시에 이루어졌다.
① 백제는 성왕 때 노리사치계를 통해 일본에 불교(불경·불상·경론 등) 전파(552)하였다.
② 통일신라시기인 8세기 이후 장보고는 완도에 청해진을 설치하여 해상 무역권을 장악하였다.
③ 고려 시대에는 예성강 하구의 벽란도가 국제 무역항으로 번성하였다.

─────── 핵심정리 ───────

청과의 국경 무역
• **개시(開市)** : 공인된 무역 장소로, 중강 개시와 북관 개시, 왜관 개시 등이 있었으며, 인조 때 중강 개시(中江開市)가 최초로 공인됨
• **후시(後市)** : 밀무역으로, 책문 후시와 중강 후시, 북관 후시, 왜관 후시 등이 있었으며, 책문 후시(柵門後市)가 가장 활발
• **종사 상인** : 의주의 만상은 대중국 무역을 주도하면서 재화를 축적
• **중계 상인** : 개성의 송상

16

다음 중 조선 후기 상인에 대한 설명으로 틀린 것은?

① 중도아 – 시전에서 물건을 떼어다가 파는 중간 상인이다.
② 송상 – 전국에 송방이라는 지점을 설치하여 활동의 기반을 강화하였다.
③ 경강상인 – 한강을 근거지로 미곡, 소금, 어물 등의 운송과 판매를 장악하였다.
④ 시전상인 – 대동법 실시 후 어용 상인으로 발전하였다.

해설 대동법 실시에 따라 나타난 상인은 공인으로, 조선 후기에 시전상인과 공인이 상업 활동에서 활기를 띠어 난전이라 불리는 사상들이 성장하게 되어 상호 경쟁이 일어났다.

17

조선 후기 상인들의 활동으로 옳은 것은?

① 내상과 만상은 관청에 필요한 물품을 조달하였다.
② 이현, 칠패 등의 난전은 종래의 시전상인의 탄압으로 성장하지 못했다.
③ 경강상인은 한강을 중심으로 운송을 하였다.
④ 보부상은 포구와 장시를 중심으로 교역을 하며 점차 도고로 성장하였다.

해설 경강상인은 한강을 근거지로 주로 서남 연해안을 오가며 미곡, 소금, 어물이나 그 밖의 물품의 운송과 판매를 장악하고 부를 축적하여 갔다.
① 내상과 만상은 사상으로 지방의 장시를 연결하면서 물품을 교역하고, 각지에 지점을 두어 상권을 확장하였다.

② 17세기 후반 사상들은 보다 적극적인 상행위로 종로 · 이현 · 칠패 등에 근거지를 마련하고 종래의 시전과 대립하였다.

④ 보부상은 농촌의 장시를 하나의 유통망으로 연계시킨 상인이며 도고로 성장한 것은 공인과 사상이다.

18

다음 중 17세기의 사회상으로 맞는 것은?

① 환곡의 폐단이 가장 컸다.

② 관영수공업이 주류를 이루었다.

③ 농민 대다수가 부를 축적하였다.

④ 장시가 전국에 설치되었다.

해설 15세기 말 남부 지방에서 개설되기 시작한 장시는 조선 후기에 전국적으로 개설되었다. 장시는 지방민들의 교역 장소로 일정한 날짜에 일정한 장소에 모여 물건을 교환하였는데, 보통 5일마다 열렸다.

19

다음 〈보기〉에서 설명하고 있는 사람은?

— 보기 —

포구나 큰 장시에서 생산자와 상인의 물품을 위탁받아 매매하는 업무 외에 위탁자들을 위한 숙박, 금융, 도매, 창고, 운송 등 일종의 부업도 함으로써 오늘날의 재벌기업 또는 종합상사와 같은 역할을 했다.

① 선상　　　　　② 시전상인

③ 보부상　　　　④ 객주

해설 상업의 발달로 지방 장시가 성장함에 따라 상업 도시에는 도매업과 더불어 상인의 유숙과 상인들의 물화 보관, 운송, 위탁 판매, 대금 결제까지 맡아 처리하던 객주가 나타나기 시작했다.

20 국가직 9급 기출

다음의 자료에 보이는 시기의 경제 동향에 대한 설명으로 옳지 않은 것은?

배에 물건을 싣고 오가면서 장사하는 장사꾼은 반드시 강과 바다가 이어지는 곳에서 이득을 얻는다. 전라도 나주의 영산포, 영광의 법성포, 흥덕의 사진포, 전주의 사탄은 비록 작은 강이나 모두 바닷물이 통하므로 장삿배가 모인다. … (중략) … 그리하여 큰 배와 작은 배가 밤낮으로 포구에 줄을 서고 있다.

– 『비변사등록』 –

① 강경, 원산 등이 상업 중심지로 성장하였다.

② 선상은 선박을 이용해서 각 지방의 물품을 거래하였다.

③ 객주나 여각은 상품의 매매를 중개하고, 숙박, 금융 등의 영업도 하였다.

④ 상업 활동이 활발해지면서 삼한통보 등의 동전을 만들어 유통하였다.

해설 『비변사등록』은 조선 광해군대의 기록부터 전해지므로 제시된 자료는 조선 후기의 상황을 다루고 있다. ④ 삼한통보는 고려 숙종 때 활구와 함께 유통시키려 했던 동전이므로 제시된 자료와는 거리가 멀다.

① 조선 후기에는 강경포, 원산 등이 상업 중심지로 성장하였다.

② 선상(경강상인)들이 선박을 이용하여 각 지방의 물품을 유통시켰다.

③ 포구에서는 객주나 여각들이 성장하여 도매업, 창고업, 위탁 판매, 숙박업, 운송업 등에 종사하였다.

정답　15 ④　16 ④　17 ③　18 ④　19 ④　20 ④

포구에서의 상업 활동

- **포구(浦口)의 성장** : 물화의 대부분이 수로로 운송되었으며, 18세기에 이르러 교통과 운송의 중심지로 성장
- **선상(船商)·객주(客主)·여각(旅閣)**
  - 선상(경강상인) : 선상의 활동이 두드러지면서 전국의 포구가 하나의 유통권을 형성해 감. 선박을 이용해 각 지방의 물품을 구입한 후 포구에서 처분
  - 객주·여각 : 물화가 포구에 들어오면 매매를 중개하고, 운송·보관·숙박·금융 등의 영업도 함. 지방의 큰 장시에서도 활동

화폐 유통

- **화폐의 확대·보급**
  - 상공업이 발달하고 대동미와 기타 세금, 지대 등을 전화(錢貨)로 대납하는 것이 가능해짐
  - 교환 수단인 동시에 재산 축적의 수단으로 이용됨
  - 18세기 후반부터 동광 개발이 활발히 추진되어 원료인 구리 공급이 용이
  - 정부는 각 기관에 동전의 발행을 권장
  - 동전 발행에 대한 통제가 해이해지면서 사적으로 주조하는 경우도 발생
- **동전(銅錢)과 신용화폐(信用貨幣)**
  - 동전 : 인조 때 동전을 주조하여 개성을 중심으로 통용. 효종 때 널리 유통시킴. 숙종 때 전국적으로 유통. 18세기 후반부터는 세금과 소작료도 동전으로 대납, 상평통보로 물건 구매
  - 신용화폐 : 대규모 상거래에서는 동전의 사용이 불편하여 환(換)·어음 등의 신용화폐가 사용됨. 상품화폐경제가 발달하면서 신용화폐가 점차 증가

21

조선 후기 상업의 변화에 대한 설명으로 옳은 것은?

① 18세기 후반에 이르러 화폐가 제조되었으나 유통은 부진하였다.
② 송상은 한강을 근거지로 미곡, 소금 등을 운송·판매하였다.
③ 조세의 전세화와 지대의 금납화가 상업의 발달을 촉진하였다.
④ 국가에서 통제하는 관영상업체제로 시전 상인만이 존재하였다.

해설 조세의 전세화와 물품의 수요, 공급의 증가로 상품화폐경제가 발달하였으며, 지방 장시가 성장하여 상업의 발달을 촉진하고 수공업도 활기를 띠었다.

22

다음 〈보기〉의 내용과 관련이 있는 상인은?

--- 보기 ---

- 주로 인삼을 재배·판매했다.
- 대외무역에 깊이 관여해 부를 축적했다.
- 각 지방에 지점을 설치했다.

① 의주의 만상　　② 동래의 내상
③ 평양의 유상　　④ 개성의 송상

해설 송상은 개성을 중심으로 육로를 따라 활동한 상인으로, 전국에 송방이라는 지점을 설치하여 활동의 기반을 강화하였는데, 주로 인삼을 재배·판매하고 대외 무역 등으로 부를 축적하였다.

23

조선 후기 상업에 대한 설명으로 틀린 것은?

① 경강상인은 한강을 중심으로 운송과 판매를 담당하였다.
② 동래와 의주의 상인은 일본, 중국과 사무역을 하였다.
③ 선상은 장시를 중심으로 농산물과 생활용품을 주로 취급하였다.
④ 상업 도시에는 도매업과 더불어 위탁 판매업, 창고업, 숙박업 등에 종사하는 객주나 여각이 나타났다.

해설 선상은 선박을 이용해서 각 지방의 물품을 구입해 와 포구에서 처분하였다. 운송업에 종사하다가 거상으로 성장한 경강상인은 대표적인 선상이었다.

24

조선 후기 경제적 변동 상황으로 틀린 것은?

① 농업 – 이앙법의 확산으로 광작이 유행하여 농민의 계층 분화가 나타났다.
② 상업 – 금난전권의 강화로 상품을 독점하는 도고가 성장하였다.
③ 수공업 – 상품수요의 증가로 민영수공업이 발달하였다.
④ 대외무역 – 개시와 후시 무역형태로 이루어졌다.

해설 금난전권 철폐로 시장경제가 확대되었다. 대동법의 실시로 등장한 공인은 서울의 시전뿐만 아니라 지방의 장시를 중심으로 활동하였고, 특정 물품을 대량으로 취급하여 독점적 도매상인인 도고로 성장하였다.

25

다음 〈보기〉와 같은 조선 후기의 경제적 변화로 나타난 사회현상으로 옳은 것은?

─ 보기 ─
• 광작의 확대
• 이모작, 견종법
• 도고의 성장
• 사상의 등장
• 경영형 부농과 임노동자 출현

① 신분 이동이 활발하였다.
② 빈부의 격차가 줄어들었다.
③ 농민과 노비의 수가 증가하였다.
④ 피지배층이 권력구조 개편에 주도적 역할을 하였다.

해설 조선 후기의 경제적 발전은 신분 변동을 촉진시켜 양반 중심의 신분체제 동요를 초래하였다. 양반의 수는 증가하고 상민과 노비의 숫자는 크게 감소하였다.

실전문제

제3장 사회의 변화

대표유형문제

국가직 9급 기출

조선시대 향촌 사회의 모습으로 옳지 않은 것은?

① 유향소는 수령을 보좌하고 향리를 감찰하기 위한 기구였다.

② 향안은 임진왜란 전후 시기에 각 군현마다 보편적으로 작성되었다.

③ 경제적으로 성장한 일부 부농층은 향회를 장악하며 상당한 지위를 확보하기도 하였다.

❹ 세도정치기에 향회는 수령과 향리들을 견제하고 지방통치를 대리하는 기구로 성장하였다.

정답해설 종래 양반의 이익을 대변하던 향회는 조선 후기에 들어 관권과 결탁한 부농이 장악하면서 수령의 자문기구로 전락하였다. 따라서 이 시기의 향회는 수령과 향리들에 대한 견제 기능을 하지 못하였고, 오히려 관권의 강화를 뒷받침하여 자의적인 농민수탈을 강화하는 결과를 초래하였다.

오답해설 ① 유향소(향청)는 수령을 보좌·감시하고 향리의 비행을 규찰하며, 좌수·별감의 선출, 정령시달, 풍속 교정과 백성 교화, 향회 소집, 여론수렴 등의 기능을 수행하는 기구였다.
② 향안(鄕案)은 향촌 사회의 지배층인 지방사족이나 향회 구성원의 명단을 적은 장부로, 임진왜란을 전후한 16, 17세기에 각 군현마다 보편적으로 작성되었다.
③ 경제적으로 성장한 일부 부농층은 관권과 결탁하고 향안에 이름을 올리며 향회를 장악하여 상당한 지위를 확보하기도 하였다.

핵심정리 조선 후기 부농층의 성장과 도전
• **신분 상승** : 부농층의 상승욕구와 재정위기 타개를 위한 정부의 이해가 일치하여 납속이나 향직의 매매를 통해 향촌의 새로운 부농층에게 합법적 신분 상승의 길을 열어 줌(신향층을 형성)
• **향회 장악을 기도** : 일부 부농층은 관권과 결탁하고 향안에 이름을 올리며 향회의 장악을 기도
• **향회의 자문 기구화** : 종래 양반의 이익을 대변하던 향회는 관권과 결탁한 부농층이 장악하면서 수령이 세금 부과를 묻는 자문기구로 변화하여 견제 기능을 상실
• **부농층과 정부(관권)의 연결** : 부농층은 종래 재지사족(구향층)이 담당하던 정부의 부세제도 운영에 적극 참여하였고, 향임직에 진출하지 못한 곳에서도 수령이나 향리 등 관권(官權)과 결탁하여 상당한 지위를 확보
• **관권의 강화** : 부농층과 관권의 결탁으로 관권을 담당한 수령과 향리의 권한·역할은 증대되고 상대적으로 기존의 재지사족의 향촌 지배력은 약화
• **향촌 지배에서 소외된 부농층** : 지배층이나 지배층과 연결된 부농층 등에 수탈을 당하였으며, 19세기 이후 민란에 주도적으로 참여하여 봉건적 수탈기구에 대항하는 세력이 되기도 함

01

다음 중 조선 후기 향촌사회에 대한 내용으로 틀린 것은?

① 수령을 중심으로 한 관권이 강화되고, 아울러 관권을 맡아 보고 있던 향리의 역할이 커졌다.

② 향촌사회에서 종래까지 영향력을 행사했던 양반은 새로 성장한 부농층의 도전을 받았다.

③ 구향과 신향 간의 향전이 발생하였는데, 수령은 항상 구향을 비호하였다.

④ 향회는 주로 수령이 세금을 부과할 때에 의견을 물어 보는 자문기구로 구실이 변하였다.

해설 조선 후기 구향과 신향 간의 향전에서는 현실적인 힘의 우위를 확보하고 있는 신향이 수령(관권)의 묵시적 지원이나 결탁을 통해 향전을 유리하게 전개해 나갔다. 따라서 수령이 항상 구향을 비호하였다는 내용은 적절하지 않다. 여기서 말하는 향전이란 새로이 대두하여 향안에 입록된 신향(소외 양반, 서얼, 부농층, 중인층 등을 포함)과 기존의 향권을 장악하고 있던 구향이 향청의 주도권과 향임직을 두고 전개한 다툼을 말한다.

① 조선 후기 향촌사회에서는 수령을 중심으로 한 관권의 권한이 강화되었고, 이에 비례해 관권을 실제 담당하던 향리의 역할도 상대적으로 증대되었다.

② 당시 성장한 부농층은 종래의 양반(재지사족)에 도전하는 양상이 전개되었는데, 재지사족이 담당하던 정부의 부세제도 운영에 적극 참여하였고 수령이나 향리 등 관권(官權)과 결탁하여 상당한 지위를 확보함으로써 상대적으로 기존의 재지사족의 향촌 지배력은 약화되었다.

④ 조선 후기 종래 양반의 이익을 대변하던 향회는 관권과 결탁한 부농층이 장악하면서, 수령이 세금 부과를 묻는 자문기구로 구실이 변화하여 견제 기능을 상실하게 되었다.

서얼의 차별과 신분상승 추구

① 사회적 차별과 역할 제약
- 인구 비중은 높았으나 성리학적 명분론에 의해 과거 응시나 사회 활동 등에 제약이 따름
- 서얼차대법에 따라 문과 응시가 금지됨(무과·잡과는 가능), 관직의 종류와 승진에 제한이 따름(한품서용제)

② 신분상승의 추구
- **제약의 완화** : 임진왜란 이후 정부의 납속책·공명첩 등으로 서얼의 관직 진출 증가
- **허통(許通) 운동** : 신분상승을 요구하는 서얼의 상소 운동으로 18~19세기에 활발히 전개
  - 통청윤음(영조 48, 1772)으로 서얼의 삼사 청요직 임명이 가능하게 됨
  - 정유절목(정조 1, 1777)에 따라 허통의 범위가 크게 확대(유득공·박제가·이덕무 등이 규장각 검서관으로 등용되기도 함)
  - 신해허통(철종 2, 1851)으로 완전한 청요직 허통이 이루어짐

02

다음 글은 다산 정약용이 당시 농민들의 실태를 지적한 것이다. 이 시기의 각 지역 호적대장에서 급증하는 호구는?

> 지금 호남의 백성들을 볼 때 대략 100호가 있다고 한다면, 그중 다른 사람에게 토지를 빌려주고 지대를 받는 자는 불과 5호에 지나지 않고, 자기 토지로 농사짓는 자는 25이며, 타인의 토지를 빌려 지으면서 지대를 바치는 자가 70호나 된다.

① 양반호   ② 상민호
③ 노비호   ④ 양반호, 상민호

해설 제시된 내용과 같은 지주전호제의 확대(소작전호의 증가)는 조선 후기의 상황에 해당하는데, 조선 후기의 신분 변화는 양반호가 증가하고 상민호와 노비호가 감소하는 방향으로 전개되었다.

핵심정리

조선 후기 신분제의 변동

① **신분제 변동의 배경**
- **양반의 분화** : 붕당정치의 변질과 일당전제의 경향으로 양반층의 분화(자기도태 현상)와 다수 양반들의 몰락현상이 발생
- **경제구조의 변화** : 농업 생산력의 발달과 상공업의 발달, 상품화폐경제의 진전 등으로 인한 경제구조의 변화는 신분 변동을 가속화함
- **사회계층 구성의 변화** : 경영형 부농, 상업자본가, 임노동자, 독립 수공업자 등이 출현 등

② **양반층의 분화**
- **분화 원인** : 조선 후기 붕당정치 변질로 인한 양반 상호 간의 정치적 갈등
- **계층적 분화**
  - 벌열양반(권반) : 지역사회에서 권세 있는 양반으로 사회·경제적 특권을 독차지, 대부분 중앙과 연결되어 있음
  - 향반(토반) : 향촌 사회에서 겨우 위세를 유지하고 있는 양반
  - 몰락양반(잔반) : 평민과 다름없는 처지의 양반(자영농·소작농화, 상업·수공업에 종사하거나 임노동자로 전락)

③ **신분 구성의 변동**
- **변동 방향** : 후기로 갈수록 양반 수는 증가하고 상민과 노비 수는 감소
- **원인** : 부를 축적한 농민들이 양반 신분을 사거나 족보를 위조하여 양반으로 행세
- **결과** : 신분 변동이 활발해져 양반 중심의 신분 체제가 동요

03

조선 후기의 신분제의 변화에 대한 설명으로 옳지 않은 것은?

① 경제적으로 부를 축적한 지주농민들은 납속, 공명첩 등으로 신분상승을 꾀하였다.

② 양반권세가, 향반, 잔반 등으로 양반계층 내부의 분화가 이루어졌다.

③ 서얼 및 중인 출신의 신분상승 운동이 전개되었다.

④ 순조 때 사노비를 해방시킨 후 을미개혁 때 신분제가 폐지되었다.

해설 순조 때 중앙 관서 노비들을 해방시켰으며, 갑오개혁(1894) 때 신분제가 폐지되면서 노비제는 법제상으로 사라지게 되었다.

핵심정리

노비의 해방

- **신분상승 노력**
  - 군공 및 납속으로 신분상승을 추구
  - 공노비를 종래의 입역노비에서 신공을 바치는 납공노비로 전환시킴
- **해방 과정**
  - 일천즉천의 법제 폐지 : 현종 10년(1669) 해당 법제를 폐지하고 종모법(從母法)으로 개정
  - 노비 종모법의 정착 : 영조 7년(1731) 노비종모법(아버지가 노비라도 어머니가 양민이면 양민으로 삼음)을 확정·시행
  - 공노비 해방 : 순조 원년(1801)에 중앙 관서의 노비 6만 6,000여 명을 해방
  - 노비세습제의 폐지 : 고종 23년(1886) 폐지
  - 사노비 해방 : 갑오개혁(1894)으로 공·사노비가 모두 해방됨(법제상 노비 신분의 소멸)

04

조선 후기의 노비제도를 바르게 설명한 것은?

① 획일적인 종모법을 법제화하였다.

② 노비들은 군공과 납속 등을 통하여 자신의 신분을 상승시켰다.

③ 국가에서는 노비의 신분상승을 엄격히 규제하였다.

④ 양반과 노비 사이의 자녀는 노비 신분을 벗어나지 못하였다.

> **해설** 노비들은 군공 및 납속으로 신분 상승을 위한 노력을 하였다.
> ①, ④ 노비의 신분상승 추세는 아버지가 노비라 하더라도 어머니가 양민이면 양민으로 삼는 법이 실시되면서 더욱 촉진되었다.
> ③ 국가에서는 공노비 유지에 비용이 많이 들어 그 효율성이 떨어지자 공노비를 종래의 입역노비에서 신공을 바치는 납공노비로 전환시켰다.

05

다음 신분에 대한 설명으로 옳은 것은?

> • 조선시대 기술직이나 행정 사무직에 종사하였다.
> • 역관, 의관, 향리, 서리가 해당된다.
> • 지배층의 자기 도태 과정에서 하나의 신분층으로 고정되었다.

① 개항 반대를 하여 위정척사운동을 벌였다.

② 직업적 전문성보다 인문적 교양을 중시하였다.

③ 지주전호제의 모순을 시정하기 위해 민란을 일으켰다.

④ 조선 후기에 신분상승을 위한 소청운동을 전개하였다.

> **해설** 지문은 중인에 대한 설명으로, 조선 후기에 중간 계층의 성장과 서얼의 신분상승운동 등을 바탕으로 중인층은 철종 때 대규모의 소청운동을 전개하였다.

06 국가직 9급 기출

밑줄 친 '우리'에 해당하는 계층의 활동으로 옳은 것은?

> 아! <u>우리</u>는 본시 모두 사대부였는데 혹은 의(醫)에 들어가고 혹은 역(譯)에 들어가 7, 8대 또는 10여 대를 대대로 전하니 … (중략) … 문장과 덕(德)은 비록 사대부에 비길 수 없으나, 명공(名公) 거실(巨室) 외에 <u>우리</u>보다 나은 자는 없다.

① 집단으로 상소하여 청요직(淸要職) 허통(許通)을 요구하였다.

② 형평사를 창립하고, 평등한 대우를 요구하는 형평운동을 펼쳤다.

③ 관권과 결탁하고 향회를 장악하여, 향촌 사회에서 영향력을 키우려 하였다.

④ 유향소를 복립하여 향리를 감찰하고 향촌 사회의 풍속을 바로 잡으려 하였다.

> **해설** 제시된 자료는 『상원과방』의 일부이다. '본시 모두 사대부였는데 혹은 의에 들어가고 혹은 역에 들어가 ~'라는 내용을 통해 중인 중 기술직 종사자들에 대한 내용임을 알 수 있다. 청요직은 홍문관·사간원·사헌부 등의 관직으로, 이를 거치면 고위직으로 진출하는 데 유리하였다. 조선 후기 사회·경제적 변동을 배경으로 재산을 축적한 중인은 청요직에 오를 수 있도록 요구하는 통청 운동을 펼쳤으나 성공하지는 못했다.
> ② 형평사를 창립하고 형평운동을 펼친 계층은 백정이다.
> ③ 조선 후기, 관권과 결탁하고 향회를 장악하여 향촌 사회에서 영향력을 키우려 한 계층은 부농층이다.
> ④ 유향소를 복립하여 향리를 감찰하고 향촌 사회의 풍속을 바로 잡으려 한 계층은 사림이다.

핵심정리

조선 후기 중인의 신분 변동

① 사회적 차별과 역할 제약
- 사회적 역할이 컸음에도 고위직으로의 진출이 제한됨
- 법제상 문·무과 응시가 가능하나, 실제로는 서얼과 같이 천대 받으며 청요직 진출에 제약이 따름

② 신분상승의 추구
- **신분상승운동의 전개 배경** : 조선 후기의 사회경제적 변동, 서얼의 신분상승운동, 기술직 종사로 축적된 재산과 풍부한 실무경험
- **소청운동의 전개** : 중인도 요직인 청직에 오를 수 있도록 해 줄 것을 요구하는 통청운동을 전개
- **통청운동의 의의** : 비록 성공하지 못하였으나 이를 통해 전문직으로서의 역할이 부각됨
- **역관의 역할**
  - 대청 외교 업무에 종사하면서 서학을 비롯한 외래문화 수용에 선구적 역할을 수행하여 새로운 사회의 수립을 추구
  - 무역에 관여하여 상당한 부를 축적하는 역관이 등장

07

다음 자료를 통해 알 수 있는 시기의 상황으로 바르지 못한 것은?

> - 옷차림은 신분의 귀천을 나타내는 것이다. 그런데 어찌된 까닭인지 근래 이것이 문란해져 상인, 천민들이 갓을 쓰고 도포를 입는 것이 마치 조정의 관리나 선비와 같이 한다. 진실로 한심스럽기 짝이 없다.
>
>   – 〈일성록〉
>
> - 근래 아전의 풍속이 나날이 변하여 하찮은 아전이 길에서 양반을 만나도 절을 하지 않으려 한다.
>
>   – 〈목민심서〉

① 부를 축적한 상민들이 납속을 통해 양반으로 상승하였다.

② 일부 노비들이 납속을 통해 신분상승을 하기도 하였다.

③ 양반 계층 분화로 양반 수는 줄고 상민과 노비 수는 늘어났다.

④ 상민이 양반을 칭하는 사례가 발생하고 지배층으로서의 양반의 의미가 퇴색해가고 있었다.

해설 조선 후기에는 부를 축적한 농민들이 자신의 지위를 높이고 역의 부담을 모면하기 위하여 양반 신분을 사거나 족보를 위조하여 양반으로 행세하는 경우가 많았다. 따라서 양반의 수는 더욱 늘어나고 상민과 노비의 수는 줄어드는 경향을 보였다.

08 국가직 9급 기출

여말선초 성리학의 도입으로 나타난 조선 후기의 사회 풍습으로 옳지 않은 것은?

① 과부의 재가를 금지하고 효자나 열녀를 표창하였다.

② 재산 상속에서 제사를 담당하는 장자를 우대하는 경향이 나타났다.

③ 남귀여가혼이 점차 축소되면서 친영제로 전환되어 갔다.

④ 사찰 대신 집안에 가묘를 설치하고 영정을 봉안하여 제사를 지냈다.

해설 집안에 가묘(家廟)를 설치하여 조상의 위패를 모시고 제사를 지내던 풍습은 조선시대에 일반화되기는 했으나, 이는 유교에서 비롯된 일반적 민간신앙이므로 여말 성리학의 도입으로 나타난 사회 풍습이라 보기는 어렵다.

① 고려시대에는 과부의 재가가 허용되었으나 성리학의 도입으로 조선 중기 이후에는 가족제도에 대한 윤리 덕목으로 효와 정절이 강조되면서 효자나 열녀를 표창하고 과부의 재가를 금지하였다.

② 고려시대에서 조선 중기까지는 균분 상속과 제사의 형제 분담이 이루어졌으나, 조선 후기에 들어오면서 장자 우선 상속 및 장자가 제사를 담당하는 것이 정착되어 갔다.

③ 조선 중기까지는 남귀여가혼(男歸女家婚)의 풍습에 따라 혼인 후에 남자가 여자 집에서 생활하는 경우가 존재했으나, 조선 후기부터는 성리학적인 예법이 더욱 강화되고 부계 중심의 가족제도가 확립되면서 혼인 후 곧바로 남자 집에서 생활하는 친영(親迎)제도가 정착되어 갔다.

핵심정리

가족 및 혼인제도

① 가족제도의 변화

• 조선 중기
  - 남귀여가혼(男歸女家婚) 존속 : 혼인 후에 남자가 여자 집에서 생활하는 경우가 존재
  - 자녀 균분 상속의 관행 : 대를 잇는 자식에게 상속분의 1/5을 더 주는 것 외에는 균분
  - 제사의 자녀 분담(윤회 봉사)

• 17세기 중엽 이후(조선 후기)
  - 친영(親迎)제도의 정착 : 성리학적의 영향으로 부계 중심의 가족제도가 확립되면서 혼인 후 곧바로 남자 집에서 생활
  - 장자 우선 상속 및 제사의 장자 부담(장자 중심 봉사) 정착
  - 아들이 없는 경우 양자를 들이는 것이 일반화
  - 부계 중심의 가족 제도 강화, 부계 위주의 족보 편찬
  - 종중(宗中) 우선의 인식, 동성 마을의 형성
  - 가족제도를 유지하기 위한 윤리 덕목으로 효와 정절 강조(효자나 열녀를 표창)
  - 가족제도가 사회 질서를 지탱하는 버팀목 역할을 수행
  - 과부의 재가 금지

② 혼인제도의 변화

• **일부일처제와 첩** : 일부일처를 기본으로 하였지만 남자들은 첩을 들일 수 있었음
• **적(嫡) · 서(庶)의 엄격한 구분** : 서얼의 문과 응시 금지, 제사나 재산 상속 등에서의 차별
• **혼인 결정권** : 대개 집안의 가장이 결정, 법적으로 남자 15세 · 여자 14세면 혼인 가능
• **친영제도의 정착**

제5편 근대 태동기의 변화

09 지방직 9급 기출

다음과 같은 현상이 일어나게 된 배경으로 옳지 않은 것은?

> 향회라는 것이 한 마을 사민(士民)의 공론에 따른 것이 아니고, 수령의 손 아래 놀아나는 좌수 · 별감들이 통문을 돌려 불러 모은 것에 불과합니다. 그 향회에서는 관의 비용이 부족하다는 핑계로 제멋대로 돈을 거두고 법을 만드니, 일의 원통함이 이보다 심한 것이 없습니다.

① 사족의 향촌 지배력이 약화되었다.
② 수령과 향리의 영향력이 약해졌다.
③ 향회는 수령의 부세 자문 기구로 전락하였다.
④ 양반 사족과 부농층이 향촌의 주도권 다툼을 벌였다.

해설 제시된 자료는 조선 후기 향촌 사회의 모습이다. 향안을 기반으로 구성된 향회에서 사민보다 수령 · 좌수 · 별감의 영향력이 더 크다는 내용을 통해 당시 향촌 사회에서 양반의 권위가 하락하고 관권이 강화되었음을 알 수 있다.
① 조선 후기에는 신분 질서가 동요하면서 향촌 사회 내부에서 양반의 권위가 하락하였다.
③ 향회는 양반의 이익을 대변하던 곳이었으나 관권과 결탁한 부농층에게 장악되면서 견제 기능을 상실하고 수령이 세금 부과를 묻는 자문 기구로 변질되었다.
④ 향전은 신향(새로이 대두하여 향안에 입록된 사람들로 소외 양반, 서얼, 부농층, 중인층 등 포함)과 구향(그때까지 향권을 장악하고 있던 기존 사족)이 향청의 주도권을 두고 벌인 다툼으로, 영조 · 정조대에 집중적으로 나타났다. 현실적인 힘의 우위를 확보하고 있는 신향이 수령(관권)의 묵시적 지원이나 결탁을 통해 향전을 유리하게 전개해 나갔다.

10

다음은 조선 후기 사회 변동을 나타낸 것이다. 빈칸에 들어갈 내용으로 틀린 것은?

> 신분제의 동요 → 지배층과 피지배층의 갈등 심화 → 농촌 경제 파탄 → (   )

① 정감록의 유행
② 유교의 발달
③ 미륵신앙 유행
④ 천주교의 교세 확장

해설 신분제의 동요로 지배층과 피지배층의 갈등이 심화되자 유교사상은 더 이상 사회 운영의 원리로서 기능할 수 없었다. 이 시기에는 〈정감록〉과 같은 예언서가 유행하였고, 미륵신앙과 민간신앙이 유행하였으며, 천주교의 전파와 동학이 발생하기도 하였다.

핵심정리

민간신앙의 성행
• 예언사상의 유행
  – 유교적 명분론이 설득력을 잃어가자 비기 · 도참 등을 이용한 예언사상이 유행(〈정감록〉 등)
  – 말세의 도래, 왕조 교체 등 근거 없는 낭설이 횡행하여 민심 혼란이 가중됨
• **무격 신앙의 성행** : 개인적 · 구복적 성격의 고유 신앙
• **내세를 위한 미륵신앙의 성행** : 이상향 제시, 살아 있는 미륵불을 자처하며 민심 현혹
• **민간신앙의 의의** : 사회 불안 속에서 성행하며 피지배층의 정신적 피난처 역할을 함

11

조선 후기에 다음과 같은 움직임이 나타난 이유로 가장 적절한 것은?

- 소청운동
- 벽서운동
- 대규모 봉기

① 잔반들이 정권 장악을 시도하였다.
② 노비들이 신분해방운동을 주도하였다.
③ 중인들이 청요직에 진출할 수 있는 자격을 얻고자 하였다.
④ 농민들이 현실 문제를 타개하고자 노력하였다.

해설 양난 이후 국가재정의 파탄과 관리들의 기강 해이로 인한 수취의 증가로 농민들의 생활이 어렵게 되자, 농민들은 소청운동, 벽서운동, 대규모의 봉기 등을 통하여 적극적으로 지배층에 대항하였다.

핵심정리

농민의 항거
- **원인**
  - 사회 불안 고조, 유교적 왕도 정치의 퇴색, 신분제의 동요
  - 19세기 세도정치하에서 탐관오리의 부정과 탐학
  - 사회 · 경제적 모순의 심화
  - 극심한 삼정의 문란
- **항거의 형태 및 변화**
  - 농토를 버리고 유민이 되거나, 산간벽지로 들어가 화전민 · 도적이 됨
  - 농민의 사회의식은 더욱 성장해 지배층의 압제에 대하여 종래의 소극적인 자세에서 벗어나 보다 적극적으로 대결
  - 소청 · 벽서 · 괘서 등의 항거 형태로 시작하여 점차 농민 봉기로 변화

12

조선 후기에 전래된 천주교에 대한 설명으로 옳지 않은 것은?

① 동학에 대한 반발로 보급되기 시작하였다.
② 18세기 말엽에는 한글로 번역된 교리서가 보급되었다.
③ 이승훈이 영세를 받은 후에 신앙 활동이 더욱 활발해졌다.
④ 초기에는 종교가 아닌 서양 문물의 하나인 서학으로 소개되었다.

해설 천주교에 대한 위기의식의 고조로 철종 때(1860) 최제우가 동학을 창시하였다.

핵심정리

천주교의 전파
- **천주교의 전래**
  - 17세기에 베이징을 방문하고 돌아온 사신들이 서학(학문적 대상)으로 소개
  - 18세기 후반 신앙으로 받아들여짐
- **교세의 확장**
  - 남인 계열의 실학자들이 천주교 서적인 〈천주실의〉를 읽고 신앙 생활
  - 이승훈이 영세를 받고 돌아와 활발한 신앙 활동 전개
- **박해**
  - 추조 적발 사건(정조 9, 1785)
  - 반회 사건(정조 11, 1787)
  - 신해박해(정조 15, 1791)
  - 신유박해(순조 1, 1801)
  - 기해박해(헌종 5, 1839)
  - 병오박해(헌종 12, 1846)
  - 병인박해(고종 3, 1866)
- **교세 확장의 원인**
  - 세도정치로 인한 사회 불안과 어려운 현실의 극복
  - 신 앞에 모든 인간은 평등하다는 논리, 내세 신앙 등의 교리가 백성들의 공감을 얻음

13 지방직 9급 기출

다음과 같은 주장이 제기된 시기의 사회상에 대한 설명으로 적절하지 않은 것은?

> 지금 양반이 명분상으로 상공업에 종사하는 것을 부끄러워하지만 그들의 비루한 행동이 상공업자보다 심한 자가 많다. …(중략)… 상공업을 두고 천한 직업이라 하지만 본래 부정하거나 비루한 일은 아니다.

① 이익, 정약용 등이 토지제도의 개혁을 주장하였다.
② 미륵사상이나 〈정감록〉 등이 민중에게 널리 전파되었다.
③ 정부는 교정청을 설치하여 삼정 문란을 바로잡고자 노력하였다.
④ 서민 생활을 반영하는 풍속화, 한글소설, 판소리 등이 유행하였다.

해설 제시문은 조선 후기의 중상학파 실학자 유수원이 저술한 〈우서〉의 내용 중 일부로, 사농공상의 직업적 차별의 철폐를 주장하고 있다. 교정청(1894. 6)은 동학농민운동 직후 정부가 개혁(갑오개혁)을 위해 왕명으로 설치한 기관이다. 삼정의 문란을 바로잡고자 설치한 기관은 삼정이정청(三政釐整廳)(1862, 철종 13년)이다. 삼정이정청은 진주민란(임술농민봉기) 직후 이에 대한 수습 차원에서 삼정의 폐단을 시정하기 위해 임시 관청으로 설치되었으나 효과를 거두지 못하였다.

14

다음과 같은 종교 사상의 설명으로 옳은 것은?

> 사람이 곧 하늘이라는 인내천 사상을 바탕으로 평등주의, 인도주의, 그리고 하늘의 운수 사상을 내세웠다.

① 유교, 불교, 선사상의 통합을 기본으로 하였다.
② 천주교의 교리를 철저하게 배격하였다.
③ 조선 왕조 유지를 위해 서양과 일본의 침투를 배척하였다.
④ 최제우는 〈용담유사〉를 펴내어 교리를 정리하였다.

해설 인내천 사상은 동학의 핵심 사상이다.
② 동학은 천주교를 부정하였지만 천주교의 교리를 일부 흡수하였다.
③ 동학은 조선 왕조를 부정하는 혁명성을 띠었다.
④ 〈동경대전〉(한자)과 〈용담유사〉(한글)는 1884년에 보은에서 2대 교주 최시형이 출간하였다.

핵심정리

동학(東學)의 성격

- 성리학 · 불교 · 서학 등을 배척하면서도 교리에는 유 · 불 · 선의 주요 내용과 장점을 종합
- 샤머니즘, 주문과 부적 등 민간신앙 요소도 결합되어 있으며, 현세구복적 성격
- 시천주(侍天主), 사인여천(事人如天), 인내천(人乃天) 사상을 강조해 인간 평등을 반영
- 운수사상과 혁명사상(조선 왕조를 부정)을 담고 있음
- 혁명적 · 반제국주의적 성격을 띠며, 사회 모순을 극복하고 외세의 침략을 막아내자는 주장을 전개
- 반봉건적 성격을 토대로 반상의 철폐, 노비제도 폐지, 여성과 어린이의 인격 존중 등을 강조

15 지방직 9급 기출

평안도 농민전쟁(홍경래 난)의 역사적 배경으로 옳지 않은 것은?

① 평안도민은 중앙 관직에 진출할 수 있는 기회가 매우 제한되었다.

② 봉기에 대한 호응이 전국적으로 일어날 만큼 지역 차별이 극심하였다.

③ 세도 정권이 서울 특권상인의 이권을 보호하기 위해 평안도민의 상공업 활동을 억압하였다.

④ 평안도민 중 대외무역과 광산 개발에 참여하여 부호로 성장한 인물이 많았다.

해설 평안도 농민전쟁(홍경래의 난, 1811)은 서북인에 대한 차별을 원인으로 하여 발생하였으나 전국적 봉기로 진행되지는 않았다. 홍경래의 난은 평안도 가산에서 발발하여 한때 청천강 이북 일대를 점령하기도 했으나 5개월여 만에 진압되었다. 민란이 전국적으로 확대된 계기는 임술농민봉기(진주민란, 1862)이다.

①, ③ 평안도민에 대한 차별로 중앙 관직에 진출할 수 있는 기회가 제한되었고, 서울 특권상인 등의 이권 보호를 위해 평안도민의 상공업 활동을 억압한 것도 홍경래 난의 원인이 되었다.

④ 당시 평안도민 중 대외무역과 광산 개발의 참여 등으로 상업 활동이 활발해지고 경제가 활성화되면서 부호로 성장하는 사람이 늘어났는데 비해, 정치적 측면에서는 상대적으로 소외되어 지역민들의 불만이 가중되었다.

핵심정리

홍경래 난(평안도 농민 전쟁, 순조 11, 1811)

- **의의** : 세도정치기 당시 농민 봉기의 선구
- **중심 세력** : 몰락 양반인 홍경래의 지휘하에 광산 노동자들이 중심적으로 참여하였고, 영세 농민 · 중소 상인 · 유랑인 · 잔반 등 다양한 세력이 합세
- **원인**
  - 서북인(평안도민)에 대한 차별(관직 진출의 기회가 상대적으로 제한) 및 가혹한 수취
  - 서울 특권 상인 등의 이권 보호를 위해 평안도 지역 상공인과 광산 경영인을 탄압 · 차별하고 상공업 활동을 억압
  - 세도정치로 인한 관기 문란, 계속되는 가뭄 · 흉작으로 인한 민심 이반
- **경과** : 가산 다복동에서 발발하여 한때 청천강 이북의 7개 고을을 점령하였으나 5개월 만에 평정
- **영향** : 이후 각지의 농민 봉기 발생에 영향을 미침(관리들의 부정과 탐학은 시정되지 않음)

---

16 지방직 9급 기출

19세기에 발생한 농민 봉기에 대한 설명으로 옳지 않은 것은?

① 몰락한 양반이 민란을 주도하기도 했다.

② 임술민란은 삼남지방에서 가장 치열하게 일어났다.

③ 홍경래 난의 지도자들은 지방차별 타파를 내세웠다.

④ 민란의 결과 부세제도의 근본적 개혁이 이루어졌다.

해설 임술민란(진주민란) 이후 수습책으로 삼정의 폐단을 시정하기 위한 임시 관청으로 철종 13년, 삼정이정청이 설치(1862)되었으나 그다지 효과를 거두지 못했으므로, 부세제도의 근본적 개혁이 이루어졌다고 할 수 없다.

제**5**편

근대 태동기의 변동

제4장 문화의 새 기운

대표유형문제

지방직 9급 기출

다음은 조선 후기 집필된 역사서의 일부이다. 이 책에 대한 설명으로 옳은 것은?

> 삼국사에서 신라를 으뜸으로 한 것은 신라가 가장 먼저 건국했고, 뒤에 고구려와 백제를 통합
> 하였으며, 또 고려는 신라를 계승하였으므로 편찬한 것이 모두 신라의 남은 문적(文籍)을 근거로
> 했기 때문이다. … (중략) … 고구려의 강대하고 현저함은 백제에 비할 바가 아니며, 신라가 차지
> 한 땅은 남쪽의 일부에 불과할 뿐이다. 그러므로 김씨는 신라사에 쓰여진 고구려 땅을 근거로 했
> 을 뿐이다.

❶ 우리 역사의 독자적 정통론을 세워 이를 체계화하였다.
② 단군 – 부여 – 고구려의 흐름에 중점을 두어 만주 수복을 희구하였다.
③ 중국 및 일본의 자료를 망라한 기전체 사서로 민족사 인식의 폭을 넓혔다.
④ 여러 영역을 항목별로 나눈 백과사전적 서술로 문화 인식의 폭을 확대하였다.

정답해설 제시된 자료는 안정복의 『동사강목』 중 일부분이다. 안정복은 이익의 제자로 그의 역사의식을 계승하고 연구 성
과를 축적·종합하며 중국 중심의 역사관을 비판하였다. 안정복은 『동사강목』에서 고조선부터 고려 말까지의 우
리 역사를 독자적 정통론(마한 정통론)을 통해 체계화하였다.

오답해설 ② 이종휘는 고구려사인 『동사』를 저술하여 부여·고구려·백제 등을 단군의 후예로 간주하고 발해를 고구려의
후예로 보아 이들이 나라를 세웠던 만주 역시 우리 땅임을 분명히 하였다.
③ 한치윤은 500여 종의 중국·일본 사서를 자료로 인용해 단군 조선부터 고려시대까지를 서술한 기전체 사서
인 『해동역사』를 편찬하였다.
④ 이긍익은 『연려실기술』에서 조선 왕조의 정치·문화사를 객관적·실증적 입장에서 서술하고 우리나라 역대
의 문화를 백과사전식으로 정리하였다.

핵심정리 이종휘의 『동사』
기전체 사서로, 현 시대는 과거의 역사를 통해 규명할 수 있다는 입장을 취하고 있다. 조선이 중화의 문화를 간
직한 유일한 국가라는 인식 하에 서술되었다. 고조선과 발해를 우리 역사로서 다루고 있으며, 부여·옥저 등 한
국 고대사의 여러 나라들의 위치를 격상시키는 한편 역사 체계에서 한군현(한사군)을 삭제하였다. 신채호는 이종
휘를 조선 후기 역사가 중 가장 주체적인 인물로 평가하였다.

01 [지방직 9급 기출]

조선 후기의 학문과 사상에 대한 설명으로 옳지 않은 것은?

① 허목은 중농정책의 강화, 부세의 완화, 호포제 실시 반대 등을 주장하였다.

② 호락논쟁은 인성과 물성이 같다고 주장하는 노론과, 다르다고 주장하는 소론 사이의 논쟁이다.

③ 이익은 나라를 좀먹는 악폐로 노비제도, 과거제도, 양반문벌, 사치와 미신, 승려, 게으름 등을 들었다.

④ 민족의 전통과 현실에 대한 관심이 깊어지면서 우리의 역사, 지리, 국어 등을 연구하는 국학이 발달하였다.

[해설] 호락논쟁(湖洛論爭)은 노론과 소론 간의 논쟁이 아니라 노론 내부의 성리학 이론 논쟁이다. 호론은 인간과 사물의 본성이 다르다는 인물성 이론(人物性異論)을, 낙론(洛論)은 인간과 사물의 본성이 같다는 인물성 동론(人物性同論)을 주장하며 대립하였다.

① 허목은 남인의 대표적 학자의 한 사람으로 농민생활 안정을 위한 중농정책의 강화와 수취체제의 완화, 호포제 실시의 반대 등을 주장하였다. 남인은 양반 지주 중심의 성리학적 국가체제 확립을 위해 중소지주와 자영농의 안정과 수취체제의 완화 등을 강조하였다.

③ 이익의 6좀 폐지론에 대한 내용이다. 이익은 나라를 좀먹는 여섯 가지의 폐단으로 양반문벌제 · 노비제 · 과거제 · 기교(사치와 미신) · 승려 · 게으름을 지적하고 그 시정을 강력히 주장하였다.

④ 실학의 발달과 함께 양란 후 민족 전통문화에 대한 관심과 애국심이 고조되면서 우리 역사 · 지리 · 국어 등을 연구하는 국학이 발달하게 되었다.

02 [서울시 9급 기출]

조선 후기 실학자의 저술에 대한 설명 중 옳은 것은?

① 유형원은 백과사전적 성격을 지닌 『반계수록』을 저술하였다.

② 이익은 『곽우록』을 저술하여 국가 제도 전반에 대한 의견을 제시하였다.

③ 박지원은 청에 갔던 기행문인 『연기』를 저술하였다.

④ 안정복은 각종 서적을 참고하여 조선시대 역사를 기술한 『동사강목』을 편찬하였다.

[해설] 18세기의 전반의 실학자 이익은 유형원의 실학사상을 계승 · 발전시키고 많은 제자들을 길러내 성호학파를 형성하였으며, 『곽우록』을 통해 농촌 경제의 안정책과 토지 개혁론(한전론) 등을 제시하였다.

① 유형원의 『반계수록』은 통치 제도에 대한 개혁안을 중심으로 한 총 26권의 저술이다.

③ 『연기』를 저술한 사람은 홍대용이다. 박지원은 청을 방문하고 돌아와 청의 문물을 소개하고 이를 수용할 것을 주장한 『열하일기』를 저술하였다.

④ 안정복의 『동사강목』은 고조선부터 고려 말까지를 다루고 있다.

핵심정리

이익의 한전론

- 균전론을 급진적 · 비현실적이라고 비판(토지 재분배를 위한 지주 토지의 몰수는 불가능)하고 그 대안으로 한전론을 제시

- **한전론** : 토지를 소유하되 상한을 정함(기본적인 생활 유지에 필요한 규모의 토지를 영업전으로 지정하여 법으로 매매를 금지하고 나머지 토지만 매매를 허용하여 점진적으로 토지 소유의 평등을 이룸)

03 [지방직 9급 기출]

다음 학문이 조선 후기 사회에 미친 영향을 가장 타당하게 추론한 것은?

> 무릇 사람은 반드시 음식을 먹고 싶어하는 마음이 있는 뒤에야 먹는 것을 안다. 음식을 먹고 싶어하는 마음은 곧 뜻이요, 곧 행(行)의 시작이다. 먹는 맛의 아름다움과 싫어함은 반드시 입에 들어간 것을 기다린 뒤에 아니, 어찌 입에 들어가지도 않았는데 이미 먼저 먹는 맛의 아름다움과 싫어함을 알겠는가.

① 노론의 일당 전제화에 기여하였다.
② 사상적 경직성을 비판하는 계기가 되었다.
③ 명분을 중시하고 가부장적 가족제도를 강화하였다.
④ 여권신장에 기여하였다.

[해설] 양명학은 지행합일설(知行合一說)을 근간으로 하며, 성리학의 교조화와 형식화를 비판하며 실천성을 강조하였다.

[핵심정리]

양명학
- **의의** : 성리학의 교조화와 형식화, 사상적 경직성 등을 비판하며 지행합일의 실천성을 강조하는 주관적 철학
- **사상 체계** : 인간의 마음이 곧 이(理)라는 심즉리(心卽理), 인간이 상하 존비의 차별 없이 타고난 천리로서의 양지를 실현하여 사물을 바로잡을 수 있다는 치양지설(致良知說), 앎은 행함을 통해서 성립한다는 지행합일설(知行合一說) 등을 근간으로 함

04

실학의 성립 배경과 관계 깊은 것은?

① 주변 민족에 대한 우월성을 강조하였다.
② 양반과 상민의 구분을 확연히 하고자 하였다.
③ 성리학의 한계성을 보완하기 위한 처방이었다.
④ 삼정의 문란으로 인하여 농민 생활이 피폐해졌다.

[해설] 조선 후기에 성리학이 현실 문제를 해결할 수 있는 기능을 수행하지 못하자, 성리학의 한계성을 자각하고 비판하면서 현실 생활과 직결되는 문제를 탐구하려는 움직임이 나타나게 되었다.

[핵심정리]

실학의 성립과 발전

(1) 등장 배경
① 17~18세기의 사회·경제적 변동에 따른 사회적 모순의 해결 방법을 구상하는 과정에서 대두
② 심각한 사회 모순에도 불구하고 지배 이념인 성리학은 현실 문제를 해결할 수 없었음
③ 성리학의 한계를 인식·비판하면서 현실 문제를 탐구하려는 학문적·사상적 움직임으로 등장

(2) 실학의 성립
① 16세기 말
- 정치·문화 혁신의 움직임이 싹터 정인홍 등이 성리학 이외의 사상을 폭넓게 수용하려 함
- 성리학을 고집하는 보수적 학자들의 반발로 학문적 체계를 세우지 못함
② 17세기
- 사회 통합과 국제 정세 대처를 위해 국가 역량이 강화되어야 한다는 사회적 인식이 만연
- 이수광·한백겸·유형원 등은 나름의 개혁 방안을 제시
  - 이수광 : 〈지봉유설〉을 저술, 문화 인식의 폭을 확대
  - 한백겸 : 〈동국지리지〉를 저술하여 역사 지리를 치밀하게 고증

05

다음과 같이 주장한 실학자의 토지개혁론에 대한 설명으로 옳은 것은?

> 나라를 좀먹는 여섯 가지 폐단은 노비제도, 과거제도, 양반 문벌제도, 사치와 미신, 승려, 게으름으로 지적하였다.

① 공동소유, 공동노동, 공동분배의 여전제를 주장하였다.
② 관리, 선비, 농민 등 신분에 따라 차등 있는 토지의 재분배를 주장하였다.
③ 농업에서 토지제도의 개혁보다는 농업의 상업적 경영과 기술 혁신을 통해 생산성을 높이고자 하였다.
④ 한 가정의 생활을 유지하는 데 필요한 토지를 영업전으로 정한 다음 법으로 매매를 금지하고 나머지 토지만의 매매를 주장하였다.

해설 이익은 나라가 빈곤하고 농촌이 피폐한 원인으로서 노비제도, 과거제도, 양반 문벌제도, 사치와 미신 숭배, 승려, 게으름 등 여섯 가지를 나라의 좀으로 규정하였다. 이익은 자영농 육성을 위한 토지 개혁론으로 한전론의 실시를 주장하여 한 가정의 생활을 유지하는 데 필요한 규모의 토지를 영업전으로 지정하고, 법으로 매매를 금지할 것을 주장하였다.

핵심정리
한전론(限田論)
균전론 비판에 대한 대안으로 한전론을 제시, 토지를 소유하되 상한을 정함(기본적인 생활 유지에 필요한 규모의 토지를 영업전으로 지정하여 법으로 매매를 금지하고 나머지 토지만 매매를 허용하여 점진적으로 토지 소유의 평등을 이룸)

06

다음의 주장이 공통으로 추구한 목표는?

> • 유형원의 균전론 • 이익의 한전론
> • 정약용의 여전론

① 자영농의 육성
② 화폐 유통의 필요성 강조
③ 상공업 장려
④ 양반 중심의 신분질서 유지

해설 유형원, 이익, 정약용을 경세치용학파라고 하며 이들은 농촌사회 안정을 위하여 농민의 입장에서 토지제도와 각종 제도의 개혁을 추구하였다.

핵심정리
중농학파(경세치용 학파, 성호학파)
• 유형원(1622~1673)
 – 농업 중심 개혁론의 선구자
 – 저술: 〈반계수록〉(균전제 실시 주장), 〈동국여지지〉(사회 개혁안의 기초 자료 정리)
• 이익(1681~1763)
 – 농업 중심의 개혁론을 더욱 발전시킴, 학파를 형성
 – 저술: 〈성호사설〉(화이관 탈피 · 우리 역사의 체계화 주장), 〈곽우록〉(농촌 경제의 안정책과 토지 개혁론 등을 기록), 〈붕당론〉(붕당의 폐해를 지적)
• 정약용(1762~1836)
 – 이익의 실학사상을 계승하면서 실학을 집대성
 – 저술: 3부작(1표 2서, 一表二書)인 〈목민심서〉 · 〈경세유표〉 · 〈흠흠신서〉, 3논설인 〈전론(田論)〉, 〈원목(原牧)〉, 〈탕론(蕩論)〉 및 기예론, 500여 권의 저술을 〈여유당전서(與猶堂全書)〉로 남김

07

다음과 같은 주장을 한 학자의 저술은?

"요즘 이름 있는 관리들이 모여서 하루종일 이야기를 하여도 나랏일에 대한 계획이나 백성을 위한 걱정은 전혀 하지 않는다. 오로지 각 고을에서 보내오는 뇌물이 많고 적음과 좋고 나쁨만에 관심을 가지고, 어느 고을 수령이 보낸 물건은 극히 정묘하고 또 어느 수령이 보낸 물건은 매우 넉넉하다고 말한다. 이름 있는 관리들이 말하는 것이 이러하다면 지방에서 거둬들이는 것이 반드시 늘어날 것이다. 나라가 어찌 망하지 않겠는가?"

① 목민심서   ② 성호사설
③ 색경   ④ 반계수록

해설 지문은 정약용의 저서인 〈목민심서〉의 일부로 세도정치의 폐해를 지적한 글이다. ②는 이익, ③은 박세당, ④는 유형원의 저서이다.

핵심정리

목민심서(牧民心書)(순조 18년)
- **내용** : 지방 관리들의 폐해를 없애고 지방 행정의 쇄신을 위해 옛 지방 관리들의 잘못된 사례를 들어 백성들을 다스리는 도리를 설명하였다.
- **구성**
  - 제1편 부임(赴任), 제2편 율기(律己), 제3편 봉공(奉公), 제4편 애민(愛民) : 지방관의 기본자세를 논함
  - 제5편의 이전(吏典), 제6편의 호전(戶典), 제7편의 예전(禮典), 제8편의 병전(兵典), 제9편의 형전(刑典), 제10편의 공전(公典) : 〈경국대전〉의 6전을 기준으로 지방관이 실천해야 할 정책을 논함

08

조선 후기 북학파에 대한 설명으로 옳지 않은 것은?

① 청의 문물을 거부하였다.
② 상공업 발달을 중시하였다.
③ 이용후생 학파라고도 한다.
④ 19세기 개화사상가들에게 영향을 주었다.

해설 북학파는 청 문화와 청을 통해 들어온 서양 문화의 영향을 받은 실학자들로, 이들은 청 문물을 적극적으로 수용하여 부국강병과 이용후생에 힘쓸 것을 주장하였다.

핵심정리

중상학파(이용후생학파, 북학파)
- **유수원(1694~1755)**
  - 개혁론을 통해 농업의 전문화 · 상업화를 주장
  - 〈우서(迂書)〉를 통해 중국과 우리 문물을 비교하면서 정치 · 경제 · 사회 전반의 개혁을 제시
- **홍대용(1731~1783)**
  - 농업(토지) 개혁론으로 균전론을 주장
  - 〈임하경륜(林下經綸)〉 · 〈의산문답(醫山問答)〉 · 〈연기(燕記)〉 등이 〈담헌서(湛軒書)〉에 전해짐, 수학 관계 저술로 〈주해수용(籌解需用)〉이 있음
- **박지원(1737~1805)**
  - 한전론의 중요성을 강조하면서 농업 생산력의 향상에 관심을 가짐
  - 〈열하일기(熱河日記)〉, 〈과농소초(課農小抄)〉 · 〈한민명전의(限民名田議)〉 저술
- **박제가(1750~1805)**
  - 상공업의 육성, 청과의 통상 강화, 세계 무역에의 참여, 서양 기술의 습득을 주장
  - 청에 다녀온 후 〈북학의(北學議)〉 저술
- **이덕무(1741~1793)**
  - 북학을 주장, 〈청장관전서(靑莊館全書)〉를 남김

09

다음 설명에 나타난 인물은 누구인가?

> • 개혁을 위해 선비의 자각을 강조하였다.
> • 한전론의 중요성을 강조하고 상업적 농업을 장려하였다.
> • 수레와 선박의 이용, 화폐 유통의 필요성 등을 통한 상공업 진흥을 주장하였다.

① 홍대용　　　② 박제가
③ 박지원　　　④ 유수원

해설 중상학파(북학파) 실학자인 박지원은 토지제도로 한전론의 중요성을 강조하였고, 〈과농소초〉, 〈한민명전의〉를 저술하여 영농방법의 혁신과 상업적 농업을 장려하였다. 또한 상공업 진흥을 강조하여 수레와 선박의 이용, 화폐 유통의 필요성을 주장하기도 하였다.

핵심정리

중상학파 박지원(1737~1805)
- **열하일기(熱河日記)** : 청에 다녀와 문물을 소개하고 이를 수용할 것을 주장
- **농업 관련 저술** : 〈과농소초(課農小抄)〉·〈한민명전의(限民名田議)〉 등에서 영농 방법의 혁신, 상업적 농업의 장려, 수리 시설의 확충 등을 통한 농업 생산력 증대에 관심
- **한전론**의 중요성을 강조하면서 농업 생산력의 향상에 관심을 가짐
- **상공업의 진흥**을 강조하면서 수레와 선박의 이용, 화폐 유통의 필요성 등을 주장
- **양반 문벌제도 비판** : 〈양반전〉, 〈허생전〉, 〈호질〉을 통해 양반 사회의 모순과 부조리·비생산성을 비판

10

다음과 같은 주장을 한 실학자와 저서가 바르게 연결된 것은?

> 소비와 생산과의 관계를 우물에 비유하여 우물물은 퍼낼수록 가득차고 버려둘수록 말라버리는 것처럼 소비를 생산의 촉진제로 보았다. 절약과 저축만으로는 부의 증진이 어렵고 생산의 증대가 따라야 함을 지적하고 있는 것이다.

① 유수원 – 우서
② 박지원 – 과농소초
③ 박제가 – 북학의
④ 정약용 – 여전론

해설 박제가는 〈북학의〉에서 소비와 생산과의 관계를 우물에 비유하여 절약보다 소비를 촉진할 것을 강조하였으며 청과의 통상 강화와 수레와 배의 이용을 늘릴 것을 주장하였다.

핵심정리

박제가(1750~1805)
- 상공업의 육성, 청과의 통상 강화, 세계 무역에의 참여, 서양 기술의 습득을 주장
- 선박과 수레의 이용 증가 및 벽돌 이용 등을 강조
- 생산과 소비와의 관계를 우물물에 비유하면서 생산을 자극하기 위해서는 절약보다 소비를 권장해야 한다고 주장
- 신분 차별 타파, 양반의 상업 종사 등을 주장

11 국가직 9급 기출

역사서 저자들의 정치적 입장에 대한 설명으로 옳지 않은 것은?

① 〈여사제강〉: 서인의 입장에서 북벌운동을 지지하였다.

② 〈동사〉: 붕당정치를 비판하였다.

③ 〈동사강목〉: 성리학적 명분론을 비판하였다.

④ 〈동국통감제강〉: 남인의 입장에서 왕권 강화를 주장하였다.

해설 안정복이 저술한 〈동사강목〉(1778)은 성리학적 명분론에 입각하여 서술하면서 독자적 정통론(마한 정통론)에 따르는 자주의식의 일면을 보여주었다. 이는 성리학적 사관을 토대로 성장한 민족적 자의식을 반영한 것이라 할 수 있다. 〈동사강목〉은 고조선으로부터 고려 말까지의 우리 역사를 독자적 정통론을 세워 체계화하였고 사실들을 치밀하게 고증하여 고증사학의 토대를 마련하였다는 데 의의가 있다.

① 〈여사제강〉(1667)은 조선 현종 때 서인 유계가 〈고려사〉를 개관하여 편년체로 저술한 사서로, 북벌운동을 고취하고 재상 중심의 정치를 강조한 것이 특징이다.

② 〈동사〉(1667)는 조선 현종 때 남인 허목이 지어 숙종에게 바친 사서로, 북벌운동과 붕당정치를 비판하였다. 〈동사〉에서는 신성한 제왕(帝王)으로 인후(仁厚)한 정치를 편 단군 · 기자 · 신라를 중국의 삼대(三代)의 이상시대에 비유하였고, 우리의 자연환경과 풍속 · 인성의 독자성을 강조하고 그에 맞는 정치를 촉구하였다.

④ 〈동국통감제강〉(1672)은 조선 현종 때 영남 남인 홍여하가 지은 편년체 사서로, 왕권강화를 강조하고 붕당정치의 폐해를 역설하였다. 선초의 〈동국통감〉의 고대사 부분을 강목체로 고쳐 쓴 것으로, 기자조선 · 마한 · 신라로 이어지는 정통론에 입각하여 우리나라 고대사 체계를 파악하려고 하였다.

12 국가직 9급 기출

다음의 역사서가 편찬된 시기의 상황에 대한 설명으로 옳은 것은?

> 부여씨가 망하고 고씨(고구려)가 망한 다음 김씨(신라)가 남방을 차지하고 대씨(발해)가 북방을 차지하고는 발해라 하였으니, 이것을 남북국이라 한다. 당연히 남북국사가 있어야 하는데, 고려가 편찬하지 않은 것은 잘못이다. 저 대씨가 어떤 사람인가? 바로 고구려 사람이다. 그들이 차지하고 있던 땅은 어떤 땅인가? 바로 고구려 땅이다.

① 양명학이 수용되기 시작하였다.

② 성리학 수용을 지지하는 여론이 조성되었다.

③ 서얼 출신을 규장각 검서관으로 등용하였다.

④ 우리 역사의 통사 체계가 처음으로 확립되었다.

해설 제시문은 18세기 유득공이 저술한 〈발해고〉(1784)의 내용 중 일부이다. 〈발해고〉는 발해사를 우리 역사로 보아 이에 대한 연구를 심화하고, 발해가 존재하던 시기를 남북국 시대로 인식하여 한반도 중심의 협소한 사관을 극복하고자 하였다(최초의 발해사, 민족에 대한 주체적 의식 반영).

조선 후기 정조 때 왕권과 정책을 뒷받침하기 위해 능력 있는 서얼을 등용하여 규장각 검서관으로 임명하였다.

① 양명학은 16세기 중종 때 전래되어 17세기 후반 소론 학자들에 의하여 본격적으로 수용되었다. 주로 서경덕 학파와 불우한 종친들을 중심으로 점차 확산되었다가 18세기 정제두를 중심으로 한 강화학파에 의해 본격적으로 연구되었다.

② 성리학은 고려 후기 원 간섭기에 안향에 의해 전래되어 신진사대부를 중심으로 수용되었다.

④ 우리나라 최초의 통사는 조선 전기에 서거정이 왕명으로 편찬한 〈동국통감〉(1484)이다. 〈동국통감〉은 단군에서 여말까지를 기록한 편년체의 사서로, 편찬의 체제나 방법이 성리학적 명분론에 입각하고 있으나 단군을 민족의 시조라 보는 등 자주적 입장에서 재정리하였다.

핵심정리

조선시대 역사서 변천

조선 전기의 역사서	• 〈고려국사〉(정도전) : 고려시대의 역사를 정리하고 조선 건국의 정당성을 밝히려고 함 • 〈동국사략〉(권근) : 개국 이후 고려까지의 역사를 성리학적 사관으로 서술 • 〈고려사〉(김종서) : 조선 건국을 합리화 • 〈고려사절요〉(김종서) : 고려시대의 역사를 자주적 입장에서 재정리 • 〈동국통감〉(서거정) : 고조선부터 고려 말까지의 역사를 정리
16세기 이후의 역사서	• 〈동국사략〉(박상) : 단군에서 신라 말까지를 다룬 우리나라 최초의 통사 • 〈기자실기〉(이이) : 왕도정치의 기원을 기자 조선에서 찾음 • 〈동사찬요〉(오운) : 동국통감을 비판·개찬, 왜란 이후의 역사의식을 서술 • 〈동사강목〉(안정복) : 역사의 독자적 정통론 확립 • 〈동사〉(이종휘), 〈발해고〉(유득공) : 한반도 중심의 협소한 사관 극복 • 〈연려실기술〉(이긍익) : 조선시대의 정치·문화사 정리

13
다음 주장과 관련된 사실은?

> 천체가 운행하는 것이나 지구가 자전하는 것은 그 세가 동일하니 분리해서 설명할 필요가 없다. 다만 9만 리의 둘레를 한 바퀴 도는 데 이처럼 빠르며, 저 별들과 지구와의 거리는 겨우 반경밖에 되지 않는데도 몇 천만억의 별들이 있는지 알 수 없는데, 하물며 천체들이 서로 의존하고 상호작용하면서 이루고 있는 우주 공간의 세계 밖에도 또 다른 별들이 있다. …… 칠정(태양, 달, 화성, 수성, 목성, 금성, 토성을 통틀어 이르는 말)이 수레바퀴처럼 자전함과 동시에 맷돌을 돌리는 나귀처럼 둘러싸고 있다. 지구에서 가까이 보이는 것을 사람들은 해와 달이라 하고 지구에서 멀어 작게 보이는 것을 오성(수성, 금성, 화성, 목성, 토성)이라 하지만 사실은 모두가 동일한 것이다.

① 북벌론의 이론적 근거가 되었다.
② 오늘날 한방의학의 관심의 대상이 되었다.
③ 성리학적 세계관을 비판하는 사상적 기반이 되기도 하였다.
④ 고대사 연구의 시야를 만주 지방으로 확대시키는 계기가 되었다.

해설 제시문은 홍대용의 〈의산문답〉 중의 일부로, 홍대용은 지전설을 주장하여 중국이 세계의 중심이라는 성리학적 세계관을 비판하는 근거가 되었다.

제5편

근대 태동기의 문화

14

다음 내용과 관련 있는 사람과 저서가 바르게 연결된 것은?

> • 사람의 체질(태양, 태음, 소양, 소음인)에 따른 치료를 강조한 사상의학(四象醫學)을 확립하였다.
> • 오늘날 한방의학의 관심 대상으로 한의학계에서 통용되고 있다.

① 허임 – 침구경험방
② 정약용 – 마과회통
③ 이제마 – 동의수세보원
④ 홍대용 – 주해수용

해설 이제마는 고종 때 〈동의수세보원〉을 저술하여 독특한 사상의학을 확립하였다. 그는 같은 병이라도 체질에 맞게 약을 사용해야 한다고 주장하였다.

15

다음 중 조선 후기 실학자들에 대한 설명으로 옳은 것은?

① 유형원 – 균전론을 주장하였고, 나라를 좀먹는 여섯 가지의 폐단을 지적하였다.
② 정약용 – 서학을 수용하였고, 거중기 등 과학기술의 발전을 이루었다.
③ 유수원 – 지전설을 주장하며 중국 중심의 세계관을 부정하였다.
④ 김정희 – 양반문벌제도를 극복하기 위하여 고증학을 적극 채용하였다.

해설 정약용은 서학을 수용하였다가 신유박해(1801) 당시 강진으로 유배를 가기도 하였다. 또한 기술개발을 중시하여 수원성 축조시 거중기를 제작하여 사용하였다.
① 나라를 좀먹는 여섯 가지의 폐단으로, 양반제도 · 노비제 · 과거제 · 기교(사치와 미신) · 승려 · 게으름'을 지적하고 그 시정을 강력히 주장한 사람은 이익이다. 유형원은 개혁론으로 균전론을 주장하여, 자영농 육성을 위한 토지 제도의 개혁과 토지의 차등적 재분배를 강조하였다.
③ 지전설을 주장하여 중국 중심의 세계관을 부정한 사람은 홍대용이다. 홍대용은 그의 저서 「의산문답」에서 김석문의 지구회전설을 계승해 지전설을 주장하여 화이관을 비판하였다.
④ 김정희는 북학파 학문과 청나라의 고증학까지 두루 섭렵하였으나, 양반문벌제도를 극복하고자 고증학을 적극 수용한 것은 아니었다. 김정희는 북학파(北學派)의 한 사람으로, 당시 조선의 실학과 청의 학풍을 융화시켜 경학과 금석학, 불교학 등 여러 방면에 걸친 학문 체계를 수립했다.

핵심정리

정약용(1762~1836)의 저술
• 500여 권의 저술을 「여유당전서(與猶堂全書)」로 남김
• 3부작(一表二書) : 지방 행정의 개혁 및 지방관(목민관)의 도리에 대하여 쓴 「목민심서」, 중앙의 정치조직과 행정개혁에 대하여 쓴 「경세유표」, 형옥을 담당한 관리들이 유의할 사항에 대해 쓴 「흠흠신서」
• 3논설 : 여전제와 정전제를 논한 「전론(田論)」, 통치자는 백성을 위해 존재한다고 강조하여 정치의 근본을 주장한 「원목(原牧)」, 왕조교체(역성혁명)의 가능성과 민권사상의 정당성을 논증한 「탕론(蕩論)」
• 기예론
 – 다산이 과학 기술 발전의 중요성을 역설한 글로, 농업기술과 공업기술을 논의
 – 기술개발을 중시하고 선진기술 수용을 강조
 – 수원성 축조시 거중기를 제작하여 사용하였고, 한강의 배다리(舟橋)를 설계

16

조선 후기 건축물에 대한 설명으로 틀린 것은?

① 정치적 필요에 의하여 대규모 건축물들이 세워지기도 하였다.

② 부농과 상공업 계층의 지원 아래 그들의 근거지에 많은 사원이 세워졌다.

③ 당시의 과학과 기술을 집약한 해인사 장경판전이 만들어졌다.

④ 정조의 수원 화성이 거중기를 이용하여 만들어졌다.

해설 팔만대장경판을 보관하고 있는 해인사의 장경판전은 조선 전기(15세기)의 과학과 기술을 집약한 것으로 유네스코에 의해 세계 유산으로 보존되고 있다.

핵심정리

건축의 변화
- **17세기의 건축**
  - 성격 : 사원 건축 중심, 규모가 큰 다층 건물
  - 대표적 건축물 : 금산사 미륵전, 화엄사 각황전, 법주사 팔상전 등
- **18세기의 건축**
  - 성격 : 사회적으로 부상한 부농과 상인층의 지원을 받아 장식성 강한 사원이 많이 건립됨
  - 대표적 건축물 : 논산 쌍계사 · 부안 개암사 · 안성 석남사 등
  - 수원 화성 : 정조 때 전통적 성곽 양식 위에 서양식 건축 기술(거중기 · 활차)을 도입하여 축조
- **19세기 이후의 건축**
  - 19세기 : 흥선대원군이 국왕의 권위를 제고하고자 경복궁의 근정전과 경회루를 재건(화려하고 장중한 건물로 유명)
  - 20세기 초 : 덕수궁 석조전(르네상스 양식)

17

다음 중 조선 후기 화가와 그 그림의 특징이 바르게 연결되지 못한 것은?

① 김홍도 – 서민들의 수요에 의해 민화를 그렸다.

② 강세황 – 원근법을 도입하였다.

③ 정선 – 진경산수화를 개척하였다.

④ 신윤복 – 도회지 양반들의 풍류를 그렸다.

해설 김홍도는 정선의 뒤를 이어 산수화와 풍속화에 새 경지를 열어놓은 화가이다.

핵심정리

풍속화(風俗畵)
- **의의** : 18세기 후반, 조선 후기의 새로운 현상들을 긍정적 의미로 이해하고, 당시 사람들의 생활 정경과 일상적인 모습을 생동감 있게 그려 회화의 폭을 확대
- **김홍도**
  - 경향 : 정선의 뒤를 이어 산수화와 풍속화에 새 경지를 개척, 산수화 · 기록화 · 신선도 등을 많이 그렸지만 특히 정감 어린 풍속화로 유명(전원 화가)
  - 작품 : 밭갈이 · 추수 · 씨름 · 서당 · 베짜기 등(주로 농촌의 생활상 묘사, 자신의 일에 몰두하는 사람들의 특징을 소탈하고 익살스러운 필치로 표현)
- **김득신** : 관인 화가(궁정 화가)로 풍속화에 능했음, 파적도 · 야공도, 김홍도의 제자(강세황 → 김홍도 → 김득신)
- **신윤복**
  - 경향 및 기법 : 김홍도에 버금가는 풍속 화가로, 간결하고 소탈한 김홍도에 비해 섬세하고 세련된 필치를 구사(도회지 화가)
  - 작품 : 주유도, 주막도, 여인도, 단오풍경, 풍속화첩 등(주로 양반들과 부녀자들의 생활과 유흥, 남녀 사이의 애정 등을 감각적이고 해학적으로 묘사, 배경 있음)

18 국가직 9급 기출

괄호에 들어갈 내용으로 가장 거리가 먼 것은?

> 조선 후기의 상공업 발달과 농업 생산력의 증대를 배경으로 서민의 경제적·신분적 지위가 향상되었다. 이에 서당 교육이 보급되고 ( )와 같은 서민 문화가 성장하였다.

① 판소리 　　② 탈놀이
③ 사설시조 　　④ 진경산수화

해설 조선 후기에는 서민의 경제적·신분적 지위가 향상됨에 따라 교육이 보급·확대되었는데, 이는 서민들의 현실에 대한 인식 및 의식수준의 향상을 가능하게 하여 서민 문화가 성장할 수 있게 하는 토대가 되었다.
조선 후기 진경산수화(眞景山水畵)를 개척한 정선은 사대부 관리 출신의 화원이었으며, 서민들이 진경산수화의 창작 주체로 활동하지 않았다는 점에서 서민문화라 볼 수 없다. 진경산수화는 중국 남·북종의 화풍을 고루 수용하여 이를 우리의 고유한 자연과 풍속에 맞추어 새로운 화법으로 창안한 것으로, 대표작으로는 인왕제색도, 금강전도 등이 있다.
① 판소리는 노래와 사설을 통해 서민들의 감정을 표현하였다.
② 탈놀이는 향촌에서 마을 굿의 일부로서 공연되던 가면극으로, 지배층의 부패와 위선을 풍자하고 양반의 허구를 폭로하는 내용이 많았다.
③ 조선 후기에는 형식이나 내용에서 자유로운 사설시조가 유행하였다.

19

다음과 같은 상황에 따라 나타난 문화 발전의 내용이 아닌 것은?

> 조선 후기에는 상공업 발달과 농업 생산력의 증대로 서당 교육이 보급되고 서민의 경제적·신분적 지위가 향상되었다.

① 분청사기가 널리 애용되었다.
② 한글소설과 사설시조가 널리 퍼졌다.
③ 판소리와 탈춤을 통하여 서민의 감정을 그대로 드러내었다.
④ 백성들의 미적 감각을 잘 표현한 민화가 유행하였다.

해설 분청사기는 조선 초에 애용된 것으로, 조선 후기에 들어서부터 백자가 민간에게까지 널리 사용되면서 본격적으로 발전하였다.

핵심정리

공예
① **자기**
- **발전** : 백자가 민간에까지 널리 사용되면서 본격적으로 발전
- **청화백자**
  - 형태가 다양해지고 안료도 청화·철화·진사 등으로 다채로워짐
  - 제기와 문방구 등 생활 용품이 많고, 형태와 문양이 독특하고 준수한 세련미를 풍김
- **서민** : 옹기(甕器)를 많이 사용
② **목공예** : 생활수준의 향상에 따라 크게 발전, 장롱·책상·문갑·소반·의자·필통 등
③ **화각공예(華角工藝)** : 쇠뿔을 쪼개어 아름다운 무늬를 표현

20

〈보기〉와 같은 주장을 편 인물에 대한 설명으로 가장 옳은 것은?

---- 보기 ----

토지 소유를 제한하는 법령을 세우십시오. 모년 모월 이후부터 제한된 토지보다 많은 자는 더 가질 수 없고, 그 법령 이전부터 소유한 것은 비록 광대한 면적이라 해도 불문에 부치며, 그 자손에게 분급해 주는 것은 허락하고, 혹시 사실대로 하지 않고 숨기거나 법령 이후에 제한을 넘어 더 점유한 자는 백성이 적발하면 백성에게 주고, 관아에서 적발하면 관아에서 몰수하십시오. 이렇게 한다면 수십 년이 못 가서 전국의 토지는 균등하게 될 것입니다.

– 「한민명전의」 –

① 『북학의』를 저술하여 청 문물의 수용을 역설하였다.
② 「양반전」, 「호질」 등을 지어 놀고먹는 양반을 비판하였다.
③ 화폐 제도의 문제점을 지적하며 폐전론을 주장하였다.
④ 마을 단위로 토지를 공동 경작하여 분배할 것을 제안하였다.

> **해설** 〈보기〉는 박지원의 '한전론'이며 토지 소유의 상한선을 설정하여 일정 이상의 토지를 소유하지 못하게 하는 토지 개혁론이다. 박지원은 「양반전」, 「허생전」, 「호질」을 통해 양반 사회의 모순과 부조리 · 비생산성을 비판하였다.
> ① 박제가는 청에 다녀온 후 『북학의』를 저술하여 상공업의 육성, 청과의 통상을 강화하였다.
> ③ 이익은 『곽우록』에서 화폐가 고리대로 이용되는 폐단을 지적하며 폐전론을 주장하기도 하였다.
> ④ 정약용은 한 마을(1여)을 단위로 하여 토지를 공동으로 소유하고 경작하여 수확량을 노동량에 따라 분배하는 일종의 공동 농장 제도인 여전론을 주장하였다.

21

다음 작품이 유행한 시기의 문학과 예술에 대한 설명으로 옳지 않은 것은?

판소리, 민화, 한글소설

---

① 음악과 무용에서는 감정을 대담하게 표현하는 경향이 짙었다.
② 경제력을 배경으로 상공업 계층과 부농층의 문예활동이 활발하였다.
③ 가면극을 통하여 승려들의 부패와 위선을 풍자하기도 하였다.
④ 여자들은 문예활동에 참여할 수 없었다.

> **해설** 조선 후기에는 역관이나 서리 등 중인층 및 상공업 계층과 부농층의 문예활동이 활발해졌을 뿐 아니라 여성들의 문예활동도 활발하였다.

핵심정리

판소리
- **특징**
  – 창과 사설로 이야기를 엮어 가므로 감정 표현이 직접적이고 솔직함
  – 분위기에 따른 광대의 즉흥적 이야기 전개와 관중들의 참여 등으로 서민 등 넓은 계층으로부터 호응을 받아 서민 문화의 중심이 됨
- **작품**
  – 현재 판소리 열두 마당 중 춘향가 · 심청가 · 흥보가 · 적벽가 · 수궁가 등 다섯 마당이 전함
  – 신재효 : 19세기 후반에 판소리 사설을 창작 · 정리

제**6**편

근대의 변화와 흐름

실전문제

제1장 근대 사회의 정치 변동

● 대표유형문제 ●

국가직 9급 기출

밑줄 친 '그'에 대한 설명으로 옳은 것은?

> 군역에 뽑힌 장정에게 군포를 거두었는데, 그 폐단이 많아서 백성들이 뼈를 깎는 원한을 가졌다. 그런데 사족들은 한평생 한가하게 놀며 신역(身役)이 없었다. … (중략) … 그러나 유속(流俗)에 끌려 이행되지 못하였으나 갑자년 초에 그가 강력히 나서서 귀천이 동일하게 장정 한 사람마다 세납전(歲納錢) 2민(緡)을 바치게 하니, 이를 동포전(洞布錢)이라고 하였다.
>
> — 『매천야록』 —

① 만동묘 건립을 주도하였다.
② 군국기무처 총재를 역임하였다.
❸ 통리기무아문을 폐지하고 5군영을 부활하였다.
④ 탕평 정치를 정리한 『만기요람』을 편찬하였다.

정답해설 밑줄 친 '그'는 호포법을 실시한 흥선대원군이다. 흥선대원군은 임오군란 시기 구식군인들의 요구로 일시적으로 재집권하였고 통리기무아문과 별기군을 폐지하고 5군영을 부활시켰다.

오답해설 ① 만동묘는 임진왜란 때 조선을 도와준 데 대한 보답으로 신종을 제사 지내기 위해 숙종 때에 충북 괴산군 청천면 화양동에 지은 사당이다. 흥선대원군 때 철폐되었고(1865) 그가 하야한 후 고종 11년(1874) 다시 세워졌다.
② 갑오개혁 시기 입법권을 가진 초정부적 개혁 추진 기구인 군국기무처 총재는 김홍집이다.
④ 『만기요람』은 1808년(순조 8) 왕명에 의해 서영보 등이 편찬한 것으로 재정과 군정에 관한 내용을 모아 놓은 서적이다.

핵심정리 흥선대원군의 집정
① 집권(1863~1873)
　• 섭정 : 철종의 급서(1863)로 어린 고종이 즉위하자 생부로서 실권을 장악하고 섭정
　• 시대적 상황
　　– 대내적 : 세도정치의 폐단이 극에 달하여 홍경래의 난과 임술민란(진주 민란) 등 민중 저항 발생, 정부 권위의 약화, 민심 이반이 커짐
　　– 대외적 : 일본과 서양 열강의 침략(서세동점)으로 위기에 처함(이양선 출몰, 중국을 통한 서양 문물의 유입)
② 정책 방향
　• 대내적 : 외척의 세도를 제거하고 왕권강화와 애민정책 추구
　• 대외적 : 외세의 통상요구 거부(쇄국정책)

01

흥선대원군에 대한 다음 설명 중 옳지 않은 것은?

① 비변사를 사실상 폐지하고, 의정부와 삼군부의 기능을 부활시켰다.

② 〈대전회통〉, 〈육전조례〉 등 새로운 법전을 편찬하였다.

③ 양반들의 근거지인 향교를 47개소만 남기고 철폐하였다.

④ 임진왜란 때 불타버린 경복궁을 중건하였다.

해설 흥선대원군은 향교가 아니라 서원을 철폐하였다. 대원군은 붕당의 온상이던 서원을 정리하여 600여 개소 가운데 47개소만 남긴 채 철폐하여 유생의 강력한 반발을 초래하였다.

① 흥선대원군은 왕권강화의 일환으로 비변사를 혁파하고 의정부와 삼군부의 기능을 회복시켰다.

② 흥선대원군의 집정 당시 〈대전회통〉(1865)·〈육전조례〉(1867) 등의 새로운 법전을 편찬하였다. 〈대전회통〉은 〈경국대전〉과 〈속대전〉, 〈대전통편〉 등의 내용을 모두 수록하고 여기에 새로운 내용을 추가하여 편찬하였으며, 〈육전조례〉는 1865년 12월부터 1866년 사이에 각 관아에서 시행하던 모든 조례와 〈대전회통〉에서 빠진 여러 시행규정을 모아 육전으로 분류하여 편집한 것이다.

④ 왕권을 강화하고 국가 위신을 제고하기 위한 목적에서 임진왜란 때 불타버린 경복궁을 중건하였다. 그러나 이를 위해 원납전을 강제로 징수하고 당백전을 남발하여 경제적 혼란을 초래했으며, 양반의 묘지림을 벌목하고 백성을 토목공사에 징발하는 과정에서 큰 원성이 발생하기도 했다.

핵심정리

흥선대원군의 삼정(三政)개혁

농민 봉기의 원인인 삼정을 개혁하여 국가재정 확충과 민생안정 도모

군정 (軍政)의 개혁	• 호포법(戶布法)을 실시하여 양반에게도 군포를 징수(양반의 거센 반발을 초래) • 양반 지주층의 특권적 면세 철회(민란 방지 목적)
환곡 (還穀)의 개혁	• 가장 폐단이 심했던 환곡제를 사창제(社倉制)로 개혁하여 농민 부담을 경감하고 재정 수입 확보 • 지역과 빈부에 따른 환곡의 차등 분배 : 불공정한 폐단이 없도록 함
전정 (田政)의 개혁	양전사업을 실시하여 양안(토지대장)에서 누락된 토지를 발굴(전국적 사결 작업(査結作業)을 통해 토호와 지방 서리의 은루결을 적발하여 수세결로 편입)

02

흥선대원군이 다음과 같은 개혁 정책을 실시한 근본적인 목적은?

- 서원의 철폐
- 경복궁 중건
- 비변사 철폐
- 호포제 실시

① 신분제도 폐지

② 안동 김씨 세력 지지

③ 왕권강화

④ 외국과의 문물 교류

해설 흥선대원군은 대내적으로는 외척의 세도를 제거하고 국가의 기강을 바로잡으려는 왕권강화 정책과 민생 안정책을 추구하였다.

제**6**편

근대의 정치와 사회

03

밑줄 친 그가 추진한 정책 중 옳지 않은 것은?

> 나라에 제도로서 인정(人丁)에 대한 세를 신포(身布)라고 하였는데 충신과 공신의 자손에게는 모두 신포가 면제되었다. 이 법이 시행된 지도 이미 오래 됨에 턱없이 면제된 자가 매우 많았다. 근래에 와서는 무릇 사족이란 자는 모두 신포를 바치지 않고, 그 모자라는 액수를 평민에게 덧붙여 징수하여 보충하고 있었다. 그는 이를 수정하고자 동포(洞布)라는 법을 제정하였다. 가령 한 종리에 2백 호가 있으면 매호에 더부살이 호가 약간씩 있는 것을 정밀하게 밝혀내어 계산하고, 신포를 부과하여 고르게 징수하였다. 이 때문에 예전에는 면제되던 자라도 신포를 바치지 않을 수가 없게 되었다.
>
> – 박제형, 〈근세 조선 정감〉

① 정치기구를 재정비하기 위해 의정부의 기능을 부활시켰다.

② 전통적 공동조직과 미풍양속을 계승한 향약을 강화하였다.

③ 〈대전회통〉, 〈육전조례〉 등의 법전을 편찬하였다.

④ 군정을 바로잡기 위해 호포제를 실시하였다.

해설 제시된 지문은 흥선대원군이 호포제를 실시하기 위해 과도기적 조치로 시행한 동포제에 대한 설명이다. 향약의 강화는 흥선대원군이 시행한 정책에 해당되지 않는다.

04

다음 사건을 일어난 순서대로 나열한 것은?

> ㉠ 강화도 조약   ㉡ 신미양요
> ㉢ 병인양요   ㉣ 갑신정변
> ㉤ 조청상민수륙무역장정

① ㉢ → ㉡ → ㉠ → ㉤ → ㉣

② ㉢ → ㉡ → ㉠ → ㉣ → ㉤

③ ㉡ → ㉢ → ㉠ → ㉤ → ㉣

④ ㉤ → ㉡ → ㉠ → ㉣ → ㉢

해설 제시된 사건은 '병인양요(1866) → 신미양요(1871) → 강화도조약(1876) → 조청상민수륙무역장정(1882) → 갑신정변(1884)'의 순서로 발생하였다.

㉢ 병인양요(1866. 9)는 병인박해(1866. 1) 당시 프랑스 신부의 처형을 구실로 하여 프랑스 로즈 제독이 이끄는 군함이 조선을 침략하면서 발생하였다.

㉡ 신미양요(1871)는 제너럴셔먼호 사건(1866)을 구실로 미국의 로저스 제독이 이끄는 군함으로 강화도를 공격하면서 발생하였다.

㉠ 강화도 조약(1876)은 우리나라가 외국(일본)과 맺은 최초의 근대적 조약이다.

㉤ 조청상민수륙무역장정(1882)은 조선과 청나라 사이에 체결된 양국 상인들의 수륙 통상규정이다.

㉣ 갑신정변(1884)은 청과의 종속 관계 청산을 위해 개화파가 일으킨 정변으로, 국민주권국가 건설을 지향한 최초의 정치개혁운동에 해당한다.

핵심정리

양요의 결과

• 전국에 척사교서를 내리고 척화비를 건립(서양과의 수교 거부를 천명)

• 외세의 침략을 일시적으로 저지하였으나 조선의 문호 개방을 늦추는 결과를 초래

05 국가직 9급 기출

㉠~㉢에 대한 설명으로 옳지 않은 것은?

> 유네스코가 세계문화유산으로 등재한 우리나라의 문화유산은 ㉠ 종묘, 해인사 장경판전, 불국사와 석굴암, 수원 화성, 창덕궁, 경주 역사유적지구, ㉡ 고창·화순·강화의 고인돌 유적, 안동 하회마을과 경주 양동마을, 조선 시대 왕릉 등이다. 또 훈민정음, ㉢ 조선왕조실록, 승정원일기, ㉣ 직지심체요절, 해인사 고려대장경판 및 제경판, 조선왕조의궤, 동의보감, 일성록, 5·18 민주화 운동 기록물 등이 유네스코의 세계 기록유산으로 등재되어 있다.

① ㉠ – 조선시대 왕과 왕비의 신주를 모셨다.
② ㉡ – 청동기시대의 돌무덤이다.
③ ㉢ – 태조에서 철종 때까지의 역사를 편년체로 기록하였다.
④ ㉣ – 병인양요 때 프랑스 군에게 약탈당하였다.

해설 병인양요 당시 약탈당한 것은 외규장각 도서(의궤)이다. 〈직지심체요절〉은 1886년 프랑스와의 수교 후 프랑스 공사가 가져갔고 현재는 파리 국립도서관에 있다.
㉠ 종묘는 조선시대 역대 왕과 왕비 및 추존된 왕과 왕비의 신주를 모신, 왕가의 사당이다.
㉡ 고창·호순·강화의 고인돌 유적은 청동기 시대에 만들어진 고인돌 유적이 집중되어 있는 곳이다.
㉢ 〈조선왕조실록〉은 태조에서 철종 때까지 472년간의 역사를 각 왕별로 기록한 편년체의 역사서이다.

06 지방직 9급 기출

(가), (나)는 조선이 외국과 맺은 조약이다. 이와 관련한 설명 중 옳은 것은?

> (가)
> • 조선국은 자주국으로 일본국과 평등한 권리를 보유한다.
> • 경기, 충청, 전라, 경상, 함경 5도 연해 중에서 통상하기 편리한 항구 두 곳을 택하여 지정한다.
> (나) 이 수륙 무역 장정은 중국이 속방(屬邦)을 우대하는 뜻에서 상정한 것이고, 각 대등 국가 간의 일체 동등한 혜택을 받는 예와는 다르다.

① (가)는 '운요호 사건' 이후 체결된 것이다.
② (가)에는 일본 상인의 내지 통상권에 대한 허가가 규정되어 있다.
③ (나)는 갑신정변 이후 체결된 것이다.
④ (나)에는 천주교의 포교권 인정이 규정되어 있다.

해설 (가)는 1876년(고종 13) 2월에 체결된 최초의 근대 조약인 강화도 조약의 조문 중 일부이다. 병자수호조규(강화도 조약, 조·일 수호조약)는 운요호 사건(1875)을 구실로 하여 체결된 조약으로, 우리나라가 외국과 맺은 최초의 근대적 조약이자 불평등 조약이었다.
(나)는 1882년(고종 19) 체결된 조청상민수륙무역장정의 전문 중 일부이다. 조선과 청(淸)나라가 맺은 두 나라 상인의 수륙 양면에 걸친 통상에 관한 규정으로, 조선과 청나라 사이에 체결된 양국 상인들의 수륙 통상규정이다. 임오군란 이후 조선에 대한 청의 영향력이 확대되는 과정 속에서 체결되었다.
② 일본 상인의 내지 통상권은 1882년 병자수호조규속약에 규정되어 있다.
③ (나)의 조청상민수륙무역장정은 갑신정변(1884)가 아닌 임오군란(1882) 이후 체결된 것이다.
④ 1886년(고종 23) 한불수호조약 체결 이후 신앙의 자유를 획득하면서 천주교 포교에 대한 자유권이 인정되었다.

강화도 조약(조·일 수호조약, 병자수호조규)

① 운요호(운양호) 사건(1875)
- 운요호가 연안을 탐색하다 강화도 초지진에서 조선 측의 포격을 받음
- 일본은 보복으로 영종도를 점령·약탈, 책임 추궁을 위해 춘일호를 부산에 입항시킴
- 일본이 청에 책임을 묻자, 청은 문제 확대를 꺼려 명성황후 정권에 일본과 조약을 맺도록 권유

② 강화도 조약의 체결(1876. 2)
- 의의 : 우리나라가 외국과 맺은 최초의 근대적 조약이자 불평등 조약, 신헌과 구로다가 대표로 체결
- 청의 종주권 부인(조선 침략을 용이하게 하려는 일본의 포석)
- 침략 의도 및 주권 침해
  - 침략 의도 : 부산·원산·인천 개항(정치적·군사적·경제적 거점 마련), 일본인의 통상 활동 허가, 조선 연해의 자유로운 측량 등
  - 불평등 조약(주권 침해) : 일본인 범죄의 일본 영사 재판권(치외법권 조항), 해안 측량권 등

③ 조·일 통상장정과 조·일 수호조규 부록
- 의의 : 강화도 조약의 부속 조약으로 마련
- 내용

조·일 통상 상정 (1876. 6)	• 일본 상품 무관세 • 조선 양곡 무제한 유출 허용
조·일 수호 조규 부록 (1876.8)	• 일본 공사의 수도 상주 • 조선 국내에서 일본 외교관의 여행 자유 • 개항장에서의 일본 거류민의 거주 지역 설정 • 일본 화폐의 유통 허용

- 결과 : 일본은 경제 침략을 위한 발판 마련, 조선은 국내 산업 보호 근거 상실

07

다음 중 조·미 수호 통상 조약의 내용으로 옳지 않은 것은?

① 미국의 치외법권을 인정한다.

② 미국에 대한 최혜국 대우를 인정한다.

③ 미국의 항해자가 자유로이 해안을 측량하도록 허가한다.

④ 수출입 물품에 대해서는 차등을 두어 관세를 적용한다.

해설
- 2조 : 미국에 대한 최혜국 대우를 인정하되, 타국에 대한 우대가 협약에 의한 것이라면 미국과도 협약을 맺은 뒤 우대할 수 있다.
- 3조 : 미국인에 관계된 조선인 범죄의 조선 관원·법률에 의한 처단과 미국측의 조선 범죄인 은닉·비호 금단, 치외법권을 잠정적으로 인정한다.
- 5조 : 수입 세율은 생필품 1/10, 사치품 3/10으로 한다(관세 자주권의 인정).

조·미 수호통상조약의 체결(1882)
- 배경
  - 조선이 일본과 조약을 맺자 미국은 일본에 알선을 요청
  - 러시아 남하에 대응하여 미국과 연합해야 한다는 〈조선책략〉이 지식층에 유포
- 체결 : 러시아와 일본 세력을 견제하고, 조선에 대한 종주권을 승인받을 기회를 노리던 청의 알선으로 체결, 신헌과 슈펠트가 대표로 체결
- 내용 : 거중조정(상호안전보장), 치외법권, 최혜국 대우(최초), 협정 관세율 적용(최초), 조차지 설정의 승인
- 의의 : 서양과 맺은 최초의 조약으로 처음으로 최혜국 대우를 규정, 불평등 조약(치외법권, 최혜국 대우, 조차지 설정 등), 청의 종주권 저지

08 국가직 9급 기출

다음은 1876년 개항 이후 우리나라가 외국과 맺은 조약의 내용이다. 시기 순으로 바르게 나열한 것은?

> ㉠ 조선과 미국 두 나라 중 한 나라가 다른 나라의 핍박을 받을 경우 분쟁을 해결하도록 주선한다.
> ㉡ 일본국 국민은 본국에서 사용되는 화폐로 조선국 국민의 물자와 마음대로 교환할 수 있다.
> ㉢ 영국 군함은 개항장 이외에 조선 국내 어디서나 정박할 수 있고 선원을 상륙할 수 있게 한다.
> ㉣ 일본 공사관에 군인 약간을 두어 경비하게 하고 그 비용은 조선국이 부담한다.

① ㉡ → ㉣ → ㉢ → ㉠
② ㉡ → ㉠ → ㉢ → ㉣
③ ㉡ → ㉣ → ㉠ → ㉢
④ ㉡ → ㉠ → ㉣ → ㉢

해설 ㉡ 강화도 조약의 부속 조약으로 일본과 체결된 수호조규부록(1876. 7)의 내용이다.
  ㉠ 1882년(고종 19년) 조선과 미국 사이에 체결된 수교와 통상에 관한 조약인 조·미 수호통상조약(1882년 5월 체결, 1883년 4월 비준서 교환)의 내용이다.
  ㉣ 임오군란(1882. 6) 이후 일본과 체결된 제물포 조약(1882. 8)의 내용이다.
  ㉢ 조·영(수호) 통상조약의 내용이다. 임오군란 직전최초로 체결되었고, 이후 상세한 수정을 가하여 1883년 11월 전문 13조의 조·영 통상조약(수정조인)이 체결되었다.

09 국가직 9급 기출

위정척사운동의 전개에 대한 설명으로 옳지 않은 것은?

① 대원군의 쇄국정책을 뒷받침하였다.
② 동도서기론과 문명개화론을 주장하였다.
③ 영남 유생들의 만인소 운동이 일어났다
④ 일본과 관련하여 왜양일체론을 내세웠다.

해설 ②는 개화운동과 관련된 내용이다. 개화운동을 전개한 개화파는 서양의 과학기술만을 도입하자는 동도서기론적 온건파(온건개화파, 사대당)와, 변법자강을 통한 문명개화론을 강력히 주장하여 과학기술 외에 정치·사회제도까지 도입하자는 급진파(급진개화파, 개화당)로 구분된다.
  ① 위정척사운동(衛正斥邪運動)은 정치·경제적 측면에서 강력한 반침략·반외세 정책을 전개하여 대원군의 통상수교 거부정책을 뒷받침하였다.
  ③, ④ 위정척사운동은 1860년대 척화주전론, 1870년대 왜양일체론과 개항불가론, 1880년대 영남만인소운동, 1890년대 항일의병운동으로 전개되었다.

─ 핵심정리 ─

위정척사운동(衛正斥邪運動)의 전개
- **1860년대(통상반대운동)** : 척화주전론(이항로·기정진), 통상수교 거부정책을 뒷받침
  - 이항로 : 주전론을 고종에 진언, 〈화서아언〉 편찬, 내수외양과 의병조직 등을 주장
  - 기정진 : 양물금단론(洋物禁斷論), 위정척사 이념 정립
- **1870년대(개항반대운동)** : 왜양일체론(최익현의 5불가소), 개항불가론 등
- **1880년대(개화반대운동)**
  - 영남만인소(이만손) : 개화정책과 〈조선책략〉의 유포에 반발
  - 만언척사소(홍재학)
- **1890년대(항일의병운동)** : 무장항일투쟁을 전개(유인석, 이소응 등)

10

다음 인물들이 주장하였을 정치적 구호로 가장 적절한 것은?

| 김홍집 | 어윤중 | 김윤식 |

① 서양 과학기술과 근대적 제도를 적극 수용하자.
② 청과 우호관계를 유지하여 부국강병을 추구하자.
③ 근대 정치사상을 토대로 입헌 국가를 수립하자.
④ 토지제도를 개혁하고 신분제를 타파하자.

> **해설** 제시된 인물은 서양의 과학기술만을 도입하자는 온건 개화파(사대당)로 이들은 청과의 우호관계 유지와 동도서기론에 기반한 점진적 개화를 주장하였다.
> ①, ③ 급진 개화파(개화당)의 주장에 해당한다.
> ④ 동학농민운동의 폐정개혁안에서 주장한 내용이다.

핵심정리

온건 개화파와 급진 개화파

구분	온건 개화파(사대당)	급진 개화파(개화당)
인물	김홍집, 김윤식, 어윤중, 민씨 정권	김옥균, 박영효, 홍영식, 서광범, 서재필
개화 방법	• 동도서기론에 입각 • 점진적 개혁 추구	• 문명 개화론 • 정치제도와 정신문화까지 개혁 • 입헌 군주정
개화 모델	• 청의 양무운동 • 친청 세력	• 일본의 메이지 유신 • 친일 세력
청과의 관계	사대관계 인정	친청 정책 비판

11

다음 글과 관련된 시대 상황에 있었던 사건은?

> 지구 위에 더할 수 없이 큰 나라가 있으니 러시아라고 한다. 그 땅의 넓음이 3대주에 걸쳐 있고, 육군정병이 1백여 만 명이며, 해군의 큰 함정이 2백여 척이다. 다만 국가가 북쪽에 위치해 있어 … 조선 땅덩어리는 실로 아시아의 요충을 차지하고 있어서 형세가 반드시 다투게 마련이며, 조선이 위태로우면 아시아의 형세도 위태로워질 것이다. 따라서 러시아가 강토를 공략하려 할진대 반드시 조선에서 시작할 것이다. … 그렇다면 오늘날 조선의 책략은 러시아를 막는 일보다 더 시급한 것이 없을 것이다. 러시아를 막는 방책은 어떠한가? 그것은 '친중국(親中國) 결일본(結日本) 연미국(聯美國)'하여 자강을 도모함이다. …

① 병인양요
② 거문도 점령
③ 갑신정변
④ 영남만인소

> **해설** 제시된 지문은 〈조선책략〉의 주요 내용이다. 러시아 세력의 남하에 대응하여 조선은 미국과 연합해야 한다는 내용이 실린 〈조선책략〉이 유포되었다. 이에 경상도 유생 이만손을 대표로 한 영남만인소가 〈조선책략〉을 비판하고, 그것을 들여온 김홍집을 처벌할 것을 요구한 데서 시작하여 전국의 유생들이 상소를 올렸다.

12 국가직 9급 기출

다음 자료와 가장 밀접한 역사적 사건은?

> 새로 만든 국기를 묶고 있는 누각에 달았다. 기는 흰 바탕으로 네모졌는데 세로는 가로의 5분의 2에 미치지 못하였다. 중앙에는 태극을 그려 청색과 홍색으로 색칠을 하고 네모서리에는 건(乾) · 곤(坤) · 감(坎) · 이(離)의 4괘(四掛)를 그렸다.

① 김윤식 등이 근대식 무기 제조 기술과 군사 훈련법을 배웠다.

② 김홍집 등이 〈조선책략〉을 가져와 국제 정세의 이해에 기여하였다.

③ 김옥균 등이 일본에서 차관 교섭을 벌이고 구미 외교 사절과 접촉하였다.

④ 박정양 등이 일본 정부 기관의 사무와 시설을 조사하고 시찰 보고서를 올렸다.

해설 제시된 자료는 태극기에 대한 설명이다. 태극기는 임오군란을 계기로 체결된 제물포 조약(1882)의 규정에 따라 박영효를 사죄사로 일본에 파견했을 때 최초로 사용하였다. 이 당시 김옥균은 고종의 밀명을 받고 박영효 일행의 고문으로 파견되어 일본에 차관을 얻어 1883년 3월에 귀국하였는데, 이때 박영효, 김옥균 등이 태극기를 고안하여 사용하였다고 한다.
① 김윤식은 영선사(1881)로 청에 파견되어 무기 제조법과 근대적 군사 훈련법을 배웠다.
② 김홍집은 일본에 2차 수신사(1880)로 갔다가 황쭌센의 〈조선책략(朝鮮策略)〉을 가지고 와 당시 국제 정세의 흐름을 알렸다.
④ 박정양, 어윤중, 홍영식으로 구성된 신사유람단(1881)은 일본의 발전상을 보고 돌아와 시찰 보고서를 올리고 개화정책의 추진을 뒷받침하였다.

13

다음 중 임오군란 이후 청과 맺은 상민수륙무역장정에 관한 설명으로 옳은 것을 〈보기〉에서 모두 고르면?

> ─── 보기 ───
> ㉠ 당시 조선에서 청과 일본 상인의 경쟁이 심화되고 있었다.
> ㉡ 일본의 정치적 영향력이 약화되었다.
> ㉢ 조선이 청의 속국임을 표방하였다.
> ㉣ 청이 상권의 대부분을 장악하였다.

① ㉠, ㉡, ㉢　　　　② ㉠, ㉢, ㉣
③ ㉡, ㉢, ㉣　　　　④ ㉠, ㉡, ㉢, ㉣

해설 청은 임오군란 이후 조선의 내정에 적극적으로 간섭하여 조 · 청 상민수륙무역장정의 체결(1882)을 강요하여 청의 종주권을 재확인하고 일본에 비해 유리한 조건의 통상관계를 맺었다. ㉣ 청의 상권 장악은 조선의 전 수출입의 50% 미만이었다.

핵심정리

임오군란(1882)의 결과
• 명성황후 일파가 청에 군대 파견 요청 → 청 군대 파견, 대원군 압송
• **청의 내정 간섭 강화** : 마젠창(정치 고문)과 묄렌도르프(외교 고문), 천슈탕(경제 고문), 하이트(세관 고문) 등을 파견, 위안스카이(군사 고문)의 군대 상주
• 조선을 둘러싼 청 · 일 양국 간 대립 위기 초래
• **명성황후 일파의 재집권** : 청의 내정 간섭과 정부의 친청정책으로 개화정책은 후퇴
• **조약**
  - 조 · 청 상민수륙무역장정 : 청 상인의 내지 통상권 허용
  - 제물포 조약(1882) : 일본과 제물포 조약을 체결하여 배상금을 지불하고 일본 공사관의 경비병 주둔을 인정

제6편 근대의 변화와 흐름

14

갑신정변에 대한 설명으로 옳은 것은?

① 일반 농민들의 지지를 받은 아래로부터의 개혁이었다.

② 중국에 대한 전통적 외교관계를 유지하고자 하였다.

③ 갑신정변의 결과 제물포 조약이 체결되었다.

④ 능력에 따라 인재를 등용하여 정치 참여의 기회를 확대하고자 하였다.

해설 갑신정변의 개혁 내용 중 문벌을 폐지하여 인민 평등을 도모하고 능력에 따른 인재를 등용하는 것이 포함되어 있다.
① 일반 민중·농민의 지지를 받지 못하였다.
② 중국과의 전통적 사대관계를 청산하려고 하였다.
③ 갑신정변의 결과 한신조약과 텐진조약이 체결되었다.

핵심정리

갑신정변의 14개조 정강(신정부 강령 14개조)

1. 청에 잡혀간 흥선대원군을 귀국하게 하고, 종래 청에 대하여 행하던 조공의 허례를 폐한다.
2. 문벌을 폐지하여 인민 평등의 권리를 세워, 능력에 따라 관리를 임명한다.
3. 지조법을 개혁하여 관리의 부정을 막고 백성을 보호하며, 국가재정을 넉넉하게 한다.
4. 내시부를 없애고, 그 중에 우수한 인재를 등용한다.
5. 부정한 관리 중 그 죄가 심한 자는 치죄한다.
6. 각 도의 환상미를 영구히 받지 않는다.
7. 규장각을 폐지한다.
8. 급히 순사를 두어 도둑을 방지한다.
9. 혜상공국을 혁파한다.
10. 귀양살이를 하고 있는 자와 옥에 갇혀 있는 자는 그 정상을 참작하여 적당히 형을 감한다.
11. 4영을 합하여 1영으로 하되, 영 중에서 장정을 선발하여 근위대를 급히 설치한다.
12. 모든 재정은 호조에서 통합한다.
13. 대신과 참찬은 의정부에 모여 정령을 의결하고 반포한다.
14. 의정부, 육조 외에 모든 불필요한 기관을 없앤다.

15

다음과 같은 결과를 초래하였던 사건에 관하여 바르게 설명한 것은?

- 조선은 일본의 강요로 배상금 지불과 공사관 신축비 부담 등을 내용으로 하는 한성 조약을 체결하였다.
- 청과 일본 양국은 조선에서 청·일 양국군이 철수할 것, 그리고 장차 조선에 파병할 경우 상대국에 미리 알릴 것 등을 내용으로 하는 텐진조약을 체결하였다.

① 청과 일본 양국군의 공격을 받아 실패하였다.

② 반봉건적·반침략적 민족운동의 성격을 띠었다.

③ 군주제를 무너뜨리고 공화정을 수립하려고 하였다.

④ 외세 의존적 자세와 급격한 개혁으로 민중의 지지를 받지 못했다.

해설 갑신정변(1884) 후 조선은 일본의 강요로 한성조약을 체결하고, 청·일 양국은 텐진조약을 체결하였다.
갑신정변은 중국에 대한 전통적인 사대관계를 청산하려 하였고, 조선의 정치체제를 근대적으로 개혁하려는 위로부터의 개혁운동이었으나, 일본에 의존하는 태도와 국민의 지지기반의 약화 등으로 3일 만에 실패로 끝났다.

핵심정리

갑신정변의 영향과 의의

- 영향
  - 청의 내정 간섭이 더욱 강화(위안스카이가 상경하며 내정 간섭), 보수세력의 장기 집권
  - 개화세력이 도태되어 상당 기간 개화운동의 흐름이 약화됨(조선의 자주와 개화에 부정적인 영향)
- 의의
  - 근대 국가 수립을 목표로 하는 최초의 정치 개혁 운동(최초로 입헌 군주제 추구)
  - 민족운동의 방향을 제시한 우리나라 근대화 운동의 선구

16

다음 두 사건의 공통점으로 바른 것은?

- 임오군란　　　　　• 갑신정변

① 개화와 척사의 대립 속에서 발생하였다.
② 주도 세력이 도시 빈민층 중심이었다.
③ 청의 내정 간섭이 강화되는 결과를 가져왔다.
④ 적극적인 개화정책이 추진되는 결과를 낳았다.

해설 임오군란의 결과 청은 신속히 군대를 조선에 파견하여 흥선대원군을 청에 압송해 감으로써 일본의 무력 개입의 구실을 없애려 하였다. 이후 갑신정변이 3일 만에 실패로 끝나자 청의 내정 간섭이 더욱 강화되고 보수 세력의 장기 집권이 가능하게 되었다.

17　인사위 9급 기출

다음 〈보기〉의 격문이 나타나게 된 사회적 배경에 대한 설명으로 옳은 것은?

──── 보기 ────

우리가 의를 들어 이에 이름은 그 본의가 다른 데 있지 아니하고 창생을 도탄에서 건지고 국가를 반석 위에 두고자 함이다. 안으로는 탐학한 관리의 머리를 베고, 밖으로는 횡포한 강적의 무리를 몰아내고자 함이다. 양반과 호강(豪強)의 앞에서 고통을 받는 민중들과, 방백 및 수령의 밑에서 굴욕을 받는 소리(小吏)들은 우리와 같이 원한이 깊은 자이다. 조금도 주저하지 말고 이 시각으로 일어서라. 만일 기회를 잃으면 후회해도 미치지 못하리라.

① 명성황후 시해에 대한 농민들의 반발심이 팽배하였다.
② 친위대와 진위대를 신설하여 군사력을 증강하였다.
③ 일본의 경제적 침략에 대한 농민들의 적개심이 확산되었다.
④ 고종의 강제 퇴위와 군대 해산을 계기로 항일 의식이 강화되었다.

해설 〈보기〉는 동학농민운동에서 주장한 격문이다. 당시 조선의 농촌 경제는 일본의 경제적 침투로 피폐해졌으며, 함경도와 황해도 지방에서는 곡물의 수출을 금하는 방곡령을 내리기도 하였으나, 일본의 항의로 실효를 거두지 못하여 농민들의 일본에 대한 적개심이 확산되었다.

제**6**편

근대의 문화와 흐름

18

동학농민운동에서 제시한 폐정 개혁 12개조에 해당하는 것을 〈보기〉에서 모두 고르면?

─── 보기 ───

㉠ 규장각을 폐지한다.
㉡ 청상과부의 개가를 허용한다.
㉢ 청에 의존하는 생각을 버리고 자주 독립의 기초를 세운다.
㉣ 7종의 천인 차별을 개선하고 백정이 쓰는 평량갓은 없앤다.

① ㉠, ㉡   ② ㉡, ㉢
③ ㉢, ㉣   ④ ㉡, ㉣

해설 ㉠은 갑신정변 때의 14개조 정강, ㉢은 갑오개혁 때의 홍범 14조에 해당한다.

핵심정리

폐정(弊政) 개혁 12조

1. 동학도(東學徒)는 정부와의 원한(怨恨)을 씻고 서정(庶政)에 협력한다.
2. 탐관오리(貪官汚吏)는 그 죄상을 조사하여 엄징(嚴懲)한다.
3. 횡포(橫暴)한 부호(富豪)를 엄징한다.
4. 불량한 유림(儒林)과 양반들을 징벌한다.
5. 노비문서(奴婢文書)는 소각한다.
6. 7종의 천인차별을 개선하고 백정이 쓰는 평량갓을 없앤다.
7. 청상과부(靑孀寡婦)의 개가(改嫁)를 허용한다.
8. 무명(無名) 잡세는 일체 폐지한다.
9. 관리채용에는 지벌(地閥)을 타파하고 인재를 등용한다.
10. 왜(倭)와 통하는 자는 엄징한다.
11. 공사채(公私債)를 물론하고 기왕의 것은 무효로 한다.
12. 토지는 평균하여 분작(分作)한다.

19 국가직 9급 기출

다음을 주창한 종교에 대한 설명으로 옳은 것은?

서도(西道)로써 사람들을 가르쳐야 하겠는가 하니 아니다. …… 영부의 모양은 태극의 그림과 같고 혹은 활 궁(弓)자를 겹쳐 놓은 것과 같다. 이 부적을 받아가지고 사람들의 병을 고치며 또 내 주문을 받아가지고 모든 사람으로 하여금 나를 위하게 하라. 그러면 너도 역시 오래 살아서 온 세상을 이롭게 할 것이다.

① 전라도를 중심으로 포교를 시작하였다.
② 5적 암살단을 주도한 나철이 창시하였다.
③ 신채호의 민족주의 역사학을 탄생시켰다.
④ 수덕문 · 안심가 · 논학문 등을 전파하였다.

해설 제시문은 동학의 창시자인 최제우의 유문을 제2대 교조 최시형이 편찬한 〈동경대전〉의 일부 내용이다. 〈동경대전〉은 순한문체로 된 동학의 경전으로, 포덕문(布德文) · 논학문(論學文) · 수덕문(修德文) · 불연기연(不然基然)의 4편이 중심을 이루고 있다. 제시문의 내용 중 '서도(西道)'를 부정하고 '부적', '주문'을 중시하는 점에서도 동학의 내용임을 알 수 있다.

① 동학은 경상도 일대를 중심으로 전파하기 시작하여 불과 수년 만에 교세가 삼남(경상도, 전라도, 충청도) 일대로 확산되었다. 이에 정부는 고종 1년(1864)에 혹세무민(세상을 어지럽히고 백성을 현혹함)의 죄로 교주 최제우를 처형하였다.
② 나철 · 오기호는 단군신앙을 기반으로 대종교를 창시하였다(1909).
③ 신채호의 민족주의 역사학은 계몽사학의 영향을 받았다.

20

다음 내용과 관련 없는 것은?

> 이 도의 원리에 따르면 사람은 본래 하늘의 성품을 가졌으므로 몸의 누를 버리고 나의 하늘을 회복하면 사람이 곧 하늘이요, 하늘이 곧 사람이 된다. 이것이 천인합일의 뜻이다. 유·불·선이 비록 뜻을 따로 세워 멀리 하나, 그 근원을 생각해 보면 모두 하늘로부터 비롯된 것이다. 이 도는 위의 세 가지 도에서 지나친 것은 덜고 부족한 것을 더하며, 좋은 것을 취하고 나쁜 점을 버린 것이다.

① 인내천 사상을 기본으로 한다.
② 반봉건적·반침략적 성격을 띠고 있다.
③ 탐관오리의 숙청, 일본과 서양 세력의 축출을 요구하는 정치적 구호를 내세웠다.
④ 처음에는 실학자들에 의해 학문으로서 연구되다가 점차 백성들에게 널리 퍼졌다.

해설 제시문은 동학사상에 관한 내용이다. ④는 천주교(서학)에 대한 설명이다.

핵심정리

동학농민운동의 영향
• 반봉건적·반침략적 민족 운동의 전개
• 갑오개혁에 부분적으로 영향을 미쳐 근대 사회로의 발전을 촉진(성리학적 전통 질서 붕괴에 기여)
• 밑으로부터의 자주적 사회 개혁운동(혁명운동)
• 동학농민군의 잔여세력이 의병운동에 가담(항일 무장 투쟁 활성화)
• 진압 과정에서 청·일 전쟁이 발발

21

다음 중 1, 2차 갑오개혁의 내용이 아닌 것은?

① 태양력을 사용했다.
② 은 본위 화폐제도를 채택했다.
③ 과부의 개가가 허용되었다.
④ 중국 연호를 폐지하고 개국 연호를 사용했다.

해설 갑오개혁은 경제 면에서 은 본위 화폐제도를 채택하고, 조세의 금납제를 시행하였으며, 적서의 차별을 없애고 과부의 재가를 허용하였다. 또한 종래의 중국 연호를 폐지하고 조선의 건국 연도인 1392년을 기준으로 개국 연호를 사용하였다. 태양력의 사용은 을미개혁 때 실시한 개혁안이다.

핵심정리

갑오개혁의 제1차 개혁 내용

정치	• 연호 : 개국 연호를 사용하여 청의 종주권 부인 • 전제화 견제 : 왕실(궁내부)과 정부(의정부) 사무를 분리하고 정치 실권을 상당 부분 내각이 가지도록 해 국왕 전제권을 제한, 육조를 8아문으로 개편 • 과거제 폐지 : 문무관 차별 철폐, 신분 차별 없는 새로운 관리 임용제 채택
경제	• 재정 일원화 : 모든 재정 사무를 탁지아문이 관장, 왕실과 정부의 재정을 분리 • 화폐, 조세 : 은(銀) 본위 화폐 제도를 채택, 일본 화폐의 통용을 허용, 조세의 금납제 시행 • 도량형 정비 : 도량형을 개정·통일
사회	• 신분제 철폐 : 양반과 평민의 계급을 타파하고, 공·사 노비 제도를 폐지 • 전통적 폐습 타파 : 조혼 금지·과부 개가 허용, 악법 폐지(인신매매 금지, 고문과 연좌법의 폐지 등)
군사	일본이 조선의 군사력 강화나 군제 개혁을 꺼려 군사면의 개혁은 소홀

22 서울시 9급 기출

〈보기〉는 동학농민전쟁에 관련된 주요 사건을 표로 나타낸 것이다. 청일전쟁이 발발된 시기는?

──── 보기 ────

(가)	(나)	(다)	(라)
고부현 봉기	황토현 전투	전주 화약	삼례 2차봉기	우금치 전투

① (가) 　　② (나)
③ (다) 　　④ (라)

해설 청·일 전쟁(1894)은 주도권을 잡은 일본이 내정 간섭을 강화하자, 이에 대항해 대규모로 제 2차 동학농민전쟁이 일어났다. 따라서 청·일 전쟁이 발발한 시기는 (다)시기이다.

23

다음 빈 칸에 들어갈 시기에 일어난 사건으로 틀린 것은?

1876 → (가) → 1884 → (나) → 1894 → (다) → 1904

① (가) 시기에 조·미 수호통상조약이 체결되었다.
② (나) 시기에 한성조약이 체결되었다.
③ (나) 시기에 단발령이 내려졌다.
④ (다) 시기에 독립협회가 창립되었다.

해설 ① 조·미 수호통상조약 체결(1882), ② 한성조약의 체결(1885), ④ 독립협회의 창립(1896)이 일어났다. 단발령은 1895년에 일어났으므로 (나) 시기와 상관없다.

24

다음 중 을미개혁이 실시됨에 따라 행해진 행동과 관련 있는 것은?

① 비유하건대 재물은 대체로 샘과 같은 것이다.
② 내 목을 자를지언정 내 머리카락은 자를 수 없다.
③ 백성을 해치는 자는 공자가 다시 살아난다 하여도 내가 용서 못한다.
④ 조선의 책략은 러시아를 막는 일보다 더 급한 것이 없을 것이다.

해설 을미개혁이 추진되어 단발령이 내려지자 유생들은 "내 목을 자를지언정 내 머리카락은 자를 수 없다."며 강력하게 반발하였다.

핵심정리

을미개혁(제3차 개혁, 1895. 8~1896. 2)

- 을미사변(1895) : 박영효가 실각한 뒤 제3차 김홍집 내각이 성립되었는데, 명성황후가 친러파와 연결하여 일본을 견제하려 하자 일제는 명성황후를 시해하고 친일 내각을 구성
- 개혁의 추진
  - 제4차 김홍집 친일 내각은 중단되었던 개혁을 계속하여 을미개혁을 추진
  - 내용 : 종두법 실시, 소학교 설립, 태양력 사용, 우편제도 실시, 연호 건양(建陽) 사용, 단발령 실시, 군제의 개편(훈련대 폐지, 중앙군·지방군 설치)
- 결과
  - 유생들의 반발 : 단발령에 대한 유생들의 강경한 반발
  - 개혁의 중단 : 명성황후 시해와 단발령을 계기로 유생층과 농민이 의병을 일으켰고, 친러파는 국왕을 러시아 공사관으로 피신(아관파천, 1896)시킴으로써 개혁 중단

25

다음 사건들에 대한 설명으로 옳지 않은 것은?

> (가) 대한제국   (나) 갑신정변
> (다) 동학농민운동   (라) 독립협회

① (가) 고종은 자주국권, 자유민권, 자강개혁 사상을 발표하였다.
② (나) 근대 국가 건설을 목표로 한 최초의 정치 개혁 운동이었다.
③ (다) 동학농민군은 집강소를 설치하여 치안과 행정을 담당하게 하였다.
④ (라) 우리나라 최초의 근대적 민중 대회인 만민공동회를 열었다.

해설 자주국권, 자유민권, 자강개혁사상은 독립협회의 3대 사상이다.

핵심정리

독립협회의 주장
- **자주국권운동** : 국권과 국익 수호운동(자주적 중립 외교, 내정간섭 반대, 자주독립 정신 고취, 이권요구 반대, 민중계몽 등)
- **자강개혁운동** : 입헌군주제, 신교육 운동, 상공업 장려, 근대적 국방력 강화
- **자유민권운동** : 민권(자유권 · 재산권)보장운동, 국민참정운동(민의 반영, 의회 설립 운동 등)

26

다음 중 독립협회에 대한 설명으로 옳지 않은 것은?

① 구본신참의 원칙에 따른 개혁을 추진하였다.
② 국민계몽의 일환으로 독립신문을 발간하였다.
③ 아관파천으로 러시아 공사관에 가 있던 고종의 환궁을 요구하였다.
④ 중국 사신을 맞이하던 영은문 자리에 독립문을 세워 국민의 자주독립의식을 고취시켰다.

해설 구본신참(舊本新參)의 원칙에 따라 추진한 개혁은 대한제국의 개혁이다.

핵심정리

독립협회의 활동
- **이권수호운동** : 러시아의 절영도 조차 요구 규탄, 한 · 러 은행 폐쇄
- **독립 기념물의 건립** : 자주독립의 상징인 독립문을 세우고, 모화관을 독립관으로 개수
- **민중의 계도** : 강연회 · 토론회 개최, 신문 · 잡지의 발간 등을 통해 근대적 지식과 국권 · 민권사상을 고취
- **만민공동회 개최(1898. 3)** : 우리나라 최초의 근대적 민중 대회(외국의 내정간섭 · 이권요구 · 토지조사 요구 등에 대항하여 반환을 요구)
- **관민공동회 개최(1898. 10~1898. 11)**
  - 만민공동회의 규탄을 받던 보수 정부가 무너지고 개혁파 박정양이 정권을 장악하자 정부 관료와 각 계각층의 시민 등 만여 명이 참여하여 개최
  - 의회식 중추원 신관제를 반포하여 최초로 국회 설립 단계까지 진행(1898. 11)
  - 헌의 6조 : 헌의 6조를 결의하고 국왕의 재가를 받음(실현되지는 못함)

제 6 편
근대의 정치와 흐름

27 지방직 9급 기출

다음 연설문과 가장 관련이 깊은 역사적 사실은?

> 나는 대한의 가장 천한 사람이고 무지몰각합니다. 그러나 충군애국의 뜻은 대강 알고 있습니다. 이에 나라에 이롭고 백성을 편안하게 하는 길은 관과 민이 합심한 연후에야 가능하다고 생각합니다.

① 우정국 개국 축하연을 계기로 정변을 일으켰다.
② 유교 문화를 수호하고, 서양과 일본 문화를 배척하였다.
③ 헌의 6조를 고종에게 올려 시행 약속을 받았다.
④ 구식군대가 신식군대에 비해 차별을 받게 되자 폭동을 일으켰다.

해설 제시문은 독립협회가 개최한 관민공동회(1898.10. ~1898.11)에서 박성춘이 연설한 내용의 일부이다. 독립협회는 관민공동회에서 헌의 6조를 결의하고 고종의 재가를 받기도 하였으나 보수파의 모함과 반발로 독립협회가 해산되어 실현되지는 못하였다.

핵심정리

독립협회의 해산(1898. 12)
- **보수파의 모함** : 시민의식이 성숙하지 못한 상태에서 서구식 입헌군주제의 실현을 추구하여 보수세력의 지지를 얻지 못함[조병식 등 보수세력이 고종에게 독립협회가 왕정을 폐지하고 공화정을 실시하려 한다고 모함하여 독립협회 해산령(1898. 11)이 내려짐]
- **시민의 투쟁** : 시민들은 만민공동회를 열어 독립협회의 부활과 개혁파 내각의 수립, 의회식 중추원의 설치 등을 요구하면서 격렬한 투쟁
- **해산** : 보수세력의 탄압으로 해산(1898. 12)

28 서울시 9급 기출

〈보기〉의 (가), (나) 문서에 대한 설명으로 가장 옳지 않은 것은?

보기

> (가) 대한제국의 정치는 이전으로 보면 500년 전래하시고 이후로 보면 만세에 걸쳐 불변하오실 전제정치니라.
> (나) 외국인에게 의부 아니하고 관민이 동심합력하여 전제황권을 견고케 할 것.

① (가)에서는 입법·사법·행정의 모든 권력이 황제에게 있음을 천명하였다.
② (나)에서는 정부의 예산과 결산을 인민에게 공표할 것을 주장하였다.
③ (나)를 수용한 고종은 「조칙 5조」를 반포하였다.
④ (가)에 따른 전제정치 선포에 반발하며 독립협회는 의회개설운동을 전개하였다.

해설 (가)는 대한 제국. 전제 정치를 통해 대한국제(대한국 국제)임을 알 수 있고, (나)는 관민이 동심합력과 전제황권을 견고케 할 것을 통해 독립협회의 헌의 6조임을 알 수 있다. 대한국제는 1899년에 공포되었고, 독립 협회는 1898년에 이미 해산되었다.
① 대한국제(대한국 국제)는 광무정권이 1899년 제정한 일종의 헌법으로, 대한 제국이 전제 정치 국가이며 황제권의 무한함을 강조하였다.
② 헌의 6조 중 3조에 '국가 재정은 탁지부에서 전관(專管)하고, 예산과 결산을 국민에게 공표할 것'이 있다.
③ 독립협회가 제시한 헌의 6조를 보완 및 수정하여 「조칙 5조」를 반포하였다.

핵심정리

광무개혁

- 성격 : 갑오 · 을미개혁의 급진성을 비판하고 점진적인 개혁을 추진, 구본신참의 시정 방향을 제시
- 내용

정치면	• 대한국 국제(대한국제)의 반포 : 대한국제는 광무정권이 1899년 제정한 일종의 헌법으로, 대한제국이 전제정치 국가이며 황제권의 무한함을 강조 • 황제권의 강화(전제황권)를 강조 : 복고적 개혁의 성격 • 원수부 설치 : 황제가 군권을 장악하기 위해 최고 군통수기관으로 원수부를 설치 • 국방력 강화 – 경군(京軍)의 경우 친위대를 2개 연대로 증강하고 시위대를 창설 · 증강, 호위군도 호위대로 증강 · 개편 – 지방군의 경우 진위대를 6개 연대로 증강 (원수부의 지휘를 받음)
경제면	• 근대적 토지소유제도를 마련 : 양지아문을 설치(1898)하여 양전사업을 실시(1899)하고 지계(토지증서)를 발급 • 내장원의 재정업무 관할 : 탁지부에서 관할하던 재정업무를 궁내부 소속의 내장원으로 이관 • 상공업의 진흥 : 상공업 진흥책을 실시하여 황실(정부)이 직접 공장을 설립하거나 민간 회사의 설립을 지원 • 실업학교 및 기술교육기관을 설립
사회면	• 종합병원인 광제원(廣濟院)이 설치 • 신교육령에 의해 소학교 · 중학교 · 사범학교 등을 설립 • 고급장교의 양성을 위해 무관학교를 설립 (1898) • 교통 · 통신 · 전기 · 의료 등 각 분야에 걸친 근대적 시설을 확충

- 한계
  - 근대 사회로의 지향이나 황권의 강화와 황실 중심의 개혁(위에서 아래로의 개혁)
  - 진보적 개혁운동을 탄압하여 국민적 결속에 실패 (보수적 추진세력의 한계)
  - 열강의 간섭을 완전히 배제하지 못해 큰 성과를 거두지 못함

29 지방직 9급 기출

다음 정책을 시대순으로 바르게 나열한 것은?

> ㉠ 과거제도와 신분제를 폐지한다.
> ㉡ 군대는 친위대와 진위대를 설치한다.
> ㉢ 지방제도는 전국을 23부로 개편한다.
> ㉣ 양전사업을 실시하여 지계를 발급한다.

① ㉠ → ㉡ → ㉢ → ㉣
② ㉠ → ㉢ → ㉡ → ㉣
③ ㉡ → ㉣ → ㉠ → ㉢
④ ㉢ → ㉣ → ㉠ → ㉡

해설 ㉠ 과거제 폐지와 신분제 철폐는 군국기무처를 설치하고 개혁을 추진한 제1차 갑오개혁(1894. 7 ~ 1894. 12) 때이다.
㉢ 지방관제를 8도에서 23부로 개편한 것은 제2차 갑오개혁(1894. 12~1895. 7) 때이다.
㉡ 군제를 개편하여 친위대(중앙군)와 진위대(지방군)를 설치한 것은 을미개혁(제3차 갑오개혁, 1895. 8~1896. 2) 때이다.
㉣ 양전사업을 실시하여 지계(토지증서)를 발급한 것은 대한제국 때이다(1902).

핵심정리

갑오 · 을미개혁의 한계 및 의의

- 한계
  - 일본의 강요에 의해 타율적으로 시작됨, 조선 침략을 용이하게 하려는 체제 개편
  - 토지 제도의 개혁이 전혀 없고, 군제 개혁에 소홀
- 의의
  - 침략 의도가 반영된 것이지만 전통 질서를 타파하는 근대적 개혁의 성격을 지님(실질적인 근대 사회로의 전환 계기)
  - 갑신정변과 동학 농민 운동의 개혁 요구가 일부 반영(민족 내부의 근대화 노력의 일면)

30

다음 중 항일의병투쟁에 대한 설명으로 틀린 것은?

① 을미사변과 단발령을 계기로 전국 각지에서 일어났다.

② 미국, 러시아 등 열강의 지원을 받았다.

③ 일부는 해외로 망명하여 만주, 연해주에서 활동하던 독립군의 모체가 되었다.

④ 고종 황제의 강제 퇴위와 군대 해산을 계기로 의병 운동은 활기를 띠게 되었다.

해설 을사조약이 강제로 체결된 후에는 우리나라의 외교권이 상실되었기 때문에 미국, 러시아 등 열강의 국제적 지원을 기대할 수 없었다.

핵심정리

항일의병투쟁

① 항일의병투쟁의 발발

• **배경** : 청·일 전쟁으로 조선에서 청을 몰아낸 일본이 침략 의도를 노골적으로 드러내자 여러 방면에서 민족적 저항이 일어났는데, 의병 항쟁은 그 중 가장 적극적인 형태의 저항

• **시초** : 1894년 8월 서상철이 갑오개혁에 따른 반일 감정(직접적 동기는 동년 6월 일본군의 경복궁 침입 사건)으로 거사

② 의병전쟁의 의의와 한계

• **의병전쟁의 한계**

　– 국내적 요인 : 비조직성, 전통적 신분제를 고집하여 유생층과 농민 간 갈등

　– 국외적 요인 : 열강 침략의 보편화, 을사조약으로 외교권이 상실되어 국제적으로 고립

• **의병 전쟁의 의의**

　– 민족 저항 정신 표출

　– 항일 무장 독립 투쟁의 기반

　– 반제국주의·민족주의 운동

31 　국가직 9급 기출

다음 두 사건이 일어난 이후의 사실로 옳은 것만을 〈보기〉에서 모두 고른 것은?

• 고종 황제의 강제 퇴위
• 일제에 의한 군대 해산

보기

ㄱ. 안중근이 만주 하얼빈에서 이토 히로부미를 사살하였다.

ㄴ. 민영환이 일제에 대한 저항을 강력하게 표현한 유서를 남기고 자결하였다.

ㄷ. 장지연이 민족의식을 고취하는 '시일야방성대곡'을 황성신문에 발표하였다.

ㄹ. 이인영을 총대장으로 하는 13도 연합 의병 부대(창의군)가 서울진공작전을 시도하였다.

---

① ㄱ, ㄴ　　　　　② ㄱ, ㄹ

③ ㄴ, ㄷ　　　　　④ ㄷ, ㄹ

해설 일제는 고종이 헤이그에 파견한 특사(헤이그 특사, 1907)를 구실로 1907년 고종을 강제로 퇴위시키고 순종을 즉위시켰다. 그 직후 일제는 순종의 동의 없이 강제로 정미 7조약(한·일 신협약, 1907)을 체결하고 이에 따라 1907년 8월에 군대를 강제 해산하였다.

ㄱ. 안중근의 이토 히로부미 사살은 1909년 10월 26일의 일이다.

ㄹ. 이인영을 총대장으로 하는 13도 연합 의병 부대(창의군)의 서울진공작전은 1908년 1월에 개시되었으나 무기·병력 등의 열세로 실패하였다.

ㄴ. 을사조약(제2차 한·일협약, 1905) 직후 민영환은 일제에 대한 저항을 강력하게 표현한 유서를 남기고 자결함으로써 을사조약 체결에 항거하였다.

ㄷ. 을사조약(제2차 한·일협약, 1905) 직후 장지연은 황성신문에 시일야방성대곡을 발표하였다.

항일의병투쟁

① 을미의병(1895)
- **을미의병의 계기** : 최초의 항일의병으로, 명성황후 시해와 단발령을 계기로 발생
- **구성원과 활동** : 유인석 · 이소응 · 허위 등 위정척 사 사상을 가진 유생들이 주도, 농민들과 동학농민 군의 잔여 세력이 가담하여 전국적으로 확대
- **해산** : 아관파천 후 단발령이 철회되고 고종의 해산 권고 조칙이 내려지자 대부분 자진 해산
- **활빈당의 활동** : 해산된 농민 일부가 활빈당을 조직 하여 반봉건 · 반침략 운동을 계속함

② 을사의병(1905)
- **의병의 재봉기** : 을사조약의 폐기와 친일 내각의 타 도를 내세우고 격렬한 무장 항전
- **의병장** : 민종식, 최익현, 신돌석 등
  - 민종식 : 관리 출신, 을사조약이 체결된 뒤 의병 을 일으켜 홍주성(홍성)을 점령
  - 최익현 : 을사조약 이후 태인에서 임병찬과 의병 을 일으킨 후, 태인 · 정읍 · 순창에서 활약
  - 신돌석 : 을사의병 때 등장한 평민 의병장으로, 영해 · 일월산 · 울진 등 강원도와 경상도 접경지 대에서 크게 활약
- **특징** : 종래 의병장은 대체로 유생이었으나 이때부 터 평민 출신 의병장이 활동

③ 정미의병(1907)
- **계기**
  - 고종의 강제 퇴위
  - 군대 해산(1907. 8) : 제1연대 제1대대장 박승환 의 자결(해산 군인의 의병 가담 가속화)
- **특징**
  - 조직과 화력의 강화 : 해산 군인들이 의병에 합 류하면서 의병의 조직과 화력이 강화
  - 활동 영역의 확산 : 전국 각지, 나아가 간도와 연 해주 등 국외로까지 확산

32

다음 중 을사조약의 체결에서 군대 해산까지의 의병 활동에 대한 설명으로 옳지 않은 것은?

① 정미의병 때 신분이 낮다는 이유로 홍범도 등의 평민 의병장은 13도 창의군에서 제외되었다.

② 최익현은 정부 진위대와의 전투에 임해서 스 스로 부대를 해산시키고 체포당하였다.

③ 허위를 총대장으로 하는 1만여 명의 연합 의 병 부대가 양주에 집결하여 서울 진공작전을 계획하였다.

④ 신돌석 같은 평민 출신의 의병장이 등장하여 영해 · 평해 · 울진 등지에서 두드러진 활동을 전개하였다.

해설 서울 진공작전을 전개한 13도 창의군 조직의 총대장은 유생 이인영이었다. 진공작전을 앞두고 부친상을 당해 허위가 의병 연합부대를 이끌고 서울 근교까지 진격하 였다.

① 정미의병 당시 신분이 낮다는 이유로 홍범도, 신돌석, 김수민 등의 평민 의병장은 13도 창의군에서 제외되 었다.

② 최익현은 을사조약 이후 태인에서 임병찬과 의병을 일으킨 후 태인, 정읍, 순창에서 활약하다. 고종의 명 을 받은 정부 진위대와의 전투에 임해 '동족끼리 죽 이는 일은 못하겠다'고 하여 스스로 부대를 해산한 후 체포당하였다.

④ 신돌석은 을사의병 때 등장한 평민 의병장으로, 영해, 일월산, 울진 등 강원도와 경상도 접경지대에서 크게 활약하였다.

33

안중근 의사가 뤼순 감옥에서 순국하던 해의 사건이 아닌 것은?

① 유인석 등이 13도 의군 결성
② 조선총독부 설치
③ 105인 사건
④ 경학사 및 신흥강습소 설치

해설 안중근 의사는 1909년 초대 조선 통감이었던 이토 히로부미(伊藤博文)를 하얼빈에서 사살한 직후 체포되었고, 이듬해인 1910년 3월 26일, 뤼순 감옥에서 순국하였다. 만주 삼원보에 군사교육기관인 신흥강습소를 설립한 것은 1911년이다.

① 13도 의군은 1910년 6월, 러시아 블라디보스토크에서 유인석·이상설·이범윤 등이 중심이 되어 러시아령 내의 의병조직을 통합·조직한 의병 부대이다.
② 일제는 조선에 대한 식민통치의 중추기관으로 조선총독부를 설치하였다(1910).
③ 105인 사건(1910~1911)은 안명근 등의 데라우치 총독 암살 음모 사건(안악사건, 1910. 12)을 조작·날조하여 이듬해인 1911년 신민회원을 비롯한 민족 지도자 600여 명을 검거하고 중심 인물 105명을 기소한 사건을 말한다. 이 사건으로 신민회는 조직이 와해되어 결국 해체되었다(1911).

34 [국가직 9급 기출]

밑줄 친 '여러 단체와 기관'에 해당하지 않는 것은?

> 1907년 설립된 신민회 회원들은 1909년 말 이후 일본의 한국병합이 목전에 있다고 보고, 국외로 나가 독립운동을 전개할 필요가 있다는 데 의견을 같이하였다. 이에 따라 신민회 회원들은 1910년 초 이후 국외로 나가기 시작하였다. 신민회의 이회영, 이시영, 이상룡 등은 1911년 압록강 건너 서간도로 옮겨가 삼원보에 자리 잡았다. 이들은 여러 단체와 기관을 설립하여 독립운동 기지 건설 운동을 전개하였다.

① 경학사   ② 권업회
③ 부민단   ④ 신흥무관학교

해설 제시된 글은 만주 삼원보 지역에 설립한 독립운동 단체와 기관에 대한 설명이다.
권업회는 1911년 연해주에서 이상설, 유인석, 이범윤 등이 결성한 단체이다.
① 경학사는 1910년 삼원보에 설립된 자치기구이다.
③, ④ 이회영 등은 신민회의 지원을 받아 남만주에 삼원보를 건설하였다. 이곳에서 조직된 항일 독립운동 단체인 경학사는 훗날 부민단, 한족회로 발전하면서 서로군정서를 양성하였다. 또한 삼원보에 설립된 신흥 강습소는 가장 대표적인 독립군 사관 양성기관이라고 할 수 있는 신흥무관학교로 발전하였다.

35

다음 자료는 어떤 애국계몽운동단체의 취지문이다. 이 단체의 활동으로 가장 옳은 것은?

> "… 무릇 우리 대한인은 내외를 막론하고 통일연합으로써 그 진로를 정하고 독립자유로써 그 목적을 세움이니, 이것이 원하는 바이며 품어 생각하는 것이다. 간단히 말하면 오직 신정신을 불러 깨우쳐서 신단체를 조직한 후에 신국가를 건설할 뿐이다. …"

① 고종 강제 퇴위 반대운동으로 해산되었다.
② 국권회복과 공화정체의 국민국가 건설을 목표로 했다.
③ 일제의 황무지 개간 요구를 철회시켰다.
④ 기회주의를 배격하고 정치, 경제적 각성을 촉구하였다.

해설 제시된 자료는 신민회의 취지문에 해당한다. 신민회 (1907~1911)는 국권회복과 공화정체의 국민국가 건설을 궁극적인 목표로 하여 조직된 항일 비밀결사단체이다.
① 일제의 고종황제의 양위 강요에 반대운동을 주도하다가 강제로 해산된 단체는 대한자강회이다.
③ 일제의 황무지 개간권 요구에 반대하여 이를 철회시킨 단체는 보안회이다.
④ 기회주의자의 배격과 정치·경제적 각성의 촉구, 민족의 단결을 공고히 하는 것은 모두 신간회 (1927~1931)의 기본 강령이다.

36

신민회에 대한 설명으로 틀린 것은?

① 대한매일신보를 기관지로 발간하였다.
② 일제의 군대 해산을 계기로 그 조직이 와해되었다.
③ 안창호, 양기탁 등이 중심이 되어 조직한 비밀결사단체이다.
④ 국권 회복과 공화 정체의 국민 국가 수립을 목표로 삼았다.

해설 신민회는 1907년 안창호, 양기탁, 이동녕 등이 중심이 되어 언론인, 종교인, 교사, 학생 등을 모두 규합하여 조직한 비밀결사단체로 민족 교육의 추진, 민족 산업의 육성, 민족 문화의 계발 등 각 방면에서의 진흥 운동을 전개하였으며, 대한매일신보를 기관지로 발간하였다. 신민회는 105인 사건을 계기로 그 조직이 와해되었다.

핵심정리

신민회(1907~1911)

- **조직** : 사회 각계각층의 인사를 망라하여 조직된 비밀결사
- **구성원** : 안창호, 양기탁 등
- **목적** : 국권 회복, 공화정체의 국민 국가 건설
- **활동**
  - 문화적·경제적 실력 양성 운동 : 자기 회사 설립 (평양), 태극서관 설립(대구), 대성학교·오산학교·점진학교 설립 등
  - 양기탁 등이 경영하던 대한매일신보를 기관지로 활용했고, 1908년 최남선의 주도하에 〈소년〉을 기관잡지로 창간
  - 군사적 실력 양성 운동 : 이상룡·이시영이 남만주에 삼원보, 이승희·이상설이 밀산부에 한흥동을 각각 건설하여 항일 의병 운동에 이어 무장 독립 운동의 터전이 됨
- **해체(1911)** : 일제가 날조한 105인 사건으로 해체

실전
문제

제2장 개항 이후의 경제와 사회

● 대표유형문제 ●

국가직 9급 기출

개항기 체결된 통상 협약에 대한 설명으로 옳지 않은 것은?

❶ 조 · 일 통상장정(1876) – 곡물 유출을 막는 방곡령 규정이 합의되었다.

② 조 · 청 수륙무역장정(1882) – 서울에서 청국 상인의 개점이 허용되었다.

③ 개정 조 · 일 통상장정(1883) – 일본과 수출입하는 물품에 일정 세율이 부과되었다.

④ 한 · 청 통상조약(1899) – 대한제국 황제와 청 황제가 대등한 위치에서 조약을 체결하였다.

정답해설 곡물 유출을 막는 방곡령은 개정 조 · 일 통상장정(1883)에 합의되었다. 조 · 일 통상장정(1876)에서는 무관세, 무항세, 무제한 양곡 유출 등의 불평등 조약이 체결되었다.

오답해설 ② 1882년 조선과 청나라 사이에 체결된 양국 상인들의 수륙 통상에 관한 규정으로 조선이 청의 속방이라는 조항을 포함하여 이후 내정 간섭을 심화시킨 불평등 조약이다.

③ 1883년 조선과 일본 사이에 체결된 규정으로 조 · 미 수호 통상 조약에서 관세 조항이 규정되자 개정한 조약으로 방곡령, 관세 부과 등이 개정되었으나, 일본에 최혜국 대우 규정이 추가되었다.

④ 청일전쟁 이후 조청종속관계가 공식적으로 파기되어 새롭게 맞은 조약으로 대한제국 황제와 청 황제가 대등한 위치에서 조약을 체결하였다.

핵심정리 **조 · 일 통상장정**

• 조 · 일 통상장정(1876)
  – 일본 수출입 상품 무관세 및 선박의 무항세
  – 조선 양곡 무제한 유출 허용
  – 조선국 개항장에서 쌀과 잡곡 수출 허용
  – 일본 화폐 사용 가능
  – 일본 상인의 활동범위 개항장 10리 제한

• 개정 조 · 일 통상장정(1883)
  – 아편수입 금지
  – 방곡령의 선포 조항(시행 1개월 전 일본 영사관에 통고 의무)
  – 관세 및 벌금의 조선 화폐에 의한 납입
  – 최혜국 대우
  – 인천항 곡물 수출 금지권 폐지

01

국채보상운동에 대한 설명으로 옳지 않은 것은?

① 부녀자들은 비녀와 가락지까지 내어 이 운동에 적극적으로 호응하였다.

② 차관 제공 정책은 대한제국을 재정적으로 일본에 완전히 예속시키려는 것이었다.

③ 이 운동은 처음 평양에서 조만식 등이 조선물산장려회를 발족시키면서 시작되었다.

④ 서울에서는 국채보상기성회를 중심으로 여러 애국계몽단체들이 모금운동에 참여하였다.

해설 ③은 1922년에 시행된 물산장려운동에 대한 설명이다.

핵심정리

국채보상운동(1907)

- **배경** : 일제의 강제 차관 도입으로 인해 정부가 짊어진 1,300만 원의 외채를 국민의 힘으로 상환하여 국권을 회복하자는 운동
- **경과**
  - 서상돈 · 김광제 등이 대구에서 개최한 국민 대회를 계기로 전국으로 확산
  - 국채보상 기성회가 서울 등 전국 각지로 확대되고 대한매일신보 등 여러 신문사들도 적극 후원(금연운동 전개)
  - 부녀자들은 비녀와 가락지를 팔아서 이에 호응했으며, 여성 단체인 진명 부인회 · 대한 부인회 등은 보상금 모집소를 설치하여 적극적인 활동을 전개
  - 일본까지 파급되어 800여 명의 유학생들도 참여
- **결과** : 일본은 국채보상 기성회의 간사인 양기탁에게 국채보상금을 횡령하였다는 누명을 씌워 구속하고 1908년 초 2천만 원의 차관을 억지로 추가 공급하여 좌절시킴

02

다음의 경제적 구국운동에 대한 설명으로 옳은 것은?

> 일제는 한국을 재정적으로 예속시키기 위해서 우리 정부로 하여금 일본에서 차관을 도입하게 하였다. 그 결과 한국 정부가 짊어진 외채는 총 1,300만 원이나 되어 상환이 어려운 처지에 놓였다. 이에 국민의 힘으로 국채를 상환하여 국권을 회복하자는 경제적 구국운동이 일어났다.

① 총독부의 간교한 방해로 인해 좌절되고 말았다.

② 일본 상품을 배격하고 국산품을 애용하자는 것이었다.

③ 민족주의 진영과 사회주의 진영이 협동하여 추진하였다.

④ 대구에서 개최한 국민대회를 계기로 전국으로 확산되었다.

해설 제시문은 국채보상운동에 대한 설명이다. 일제는 통감부 설치 후 한국 정부로 하여금 일본으로부터 거액의 차관을 들여오게 하였는데 1907년까지 들여온 차관 총액은 대한제국의 1년 예산과 맞먹는 1,300만 원에 달했다. 이에 1907년 서상돈의 발의로 대구에서 국민의 힘으로 국채를 갚으려는 국채보상운동이 일어났다.

제**6**편

근대의 경제와 사회

03

다음 중 경제적 구국운동에 대한 설명으로 옳지 않은 것은?

① 보안회는 일제의 황무지 개간권 요구에 반대 운동을 벌였다.
② 독립협회는 이권수호운동을 적극적으로 주도 하였다.
③ 함경도, 황해도에서는 일제의 약탈적인 곡물 유출에 대항하여 방곡령을 시행하였다.
④ 국채보상운동은 국민들의 지지와 신문사들의 후원으로 성공을 거두었다.

해설 국채보상운동은 전 국민의 지원으로 600여만 원을 모금 하였으나 일제 통감부가 언론 기관에 압력을 가하고 국 채보상기성회의 간사인 양기탁을 횡령죄로 투옥하는 등 일제의 간교한 탄압으로 지속적인 경제구국운동은 좌절 되고 말았다.

04

다음과 같은 활동을 전개했던 사회 단체는?

> 러·일 전쟁이 진행되는 동안에 일본이 한국 정부에 황무지 개척권을 강요하여 우리 토지를 빼앗으려 하자, 이를 반대하는 국민 여론을 일 으키는 데 앞장섰다. 결국 일본은 황무지 개척 권을 일시 포기하게 되었다.

① 농광회사　　② 통운사
③ 육운회사　　④ 종삼회사

해설 일부 민간 실업인과 관리들은 농광회사를 설립하여 황 무지를 우리 손으로 개간할 것을 주장하였다. 이들은 정부에 황무지 개간 특허를 요구하여 허가를 받기도 하 였다.

핵심정리

일본의 토지 약탈
• 개항 직후
 − 초기 : 일본 상인들이 개항장 안의 토지를 빌려 쓰 는 데 그침
 − 토지 소유의 확대 : 활동 범위가 개항장 밖으로 확 대됨에 따라, 차압과 고리대를 이용하여 우리 농민 의 토지를 헐값으로 사서 점차 농장을 확대해 감
• 청·일 전쟁 이후(1890년대) : 일본 대자본가들이 침 투하여 대규모 농장 경영, 전주·군산·나주 일대에 대규모 농장 경영
• 1900년대 : 토지 약탈의 본격화
 − 계기 : 러·일 전쟁
 − 명목 : 철도 부지 및 군용지 확보, 황무지 개간, 역 둔토(驛屯土)의 수용 등
 − 결과 : 1908년에 설립된 동양척식주식회사는 1년 만에 3만 정보의 토지를 소유하게 되었고, 국권을 빼앗길 무렵에는 1억 5천만 평에 이르는 토지를 일 본인이 소유
• 황무지 개간권 반대 운동(1904)
 − 일제의 요구에 대항하여 적극적 반대 운동을 전개
 − 보안회는 일제의 황무지 개간권 요구에 대한 반대 운동을 벌여 토지 약탈 음모를 분쇄
 − 이도재 등은 농광회사를 설립하여 황무지를 우리 손으로 개간할 것을 주장

05 국가직 9급 기출

다음은 외세의 경제침략 과정을 서술한 것이다. 이에 대한 우리 민족의 경제적 침탈 저지 운동에 대하여 연결이 잘못된 것은?

> ㉠ 조선 각지에서 청국 상인과 일본 상인의 상권 침탈 경쟁이 치열해졌다.
> ㉡ 제국주의 열강의 경제 침탈이 아관파천 시기에 특히 극심하였다.
> ㉢ 러·일 전쟁 이후 일본은 화폐 정리와 시설 개선의 명목으로 차관을 강요하였다.
> ㉣ 1910년대 일본은 토지조사령을 발표하여 우리나라의 토지를 약탈하였다.

① ㉠ – 시전 상인들이 황국중앙총상회를 조직하여 상권운동을 전개하였다.
② ㉡ – 독립협회는 러시아의 절영도 조차 시도를 저지하였다.
③ ㉢ – 대구 기성회가 중심이 되어 국채보상운동이 전개되었다.
④ ㉣ – 일본 상인의 농촌 시장 침투와 곡물 반출에 대항하였다.

해설 일제는 1912년 토지조사령을 발표하고 1910년부터 1918년까지 토지조사사업을 실시하였다. 1890년을 전후하여 실시된 방곡령은 일본 상인의 농촌 시장 침투와 지나친 곡물 반출을 막기 위하여 내린 조치였다.

핵심정리

방곡령과 상권수호운동

- 방곡령(防穀令, 1889)
  - 목적 : 일본 상인의 농촌 시장 침투와 지나친 곡물 반출을 막기 위함
  - 실시 : 개항 이후 곡물의 일본 유출이 늘어나면서 가격이 폭등한데다가 흉년이 겹쳐 함경도와 황해도를 중심으로 시행
  - 결과 : 일제는 1개월 전에 통고해야 한다는 조·일통상장정(1883) 규정을 구실로 방곡령의 철회를 요구하고 거액의 배상금을 요구
- 상권수호운동 : 상인들은 상권수호운동을 벌여 경제적 침탈에 적극적으로 대응
  - 1880년대 : 관리들과 객주, 보부상 등이 대동상회, 장통회사 등의 상회사 설립
  - 시전(市廛)상인 : 황국 중앙 총상회(1898)를 만들어 서울의 상권을 지키려 함
  - 경강상인들은 증기선을 도입하여 빼앗긴 운송권을 회복하려 함
- 근대적 산업 자본의 성장
  - 조선 유기 상회(鍮器商會) : 유기 공업과 야철 공업을 계승하여 서울에 설립
  - 직조 산업 : 외국산 면직물의 수입으로 타격을 받았지만, 민족 자본에 의하여 대한 직조 공장과 종로 직조사 등을 설립하여 생산 활동 전개
  - 기타 : 연초 공장(煙草工場), 사기 공장(砂器工場) 등

실전
문제

제3장 근대 문화의 발달

〔 대표유형문제 〕

국가직 9급 기출

밑줄 친 '이 신문'에 대한 설명으로 옳지 않은 것은?

> 신문으로는 여러 가지 신문이 있었으나, 제일 환영을 받기는 영국인 베델이 경영하는 <u>이 신문</u>이었다. 관 쓴 노인도 사랑방에 앉아서 이 신문을 보면서 혀를 툭툭 차고 각 학교 학생들은 주먹을 치고 통론하였다.
>   - 유광열, 〈별건곤〉

① 국민의 힘으로 국채를 갚아야 한다는 운동을 주도하였다.
② 고종은 을사조약의 부당성을 폭로하는 친서를 발표하였다.
③ 양기탁이 신민회를 조직하면서 신민회의 기관지 역할을 하였다.
❹ 을사조약 체결을 비판하는 '시일야방성대곡'이라는 사설이 발표되었다.

〔정답해설〕 제시된 신문은 영국인 베델이 양기탁 등과 함께 창간한 대한매일신보(1904~1910)이며, 을사조약 체결을 비판하는 '시일야방성대곡'이라는 사설이 발표된 신문은 황성신문(1898~1910)이다. 황성신문은 남궁억 등 개신유학자들이 발행한 민족주의적 성격의 항일신문으로, 장지연의 '시일야방성대곡'을 게재함으로써 을사조약을 폭로·비판하여 80일간 정간되기도 하였다.

〔오답해설〕 ① 대한매일신보는 국채보상운동(1907)을 주도적으로 참여해 애국운동에 앞장섰다. 국채보상운동은 일제의 강제 차관 도입으로 발생한 정부의 외채를 갚아 국권을 회복하고자 한 경제적 구국운동이다.
② 1910년 을사조약의 부당성을 폭로하는 고종의 '을사조약부인친서'를 보도하였다.
③ 대한매일신보는 양기탁이 조직한 신민회 기관지로 활용되기도 하였다.

〔핵심정리〕 언론 기관의 발달

언론 기관	주요 활동
한성순보(1883~1884)	• 최초의 신문, 관보, 순한문 • 개화파에 의해 박문국에서 발간 • 국가 정책 홍보와 서양의 근대 문물 소개
독립신문(1896~1899)	최초의 민간 신문, 한글판·영문판, 독립협회 기관지
황성신문(1898~1910)	• 남궁억, 유림층을 대상으로 함, 국한문 혼용 • 장지연의 시일야방성대곡(1905)
제국신문(1898~1910)	이종일, 한글로 발행, 부녀자, 서민층 계몽
대한매일신보(1904~1910)	베델, 양기탁, 국채보상운동 주도
만세보(1906~1907)	오세창, 천도교 기관지
일본의 탄압	• 신문지법(1907)을 제정하여 언론 탄압 • 국권 피탈 이후 민족 신문 폐간

01

다음 중 근대 문물의 보급에 대한 설명으로 옳지 않은 것은?

① 노량진과 제물포 사이를 운행하는 경인선이 부설되었다.

② 지석영은 종두법을 연구·보급시켜 국민 보건에 공헌하였다.

③ 박문국은 최초의 민간 출판사로 근대 기술 서적을 출판하였다.

④ 독립문은 프랑스 개선문을 본떠 독립협회에서 건립하였다.

해설 박문국은 신문 간행을 주관하는 곳으로 한성순보를 발간하였다. 최초의 민간 출판사는 광인사이다.

─── 핵심정리 ───

근대 시설의 도입

• 인쇄 시설
 – 박문국 설립(1883) : 최초의 신문인 한성순보 창간
 – 광인사 설립(1884) : 최초의 근대적 민간 출판사. 근대 기술에 관한 서적 출판

• 통신 시설
 – 전신 : 청에 의해 서울과 인천 간에 가설(1885), 이후 독자적 기술에 의한 근대적 통신망 완성
 – 전화 : 처음에 궁궐 안에 가설(1896), 그 후 서울 시내에도 가설(1902)
 – 우편 : 우정국이 갑신정변으로 중단되었다가 을미개혁 이후 부활(우편사, 1895), 만국 우편 연합에 가입하여 여러 나라와 우편물을 교환(1900)

• 교통 시설
 – 철도 : 최초로 경인선(1899) 부설. 경부선(1904)과 경의선(1905)은 일본의 군사적 목적에 의하여 부설
 – 전차 : 황실과 미국인 콜브란의 합자로 설립된 한성 전기 주식회사가 발전소를 건설하고 서대문과 청량리 간에 최초로 전차를 운행(1898)

02

다음에서 설명하는 근대 교육기관은?

• 우리나라 최초의 근대적 사립학교이다.
• 1883년 함경도 덕원 주민들이 개화파 인물들의 권유에 의하여 설립하였다.
• 외국어, 자연과학 등 근대 학문과 무술을 가르쳤다.

① 동문학　　　　　　② 육영공원
③ 원산학사　　　　　④ 보성학교

해설 원산학사는 1883년 민간에 의해 함경남도 원산에 설립되었던 중등학교로, 덕원·원산의 지방민들은 일본 상인의 침투에 대한 대응책을 세워야 할 것을 절감하여 설립하였다.

─── 핵심정리 ───

근대 교육의 발전

① 근대 교육의 실시
 • 원산학사(1883) : 최초의 근대적 사립학교. 외국어·자연과학 등 근대 학문과 무술을 가르침
 • 동문학(1883) : 정부가 세운 영어 강습 기관(통리교섭통상사무아문의 부속 기관)
 • 육영공원(1886) : 정부가 보빙사 민영익의 건의로 설립한 최초의 근대식 관립학교. 길모어·헐버트 등 미국인 교사를 초빙하여 상류층의 자제들에게 근대 학문 교육

② 근대적 교육제도의 정비
 • 교육입국조서 반포(1895)
  – 근대적 교육제도가 마련되어 소학교·중학교 등 각종 관립학교가 설립
  – 국가의 부강은 국민의 교육에 있음을 내용으로 함
 • 광무개혁 : 실업학교 설립

03 서울시 9급 기출

근대 교육기관에 대한 설명으로 가장 옳지 않은 것은?

① 배재학당 : 선교사 아펜젤러가 서울에 설립한 사립학교이다.
② 동문학 : 정부가 설립한 외국어 교육 기관으로 통역관을 양성하였다.
③ 경신학교 : 고종의 교육 입국 조서에 따라 설립된 관립 학교이다.
④ 원산학사 : 함경도 덕원 주민들이 기금을 조성하여 설립한 학교이다.

해설 갑오개혁 이후 고종의 교육 입국 조서에 따라 근대적 교육제도가 마련되어 소학교·중학교 등 각종 관립학교가 설립되었으며, 교원양성 학교인 한성 사범학교도 이때 건립되었다(1895). 경신학교는 미국 초대 선교사 언더우드에 의해 서울에 설립된 중등과정의 사립학교이다(1886).
① 배재학당은 미국의 개신교 선교사 아펜젤러가 선교를 목적으로 서울에 설립한 사립학교로 신학문 보급에 기여하였다(1885).
② 동문학은 정부가 설립한 외국어 교육기관으로 통리교섭통상사무아문의 부속 기관이며 통역관을 양성하였다(1883).
④ 원산 학사는 함경도 덕원부사 정현석과 주민들이 개화파 인물들의 권유로 설립한 최초의 근대적 사립학교로(1883), 외국어·자연 과학 등 근대 학문과 무술을 가르쳤다.

핵심정리

교육입국조서
세계의 형세를 보면 부강하고 독립하여 잘사는 모든 나라는 다 국민의 지식이 밝기 때문이다. 이 지식을 밝히는 것은 교육으로 된 것이니 교육은 실로 국가를 보존하는 근본이 된다. …… 이제 짐은 정부에 명하여 널리 학교를 세우고 인재를 길러 새로운 국민의 학식으로써 국가 중흥의 큰 공을 세우고자 하니, 국민들은 나라를 위하는 마음으로 지·덕·체를 기를지어다. 왕실의 안전이 국민들의 교육에 있고, 국가의 부강도 국민들의 교육에 있도다.

04

다음 중 근대의 국학연구에 대한 설명으로 옳은 것은?

① 조선광문회를 조직하여 외국의 건국 영웅이나 혁명운동의 역사를 소개하였다.
② 박은식은 '독사신론'을 저술하여 민족주의 역사학의 연구 방향을 제시하였다.
③ 주시경은 국문연구소를 설립하여 국문의 정리에 크게 이바지하였다.
④ 지석영은 〈서유견문〉을 간행하여 국·한문체의 보급에 공헌하였다.

해설 주시경과 지석영은 국문연구소를 설립(1907)하여 국문 정리와 국어의 체계를 확립하고 〈국어문법〉을 편찬하였다.
① 최남선, 박은식은 조선광문회를 조직하여 민족 고전을 정리·간행하였다.
② 신채호는 1908년에 '독사신론'을 〈대한매일신보〉에 발표하여 민족주의 정신에 근거한 한국사의 체계를 모색하였다.
④ 〈서유견문〉은 유길준이 구미 여행에서 돌아와서 쓴 기행문으로, 국·한문 혼용체로 간행된 최초의 단행본이다. 그는 서문에서 언문일치를 주장하여 그 후의 문체에 많은 영향을 주었다.

핵심정리

국어 연구
• 국·한문체의 보급
  – 갑오개혁 이후 관립학교의 설립과 함께 국·한문 혼용의 교과서 간행
  – 서유견문(西遊見聞) : 유길준, 새로운 국·한문체의 보급에 크게 공헌
  – 독립신문·제국신문은 순한글, 한성순보·황성신문·대한매일신보 등은 국한문 혼용
• 국문 연구소의 설립(1907) : 주시경·지석영이 설립, 국문 정리와 국어의 이해 체계 확립, 〈국어문법〉 편찬

05

다음 자료와 관련 있는 인물의 활동으로 옳은 것은?

> 무릇 동양의 수천 년 교화계(敎化界)에서 바르고 순수하며 광대 정미하여 많은 성인이 뒤를 이어 전하고 많은 현인이 강명(講明)하는 유교가 끝내 인도의 불교와 서양의 기독교와 같이 세계에 대발전을 하지 못함은 어째서이며, 근세에 이르러 침체 부진이 극도에 달하여 거의 회복할 가망이 없는 것은 무슨 까닭이뇨. …… 그 원인을 탐구하여 말류(末流)를 추측하니 유교계에 3대 문제가 있는지라. 그 3대 문제에 대하여 개량(改良) 구신(求新)을 하지 않으면 우리 유교는 흥왕할 수가 없을 것이며 …… 여기에 감히 외람됨을 무릅쓰고 3대 문제를 들어서 개량 구신의 의견을 바치노라.
>
> – 〈서북학회 월보〉 제1권

① 양명학을 토대로 대동사상을 주장하였다.

② 만세보를 발간하여 민족의식을 고취하였다.

③ 독사신론을 통해 역사학의 방향을 제시하였다.

④ 신민족주의를 제창하여 민족주의의 한계를 극복하려 하였다.

해설 서북학회는 1908년 조직된 애국계몽단체로 이동휘, 안창호, 박은식 등이 설립하였다. 독립을 위해서는 실력양성이 중요하다고 보아 국권회복과 인권신장을 통한 근대국가 달성을 목표로 하였다. 이 중 박은식은 〈유교구신론〉을 통해 유교의 개혁을 주장하였다.
박은식은 양명학을 토대로 한 지행합일과 인(仁)에 근거한 세계평화주의인 대동사상을 강조하였다.
② 〈만세보〉는 손병희의 발의로 만들어진 천도교 기관지로, 오세창을 사장으로 한다.

③ 신채호는 '독사신론'을 통해 우리 민족의 역사적 정통성을 일깨웠으며, 민족주의 사학의 연구방향을 제시하였다.

④ 신민족주의는 안재홍, 손진태가 중심이 되어 주장한 민족주의 이념이다.

핵심정리

유교구신론

박은식이 제기한 것으로, 실천적이고 새로운 유교정신을 강조한다. 박은식은 이를 통해 유교의 개혁을 주장하면서, 첫째, 유교가 민중 중심일 것, 둘째, 유교를 알릴 것, 셋째, 양명학과 같이 실천을 강조하고 알기 쉬운 유교로 개혁할 것을 주장하였다.

06

개항 이후 전개된 종교단체들의 활동 중 천도교에 대한 설명으로 옳은 것은?

① 개화 · 개혁을 외면하여 시대의 흐름에 역행한다는 비판을 받았다.

② 만세보라는 민족 신문을 간행하고 민족의식 고취에 노력하였다.

③ 고아원과 양로원을 설치 · 운영하고 교육과 사회사업을 통하여 애국계몽에 힘썼다.

④ 서양 의술을 보급시켰고 학교를 설립하여 우리나라 근대 교육의 발전에 크게 기여하였다.

해설 동학의 3대 교주인 손병희는 동학을 천도교로 개명하고 동학의 정통을 계승하여 민족 종교로 발전시켰으며, 교리를 재정립하고 교육활동을 전개하면서 〈만세보〉라는 민족 신문을 간행하고 민족의식 고취에 노력을 기울였다.
①은 유교, ③은 천주교, ④는 개신교에 대한 설명이다.

제**6**편

근대의 변화와 흐름

나두공

제7편

민족 독립 운동의 전개

실전문제 제1장 국권 침탈과 민족의 수난

대표유형문제

서울시 9급 기출

다음 ㉠의 추진 결과 나타난 현상으로 옳지 않은 것은?

> 일본은 1910년대 이후 자본주의 경제가 급속하게 발전하면서 농민들이 도시에 몰려 식량 조달에 큰 차질이 빚어졌다. 이를 해결하기 위해 (㉠)을 추진하였는데, 이는 토지개량과 농사 개량을 통해 식량 생산을 대폭 늘려 일본으로 더 많은 쌀을 가져가고 우리나라 농민 생활도 안정시킨다는 목표로 추진되었다.

① 쌀 생산량의 증가보다 일본으로의 수출량 증가가 두드러졌다.
② 만주로부터 조, 수수, 콩 등의 잡곡 수입이 증가하였다.
③ 한국인의 1인당 연간 쌀 소비량이 이전보다 줄어들었다.
❹ 많은 수의 소작농이 이를 통해 자작농으로 바뀌었다.

정답해설 산미 증식 계획(1920~1934)에 대한 내용이다. 제1차 세계 대전 후 일제는 고도 성장을 위한 공업화 추진에 따른 식량 부족과 쌀값 폭등을 우리나라에서의 식량 수탈로 해결하고자 산미증식 계획을 수립·실시하였다. 그 과정에서 발생한 수리 조합비·비료 대금 등 증산 비용은 고스란히 농민에게 전가되었으며, 지주에게 지불하는 소작료마저 인상되어 농촌 경제는 파탄에 이르렀다. 따라서 토지를 상실하고 화전민이 되거나 국외로 이주하는 경우가 많아졌다.

오답해설 ① 증산은 계획대로 이루어지지 않았으나 수탈은 계획대로 진행되어 많은 양의 쌀이 일본으로 수출되었다.
②, ③ 쌀의 증산량보다 수탈량이 훨씬 많자 한국 내 식량 사정은 극도로 악화되었다(한국인의 인당 연간 쌀 소비량이 이전보다 감소). 일제는 한국의 부족한 식량을 보충하기 위해 만주 에서 조, 콩 등 잡곡을 수입했다.

핵심정리 산미증식계획(1920~1934)

- **배경** : 일제는 공업화 추진에 따라 일본 내 식량 부족과 쌀값 폭등을 우리나라에서의 식량수탈로 해결하고자 함
- **방법**
  - 수리조합 설치, 토지 및 품종·종자 개량, 비료 증산 등
  - 논농사(쌀) 중심의 기형적인 단작형 농업구조로 전환시킴
  - 조선농회령 제정(1926), 지주 중심의 착취 극대화를 위한 조선농회 조직
- **결과**
  - 식량사정 악화 : 증산량보다 많은 수탈, 만주 잡곡 수입
  - 농민 몰락 : 수리조합비와 비료대금 등의 증산비용을 농민에게 전가, 지주의 소작료 인상
  - 화전민·유랑민·소작농 증가, 만주·일본 등으로 이주
  - 쌀 중심의 단작형 농업구조 형성, 소작쟁의 발생의 원인 제공, 일제의 농촌진흥운동 실시(1932~1940)
- 1930년대 세계경제공황과 일본 내 농민 보호를 위해 1934년 중단

01 지방직 9급 기출

다음 내용의 결과로 나타난 역사적 사실이 아닌 것은?

> 삼국간섭으로 대륙을 침략하려던 일본의 기세가 꺾이자, 조선 정부 안에서는 러시아의 힘을 빌려 일본의 간섭에서 벗어나려는 움직임이 일어났다.

① 일본은 낭인과 군대를 앞세워 궁중을 침범하여 명성황후를 시해하였다.
② 신변의 위협을 느낀 고종은 러시아 공사관으로 피신하였다.
③ 김홍집 내각이 출범하여 홍범 14조를 발표하였다.
④ 박영효는 반역 음모가 발각되어 다시 일본으로 망명하였다.

해설 삼국간섭은 청·일 전쟁 직후에 체결된 시모노세키 조약으로 인해 일본이 차지한 랴오둥(요동) 반도를 러시아·프랑스·독일 등 3국이 개입하여 청에 반환하도록 한 사건이다. 이 대가로 3국은 청으로부터 이권을 얻게 되었고 조선 내에서는 일본세력이 약화되고 친러세력이 새로 성립하였다(제3차 김홍집 친러내각).
홍범 14조는 제2차 갑오개혁 중 삼국간섭 이전인 1895년 1월에 발표하였다. 청·일 전쟁(1894. 7 ~ 1895. 4)에서 일본이 승리하자, 제2차 김홍집·박영효 친일 연립내각이 성립(1894. 12)하여 제2차 갑오개혁(1894. 12 ~ 1895. 7)을 단행하였다. 이 과정에서 고종은 왕족 및 백관을 거느리고 종묘에 나아가 독립서고문(獨立誓告文)과 홍범 14조를 선포하였다.

02

다음 〈보기〉의 내용을 순서대로 바르게 나열한 것은?

> ─ 보기 ─
> ㉠ 일본이 대한제국의 외교권을 대행하였다.
> ㉡ 외교와 재정분야에 일본이 추천하는 고문을 두었다.
> ㉢ 일본군이 전략상 필요한 지역을 마음대로 사용할 수 있었다.
> ㉣ 조선 고등 관리의 임명과 해임을 일본 통감의 동의를 받게 하였다.

① ㉠ → ㉡ → ㉢ → ㉣
② ㉡ → ㉠ → ㉢ → ㉣
③ ㉡ → ㉢ → ㉠ → ㉣
④ ㉢ → ㉡ → ㉠ → ㉣

해설 ㉢은 한·일 의정서(1904. 2), ㉡은 제1차 한·일 협약(1904. 8), ㉠은 을사조약(1905), ㉣은 한·일 신협약(1907)에 대한 내용이다.

─ 핵심정리 ─

한·일 신협약(정미 7조약, 1907. 7)
- **체결 과정** : 고종을 퇴위시키고 순종을 즉위시킨 후 황제의 동의 없이 강제로 체결
- **내용**
  - 정부에 일본인 차관을 두어 실제 행정권을 장악하는 차관 정치 실시
  - 모든 통치권이 통감부로 이관(통감부 권한 강화, 내정권 장악)
  - 군대 해산(1907. 8) : 일제는 군대를 해산하고 의병의 저항을 무력으로 진압
  - 정미의병(1907) : 해산 군인들이 의병에 합류

제 7 편 민족 독립 운동의 전개

03

일제 식민지 시대 총독부의 자문기관이었던 중추원에 대한 설명으로 틀린 것은?

① 중추원의 의사 규칙에 따르면 의장의 허가 없이는 발언할 수 없었다.
② 3 · 1 운동까지 매년 한 차례씩 소집되었다.
③ 중추원의 구성원은 모두 친일 인사로 실질적인 발언권은 없었다.
④ 일본의 강점 통치에 조선 사람도 참여한다는 명분을 내외적으로 내세우기 위해 설치하였다.

해설 총독부의 자문기관인 중추원은 친일파 한국인을 정치에 참여시키는 형식을 취하였으나 친일파 한국인을 회유하기 위한 술책에 불과하였으며, 3 · 1 운동 때까지 거의 10년간 단 한 차례의 정식 회합도 소집되지 않았다.

핵심정리

조선총독부(朝鮮總督府)
• **설치(1910)** : 일제는 식민 통치의 중추기관으로 조선 총독부를 설치하고 강력한 헌병 경찰 통치를 실시, 언론 · 집회 · 출판 · 결사의 자유를 박탈
• **총독부의 조직**
  − 조선 총독 : 일본군 현역 대장 중에서 임명됨. 일본 왕에 직속되어 절대 권력을 행사
  − 조직 체계 : 총독 아래에 행정을 담당하는 정무총감, 치안을 담당하는 경무총감을 둠
  − 중추원(中樞院) : 자문기관으로, 친일파 한국인을 참여시키는 회유 술책(3 · 1 운동까지 한 차례의 정식 회의도 소집되지 않은 명목뿐인 기관)

04

일제의 1920년대 식민정책에 대한 설명으로 옳은 것은?

① 무단통치에서 문화통치로 전환되면서 문관총독을 임명하였다.
② 경찰관서 및 경찰의 수와 유지면에서 무단통치 때보다 줄어들었다.
③ 자치론이 대두되면서 우리 민족에게 일부 분야에서 실질적인 자치를 허용하였다.
④ 치안유지법을 제정하여 민족운동 및 독립운동을 억압하였다.

해설 치안유지법은 1925년에 제정한 사상 통제법으로 공산주의 및 무정부주의 운동을 탄압하기 위해 제정한다고 했으나 사실상 독립 운동에 대한 전반적 탄압을 위해 만들어진 법률이었다.
① 일제의 문화통치 시기에는 단 한 명의 문관총독도 임명되지 않았다.
② 경찰의 수와 장비, 유지비는 3 · 1 운동 이전보다 크게 증가되는 양상을 띠었다.
③ 자치론이 대두되기도 했으나 일제의 조작된 허구에 불과하였다.

핵심정리

문화 통치의 내용과 실상

일제의 정책	실상
문관 총독	한 명도 임명되지 않음
보통 경찰제	경찰 예산 및 관서 · 경찰의 수 증가, 고등계 형사 강화
조선 · 동아일보 간행	검열 강화, 기사 삭제, 정간 · 폐간
교육 기회 확대	초등교육 · 실업교육 치중
• 참정권 허용 • 결사, 집회의 자유허용	• 친일 단체의 집회만 인정 • 치안 유지법(1925) 제정

05

다음은 우리나라와 일본 간에 체결된 조약이다. 이 조약의 체결로 인해 발생한 역사적 사실은?

> • 일본 정부는 한국과 타국 간에 현존하는 조약의 실행을 완수하는 책임에 있어서 한국 정부는 금후 일본 정부의 중개를 경유하지 않고서는 국제적 성질을 가진 어떠한 조약이나 약속을 하지 않을 것을 서로 약속한다.
> • 일본 정부는 그 대표자들로 하여금 한국 황제 폐하의 궐하에 1명의 통감을 두되 통감은 전적으로 외교에 관한 사항을 관리함을 위하여 경성에 주재하고 친히 한국 황제를 알현하는 권리를 가진다.

① 아관파천 　　② 국채보상운동
③ 광주학생 항일운동 　　④ 을사의병 전개

해설 일제는 러·일 전쟁에서 승리한 후 을사조약의 체결을 강요하여 대한제국의 외교권을 박탈하고 통감부를 설치하여 내정을 간섭하였다. 을사조약을 계기로 국가의 존립이 위태로워지자 을사조약의 폐기와 친일 내각의 타도를 내세우며 을사의병이 전개되었다.

핵심정리

을사조약에 대한 저항
• **을사의병** : 최익현, 민종식, 신돌석
• **친일 매국노의 처단** : 5적 암살단(나철·오혁 등)
• **상소운동** : 조약의 폐기를 요구하는 상소운동
• **항일 언론 활동** : 장지연의 시일야방성대곡(황성신문)
• **자결** : 자결로써 항거(민영환 등)
• **외교를 통한 저항** : 미국에 헐버트 특사 파견(1905), 헤이그 특사 파견(1907)

06

다음은 일제의 식민통치 방식이 전환되는 과정이다. (가)와 (나)에 들어갈 내용으로 적절한 것은?

> 　　　　(가)　　　　 (나)
> 헌병경찰제 → 보통경찰제 → 민족말살정책

	(가)	(나)
①	신간회 결성	만주사변 발발
②	중·일전쟁 발발	제2차 세계대전 발발
③	3·1운동 전개	세계 대공황 발생
④	제1차 세계대전 발발	조선 공산당 창당

해설 일제의 식민통치 방식은 헌병경찰통치(무단통치, 1910~1919), 문화통치(보통경찰제 실시, 1919~1931), 민족말살통치(1931~1945)로 변화되었다.

핵심정리

민족말살통치
• **배경** : 대공황(1929)을 타개하기 위해 침략 전쟁 확대(만주 사변(1931), 중·일 전쟁(1937), 태평양 전쟁(1941))
• **목적** : 조선의 민족성을 말살하고 일본인으로 동화시켜 전쟁 수행을 위한 인적·물적 수탈 강화
• **민족말살 구호** : 내선 일체, 일선 동조론, 황국 신민화
• **민족말살 정책** : 우리 말·우리 역사 교육 금지, 조선·동아일보 폐간, 창씨개명, 황국 신민 서사 암송, 신사 참배, 궁성 요배 강요

제 **7** 편

민족 독립 운동의 전개

07

1920년대 이래 일제가 실시한 산미증식계획의 결과에 대한 설명으로 틀린 것은?

① 미곡 중심의 단작형(單作型) 농업이 강행되었다.

② 조선 쌀의 생산량 증가 비율보다 일본에 대한 수출 비율이 크게 증가하였다.

③ 증산량은 목표에 미달하였으나 수탈량은 목표대로 수행해 갔다.

④ 수리조합비, 비료대, 운반비 등의 증산비용은 일본에서 부담하였다.

해설 수리조합비, 증산에 투입된 운반비, 비료대 등은 농민이 부담하였다.

08

일제의 토지조사사업에 대한 설명으로 틀린 것은?

① 토지조사사업으로 지주 계급의 토지소유는 근대적 소유로 법인되었다.

② 토지조사사업은 도지권, 경작권 등 토지에 대한 소작농민의 권리를 부분적으로 인정하였다.

③ 농민들은 토지 소유에 필요한 서류를 갖추어 지정된 기간 안에 신고해야 했다.

④ 조선총독부는 막대한 자금과 인원을 동원하여 전국적인 토지조사사업을 벌였다.

해설 친일파 지주들의 소유권은 유일한 배타적 권리로 확정되었으나 농민들의 모든 권리는 부정되었다.

09 　국가직 9급 기출

중일전쟁 이후 조선총독부가 시행한 민족 말살 정책이 아닌 것은?

① 아침마다 궁성요배를 강요하였다.

② 일본에 충성하자는 황국 신민 서사를 암송하게 하였다.

③ 공업 자원의 확보를 위하여 남면북양 정책을 시행하였다.

④ 황국 신민 의식을 강화하고자 소학교를 국민 학교로 개칭하였다.

해설 중일전쟁은 1937년부터 1945년 일본 항복까지 이어졌다. 남면북양 정책은 1930년대 공업 원료 증산 정책으로 남부에서는 면화, 북부에서는 면양 사육을 장려하였다(병참기지화 정책).
① , ② 중일전쟁 이후 민족 말살 정책의 일환으로 우리 말 · 우리 역사 교육 금지, 조선 · 동아일보 폐간, 창씨개명, 황국 신민 서사 암송, 신사 참배, 궁성 요배를 강요하였다.
④ 1941년 소학교를 국민 학교로 개정하였다.

핵심정리

민족 말살 정책의 내용

• 내선 일체(內鮮一體) : 내(內)는 내지인 일본을, 선(鮮)은 조선을 가리키며, 일본과 조선은 한 몸이라는 뜻이다. 한국인을 일본인으로 동화시키고자 하였다.

• 일선 동조론(日鮮同祖論) : 일본인과 조선인은 조상이 같다는 이론으로, 한국인의 민족정신을 근원적으로 말살하기 위한 이론이다.

• 황국 신민 서사(皇國臣民誓詞) : "우리들은 대일본 제국의 신민이다. 우리들은 마음을 합하여 천황 폐하에게 충의를 다한다."를 요지로 한다.

10

일제의 식민지 정책을 시기 순으로 바르게 나열한 것은?

> ㉠ 농촌경제의 안정화를 명분으로 농촌진흥운동을 전개하였다.
> ㉡ 학도지원병제도를 강행하여 학생들을 전쟁터로 내몰았다.
> ㉢ 회사령을 철폐하여 일본 자본이 조선에 자유롭게 유입될 수 있게 하였다.
> ㉣ 토지의 소유권과 가격에 대한 대대적인 조사를 진행하였다.

① ㉢ → ㉣ → ㉠ → ㉡
② ㉢ → ㉣ → ㉡ → ㉠
③ ㉣ → ㉢ → ㉠ → ㉡
④ ㉣ → ㉢ → ㉡ → ㉠

해설 ㉣ 토지조사사업(1910~1918)은 토지를 약탈하고 지주층을 회유하기 위한 목적으로 실시되었다.
㉢ 회사령 철폐(1920)는 회사의 허가제를 신고제로 바꿔 일본 독점자본의 진출이 용이하게 하기 위한 것이었다.
㉠ 농촌진흥운동(1932~1940)은 조선총독부가 주도한 것으로, 소작농 및 농민들의 불만 억제와 각종 소작쟁의 운동의 통제, 황국신민화 정책의 효과적 달성 등을 위한 관제농민운동이었다.
㉡ 학도지원병제도(1943)는 일제의 4차 조선교육령(1943) 시행 당시 학생들의 강제 징용을 위해 실시되었다.

11

1930년대 우리나라에 대한 일제의 주요 경제정책으로 옳은 것은?

① 대륙 침략의 병참기지로 삼아 군수물자 수탈
② 광업령을 제정하여 자원 약탈
③ 회사령 철폐에 따른 독점자본의 침투
④ 토지소유권의 약탈과 일본인에게의 불하

해설 일제는 만주사변(1931)을 일으킨 후 전쟁에 필요한 물자를 생산하기 위해 우리나라를 병참기지로 삼아 군수물자를 약탈해 갔다.

핵심정리

경제적 수탈

① **병참기지화 정책**
 • **배경** : 경제공황 극복을 위한 침략 전쟁 전개로 전쟁 물자의 조달 필요
 • 발전소, 군수 공장, 금속 · 기계 · 중화학 공업, 광공업 육성(북부 지방)
② **남면북양 정책(1934)** : 공업 원료 증산 정책(남부에서는 면화, 북부에서는 면양 사육 장려)
③ **국가 총동원령(1938)**
 • **식량 수탈** : 산미증식계획 재개, 미곡 공출제, 식량 배급제
 • **전쟁 물자 공출** : 금속제 공출(농기구, 식기, 제기, 교회나 사원의 종)
 • **인적 자원의 수탈**
  – 징용 : 노무 동원(1939), 징용령(1939)
  – 근로 동원 : 어린 학생을 동원
  – 여자 정신대 근로령(1944) : 여성 동원을 법제화
  – 일본군 위안부 : 반인권적, 반인륜적 범죄
  – 병력 동원 : 지원병제(1938), 학도 지원병제(1943), 징병제(1944)

실전 문제

제2장 민족 독립 운동의 전개

● 대표유형문제 ●

일제 강점기 만주 연해주 등지에서 행해진 무장 독립운동에 대한 설명으로 옳지 않은 것은?

① 홍범도의 대한독립군은 봉오동 전투에서, 김좌진의 북로군정서군은 청산리 전투에서 크게 승리하였다.

② 연해주의 자유시로 이동한 독립군은 적색군에 의해 무장 해제를 당하였다.

❸ 독립군의 통합운동으로 참의부, 정의부, 신민부가 조직되어 각각 입법부, 사법부, 행정부의 역할을 담당하였다.

④ 1930년대 초 만주에서의 독립 전쟁은 한국 독립군과 조선혁명군이 중심이 되어 추진되었다.

정답해설 참의부, 정의부, 신민부의 3부는 각각 민정기관과 군조직을 갖춘 독자적 정부 형태를 갖춘 조직이었다. 3부의 통합운동으로 전민족유일당촉성대회(1928. 5)가 전개되었으나 실패하고, 이후 혁신의회와 국민부의 활동으로 전개되었다.

오답해설 ① 홍범도가 이끄는 대한독립군은 1920년 최진동의 군무도독부군과 안무의 국민회독립군과 연합해 일본군 1개 대대 병력을 만주 봉오동 전투에서 대파하였고, 김좌진의 북로군정서군은 대한독립군·국민회독립군 등과 함께 일본군 대부대의 공격을 만주 지린성 청산리 전투에서 대파하였다.

② 대한독립군단은 소련 연해주의 자유시에서 레닌의 적색군에 의해 무장해제를 당하여 큰 타격을 입었다 (1921. 6).

④ 1930년대 초 만주에서의 독립 전쟁은 한국 독립군과 조선혁명군을 주축으로 하여 중국군과 연합작전을 전개하는 것이 그 중심을 이루었다.

핵심정리 3부 성립

• 자유시 참변 이후 독립군은 다시 만주로 탈출하여 조직을 재정비하면서 역량을 강화한 후, 각 단체의 통합 운동을 추진

• 3부

참의부(1923)	압록강 건너 만주의 집안(輯安) 일대에 설치된 임시정부 직할하의 정부 형태
정의부(1924)	길림과 봉천을 중심으로 하는 남만주 일대를 담당하는 정부 형태
신민부(1925)	자유시 참변 후 소련에서 되돌아온 독립군을 중심으로 북만주 일대에서 조직된 정부 형태

• 3부의 활동 : 민정 기관과 군정 기관을 갖추고 자체의 무장 독립군을 편성하여 국경을 넘나들며 일제와 치열한 전투를 벌임

01 국가직 9급 기출

1919년 3·1 운동 전후의 국내외 정세에 대한 설명으로 옳지 않은 것은?

① 일본은 시베리아에 출병하여 러시아 영토의 일부를 점령하고 있었다.

② 러시아에서 볼셰비키가 권력을 장악하여 사회주의 정권을 수립하였다.

③ 미국의 윌슨 대통령이 민족자결주의를 내세워 전후 질서를 세우려 하였다.

④ 산둥성의 구 독일 이권에 대한 일본의 계승 요구는 5·4 운동으로 인해 파리평화회의에서 승인받지 못하였다.

해설 제1차 세계대전 발발 후 일본은 산둥성에 있는 독일의 권익을 일본이 계승한다는 것을 포함한 21개 항의 조항을 요구하였고, 1919년 개최된 파리 강화회의에서 일본 측의 주장이 승인되어 중국은 산둥의 권익을 일본에게 빼앗기게 되었다. 이에 대한 반감으로 중국에서는 5·4 운동이 촉발되었다.

① 일본은 공산주의의 확산을 차단한다는 구실로 러시아 시베리아에 출병하여 러시아 영토의 일부를 점령하였다.

② 1917년 10월에 일어난 볼셰비키 혁명으로 볼셰비키 당이 권력을 장악하여 소비에트 사회주의 정권을 출범시켰다.

③ 민족자결주의(民族自決主義)는 미국 윌슨 대통령이 1919년 1월에 개최된 파리 강화회의에서 제창한 14개조의 평화 원칙의 하나로서 한 민족이 다른 민족이나 국가의 간섭을 받지 않고 자신의 정치적 운명을 스스로 결정하는 권리를 실현하려는 것을 말한다. 이러한 윌슨의 평화 원칙은 세계대전의 뒤처리를 위해 개최된 파리 강화회의에서 기본 원칙으로 작용하였다.

핵심정리

3·1 운동의 전개

- **시위 운동 준비**
  - 종교계(천도교, 불교, 기독교) 중심
  - 대중화, 일원화, 비폭력의 3대 원칙
- **독립 선포** : 최남선이 독립 선언서를 작성하고, 손병희·이승훈·한용운 등 민족 대표 33인의 이름으로 독립 선언서를 발표하여 국내외에 독립을 선포
- **만세 시위 운동의 전개**

제1단계 (준비·점화 단계)	민족 대표들이 독립 선언서를 제작하고 종로의 태화관에 모여 낭독·배포함으로써 서울과 지방에서 학생·시민들이 중심이 되어 거족적인 만세 시위를 전개(이때의 독립운동의 방향은 비폭력 주의)
제2단계 (본격적 단계)	• 학생·상인·노동자층이 본격 참가하여 시위 운동이 도시로 확산 • 학생들이 주도적 역할을 하였고, 상인·노동자들이 만세 시위·파업·운동 자금 제공 등의 방법으로 적극 호응
제3단계 (확산 단계)	• 만세 시위 운동이 주요 도시로부터 전국의 각지로 확산 • 농민들이 시위에 적극적으로 참가함으로써 시위 규모가 확대되고, 시위 군중들은 면 사무소·헌병 주재소·토지 회사·친일 지주 등을 습격(비폭력 주의가 무력적인 저항 운동으로 변모)

- **국외의 만세 시위 운동** : 만주(간도 지방), 연해주(블라디보스토크), 미국(필라델피아 한인 자유 대회), 일본(도쿄, 오사카 등)
- **일제의 무력 탄압** : 헌병 경찰은 물론 육·해군까지 긴급 출동시켜 무차별 총격을 가하고, 가옥과 교회·학교 등을 방화·파괴, 제암리 학살 사건

제7편

민족 독립 운동의 전개

02

다음 중 3·1 운동의 역사적 의의를 잘못 설명한 것은?

① 상하이에 대한민국 임시정부가 수립되는 계기를 마련하였다.
② 세계 약소 민족 국가들의 민족운동을 고양시켰다.
③ 노동자와 농민 계층이 사회주의를 수용하였다.
④ 일제가 무단통치를 문화정치로 바꾸는 계기가 되었다.

해설 노동자와 농민이 사회주의를 수용한 것과 3·1운동의 직접적인 연관성은 없다.

03

다음 선언을 채택한 단체와 관련된 설명으로 옳지 않은 것은?

> …… 이상의 이유에 의하여 우리는 우리의 생존의 적인 강도 일본과 타협하려는 자나 강도 정치 하에서 기생하려는 주의를 가진 자나 다 우리의 적임을 선언하노라. …… 민중은 우리 혁명의 중심부이다. 폭력은 우리 혁명의 유일한 무기이다. 우리는 민중 속에 가서 민중과 손을 잡아 ……(중략)…… 이상적 조선을 건설할지니라.

① 만주 길림에서 김원봉이 중심이 되어 조직하였다.
② 일제 요인 암살, 식민 통치 기구 파괴를 활동 목표로 삼았다.
③ 이 단체의 소속원인 이봉창은 일왕 폭살을 시도하였다.
④ 후에 이 단체의 계통 인사들은 조선 의용대를 조직하였다.

해설 제시된 것은 의열단의 창립선언문이자 활동지침이라고 할 수 있는 조선혁명선언의 일부로, 신채호가 작성하였다. 신채호는 이 글을 통해 자치론·외교론·준비론 등 기존의 독립운동 방법을 비판하고 민중의 직접혁명을 통한 독립의 쟁취를 주장하였다.
일왕에게 폭탄을 투척한 이봉창은 한인애국단 소속이다.

04 `지방직 9급 기출`

(가) 단체의 활동에 대한 설명으로 옳은 것은?

> 탑골공원에 모인 수많은 학생과 시민이 독립 선언식을 거행하고 만세를 부르며 거리를 행진하였다. 이후 만세 시위는 전국으로 확산하였다. 이 운동을 계기로 독립운동가 사이에는 독립운동을 더욱 조직적으로 전개하자는 공감대가 형성되어 (가)가/이 만들어졌다. (가)는/은 구미 위원부를 설치하는 등 적극적으로 독립운동을 펼쳐 나갔다.

① 「대동단결선언」을 발표하였다.
② 국내와의 연락을 위해 교통국을 두었다.
③ 독립군을 양성하기 위해 신흥무관학교를 설립하였다.
④ 「조선혁명선언」을 강령으로 삼아 의열투쟁을 전개하였다.

해설 (가) 단체는 3·1 운동을 계기로 형성된 대한민국 임시정부이다. 대한민국 임시정부는 국내 항일 세력들과 연락하기 위해 연통제와 교통국을 운영하였다.

① 대동단결선언은 독립 운동 세력에 의한 임시정부 수립 노력의 일환으로 대한민국 임시정부 수립(1919) 전인 1917년에 발표되었다.

③ 신민회는 서간도에 군사교육기관인 신흥 강습소를 설립하고 이후 신흥무관학교(1919)로 발전하였다.

④ 의열단은 신채호의 조선 혁명 선언(1923)을 활동 지침으로 삼아 활동하였다.

핵심정리

임시정부의 활동

① 비밀 행정 조직망
- **연통제(聯通制)** : 문서와 명령 전달, 군자금 송부, 정보 보고 등의 업무를 담당
- **교통국(交通局)** : 통신 기관으로, 정보의 수집·분석·교환·연락의 업무를 관장

② 활동
- **군자금의 조달** : 애국 공채 발행이나 국민의 의연금으로 마련. 국내외에서 수합된 자금은 연통제나 교통국 조직망에 의해 임시정부에 전달되었으며, 만주의 이룽 양행이나 부산의 백산 상회를 통하여 전달되기도 함
- **외교 활동** : 파리 강화 회의에 김규식을 대표로 파견하여 독립을 주장, 미국에 구미 위원부를 두어 국제 연맹과 워싱턴 회의에 우리 민족의 독립 열망을 전달
- **문화 활동** : 기관지로 독립신문을 간행하여 배포, 사료 편찬소를 두어 사료집을 간행
- **군사 활동**
  - 한계 : 중국 영토 내에서 직접 군사 활동을 하는 데에는 많은 제약과 한계가 있었음
  - 육군 무관학교의 설립 : 독립 전쟁을 수행할 초급 지휘관 양성
  - 임시정부 직할대 : 만주에서 활동하던 무장 독립군을 임시정부 직할의 군대로 개편하여 광복군 사령부·광복군 총영·육군 주만 참의부 등을 결성
  - 한국 광복군의 창설 : 임시정부가 직접 창설하여 무장 항전을 주도

05

다음 중 1920년대의 민족운동에 대한 설명으로 틀린 것은?

① 참의부, 정의부, 신민부가 국민부로 통합되었다.

② 의열단은 무정부주의를 지향하는 과격한 행동 강령을 내세웠다.

③ 민족주의자들은 물산장려운동과 민립대학 설립운동을 주도하였다.

④ 임시정부 내의 창조파와 개조파의 노선 갈등은 국민대표회의에서 완전히 해소되었다.

해설 대한민국 임시정부는 독립운동 방향에 대한 견해 차이와 일제의 탄압 등으로 갈등을 빚게 되자 1923년에 국민대표회의가 개최되었다. 그러나 회의 과정에서 새 정부를 수립하자고 주장하는 창조파(신채호)와 임시정부를 개편하자고 주장하는 개조파(안창호), 임시정부를 현상대로 유지하자고 주장하는 현상 유지파(김구)가 대립함으로써 갈등이 심화되었다.

핵심정리

창조파와 개조파의 대립

구분	주장	인물
창조파	• 임시정부 해체, 신정부 수립 • 무력 항쟁 강조	신채호, 박은식
개조파	• 임시정부의 개혁과 존속 주장 • 실력 양성, 자치 운동, 외교활동 강조	안창호
현상 유지파	• 임시정부를 그대로 유지 • 국민대표회의에 불참	이동녕, 김구

제 **7** 편

민족 독립 운동의 전개

06 서울시 9급 기출

다음 사건을 순서대로 나열한 것으로 옳은 것은?

> ㉠ 자유시 참변
> ㉡ 봉오동 전투
> ㉢ 간도 학살(경신 참변)
> ㉣ 청산리 전투

① ㉠ - ㉡ - ㉢ - ㉣
② ㉠ - ㉢ - ㉣ - ㉡
③ ㉡ - ㉠ - ㉣ - ㉢
④ ㉡ - ㉣ - ㉢ - ㉠

해설 ㉡ 봉오동 전투(1920. 6)는 홍범도가 이끄는 대한독립군이 최진동의 군무도독부군, 안무의 국민회 독립군과 연합하여 기습해 온 일본군 1개 대대 병력을 만주 봉오동에서 포위 · 공격하여 대파한 전투이다.

㉣ 청산리 전투(1920. 10)는 봉오동 전투에서 독립군에게 참패를 당한 일본군이 독립군을 공격했을 때 북로군정서, 대한독립군, 국민회독립군 등이 만주 지린성(吉林城)의 청산리에서 6일간 10여 차례의 전투를 전개하여 일본군을 크게 대파한 전투이다(→ 독립군 사상 최대의 승리).

㉢ 간도 학살(경신 참변)은 1920년 10월 봉오동 · 청산리 전투에서의 패배에 대한 보복으로 일제가 만주의 관동군에 조선에 주둔하고 있던 일본군 병력까지 합류시킨 대규모 정규군을 간도로 보내, 독립군을 토벌한다는 명목으로 그 지방에 살고 있던 무고한 한국인을 대량으로 학살한 사건이다.

㉠ 자유시 참변(1921. 6)은 대한독립군단이 소련 영내의 자유시에서 레닌의 적군(적색군)의 무장해제에 저항하면서 입은 타격을 말한다. 간도참변(1920. 10∼1921. 5)으로 분산된 대오를 정비하던 독립군은 밀산부에 집결하여 서일을 총재로 하여 대한독립군단을 조직한 후 소련영내의 자유시로 이동하였는데, 레닌의 적군이 돌발적으로 소련 공산당을 위하여 싸워달라는 요구를 하였고, 이를 거절하자 강제로 독립군을 무장해제하려고 하면서 발생하였다.

07

다음 중에서 한인애국단의 활동으로 옳은 것을 〈보기〉에서 모두 고르면?

> ──── 보기 ────
> ㉠ 이봉창의 일본 국왕 사살 기도
> ㉡ 김익상의 총독부 투탄 의거
> ㉢ 조명하의 타이중 의거
> ㉣ 나석주의 동양척식 주식회사 폭탄 투척
> ㉤ 윤봉길의 상하이 훙커우 공원 투탄 의거

① ㉠, ㉤
② ㉡, ㉢, ㉤
③ ㉠, ㉢
④ ㉡, ㉣

해설 김구는 한인애국단을 조직하여 이봉창과 윤봉길 의사의 의거를 계획하였다. ㉡과 ㉣은 의열단의 활동 내용이며, ㉢ 조명하는 어느 단체에도 소속하지 않고 활동하였다.

──── 핵심정리 ────

한인애국단의 활약
① **조직** : 1931년 상해에서 김구가 임시정부의 위기 타개책으로 조직
② **활동**
  · **이봉창 의거(1932)**
    – 일본 국왕에 폭탄 투척
    – 중국 신문의 호의적 논평으로 인해 1차 상하이 사변 발발, 일본이 상하이 점령
  · **윤봉길 의거(1932)** : 상하이 훙커우 공원 의거
③ **의의**
  · 한반도 문제에 대한 국제적 관심 고조, 독립운동의 의기 고양
  · 중국 국민당 정부의 임시정부 지원 계기(한국광복군 창설(1940))

08

일제 강점하 만주에서의 독립전쟁에 대한 설명으로 틀린 것은?

① 자유시참변 후 만주의 독립군은 참의부, 정의부, 신민부의 3부로 통합되었다.

② 홍범도가 지휘하는 대한독립군은 봉오동 전투에서 일본군을 대파하였다.

③ 일제가 간도참변을 일으키자 김좌진이 이끄는 북로군정서군과 홍범도의 대한독립군이 연합하여 일본군을 대파하였다.

④ 독립군은 소련 적색군을 도와 자유시로 이동하여 내전에 참여했으나 적색군에게 무장해제까지 당하는 자유시참변을 당했다.

해설 봉오동 전투와 청산리 전투에서 큰 타격을 입은 일제는 한국 독립운동의 근거지를 소탕하기 위해 간도참변을 일으켰다.

핵심정리

봉오동 전투 (1920. 6)	• 홍범도의 대한독립군, 최진동의 군무도독부군, 안무의 국민회군이 연합 • 간도 지역을 기습한 일본군 1개 대대 병력을 포위 · 공격하여 대파
청산리 대첩 (1920. 10)	• 김좌진의 북로군정서군, 홍범도의 대한독립군, 안무 국민회군 등 연합 • 간도 청산리의 어랑촌, 백운평, 천수평 등에서 6일간 10여 차례의 전투 끝에 일본군 대파 • 독립군 사상 최대의 승리
간도참변 (1920. 10)	• 봉오동 · 청산리 전투에서의 패배에 대한 일제의 보복 • 한인촌에 대한 무차별 학살, 방화, 파괴(경신참변)

09 국가직 9급 기출

(가)와 (나) 사이의 시기에 만주에서 전개된 무장 항일 운동에 대한 설명으로 옳은 것은?

(가) 경신년에 왜군이 내습하여 31명이 살고 있는 촌락을 방화하고 총격을 가하였다. 나도 가옥 9칸과 교회당, 학교가 잿더미로 변한 것을 보고 그것이 사실임을 알았다. 11월 1일에는 왜군 17명, 왜경 2명, 한인 경찰 1명이 와서 남자들을 모조리 끌어내어 죽인 뒤 …(중략)… 남은 주민들을 모아 일장 연설을 하였다.

(나) 상해의 한국 독립투사 조직에 속해 있는 한국의 한 젊은이는 비밀리에 도쿄로 건너 갔다. 그는 마침 군대를 사열하기 위해 마차에 타고 있던 일본 천황에게 수류탄을 던졌다. 그는 영웅적인 행동 후에 무자비하게 살해되었다. 이 사건은 전 일본에 충격을 주었다. 이 사건은 일본 군국주의자들에게 한국인들은 결코 그들에게 지배될 수 없다는 것을 당당히 보여 준 것이다.

① 남만주에 조선 혁명군이 창설되었다.

② 한국광복군이 국내 진공 작전을 준비하였다.

③ 독립군이 봉오동 · 청산리 전투에서 일본군을 크게 무찔렀다.

④ 동북 항일 연군을 중심으로 치열한 항일 유격전이 전개되었다.

해설 (가) 간도참변(경신참변)에 대한 설명이다.

(나) 1932년 이봉창 의사의 의거 활동에 대한 설명이다. 조선 혁명군은 1929년 남만주에서 조직된 조선 혁명당의 군사조직이다.

10

다음 중 1910년대 국외의 무장 독립운동에 대한 설명으로 옳지 않은 것끼리 짝지은 것은?

> ㉠ 만주에 대한광복회를 결성하였다.
> ㉡ 서간도에 경학사를 건설하고 신흥무관학교를 설립하였다.
> ㉢ 연해주 지역에 권업회를 조직하여 활동하였다.
> ㉣ 조선의용대를 한커우에서 창설하였다.

① ㉠, ㉡   ② ㉠, ㉣
③ ㉡, ㉢   ④ ㉢, ㉣

해설 ㉠ 대한광복회는 국외에서 결성된 단체가 아니라 국내의 조직이다. 대한광복회는 박상진(총사령)·김좌진(부사령)·채기중 등 풍기의 대한광복단과 대구의 조선국권회복단의 일부 인사가 모여 군대식으로 조직·결성(1915)하였고, 각 도와 만주에 지부를 두었다. 1910년대 국내 항일결사 중에서 가장 활발한 활동을 전개하였다.
㉣ 조선의용대가 창설된 것은 1930년대이다. 조선의용대는 중·일전쟁(1937)이 일어나자 군사 조직의 필요성이 대두되면서, 조선민족전선연맹의 산하 부대로 한커우에서 창설(1938)되었다. 창설 후 중국 국민당과 연합하여 포로 심문, 요인 사살, 첩보작전 등을 수행하였다. 이후 1940년대 초 조직이 분열되면서, 김원봉이 이끄는 조선의용대 일부는 충칭의 한국광복군에 합류(1942)하였고, 다수의 조선의용대 세력은 중국 화북 지역으로 이동하여 중국 팔로군, 조선독립동맹과 그 산하의 조선의용군으로 합류하였다.
㉡ 1910년 만주지역의 서간도 삼원보에 자치기구인 경학사를 건설하였고, 군사교육기관인 신흥강습소를 설립(1911)하였다. 신흥강습소는 이후 신흥무관학교(1919)로 발전하였다.
㉢ 이상설·이종덕 등이 연해주의 신한촌에서 권업회를 조직(1911)하였다.

핵심정리

조선의용대
• 중·일 전쟁(1937)이 일어나자 군사조직의 필요성 대두
• 조선민족전선연맹 산하 부대로 한커우에서 창설
• 중국 국민당과 연합하여 포로 심문, 요인 사살, 첩보 작전 수행
• 분열
 – 김원봉은 조선의용대의 일부를 이끌고 충칭의 한국광복군에 합류(1942)
 – 다른 일부는 중국 화북지역으로 이동하여 중국 공산당 팔로군에 합류(김두봉과 무정을 중심으로 조선 독립 동맹, 조선의용군 조직)

11

1940년 충칭에서 지청천이 중심이 되어 조직한 항일 독립군 부대는?

① 대한독립군   ② 한국광복군
③ 북로군정서군   ④ 조선혁명군

해설 김구, 지청천 등은 충칭에서 한국광복군을 창설하였다.
① 대한독립군 : 1919년 홍범도가 의병 출신을 중심으로 창설
③ 북로군정서군 : 3·1운동 이후 서일 등이 만주에서 조직
④ 조선혁명군 : 1930년대 남만주에서 활약한 조선혁명당의 산하 무장군

핵심정리

한국광복군의 창설(1940)과 활동
• 창설 : 임시정부의 김구와 지청천 등이 만주와 시베리아에서 항전하던 신흥무관학교 출신의 독립군과 중국 대륙에 산재해 있던 무장 투쟁 세력을 모아 충칭에서 창설, 조선의용대를 흡수(1942)
• 활동
 – 대일 선전포고(1941)
 – 영국군과 연합작전 전개(1943) : 인도, 미얀마 전선
 – 포로심문, 암호번역, 선전전단작성 등 심리전 수행
 – 국내 진입 작전(1945. 9) : 미국 전략정보처(OSS)의 지원과 국내 정진군 특수 훈련(일제 패망으로 실행 못함)

12 　서울시 9급 기출

〈보기〉의 (가)~(라)에 대한 설명으로 가장 옳은 것은?

---- 보기 ----
(가) 한국 광복군　　(나) 한인 애국단
(다) 한국 독립군　　(라) 조선 혁명군

① (가) – 미 전략 사무국(OSS)과 협력하여 국내 진공 작전을 계획하였다.
② (나) – 중국 관내 최초의 한인 무장 부대로, 중국 국민당 정부의 지원을 받았다.
③ (다) – 양세봉이 이끄는 군대로, 영릉가 전투와 흥경성 전투에서 일본군을 격퇴하였다.
④ (라) – 지청천이 이끄는 군대로, 항일 중국군과 함께 쌍성보 전투, 동경성 전투 등에서 일본군을 격퇴하였다.

해설 (가)는 1945년 미 전략 사무국(OSS)의 지원과 국내 정진군의 특수 훈련을 통해 국내 진공 작전을 계획하지만 일제의 패망으로 실현하지 못하였다.
　② (나)는 김구가 조직한 의열단체이며, 중국 관내 최초의 한인 무장 부대는 조선 의용대로 1938년 한커우에서 창설되었다.
　③ (다)는 지청천이 인솔하며, 중국의 호로군과 한 · 중 연합군을 편성하여 쌍성보 전투(1932) · 사도하자 전투(1933) · 동경성 전투(1933) · 대전자령 전투(1933)에서 승리하였다.
　④ (라)는 양세봉의 지휘로 중국 의용군과 연합, 영릉가 전투(1932) · 흥경성 전투(1933)에서 대승을 거두었다.

13 　국가직 9급 기출

다음의 성명이 발표된 이후 시작된 일본의 식민지 지배 정책만을 〈보기〉에서 고르면?

　우리들은 3천만 한인 정부를 대표하여 삼가 중국, 영국, 미국, 소련, 캐나다, 호주 및 기타 제국의 대일 선전을 축하한다. 일본을 쳐서 무찌르고 동아시아를 재건하게 하는 가장 유효한 수단인 까닭이다. 이에 우리는 다음과 같이 성명한다.
1. 한국 전 인민은 이미 반침략 전선에 참가하여 한 개의 전투 단위로서 추축국(樞軸國)에 대하여 전쟁을 선포한다. …… (이하 생략)
　　　　　　　－〈대한민국 임시정부 대일 선전포고〉

---- 보기 ----
㉠ 징병
㉡ 신사 참배
㉢ 농촌 진흥 운동
㉣ 조선여자정신대 동원

① ㉠, ㉡　　　　　　② ㉡, ㉢
③ ㉢, ㉣　　　　　　④ ㉠, ㉣

해설 제시문은 대한민국 임시정부의 한국광복군이 발표한 대일 선전포고(1941)이다.
　㉠ 일제는 태평양 전쟁(1941)을 전후하여 징병제와 학병제(1943)를 실시하여 우리나라의 많은 청년 · 학생들을 일본군으로 강제 징집하였다.
　㉣ 일제는 1944년 여자 정신대 근무령을 공포 · 시행하여 조선의 많은 여성들을 강제로 정신대에 동원시켰다.
　㉡ 일제가 신사 참배를 강요한 것은 1930년대 중국 대륙 침략을 획책하던 시기였다.
　㉢ 농촌진흥운동은 일제 조선총독부의 주도로 1930년대(1932~1940)에 전개된 관제 · 어용농민운동이다.

제 7 편

민족 독립 운동의 전개

실전문제

제3장 사회·경제·문화적 민족 운동

대표유형문제

일제가 다음과 같은 취지의 조선교육령을 공포한 것에 대한 설명으로 옳은 것은?

> • 보통학교의 수업연한을 4년에서 6년으로, 고등보통학교는 4년에서 5년으로 연장한다.
> • 조선인과 일본인의 공학을 원칙으로 한다.

① 헌병경찰 중심의 통치체제하에서 낮은 수준의 실용 교육만 실시하고자 하였다.

② 태평양 전쟁을 일으키고 황국 신민화 교육을 더욱 강화하고자 하였다.

③ 만주 침략을 감행하고 한국인을 동화시켜 침략 전쟁의 협조자로 만들고자 하였다.

❹ 3·1 운동 이후 격화된 한국인의 반일감정을 무마하고자 하였다.

정답해설 일제가 보통교육의 수업연한을 6년으로, 고등 보통학교의 수업연한을 5년으로 연장하고 명분상의 교육 차별 철폐를 규정한 것은 제2차 조선교육령(1922)이다. 제2차 조선교육령은 3·1 운동 이후 격화된 우리 민족의 반감을 무마하기 위한 식민통치 방식의 변경에 따라 제정되었다.

오답해설 ① 무단정치(헌병경찰통치)하에서 우민화 교육 및 보통교육, 실업교육, 기술교육 등 낮은 수준의 실용 교육만을 실시하고자 한 것은 제1차 조선교육령(1911)이다.
② 전시 체제에 따라 황국 신민화 교육이 더욱 강화된 것은 제4차 조선교육령(1943)이다.
③ 만주사변(1931) 이후에 공포된 것은 제3차 조선교육령(1938)이다.

핵심정리 조선교육령

정책	내용
제1차 (1911)	• 우민화 교육 : 교육 기회 축소, 사립학교 축소(사립학교 규칙, 1911) • 보통학교 수업 연한 축소 : 일본인은 6년, 한국인은 4년 • 초등·기술 교육만 실시 • 민족의식 억압, 국어(일본어)교육 강요 • 서당 규칙(1918) : 개량 서당의 민족교육 탄압
제2차 (1922)	• 유화 정책 : 조선어 필수 교육 • 보통학교 연한 연장 : 일본인과 동일한 6년제, 고등 보통학교는 5년 　－ 일본인 : 소학교, 중학교 　－ 한국인 : 보통학교, 고등 보통학교 • 경성제국대학 설립 : 조선에 있는 일본인을 위한 대학, 민립대학 설립 운동 저지가 목표
제3차 (1938)	• 황국 신민화 교육 • 조선어 선택 과목화(수의 과목) • 보통학교와 고등 보통학교를 소학교, 중학교로 통합(일본어로 된 수업만 가능) • 국민학교(1941) : 황국신민학교
제4차 (1943)	• 군사교육 강화·조선어·조선사 교육 금지

01

다음 자료와 관련된 운동이 전개된 배경으로 옳은 것은?

> 부자와 빈자를 막론하고 우리가 우리의 손에 산업 권리 생활의 제일 조건을 장악하지 아니하면 우리는 도저히 우리의 생명, 인격, 사회의 발전을 기대하지 못할지니 우리는 이와 같은 견지에서 우리 조선 사람의 물산을 장려하기 위하여 조선 사람은 조선 사람이 지은 것을 사 쓰고, 조선 사람은 단결하여 그 쓰는 물건을 스스로 제작하여 공급하기를 목적하노라. 이와 같은 각오와 노력 없이 어찌 조선 사람이 그 생활을 유지하고 그 사회가 발전할 수 있으리오.

① 대일 채무가 늘어나 대한제국의 재정적자가 심화되었다.
② 일제의 국방헌금 강요로 민중의 생계가 더욱 곤란해졌다.
③ 일본과 조선 사이의 무역에서 관세 철폐 움직임이 있었다.
④ 일제가 병참 기지화 정책을 추진하여 생필품이 부족해졌다.

해설 1920년대 초반에 일어난 물산장려운동에 대한 설명이다. 물산장려운동은 1920년 일본이 회사령을 철폐하고 1923년 관세를 철폐하여 일본 자본과 상품의 한국 진출을 용이하게 하자 민족 자본을 지키려고 일어난 운동이었다.
① 1907년 국채 보상 운동과 관련된 내용이다.
②, ④ 민족 말살 통치기에 해당되는 내용이다.

02

물산장려운동에 대한 설명으로 틀린 것은?

① 노동자, 농민 중심의 경제적 구국운동이었다.
② 1920년 조만식 등이 중심이 되어 조선물산장려회를 발족시켰다.
③ '내 살림 내 것으로'라는 구호를 내세워 일본 상품을 배격하였다.
④ 민족 산업을 육성하여 민족 경제의 자립을 도모하자는 운동이었다.

해설 노동자, 농민 중심의 경제적 저항운동은 소작쟁의나 노동쟁의의 경제적 민족운동으로 이어졌다.

핵심정리

물산장려운동
- **배경**
  - 회사령 철폐(1920), 관세 철폐(1923)
  - 일본 대기업의 한국 진출로 국내 기업의 위기감 고조
- **단체** : 평양물산장려회(조만식, 1920), 조선물산장려회(서울, 1923), 자작회(학생, 1922), 토산애용부인회(여성계, 1923)
- **활동** : 일본 상품 배격, 국산품 애용 등 강조
- **문제점**
  - 상인, 자본가 중심으로 추진되어 상품 가격 상승 초래
  - 사회주의자들의 비판

03

일제 강점기 농민운동에 대한 서술로 옳지 않은 것은?

① 초기 소작쟁의의 요구 사항은 주로 소작권 이동 반대, 소작료 인하 등이었다.

② 일본인 농장·지주회사를 상대로 한 소작쟁의는 규모도 크고 격렬해지는 경우가 많았다.

③ 1920년대 농민들은 자위책으로 소작인 조합 등의 농민 단체를 결성하였다.

④ 소작인 조합은 1940년대 이후 자작농까지 포괄하는 농민조합으로 바뀌어 갔다.

해설 1920년대 전반에는 주로 소작인 조합이 중심이 된 소작쟁의가 전개되었으나 1920년대 후반에는 자작농까지 포함하는 농민조합이 소작쟁의를 주도하였다.

① 1920년대부터 시작된 초기 농민운동은 주로 소작료 인하와 소작권 이동 반대를 목적으로 한 소작쟁의가 중심이 되었다.

② 일본인 농장과 지주회사를 대상으로 하는 소작쟁의는 참여 농민의 수가 많아 그 규모도 크고 격렬해지는 경우가 많았다.

③ 1924년에 전국 노농총동맹, 1927년에 전국 농민총동맹 등 농민 조합이 결성되었다.

핵심정리

농민운동과 노동운동의 전개

- 배경 : 사회주의 사상의 유입
- 소작쟁의·노동쟁의

	소작쟁의	노동쟁의
배경	• 토지조사사업, 산미증식계획 • 지주제 강화(소작권 상실) • 고율의 소작료, 세금 부담	• 일제의 식민지 공업화 정책 • 노동자 수 증가 • 저임금과 열악한 노동 환경
1920년대	• 생존권 확보 투쟁 : 소작료 인하, 소작권 이전 반대 • 암태도 소작쟁의 (1923~1924) • 조선농민총동맹 (1927)	• 생존권 확보 투쟁 : 임금 인상, 노동 조건 개선 요구 • 원산 총파업 (1929) : 최대의 총파업, 생존권 투쟁에서 항일 운동으로 변화
1930년대	• 항일 민족 운동화 (정치 투쟁화) • 혁명적 농민 조합 운동 전개 • 토지를 농민에게 (농민의 토지 소유권, 지주제 폐지)	• 항일 민족 운동 • 병참기지화 이후 탄압 가중 • 비합법적 노동 운동 (혁명적 노동조합)
1930년대 후반	중·일 전쟁(1937) 이후 일제의 탄압 강화로 크게 위축됨	

- 조합 결성
  - 조선노동공제회(1920), 조선노농총동맹(1924)
  - 1927년 조선노농총동맹이 조선노동총동맹과 조선농민총동맹으로 분화

04 선관위 9급 기출

다음 지문과 관련 있는 것은?

> 우리가 실제로 우리 자체를 위하여 우리 사회를 위하여 분투하려면 우리 조선 자매 전체의 역량을 공고히 단결하여 운동을 전반적으로 전개하지 않으면 안 된다.
> 일어나라! 오너라! 단결하자! 분투하자! 조선의 자매들아! 미래는 우리의 것이다.

① 근우회 ② 조선여성동우회
③ 한인애국단 ④ 정우회

해설 3·1 운동 등 국내외 독립운동에 여성이 대거 참여하는 등 여성의 정치, 사회의식 고양을 배경으로 생겨난 근우회(1927)는 김활란 등을 중심으로 여성계의 민족 유일당으로 조직되었다. 여성 노동자의 권익 옹호와 생활 개선에 대한 행동 강령을 제시하였다.

핵심정리

근우회의 행동 강령
- 여성에 대한 사회적·법률적 일체 차별 철폐
- 일체 봉건적 인습과 미신 타파
- 조혼의 폐지와 결혼의 자유
- 인신매매와 공창(公娼) 폐지
- 농촌 부인의 경제적 이익 옹호
- 부인 노동의 임금 차별 철폐와 산전·산후 임금 지불
- 부인 및 소년공의 위험 노동 및 야업 금지

05

다음과 같은 취지문을 발표한 단체와 관련 있는 것은?

> 공평은 사회의 기본이고 애정은 인류의 본령이다. 그러한 까닭으로 우리는 계급을 타파하고 모욕적 칭호를 폐지하여 우리도 참다운 인간이 되는 것을 기하자는 것이 우리의 주장이다.

① 1910년대 도량형을 통일하여 상거래 질서를 정비하는 데 앞장섰다.
② 여성 평등을 실현하여 증가된 여성 노동자의 지위 향상에 힘썼다.
③ 1923년 진주에서 계급 차별에 대한 반발로 일어난 민중운동이었다.
④ 백정들에 대한 차별 대우를 없애기 위한 정책을 정부에서 실시하였다.

해설 제시된 지문은 조선 형평사의 취지문이다. 갑오개혁 이후 백정의 법제적 신분차별은 철폐되었으나 백정의 차별이 그대로 존속되자 진주에서 이학찬 등은 1923년 조선 형평사를 창립하고 백정의 평등 대우, 공평한 사회 건설, 교육의 균등 등을 주장하며 형평 운동을 전개하였다.

핵심정리

조선 형평사 운동(1923)
- 조직 : 이학찬을 중심으로 한 백정들은 진주에서 조선 형평사를 창립
- 전개 : 사회적으로 평등한 대우를 요구하는 형평 운동을 전개. 각종 파업과 소작쟁의에도 참여하여 민족 해방운동으로 발전
- 1930년대 중반 이후 경제적 이익 향상 운동으로 변질

제7편

민족 독립 운동의 전개

06

다음 주장에서 강조하는 있는 내용으로 가장 적절한 것은?

> 그러면 지금의 조선 민족에게는 왜 정치적 생활이 없는가?
>
> 일본이 조선을 병합한 이래로 조선에게는 모든 정치활동을 금지한 것이 첫째 원인이다. 지금까지 해 온 정치적 운동은 모두 일본을 적대시하는 운동뿐이었다. 이런 종류의 정치 운동은 해외에서나 할 수 있는 일이고, 조선 내에서는 허용되는 범위 내에서 일대 정치적 결사를 조직해야 한다는 것이 우리의 주장이다.

① 무장투쟁을 통해 독립을 이루어야 한다.

② 농민, 노동자를 단결시켜 일제를 타도해야 한다.

③ 일제의 식민 지배를 인정하고 그 밑에서 정치적 실력양성을 해야 한다.

④ 국제적인 외교를 통해서 일제의 만행을 알리고 우리나라의 독립을 알려야 한다.

해설 제시된 자료는 이광수가 동아일보를 통해 발표한 〈민족적 경륜〉(1924)의 일부로, 일제의 지배하에서 자치를 이루는 것을 목표로 했던 자치운동(자치론)에 관한 내용이다. 일제강점기 민족주의자들 중 이광수·최남선·최린·김성수 등의 타협적 민족주의자들은 일제의 식민 지배 현실을 인정하고 허용 가능한 범위 내에서 정치적 실력양성을 해야 한다는 자치운동, 즉 참정권 운동을 주장하였다(선실력 후독립 주장).
한편, 이러한 타협적 민족주의자들의 자치운동에 반발한 이상재·안재홍·권동진 등은 비타협적 민족전선의 수립을 제창하였고, 1920년대 급속히 성장한 사회주의자들과의 협력을 모색하여 민족유일당 운동(신간회 중심)을 전개하였다.

①, ④ ①은 독립운동의 방법 중 무장투쟁론에 대한 내용이며, ④는 외교론에 대한 내용이다.

② 일제강점기에 전개된 농민·노동자운동에 대한 내용이다. 농민과 노동자들의 쟁의는 1930년대 항일운동의 성격을 띠면서 더욱 격렬해져 절정에 달하였다.

핵심정리

민족운동의 분열과 위기

계열		주요 활동
민족주의 계열	자치론 (타협적 민족주의)	• 일제의 식민 지배를 인정하고 자치 운동 전개 • 민족의 개조 주장 • 이광수(민족 개조론, 민족적 경륜 발표), 최린
	비타협적 민족주의	• 일제와의 타협 거부, 민족 개량주의 비판 • 실력 양성 운동, 즉각적인 독립 추구 • 사회주의자들과의 연대를 추진, 조선 민흥회 조직 • 이상재, 안재홍
사회주의 계열		• 치안 유지법(1925)으로 사회주의 운동 탄압 • 민족 운동의 분열을 초래한다는 비판을 받음 • 정우회 선언 : 민족주의 계열과의 연합을 주장

07

밑줄 친 이 단체에 대한 설명으로 옳은 것은?

> <u>이 단체</u>가 조직되었다. 각 당파가 망라된 통일조직인 이 단체는 전국 각지에 150여 개의 지회를 두고 활발한 활동을 전개하였다. 부녀자들의 통일단체인 근우회 역시 이 무렵 창설되었다. 이 무렵에는 국내뿐만 아니라 해외에도 수많은 혁명단체들이 조직되었다. 동북의 책진회, 상해의 대독립당 촉성회와 같은 단체는 국내에서 활발한 활동을 전개하고 있던 이 단체와 깊은 연계를 맺고 있던 통일조직이었다.
>
> – 조선 민족해방운동 30년사, 〈구망일〉

① 일제의 황무지 개간권 요구를 철회시켰다.
② '기회주의의 일체 부인'을 강령으로 제시하였다.
③ 단군신앙을 중심으로 한 종교운동을 전개하였다.
④ 민중혁명에 의한 민중적 조선의 건설을 지향하였다.

해설 제시문에서 언급된 단체는 신간회이다. 신간회는 기회주의의 배격과 정치·경제적 각성, 민족의 단결 등을 기본 강령으로 제시하였다.
① 보안회(1904)에 대한 내용이다.
③ 단군신앙을 기반으로 하는 종교는 대종교이다. 대종교는 나철·오기호 등이 창시(1909)한 민족 종교로, 민족적 입장을 강조하는 종교 활동을 전개하였으며, 특히 간도·연해주 등지에서의 항일 운동과 밀접한 관련을 가지면서 성장하였다.
④ 신채호가 의열단의 요청으로 집필한 조선혁명선언(의열단선언)에 대한 설명이다. 조선혁명선언은 항일독립운동의 방법으로 무장투쟁을 강조하였고, 민중혁명을 강조하여 민족독립운동을 민중해방운동과 동일시했으며, 민중봉기를 주장했다.

08

신간회에 대한 설명으로 틀린 것은?

① 민족의 단결과 정치·경제적 각성을 촉구하였다.
② 평양에 자기회사와 대구에 태극서관을 세웠다.
③ 전국 순회강연을 통해 민족의식을 고취하였다.
④ 노동쟁의와 소작쟁의를 옹호하였다.

해설 ②는 신민회의 활동으로, 신민회는 민족 산업 육성을 위해 자기회사를 설립하고 민족 문화 보존을 위해 태극서관을 세워 출판 활동을 하였다.

핵심정리

신간회 결성과 활동
- **결성(1927)** : 조선 민흥회(비타협 민족주의)와 정우회(사회주의)가 연합하여 결성(회장 이상재)
- **조직과 강령**
  - 전국에 약 140여 개소의 지회 설립, 일본과 만주에도 지회 설립이 시도됨
  - 민족의 단결, 정치, 경제적 각성 촉진, 기회주의자 배격
- **활동**
  - 민중 계몽 활동
  - 노동쟁의, 소작쟁의, 동맹 휴학 등 대중 운동 지도
  - 광주 학생항일운동 조사단을 파견하고 민중대회를 계획하였으나 일제에 의해 무산

09

민족 유일당 운동의 일환으로 결성된 단체를 〈보기〉에서 모두 고르면?

─── 보기 ───
ㄱ 근우회
ㄴ 천도교 청년회
ㄷ 청구학회
ㄹ 신간회
ㅁ 조선 형평사

① ㄴ, ㄷ
② ㄱ, ㄹ
③ ㄱ, ㅁ
④ ㄹ, ㅁ

해설 신간회는 민족주의 진영과 사회주의 진영이 통합되어 조직한 일제하 최대의 합법적 항일 단체이고, 근우회는 신간회의 자매 단체로 김활란, 유영준 등이 중심이 되어 여성계의 민족 유일당으로 조직되었다.

─── 핵심정리 ───

민족 유일당 운동(좌·우 합작 운동)

국외	• 한국 독립 유일당 북경 촉성회(1926) • 3부 통합(국민부, 혁신 의회) • (조선) 민족 혁명당(1935) • 조국광복회(1936) • 조선의용대의 한국광복군 합류(1942)
국내	• 조선청년 총동맹(1924) • 6 · 10 만세운동(1926) • 신간회, 근우회(1927) • 조선건국 동맹(1944)

10 국가직 9급 기출

일제 강점기 우리나라 역사학자들의 역사연구 활동에 대한 설명으로 옳지 않은 것은?

① 안재홍은 우리나라 역사를 통사 형식으로 쓴 〈조선사연구〉를 편찬하였다.
② 백남운 등의 사회경제사학자들은 민족주의 사학자들의 정신사관을 비판하기도 하였다.
③ 신채호는 〈조선상고문화사〉를 저술하여 대종교와 연결되는 전통적 민간신앙에 관심을 보였다.
④ 정인보는 광개토왕릉 비문을 연구하여 일본 학자의 고대사 왜곡을 바로잡는 데 기여하였다.

해설 〈조선사연구(朝鮮史硏究)〉는 정인보가 단군부터 삼국시대에 이르는 우리나라 고대사를 특정 주제로 설정하여 통사 형식으로 서술한 사서이다. 정인보는 이를 통해 민족정기를 강조한 '얼 사상'을 정립하려 하였다.
② 백남운, 이청원, 박극채, 전석담 등의 사회경제사학자들은 유물사관을 토대로 한국사가 세계사의 보편 법칙에 따라 발전하였음을 강조하여 식민사학의 정체성론을 타파하고자 하였고, 민족주의 사학을 정신사관을 비판하였다.
③ 〈조선상고문화사〉는 민족주의 사학자인 신채호가 저술한 사서로, 〈조선상고사〉에서 다루지 못한 상고사 관련 부분과 우리 민족의 전통적 풍속. 문화 등을 다루고 있다.
④ 정인보는 식민사관에 대항해 광개토대왕비를 새롭게 해석함으로써 일본의 고대사 왜곡을 바로잡고자 하였다.

11

(가), (나)를 주장한 인물에 대한 설명으로 옳은 것은?

> (가) 내정 독립이나 참정권이나 자치를 운운하는 자 누구이냐? 너희들이 '동양 평화', '한국 독립 보전' 등을 담보한 맹약이 먹도 마르지 아니하여 삼천리강토를 집어 먹힌 역사를 잊었느냐? …… 민중은 우리 혁명의 대본영이다. 폭력은 우리 혁명의 유일한 무기이다.
>
> (나) 나라는 없어질 수 있으나 역사는 없어질 수 없으니 그것은 나라는 형체이고 역사는 정신이기 때문이다. …… 정신이 보존되어 없어지지 않으면 형체는 부활할 때가 있을 것이다.

① (가) – 대한민국 임시정부에서 처음으로 대통령을 역임하였다.

② (가) – 독사신론을 연재하여 민족주의 사학의 발판을 마련하였다.

③ (나) – 〈조선불교유신론〉을 통해 새로운 사회의 방향을 추구하였다.

④ (나) – 낭가사상을 강조하여 민족독립의 정신적 기반을 만들려고 하였다.

해설 (가)는 신채호가 의열단의 요청으로 집필한 〈조선혁명선언(의열단선언)〉으로, 항일 무장투쟁을 강조하고 문화운동·독립외교론·준비론을 비판하였다. (나)는 박은식이 저술한 〈한국통사〉의 일부이다. 신채호는 〈독사신론〉을 대한매일신보에 연재하여 근대 민족주의 역사학의 초석을 마련하였다.
① 대한민국 임시정부의 초대 대통령은 이승만이다. 박은식은 2대 대통령을 역임하였다.

③ 〈조선불교유신론〉(1913)은 한용운이 저술하였다. 한용운은 이를 통해 일제 불교계의 침투에 대항하고 불교의 혁신과 자주성 회복을 위해 노력하였다. 박은식은 유교의 개혁을 위해 〈유교구신론〉(1909)을 저술하였다.
④ 신채호에 대한 설명이다. 박은식은 '혼' 사상을 주장하였다.

핵심정리

신채호와 박은식

① 신채호
- 연구 부분 및 사관
  - 일제의 왜곡이 심하였던 고대사 연구에 치중하여 〈조선 상고사〉·〈조선사 연구초〉 등을 저술하여 민족주의 역사학의 기반을 확립(우리 역사의 우수성·독자성을 강조하여 식민 사관을 비판)
  - 민족 사관으로 낭가(郎家)사상을 강조
- 저술 및 내용 : 고대사 연구
  - 〈조선상고사〉 : 역사는 아(我)와 비아(非我)의 투쟁의 기록
  - 〈조선사연구초〉 : 낭가사상을 강조하여 묘청의 서경천도운동을 '조선 1천 년래 제일대 사건'으로 높이 평가(이러한 사상을 토대로 민족 독립의 정신적 기반을 다지고자 함)
② 박은식
- 민족 사관 : 민족 정신을 혼(魂)으로 파악하고, 혼이 담긴 민족사의 중요성을 강조
- 저술 및 내용
  - 〈한국통사〉 : 근대 이후 일본의 침략 과정을 밝힘 ("나라는 형(形)이요, 역사는 신(神)이다.")
  - 〈한국독립운동지혈사〉 : 일제 침략에 대항하여 투쟁한 한민족의 독립운동을 서술

12 지방직 9급 기출

1920년대의 시대적 상황에 대한 설명으로 옳지 않은 것은?

① 고등 교육기관으로 대학을 설립해야 한다는 취지하에 민립대학 설립운동을 추진하였다.

② 민족 자본의 육성을 위해 물산장려운동을 추진하였다.

③ 사회주의 운동이 활발하게 전개되었고, 조선 공산당도 조직되었다.

④ 조선학 운동이 전개되었고, 한국 학자들이 결집하여 진단학회를 창립하였다.

해설 조선학 운동과 진단학회의 창립은 모두 1930년대에 전개되었다. 조선학 운동은 기존의 민족주의 사학의 국수적·낭만적 성격을 지적하고 우리의 고유성을 바탕으로 조선 후기의 실학과 상고사, 조선사에 주목한 민족 문화 운동으로, 1930년대 중반에 정인보·문일평·안재홍 등이 중심이 되어 전개하였다. 진단학회(1934)는 청구학회를 중심으로 한 일본 어용학자들의 왜곡된 한국사 연구에 대항하여 이병도·손진태·문일평 등이 조직한 학술단체로서 진단학보를 발간하고 강연회와 간담회를 개최하는 등 우리 역사와 문화 연구에 매진하였다.

① 민족 실력 양성을 위해 1920년대 조선교육회 등을 중심으로 하여 우리 손으로 대학을 설립하려는 민립대학 설립운동을 전개하였다.

② 물산장려운동은 조선물산장려회(1920)의 발족을 기점으로 시작되었다.

③ 1920년대 러시아와 중국 지역에서 활동하던 독립 운동가들은 사회주의 사상을 수용한 후 활발한 사회주의 운동을 전개하였다. 조선공산당(1925)은 국내 공산주의 모임인 화요회와 일본 유학생들이 조직한 북풍회 등이 함께 조직한 단체이다.

13

다음 내용과 관련 있는 종교 단체에 대한 설명으로 옳은 것은?

> • 어린이는 어른보다 더 새로운 사람입니다.
> • 어린이를 결코 억박지르지 마십시오.
> • 어린이를 어른보다 더 높이 대접하십시오.
> • 어린이는 항상 칭찬해 가며 기르십시오.

① 단군숭배 사상을 전파하여 민족의식을 고취하였다.

② 만주에서 의민단을 조직하여 무력 투쟁에 나섰다.

③ '개벽', '학생' 등의 잡지를 간행하여 민중의 자각과 근대 문물 보급에 기여했다.

④ 불교의 대중화를 주장하며 개간 사업, 저축 운동을 통해 민족자립 정신을 키워갔다.

해설 지문은 일제 강점기 때 방정환, 조철호 등이 중심이 되어 제정한 '어린이날' 선전문이다. 천도교 소년회(1922)에서는 5월 1일을 어린이날로 제정하고 소년 보호 운동을 전개하였다.
①은 대종교, ②는 천주교, ④는 원불교에 대한 설명이다.

핵심정리

천도교 활동

제2의 3·1 운동을 계획하여 자주독립 선언문 발표, 〈개벽〉·〈어린이〉·〈학생〉 등의 잡지를 간행하여 민중의 자각과 근대 문물의 보급에 기여

14

일제 강점기에 전개된 (가)~(라)의 민족 운동에 대한 설명으로 옳지 않은 것은?

> (가) 한민족 1천만이, 한사람이 1원 씩!
> (나) 일어나라! 단결하자! 조선의 자매들아! 미래는 우리의 것이다.
> (다) 검거된 학생들을 탈환하라! 조선인 본위의 교육 제도를 확립하라!
> (라) 배우자! 가르치자! 다 함께 브나로드!

① (가) – 부녀자들은 비녀와 가락지까지 내어 모금에 동참하였다.
② (나) – 봉건적 굴레로부터의 여성 해방과 일제 침략으로부터의 해방을 목표로 하였다.
③ (다) – 민족 차별에 반발한 광주 지역 학생들의 시위를 계기로 전국적으로 확산되었다.
④ (라) – 농촌 계몽 운동의 일환으로 한글 보급을 통한 문맹 퇴치 운동을 전개하였다.

해설 (가)는 민립대학 설립 운동인데 부녀자들의 참여가 컸던 것은 1907년의 국채보상운동이다.
(가) 민립대학 설립 운동(1922), (나) 근우회(1927), (다) 광주학생 항일운동(1929), (라) 브나로드 운동(1931) 순이다.
② 여성운동, ③ 광주 학생 항일 운동, ④ 동아일보가 주도한 문맹 퇴치 운동인 브나로드 운동이다.

15

일제 강점기 시기의 예술 활동이 바르게 연결되지 않은 것은?

① 1910년대 – 최남선은 〈소년〉, 〈청춘〉 등을 통해 언문일치의 우리말 문장을 확립하는 데 선구적인 역할을 하였다.
② 1920년대 – 민족주의 계열에서는 프로문학에 반대하는 국민문학 운동을 전개하였다.
③ 1930년대 – 정지용, 김영랑 등은 시문학 동인으로 활약하면서 순수문학과 서정시 발전에 이바지하였다.
④ 1940년대 – 신경향파 문학이 대두하여 문학의 사회적 기능이 강조되었다.

해설 신경향파 문학은 1920년대 중반에 대두한 것으로, 순수 예술을 표방하는 문인들의 각성을 촉구하면서 문학이 현실과 생활을 반영할 것을 강조하였다.

핵심정리

1920년대 문학
• 계몽주의를 지양하는 순수문학 발전(염상섭 · 이상화). 일부 작가들이 잡지(〈창조〉, 〈폐허〉, 〈백조〉, 〈조선 문단〉) 간행
• **1920년대 중반**
  – 신경향파 문학의 대두 : 사회주의 문학. 1920년대 사회주의 사상이 지식인 사이에 퍼지면서 현실 비판 의식이 더욱 강화됨. 1925년 카프(KAPF, 조선 프롤레타리아 예술가 동맹)를 결성
  – 프로 문학의 대두 : 신경향파 문학 이후 등장하여 극단적인 계급 노선을 추구
  – 국민 문학 운동의 전개
  – 민족주의 계열이 계급주의에 반대하고 문학을 통해 민족주의 이념을 전개
  – 동반 작가라고 불림. 염상섭과 현진건 등이 대표적

제 7 편

민족 독립 운동의 전개

제 **8** 편

현대 사회의 발전

실전문제

제1장 대한민국의 건국과 발전

대표유형문제

국가직 9급 기출

이승만 정부의 경제 정책으로 옳지 않은 것은?

① 한미 원조 협정을 체결하였다.

② 농지개혁에 따른 지가증권을 발행하였다.

③ 제분, 제당, 면방직 등 삼백 산업을 적극 지원하였다.

❹ 제1차 경제개발 5개년 계획을 추진하였다.

정답해설 제1차 경제개발 5개년 계획은 박정희 군사 정부 시기인 1960년대에 추진되었다.

오답해설 ① 이승만 정부는 1948년 12월 10일 한국의 경제적 위기를 극복하고 국력 부흥을 촉진하며 안정을 확보한다는 목적 아래 미국과 경제 원조 협정을 체결하였다.

② 이승만 정부의 농지 개혁법은 3정보를 상한으로 하여 그 이상의 농지는 유상 매입하고 지가증권을 발급하여 5년간 지급하였다.

③ 이승만 정부 시기인 1950년대 후반부터 미국의 원조 물자에 토대를 둔 제분(製粉)·제당(製糖) 공업과 섬유 공업이 성장하였다.

핵심정리 **이승만 정부의 경제 정책**

• 미국과 경제 원조 협정을 체결
• 농지 개혁법(1949년 제정, 1950년 시행) : 소작제를 철폐하고 자영농을 육성하고자 경자 유전의 원칙에 따라 시행
• 귀속 재산 불하 : 일본인 소유의 재산을 민간인에게 불하
• 삼백 산업(三白産業)의 성장 : 1950년대 후반부터 미국의 원조 물자에 토대를 둔 제분(製粉)·제당(製糖) 공업과 섬유 공업이 성장
• 삼분 산업(三粉産業)의 생산 증가 : 시멘트·비료·밀가루 등

01

밑줄 친 '헌법'이 시행 중인 시기에 일어난 사건은?

> 이 헌법은 한 사람의 집권자가 긴급조치라는 형식적인 법 절차와 권력 남용으로 양보할 수 없는 국민의 기본 인권과 존엄성을 억압하였다. 그리고 이러한 권력 남용에 형식적인 합법성을 부여하고자 … (중략) … 입법, 사법, 행정 3권을 한 사람의 집권자에게 집중시키고 있다.

① 부·마 민주 항쟁이 일어났다.
② 국민교육헌장을 선포하였다.
③ 7·4 남북공동성명이 발표되었다.
④ 한일 협정 체결을 반대하는 6·3 시위가 있었다.

해설 제시된 글의 밑줄 친 '헌법'은 박정희 정권(제4공화국) 때 1972년 12월에 공포한 유신 헌법이다. 제시된 글에 긴급조치라는 단어를 통해 알 수 있다. 제5공화국 전까지 이어졌다. 그동안 쌓여왔던 유신 체제에 대한 국민들의 불만이 폭발하여 1979년 부·마 항쟁이 발발하는 등 시위가 연일 계속되어 집권 세력 내부에서도 갈등이 발생하였다.
② 국민교육헌장은 박정희 정권(제3공화국) 시기인 1968년에 선포하였다.
③ 7·4 남북공동성명이 발표된 시기는 1972년 7월이다.
④ 6·3 시위는 박정희 정권(제3공화국) 시기인 1964년에 한·일 회담의 진행 과정에서 일제 강점기에 대한 사죄와 과거사 청산이라는 본질이 굴욕적인 청구권 교섭에 밀려 훼손된 것에 대한 분노로 일어났다.

02

다음 중 회담과 그 내용에 대한 설명이 잘못 연결된 것은?

① 카이로 회담 – 우리나라의 독립을 보장하였다.
② 얄타 회담 – 신탁 통치를 루즈벨트는 30년 하자고 했는데, 스탈린은 짧게 하자고 했다.
③ 포츠담 선언 – 미·영·중·소의 대표가 신탁통치를 결정하였다.
④ 모스크바 3상 회의 – 미·소 공동 위원회를 설치하기로 결정하였다.

해설 포츠담 선언은 미국, 영국, 중국 등 연합국 대표가 포츠담에서 카이로 선언을 재확인함으로써 우리나라의 독립을 약속한 것이다.

핵심정리

열강의 한국 문제 논의

- **카이로 회담(1943. 11)** : 일제의 군사 행동에 대한 압력을 결의하고 일제가 탈취한 지역에 대한 독립 문제를 논의한 회담이다. 우리나라와 관련된 특별 조항을 마련하여 "적당한 시기에 한국을 독립시킨다."고 결정하였으나, '적당한 시기'에 대한 명확한 언급이 없어 문제가 되었다.
- **얄타 회담(1945. 2)** : 미국·영국·소련 3국 수뇌가 소련의 대일 참전을 결정한 회담으로, 신탁 통치에 대한 논의가 있었다.
- **포츠담 선언(1945. 7)** : 카이로 회담의 실행, 일제의 군국주의 배제 및 무장 해제, 점령군의 철수, 일제의 무조건적 항복 등을 규정한 회담이다.

제8편 현대 사회의 발전

03

(가)에 대한 설명으로 옳은 것은?

> 1945년 12월 모스크바에서 미국, 소련, 영국의 외무장관들은 한국 문제를 논의하였다. 이 회의에서 미국, 소련, 영국, 중국이 최장 5년간 신탁통치를 시행한다는 합의가 이루어졌다. 또 미국과 소련이 ☐(가)☐ 를/을 개최해 민주주의 임시정부 수립 문제에 대해 논의하기로 했다. 이 합의에 따라 1946년 3월 서울에서 ☐(가)☐ 가/이 시작되었다.

① 미 · 소 양측의 의견 차이로 결렬되었다.
② 조선건국준비위원회를 조직하는 성과를 냈다.
③ 민주 공화제를 핵심으로 한 제헌헌법을 만들었다.
④ 유엔 감시하의 총선거로 정부를 수립한다는 결정을 내렸다.

해설 (가)는 제1차 미 · 소 공동위원회이다. 1946년 3월에 제1차 미 · 소 공동 위원회가 서울에서 개최되었으나 참여 단체를 놓고 대립하여 결렬되었다. 소련은 모스크바 3상 회의의 협정(신탁 통치안)을 지지하는 정당 · 사회단체들만이 임시 정부 수립 문제를 협의할 대상이 될 수 있다고 주장하였고, 미국은 신탁통치 반대세력들도 협의대상이 되어야 한다고 주장하였다.
② 조선 건국 동맹(1944)는 여운형이 위원장인 조선 건국 준비 위원회를 조직(1945. 8) 하였다.
③ 1948년 제헌 국회가 구성되고 민주 공화국 체제의 헌법을 제정 · 공포하였다(1948. 7. 17).
④ 유엔 총회는 유엔 한국 임시 위원단의 감시 하에 인구 비례에 의한 남북한 총선거 실시를 결의하였다 (1947. 11).

핵심정리

한국에 대한 모스크바 3상 회의 결정서(1945)
• 한국을 독립 국가로 재건하기 위해 임시적인 한국 민주 정부를 수립한다.
• 한국 임시 정부 수립을 돕기 위해 미 · 소 공동 위원회를 설치한다.
• 미, 영, 소, 중의 4개국이 공동 관리하는 최고 5년 기한의 신탁 통치를 실시한다.
• 남북한의 행정 · 경제면의 항구적 균형을 수립하기 위해 2주일 이내에 미 · 소 양군 사령부 대표 회의를 소집한다.

04

다음과 같은 원칙에 합의한 단체에 대한 설명으로 옳은 것은?

> • 미소공동위원회 속개를 요청하는 공동 성명을 발표할 것
> • 친일파, 민족 반역자 처리 문제는 장차 구성될 입법 기구에서 처리할 것

① 박헌영 등 좌익세력의 지지를 받았다.
② 남한만의 단독정부수립에 반대하였다.
③ 미 군정의 반대와 탄압 속에서 활동하였다.
④ 모스크바 3국 외상 회의의 결정을 반대하였다.

해설 제시된 내용은 좌우합작위원회(1946. 7)에서 발표한 좌우합작 7원칙(1946. 10)의 내용 중 일부이다.
좌우합작 7원칙은 이승만의 정읍 발언(1946. 6) 이후 단독정부수립운동이 일어나자 이를 반대한 여운형·김규식 등의 중도파가 좌우합작운동을 전개하면서 발표한 것이다.
① 좌우합작위원회의 여운형과 김규식 등이 좌·우익의 주장을 절충하여 발표한 좌우합작 7원칙에 대해서는 좌익세력과 우익세력이 모두 반대하였다.
③ 미군정은 중도적 좌우세력을 결집하여 지지 기반을 확대하고자 좌우합작운동을 지원하였다.
④ 좌우합작 7원칙에는 모스크바 3국 외상 회의 결정에 의해 좌우합작으로 임시정부를 수립한다는 내용을 포함하고 있다.

핵심정리

좌우합작운동과 좌우합작 7원칙

① 좌우합작운동(1946~1947)
  • 전개
    – 이승만의 정읍 발언(1946. 6) 이후 단독정부 수립 운동이 일어나자, 이에 분단을 우려한 여운형·김규식 등의 중도파가 중심이 되어 좌우합작위원회를 결성(1946. 7)하고 단독정부 수립을 반대하며 좌우합작운동을 전개
    – 미군정은 중도적 좌우 세력을 결집하여 지지 기반을 확대하고자 좌우합작운동을 지원
  • 좌우합작 7원칙의 발표(1946. 10)
    – 좌익과 우측 세력은 합작의 필요성을 인정하여 좌우합작위원회를 구성하였으나, 신탁통치·토지개혁·반민족행위자 처리 등의 문제를 둘러싸고 양측이 크게 차이를 보임
    – 우익측을 대표한 김규식과 좌익측을 대표한 여운형은 양측의 주장을 절충하여 좌우합작 7원칙을 발표 (좌·우익 양 진영 모두 불만을 표시하며 반대)
  • 결과 : 동서냉전의 시작과 미·소 공동위원회의 결렬, 이승만 등의 단독정부수립운동, 여운형의 암살(1947. 7) 등으로 인해 좌우합작운동은 결국 실패
② 좌우합작 7원칙(1946. 10)
  • 모스크바 3국 외상 회의 결정에 의해 좌우합작으로 임시정부 수립
  • 미·소 공동위원회의 속개를 요청하는 공동성명 발표
  • 몰수·유조건(有條件) 몰수 등으로 농민에게 토지 무상 분여 및 중요 산업의 국유화
  • 친일파 및 민족 반역자 처리 문제는 장차 구성될 입법 기구에서 처리
  • 정치범의 석방과 테러적 행동의 중단
  • 합작 위원회에 의한 입법기구의 구성
  • 언론·집회·결사·출판·교통·투표 등의 자유 절대 보장

05 국가직 9급 기출

대한민국 헌법 전문의 서두이다. (가), (나), (다)에 들어갈 역사적 사건을 〈보기〉에서 골라 옳게 배열한 것은?

> 유구한 역사와 전통에 빛나는 우리 대한국민은 (가)(으)로 건립된 (나)의 법통과 불의에 항거한 (다)을(를) 계승하고, 조국의 민주 개혁과 평화적 통일의 사명에 입각하여 정의 · 인도와 동포애로써 민족의 단결을 공고히 하고 …… (이하 생략)

─ 보기 ─
ㄱ 동학농민운동
ㄴ 광무개혁
ㄷ 3 · 1 운동
ㄹ 대한민국 임시정부
ㅁ 4 · 19 민주 이념
ㅂ 5 · 18 광주민주화운동

① ㄱ - ㄴ - ㄷ   ② ㄴ - ㄷ - ㄹ
③ ㄷ - ㄹ - ㅁ   ④ ㄹ - ㅁ - ㅂ

해설 현행 대한민국 헌법은 전문과 본문 130개조, 부칙 6개조로 이루어져 있으며, 1988년 2월 25일부터 발효 · 시행되고 있는 9차 개정헌법이다. 전문에서는 헌법 제정의 유래와 그 기본 원리를 선언하고 있으며, 특히 대한민국 임시정부의 법통과 4. 19 민주이념을 추가한 것이 특징이다.

06 국가직 9급 기출

다음 자료와 관련된 설명으로 옳지 않은 것은?

> 제1조 일본 정부와 통모하여 한일 합병에 적극 협력한 자, 한국의 주권을 침해하는 조약 또는 문서에 조인한 자와 모의한 자는 사형 또는 무기징역에 처하고 그 재산과 유산의 전부 혹은 2분지 1 이상을 몰수한다.
> 제3조 일본 치하 독립 운동자나 그 가족을 악의로 살상 박해한 자 또는 이를 지휘한 자는 사형, 무기 또는 5년 이상의 징역에 처하고 그 재산의 전부 혹은 일부를 몰수한다.

① 독립을 방해할 목적으로 단체를 조직했다면 10년 이하의 징역과 재산의 몰수 등이 가능하였다.

② 기술관을 포함하여 고등관 3등급 이상의 관공리는 공소시효 경과 전에는 공무원 임용이 불허되었다.

③ 반민족행위를 조사하기 위하여 특별조사 위원회를 설치하였다.

④ 일본 정부로부터 작위를 받은 자는 무기 또는 5년 이상의 징역과 재산 · 유산의 몰수 등이 가능하였다.

해설 제시된 내용은 제1공화국 때 일제 잔재를 청산하기 위해 제정한 「반민족행위 처벌법」(1948. 9) 내용 중 일부이다. 일본 치하에서 고등관 3등급 이상의 직에 있던 자 등을 이 법의 공소시효 경과 전에는 공무원에 임명될 수 없다고 규정하였으나, 기술관은 처벌 대상에서 제외하였다(동법 제5조).

반민족행위 처벌법
- 반민족행위 처벌법의 제정(1948. 9)
  - 목적 : 일제 잔재를 청산하기 위하여 제헌 국회에서 제정
  - 내용 : 일제시대에 친일 행위를 한 사람들을 처벌하고 공민권을 제한하는 것 등
- **반민 특위의 활동** : 반민족행위 처벌법에 의거하여 국회의원 10명으로 구성된 반민족행위 특별 조사 위원회에서 친일 주요 인사들을 조사
- **결과** : 반공을 우선시하던 이승만 정부의 소극적 태도로 친일파 처벌이 좌절됨

07

다음 성명이 계기가 되어 나타난 역사적 사실로 옳은 것은?

우리 국민은 한국 현대사에서 보기 드문 장엄한 민주화 행진을 전개하고 있다. 이는 어느 정파나 특수 계층에 국한된 것이 아니라, 공부하는 학생에서부터 직장인, 상인, 변호사, 의사, 약사, 연예인, 성직자, 택시 기사, 그리고 평범한 주부에 이르기까지 온 국민의 애국적 충정과 열망이 한데 어우러져 연출하는 역사적 행진이며, 우리 국민의 높은 정치적 의식 수준과 안목을 유감없이 드러내 주는 대장정이다. 전국에 걸쳐 연인원 수백만 명이 넘는 국민들의 항의 시위와 끊이지 않는 경찰과의 충돌에도 불구하고, … 장기 집권만을 위해 오히려 국민을 협박하고 있는 현 정권의 정치적 무감각이 오늘 우리의 현실을 한치 앞도 내다볼 수 없는 극한적 대결 상황으로 몰아가고 있다.

① 유신 체제의 붕괴
② 4 · 19 혁명의 발발
③ 대통령 직선제 개헌
④ 내각 책임제 정부 수립

해설 1987년 6월 항쟁의 상황이다. 1987년 1월 박종철 고문 치사 사건과 전두환 정부의 4 · 13 호헌 조치에 맞서 국민들의 대통령 직선제 개헌을 통한 민주 정권의 수립을 요구하였다. 전두환 정부는 결국 국민들에게 항복하고 노태우 대통령 후보가 6 · 29 선언을 통해 대통령 직선제를 받아들이게 되었다.

08 지방직 9급 기출

다음은 1945년부터 1950년까지 발생했던 한국 현대사의 역사적 기록이다. 시기순으로 바르게 나열한 것은?

㉠ 미국, 소련, 영국의 외상들이 삼상회의를 개최하고 '한국 문제에 관한 4개항의 결의서'(신탁통치안)를 결정하였다.
㉡ 남한에서는 유엔 한국 임시위원단의 감시 아래 총선거가 실시되었다.
㉢ 일제의 잔재를 청산하고 민족정기를 바로잡기 위해 「반민족행위 처벌법」을 제정하였다.
㉣ 북한은 38도선 전 지역에 걸쳐 남침을 감행하였다.

① ㉠ → ㉡ → ㉢ → ㉣
② ㉠ → ㉡ → ㉣ → ㉢
③ ㉠ → ㉢ → ㉡ → ㉣
④ ㉡ → ㉠ → ㉢ → ㉣

해설 ㉠ 모스크바 3상회의는 1945년 12월에 개최되었다.
㉡ 정부 수립을 위해 유엔 한국 임시위원단의 감시 하에 남한에서 총선거(5 · 10 총선거)가 실시된 것은 1948년 5월 10일이다.
㉢ 일제의 잔재를 청산하고 민족정기를 바로잡기 위해 「반민족행위 처벌법」을 제정(1948. 9. 22)하였다.
㉣ 북한의 남침으로 한국전쟁이 발발한 것은 1950년 6월 25일이다.

09

〈보기〉의 법령이 실시된 시기에 일어난 민주화운동으로 가장 옳은 것은?

─── 보기 ───

모두 9차례 발표된 법령으로 마지막으로 선포된 9호에 따르면 헌법을 부정·반대 또는 개정을 요구하거나 이를 보도하면 영장 없이 체포할 수 있었다. 이로 인해 많은 학생, 지식인, 야당 정치인, 기자 등이 구속되었다.

① 3선 개헌 반대운동이 일어났다.
②「3·1민주구국선언」이 발표되었다.
③ 민주헌법쟁취 국민운동본부가 결성되었다.
④ 신민당이 직선제 개헌을 위한 서명운동을 전개하였다.

해설 〈보기〉는 유신 헌법의 긴급 조치권에 대한 것임을 알 수 있다. 유신 헌법에 반대하는 재야 인사들은 명동성당에 모여「3·1민주구국선언」을 발표하였다(1976).
① 3선 개헌 반대운동은 박정희 정부의 장기 집권을 위해 3선 개헌이 강행되자 학생들의 시위가 거세게 전개되고, 여·야 국회의원들 사이에는 극심한 대립과 갈등이 발생하였다.
③ 4·13 호헌 조치에 반대하고, 6월 민주 항쟁을 주도하였다.
④ 대통령 간선제를 반대하기 위해 신민당은 서명운동을 전개하였다.

─── 핵심정리 ───

긴급 조치 9호(1975. 5. 13)
• 유언비어·사실 왜곡 금지, 집회·시위 또는 신문·방송·통신 등 공중 전파 수단이나 문서 등에 의한 헌법의 부정·반대·왜곡이나 개정·폐지 주장 등 금지
• 학생의 집단적 정치 활동 금지
• 본 조치의 비방 금지

10

장면 내각 시기에 대한 설명으로 틀린 것은?

① 국토 개발계획에 착수하였다.
② 중립화 통일론, 남북 협상론 등 다양한 통일론이 대두되었다.
③ 국가 발전을 최우선시하여 경제개발계획을 시작하였다.
④ 사회 질서를 유지할 정치력을 제대로 발휘하지 못하게 되면서 국민의 기대에 부응하지 못하였다.

해설 경제개발계획은 박정희 정권 때 실시하였다(1962).

─── 핵심정리 ───

장면 내각(제2공화국, 1960. 8 ~ 1961. 5)
• 허정 과도 내각 : 혁명 후의 혼란 수습을 위해 헌법을 내각 책임제와 양원제 국회로 개정(제3차 개헌, 1960. 6. 15)
• 장면 내각
  - 총선거에서 민주당 압승
  - 장면 내각 출범. 국회에서 대통령 윤보선 당선
  - 내각 책임제·양원제 의회 설립
• 민주주의의 발전
  - 언론 활동 보장 : 국가 보안법 개정, 경향신문 복간
  - 노동 조합 운동 고조 : 교원 노조, 언론인 노조 등
  - 통일 운동의 활성화 : 중립화 통일론, 남북 협상론, 남북 교류론 등
• 한계
  - 민주당의 내분 심화 : 구파와 신파
  - 개혁 의지 약화로 각종 개혁 부진(5·16 군사정변(1961)으로 붕괴)

11

다음 사건과 관련이 깊은 것은?

> (가) 첫째 반공을 국시(國是)의 제일의(第一義)로 삼고 지금까지 형식적이고 구호에만 그친 반공태세를 재정비 강화한다.
>
> (나) 상아의 진리탑을 박차고 거리에 나선 우리는 질풍과 깊은 역사의 조류에 자신을 참여시킴으로써 이성과 진리, 그리고 자유의 대학 정신을 현실의 참담한 박토(薄土)에 뿌리려 하는 바이다.

	(가)	(나)
①	제2공화국 출범	6 · 3 항쟁
②	부 · 마 항쟁	4 · 19 혁명
③	10월 유신	6 · 3 항쟁
④	5 · 16 군사정변	4 · 19 혁명

해설 (가) 1961년 5 · 16 군사정변 당시 군사 정부가 제시한 혁명공약의 내용 중 일부이다.
(나) 1960년 4 · 19 혁명 당시 서울대학교 문리대 학생회가 발표한 4월 혁명 선언문의 내용 중 일부이다.

핵심정리

5 · 16 군사정변(1961)

- **발발** : 장면 내각은 자유 민주주의의 실현을 위해 노력하였으나, 박정희를 중심으로 한 군부세력은 사회의 혼란을 구실로 군사정변을 일으켜 정권을 잡음
- **군정의 실시**
  - 국가 재건 최고 회의 구성 : 헌정을 중단시키고 군정을 실시
  - 혁명 공약 : 반공을 국시로 경제 재건과 사회 안정 추구, 구정치인들의 정치 활동 금지

12

다음 중 〈보기〉의 사실들이 시대순으로 바르게 나열된 것은?

> 보기
> ㉠ 한 · 일 협정 체결 　 ㉡ 5 · 16 군사정변
> ㉢ 10 · 26 사건 　 ㉣ 10월 유신

① ㉠ → ㉡ → ㉣ → ㉢
② ㉠ → ㉡ → ㉢ → ㉣
③ ㉡ → ㉠ → ㉣ → ㉢
④ ㉡ → ㉢ → ㉣ → ㉠

해설 ㉠은 1965년, ㉡은 1961년 5월 16일, ㉢은 1979년 10월 26일, ㉣은 1972년 10월 17일에 일어난 일이다.

13

다음 각 공화국과 정치적 사실이 잘못 연결된 것은?

① 제1공화국 – 발췌 개헌, 사사오입 개헌
② 제2공화국 – 양원제와 내각책임제 선택
③ 제3공화국 – 대통령 중심제, 단원제 의회 구성
④ 제5공화국 – 남북한이 동시에 유엔 가입

해설 국제연합(UN)에 남북한이 함께 가입하는 등 적극적인 외교를 펼친 것은 노태우 정부(제6공화국) 때의 일이다.

실전 문제

제2장 통일 정책

● 대표유형문제 ●

서울시 9급 기출

다음 ㉠, ㉡, ㉢에 대한 설명으로 옳은 것은?

> ㉠ 6 · 15 남북 공동 선언
> ㉡ 7 · 4 남북 공동 성명
> ㉢ 남북 간의 화해와 불가침 및 교류 협력에 관한 합의서

① ㉠ – 한반도 비핵화를 선언하였다.
② ㉠ – 남북한 동시 유엔 가입에 합의하였다.
❸ ㉡ – 통일의 3대 원칙을 천명하였다.
④ ㉢ – 남북정상회담의 성과였다.

정답해설 7 · 4 남북 공동 성명은 1972년 7월 4일 남북한 당국이 국토분단 이후 최초로 통일과 관련하여 합의 · 발표한 역사적인 공동성명으로, 당시 이후락 중앙정보부장과 김영주 노동당 조직지도부장이 서울과 평양에서 동시에 발표하였다. 이 성명은 통일의 원칙으로, 첫째, 외세(外勢)에 의존하거나 외세의 간섭을 받음이 없이 자주적으로 해결하여야 한다. 둘째, 서로 상대방을 반대하는 무력행사에 의거하지 않고 평화적 방법으로 실현하여야 한다. 셋째, 사상과 이념 및 제도의 차이를 초월하여 우선 하나의 민족으로서 민족적 대단결을 도모하여야 한다고 밝힘으로써 자주 · 평화 · 민족대단결의 3대원칙을 공식 천명하였다.

오답해설 ① 1991년 12월 31일 남북한이 국제적 쟁점이었던 한반도 비핵화문제를 타결. 채택한 한반도 비핵화에 관한 공동선언을 발표하였다. 6 · 15 남북 공동 선언은 2000년 6월 14일 분단 이후 최초로 남북한 정상회담을 통해 한국의 김대중 대통령과 북한의 김정일 국방위원장이 합의하여 6월 15일 발표한 5개항의 합의 내용을 담고 있는 공동선언이다.
② 6 · 15 남북 공동 선언은 2000년, 남북한 동시 유엔 가입에 합의한 것은 1991년의 일이다.
④ 2000년 6 · 15 남북 공동 선언 이후 남북 정상 간의 회담이 이루어졌다.

핵심정리 6 · 15 남북정상선언문(2007)
• 남과 북은 6 · 15 남북공동선언을 고수하고 적극 구현해 나감
• 사상과 제도의 차이를 초월해 남북관계를 상호 존중과 신뢰관계로 확고히 전환
• 군사적 적대관계를 종식시키고 긴장완화와 평화 보장을 위해 긴밀히 협력
• 현 정전체제를 종식하고 항구적 평화체제 구축을 위해 직접 관련된 3자 또는 4자 정상들이 한반도지역에서 만나 종전을 선언하는 문제를 추진

01 지방직 9급 기출

다음 합의문에 대한 설명으로 옳은 것은?

> • 통일은 외세에 의존하거나 외세의 간섭을 받음이 없이 자주적으로 해결하여야 한다.
> • 통일은 서로 상대방을 반대하는 무력행사에 의거하지 않고 평화적 방법으로 실현하여야 한다.
> • 사상과 이념 · 제도의 차이를 초월하여 우선 하나의 민족으로서 민족적 대단결을 도모하여야 한다.

① 합의문 발표 이후 남북조절위원회가 설치되었다.

② 합의 내용은 6 · 15 남북공동선언으로 정리되었다.

③ 합의문 중에는 한반도 비핵화 문제가 포함되었다.

④ 합의 결과로 경의선 및 동해선 철도가 연결되었다.

해설 제시된 합의문은 7 · 4 남북공동성명(1972)이다. 남북 간 정치적 협의기구인 남북조절위원회는 7 · 4 남북공동성명의 합의사항을 추진하고 남북관계를 개선 · 발전시키며 통일문제를 해결할 목적으로 7 · 4 남북공동성명을 통해 구성되었다.

② 6 · 15 남북공동선언은 김대중 대통령과 김정일 국방위원장이 합의하여 2000년 6월 15일 공식 발표되었다.

③ 한반도 비핵화 공동 선언 채택은 노태우 정부시기에 채택이 되어 1992년 발효되었다.

④ 경의선 및 동해선 철도는 6 · 15 남북공동선언에 따라 남북경제협력에 박차가 가해지면서 제2차 남북경제협력추진위원회(2002)에서 합의된 핵심 경제협력 사업 중 하나이다.

핵심정리

남북 대화의 출발(1970~1980년대)

• **배경** : 냉전 완화, 닉슨 독트린(1969), 닉슨 대통령의 중국 방문(1972)

• **통일정책의 변화**
- 남북 적십자 회담(1971) : 남북한 최초로 평화 협상의 길이 열림
- 7 · 4 남북공동성명(1972) : 통일의 3대 원칙(자주, 평화, 민족 대단결)에 합의, 남북조절위원회 설치, 남북 직통전화 설치
- 6 · 23 평화통일 외교정책 선언(1973) : 유엔 동시 가입 제안, 호혜 평등 원칙하에 모든 국가에 문호 개방

• **남북한의 통일 방안(1980년대)**
- 남한 : 민족화합 민주통일 방안 제시(1982)
- 북한 : 고려민주연방공화국 창립 방안(1980), 1국가 2체제(국가 보안법 철폐, 미군 철수가 전제 조건)

정답 01 ①

02

다음 회담이 열렸던 시기의 남북 정세에 대한 설명으로 옳은 것은?

> 이 회담은 평양과 서울을 오가며 총 8차례 개최되었다. 그중 제3차 회담에서 남북은 각각 불가침 문제를 제기하였고, 이듬해 열린 제4차 회담에서는 남북 기본 합의서에 대한 상당한 의견 접근을 이루었는데, 이 회담에서 북측은 한반도 비핵지대화 문제를 제기하였다. 12월 서울에서 열린 제5차 회담에서 남북은 마침내 '남북 사이의 화해와 불가침 및 교류 협력에 관한 합의서'에 합의하였고, 12월 말에는 '한반도 비핵화에 관한 공동 선언'으로 이어졌다.

① 남북 정상 회담이 개최되었다.
② 남북 적십자 회담이 시작되었다.
③ 한국 정부는 북방 정책을 추진하였다.
④ 이산가족 상봉이 처음으로 이루어졌다.

해설 남북 고위급 회담의 결과로 1991년 남북 기본 합의서와 비핵화 선언이 발표되었다. 당시는 노태우 정부로서 세계적인 냉전 붕괴 현상에 따른 북방 외교가 진행되고 있었다.
　① 남북 정상 회담은 2000년 김대중 대통령과, 2007년 노무현 대통령의 방북으로 이루어졌다.
　② 남북 적십자 회담은 1971년 처음 시작되었다.
　④ 이산가족 상봉은 1985년 처음 이루어졌다.

03

다음에 제시된 내용 중 옳지 않은 것을 모두 고른 것은?

> ㉠ 1972년 7 · 4 남북 공동 성명에서는 자주, 평화, 민족대단결의 3대 통일 원칙을 제시하였다.
> ㉡ 1985년 남북한의 적십자간의 합의로 고향방문단과 예술단이 각각 서울과 평양을 방문하였다.
> ㉢ 1991년 남북 기본 합의서가 채택되어 통일 문제 협의를 위해 「남북 조절 위원회」를 두기로 하였다.
> ㉣ 2000년 6 · 15 남북 공동 선언에서 관련 정상들이 한반도지역에서 만나 종전 선언 문제를 추진하기 위해 협력해 나가기로 하였다.

① ㉠, ㉢　　　　　　② ㉡, ㉣
③ ㉡, ㉢　　　　　　④ ㉢, ㉣

해설 ㉢ 7 · 4 남북 공동 성명의의 합의 사항으로 통일 문제 협의를 위해 「남북 조절 위원회」를 두기로 하였다.
　㉣ 관련된 3자 또는 4자 정상들이 한반도지역에서 만나 종전을 선언하는 문제를 추진하기 위해 협력해 나가기로 한 것을 2007 남북정상선언문의 내용이다.

04 지방직 9급 기출

(가), (나) 발표 시기의 사이에 있었던 사실로 옳지 않은 것은?

> (가) 통일은 외세에 의존하거나 외세의 간섭을 받음이 없이 자주적으로 해결하여야 한다. 통일은 서로 상대방을 반대하는 무력행사에 의거하지 않고 평화적인 방법으로 실현하여야 한다. 사상과 이념 제도의 차이를 초월하여 우선 하나의 민족으로서 민족적 대단결을 도모하여야 한다.
>
> (나) 남과 북은 나라의 통일을 위한 남측의 연합제안과 북측의 낮은 단계의 연방제 안이 서로 공통성이 있다고 인정하고, 앞으로 이 방향에서 통일을 지향시켜 나가기로 하였다.

① 경의선 철도가 다시 연결되었다.
② 북한에서 국가 주석제가 도입되었다.
③ 남북 이산가족이 서울과 평양을 처음 방문하였다.
④ 한반도 비핵화에 관한 공동 선언이 채택되었다.

해설 (가)는 1972년 7 · 4 남북공동성명, (나)는 2000년 6 · 15 남북공동선언의 내용이다. 경의선 철도가 다시 연결된 것은 6 · 15 남북공동선언 이후이다. 경의선 철도 복원공사는 6 · 15 남북공동선언의 합의로 2000년 9월 착공되어 2003년 6월 연결 행사가 진행되었고, 이후 2007년 12월 정기 운행을 시작하였다. 그러나 남북관계의 악화로 2008년 11월 이후 다시 중단된 상태이다.

05

다음 중 통일을 위한 남한과 북한의 노력이 아닌 것은?

① 6 · 29 민주화 선언
② 남북 정상회담
③ 금강산 관광 사업
④ 7 · 4 남북 공동 성명

해설 6 · 29 민주화 선언은 1987년 6월 29일 민주정의당 대표 노태우가 국민들의 민주화와 직선제 개헌요구를 받아들여 발표한 특별선언으로 통일을 위한 노력과는 거리가 멀다.

핵심정리

6 · 29 민주화 선언

- 여야 합의하에 조속히 대통령 직선제로 개헌하고 새 헌법에 의해 대통령 선거를 실시, 1988년 2월 평화적 정부 이양을 실현한다.
- 직선 제도의 변경뿐만 아니라 이를 민주적으로 실천하기 위해 대통령 선거법을 개정, 자유로운 출마와 공정한 선거를 보장하여 국민의 심판을 받도록 한다.
- 국민적 화해와 대동단결을 위해 김대중 씨를 사면 복권시키고, 자유 민주주의적 기본 질서를 부인한 반국가사범이나 살상 · 방화 · 파괴 등으로 국가를 흔들었던 소수를 제외한 모든 시국 관련 사정들을 석방한다.

제8편

현대 사회의 발전

제3장 경제 발전과 사회·문화의 변화

● 대표유형문제 ●

국가직 9급 기출

다음의 상황을 극복하기 위해 실시한 우리 정부의 정책과 그 영향에 관한 설명으로 옳은 것은?

〈1945년 말 현재 남한의 토지 소유 상황〉

(단위 : 만 정보)

구분	답	전	계
농경지	128(100%)	104(100%)	232(100%)
소작지	89(70%)	58(56%)	147(63%)
전(前) 일본인 소유	18	5	23
조선인 지주 소유	71	53	124
자작지	39(30%)	46(44%)	85(37%)

① 유상 몰수, 무상 분배 방식이었다.

❷ 임야 등 비경작지는 대상에서 제외하였다.

③ 신한공사를 핵심 추진 기관으로 삼았다.

④ 북한의 토지 개혁에 커다란 영향을 주었다.

정답해설 제시된 표를 통해 광복 직후 우리나라는 지주에게 전답이 편중되어 자작지 비율보다 소작지 비율이 높았음을 알수 있다. 이러한 토지 편중 문제를 극복하기 위해 제1공화국 정부는 소작제를 철폐하고 자영농을 육성하고자 농지개혁법(1949)을 제정하였다.
농지개혁법은 삼림, 임야 등 비경작지는 제외하고 농지만을 개혁 대상으로 하였다.

오답해설 ① 농지개혁은 유상 몰수 · 유상 분배의 원칙에서 시행되었다(3정보를 상한으로 그 이상의 농지는 유상 매입하여 지가 증권의 발급을 통해 5년간 지가를 지급하며, 매수한 토지는 영세 농민에게 3정보를 한도로 유상 분배하여 5년간 수확량의 30%씩을 상환하도록 함).
③ 신한공사는 1946년 2월, 미군정이 남한에 설치한 재산 관리 회사로, 미군정기에 몰수한 일본인 소유 농지 등의 보전 · 이용 업무를 담당하였다.
④ 북한의 농지개혁은 1946년에 실시되었고, 남한은 1949년에 제정되어 1950년 개정 · 실시되었다.

핵심정리 농지개혁법(1949년 제정, 1950년 시행)
• 소작제를 철폐하고 자영농을 육성하고자 경자 유전의 원칙에 따라 시행
• 삼림, 임야 등 비경작지를 제외한 농지만을 대상으로 한 개혁
• 3정보를 상한으로 그 이상의 농지는 유상 매입하고 지가 증권을 발급하여 5년간 지급
• 매수한 토지는 영세 농민에게 3정보를 한도로 유상 분배하여 5년간 수확량의 30%씩을 상환하도록 함(예외적으로 부재 지주의 농지는 무상 몰수 · 유상 분배)

01

대한민국 정부수립 과정에서 순서상 빈칸에 들어갈 수 없는 사건은?

> 광복 → (   ) → 남한 단독 선거 → 정부 수립

① 좌우합작
② 남북협상
③ 모스크바 3상 회의
④ 농지개혁법 제정

해설 광복은 1945년, 남한 단독 선거는 1948년 5월 10일, 정부는 1948년 8월 15일에 수립되었다. ①은 1946년, ②는 1948년 4월, ③은 1945년에 일어났다. ④ 농지개혁법은 1949년에 제정되었다.

02

농업과 공업의 균형 발전, 소작제 철폐, 사회보장제도의 실시를 경제의 기본 방향으로 설정하였던 정부는?

① 제1공화국
② 제2공화국
③ 제3공화국
④ 제4공화국

해설 농업과 공업의 균형 발전, 소작제의 철폐, 사회보장제도의 실시, 기업 활동의 자유 보장, 인플레이션의 극복 등은 제1공화국 때 경제정책의 기본 방향이다.

03

다음 중 남한의 토지개혁으로 옳은 것을 모두 고르면?

> ㉠ 임야는 제외되었다.
> ㉡ 3정보 미만의 토지는 제외되었다.
> ㉢ 1950년 3월에 종결하였다.
> ㉣ 유상매수, 무상분배를 원칙으로 하였다.

① ㉠, ㉡
② ㉡, ㉢
③ ㉠, ㉢
④ ㉡, ㉣

해설 남한 정부는 1949년 농지개혁법을 공포하고 1957년에 종결하였으며, 부재지주(不在地主)와 3정보 이상의 농지를 가진 자의 농지를 국가가 유상매수하고, 매수한 토지는 농민에게 3정보를 한도로 유상분배하여 5년간 수확량의 30%를 상환하도록 하였다.

04

다음 중 경제 개발 5개년 계획 당시의 경제 상황으로 옳은 것은?

① 제2차 석유 파동으로 경제 불황에 빠져 큰 어려움을 겪었다.
② 정부는 수출품의 가격 경쟁력을 위해 저임금 정책을 펼쳤다.
③ 정부는 중공업 분야를 중심으로 수출 주도형 성장 정책을 펼쳤다.
④ 세계 무역 기구의 가입과 농산물 시장 개방으로 농촌 경제가 어려움에 처하였다.

해설 1962년 경제 개발 5개년 계획이 시작되었다. 1960년대
에는 국내의 자본과 생산 기반, 기술의 부족으로 저임금
을 바탕으로 한 노동 집약적인 경공업을 중심으로 경제
개발 정책이 시행되었다. 1970년대 들어 3차 경제 개발
5개년 계획부터는 중화학 공업을 중심으로 한 수출 중
심 정책이 시행되었다.
① 제2차 석유 파동은 1970년대 후반기이다.
③ 중공업 중심의 수출 정책은 1970년대의 일이다.
④ 세계 무역 기구(WTO)는 1995년에 만들어졌다.

핵심정리

경제 개발 5개년 계획의 추진

- 제1, 2차 경제 개발 계획(1962~1971) : 기간 산업, 사
  회 간접 자본 확충, 경공업 중심의 수출 산업 육성, 베
  트남 특수로 호황, 새마을 운동 시작(1970)
- 제3, 4차 경제 개발 계획(1972~1981) : 중화학 공업
  육성, 중동 진출, 새마을 운동 확산
- **성과** : 고도 성장, 국민 소득 증가, 신흥 공업국으로
  부상
- **문제점** : 빈부 격차 심화, 미·일 의존도 심화, 외채 급
  증, 농촌 피폐, 재벌 중심 경제, 정경 유착, 저임금과 노
  동 운동 탄압, 공해 문제 등(개발 독재에 대한 불만, 민
  주화 열망 초래)

05

다음 중 각 시대별 우리나라 경제성장의 특성으로 옳지 않은 것은?

① 1960년대 – 기간산업의 육성과 경공업의 신
장에 주력하였다.

② 1970년대 – 중화학 공업의 육성과 농어촌 개
발을 위한 새마을 운동의 추진에 힘썼다.

③ 1980년대 – 제분, 제당, 면방직 등 삼백(三白)
산업 위주로 발달하였다.

④ 1990년대 – 기업의 해외 진출과 무역 대상국
이 다변화되었다.

해설 1950년대에는 밀가루, 설탕, 면화 등 삼백(三白)을 중심
으로 하는 소비재 중심의 경제 원조가 주를 이루었다.
1980년대에는 중화학 투자를 조정하고 자본 자유화 정
책으로 자본·금융시장의 개방을 적극 추진하였다.

핵심정리

1980년대 이후의 경제

- **1980년 전후** : 중화학 공업에 대한 과잉·중복 투자,
  정치 불안정, 제2차 석유 파동(경제위기 발생)
- **전두환 정부** : 중화학 공업 투자 조정, 3저 호황(저유
  가, 저달러, 저금리)
- **김영삼 정부** : 금융실명제 실시, 신경제 5개년 계획 발
  표(1993), 세계무역기구(WTO) 출범(1995), 경제 협력
  개발기구(OECD) 가입(1996) → 외환위기(1997)
- **김대중 정부**
  - 금 모으기 운동, 노사정 위원회 구성, 신자유주의 경
    제정책 추진
  - 수출, 무역 흑자 증가, 벤처기업 창업 등으로 외환
    위기 극복

06

1980년대 경제 상황의 설명으로 바른 것은?

① 저금리·저유가·저달러의 '3저 호황'으로 위기를 벗어났다.

② 소비재 중심인 제분, 제당, 면방직 등의 삼백산업이 발달하였다.

③ 우루과이 라운드의 타결로 쌀 시장과 서비스 시장을 개방하였다.

④ 마산과 익산을 수출자유무역지역으로 선정하여 외자를 유치하였다.

해설 1979년에 일어난 제2차 석유파동은 전두환 정부가 부실기업을 정리하는 등의 산업구조조정으로 위기를 오히려 기회로 바꿀 수 있게 되었다. 이 기회는 1986년부터 시작된 저금리, 저유가, 저달러의 이른바 "3저 호황"으로 이어졌다.

② 소비재 중심인 삼백산업이 발달한 것은 이승만 대통령의 집권기 때로 한국전쟁이후~1958년때까지의 모습이다. 전쟁 후 복구작업은 대부분이 미국의 원조에 의해 이루어졌는데, 미국의 원조는 결과적으로 우리경제가 미국에 종속되는 결과를 낳게 되었다.

③ 우루과이 라운드는 관세 및 무역에 관한 일반 협정(GATT)의 제8차 다자간 무역협상으로 1986년 9월 우루과이에서 첫 회합이 열린 이래 여러 차례의 협상을 거쳐 1993년 12월에 타결되었고, 1995년부터 발효되었다. 이로 인해 세계무역기구인 WTO가 설립되었다.(1995년)

④ 수출자유무역지역이란, 방책에 의하여 일반 관세 지역에서 분리된 항구의 일정 지역으로서 선박이 관세 수속을 거치지 않고 입항, 화물을 양육, 환적할 수 있으며 세관의 수속 없이 화물을 장치(藏置), 재포장 및 가공하여 재수출할 수 있는 지역을 의미한다. 마산은 1970년 1월 1일에 착공하여 1971년 3월 12일에, 익산(그 당시는 이리)은 1974년 12월에 착공하여 1993년 10월 17일에 각각 완공하였다. 즉 1970년대의 모습이다.

핵심정리

3저 호황

3저 호황은 해외원유·외자·수출에 크게 의존하여 경제 발전을 계속해온 한국으로서는 의외의 호기였으며, 이를 통해 86년 이래 3년 동안 연 10% 이상의 고도성장이 지속되었고 사상 최초로 무역수지 흑자를 달성하게 되었다.

07 국가직 9급 기출

다음은 같은 해에 벌어졌던 사건들이다. 이러한 사건들로 말미암아 나타난 사실로 옳은 것은?

- 박종철 사건
- 4·13 호헌 조치
- 6·10 국민 대회 개최
- 민주헌법쟁취 국민운동본부 결성

① 국가보위 비상대책위원회가 구성되었다.

② 5년 단임의 대통령 직선제 개헌이 이루어졌다.

③ 전국에 계엄령을 선포하고, 모든 정치활동을 정지시켰다.

④ 대통령의 중임 제한을 없애고 간선제를 골자로 하는 헌법을 제정하였다.

해설 제시된 사건들은 1987년 6월 민주항쟁과 관련 있다. 당시 여당인 민정당 대통령 후보 노태우는 6·29 선언을 하였고 이후 5년 단임의 직선제를 위한 9차 개헌이 이루어졌다.

- 박종철 사건 : 1987년 1월 14일, 서울대학교 학생이었던 박종철 사망 사건으로, 부검 결과 물고문 중 사망한 것으로 밝혀져 6월 민주항쟁의 기폭제가 되었다.
- 4·13 호헌 조치 : 전두환 대통령이 국민들의 민주화 요구를 거부하고 모든 개헌 논의를 중단시킨 것이다.
- 6·10 국민 대회 개최 : 박종철 고문치사 규탄 및 호헌 철폐를 위한 국민 대회가 개최되었으며, 이로 인해 6·29 선언이 발표되었다.
- 민주헌법쟁취 국민운동본부 : 6월 민주항쟁의 구심체 역할을 하였다. 야당과 재야 민주세력이 결집하여 결성되었으며, 비폭력투쟁 민주헌법 쟁취를 선언하였다.

① 국가보위 비상대책위원회(일명 국보위)는 박정희 대통령이 피살(1979. 10. 26)된 후 사회적 혼란을 수습한다는 이유로 전두환이 설립한 것으로, 신군부의 강경세력이 중심이 된 군의 최고회의 성격을 띤다.

③ 유신과 신군부 시기에 해당된다. 전두환 신군부의 5·17 계엄령 확대는 1980년에 선포되었다.

④ 대통령 중임 제한 철폐 및 대통령 간선제는 박정희 정부의 유신 헌법 내용이다.

"나두 공무원 할 수 있다"
나두공
9급공무원 한국사
써머리

나두공
직렬별 써머리 동영상 강의
5만원 가격파괴

국어+영어+한국사	국어+영어+한국사	국어+영어+한국사
행정법총론+행정학개론	행정법총론+교육학개론	행정법총론+노동법개론
일반행정직(5만원)	교육행정직(5만원)	고용노동직(5만원)
국어+영어+한국사	국어+영어+한국사	국어+영어+한국사
노동법개론+직업상담심리학개론	교정학개론+형사소송법개론	행정법총론+사회복지학개론
직업상담직(5만원)	교정직(5만원)	사회복지직(5만원)

구성 및 특징

핵심이론

시험에 출제되는 핵심 내용만을 모아 효율적인 학습이 가능하도록 구성하였습니다. 반드시 알아야 할 내용에 대한 충실한 이해와 체계적 정리가 가능합니다.

빈출개념

시험에서 자주 출제되는 개념들을 표시하여 중요한 부분을 한눈에 들어올 수 있도록 하였습니다. 합격에 필요한 핵심이론을 깔끔하게 학습하시기 바랍니다.

한눈에 쏙~

흐름이나 중요 개념들이 한눈에 쏙 들어올 수 있도록 도표로
정리하여 수록하였습니다. 한눈에 키워드와 흐름을 파악하여
수험에 도움이 되도록 하였습니다.

실력 up

더 알아두면 좋을 내용을 실력 up에 배치하고, 보조단에는
SEMI – NOTE를 배치하여 본문에 관련된 내용이나 중요한 개
념들을 수록하였습니다.

목 차

9급공무원

한국사

나두공

🄝나두공

01장 선사 시대 및 국가의 형성

역사 학습의 목적
- 과거의 사실을 토대로 현재를 바르게 이해함으로써 개인과 민족의 정체성을 확립
- 선인들의 경험을 통해 삶의 지혜를 습득함으로써 당면 문제를 해결하고 미래를 예측
- 역사적 지식을 통해 역사적 사고력과 비판력을 함양

역사 학습의 두 가지 측면

역사 그 자체의 학습	역사를 통한 학습
• 과거 사실에 대한 지식의 축적 • 역사를 지식의 보고라 인식 • 객관적 역사를 강조	• 과거 사실을 토대로 현재를 이해 • 정체성 확립, 삶의 지혜 습득, 역사적 사고력 · 비판능력 함양 • 주관적 역사를 강조

사료의 가치 이해
- **사료학** : 사료의 수집과 정리 및 분류
- **사료 비판** : 사료의 진위 구별
  - 외적 비판 : 사료 그 자체에 관하여 그것의 진위 여부, 원 사료에 대한 타인의 첨가 여부, 필사(筆寫)인 경우 필사 과정에서 오류, 사료가 만들어졌던 단계에서 작자 · 장소 · 연대 및 전거(典據) 등에 관하여 사료의 가치 음미
  - 내적 비판 : 사료의 내용이 신뢰할 만한 것인가 분석, 사료의 성격을 밝히는 작업, 사료의 기술(記述)분석, 기술 개개의 점에 관하여 신뢰할 수 있는 이유의 유무 조사

01절   한반도의 선사 시대

1. 역사의 의미와 학습 목적

(1) 객관적 의미의 역사(사실로서의 역사)

역사의 의미	넓은 의미의 역사 : 역사는 바닷가의 모래알과 같이 지금까지 일어난 있는 그대로의 수많은 과거 사건들의 집합체
특성	• 객관적 사실(事實) 또는 시간적으로 과거에서 현재에 이르기까지 일어났던 모든 사실을 역사의 구성 요소로 함 • 역사가의 주관적 개입은 배제, 객관적 고증에 따른 연구 • 객관적 사료를 중시, 과거의 사실에 대한 객관적 복원을 강조 • 역사는 역사가에 따라 달라지는 것이 아닌 절대성을 가짐

(2) 주관적 의미의 역사(기록으로서의 역사)

역사의 의미	좁은 의미의 역사 : 역사는 역사가가 역사적 의미가 있다고 보고 선정한 것 또는 조사 · 연구해 주관적으로 재구성한 것, 기록된 자료 또는 역사서를 의미
특성	• 과거의 사실(史實) 또는 사료(史料)를 토대로 함, 주관적 요소가 개입(사관 중시), 역사 연구에 있어 과학적 인식을 토대로 한 학문적 검증이 필요 • 역사가에 따라 역사(역사의 기록)가 달라질 수 있다는 점에서 주관성 · 상대성을 가짐

2. 한국사의 바른 이해

(1) 역사의 보편성과 특수성

① **세계사적 보편성** : 인간으로서 고유한 생활 모습과 이상, 자유 · 평등 · 행복 · 사랑의 추구, 주거지 및 공동체의 형성 등
② **민족적 특수성**
    ㉠ 거주하는 지역의 자연 환경에 따라 고유한 언어와 풍속 · 예술 · 사회 제도 등을 다양하게 창조, 교통과 통신이 발달하지 못했던 시대에는 교류가 드물어 특수성이 두드러짐
    ㉡ 문화권의 차이를 통해 설명되기도 하며, 동일 문화권 내에서도 민족이나 지역적 특수성으로 구분되기도 함

(2) 우리 민족의 보편성과 특수성

① **우리 민족 문화의 특수성**
    ㉠ 세계사에서 보기 드문 단일 민족 국가로서의 전통을 지님
    ㉡ 선사 시대에는 아시아와 북방 문화가 연계되는 문화를 이룩

ⓒ 고려 시대에는 불교를 정신적 이념으로 채택하였고, 조선 시대에는 유교적 가치와 문화가 중심이 됨

ⓔ 불교는 현세 구복적·호국적 성격이 두드러졌고 유교는 충(忠)·효(孝)·의(義)의 덕목이 특히 강조됨

ⓜ 국가에 대한 충성과 부모에 대한 효가 중시되고, 두레·계·향도와 같은 공동체 조직이 발달

3. 인류의 기원 및 한민족의 형성

(1) 인류의 성립 및 전개

① **구석기 시대의 인류** : 구석기인이 등장한 시기는 대략 70만 년 전, 오늘날 현생인류의 직접적 조상은 대략 4만 년 전에 등장

② **신석기 시대의 인류**

ⓐ 기원전 1만 년 경 빙하기가 끝나고 후빙기가 시작되면서 인류의 생활환경이 급변하였는데, 중석기 시대를 지나 신석기 시대가 시작됨

ⓑ 사냥이나 식량 채집 단계에서 벗어나 농경 등 생산 경제 활동(식량 생산 단계)을 전개함으로써 인류의 생활이 크게 변함

ⓒ 농경과 목축을 시작하고 토기를 제작·사용, 정착생활을 통해 촌락공동체를 형성

③ **청동기 시대의 인류**

ⓐ 기원전 3000년을 전후하여 메소포타미아의 티그리스 강과 유프라테스 강, 이집트의 나일 강, 인도의 인더스 강, 중국의 황허 강 유역에서 4대 문명이 형성

ⓑ 관개 농업의 발달, 청동기의 사용, 도시의 출현, 문자의 사용, 국가의 형성 등을 통해 인류문화가 급격하게 발달

실력up 선사 시대와 역사 시대의 구분

- 선사 시대와 역사 시대를 구분하는 기준은 문자사용의 여부
  - 세계사적 : 선사 시대는 문자를 사용하지 않았던 구석기 시대와 신석기 시대, 역사 시대는 문자를 사용하기 시작한 청동기 시대 이후
  - 우리나라의 경우 : 문자를 사용하였던 철기 시대부터 역사의 시작
- 선사 시대는 문자기록이 없으므로 유적이나 유물을 통해 당시의 상황을 유추, 역사 시대는 유물·유적 이외에 문자 기록물을 통해 보다 쉽고 상세하게 시대상 파악

한눈에 쏙~

구석기 시대	신석기 시대	청동기 시대	철기 시대 전기	철기 시대 후기
대략 70만년 ~기원전 1만년	대략 기원전 1만년 내지 8천년 ~기원전 2천년 내지 1,500년	대략 기원전 2천년~기원전 400년	대략 기원전 400년~기원전 1년까지	서기 1년 ~300년까지

알타이 어족

터키에서 중앙아시아와 몽골을 거쳐 한국과 일본에 이르는 지역에 분포하는 어족(語族)으로서, 몽골어 · 터키어 · 한국어 · 일본어 · 만주어 · 핀란드어 · 헝가리어 · 퉁구스어 등을 포함함

한민족과 동이(東夷)족

동이족은 한민족과 여진족, 일본족 등 중국을 중심으로 동쪽에 있는 여러 부족을 통칭하기도 하나, 일반적으로는 우리 한민족만을 지칭하는 용어임. 동이족에 관한 최초의 우리 문헌은 김부식의 〈삼국사기〉이며, 중국의 문헌으로는 〈논어〉, 〈예기〉, 〈사기〉, 〈산해경〉 등이 있음

(2) 한민족의 형성과 전개

① 한민족의 형성 및 분포
- ㉠ 한반도에 거주했던 구석기인들에 대해서는 우리 민족의 직접 조상으로 보지 않음
- ㉡ 우리 민족의 모체이자 근간은 고아시아계인 신석기인, 일반적으로 신석기에서 청동기를 거치는 과정에서 민족의 기틀이 형성
- ㉢ 우리 민족의 주류를 형성한 것은 신석기인의 문화를 흡수한 청동기인

② 한민족의 특성 및 독자성
- ㉠ 인종상 황인종에 속하며, 형질 인류상 북몽골족, 언어학상 알타이 어족 계통이라 봄
- ㉡ 오래 전부터 하나의 민족 단위 형성, 농경 생활을 바탕으로 독자적인 문화 형성

4. 구석기 시대

(1) 구석기 시대의 범위

① 시간적 범위 : 70만 년 전부터 1만 년 전까지
② 시대 구분 : 석기(뗀석기)를 다듬는 기법에 따라 전기 · 중기 · 후기로 구분

전기(대략 70만 ~10만 년 전)	큰 석기 한 개를 다양한 용도로 사용, 주먹도끼, 찍개, 찌르개 등
중기(대략 10만 ~4만 년 전)	한 개의 석기가 하나의 용도로 사용됨, 밀개, 긁개, 자르개, 새기개, 찌르개 등
후기(대략 4만 ~1만 년 전)	쐐기 같은 것을 이용해 형태가 같은 여러 개의 돌날격지를 만드는 데까지 발달, 슴베찌르개 등

(2) 구석기 시대의 생활 모습

① 경제 · 사회 생활
- ㉠ 이동 생활 : 사냥이나 어로, 채집 생활(농경은 시작되지 않음)
- ㉡ 도구의 사용 : 뗀석기와 함께 뼈 도구(골각기)를 용도에 따라 사용
- ㉢ 용도에 따른 도구의 구분
  - 사냥 도구 : 주먹도끼, 돌팔매, 찍개, 찌르개, 슴베찌르개
  - 조리 도구 : 긁개, 밀개, 자르개
  - 공구용 도구 : 뚜르개, 새기개(단양 수양개 유적)
- ㉣ 무리 사회 : 가족 단위를 토대로 무리를 이루어 공동체 생활을 영위, 언어를 사용, 시신을 매장하는 풍습이 발생
- ㉤ 평등 사회 : 무리 중 경험이 많고 지혜로운 사람이 지도자가 됨, 계급이 없음

② 주거 생활
- ㉠ 대부분 자연 동굴에 거주, 바위 그늘(단양 상시리)이나 강가에 막집(공주 석장리)을 짓고 거주
- ㉡ 구석기 후기의 막집 자리에는 기둥 자리와 담 자리, 불 땐 자리 존재, 불을 사

주먹도끼, 슴베찌르개, 뚜르개
- 주먹도끼 : 사냥의 용도 이외에도 동물의 가죽을 벗기고 땅을 팔 때에도 널리 사용
- 슴베찌르개 : 슴베는 '자루'를 의미하며, 주로 창날이나 화살촉으로 사용
- 뚜르개 : 돌날격지 등의 뾰족한 끝을 이용해 구멍을 뚫거나 옷감을 만들 때 사용

용하게 되면서 음식을 익혀 먹고 빙하기의 추위에도 견딜 수 있게 됨

③ **예술 활동** : 사냥감의 번성을 비는 주술적 성격, 공주 석장리에서 개 모양의 석상 및 고래·멧돼지·새 등을 새긴 조각과 그림(선각화), 단양 수양개에서 고래와 물고기 등을 새긴 조각 발견

(3) 주요 유물 및 유적

① **주요 유물** : 뗀석기·사람과 동물의 뼈로 만든 골각기 등이 출토, 다양한 동물의 화석이 함께 발견

② **주요 유적지** : 단양 도담리 금굴, 단양 상시리 바위 그늘, 공주 석장리, 평남 상원 검은모루 동굴, 연천 전곡리, 제천 점말 동굴, 함북 웅기 굴포리, 청원 두루봉 동굴(흥수굴), 평남 덕천 승리산 동굴, 평양 만달리 동굴, 함북 종성 동관진, 단양 수양개, 제주 어음리 빌레못

5. 신석기 시대

(1) 신석기 시대의 범위

① **시간적 범위** : 대략 기원전 8천 년부터 시작

② **시대 구분** : 주로 사용된 토기의 종류와 특징에 따라 전기·중기·후기로 구분

③ **공간적 범위** : 주로 강가나 바닷가에 위치

(2) 경제 생활

① **농경과 사냥·채집·어로**

㉠ 중기까지는 사냥·채집·어로 생활이 중심, 후기부터 농경과 목축 시작

㉡ 유물 및 유적 : 봉산 지탑리와 평양 남경 유적의 탄화된 좁쌀은 신석기 후기의 잡곡류(조·피·수수) 경작을 반영, 이 시기 목축이 시작

㉢ 주요 농기구 : 돌괭이(석초), 돌보습, 돌삽, 돌낫, 맷돌(연석) 등

㉣ 농경 형태 : 집 근처의 조그만 텃밭을 이용하거나 강가의 퇴적지를 소규모로 경작

㉤ 사냥·채집·어로 : 경제생활에서의 비중은 점차 줄어듦, 주로 활이나 돌창·돌도끼 등으로 사냥, 그물·작살·뼈낚시 등을 이용, 조개류로 장식

② **원시 수공업** : 가락바퀴(방추차)나 뼈바늘(골침)로 옷, 그물, 농기구 등을 제작

(3) 토기의 종류 및 특징 ★빈출개념

구분	토기	특징	유적지
전기	이른 민무늬 토기 (원시무문 토기)	한반도에 처음 나타난 토기	제주 한경면 고산리, 부산 동삼동, 웅기 굴포리, 만포진
	덧무늬 토기 (융기문 토기)	토기 몸체에 덧무늬를 붙인 토기	강원 고성 문암리, 부산 동삼동(→ 조개더미에서 이른 민무늬 토기와 함께 출토)

중석기 시대(잔석기 시대)

• 성립

– 배경 : 빙하기가 지나고 기후가 다시 따뜻해지고 동식물이 번성함에 따라 새로운 자연 환경에 적절히 대응하기 위한 인류의 노력으로 성립

– 시기 : 구석기 시대에서 신석기 시대로 넘어가는 과도기인 기원전 1만 년에서 8천 년 전 무렵

– 지역 : 주로 유럽 서부 지역을 중심으로 성립

• 도구 : 잔석기, 이음 도구

– 큰 짐승 대신에 토끼·여우·새 등 작고 빠른 짐승을 잡기 위해 한 개 내지 여러 개의 석기(잔석기)를 나무나 뼈에 꽂아 쓰는 이음 도구(복합 용구)로 만들어 사용

– 활이나 톱·창·낫·작살 등을 이용해 사냥·채집·어로 활동

• 유적지

– 남한 지역 : 공주 석장리 최상층, 통영의 상노대도 조개더미, 거창 임불리, 홍천 하화계리 등

– 북한 지역 : 웅기 부포리, 평양 만달리 등

빗살무늬 토기

덧무늬 토기

빗살무늬 토기 ★빈출개념

신석기 시대의 대표적 토기인 빗살무늬 토기는 회색으로 된 사토질 토기, 크기는 다양하나 바닥은 뾰족한 V자형의 토기, 주로 해안이나 강가의 모래에서 발견되었다는 점에서 신석기인들이 수변생활을 했음을 알 수 있음

신석기 시대의 움집

신석기 시대의 집터 유적

조가비로 만든 팔찌, 패면, 뼈바늘 등

조개더미 유적지
- 신석기 시대 : 웅기 굴포리, 부산 동삼동, 양양 오산리
- 철기 시대 : 양산, 김해, 웅천, 몽금포

기타의 신앙 형태
- 사람이 죽어도 영혼은 없어지지 않는다고 생각하여 영혼 숭배(조상 숭배 등)
- 금기(Taboo), 투우, 부장, 호신부의 지참 등

중기(BC 4000 ~2000)	빗살무늬 토기 (즐문 토기, 기하문 토기, 어골문 토기)	• 빗살문·기하문 등 어골문이 새겨진 회색의 V자형 토기(일본의 조몽 토기로 연결) • 대부분 해안이나 강가에서 발견되어, 수변·어로 생활을 반영	서울 암사동, 경기 미사리, 김해 수가리, 부산 동삼동, 웅기 굴포리
후기	변형즐문 토기 (평저즐문 토기, 번개무늬 토기, 물결무늬 토기)	밑바닥이 평평한 U자형의 토기로, 농경 및 정착 생활을 반영	부산 다대동, 황해 봉산 지탑리, 평남 온천 궁산리, 평북 청진 농포동, 강원 춘천 교동, 경기 부천 시도

(4) 사회생활

① 주거지(움집) : 주로 해안이나 강가에 움집을 짓고 생활
  ㉠ 바닥은 원형이나 둥근 방형, 4~5명 정도의 사람이 들어감, 중앙에는 취사와 난방을 위한 화덕이 위치
  ㉡ 남쪽으로 출입문, 화덕·출입문 옆 저장 구덩이에 식량이나 도구를 저장
② 씨족 중심의 사회
  ㉠ 혈연을 바탕으로 하는 씨족을 기본 구성단위로 하는 사회, 점차 다른 씨족과의 혼인(족외혼), 모계 혈통을 중시하여 출생 후 모계의 씨족에 편입
  ㉡ 경제적 측면에서 폐쇄적·배타적 성격이 강함, 중요한 일은 씨족 회의의 만장일치에 의해 결정
  ㉢ 씨족에는 청소년 집단 훈련 기능 존재, 집단적·공동체적 제천 행사나 신앙 활동 존재
  ㉣ 연장자나 경험이 많은 자가 자기 부족을 이끌어 나가는 평등 사회

(5) 예술 활동

① 주술적 성격 : 주술적 신앙이나 종교와 관련(음악·무용), 부적과 같은 호신부나 치레걸이 등을 통해 풍요·다산 기원
② 주요 예술품 : 토우, 안면상, 여인상, 패면(조개껍데기 가면), 장식품, 치레걸이 등

(6) 원시 신앙 활동(원시 종교)

① 애니미즘(Animism, 정령신앙)
  ㉠ 모든 자연 현상이나 자연물에 정령(생명)이 있다고 믿는 신앙
  ㉡ 영혼불멸사상, 지모신 사상, 동쪽으로의 매장방식, 삼신(천신·지신·조상신) 숭배, 태양 숭배, 물에 대한 숭배
② 샤머니즘(Shamanism, 무격신앙)
  ㉠ 영혼이나 하늘을 인간과 연결시켜 주는 무당(巫堂)과 주술을 믿는 신앙
  ㉡ 무당은 주술을 통해 인간의 장수와 질병, 농경생활, 사냥 등의 제의 주관
③ 토테미즘(Totemism, 동물숭배) : 자기 부족의 기원을 특정 동·식물과 연결시켜 그것을 숭배, 단군왕검(곰)·박혁거세(말)·김알지(닭)·석탈해(까치)·김수로왕(거북이) 등이 해당

(7) 유물 및 유적

① 대표적 유물

    ㉠ 간석기 : 돌을 갈아 여러 가지 형태와 용도를 가진 간석기를 만들어 사용, 부러지거나 무뎌진 도구를 다시 갈아 손쉽게 쓸 수 있게 됨

    ㉡ 토기 : 토기는 흙으로 빚어 불에 구워 만들며, 신석기 시대에 처음으로 제작

    ㉢ 가락바퀴와 뼈바늘 : 가락바퀴(방추차)와 뼈바늘(골침)은 옷이나 그물 등을 제작하는 용도로 사용(방적술 · 직조술)

② 주요 유적지와 특징

구분	유적지	특징
전기	제주 고산리	• 최고(最古)의 유적지(기원전 8천 년 무렵의 유적) • 고산리식 이른 민무늬 토기, 덧무늬 토기 출토
	강원 양양 오산리	• 최고(最古)의 집터 유적지 • 흙으로 빚어 구운 안면상, 조개더미
	강원 고성 문암리	덧무늬 토기 출토
	부산 동삼동	조개더미 유적으로, 패면(조개껍데기 가면), 이른 민무늬 토기, 덧무늬 토기, 바다 동물의 뼈 등이 출토
	웅기 굴포리	• 구석기 · 신석기 공통의 유적지 • 조개더미, 온돌장치
중기	서울 암사동, 경기 하남 미사리, 김해 수가리	빗살무늬 토기 출토
후기	황해도 봉산 지탑리	• 빗살무늬 토기 출토 • 탄화된 좁쌀(농경의 시작)
	평남 온천 궁산리	• 빗살무늬 토기 출토 • 뼈바늘(직조, 원시적 수공업의 시작)
	경기 부천 시도, 강원 춘천 교동	후기의 토기 출토

6. 청동기 문화의 성립과 발달

(1) 청동기 문화의 성립

① 성립 시기 및 지역적 범위 : 한반도와 만주 지역에서 BC 2000~1500년경에 본격적으로 청동기 문화가 전개

② 특징

    ㉠ 우리나라의 경우 중국이 아닌 시베리아 등 북방 계통의 청동기가 전래

    ㉡ 청동기 전래와 더불어 이전 시대의 석기(간석기)도 더욱 발달

    ㉢ 벼농사가 시작, 농업 생산력이 증가, 정치권력과 경제력을 가진 지배자(군장)의 등장

가락바퀴(방추차)

뼈바늘

간석기

청동기 문화의 독자성
청동기 문화의 토착화를 반영하는 것으로는 거푸집(용범)과 세형동검, 잔무늬 거울 등이 있음

반달 돌칼

홈자귀(유구석부)

비파형 동검

미송리식 토기   민무늬 토기

미송리식 토기
- 청동기 시대의 토기
- 밑이 납작한 항아리 양쪽에 손잡이가 하나씩 달리고 목이 넓게 올라가서 다시 안으로 오므라든 모양을 하고 있음
- 표면에 점선 무늬
- 평북 의주 미송리 동굴에서 처음 발굴, 주로 청천강 이북, 요령성과 길림성 일대에 분포

청동기 시대 유적지
평북 의주 미송리, 평북 강계 공귀리, 여주 흔암리, 함북 회령 오동리, 함북 나진 초도, 평양 금탄리와 남경, 충남 부여 송국리, 충북 제천 황석리, 경기 여주 흔암리, 전남 순천 대곡리, 울산 검단리 등

(2) 유적 및 유물

① 유물 : 주로 집터나 고인돌 · 돌널 무덤 · 돌무지 무덤 등 당시의 무덤에서 출토
   ㉠ 농기구 : 청동 농기구는 없음, 석기 · 목기로 제작된 농기구가 사용
   - 반달 돌칼(추수용), 바퀴날 도끼(환상석부), 홈자귀(유구석부, 경작용), 돌 팽이 등, 나무 쟁기 등
   ㉡ 청동기
   - 비파형 동검, 제기(祭器), 공구, 거친무늬 거울, 장신구(호랑이 · 말 모양의 띠고리 장식, 팔찌, 비녀, 말자갈 등), 북방 계통의 청동기가 전래
   - 청동 제품을 제작하던 틀인 거푸집(용범)이 여러 유적에서 발견된다는 점, 우리나라에서 독자적으로 청동기가 제작되었음을 짐작
   - 청동기 후기(초기 철기)에는 초기의 비파형 동검(요령식 동검)과 거친무늬 거울(다뉴조문경)보다 독자적 성격이 반영된 세형동검과 잔무늬 거울(세문 경)이 주로 제작
② 토기 : 덧띠새김무늬 토기, 민무늬 토기
   ㉠ 민무늬 토기 : 청동기 시대 대표적 토기, 지역에 따라 모양이나 형태가 조금씩 다름(바닥이 편평한 원통 모양인 화분형, 밑바닥이 좁은 모양인 팽이형, 빛깔은 적갈색), 미송리식 토기, 각형식(팽이형) 토기, 역삼동식 토기, 가락리식 토기, 송국리식 토기 등
   ㉡ 검은 간 토기, 붉은 간 토기, 가지무늬 토기(붉은 간 토기의 변형) 등

7. 철기 문화의 성립과 발달

(1) 철기 문화의 성립

① 성립 시기 : BC 5~4세기경부터 중국 스키타이 계통의 철기가 전래, 초기 철기 시대는 청동기 후기와 시기상 겹치며, 오랫동안 청동기와 철기가 함께 사용
② 영향(특징) : 철제 농기구의 보급 · 사용으로 농업이 발달, 경제 기반이 확대, 철 제를 무기와 연모 등에 보편적으로 사용, 청동기는 의식용 도구, 한반도 안에서 독자적으로 발전

(2) 유적 및 유물

① 유적지 : 한반도 전역에 걸쳐 널리 분포
② 주요 유물
   ㉠ 동검 : 비파형 동검(요령식 동검)은 세형동검(한국식 동검)으로 변화 · 발전
   ㉡ 청동 거울 : 거친무늬 거울(조문경)은 잔무늬 거울(세문경)로 형태가 변화
   ㉢ 거푸집(용범), 민무늬 토기, 검은 간 토기, 덧띠 토기

(3) 중국과의 교류

① 중국 화폐의 사용 : 중국과의 활발한 경제적 교류 반영

명도전	중국 춘추 전국 시대에 연과 제에서 사용한 청동 화폐로, BC 4세기 무렵 중국 철기의 전래 및 중국과의 활발한 교역 관계를 반영
반량전	BC 3세기 무렵 진에서 사용한 청동 화폐로 半兩(반량)이라는 글자가 새겨져 있으며, 사천 늑도에서 출토
오수전	BC 2세기 무렵의 한(漢) 무제 때 사용된 화폐로, 창원 다호리 등에서 출토
왕망전	1세기 무렵 신(新)의 왕망이 주조한 화폐로, 김해 패총과 제주도에서 출토

② 한자의 사용 : 창원 다호리 유적에서 붓이 출토되었는데, 이는 당시(BC 2세기경)의 문자(한자) 사용 및 중국과의 문화적 교류를 반영

8. 청동기 시대 및 철기 시대의 생활 모습

(1) 경제 생활

① 농기구의 개선 및 발달 : 석기 농기구가 다양·기능 개선, 철제 농기구 새로 도입, 농업 발달, 생산 경제 향상
② 조·보리·콩·수수 등 밭농사가 중심, 청동기 시대 일부 저습지에서 벼농사가 시작되어 철기 시대에 발달, 사냥이나 어로는 농경의 발달로 비중이 줄어듦

(2) 사회 생활

① 사회의 분화
  ㉠ 직업의 전문화와 분업 : 모계 중심 사회가 붕괴, 가부장 사회 성립
  ㉡ 계급의 분화·지배자 등장(잉여 생산물의 발생과 사적 소유에서 기인) : 청동기 문화가 일찍부터 발달한 북부 지역을 중심으로 권력·경제력을 가진 지배자(족장)인 군장 출현
  ㉢ 친족 공동체 중심의 사회가 진전되면서 씨족 공동체가 붕괴
② 정복 활동의 전개 : 정치권력과 경제력에서 우세한 부족들이 선민사상(選民思想)을 배경으로 주변 부족을 통합·정복, 금속제 무기의 사용

(3) 주거 생활

① 청동기 시대
  ㉠ 주로 움집에서 생활, 장방형의 움집(수혈 주거)으로 깊이가 얕다가 점차 지상 가옥에 근접, 움집을 세우는 데에 주춧돌 이용, 화덕은 한쪽 벽으로 이동, 저장 구덩이를 따로 설치·한쪽 벽면을 밖으로 돌출시켜 만듦, 독립된 저장 시설을 집 밖에 따로 설치
  ㉡ 후기의 지상 가옥은 농경 생활의 영향으로 점차 배산임수의 지역에 취락 형성, 구릉이나 산간지에 집단 취락(마을)의 형태를 이룸
② 철기 시대 : 배산임수가 확대, 지상 가옥 형태가 보편적, 산성에 거주, 정착 생활의 규모가 점차 확대, 대규모의 취락 형태

탄화미의 출토(벼농사의 흔적)
청동기 시대의 유적지인 여주 흔암리와 부여 송국리, 서천 화금리 유적 등지에서 불에 탄 볍씨(탄화미)가 출토, 청동기 시대에 벼농사가 시작되었음을 반영

청동기 시대의 농기구
청동은 매우 귀할 뿐만 아니라 무척이나 무른 금속이므로 농기구를 만드는 데에는 적합하지 않음, 청동은 주로 지배층의 권위를 나타내는 물건을 만드는 데 사용, 농기구 등의 생활 도구는 돌이나 나무로 제작

선민사상
• 스스로 하늘의 자손이라고 믿는 사상
• 권력·경제력 등이 강한 부족이 약한 부족을 정복·통합함에 있어 바탕이 됨

방어를 위한 촌락
• 청동기 시대의 일부 유적지에서는 방어를 위한 촌락의 형태가 나타나기도 함
• 울산 검단리에서는 환호 취락(주위에 호(濠)를 두른 취락)이, 부여 송국리에서는 목책 취락과 환호 취락의 형태가 발견

북방식 고인돌

남방식 고인돌

15

간석검(마제석검)
족장의 무덤에서 부장품으로 간석검이 출토되는데, 이는 족장들의 힘과 권위를 상징

청동기 시대 및 철기 시대 주요 예술품 및 바위그림
• 청동 제품 : 의식용 도구로 비파형 동검, 거친무늬 거울, 잔무늬 거울, 방울(동령·쌍두령·팔주령 등), 농경문 청동기(종교 의식과 관련된 청동 의기) 등
• 토우(土偶) : 흙으로 빚은 짐승이나 사람 모양의 상
• 바위그림(암각화) : 전국 20여 지역에서 발견
– 울주 대곡리 반구대 바위그림 : 거북·사슴·호랑이·새 등의 동물과 작살이 꽂힌 고래, 그물에 걸린 동물, 우리 안의 동물 등이 새겨짐(사냥 및 고기잡이의 성공과 풍성한 수확 기원)
– 울주 천전리 바위그림 : 제1암각화에는 원형·삼각형 등 기하학적 문양, 제2암각화에는 사냥과 고래잡이를 하는 모습
– 고령 양전동 바위그림 : 동심원·십자형·삼각형 등의 기하학적 무늬가 새겨짐, 동심원은 태양을 상징하는 것으로 태양 숭배나 풍요로운 생산을 비는 의미
– 칠포의 바위그림 : 우리나라에서 발견된 최대의 바위그림

〈삼국유사〉와 〈제왕운기〉의 단군기록
• 일연의 〈삼국유사〉 : 단군에 대한 최초의 기록, 환웅이 웅녀와 혼인하여 단군을 낳은 것으로 기록하여 원형에 충실한 서술을 하고 있으며, 고조선이라는 표현을 처음으로 사용
• 이승휴의 〈제왕운기〉 : 환웅의 손녀가 사람이 된 후 단군을 낳은 것으로 기록, 원형과 거리가 있음

기자(箕子) 조선
중국 사서인 〈상서대전〉(최초의 기록)과 〈사기〉, 〈한서〉 등에 주(周)의 무왕이 기자를 조선에 봉하였다는 전설(기자동래설), 기원전 12세기 인물인 기자가 기원전 3~2세기 기록에 처음 나타난 점과 당대의 역사적 상황, 고고학적 근거 등을 고려할 때 허구성이 강함 우리나라와 북한의 학계에서도 이를 인정하지 않음

(4) 무덤 양식

① 무덤 양식의 구분
    ㉠ 청동기 시대 : 고인돌, 돌무지 무덤, 돌널 무덤, 돌덧널 무덤(돌곽 무덤), 석곽묘 등
    ㉡ 철기 시대 : 널 무덤(움 무덤, 토광묘), 독 무덤(옹관묘), 주구묘(마한) 등
② 고인돌(지석묘)
    ㉠ 우리나라 전역에 분포하는 청동기 시대의 대표적인 무덤, 지배층(족장)의 무덤
    ㉡ 북방식(탁자식)과 남방식(기반식·바둑판식), 굄돌을 세우고 그 위에 거대하고 평평한 덮개돌을 얹은 북방식이 일반적인 형태

(5) 예술 활동의 성격

종교나 정치적 요구와 밀착, 미 의식과 생활 모습을 반영, 주술성이 있음

02절   국가의 형성과 발달

1. 단군 신화

(1) 단군 신화의 의의

① 의의 및 성격
    ㉠ 우리 민족의 시조 신화, 유구한 민족사·단일 민족 의식 반영(민족적 자긍심과 주체성)
    ㉡ 우리 민족의 세계관과 윤리관, 널리 인간을 이롭게 한다는 홍익인간의 건국이념 내포
② 단군의 건국에 관한 기록 : 일연 〈삼국유사〉, 이승휴 〈제왕운기〉, 정도전 〈조선경국전〉, 권람 〈응제시주〉, 〈세종실록 지리지〉, 〈동국여지승람〉 등

(2) 단군 신화의 기록 및 내용

① 삼국유사(三國遺事)

> 옛날에 환인(桓因)의 서자 환웅(桓雄)이 항상 천하에 뜻을 두고 인간 세상을 바랐다. 아버지는 아들의 뜻을 알고 삼위태백(三危太白)을 내려다보니 인간 세계를 널리 이롭게 할 만하였다. 이에 천부인(天符印) 세 개를 주어, 내려가서 세상을 다스리게 하였다. 환웅은 그 무리 3천 명을 거느리고 태백산(太白山) 꼭대기의 신단수(神檀樹) 아래에 내려와서 이곳을 신시(神市)라 불렀다. 그는 풍백(風伯), 우사(雨師), 운사(雲師)를 거느리고 곡식, 수명, 질병, 형벌, 선악 등을 주관하고, 인간의 삼백 예순 가지나 되는 일을 주관하여 인간 세계를 다스려 교화시켰다. 이때, 곰 한 마리와 범 한 마리가 같은 굴에서 살았는데, 늘 신웅(神雄)에게 사람 되기를 빌었다. 때마침 신(神)이 신령한 쑥 한 심지와 마늘 스무 개를 주면서 말했다. "너희들이 이것을 먹고 백일 동안 햇빛을 보지 않는다면 곧 사람이 될 것이다." 곰과 범은 이것을 받아서 먹었다. 곰은 몸을 삼간 지 삼칠일 만에 여

자의 몸이 되었으나, 범은 능히 삼가지 못했으므로 사람이 되지 못했다. 웅녀(熊女)는 그와 혼인할 상대가 없었으므로 항상 신단수 아래에서 아이 배기를 축원했다. 환웅은 이에 임시로 변하여 그와 결혼해 주었더니, 그는 임신하여 아들을 낳아 이름을 단군왕검이라 하였다. 단군은 요 임금이 왕위에 오른 지 50년인 경인년에 평양성에 도읍을 정하고 비로소 조선(朝鮮)이라 불렀다. 또다시 도읍을 백악산(白岳山) 아사달(阿斯達)로 옮겨, 1천5백 년 동안 여기에서 나라를 다스렸다.

② 단군 신화의 주요 내용 : 선민사상과 천손족(天孫族) 관념, 주체성 · 우월성 과시, 홍익인간의 이념, 청동기의 사용, 사유 재산의 존재와 계급 분화, 애니미즘과 농경 사회의 모습, 의약에 관한 지식, 태양 숭배 의식, 곰 토템 사회 및 모계 중심의 사회, 천지 양신족설 · 족외혼, 제정일치 사회

2. 고조선

(1) 고조선의 성립

① 성립 배경 : 농경과 청동기 문화의 발전과 함께 족장이 지배하는 군장 사회 출현, 강한 족장 세력이 주변의 여러 족장 사회를 통합, 고조선이 가장 먼저 국가로 성장

② 건국 시기 : 단군 왕검이 BC 2333년 건국

(2) 고조선의 발전 및 변천

① 발전 : 청동기를 배경으로 철기 문화를 수용, 요하 · 대동강 일대의 세력을 규합, 대연맹국으로 성장

② 시기별 변천

㉠ BC 7세기경 : 춘추 전국 시대의 제(齊)와 교역하며 성장(〈관자〉에 기록)

㉡ BC 4세기경 : 춘추 전국 시대 동방 사회의 중심 세력으로 성장, 왕호 사용, 관직을 둠, 중국의 철기 문화가 전파됨

㉢ BC 3세기경 : 요서 지방을 경계로 연과 대등하게 대립할 정도로 강성, 부왕 · 준왕 같은 강력한 왕이 등장하여 왕위 세습제가 마련, 상 · 대부 · 대신 · 장군 등의 중앙 관직을 두고 박사 · 도위(지방관) 등을 파견

(3) 위만 조선

① 유이민의 이주와 위만의 집권

㉠ 기원전 5~4세기 · 기원전 3~2세기(진 · 한 교체기) 유이민들의 1차 · 2차 이주, 위만은 혼란을 피해 1,000여 명의 무리를 이끌고 고조선으로 이주

㉡ 준왕은 위만을 박사로 봉하고 서쪽 땅의 통치와 변경을 수비하는 임무를 맡김

㉢ 위만은 준왕을 몰아내고 스스로 왕이 됨(BC 194)

② 위만 조선의 성격 : 고조선의 토착 세력, 유민, 유이민 세력이 규합하여 성립한 연맹 국가(단군 조선을 계승)

③ 정치 조직의 정비

㉠ 통치 체제 : 왕 아래 비왕과 상(相)이라는 독립적 군장과 경 · 대신 · 장군 등의

고조선에 대한 기록서

• 우리나라의 사서 : 〈삼국유사〉, 〈동국통감〉, 〈표제음주동국사략〉(유희령), 〈신증동국여지승람〉, 〈동국역대총목〉(18세기 홍안종, 단군 정통론), 〈동사강목〉(안정복) 등

• 중국의 사서 : 〈관자〉, 〈산해경〉, 〈사기〉, 〈위략(魏略)〉 등

고조선의 세력 범위

세력 범위 및 중심지

• 요령 지방을 중심으로 성장. 인접한 군장 사회를 통합하면서 한반도까지 발전

• 청동기 시대를 특징짓는 유물의 하나인 비파형 동검과 고인돌(북방식)은 미송리식 토기와 거친무늬 거울(다뉴조문경)이 나오는 지역과 관련, 주로 만주와 북한 지역에서 집중적으로 발굴, 고조선의 세력 범위를 짐작하게 함

• 요령 지방과 대동강 유역을 중심으로 독자적인 문화를 이룩하면서 발전

고조선의 통치 체제

중앙의 통치는 왕과 대부, 지방의 통치는 왕과 박사가 연결되는 구조의 통치 체제. 여기서의 대부는 중앙 행정 관리에 해당하나, 박사는 관리나 관직의 개념이라기보다는 지방행정을 대행하는 명망가를 지칭하는 개념이라고 봄

관료 체계

ⓛ **군사 체제** : 기병과 보병 형태를 갖춘 상비군 체제를 갖추고 한에 대항

ⓒ **중앙 및 지방 지배 체제** : 중앙 정부는 국왕을 중심으로 직접 통치, 지방은 독자적 권력을 가진 군장에 의해 간접적으로 지배

④ **위만 조선의 발전**

ⓐ 철기의 사용으로 농업, 수공업, 상업, 무역 발달

ⓛ 활발한 정복 사업을 전개, 넓은 영토 차지, 중앙 정치 조직을 갖춘 강력한 국가로 성장

(4) 고조선의 멸망

① **한의 견제와 침략**

ⓐ 한이 흉노를 견제하고 고조선에 압력을 가하고자 창해군을 설치(BC 128) 하였으나 토착인의 저항으로 2년 뒤에 철폐

ⓛ 고조선은 한의 동방 침략 기지인 요동군까지 위협

ⓒ 한은 사신(섭하) 살해를 빌미로 한무제가 육군 5만과 수군 7천을 이끌고 고조선을 침(BC 109)

② **경과**

ⓐ 1차 접전(패수)에서 고조선은 대승, 위만의 손자인 우거왕이 1년간 항전

ⓛ 2차 침입에 대신 성기(成己)가 항전, 고조선의 내분(주전파·주화파의 분열)으로 우거왕 암살, 주화파의 항복으로 왕검성(평양성) 함락(BC 108)

③ **한 군현(한4군)의 특징 및 영향**

ⓐ **정치면** : 고조선 내부 지배 세력 재편, 민족적 차별 발생, 고대 국가 성립 지연, 토착 세력의 반발과 민족적 자각 촉발

ⓛ **사회면** : 법 조항의 증가, 엄한 율령(律令)의 시행, 풍속이 각박해짐

ⓒ **경제면** : 철제 농기구의 보급으로 농업 생산력이 증가, 한 상인들의 범죄 행위로 피해가 발생

ⓛ **문화·사상면** : 한자가 전파, 철기 문화 널리 보급

ⓜ **유물 및 유적** : 토성, 점제현 신사비, 기와, 봉니, 채화칠협, 전화, 오수전, 한의 동전 등

(5) 고조선의 생활 모습

① **경제적 모습** : 생활 용품이나 도구, 무기, 장신구 등을 만들어 사용, 중국과 활발한 무역 전개(명도전)

② **사회·문화적 모습** : 귀족(지배 계급), 하호(下戶, 일반 농민), 노예로 구성, 농민들은 대나무 그릇 사용

③ **8조법** : 고조선 사회 전체에 해당되는 만민법, 보복법

ⓐ **내용**

• 살인죄 : 사람을 죽인 자는 사형에 처함(相殺以當時償殺)

• 상해죄 : 상해를 입힌 자는 곡식으로 배상함(相傷以穀償)

• 절도죄 : 도둑질한 자는 그 주인의 노비로 삼되(相盜者男沒入爲其家奴女子

爲婢) 자속하려면 1인당 50만 전을 내야함, 비록 속전(贖錢)하여 자유인이 되었어도 이를 부끄럽게 여겨 결혼상대로 하지 않음
- 간음죄 : 부인들은 정신하여 편벽되고 음란치 않았다(婦人貞信不淫僻)고 한 것으로 보아, 처벌 규정은 없으나 간음이나 질투 등을 금지하는 규정이 있었을 것이라 짐작

ⓛ 법으로 본 사회상 : 생명, 노동력을 중시, 농업이 발달하고 사유 재산을 보호, 권력과 경제력의 차이가 있는 계급 사회, 화폐 존재, 재산의 사유화, 형벌과 노예 제도가 발생, 가부장적 사회

3. 부여

(1) 성립 및 쇠퇴

① 성립 및 발전 : AD 1세기경 만주의 송화강(쑹화강) 유역 평야 지대를 중심으로 본격적 성장, 1세기 초에 중국식 왕호 사용
② 쇠퇴 : 3세기 말(285) 선비족의 침략으로 쇠퇴하기 시작, 346년 선비족의 침략으로 수많은 부여인이 포로로 잡혀감, 이후 고구려의 보호 하에 있다가 결국 고구려(문자왕, 494)에 항복
③ 역사적 의의 : 고대 국가로 발전하지 못하고 연맹 왕국의 단계에서 멸망, 고구려·백제의 건국 세력이 부여의 계통임을 자처함

> **실력up 연맹 왕국의 특성**
>
> - 정치적 특성
>   - 개별 소국과 지방에 대한 직접적 지배권을 행사하지는 못함(군장들의 지역적 자치가 인정됨)
>   - 실권을 가진 유력한 군장은 우대됨
>   - 국가의 중요 사항은 귀족 회의(군장 회의)를 통해 결정
> - 사회적 특성
>   - 지배층 : 왕, 군장(제가), 호민(지방 세력자) → 제가와 호민은 전쟁 시 앞장서서 싸움
>   - 피지배층 : 하호(일반 농민, 평민으로 전쟁 시 전투에 참여하지 않고 군량을 운반), 노비
>   - 제천 행사 : 하늘에 제사를 지내는 의식으로 제천 행사 기간 동안 음주가무를 즐기며 이를 통해 부족의 갈등을 해소하고 결속을 강화함

(2) 정치·경제·사회의 모습

① 정치
  ㉠ 가축의 이름을 딴 마가(馬加)·우가(牛加)·저가(猪加)·구가(狗加)와 대사자·사자 등의 관리를 둠
  ㉡ 4가(加)는 각기 행정 구획인 사출도(四出道)를 다스림, 왕이 직접 통치하는 중앙과 합쳐 5부를 구성(5부족 연맹체)
  ㉢ 가(加)들은 왕을 제가 회의에서 추대, 수해나 한해로 오곡이 잘 익지 않으면 책임을 물어 왕을 교체(초기에는 왕권이 약하여 문책되어 사형당하기도 함)

SEMI-NOTE

고조선의 8조법을 다룬 문헌
범금팔조, 또는 〈삼국지 위지 동이전〉의 기록에 따라 〈기자팔조금법〉이라고도 부름, 8개조 중 3개 조목의 내용만이 반고(班固)의 〈한서지리지〉에 전해지고 있음

초기 국가의 위치

부여·고구려·백제의 계통적 연결성
건국 신화를 통해 볼 때, 부여를 건국한 해모수와 유화 부인 사이에서 태어난 주몽이 고구려를 건국, 주몽의 아들 온조가 남하하여 백제를 건국

부여의 법률(4대 금법)
- 살인죄 : 살인자는 사형에 처함, 그 가족은 노비로 삼음(연좌제 적용)
- 절도죄 : 남의 물건을 훔쳤을 때에는 물건 값의 12배를 배상(1책 12법)
- 간음죄 : 간음한 자는 사형에 처함
- 투기죄 : 부녀가 투기하면 사형에 처하되 그 시체를 수도 남쪽 산에 버려 썩게 하며, 시체를 가져가려면 소·말을 바쳐야 함

ㄹ 궁궐 · 성책 · 감옥 · 창고 등의 시설을 갖추고 부족장들이 통제

② 경제 : 반농반목, 특산물로는 말 · 주옥 · 모피 등이 유명

③ 사회(신분)

    ㉠ 왕, 제가, 호민(지방 세력자) 등이 지배 계층

    ㉡ 하호 : 읍락에 거주하며 농업에 종사하는 농민(평민), 조세 · 부역 담당

    ㉢ 노비 : 최하위층, 죄인이나 포로 · 채무 불이행자 등, 매매 가능

(3) 풍속 ★빈출개념

① 백의를 숭상 : 흰 옷을 입는 풍속(백의민족의 유래), 금 · 은의 장식

② 형사취수제(兄死娶嫂制) : 부여 · 고구려에서 존재한 풍습으로 노동력 확보를 목적으로 한 근친혼제

③ 순장 · 후장 : 왕이 죽으면 사람들을 함께 묻는 순장과, 껴묻거리를 함께 묻는 후장의 풍습이 존재

④ 우제점법(우제점복) : 점성술이 발달, 소를 죽여 그 굽으로 길흉을 점치는 우제점법이 존재

⑤ 영고(迎鼓) : 수렵 사회의 전통을 보여 주는 제천 행사로, 매년 음력 12월에 개최

4. 고구려

(1) 성립 및 발전

① 건국과 천도 : 주몽이 부여 지배 계급 내의 분열 · 대립 과정에서 박해를 피해 남하하여 고구려 건국(〈삼국사기〉에 기록)

② 성장 및 발전

    ㉠ 건국 초기부터 주변의 소국들을 정복 · 평야 지대로 진출하고자 함, 국내성(통구)으로 이동 후 한족 · 선비족과 투쟁하면서 5부족 연맹을 토대로 AD 1세기경 고대 국가로 성장

    ㉡ 활발한 정복 전쟁으로 한의 군현을 공략하여 요동 지방으로 진출

(2) 정치

5부족 연맹체로는 계루부, 소노부, 절노부, 순노부, 관노부, 왕 아래 상가, 대로, 패자, 고추가 등의 대가(大加)들이 존재

(3) 경제·사회

① 경제생활 : 농업을 주로 함, 큰 산과 계곡으로 된 산악 지역에 위치, 토지 척박, 농토 부족, 생산 미미, 약탈 경제 체제와 절약적 경제생활

    ㉠ 특산물 : 소수맥에서 생산한 맥궁(활)

② 계급에 따른 생활의 구분

    ㉠ 대가들과 지배층인 형(兄)은 농사를 짓지 않는 좌식 계층, 저마다 창고인 부경(桴京)을 둠

    ㉡ 생산 계급인 하호들은 생산 담당, 물고기와 소금[魚鹽]을 가져와 좌식 계층에

제천 행사

제천 행사는 하늘을 숭배하고 제사하는 의식. 대부분 농사의 풍요와 성공적인 수렵 활동을 기원함

초기 국가의 제천 행사
- 부여 : 12월의 영고
- 고구려 : 10월의 동맹
- 동예 : 10월의 무천
- 삼한 : 5월의 수릿날, 10월의 계절제

고구려 성립의 역사적 의의

중국 문화를 수용하여 한반도와 일본에 전해준 문화 중개자, 중국의 침략으로부터 한반도를 보호한 민족의 방파제 역할

고구려의 법률
- 도둑질한 자는 부여와 같이 12배를 배상케 함(1책 12법)
- 뇌옥은 따로 두지 않고 제가 회의에서 직접 처벌, 중대한 범죄자는 사형에 처하고 그 가족을 노비로 삼음

고구려의 가옥
- 본채는 초가지붕과 온돌 설치, 대옥(제사를 지내는 사당)과 소옥(사위가 거처하는 서실)이라는 별채를 둠
- 좌식 계층인 지배층의 집에는 부경이라는 창고를 두어 약탈물 · 공물 저장

공급

(4) 풍속

① 혼인 풍속
- ⊙ 서옥제(데릴사위제) : 혼인을 정한 뒤 신랑이 신부 집의 뒤꼍에 조그만 집(서옥)을 짓고 거기서 자식을 낳아 기름, 자식이 장성하면 가족이 함께 신랑 집으로 돌아가는 제도
- ⊙ 형사취수제 : 친족 공동체의 유대·노동력 확보의 필요성 반영, 중기 이후 점차 사라짐

② 장례 풍속
- ⊙ 결혼 후 수의를 장만하였고, 부모나 남편의 상은 3년상으로 함
- ⊙ 후장제(厚葬制)가 유행, 부장품을 함께 묻음, 장례 시 북을 치고 노래를 부르며 송별의 의식을 행함

③ 제천 행사 등
- ⊙ 10월에 추수 감사제인 동맹(東盟)을 국동대혈에서 성대하게 거행
- ⊙ 건국 시조인 주몽(국조신)과 그의 어머니 유화 부인(지신·수신)을 조상신으로 섬겨 제사를 지냄

5. 옥저와 동예

(1) 성립 및 소멸

① 성립 지역 : 옥저는 함흥 평야 일대, 동예는 강원도 북부의 동해안에 위치
② 쇠퇴·소멸 : 변방에 치우쳐 선진 문화의 수용이 늦음, 고구려의 압력으로 크게 성장하지 못함, 연맹 왕국으로 발전하지 못함, 군장 국가 단계에서 고구려에 흡수

(2) 옥저와 동예의 모습

구분	옥저	동예
정치	• 왕이 없고 각 읍락에는 읍군(邑君)·삼로(三老)라는 군장이 있어서 자기 부족을 통치, 큰 정치 세력을 형성하지는 못함 • 고구려의 압박과 변방에 위치한 탓에 연맹 왕국으로 발전 못함, 고구려에 흡수	• 왕이 없고, 후·읍군·삼로 등의 군장이 하호를 통치 • 불내예후국이 중심 세력이었으나, 연맹체를 형성하지 못하고 고구려에 병합
경제	• 소금과 어물 등 해산물이 풍부, 이를 고구려에 공납으로 바침 • 토지가 비옥하여 농사가 잘되어 오곡이 풍부	• 토지가 비옥하고 해산물이 풍부하여 농경·어로 등 경제생활이 윤택 • 명주와 베를 짜는 등 방직 기술 발달 • 특산물 : 단궁(短弓, 나무 활), 과하마(果下馬, 키 작은 말), 반어피(班魚皮, 바다표범의 가죽)

고구려 혼인 풍속의 변화

여자 집에 서옥이라는 작은 집을 짓고 사위가 돈과 재물을 가지고 와 여자와의 동숙을 청하면, 부모가 이를 허락하여 결혼 생활을 하였다. 이후 남자는 자녀가 성장한 후에야 처자를 본가로 데리고 갔다.
　　　　　– 〈삼국지 위지 동이전〉 –

혼인은 남녀가 서로 좋아함에 따라 이루어진다. 남자 집에서 돼지고기와 술을 보낼 뿐 다른 예물은 주지 않았다. 만약 신부 집에서 재물을 받을 경우 딸을 팔았다고 여겨 부끄럽게 여겼다.
　　　　　– 〈주서〉, 〈수서〉 –

위의 기록들을 통해 고구려 혼인 풍습에서 혼수 예물이 점차 사라졌음을 알 수 있음

국동대혈

국동대혈

고구려 국내성(집안현 소재) 인근의 산 중턱에 자리 잡고 있는 암석 동굴로, 이 굴에서 서쪽으로 대략 100m 거리에 통천동이라는 곳이 있는데, 고구려 왕과 군신들은 매년 10월 이곳에서 제천 행사(동맹)를 성대하게 거행하였음

부여와 고구려의 공통점
- 부여 계통(부여, 고구려, 옥저, 동예, 백제)
- 5부족 연맹체
- 대가(大加)의 존재
- 하호가 생산을 담당
- 절도죄에 대한 1책 12법
- 형사취수제의 존재
- 제천 행사의 존재(영고, 동맹)

| 풍속 | • 고구려와 같은 부여족 계통, 주거 · 의복 · 예절 등에 있어 고구려와 유사
• 민며느리제(예부제, 매매혼의 일종)
• 가족의 시체를 가매장하였다가 나중에 그 뼈를 추려 가족 공동묘에 안치(세골장제, 두벌 묻기)
• 가족 공동묘의 목곽 입구에는 죽은 자의 양식으로 쌀을 담은 항아리를 매달아 놓음 | • 엄격한 족외혼으로 동성불혼 유지(씨족사회의 유습)
• 책화 : 각 부족의 영역을 엄격히 구분, 다른 부족의 생활권을 침범 시 노비와 소 · 말로 변상
• 별자리를 관찰해 농사의 풍흉 예측(점복술 발달)
• 제천 행사 : 10월의 무천(舞天)
• 농경과 수렵의 수호신을 숭배하여 제사를 지내는 풍습이 존재(호랑이 토템 존재) |

동예의 철자형 · 여자형 집터
• 철자형 집터 : 강원도 춘천시 율문리와 동해시, 강릉시를 중심으로 발굴된 철(凸)자 모양의 집터
• 여자형 집터 : 강원도 강릉시 병산동, 횡성군 둔내 등지에서 발굴된 여(呂)자 모양의 집터

철자형 집터

여자형 집터

마한 목지국
마한의 54개 소국 중 영도 세력이었던 목지국은 처음에 성환 · 직산 · 천안 지역을 중심으로 발달, 백제의 성장과 지배 영역의 확대에 따라 남쪽으로 옮겨 익산 지역을 거쳐 마지막에 나주 부근에 자리 잡았을 것으로 추정, 왕을 칭하던 국가 단계(연맹왕국)의 목지국이 언제 망했는지는 알 수 없으나 근초고왕이 마한을 병합하는 4세기 후반까지는 존속, 그 이후에는 백제의 정치 세력하에 있는 토착 세력으로 자리 잡았을 것으로 보임

소도의 의의
철기 문화의 전래에 따른 신 · 구 문화 간 충돌을 완충하고 사회의 갈등을 완화하는 역할을 수행하는 신성불가침 지역으로서, 당시 삼한 사회의 제정 분리를 반영함

6. 삼한

(1) 성립 및 발전

① 성립 : BC 2세기 무렵 고조선 사회의 변동으로 인해 유이민이 대거 남하함에 따라 새로운 문화(철기 문화)가 토착 문화와 융합되면서 진은 마한 · 변한 · 진한 등의 연맹체로 분화 · 발전

② 삼한의 발전
  ㉠ 마한 : 삼한 중 세력이 가장 컸던 마한은 천안 · 익산 · 나주를 중심으로 한 경기 · 충청 · 전라도 지방에서 성립, 후에 마한 54국의 하나인 목지국(백제국)이 마한을 통합하여 백제로 발전
  ㉡ 진한 : 대구 · 경주 지역을 중심으로 성립, 후에 진한 12국의 하나인 사로국이 성장하여 신라로 발전
  ㉢ 변한 : 낙동강 유역(김해, 마산)을 중심으로 발전, 후에 변한 12국의 하나인 구야국이 6가야 연맹체의 중심 세력으로 성장

(2) 정치

① 주도 세력 : 삼한의 지배자 중 세력이 큰 대군장은 신지 · 견지 등, 세력이 작은 소군장은 부례 · 읍차 등으로 불림

② 제정의 분리
  ㉠ 제사장인 천군(天君)이 따로 존재
  ㉡ 국읍의 천군은 제천의식, 별읍의 천군은 농경과 종교적 의례 주관
  ㉢ 별읍의 신성 지역인 소도(蘇塗)는 천군이 의례를 주관하고 제사를 지내는 곳, 제정 분리에 따라 군장(법률)의 세력이 미치지 못하며 죄인이 이곳으로 도망을 하여도 잡아가지 못함(신성 지역은 솟대를 세워 표시함)

(3) 경제·사회

① 농업의 발달
  ㉠ 철기 문화를 바탕으로 하는 농경 사회, 농업 발달, 벼농사를 지음
  ㉡ 벽골제(김제), 의림지(제천), 수산제(밀양), 공검지(상주), 대제지(의성) 등의

저수지를 축조하여 관개 농업을 시작(수전 농업이 발달)
ⓒ 두레 조직(작업 공동체)을 통해 공동 노동, 밭갈이에 가축의 힘을 이용
ⓔ 벼농사를 지음, 누에를 쳐 비단과 베를 생산(방직업)
② **철의 생산** : 변한 지역(마산 성산동과 진해의 야철지)에서는 철이 많이 생산되어 낙랑 · 왜(倭) 등에 수출, 철은 교역에서 화폐처럼 사용되기도 함

(4) 예술 및 풍속

① 예술
ⓐ 토우, 암각화
ⓑ 가야금의 원형으로 보이는 우리나라 최고(最古)의 현악기를 남김
② **문신의 풍습이 존재** : 마한 · 변한 지역에서 문신을 행했다는 기록 존재
③ **장례 및 무덤** : 장례 시 큰 새의 날개를 사용, 후장, 돌덧널 무덤, 독 무덤, 나무널 무덤, 주구묘 등
④ 제천 행사 등
ⓐ 5월의 수릿날과 10월에 계절제를 열어 하늘에 제사
ⓑ 지신(地神)에 대한 제사 의식의 일종, 여러 사람이 함께 땅을 밟아 땅의 생육을 높이고 풍요를 기원, 산신제, 농악 등의 풍습도 존재

실력UP 초기 국가의 형성 비교

구분	부여	고구려	옥저	동예	삼한
위치	만주 송화강 유역의 평야 지대	졸본 → 국내성	함경도 함흥평야	강원도 북부	한강 남쪽
정치	5부족 연맹, 마가 · 우가 · 저가 · 구가 → 사출도	5부족 연맹체, 제가 회의	왕이 없어 군장이 다스림(후, 읍군, 삼로)	제정 분리, 목지국의 영도	
경제	반농반목, 말, 주옥, 모피	산악 지대, 토지 척박 → 약탈 경제	어물, 소금이 풍부	단궁, 과하마, 반어피	농경 발달, 철 생산(변한)
풍속	순장, 1책 12법, 우제점법	서옥제, 1책 12법	민며느리제, 가족공동묘	책화	두레 (공동 노동)
제천 행사	12월 영고	10월 동맹		10월 무천	5월 수릿날, 10월 계절제
변화	고구려에 복속	중앙 집권 국가로 성장	고구려에 복속		마한 → 백제 변한 → 가야 진한 → 신라

9급공무원

한국사

나두공

⊖나두공

02장 고대의 성립과 발전

고대의 성립과 발전

군장 국가, 연맹 왕국, 고대 국가
- 군장 국가 : 옥저, 동예
- 연맹 왕국 : 고조선, 부여, 고구려, 삼한, 가야
- 고대 국가 : 고구려, 백제, 신라

고대 국가의 기틀 형성
- 연맹왕국의 왕은 집단 내부의 지배력을 강화, 주변 지역을 정복, 영역을 확대. 이 과정에서 성장한 경제력과 군사력을 바탕으로 왕권을 확대
- 왕권이 강화되고 통치체제가 정비되면서 중앙집권적인 고대 국가의 기틀을 형성

신라의 왕호
- 거서간(居西干) : 박혁거세, 정치적 군장, 지배자
- 차차웅(次次雄) : 남해, 제사장, 무당 → 정치적 군장과 제사장의 기능 분리
- 이사금(尼師今) : 유리왕, 연맹장, 연장자·계승자 → 박·석·김의 3성 교립제
- 마립간(麻立干) : 내물왕, 대수장 또는 우두머리 → 김씨의 왕위 독점 및 왕권 강화
- 왕(王) : 지증왕, 중국식 왕명 → 부자 상속제 확립, 중앙 집권화
- 불교식 왕명 : 법흥왕, 불교식 왕명 시대(23대~28대) → 중고기(中古期)(《삼국유사》의 분류)
- 시호제(諡號制) 시행 : 태종 무열왕, 중국식 조(祖)·종(宗)의 명칭 → 중대(中代)(《삼국사기》의 분류)

01절 고대의 통치 구조와 정치 활동

1. 고대 국가의 성립

(1) 연맹 왕국의 성립

① 연맹 왕국의 형성 : 우세한 집단의 족장을 왕으로 하는 연맹 왕국을 형성, 고조선·부여·삼한·고구려·가야 등이 연맹 왕국으로 발전
② 한계 : 족장 세력이 종래 자기가 다스리던 지역에 대한 영향력을 유지할 수 있어 중앙 집권 국가로 가는 데 한계

(2) 고대 국가의 특성

왕권 강화, 율령 반포, 관등 체제, 불교 수용, 왕토 사상, 신분제 확립, 활발한 정복 전쟁

2. 삼국의 성립

(1) 고구려

부여에서 내려온 유이민과 압록강 유역의 토착민 집단이 결합하여 성립(BC 37), 결속력을 강화하면서 정복 국가 체제로 전환

(2) 백제

한강 유역의 토착 세력과 고구려 계통의 유이민 세력이 결합하여 성립(BC 18), 우수한 철기 문화를 보유한 유이민 집단이 지배층을 형성

실력UP 백제의 건국 세력

- 백제 건국의 주도 세력은 고구려에서 남하했다는 것이 정설. 결국 부여족의 한 갈래, 백제 건국의 주도 세력이 고구려(부여)계라는 근거로는 다음과 같음
  - 백제 왕족의 성씨가 부여씨(夫餘氏)이며, 부여의 시조신과 동명성왕을 숭배
  - 국호를 남부여라 칭함(6세기 성왕)
  - 백제 건국 설화인 비류·온조 설화에서 비류와 온조를 주몽의 아들이라 언급함(《삼국사기》에 기록)
  - 백제 개로왕이 북위에 보낸 국서에 백제가 고구려와 함께 부여에서 기원했음이 언급됨
  - 백제 초기 무덤 양식이 고구려의 계단식 돌무지 무덤 양식과 같음

(3) 신라

진한의 소국 중 하나인 사로국에서 출발, 경주의 토착민 집단과 유이민 집단의 결합으로 건국(BC 57), 박·석·김의 3성이 왕위를 교대로 차지, 유력 집단의 우두머리는 이사금(왕)으로 추대됨

3. 중앙 집권 국가로의 발전

(1) 고구려

① 태조왕(6대, 53~146) : 삼국 중 가장 먼저 국가의 집권 체제 정비

    ㉠ 대외적 발전 : 함경도 지방의 옥저 · 동예를 복속(56), 만주 지방으로 세력을 확대시켜 부여 공격, 요동의 현도 · 요동군 공략, 낙랑군을 자주 공략하고 압력 행사, 서북으로 요동(遼東) 정벌, 남으로 살수(薩水)에 진출

    ㉡ 대내적 발전 : 정복 활동 과정에서 강화 · 정비된 군사력과 경제력을 토대로 왕권이 안정, 왕위의 독점적 세습(형제 상속) 이루어짐, 통합된 여러 집단들은 5부 체제로 발전(중앙 집권의 기반 마련)

② 고국천왕(9대, 179~197) : 형제 상속에서 부자 상속으로 전환, 연나부(절노부)와 결탁하여 왕권에 대한 대항 세력 억제, 5부의 개편을 통한 족장의 중앙 귀족화(관료화), 5부(部)의 개편, 진대법(賑貸法)의 실시

 한눈에 쏙~

고구려 건국 초기 왕

동명왕(1대) ▶ 유리왕(2대) ▶ 대무신왕(3대) ▶ 민중왕(4대) ▶ 모본왕(5대)

(2) 백제와 신라

① 백제 고이왕(8대, 234~286) : 낙랑 · 대방을 공격(246)하여 영토 확장, 한강 유역 장악, 관등제 정비(6좌평, 16관등제), 관복제 도입, 율령을 반포(262), 남당 설치, 왕위의 세습(형제 세습)

② 신라 내물왕(17대, 356~402) : 진한 지역의 대부분을 차지, 김씨에 의한 왕위 계승권을 확립, 왕의 칭호를 마립간으로 변경

4. 백제의 전성기(4세기)

(1) 백제

① 근초고왕(13대, 346~375) : 백제 최대 영토 확보, 활발한 대외 활동, 동진과 수교(372), 가야에 선진 문물 전파, 왜와 교류(칠지도 하사), 부자 상속에 의한 왕위 계승이 시작됨, 고흥으로 하여금 〈서기(書記)〉를 편찬하게 함(부전)

② 침류왕(15대, 384~385) : 불교를 수용(384)

(2) 고구려의 발전 ⭐빈출개념

① 고국원왕(16대, 331~371) : 백제 근초고왕의 침략으로 평양성에서 전사한 후 국가적 위기 봉착

② 소수림왕(17대, 371~384) : 국가 체제를 개혁하고 새로운 발전 토대를 마련해 고대 국가 완성, 불교 수용(372), 태학 설립(372), 율령 반포(373)

광개토대왕의 영토 확장
- 만주의 비려(거란) 정복(395)
- 남쪽으로 백제의 위례성(한성)을 침공하여 아신왕 굴복, 조공을 받는 속국으로 삼음(396)
- 고구려 동북쪽의 숙신(여진)을 정복(398)
- 신라에 침입한 왜를 낙동강 유역에서 토벌, 신라에 고구려 군대를 주둔시키고 속국으로 삼음(400)
- 임진강 등 한강 이북 장악(404)
- 서쪽으로 후연을 격파하여 요동 지역 확보(407)
- 두만강 하류 지역의 동부여 정복, 동예의 영토 흡수(410)

장수왕의 남하 정책이 미친 영향
- 신라와 백제의 나·제 동맹 체결(433~553)
- 백제의 개로왕이 북위(후위)에 군사 원조를 요청(472)
- 백제가 수도를 한성에서 웅진(공주)으로 천도(475)
- 충북 중원 고구려비의 건립

동성왕(24대, 479~501)
- 신라와 동맹을 강화(결혼 동맹, 493)하여 고구려에 대항, 내적으로 외척 세력을 배제하고 웅진 및 금강 유역권의 신진세력을 등용하여 귀족 간의 견제와 균형을 도모함으로써 사회 안정과 왕권 강화, 국력 회복을 모색
- 탐라(제주도)를 복속(498), 남조 국가인 제(齊)와 통교
- 궁성을 중건하고 나성을 축조하여 수도의 면모를 갖추고, 주변에 산성을 축조

---

5. 고구려의 전성기(5세기)

(1) 고구려

① 광개토대왕(19대, 391~412)
  ㉠ 소수림왕 때의 내정 개혁을 바탕으로 북으로 숙신(여진)·비려(거란)를 정복하는 등 만주에 대한 대규모의 정복 사업 단행으로 지배권 확대
  ㉡ 남쪽으로 백제의 위례성을 공격하여 임진강·한강선까지 진출(64성 1,400촌 점령)
  ㉢ 서쪽으로 선비족의 후연(모용씨)을 격파하여 요동 지역 확보(요동을 포함한 만주 지역 지배권 확보)
  ㉣ 신라에 침입한 왜를 낙동강 유역에서 토벌(400)함으로써 한반도 남부에까지 영향력 행사(백제·왜·가야 연합군을 격파한 내용이 광개토대왕릉비에 기록)
  ㉤ 우리나라 최초로 '영락(永樂)'이라는 독자적 연호 사용하여 중국과 대등함을 과시

> **실력UP 5세기경 신라와 고구려의 역학 관계**
>
> - 신라와 고구려의 당시 역학 관계를 입증하는 자료로는 경주 호우총의 호우명 그릇과 중원 고구려비가 있음, 호우총에서 발굴된 호우명 그릇의 밑바닥에는 "을묘년국강상광개토지호태왕(乙卯年國岡上廣開土地好太王)"이라는 글씨가 새겨져 있는데, 이것이 광개토대왕을 기리는 내용이라는 점에서 당시 신라가 고구려의 간섭을 받았고 고구려를 통하여 간접적으로 중국의 문물을 받아들이면서 성장해 나갔다는 것을 짐작, 또한 당시 고구려군이 신라에 주둔했으며 신라 왕자가 고구려에 인질로 보내지기도 함
> - 한편 중원 고구려비에도 신라를 동이, 신라 왕을 매금이라 칭하고(고구려를 천하의 중심으로 인식), 한강상류와 죽령 이북 지역이 고구려 영토임을 확인하는 내용과 함께 고구려 왕이 신라 왕을 만나 의복을 하사하였다는 내용, 고려대왕(고구려 왕)이라는 단어를 비롯하여 고구려 관직명 등이 나타나 있으므로 이를 통해 당시 양국의 역학 관계를 짐작

② 장수왕(20대, 413~491) ★빈출개념
  ㉠ 중국 남북조와 교류하며, 대립하던 두 세력을 조종·이용하는 외교정책 전개
  ㉡ 수도를 통구(국내성)에서 평양으로 천도(427)하여 안으로 귀족 세력을 억제하여 왕권을 강화하고 밖으로 백제와 신라를 압박, 백제의 수도 한성을 함락
  ㉢ 유연(柔燕)과 연합하여 함께 지두우(地豆于)를 분할 점령(479)하여 대흥안령(大興安嶺)일대의 초원 지대를 장악
  ㉣ 지방 청소년의 무예·한학 교육을 위해 경당 설치(우리나라 최초의 사학(私學))
③ 문자(명)왕(21대, 491~519) : 부여를 완전 복속하여 고구려 최대의 판도를 형성(494)

(2) 백제

① 비유왕(20대, 427~455) : 송과 통교, 장수왕의 남하 정책에 대항해 신라 눌지왕과 나·제 동맹을 체결(433)
② 개로왕(21대, 455~475) : 고구려의 압박에 북위에 국서를 보내 군사 원조를 요

청, 원조가 거절되고 개로왕은 고구려 장수왕에 붙잡혀 사망
- ③ 문주왕(22대, 475~477) : 고구려의 남하 정책에 밀려 웅진으로 천도, 진씨 · 해씨 등 왕비족과 귀족 세력이 국정을 주도하면서 왕권이 약화

(3) 신라

- ① 실성왕(18대, 402~417) : 왜와의 화친을 위해 내물 마립간의 아들 미사흔(未斯欣)을 볼모로 보냄(402), 내물 마립간의 둘째 아들인 복호(卜好)를 고구려에 볼모로 보냄
- ② 눌지왕(19대, 417~458) : 왕위의 부자 상속제 확립, 나 · 제 동맹을 체결(433)
- ③ 소지왕(21대, 479~500) : 6촌을 6부의 행정 구역으로 개편, 백제 동성왕과 결혼 동맹을 체결(493), 수도 경주에 시장을 개설(490), 나을(奈乙)에 신궁 설치

6. 신라의 전성기(6세기)

(1) 신라

- ① 지증왕(22대, 500~514) : 국호를 사로국에서 신라로, 왕의 칭호를 마립간에서 왕으로 고침(503), 중국식 군현제를 도입, 우경을 시작, 동시전 설치(509), 우산국(울릉도)을 복속(512), 순장을 금지
- ② 법흥왕(23대, 514~540) : 중앙 집권 국가 체제의 완비 `빈출개념`
  - ㉠ 제도 정비 : 병부 설치(517), 상대등 제도 마련, 율령 반포, 공복 제정(520) 등을 통하여 통치 질서를 확립, 17관등제 완비
  - ㉡ 불교 공인 : 불교식 왕명 사용, 골품제를 정비하고 불교를 공인(527)하여 새롭게 성장하는 세력들을 포섭
  - ㉢ 연호 사용 : 건원(建元)이라는 연호를 사용함
  - ㉣ 영토 확장 : 대가야와 결혼 동맹을 체결(522), 금관 가야를 정복하여 낙동강까지 영토 확장(532), 백제를 통해 남조의 양과 교류
- ③ 진흥왕(24대, 540~576)
  - ㉠ 영토 확장 및 삼국 항쟁의 주도
    - 남한강 상류 지역인 단양 적성을 점령하여 단양 적성비를 설치(551)
      → 백제 성왕과 연합하여 고구려가 점유하던 한강 상류 지역을 차지(551)
      → 백제가 점유하던 한강 하류 지역 차지(553) → 관산성 전투 승리(554)
      → 북한산비 설치(561)
    - 고령의 대가야를 정복하는 등 낙동강 유역을 확보(창녕비, 561)
    - 원산만과 함흥 평야 등을 점령하여 함경남도 진출(황초령비 · 마운령비, 568)
  - ㉡ 화랑도를 공인(제도화)하고, 거칠부로 하여금 〈국사(國史)〉를 편찬하게 함(부전)
  - ㉢ 황룡사 · 흥륜사를 건립하여 불교를 부흥
  - ㉣ 최고 정무기관으로 품주(稟主)를 설치하여 국가기무와 재정을 담당하게 함
  - ㉤ 연호 사용 : '개국', '대창', '홍제'

SEMI-NOTE

신라의 전성기(6세기)

진흥왕 순수비(眞興王巡狩碑)
진흥왕이 새로 넓힌 영토를 직접 돌아보고 세운 비석(척경비), 현재 창녕비 · 북한산비 · 황초령비 · 마운령비 등 4기가 남아있음. '순수'란 천자가 제후의 봉지(封地)를 직접 순회하면서 현지의 통치 상황을 보고받는 의례로 순행(巡行)이라고도 함. 순수비란 순수를 기념하여 세운 비석을 말하는데, 진흥왕 순수비의 비문 속에 나타나는 '순수관경(巡狩管境)'이란 구절에서 비롯됨. 진흥왕 순수비는 당시의 삼국 관계와 신라의 정치상 · 사회상을 알려 주는 귀중한 자료

단양 적성비

신라 금석문에 나타난 6부

6세기 초에 건립된 신라의 영일 냉수리비와 울진 봉평 신라비에는 신라 6부에 대한 내용과 함께 왕도 소속부의 명칭을 띠고 있었다는 것이 기록되어 있는데, 이는 왕이 6부의 실력자와 합의하여 국정의 주요 내용을 결정하였다는 것을 보여 줌. 6부는 6세기에 접어들면서 점차 유명무실해지는데, 이것은 이 시기를 전후하여 국왕을 중심으로 하는 새로운 형태의 정치체제가 마련되었다는 것으로 이해됨

삼국의 국가별 발전 순서

- 고대 국가의 기틀 마련(중앙 집권적 토대 구축) : 고구려(태조왕) → 백제(고이왕) → 신라(내물왕)
- 율령의 반포 : 백제(고이왕) → 고구려(소수림왕) → 신라(법흥왕)
- 고대 국가의 완성(중앙 집권 체제의 완성) : 백제(근초고왕) → 고구려(소수림왕) → 신라(법흥왕)
- 한강 유역의 점령 : 백제(고이왕) → 고구려(장수왕) → 신라(진흥왕)

담로

백제가 방·군·성의 지방 제도를 마련하기 이전에 설치한 제도. 지방 통제 강화 목적. 왕자나 왕족을 지방의 요지에 보내 다스리게 함

실력UP 신라의 금석문

- **포항 중성리비(지증왕, 501)** : 현존 최고의 신라비로, 재산 분쟁에 관한 판결을 담음
- **영일 냉수리비(지증왕, 503)** : 지증왕을 비롯한 신라 6부의 대표자들이 재산권 및 상속 문제에 관하여 논의·결정한 내용을 담음
- **울진 봉평 신라비(법흥왕, 524)** : 울진 지역의 중요 사건의 처리 및 책임자 처벌에 관한 내용을 담음. 장형·노인법 등을 규정한 율령이 성문법으로 실재했음을 보여주며 신라 육부의 독자성과 지방 지배의 방식, 신라 관등제의 발전 과정 등이 드러남
- **영천 청제비(법흥왕, 536)** : 영천 지역의 청제(청못)를 축조할 때 세운 것으로, 축조 공사에 관한 기록과 이후의 보수 공사(798)에 관한 내용이 비문 양면에 각각 새겨져 있음
- **단양 적성비(진흥왕, 551)** : 신라가 한강 상류(남한강 상류) 지역을 점령하고 죽령 지역을 확보했음을 보여 줌. 관직명과 율령 관계, 전공자에 대한 포상 등의 내용이 기록
- **진흥왕 순수비** : 북한산비(555), 창녕비(561), 황초령비·마운령비(568)
- **남산 신성비(진평왕, 591)** : 경주 남산에 축조한 새 성[新城]에 관한 비. 신라 시대의 지방 통치 제도 및 사회 제도 등을 보여 주고 있어 삼국 시대 금석문으로서 매우 귀중한 자료
- **임신서기석(진평왕, 612)** : 두 화랑이 유교 경전을 공부하고 인격 도야에 전념하며 국가에 충성할 것을 맹세한 내용을 기록한 비. 당시 유학이 발달하였음을 보여줌

실력UP 진평왕(26대, 579~632), 선덕 여왕(27대, 632~647), 진덕 여왕(28대, 647~654)

- **진평왕** : '건복'이라는 연호 사용, 중앙 관서로 위화부·예부·조부·승부·영객부 설치. 불교를 장려하여 법명을 백정이라 하고 왕비를 마야 부인이라 칭함, 수와 친교(원광의 걸사표), 수 멸망 이후 당과 외교, 세속 5계를 통해 국가 사회 지도 윤리 제시, 남산 신성비 축조(591)
- **선덕 여왕(27대, 632~647)** : '인평(仁平)'이라는 연호 사용, '덕만(德曼)'이라 함, 친당 외교 추진, 대야성 함락과 당항성 위기, 황룡사 9층탑 건축, 분황사 석탑(모전 석탑) 건립, 첨성대 축조, 영묘사 건립(635), 비담·염종 등의 반란
- **진덕 여왕(28대, 647~654)** : 품주를 개편하여 집사부(군국 기밀 사무)·창부(재정 관장)로 분리, (좌)이방부 설치(형률에 관한 사무 관장), 독자적 연호 폐지, 나당 연합 결성(648, 당 고종의 연호 사용), 〈오언태평송(五言太平頌)〉을 지어 당에 보냄

(2) 백제

① **무령왕(25대, 501~523)** : 백제 중흥의 전기를 마련
   ㉠ 지방의 주요 지점에 22담로를 설치
   ㉡ 6세기 초 중국 남조의 양과 통교(난징 박물관의 백제 사신도), 왜와도 교류
   ㉢ 가야 지역으로 진출(512)

② **성왕(26대, 523~554)**
   ㉠ 사비(부여)로 도읍을 옮기고(538), 국호를 남부여로 고치면서 중흥을 꾀함
   ㉡ 중앙 관청을 22부로 확대, 행정 조직을 5부(수도) 5방(지방)으로 정비
   ㉢ 겸익을 등용하여 불교 진흥, 노리사치계를 통해 일본에 불교(불경·불상·경론 등) 전파(552)
   ㉣ 중국의 남조와 활발하게 교류하고 문물을 수입
   ㉤ 신라 진흥왕과 연합하여 한강 유역을 부분적으로 수복하였지만 곧 신라에 빼

앗김(나·제 동맹 결렬, 553), 성왕 자신도 신라를 공격하다가 관산성(옥천) 에서 전사(554)

실력up **무왕(30대, 600~614), 의자왕(31대, 641~660)**

- **무왕** : 왕흥사(부여)와 미륵사(익산)를 건립, 익산으로의 천도를 추진하였으나 실패
- **의자왕** : '해동증자'라는 칭송을 들음, 반당 친고구려 정책과 신라의 적대 노선 추진, 신라 의 대야성 함락(642)

(3) 고구려

영양왕(26대, 590~618)의 재위 기간 동안 요서 지방을 공략(598), 살수 대첩(612), 국력 소모로 수 멸망(618), 이문진으로 하여금 〈유기〉 100권을 요약하여 〈신집〉 5 권을 편찬하게 함(600), 담징을 일본으로 보내(608) 종이·먹을 전함

7. 가야의 성립과 발전

(1) 성립

① **12개 소국의 형성** : 삼국이 국가 조직을 형성해 가던 시기에 낙동강 하류 유역의 변한 지역에서 철기 문화를 토대로 사회 통합을 이루며 2세기 경 여러 정치 집단 들이 등장(변한 12국)
② **초기의 성격** : 주로 해변을 통해 들어온 유이민 세력과 토착세력이 융합(토착세 력이 유이민을 흡수)
③ **연맹 왕국의 형성** : 2~3세기 경 금관가야가 중심이 되어 연맹 왕국으로 발전(전 기 가야 연맹의 형성)

(2) 가야의 발전(가야 연맹의 주도권 변동)

① 4세기 말부터 5세기 초에 신라를 후원하는 고구려군의 공격으로 중심세력이 해 체, 낙동강 서안으로 세력 축소
② 5세기 이후 김해·창원을 중심으로 한 동남부 세력 쇠퇴, 고령 지방을 중심으로 하는 대가야가 주도권을 행사하며 후기 가야 연맹 형성

(3) 가야의 쇠퇴와 멸망

① 국제적 고립을 탈피하기 위해 신라(법흥왕)와 결혼 동맹(522)을 맺음
② 금관가야가 신라 법흥왕 때 복속(532), 대가야가 신라 진흥왕 때 병합(562)되어 가 야 연맹은 완전히 해체

8. 고구려의 대외 항쟁

(1) 6세기 말 이후의 삼국 정세

① 고구려와 백제는 신라가 한강 유역을 독점한 것에 자극받아 여·제 동맹을 맺고

SEMI-NOTE

관산성 전투(554)
백제 성왕은 신라 진흥왕과 함께 551년 에 고구려에게 빼앗겼던 한강 하류의 6 개 군을 탈환하는 데 성공. 그러나 신라 진흥왕이 배신하여 이 지역을 점령하자 양국 간의 동맹 관계는 깨졌고 성왕은 신라를 공격하였으나 관산성 전투에서 전사

영류왕(27대, 618~642), 보장왕(28 대, 642~668)
- **영류왕** : 수나라가 멸망한 이후 이연 의 당나라가 중국 통일(618), 당 태종 이 고구려 압박, 당의 침입을 대비하 여 천리장성 건립
- **보장왕** : 당 태종이 영류왕을 죽인 연 개소문의 정변을 구실로 침범(645), 당 태종은 30만 대군을 이끌고 요하 를 건너 여러 성을 점령한 후 안시성 을 60여 일이나 공격하였으나 실패

가야의 경제 ⭐ 빈출개념
일찍부터 벼농사를 짓는 등 농경문화 발 달, 풍부한 철 생산, 철기 문화 발달, 해상 교통을 이용한 낙랑·왜의 규슈 지방과 중계무역 번성, 해안 지방으로부터 토기 의 제작 기술이 보급, 수공업 번성

가야 연맹

6세기 말 이후 삼국의 대외 관계

당항성을 공격, 이에 신라는 중국과 통교

② 고구려는 수(隋)가 중국 남북조를 통일(589)한 것에 위협을 느껴 돌궐과 연결하고 백제는 왜와 친교

③ 십자형 외교를 전개하였음

(2) 고구려의 대외 항쟁

① 여 · 수 전쟁

㉠ 원인 : 수의 압박으로 돌궐이 약화, 신라가 친수 정책을 취하자 이에 위기의식을 느낀 고구려가 먼저 중국의 요서 지방을 공격

제1차 침입(영양왕, 598)	수 문제의 30만 대군이 침입했으나 장마와 전염병으로 실패
제2차 침입(영양왕, 612)	수 양제의 113만 대군이 침입했으나 을지문덕이 이끄는 고구려군 에게 살수에서 대패(살수 대첩)
제3 · 4차 침입(영양왕, 613 · 614)	수 양제가 침입했으나 모두 실패

㉡ 결과 : 수가 멸망(618)하는 원인

② 여 · 당 전쟁

㉠ 대외 정세

• 당(唐)은 건국(618) 후 대외 팽창 정책을 보이며 고구려에 대한 정복 야욕

• 당은 고구려 자극

• 연개소문은 대당 강경책을 추진, 당의 침입에 대비해 천리장성(부여성~비사성)을 쌓아 방어 체제를 강화(647)

• 백제와 대립하던 신라는 친당 정책 전개

㉡ 당 태종의 침략

• 제1차 침략(보장왕, 645) : 양만춘이 이끄는 고구려 군과 군민이 안시성에서 60여 일간 완강하게 저항하며 당의 군대를 격퇴(안시성 싸움)

• 제2 · 3차 침략 : 고구려는 당의 침략을 물리쳐 동북아시아 지배 야욕을 좌절시킴

9. 정세의 변동과 고구려·백제의 멸망

(1) 삼국 정세의 변화

① 신라의 성장 : 고구려가 대외 침략을 막는 동안 신라는 김춘추 · 김유신이 제휴하여 권력을 장악, 고구려와 백제에 대항하면서 삼국 간의 항쟁 주도

② 나 · 당 연합군의 결성(648) : 신라는 당과 군사 동맹을 맺어 한반도의 통일 기도

(2) 백제와 고구려의 멸망

① 백제의 멸망(660) : 사치와 정치적 혼란, 거듭된 전란 등으로 국력 약화, 나 · 당 연합군의 공격, 사비성 함락

② 고구려의 멸망(668)

㉠ 국내 정세
- 거듭된 전쟁으로 국력의 소모가 심하였고, 요동 지방의 국경 방어선도 약해짐
- 연개소문이 죽은 뒤 지배층의 권력 쟁탈전으로 국론이 분열
㉡ 당의 이세적과 신라의 김인문이 이끄는 나·당 연합군의 협공으로 멸망(668)

10. 신라의 삼국 통일

(1) 나·당 전쟁과 통일의 달성

① 당의 한반도 지배 야욕 : 신라와 연합, 백제의 옛 땅에 웅진 도독부를, 고구려의 옛 땅에 안동 도호부를 둠, 신라의 경주에도 계림 도독부를 두고 문무왕을 계림 도독으로 칭함, 신라 귀족의 분열을 획책
② 경과 : 금강 하구의 기벌포에서 당의 수군을 섬멸(676), 안동 도호부를 요동성으로 밀어내는 데 성공하여 삼국 통일을 달성(676)

(2) 통일의 의의와 한계

① 의의 : 민족 최초의 통일, 당을 힘으로 몰아낸 자주적 통일, 고구려·백제 문화를 수용, 경제력을 확충, 민족 문화 발전의 토대 마련
② 한계 : 외세를 이용, 이로 인해 영토가 대동강에서 원산만 이남으로 축소됨

👓 한눈에 쏙~

신라의 삼국 통일 과정

| 여·수 전쟁
(612) | ▶ | 여·당 전쟁
(645) | ▶ | 나·당 연합군
결성(648) | ▶ | 백제의 멸망
(660) |

| ▶ | 고구려의 멸망
(668) | ▶ | 나·당 전쟁
(670~676) | ▶ | 삼국 통일
(676) |

11. 통일 신라의 발전과 동요

(1) 왕권의 전제화(중대)

① 태종 무열왕(29대, 654~661) : 신라 중대의 시작
㉠ 최초의 진골 출신 왕, 통일 전쟁을 치르는 과정에서 왕권 강화
㉡ 이후 태종 무열왕의 직계 자손이 왕위 세습(태종 무열왕~혜공왕)
㉢ 사정부를 설치, 중국식 시호(태종) 사용, 갈문왕제 폐지
㉣ 상대등 세력을 억제, 집사부 시중의 기능 강화
② 문무왕(30대, 661~681) : 통일의 완수
㉠ 안승을 보덕국왕으로 봉하고, 당을 축출하여 통일을 완수
㉡ 우이방부를 설치, 외사정을 처음으로 지방에 파견, 상수리 제도 시행
③ 신문왕(31대, 681~692) : 전제 왕권의 강화 ★ 빈출개념

SEMI-NOTE

백제의 부흥 운동(660~663)
복신과 도침이 왕자 풍을 왕으로 추대하여 주류성(한산)에서 백제 부흥 운동을 전개, 흑치상지와 지수신은 임존성(대흥)에서 전개, 지배층의 내분과 나·당 연합군의 공격으로 실패

고구려의 부흥 운동
신라의 지원을 받은 검모잠이 보장왕의 서자 안승을 왕으로 하여 한성(재령)에서 2년간 부흥 운동을 전개(669)하였으나 내분으로 실패, 고연무·고연수가 오골성 등을 근거로 부흥 운동을 전개(670)했으나 내분으로 실패

나·당 전쟁

통일 이후 신라의 정세
- 영역의 확대와 함께 인구 증가, 대외 관계가 안정되어 경제적 생산력 증대
- 전쟁 과정에서 왕실의 권위 상승, 군사력이 더욱 강해지면서 정치 안정
- 통일을 전후한 왕권의 강화, 경제적 생산력 증대, 왕권의 전제화가 두드러짐

SEMI-NOTE

김흠돌의 난과 전제 왕권의 강화

신문왕 1년(681) 소판(蘇判) 김흠돌이 파진찬 흥원(興元), 대아찬 진공(眞功) 등과 함께 모반을 꾀하다가 발각되어 처형된 사건

관료전과 녹읍

관료전은 관리들이 관직에 복무하는 대가로 받은 토지, 조세만을 받을 수 있으며 농민을 지배할 권한은 없고 관직에서 물러나면 국가에 반납, 반면 귀족들이 받았던 녹봉의 일종인 녹읍을 통해서는 농민을 지배

정치 세력의 변동

왕권이 전제화되면서 상대적으로 진골 귀족 세력은 약화, 6두품 세력이 왕권과 결탁하여 상대적으로 부각(학문적 식견을 바탕으로 왕의 정치적 조언자로 활동하거나 행정 실무를 담당)

대공의 난(96각간의 난)

혜공왕 4년(768) 각간 대공이 일으킨 난. 이 난을 계기로 전국이 혼란에 휩싸였는데 96각간이 서로 싸우고 3개월 만에야 진정. 그러나 귀들 내부의 알력은 진정되지 않아 연이어 반란이 일어남. 결국 혜공왕은 즉위 16년 만에 상대등 김양상 등의 군사에 의해 살해

김헌창의 난과 범문의 난, 장보고의 난

• 김헌창의 난과 범문의 난 : 김헌창의 아버지인 김주원(무열왕계)은 선덕왕을 이어 왕위를 계승할 예정이었으나 내물왕계인 김경신(원성왕)에게 축출됨. 이에 김헌창은 웅천주 도독으로 있을 당시 기회를 엿봐 헌덕왕 14년(822) 웅천에서 거사를 일으키고 국호를 장안·연호를 경운이라 함. 이 난이 진압된 뒤 김헌창의 아들 범문도 헌덕왕 17년(825) 부친의 뜻을 이어받아 난을 일으켰으나 역시 실패. 이 두 난을 계기로 무열왕의 직계들은 6두품으로 강등

• 장보고의 난 : 자신의 딸을 문성왕의 왕비로 들이려 하다가 실패하자 반란을 일으킴(문성왕 8, 846). 장보고가 부하 염장에게 피살됨으로써 난은 실패하고 청해진은 폐지(851)

㉠ 김흠돌의 난을 계기로 귀족 세력을 숙청, 전제 왕권 강화

㉡ 중앙 정치 기구 정비(6전 제도 완성, 예작부 설치)하고 군사 조직(9서당 10정)과 지방 행정 조직(9주 5소경)을 완비

㉢ 관리에게 관료전 지급(687), 귀족의 경제 기반이었던 녹읍 폐지(689)

㉣ 유학 교육을 위하여 국학(國學) 설립, 유교 이념 확립

④ 성덕왕(33대, 702~737) : 신라 시대의 전성기 형성(성덕왕~경덕왕)

㉠ 당과의 문화 교류 및 사신 왕래가 활발, 발해와는 대립

㉡ 백성들에게 정전을 지급(722)하여 농민에 대한 국가의 토지 지배력 강화

⑤ 경덕왕(35대, 742~765)

㉠ 집사부의 중시를 시중으로 격상

㉡ 국학을 태학감으로 바꾸고 박사·교수를 두어 유교 교육을 강화

㉢ 석굴암·불국사 창건(751), 석가탑에 무구정광 대다라니경 보관

㉣ 귀족의 반발로 녹읍이 부활(757), 사원의 면세전이 증가(전제 왕권의 동요)

(2) 신라 하대의 정치적 변동

① 전제 왕권의 동요

㉠ 진골 귀족 세력의 반발로 8세기 중엽 경덕왕 때부터 전제 왕권이 흔들리기 시작

㉡ 녹읍이 부활되고 사원의 면세전이 늘어나면서 국가 재정 압박

② 귀족의 반란과 하대의 시작

㉠ 혜공왕(36대, 765~780) 때인 768년 대공의 난이 발생하여 왕권 실추

㉡ 김양상(내물왕계)이 상대등이 되어 권력 장악(왕은 실권 상실)

㉢ 상대등 김양상과 이찬 김경신이 김지정의 난을 진압하는 과정에서 혜공왕이 죽자, 김양상이 거병하여 스스로 왕(선덕왕)이 되어 신라 하대가 시작(780)

③ 권력 투쟁의 격화

㉠ 왕위 쟁탈전의 전개 : 진골 귀족들은 경제 기반을 확대하여 사병을 거느렸으며, 이러한 군사력과 경제력을 토대로 왕위 쟁탈전 전개

㉡ 왕권의 약화 : 왕권이 약화되고 귀족 연합적인 정치가 운영, 상대등의 권력이 다시 강대해짐(상대등 중심의 족당 정치 전개)

㉢ 지방 통제력의 약화 : 김헌창의 난(822)은 중앙 정부의 지방 통제력이 더욱 약화되는 계기로 작용

④ 새로운 세력의 성장

㉠ 6두품 세력 : 사회를 비판하며 점차 반신라 세력으로 성장, 골품제 비판, 능력 중심의 과거 제도와 유교 정치 이념 제시

㉡ 호족 세력 : 6두품 세력보다 적극적으로 사회 변동을 추구

• 성장 : 신라 말 중앙 통제가 약화되자 농민 봉기를 배경으로 반독립적 세력으로 성장

• 출신 유형 : 몰락하여 낙향한 중앙 귀족, 해상 세력, 군진 세력, 군웅 세력(농민 초적 세력), 토호 세력(촌주 세력), 사원 세력(선종 세력) 등

(3) 후삼국의 성립

① 후백제 건국(900) ⭐빈출개념
  ㉠ 건국 : 전라도 지방의 군사력과 호족 세력을 중심으로 완산주(전주)에서 견훤이 건국, 차령 이남의 충청도와 전라도 지역을 차지하여 우수한 경제력과 군사적 우위를 확보
  ㉡ 한계
    • 확실한 세력 기반이 없었고 신라의 군사 조직을 흡수하지 못하였으며, 당시의 상황 변화에 적응하지 못함
    • 신라에 적대적, 농민에 대한 지나친 조세 수취, 호족 포섭에 실패
② 후고구려 건국(901)
  ㉠ 건국 : 권력 투쟁에서 밀려난 신라 왕족 출신의 궁예가 초적·도적 세력을 기반으로 반신라 감정을 자극하면서 세력을 확대
  ㉡ 한강 유역을 차지한 후 조령(鳥嶺)을 넘어 상주·영주 일대를 차지하는 등 옛 신라 땅의 절반 이상을 확보
  ㉢ 관제·신분제 개편
    • 국호를 마진(摩震)으로 고치고(904) 철원으로 천도(905), 다시 국호를 태봉(泰封)으로 변경(911), 골품제도 대신할 새로운 신분 제도 모색, 9관등제를 실시
  ㉣ 한계
    • 전쟁으로 인한 지나친 수취로 조세 부담이 가중됨, 가혹한 수탈을 자행
    • 무고한 관료와 장군을 살해하였고 미륵 신앙을 이용하여 전제 정치 도모
    • 백성과 신하들의 신망을 잃게 되어 신하들에 의하여 축출

12. 발해의 건국과 발전

(1) 발해의 건국

① 고구려 장군 대조영을 중심으로 한 고구려 유민과 말갈 집단들은 길림성의 돈화시 동모산 기슭에서 발해를 건국(698)
② 국가 구성상의 특징 : 고구려 유민(지배층)과 다수의 말갈족(피지배층)으로 구성, 고구려 계승, 왕족인 대씨(大氏)를 비롯하여 고·장·양씨 등의 고구려인이 지배층을 형성
③ 발해의 고구려 계승 근거 ⭐빈출개념
  ㉠ 일본과의 외교 문서에서 고려 및 고려국왕이라는 명칭 사용
  ㉡ 고구려 문화의 계승 : 발해 성터, 수도 5경, 궁전의 온돌 장치, 천장의 모줄임 구조, 사원의 불상 양식, 와당의 연화문, 이불병좌상(법화 신앙), 정혜공주 무덤 양식 등

(2) 발해의 발전

① 무왕(대무예, 2대, 719~737) : 북만주 일대를 장악, 일본과 외교 관계를 맺어 신라를 견제하고, 돌궐과 연결하여 당을 견제, 요서 지역에서 당과 격돌(732), 당은 신라로 하여금 발해를 공격(733), 연호를 인안으로 하고, 부자 상속제로 왕권을 강화

전성기 발해의 영토
• 북쪽 : 헤이룽 강
• 동쪽 : 연해주
• 서쪽 : 요동
• 남쪽 : 영흥 지방

발해와 신라의 대립 배경
신라 지배층의 보수적 태도, 발해의 건국 주체가 고구려 유민이었다는 점, 당의 분열 정책 등

발해와 신라의 외교 관계
• 〈신당서〉 : 대립 관계
 – 무왕 14년(732), 왕은 장군 장문휴를 보내 당의 등주를 공격하게 함. 이에 당 현종은 태복 원외랑 김사란을 신라에 보내 군사를 출동하여 발해의 남경을 공격하게 함. 신라는 군사를 내어 발해의 남쪽 국경선 부근으로 진격, 이에 발해가 군사를 등주에서 철수
• 〈삼국사기〉 : 친선 관계
 – 원성왕 6년(790) 3월에 일길찬 백어를 북국에 사신으로 보냄
 – 헌덕왕 4년(812) 9월에 급찬 숭정을 북국에 사신으로 보냄

② 문왕(대흠무, 3대, 737~793) : 당과 친선 관계를 맺고 독립 국가로 인정받음, 주작대로를 건설, 유학생 파견, 신라와 상설 교통로(신라도)를 개설, 수도를 상경 용천부로 천도, 주자감(국립 대학) 설립, 3성 6부(중앙 조직)를 조직
③ 선왕(대인수, 10대, 818~830) : 대부분의 말갈족을 복속시키고 요동 지역을 지배, 남쪽으로는 신라와 국경을 접하여 발해 최대의 영토 형성, 5경 15부 62주의 지방 제도 정비,

(3) 발해의 대외 관계

① 당(唐)과의 관계 : 초기(무왕)에는 적대적이었다가 문왕 이후 친선 관계로 전환
② 신라와의 관계 : 대체로 대립하였으나 친선 관계를 형성하기도 함
 ㉠ 대립 관계 : 당의 요청으로 신라가 발해 남쪽을 공격(732), 사신 간의 서열다툼인 쟁장 사건(897)과 빈공과 합격 순위로 다툰 등재 서열 사건, 발해 멸망 시 신라군이 거란군의 용병으로 참전한 점
 ㉡ 친선 관계 : 신라도(상설적 교류를 반영), 사신 왕래, 무역, 거란 침략 시 발해의 결원 요청을 신라가 수용한 점 등
③ 일본과의 관계 : 당과 연결된 신라를 견제하고자 친선 관계를 유지, 동경 용원부를 통해 교류(일본도(日本道))
④ 돌궐과의 관계 : 당의 군사적 침략을 견제하고자 친선 관계를 유지

(4) 발해의 멸망

① 10세기 초 거란의 세력 확대와 내부 귀족들의 권력 투쟁 격화로 국력이 크게 쇠퇴한 후 거란의 침략을 받아 멸망(926)
② 만주를 마지막으로 지배한 우리 민족사의 한 국가이며, 발해의 멸망으로 우리 민족 활동 무대의 일부였던 만주에 대한 지배력이 급격히 약화

13. 삼국의 통치 체제

(1) 중앙 관제

① 중앙 관제의 비교

삼국 통치 체제의 기본적 특성
• 중앙 집권적 성격 : 중앙 집권적 성격을 토대로 중국 관제를 모방하거나 독자적 기구 설치
• 합의체 귀족 정치의 존속 : 고구려의 제가 회의, 백제의 정사암 회의, 신라의 화백 회의 등
• 지방에 대한 중앙의 우월성 : 중앙인은 지방에 대하여 우월적 지위 보유(지방 족장 세력이 중앙 귀족으로 편입)
• 전국의 군사적 행정 조직화 : 지방 행정 조직과 군사 조직이 융합된 성격을 지님. 지방관이 곧 군대의 지휘관(백성에 대한 통치는 군사적 통치의 성격이 강함)

신라	백제	발해	고려	조선	담당업무
위화부	내신좌평	충부	이부	이조	문관의 인사, 내무, 왕실 사무
창부, 조부	내두좌평	인부	호부	호조	재정 · 조세 · 회계, 호구 · 조운 · 어염 · 광산
예부	내법좌평	의부	예부	예조	외교 · 교육 · 과거 · 제사 · 의식
병부	병관좌평, 위사좌평	지부	병부	병조	무관의 인사, 국방 · 군사 · 우역 · 봉수
좌이방부	조정좌평	예부	형부	형조	형률 · 소송 · 노비

공장부, 예작부		신부	공부	공조	산림 · 토목 · 영선 · 파발 · 도량형
사정부		중정대	어사대	사헌부	감찰

② 운영 형태 : 왕 아래에 여러 관청을 두어 운영

　㉠ 고구려 : 고유의 전통성이 강함

　㉡ 백제 : 삼국 중 가장 먼저 조직을 정비

　㉢ 신라 : 전통성을 토대로 하여 중국적 요소를 가미

👓 한눈에 쏙~

신라 수상의 변천

이벌찬 ▶ 상대등(법흥왕) ▶ 중시 ▶ 시중(경덕왕)

③ 귀족 회의체 : 국가의 중요 결정은 각 부의 귀족들로 구성된 회의체에서 행함

　㉠ 고구려의 제가 회의 : 수상인 대대로는 임기 3년으로, 귀족의 제가 회의에서 선출

　㉡ 백제의 정사암 회의 : 수상인 상좌평을 3년마다 정사암 회의에서 선출

　㉢ 신라의 화백 회의 : 수상인 상대등을 3년마다 화백 회의에서 선출(화백 회의 는 4영지에서 개최되며, 각 집단의 부정 방지 및 단결 강화를 위해 만장일치 제를 채택)

(2) 관등 조직(관등제)

① 삼국의 관등제

　㉠ 고구려 : 4세기경에 각 부의 관료 조직을 흡수하여 대대로 · 태대형 · 대사 자 · 선인 등 14관등을 둠

　㉡ 백제 : 고이왕 때(한성 시대) 6좌평제와 16관등제의 기본 틀 마련, 웅진 시대 에는 6좌평 중 내신좌평이 상좌평으로서 수상을 담당

　㉢ 신라 : 필요한 때에 각 부의 하급 관료 조직을 흡수하며 17관등제를 완비

② 운영상의 특징

　㉠ 신분에 따른 규제 : 삼국의 관등제와 관직 체계의 운영은 신분에 따라 제약을 받음

　㉡ 골품제 : 신라는 관등제를 골품제와 결합하여 운영(승진할 수 있는 관등의 상 한을 골품에 따라 정하고, 관직을 맡을 수 있는 관등의 범위를 한정)

(3) 지방 통치

① 지방의 통치 체제

구분	수도	지방(장관)	특수 행정 구역
고구려	5부	5부(부 · 성제) : 부에는 욕살, 성 에는 처려근지 · 도사를 둠	3경(평양성 · 국내성 · 한성) : 정 치 · 문화의 중심지, 지방에 대 한 감시 · 견제의 기능

신라의 중앙 관제 설치
· 법흥왕 : 병부(5m), 상대등(53))
· 진흥왕 : 품주(565, 기밀 및 재정)
· 진평왕 : 위화부, 조부(공부 관장), 예 부, 영객부(외교), 승부(교통)
· 진덕여왕 : 집사부(기밀 사무), 창부 (재정), 좌이방부

백제의 6좌평과 16관등, 22부

· **6좌평** : 내신좌평(왕명 출납), 내두좌 평(재정 담당), 내법좌평(의례 담당), 위사좌평(숙위 담당), 조정좌평(형벌 담당), 병관좌평(국방 담당)

· **16관등** : 1품 좌평, 2품 달솔, 3품 은솔, 4품 덕솔, 5품 간솔, 6품 내솔, 7품 장 덕, 8품 시덕, 9품 고덕, 10품 계덕, 11 품 대덕, 12품 문독, 13품 무독, 14품 좌 군, 15품 진무, 16품 극우

· **22부의 중앙 관서** : 6좌평 이외에 왕 실 사무를 맡는 내관 12부와 중앙 정 무를 맡는 외관 10부를 말하며, 각 관 청의 장도 3년마다 선출

통일 신라와 발해의 지방 통치 체제

· **통일 신라**
　– 수도 : 6부
　– 지방 : 9주(장 : 총관)
　– 특수 행정 구역 : 5소경(장 : 사신)

· **발해**
　– 수도 : 5경
　– 지방 : 15부(장 : 도독), 62주(장 : 자사)

백제	5부	5방(방·군제) : 방에는 방령, 군에는 군장, 성에는 도사를 둠	22담로(무령왕) : 국왕의 자제 및 왕족을 파견
신라	5부	5주(주·군제) : 주에는 군주, 군에는 당주, 성에는 도사를 둠	2소경(중원경·동원경) : 정치·문화적 중심지

통일 전후 신라의 군사 조직 변화
신라는 통일 전 1서당 6정에서 통일 후 9서당 10정으로 확대 개편되었음

(4) 군사 조직

구분	중앙군	지방군
고구려	• 수도 5부군 : 관군 • 대모달·말객 등의 지휘관이 존재	각 지방의 성(城)이 군사적 요지로, 개별적 방위망을 형성(욕살·처려근지 등의 지방관이 병권을 행사)
백제	수도 5부군 : 각 부에 500명의 군인이 주둔	지방의 각 방에서 700~1,200명의 군사를 방령이 지휘
신라	• 수도 6부군 : 대당으로 개편 • 서당(誓幢)이라는 군대가 존재(직업군인)	주 단위로 설치한 부대인 정(停)을 군주가 지휘

14. 남북국의 통치 체제

(1) 통일 신라

① **중앙 집권 체제의 강화** : 집사부 기능 강화, 14개 관청의 정비, 중국식 명칭의 사용, 9주 5소경 체제로 정비
② **중앙 관제(14관청)**

집사부
• 집사부는 신라의 최고 행정관서로 진덕여왕(651년) 때 설치
• 장관은 중시가 맡았으며, 흥덕왕(829년) 때 집사성으로 개칭되어 신라가 멸망할 때까지 존속

5소경의 의의
신라의 수도인 금성(경주)은 한반도 남동쪽에 치우쳐 있으므로 중앙 정부의 지배력이 수도에서 멀리 떨어진 곳까지 미치기 어려웠다. 5소경은 이러한 지리적 단점을 보완하기 위한 것

관부	담당 업무	설치	장관	비고
집사부	국가 기밀 사무	진덕여왕	중시(시중)	품주가 집사부와 창부로 분화
병부	군사·국방	법흥왕	령(令)	
조부	공부(貢賦) 수납	진평왕	령	
예부	의례	진평왕	령	의부 → 예부 → 예조
승부	마정(馬政)	진평왕	령	
영객부	외교·외빈 접대	진평왕	령	
위화부	관리 인사, 관등	진평왕	령	
창부	재정 담당	진덕여왕	령	
공장부	공장(工匠) 사무	진덕여왕	령	
좌우이방부	형사·법률, 노비	진덕여왕	령	
사정부	감찰	무열왕	령	중정대(발해), 어사대(고려), 사헌부(조선), 감사원(현재)
선부	선박·교통	문무왕	령	
사록부(관)	녹봉 사무	문무왕	령	

통일 신라의 9주 5소경

예작부	토목 · 건축	신문왕	령	

※ 장관은 령(令), 차관은 시랑(侍郎) · 경(卿)

③ 지방 행정 조직

9주	• 장관을 총관(문무왕)에서 도독(원성왕)으로 고침 • 군사적 기능이 약화되고 행정 기능이 강화됨
5소경	• 수도의 편재성 완화와 지방의 균형 발전, 복속민의 회유 · 통제를 통한 지방 세력 견제 등의 목적으로 군사 · 행정상의 요지에 설치, 장관은 사신 • 통일 전 2소경은 중원경(충주)과 동원경(강릉)이며, 통일 후 5소경은 중원경과 금관경(김해), 북원경(원주), 서원경(청주), 남원경(남원)

㉠ 말단 행정 단위인 촌은 토착 세력인 촌주가 지방관의 통제를 받으며 다스림

㉡ 향(鄕) · 부곡(部曲)의 특수 행정 구역 존재

㉢ 지방관의 감찰을 위하여 주 · 군에 감찰 기관인 외사정(감찰관)을 파견

㉣ 지방 세력을 견제하기 위하여 상수리 제도를 실시

④ 군사 조직

㉠ 중앙군 : 시위군과 9서당을 둠

㉡ 지방군 : 10정(9주에 1정씩을 배치, 국경 지대인 한주에는 2정)

㉢ 특수군 : 5주서, 3변수당, 만보당 등

㉣ 군진 설치 : 국토 방위를 위해 해상 교통의 요충지 및 군사적 요지에 설치

(2) 발해

① 중앙 관제

㉠ 3성 6부 : 왕(가독부) 아래 최고 권력 기구이자 귀족 합의 기구인 정당성을 둠

㉡ 독자성 : 당의 제도를 수용하였지만, 6부의 유교적 명칭과 이원적 운영은 발해의 독자성 반영

👓 한눈에 쏙~

발해 중앙 관제

※ ( ) 안은 당의 관제

② 지방 지배 체제 : 5경(상경 · 중경 · 남경 · 동경 · 서경) 15부 62주로 조직, 지방 행정의 말단인 촌락은 주로 말갈인으로 구성, 영주도 · 조공도(당), 신라도(발해에서 신라로 가던 대외 교통로), 일본도, 거란도의 5도를 둠

SEMI-NOTE

촌주
• 신라는 말단 행정 단위인 촌의 지방 유력자에게 촌주라는 벼슬을 주어 행정 실무를 담당하게 함
• 지방 유력자를 신라의 지방 통치 체제 안에 포섭하고자 하는 조치
• 촌의 주민을 대상으로 징세와 부역 동원 등을 수행하였으며, 경제적 기반으로 촌주위답이 주어짐, 신라 하대 중앙 정부의 지방통제력 약화로 촌주 중 일부는 호족으로 성장

상수리 제도
지방 세력을 견제 · 통제하고 중앙 집권을 강화하기 위해 각 주 향리의 자제를 일정 기간 금성(경주)에서 볼모로 거주하게 하던 것

9서당

자금서당	자녹색	
비금서당	적색	신라인
녹금서당	녹자색	
청금서당	청백색	백제인
백금서당	백청색	
황금서당	황적색	고구려인
벽금서당	벽황색	보덕국 (고구려인)
적금서당	적흑색	보덕국 (고구려인)
흑금서당	흑적색	말갈인

특별 기관
• 중정대 : 관리들의 비위(非違)를 감찰하는 감찰 기관
• 문적원 : 서적의 관리 담당(도서관)
• 주자감 : 중앙의 최고 교육 기관
• 7시 : 전중시, 종속시, 태상시, 사빈시, 대농시, 사장시, 사선시
• 항백국 : 왕실 후궁에 대한 호위, 일상 생활의 시중 등을 담당

발해의 군사조직
• 중앙군 : 10위(衛)를 두고, 각 위마다 대장군과 장군을 두어 통솔
• 지방군 : 지배 조직에 따라 편성하여 지방관이 지휘했으며, 국경 요충지에 독립 부대를 두어 방어

02절 고대의 경제 구조와 경제 생활

1. 삼국의 수취 제도와 토지 제도

(1) 수취 제도

① 삼국의 수취 체제

구분	조세	공납	용(庸) – 노동력
고구려	• 조(租) : 호를 상 · 중 · 하호의 3등급으로 구분해 각각 1섬, 7말, 5말을 수취 • 세(稅) : 인두세로, 1년에 포 5필과 곡식 5섬을 수취	지역 특산물	부역, 군역(광개토대왕릉비와 평양성 성벽석각에 농민의 부역 동원 기록이 있음)
백제	• 조는 쌀로 수취 • 세는 쌀이나 명주 · 베로 수취하되 풍흉에 따라 차등 수취	지역 특산물	부역, 군역(15세 이상의 정남을 대상으로, 주로 농한기에 징발)
신라	합리적 수취 체제로 고려 · 조선으로 계승	지역 특산물	부역, 군역(영천 청제비와 남산 신성비에 기록)

② 군역의 가중
　㉠ 삼국 시대 초기 : 군사력 동원은 중앙의 지배층이 중심이며, 지방 농민들은 전쟁 물자 조달이나 잡역에 동원됨
　㉡ 삼국 시대 후기 : 삼국 간의 전쟁이 치열해지면서 농민은 전쟁 물자의 부담뿐만 아니라 군사로 동원됨(부담이 가중됨)

삼국의 토지 관련 제도

구분	토지 측량 단위	토지 제도
고구려	경무법 : 밭이랑 기준	식읍, 전사법(佃舍法)
백제	두락제 : 파종량 기준	식읍, 구분전
신라	결부세 : 생산량 단위	식읍, 녹읍, 전사법

(2) 토지 제도

① 왕토 사상 : 조상 대대로 민전을 소유하며 1/10세의 수조권으로 운영됨(매매 · 상속 · 증여 가능)
② 식읍 · 녹읍의 지급 : 수조권과 노동력 징발권을 부여하여 귀족의 경제적, 군사적 기반이 됨(귀족의 권한 확대를 반영)

2. 통일 신라의 수취 제도와 토지 제도

(1) 수취 제도

수취 체제
당(唐)의 현물세를 원칙으로 운영하였다.

조(租)	전조(田租)는 지주가 부담하는 전세, 지대(地代)는 소작인이 부담하는 소작료, 전세(조세)는 생산량의 1/10을 수취함
용(庸)	역(役)의 의무로 군역과 요역으로 이루어짐. 16~60세까지의 남자를 대상. 요역은 정녀(丁女)라 하여 여자에게도 부과
조(調)	공물은 촌락 단위로 그 지역의 특산물 거둠. 상공(常貢)은 정기적으로 납부하는 공납, 별공(別貢)은 비정기적으로 징수하는 공납

① 조세(전세) : 생산량의 10분의 1 정도를 수취하여 통일 이전보다 완화
② 공물 : 촌락(자연촌)을 단위로 그 지역의 특산물을 수취(삼베, 명주실, 과실류 등)
③ 역 : 원칙적으로 군역과 요역은 16세에서 60세까지의 남자를 대상으로 함

(2) 토지 제도

① 신문왕 : 관료전을 지급(687)하고 녹읍을 폐지(689)하였으며, 식읍도 제한
② 성덕왕 : 정전을 지급(722)(국가의 농민(토지)에 대한 지배력과 역역(力役) 파악

을 강화함)

③ 경덕왕 : 귀족들의 반발로 녹읍을 부활(757)(귀족 세력의 강화와 왕권 약화를 의미함)

(3) 민정문서(신라장적)

① 발견 시기 및 장소 : 1933년 일본 나라현 동대사(東大寺) 정창원(正倉院)에서 발견

② 조사 및 작성 : 경덕왕 14년(755)부터 매년 자연촌을 단위로 변동 사항을 조사, 촌주가 3년마다 다시 작성

③ 작성 목적 : 농민에 대한 요역(徭役)과 세원(稅源)의 확보 및 기준 마련

④ 대상 지역 : 서원경(西原京, 청주) 일대의 4개 촌락

⑤ 조사 내용 : 촌락의 토지 면적 및 종류, 인구 수, 호구, 가축(소·말), 토산물, 유실수(뽕·잣·대추) 등을 파악 기록

  ㉠ 연수유답 : 정남(농민)에게 지급·상속되는 토지이며, 가장 많은 분포

  ㉡ 관모전답 : 관청 경비 조달을 위한 토지

  ㉢ 내시령답 : 관리에게 지급된 토지

  ㉣ 촌주위답 : 촌주에게 지급된 토지

  ㉤ 마전(麻田) : 공동 경작지로 지급된 삼밭을 말하며, 정남이 경작

⑥ 의의 : 자원과 노동력을 철저히 편제하여 조세수취와 노동력 징발의 기준을 정하기 위한 것으로, 율령 정치(律令政治)의 발달을 엿볼 수 있음

3. 삼국 시대의 경제 생활

(1) 귀족층의 경제 생활

① 경제적 기반

  ㉠ 국가에서 식읍·녹읍을 하사받고 많은 토지와 노비를 소유

  ㉡ 농민보다 유리한 생산 조건을 보유(비옥한 토지, 철제농기구, 많은 소를 보유)

② 경제 기반의 확대

  ㉠ 전쟁에 참여하여 더 많은 토지·노비 소유가 가능하였고, 고리대를 이용하여 농민의 토지를 빼앗거나 노비로 만들어 재산을 늘림

  ㉡ 노비와 농민을 동원하여 자기 소유의 토지를 경작하고 수확물의 대부분을 가져가며, 토지와 노비를 통해 곡물이나 베 등 필요한 물품을 취득

  ㉢ 왕권이 강화되고 국가체제가 안정되면서 귀족들의 과도한 수취는 점차 억제됨

③ 생활 모습 : 풍족하고 화려한 생활을 영위

  ㉠ 기와집, 창고, 마구간, 우물, 높은 담을 갖춘 집에서 생활

  ㉡ 중국에서 수입한 비단으로 옷을 해 입고, 금·은 등의 보석으로 치장

(2) 농민의 경제 생활

① 농민의 구성 : 자영농민은 자기 소유의 토지를 경작하였고, 전호들은 부유한 자의 토지를 빌려 경작

② 농민의 현실

41

⊙ 농민들의 토지는 대체로 척박한 토지가 많아 매년 계속 농사짓기가 곤란

ⓛ 국가와 귀족에게 곡물이나 삼베, 과실 등을 내야 했고, 부역이나 농사에 동원

ⓒ 국가와 귀족의 과도한 수취와 부역 동원으로 농민부담은 가중되고 생활이 곤궁

③ 농민의 자구책과 한계

⊙ 농민은 스스로 농사 기술을 개발하고 계곡 옆이나 산비탈 등을 경작지로 개간하여 농업 생산력 향상에 힘씀

ⓛ 생산력 향상이 곤란하거나 자연재해, 고리대의 피해가 발생하면 노비가 되거나 유랑민 · 도적이 되기도 함

(3) 대외 무역 ★ 빈출개념

① **공무역의 발달** : 삼국의 무역은 주로 왕실과 귀족의 필요에 따른 공무역 형태로서, 중계무역을 독점하던 낙랑군이 멸망한 후인 4세기 이후 크게 발달

② **삼국의 무역**

⊙ 고구려 : 남북조 및 유목민인 북방 민족과 무역

ⓛ 백제 : 동진 이후로 남중국과 주로 교류, 왜와도 활발한 무역 전개

ⓒ 신라

  • 한강 진출 이전 : 4세기에는 고구려를 통해 북중국과, 5세기에는 백제를 통해 남중국과 교역

  • 6세기 한강 진출 이후 : 당항성(黨項城)을 통하여 직접 중국과 교역

4. 통일 신라의 경제 생활

(1) 귀족층의 경제 생활

① 경제적 기반

⊙ 통일 전 : 식읍과 녹읍

ⓛ 통일 후 : 녹읍 폐지로 경제적 특권을 제약받았으나, 국가에서 나눠준 토지 · 곡물 이외에 물려받은 토지 · 노비 · 목장 · 섬 등을 경영

② **풍족한 경제 생활의 영위** : 통일 이후 풍족한 경제 기반, 귀족들의 수입 사치품 사용, 당의 유행에 따른 의복과 호화별장 등을 소유

(2) 농민의 경제 생활

① **곤궁한 경제 생활의 영위** : 농업기술이 발달하지 못해 매년 경작이 곤란

② **과도한 수취 제도** : 귀족 · 촌주 등에 의한 수탈, 무리한 국역

③ **농민의 몰락** : 8세기 후반 귀족이나 지방 유력자의 토지 소유가 늘면서 소작농이나 유랑민으로 전락하는 농민이 증가

(3) 대외 무역

① **대당 무역의 발달** : 통일 후 당과의 관계가 긴밀해지면서 공무역 · 사무역이 발달

⊙ 대당 수출품 : 인삼, 베, 해표피, 금 · 은 세공품, 수입품은 비단 · 서적 · 귀족 사치품

ⓛ 대당 무역로 : 남로(전남 영암 ⇒ 상하이 방면)와 북로(경기도 남양만 ⇒ 산동 반도)

ⓒ 무역항 : 남양만(당항성), 울산항(최대의 교역항) 등이 유명

② 대당 교류 기구 : 산동 반도와 양쯔강 하류 일대의 신라방과 신라소·신라관·신라원 등

5. 발해의 경제

(1) 경제 생활

① 농업 : 철제 농기구가 널리 사용되고 수리 시설이 확충되면서 일부 지역에서 벼 농사를 지음

② 목축업과 어업 : 고기잡이 도구가 개량되었고 다양한 어종을 잡음

③ 수공업 : 금속 가공업, 직물업, 도자기업 등 다양한 수공업이 발달

④ 상업 : 수도인 상경 용천부 등 도시와 교통 요충지에서 상업이 발달

03절　고대의 사회 구조와 사회 생활

1. 초기 국가 시대

(1) 사회 계층의 구분

① 지배층 : 가, 대가, 호민

ⓛ 가(加)·대가(大加) : 부여 및 초기 고구려의 권력자

ⓒ 호민(豪民) : 경제적으로 부유한 읍락의 지배층

② 피지배층 : 하호(농업에 종사하는 양인), 노비(읍락의 최하층민)

2. 삼국 시대

(1) 삼국의 신분제

① 엄격한 신분 제도의 운영 : 지배층 내부에서 엄격한 신분 제도가 운영되어, 출신 가문과 등급에 따라 승진과 권리, 경제적 혜택에 차등을 둠

② 신분 제도의 특징 : 신분제적 질서, 신라 골품제, 율령제정 등

(2) 신분의 구성

① 귀족 : 왕족을 비롯한 부족장 세력이 귀족으로 재편성

② 평민 : 대부분 농민, 자유민, 조세를 납부하고 노동력을 징발·제공

③ 천민

ⓛ 향·부곡민 : 촌락을 단위로 한 집단 예속민으로, 평민보다 무거운 부담을 짐

ⓒ 노비 : 왕실이나 관청, 귀족 등에 예속되어 신분이 자유롭지 못함

3. 고구려 사회의 모습

(1) 사회 기풍과 형률

① 사회 기풍 : 활발한 정복 활동으로 상무적 기풍이 강함
② 엄격한 형률 : 1책 12법(도둑질한 자는 12배를 물게함), 형법이 매우 엄격

(2) 사회 계층

① 지배층 : 왕족인 고씨를 비롯, 5부족 출신의 귀족
② 피지배층 : 백성(대부분 자영농), 천민 · 노비(몰락한 평민, 채무자)

(3) 혼인 풍습

① 지배층 : 형사취수제(兄死娶嫂制)와 서옥제(데릴사위제)
② 피지배층 : 자유로운 교제를 통해 결혼했으며 지참금이 없음

4. 백제 사회의 모습

(1) 사회 기풍

① 사회 기풍 : 상무적 기풍을 지녀 말 타기와 활쏘기를 즐김
② 언어 · 풍속 · 의복 : 고구려와 비슷, 백제 사람은 키가 크고 의복이 깔끔하다는 중국 문헌의 기록이 있음
③ 엄격한 형률 : 고구려와 비슷

(2) 지배층의 생활

① 지배층의 구성 : 왕족인 부여씨와 왕비족인 진씨 · 해씨, 8대 성(남천 이후 완성)의 귀족
② 생활 모습 : 중국 고전과 사서를 즐겨 읽고 한문에 능숙하며, 관청의 실무에도 밝음

5. 신라 사회의 특징

(1) 골품제(骨品制)

① 성립 : 부족 연맹체에서 고대 국가(중앙 집권 국가)로 발전하는 과정에서 각 지방의 족장을 지배 계층으로 흡수 · 편제하면서 그들의 신분 보장을 위해 마련
② 성격 : 폐쇄적 신분 제도, 개인의 사회 활동 제한
③ 구성 및 내용
  ㉠ 성골 : 김씨 왕족 중 부모가 모두 왕족인 최고의 신분
  ㉡ 진골 : 집사부 장관인 시중(중시) 및 1관등에서 5관등까지 임명되는 각 부 장관[슈]을 독점
  ㉢ 6두품(득난) : 진골 아래 있는 두품 중 최고 상급층
  ㉣ 5두품 : 최고 10관등 대나마까지 진출, 가옥은 18자로 제한

고구려의 최고 지배층
• 왕 : 고씨, 계루부 출신
• 왕비 : 절노부 출신
• 5부족 : 계루부, 절노부, 소노부, 관노부, 순노부

골품제의 규정
골품제를 통해 관등 상한선, 정치 및 사회 활동 범위, 가옥 규모, 복식 등이 규정되었으나 관직은 규정되지 않음

골품제에 따른 관등

	관등명	진골	6두품	5두품	4두품	복색	중시령	시랑경	도독	사신	군태수	현령
1	이벌찬											
2	이찬					자색						
3	잡찬											
4	파진찬											
5	대아찬											
6	아찬											
7	일길찬					비색						
8	사찬											
9	급벌찬											
10	대나마					청색						
11	나마											
12	대사											
13	사지											
14	길사					황색						
15	대오											
16	소오											
17	조위											

성골 · 진골 가설
• 진흥왕의 직계(성골) 및 방계(진골)를 구별하기 위한 표현임
• 성골은 왕족 내부의 혼인으로 태어난 집단이고, 진골은 왕족과 다른 귀족의 혼인으로 태어난 집단임
• 같은 왕족이면서도 성골과 진골로 구별되는 것은 모계에 의한 것인 듯 함
• 정치적인 면에서 구분하여 왕실 직계의 왕위 계승자 및 왕위 계승을 보유할 수 있는 제한된 근친자를 포함하여 성골이라 칭하고, 그 외 왕위 계승에서 소외된 왕족을 진골이라 하였다고 하는 견해도 있음

ⓟ 4두품 : 최고 12관등 대사까지 진출, 가옥은 15자로 제한

ⓑ 기타 : 통일 후 6·5·4두품은 귀족화되었고, 3·2·1두품은 구분이 없어져 일반 평민으로 편입(성씨가 있다는 점에서는 일반 농민과 차이가 있음)

(2) 화백 회의(和白會議)

① 의미 : 귀족의 단결을 강화하고 국왕과 귀족 간의 권력을 조절

② 조직 : 상대등이 회의를 주재(귀족 연합적 정치를 의미)

③ 회의 장소 : 남당(南堂), 경주 부근의 4영지(청송산·우지산·금강산·피전)

④ 특징 : 만장일치제, 왕권의 견제, 집단의 단결 강화

⑤ 기능의 변천

    ㉠ 행정 관부 설치 이전 : 화백 회의를 통해 국가 기본 사항을 결정·집행

    ㉡ 행정 관부 설치 이후 : 화백 회의에 참여해 결정하는 층과 결정 사항을 집행하는 층으로 구분

(3) 화랑도(花郞徒)

① 기원 및 발전 : 씨족 공동체 전통을 가진 원화(源花)가 발전한 원시 청소년 집단

② 구성 : 화랑(단장), 낭도(왕경 6부민), 승려

③ 목적 및 기능 : 제천 의식의 거행, 단결 정신 고취, 심신의 연마

④ 특성 : 일체감을 형성, 계층 간 대립과 갈등의 조절·완화

⑤ 화랑 정신

    ㉠ 최치원의 난랑비문 : 유·불·선 3교의 현묘한 도를 일컬어 화랑도라 함

    ㉡ 원광의 세속 5계 : 공동체 사회 이념을 바탕으로 한 실천 윤리 사상

    ㉢ 임신서기석(壬申誓記石) : 두 화랑이 학문(유교 경전의 학습)과 인격 도야, 국가에 대한 충성 등을 맹세한 비문

6. 통일 신라의 사회 모습

(1) 신라의 사회 정책 및 계층

① 민족 통합 정책 : 백제와 고구려의 유민들을 9서당에 편성함으로써 민족 통합에 노력

② 왕권의 전제화 및 사회의 안정 : 귀족에 대한 견제·숙청을 통해 통일 후 중대 사회의 안정을 이룸

③ 사회 계층

    ㉠ 진골 귀족 : 최고 신분층으로 중앙 관청의 장관직을 독점

    ㉡ 6두품 : 신분적 제약으로 인해 중앙 관청의 우두머리나 지방의 장관은 불가

(2) 신라 사회의 모습

① 금성과 5소경

    ㉠ 금성(경주) : 수도이자 정치·문화의 중심지로서 대도시로 번성

    ㉡ 5소경 : 귀족들이 거주하는 지방의 문화 중심지

중위제

- 의미 : 출신별 진급 제한에 대한 보완책·유인책으로 준 일종의 내부 승진제, 6두품 이하의 신분을 대상으로 함
- 내용 : 아찬은 4중 아찬까지, 대나마는 9중 대나마까지, 나마는 7중 나마까지
- 대상 : 공훈 및 능력자
- 의의 : 높은 귀족에게만 허용된 관등의 영역을 침범하지 못하게 한 것

삼국의 귀족 회의와 수상

- 고구려 : 제가 회의, 대대로
- 백제 : 정사암 회의, 상좌평
- 신라 : 화백 회의(만장일치제), 상대등(왕권 강화 후 중시(시중)가 행정 총괄)

세속 5계

- 사군이충(事君以忠)
- 사친이효(事親以孝)
- 교우이신(交友以信)
- 임전무퇴(臨戰無退)
- 살생유택(殺生有擇)

소경(小京)의 기능

지방의 정치·문화적 중심지, 지방 세력의 견제, 피정복민의 회유, 경주의 편재성 보완 등

② 귀족의 생활 : 금입택(金入宅)이라 불린 저택에 거주, 고급 장식품 사용, 불교 후원 등
③ 평민의 생활 : 토지를 경작, 채무로 노비가 되는 경우도 많았음

(3) 신라 말 사회의 혼란
① 신라 말의 사회상 : 지방의 신흥 세력이 성장, 호족이 등장, 백성의 곤궁, 농민의 몰락 등으로 민심이 크게 동요
② 정부의 대책과 실패 : 민생 안정책을 강구하였지만 실패, 소작농으로 전락 등
③ 모순의 심화 : 국가 재정 악화, 원종과 애노의 난 발발

실력up 신라 말기의 반란

진성 여왕 3년(889) 나라 안의 여러 주·군에서 공부(貢賦)를 바치지 않으니 창고가 비어 버리고 나라의 쓰임이 궁핍해졌다. 왕이 사신을 보내어 독촉하였지만, 이로 말미암아 곳곳에서 도적이 벌떼 같이 일어났다. 이에 원종·애노 등이 사벌주(상주)에 의거하여 반란을 일으키니 왕이 나마 벼슬의 영기에게 명하여 잡게 하였다. 영기가 적진을 쳐다보고는 두려워하여 나아가지 못하였다.

– 〈삼국사기〉 –

7. 발해 사회의 모습

(1) 사회 구성
① 지배층 : 왕족인 대씨와 귀족인 고씨 등의 고구려계 사람들이 대부분
② 피지배층 : 주로 말갈인으로 구성

(2) 생활 모습
① 상층 사회 : 당의 제도와 문화를 수용하였으며, 지식인들은 당에 유학하여 빈공과에 합격하기도 함
② 하층 사회 : 촌락민들은 촌장(수령)을 통해 국가의 지배를 받았음

04절 고대 문화의 발달

1. 삼국 문화의 특성

(1) 삼국 문화의 의의 및 성격
① 삼국 문화의 의의 : 각각의 개성을 유지하는 가운데서도 서로 영향을 주고받으며 민족 문화의 기반을 형성
② 삼국 문화의 기본 성격 : 2원적 성격, 불교문화의 영향, 문화적 동질성

(2) 삼국 문화의 특징

① 고구려 : 패기와 정열이 넘치는 문화적 특성

② 백제 : 평야 지대에 위치하여 외래문화와 교류가 활발, 우아하고 세련된 문화적 특징

③ 신라 : 6세기에 한강 유역을 확보한 이후 조화미가 강조되며 발전

2. 한문학과 유학, 향가의 발달

(1) 한자의 보급

① 한자 문화권의 형성 : 철기 시대부터 한자를 사용, 삼국 시대의 지배층은 한자를 널리 사용

② 이두(吏讀)와 향찰(鄕札)의 사용 : 한문의 토착화가 이루어지고 한문학이 널리 보급됨

(2) 한문학

① 삼국 시대의 한문학 ★ 빈출개념
 ㉠ 한시 : 유리왕의 황조가, 을지문덕의 오언시(여수장우중문시) 등
 ㉡ 노래 : 백제의 정읍사, 신라의 회소곡, 가야의 구지가 등

② 신라의 한문학 : 한학(유학)의 보급과 발달에 따라 발달(강수, 설총, 김대문, 최치원 등)

③ 발해의 한문학 : 4 · 6 변려체로 쓰인 정혜공주와 정효공주의 묘지(墓誌)를 통해서 높은 수준을 짐작할 수 있으며, 시인으로는 양태사 · 왕효렴이 유명

(3) 유학의 보급

① 삼국 시대 : 유학이 본격적으로 수용, 율령, 유교 경전 등을 통해 한문학을 이해
 ㉠ 고구려 : 종묘 건립, 3년상 등 생활 속에서 유교적 예제(禮制)가 행해짐
 ㉡ 백제 : 6좌평과 16관등, 공복제 등의 정치 제도는 유학 사상의 영향을 받음
 ㉢ 신라 : 법흥왕 때의 유교식 연호, 진흥왕 순수비, 화랑도 등은 유학 사상의 영향을 받음

② 통일 신라 유학의 성격 : 원시 유학과 한 · 당의 유학이 합쳐진 유학, 전제 왕권과 중앙 집권 체제를 뒷받침

(4) 대표적 유학자

① 통일기 신라의 유학자 : 6두품 출신의 유학자가 많음, 도덕적 합리주의를 강조
 ㉠ 강수(6두품)
  • 〈청방인문서〉, 〈답설인귀서〉 등 외교 문서를 잘 지은 문장가
  • 불교를 세외교라 하여 비판하고, 도덕을 사회적 출세보다 중시함
  • 일부다처나 골품제에 의한 신분 제도 등을 비판하고 유교의 도덕적 합리주의를 강조

남북국 시대 문화의 특성

• 통일 신라 문화의 특징: 귀족 중심의 문화가 발전하면서 민간 문화의 수준도 향상됨. 중앙의 문화가 전파되면서 지방 문화 수준도 전반적으로 향상됨. 조형 미술을 중심으로 조화미 · 정제미를 창조(불교와 고분 문화 등을 통해 다양하게 표현됨). 당 · 서역과의 국제적 교류로 세련된 문화 발전

• 발해 문화의 특징: 고구려 문화의 바탕 위에 당 문화 혼합, 웅장하며 건실함

이두와 향찰

• 이두 : 한자의 음과 훈을 빌려 우리말을 적는 표기법으로, 한문을 주로 하는 문장 속에서 토씨 부분에 사용됨

• 향찰 : 한자의 음과 훈을 빌려 우리말을 표기하는 방식인 차자(借字) 표기로, 이두와는 달리 문장 전체를 표현

설화 문학

• 서민들 사이에서 구전된 문학

• 에밀레종 설화, 효녀 지은 이야기, 설씨녀 이야기 등

민중의 노래

• 구지가와 같은 무속 신앙과 관련된 노래나 회소곡(會蘇曲) 등의 노동요가 유행

• 민중들은 어려운 생활 속에서 그들의 소망을 노래로 표현(백제의 정읍사)

최치원

- 6두품 출신으로 당에 유학하여 빈공과에 급제하고 관직에 오르는 한편 문장가로 이름을 떨침
- 귀국하여 진성여왕에게 개혁을 건의하고 국정을 비판하였으나, 개혁이 이루어지지 않자 혼란한 세상에 뜻을 잃고 전국 각지를 유람하다가 해인사에서 일생을 마침
- 유학자인 동시에 불교와 도교에도 조예가 깊은 사상가였으며, 고려건국에 큰 영향을 끼침

도당 유학생 파견

- 당의 문화 정책인 국학의 문호 개방책, 신라의 문화적 욕구, 삼국 항쟁기에 당의 힘을 빌리려는 외교적 목적의 합치로 인해 도당 유학생의 파견이 시작
- 통일 후 숙위 학생이라고 불린 이들은 관비 유학생으로 파견과 귀국을 국가에서 주관하였으며, 의식주는 당에서 지원하였고 도서 구입 비용은 신라에서 지원
- 초기 도당 유학생은 대부분 진골이었으나 하대로 갈수록 6두품을 중심으로 파견, 이들 중 상당수는 귀국하지 않고 당에 머물렀으며, 귀국한 유학생들도 개혁을 주장하다가 은거하거나 반신라 세력으로서 호족과 결탁하는 등의 행보를 보임

찬기파랑가

열치며/나타난 달이/흰 구름 좇아 떠가는 것 아닌가/새파란 시냇가에/기랑의 얼굴이 있구나/이로부터 시냇가 조약돌에/낭이 지니시던/마음의 가를 좇고 싶어라/아! 잣가지 높아/서리 모를 화판이여

　　ⓛ 설총(6두품)
　　　• 원효의 아들로, 이두를 집대성
　　　• 풍왕서(화왕계)를 지어 국왕의 유교적 도덕 정치를 강조
　　② 통일 이후의 유학자 : 당과 교류가 활발해지면서 도당 유학생이 증가
　　　㉠ 김대문(진골)
　　　　• 성덕왕 때 주로 활약한 통일 신라의 대표적 문장가
　　　　• 〈악본〉, 〈화랑세기〉, 〈고승전〉, 〈한산기〉, 〈계림잡전〉 등이 유명(모두부전)
　　　㉡ 최치원(6두품)
　　　　• 당의 빈공과(賓貢科)에 급제하고 귀국 후 진성여왕에게 개혁안 10여조를 건의(수용되지 않음)
　　　　• 골품제의 한계를 자각하고 과거 제도를 주장하였으며, 반신라적 사상을 견지
　　　　• 〈계원필경〉(현존 최고의 문집), 〈제왕연대력〉, 〈법장화상전〉 등을 저술
　　　　• 4산 비명 : 숭복사비, 쌍계사 진감선사비, 성주사 낭혜화상탑비, 봉암사 지증대사비

실력UP　도당 유학생

- **유학의 배경** : 전제 왕권 확립을 위한 유교 정치 이념의 필요성 인식, 방계 귀족에 대한 견제
- **기능** : 유학생이자 외교관의 기능을 겸하며, 정치적 인질의 성격을 지니기도 함
- **대표적 유학생** : 최치원, 최승우, 최언위 등
- **특징**
  - 대부분 6두품 출신으로, 다수가 빈공과에 합격(신라인 80명, 발해인 10명가량)
  - 실력 위주의 풍토를 정착시킴으로써 과거 제도가 마련되는 배경으로 작용
  - 귀국 후 신분적 한계로 정치 참여가 제한되었으며 주로 왕의 고문 역할을 수행, 왕권 강화 · 과거제 실시 · 국사 편찬 등의 필요성을 제시
  - 골품제와 신라 사회의 모순을 비판하며 새로운 사회로의 방향을 제시

(5) 향가의 발달

① 편찬 : 한자를 빌어 표기, 주로 불교 수용 후 화랑과 승려가 지음
② 내용 : 화랑에 대한 사모의 심정, 형제간의 우애, 동료 간의 의리, 공덕이나 불교에 대한 신앙심, 부처님의 찬양, 지배층의 횡포에 대한 비판 등
③ 대표작 : 원왕생가, 모죽지랑가, 헌화가, 도솔가, 제망매가, 찬기파랑가, 안민가, 처용가 등

3. 교육 및 역사

(1) 삼국의 교육

① 교육의 특징 : 문무 일치 · 귀족 중심 · 수도 중심의 교육
② 교육 기관 및 유학의 교육 : 한자의 보급과 함께 교육 기관이 설립됨
　㉠ 고구려 : 수도에 태학(유교 경전과 역사 교육), 지방에 경당 설치
　㉡ 백제 : 5경 박사와 의박사 · 역박사 등이 유교 경전과 기술학 교육

ⓒ 신라 : 임신서기석(유교 경전을 공부했음을 알 수 있음), 화랑도(세속 5계), 한
자 및 이두 사용

(2) 남북국의 교육

① 통일 신라

ㄱ 국학

- 신문왕 때 설립(682)한 유학 교육 기관으로, 충효 사상 등 유교 정치 이념
을 통해 전제 왕권 강화에 기여
- 경덕왕 때 태학이라 고치고 박사와 조교를 두어 〈논어〉와 〈효경〉 등의 유
교 경전을 교육, 혜공왕 때 국학으로 환원
- 입학 자격은 15~30세의 귀족 자제로 제한되며, 졸업 시 대나마 · 나마의 관
위를 부여
- 〈논어〉와 〈효경〉을 필수 과목으로 하며, 〈주역〉 · 〈상서〉 · 〈모시〉
· 〈예기〉 · 〈좌씨전〉 등을 수학

ㄴ 독서삼품과

- 원성왕 때(788) 시행한 관리 등용 제도로, 유교 경전의 이해 수준에 따라 3
등급으로 구분해 관리를 등용(상품 · 중품 · 하품)
- 골품이나 무예를 통해 관리를 등용하던 방식에서 벗어나, 유교 교양을 시험
하여 관리를 등용함으로써 충효일치를 통한 전제 왕권 강화에 기여

② 발해

ㄱ 학문 발달을 장려 : 당에 유학생을 보내고 서적을 수입

ㄴ 한학 교육을 장려

- 주자감을 설립하여 귀족 자제들에게 유교 경전을 교육
- 6부의 명칭이 유교식이며, 정혜공주 · 정효공주 묘비문은 4 · 6 변려체의
한문으로 작성됨, 5경과 〈맹자〉, 〈논어〉, 3사(〈사기〉 · 〈한서〉 · 〈후한서〉),
〈진서〉, 〈열녀전〉 등을 인용
- 외교 사신(양태사, 왕효렴 등)과 승려(인정, 인소 등) 중 많은 사람이 한시
에 능통

(3) 역사서의 편찬

① 삼국의 사서 편찬

ㄱ 고구려 : 영양왕 때 이문진이 국초의 〈유기(留記)〉를 간추려 〈신집(新集)〉5권
을 편찬

ㄴ 백제 : 근초고왕 때 고흥이 〈서기(書記)〉를 편찬

ㄷ 신라 : 진흥왕 때 거칠부가 〈국사(國史)〉를 편찬

② 통일 신라의 사서 편찬

ㄱ 김대문 : 통일 신라의 대표적 문장가

- 대표적 저서 : 〈악본〉, 〈고승전〉, 〈한산기〉, 〈계림잡전〉, 〈화랑세기〉 등

ㄴ 최치원 : 〈제왕연대력〉을 저술

임신서기석

1934년 경주에서 발견된 것으로 신라의
두 젊은이 사이에 맺은 약속이 새겨져
있는데, 국가에 대한 충성과 3년 내에
시 · 〈상서〉 · 〈예기〉 등을 습득할 것을
맹세한다고 기록되어 있음

임신서기석

독서삼품과의 등급 구분

- 삼품(三品)
  - 상품 : 〈좌씨전〉 · 〈예기〉 · 〈문선〉에
  능하고, 〈논어〉 · 〈효경〉을 이해하
  는 자
  - 중품 : 〈곡례〉 · 〈논어〉 · 〈효경〉을
  읽은 자
  - 하품 : 〈곡례〉 · 〈효경〉을 읽은 자
- 특품(特品) : 5경 · 3사 · 제자백가에
능통한 자로, 특품 합격자는 서열에
관계없이 특채

고대 역사서의 한계

종교적 · 설화적 성격으로 인해 합리성
이 부족하며, 역사 서술의 주체를 국왕
에게 집중함

삼국 불교의 성격
- 호국적 사상(〈인왕경〉이 널리 읽힘)
- 왕실 · 귀족 중심의 불교(왕실이 앞장서서 수용)
- 토착 신앙의 흡수(샤머니즘적 성격)
- 현세 구복적

정토 신앙(아미타 신앙 · 미륵 신앙)과 관음 신앙
- **아미타 신앙** : 내세에 극락정토를 확신하는 신앙
- **미륵 신앙** : 미륵이 중생을 구제한다는 신앙
- **관음 신앙** : 현세의 고난 구제를 확신하는 신앙

교종의 창시자 및 사찰

종파	창시자	사찰
열반종	보덕(고구려) : 중생은 모두 부처가 될 수 있는 불성을 지님	경복사 (전주)
계율종	자장(신라)	통도사 (양산)
법성종	원효 : 5교의 통합을 주장	분황사 (경주)
화엄종	의상	부석사 (영주)
법상종	진표 : 미륵 신앙 (이상 사회, 업설) 원측 : 유식 불교	금산사 (김제)

4. 삼국 시대의 불교

(1) 불교의 수용

① 삼국 시대의 불교 전래
- ㉠ 고구려 : 중국 전진(前秦)의 순도를 통하여 소수림왕 때 전래(372)
- ㉡ 백제 : 동진(東晉)의 마라난타를 통해 침류왕 때 전래(384)
- ㉢ 신라 : 고구려 묵호자를 통해 전래, 6세기 법흥왕 때 국가적으로 공인(527)

② 삼국 시대 불교의 성격 : 왕실과 귀족을 중심으로 수용 · 공인, 호국적 성격, 대승 불교가 주류를 이룸

(2) 삼국의 불교

① 고구려 : 북위 불교의 영향을 받음
② 백제 : 중국 남조 불교의 영향을 받음, 후기의 불교는 호국적 성격
③ 신라 : 삼국 중 불교 수용이 가장 늦음, 불교를 국가 발전에 가장 효율적으로 이용

(3) 신라의 명승 ⭐빈출개념

① 원광(圓光)
- ㉠ 대승 불교 정착에 공헌 : 자신의 사상을 일반 대중에게 쉽고 평범한 말로 전파
- ㉡ 걸사표(乞師表) : 진평왕 31년(608)에 고구려가 신라 변경을 침범했을 때 왕의 요청으로 수나라에 군사적 도움을 청하는 걸사표를 지음
- ㉢ 세속오계 : 화랑의 기본 계율이자 불교의 도덕률로서 기능

② 자장(慈藏)
- ㉠ 636년 당에서 귀국한 후 대국통을 맡아 승려의 규범과 승통의 일체를 주관
- ㉡ 황룡사 9층탑 창건을 건의하고 통도사와 금강계단을 건립

5. 남북국 시대의 불교

(1) 통일 신라

① 불교의 정립 : 삼국 불교 유산을 토대로 하여 다양하고 폭넓은 불교 사상 수용의 기반을 마련
② 불교의 특징 : 불교 대중화 운동의 전개(원효의 아미타신앙), 밀교 신앙의 성행
③ 교종의 5교
- ㉠ 성립 : 통일 전에 열반종 · 계율종이, 통일 후 법성종 · 화엄종 · 법상종이 성립
- ㉡ 특성 : 중대 전제 왕권 강화에 기여, 화엄종과 법상종이 가장 유행
④ 명승
- ㉠ 원효(元曉, 617~686)
  - 〈대승기신론소〉, 〈금강삼매경론〉, 〈십문화쟁론〉 등을 저술
  - '모든 것이 한마음에서 나온다'는 일심 사상(一心思想)을 바탕으로 종파들 간의 사상적 대립을 조화시키고, 여러 종파의 사상을 융합하는 화쟁 사상을 주창

- 불교 대중화의 길을 엶(고려 시대 의천과 지눌에 영향을 미침)
- 경주 분황사에서 법성종(法性宗)을 개창
ⓛ 의상(義湘, 625~702)
- 화엄종을 연구
- 〈화엄일승법계도〉를 저술하여 화엄 사상을 정립
- 화엄의 근본 도량이 된 부석사(浮石寺)를 창건(676)하고, 화엄 사상을 바탕으로 교단을 형성하여 제자를 양성하고 불교 문화의 폭을 확대
- 모든 사상을 보다 높은 차원에서 하나로 조화시키는 원융 사상(일즉다 다즉일(一卽多 多卽一)의 원융 조화 사상)을 설파
- 아미타 신앙과 함께 현세에서 고난을 구제받고자 하는 관음 신앙을 설파
ⓒ 진표(眞表, ?~?)
- 김제 금산사를 중심으로 법상종을 개척
- 미륵 신앙(이상 사회, 업설)이 일반 백성에 널리 유포되는 데 기여)
② 원측(圓測, 613~696)
- 당의 현장에게서 유식 불교(唯識佛敎)를 수학(유식 불교의 대가)
- 현장의 사상을 계승한 규기(窺基)와 논쟁하여 우위를 보임
ⓜ 혜초(慧超, 704~787)
- 인도에 가서 불교를 공부하고 〈왕오천축국전〉을 남김
- 인도 순례 후 카슈미르, 아프가니스탄, 중앙아시아 일대까지 답사

(2) 선종(禪宗)의 발달

① 특징
ⓛ 기존의 사상 체계에 의존하지 않고 스스로 사색하여 진리를 깨닫는 것을 중시
ⓛ 개인적 정신 세계를 찾는 경향이 강하여 좌선을 중시
ⓒ 교종에 반대하고 반체제적 입장에서 지방의 독자적 세력을 구축하려는 호족의 성향에 부합
② 역사적 의의
ⓛ 경주 중심의 문화를 극복하고 지방 문화의 역량을 증대(지방을 근거로 성장)
ⓛ 중국 문화에 대한 이해와 인식의 폭을 확대(한문학 발달에 영향)
ⓒ 새로운 시대의 이념과 사상을 제공
② 불교 의식과 권위를 배격, 종파 불교가 본격적으로 전개됨
ⓜ 승탑과 탑비의 유행 : 쌍봉사 철감선사 승탑, 4산비명 등
③ 9산의 성립 : 선종 승려 중에는 지방의 호족 출신이 많아 주로 지방에 근거지를 두었는데, 그 중 대표적인 9개의 선종 사원을 9산 선문이라고 함
④ 교종과의 비교

구분	교종(敎宗)	선종(禪宗)
전래	상대(눌지왕 때 최초 전래)	상대(선덕여왕 때 법랑이 전래)
융성기	중대(귀족 및 왕실 계층)	하대(호족 불교로 발전)

SEMI-NOTE

왕오천축국전(往五天竺國傳)
혜초가 인도를 여행하고 쓴 기행문으로, 프랑스 학자 펠리오(Pelliot)가 간쑤성(甘肅省) 둔황(敦煌)의 석굴에서 발견, 현재 프랑스 국립 도서관에 소장

선종 9산

종파	• 열반종 : 보덕 • 계율종 : 자장 • 법성종 : 원효 • 화엄종 : 의상 • 법상종 : 진표	• 가지산문 : 도의 • 동리산문 : 혜철 • 사자산문 : 도윤 • 성주산문 : 무염 • 수미산문 : 이엄	• 실상산문 : 홍척 • 봉림산문 : 현욱 • 사굴산문 : 범일 • 희양산문 : 도헌
성격	• 교리 연구 · 경전 해석 치중 • 불교 의식 및 행사 중시 • 염불과 독경 중시	• 개인의 정신 수양 강조 • 좌선(坐禪) 중시 • 불립문자(不立文字) • 견성오도(見性悟道)	
영향	• 조형 미술의 발달 • 왕권 전제화에 공헌	• 조형 미술의 쇠퇴 • 중국 문화에 대한 이해의 폭 확대 • 후삼국 및 고려 건립의 정신적 지주	

발해의 불교
문왕은 불교적 성왕을 자칭, 상경에서는 10여 개의 절터와 불상이 발굴

현무도(강서대묘)

산수 무늬 벽돌

백제 금동대향로

사택지적비

(3) 발해의 불교
① 고구려 불교의 영향
　㉠ 수도 상경의 절터 유적과 불상, 석등, 연화 무늬 기와, 이불병좌상 등
　㉡ 왕실과 귀족 중심의 불교로, 절터 등의 유적은 주로 5경에 집중되어 있음
② 종파 : 관음 신앙과 법화 신앙(이불병좌상)
③ 석인정, 석정소 등은 발해의 대표적 명승으로, 불법을 널리 전파

6. 도교와 풍수 지리설

(1) 도교
① 전래 시기 : 고구려 영류왕(624) 때 전래
② 신봉 계층 : 진골에 반발하던 6두품 계층이 신봉하여 반신라적 성격을 지님
③ 내용 : 노장 사상, 즉 무위자연을 이상으로 여기는 일종의 허무주의 사상
④ 도교 사상의 반영
　㉠ 고구려 : 강서고분의 사신도(四神圖)와 비선(飛仙), 보장왕 때 연개소문의 요청으로 불교 세력을 누르기 위해 도교를 장려
　㉡ 백제
　　• 산수 무늬 벽돌(산수문전) : 삼신산, 도관, 도사의 문양
　　• 백제 금동대향로 : 주작, 봉황, 용
　　• 사택지적비 : 노장 사상의 허무주의적 내용이 담겨 있음
　　• 무령왕릉 지석의 매지권
　㉢ 신라 : 도교적 요소가 삼국 중 가장 뚜렷
　㉣ 통일 신라 : 12지신상, 4영지, 안압지, 4산 비명 등
　㉤ 발해 : 정혜공주와 정효공주 묘지의 4 · 6 변려체, 정효공주 묘의 불로장생 사상

(2) 풍수지리설(風水地理說)
① 전래 : 신라 말 도선 등의 선종 승려들이 중국에서 유행한 풍수지리설을 전래
② 내용 : 산세와 수세를 살펴 도읍 · 주택 · 묘지 등을 선정하는 인문지리적 학설로,

국토의 효율적인 이용과 관련됨

③ **영향** : 다른 지방의 중요성을 자각하는 계기, 선종과 함께 나말 신라 정부의 권위를 약화시키는 구실

7. 천문학과 수학

(1) 천문학의 발달

① **천체 관측** : 삼국은 천문 기상을 담당하는 관리로 일관, 일자 등을 둠

　㉠ **고구려** : 천문도(天文圖), 고분 벽화에도 해와 달의 그림이 남아 있음

　㉡ **백제** : 역박사를 두었고, 천문을 관장하는 일관부가 존재

　㉢ **신라** : 7세기 선덕여왕 때에 현존하는 세계 최고(最古)의 천문대인 첨성대(瞻星臺)를 세워 천체를 관측

② **천체 관측의 목적**

　㉠ **농업면** : 농경과 밀접한 관련이 있었으므로 중시

　㉡ **정치면** : 왕의 권위를 하늘과 연결시키려고 함

(2) 수학의 발달

① 여러 조형물을 통해 수학이 높은 수준에 이르렀음을 짐작할 수 있음

② **수학적 조형물**

　㉠ **삼국 시대** : 고구려 고분의 석실이나 천장의 구조, 백제의 정림사지 5층 석탑, 신라의 황룡사 9층 목탑 등

　㉡ **통일 신라** : 국학에서 산학을 학습(석굴암, 불국사 3층 석탑, 다보탑 등)

8. 목판 인쇄술과 제지술

(1) 발달 배경 및 의의

불교 문화의 발달에 따라 불경 등의 인쇄를 위한 목판 인쇄술과 제지술 발달, 통일 신라의 기록 문화 발전에 크게 기여

(2) 목판 인쇄술(무구정광 대다라니경)

무구정광 대다라니경은 8세기 초엽에 만들어진 불경으로, 현존하는 세계 최고(最古)의 목판 인쇄물, 1966년 불국사 3층 석탑(석가탑)에서 발견됨

(3) 제지술

무구정광 대다라니경에 사용된 종이는 닥나무로 만들어진 것으로 지금까지 보존될 수 있을 만큼 품질이 우수함, 구례 화엄사 석탑에서 발견된 두루마리 불경에 쓰인 종이도 통일 신라 시대에 만들어진 것이며, 얇고 질기며 아름다운 백색을 간직하고 있음

9. 금속 제련술의 발달

도선(道詵)

도선은 전 국토의 자연환경을 유기적으로 파악하는 인문 지리적인 지식에 경주 중앙 귀족들의 부패와 무능, 지방 호족 세력의 대두, 안정된 사회를 바라는 일반 백성들의 염원 등 당시 사회상에 대한 인식을 종합하여 풍수지리설로 체계화

천문학자 김암

• 김유신의 손자로 당에서 음양학을 배워 〈둔갑입성법〉을 저술, 귀국 후 사천대 박사로 임명

• 병학에 능해 패강진 두상으로 재직 시 6진 병법을 가르치기도 함

석굴암

정밀한 기하학 기법을 응용한 배치로 조화미를 추구

무구정광 대다라니경

• 국보 제126호로, 목판으로 인쇄된 불경, 불국사 3층 석탑(석가탑)의 해체 · 복원 공사가 진행되던 1966년 탑신부 제2층에 안치된 사리함 속에서 다른 유물들과 함께 발견

• 출간 연대의 상한과 하한은 700년대 초~751년인데, 이는 이전까지 가장 오래된 인경으로 알려진 일본의 백만탑다라니경(770년에 인쇄)보다 앞선 것

칠지도

백제 금동대향로

사신도(四神圖)
• 각각 동 · 서 · 남 · 북의 방위를 지키는 사방위신(四方位神)인 청룡 · 백호 · 주작 · 현무를 그린 고분벽화
• 무덤의 사방을 수호하는 영물(靈物)을 그린 것으로, 도교의 영향 받아 죽은 자의 사후세계를 지켜준다는 믿음을 담고 있음

수렵도

(1) 고구려

① 철광석이 풍부하여 제철 기술이 발달함(철 생산이 국가의 중요 산업)
② 고구려 지역에서 출토된 철제 무기와 도구 등은 그 품질이 우수함

(2) 백제

① 칠지도(七支刀) : 강철로 만든 우수한 제품, 4세기 후반에 근초고왕이 왜왕에게 하사한 것
② 백제 금동대향로 : 백제의 금속 공예 기술이 중국을 능가할 정도로 매우 뛰어났음을 보여 주는 걸작품, 불교와 도교의 요소 반영

10. 고분과 벽화

(1) 고구려

① 고분 : 초기에는 주로 돌무지 무덤을 만들었으나 점차 굴식 돌방 무덤으로 바뀌어 감
  ㉠ 돌무지 무덤(석총) : 돌을 정밀하게 쌓아 올린 고분 형태로, 벽화가 없는 것이 특징
  ㉡ 굴식 돌방 무덤(횡혈식 석실, 토총)
    • 돌로 널방을 짜고 그 위에 흙으로 덮어 봉분을 만든 것으로, 널방의 벽과 천장에는 벽화를 그리기도 함, 모줄임 천장, 도굴이 쉬움
② 고분 벽화 : 당시 고구려 사람들의 생활 · 문화 · 종교 등을 파악할 수 있는 귀중한 자료

고분	벽화	특징
삼실총	무사 · 역사의 벽화	원형으로 된 봉분 안에 세 개의 널방(현실)이 ㄱ자형으로 위치
각저총	씨름도	만주 통거우에 있는 토총, 귀족 생활 별자리 그림
무용총	무용도, 수렵도	14명이 춤추는 무용도, 수렵 · 전쟁을 묘사한 수렵도, 거문고 연주도
쌍영총	기사도, 우거도 (牛車圖), 여인도	서역 계통의 영향, 전실과 후실 사이의 팔각쌍주와 두 팔천정은 당대의 높은 건축술과 예술미를 반영
강서대묘	사신도(四神圖)	사신도와 선인상, 사신도는 도교의 영향을 받은 것으로 색의 조화가 뛰어나며 정열과 패기를 지닌 고구려 벽화의 걸작
덕흥리 고분	견우직녀도	5세기 초의 고분으로, 견우직녀도와 수렵도, 하례도(賀禮圖), 기마행렬도, 베 짜는 모습, 마구간, 외양간 등이 그려져 있음
장천 1호분	예불도, 기린도	장천 1호분의 기린상과 천마총의 천마상은 고구려와 신라의 문화적 연계성을 보여줌

안악 3호분	대행렬도, 수박도(手搏圖)	고구려 지배층의 행사를 그린 대행렬도와 수박도 등이 발견됨

(2) 백제

① 고분 ★ 빈출개념

　㉠ 한성 시대 : 초기 한성 시기에는 같은 계통인 고구려의 영향을 받아 계단식 돌무지 무덤(→ 석촌동 고분 등)이 중심

　㉡ 웅진 시대 : 굴식 돌방 무덤과 널방을 벽돌로 쌓은 벽돌 무덤(공주 송산리 고분군의 무령왕릉, 6세기경 중국 남조의 영향을 받음)이 유행

　㉢ 사비 시대 : 규모가 작지만 세련된 굴식 돌방 무덤이 유행(부여 능산리 고분)

② 고분 벽화 : 사신도(四神圖), 무령왕릉은 중국 남조의 영향을 받음

(3) 신라

① 통일 전 신라 : 거대한 돌무지 덧널 무덤(적석목곽분)

② 통일 신라 : 불교의 영향으로 화장이 유행, 무덤의 봉토 주위를 둘레돌(호석)로 두르고, 12지신상을 조각하는 독특한 양식 등장

(4) 발해의 고분 ★ 빈출개념

① 정혜공주 묘(육정산 고분군) : 굴식 돌방 무덤으로, 모줄임 천장 구조가 고구려 고분과 유사

② 정효공주 묘(용두산 고분군) : 묘지(墓誌)와 벽화가 발굴되었고, 유물은 높은 문화 수준을 입증

11. 건축과 탑

(1) 삼국 시대

① 건축 : 궁전 · 사원 · 무덤 · 가옥에 그 특색이 잘 반영

② 탑

　㉠ 고구려 : 주로 목탑을 건립

　㉡ 백제

　　• 익산 미륵사지 석탑 : 목탑 양식을 모방한 석탑으로 현재 우리나라에서 가장 오래된 탑(7세기 초에 건립되었으며, 현재 6층까지 남아 있음)

　　• 부여 정림사지 5층 석탑 : 미륵사지 석탑을 계승한 백제의 대표적인 석탑

　㉢ 신라

　　• 황룡사 9층 목탑 : 일본 · 중국 · 말갈 등 9개국의 침략을 막고 삼국을 통일하자는 호국 사상을 반영(몽고 침입 때 소실)

　　• 분황사 석탑 : 선덕여왕 때 만든 모전탑(석재를 벽돌 모양으로 만들어 쌓은 탑)으로 지금은 3층까지만 남아 있으며, 인왕상과 사자상이 조각되어 있음

③ 성곽 축조 : 방어 목적의 성곽을 다수 축조

무령왕릉

돌무지 덧널 무덤(천마총)

모줄임 천장 구조(강서대묘)

돌무지 덧널 무덤(적석목곽분)

• 신라에서 주로 만든 무덤, 지상이나 지하에 시신과 껴묻거리를 넣은 나무 덧널을 설치하고 그 위에 댓돌을 쌓은 다음 흙으로 덮음, 공간이 부족해 방이 따로 없으며, 벽화도 없는 것이 특징

• 도굴이 어려워 대부분 껴묻거리(부장품)가 남아 있음

미륵사지 석탑

정림사지 5층 석탑

감은사지 3층 석탑

진전사지 3층 석탑

쌍봉사 철감선사 승탑

(2) 통일 신라

① 건축

    ㉠ 통일 신라의 궁궐과 가옥은 남아 있는 것이 거의 없음

    ㉡ 불교가 융성함에 따라 사원을 많이 축조했는데, 8세기 중엽에 세운 불국사와 석굴암이 대표적

    ㉢ 안압지 : 통일 신라의 뛰어난 조경술(造景術)을 잘 드러냄

② 탑(塔)

    ㉠ 중대

      • 감은사지 3층 석탑 : 통일 신라 초기의 대표적인 석탑으로, 장중하고 웅대

      • 불국사 3층 석탑(석가탑) : 통일 이후 축조해 온 통일 신라 석탑의 전형으로, 날씬한 상승감 및 넓이와 높이의 아름다운 비례로 유명

      • 화엄사 4사자 3층 석탑 : 구례 화엄사에 있는 통일 신라 시대의 3층 석탑

    ㉡ 하대 : 진전사지 3층석탑(탑신에 부조로 불상을 새김), 쌍봉사 철감선사 승탑

(3) 발해

① 상경(上京) : 당의 수도인 장안을 본떠 건설하여 외성을 쌓고 남북으로 넓은 주작대로를 내어 그 안에 궁궐과 사원을 세움

② 사원터 : 동경성 등에서 발견되는 사원지에는 높은 단 위에 금당(金堂)을 짓고 내부 불단을 높이 마련하였으며, 금당 좌우에 건물을 배치

12. 불상과 공예(工藝)

(1) 불상

① 삼국 시대

    ㉠ 특징 : 불상 조각에서 두드러진 것은 미륵보살 반가상(彌勒菩薩半跏像)을 많이 제작한 것이며 이 중에서도 관을 쓰고 있는 금동 미륵보살 반가상은 날씬한 몸매와 그윽한 미소로 유명함

    ㉡ 고구려 : 연가 7년명 금동 여래 입상은 두꺼운 의상과 긴 얼굴 모습에서 북조 양식을 따르고 있음

    ㉢ 백제 : 서산 마애 삼존 석불은 석불로서 부드러운 자태와 온화한 미소가 특징

    ㉣ 신라 : 배리 석불 입상은 푸근한 자태와 부드럽고 은은한 미소가 특징

② 통일 신라 : 석굴암의 본존불과 보살상

③ 발해 : 불교가 장려됨에 따라 불상이 많이 제작됨

    ㉠ 고구려 양식 : 상경과 동경의 절터에서 발굴된 불상

    ㉡ 이불병좌상(二佛竝坐象) : 흙을 구워 만든 것으로, 두 부처가 나란히 앉아있는 모습을 나타냄

(2) 공예

① 통일 신라

㉠ 석조물 : 무열왕릉비의 이수, 귀부의 조각, 성덕대왕릉 둘레의 조각돌, 불국
사 석등, 법주사 쌍사자 석등
㉡ 범종(梵鐘)
  • 오대산 상원사 동종(성덕왕 24, 725) : 현존 최고(最古)의 종
  • 성덕대왕 신종(혜공왕 7, 771) : 봉덕사 종 또는 에밀레 종이라 하며, 맑고
    장중한 소리와 천상의 세계를 나타내 보이는 듯함
② 발해
㉠ 조각 : 기와 · 벽돌 등의 문양이 소박하고 직선적
㉡ 자기(磁器) : 가볍고 광택이 있으며 종류나 크기 · 모양 · 색깔 등이 매우 다양
하여 당나라로 수출

13. 글씨와 그림, 음악

(1) 서예

① 고구려 : 광개토대왕릉비의 비문은 웅건한 서체가 돋보임
② 통일 신라
㉠ 김생(金生) : 왕희지체로 유명한 통일 신라의 문필가, 신품사현의 한 사람
㉡ 김인문(金仁問) : 무열왕릉 비문 · 화엄사의 화엄경 석경 등이 전해짐
㉢ 요극일(姚克一) : 왕희지체 및 구양순체 모두에 능함

(2) 그림

① 천마도(天馬圖) : 경주 천마총에서 출토, 신라의 힘찬 화풍을 보여줌
② 솔거(率去) : 황룡사 벽화, 분황사 관음보살상, 단속사의 유마상 등

(3) 음악과 무용

① 고구려 : 영양왕 때 왕산악은 진(晉)의 칠현금을 개량하여 거문고를 만들고 많은
노래를 지음
② 백제 : 무등산가 · 선운산가 등이 유명
③ 신라 : 백결 선생(방아타령), 3죽(대 · 중 · 소 피리)과 3현(가야금 · 거문고 · 비파)
④ 가야 : 우륵은 가야금을 만들고 12악곡을 지었으며, 신라에 가야금을 전파
⑤ 발해 : 음악과 무용이 발달, 발해악(渤海樂)이 일본으로 전해짐

금동 미륵보살 반가 사유상

연가 7년명 금동 여래 입상

서산 마애 삼존 석불

이불병좌상

신품사현
명필가로 꼽히는 4사람을 지칭하는 것
으로, 통일 신라의 김생과 고려의 최
우 · 유신 · 탄연을 말함

천마도

9급공무원

한국사

나두공

03장 중세의 성립과 발전

중세의 성립과 발전

01절 중세의 통치 구조와 정치 활동

1. 후삼국의 성립과 소멸

(1) 후삼국의 성립

① 후백제의 성립과 발전
- ㉠ 건국(900) : 견훤이 완산주를 근거로 건국
- ㉡ 발전 : 신라 효공왕 4년(900)에 정식으로 후백제 왕을 칭하며 관직을 설치하고 국가 체제를 완비, 신라를 자주 침공

② 후고구려의 성립과 발전
- ㉠ 건국(901) : 궁예가 초적 세력을 기반으로 송악에서 건국
- ㉡ 발전 : 국호를 후고구려에서 마진(연호는 무태 · 성책)으로 고쳤다가, 수도를 철원으로 옮긴 후 국호를 다시 태봉(연호는 수덕만세 · 정개)으로 고침(911)
- ㉢ 통치 체제

태봉의 기관	역할 및 기능	고려의 해당 기관
광평성	• 태봉의 국정 최고 기관 • 수상 : 광치내	중서문하성
대룡부	인구와 조세	호부
수춘부 · 봉빈부	교육, 외교	예부
병부	군사	병부
납화부 · 조위부	재정	호부, 삼사
장선부	수리, 영선	공부
의형대	형벌	형부

※ 이외에도 기타 물장성(토목 · 건축), 원봉성(서적 관리), 비룡부(왕명 · 교서)등이 존재

(2) 고려의 건국 및 통일 정책

① 왕건의 기반 : 확고한 호족적 기반을 갖추고 새로운 사회 건설을 위한 이념과 철학을 지님
② 고려의 건국(918) : 왕건은 궁예를 몰아내고 왕위에 추대되면서 국호를 고려라 하고, 송악으로 천도(919)
③ 왕건의 통일 정책 : 지방 세력의 흡수 · 통, 적극적인 우호 정책

(3) 후삼국의 통일

① 신라의 병합(935) : 경순왕이 고려에 항복
② 후백제의 정벌(936) : 선산에서 신검군을 섬멸(후백제인을 상대적으로 냉대)

궁예의 탄생

궁예는 신라 사람으로 성은 김씨이다. 아버지는 헌안왕, 또는 경문왕이라고 한다. 그는 단옷날 외가에서 태어났는데, 그가 탄생하던 때 하얀 무지개가 집 위에서 하늘위로 뻗쳐 나갔다. 이를 보고 점을 치는 이가 말하기를, 나라에 이롭지 못한 징조라 기르지 않는 것이 좋겠다고 하였다. 왕은 신하를 시켜 그 집에 가 아이를 죽이라고 명령했다. 신하는 강보에 싸인 궁예를 다락 아래로 던졌는데, 이때 유모가 아이를 받다가 손가락으로 아이의 눈을 찔러 궁예는 한쪽 눈이 멀었다고 한다. 유모는 그 아이와 함께 멀리 도망하여 살았다.
– 〈삼국사기〉 –

견훤과 궁예의 공통 한계
- 국가 운영의 경륜 부족, 개국 이념 및 개혁 주도 세력의 부재
- 포악한 성격, 가혹한 수탈, 수취 체제 개선 실패(민심 수습 실패)

후고구려의 멸망(918)(고려의 건국)
- 지나친 미신적 불교(미륵 신앙)를 이용한 전제 정치와 폭정
- 전쟁 수행을 위한 과도한 조세 수취로 민심 이반
- 호족의 토착 기반이 부재(송악 지방의 호족 출신인 왕건에 의해 멸망)

③ 민족의 재통일
  ㉠ 발해가 거란에 멸망(926)당했을 때 고구려계 유민을 비롯해 많은 관리 · 학자 · 승려 등이 고려로 망명
  ㉡ 발해의 왕자 대광현을 우대하여 동족 의식을 분명히 함

2. 태조(1대, 918~943)의 정책

(1) 민족 융합 정책(중앙 집권 강화 정책)

① 호족 세력의 포섭 · 통합
  ㉠ 유력 호족을 통혼 정책(정략적 결혼), 사성(賜姓) 정책(성씨의 하사)
  ㉡ 지방 중소 호족의 향촌 자치를 부분적으로 허용
  ㉢ 지방 호족 세력의 회유 · 견제(사심관 제도와 기인 제도를 활용)

실력UP 사심관 제도와 기인 제도

• 사심관 제도 : 중앙의 고관을 출신지의 사심관으로 임명하고 그 지방의 부호장 이하 관리의 임명권을 지니도록 하여 향리 감독, 풍속 교정, 부역 조달 등의 임무와 지방의 치안 · 행정에 책임을 지도록 한 것(그 지방의 호족과 함께 연대책임을 짐). 왕권의 유지를 위한 호족 세력의 회유책의 일환으로 신라의 마지막 왕인 경순왕을 경주의 사심관에 임명한 것이 시초, 후에 조선 시대 유향소와 경재소로 분화됨
• 기인 제도 : 지방 호족에게 일정 관직(호장 · 부호장)을 주어 지방 자치의 책임을 맡기는 동시에 지방 호족과 향리의 자제를 인질로 뽑아 중앙에 머무르게 한 것. 지방 세력을 견제하고 왕권을 강화하기 위한 제도, 신라의 상수리 제도를 계승

② 왕권의 안정과 통치 규범의 정립
  ㉠ 지배 체제 강화 : 공로나 충성도, 인품 등을 기준으로 개국 공신이나 관리 등에게 역분전을 지급하고, 이를 매개로 지배 체제로 편입
  ㉡ 제도 정비 : 지방 지명 개정, 교육제도 정비
  ㉢ 훈요 10조 : 후대 왕들이 지켜야 할 정책 방향을 제시

(2) 민생 안정책(애민 정책)

① 취민유도 정책 : 호족의 가혹한 수취를 금함, 조세 경감(세율을 1/10로 인하)
② 민심 수습책 : 흑창(黑倉), 노비 해방, 황폐해진 농지를 개간

(3) 숭불 정책

① 불교의 중시 : 불교를 통해 민심을 수습하고 왕실의 안전을 도모, 연등회 · 팔관회 거행
② 사찰의 건립 등 : 3,000여 개의 비보 사찰을 설치, 승록사(僧錄司)를 설치

(4) 북진 정책

① 고구려 계승 및 발해 유민 포용 : 발해 유민을 적극 포용
② 서경의 중시 : 서경을 북진 정책의 전진 기지로 적극 개발(분사 제도)

민족 재통일의 의의
• 민족 화합 유도(후삼국의 통합 및 발해 유민 등을 포섭)
• 국통은 고구려를, 정통은 신라를 계승
• 영토의 확장(신라 시대 대동강 선에서 청천강~영흥만 선으로 확장)
• 골품제의 극복과 수취 체제의 개혁
• 호족이 문벌 귀족화되어 역사의 주역으로 등장
• 고대 사회에서 중세 사회로의 새로운 사회 건설 방향을 제시

역분전
고려 전기의 토지 제도 중 하나. 태조가 후삼국 통일에 공을 세운 신하·군사 등의 인품·공로·충성도를 기준으로 하여 지급한 수조지를 말함

태조의 4대 정책
민족 융합 정책(중앙 집권 강화 정책), 북진 정책, 숭불 정책, 애민 정책

훈요 10조
• 대업은 제불 호위(諸佛護衛)에 의하여야 하므로, 사원을 보호 · 감독할 것
• 사원은 도선의 설에 따라 함부로 짓지 말 것
• 왕위 계승은 적자 · 적손을 원칙으로 하되 마땅하지 아니할 때에는 형제 상속으로 할 것
• 거란과 같은 야만국의 풍속을 본받지 말 것
• 서경은 수덕(水德)이 순조로워 중요한 곳이 되니 철마다 가서 100일이 넘게 머무를 것
• 연등(燃燈)과 팔관(八關)은 주신(主神)을 함부로 가감하지 말 것
• 간언(諫言)을 받아들이고 참언(讒言)을 물리칠 것이며, 부역을 고르게 하여 민심을 얻을 것
• 차현(車峴, 차령) 이남의 인물은 조정에 등용하지 말 것
• 관리의 녹은 그 직무에 따라 제정하되 함부로 증감하지 말 것
• 경사(經史)를 널리 읽어 옛일을 거울로 삼을 것

SEMI-NOTE

만부교 사건

발해를 멸망시킨 거란이 고려와 교류하기 위해 사신을 보내자, 태조는 사신을 귀양 보내고 선물로 보낸 낙타를 만부교에 묶어 두어 아사하도록 함

왕규의 난

• 정종 초기, 왕규가 외손자인 광주 원군을 왕으로 세우고자 일으킨 반란
• 왕규는 두 딸을 태조의 15번째 · 16번째 비로 들여보냈는데, 이후 태조의 맏아들 혜종이 즉위하자 몇 번이고 암살 시도를 하였으나 모두 실패
• 이후 혜종이 죽고 그 동생인 정종이 즉위하자 왕규는 난을 일으켰으나, 이전부터 그를 주시하고 있던 정종의 대처와 왕식렴의 개입으로 실패

경종(5대, 975~981)의 전시과 시행과 반동 정치

• 시정 전시과 시행 : 전국적 규모로 전 · 현직의 모든 관리에게 등급에 따라 토지를 차등 지급하였는데, 관품 이외에 인품도 고려한 점에서 역분전의 성격이 잔존
• 반동 정치 : 광종 때 개혁 정치의 주역들이 제거되고 공신 계열의 반동 정치가 행해짐

최승로의 노비환천법 건의안

천예들이 때나 만난 듯이 윗사람을 능욕하고 저마다 거짓말을 꾸며 본주인을 모함하는 자가 이루 헤아릴 수 없었습니다. …… 바라건대, 전하께서는 옛일을 심각한 교훈으로 삼아 천인이 윗사람을 능멸하지 못하게 하고, 종과 주인 사이의 명분을 공정하게 처리하시십시오. …… 전대에 판결한 것을 캐고 따져서 분쟁이 열리지 않도록 해야 하겠습니다.

③ 거란 및 여진에 대한 강경책 : 국교 단절, 만부교 사건(942), 여진족 축출

3. 광종의 개혁 정치와 왕권 강화

(1) 초기 왕권의 불안정

① 혜종(2대, 943~945) : 통일 과정의 혼인 정책의 부작용으로 왕자들과 외척 간의 왕위 계승 다툼이 발생(왕규의 난 등)
② 정종(3대, 945~949) : 왕규의 난 진압(945), 서경 천도 계획, 광군의 육성(947)

(2) 광종(4대, 949~975)의 왕권 강화 ★빈출개념

① 왕권 강화 정책 : 왕권의 안정과 중앙 집권 체제 확립을 위해 혁신적 정책을 추진
  ㉠ 개혁 주도 세력 강화 : 개국 공신 계열의 훈신 등을 숙청하고 군소 호족과 신진 관료 중용
  ㉡ 군사 기반 마련 : 내군을 장위부로 개편하여 시위군을 강화
  ㉢ 칭제 건원 : 국왕을 황제라 칭하고 광덕 · 준풍 등 독자적 연호를 사용
  ㉣ 노비안검법 실시(광종 7, 956) : 양인이었다가 불법으로 노비가 된 자를 조사하여 해방시켜 줌으로써, 호족 · 공신 세력을 약화시키고 국가 재정 수입 기반을 확대
  ㉤ 과거 제도의 실시(광종 9, 958) : 유학을 익힌 신진 인사를 등용해 호족 세력을 누르고 신구 세력의 교체를 도모
  ㉥ 백관의 공복 제정(광종 11, 960) : 지배층의 위계 질서 확립을 목적으로 제정
  ㉦ 주현공부법(州縣貢賦法) : 국가 수입 증대와 지방 호족 통제를 위해 주현단위로 공물과 부역의 양을 정함
  ㉧ 불교의 장려
    • 왕사 · 국사 제도 제정(968) : 혜거를 최초의 국사로, 탄문을 왕사로 임명
    • 불교 통합 정책 : 균여로 하여금 귀법사를 창건하여 화엄종을 통합케 하고, 법안종(선종)과 천태학(교종)을 통한 교선 통합을 모색
② 구휼 정책의 시행 및 외교 관계의 수립 : 제위보 설치, 송과 외교 관계 수립(962)

4. 성종(6대, 981~997)의 유교 정치

(1) 중앙 집권 체제의 확립

① 중앙 정치 기구의 개편
  ㉠ 2성 6부의 중앙 관제 마련 : 당의 3성 6부 제도를 기반
  ㉡ 중추원과 삼사(三司) 설치 : 송의 관제를 모방하여 설치
  ㉢ 도병마사와 식목도감 : 고려의 실정에 맞는 독자적 기구로 설치
  ㉣ 6위의 군사 제도 정비 : 목종 때 2군을 정비하여 2군 6위의 군사 제도 완비
② 지방 제도 정비 : 12목 설치, 향직 개편
③ 분사 제도(分司制度) : 태조 때 착수하여 예종 때 완비
  ㉠ 서경을 중시하기 위해 서경에 분사(分司)를 두고 부도읍지로서 우대

ⓛ 묘청의 서경 천도 운동을 계기로 한때 폐지
④ 사회 시설의 완비 ★ 빈출개념
　㉠ 흑창을 확대한 빈민 구제 기관인 의창을 설치
　ⓛ 개경과 서경, 12목에 물가 조절 기관인 상평창(常平倉) 설치
⑤ 권농 정책 : 호족의 무기를 몰수하여 농구를 만들고 기곡(祈穀)·적전(籍田)의 예를 실시하여 농사를 권장
⑥ 노비환천법의 실시 : 해방된 노비가 원주인을 모독하거나 불손한 때 다시 천민으로 만드는 법(노비안검법과는 달리 왕권 강화와는 무관한 제도), 최승로의 건의로 채택
⑦ 건원중보 주조 : 우리나라 최초의 화폐, 거의 쓰이지 못함

(2) 성종의 국정 쇄신

① 국정의 쇄신과 유교 정치의 실현
　㉠ 신라 6두품 출신의 유학자들이 국정을 주도하면서 유교 정치 실현
　ⓛ 5품 이상의 관리로 하여금 정치에 대한 비판과 정책을 건의하는 글을 올리게 함
② 최승로의 시무 28조 채택 : 유교 정치 이념의 확립
　㉠ 주요 내용
　　• 유교 정치 이념을 토대로 하는 중앙 집권적 귀족 정치 지향
　　• 유교적 덕치, 왕도주의와 도덕적 책임 의식
　　• 지방관 파견과 12목 설치, 군제 개편, 대간 제도 시행
　　• 신하 예우 및 법치 실현, 왕실의 시위군·노비·가마의 수 감축
　　• 호족 세력의 억압과 향리 제도 정비(향직 개편, 호족의 무기 몰수)
　　• 집권층·권력층의 수탈 방지 및 민생 안정 추구
　　• 유교적 신분 질서의 확립
　　• 유교적 합리주의를 강조하여 불교의 폐단을 지적·비판
　　• 대외 관계에서 민족의 자주성 강조
　　• 개국 공신의 후손 등용 등
　ⓛ 유·불의 분리(정치와 종교 분리) : 유교 정치 이념의 확립, 세계관이나 일상생활은 불교 원리가 지배

실력up 외관(外官) 설치 및 지방관 파견

왕이 백성을 다스리는 데 집집마다 찾아가 매일같이 돌보는 것은 아니므로 수령을 나누어 보내 백성들의 이해를 살피게 하는 것입니다. 그러므로 우리 성조(聖祖)께서도 통합한 뒤에 외관을 두고자 하였으나, 대개 초창기였으므로 일이 번거로워 겨를이 없었습니다. 지금 가만히 보건대 향호(鄕豪)가 매양 공무를 빙자하고 백성을 침포(侵暴)하니 그들이 견뎌 내지 못합니다. 청컨대, 외관을 두소서. 비록 일시에 다 보내지 못한다 하더라도 먼저 여러 주현을 아울러 한 사람의 관원을 두고, 그 관원에 각기 2~3원을 설치하여 애민하는 일을 맡기소서.
– 시무 28조 –

성종의 유학 교육의 진흥
• 개경에 국립대학인 국자감을 개설하고 도서관으로 비서원(개경)과 수서원(서경) 설치
• 지방에 경학 박사와 의학 박사를 파견하여 지방 호족 자제를 교육
• 유학 진흥을 위해 문신월과법(文臣月課法)을 실시(문신의 자질을 향상시키기 위해 매월 문신들에게 시부를 지어 바치게 한 제도)
• 과거 제도를 정비하고 교육 장려 교서를 내림

시무 28조
불교는 수신(修身)의 본이요, 유교는 이국(理國)의 본인데 현실을 무시하고 어찌 불교 행사를 일삼을 수 있겠습니까.

성종 이후 왕들의 업적
• 현종(8대, 1009~1031) : 도병마사 설치, 5도 양계 확립, 주현공거법 시행(향리 자제 과거응시자격 부여), 면군급고법 제정, 연등화팔관회 부활
• 덕종(9대, 1031~1034) : 천리장성 축조 시작, 이씨 등 보수 세력 집권
• 정종(10대, 1034~1046) : 천리장성 완성, 거란의 연호 사용, 천자수모법(노비 상호간의 혼인으로 생긴 소생의 소유권을 비의 소유주(婢主)에게 귀속시킨다는 법규) 시행
• 문종(11대, 1046~1083) : 삼심제(사형수) 제도화, 남경 설치(한양을 남경으로 지정), 12사학 형성, 국자감 재생, 고과법 제정, 흥왕사 창건
• 선종(13대, 1083~1094) : 송과 일본과의 활발한 교류
• 숙종(15대, 1095~1105) : 서적포 설치, 여진에 대패, 별무반 구성, 화폐 주조(주전도감 설치), 천태종 후원
• 예종(16대, 1105~1122) : 여진 정벌, 동북 9성 축조
• 인종(17대, 1122~1146) : 이자겸의 난(1126), 묘청의 서경 운동(1135)

63

중앙 정치 조직

한눈에 쏙~

광종, 노비안검법 실시(956) ▶ 광종, 과거제 실시(958) ▶ 경종, 시정 전시과 실시(976)

5. 중앙 정치 조직

(1) 2성 6부
① 중서문하성(재부) : 최고 정무 기관, 재신과 낭사로 구성, 중서문하성(재부)과 중추원(추부)을 합쳐 재추를 구성
② 상서성 : 실제 정무를 나누어 담당하는 육부를 두고 정책의 집행을 담당
③ 육부 : 형식상 상서성 소속이나 직접 국왕과 연결됨, 각 부의 장관은 상서, 차관은 시랑

(2) 중추원(中樞院)과 삼사(三司)
① 중추원(추부, 추밀원) : 2품 이상의 추신(또는 추밀, 군사 기밀 담당)과 3품 이하의 승선(왕명 출납을 담당하는 비서)으로 구성, 장은 판원사
② 삼사 : 전곡(화폐와 곡식)의 출납에 대한 회계와 녹봉 관리를 담당, 장은 판사

(3) 도병마사와 식목도감 ★ 빈출개념
① 도병마사(都兵馬使)
  ㉠ 국방 문제를 담당하는 임시 기구로, 성종 때 처음 시행
  ㉡ 고려 후기의 원 간섭기(충렬왕)에 도평의사사(도당)로 개편되면서 구성원이 확대(중서문하성의 재신과 간관, 중추원의 추신과 승선, 삼사 등)되고 국정 전반의 중요 사항을 합의·집행하는 최고 상설 정무 기구로 발전(조선 정종 때 혁파)
② 식목도감(式目都監) : 법의 제정이나 각종 시행 규정을 다루고 국가 중요 의식을 관장, 장은 판사

(4) 기타 기관
① 어사대(御史臺)
  ㉠ 기능 : 정치의 잘잘못을 논하고 관리들의 비리를 감찰, 장은 판사
  ㉡ 대간(臺諫) : 어사대의 관원(대관)은 중서문하성의 낭사(간관)와 함께 대간(대성)을 구성하여, 간쟁·봉박권·서경권을 가짐(견제를 통한 균형유지)
② 한림원 : 국왕의 교서와 외교 문서를 관장, 장은 판원사
③ 춘추관 : 사관(史館)으로 역사 편찬을 관장, 장은 감수국사
④ 통문관 : 거란·여진·왜어·몽고어 등의 통역관을 양성하는 곳
⑤ 보문각 : 경연(經筵)과 장서(藏書)를 관장, 장은 대제학
⑥ 사천대 : 천문 관측을 담당, 장은 판사

6. 지방 행정 조직

(1) 지방 행정 조직의 정비

① 성종(981~997)

    ㉠ 3경(三京) : 풍수지리설에 따라 개경(개성)·서경(평양)·동경(경주)을 설치

    ㉡ 전국에 12목을 설치하고 지방관 파견

② 현종(1009~1031) : 전국의 5도 양계와 4도호부, 8목을 완성(→ 지방 제도의 완비), 도에는 지방관으로 안찰사를 파견, 양계(兩界)(북방 국경 지대의 군사 중심지인 동계·북계)

③ 4도호부 : 군사적 방비의 중심지, 안북(안주)·안남(전주)·안동(경주)·안변(등주)

④ 8목 : 지방 행정의 실질적 중심부이며 공납(향공선상)의 기능을 담당, 광주(廣州)·청주·충주·전주·나주·황주·진주·상주 등

(2) 기타 지방 행정 구역

① 주현(主縣)과 속현(屬縣)

    ㉠ 주현은 중앙으로부터 지방관이 파견된 곳을, 속현은 지방관이 파견되지 않는 곳을 말함

    ㉡ 주현보다 속현이 더 많아 지방관이 파견되는 인근의 주현을 통하여 간접적으로 통제(실제는 향리가 다스림)

② 향·소·부곡 : 특수 행정 구역

    ㉠ 향과 부곡 : 농민들이 주로 거주

    ㉡ 소(所) : 공납품을 만들어 바치는 공장(工匠)들의 집단 거주지

③ 촌

    ㉠ 말단 행정 조직으로, 주·군·현에는 각각 몇 개의 촌이 있으나 향·소·부곡에는 1촌인 경우가 대부분

    ㉡ 주로 지방 유력자인 촌장 등이 자치를 하였는데, 촌장이 있는 촌은 몇 개의 자연촌이 합쳐진 하나의 행정촌을 구성

    ㉢ 1촌 1성(姓) 원칙으로 성관(姓貫)이 지방 사회의 지배층을 형성

(3) 향리(鄕吏) ★빈출개념

① 임무 : 조세나 공물의 징수와 노역 징발 등 실제적인 행정 사무 담당

② 영향력 : 토착 세력으로서 향촌 사회의 지배층이므로 중앙에서 일시 파견되는 지방관보다 영향력이 컸음

7. 군사 제도

(1) 중앙군

① 구성 : 2군 6위로 구성되며, 지휘관은 상장군과 대장군(부지휘관), 45령으로 구성

② 2군(목종) : 응양군·용호군(국왕의 친위대, 근장이라고도 불림)

③ 6위(성종)

기타 지방 행정 구역

고려 시대 지방 행정의 특징

- 중앙의 지방 지배력이 미약하여 주군·주현보다 지방관을 파견하지 않은 속군·속현이 더 많았고, 행정 기구가 계층적·누층적으로 구성됨
- 권력 집중과 토착 세력 방지를 위해 상피제가 적용됨
- 불완전한 민정·군정 중심의 이원적 조직(안찰사와 병마사의 주요 기능의 분리)
- 안찰사의 권한이 약하고(6개월의 임시직이며 수령보다 낮은 관품을 받음), 토호적 성격이 강한 지방 향리가 실권을 행사
- 후기의 무신집권기와 대몽 항쟁기에는 군현 단위의 승격과 강등이 나타남(공주 명학소가 충순현으로, 충주 다인철소가 익안현으로 승격)

군인전
- 2군 6위의 직업군에게 군역의 대가로 주는 토지
- 고려 시대 직업 군인에 대한 토지 지급은 역분전에서 시작되는데, 역분전은 인품·공로·충성도를 기준으로 각각 다르게 지급됨
- 경종 1년(976) 전시과가 시행되면서 군인들은 15경씩을 받게 됨, 이후 군인층의 분화에 맞추어 군인전 지급 면적도 세분화
- 군역이 자손에게 세습됨에 따라 군인전 역시 세습

무신 합좌 기구
- **중방(重房)** : 2군 6위의 상장군·대장군 등이 모여 군사 문제를 의논하는 무신들의 최고 합좌 회의 기구로, 상장군·대장군으로 구성(무신정변 후 군정기구의 중심이 됨)
- **장군방** : 45령(1령은 천 명)의 각 부대장인 장군으로 구성

고려 시대의 역(役)
- **의의** : 노동력을 무상으로 동원하는 제도
- **대상** : 16~60세의 정남
- **종류**
  - 군역 : 신분에 따라 부과, 양인개병제에 의한 국방의 의무 성격
  - 요역 : 신분에 관계없이 인정의 수에 따라 부과, 토목 공사 등을 위한 노동력 징발

연호군, 잡색군, 속오군의 비교
- **연호군** : 고려, 농민 + 노비, 지방군(양천 혼성군)
- **잡색군** : 조선 전기, 양반 + 노비, 특수군(농민은 불포함)
- **속오군** : 조선 후기, 양반 + 농민 + 노비, 지방군(양천 혼성군)

무학재(武學齋)
- 고려 시대 국자감에 두었던 7재(7개의 전공) 중 하나
- 예종 4년(1109)에 설치되었으며, 무신의 양성이 목적, 인종 11년(1133) 폐지

⊙ **좌우위·신호위·흥위위** : 핵심 주력 군단으로, 수도(개경)와 국경의 방비를 담당

ⓛ 금오위는 경찰, 천우위는 의장(儀仗), 감문위는 궁궐·성문 수비를 담당

(2) 지방군

① **조직** : 군적에 오르지 못한 일반 농민으로 16세 이상의 장정들

② **종류** : 5도의 일반 군현에 주둔하는 주현군과 국경 지방인 양계에 주둔하는 주진군

(3) 특수군

① **광군(光軍)** : 정종 때 거란에 대비해 청천강에 배치한 상비군(30만)으로, 귀족의 사병을 징발(뒤에 지방군(주현군·주진군)으로 편입), 관장 기관은 광군사

② **별무반**
⊙ 숙종 때 여진 정벌을 위해 윤관의 건의로 조직(윤관은 여진 정벌 후 9성 설치)
ⓛ 백정(농민)이 주력인 전투 부대로, 신기군(기병)·신보군(보병)·항마군(승병)으로 편성

③ **도방** : 무신 정권의 사적 무력 기반

④ **삼별초**
⊙ 수도의 치안 유지를 담당하던 야별초(좌·우별초)에 신의군(귀환 포로)을 합쳐 편성(실제로는 최씨 정권의 사병 집단의 성격이 강했음)
ⓛ 대몽 항쟁의 주력 부대(몽고 침입 시 강화에서 반란, 진도·제주에서 대몽 항전을 전개)

⑤ **연호군** : 농한기 농민과 노비로 구성된 지방 방위군(양천 혼성군)으로, 여말 왜구 침입에 대비해 설치

8. 관리 등용 제도

(1) 과거 제도

① **시행 및 목적**
⊙ **시행** : 광종 9년(958) 후주인 쌍기(雙冀)의 건의로 실시
ⓛ **목적** : 호족 세력 억압, 유교적 문치·관료주의의 제도화, 신·구 세력 교체를 통한 왕권 강화

② **종류** : 제술과(제술업, 진사과), 명경과(명경업, 생원과), 잡과(잡업), 승과, 무과

③ **응시 자격 등**
⊙ 법제적으로 승려와 천민(부곡민, 노비)을 제외한 양인 이상은 응시 가능
ⓛ 문과(제술과·명경과)에는 주로 귀족과 향리의 자제가 응시, 농민은 주로 잡과에 응시

④ **실시 및 절차**
⊙ **시험의 실시** : 예부에서 관장, 3년에 한 번씩 보는 식년시가 원칙이나 격년시가 유행
ⓛ **실시 절차**

1차 시험(향시)	개경의 상공(上貢), 지방의 향공(鄕貢), 외국인 대상의 빈공
2차 시험(국자감시)	진사시라고도 함, 1차 합격자인 공사(貢士)가 응시
3차 시험(동당감시)	예부시라고도 함, 2차 합격자 · 국자감 3년 이상 수료자 · 관료 등이 응시

(2) 특채 제도

① 음서 제도(성종)
- ⊙ 공신과 종실 및 5품 이상 관료의 자손, 즉 아들 · 손자 · 사위 · 동생 · 조카에게 과거를 거치지 않고도 관료가 될 수 있도록 부여한 특혜
- ⊙ 혜택은 1인이 원칙이나, 실제로는 여러 사람에게 부여
- ⊙ 고려 관료 체제의 귀족적 특성을 보여주는데, 조선 시대에는 그 비중이 떨어짐

② 천거 : 고급 관료의 추천으로 가문이 어려운 인재를 중용하는 제도(천거자의 연대 책임이 수반됨)

실력UP 고려 관리 선발 제도의 특성

- 신분에 치중하던 고대 사회와 달리 능력이 중시되는 사회임을 반영
- 문벌 귀족 사회의 성격을 반영(교육과 과거가 연결되어 문벌 귀족 출신의 합격자가 많음, 좌주와 문생의 관계)
- 관직 진출 후 대부분 산관만을 받고 대기하다가 하위의 실직으로 진출

9. 문벌 귀족 사회의 성립

(1) 새로운 지배층의 형성

① 형성 : 왕실이나 유력 가문과의 혼인을 통해 문벌을 형성
② 문벌 귀족의 특권
- ⊙ 과거와 음서를 통하여 관직을 독점하고 중서문하성 · 중추원의 재상이 되어 정국 주도
- ⊙ 관직에 따라 과전 · 공음전 등 경제적 혜택 독점
- ⊙ 폐쇄적 혼인 관계 유지, 특히 왕실과 혼인 관계를 맺어 외척으로 성장

(2) 사회의 모순과 갈등의 대두

① 측근 세력과의 대립 : 과거를 통해 진출한 지방 출신의 관리 중 일부가 왕의 측근 세력이 되어 문벌 귀족과 대립
② 문벌 귀족 사회의 내분 : 이자겸의 난과 묘청의 서경 천도 운동을 통해 정치 세력 간의 대립과 갈등이 표면화됨

10. 이자겸의 난과 묘청의 서경 천도 운동

(1) 이자겸의 난(인종 4, 1126) ★빈출개념

묘청 서경 천도 운동

고려 중기의 숭문천무 현상
• 무과를 두지 않고 무학재를 폐지(인종)
• 군의 최고 지휘관을 문관으로 함
• 군인전의 폐단과 토지 지급에서의 차별
• 문관의 호위병 역할로 전락

반무신정변
• 김보당의 난(계사의 난, 1173) : 동북면 병마사 김보당이 주도하여 의종 복위를 꾀한 문신 세력의 난(최초의 반무신정변)
• 서경 유수 조위총의 난(1174) : 서북 지방민의 불만을 이용하여 무신정변의 주동자를 제거하고 나라를 바로잡는다는 명분으로 거병, 많은 농민이 가담, 문신의 난이자 농민의 난의 성격을 지님(최대의 난)
• 교종 계통 승려들의 반란(개경 승도의 난) : 귀법사, 중광사 등의 승려가 중심이 되어 무신의 토지 겸병 등에 반발

무신정변의 영향
• **정치적** : 왕권의 약화를 초래, 중방의 기능 강화, 문벌 귀족 사회가 붕괴되면서 관료 사회로의 전환이 촉진됨
• **경제적** : 전시과가 붕괴되어 사전(私田)과 농장이 확대
• **사회적** : 신분제 동요(향·소·부곡이 감소하고 천민의 신분 해방이 이루어짐), 농민 봉기의 배경
• **사상적** : 선종의 일종인 조계종 발달, 천태종의 침체
• **문학적** : 유학이 쇠퇴하고 패관 문학 발달, 시조 문학 발생, 낭만적 성향의 문학 활동 전개
• **군사적** : 사병의 확대, 권력 다툼의 격화

① **배경** : 문벌 귀족 사회의 모순, 외척 세력으로서 문벌 귀족의 권력 강화 등을 원인으로 문벌 귀족과 지방 향리 출신 신진 관료 간의 대립 격화
② **경과**
　㉠ 대내적으로 문벌 중심의 질서를 유지, 대외적으로 금과 타협하는 정치적 성향
　㉡ 이자겸은 반대파를 제거하고 척준경과 함께 난을 일으켜 권력 장악(1126)
　㉢ 인종은 척준경을 이용해 이자겸을 숙청(1126)한 후, 정지상 등을 통해 척준경도 축출(1127)
③ **결과** : 왕실 권위 하락, 지배층 분열, 문벌 귀족 사회의 붕괴를 촉진하는 계기

(2) 묘청의 서경 천도 운동(인종 13, 1135)

① **배경** : 이자겸의 난 이후 인종은 왕권 회복과 민생 안정을 위한 정치 개혁을 추진했는데, 이 과정에서 칭제건원·금국 정벌·서경 천도 등을 두고 보수와 개혁 세력 간 대립 발생
② **개경파와 서경파의 대립**

구분	개경(開京) 중심 세력	서경(西京) 중심 세력
대표자	김부식·김인존 등	묘청·정지상 등
특징 및 주장	• 왕권 견제, 신라 계승, 보수적·사대적·합리주의적 유교 사상 • 정권 유지를 위해 금과의 사대 관계 주장 • 문벌 귀족 신분	• 왕권의 위상 강화, 고구려 계승, 풍수지리설에 근거한 자주적·진취적 전통 사상 • 서경 천도론과 길지론(吉地論), 금국 정벌론 주장 • 개경의 문벌 귀족을 붕괴시키고 새로운 혁신 정치를 도모

③ **경과**
　㉠ 서경 천도를 추진하여 서경에 대화궁을 건축, 칭제건원과 금국 정벌 주장
　㉡ 김부식이 이끈 관군의 공격으로 약 1년 만에 진압됨
④ **결과**
　㉠ 자주적 국수주의의 서경파가 사대적 유학자의 세력에게 도태당한 것으로, 서경파의 몰락과 개경파의 세력 확장
　㉡ 서경의 분사 제도 및 삼경제 폐지
　㉢ 무신 멸시 풍조, 귀족 사회의 보수화 등 문벌 귀족 사회의 모순 심화
⑤ **의의** : 문벌 귀족 사회의 분열과 지역 세력 간의 대립, 풍수지리설이 결부된 자주적 전통 사상과 사대적 유교 정치 사상의 충돌, 고구려 계승 이념에 대한 이견·갈등 등이 얽혀 발생(귀족 사회 내부의 모순을 드러낸 사건)

11. 무신 정권의 성립 ⭐ 빈출개념

(1) 무신정변의 배경

① **근본적 배경** : 문벌 귀족 지배 체제의 모순 심화, 지배층의 정치적 분열과 권력 투쟁 격화
② **직접적 배경** : 무신 차별, 하급 군인들의 불만 고조

(2) 무신정변의 전개

① 무신정변의 발발(의종 24, 1170)
  ㉠ 주도 : 정중부·이고·이의방 등이 다수의 문신을 살해, 의종을 폐하고 명종을 옹립
  ㉡ 권력 투쟁 : 중방을 중심으로 권력을 행사하면서 주요 관직을 독차지
② 무신 간의 권력 쟁탈전
  ㉠ 이의방(1171~1174) : 중방 강화
  ㉡ 정중부(1174~1179) : 이의방을 제거하고 중방을 중심으로 정권을 독점
  ㉢ 경대승(1179~1183) : 정중부를 제거, 신변 보호를 위해 사병 집단인 도방을 설치
  ㉣ 이의민(1183~1196) : 경대승의 병사 후 정권을 잡았으나 최씨 형제(최충헌·최충수)에게 피살
  ㉤ 최충헌(1196~1219) : 이의민을 제거하고 무신 간의 권력 쟁탈전을 수습하여 강력한 독재 정권을 이룩(1196년부터 1258년까지 4대 60여 년간 최씨 무단 독재 정치)

실력up 무신정변 이후의 변화

• 무신정변 이후 사회적인 신분의 위치는 여전히 강조되었으나 낮은 신분층의 신분 상승이 고려 전기보다 더욱 증가
• 신분과 문벌이 모든 권력과 특권을 결정하던 기존 사회 체제와 비교하여 실력과 능력이 특권의 요건으로 대두되었으며, 무신정변 이전에는 오로지 문반만이 재상지종이 되었는데 무신정변 이후에는 무반도 재상지종이 되기도 함
• 기존의 행정 조직은 유지되었으나 문신 중심의 정치 조직은 기능을 상실해 갔고, 무인 집권 기구가 강화됨, 과거 제도는 그대로 유지

(3) 최씨 무신 정권 시대

① 최충헌의 집권(1196~1219)
  ㉠ 정권 획득 : 조위총의 난을 진압하고 실력으로 집권, 2왕을 폐하고 4왕을 옹립
  ㉡ 사회 개혁책 제시 : 봉사 10조
  ㉢ 권력 기반의 마련 : 교정도감을 설치(중방을 억제), 흥령부를 사저에 설치, 재추 회의를 소집
  ㉣ 대규모 농장과 노비를 차지, 진주 지방을 식읍으로 받고 진강후로 봉작됨
  ㉤ 도방 확대 : 많은 사병을 양성하고, 사병 기관인 도방을 부활
  ㉥ 선종 계통의 조계종 후원(교종 탄압), 신분 해방 운동 진압
② 최우의 집권(1219~1249) : 교정도감을 통하여 정치 권력 행사, 진양후로 봉작됨, 정방 설치(1225), 서방 설치(1227), 삼별초 조직
③ 최씨 무신 정권의 성격
  ㉠ 정치·경제·사회적 독재 정권 : 교정도감, 도방, 정방, 서방 등 독자적 권력 기구를 운영하여 장기 독재를 유지
  ㉡ 권력 유지에 집착 : 국왕의 권위를 정권 유지에 이용하기도 했으며, 권력유지

SEMI-NOTE

무신 집권기 농민의 봉기
김사미·효심의 난(1193)

무신 집권기 하층민의 봉기
• 망이·망소이의 난(공주 명학소 봉기, 1176)
• 전주 관노의 난(전주의 관노비 봉기, 1182)
• 만적의 난(만적의 신분 해방 운동, 1198)

최충헌의 봉사 10조
• 새 궁궐로 옮길 것
• 관원의 수를 줄일 것
• 농민으로부터 빼앗은 토지를 돌려 줄 것
• 선량한 관리를 임명할 것
• 지방관의 공물 진상을 금할 것
• 승려의 고리대업을 금할 것
• 탐관오리를 징벌할 것
• 관리의 사치를 금할 것
• 함부로 사찰을 건립하는 것을 금할 것
• 신하의 간언을 용납할 것

교정도감(敎定都監)
최충헌 이래 무신 정권의 최고 정치 기관. 희종 5년(1209) 최충헌과 최우 부자를 살해하려는 시도가 있었는데, 최충헌이 이에 관련된 자를 색출하기 위해 설치한 것이 시작이었음. 이후에도 계속 존재하며 인재 천거, 조세 징수, 감찰, 재판 등 국정 전반에 걸친 정치 기관이 되었는데, 최씨 정권이 막을 내린 후에도 사라지지 않고 무신 정권이 끝날 때까지 존속하였음. 〈고려사〉는 교정도감에 대하여 "최충헌이 정권을 독차지하매, 모든 일이 교정도감으로부터 나왔다."라고 기술하고 있음

정방(政房)
고종 12년(1225) 최우는 자신의 집에 정방을 설치하였는데, 이는 교정도감에서 인사 행정 기능을 분리한 것임. 최우의 사후에도 무신 정권의 집권자들을 통해 계승되었음

에 집착하여 민생과 통치 질서는 악화됨
ⓒ 문무 합작적 정권 : 문신을 우대하고 회유

👓 한눈에 쏙~

12. 원의 내정 간섭

(1) 몽골의 일본 원정 추진

몽골은 국호를 원(元)으로 바꾼 후 두 차례에 걸친 일본 원정을 단행하면서 고려로부터 선박·식량·무기 등의 전쟁 물자와 인적 자원을 징발

(2) 영토의 상실 ★빈출개념

① 쌍성총관부 설치(1258) : 고종 말년에 쌍성총관부를 설치하여 철령 이북의 땅을 직속령으로 편입(공민왕 5년(1356)에 유인우가 무력으로 탈환)
② 동녕부 설치(1270) : 원종 때 자비령 이북의 땅을 차지하여 서경에 동녕부를 설치
③ 탐라총관부 설치(1273) : 제주도에 설치하고 목마장을 경영

(3) 고려의 격하

① 부마국으로 전락 : 원의 부마국으로 전락하여 왕이 원의 공주와 결혼
② 왕실 및 관제의 격하 : 부마국에 맞게 바뀌고, 관제와 격도 낮아짐
  ㄱ 2성 → 첨의부, 6부 → 4사
  ㄴ 중추원 → 밀직사, 어사대 → 감찰사

(4) 내정 간섭과 경제적 수탈

① 내정 간섭의 강화와 분열책
  ㄱ 일본 원정을 위해 설치한 정동행성을 계속 유지하여 내정 간섭 기구로 삼음
  ㄴ 순군만호부 등 5개의 만호부를 설치하여 고려의 군사 조직에 영향력을 행사
  ㄷ 다루가치라는 민정 감찰관을 파견하여 내정을 간섭
  ㄹ 독로화, 심양왕 제도, 입성책동
② 경제·사회적 수탈
  ㄱ 공녀와 과부, 환관 등을 뽑아 가는 등 인적 수탈을 자행
  ㄴ 응방(鷹坊) : 매(해동청)를 징발하기 위한 특수 기관

(5) 고려 사회에 끼친 영향

① 정치적 영향 : 고려의 자주성에 심각한 손상을 입었고, 원의 압력과 친원파의 책

동으로 정치는 비정상적으로 운영

② **사회적 영향** : 친원 세력이 권문세족으로 성장했으며, 향리·환관·역관 등 원과의 관계를 통해 출세하는 사람이 증가

③ **풍속의 교류** : 몽골풍, 고려양

④ **문물의 교류**

　㉠ 이암이 〈농상집요〉를 소개했으며, 이앙법·목면(1363)이 전래됨

　㉡ 라마 불교, 임제종, 주자 성리학 전래

　㉢ 서양 문물의 전래(천문·수학·의학·역법·건축술), 화약의 전래, 조맹부체 등

실력up　원 간섭기(공민왕 이전)의 개혁정치

• **충렬왕**
 – 전민변정도감(田民辨正都監)을 재설치하여 개혁 정치 추구(전민변정도감은 원종 때 최초 설치, 공민왕 때 실질적 역할)
 – 둔전경략사 폐지, 동녕부와 탐라총관부를 반환받음
 – 홍자번이 편민 18사(개혁 운동의 효시)를 건의하여 각 부분의 폐단을 지적
• **충선왕** : 폐단 시정을 위한 대대적 개혁을 시작
 – 반원·반귀족 정치를 꾀하여 우선 정방의 폐지, 몽고 간섭 배제 등에 기여
 – 개혁 정치 기구로 사림원(詞林院)을 두고 충렬왕의 측근 세력을 제거하고 관제 개편을 단행, 신흥사대부 등 인재 등용의 길을 열고 공민왕의 반원 정책의 터전을 마련
 – 재정 개혁의 일환으로 의염창을 설치하여 소금과 철의 전매 사업 실시, 전농사를 설치하여 농무사를 파견하고 권세가의 농장과 노비를 감찰(국가 재정 확보)
 – 학문 연구소인 만권당(萬卷堂)을 연경에 설치하여 학술을 토론하고 학문을 연구, 많은 문화가 전래됨(조맹부의 송설체가 전래되어 고려 말 서체에 큰 영향을 줌)
 – 개혁 추진 세력이 미약하고 권문세족과 원의 방해로 개혁이 좌절됨
• **충숙왕** : 찰리변위도감을 설치하여 토지(농장)와 노비에 대한 개혁 시도
• **충목왕** : 폐정의 시정과 국가 재정수입 기반 마련을 목적으로 정치도감을 설치하여 부원 세력을 제거하고 권세가의 토지·농장을 본 주인에게 반환, 각 도에서 양전 사업을 실시

---

(6) 공민왕(1351~1374)의 개혁 정치

① **개혁의 배경 및 방향** : 14세기 중반의 원·명 교체기와 신진 사대부의 성장을 토대로 하여 대외적으로는 반원 자주를, 대내적으로는 왕권 강화를 추구

② **반원 자주 정책**

　㉠ 원의 연호를 폐지하고 기철 등 친원파 숙청

　㉡ 내정을 간섭하던 정동행성이문소 폐지, 원의 관제를 폐지하고 2성 6부의 관제를 복구

　㉢ 무력으로 쌍성총관부를 공격하여 철령 이북의 땅을 수복(유인우)

　㉣ 원(나하추)의 침입을 이성계 등이 격퇴

　㉤ 친명 정책의 전개, 몽골풍의 폐지

③ **대내적 개혁**

　㉠ **목적** : 왕권 강화와 민생 안정

　㉡ **정방 폐지** : 문·무관 인사를 각각 이부와 병부로 복귀

공민왕의 영토 수복

SEMI-NOTE

전민변정도감
고려 후기 권세가에게 빼앗긴 토지를 원래 주인에게 되찾아 주고 노비로 전락한 양인을 바로잡기 위해 설치된 임시 개혁 기관. 궁극적인 목적은 국가 재정의 궁핍을 초래한 농장의 확대를 억제하고 부정과 폐단을 개혁하는 데 있었음

권문세족과 신진 사대부

구분	권문세족	신진 사대부
유형	• 전기 이래의 문벌 귀족 • 무신 집권기에 성장한 가문 • 친원파	• 지방 향리 출신 • 공로 포상자 (동정직 · 검교직) • 친명파
정치성향	• 음서 출신 • 여말의 요직 장악 • 보수적 · 귀족적	• 과거 출신 • 행정적 · 관료 지향적 • 진취적 · 개혁적
경제기반	• 부재 지주 • 토지의 점탈 · 겸병 · 매입 등	• 재향 중소 지주, 소규모 농장을 가진 자영농민 • 토지의 개간 · 매입 등
사상	• 유학 사상 • 불교 신봉 • 민간 의식→상장 · 제례	• 성리학 수용 : 주문공가례 채택(→민간 의식 배격) • 실천주의 · 소학의 보급, 가묘 설치 의무화

위화도 회군의 결과와 의의
위화도 회군을 통해 정권을 장악한 이성계와 조민수는 우왕을 폐위시키고 그 아들 창왕을 왕위에 옹립함. 이후 이성계는 조민수를 축출하고 창왕을 신돈의 후손이라고 주장하여 폐위시킨 후 공양왕을 옹립하였음. 이렇게 이성계가 실권을 장악하면서 조선 왕조 창건의 기초가 마련되었음

© 신돈의 등용 : 신돈을 등용(1365)하여 개혁 정치를 추진

② 전민변정도감의 운영(1366) : 권문세족들이 부당하게 빼앗은 토지와 노비를 본래의 소유주에게 돌려주거나 양민으로 해방

⑩ 유학 교육 강화 : 국자감을 성균관으로 개칭(1362)하고 순수 유학 교육 기관으로 개편하여 유학 교육을 강화, 과거 제도 정비(신진 사대부 등 개혁 세력 양성)

④ 개혁의 중단(실패)

㉠ 권문세족들의 강력한 반발로 신돈이 제거되고 공민왕까지 시해되면서 중단

㉡ 홍건적 · 왜구의 침입 등으로 국내외 정세 불안

㉢ 권문세족의 강력한 반발로 실패

13. 신진 사대부의 성장과 한계

(1) 신진 사대부의 성장

① 등장

㉠ 무신 집권기 이래 지방 향리의 자제들을 중심으로 과거를 통하여 중앙의 관리로 진출

㉡ 대부분은 공민왕 때의 개혁 정치에 힘입어 지배 세력으로 성장

② 특징

㉠ 진취적 성향으로 권문세족을 비판 · 대립하였고, 신흥 무인 세력과 제휴

㉡ 성리학의 수용, 불교 폐단의 시정에 노력

(2) 한계

권문세족이 인사권을 쥐고 있어 관직으로의 진출이 제한되었고, 과전과 녹봉도 제대로 받지 못함, 왕권과 연결하여 각종 개혁 정치에 참여하였으나, 아직은 힘이 부족

14. 고려의 멸망

(1) 배경

① 사회 모순의 심화 : 공민왕의 개혁이 실패한 후, 권문세족들이 정치 권력을 독점하고 대토지 소유를 확대해 나가면서 고려 사회의 모순은 더욱 심화

② 외적의 침입 : 홍건적과 왜구의 침입이 빈발하여 대외적 혼란 가중

(2) 위화도 회군과 과전법의 시행

① 위화도 회군(1388)

㉠ 최영과 이성계 등은 개혁의 방향을 둘러싸고 갈등

㉡ 우왕의 친원 정책에 명이 쌍성총관부가 있던 철령 이북의 땅에 철령위 설치를 통보

㉢ 요동 정벌을 둘러싸고 최영(즉각적 출병을 주장) 측과 이성계(4불가론을 내세워 출병 반대) 측이 대립

② 과전법(科田法)의 마련 : 이성계를 중심으로 모인 급진 개혁파(혁명파) 세력은 우

왕과 창왕을 폐하고 공양왕을 세운 후 전제 개혁을 단행

15. 고려 초기

(1) 고려 초기의 대외 관계(송, 거란과의 관계)

① 대외 정책 : 친송 정책, 중립 정책

㉠ 송의 건국(960) 직후 외교 관계를 맺고(962) 우호 관계를 유지

㉡ 송이 거란을 공격하기 위해 고려에 원병을 요청했을 때 실제로 출병하지 않음

㉢ 송(남송)이 고려와 연결하여 금을 제거하려 할 때(연려제금책)도 개입하지 않고 중립을 지킴

② 대송 관계의 성격 : 고려는 경제 · 문화적 목적에서, 송은 정치 · 군사적 목적에서 교류

(2) 거란과의 항쟁

① 제1차 침입(성종 12, 993)

㉠ 원인 : 고려의 거란에 대한 강경책과 송과의 친교, 정안국의 존재

㉡ 경과 : 소손녕이 80만의 대군으로 침입, 서희가 거란과 협상

㉢ 결과 : 고려는 거란으로부터 고구려의 후계자임을 인정받고 청천강 이북의 강동 6주를 확보(압록강 하류까지 영토 확대)했으며, 송과 교류를 끊고 거란과 교류할 것을 약속

② 제2차 침입(현종 1, 1010)

㉠ 원인 : 송과 단교하지 않고 친선 관계 유지, 거란과의 교류 회피

㉡ 경과 : 강조의 정변을 구실로 강동 6주를 넘겨줄 것을 요구하며 40만 대군으로 침입, 개경이 함락되어 현종은 나주로 피난

㉢ 결과: 강조가 통주에서 패했으나 양규가 귀주 전투에서 승리

③ 제3차 침입(현종 9, 1018)

㉠ 원인 : 거란이 요구한 현종의 입조 및 강동 6주의 반환을 고려가 거절

㉡ 경과 : 소배압이 10만의 대군으로 침입, 개경 부근까지 진격해 온 뒤 고려군의 저항을 받고 퇴각하던 중 귀주에서 강감찬이 지휘하는 고려군에게 섬멸됨(귀주 대첩, 1019)

㉢ 결과 : 거란과의 강화와 송과의 단절을 약속, 강동 6주는 고려의 영토로 인정

16. 고려 중기(문벌 귀족기) – 여진 정벌과 동북9성

(1) 여진과의 관계

① 여진의 상태

㉠ 발해의 옛 땅에서 반독립적 상태로 세력을 유지

㉡ 고려는 경제적으로 도와주는 회유 · 동화 정책으로 여진을 포섭

② 여진의 성장 및 충돌 : 12세기 초 완옌부의 추장이 여진족을 통합하고 정주까지 남하하여 고려와 충돌

강동 6주와 천리장성

강조의 정변 ★빈출개념

성종이 죽고 목종이 즉위한 후 그 생모 천추태후가 섭정하였는데, 천추태후는 외척인 김치양과 사통하여 낳은 사생아를 목종의 후사로 삼고자 음모를 꾸몄음. 이에 목종은 대량군 순(詢)을 후사로 삼고자 서북면 도순검사 강조에게 개경 호위를 명했음. 그러나 강조는 입경하여 김치양·천추태후 일당을 제거한 후 목종까지 폐하고 대량군(현종)을 즉위시켰는데, 이 변란을 '강조의 난'이라고 함

거란의 제2차 침략

요의 성종이 친정한 거란의 제2차 침략에서 요는 먼저 흥화진을 공격했으나 양규의 항전으로 함락하지 못하자 통주로 진군하여 강조를 살해하였음. 이후 진군한 요의 군대가 개경까지 함락시키자 현종은 나주로 피신하였음. 한편 요는 개경함락에 서두르느라 흥화진, 구주, 통주, 서경 등을 함락시키지 못하였으므로 보급선이 차단되었음. 이에 고려가 화친을 청하자 받아들인 요의 성종이 돌아가는 길에 구주 등에서 양규와 김숙흥 등의 공격을 받아 많은 피해를 입었음

금(金)의 건국과 사대 외교

- 9성 환부 후 더욱 강성해진 여진은 만주 일대를 장악하고 금을 건국(1115), 거란을 멸망시키고(1125) 송의 수도를 공격한 후 고려에 군신 관계를 요구
- 사대 외교 : 금의 사대 요구를 둘러싸고 분쟁을 겪기도 했지만, 문신 귀족들은 자신들의 권력 유지와 무력 충돌의 부담을 고려하여 금의 사대 요구를 수용(1126)
- 결과 : 금과 군사적 충돌은 없었으나, 북진 정책은 사실상 좌절됨, 귀족 사회의 모순 격화

강동의 역(役)

몽골군에게 쫓긴 거란족이 고려를 침입하자, 고려군은 강동성에서 몽골의 군대와 연합하여 거란족을 토벌(1219)하였음. 이것이 몽골과의 첫 접촉인데, 이 과정에서 체결한 여·몽 협약(형제 관계의 맹약)을 강동의 역이라고 함. 이후 몽골은 스스로를 거란 축출의 은인이라 하면서 고려에 대해 과도하게 공물을 요구해 왔음

최씨 정권의 몰락

최씨 정권은 백성을 외면하고 사치를 누렸으며, 정권 유지를 위해 조세를 증가함으로써 민심을 잃었음. 1258년에 최의가 피살됨으로써 최씨 정권은 몰락하였음

삼별초(三別抄)

고려 무신 정권 때의 특수 군대. 고종 6년(1219) 최우가 도적 등을 단속하기 위해 설치한 야별초(夜別抄)에서 비롯되었음. 야별초에 소속한 군대가 증가하자 이를 좌별초와 우별초로 나누고, 여기에 몽골군에게 포로가 되었다가 탈출한 병사들로 이루어진 신의군을 합하여 삼별초를 조직하였음. 대몽 항전의 선두에서 유격 전술로 몽골군을 괴롭혔으며, 몽골과의 강화가 성립되고 고려 정부가 개경으로 환도하자 여·몽 연합군에 대항하여 항쟁하였음

(2) 여진 정벌과 동북 9성 축조

① **별무반(숙종)** : 윤관의 건의로 조직된 특수 부대로, 기병인 신기군, 보병인 신보군, 승병인 항마군으로 편성
② **동북 9성**
  ㉠ 예종 2년(1107) 윤관은 별무반을 이끌고 동북 지방 일대에 9성 축조
  ㉡ 여진족의 계속된 침입과 조공 약속, 방비의 곤란 등으로 9성을 환부(1109)

17. 무신집권기 - 대몽 전쟁

(1) 몽골과의 접촉

강동의 역으로 처음 접촉한 후 몽골과 여·몽 협약(형제 관계)을 체결, 몽골은 이를 구실로 지나치게 공물을 요구

(2) 몽골의 침입과 대몽 항전 ★ 빈출개념

① **1차 침입(고종 18, 1231)**
  ㉠ 몽골 사신(저고여) 일행이 귀국하던 길에 피살되자 이를 구실로 침입
  ㉡ 의주를 점령한 몽골군은 귀주성에서 박서가 이끄는 고려군의 저항에 부딪히자 길을 돌려 개경을 포위
  ㉢ 고려가 몽골의 요구를 수용한 후 몽고군은 퇴각(서경 주위에 다루가치 설치)
② **2차 침입(1232)**
  ㉠ 몽골의 무리한 조공 요구와 내정 간섭에 반발한 최우는 다루가치를 사살하고 강화도로 천도(1232)하여 방비를 강화
  ㉡ 처인성 전투에서 살리타가 김윤후가 이끄는 민병과 승병에 의해 사살되자 퇴각
  ㉢ 대구 부인사의 초조 대장경이 소실됨
③ **3차 침입(1235~1239)** : 최우 정권에 대한 출륙 항복을 요구, 안성의 죽주산성에서 민병이 승리, 속장경과 황룡사 9층탑 소실, 팔만대장경 조판 착수
④ **4차 침입(1247~1248)** : 침입 후 원 황제의 사망으로 철수
⑤ **5차 침입(1253~1254)** : 충주성에서 김윤후가 이끄는 민병과 관노의 승리
⑥ **6차 침입(1254~1259)** : 6년간의 전투로 20여만 명이 포로가 되는 등 최대의 피해가 발생
⑦ **고려의 항전**
  ㉠ 고려 정부는 항전과 외교를 병행하면서 저항하였으며, 백성을 산성과 섬으로 피난시키며 저항을 지속
  ㉡ 지배층들은 부처의 힘으로 외적을 방어한다는 호국 불교 사상으로 팔만대장경을 조판하기도 했으며, 한편으로는 호화 생활을 유지하며 농민을 수탈
  ㉢ 끈질긴 저항의 주체(원동력)는 일반 민중(농민·노비·부곡민 등)

(3) 몽골과의 강화

① 강화의 성립과 개경 환도

ⓒ 몽골이 강화를 맺고 고려의 주권과 풍속을 인정한 것은 고려를 직속령으로 완전 정복하려던 계획을 포기한 것이며, 이는 고려의 끈질긴 항전의 결과

ⓛ 무신 정권이 무너지자 고려는 몽골과 강화하고 원종 때 개경으로 환도

(4) 삼별초의 항쟁(원종 11, 1270~1273)

① 원인 : 개경 환도는 몽골에 대한 굴복을 의미하므로 삼별초는 배중손의 지휘아래 저항

② 경과

ⓒ 강화도 : 배중손이 왕족 승화후(承化侯) 온(溫)을 추대하여 반몽 정권 수립

ⓛ 진도 : 장기 항전을 계획하고 진도로 옮겨 용장성을 쌓고 저항했으나 여·몽 연합군의 공격으로 함락(1271)

ⓒ 제주도 : 김통정의 지휘 아래 계속 항쟁하였으나 여·몽 연합군에 진압(1273)

③ 결과 : 진압 후 고려는 몽골에 예속되었고, 몽골은 제주도에 탐라총관부를 두어 목마장(牧馬場)을 만듦

02절 중세의 경제 구조와 경제 생활

1. 수취 제도

(1) 조세(租稅)

① 부과 단위 : 토지를 논과 밭으로 구분한 후 비옥한 정도에 따라 3등급으로 나누어 부과

② 세율(稅率)

ⓒ 원칙 : 민전(民田)의 경우 생산량의 1/10이 원칙(밭은 논의 1/2)

ⓛ 지대(地代) : 민전을 소유하지 못한 영세 농민은 국가와 왕실의 소유지(공전)나 귀족들의 사전을 빌려 경작하고 지대를 지급

③ 조세의 운반과 보관

ⓒ 조세는 조창(漕倉)까지 옮긴 다음 조운을 통해서 개경의 좌·우창으로 운반하여 보관

ⓛ 육상 교통수단이 용이하지 못해 경기도(육상 수단 이용) 외에는 모두 조운을 통해 운반

(2) 공물(貢物)

① 내용 : 농민에게는 조세보다도 더 큰 부담이 됨(주로 포의 형태로 징수)

② 공물 부과 : 중앙 관청에서 필요한 공물의 종류와 액수를 나누어 주현에 부과하면, 주현은 속현과 향·부곡·소에 이를 할당하고, 각 고을에서는 향리들이 집집마다 부과·징수(이때 남자 장정 수를 기분으로 9등급으로 구분)

③ 종류 : 상공(常貢), 별공(別貢)

홍건적의 침입

• 1차 침입(공민왕 8, 1359) : 홍건적 4만이 서경을 점령, 이방실·이승경 등이 격퇴

• 2차 침입(공민왕 10, 1361) : 홍건적 10만이 침입하여 개경이 함락되자 공민왕은 복주(안동)로 피난, 정세운·최영·이방실·안우·이성계 등이 격퇴

왜구의 침입

• 발발 : 13세기 고종 때부터 쓰시마 섬과 규슈 서북부를 근거지로 하여 침략 시작, 무신 집권기인 고종 때부터 거의 매년 침략(400여 년 동안 500여 회 침입), 14세기 중반 본격화되어, 공민왕·우왕 때 그 폐해가 가장 극심

• 대응책 : 외교와 병행하여 적극적 토벌 정책을 추진, 홍산 싸움(1376, 최영), 진포 싸움(1380, 최무선, 화통도감 설치), 황산 싸움(1380, 이성계), 관음포 싸움(1383, 정지), 쓰시마 섬 정벌(1389, 박위) 등

• 영향
 - 피해의 가중 : 연안 지방의 황폐화와 농민의 피난
 - 조운의 곤란 : 조세 감소로 경제적 어려움이 가중되자 대안으로 육운이 발달
 - 천도론의 대두 : 수도 개경 부근까지 침입해온 왜구로 인해 대두
 - 국방력 강화 : 수군 창설(공민왕), 사수서(해안 경비대) 설치, 화통도감(1377) 설치(최무선, 화약 무기 제조)
 - 신흥 무인 세력의 성장 : 홍건적과 왜구의 침입을 격퇴하는 과정에서 성장

별공

지방 특산물 중 상공으로 충당하기 부족한 부분을 부정기적으로 징수한 것을 말함. 매년 종류와 수량이 일정하게 책정되었던 상공과는 달리 국가의 필요에 따라 얼마든지 부과할 수 있었으므로 농민에게 큰 부담이 되었음

SEMI-NOTE

역분전
전시과의 선구로서 수조지로 지급 되었으며, 전시과 제도가 마련될 때까지 존속하였음

전시과 제도의 변화

시정(始定) 전시과 (경종 1, 976)	• 모든 전현직 관리를 대상으로 관품과 인품 · 세력을 반영하여 토지 (전지와 시지)를 지급 (공복 제도와 역분전 제도를 토대로 만듦) • 역분전의 성격을 벗어나지 못함
개정(改定) 전시과 (목종 1, 998)	• 관직만을 고려하여 18품 관등에 따라 170~17결을 차등 지급 (토지 분급에 따른 관료 체제 확립) • 전현직 관리(직 · 산관) 모두에게 지급하나 현직자를 우대 • 문 · 무관에게 모두 지급하나 문관을 우대 • 군인층도 토지 수급 대상으로 편성하여 군인전 지급
경정(更定) 전시과 (문종 30, 1076)	• 토지가 부족하게 되어 현직 관료에게만 지급 (170~15결) • 전시과의 완성 형태로, 5품 이상에게 공음전을 지급하였으므로 공음전시과라고도 함 • 문 · 무관의 차별을 완화(무인 지위 향상)

영업전(수조권이 세습되는 토지)
공음전 · 공신전, 군인전, 외역전 등이 세습되며, 과전과 사원전도 세습적 성격이 강하였음

(3) 역(役)

① 내용 및 대상 : 노동력을 무상으로 동원하는 제도로, 16~60세의 정남(丁男)이 대상
② 종류 : 군역(軍役), 요역(徭役)

2. 전시과 제도와 토지 소유

(1) 역분전(役分田)(태조 23, 940)

① 후삼국 통일 과정에서 공을 세운 사람들에게 인품(공로)에 따라 지급한 토지
② 무신을 우대하였으며, 경기도에 한하여 지급

(2) 전시과 제도

① 전지(田地)와 시지(柴地)의 차등 지급 : 관리를 18등급으로 나누어 곡물을 수취할 수 있는 일반 농지인 전지와 땔감을 얻을 수 있는 척박한 토지인 시지를 차등적으로 지급
② 수조권만을 지급 : 지급된 토지는 소유권을 인정하지 않고 수조권만을 지급
③ 수조권 분급, 농민으로부터 직접 수취하는 것은 불가, 받은 자가 죽거나 관직에서 물러날 때는 토지를 국가에 반납(단, 직역 승계에 따라 세습 가능)

(3) 토지의 종류

① 과전 : 전시과 규정에 의해 문 · 무 현직 관리에게 지급되는 토지
② 공음전
  ㉠ 5품 이상의 관료에게 지급된 세습 가능한 토지
  ㉡ 공신전 : 공양왕 때 공신전으로 바뀌고 조선의 공신전 · 별사전으로 이어짐
③ 한인전 : 6품 이하 하급 관료의 자제로서 관직에 오르지 못한 자에게 지급
④ 군인전
  ㉠ 군역의 대가로 2군 6위의 직업 군인에게 주는 토지로, 군역이 세습됨에 따라 자손에게 세습됨
  ㉡ 둔전(군둔전, 관둔전) : 군대의 경비 충당을 위해 지급된 토지
⑤ 구분전 : 6품 이하 하급 관료와 군인의 유가족에게 생계를 위해 지급
⑥ 내장전(장처전 · 장택전) : 왕실의 경비 충당을 위해 지급(고려 왕실의 직할 토지)
⑦ 공해전 : 각 관청의 경비 충당을 위해 지급
⑧ 사원전 : 사원에 지급
⑨ 외역전 : 향리에게 지급

(4) 전시과 제도의 붕괴와 농장의 확대

① 전시과 제도의 붕괴 : 귀족들의 토지 독점과 세습 경향으로 원칙대로 운영되지 못하였고, 조세를 거둘 수 있는 토지가 점차 감소되며 붕괴
② 농장의 확대 : 귀족들의 토지 겸병과 농장의 확대는 원 간섭기를 거치며 전국적으로 확산

(5) 정부의 대책

① 녹과전의 지급(1271) : 전시과 제도가 완전히 붕괴되어 토지를 지급할 수 없게 되자 일시적으로 관리의 생계를 위해 일시적으로 지급

② 국가 재정의 파탄 : 녹과전 지급이 실패하고 고려 말 국가 재정은 파탄

실력up 녹과전

- 전시과 제도의 붕괴로 토지 지급이 어려워지자, 주로 경기 8현의 개간지를 이용해 새로 분급지를 마련하여 관리의 생계 보장을 위해 지급한 토지
- 원종 이후 간헐적으로 시행되어 왔지만 권세가들의 반발로 큰 실효를 거두지 못하다가, 충목왕 때 하급 관리 및 국역 부담자들에게 녹과전(祿科田)으로 지급하는 조처가 내려짐. 이를 시행하기 위해 정치도감(整治都監)을 설치하고 친원 세력을 척결하면서 권세가들이 빼앗은 토지와 노비를 본주인에게 돌려주고 경기도에 권세가들이 가진 소위 사급전(賜給田)을 혁파하기도 함

3. 귀족의 경제 생활

(1) 경제 기반

① 과전, 공음전 · 공신전
- ㉠ 과전 : 관료의 사망 · 퇴직 시 반납하는 것이 원칙이나, 유족의 생계 유지를 명목으로 일부를 물려받을 수 있음
- ㉡ 공음전 · 공신전 : 세습 가능
- ㉢ 생산량을 기준으로 과전에서는 1/10을, 공음전 · 공신전에서는 대체로 1/2을 조세로 받음

② 녹봉 : 현직 관리들은 쌀 · 보리 등의 곡식을 주로 받았으나, 때로는 베나 비단을 받기도 하였음

③ 소유지 : 지대 수취(생산량의 1/2)와 신공으로 상당한 수입을 거둠

④ 농장(대토지) : 권력이나 고리대를 이용해 토지를 점탈하거나 헐값에 매입

(2) 귀족의 사치 생활

큰 누각을 짓고 별장을 소유, 수입한 차(茶)를 즐김, 비단으로 만든 옷을 입었음

4. 농업 활동

(1) 농업 기술의 발달

① 수리 시설 발달 : 후기에 농수로와 해안 방조제, 제언 등 수리 시설 관련 기술이 발달하여 간척 사업이 시작됨(저수지 개축, 해안 저습지의 간척 사업 등)

② 농기구와 종자의 개량 : 호미와 보습 등의 농기구의 개량 및 종자(種子)의 개량

③ 심경법 일반화 : 우경에 의한 심경법(깊이갈이) 확대 · 일반화

④ 시비법 : 시비법의 도입으로 휴경지가 줄고 연작 가능한 토지 증가, 제초법 발달

공음전

고려시대 5품 이상 고위 관리에게 지급한 토지로서 자손에게 상속이 가능한 영업전으로 문종(1049) 때 완비되었지만, 경종(977)때 기원을 찾을 수 있음. 국가 분급지지만, 개인 소유지와 비슷한 성격을 가지고 있음

농장 확대의 결과
- 백성의 토지 점탈로 농장 확대, 가난한 백성을 노비로 만들어 농장을 경작시킴
- 결과 : 조세를 부담할 백성의 감소, 면세 · 면역의 대상인 농장의 증가(→ 국가의 조세 수입 감소, 국가 재정 궁핍)

농민의 생계유지와 생활 개선책
민전을 경작하거나 국 · 공유지나 다른 사람의 소유지를 경작(소작), 삼베 · 모시 · 비단 짜기, 품팔이 등으로 생계를 유지, 진전(陳田)이나 황무지를 개간하고 (이 경우 지대 · 조세 감면), 농업 기술을 배움, 12세기 이후에는 연해안의 저습지와 간척지를 개간하여 경작지를 확대

권농 정책
- 농민 생활 안정과 국가 재정 확보를 위해 실시
- 시책
  - 광종 : 황무지 개간 규정을 마련해 토지 개간을 장려
  - 성종 : 각 지방의 무기를 거두어 농기구로 만들어 보급

목화씨 전래

공민왕 때 문익점이 원에서 목화씨를 들여와 목화 재배를 시작하면서 의생활이 크게 변화

귀족들의 경제 생활

- **경제적 기반** : 과전, 녹봉, 상속받은 토지, 노비의 신공 등
- **경제 기반의 확대** : 고리대와 권력을 이용하여 농민 토지 약탈, 매입, 개간 → 농장 경영

농서의 소개 · 보급

충정왕 때 이암이 원의 〈농상집요〉를 소개 · 보급

공장안

국가에서 필요로 하는 무기, 기구 등의 물품 생산에 동원할 수 있는 기술자들을 조사하여 기록한 장부

고려 시대의 시전과 경시서

태조 2년(919), 개성에 시전을 설치하고, 보호 · 감독 기관으로 경시서를 설치하였음. 경시서에서는 물가를 조절하고 상품 종류를 통제하였는데, 허가된 상품 이외의 것을 판매한 경우에는 엄벌에 처하도록 하였음

⑤ **윤작법 보급** : 2년 3작의 윤작법이 점차 보급 · 발달, 밭작물 품종 다양화

⑥ **이앙법(모내기법) 도입** : 고려 말 이앙법이 남부 지방 일부에 보급

⑦ 약용 작물 재배, 접목 기술의 발달로 과일 생산력 증가

(2) 농민의 몰락

① **배경** : 권문세족들이 농민들의 토지를 빼앗아 거대한 규모의 농장을 만들고 지나치게 과세

② **결과** : 몰락한 농민은 권문세족의 토지를 경작하거나 노비로 전락

5. 수공업 활동

(1) 고려의 수공업

① **종류** : 관청 수공업, 소(所) 수공업, 사원 수공업, 민간 수공업

② **시기별 수공업 발달** : 전기에는 관청 수공업 · 소(所) 수공업이, 후기에는 사원 수공업 · 민간(농촌) 수공업이 발달(후기에도 여전히 관청 수공업 중심)

(2) 민간 수요의 증가

① 고려 후기에는 유통 경제가 발전하면서 민간에서 수공업품의 수요가 증가

② 관청 수공업에서 생산하던 제품뿐만 아니라 다양한 물품을 민간에서 제조

6. 상업 활동

(1) 도시 중심의 상업 활동

① **상업 활동의 성격** : 주로 도시를 중심으로 하여 물물 교환의 형태로 이루어졌으며, 촌락의 상업 활동은 부진

② **시전 설치** : 개경에 시전(관허 상설 상점)을 설치(관수품 조달, 국고 잉여품 처분), 경시서에서 관리 · 감독

③ **관영 상점** : 개경 · 서경 · 동경 등의 대도시에 주로 설치

④ **비정기적 시장** : 대도시에 형성되어 도시 거주민의 일용품을 매매

⑤ **경시서(京市署) 설치** : 매점매석과 같은 상행위를 감독(조선의 평시서)

⑥ **상평창 설치** : 개경과 서경, 12목에 설치된 물가 조절 기관

(2) 지방의 상업 활동

① 시장을 통해 쌀 · 베 등 일용품 등을 교환

② 행상들은 지방 관아 근처나 마을을 돌아다니며 베나 곡식을 받고 소금 · 일용품 등을 판매

③ 사원은 생산한 곡물이나 수공업품을 민간에 판매

(3) 후기 상업의 발달

① **개경** : 인구 증가에 따른 민간의 상품 수요 증가, 시전 규모 확대, 업종별 전문화

② 상업 활동의 변화

    ㉠ 소금 전매제 : 고려 후기, 국가가 재정 수입 증가를 위해 실시

    ㉡ 농민들을 강제로 판매 · 구입이나 유통 경제에 참여시키기도 함

    ㉢ 일부 상인과 수공업자는 부를 축적하여 관리가 되기도 함

    ㉣ 농민들은 가혹한 수취와 농업 생산력의 한계로 적극적인 상업 활동이 곤란

7. 화폐 경제 생활과 고리대의 성행

(1) 화폐의 주조

① 전기

    ㉠ 성종 : 철전(鐵錢)인 건원중보(996)를 만들었으나 유통에는 실패

    ㉡ 숙종 : 삼한통보 · 해동통보 · 해동중보 · 동국통보 등의 동전과 고가의 활구(은병)를 만들어 강제 유통, 주전도감 설치

② 후기 : 쇄은(충렬왕), 소은병(충혜왕), 저화(공양왕) 유통

(2) 고리대의 성행과 금융 제도

① 고리대의 성행

    ㉠ 왕실 · 귀족 · 사원은 고리대로 재산을 늘렸고, 생활이 빈곤했던 농민들은 돈을 갚지 못해 토지를 빼앗기거나 노비로 전락하기도 함

    ㉡ 고리대를 해결하기 위한 보가 고리 습득에만 연연해 농민 생활에 오히려 피해를 끼침

② 보(寶)의 출현

    ㉠ 기원 : 신라 시대 점찰보(진평왕 35, 613), 공덕보

    ㉡ 의의 : 일정 기금을 만들어 그 이자를 공적인 사업의 경비로 충당하는 공익재단

    ㉢ 종류 : 학보(태조), 경보(정종), 광학보(정종), 제위보(광종), 금종보(현종), 팔관보(문종)

    ㉣ 결과(폐단) : 이자 획득에만 급급해 농민들의 생활에 막대한 피해를 끼침

8. 무역 활동

(1) 대외 무역의 활발

① 공무역 중심 : 사무역은 국가가 통제, 공무역이 발달

② 무역국(貿易國) : 송 · 요(거란) · 여진 등과 교역

③ 무역항 : 예성강 어귀의 벽란도는 국제 무역항으로 번성

(2) 대송(對宋) 무역

① 교역품

    ㉠ 수출품 : 금 · 은 · 인삼 · 종이 · 붓 · 먹 · 부채 · 나전 칠기 · 화문석 등

    ㉡ 수입품 : 비단 · 약재 · 서적 · 악기 등 왕실과 귀족의 수요품

② 무역로

고려의 화폐 발행

화폐를 발행하면 그 이익금을 재정에 보탤 수 있고 경제 활동을 장악할 수 있으므로, 상업 활동이 활발해지는 것과 함께 화폐 발행이 논의되었음. 그리하여 성종 때 건원중보가 제작되었으나 널리 유통되지는 못했음. 이후 숙종 때 삼한통보, 해동통보, 해동중보 등의 동전과 활구(은병)가 제작되었으나 당시의 자급자족적 경제 상황에서는 불필요했으므로 주로 다점이나 주점에서 사용되었을 뿐이며, 일반적인 거래에 있어서는 곡식이나 베가 사용되었음

화폐 유통의 부진

자급자족의 경제 활동을 하였던 농민들은 화폐의 필요성을 거의 느끼지 못함. 귀족들은 국가의 화폐 발행 독점과 강제 유통에 불만이 있었고, 화폐를 재산 축적의 수단으로만 이용, 일반적인 거래에서는 여전히 곡식이나 베(포)가 사용됨

고려 시대의 대외 무역

고려 시대에는 대외 무역을 장려 하였으므로 벽란도를 통해 중국 · 일본 · 남양 · 아라비아 상인이 내왕하는 등 활발한 대외 무역이 이루어졌음

원 간섭기의 무역

공무역이 행해지는 한편 사무역이 다시 활발해짐. 사무역으로 금 · 은 · 소 · 말 등이 지나치게 유출되어 문제가 됨

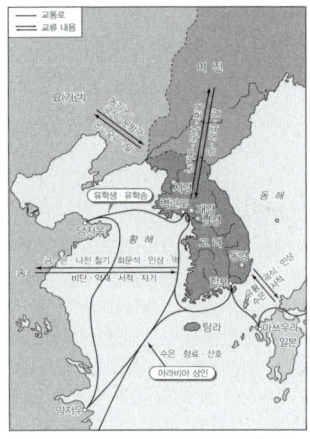

고려의 대외 무역

ⓐ 북송 때(북로) : 벽란도 → 옹진 → 산둥 반도의 덩저우(등주)
ⓑ 남송 때(남로) : 벽란도 → 죽도 → 흑산도 → 절강성의 밍저우(명주)

(3) 기타 국가와의 무역

① 거란 : 은 · 모피 · 말 등을 가지고 와서, 식량 · 농기구 · 문방구 · 구리 · 철 등을 수입해 감
② 여진 : 은 · 모피 · 말 등을 가지고 와서, 식량 · 농기구 · 포목 등을 수입해 감
③ 일본 : 11세기 후반부터 수은 · 유황 등을 가져와 식량 · 인삼 · 서적 등과 바꾸어 감
④ 아라비아(대식국)
ⓐ 수은 · 물감 · 향료 · 산호 · 호박 등을 가져와 은 · 비단을 수입해 감
ⓑ 주로 중국을 통해 무역을 했으며, 고려(Corea)를 서방에 전함

03절   중세의 사회 구조와 사회 생활

1. 고려 사회의 편제와 신분 구조

(1) 고려 사회의 새로운 편제

① 문벌 귀족 사회의 형성 : 가문과 문벌을 중시, 소수 문벌 귀족이 권력을 독점
② 본관제 마련 : 성과 본관을 토대로 하는 새로운 친족 공동체 사회를 형성
③ 가족제의 다양화 : 여러 세대의 가족이 한 호적에 기록되기도 함(대가족~소가족)
④ 직분제적 사회구조의 형성 : 문반과 무반, 군반에게 각각 문관직과 무반직, 군인직을 세습할 권리와 의무가 부과됨

(2) 신분 구조

① 특징
ⓐ 신분 계층별로 호적을 따로 작성
ⓑ 문반 · 무반 · 남반의 세 계층이 관인층을 구성하며, 세습이 원칙
ⓒ 경제력을 기초로 정호와 백정호로 구분하여 신분제와 역제를 운영
② 지배층 : 귀족(특권 계층), 중간 계층
③ 피지배층 : 양인(농민, 상인, 수공업자 등), 노비(공노비, 사노비)

2. 귀족

(1) 귀족 계층

① 구성 : 왕족과 5품 이상의 문 · 무 관료로 구성, 음서나 공음전의 혜택을 받는 특권층
② 신분 변동 : 과거를 통해 향리에서 귀족으로 상승하기도 하며, 중앙 귀족에서 낙향하여 향리로 전락하는 경우도 존재(귀향은 일종의 형벌로 취급됨)

(2) 귀족층(지배층)의 특징

① 문벌 귀족
- ㉠ 출신 및 형성 : 개국 공신이나 호족, 6두품, 향리 출신으로서 중앙 관료로 진출한 이후 점차 보수화되면서 형성
- ㉡ 토지 소유 확대 : 과전과 공음전이 경제적 기반
- ㉢ 폐쇄적 혼인 : 유력한 가문과의 중첩된 혼인 관계(특히, 왕실의 외척을 선호)
- ㉣ 사상 : 보수적, 유교와 불교 수용

② 권문세족
- ㉠ 성립 : 고려 후기 원 간섭기에 주요 요직을 장악
- ㉡ 출신 배경 : 전기부터 그 세력을 이어 온 문벌 귀족 가문, 무신 정권기에 대두한 가문(무신 가문, 능문능리의 신관인 가문), 원의 세력을 배경으로 성장한 가문
- ㉢ 권력 행사 : 현실적 관직인 도평의사사와 정방을 장악하여 행사
- ㉣ 권력 유지 및 강화 : 고위 관직 독점, 도평의사사를 통해 권력을 장악, 음서를 통해 진출, 대규모의 농장을 소유
- ㉤ 성향 및 사상 : 수구적, 불교 수용

③ 신진 사대부
- ㉠ 출신 배경 : 과거를 통해 관계에 진출, 하급 관리나 향리 집안에서 주로 배출
- ㉡ 등장 및 성장 : 무신 정권이 붕괴된 후에 활발하게 중앙 정계로 진출
- ㉢ 권문세족과의 대립 : 사전의 폐단을 지적하고 사회 개혁을 주장하며 대립
- ㉣ 사상 등 : 성리학을 수용하고 개혁적 성향을 지님

3. 중류층

(1) 의의

① 광의(귀족과 양인의 중간층인 문무반 6품 이하의 관리, 남반, 군반, 서리, 향리 등), 협의(기술관)
② 성립 : 지배 체제의 정비 과정에서 통치 체제의 하부 구조를 맡아 중간 역할 담당

(2) 유형 및 특징

① 유형 : 잡류, 남반, 군반, 향리, 역리, 기술관
② 특징 : 세습직이며 그에 상응하는 토지를 국가로부터 지급받음
③ 호족 출신의 향리 : 지방의 호족 출신은 점차 향리로 편제되어 갔으나, 호장·부호장을 대대로 배출하는 지방의 실질적 지배층

4. 양민층(양인)

(1) 일반 농민

① 특징 : 일반 주·부·군·현에 거주하며, 농업이나 상공업에 종사

신진 사대부
성리학적 지식을 갖추고 과거를 통해 등용된 관리들. 공민왕과 충목왕의 개혁 정치에 동참했던 이들은 고려의 현실을 깨닫고 새로운 정치 질서와 사회 건설을 주장하였음

문벌 귀족, 권문세족, 신진 사대부

	문벌 귀족	권문세족	신진 사대부
시기	고려 중기	원 간섭기	고려 말기
출신	호족, 6두품, 공신	친원파	지방 향리
정치	• 왕실이나 유력 가문과 중첩된 혼인 관계 • 음서와 과거를 통해 관직 진출	• 원과 결탁 • 도평의사사 장악 • 음서를 통해 관직 진출	과거를 통해 관직 진출
경제	공음전	대농장 소유	중소 지주

정호
군인이나 향리, 기인 등과 같이 국가에 직역을 지는 중류층의 사람을 지칭함. 이들은 직역에 대한 반대급부로 군인전과 외역전 등을 지급받았음

호장
향리직의 우두머리로 부호장과 함께 호장층을 형성하였으며, 해당 고을의 모든 향리들이 수행하던 말단 실무 행정을 총괄하였음

SEMI-NOTE

② 농민층 : 양민의 주류로서, 백정(白丁)이라고도 함

③ 상인, 수공업자 : 양인으로서, 국가에 공역의 의무를 짐(농민보다 천시됨)

(2) 하층 양민

① 신분 : 양인의 최하층, 이주가 원칙적으로 금지됨

② 종사 부문

    ㉠ 향·부곡에 거주하는 사람들은 농업, 소에 거주하는 사람들은 수공업품 생산

    ㉡ 역(驛)과 진(津)의 주민(역인, 진척)은 각각 육로 교통과 수로 교통에 종사

    ㉢ 그 외 어간(어부), 염간(제염업), 목자간(목축업), 철간(광부), 봉화간 등이 있음

5. 천민

(1) 유형

① 공노비(公奴婢) : 입역 노비, 외거 노비

② 사노비(私奴婢) : 솔거 노비, 외거 노비

(2) 노비의 특징 및 관리

① 노비의 특징 : 국역·납세의 의무는 없으나 주인에게 예속되어 신공을 부담, 법적으로 재물(재산)이나 국민(인격적 존재)의 지위를 동시에 지님

② 노비의 관리

    ㉠ 재산으로 간주 : 엄격히 관리되었으며, 매매·증여·상속의 대상이 됨

    ㉡ 노비 세습의 원칙

        • 양천 결혼 시 일천즉천의 원칙 적용

        • 양천 결혼은 금지되나 귀족들은 재산 증식을 위해 이를 자행함

        • 노비 간 소생은 천자수모법에 따름

6. 사회 시책 및 제도

(1) 농민 보호책

① 농번기 잡역 동원을 금지

② 재해급고법 : 자연 재해 시 피해 정도에 따라 조세와 부역을 감면

③ 이자 제한법 : 법으로 이자율을 정해 그 이상의 고리대를 제한(이자 제한의 제도화)

(2) 권농 정책

① 광종 : 황무지 개간 장려(개간 시 국유지의 경우 소유권을 인정하고 조세를 감면하며, 사유지의 경우 일정 기간 소작료 감면)

② 성종 : 원구에서 기곡(祈穀)의 예를 행하며, 왕이 친히 적전을 갈아 농사의 모범을 보임, 사직을 세워 토지신과 오곡의 신에게 제사

(3) 농민의 공동 조직

고려와 조선의 백정

• 고려 시대
  – 특별한 직역을 부담하지 않고 농업을 주된 생활 수단으로 삼은 농민
  – 직역의 대가인 명전을 지급받지 못함
  – 대대로 물려받은 토지 혹은 개간을 통해 확보한 토지를 소유하거나, 양반전·군인전·사원전 등을 빌려 경작

• 조선 시대
  – 도살, 유랑 가무, 사형 집행 등을 생업으로 하는 천민
  – 읍 밖의 일정 지역이나 촌락의 외진 곳에 집단을 이루고 거주
  – 사회적으로 심한 차별을 받았으며, 복식 등 생활 양식에 제약이 있음

외거 노비

• 주인과 따로 사는 노비로, 주로 농업 등에 종사하고 일정량의 신공을 바침
• 독립된 가옥과 호적을 지니나 신분적으로 주인에게 예속되어 있어 소유주를 밝혀야 함
• 경제적으로는 양민 백정과 비슷하게 독립된 경제 생활 영위가 가능
• 신분 제약을 딛고 재산을 늘리거나 신분상의 지위를 높인 사람도 존재
• 후기에는 수가 크게 증가하였으며, 사회적 지위도 향상됨

① **공동 조직의 성격** : 일상 의례나 공동 노동을 통해 공동체 의식을 다짐
② **향도(香徒)**
　　㉠ **매향(埋香)과 향도** : 매향은 불교 신앙의 하나, 이러한 매향 활동을 하는 무리들을 향도라 함
　　㉡ **기원** : 김유신이 화랑도를 용화 향도로 칭한 것이 기원
　　㉢ **성격의 변모** : 고려 후기에는 신앙적 향도에서 자신들의 이익을 위한 향도로 점차 성격이 변모하여, 대표적인 공동체 조직이 됨

(4) 여러 가지 사회 제도

① **의창** : 진대법(고구려) → 흑창(고려 태조) → 의창(성종) → 주창(현종)
　　㉠ 평시에 곡물을 비치하였다가 흉년에 빈민을 구제, 춘대추납
　　㉡ 유상(진대)과 무상(진급)의 두 종류가 있으며, 실제로는 농민을 대상으로 한 고리대로 전환되기 일쑤였음
② **상평창(성종)** : 물가 조절을 위해 개경과 서경 및 각 12목에 설치

7. 법률과 풍속

(1) 법률

① **관습법**
　　㉠ 백성을 다스리는 기본법으로 중국의 당률을 참작한 71개조의 법률이 시행
　　㉡ 대부분의 경우는 관습법을 따름(조선 시대에 이르러 성문법 국가로 발전)
② **형(刑)의 집행**
　　㉠ **중죄** : 반역죄(국가), 모반죄(왕실), 강상죄(삼강·오상의 도덕)·불효죄 등
　　㉡ **상중(喪中) 휴가** : 귀양 중 부모상을 당하였을 때는 7일 간의 휴가를 주어 상을 치르게 함
　　㉢ **집행의 유예** : 70세 이상의 노부모를 봉양할 가족이 달리 없는 경우는 형의 집행을 보류
　　㉣ **형벌 종류** : 태·장·도·유·사의 5형
　　㉤ **3심제(문종)** : 사형의 경우 3심제 도입(조선 시대 금부삼복법)

(2) 풍속

① **장례와 제사** : 대개 토착 신앙과 융합된 불교의 전통 의식과 도교 신앙의 풍속을 따름
② **명절** : 정월 초하루·삼짇날·단오·유두·추석, 단오 때 격구와 그네뛰기, 씨름 등을 즐김
③ **국가 2대 제전** : 불교 행사인 연등회, 토착 신앙과 불교가 융합된 팔관회 중시

구분	연등회	팔관회
유사점	• 군신이 가무와 음주를 즐기며, 부처나 천지신명에게 제사 • 국가와 왕실의 태평을 기원	

차이점	• 2월 15일 전국에서 개최 • 불교 행사 • 원래는 부처의 공덕에 대한 공양의 선덕을 쌓는 행사였다가 신에 대한 제사로 성격이 변화	• 개경(11월)과 서경(10월)에서 개최 • 토속 신앙(제천 행사)와 불교의 결합 • 송 · 여진 · 아라비아 상인들이 진 상품을 바치고 국제 무역을 행함 (국제적 행사)

8. 혼인과 여성의 지위

(1) 혼인

① 혼인의 적령 : 대략 여자는 18세 전후, 남자는 20세 전후
② 근친혼의 성행 : 고려 초 왕실에서 성행, 중기 이후 금령에도 불구하고 근친혼 풍 습이 사라지지 않아 사회 문제로 대두되기도 함
③ 혼인의 형태 : 왕실은 일부다처제, 일반 평민은 일부일처제(일부일처제가 일반적 형태)

9. 무신 집권기 하층민의 봉기

(1) 백성들의 봉기

① 초기
  ㉠ 봉기 발생 : 12세기에 대규모 봉기가 발생하기 시작
  ㉡ 관민의 합세 : 서경 유수 조위총이 반란(1174)을 일으켰을 때 많은 농민이 가세
② 1190년대
  ㉠ 형태 : 산발적이던 봉기가 1190년대에 들어와 광범위하게 전개
  ㉡ 성격 : 신라 부흥 운동과 같이 왕조 질서를 부정하는 등 다양한 성격의 봉기
③ 최충헌 집권 이후 : 만적 등 천민들의 신분 해방 운동이 다시 발생
④ 대표적 민란(봉기)

망이 · 망소이의 난 (공주 명학소의 난, 1176)	공주 명학소(鳴鶴所)의 망이 · 망소이가 주동이 되어 일으킨 반란으로, 이 결과 명학소는 충순현(忠順縣)으로 승격(이후 최씨 집권기에 국민에 대한 회유책으로 많은 향 · 소 · 부곡 이 현으로 승격)
전주 관노의 난(1182)	경대승 집권기에 있었던 관노(官奴)들의 난으로, 전주를 점령
김사미 · 효심의 난(1193)	운문(청도)에서 김사미가, 초전(울산)에서 효심이 신분 해방 및 신라 부흥을 기치로 내걸고 일으킨 최대 규모의 농민 봉 기, 최충헌 정권의 출현 배경이 됨
만적의 난(1198)	개경에서 최충헌의 사노 만적이 신분 해방을 외치며 반란
진주 노비의 난(1200)	진주 공 · 사노비의 반란군이 합주의 부곡 반란군과 연합

	• 신라 부흥 운동(이비 · 패좌의 난, 1202) : 동경(경주)에서 신라 부흥을 주장
부흥 운동 성격의 난	• 고구려 부흥 운동(최광수의 난, 1217) : 서경에서 고구려 부흥을 주장
	• 백제 부흥 운동(이연년의 난, 1237) : 담양에서 백제 부흥을 주장

실력UP 만적의 난

"국가에는 경계(庚癸)의 난 이래로 귀족 고관들이 천한 노예들 가운데서 많이 나왔다. 장수와 재상의 씨가 따로 있는 것이 아니다. 때가 오면 아무나 할 수 있는 것이다. 우리들은 어찌 힘 드는 일에 시달리고 채찍질 아래에서 고생만 하고 지내겠는가." 이에 노비들이 모두 찬성하고 다음과 같이 약속하였다. "우리들은 성 안에서 봉기하여 먼저 최충헌을 죽인 뒤 각각 상전들을 죽이고 천적(賤籍)을 불살라 버려 삼한에 천인을 없애자. 그러면 공경장상(公卿將相)을 우리 모두 할 수 있다."

10. 원 간섭기의 사회

(1) 백성의 생활

① 강화 천도 시기 : 장기 항전으로 생활이 곤궁하였고, 기아민이 속출
② 원(元)과의 강화 후 : 친원 세력의 횡포로 큰 피해를 입었으며, 전쟁 피해가 복구되지 않은 채 두 차례의 일본 원정에 동원되어 막대한 희생을 강요당함

(2) 원에 의한 사회 변화

① 신분 상승의 증가 : 역관 · 향리 · 평민 · 부곡민 · 노비 · 환관으로서 전공을 세운 자, 몽골 귀족과 혼인한 자, 몽골어에 능숙한 자 등, 친원 세력이 권문세족으로 성장
② 활발한 문물 교류 : 몽골풍의 유행, 고려양
③ 공녀(貢女)의 공출
  ㉠ 원의 공녀 요구는 심각한 사회 문제를 초래
  ㉡ 결혼도감을 설치해 공녀를 공출

실력UP 결혼도감

원에서 만자매빙사 초욱을 보내왔다. 중서성첩에 이르기를. "남송 양양부의 생권 군인이 부인을 구하므로 위선사 초욱을 파견하는데, 관견 1,640단을 가지고 고려에 내려가게 하니, 유사로 하여금 관원을 파견하여 함께 취처하도록 시행하라." 하였다. 초욱이 남편 없는 부녀 140명을 뽑으라고 요구하였는데, 그 독촉이 급하므로 결혼도감을 두었다. 이로부터 가을에 이르기까지 독신 여자와 역적의 아내와 중의 딸을 샅샅이 뒤져 겨우 그 수를 채웠으나 원성이 크게 일어났다.
– 〈고려사〉 –

SEMI-NOTE

무신 집권기 하층민의 봉기

봉기의 특징
• 향 · 소 · 부곡민의 봉기 : 무거운 데다가 차별적이기까지 한 조세 부과가 원인
• 노비의 봉기 : 신분 해방 운동적 성격

몽골과의 항전으로 인한 기아민
고종 42년(1255) 3월 여러 도의 고을들이 난리를 겪어 황폐해지고 지쳐 조세 · 공납 · 요역 이외의 잡세를 면제하고, 산성과 섬에 들어갔던 자를 모두 나오게 하였다. 그때 산성에 들어갔던 백성 중에는 굶주려 죽은 자가 매우 많았으며, 노인과 어린이가 길가에서 죽었다. 심지어 아이를 나무에 붙잡아 매고 가는 자도 있었다. …… 4월, 길이 비로소 통하였다. 병란과 흉년이 든 이래 해골이 들을 덮었고, 포로로 잡혔다가 도망쳐 서울로 들어오는 백성이 줄을 이었다. 도병마사가 매일 쌀 한 되씩을 주어 구제하였으나 죽는 자를 헤아릴 수 없었다.
– 〈고려사절요〉 –

왜구의 피해
• 14세기 중반부터 침략 증가
• 부족한 식량을 고려에서 약탈하고자 자주 고려 해안에 침입
• 왜구의 침략 범위 및 빈도의 증가로 사회 불안이 극심
• 왜구를 격퇴하는 과정에서 신흥 무인 세력이 성장

고려실록(7대 실록)

태조, 혜종, 정종, 광종, 경종, 성종, 목종에 이르는 7대의 역사를 편년체로 기록한 역사서

고려 문화에서의 유교와 불교

• 유교는 정치와 관련한 치국의 도(道)이며, 불교는 신앙생활과 관련한 수신의 도
• 유교와 불교는 서로 보완하는 기능을 수행하며 함께 발전

삼국사기

이규보의 〈동국이상국집〉(1241)

이규보가 저술한 전 53권 13책의 시문집으로, 한문 서사시 〈동명왕편〉을 비롯하여 〈국선생전(麴先生傳)〉, 〈청강사자현부전(淸江使者玄夫傳)〉, 〈백운거사전(白雲居士傳)〉 등을 수록하고 있음. 이규보가 생전에 미처 완성하지 못한 것을, 1251년 진주분사대장도감(晉州分司大藏都監)에서 고종의 칙명으로 다시 간행했음

〈해동고승전〉의 구성

• 1권
  – 머리말에서는 불교 발생의 유래와 불교가 삼국에 전래된 연원을 개설
  – 본문에서는 고구려 · 백제 · 신라 · 외국의 전래승(傳來僧) 11명(순도, 망명, 의연, 담시, 마라난타, 아도, 법공, 법운 등)의 기사를 수록
• 2권 : 구법(求法)을 목적으로 중국 및 인도에 유학한 22명의 승려(각덕, 지명, 원광, 안함, 아라야발마, 혜업, 혜륜, 현각 등)의 행적을 수록
• 중요한 전기의 말미에는 '찬왈'(贊曰)이라 하여 전기의 주인공에 대한 예찬을 덧붙임

04절　중세 문화의 발달

1. 유학의 발달과 역사서의 편찬

(1) 초기

① 유학의 경향 : 자주적 · 주체적, 유교주의적 정치와 교육의 기틀 마련
② 유학의 진흥
　㉠ 태조(918~943) : 박유 · 최언위 · 최응 · 최지몽 등 신라 6두품 계통의 유학자들이 활약
　㉡ 광종(949~975) : 과거제 실시로 유학에 능숙한 관료 등용, 쌍기 · 서희 등
　㉢ 성종(981~997) : 유교 정치 사상이 정립되고 유학 교육 기관이 정비됨, 최항 · 황주량 · 최승로(자주적 · 주체적 유학자로 시무 28조의 개혁안 건의) 등
③ 역사서
　㉠ 왕조실록 : 건국 초기부터 편찬되었으나 거란의 침입으로 소실, 현종 때 황주량 등이 〈고려실록(7대 실록)〉을 편찬
　㉡ 박인량의 〈고금록〉 등 편년체 사서가 편찬됨

(2) 중기

① 유학의 경향
　㉠ 문벌 귀족 사회의 발달과 함께 유교 사상도 점차 보수화
　㉡ 유교 경전에 대한 이해가 깊어져 독자적 이해 기준을 수립하는 단계에 이름
　㉢ 북송의 성리학을 수용하여 경연에서 〈주역〉, 〈중용〉 등이 강론됨
② 대표 학자 : 최충(문종), 김부식(인종)
③ 역사서
　㉠ 특성 : 유교적 합리주의 사관, 신라 계승 의식 반영
　㉡ 삼국사기(인종 23, 1145) ★빈출개념
　　• 시기 : 인종 때 김부식 등이 왕명을 받아 편찬
　　• 의의 : 현존하는 우리나라 최고의 역사서(총 50권으로 구성)
　　• 사관 : 유교적 합리주의 사관에 기초하여 신라를 중심으로 서술
　　• 체제 : 본기 · 열전 · 지 · 연표 등으로 구분되어 서술된 기전체(紀傳體) 사서

(3) 무신 집권기

① 유학의 위축 : 무신정변 이후 문벌 귀족 세력이 몰락함에 따라 유학은 한동안 크게 위축됨
② 역사서 : 자주적 성격, 고구려 계승 의식(이규보의 〈동명왕편〉(1193), 각훈의 〈해동고승전〉(1215))

(4) 원 간섭기

① 성리학 ★빈출개념 : 한 · 당의 훈고학적 유학의 보수화를 비판하고 이를 한 단계

발전시킨 철학적 신유학, 5경보다 4서를 중시

② 성리학의 전래 : 충렬왕 때 안향이 처음 소개

ㄱ 충선왕 때 이제현은 원의 만권당에서 성리학에 대한 이해를 심화하였고, 귀국 후 이색 등에게 영향을 주어 성리학 전파에 이바지

ㄴ 이색 이후 정몽주 · 권근 · 김구용 · 박상충 · 이숭인 · 정도전 등에게 전수되어 연구가 심화 · 발전

실력UP 성리학의 성격

남송의 주희가 집대성한 성리학은 종래 자구의 해석에 힘쓰던 한 · 당의 훈고학이나 사장 중심의 유학과는 달리 인간의 심성과 우주의 원리 문제를 철학적으로 탐구하는 신유학의 성격을 지니고 있음

③ 역사서 : 자주 사관, 고조선 계승 의식(일연의 〈삼국유사〉(단군의 건국 이야기, 향가 등을 수록), 이승휴의 〈제왕운기〉(1287))

실력UP 삼국사기와 삼국유사

구분	삼국사기(三國史記)	삼국유사(三國遺事)
시기 및 저자	고려 중기 인종 23년(1145)에 김부식이 저술	원 간섭기인 충렬왕 7년(1281)에 일연이 저술
사관	유교적 · 도덕적 · 합리주의	불교적 · 자주적 · 신이적(神異的)
체제	기전체의 정사체, 총 50권	기사본말체, 총 9권
내용	• 고조선 및 삼한을 기록하지 않고, 삼국사(신라 중심)만의 단대사(單代史)를 편찬 • 삼국을 모두 대등하게 다루어 각각 본기로 구성하고 본기에서 각 국가를 我(우리)라고 칭함	• 단군~고려 말 충렬왕 때까지 기록, 신라 관계 기록이 다수 수록됨 • 단군 조선과 가야 등의 기록, 수많은 민간 전승과 불교 설화 및 향가 등 수록 • 단군을 민족 시조로 인식해 단군 신화를 소개했으나 이에 대한 체계화는 미흡

(5) 말기

① 고려 말 성리학의 성격 : 일상 생활과 관계되는 실천적 기능을 강조, 〈소학(小學)〉과 〈주자가례〉를 중시, 권문세족과 불교의 폐단을 비판

② 성리학적 유교사관 : 이제현의 〈사략(史略)〉(개혁을 단행하여 왕권을 중심으로 국가 질서를 회복하려는 의식 표출), 〈고려국사〉, 원부 · 허공 · 이인복의 〈고금록(古今錄)〉, 정가신의 〈천추금경록〉, 민지의 〈본조편년강목〉 등

2. 교육 제도 및 기관

제왕운기(1287)

• 우리나라와 중국의 역사를 시로 적은 역사서로, 충렬왕 때 이승휴가 저술

• 상 · 하 2권으로 구성

– 상권 : 중국의 반고(盤古)~금의 역대 사적을 246구(句)의 7언시로 읊음

– 하권 : 한국의 역사를 다시 1 · 2부로 나누어 시로 읊고 주기(註記)를 붙임

〈제왕운기〉의 단군 기록

처음에 어느 누가 나라를 열고 바람과 구름을 이끌었는가? 석제(釋帝)의 손자로 이름은 단군(檀君)일세. 요임금과 같은 때 무진년에 나라를 세워 순임금 지나 하(夏)나라까지 왕위에 계셨도다. 은나라 무정 8년 을미년에 아사달산에 들어가서 신선이 되었으니 나라를 누린 것이 1천 28년인데 그 조화는 상제(上帝)이신 환인(桓因)이 전한 일 아니던가?

이제현의 〈사략〉

고려 말 성리학이 전래되면서 정통 의식과 대의명분을 중시하는 성리학적 유교 사관이 대두되었음. 〈사략〉은 이러한 성리학적 유교 사관에 입각하여 이제현이 저술한 역사서임

문신월과법

유학 교육 및 진흥을 위해 중앙의 문신은 매달 시 3편과 부 1편, 지방관은 매년 시 30편과 부 1편씩을 지어 바치도록 함

9재, 12도

- 9재(九齋) : 낙성(樂聖) · 대중(大中) · 성명(誠明) · 경업(敬業) · 조도(造道) · 솔성(率性) · 진덕(進德) · 문화(文和) · 대빙재(待聘齋) 등의 전문 강좌
- 12도(十二徒) : 문헌 · 홍문 · 광헌 · 문충 · 양신 · 정경 · 충평 · 정헌공도, 서시랑도, 구산도 등

사학의 발달

고려 시대에는 사학이 크게 발달하였는데, 최충의 9재 학당을 비롯하여 사학 12도가 융성하였음. 당시 귀족 자제들은 국자감보다 12도에서 공부하기를 선호하였으며, 그로 인해 학벌이라는 파벌이 만들어지게 되었음. 예종과 인종의 적극적인 관학 진흥책으로 이러한 추세는 둔화되었으며, 이후 무신 집권기에 이르러 사학은 크게 침체되었음

섬학전

고려 시대 국학생의 학비를 보조하기 위해 관리들이 품위(品位)에 따라 낸 돈을 말함. 충렬왕 30년(1304) 국학이 쇠퇴해 가는 것을 우려한 안향의 건의로 실시되었음. 학교 운영과 서적 구매 등에 사용되었음

관학 진흥책

숙종	서적포 설치
예종	7재(유학재 : 경덕재, 구인재, 대빙재, 복응재, 양정재, 여택재 / 무학재 : 강예재) 설치, 양현고 설치, 청연각 · 보문각 설치
인종	경사 6학 정비, 향교 보급 · 지방 교육 강화
충렬왕	섬학전 설치
공민왕	성균관을 부흥시켜 순수 유교 교육 기관으로 개편

(1) 초기의 교육 진흥

① 태조
  ㉠ 신라 6두품 계통의 학자를 중용하고, 개경 · 서경에 학교를 설립
  ㉡ 교육 장학 재단인 학보(學寶)를 설치 · 운영

② 정종 : 승려의 장학 재단인 광학보를 설치 · 운영(946)

③ 성종
  ㉠ 국자감 : 개경에 국립 대학인 국자감(국학)을 설치(992)

학부	경사 6학	입학 자격	수업 연한	교육 내용
유학부	국자학	3품 이상의 자제 입학	9년	경서 · 문예 · 시정에 관한 내용으로 시 · 서 · 〈역경〉 · 〈춘추〉 · 〈예기〉 · 〈효경〉 · 〈논어〉 등
	태학	5품 이상의 자제 입학		
	사문학	7품 이상의 자제 입학		
기술 학부	율 · 서 · 산학	8품 이하 및 서민 자제	6년	기술 교육

  ㉡ 도서관 설치, 지방에 향교 설치, 박사의 파견, 교육조서 반포, 문신월과법 시행

④ 현종 : 신라 유교의 전통을 계승 · 발전시키고자 함, 홍유후(신라의 설총) · 문창후(최치원)를 추봉하고 문묘에서 제사를 지냄

(2) 중기

① 사학의 융성과 관학의 위축 : 최초의 사학인 최충의 문헌공도(9재 학당)를 비롯한 사학 12도가 융성하여 국자감의 관학 교육은 위축

② 관학 진흥책
  ㉠ 숙종(1096~1105) : 목판 인쇄(출판) 기관으로 서적포 설치, 기자 사당의 설치
  ㉡ 예종(1105~1122) : 7재(七齋)를 설치, 교육 장학 재단인 양현고를 둠, 학문 연구소인 청연각 · 보문각을 두어 유학을 진흥
  ㉢ 인종(1122~1146) : 경사 6학(유학부와 기술학부) 정비, 문치주의와 문신 귀족주의를 부각, 향교를 널리 보급

(3) 후기

① 충렬왕(1274~1308) : 섬학전(贍學田)을 설치, 공자 사당인 문묘를 새로 건립
② 공민왕(1351~1374) : 성균관을 부흥시켜 순수 유교 교육 기관으로 개편

3. 불교의 발달

(1) 태조

태조는 불교를 적극 지원하는 한편, 유교 이념과 전통 문화도 함께 존중, 개경에 여러 사원을 건립(개태사 · 왕흥사 · 왕륜사 등), 훈요 10조에서 불교를 숭상하고 연등

회와 팔관회 등을 성대하게 개최할 것을 당부

(2) 광종

승과 제도 실시, 국사·왕사 제도, 귀법사를 창건하고 화엄종의 본찰로 삼아 분열된 종파를 수습, 의통은 중국 천태종의 16대 교조가 되었고, 제관은 천태종의 기본 교리를 정리한 〈천태사교의〉를 저술

(3) 성종, 현종, 문종

① 성종 : 유교 정치 사상이 강조되면서 연등회와 팔관회 등이 일시 폐지
② 현종 : 국가의 보호를 받아 계속 융성, 현화사와 흥왕사 등의 사찰 건립, 연등회와 팔관회 등이 부활, 초조대장경 조판에 착수
③ 문종 : 불교를 숭상하여 대각국사 의천과 승통 도생을 배출, 흥왕사를 완성하여 불교를 장려

4. 불교 통합 운동과 천태종

(1) 사회적 배경

① 초기 : 5교 양종
　㉠ 교종 : 교종의 여러 종파는 화엄종을 중심으로 정비
　㉡ 선종 : 선종의 여러 종파는 법안종을 수입하여 선종의 정리·통합을 시도
　㉢ 종파의 분열 : 교종뿐만 아니라 선종에 대한 관심도 높아 사상적 대립이 지속됨
② 중기 : 11세기를 전후해 교·선의 대립이 더욱 격화(교종의 융성과 대립, 선종의 위축, 귀족 불교의 전개)

(2) 의천의 교단 통합 운동

① 흥왕사를 근거지로 삼아 화엄종을 중심으로 교종 통합을 추구
② 천태종을 창시(교종의 입장에서 선종을 통합)
③ 교관겸수(敎觀兼修)를 제창, 지관(止觀)을 강조
④ 관념적인 화엄학을 비판하고, 원효의 화쟁 사상을 중시
⑤ 불교의 폐단을 시정하는 대책이 뒤따르지 않아 의천 사후 교단은 다시 분열

5. 후기의 불교

(1) 무신 집권기의 불교

① 방향 : 교종 탄압(조계종 발달), 불교 결사 운동 전개
② 보조국사 지눌(1158~1210)
　㉠ 선·교 일치 사상의 완성 : 조계종을 창시
　　• 정혜쌍수(定慧雙修) : 선정과 지혜를 같이 닦아야 한다는 것으로, 선과 교학이 근본에 있어 둘이 아니라는 사상 체계를 말함(철저한 수행을 선도)
　　• 돈오점수(頓悟漸修) : 인간의 마음이 곧 부처의 마음임을 깨닫고(돈오) 그

사원전
고려 시대 사찰에서 소유할 수 있었던 재산 중 가장 큰 비중을 차지하는 부분으로, 사찰 소유의 사유지와 국가에서 공적으로 지급한 수조지로 나뉨. 고려 말에 이르러 사찰의 광범위한 토지 탈점과 겸병으로 부패와 수탈의 온상이 되었으므로, 조선 건국과 함께 척결의 대상이 되었음

대각국사 의천
해동 천태종의 개조로 문종의 넷째 아들. 문종과 어머니 인예왕후의 반대를 무릅쓰고 몰래 송으로 건너가 불법을 공부한 뒤 귀국하여 흥왕사의 주지가 되었음. 그는 그곳에 교장도감을 두고 송·요·일본 등지에서 수집해 온 불경 등을 교정·간행하였음. 교선일치를 주장하면서, 교종과 선종으로 갈라져 대립하던 고려의 불교를 융합하고자 하였음

화엄종, 법상종
화엄종과 법상종은 교종이며 선종과 함께 고려 불교의 주축. 화엄종은 화엄 사상을 바탕으로 하는 종파. 법상종은 유식 사상을 중심으로 하는 종파

의천의 교관겸수
내가 몸을 잊고 도를 묻는 데 뜻을 두어 다행히 과거의 인연으로 선지식을 두루 참배하다가 진수(晉水) 대법사 밑에서 교관(敎觀)을 대강 배웠다. 법사는 일찍이 제자들을 훈시하여, "관(觀)을 배우지 않고 경(經)만 배우면 비록 오주(五周)의 인과(因果)를 들었더라도 삼중(三重)의 성덕(性德)에는 통하지 못하며 경을 배우지 않고 관만 배우면 비록 삼중의 성덕을 깨쳤으나 오주의 인과를 분별하지 못한다. 그러므로 관도 배우지 않을 수 없고 경도 배우지 않을 수 없다."고 하였다. 내가 교관에 마음을 쓰는 까닭은 다 이 말에 깊이 감복하였기 때문이다.

89

뒤에 깨달음을 꾸준히 실천하는 것(점수)를 말함

　　ⓒ **수선사 결사 운동** : 불교계의 타락상을 비판하고 승려 본연의 자세로 돌아가 독경과 선 수행 등에 고루 힘쓰자는 개혁 운동

　③ 발전

　　㉠ **진각국사 혜심** : 유불 일치설(儒佛一致說)을 주장하고 심성의 도야를 강조

　　ⓒ **원묘국사 요세** : 강진 만덕사(백련사)에서 실천 중심의 수행인들을 모아 백련결사(白蓮結社)를 조직하고 불교 정화 운동을 전개

　　ⓒ **각훈** : 화엄종의 대가, 〈해동고승전〉저술

6. 대장경 간행

(1) 편찬 배경과 의의

　① **배경** : 불교 사상에 대한 이해 체계가 정비되면서 관련된 서적을 모아 체계화

　② **의의** : 경 · 율 · 론의 삼장으로 구성된 대장경은 불교 경전을 집대성한 것

(2) 대장경의 간행

　① **초조대장경(初彫大藏經, 1087)**

　　㉠ 현종 때 거란의 침입을 받은 고려가 부처의 힘을 빌려 이를 물리치고자 대구 부인사에서 간행

　　ⓒ 경(經) · 율(律) · 논(論) 삼장으로 구성되었으며, 몽고 침입 때에 불타 버리고 인쇄본 일부가 남음

　② **속장경(屬藏經, 1073~1096)** : 거란의 침입에 대비, 숙종 때 의천이 고려는 물론 송과 요, 일본 등의 대장경에 대한 주석서인 장 · 소(章疏)를 수집해 편찬

　　ⓒ 흥왕사에 교장도감을 설치하여 10여 년에 걸쳐 4,700여 권의 전적을 간행

　③ **팔만대장경(재조대장경, 1236~1251)**

　　㉠ 몽고의 침입으로 초조대장경이 소실된 후 부처의 힘으로 이를 극복하고자 고종 때 강화도에 대장도감을 설치

　　ⓒ 조선 초 해인사로 이동한 후 현재까지 합천 해인사(장경판전)에 8만 매가 넘는 목판이 모두 보존

　　ⓒ 세계에서 가장 우수한 대장경으로 손꼽힘, 유네스코 지정 세계 기록 유산으로 등재됨

7. 도교와 풍수지리 사상

(1) 도교의 발달

　① **특징** : 불로장생과 현세구복 추구, 은둔적

　② **활동** : 궁중에서는 하늘에 제사를 지내는 초제가 성행, 예종 때 도교 사원(도관)이 처음 건립되어 도교 행사가 개최됨

　③ **한계** : 불교적 요소와 도참 사상이 수용되어 일관된 체계를 보이지 못하였으며, 교단도 성립하지 못하여 민간 신앙으로 전개됨

(2) 풍수지리 사상의 발달

① 발달 : 신라 말에 큰 관심의 대상이 되었던 풍수지리설에 미래의 길흉화복을 예
언하는 도참 사상이 더해져 고려 시대에 크게 유행(지덕 사상, 인문지리적 성격)

② 국가 신앙화

　㉠ 태조가 훈요 10조에서 강조한 후 국가 신앙화

　㉡ 분사 제도(성종), 3소제, 잡과의 지리업

　㉢ 산천비보도감의 설치

　㉣ 해동비록 : 예종 때 풍수지리설을 집대성(부전)

③ 영향 : 서경 길지설(西京吉地說), 남경 길지설(南京吉地說)

8. 천문학과 역법, 의학의 발달

(1) 과학 기술의 발달 배경

중국과 이슬람의 과학 기술 수용, 국자감의 기술학 교육 실시(율학·서학·산학 등
의 잡학을 교육), 과거에서 잡과 실시, 천문학·의학·인쇄술·상감 기술·화약 무
기 제조술 등이 발달

(2) 천문학과 역법의 발달

① 천문 관측 : 사천대(서운관) 설치, 일식·혜성·태양 흑점 등에 관한 관측 기록이
존재

② 역법

　㉠ 초기 : 신라 때부터 쓰던 당의 선명력을 그대로 사용

　㉡ 후기 : 충선왕 때 원의 수시력을 채용, 공민왕 때 명의 대통력 수용

(3) 의학의 발달

① 중앙 : 태의감(의료 업무, 의학 교육, 위생 교육 등을 담당)

② 지방 : 학교에 의박사 배치

③ 과거 : 의과 실시

④ 의서 : 제중집효방(김영석), 향약구급방, 삼화자향약방

9. 인쇄술의 발달

(1) 목판 인쇄술

① 발달 : 신라 때부터 발달하였으며, 송판본의 수입과 경전의 간행으로 고려 시대
에 이르러 더욱 발달

② 한계

　㉠ 한 종류의 책을 다량으로 인쇄하는 데는 적합하나 여러 책을 소량 인쇄하는
데는 활판 인쇄술보다 못함

　㉡ 이 때문에 활판 인쇄술의 개발에 힘을 기울여, 후기에는 금속 활자 인쇄술을

고려 첨성대(개경)

역법 발전 과정
- 통일 신라~고려 초기 : 당의 선명력
- 고려 후기 : 원의 수시력
- 고려 말기 : 명의 대통력
- 조선 초기 : 독자적인 칠정산(세종)
- 조선 중기 : 서양식 태음력(효종 이후)
- 을미개혁 : 서양의 태양력

고려 대장경

인쇄 기관
- 서적포 : 숙종 때의 목판 인쇄 기관
- 서적원 : 공양왕 때 설치(1392), 활자 주조와 인쇄 담당

제지술
- 종이 제조를 위해 전국적으로 닥나무 재배를 장려하고, 종이 제조의 전담 관서를 설치함
- 고려의 제지 기술은 더욱 발전하여 질기고 희면서 앞뒤가 반질반질한 종이를 제조, 중국에 수출하여 호평을 받음

농상집요
고려 때 이암이 원으로부터 수입한 농서(중국 최초의 관찬 농서)로서, 화북 농법(밭농사)를 소개하고 있음. 경간 · 파종 · 재상 · 과실 · 약초 등 10문(門)으로 구성되어 있으며, 특히 당시의 새로운 유용 작물인 목화의 재배를 장려한 내용을 포함하고 있음. 그러나 우리나라 실정에 맞지 않는다는 한계가 있었음

화약의 제조
- 배경 : 고려 말에 최무선은 왜구의 침입을 격퇴하기 위해 중국의 화약 제조 기술을 습득
- 화약 무기의 제조 : 정부는 화통도감을 설치하고 최무선을 중심으로 화약과 화포를 제작, 화포를 이용하여 진포(금강 하구) 싸움에서 왜구를 격퇴, 화약 무기의 제조는 급속도로 진전

조선술
송과의 해상 무역이 활발해져 대형 범선 제조, 조운 체계가 확립되면서 조운선 등장, 원의 일본 원정과 왜구 격퇴를 위해 다수의 전함을 건조하고 배에 화포를 설치

무신 집권기 문학의 경향
무신의 집권으로 좌절감에 빠진 문신들 사이에서는 낭만적이고 현실 도피적인 경향을 띤 수필 형식의 글이 유행하였음

발명

(2) 금속 활자 인쇄술

① 계기 : 목판 인쇄술의 발달과 금속 활자 인쇄술 발명, 청동 주조 기술의 발달, 인쇄에 적당한 먹과 종이의 제조 등

② 고금상정예문(1234) : 강화도 피난 시 금속 활자로 인쇄(이규보의 〈동국이상국집〉에 기록)하여 시기상 서양보다 200여 년이나 앞섬(부전)

③ 직지심체요절(1377) : 현존하는 세계 최고(最古)의 금속 활자본(세계 기록 유산)으로 청주 흥덕사에서 간행

10. 농업 기술의 발달

(1) 권농 정책

① 광종 : 황무지 개간 규정을 마련하여 토지 개간을 장려

② 성종 : 무기를 거두어 이를 농기구로 만들어 보급

(2) 농업 기술의 발달

① 개간과 간척

② 수리 시설의 개선 : 김제의 벽골제와 밀양의 수산제를 개축, 소규모 제언(저수지) 확충

③ 농업 기술의 보급 및 발달 : 직파법, 이앙법과 윤작법 보급, 심경법 보급, 시비법의 발달

11. 문학의 발달

(1) 전기

① 한문학의 발달
  - ㉠ 초기 : 광종 때 실시한 과거제, 성종 이후의 문치주의 성행에 따라 발달
  - ㉡ 중기 : 사회가 귀족화되면서 당의 시와 송의 산문을 숭상하는 풍조 대두

② 향가 : 보현십원가, 중기 이후 한시에 밀려 쇠퇴

(2) 무신 집권기

① 낭만적 · 현실 도피적 경향의 수필 등이 유행

② 새로운 경향 : 현실을 제대로 표현하는 데 관심

(3) 후기 문학의 새 경향

① 경기체가(景幾體歌) : 신진 사대부가 주체, 한림별곡 · 관동별곡 · 죽계별곡 등, 주로 유교 정신과 자연의 아름다움 묘사

② 설화 문학, 패관 문학, 가전체 문학, 장가(속요), 한시

12. 서화와 음악의 발달

(1) 서예

① 전기 : 왕희지체와 구양순체가 주류, 유신, 탄연(인종 때의 승려) 등
② 후기 : 조맹부의 우아한 송설체가 유행, 이암(충선왕)

(2) 회화 ★ 빈출개념

① 발달 : 도화원에 소속된 전문 화원의 그림과 문인 · 승려의 문인화로 구분
② 전기 : 예성강도를 그린 이령과 그의 아들 이광필, 고유방 등
③ 후기 : 사군자 중심의 문인화와 불화, 사군자 · 묵죽의 유행, 천산대렵도
④ 불화 : 극락왕생을 기원하는 아미타불도와 지장보살도 및 관음보살도, 일본에 현전하는 혜허의 관음보살도(양류관음도와 수월관음도), 부석사 조사당 벽화의 사천왕상

(3) 음악, 가면극

① 아악(雅樂) : 주로 제사에 사용됨, 고려와 조선시대의 문묘 제례악
② 향악(鄕樂) : 속악, 동동 · 한림별곡 · 대동강 등
③ 악기 : 거문고 · 비파 · 가야금 · 대금 · 장고 등
④ 나례 : 가면극으로 산대희라고도 하며, 나례도감에서 관장

13. 건축, 조각

(1) 건축

① 전기의 건축 : 개성 만월대의 궁궐 터, 현화사, 홍왕사 등
② 후기의 건축
　㉠ 주심포식 건물(전기~후기)
　　• 주심포식 : 지붕 무게를 기둥에 전달하면서 건물을 치장하는 공포가 기둥 위에만 짜인 건축 양식(맞배 지붕)
　　• 안동 봉정사 극락전 : 가장 오래된 목조 건물
　　• 영주 부석사 무량수전(1376) : 주심포 양식과 엔타시스 기둥(배흘림 기둥)
　　• 예산 수덕사 대웅전(1308) : 모란이나 들국화를 그린 벽화가 유명
　㉡ 다포식 건물(후기) : 공포가 기둥 위뿐만 아니라 기둥 사이에도 짜인 건물(팔작 지붕)

(2) 석탑

① 특징 : 다각 다층탑, 석탑의 몸체를 받치는 받침이 보편화
② 대표적 석탑
　㉠ 고려 전기 : 불일사 5층 석탑(개성), 무량사 5층 석탑(부여), 오대산 월정사 8각 9층 석탑(송대 석탑의 영향을 받은 다각 다층 석탑으로 고구려 전통을 계승)
　㉡ 고려 후기 : 경천사 10층 석탑

이령의 예성강도

봉정사 극락전

부석사 무량수전

수석사 대웅전

월정사 8각 9층 석탑

경천사 10층 석탑

(3) 승탑(僧塔)

① 의의 : 승려들의 사리를 안치한 묘탑으로 부도라고도 함, 고려 조형 예술에서 중요한 위치를 차지
② 성격 : 선종이 유행함에 따라 장엄하고 수려한 승탑들이 다수 제작됨
③ 대표적 승탑 : 고달사지 승탑, 법천사 지광국사 현묘탑, 흥국법사 실상탑 등

(4) 불상

① 철불 : 고려 초기에는 광주 춘궁리 철불과 같은 대형 철불이 많이 조성됨
② 석불
   ㉠ 논산의 관촉사 석조 미륵 보살 입상 : 고려 초기에 제작됨, 동양 최대, 지방 문화 반영, 균형과 비례가 맞지 않음
   ㉡ 안동의 이천동 석불 등
③ 대표적 불상 : 신라 양식을 계승한 부석사 소조 아미타 여래 좌상(가장 우수한 불상으로 평가)

14. 청자와 공예

(1) 자기

① 발전 과정 : 신라와 발해의 전통과 기술을 토대로 송의 자기 기술을 받아들여 귀족 사회의 전성기인 11세기에 독자적인 경지를 개척
② 순수 청자, 상감 청자, 음각·양각 청자의 유행

(2) 금속 공예

① 발달 양상 : 불구(佛具)를 중심으로 발달
② 은입사 기술의 발달 : 청동 향로

(3) 나전 칠기(螺鈿漆器)

옻칠한 바탕에 자개를 붙여 무늬를 나타내는 나전 칠기 공예가 크게 발달, 통일 신라 시대에 당에서 수입되었으나 고려에서 크게 발달하였고, 조선 시대를 거쳐 현재까지 전함

04장 근세의 성립과 발전

근세 사회로서의 조선의 모습
- 정치면
  - 왕권 중심의 권력 체제를 중앙집권 체제로 전환하여 관료 체제의 기틀 확립
  - 왕권과 신권(臣權)의 조화를 도모하여 모범적인 유교 정치 추구
- 경제면
  - 토지에 대한 사적 소유가 진전(과전법 체계 정비)
  - 자영농 수의 증가(농민의 경작권 보장)
- 사회면
  - 양반 관료 사회의 성립(귀족 → 양반), 양인의 수가 증가하고 권익 신장
  - 과거 제도가 정비되어 능력을 보다 더 중시
- 사상·문화면
  - 성리학이 정치적·학문적·사상적 지배 이념으로 정착되고, 일상 생활의 규범으로 기능
  - 이전 시대보다 교육 기회가 확대되고 과학 기술 등 기술 문화가 진작
  - 정신 문화와 기술 문화를 진작시켜 민족 문화의 튼튼한 기반 확립

폐가입진(廢假立眞)
- 가왕(廢王)을 몰아내고 진왕(眞王)을 세운다는 의미
- 이성계 세력이 우왕과 창왕을 신돈의 자손이라 하여 폐하고 공양왕을 즉위(1389)시키기 위해 내세운 명분, 이로써 이성계는 정치적 실권을 사실상 장악하게 됨

과전법
공양왕 3년(1391)에 실시된 토지제도. 조선의 기본적인 토지제도가 됨

---

1. 조선의 건국

(1) 건국 배경

① 철령위 설치 통보(영토 분쟁) : 고려 우왕 때 명은 원의 쌍성총관부 관할 지역을 직속령으로 하기 위해 철령위 설치를 통보

② 위화도 회군 : 이성계는 4불가론을 들어 요동 정벌을 반대, 위화도에서 회군(1388)하여 최영을 제거하고 군사적 실권을 장악

③ 신진 사대부의 분열 : 개혁의 폭과 속도를 두고 우왕 때부터 분열

구분	온건 개혁파	급진 개혁파
주체 및 참여자	• 정몽주, 이색, 길재 • 대다수의 사대부가 참여	• 정도전, 권근, 조준 • 소수의 사대부가 참여
주장	역성 혁명 반대, 고려 왕조 유지(점진적 개혁)	역성 혁명 추진, 고려 왕조 부정(급진적 개혁)
유교적 소양	• 성리학 원리와 수신을 중시 • 왕도주의에 충실하여 정통적 대의명분을 중시 • 애민 의식이 약함	• 성리학 현상과 치국을 중시하고 왕조 개창의 정당성을 강조 • 왕도와 패도의 조화 추구 • 애민 의식이 강함
정치	신하와 군주 간의 명분을 중시	재상 중심, 이상군주론 중시
토지 개혁	전면적 개혁에 반대	전면적 개혁을 주장
불교	불교의 폐단만 시정(타협적)	철저히 배척(비판적)
군사력	군사 세력을 갖지 못해 혁명파를 제거하지 못함	신흥 무인·농민 군사 세력과 연결하여 조선 건국을 주도
영향	사학파 → 사림파	관학파 → 훈구파

(2) 조선의 건국

급진 개혁파는 이성계 세력(신흥 무인 세력)과 연결하여 혁명파를 이루고 정치적 실권 장악(폐가입진 주장), 전제 개혁(과전법, 1391)을 단행하여 자신들의 지지 기반(신진 사대부의 경제적 기반)을 확대하고 농민의 지지 확보, 온건 개혁파 제거

① 건국(1392)
  ㉠ 이성계가 군신의 추대와 공양왕의 선양의 형식으로 왕위를 물려받아 건국
  ㉡ 개혁으로 민심을 얻어 역성 혁명을 정당화, 도평의사사의 동의(형식적 절차)를 거침

2. 왕권 중심의 집권 체제 정비

(1) 태조(1대, 1392~1398)

① 국호 제정(1393)과 한양 천도(1394) : 국호를 조선으로 정함, 한양으로 천도

② 건국 이념(3대 정책) : 사대교린의 외교 정책, 숭유억불의 문화 정책, 농본민생의 경제 정책

③ 군제 개편 : 의흥삼군부를 개편·설치, 도평의사사의 군무기능 소멸

④ 관리 선발 제도 정비 : 능력 중심의 인재 등용 지향

⑤ 정도전의 활약 : 건국 초창기의 문물 제도 형성에 크게 공헌

　ⓐ 재상 중심의 정치를 강조하고 민본적 통치 규범을 마련

　ⓑ 〈불씨잡변(佛氏雜辨)〉을 통하여 불교를 비판하고 성리학을 통치 이념으로 확립

　ⓒ 제1차 왕자의 난(1398)으로 제거됨

(2) 태종(3대, 1400~1418)

① 국왕 중심의 통치 체제 정비(왕권 강화) : 의정부 권한의 약화, 육조 직계제(六曹直啓制) 채택, 사병 혁파, 언론 기관인 사간원을 독립시키고 대신들을 견제, 외척과 종친 견제

② 경제 기반의 안정 : 호패법 실시, 양전(量田) 사업 실시, 유향소를 폐지, 노비변정도감을 설치

③ 억불숭유 : 사원을 정리(5교양종 정리)하고 사원전을 몰수, 서얼 차대법, 삼가 금지법

④ 기타 업적 : 신문고 설치, 주자소 설치, 아악서 설치, 사섬서 설치, 5부 학당 설치

◕◕ 한눈에 쏙~

```
위화도 회군(이성계)   ▶   태조, 조선 건국(1392)   ▶   태조, 한양 천도(1394)
(1388)

제1차 왕자의 난        ▶   태종, 신문고 설치        ▶   태종, 호패법 실시
(무인정사)(1398)           (1401)                      (1413)
```

(3) 세종(4대, 1418~1450)

① 유교 정치의 실현

　ⓐ 의정부 서사제(議政府署事制) 부활 : 육조 직계제와 절충하여 운영(왕권과 신권의 조화)

　ⓑ 집현전 설치 : 당의 제도와 고려의 수문전·보문각을 참고하여 설치(궁중 내에 설치된 왕실의 학술 및 정책 연구 기관, 왕실 교육(경연·서연))

　ⓒ 유교 윤리 강조 : 국가 행사를 오례(五禮)에 따라 유교식으로 거행, 사대부의 경우 주자가례의 시행을 장려

　ⓓ 유교적 민본사상의 실현 : 광범위한 인재의 등용, 청백리 재상의 등용, 여론의 존중

② 사회정책과 제도 개혁

정종(2대, 1398~1400)

• 개경 천도(1399) : 왕자의 난과 자연이변을 피하기 위함(태종 때 한양으로 다시 천도)

• 관제 개혁 : 도평의사사를 혁파하고 의정부를 설치, 중추원을 폐지하고 직무를 삼군부에 소속

왕자의 난

• 제1차 왕자의 난(무인정사·방원의 난·정도전의 난, 1398) : 태조가 방석을 세자로 책봉하고 정도전 등으로 보필하게 하자, 방원(태종)이 난을 일으켜 방석과 정도전을 제거(→ 왕위를 방과(정종)에게 양위)

• 제2차 왕자의 난(방간의 난·박포의 난, 1400) : 방간이 박포와 연합하여 방원에게 대항하였는데, 방원은 이를 제압하고 정종으로부터 왕위를 물려받아 즉위

• 성격 : 표면적으로는 왕위 계승 분쟁, 내면적으로는 공신 간의 갈등 표출과 개국 공신 세력의 제거 과정

세종의 문화 발전

• 활자 주조 : 경자자, 갑인자, 병진자, 경오자

• 서적 간행 : 〈용비어천가〉, 음운서인 〈동국정운〉, 불경 연해서인 〈석보상절〉, 불교 찬가인 〈월인천강지곡〉 간행, 〈고려사〉, 〈육전등록〉, 〈치평요람〉, 〈역대병요〉, 〈팔도지리지〉, 〈효행록〉, 〈삼강행실도〉, 〈농사직설〉, 〈칠정산 내외편〉, 〈사시찬요〉, 〈총통등록〉, 〈의방유취〉, 〈향약집성방〉, 〈향약채취월령〉, 〈태산요록〉 등 간행

• 관습도감 설치 : 박연으로 하여금 아악·당악·향악을 정리하게 함

• 불교 정책 : 5교 양종을 선교 양종으로 통합, 궁중에 내불당 건립

• 역법 개정 : 원의 수시력과 명의 대통력을 참고로 하여 칠정산 내편을 만들고 아라비아 회회력을 참조하여 칠정산 외편을 만듦(독자성)

• 과학 기구의 발명 : 측우기, 자격루(물시계), 앙부일구(해시계), 혼천의(천체 운행 측정기)

세종의 대외 정책
• 북방 개척 : 4군(최윤덕, 압록강 유역 확보), 6진(김종서, 두만강 유역 확보), 사민 정책
• 쓰시마 섬 정벌 : 이종무로 하여금 정벌(1419), 계해약조 체결(1443)
• 대명 자주 정책 : 금은·공녀 진상을 폐지

이징옥의 난
함길도 도절제사 이징옥이 일으킨 반란. 이징옥은 김종서를 도와 6진을 개척한 인물로, 수양대군은 계유정난(1453)을 통해 김종서와 황보인을 제거하고 병권을 손에 넣은 후 이징옥을 파직하였음. 수양대군이 임명한 후임자 박호문에게 인계를 마친 이징옥은 한양으로 가던 중 계유정난의 소식을 듣고 박호문을 죽인 뒤 군사를 일으켜 자신을 대금황제라 칭하였음. 두만강을 건너기 위해 종성에 머물던 중 종성 판관 정종, 호군 이행검 등의 습격으로 살해되었음

이시애의 난
함경도의 호족으로 회령 부사를 지내다가 상을 당하여 관직에서 물러난 이시애는 유향소의 불만 및 백성들의 지역 감정을 틈타 세조 13년(1467. 5) 난을 일으켰음. 그는 먼저 함길도 절도사를 반역죄로 몰아 죽였음. 또한 그가 "남도의 군대가 함길도 군민을 죽이려 한다."고 선동한 결과 함길도의 군인과 백성이 유향소를 중심으로 일어나 비 함길도 출신 수령들을 살해하는 일이 벌어짐. 세조가 토벌군을 보내자 이시애는 여진을 끌어들여 대항하였으나 난을 일으킨 지 3개월만인 8월에 토벌됨

세조의 왕권 강화책 ★ 빈출개념
세조는 강력한 왕권을 행사하기 위해 통치 체제를 다시 6조 직계제로 고쳤음. 또한 공신이나 연번들의 활동을 견제하기 위하여 집현전을 없애고 경연도 열지 않았으며, 그동안 정치 참여가 제한되었던 종신들을 등용하기도 함

⊙ 토지와 세제의 개혁 : 전분 6등법, 연분 9등법 시행
⊙ 의창제 실시 : 빈민구제
⊙ 노비 지위 개선 : 재인·화척 등을 신백정이라 하여 양민화, 관비의 출산휴가 연장
⊙ 사법제도의 개선 : 금부 삼복법(禁府三復法), 태형 및 노비의 사형(私刑) 금지

(4) 문종(5대, 1450~1452), 단종(6대, 1452~1455)

① 왕권 약화 : 문종이 일찍 죽어 어린 단종이 즉위한 후 왕권이 크게 약화되어, 김종서·황보인 등의 재상이 정치적 실권을 장악
② 정치적 혼란과 민심의 동요 : 계유정난과 이징옥의 난 등이 발생

(5) 세조(7대, 1455~1468)

① 계유정난(1453) : 수양대군(세조)이 중신과 안평대군을 축출하고 정치적 실권을 장악
② 반란 진압 및 민심 수습 : 이징옥의 난(1453) 진압, 이시애의 난(세조 13, 1467) 진압
③ 왕권의 강화 : 육조 직계의 통치 체제로 환원, 집현전을 폐지, 보법(保法)을 실시, 직전법 실시, 〈경국대전〉 편찬에 착수, 유교를 억압
④ 국방의 강화 ★ 빈출개념
⊙ 중앙군으로 5위제 확립(5위도총부에서 관할)
⊙ 진관 체제(鎭管體制) : 변방 중심 방어 체제를 전국적인 지역 중심의 방어 체제로 전환
⊙ 보법 실시 : 군정(軍丁) 수를 1백만으로 늘림
⊙ 북방 개척 : 경진북정(1460, 신숙주), 정해서정(1467, 남이·강순)

(6) 성종(9대, 1469~1494)

① 사림(士林) 등용 : 김숙자·김종직 등의 사림을 등용하여 의정부의 대신들을 견제(훈구와 사림의 균형을 추구)
② 홍문관(옥당) 설치 : 학술·언론 기관(집현전 계승), 경서(經書) 및 사적(史籍)관리, 문한의 처리 및 왕의 정치적 고문 역할
③ 경연 중시 : 단순히 왕의 학문 연마를 위한 자리가 아니라 신하(정승, 관리)가 함께 모여 정책을 토론하고 심의
④ 독서당(호당) 운영 : 관료의 학문 재충전을 위해 운영한 제도, 성종 때 마포의 남호 독서당, 중종 때 두모포의 동호 독서당이 대표적
⑤ 관학의 진흥 : 성균관과 향교에 학전과 서적을 지급하고 관학을 진흥
⑥ 유향소의 부활(1488) : 유향소는 세조 때 이시애의 난으로 폐지되었으나 성종 때 사림 세력의 정치적 영향력 확대에 따라 부활됨
⑦ 〈경국대전〉 반포(1485) : 세조 때 착수해 성종 때 완성·반포
⑧ 토지 제도 : 직전법 하에서 관수관급제를 실시해 양반관료의 토지 겸병과 세습, 수탈 방지

⑨ **숭유억불책** : 도첩제 폐지(승려가 되는 길을 없앤 완전한 억불책)

⑩ **문물 정비와 편찬 사업** : 건국 이후 문물 제도의 정비를 마무리하고, 〈경국대전〉의 반포 및 시행. 〈삼국사절요〉, 〈악학궤범〉, 〈동국통감〉, 〈동국여지승람〉, 〈동문선〉, 〈국조오례의〉 등을 편찬

⑪ **사창제 폐지** : 폐단이 많았던 사창제를 폐지

👓 **한눈에 쏙~**

세종, 훈민정음 창제(1443) ▶ 세조, 직전법 실시(1466) ▶ 성종, 관수관급제 실시(1470) ▶ 성종, 경국대전 반포(1485)

3. 중앙 정치 체제

(1) 특징

① **유교적 통치 이념 구현** : 중앙 집권과 왕권·신권의 조화를 추구

② **재상권의 발달** : 의정부 재상들이 합의를 통해 국왕에게 재가를 얻도록 함

③ **법치 국가** : 〈경국대전〉으로 정치 체제를 법제화

④ **언관 제도의 발달** : 왕권의 견제(삼사, 순문, 윤대, 상소·구언 제도, 격쟁상언, 유소·권당 등)

⑤ **학술 정치의 발달** : 홍문관과 사관(四館), 춘추관, 경연 제도, 서연 제도

(2) 관제

① **의정부와 육조**

㉠ 의정부 : 최고 관부

㉡ 육조(六曹) : 왕의 명령을 집행하는 행정 기관(이·호·예·병·형·공조)으로 장관은 판서(정2품), 차관은 참판(종2품)이며, 육조 아래 여러 관청이 소속되어 업무 분담

구분	관장 업무	속사(관할 기관)
이조	내무, 문관 인사와 공훈, 공문	문선사, 고훈사, 고공사 등
호조	재정, 조세, 호구, 어염, 광산, 조운	판전사, 회계사, 경비사 등
예조	의례(제사, 의식), 외교, 학교, 교육(과거)	계제사, 전형사, 전객사 등
병조	무관의 인사, 국방, 우역, 통신, 봉수	무선사, 승여사, 무비사 등
형조	법률, 소송, 노비(장예원)	상복사, 장금사, 장예사 등
공조	토목·건축·개간, 수공업, 파발, 도량형	영조사, 공야사 등

② **삼사(三司)** ⭐ 빈출개념

㉠ 기능 : 정사를 비판하고 관리의 비리를 감찰하는 언론 기능

㉡ 특성 : 권력의 독점과 부정을 방지하기 위한 것으로, 삼사의 고관들은 왕이라도 함부로 막을 수 없음

ⓒ 구성
- 사헌부 : 감찰 탄핵 기관, 사간원과 함께 대간(臺諫)을 구성하여 서경(署經)권 행사(정5품 당하관 이하의 임면 동의권), 장은 대사헌(종2품)
- 사간원 : 언관(言官)으로서 왕에 대한 간쟁, 장은 대사간(정3품)
- 홍문관 : 경연을 관장, 문필 · 학술 기관, 고문 역할, 장은 대제학(정2품)

③ 기타 기관
- ⓐ 승정원 : 왕명을 출납하는 비서 기관(중추원의 후신)으로 국왕 직속 기관, 장은 도승지(정3품)
- ⓑ 의금부 : 국가의 큰 죄인을 다스리는 기관(고려 순마소의 변형)으로 국왕 직속 기관, 장은 판사(종1품)
- ⓒ 한성부 : 수도의 행정과 치안을 담당, 장은 판윤(정2품)
- ⓓ 춘추관 : 역사서 편찬과 보관을 담당, 장은 지사(정2품)
- ⓔ 예문관 : 왕의 교서 제찬, 장은 대제학(정2품)
- ⓕ 교서관 : 서적 간행(궁중 인쇄소)
- ⓖ 성균관 : 최고 교육 기관(국립 대학)
- ⓗ 승문원 : 외교 문서 작성
- ⓘ 상서원 : 옥쇄 · 부절(符節) 관리
- ⓙ 경연청 : 임금에게 경서와 치도(治道)를 강론
- ⓚ 서연청 : 왕세자에게 경학을 강론
- ⓛ 포도청 : 상민의 범죄를 담당하는 경찰 기관(고려 순마소의 변형), 장은 포도 대장(종2품)

한품서용
기술관과 서얼은 정3품까지, 토관 · 향리는 정5품까지, 서리 등은 정7품까지만 승진 가능

지방 세력 통제를 위한 상피제와 임기제
- 상피제 : 자기 출신지로의 부임을 금하고(토착 세력화 방지), 부자지간이나 형제지간에 동일 관청에서 근무하지 못하게 하며 친족의 과거 응시 시 고시관 임용을 피하는 제도(권력 집중 및 부정 방지)
- 임기제 : 관찰사 임기는 1년(360일), 수령은 5년(1,800일)

🕶️ 한눈에 쏙~

조선의 중앙과 지방 관제

4. 지방 행정

(1) 조선 시대 지방 행정의 특성

① 지방과 백성에 대한 국가의 지배력 강화(중앙 집권 강화) : 모든 군현에 지방관 파견(속군 · 속현 소멸), 관찰사와 수령의 권한 강화(향리 지위 격하)
② 향, 소, 부곡의 소멸(군현으로 승격하여 지방민의 삶의 질 향상)

(2) 지방 행정 조직

① 8도 : 감영 소재지(전국을 8도로 나누고 크기에 따라 지방관의 등급을 조정, 관찰사(종2품, 외직의 장) 파견)
② 5부(부윤, 종2품)와 5대 도호부(부사, 정3품)
③ 목 : 전국 20목, 장은 목사(정3품)
④ 군(전국 82군) · 현(전국 175현) : 속군 · 속현과 향 · 소 · 부곡을 일반 군현으로 승격하고, 모든 군현에 수령을 파견
⑤ 부 · 목 · 군 · 현의 수령 : 수령의 불법과 수탈을 견제 · 방지하기 위해 유향소를 설치
⑥ 면(面) · 리(里) · 통(統) : 전기에 정비, 후기에 완전 정착

고려 시대와 조선 시대 비교

구분	고려 시대(권한 강함)	조선 시대(권한 약화)
차이점	• 속현 이하를 실제 관장하는 향촌의 지배세력, 농민을 사적으로 지배 • 외역전 지급(세습) • 조세 · 공물 징수와 요역 징발의 실무 관장 • 노동 부대 일품군의 지휘관을 겸임 • 과거 응시 및 국립 대학에의 입학권 부여 • 출세에 법적 제한이 없음(신분 상승 가능)	• 수령을 보좌하는 세습적 아전에 불과, 농민의 사적 지배 금지 • 외역전의 지급이 없음(무보수에 따른 폐단 발생) • 조세 · 공물 징수, 요역 징발은 수령이 관장함 • 지방군의 지휘권이 없음 • 문과 응시 불가 • 중앙 양반으로의 편입 불가함(신분 상승 제한)
공통점	지방의 행정 실무를 담당하는 중간 계층으로, 신분과 향직을 세습	

(3) 특수 지방 조직

① 유향소(향청) : 수령을 감시하고 향리의 비행 규찰, 좌수 · 별감 선출, 정령 시달, 풍속 교정과 백성 교화, 자율적 규약, 향회를 소집하여 여론 수렴 등
② 경재소
  ㉠ 성격 : 지방 관청의 출장소격으로 고려의 기인과 유사
  ㉡ 운영 : 서울에는 경재소를 두고 경주인 또는 경저리가 머물며 업무 수행
  ㉢ 서울과 지방(유향소) 간의 연락 및 유향소 통제, 공납과 연료의 조달 등

5. 군역 제도와 군사 조직

(1) 군역 제도

수령 7사
조선 시대 지방을 다스리던 수령의 7가지 의무 규정. 수령의 업무 수행을 국가가 잘 관리할 수 있도록 만들어진 것으로, 수령의 역할 강화를 도모함
1. 농사 및 양잠을 장려할 것
2. 호구를 증식할 것
3. 학교를 일으킬 것
4. 군사 업무를 바르게 할 것
5. 부역을 균등히 할 것
6. 재판을 바르게 할 것
7. 간사하고 교활한 자를 없앨 것

유향소
• 고려 말~조선 시대에 걸쳐 지방의 수령을 보좌하던 자문 기관. 고려 시대의 사심관에서 유래됨
• 조선 시대의 유향소는 자의적으로 만들어져 지방의 풍기를 단속하고 향리의 폐단을 막는 등 지방 자치의 면모를 보였는데, 태종 초에 지방 수령과 대립하여 중앙 집권을 저해하였으므로 태종 6년(1406) 폐지됨
• 그러나 좀처럼 없어지지 않아 유향소를 폐지할 수 없게 되자 세종 10년(1428) 재설치하면서, 이를 감독하기 위해 경재소를 강화함. 세조 13년(1467) 이시애의 난 당시 유향소의 일부가 가담했음이 드러나면서 다시 폐지되었지만 성종 19년(1488)에 부활함

경저리(京邸吏) · 영저리(營邸吏)
경저리(경주인)는 경재소에 근무하며 중앙과 지방 간의 제반 연락 업무를 담당하는 향리를, 영저리는 각 감영에 머물면서 지방과의 연락을 담당하는 지방의 향리를 말함

조선 시대 양반 관료 체제의 특성
- **문무 양반제도** : 고려 시대 동반 · 서반 · 남반의 3반은 조선 시대의 양반으로 정립
- **관계주의**
  - 정 · 종 각 9품이 있어 18품계로 구분되고, 다시 6품 이상은 상 · 하위로 구분하여 총 30단계로 나뉨
  - 관직과 관계의 결합 : 관직에는 그에 상응하는 관계가 정해져 있음
  - 당상관 : 정3품 이상으로 문반은 통정대부(通政大夫), 무반은 절충장군(折衝將軍)을 말함, 고위직을 독점하고 중요 결정에 참여, 관찰사로 임명이 가능
  - 당하관 : 정3품 이하 정5품 이상, 문반은 통훈대부(通訓大夫), 무반은 어모장군(禦侮將軍), 실무를 담당
  - 참상관 : 정5품 이하 종6품 이상, 목민관(수령)은 참상관 이상에서 임명 가능, 문과 장원 급제시 종6품 참상관에 제수
  - 참하관 : 정7품 이하
- **겸직제 발달**
  - 재상과 당상관이 요직 겸직
  - 관찰사의 병마 · 수군절도사 겸직
- **지방관 견제** : 상피제와 임기제 실시

노비의 군역
노비에게는 권리가 없으므로 군역의 의무도 없었음. 그러나 필요에 따라 특수군으로 편제되는 경우는 있었음

잡색군(雜色軍)
전직 관료 · 서리 · 향리 · 교생 · 노비 등 각계 각층의 장정들로 편성된 정규군 외의 예비군으로, 평상시에는 본업에 종사하면서 일정한 기간 동안 군사 훈련을 받아 유사시에 향토 방위를 담당

조운
- 지방에서 거둬들인 세곡을 한양으로 운송
- 수로와 해로 이용
- 강창(영산강, 한강 등), 해창(서남 해안)
- 평안도와 함경도 지방의 세곡은 한양으로 운송하지 않고 국방비, 사신 접대비로 현지에서 사용

① 양인개병제와 병농일치제 실시 : 16세 이상 60세 이하의 모든 양인 남자는 군역을 담당
② 정군(正軍)과 보인(保人)
  ㉠ 정군 : 서울 · 국경 요충지에 배속, 복무 기간에 따라 품계와 녹봉을 받기도 함
  ㉡ 보인 : 정남 2명을 1보로 함, 정군 가족의 재정적 지원자로서 1년에 포 2필 부담
③ 면제 대상 : 현직 관료와 학생은 군역이 면제됨, 권리가 없는 노비도 군역 의무가 없음, 상인 · 수공업자 · 어민도 제외
④ 종친과 외척 · 공신이나 고급 관료의 자제들은 특수군에 편입되어 군역을 부담

(2) 군사 조직 및 구성

① 중앙군
  ㉠ 국왕 친위대(내삼청) : 내금위, 우림위, 겸사복
  ㉡ 5위(5위도총부) : 의흥위(중위) · 용양위(좌위) · 호분위(우위) · 충좌위(전위) · 충무위(후위)
  ㉢ 훈련원 : 군사 훈련과 무관 시험 관장, 장은 지사
② 중앙군의 구성 : 정군을 중심으로 갑사나 특수병으로 구성
③ 지방군 : 도에 병영과 수영을 설치하고, 부 · 목 · 군 · 현에 진을 설치
  ㉠ 진수군 : 지방의 영진에 소속된 군인을 말하며, 영진군(정병) · 수성군(노동부대) · 선군(수군)으로 구별
  ㉡ 구성 및 복무 : 지방군은 육군과 수군으로 나뉘며, 건국 초기에는 주로 국방상 요지인 영(營)이나 진(鎭)에 소속되어 복무
  ㉢ 진관 체제(鎭管體制) : 세조 이후 실시된 지역(군 · 현) 단위의 방위 체제(요충지의 고을에 성을 쌓아 방어 체제를 강화)

👓 한눈에 쏙~

지방 군제의 변화

익군 체제 (건국 직후) ▶ 영진 체제 (진관 체제, 세조) ▶ 제승방략체제 (1555, 을묘왜변 후) ▶ 속오군체제(임진왜란 당시, 진관 체제의 복구) ▶ 영장 체제(명종)

(3) 교통 · 운수 및 통신 체계의 정비

① 목적 : 국방과 중앙 집권 체제의 효율적 운영 및 강화
② 교통 수단 : 우마가 끄는 수레, 판선(목선), 역참(驛站)
③ 교통 · 통신 체계
  ㉠ 육로 : 역원제(역과 원을 함께 설치 · 운영)
  ㉡ 수로 · 해로 : 조운제(하천과 해안 요지의 조창을 거쳐 중앙의 경창으로 운송)
  ㉢ 파발제 : 공문서 전달을 위한 통신 제도

㉣ 봉수제 : 국가 비상시나 군사상 긴급 사태 발생 시 연기(낮)와 불빛(밤)으로 알리는 통신 제도

6. 관리의 등용과 인사 관리

(1) 과거 제도

① 시행
  ㉠ 정기 시험 : 식년시, 3년마다 실시
  ㉡ 부정기 시험 : 증광시(나라에 큰 경사가 있을 때), 별시(나라에 특별한 행사가 있을 때), 알성시(왕이 성균관의 문묘를 참배한 후), 백일장(시골 유학생의 학업 권장을 위한 임시 시험
② 종류 및 선발 인원
  ㉠ 대과(문과)
    • 과정 : 식년시의 경우 초시(240인 선발, 지역 안배), 복시(33인 선발, 능력주의), 전시(국왕의 친림 아래 최종 시험, 장원 1인 · 갑과 2인 · 을과 7인 · 병과 23인으로 등급 결정)를 거침, 합격자에게 홍패를 지급
    • 응시 자격 : 성균관 유생이나 소과에 합격한 생원 · 진사
  ㉡ 소과(생진과, 사미시)
    • 생원과(4서 5경으로 시험)와 진사과(문예로 시험)를 합한 시험, 초시(향시, 지방의 1차 시험)와 복시(회시, 중앙의 2차 시험)로 시험을 보는데, 초시에서는 진사시(초장)와 생원시(종장) 각각 700인을 선발하며 복시에서는 진사시와 생원시 각각 100인(총 200인)을 선발
    • 합격자에게 백패를 주며, 성균관 입학 또는 문과(대과) 응시 자격을 부여, 합격 후 하급 관리가 되기도 함
  ㉢ 무과(武科)
    • 과정 : 문과와 같은 절차를 거치나 대과 · 소과의 구분은 없음, 초시(200명) · 복시(28명) · 전시(갑과 3인 · 을과 5인 · 병과 20인으로 등급 결정, 장원은 없음)를 거쳐 총 28명을 선발, 병조에서 관장하며 합격자에게 홍패 지급
    • 응시 자격 : 문과와 달리 천민이 아니면 누구든 응시
  ㉣ 잡과(雜科)
    • 과정 : 분야별로 정원이 있으며 예조의 감독하에 해당 관청에서 관장, 합격자에게 백패를 지급하고 일단 해당 관청에 분속
    • 응시 : 주로 양반의 서자와 서리 등 중인 계급의 자제가 응시
    • 종류(4과) : 역과(사역원), 율과(형조), 의과(전의감), 음양과(관상감)
  ㉤ 승과 : 선종시와 교종시가 있었고 30명을 선발, 합격자에게는 법계 및 대선의 칭호를 부여

7. 훈구와 사림

강창과 해창
• 세곡이나 군량미 등을 보관하던 창고
• 강가에 지어진 것을 강창, 해안가에 지어진 것을 해창이라고 함
• 강창이나 해창에서 일시 보관된 세곡은 선박을 통해 한양의 경창까지 운송됨

과거 제도의 특성
• 문과와 무과, 잡과가 있으며, 형식상 문 · 무과가 동등하나 실질적으로는 문과를 중시(무과에는 소과가 없으며, 고위 관원이 되기 위해서는 문과에 합격하는 것이 유리)
• 신분 이동을 촉진하는 제도로서 법적으로는, 양인 이상이면 누구나 응시가 가능(수공업자 · 상인, 무당, 노비, 서얼 제외)
• 교육의 기회가 양반에게 독점되어 과거 역시 양반들이 사실상 독점(일반 백성은 경제적 여건이나 사회적 처지로 과거에 합격하기가 어려웠음

교육과 과거 제도
• 조선 시대의 교육 제도는 과거 제도와 긴밀히 연결되어 있었음. 그 대표적인 예가 성균관인데, 초시인 생원시와 진사시에 합격한 유생에게는 성균관 입학 기회가 우선적으로 주어짐
• 기숙사생에게는 나라에서 학전(學田)과 외거 노비 등을 제공, 교육 경비로 쓰이는 전곡은 양현고에서 담당함, 의학 · 역학 · 산학 · 율학 · 천문학 · 지리학 등의 기술 교육은 해당 관청을 통해 실시됨

홍패

향사례와 향음주례

- **향사례(鄕射禮)** : 편을 나누어 활쏘기를 겨루는 행사로, 윤리와 도의를 두텁게 하는 목적으로 실시됨
- **향음주례(鄕飮酒禮)** : 고을 유생들이 모여 예법을 지키며 함께 술을 나누는 행사로, 연장자 및 덕이 있는 사람을 존경하고 예법을 일으키기 위한 목적으로 실시됨

동국통감

- 성종 16년(1485)에 서거정 등이 왕명을 받아 편찬한 편년체 사서
- 단군 조선~삼한의 내용은 책머리에 외기(外紀)로 다루었고, 삼국의 건국~신라 문무왕 9년(669)의 내용을 삼국기, 669년~고려 태조 18년(935)의 내용을 신라기, 935년~고려 말의 내용을 고려기로 구분함
- 고구려 · 백제 · 신라 중 어느 한 나라를 정통으로 내세우지 않고 대등한 시선에서 서술함

정몽주
↓
길재
↓
김숙자
↓
김종직
↓
정여창 / 김굉필 / 김일손
↓
이언적 / 서경덕 / 조광조 / 김안국
↓
조식 / 이황 / 이이 / 성혼

영남학파　　기호학파

사림의 계보

구분	훈구파(관학파)	사림파(사학파)
활약	• 15세기 집권 세력 • 선초 관학파의 학풍을 계승하여 문물 · 제도를 정비하고 중앙 집권 강화에 기여	• 성종 때 본격적으로 중앙 정계에 진출(주로 전랑과 3사의 언관직에 진출)하여 16세기 이후 학문과 정치를 주도 • 16세기 이후 붕당을 전개
학통	• 정도전 · 권근(여말 급진 개혁파) • 고려 왕조 부정(유교적 이상 국가 건설을 목표로 급진적 개혁 추구) • 왕조 개창의 정당성 강조, 애민 의식이 강함	• 정몽주 · 길재(여말 온건 개혁파) • 고려 왕조 유지(점진적 개혁) • 정통적 대의명분 강조, 애민 의식 약함
기반	• 실권 장악, 왕실과 혼인으로 성장 • 성균관 · 집현전 • 대토지 소유	• 영남 및 기호 지방을 중심으로 성장 • 서원 등 지방의 사학 기구 • 훈구 세력의 대토지 소유 비판
정치	• 성리학의 치국 중시 • 중앙 집권, 부국강병 • 민생 안정	• 성리학의 원칙에 철저 • 향촌 자치 주장 • 학술과 언론, 왕도 정치 강조 • 도덕 · 의리 · 명분을 중시
학문	• 사장(詞章) 중시 • 성리학 외의 타 학문에 포용적 • 기술학 · 군사학 중시	• 경학(經學) 중시 • 성리학 외의 타 학문 배격(인간 심성과 우주 원리 문제를 철학적으로 탐구하는 성리학이 학문적 주류) • 기술학 · 군사학 천시
사상 및 종교	• 민간 의식 수용 • 격물치지(格物致知) 중시	• 민간 의식 배격, 주자가례 강조(예학과 보학 숭상) • 향사례 · 향음주례 중시
사관	• 단군 강조(자주 의식) • 〈동국통감〉	• 기자 중시(소중화 의식, 화이관) • 〈동국사략〉, 〈동사찬요〉
문학	표현 형식과 격식을 강조하고 질서와 조화를 내세움, 한문학 발달	흥취와 정신을 중시하여 개인적 감정과 심성을 강조, 한문학 저조
화풍	• 독자적 화풍 개발 • 진취적 · 사색적 · 낭만적 산수화와 인물화 유행 • 일본 미술에 영향	• 다양한 화풍 발달 • 자연의 아름다움을 표현 • 강한 필치의 산수화, 사군자 유행

8. 사림의 정치적 성장

(1) 중앙 정계 진출

① **시기** : 성종 때 김종직과 그 문인들의 중용을 계기로 대거 진출

② **활동** : 주로 전랑이나 삼사의 언관이 되어 언론 · 문한을 담당

(2) 사화(士禍)의 발생

① **사화의 배경** : 훈척 계열의 자기 분열, 사림에 대한 정치적 보복, 훈구 세력과 사림 세력의 대립, 양반 계층의 양극화 현상

② 무오사화(戊午士禍) · 갑자사화(甲子士禍) : 영남 사림의 대부분이 몰락

　㉠ 무오사화(연산군 4, 1498) : 김종직이 지은 〈조의제문〉을 김일손이 사초(史草)에 올린 일을 문제 삼아 유자광 · 윤필상 등의 훈구파가 김일손 · 김굉필 등의 사림파를 제거

　㉡ 갑자사화(연산군 10, 1504) : 임사홍 등의 궁중 세력이 연산군의 생모인 윤비 폐출 사건을 들추어 정부 세력을 축출

③ 중종반정(中宗反正) : 폭압 정치와 재정 낭비를 일삼은 연산군을 축출(연산군 12, 1506)

④ 조광조의 개혁 정치 ★ 빈출개념

　㉠ 개혁의 배경 : 중종은 유교 정치를 위해 조광조 등 사림을 중용

　㉡ 개혁의 방향 : 사림파의 개혁으로 사림 세력을 강화하고 왕도 정치를 추구

　㉢ 개혁의 내용

　　• 현량과(천거과) 실시 : 천거제의 일종인 현량과를 통해 사림을 대거 등용

　　• 위훈 삭제(僞勳削除) : 중종 반정의 공신 대다수가 거짓 공훈으로 공신에 올랐다 하여 그들의 관직을 박탈하려 함

　　• 이조 전랑권 형성 : 이조 · 병조의 전랑에게 인사권과 후임자 추천권 부여

　　• 도학 정치를 위한 성학군주론 주장, 공납제의 폐단을 지적하고 대공수미법 주장

　　• 균전론을 내세워 토지소유의 조정(분배)과 1/10세를 제시, 향촌 자치를 위해 향약의 전국적 시행을 추진

　　• 승과제도 및 소격서 폐지, 유향소 철폐를 주장

　　• 〈주자가례〉를 장려하고 유교 윤리 · 의례의 보급을 추진, 〈소학〉의 교육과 보급운동을 전개

⑤ 기묘사화(중종 14, 1519) : 남곤 · 심정 등의 훈구파는 모반 음모(주초위왕의 모략)를 꾸며 조광조 · 김정 · 김식 · 정구 · 김안국 등 사림파 대부분을 제거

⑥ 을사사화(명종 1, 1545) : 명종을 옹립한 소윤파 윤원로 · 윤원형 형제가 인종의 외척 세력인 대윤파 윤임 등을 축출하면서 대윤파에 동조하던 사림파를 함께 숙청

9. 명(明)과의 관계

(1) 사대교린 정책(事大交隣政策)

① 조공 관계로 맺어진 중국 중심의 동아시아 기본적 외교 정책으로, 서로의 독립성을 인정된 위에서 맺어져 예속 관계로 보기는 어려움

② 건국 직후부터 명과 친선을 유지하여 정권과 국가의 안전을 보장받고, 중국 이외의 주변 민족과는 교린 정책을 취함

(2) 명과의 대외 관계

① 선초 명과의 관계 : 자주적 관계가 기본 바탕이며, 초기에 국토 확장과 실리추구를 두고 갈등과 불협화음이 존재했으나 태종 이후 외교적 긴밀성을 유지하며 활발히 교류

김종직의 〈조의제문〉

항우에게 왕위를 빼앗기고 죽은 초나라 의제를 기리는 내용을 통해 단종에게서 왕위를 빼앗은 세조를 비난한 글

전랑의 권한

• 자대권(自代權) : 전랑천대법 또는 전랑법이라고도 함. 전랑이 자신의 후임이 될 사람을 추천하는 권한을 말함

• 통청권(通淸權) : 전랑이 삼사의 청요직을 선발할 수 있는 권한을 말함

• 낭천권(郎薦權) : 전랑이 과거에 급제하지 않은 사람을 추천하여 벼슬에 오르도록 하는 권한을 말함

4대 사화

무오사화, 갑자사화, 기묘사화, 을사사화

정미사화(명종 2, 1547)

• 당시 외척으로서 정권을 잡고 있던 윤원형 세력이 반대파 인물들을 숙청한 사건

• 문정 왕후의 수렴청정을 비방한 벽서가 발견되어 송인수, 이약수 등을 숙청하고 이언적 등 20명을 유배(양재역벽서사건)

② 명과의 교역 ★ 빈출개념

 ㉠ 사절의 교환 : 매년 정기적 · 부정기적으로 사절을 교환

 ㉡ 성격 : 조선은 빈번한 교류를 통해 문화의 수입과 물품의 교역을 추구하는 자주적 문화 외교(자주적 실리 외교) 추구

 ㉢ 교역 형태 : 사신을 통한 조공과 회사(回賜)의 공무역(관무역), 사행을 통한 사무역

 ㉣ 교역품 : 말 · 인삼 · 모피 · 모시 · 종이 · 화문석을 주로 수출하고, 서적 · 도자기 · 약재 · 문방구 · 견직물 등을 수입

10. 여진과의 관계

(1) 외교 정책

① 적극적 외교 정책 전개 : 영토 확보와 국경 지방의 안정을 위해 추진

② 화전(和戰) 양면 외교 정책

회유책	• 여진족의 귀순을 장려하기 위해 관직이나 토지, 주택 제공 • 사절의 왕래를 통한 무역을 허용 • 국경 지방인 경성과 경원에 무역소를 두고 국경 무역을 허락
강경책	• 정벌 : 국경 침입 및 약탈 시 군대를 동원하여 정벌 • 국경 공략 및 영토 확장 : 4군 6진 개척 • 지역 방어 체제 구축 : 국경 지방에 진(鎭) · 보(堡)를 설치

(2) 여진족 토벌과 이주 정책

① 태조 : 일찍부터 두만강 지역 개척

② 세종 : 4군 6진 개척으로 오늘날의 국경선 확정

③ 성종 : 신숙주 · 윤필상 등이 압록강과 두만강 이북의 여진족을 토벌

④ 이주 정책 : 사민 정책(徙民政策), 토관제(土官制)

11. 일본 및 동남아시아와의 관계

(1) 일본과의 관계

① 왜구의 침략과 격퇴 : 고려 말부터 조선 초기까지 계속, 대비책(수군 강화, 전함 건조, 화약 · 무기 개발)

② 강경책 : 이종무는 왜구의 소굴인 쓰시마 섬을 토벌해 왜구의 근절을 약속받음

③ 회유책 : 3포 개항, 계해약조(1443)를 체결하여 제한된 범위의 교역을 허락

실력UP   **일본과의 관계**

1419(세종 1)	쓰시마 섬 정벌	이종무
1426(세종 8)	3포 개항	• 부산포(동래), 제포(진해), 염포(울산) • 개항장에 왜관 설치, 제한된 범위의 교역 허가

4군 6진의 개척

상피제와 토관제

조선 시대 관리 임명에 있어 원칙적으로는 상피제였으므로 그 지역 사람을 관리로 임명할 수 없었으나, 세종 때 임시로 토관제를 실시하여 토착민을 그 지역의 관리로 임명함

계해약조(계해조약)

• 1419년 이종무가 쓰시마 섬을 근거지로 한 왜구를 정벌한 뒤 한동안 조선과 일본 사이의 교류는 중단됨

• 이후 쓰시마 도주의 간청으로 3포를 개항한 후, 세종 25년(1443) 변효문 등을 파견하여 세견선 등의 구체적인 제약을 내용으로 하는 계해약조를 체결

쓰시마 섬 정벌

박위(고려 창왕 1, 1389) → 김사형(조선 태조 5, 1396) → 이종무(세종 1, 1419)

1443(세종 25)	계해약조	제한된 조공 무역 허락(세견선 50척, 세사미두 200석, 거류인 60명)
1510(중종 5)	3포 왜란, 임시 관청으로 비변사 설치(1517)	임신약조(1512) 체결(제포만 개항, 계해약조와 비교했을 때 절반의 조건으로 무역 허락)
1544(중종 39)	사량진 왜변	무역 단절, 일본인 왕래 금지
1547(명종 2)	정미약조	세견선 25척, 인원 제한 위반 시 벌칙 규정의 강화
1555(명종 10)	을묘왜변	국교 단절, 제승방략 체제로 전환, 비변사의 상설 기구화
1592(선조 25)	임진왜란, 정유재란(1597)	비변사의 최고 기구화(왕권 약화 및 의정부 · 육조의 유명무실화 초래)
1607~1811	통신사 파견(12회)	국교 재개(1607), 조선의 선진 문화를 일본에 전파
1609(광해군 2)	기유약조	국교 회복, 부산포에 왜관 설치(세견선 20척, 세사미두 100석)

(2) 동남아시아 각국과의 관계

① 조선 초에는 류큐 · 시암 · 자바 등 동남아시아의 여러 나라와 교류

② 조공이나 진상의 형식으로 토산품을 가져와서 옷 · 옷감 · 문방구 등으로 교환함

③ 류큐에 불경 · 유교 경전 · 범종 등을 전달(문화 발전에 기여)

12. 왜군의 침략

(1) 조선의 정세

① 일본과의 대립 : 16세기에 이르러 대립 격화, 3포 왜란(중종 5, 1510), 을묘왜변(명종 10, 1555) 발발, 비변사를 설치, 일본에 사신을 보내 정세 파악

② 정부의 부적절한 대처 : 16세기 말 국방력은 더욱 약화, 일본 정세에 대한 통신사의 보고에 있어서도 붕당 간 차이를 보이는 등 국론 분열

(2) 임진왜란(선조 25, 1592)

① 발발 : 전국 시대의 혼란을 수습하고 철저한 준비 후 20만 대군으로 조선을 침략

② 초기의 수세

  ㉠ 부산 일대의 함락 : 부산진과 동래성에서 정발과 송상현이 분전하였으나 함락됨

  ㉡ 왜군은 평양과 함경도 지방까지 침입, 전쟁에 대비하지 못한 조정(선조)은 의주로 피난하여 명에 원군을 요청

13. 수군과 의병의 승리

(1) 수군의 승리

사량진 왜변

일본인의 행패가 계속 이어지고, 1544년 왜선 20여 척이 경상남도 통영시의 사량진에 침입하여 사람과 말을 약탈해 간 사량진 왜변이 발생하자 조선은 임신약조를 폐기하고 일본인이 조선에 왕래하는 것을 금지함

3포 왜란과 을묘왜변

• 3포 왜란 : 3포에서 거주하고 있는 왜인들이 대마도에 지원을 받아 무역 제한에 불만을 품고 일으킨 난

• 을묘왜변 : 조선 명종 때 왜구가 전라남도 영암·강진·진도 일대에 침입한 사건

김성일과 황윤길

• 1590년 조선은 황윤길을 정사로, 김성일을 부사로 하는 통신사 일행을 일본에 파견

• 이듬해 귀국한 이들은 일본의 정세를 묻는 선조에게 각기 다른 대답을 함

• 도요토미 히데요시가 조선을 침략할 것이라고 대답한 황윤길과는 달리 김성일은 일본이 침략하지 않을 것이라고 함

• 당시 조선 조정에서는 동인이 우세하였으므로 서인인 황윤길의 의견은 받아들여지지 않음

① 이순신의 활약

    ㉠ 대비 : 판옥선과 거북선 건조, 전함과 무기 정비, 수군 훈련, 군량미 비축

    ㉡ 왜군 격퇴 : 80여 척의 배를 거느리고 옥포(1592. 5)에서 첫 승리, 사천포 (1592. 5, 최초로 거북선 등장), 당포(1592. 6), 당항포 등지에서 대승

    ㉢ 한산도 대첩(1592. 7) : 총공격에 나선 적함을 한산도 앞바다로 유인하여 대파

② 성과 : 곡창 지대인 전라도 지방을 지키고 왜군의 침략 작전을 좌절시킴

(2) 의병의 항쟁

① 의병의 구성

    ㉠ 자발적 조직 : 전국 각지에서 자발적으로 조직(남부 지방이 가장 활발)

    ㉡ 의병의 신분 : 농민을 주축으로 전직 관리와 사림 유학자 및 승려들이 참여

② 의병장의 활약

지역	활약 내용
경상도	· 곽재우(최초의 의병) : 경상도 의령에서 거병, 진주성 혈전(1차)에 김시민과 참전, 왜란의 종전 후 관직 제의를 대부분 거절 · 정인홍(합천), 김면(고령), 권응수(영천) 등이 활약
전라도	· 고경명 : 전라도 장흥에서 거병하여 금산성 전투 활약하다 전사(아들 고종후는 진주대첩(2차) 때 전사) · 김천일 : 전라도 나주에서 최초로 거병하여 수원 · 강화에서 활약, 진주대첩(2차)에서 고종후와 함께 전사 · 김덕령 : 전라도 담양에서 거병하여 남원에서 활약, 수원 전투에 참전, 이몽학의 난 관련자로 몰려 무고하게 옥사 · 양대박(남원)
충청도	조헌 : 충청도 옥천에서 거병하여 7백 결사대를 결성, 승장 영규(승려 최초의 의병)와 함께 청주 수복, 금산에서 고경명 · 영규 등과 전사
경기도	홍언수 · 홍계남(안성) 등이 활약
강원도	사명대사(유정) : 금강산에서 거병하여 평양 탈환에서 활약, 전후 대일 강화를 위해 일본에 사신으로 가서 포로 송환에 기여
황해도	이정암 : 황해도 연안성에서 거병하여 왜군을 격퇴하고 요충지를 장악
평안도	서산대사(휴정) : 묘향산에서 거병(전국 승병 운동의 선구), 평양 수복에 참전하고 개성 · 한성 등지에서 활약
함경도	정문부 : 전직 관료 출신으로, 함경도 길주, 경성 등에서 활약(길주 전투에 참전해 수복)

③ 관군으로의 편입 : 전쟁이 장기화되면서 관군으로 편입하여 더욱 조직화되었고, 관군의 전투 능력도 한층 강화

14. 전란의 극복과 영향

(1) 전세의 전환

① 수군과 의병의 승전 : 처음 2개월간의 열세를 우세로 전환

② 명의 참전 : 일본의 정명가도에 대한 자위책으로 참전, 조 · 명 연합군이 평양성을 탈환

③ 행주 대첩(1953. 2) : 평양성을 뺏긴 후 한양으로 퇴각한 왜군을 권율이 이끄는 부대가 행주산성에서 대파

④ 조선의 전열 정비 : 훈련도감(중앙군) 설치, 진관 체제에 속오법(束伍法) 절충, 화포 개량, 조총 제작

(2) 정유재란(선조 30, 1597)

① 왜군의 재침입 : 휴전 회담의 결렬, 직산 전투(1597. 9)

② 명량 대첩(1597. 9) : 울돌목에서 13척으로 왜군의 배 133척을 격퇴

③ 노량 해전(1598. 11) : 도요토미 히데요시 사망 후 철수하는 왜군을 격파, 이순신 전사

(3) 왜란의 영향

① 대내적 영향

㉠ 막대한 물적 · 인적 피해 : 전쟁과 약탈, 방화로 인구 격감, 농촌 황폐화, 학자와 기술자 피랍, 식량 및 재정 궁핍(토지 대장과 양안 소실), 경지 면적 감소

㉡ 문화재 소실 : 경복궁, 불국사, 서적 · 실록, 전주 사고를 제외한 4대 사고(史庫) 소실

㉢ 공명첩 발급과 납속책 실시, 이몽학의 난(1596) 등 농민 봉기 발생

㉣ 비변사 강화와 군제 개편 : 훈련도감(삼수미세 징수) 설치, 속오군(양천혼성군) 창설

㉤ 서적 편찬 : 이순신의 〈난중일기〉, 유성룡의 〈징비록〉, 허준의 〈동의보감〉 등

㉥ 무기 발명 : 거북선, 비격진천뢰(이장손), 화차(변이중) 등

② 대외적 영향

㉠ 일본 : 활자 · 그림 · 서적을 약탈하고 성리학자와 활자 인쇄공, 도공 등을 포로로 데려감, 도쿠가와 막부 성립의 계기

㉡ 중국 : 명의 참전 중 북방 여진족이 급속히 성장, 명은 쇠퇴(명 · 청 교체의 계기)

15. 광해군의 중립 외교와 인조 반정

(1) 대륙의 정세 변화

① 후금의 건국(1616) : 임진왜란 중 명이 약화된 틈에 여진의 누르하치가 후금을 건국

② 후금의 세력 확장 : 후금이 명에 선전 포고(1618)(명은 조선에 지원군 요청)

(2) 광해군(1608~1623)의 정책

① 대내적 : 전후 수습책 실시, 북인(대북) 중심의 혁신 정치 도모

② 대외적 : 명과 후금 사이에서 국가 생존을 위해 실리적인 중립 외교 정책을 전개

㉠ 성격 : 임진왜란 때 도운 명의 요구와 후금과의 관계를 모두 고려

㉡ 경과 : 명의 원군 요청을 적절히 거절하며 후금과 친선을 꾀하는 중립 정책 고수

속오군

• 조선 후기에 속오법에 따라 훈련 · 편성한 지방군

• 양반에서 노비까지 모두 편제되었으나, 후기로 갈수록 양반의 회피가 증가함

• 훈련은 농한기에만 이루어지는데, 평상시에는 생업에 종사하고 유사시에 전투에 동원됨

임진왜란 순서

• 임진왜란 발발 : 부산 일대 함락, 정발 · 송상현 패배

• 충주 탄금대 전투 : 신립 패배

• 선조의 의주 피난 : 명에 원군 요청

• 한산도 대첩 : 한산도에서 학익진 전법으로 승리

• 진주 대첩 : 진주목사 김시민이 승리

• 행주 대첩 : 권율 승리

• 명의 휴전 협상

• 정유재란 : 3년여에 걸친 명과 일본 간의 휴전 협상 결렬, 왜군의 재침입

• 명량 대첩 : 울돌목에서 13척으로 133척의 배를 격퇴

• 노량 해전 : 이순신 전사, 정유재란 종결

공명첩, 납속책

• 공명첩(空名帖) : 나라의 재정을 보충하기 위하여 부유층에게 돈이나 곡식을 받고 팔았던 명예직 임명장

• 납속책(納粟策) : 군량 및 재정의 부족을 보충하기 위해서 천한 신분을 면해 주거나 관직을 주는 것을 말하는데, 곡식의 많고 적음에 따라 면천납속(免賤納粟)과 수직납속(受職納粟)을 실시

이괄의 난

· 이괄은 인조 반정에 참여하여 많은 공을 세웠으나, 반정 계획에 늦게 참가했다는 이유로 2등 공신에 올라 한성 부윤에 임명됨
· 이후 이괄은 평안 병사로 좌천되어 평안도 영변으로 부임, 불만을 품은 이괄은 반란을 꾀하다가 적발되었는데 그를 압송하기 위해 의금부 도사가 오고 있다는 연락을 받은 그는 인조 2년(1624) 반란을 일으킴
· 한때 한양을 점령하기까지 했던 반란군은 안령에서 대파되었으며, 이괄의 부하인 기익헌과 이수백 등이 주모자인 이괄·한명련 등을 살해하고 관군에 투항하면서 반란은 평정됨

주전론과 주화론

· **주전론(척화론)** : 성리학의 명분론을 강조하여 청을 응징할 것을 주장. 김상헌·윤집·오달제, 홍익한
· **주화론** : 명분보다 실리를 강조하는 현실론을 바탕으로 청과 외교를 하고 내치를 강화할 것을 주장. 최명길·이귀 등 양명학자

(3) 인조 반정(1623)

① 배경 : 서인 등의 사림파는 광해군의 중립 외교 정책과 성리학자에 대한 비판, 여러 패륜 행위(임해군과 영창대군 살해, 인목대비 유폐) 등에 불만을 지님

② 경과 : 서인인 이귀, 김유, 이괄 등이 거병하여 인조 반정을 일으킴

③ 결과 : 인조 반정으로 집권한 서인은 존왕양이와 모화 사상 등을 기반으로 친명배금 정책을 실시하여 후금을 자극(호란의 원인으로 작용)

16. 호란의 발발과 전개

(1) 정묘호란(인조 5, 1627)

① 원인 : 서인은 광해군의 중립 외교 정책을 비판하며 친명배금 정책을 추진, 가도 사건, 이괄의 난(1624)으로 난의 주모자 한명련이 처형되자 그 아들이 후금으로 도망하여 인조 즉위의 부당성과 조선 정벌을 요청

② 경과 : 인조는 강화도로 피난, 철산 용골산성의 정봉수와 의주의 이립 등이 기병하여 관군과 합세

③ 결과

ㄱ 강화 : 후금의 군대는 보급로가 끊기자 강화를 제의

ㄴ 정묘약조 체결 : 형제의 맹약, 군대 철수, 조공의 약속 등

(2) 병자호란(인조 14, 1636) ★빈출개념

① 원인

ㄱ 청의 건국 : 후금은 세력을 계속 확장하여 국호를 청으로 바꾸고 심양을 수도로 건국

ㄴ 청의 군신 관계 요구에 대해 주화론(외교적 교섭)과 주전론(척화론, 전쟁불사)이 대립

② 경과 : 인조는 남한산성으로 피난, 45일간 항전하다 주화파 최명길 등이 청과 강화(삼전도에서 굴욕적인 강화)

③ 결과 : 조선은 청과 군신 관계를 맺고 명과의 외교를 단절, 두 왕자와 강경 척화론자들이 인질로 잡혀감

(3) 호란의 영향

서북 지방의 황폐화, 굴욕적인 충격으로 인한 적개심, 소중화의식, 문화적인 우월감 등으로 북벌론이 제기됨

17. 북벌 운동의 전개

(1) 북벌론(北伐論)

① 의미 : 오랑캐에게 당한 수치를 씻고, 조선을 도운 명에 대한 의리를 지킴

② 형식적 외교 : 군신 관계를 맺은 후 청에 사대, 은밀하게 국방에 힘을 기울이면서

청에 대한 북벌을 준비

③ **실질적 배경** : 왕권 강화(양병을 통해 왕권 확립)와 서인 정권 유지를 위한 수단 (명분)

④ **전개** : 효종은 청에 반대하는 송시열·송준길·이완 등을 중용하여 군대를 양성 (어영청 등)하고 성곽을 수리, 숙종 때 윤휴를 중심으로 북벌의 움직임이 제기됨

⑤ **경과** : 효종의 요절 등으로 북벌은 큰 성과를 거두지 못하고 쇠퇴하다 18세기 후반부터 청의 선진 문물을 배우자는 북학론이 대두

(2) 나선 정벌(羅禪征伐)

① **배경** : 러시아의 남하로 청과 러시아 간 국경 충돌이 발생하자 청이 원병을 요청

② **내용** : 제1차 나선 정벌(효종 5, 1654), 제2차 나선 정벌(효종 9, 1658)

나선 정벌
- 나선은 러시아를 지칭하는 말
- **제1차 나선 정벌** : 남하하는 러시아 세력과 충돌한 청은 총포로 무장한 러시아군에 연패함. 이에 청은 임진왜란 이후 조총을 사용하는 조선에 총수병의 파병을 요청하였고 조선은 이를 받아들임. 이후 청은 자국의 군대만으로 러시아군의 거점을 공격하였다가 패배하고 다시 조선에 파병을 요청하였는데, 조선이 이를 받아들이면서 제2차 나선 정벌로 이어짐

02절 근세의 경제 구조와 경제 생활

1. 토지 제도

(1) 과전법(科田法)의 시행

① **과전의 의미** : 관리들에게 준 토지로, 소유권이 아니라 수조권을 지급

② 고려와 마찬가지로 관리의 경제 기반 보장과 국가 재정 유지

③ **목적** : 국가 재정 기반과 건국에 참여한 신진 사대부의 경제 기반을 확보, 농민 생활 향상

(2) 과전법의 특성

① **신진 사대부의 경제적 기반** : 관리가 직접 수조권 행사(사대부 우대 조항)

② **세습 불가의 원칙과 예외** : 1대(代)가 원칙이나, 수신전·휼량전·공신전 등은 세습(사대부 우대 조항)

③ 1/10세 규정, 농민의 경작권 보장, 현직·전직 관리(직·산관)에게 수조권 지급

(3) 과전법의 내용

① **대상** : 수조지를 경기 지방의 토지로 한정하여 전지만 지급

② **종류**

    ㉠ **과전** : 관리(직·산관의 모든 관료)에게 나누어 준 일반적 토지

    ㉡ **공신전** : 공신에게 지급, 세습·면세

    ㉢ **별사전** : 준공신에게 지급되는 토지(3대에 한하여 세습, 경기도 외에도 지급)

    ㉣ **내수사전(궁방전)** : 왕실 경비 충당을 위해 지급

    ㉤ **공해전과 늠전(관둔전)**

      • **공해전** : 중앙 관청의 경비 충당을 위해 지급

      • **늠전·관둔전** : 지방 관청의 경비 충당을 위해 지급

수조권에 따른 공전·사전

왕토 사상으로 인해 토지의 소유권은 원칙적으로 국가에 있는데, 과전법상의 토지는 수조권에 따라서는 공전(公田)과 사전(私田)으로 구분할 수 있으며, 이때 수조권이 국가에 있는 것은 공전, 개인·기관에 있는 것은 사전임. 공전은 고려 시대의 민전 등 대부분의 일반 농민이 소유하고 있던 것을 국가가 징세의 대상으로 파악한 것으로서, 국가는 농민들에게 경작권을 보장하는 대신 조(租)를 징수함

병작반수제

소작농이 땅 주인에게 수확량의 절반을 바치던 제도

ⓗ **역둔전** : 역의 경비 충당을 위해 지급

ⓢ **수신전** : 관료 사망 후 그의 처에게 세습되는 과전

ⓞ **휼양전** : 관료 사망 후 그의 자녀가 고아일 때 세습되는 과전

ⓩ **군전** : 전직 문 · 무관이나 한량(閑良)에게 지급

ⓒ **사원전** : 사원에 지급된 토지

ⓚ **학전** : 성균관 · 4학 · 향교에 소속된 토지

ⓣ **면세전** : 궁방전(궁실과 궁가에 지급), 궁장토(왕실 소유 토지), 관둔전, 역둔전

③ **폐단** : 수신전 · 휼양전 등이 세습되고 공신 · 관리가 증가함에 따라 새로 관직에 나간 관리에게 줄 토지가 부족해짐

(4) 직전법과 관수관급제

① **직전법(세조 12, 1466)**

ⓐ **내용** : 현직 관리에게만 수조권을 지급하여 국가의 수조권 지배를 강화

ⓑ **목적** : 사전(私田)의 증가를 막아 과전의 부족을 해결함으로써 신진 관료의 경제 기반을 마련하고 국가 재정 수입을 증가

ⓒ **1/10세** : 생산량을 조사하여 1/10을 농민에게 수취

ⓓ **문제점** : 양반 관료들의 토지 소유 욕구를 자극하여 농민에 대한 수조권 수탈이 증가하고 과다한 수취를 유발

② **관수관급제(성종 1, 1470)** : 직전법하에서 시행

ⓐ **내용** : 관리의 수조권 행사를 금지, 국가(지방 관청)에서 생산량을 조사하여 수취하고 해당 관리에게 미 · 포 지급

ⓑ **목적** : 국가의 토지 지배 강화, 관리의 부정 방지

ⓒ **결과** : 양반 관료의 토지 소유 욕구를 더욱 자극하여 농장이 더욱 확대, 수조권적 지배가 실질적으로 소멸되어 조와 세의 구분이 없어지고 전세로 통일

③ **녹봉제(명종 11, 1556)**

ⓐ **배경** : 과전 부족의 타개를 위해 실시한 직전법의 실패

ⓑ **내용** : 직전법을 폐지(수조권 지급 제도 폐지)하고 국가가 관료에게 녹봉만 지급

ⓒ **결과** : 수조권에 입각한 토지 지배(전주 전객제)가 소멸하고 소유권과 병작반수제에 의한 지주 전호제가 일반화되는 계기가 됨

2. 수취 체제의 확립

(1) 수취 제도의 구성

토지에 부과되는 조세, 가호 등에 부과되는 공납, 정남에게 부과되는 부역(군역 · 요역) 등

(2) 조세(租稅)

① **납세 의무** : 토지 소유자는 원칙적으로 국가에 조세를 납부

② **조세의 구분** : 조(租), 세(稅)

③ **세액 결정 방법**

토지제도와 공존제도

토지 제도	공존 제도
과전법(태조)	
↓	공법(세종)
직전법(세조)	
↓	관수관급제(성종)
녹봉제(명종)	
↓	영정법(인조)

전시과와 과전법

구분	전시과 (고려)	과전법 (조선)
차이점	• 전지와 시지를 지급 • 전국적 규모로 지급 • 관 수 관 급 제 (공유성) • 농민의 경작권이 불안정	• 전지만 지급 • 경기도에 한하여 지급 • 관리가 수조권 행사(자주성) • 농민의 경작권을 법적으로 보장(경자유전의 원칙)
공통점	• 원칙적으로 소유권은 국가에 있으며, 수조권을 지급 • 직 · 산관 모두에게 수조권만을 지급 • 관등에 따라 차등 지급, 세습 불가가 원칙(퇴직이나 사망 시 반납이 원칙) • 세율 : 1/10세	

직전법의 시행과 수탈

직전법은 관리가 퇴직하거나 죽은 후의 경제적 생활을 보장해 주지 않았으므로 관리들은 재직 중 농민들을 수탈함. 이에 성종은 관수관급제로 방식을 바꾸었으며, 16세기 중반에 이르러서는 직전법 자체가 폐지됨

112

㉠ 손실답험법(損失踏驗法) : 태종 때의 세제(측량법), 1결의 최대 생산량을 300
두로 정하고 수확량의 1/10을 내는데, 매년 토지 손실을 조사해 30두에서 공
제하여 납부액을 결정

㉡ 공법(貢法) : 세종 때 확정(1444), 전분 6등법과 연분 9등법

④ 현물 납세 : 조세는 쌀(백미) · 콩(대두) 등으로 납부

(3) 공납(貢納)

① 부과 및 징수 : 중앙 관청에서 군현을 단위로 하여 지역 토산물을 조사하여 군현
에 물품과 액수를 할당하면, 각 군현은 토지의 다소에 따라 가호에 다시 할당하
여 거둠

② 품목 : 각종 수공업 제품과 토산물(광물 · 수산물 · 모피 · 과실 · 약재 등)

③ 종류 : 공물(상공 · 별공)과 진상

④ 폐단 : 농민에게 부담이 집중, 점퇴의 폐단, 방납의 폐단

⑤ 결과 : 국가 수입이 감소하고 농민 부담과 농민의 토지 이탈 증가(→ 개혁론이 대
두됨)

(4) 군역과 요역

① 대상 : 16세 이상의 정남

② 군역(軍役)

㉠ 보법(保法) : 군사 복무를 위해 교대로 근무하여야 하는 정군(正軍)과 정군이
복무하는 데에 드는 비용(매년 포 2필)을 보조하는 보인(保人)이 있음

㉡ 면역(免役) : 양반 · 서리 · 향리 등은 관청에서 일하므로 군역 면제

③ 요역(徭役)

㉠ 내용 : 가호를 기준으로 정남의 수를 고려하여 뽑아서 공사에 동원

㉡ 종류 : 국가 차원의 동원(궁궐, 성곽 공사 등), 군현 차원의 동원(조세 운반 등)

㉢ 부과 기준 : 성종 때 토지 8결 당 1인, 1년 중 6일 이내로 동원하도록 제한

㉣ 문제점 : 과도한 징발, 운영 과정에서 지방관의 임의적 징발이 많아 농민들의
부담이 큼

㉤ 요역의 변화 : 요역 동원을 기피하여 피역 · 도망이 발생, 요역의 대립 및 물납
화 · 전세화

(5) 기타 국가의 재정

① 수입 : 조세 · 공물 · 역 이외에 염전 · 광산 · 산림 · 어장 · 상인 · 수공업자 등이
내는 세금

② 지출 : 군량미나 구휼미로 비축하고 나머지는 왕실 경비 · 공공 행사비 · 관리의
녹봉 · 군량미 · 빈민 구제비 · 의료비 등으로 지출

③ 예산 제도 : 세조 때부터 세출표인 횡간을 먼저 작성하고 세입표인 공안을 작성

④ 양안(量案) : 양전 사업에 의해 작성된 토지 대장을 말하는데, 양전 사업은 20년
마다 한 번씩 실시

연분 9등급

上年	中年	下年
上 → 20두	上 → 14두	上 → 8두
中 → 18두	中 → 12두	中 → 6두
下 → 16두	下 → 10두	下 → 4두

상공, 별공, 진상

- 상공 : 매년 국가에서 미리 상정한 특
산물 바침, 호 단위 부과
- 별공 : 상정 용도 이외에 국가에서 필
요에 따라 현물 부과
- 진상 : 공물 이외의 현물을 공납, 주로
각 도의 관찰사나 수령이 국왕에 상납
하는 것을 말하며 진상물로는 식료품
이 대부분

대납

공물의 생산량이 점차 감소하거나 생
산지의 변화로 그 토산물이 없을 때
다른 대표 상인이나 관리에게 대신 납부
하는 것으로, 보통 방납이라고 함

횡간과 공안

- 횡간 : 조선 시대의 세출 예산표. 조선
시대 국가 재정의 대부분은 토지를 바
탕으로 한 전세와 공물로 충당됨. 국
가에서는 관청 · 관리 등에게 직접 토
지의 수조권을 지급함으로써 비용을
충당하도록 하는 동시에, 일부는 현물
지급을 통해 보충함. 횡간은 1년간 국
가에서 지급하는 현물을 기재한 것임

- 공안 : 조선 시대의 세입 예산표. 조선
시대에는 다음해 소요될 공물을 매년
말에 조사한 후 각 지방에 명하여 징
수하게 하였는데, 이때 공물의 품목 ·
수량을 기재한 것을 공안이라고 함

수미법

상품 화폐 경제가 발달하지 못했던 조선 전기의 한계에 따라 공물은 현물로 납부될 수밖에 없었음. 당시 화폐를 대신하여 사용되던 것으로는 쌀과 포가 있었는데, 공물을 현물 대신 쌀로 납부하게 되면 폐단을 줄이고 수송과 저장에 있어서도 수월해질 것이므로, 이이와 조광조 등은 공납의 개선책으로 수미법을 주장

실록을 통해 알아보는 16세기 농민들의 처지

• 백성으로 농지를 가진 자가 없고 농지를 가진 자는 오직 부유한 상인들과 사족(士族)들의 집뿐입니다.

　　　　　　　　　　－〈중종실록〉－

• 근래 도적이 벌떼처럼 일어나 공공연하게 노략질을 하며 양민을 죽이고 방자한 행동을 거리낌 없이 하여도 주현에서 막지 못하고 병사(兵使)도 잡지 못하니 그 형세가 점점 커져서 여러 곳으로 퍼지고 있습니다. 심지어 서울에서도 떼로 일어나 빈집에 진을 치고 밤이면 모였다가 새벽이면 흩어지고 칼로 사람을 다치게 합니다.

　　　　　　　　　　－〈명종실록〉－

• 지방에서 토산물을 공물로 바칠 때 (중앙 관청의 서리들이) 공납을 일체 막고 본래 값의 백 배가 되지 않으면 받지도 않습니다. 백성들이 견디지 못하여 세금을 못 내고 도망하는 자가 줄을 이었습니다.

　　　　　　　　　　－〈선조실록〉－

(6) 조운 제도

① **의의** : 조세와 공물을 각지의 조창을 거쳐 서울의 경창까지 운반하는 과정

② **관리** : 수령이 운반의 책임을 지며, 호조에서 이를 관리

③ **운반**

　㉠ 지방 군현의 조세와 공물은 육운·수운을 이용해 주요 강가나 바닷가에 설치된 조창으로 운반

　㉡ 전라도·충청도·황해도는 바닷길로, 강원도는 한강, 경상도는 낙동강과 남한강 또는 바닷길을 통하여 운송

④ **잉류(仍留) 지역** : 평안도와 함경도, 제주도의 조세와 공물은 경창으로 이동하지 않고 군사비와 사신 접대비 등으로 현지에서 사용

3. 수취 제도의 문란과 농민 생활의 악화

(1) 공납의 폐단

① **방납의 폐단 발생**

　㉠ 관청의 서리들이 공물을 대신 내고 그 대가를 챙기는 방납이 증가해 농민 부담 가중

　㉡ 농민이 도망 시 지역의 이웃이나 친척에게 대신 납부하게 함

② **개선의 시도** : 이이와 유성룡 등은 공물을 쌀로 걷는 수미법(收米法)을 주장

(2) 군역의 폐단

① 군역과 요역의 기피 현상과 도망이 증가

② 방군수포제와 대립제

　㉠ **방군수포제(放軍收布制)** : 군역에 복무해야 할 사람에게 포(布)를 받고 군역을 면제

　㉡ **대립제(代立制)** : 다른 사람을 사서 군역을 대신하게 하는 대립이 불법적으로 행해짐

③ **군적의 부실** : 군포 부담의 과중과 군역 기피 현상

(3) 환곡의 폐단

① **환곡제** : 곤궁한 농민에게 곡물을 빌려주고 1/10 정도의 이자를 거두는 것

② 지방 수령과 향리들이 정해진 이자보다 많이 거두어 유용하는 폐단이 나타남

👓 한눈에 쏙~

군역 제도의 흐름

보법 (保法, 세조)	▶	대립제 (15세기 중엽)	▶	방군수포제 (16세기 초)	▶	군적수포제 (16세기 중엽)
군역의 폐단이 만연	◀	균역법(영조 26, 1750)	◀	군정(軍政)의 문란	◀	호포제 (대원군)

4. 경제 생활

(1) 양반의 경제 생활

① 경제적 기반 : 과전과 녹봉, 토지, 노비 등이 일반적 경제 기반

② 토지의 소유와 경작 : 토지 규모가 큰 경우 병작반수 형태로 농민들이 소작(병작반수의 전호 경영), 농장은 15세기 후반에 이르러 더욱 증가

③ 재산으로서의 노비(奴婢) 소유

    ⊙ 노비를 구매하기도 하나, 출산이나 혼인을 시켜 수를 늘림

    ⓒ 솔거 노비의 경우 주로 가사일이나 농경 등을 시킴

    ⓒ 외거 노비(다수의 노비)의 경우 신공(身貢)으로 포와 돈을 수취

(2) 농민 경제 생활의 변화

① 정부의 지원 및 장려 : 개간을 장려하고 저수지 등 수리 시설을 보수·확충, 〈농사직설〉·〈사시찬요〉·〈금양잡록〉 등 농서를 간행 보급

② 양반들도 간이 수리시설을 만들고 중국의 농업기술을 도입

③ 농민들도 농업 생산력을 향상시키려고 노력한 결과 농민 생활은 이전보다 개선

5. 농업

(1) 농업 기술의 발달

① 밭농사 : 조·보리·콩의 2년 3작이 널리 시행, 농종법(이랑에 파종)에서 견종법(고랑에 파종)으로 발전

② 논농사 : 남부 지방에 이앙법이 보급됨, 남부의 일부 지방에서 벼와 보리의 이모작이 가능해지면서 생산량 증가, 건사리[乾耕法]가 이용, 물사리[水耕法]도 행해짐

③ 시비법 : 밑거름과 뒷거름을 주는 각종 시비법이 발달하여 경작지를 묵히지 않고 매년 경작(연작)이 가능

④ 가을갈이의 농사법이 점차 보급됨

⑤ 농기구 개량 : 쟁기·낫·호미 등의 농기구가 더욱 개량되어 농업 생산량 증대에 기여

⑥ 의생활의 변화 및 개선

    ⊙ 고려 말 시작된 목화 재배가 확대되어 무명옷이 보편화

    ⓒ 삼·모시풀의 재배 성행, 누에치기가 확산되면서 양잠(養蠶)에 관한 농서가 편찬됨

(2) 농민의 몰락과 정부의 대책

① 농민의 몰락

    ⊙ 소작농의 증가 : 지주제의 확대로 인한 농민의 소작농화

    ⓒ 유망 농민의 증가 : 화전민이나 도적으로 전락

② 정부의 대책 : 〈구황촬요〉의 편찬, 호패법·오가 작통법 등을 강화, 향약 시행

노비의 신공

남자 노비(奴)는 면포 1필과 저화 20장, 여자 노비(婢)는 면포 1필과 저화 10장을 각각 신공으로 바침

이앙법 보급의 영향 ★빈출개념

• 생산성 증가 및 경작의 보급을 촉진
• 농민의 계층 분화 초래
• 농민의 토지 이탈 초래
• 특수 작물의 재배(구황 작물, 상업 작물)
• 경영형 부농의 발생 계기

오가 작통법

성종 16년(1485) 마련된 제도로, 다섯 집을 1통으로 묶은 호적의 보조 조직. 주로 호구를 밝히거나 범죄자 색출, 세금 징수, 부역 동원 등에 이용되었으며, 후기에는 유민을 막고 도적의 은닉을 방지하기 위해 활용됨. 헌종 때에는 통의 연대 책임을 강화하여 천주교도를 색출하기도 함

SEMI-NOTE

관영 수공업의 쇠퇴

조선 초기 활발하게 이루어졌던 관영 수공업은 관기업의 특성이라고 할 수 있는 생리적 폐쇄성과 창의성의 결여로 생산품의 질적 저하를 초래함. 또한 낮은 대우를 받은 장인들이 갈수록 공장안에 등록되기를 기피하였으므로 등록된 장인의 수가 줄어들었으며, 조선의 재정 사정이 악화됨에 따라 관영 수공업을 유지하기 어려워 관영 수공업은 쇠퇴하게 됨

금난전권

시전 상인이 왕실이나 관청에 물품을 공급하는 대신 부여받은 독점 판매권. 금난전권의 '난전'은 전안(시전의 상행위자에 대해 등록한 대장으로 숙종 32년 실시)에 등록되지 않은 자의 상행위 또는 판매 허가를 받지 않은 상품을 성안에서 판매하는 행위를 말하는데, 난전으로 상권이 침해된 시전 상인들은 이의 금지를 정부에 요청함. 이에 정부가 시전 상인들에게 한양 도성 안과 도성 밑 10리 안에서의 금난전권을 부여함으로써 시전 상인들은 상권을 독점할 수 있게 됨. 육의전을 제외한 금난전권은 정조 15년(1791)에 신해통공으로 폐지

화폐

정부는 조선 초기에 저화(태종), 조선통보(세종), 팔방통보(세조) 등을 만들어 유통시키려 하였으나 상업의 부진에 따라 화폐의 유통도 부진. 농민들은 교역의 매개로 주로 쌀과 베를 이용

주변국과의 무역, 사무역

- 명 : 공무역과 사무역을 허용
- 여진 : 국경 지역에 설치한 무역소를 통하여 교역
- 일본 : 동래에 설치한 왜관을 중심으로 무역
- 사무역 : 국경 부근의 사무역은 엄격하게 감시. 주로 무명과 식량이 거래됨

6. 수공업 생산 활동

(1) 관영 수공업

① 정비 : 고려보다 관영 수공업 체제를 잘 정비, 수공업의 중심

② 관장제(官匠制) : 장인(기술자)을 공장안에 등록시켜 관청에서 필요한 물품을 제작 · 공급, 사장(私匠)은 억제함

③ 생산 품목 : 화약, 무기, 의류, 활자 인쇄, 그릇, 문방구 등을 제조 · 납품

(2) 민영 수공업과 가내 수공업

① 민영 수공업 : 국역이 끝난 장인이나 공장안에 등록되지 않은 장인이 도시에서 장인세를 납부하며 생산 · 판매, 주로 농민의 농기구를 만들며 양반의 사치품도 생산

② 가내 수공업 : 농가에서 자급자족의 형태로 무명 · 명주 · 모시 · 베 등을 생산

7. 상업 활동

(1) 정부의 상업 통제

① 상공업 통제 : 유교적 농본억상 정책, 유교적 경제관으로 검약 강조, 소비 억제, 상인 천대

② 시전 중심의 상업

  ㉠ 시전은 도성에 설치된 대표적 상설 기구

  ㉡ 경시서(평시서)를 두어 시전을 감독하고 불법적 상행위를 통제

③ 시전 상인

  ㉠ 관허 상인으로, 종로 거리에 상점가를 만들어 점포세와 상세를 거둠

  ㉡ 금난전권 : 왕실이나 관청에 물품을 공급하는 대신에 특정 상품에 대한 독점 판매권을 부여받음

④ 육의전 : 명주, 종이, 어물, 모시와 베, 무명, 비단을 파는 점포

(2) 장시

① 장시의 발달 : 15세기 후반부터 등장, 16세기 중엽에 이르러 전국적으로 확대

② 정부의 억제 : 농업 위축을 염려해 장시의 발전을 억제하였으나 일부 장시는 정기 시장으로 정착

③ 활동 : 보부상들이 일용 잡화나 농 · 수산물, 수공업 제품, 약재 등을 장시를 통해 판매 · 유통(보부상은 생산자와 소비자를 이어 주는 관허 행상의 역할을 수행)

실력UP **장시의 등장과 발달**

- 농촌 시장인 장시가 처음 등장한 것은 15세기 말
- 15세기 말, 왜구의 침입으로 황폐해진 해안 지역의 농토 개간이 완료되고 농업 생산력이 현저히 발달하였음
- 넓은 나주 평야를 끼고 있으며 서해안에 인접한 나주와 무안 지역은 다양한 물품이 생산

되었으며, 생산자들이 이를 자유롭게 처분할 수 있는 여건도 마련됨
• 장시는 점차 삼남 전 지역과 경기도 등지로 확산, 출현할 당시 15일이나 10일 간격이던 개시일도 점차 5일 간격으로 조정, 장시 확산 추세는 18세기에 더욱 두드러져 18세기 중반 전국의 장시는 천 여 곳에 달하게 됨

03절 근세의 사회 구조와 사회 생활

1. 신분 제도

(1) 신분 제도의 변동

① **변동 방향** : 크게 양인 확대와 지배층의 분화(양반층과 중인층)로 변동
　㉠ **양인 확대 정책** : 향·소·부곡 등 천민 집단의 소멸, 양인화, 노비 변정 사업 등
　㉡ **지배층의 분화** : 향리의 양반 상승 제한, 서리와 기술관 제도의 도입, 지배 신분층은 양반과 중인으로 양분
② **신분 이동** : 조선 시대는 엄격한 신분제 사회였으나 신분 이동이 가능
　㉠ 법적으로 양인이면 과거에 응시하여 관직에 진출 가능
　㉡ 양반도 죄를 지으면 노비가 되거나, 경제적으로 몰락하여 중인이나 상민이 되기도 함
　㉢ 여전히 지배층과 피지배층이 존재하는 신분 사회

(2) 양천(良賤) 제도

① **이분제의 법제화** : 사회 신분을 법제적으로 양인과 천민으로 양분
　㉠ **양인(良人)** : 과거 응시가 가능한 자유민으로 조세·국역 등의 의무를 짐
　㉡ **천민(賤民)** : 비자유민으로서 개인이나 국가에 소속되어 천역을 담당, 노비 등
② **결과** : 갑오개혁(1894) 이전까지 조선 사회를 지탱한 기본적·법제적 신분 규범

(3) 반상(班常) 제도

① 양반과 중인 신분이 정착되면서 지배층인 양반과 피지배층인 상민을 구별하는 반상 제도가 일반화됨(실질적 신분 구분)
② 양인이 분화되면서 점차 양반·중인·상민·천민의 신분 제도(4분제)가 정착
③ 16세기 이후 사회 전면에 부각됨

(4) 양반 제도의 특성

① **세습적 성격** : 음서제, 대가제
② **가문 중시** : 의정부·승정원·이조·삼사·예문관 등의 청요직(청직과 요직)의 등용에는 가문을 문제 삼음
③ **배타성** : 결혼에 있어 다른 신분과 구별, 서얼출신과 재가녀 자손 등의 관직진출

고려 시대와 조선 시대의 신분제 변화

귀족	양반
중류층	중인
양민	상민
천민	천민
고려시대	조선시대

음서제와 대가제
• **음서제** : 공신이나 2품 이상의 고위관직의 자제가 대상
• **대가제** : 정3품 이상의 자에게 별가된 품계를 대신 아들·동생·조카·사위에게 줄 수 있게 하는 제도

에 제약이 따름, 교육과 과거제도 등 여러 조치를 마련, 한품서용, 체아직 등

2. 양반(兩班)

(1) 의의

① **개념의 확대** : 양반 관료 체제가 정비되면서 문 · 무반직을 가진 사람뿐만 아니라 그 가족이나 가문까지도 양반으로 지칭
② **특권적 생활** : 각종 법률과 제도로써 양반의 신분적 특권을 제도화

(2) 양반 증가 억제책

① **한품서용제(限品敍用制)** : 향리, 서리, 기술관, 군교, 역리 등 중인의 관직 진출 시 품계를 제한
② **서얼차대법(庶孼差待法)** : 첩에서 난 소생들을 서얼이라고 하여 차별하고 관직 진출 · 과거 응시를 제한(서얼금고법)

3. 중인(中人)

(1) 의의

① **의미**
　㉠ **넓은 의미** : 양반과 상민의 중간 신분 계층을 총칭하는 개념
　㉡ **좁은 의미** : 기술관을 지칭
② **성립** : 15세기부터 형성되어 16세기에 세습화되었고, 17세기 중엽 이후에 독립된 신분층으로 성립
③ **사회적 예우** : 전문 기술이나 행정 실무를 담당, 나름대로 지배층으로 행세

(2) 종류

① **서리 · 향리 · 기술관** : 직역을 세습, 같은 신분 안에서 혼인, 관청 근처에서 거주
② **서얼** : 중인과 같은 신분적 처우를 받았으므로 중서라고도 불림, 문과 응시 불가
③ **역관** : 사신을 수행하면서 무역에 관여
④ **향리** : 토착 세력으로서 수령을 보좌

4. 상민(常民)

(1) 의의 및 성격

① 평민 · 양인으로도 불리며, 농민 · 수공업자 · 상인 등으로 구성
② 농본억상 정책으로 공 · 상인은 농민보다 아래에 위치
③ 법적으로는 과거 응시가 가능하나, 실제 상민이 과거에 응시하는 것은 매우 어려웠음
④ 전쟁이나 비상시에 군공을 세우는 경우 외에는 신분 상승 기회가 적음

한품서용, 체아직
• **한품서용** : 중인과 서얼의 관직 진출 시 품계를 제한하는 것으로, 기술관과 서얼은 정3품까지, 토관 · 향리는 정5품까지, 서리 등은 정7품까지만 승진 가능
• **체아직** : 일정 기간 후 교체 근무를 하는 직으로, 잡직은 모두 체아직에 해당

중인층의 관직 진출
중인층의 경우 사회적 역할이 컸음에도 고위직으로의 진출은 제한됨. 법제상 중인층도 문 · 무과 응시가 가능했으나, 실제로는 서얼과 마찬가지로 천대받았으며 청요직 진출에도 제약이 따름

중인의 부 획득
• **역관** : 사신을 수행하면서 무역에 개입하여 이득 획득
• **향리** : 수령을 보좌하면서 비리를 통해 이득 획득

(2) 종류

① 농민 : 조세 · 공납 · 부역 등의 의무를 부담

② 수공업자 : 공장(工匠)으로 불리며 관영이나 민영 수공업에 종사, 공장세를 납부

③ 상인 : 시전 상인과 보부상 등, 상인세를 납부

④ 신량역천 : 법제적으로 양인이나 사회적으로 천민 취급을 받는 계층

5. 천민(賤民)

(1) 구성 및 사회적 대우

① 구성 : 노비가 대부분이며, 백정 · 무당 · 창기 · 광대 등도 천민으로 천대됨

② 사회적 대우

  ㉠ 권리 박탈 : 비자유민으로, 교육받거나 벼슬길에 나갈 수 없음

  ㉡ 재산으로 취급 : 매매 · 상속 · 증여의 대상이 됨

  ㉢ 일천즉천 원칙 : 부모 한쪽이 노비일 경우 자녀도 노비가 되는 것이 일반화

  ㉣ 천자수모법 적용 : 부모의 소유주가 다를 때 자녀는 어머니 측 소유주의 재산

  ㉤ 양천교혼(良賤交婚) : 원칙적으로 금지

(2) 공·사노비

① 공노비 : 입역 노비와 납공 노비(외거 노비)로 구분

② 사노비 : 입역 노비(솔거 노비)와 납공 노비(외거 노비)로 구분

6. 사회 정책과 시설

(1) 사회 정책의 배경 및 목표

① 배경 : 성리학적 명분론에 입각한 농본 정책의 추진

② 목표 : 양반 지배 체제의 강화를 위한 사회 · 신분 질서 유지, 농민 생활의 안정을 통한 국가의 안정과 재정 기반의 마련

(2) 사회 정책 및 제도

① 소극적 정책 : 농민의 토지 이탈 방지 정책(양반 지주들의 토지 겸병을 억제, 농민에 대한 조세 감면)

② 적극적 구휼 · 구호 정책

  ㉠ 의창, 상평창 : 국가에서 설치 · 운영

  ㉡ 환곡제 : 국가(관청)에서 춘궁기에 양식과 종자 · 곡물을 빌려준 뒤에 추수기에 회수

  ㉢ 사창제(세종)

    • 향촌사회에서 자치적으로 실시 · 운영한 것으로, 사창을 설치하고 일정 이자를 붙여 농민에게 대여

    • 양반 지주들이 농민 생활을 안정시켜 양반 중심의 향촌 질서를 유지하기 위

칠반천역

고된 일에 종사하는 일곱 부류를 지칭하는 말로, 수군, 봉수군, 역졸, 조졸, 조례(관청의 잡역 담당), 나장(형사 업무 담당), 일수(지방 고을의 잡역 담당)가 이에 해당

> **양천 결혼 시의 법제 변천**
>
> 노비종부법(태종) → 일천즉천(세조) → 〈경국대전〉에서 일천즉천(일반법)과 노비종부법(특별법)을 규정 → 노비종모법(영조) → 노비 세습법제 폐지(고종)

신공(身貢)

조선 시대에 노비가 몸으로 치르는 노역 대신에 납부하는 공물을 말함

고려와 조선의 사회 및 의료 시설

• 고려
  – 사회 시설 : 의창, 상평창, 제위보
  – 의료 시설 : 동 · 서 대비원, 혜민국, 구제도감, 구급도감

• 조선
  – 사회 시설 : 환곡제(국가 주도), 사창제(민간 주도)
  – 의료 시설 : 동 · 서 대비원, 혜민국, 제생원, 동 · 서 활인원

한 것
③ 의료 시설
ㄱ. 혜민국, 동·서 대비원 : 약재 판매 및 서민 환자의 의료 구제를 담당
ㄴ. 제생원 : 행려의 구호 및 진료를 담당
ㄷ. 동·서 활인서 : 유랑자·빈민의 수용과 구료, 사망한 행려의 매장을 담당
ㄹ. 의녀 제도 : 질병의 치료와 간병, 산파 등의 역할을 수행

7. 법률 제도

(1) 법률 체제

① 형법
ㄱ. 대명률(大明律) : 〈경국대전〉의 형전 조항이 우선 적용되었으나, 그 내용이 소략하여 형벌 사항은 일반적으로 대명률을 적용
ㄴ. 연좌제 : 가장 무거운 범죄인 반역죄와 강상죄에는 연좌제가 적용
② 형벌 : 태·장·도·유·사형 5종이 기본으로 시행
ㄱ. 태(笞) : 주로 경범죄에 해당하는 처벌로 작은 곤장으로 때리며, 10대부터 50대까지 10대씩 5단계가 있음
ㄴ. 장(杖) : 대곤·중곤·소곤 등의 곤장으로 60대부터 100대까지 10대씩 5단계로 나눠 가하는 형벌
ㄷ. 도(徒) : 징역형의 일종, 1~3년 정도의 강제 노역에 처하며 보통 태장형을 수반
ㄹ. 유(流) : 귀양(→ 섬에 유배시키는 정도안치, 울타리를 쳐 거주지를 제한하는 위리안치, 가시덤불을 쌓는 가극안치, 고향에서만 살게 하는 본향안치 등)
ㅁ. 사(死) : 사형(→ 효시, 교시, 참시 등)
③ 민법 : 관습법 중심, 물권(物權) 개념의 발달, 재산 분쟁, 제사와 노비 상속을 중시

(2) 사법 기관 및 재판

① 중앙
ㄱ. 사헌부 : 백관의 규찰, 양반의 일반 재판
ㄴ. 형조 : 사법 행정에 대한 감독 및 일반 사건에 대한 재심을 담당
ㄷ. 의금부 : 국가대죄(국사범, 반역죄, 강상죄 등)를 다스리는 국왕 직속 기관
ㄹ. 포도청 : 상민의 범죄를 담당하는 경찰 기관
ㅁ. 한성부 : 수도의 치안 및 토지·가옥 소송을 담당
ㅂ. 장례원 : 노비 문서 및 노비 범죄를 관장
② 지방 : 관찰사와 수령이 각각 관할 구역 내의 사법권을 행사

8. 향촌 사회의 모습

(1) 향촌의 구성

① 향촌 : 중앙과 대칭되는 개념으로, 지방 행정 구역을 의미함
ㄱ. 향(鄕) : 행정 구역상 군현의 단위를 지칭

ⓛ 촌(村) : 촌락이나 마을 단위를 지칭

② 군현제의 정비

  ㉠ 전국을 8도로 나누고 그 아래 부·목·군·현을 두어 중앙에서 지방관 파견

  ㉡ 군·현 밑에는 면·리 등을 설치하였으나 관리가 파견되지는 않음

(2) 향촌 자치의 모습

① **유향소(留鄕所)** : 지방 자치를 위하여 설치, 수령을 보좌하고 향리를 감찰하며 풍속을 바로잡기 위한 기구

② **경재소(京在所)** : 현직 관료로 하여금 연고지의 유향소를 통제하게 하는 제도로서, 중앙과 지방 간의 연락 업무 담당

③ **향청·향안·향규**

  ㉠ **향안(鄕案)** : 향촌 사회의 지배층인 지방 사족이나 향회 구성원의 명단을 적은 장부

  ㉡ **향회(鄕會)** : 향안에 오른 지방 사족의 총회, 결속을 다지고 지방민을 통제

  ㉢ **향규(鄕規)** : 향안에 오른 사족(향원)들 간의 약속이자 향회의 운영 규칙, 유향소·향계(鄕契)의 업무 및 직임자의 선임에 관한 규약

④ **향약**

  ㉠ **형성** : 사림의 성장에 따라 16세기 이후 전통적 향촌 규약과 조직체가 향약으로 대체, 지방 사족은 향촌 사회 운영 질서를 강구하고 면리제와 병행된 향약 조직을 형성

  ㉡ **확산** : 중종 때 조광조에 의하여 처음 보급, 16세기 이후에 전국적으로 확산

  ㉢ **기능** : 향촌 사회의 자치 규약

9. 촌락의 구성과 운영

(1) 촌락의 구성

① **자연촌** : 농민 생활과 향촌 구성의 기본 단위, 동·리로 편제된 조직

  ㉠ **면리제** : 조선 초기에 자연촌 단위의 몇 개의 리를 면으로 묶음

  ㉡ **오가작통제** : 서로 이웃하고 있는 다섯 집을 하나의 통으로 묶고 통수를 두어 관장

② 양반 거주의 반촌(班村)과 평민·천민 거주의 민촌(民村)이 나타나기도 함

(2) 촌락의 운영

① **동계(洞契)·동약(洞約)**

  ㉠ **의미**

   • 동계 : 마을의 일을 처리하기 위한 계

   • 동약 : 마을 단위의 자치 조직

  ㉡ **조직 목적** : 촌락민들에 대한 지배력 강화

  ㉢ **전환** : 양반 사족들만 참여하다가 임진왜란 이후 평민층도 참여

② **두레, 향도** : 촌락의 농민 조직

향약·향안·향규의 기능
지방 사족의 지배를 계속하기 위한 장치로 작용

향촌 지배 기반의 변모
조선 시대 양반들의 향촌 지배는 전기에는 유향소나 향약 등에 기반을 두고 있었지만, 후기에는 혈족적인 족계(族契)나 상하 합계 형태의 동계(洞契)를 발달시킴

04장 근세의 성립과 발전

조선 시대 농민 통제 정책
• 연기제 실시
• 호패법 실시
• 오가작통제 실시
• 농민의 자유로운 거주 이전 금지
• 3년마다 군현 단위로 호적 조사

공동체 조직의 참여자
동계나 동약과는 달리 두레, 향도, 향도계, 동린계는 모두 일반 백성들의 자생적 생활 문화 조직이며, 양반은 적극적으로 참여하지 않음

③ 향도계 · 동린계 : 농촌의 자생적 생활 문화 조직

10. 예학과 보학

(1) 예학(禮學)

① 성립 배경 : 성리학은 신분 질서 유지를 위해 상하 관계를 중시하는 명분론을 강조하는데, 이러한 성리학적 도덕 윤리를 강조하면서 신분 질서의 안정을 추구하고자 성립

② 발전 : 사림을 중심으로 발전, 삼강오륜을 기본 덕목으로 강조, 〈소학〉과 〈주자가례〉를 보급, 가묘(家廟)와 사당을 건립, 의례를 중요시함

③ 영향
   ㉠ 공헌 : 상장 제례의 의식을 바로 잡고 유교주의적 가족 제도의 확립에 기여
   ㉡ 폐단 : 형식화, 사림 간 정쟁의 구실이나 사대부의 신분적 우월성 강조에 이용

④ 예학자 : 김장생 〈가례집람〉, 정구 〈오선생예설분류〉

(2) 보학(譜學)

① 필요성 : 가족과 친족 공동체의 유대를 통한 문벌 형성, 신분적 우위 확보

② 기능
   ㉠ 종족의 종적인 내력과 횡적인 종족 관계를 확인시켜 주는 기능
   ㉡ 안으로는 종족 내부의 결속을 다지고 밖으로 신분적 우월의식을 가짐
   ㉢ 결혼 상대자를 구하거나 붕당을 구별하는 데 있어서 중요한 자료로 활용
   ㉣ 조선 후기에 더욱 활발해져 양반 문벌 제도를 강화(→ 17세기 무렵 족보 발행이 보편화됨)

11. 서원과 향약

(1) 서원

① 기원 : 중종 38년(1543)에 풍기 군수 주세붕이 안향의 봉사를 위해 설립한 백운동 서원

② 운영의 독자성 : 독자적인 규정을 통한 교육 및 연구

③ 사액 서원의 특권 : 면세 · 면역, 국가로부터 서적 · 토지 · 노비 등을 받음

④ 보급 : 교육 기관이므로 견제를 적게 받으며, 문중을 과시하는 효과도 있어 번창

⑤ 기능 : 선현의 추모, 학문의 심화 · 발전 및 양반 자제 교육, 향촌 사림을 결집, 양반의 지위 보장, 각종 국역 면제, 지방 문화 발전

⑥ 영향
   ㉠ 공헌 : 학문 발달과 지방 문화 발전에 기여
   ㉡ 폐단 : 사림들의 농민 수탈 기구로 전락, 붕당 결속의 온상지(→ 정쟁을 격화)

(2) 향약

① 의의

예학 및 보학의 발달
· 예학 : 왜란과 호란으로 흐트러진 유교 질서의 회복을 강조하는 과정에서 중시됨
· 보학 : 가문의 사회적 위상을 지키려는 양반들로 인해 성행

족보의 변화
· 전기 : 내외 자손을 모두 기록하는 자손보(→ 남녀 구별 없이 출생 순으로 기록)
· 후기 : 부계 친족만을 수록하는 씨족보(→ 선남후녀 순서로 기록하는 것이 보편화됨)

서원의 건립
주세붕이 서원을 창건할 적에 세상에서 의심하였으나 주세붕의 뜻은 더욱 독실해져, 무리의 비웃음을 무릅쓰고 비방을 극복하여 전래에 없던 장한 일을 단행하였으니 …… 앞으로 정몽주, 길재, 김종직 같은 이가 살던 곳에 모두 서원이 건립되게 될 것이며……
          – 〈퇴계전서〉 –

사액(賜額)
임금이 서원 등에 이름을 지어서 현판을 내리는 일

향약의 4대 덕목
· 덕업상권(德業相勸) : 좋은 일은 서로 권함
· 과실상규(過失相規) : 잘못한 일은 서로 꾸짖음
· 예속상교(禮俗相交) : 서로 예의로써 사귐
· 환난상휼(患難相恤) : 재난과 어려움은 서로 도움

ⓖ ⓛ 조선 시대의 향촌 규약, 또는 그 규약에 근거한 조직체

ⓛ 어려운 일을 당하였을 때 단결하여 서로 돕는 전통을 계승하면서 삼강오륜을 중심으로 한 유교 윤리를 가미

ⓒ 서원과 함께 사림의 세력 기반이 됨

② **보급** : 사림 세력이 정계에 자리 잡은 16세기 후반부터 널리 보급

③ **구성** : 도약정(회장), 부약정(부회장), 약정(간부), 직월(간사)

④ **운영** : 향약의 윤리 규범은 사족과 농민 간에 차별적으로 적용되었으며, 규약 위배 시 일정 제재를 받음(동리에서 추방되기도 함)

⑤ **기능** : 조선 사회의 풍속 교화 기능, 향촌 자치적 기능 수행, 농민 통제 강화, 재지사족의 결속

⑥ **폐단** : 토호와 향반 등 지방 유력자들이 주민들을 위협 · 수탈할 수 있는 배경을 제공

04절 민족 문화의 발달

1. 민족 문화의 성립

(1) 성립 배경

① 15세기 문화를 주도한 관학파 관료와 학자들은 성리학 이외의 학문 · 사상이라도 중앙 집권 체제 강화나 민생 안정 · 부국 강병에 도움이 되는 것은 모두 수용

② 세종 때부터 성종 때까지 유교 이념에 토대를 두고 과학 기술과 실용적 학문을 발달시켜 민족 문화 발전의 토대 구축

(2) 민족 문화의 발전의 토대

① 집권층의 노력은 민족적 · 자주적인 성격의 민족 문화의 발전을 이끎

② 세종은 한글을 창제하여 민족 문화의 기반을 넓힘

2. 교육 제도

(1) 교육 제도의 발달

① **배경** : 유교를 정치 이념으로 채택, 유학을 생활 규범화

② **성격** : 과거 제도와 유기적으로 연계, 관리 양성을 위한 과거 시험 준비 과정, 사농일치의 교육이 원칙

③ **관학과 사학**

ⓖ **관학** : 국비로 운영, 조선 초기에는 관학이 우세

ⓛ **사학** : 16세기 이후 사학이 교육을 주도

(2) 교육 기관

SEMI-NOTE

해주 향약 입약 범례문

무릇 뒤에 향약에 가입하기를 원하는 자에게는 반드시 먼저 규약문을 보여 몇 달 동안 실행할 수 있는가를 스스로 헤아려 본 뒤에 가입하기를 청하게 한다. 가입을 청하는 자는 반드시 단자에 참가하기를 원하는 뜻을 자세히 적어서 모임이 있을 때에 진술하고, 사람을 시켜 약정(約正)에게 바치면 약정은 여러 사람에게 물어서 좋다고 한 다음에야 글로 답하고 다음 모임에 참여하게 한다.
– 〈율곡전서〉 –

성균관의 구성

• **명륜당(明倫堂)** : 유학의 강의실
• **양재(兩齋)** : 유생들의 기숙사
• **비천당(丕闡堂)** : 알성시를 치르는 곳
• **존경각(尊經閣)** : 국립 도서관
• **문묘(文廟)** : 선현의 위패(位牌)를 모신 사당

기술 교육 기관

• 호조 : 산학
• 형조 : 율학
• 전의감 : 의학
• 관상감 : 천문·지리
• 장악원 : 악학
• 사역원 : 외국어
• 도화서 : 회화
• 소격서 : 도학

조선 시대 일반적 교육 단계(문과)

서당 → 중앙 : 4부 학당, 지방 : 향교 → 소 과(생진과) 응시 → 성균관 대학 또는 대과 응시

① 국립 교육 기관
- ㉠ 고등 교육 기관 : 국립 대학인 성균관을 두고, 입학 자격으로 생원 · 진사를 원칙으로 함
- ㉡ 중등 교육 기관 : 중앙의 4부 학당(4학)과 지방의 향교(鄕校)

② 사립 교육 기관
- ㉠ 서원 : 백운동 서원(중종 38, 1543)이 시초
- ㉡ 서당
  - 초등 교육을 담당한 사립 교육 기관
  - 주로 4학이나 향교에 입학하지 못한 선비와 평민의 자제가 입학, 〈천자문〉과 초보적인 유교 경전을 교육
- ㉢ 한계 : 계통적으로 연결되지 않고 각각 독립된 교육 기관

3. 한글 창제

(1) 배경

① 일찍부터 한자를 쓰고 이두나 향찰을 사용하였으나, 이로는 의사 소통이 불편
② 피지배층을 도덕적으로 교화시켜 양반 중심 사회를 유지하기 위해 문자의 대중화가 필요

(2) 한글의 창제와 보급

① 한글의 창제 : 세종은 집현전 학자들과 한글을 창제(1443)한 후 〈훈민정음〉을 반포(1446)
② 한글의 보급 : 〈용비어천가〉와 〈월인천강지곡〉 등을 지어 한글로 간행, 불경 · 농서 · 윤리서 · 병서 등을 한글로 번역하거나 편찬, 서리들의 채용에 훈민정음을 시험 과목으로 포함
③ 사용의 부진 : 언문이라 하여 천시됨

4. 역사서의 편찬

(1) 건국 초기

① 역사서 편찬
- ㉠ 목적 : 왕조의 정통성에 대한 명분을 밝히고 성리학적 통치 규범을 정착
- ㉡ 사관 : 성리학적 사관
- ㉢ 대표적 사서 : 태조 때 정도전의 〈고려국사〉, 태종 때 권근 · 하륜의 〈동국사략〉

② 실록의 편찬(〈조선왕조실록〉)
- ㉠ 의의 : 한 국왕이 죽으면 다음 국왕 때 춘추관을 중심으로 실록청을 설치하고 사관들이 기록한 사초, 각 관청의 문서들을 모아 만든 시정기 등을 중심으로 편년체로 편찬, 〈태조실록〉부터 〈철종실록〉까지 계속됨
- ㉡ 편찬의 자료 : 실록 편찬을 위한 자료인 사초는 국왕도 보지 못하게 하여 기록의 신뢰도를 높였으며, 이외에도 〈의정부 등록〉 · 〈승정원 일기〉 · 〈비변사

훈민정음 언해본

한글 서적
- 한글 서적 : 용비어천가(최초), 월인천강지곡, 동국정운, 석보상절, 월인석보, 불경언해, 훈몽자회
- 한글 번역본 : 삼강행실도, 두시언해, 칠서언해, 소학언해 등

등록〉·〈시정기〉·〈일성록〉 등을 이용

ⓒ 형식 : 연표 중심의 편년체로 기록

(2) 15세기 중엽

① 특징

㉠ 성리학적 대의 명분보다는 민족적 자각을 일깨우고자 함

㉡ 왕실과 국가의 위신을 높이며 문화를 향상시키는 방향에서 역사 편찬

② 대표적 사서

㉠ **고려사, 고려사절요** : 고려의 역사를 자주적 입장에서 재정리

- 고려사 : 김종서·정인지 등이 세종의 명으로 편찬하여 문종 1년(1451)에 완성한 기전체 사서(139권)로, 조선 건국을 합리화하기 위하여 여말의 사실을 왜곡하고 있으나 고려의 정치·경제·사회 연구에 귀중한 문헌(→군주 중심의 역사 서술)

- 고려사절요 : 김종서·정인지 등이 독자적으로 편찬하여 문종 2년(1452)에 완성한 편년체의 사서(35권)로, 〈고려사〉에서 빠진 부분을 보충·추가

㉡ **삼국사절요** : 서거정·노사신 등이 삼국 시대의 자주적 통사를 편찬하려는 입장에서 편찬한 편년체 사서

ⓒ **동국통감** : 단군에서 여말까지를 기록한 최초의 통사

(3) 16세기

① 특징

㉠ 15세기 역사관을 비판하고 사림의 존화주의적·왕도주의적 의식을 반영

㉡ 존화 사상을 바탕으로 우리나라 역사를 소중화의 역사로 파악

ⓒ 기자 조선을 강조하고 유교 문화와 대립되는 고유 문화는 음사(淫事)라 하여 이단시함

② 대표적 사서 ⭐빈출개념

㉠ **박상의 〈동국사략〉** : 사림의 통사로 15세기 〈동국통감〉을 비판, 엄정한 도덕적 기준으로 우리 역사를 재정리, 강목체를 철저히 적용

㉡ **박세무의 〈동몽선습〉** : 기자에서 시작되는 우리 역사의 도덕 사관 강조

ⓒ **윤두서의 〈기자지〉** : 기자 조선 연구의 심화(5권 1책)

㉣ **이이의 〈기자실기〉** : 왕도 정치의 기원을 기자 조선에서 찾는 존화주의적 사서

㉤ **오운의 〈동사찬요〉** : 왜란 이후의 역사 의식을 기전체로 서술, 절의를 지킨 인물을 찬양하는 열전이 중심

㉥ **신숙주의 〈국조보감〉** : 〈조선왕조실록〉에서 모범이 될 만한 사실 발췌, 요약(세조~순종)

5. 지도와 지리서

(1) 편찬 목적

① 조선 전기 : 중앙 집권과 국방 강화라는 정치적·군사적 목적에서 편찬

사고(史庫)의 정비

- 4대 사고(세종) : 춘추관·성주·충주·전주 사고, 왜란 중 전주 사고만이 존속되었다가 광해군 때 5대 사고로 재정비
- 5대 사고(광해군) : 춘추관·오대산·태백산·마니산·묘향산 사고, 현재 태백산 사고본과 마니산(정족산) 사고본, 오대산 사고본(2006년 일본이 오대산 사고본 40여 권을 기증 형식으로 반환)만이 전하며, 묘향산(적상산) 사고본은 북한에서 보유

동국사략

② 조선 후기 : 주로 경제적 · 문화적 목적에서 편찬

(2) 지도

① 15세기 초
- ㉠ 혼일강리역대국도지도(1402) : 태종 때 권근 · 김사형 · 이회 등이 제작한 세계 지도로, 현존하는 동양 최고(最古)의 세계 지도, 중화사상 반영
- ㉡ 팔도도 : 세종 때 제작된 전국지도(부전)
- ㉢ 동국지도 : 세조 때 양성지 등이 왕명에 따라 실지 답사를 통해 완성한 최초의 실측 지도, 두만강과 압록강 부분 · 하천과 산맥 및 인문 사항 자세히 기록

② 16세기 : 8도 주현의 진상품 파악을 위해 제작한 조선방역지도

6. 윤리서와 의례서, 법전의 편찬

(1) 윤리·의례서의 편찬

① 편찬 배경 : 유교 질서의 확립
② 15세기 윤리 · 의례서
- ㉠ 효행록 : 여말 권근의 책을 설순이 참고하여 개정
- ㉡ 삼강행실도(1431) : 세종 때 모범적인 충신 · 효자 · 열녀 등의 행적을 그림으로 그리고 설명
- ㉢ 국조오례의(國朝五禮儀) : 성종 때 신숙주 · 정척 등이 국가 왕실의 여러 행사에 필요한 의례를 정비 · 제정한 의례서
③ 16세기 윤리 · 의례서 : 사림이 〈소학〉과 〈주자가례〉의 보급에 노력(이륜행실도(중종 13, 1518), 동몽수지(중종 12, 1517))

(2) 법전의 편찬

① 배경 : 유교적 통치 규범을 성문화
② 건국 초기 : 정도전은 〈조선경국전〉과 〈경제문감〉을, 조준은 〈경제육전〉을 편찬
③ 전기의 주요 법전

책명	시기	인물	내용
조선경국전	태조 3년(1394)	정도전	조선의 정책 지침
경제문감	태조 4년(1395)	정도전 · 권근	정치 문물 초안서
경제육전	태조 6년(1397)	조준 · 하륜	조선 최초의 공식 법전
속육전	태종 13년(1413)	하륜	〈경제육전〉의 증보
경국대전	성종 16년(1485)	최항 · 노사신	• 유교적 통치 질서와 문물 제도의 완비를 의미하는 기본 법전 • 이 · 호 · 예 · 병 · 형 공전의 6전으로 구성

7. 건국 초기의 성리학파

혼일강리역대국도지도

조선방역지도

삼강행실도

조선경국전

조선의 헌법이라고 할 수 있는 책으로, 태조 3년(1394) 정도전이 태조에게 올린 법전. 〈경국전〉이라고도 함. 인(仁)으로 왕위를 지켜나갈 것, 국호인 조선은 기자조선을 계승했다는 것 등을 서론에 담았음. 본론은 관리 선발과 그들의 역할 등을 다룬 치전(治典), 국가의 수입과 지출 등을 다룬 부전(賦典), 학교와 제례 등을 다룬 예전(禮典), 군사를 다룬 정전(政典), 법률과 형벌을 다룬 헌전(憲典), 건축과 공장(工匠) 등을 다룬 공전(工典)으로 구성되어 있음. 〈경제육전〉, 〈경국대전〉 등 여러 법전의 효시가 됨

(1) 관학파(훈구파)

① 시기 : 15세기 정치를 주도하고 민족 문화 창달에 기여
  ㉠ 대내외적인 모순을 극복
  ㉡ 문물 제도 정비, 부국강병 추진
② 주도 인물 : 정도전, 권근 등
③ 성향 및 특징 : 부국강병과 중앙 집권화 추구, 사장을 중시(삼경 중시), 실용적, 격물치지(경험적 학풍), 성리학 이외에 한·당 유학, 불교·도교·풍수지리 사상·민간 신앙, 군사학·기술학 등을 포용, 자주 민족 의식(단군 숭배), 〈주례〉를 국가 통치 이념으로 중시, 막대한 토지 소유, 농장 매입, 성균관과 집현전 등을 통해 양성, 신숙주, 서거정, 정인지 등

(2) 사학파(사림파)

① 시기 및 주도 인물 : 정몽주·길재의 학통을 계승한 사림들이 성종 때 본격적으로 중앙 정계에 진출하여 16세기 이후 학문과 정치 주도
② 성향 및 특징 : 왕도 정치와 향촌 자치 추구(서원, 향약 중시), 경학을 중시(사서 중시), 이론적, 사변주의(관념적 학풍), 성리학 이념에 충실하며, 불교·도교 등을 배척, 기술학 천시, 중국 중심의 화이 사상(기자 중시), 형벌보다는 교화에 의한 통치를 강조, 공신·외척의 비리와 횡포를 성리학적 명분론에 입각하여 비판, 서원을 중심으로 향촌에서 기반을 잡고 중앙으로 진출 후 삼사 등에서 활동, 김종직, 김일손, 조광조 등

8. 성리학의 발달

(1) 철학의 조류

① 발달 배경 : 16세기 사림은 도덕성과 수신을 중시하고 인간 심성에 대하여 깊은 관심을 보임
② 이기론의 선구자 : 서경덕과 이언적
③ 이기론의 전개
  ㉠ 주리론 : 영남학파, 동인, 이언적(선구)·이황(대표)·조식·유성룡·김성일 등
  ㉡ 주기론 : 기호학파, 서인, 서경덕(선구)·이이(대표)·조헌·성혼·김장생 등

(2) 성리학의 정착

① 이황(李滉, 1501~1570)
  ㉠ 학문 성향
    • 도덕적 행위의 근거로서 인간의 심성을 중시, 근본적·이상주의적인 성격
    • 주리 철학을 확립, 16세기 정통 사림의 사상적 연원, 이기이원론
  ㉡ 저서 : 〈주자서절요〉·〈성학십도〉·〈전습록변〉 등
  ㉢ 학파 형성 : 김성일·유성룡 등의 제자에 의하여 영남학파 형성
② 이이(李珥, 1536~1584)

〈경제육전〉과 〈속육전〉

• 경제육전 : 태조 6년(1397) 영의정 조준의 책임 하에 편찬·반포된 법전으로, 1388~1397년에 시행된 법령 및 이후 시행될 법령을 내용으로 함. 오늘날 전해지지는 않음. 한자, 이두, 방언이 혼용됨. 조선 초기 태조의 법치주의 이념이 담겨 있으며, 〈경국대전〉이 편찬되기 전까지 법전의 초석이 됨

• 속육전 : 〈경제육전〉을 개정한 〈경제육전속집상절〉, 〈신속육전〉, 〈신찬경제속육전〉 등을 통칭하는 말. 오늘날 조문 일부가 〈조선왕조실록〉에 인용되어 전해짐

조식

출사를 거부하고 평생을 학문과 후진 양성에 힘쓰며 서리망국론을 제기하여 당시 서리의 폐단을 강력히 지적함

〈성학십도〉와 〈성학집요〉

• 성학십도 : 이황이 선조 1년(1568) 왕에게 올린 것으로 군왕의 도(道)에 관한 학문의 요체를 도식으로 설명하였는데, 군주 스스로가 성학을 따를 것을 제시함

• 성학집요 : 이이가 사서(四書)와 육경(六經)에 있는 도(道)의 개략을 뽑아 간략하게 정리하여 선조에게 바친 책으로, 현명한 신하가 성학을 군주에게 가르쳐 그 기질을 변화시켜야 한다고 주장함

대공수미법

공납제의 폐단을 시정하기 위해 이이 · 유성룡 등이 제안함. 황해도의 해주와 송화 등지에서는 이미 명종 때부터 토지 1결당 1두씩의 쌀을 걷어 공물을 마련하였는데, 이는 이 방법의 전국적 시행을 선조에게 건의함. 그러나 당시 방납 등으로 이득을 취하던 자들의 방해로 실현되지 못함. 이후 임진왜란 때 유성룡이 건의하면서 전국적으로 실시되었으나 얼마 가지 못해 폐지됨. 대동법의 선구라고 할 수 있음

척화론과 의리명분론

• 주화(主和) 두 글자가 신의 일평생에 허물이 될 줄 압니다. 그러나 신은 아직도 오늘날 화친하려는 일이 그르다고 생각하지 않습니다. …… 자기의 힘을 헤아리지 아니하고 경망하게 큰소리를 쳐서 오랑캐의 노여움을 사고 끝내 백성을 도탄에 빠뜨리며 종묘와 사직에 제사 지내지 못하게 된다면 그 허물이 이보다 클 수 있겠습니까?
－〈지천집〉－

• 화의가 나라를 망친 것은 어제 오늘의 일이 아닙니다. 옛날부터 그러하였으나 오늘날처럼 심각한 적은 없었습니다. 명은 우리나라에게는 부모의 나라입니다. 신하된 자로서 부모의 원수와 형제의 의를 맺고 부모의 은혜를 저버릴 수 있겠습니까?
－〈인조실록〉－

조선의 환국 정치

서인은 인조 반정으로 정권을 잡는데, 정책을 수립하고 상대 붕당을 탄압하는 과정에서 노장 세력과 신진 세력 간에 갈등이 깊어지면서 노론과 소론으로 나뉨. 이후 노론과 소론은 남인과 정국의 주도권을 놓고 대립하였고, 남인이 정계에서 완전히 밀려난 뒤에는 노론과 소론 사이의 대립으로 정국의 반전이 거듭됨

㉠ 성향 : 개혁적 · 현실적 성격(기의 역할을 강조), 일원론적 이기이원론
㉡ 저서 : 〈동호문답〉 · 〈성학집요〉 · 〈경연일기〉 · 〈만언봉사〉 등
㉢ 변법경장론(變法更張論) : 경세가로서 현실 문제의 개혁 방안을 제시(대공수미법, 10만 양병설)
㉣ 학파 형성 : 조헌 · 김장생 등으로 이어져 기호학파를 형성

9. 학파의 형성과 대립

(1) 학파의 형성과 분화

① 학파의 형성 : 서경덕 학파 · 이황 학파 · 조식 학파가 동인을, 이이 학파 · 성혼 학파가 서인을 형성
② 동인은 정여립 모반 사건 등을 계기로 이황 학파의 남인과, 서경덕 학파 · 조식 학파의 북인으로 분화
③ 서인은 송시열 · 이이 등의 노론과, 윤증 · 성혼 등의 소론으로 분화

(2) 학파의 대립

① 북인의 집권과 서인의 집권
㉠ 북인의 집권 : 광해군 때에 북인은 적극적 사회 · 경제 정책을 펴고 중립 외교를 취했는데, 이것이 서인과 남인의 반발을 초래
㉡ 서인의 집권(남인 참여 허용) : 인조 말엽 이후 이이와 이황의 학문, 즉 주자 중심의 성리학만이 확고한 우위를 차지
② 척화론과 의리명분론 : 송시열 등의 서인에게 넘어가면서 척화론과 의리명분론이 대세, 서인과 남인은 명에 대한 의리명분론을 강화하여 병자호란 초래, 대동법과 호포법 등 사회 · 경제 정책을 둘러싸고 격렬한 논쟁

10. 예학의 발달

(1) 예학의 보급

① 16세기 중반 : 〈주자가례〉 중심의 생활 규범서가 출현, 학문적 연구가 이루어짐
② 16세기 후반 : 명분 중심의 윤리와 가례 등의 예의식 강조

(2) 예학의 발달

① 예와 예치의 강조 : 예가 사회를 이끌어 가는 하나의 방도로서 부각되었고, 예치가 강조됨
② 예학자 : 김장생, 정구 등
③ 영향 : 유교적 가족 제도 확립과 제례 의식 정립에는 기여하였으나, 지나친 형식주의는 예송 논쟁의 구실로 이용됨

11. 불교의 정비

(1) 초기

① 불교 정비책

　ㄱ 초기 : 사원이 소유한 막대한 토지와 노비를 회수

　ㄴ 태조 : 도첩제를 실시하여 승려로의 출가를 제한, 사원의 건립 억제

　ㄷ 태종 : 242개의 사원만 남기고 나머지는 폐지, 토지와 노비 몰수

　ㄹ 세종 : 교단을 정리하면서 선종과 교종 각 18사씩 모두 36개 절만 인정

　ㅁ 세조 : 원각사에 10층 석탑을 세우고, 간경도감을 설치하여 불교 경전을 번역·간행, 적극적 불교 진흥책으로 일시적인 불교 중흥

　ㅂ 성종 : 도첩제 폐지, 불교는 왕실에서 멀어져 산간 불교로 바뀜

② 불교의 위축 : 사원의 경제적 기반 축소와 우수한 인재의 출가 기피는 불교의 사회적 위상을 크게 약화시킴

(2) 중기

① 명종 : 일시적인 불교 회복 정책, 보우가 중용되고 승과가 부활

② 16세기 후반 : 서산대사와 같은 고승이 배출되어 교리 정비

③ 임진왜란 때 : 승병들이 크게 활약함으로써 불교계의 위상을 새롭게 정립

12. 도교와 민간 신앙

(1) 도교와 풍수지리설

① 선초 도교는 위축되어 사원이 정리되고 행사도 축소

② 국가적 제사를 주관하기 위해 소격서(昭格署) 설치, 참성단에서 초제 시행

③ 사림의 진출 이후 중종 때 소격서가 혁파되고 도교 행사가 사라지기도 함

④ 유교 정치의 정착 과정에서 전통적 관습·제도인 도교는 갈등을 빚었고, 임진왜란 이후 소격서는 완전히 폐지

⑤ 풍수지리설 · 도참 사상

　ㄱ 신라 말 전래된 이래 줄곧 도읍 등의 선택에 영향을 미침

　ㄴ 조선 초기 이래로 중요시되어 한양 천도에 반영되었으며, 사대부의 묘지 선정에도 작용하여 산송(山訟) 문제가 사회적인 문제로 대두되기도 함

(2) 기타의 민간 신앙

① 민간 신앙 : 무격 신앙·산신 신앙·삼신 숭배·촌락제 등이 백성들 사이에 자리 잡음

② 매장 방식의 변화 : 화장하던 풍습이 묘지를 쓰는 것으로 바뀌면서 명당 선호 경향이 두드러짐

13. 천문·역법·수학·의학서

(1) 각종 기구의 발명과 제작

SEMI-NOTE

보우

조선 시대 억불 정책에 맞서 불교를 부흥시켜 전성기를 누리게 한 승려. 명종의 어머니인 문정왕후의 신임을 얻어 봉은사의 주지가 되어 선종과 교종을 부활시키고 윤원형 등의 도움으로 300여 개 사찰을 국가 공인 정찰(淨刹)로 만들었으며, 도첩제에 따라 승려를 선발하도록 하고 승과를 부활시킴. 문정왕후 사후 불교 배청 상소와 유림의 성화에 밀려 승직을 박탈당하고 제주에 유배되었다가 제주목사에 의해 참형됨. 그의 사후 불교는 종전의 억불정책 시대로 돌아가 선·교 양종 제도와 승과가 폐지됨

천상열차분야지도

향약집성방

이전에 판문하(고려 시대 첨의부의 최고 관직명) 권중화가 여러 책을 뽑아 〈향약간이방〉을 짓고, 그후 평양백 조준 등과 함께 약국 관원에게 명하여 다시 여러 책을 상고하고 또 우리나라 사람들이 경험하였던 처방을 취하여 분류해서 편찬한 다음 인쇄하여 발행하였다. ...... 그러나 방서가 중국에서 나온 것이 아직 적고, 약 이름이 중국과 다른 것이 많기 때문에 의술을 전공하는 자들이 미비하다는 탄식을 면치 못하였다. ...... 다시 향약방에 대해 여러 책에서 빠짐없이 찾아낸 다음 분류하여 증보하게 하니 한해가 지나 완성되었다. ...... 합하여 85권으로 바치니 이름을 〈향약집성방〉이라 하였다.

– 〈동문선〉 –

농서의 편찬

나라는 백성을 근본으로 삼고 백성은 먹는 것으로 하늘을 삼는데, 농사라는 것은 옷과 먹는 것의 근원이므로 왕도 정치에서 먼저 힘써야 할 것이다. ...... 농서를 참조하여 시기에 앞서서 미리 조치하되, 너무 이르게도 너무 늦게도 하지 말고, 다른 부역을 일으켜서 그들의 농사 시기를 빼앗을 수도 없는 것이니 각각 자신의 마음을 다하여 백성들이 근본에 힘쓰도록 인도하라.

– 〈세종실록〉 –

① 천체 관측 기구 : 혼의 · 간의가 제작됨

② 측정 기구 : 측우기(1441), 자격루, 해시계, 앙부일구

③ 측량 기구(1446) : 세조 때 토지 측량 기구인 인지의와 규형을 제작

④ 천문도(天文圖) : 천상열차분야지도(천문도를 돌에 새긴 것) 제작

(2) 역법과 수학의 발달

① 칠정산(세종) : 중국의 수시력과 아라비아의 회회력을 참고로 한 역법서

② 수학의 발달

    ㉠ 천문 · 역법의 발달과 토지 조사, 조세 수입 계산 등의 필요에 의해 발달

    ㉡ 수학 교재 : 명의 안지제가 지은 〈상명산법〉, 원의 주세걸이 지은 〈산학계몽〉 등

(3) 의학서

① 향약제생집성방(1398) : 의학 · 본초학의 효시

② 향약채집월령(1431) : 약용 식물을 최초로 정리한 의서(한글)

③ 향약집성방(1433) : 우리 풍토에 알맞은 약재 개발과 1천여 종의 병명 및 치료 방법을 개발 · 정리, 조선 의학의 학문적 체계화

④ 태산요록(1434) : 산부인과 의서

⑤ 신주무원록(1438) : 송의 법의학서(무원록)에 주(註)를 달아 편찬

⑥ 의방유취(1445) : 김순의 등, 동양 최대의 의학 백과 사전

14. 인쇄술과 제지술

(1) 활자와 인쇄 기술의 발달

① 배경 : 초기에 각종 서적의 편찬 사업이 활발하게 추진되면서 함께 발달

② 금속 활자의 개량 : 고려 시대에 발명되어 조선 초기에 개량

    ㉠ 태종(1403) : 주자소를 설치하고 구리로 계미자를 주조

    ㉡ 세종(1434) : 구리로 갑인자를 주조(→ 정교하고 수려한 조선 활자의 걸작)

(2) 제지술의 발달

① 활자 인쇄술과 더불어 제지술이 발달하여 종이의 생산량이 크게 증가

② 세조 때 종이를 전문적으로 생산하는 조지서(造紙署)를 설치

15. 농서의 편찬과 농업 기술의 발달

(1) 농서의 편찬

① 농사직설 : 세종 때 정초 등이 편찬한 우리나라 최초의 농서, 직파법을 권장하고 하삼도의 이모작 등을 소개하고 있으며 씨앗의 저장법이나 토질 개량법, 모내기법 등에 관한 내용도 담고 있음

② 사시찬요 : 세종 때 강희맹이 편찬, 계절(四時)에 따른 농사와 농작물에 관한 주의 사항, 행사 등을 서술

③ 금양잡록 : 성종 때 강희맹이 금양(안양) 지방의 농민들의 경험담을 토대로 저술한 농서로서, 농사직설에 없는 내용만을 수록하는 것을 원칙으로 함

④ 농가집성 : 효종 때 신속이 편찬, 이앙법을 권장하고 주곡(主穀)에 관한 재배법만을 기록

(2) 농업 기술의 발달

① 2년 3작과 이모작 : 밭농사에서는 조 · 보리 · 콩의 2년 3작이 널리 시행, 논농사에서는 남부 지방 일부에서 벼와 보리의 이모작이 실시

② 건사리와 물사리 : 벼농사에서는 봄철에 비가 적은 기후 조건 때문에 건사리[乾耕法]가 이용되었고, 무논에 종자를 직접 뿌리는 물사리[水耕法]도 행해짐

③ 이앙법, 시비법, 가을갈이 등

16. 병서 편찬과 무기 제조

(1) 병서의 편찬

① 조선 초기에는 국방력 강화를 위해 많은 병서를 편찬, 무기 제조 기술 발달

② 병서 : 〈진도(陳圖)〉, 〈총통등록〉, 〈동국병감〉, 〈병장도설〉, 〈역대병요〉 등

(2) 무기 제조 기술의 발달

① 화약 무기 제조 기술 : 화포가 제작되고 로켓포와 유사한 화차가 제조

② 병선 제조 기술 : 태종 때 거북선을 만들었고(1413), 작고 날쌘 비거도선이 제조됨

17. 다양한 문학

(1) 조선 전기의 문학

① 특징

㉠ 조선 전기의 문학은 작자에 따라 내용과 형식에 큰 차이

㉡ 초기에는 격식과 질서 · 조화를 내세우는 경향이었으나 점차 개인적 감정과 심성을 나타내는 경향의 가사와 시조 등이 우세해짐

② 악장과 한문학

㉠ 건국 주도 세력은 악장과 한문학을 통하여 새 왕조의 탄생과 자신들의 업적을 찬양하고 우리 민족의 자주 의식 표출(→ 악장은 16세기 가사 문학으로 계승됨)

㉡ 성종 때 서거정, 노사신 등은 삼국 시대부터 조선 초기까지의 시와 산문 중에서 빼어난 것을 골라 〈동문선〉을 편찬

③ 시조

㉠ 중앙 관료 : 새 왕조 건설 찬양, 외적을 물리치며 강토를 개척하는 진취적인 기상, 농경 생활의 즐거움이나 괴로움 등, 김종서와 남이의 작품이 유명

㉡ 재야 선비 : 유교적 충절을 시조로 읊음, 길재와 원천석 등의 작품이 유명

④ 가사 문학 : 시조의 한계를 극복하고 감정을 구체적으로 표현하려는 필요에서 등장

⑤ 설화 문학

과학 기술의 발달과 침체

• 과학 기술의 발달(15세기)

－ 격물치지를 강조하는 경험적 학풍 : 부국강병과 민생 안정을 위해 과학 기술의 중요성 인식

－ 국왕들의 장려와 유학자의 노력 : 특히 세종의 관심이 컸고, 유학자들도 기술학을 학습

－ 서역과 중국의 기술 수용 : 전통 문화를 계승하면서 서역과 중국의 과학 기술을 적극적으로 수용

• 과학 기술의 침체(16세기) : 과학 기술을 경시하는 풍조가 생기면서 점차 침체

04장

근세의 성립과 발전

〈동문선〉을 통해 드러난 자주 의식

우리나라의 글은 송이나 원의 글도 아니고 한이나 당의 글도 아니다. 바로 우리나라의 글일 따름이다.

〈필원잡기〉와 〈용재총화〉

- **필원잡기** : 성종 18년(1487) 처음 간행된 서거정의 한문 수필집. 옛날부터 전해 오는 이야기 중 후세에 전할 만한 것을 추려 모아 엮은 것으로, 사실과 부합하지 않는 내용도 있으나 여러 면에서 귀중한 참고 자료가 많음
- **용재총화** : 중종 20년(1525) 처음 간행된 성현의 책. 예문관 · 성균관의 최고 관직을 역임한 바 있는 성현은 폭넓은 학식과 관직에 임했을 때의 경험을 바탕으로 이 책을 정리함. 고려~조선 성종에 이르기까지 형성, 변화된 민간 풍속이나 문물 제도, 문화, 역사, 지리, 학문, 종교, 문학, 음악, 서화 등을 다루고 있어 당시의 문화 전반을 이해하는 데 큰 도움을 줌

16세기의 건축

- 사림의 진출과 함께 서원의 건축이 활발
- **특징** : 가람 배치 양식과 주택 양식이 실용적으로 결합된 독특한 아름다움
- **대표적 서원** : 경주의 옥산 서원(1572)과 안동의 도산 서원(1574)

숭례문

분청 사기

백자

　　㉠ **대표 작품** : 서거정의 〈필원잡기〉, 성현의 〈용재총화〉 등
　　㉡ **소설로의 발전** : 김시습의 〈금오신화〉(최초의 한문 소설) 등

(2) 16세기의 문학

① **특징** : 사림 문학이 주류가 되어 표현 형식보다는 흥취와 정신을 중시, 부녀자 · 중인 · 재야 인사 등으로 문학 향유층이 확대되고, 한시와 시조 · 가사 분야가 활기를 띰
② **한시** : 현실에 대한 비판 의식보다는 높은 격조를 표현
③ **시조** : 초기의 경향에서 벗어나 인간 본연의 순수한 감정을 표현(황진이, 윤선도 등)
④ **가사 문학** : 정철은 〈관동별곡〉 · 〈사미인곡〉 · 〈속미인곡〉 같은 작품에서 풍부한 우리말 어휘를 마음껏 구사하여 아름다운 경치와 왕에 대한 충성심을 읊음

18. 건축

(1) 15세기의 건축

① **건축물의 특징**
　　㉠ 사원 위주의 고려와 달리 궁궐 · 관아 · 성문 · 학교 등을 중심으로 건축
　　㉡ 건물주의 신분에 따라 크기와 장식에 일정한 제한
② **대표적 건축물** : 경복궁, 창덕궁, 창경궁, 창경궁의 명정전과 도성의 숭례문, 창덕궁의 돈화문, 개성의 남대문과 평양의 보통문, 무위사 극락전, 해인사의 장경판전, 원각사지 10층 석탑(세조 13, 1467) 등
③ **정원** : 인공을 가하지 않은 자연미가 특색

19. 공예와 자기

(1) 공예의 발달

① 실용성과 검소함을 중시해 사치품보다는 생활필수품이나 문방구 등이 특색 있게 발달
② 보석류는 그리 쓰이지 않았으며, 나무 · 대 · 흙 · 왕골 등 흔하고 값싼 재료가 많이 이용됨, 소박하고 견고

(2) 자기

① **분청 사기** : 고려 자기를 계승
　　㉠ **특징** : 안정된 모양과 소박하고 천진스러운 무늬가 어우러져 구김살 없는 우리의 멋을 잘 표현
　　㉡ **침체** : 16세기부터 세련된 백자가 본격적으로 생산되면서 생산이 감소
② **백자** : 16세기에는 순수 백자가, 17세기 이후에는 청화 백자가 유행하고 철화 백자 · 진사 백자 등이 등장

한눈에 쏙~

시대별 자기의 변천

순수 청자 (11세기) ▶ 상감 청자 (12세기) ▶ 분청 사기 (15세기 전후) ▶ 순수 백자 (16세기) ▶ 청화 백자 (17~18세기)

20. 그림과 글씨

(1) 그림

① 15세기
  ㉠ 특징 : 중국 화풍을 선택적으로 소화하여 우리의 독자적인 화풍을 개발, 일본 무로마치 시대의 미술에 영향을 미침
  ㉡ 대표적 화가
    • 안견 : 화원 출신, 대표작 몽유도원도
    • 강희안 : 문인 화가, 대표작 고사관수도
    • 최경 : 도화서 화원으로 인물화의 대가, 대표작 채희귀한도

② 16세기
  ㉠ 특징 : 다양한 화풍이 발달, 강한 필치의 산수화, 선비의 정신 세계를 표현한 사군자 등
  ㉡ 대표적 화가
    • 이상좌 : 노비 출신으로 화원에 발탁, 대표작 송하보월도
    • 이암 : 동물들의 모습을 사랑스럽게 그림
    • 신사임당 : 풀과 벌레를 소박하고 섬세하게 표현, 대표작 화훼초충도
    • 삼절(三絶) : 황집중은 포도, 이정은 대나무(묵죽도), 어몽룡은 매화(월매도)를 잘 그림

(2) 서예

① 양반의 필수 교양으로 여겨져 명필가가 다수 등장하고 독자적 서체가 개발됨
② 4대 서예가 : 안평대군, 김구, 양사언, 한호(한석봉)

SEMI-NOTE

음악, 무용, 연극
• 15세기 음악
  – 궁중 음악 : 음악을 교화 수단으로 여겼고, 국가의 의례와 밀접히 관련되어 중시함
  – 세종 : 정간보를 창안, 아악을 체계화 등
• 16세기 음악 : 가사, 시조, 가곡, 민요 등이 민간에 널리 확산됨
• 무용
  – 궁중과 관청 : 의례에서 음악과 함께 춤을 선보임, 나례춤, 처용무
  – 서민 : 민간에서는 농악무·무당춤·승무 등 전통 춤을 계승·발전
• 연극 : 산대놀이라는 가면극과 꼭두각시 놀이라는 인형극도 유행, 민간에서 굿이 유행하여 촌락제, 별신굿 등으로 분화·발전

04장

근세의 성립과 발전

9급공무원

한국사

나두공

나두공

05장 근대 태동기의 변동

근대 태동기의 변동

01절 정치 상황의 변동

1. 정치 구조의 변화

(1) 비변사의 기능 강화

① 비변사의 설치 : 3포 왜란(중종 5, 1510)을 계기로 여진족과 왜구에 대비하기 위하여 설치, 임시 회의 기구

② 을묘왜변(명종 10, 1555)을 계기로 상설 기구화 되어 군사 문제를 처리

③ 기능 강화 : 임진왜란을 계기로 기능 및 구성원이 확대
   ㉠ 기능의 확대 · 강화 : 최고 합의 기구로서 작용
   ㉡ 참여 구성원의 확대 : 전 · 현직 정승, 공조를 제외한 5조의 판서와 참판, 각 군영 대장, 대제학, 강화 유수 등 국가의 중요 관원들로 확대

④ 영향 : 왕권이 약화, 의정부와 육조 중심의 행정 체계도 유명무실, 세도 정치의 중심 기구로 작용

⑤ 폐지 : 1865년 흥선대원군의 개혁 정책으로 비변사는 폐지되고, 일반 정무는 의정부가, 국방 문제는 삼군부가 담당

(2) 삼사 언론 기능의 변질

① 붕당의 이해를 대변 : 삼사의 언론 기능도 변질되어 각 붕당의 이해 관계를 대변

② 혁파 : 삼사의 언론 기능은 변질 · 위축되었고 전랑의 권한은 영 · 정조의 탕평정치를 거치며 혁파됨

2. 군사 제도의 개편

(1) 중앙 군사 제도

① 개편 방향 : 임진왜란을 경험한 후 새로운 군영의 필요성을 인식하여 효과적인 편제와 훈련 방식을 모색하게 됨

② 5군영(중앙군) 설치
   ㉠ 훈련도감(1593)
      • 설치 : 임진왜란 중 왜군의 조총에 대응하고 국방력을 강화하기 위해 유성룡의 건의에 따라 용병제를 토대로 설치(→ 조선 후기 군제의 근간이 됨)
      • 편제 : 삼수병(포수 · 사수 · 살수)으로 편성
      • 성격 : 장기간 근무하며 일정 급료를 받는 장번급료병, 직업 군인의 성격
      • 폐지 : 1881년에 별기군이 창설되어 그 다음해 폐지됨
   ㉡ 총융청(1624) : 이괄의 난을 진압한 직후에 설치, 북한산성 및 경기 일대의 수비 담당, 경기도 속오군에 배치, 경비는 스스로 부담

© 수어청(1626) : 남한산성의 수비 군대, 경기도 속오군에 배치, 경비는 스스로
부담

② 어영청(1628) : 수도 방어 및 북벌의 본영으로서 역할, 내삼청 등과 함께 정권
유지의 방편으로 이용되기도 함

© 금위영(1682) : 기병으로 구성되어 궁궐 수비 담당, 번상병, 비용은 보로 충당

③ 5군영의 성격 : 임기응변적 설치, 서인 정권의 군사적 기반

(2) 지방 군사 제도

① 제승방략 체제(制勝方略體制) : 유사시에 필요한 방어처에 병력을 동원하여 중앙
에서 파견되는 장수가 지휘하는 체제

② 속오군(束伍軍) : 양천혼성군, 속오법에 따른 훈련과 편성

㉠ 편제 : 양반으로부터 노비까지 향민 전체가 속오군으로 편제됨

㉡ 동원 : 농한기에만 훈련에 참가, 평상시에는 생업에 종사하고 유사시에 전투

3. 붕당(朋黨)의 형성

(1) 근본 원인

① 직접적으로는 양반의 증가, 근본적으로는 양반의 특권 유지 때문에 발생

② 언론 삼사 요직의 인사권과 추천권을 가진 이조 전랑을 둘러싼 대립

(2) 사림 세력의 갈등

① 사림의 정국 주도 : 선조가 즉위하면서 향촌에서 기반을 다져 온 사림 세력이 대
거 중앙 정계로 진출하여 정국을 주도

② 사림의 갈등 : 척신 정치의 잔재를 어떻게 청산할 것인가를 둘러싸고 갈등

㉠ 기성 사림 : 명종 때부터 정권에 참여해 온 세력

㉡ 신진 사림 : 향촌에서 기반을 다진 후 선조 때부터 중앙에 진출

(3) 동인과 서인의 분당(선조 8, 1575)

① 배경 : 기성 사림의 신망을 받던 심의겸(서인)과 신진 사림의 지지를 받던 김효원
(동인) 사이의 대립으로 동·서인으로 분당되면서 붕당이 형성

② 동인(東人)

㉠ 이황·조식·서경덕의 학문을 계승(급진적·원칙적 주리학파)

㉡ 김효원, 우성전, 이산해, 이발 등 신진 세력의 참여로 먼저 붕당의 형세를 이룸

㉢ 명종 때 정치에 참여하지 않은 신진 사림, 척신 정치 잔재의 청산에 적극적

③ 서인(西人)

㉠ 이이와 성혼의 문인들이 가담함으로써 붕당의 모습을 갖춤(점진적·현실적
주기학파)

㉡ 심의겸, 박순, 윤두수, 윤근수, 정철 등

㉢ 명종 때 정치에 참여했던 기성 사림, 척신 정치 잔재 청산에 소극적

제승방략 체제

유사시 각 읍의 수령들이 군사를 이끌고 지정된 방위 지역으로 간 후, 한양에서 파견된 장수 또는 해당 도의 병수사를 기다렸다가 지휘를 받는 전술. 이러한 제승방략 체제는 후방 지역에 군사가 없으므로 일차 방어선이 무너진 후에는 적의 공세를 막을 방법이 없다는 치명적인 단점이 있으며, 이는 임진왜란 초기 패전의 한 원인이 됨

이조 전랑

젊고 명망 있는 홍문관 유신 중에서 임명되는 정5품의 관직으로, 당하관·언론 삼사 요직 및 재야인사 등의 인사권, 후임 전랑 추천권 등의 권한을 가지고 있었음. 전랑은 삼사의 의견을 통일하고 인사권과 언론권을 장악할 수 있는 막강한 권한을 가지고 있었으므로, 전랑직을 둘러싸고 붕당 간 다툼이 치열하게 전개됨

주리론과 주기론
- 주리론 : 도덕적 원리인 이 중시, 이황
- 주기론 : 경험적 세계인 기 중시, 이이

05장 근대 태동기의 변동

동인과 서인의 분당

선조 8년(1575), 김효원이 이조 전랑으로 천거됨. 이에 인순왕후의 동생인 심의겸은 김효원에 대하여 이조 전랑이 될 자격이 없다며 적극 반대함. 그의 반대에도 불구하고 김효원은 이조 전랑이 되었다가 얼마 후 다른 곳으로 자리를 옮기게 되었는데, 그 후임으로 천거된 사람이 바로 심의겸의 아우 심충겸이었음. 김효원은 왕의 외척으로서 이조 전랑이 되는 것은 바르지 못하다는 이유로 심충겸이 이조 전랑에 오르는 것을 반대함. 사람들은 심의겸이 집이 도성 서쪽 정동에 있다 하여 그의 일파를 서인, 김효원의 집이 도성 동쪽 건천동에 있다 하여 그의 일파를 동인이라고 불렀음

남·북인의 분당

동서 분당 후 처음에는 동인이 정국을 주도하였는데 정여립 모반 사건(1598)으로 동인은 잠시 위축(서인이 잠시 주도)됨. 그러나 정철의 건저상소 사건(1591)으로 정철 등 서인이 실권을 잃고 동인이 다시 집권하였음. 이때 동인은 서인에 대한 처벌을 두고 강경·급진파인 북인과 온건파인 남인으로 분열

제1차 예송 논쟁(기해예송)

성리학적 종법에 따르면 자식이 부모보다 먼저 죽었을 경우, 부모는 그 자식이 적장자라면 3년간, 적장자가 아니라면 1년간 상복을 입어야 함. 이에 따라 차남이면서 왕위에 오른 효종의 사망과 관련하여 자의대비의 복상 기간을 두고 벌어진 것이 바로 제1차 예송 논쟁임. 서인은 성리학적 종법에 따라 1년을, 남인은 왕인 효종을 적장자로 보아 3년을 주장했음. 종법의 해석과 권력이 연계되어 민감한 사안이 된 1차 예송 논쟁은 적장자와 차남의 구분 없이 1년간 상복을 입도록 규정한 〈경국대전〉에 따라 서인의 승리로 돌아감. 그러나 실제로 종법과 관련되어 확정된 것은 없었으며 그로인해 2차 예송 논쟁이 일어나게 됨

2차 예송 논쟁(갑인예송)

효종의 비인 인선왕후의 사망 후 그 시어머니인 자의대비의 복상 기간을 두고 벌어짐. 효종을 적장자로 인정한다면 1년, 차남으로 본다면 9개월이 복상 기간임. 2차 예송 논쟁 결과 남인 정권이 수립됨

---

(4) 붕당의 성격

① 16세기 왕권이 약화되고 사림 정치가 전개되면서 형성

② 정치 이념과 학문 경향에 따라 결집(→ 정파적 성격과 학파적 성격을 동시에 지님)

4. 붕당 정치의 전개

(1) 동인의 분열

① 동인의 우세 : 동서 분당 후 처음에는 동인이 수적 우세를 바탕으로 정국 주도

② 남·북인의 분당 : 온건파인 남인(이황 학파)과 급진파인 북인(서경덕·조식 학파)으로 분당

(2) 광해군의 정치와 인조 반정

① 중립 외교 : 명과 후금 사이에서 중립 외교 전개, 전후 복구 사업 추진

② 북인의 독점 : 광해군의 지지 세력인 북인은 서인과 남인 등을 배제

③ 인조 반정(1623) : 폐모살제(廢母殺弟) 사건(인목대비 유폐, 영창대군 살해), 재정 악화, 민심 이탈 등을 계기로 발발한 인조 반정으로 몰락

(3) 붕당 정치의 진전

① 연합 정치 : 인조 반정을 주도한 서인은 남인 일부와 연합하여 정국을 운영, 서로의 학문적 입장을 인정하고 상호 비판적인 공존 체제를 이룸

② 학문적 경향 : 이황과 이이의 학문(주자 중심의 성리학)이 확고한 우위를 차지

③ 여론의 주재 : 주로 서원을 중심으로 여론이 모아져 중앙 정치에 반영되었는데, 학파에서 학식과 덕망을 겸비한 산림(山林)이 재야에서 그 여론을 주재

④ 서인의 우세 : 이후 현종 때까지는 서인이 우세한 가운데 남인과 연합하여 공존하며 서인 정권 스스로 전제와 독주를 경계

(4) 자율적 예송 논쟁과 붕당의 공존

① 예송 논쟁의 전개

ㄱ 제1차 예송 논쟁(기해예송, 1659)

- 효종 사망 시 자의대비의 복제를 두고 송시열·송준길 등 서인은 1년설을, 윤휴·허목·허적 등 남인은 3년설을 주장

- 서인 : 효종이 적장자가 아님을 들어 왕과 사대부에게 동일한 예가 적용되어야 한다는 입장(왕사동례)에서 1년설을 주장

- 남인 : 왕에게는 일반 사대부와 다른 예가 적용되어야 한다는 입장(왕사부동례)에서 3년설을 주장

- 실권을 장악하고 있던 서인의 주장(1년설)이 수용되어 서인 집권이 지속됨

ㄴ 제2차 예송 논쟁(갑인예송, 1674)

- 효종 비의 사망 시 서인은 9개월을, 남인은 1년을 주장

- 남인의 주장이 수용되어 남인이 집권하고 서인이 약화됨

② **붕당의 공존** : 갑인예송의 결과 남인의 우세 속에서 서인과 공존하는 정국은 경신환국(1680)으로 분열과 대립이 격화되기까지 정국 지속

(5) 붕당 정치의 성격 및 평가

① 정치적 성격의 변천
  ㉠ 붕당 정치의 성격 : 학연과 지연을 바탕으로 붕당 간 치열한 정권 다툼 전개
  ㉡ 붕당 정치의 변천
    • 초기 : 상대 붕당을 소인당(小人黨), 자기 붕당을 군자당(君子黨)이라 주장
    • 후기 : 모두 군자당으로 보고, 견제와 협력을 바탕으로 한 붕당 정치 전개
② 평가
  ㉠ 긍정적 측면 : 공론(公論)의 수렴, 언로(言路)의 중시, 산림(山林)의 출현
  ㉡ 한계 : 붕당이 내세운 공론은 백성들의 의견이 아니라 지배층 의견 수렴에 그침

5. 붕당 정치의 변질

(1) 붕당간의 대립 격화

① 배경
  ㉠ 일당 전제화의 추세 : 숙종 때에 이르러 붕당 사이의 견제와 균형이 무너지면서 특정 붕당이 정권을 독점하는 일당 전제화의 추세가 대두(→ 환국 발생)
  ㉡ 노론과 소론의 대립 : 노론은 송시열을 중심으로 하여 대의명분과 민생안정을 강조하는 반면, 소론은 윤증을 중심으로 하여 실리를 중시하고 적극적 북방 개척을 주장
  ㉢ 정치적 쟁점의 변화 : 사상적 문제에서 군사력과 경제력 확보에 필수적인 군영장악으로 이동
② 결과 : 서인과 남인의 공조체제 붕괴와 환국(換局)의 빈발, 외척의 비중 강화, 비변사 기능 강화, 전랑의 정치적 비중 약화

(2) 붕당 정치의 변질 ⭐빈출개념

① 경신환국(경신대출척, 숙종 6, 1680)
  ㉠ 서인 집권 : 서인이 허적(남인)의 서자 허견 등이 역모를 꾀했다 고발하여 남인을 대거 숙청
  ㉡ 결과 : 서인은 남인의 처벌을 놓고 온건론인 소론(윤증), 강경론인 노론(송시열)으로 분열
② 기사환국(숙종 15, 1689) : 숙종이 희빈 장씨 소생인 연령군(경종)의 세자 책봉에 반대하는 서인(송시열, 김수항 등)을 유배·사사하고, 인현왕후를 폐비시킴
③ 갑술환국(갑술옥사, 숙종 20, 1694)
  ㉠ 폐비 민씨 복위 운동을 저지하려던 남인이 실권하고 서인이 집권
  ㉡ 남인은 재기 불능이 되고, 서인(노론과 소론) 간에 대립하는 일당 독재 정국이 전개
④ 병신처분(1716) : 소론을 배제하고 노론을 중용

경제적·사회적 환경의 변화
• 상품 화폐 경제의 발달에 따라 17세기 후반 이후 상업적 이익을 독점하려는 경향 증가
• 지주제와 신분제 동요에 따라 붕당 기반이 약화되고 여러 사회세력 간 갈등 심화

05장 근대 태동기의 변동

재지사족(在地士族)
조선 시대의 지방 지배 세력을 일컫는 말. 향촌 사회에서 경제적 기반(중소 지주)과 신분적 배경(사족), 그리고 학문적 소양(성리학)을 지녔음

영조의 문물·제도 정비
• 민생 안정책
 – 균역법(1750) : 군역 부담을 완화하기 위하여 군포를 1년에 1필로 경감
 – 권농 정책 : 농업 정책과 수취 제도를 개선하고 〈농가집성〉을 대량 보급
 – 3심제 : 가혹한 형벌을 폐지하고 사형수에 대한 3심제를 엄격하게 시행
 – 노비공감법(1755) : 노비의 신공을 반으로 줄임
 – 신문고를 부활
• 군영 정비 : 훈련도감·금위영·어영청이 도성을 나누어 방위하는 체제를 갖춤
• 서원 정리 : 붕당의 본거지인 서원을 정리(→ 붕당·사치·음주를 3대 유폐로 지정)
• 청계천 준설(1760) : 홍수에 따른 하천 범람을 막고 도시 정비를 위해 준설
• 기로과 실시 : 60세 이상의 늙은 선비를 대상으로 과거 실시
• 편찬 사업
 – 속대전(1746) : 〈경국대전〉을 개정하여 편찬한 법전으로, 법전체계를 재정리하고, 형법(형량) 개선
 – 동국문헌비고 : 홍봉한이 편찬한 한국학 백과사전으로, 문물제도의 정비에 기여
 – 무원록(증수무원록)(1748) : 송의 〈무원록〉에 주석을 붙여 세종 때 간행한 〈신주무원록〉(1440)을 다시 증보하고 용어를 해석·교정하여 편찬한 법의학서
 – 속오례의(국조속오례의)(1744) : 왕명으로 예조에서 이종성 등이 중심이 되어 〈오례의(五禮儀)〉의 속편으로 편찬한 예절서

⑤ 정유독대(1717) : 숙종과 노론의 영수 이이명의 독대를 통해 병약한 세자(경종)를 대신해 연잉군(영조)을 후사로 논의
⑥ 신임옥사(신임사화)(1721~1722) : 노론 축출, 소론 일당정국
 ㉠ 신축옥사(신축환국)(1721) : 경종 때 소론이 세자책봉 문제로 노론을 축출
 ㉡ 임인옥사(1722) : 경종 때 소론이 경종 시해와 연잉군(영조) 옹립 음모를 고변해 노론을 탄압

(3) 붕당 정치의 변질 결과

① 정치 운영의 변화 : 환국으로 왕과 직결된 외척이나 종실 등의 정치 권력 확대
② 붕당 정치의 기반 붕괴 : 일당 전제화, 비변사의 기능 강화, 언론 기관이나 재지 사족의 정치참여 곤란(전랑의 권력 악화)
③ 벌열 가문의 정권 독점 : 공론이 아닌 개인이나 가문의 이익을 우선
④ 양반층의 분화 : 양반층의 자기 도태로 다수의 양반이 몰락
⑤ 서원의 역할 변화 : 양반의 낙향이 늘어 서원이 남설되었고, 서원 고유의 여론 형성 기능이 퇴색함

6. 탕평론

(1) 탕평론의 배경

붕당 정치의 변질로 인한 극단적 정쟁과 정치 세력 간 균형의 붕괴, 사회 분열 등의 문제가 발생, 국왕이 강력한 왕권을 토대로 정치의 중심에서 세력 균형을 유지하고자 하는 탕평론이 제기

(2) 탕평론의 전개

① 제기 : 숙종 때
 ㉠ 숙종 이전 : 서인과 남인이 공존하던 자율적 붕당 시대(17세기 전반)
 ㉡ 숙종 이후 : 왕에 의한 타율적 균형책으로 탕평론이 제기됨
② 목적 : 인사 관리를 통한 정치적 세력 균형의 유지
③ 한계 : 숙종의 탕평책은 명목상의 탕평론에 지나지 않아 균형의 원리가 지켜지지 않았고, 노론 중심의 편당적인 인사 관리로 환국이 일어나는 빌미를 제공

7. 영조의 탕평 정치

(1) 즉위 초기의 정국

① 탕평교서(蕩平敎書) 발표 : 탕평교서를 통해 어지러운 정국을 바로잡으려 하였으나 실패
② 이인좌의 난(영조 4, 1728) 발생
 ㉠ 소론 강경파와 남인 일부가 경종의 죽음에 영조와 노론이 관계되었다고 주장하며, 영조의 탕평책에 반대하여 반란
 ㉡ 붕당 관계를 재편성하는 계기가 됨

(2) 탕평파 중심의 정국 운영

① **탕평파 육성** : 붕당의 정치적 의미는 퇴색되고 정치권력은 왕과 탕평파로 집중
② **산림의 존재 부정** : 붕당의 뿌리를 제거하기 위하여 본거지인 서원을 대폭 정리
③ **이조 전랑의 권한 약화** : 자대권(후임자 천거권) 및 낭천권의 관행을 없앰

8. 정조의 탕평 정치

(1) 탕평 정치의 추진

① **추진 방향** : 정조는 영조 때보다 더욱 강력한 탕평책을 추진하고 이를 통해 왕권 강화
② **진붕(眞朋)과 위붕(僞朋)의 구분** : 각 붕당의 주장이 옳은지 그른지를 명백히 가리는 적극적인 탕평(준론탕평)을 추진
③ **남인(시파) 중용** : 노론(벽파) 외에 소론의 일부 세력과 그 동안 정치에서 배제되었던 남인 계열이 중용됨

(2) 왕권의 강화

① **인사 관리** : 붕당의 입장을 떠나 의리와 명분에 합치되고 능력 있는 사람을 중용
② **규장각의 설치·강화**
　㉠ **설치** : 본래 역대 왕의 글과 책을 수집·보관하기 위한 왕실 도서관의 기능
　㉡ **기능 강화** : 국왕 비서실, 문신 교육, 과거 시험 주관 등의 기능을 통합적으로 부여하여 권력과 정책을 뒷받침할 수 있는 강력한 정치기구로 육성
　㉢ **서얼 등용** : 능력 있는 서얼을 등용하여 규장각 검서관 등으로 임명
③ 초월적 군주로 군림하면서 스승의 입장에서 신하를 양성하고 재교육
④ **초계문신제(抄啓文臣制) 시행** : 신진 인물이나 중·하급(당하관 이하) 관리 가운데 능력 있는 자들을 재교육시키고 시험을 통해 승진
⑤ **장용영(壯勇營) 설치** : 친위 부대인 장용영을 설치하여 각 군영의 독립적 성격을 약화시키고 병권을 장악함으로써 왕권을 뒷받침하는 군사적 기반을 갖춤

(3) 화성(華城)의 건설

① 수원에 화성을 세워 정치적·군사적 기능을 부여
② 상공인을 유치하여 자신의 정치적 이상을 실현하는 상징적 도시로 육성하고자 함
③ 화성 행차 시 일반 백성들과의 접촉 기회를 확대하여 이들의 의견을 정치에 반영

(4) 수령의 권한 강화

① 수령이 군현 단위의 향약을 직접 주관하게 해 사림의 영향력을 줄이고 수령의 권한을 강화
② 지방 사족의 향촌 지배력 억제, 국가의 통치력 강화

(5) 정조의 문물·제도 정비 ⭐빈출개념

① 민생 안정과 서얼·노비의 차별 완화, 청과 서양의 문물 수용, 실학 장려

탕평교서
붕당 간 정쟁의 폐단을 지적하고 탕평의 필요성을 주장한 교서

시파와 벽파
정조의 아버지인 사도세자와 관련된 국론 분열은 영조 때부터 존재해 왔음. 이로 인한 대립은 정조 즉위 후 심화되었는데 이때 정조에게 동의한 무리를 시파, 반대한 무리를 벽파라고 함

규장각 검서관
규장각 각신의 보좌, 문서 필사 등의 업무를 맡은 관리로, 대부분이 서얼 출신이었음. 정조는 규장각 검서관을 매우 중시하여 정직이 아닌 잡직임에도 까다롭게 임명함. 초대 검서관에는 이덕무, 유득공, 박제가 등이 임명됨

수원 화성
흙으로 단순하게 쌓은 읍성을 조선 정조 때 석약으로 축조하면서 화성이라고 부르게 되었음. 정약용의 이론을 설계 기점으로 삼아 축조된 과학적인 구조물. 동과 벽돌을 과감하게 혼용하였다는 점, 거중기를 활용하였다는 점, 옹재(건축이나 가구 등에 쓰는 나무)를 규격화하였다는 점, 화포를 주무기로 삼았다는 점 등을 특성으로 함. 1997년에 유네스코 세계문화 유산으로 등록되었음

탕평 정치의 성격 및 한계
여러 정책들이 보수적인 성격을 띠고 있었고, 정치 운영 면에서는 왕의 개인적인 역량에 크게 의존하였으므로 탕평 정치가 구조적인 틀을 갖추어 안정적으로 유지되기는 어려웠음

② 신해통공(1791) : 상공업 진흥과 재정 수입 확대를 위해 육의전을 제외한 금난전 권 철폐
③ 문체 반정 운동 : 문화 정책의 일환으로, 박지원 등이 패사소품체(稗史小品體)를 구사해 글을 쓰자 문체를 정통 고문으로 바로잡으려 한 것
④ 편찬
　㉠ 대전통편 : 〈경국대전〉을 원전으로 하여 통치 규범을 전반적으로 재정리하기 위하여 편찬한 것으로, 규장각 제도를 법제화
　㉡ 형조의 사례집으로 〈추관지〉를, 호조의 사례집으로 〈탁지지〉를 편찬
　㉢ 동문휘고, 증보문헌비고(상고 시대 이후 우리나라의 제도 · 문물을 정리한 백과사전)
　㉣ 무예도보통지(이덕무 · 박제가 · 백동수 등이 왕명으로 편찬한 병법서)
　㉤ 제언절목, 규장전운, 홍재전서 · 일득록

9. 세도 정치

(1) 세도 정치의 성립

① 의의 : 세도 정치란 종래의 일당 전제마저 거부하고 특정 가문이 권력을 독점하는 정치 형태로서, 가문의 사익을 위해 정국이 운영되어 정치 질서가 붕괴됨
② 성립 배경
　㉠ 탕평 정치로 왕에게 권력이 집중된 것이 19세기 세도 정치의 빌미가 됨
　㉡ 정치 세력 간의 균형이 깨지고 몇몇 유력 가문의 인물에게 권력이 집중됨

(2) 세도 정치의 전개

① 순조(23대, 1800~1834)
　㉠ 정순왕후의 수렴청정 : 정조 때 정권에서 소외되었던 노론 벽파 세력이 정국을 주도하고 인사권 · 군권 장악, 장용영을 혁파하고 훈련도감을 정상화시켜 이를 장악
　㉡ 안동 김씨 일파의 세도 정치 전개 : 정순왕후 사후 벽파 세력이 퇴조, 순조의 장인 김조순의 안동 김씨 일파가 세도 정치를 전개
② 헌종(24대, 1834~1849) : 헌종의 외척인 풍양 조씨 가문이 득세
③ 철종(25대, 1849~1863) : 김문근 등 안동 김씨 세력이 다시 권력 장악

10. 세도 정치기의 권력 구조

(1) 가문 정치(家門政治)

① 정치 기반 축소 : 중앙 정치를 주도하는 것은 소수의 가문으로 축소
② 유력 가문의 권력 독점 : 왕실 외척으로서의 정치 권력, 산림으로서의 명망, 관료 가문의 기반을 동시에 가지고 권력 독점

(2) 권력 구조 및 기반

① 정2품 이상의 고위직만이 정치적 기능을 발휘
② 의정부와 육조는 유명무실화되고 실질적인 힘은 비변사로 집중
③ 훈련도감(5군영) 등의 군권을 장기적으로 독점하여 정권 유지의 토대를 다짐

11. 세도 정치의 한계와 폐단

(1) 세도 정권의 한계

① 사회 개혁 의지와 능력 결여 : 개혁 세력의 정치 참여 배제, 사회 통합 실패
② 지방 사회에 대한 몰이해 : 세도가들은 도시 귀족의 체질을 지녔고 집권 후 개혁 의지도 상실하여 상대적으로 뒤떨어진 지방 사회의 사정을 이해하지 못함

(2) 세도 정치의 폐단

① 왕권의 약화 : 세도가의 권력 독점과 인사 관리의 전횡
② 정치 기강의 문란 : 매관매직(賣官賣職)의 성행, 수령·아전들의 수탈, 삼정의 문란
③ 상품 화폐 경제의 발전 저해, 농민 봉기의 발생

12. 대청 외교

(1) 청과의 관계

① 북벌 정책의 추진 : 적개심이 남아 북벌 정책을 오랫동안 고수, 전란 후 민심 수습과 국방력을 강화하는 데 기여
② 청의 발전과 북학론의 대두
　㉠ 청은 전통 문화를 장려하고 서양 문물을 수용해 문화 국가로 변모
　㉡ 학자들 중 일부는 청을 배척하지만 말고 이로운 것은 배우자는 북학론을 제기

(2) 청과의 영토 분쟁

① 국경 분쟁 : 청이 만주 지방을 성역화하면서 우리나라와 국경 분쟁이 발생
② 백두산 정계비 건립(숙종 38, 1712) : 청의 오라총관 목극등 등과 조선 관원들이 백두산 일대를 답사하여 국경을 확정하고 건립
③ 간도 귀속 문제 : 우리가 불법적으로 외교권을 상실한 상태에서 청과 일본 사이에 체결된 간도 협약(1909)에 따라 청의 영토로 귀속

13. 대일 외교

(1) 기유약조(광해군 1, 1609)

① 선조 37년(1604), 유정(사명당)을 파견하여 일본과 강화하고 3,000여 명의 조선인 포로를 송환
② 기유약조를 맺어 부산포에 다시 왜관 설치, 제한된 범위 내에서 교섭 허용(1609)

(2) 통신사(通信使)의 파견

봉당 정치와 세도 정치
세도 정치는 기존의 일당 전제마저 거부하고 특정 가문에서 권력을 독점하는 정치 형태. 봉당 정치가 이루어지던 시기에는 봉당들이 서로 대립하면서 어느 정도 여론을 수렴하였으며 정치적 명분을 내세워 사회 변동에 대처하기도 하였으나, 세도 정치 시기에는 세도 정권에 대해 비판을 할 수 있는 세력이 없었으므로 이들의 권력 행사를 견제할 방법이 없었음

철거전 백두산 정계비

간도 협약
1909년 일본은 남만 철도의 안봉선 개축을 두고 청과 흥정하여 철도 부설권을 얻는 대신 청에게 간도 지방을 넘겨주었음

SEMI-NOTE

통신사 행렬도

울릉도와 독도 문제
- **충돌의 원인** : 삼국 시대 이래 우리의 영토였으나 일본 어민들이 자주 침범
- **안용복의 활동** : 숙종 때 동래의 어민인 안용복은 울릉도에 출몰하는 일본 어민들을 쫓아내고, 일본에 2차례 건너가 울릉도와 독도가 조선의 영토임을 확인받고 돌아옴
- 19세기 말 정부는 울릉도에 주민 이주를 장려하고 군을 설치하여 관리를 파견, 독도까지 관할하게 함

조선 후기의 수탈과 통제 강화
- 수령과 향리 중심의 향촌지배방식으로 바뀜에 따라 이들에 의한 농민 수탈이 증가
- 농민의 이탈 방지를 위해 호패법과 오가작통제를 강화

영정법
세종 때 정비된 전분 6등법과 연분 9등법은 과세 기준이 복잡하고 토지의 작황을 일일이 파악해야 했으므로 적용이 번거로웠음. 그리하여 15세기 말부터는 4~6두를 징수하는 것이 관례화됨. 임진왜란을 거치며 토지가 황폐해지고 백성들의 삶이 피폐해지자 토지의 비옥도에 따라 전세를 정액화하는 영정법이 실시됨. 그러나 결과적으로는 큰 실효를 거두지 못함

① 조선의 선진 문화를 받아들이고, 막부의 권위를 인정받기 위해 사절 파견을 요청
② 사절의 파견 : 조선에서는 1607년부터 1811년까지 12회에 걸쳐 사절을 파견

02절 경제 구조의 변동

1. 수취 체제 개편의 배경 및 내용

(1) 개편의 배경

① 농촌사회의 붕괴 : 양난(兩亂)으로 인한 농민의 피해, 경작지 황폐화
② 정부 대책의 미흡 : 양반 지배층은 정치적 다툼에 몰두하여 민생 문제에 대처하지 못하였고, 복구를 위한 정부의 대책은 미봉책에 그침

(2) 개편의 내용 및 한계

① 개편의 기본 방향 : 농민들의 부담을 줄이고 지주의 부담은 늘림
② 개편의 내용 : 전세는 영정법, 공납은 대동법, 군역은 균역법으로 개편
③ 개편의 한계 : 결국 양반 중심의 지배체제 유지에 목적이 있었기에 농민 부담은 별로 줄지 않음

2. 전세(田稅) 제도의 개편

(1) 경제 상황과 정부의 개선책

① 양 난 이후의 경제 상황 : 당시 토지 결수가 임진왜란 전 150만 결에서 직후 30여 만 결로 크게 감소
② 정부의 개선책
  ㉠ 개간 장려 : 진전(陳田)의 개간 등
  ㉡ 양전 사업 : 양안에서 빠진 토지(은결)를 찾아 전세의 수입원을 증대하려는 의도
③ 정부 정책의 한계 : 농민들의 삶을 향상시킬 수 없는 미봉책에 불과

(2) 영정법(永定法)의 시행(인조 13, 1635)

① 내용 : 풍흉에 관계없이 토지 1결당 미곡 4두로 전세를 고정(→ 전세의 정액화)
② 결과
  ㉠ 전세의 비율이 이전보다 다소 낮아짐
  ㉡ 전세 납부 시 부과되는 수수료와 운송비의 보충 비용 등이 전세액보다 많아 오히려 농민의 부담이 가중됨

3. 공납의 전세화

(1) 공납의 폐해

① 방납의 폐해 : 농민들의 토지 이탈 가속
② 국가 재정의 악화 : 양 난 후 더욱 악화

(2) 대동법(大同法)의 시행(광해군 1, 1608)

① 내용 : 토지 결수에 따라 쌀 등으로 납부하게 하고, 정부는 수납한 쌀 등을 공인에게 공가(貢價)로 지급하여 그들을 통해 필요한 물품을 구입
② 실시 목적 : 방납 폐해를 시정, 전후 농민 부담을 경감, 국가 재정 확충
③ 경과 : 양반 지주의 반대가 심해 전국 실시에 100년이란 기간이 소요
　㉠ 광해군 1년(1608) : 이원익·한백겸의 주장으로 선혜청을 설치하고 경기도에서 처음 실시(→ 1결당 16두 징수)
　㉡ 인조 1년(1623) : 조익의 주장으로 강원도에서 실시
　㉢ 효종 : 김육의 주장으로 충청도·전라도에서 실시
　㉣ 숙종 34년(1708) : 황해도에서 실시
④ 결과 : 농민 부담 경감, 공납의 전세화, 조세의 금납화, 국가 재정의 회복, 공인(貢人), 상품 화폐 경제의 발달
⑤ 한계 : 현물 징수의 존속, 전세의 전가, 가혹한 수탈

4. 균역법(均役法)의 시행

(1) 군역 제도 개편의 배경

① 5군영의 성립 : 16세기 이후 모병제가 제도화되자 군역을 대신하는 수포군이 점차 증가
② 양역의 폐단 발생
　㉠ 군포의 중복 징수 : 장정 한 명에게 이중 삼중으로 군포를 부담하는 경우가 빈발
　㉡ 군포 양의 불균등 및 면역(공명첩, 납속책) 증가, 부정부패 만연
③ 양역(良役)의 회피 증가, 군역에 대한 농민의 저항 발생
④ 양역변통론(良役變通論)의 대두 : 호포론(영조), 농병일치론(유형원) 등

(2) 균역법(영조 26, 1750) ★빈출개념

① 내용 : 종전의 군적수포제에서 군포 2필을 부담하던 것을 1년에 군포 1필로 경감
② 부족분의 보충 : 부가세 징수(결작, 선무군관포, 잡세)
③ 결과
　㉠ 일시적으로 군포 부담이 줄어 농민들의 저항이 다소 진정, 국가 재정도 증가
　㉡ 군역이 면제되었던 상류 신분층(양반·지주)이 군포와 결작을 부담함으로써 군역이 어느 정도 평준화
　㉢ 결작이 소작 농민에게 전가되어 군적이 다시 문란해짐

5. 농업

(1) 농업 생산력의 증대

제언절목
정조 2년(1778) 비변사에서 제정한 제언(농업 용수용 수리 시설) 관련 규정. 저수지 면적의 유지, 저수지 관리 방법, 저수지 수축 방법, 인력 동원 방법 등을 규정하고 있음. 〈비변사 등록〉과 〈정조실록〉에 전함

① **농경지 확충** : 황폐한 농토의 개간(농민은 오히려 소유지 감축) 등
② **수리 시설 복구와 관리**
　㉠ 제언, 천방, 보(洑) 등 수리 시설 정비 · 확대
　㉡ 제언사를 설치(현종)하고 제언절목을 반포(정조)하여 국가에서 저수지 관리
③ **시비법 개량** : 거름의 종류 및 거름 주는 방법을 다양하게 개발
④ **새로운 영농 방법 도입을 통한 생산력 증대, 농업 경영의 전문화 · 다양화** : 이앙법, 견종법 등
⑤ **농업 경영 방식의 변화**
　㉠ **이앙법(모내기법) 보급**
　　• 단위 면적당 경작 노동력이 80% 정도 감소, 농민 1인당 경작 면적도 5배정도 증가
　　• 이앙법 실시로 광작이 발생(→ 부농의 등장)
　㉡ **부농**
　　• 지주형 부농 : 지주들도 직접 경작하는 토지를 확대
　　• 경영형 부농 : 자작농은 물론 일부 소작농도 더 많은 농토를 경작
⑥ **상품 작물의 재배** : 쌀, 인삼, 목화, 고추, 약초, 과일, 인삼, 담배(17세기, 일본), 고구마(18세기, 일본), 감자(19세기, 청)

(2) 지주 전호제의 일반화

① 양 난 이후 양반이 토지 개간과 매입을 통해 토지를 확대하여 이를 소작 농민에게 소작료를 받고 임대하는 지주 전호제가 증가하였고, 18세기 말에 일반화됨
② **지주 전호제의 변화**
　㉠ 초기 : 양반과 지주라는 지위를 이용하여 소작료 등의 부담을 마음대로 강요
　㉡ 변화 계기 : 상품 화폐 경제가 발달되면서 소작인의 저항이 심해짐
　㉢ 후기 : 지주와 전호 사이의 신분적 관계보다 경제적인 관계로 바뀌어 감

양반 지주의 경제 생활
• 소작료 소득 등을 통한 경제 기반의 유지 · 확대
• 토지에서 발생하는 수입을 통한 토지 매입에 열중
• 물주(物主)로서 상인에게 자금을 대거나 고리대로 부를 축적
• 경제적 변동에 적응하지 못하여 몰락하는 양반(잔반) 발생

계층 분화 촉진의 요인
농업의 이앙법과 광작, 수공업의 납포장과 선대제 수공업, 상업의 객주와 상인 물주 등

(3) 몰락 농민의 증가

① **토지의 상품화** : 상품 화폐 경제의 발달과 함께 더욱 가속화
② **농민의 이농 현상** : 농촌을 떠나거나 품팔이로 생계를 유지하는 농민이 증가
③ **농민 계층의 분화** : 농촌을 떠난 농민은 도시로 가 상공업에 종사하거나 광산이나 포구의 임노동자가 됨

(4) 지대(地代)의 변화

① **배경**
　㉠ 소작 농민들은 더 유리한 경작 조건을 얻기 위하여 지주를 상대로 소작 쟁의를 벌임
　㉡ 이러한 과정에서 소작권을 인정받고, 소작료 부담도 다소 완화됨
② **타조법(打租法)** : 전기~후기의 일반적 지대
　㉠ 소작인이 지주에게 수확의 반을 바침(→ 정률 지대)
　㉡ 특징 : 농민에게 불리하고 지주에게 유리

타조법
조선 전기에는 종자와 전세(田稅)는 지주 부담이 원칙이었지만, 조선 후기에 이르면 중부 이남 지방에서는 소작인이, 북부지방에서는 지주가 부담하였음

③ **도조법(賭租法)** : 후기에 보급

㉠ 일정 소작료(대개 평년작을 기준으로 수확량의 1/3)를 납부(→ 정액 지대)

㉡ 농민들의 항조 투쟁 결과 18세기에 일부 지방에서 등장

㉢ 특징 : 소작인에게 유리(→ 지주와 전호 간에 계약 관계, 지주제 약화)

④ **도전법(賭錢法)**

㉠ 18세기 말 이후 상품 화폐 경제의 진전에 따른 소작료의 금납화

㉡ 소작농의 농업 경영을 보다 자유롭게 해 주는 기반으로 작용

6. 민영 수공업의 발달

(1) 발달 배경

① 시장 경제의 확대

㉠ 수요의 증가 : 인구 증가와 관수품 수요 증가

㉡ 공급의 증가 : 상품 화폐 경제의 발달로 시장 판매를 위한 수공업품 생산 활발

② 관영 수공업의 쇠퇴 : 16세기 전후 장인들의 공장안 등록 기피로 공장안에 의한 무상 징발이 어려워짐, 정부의 재정 악화 등으로 관영 수공업 체제의 유지가 곤란

(2) 민영 수공업의 발달

① 공장안 폐지(신해통공, 1791) : 정조 때 장인의 등록제를 폐지

② 민간 수요와 관수품의 수요 증가 : 민영 수공업을 통해 증가 수요 충족

③ 점(店)의 발달 : 민간 수공업자의 작업장(철점, 사기점 등), 전문 생산 체제 돌입

(3) 수공업 형태의 변화

① 선대제(先貸制) 수공업 : 17~18세기 수공업의 보편적 형태

② 독립 수공업자의 등장

㉠ 18세기 후반에 등장, 독자적으로 제품을 생산 · 판매하는 수공업자

㉡ 수공업자들의 독립 현상은 주로 놋그릇 · 농기구 · 모자 · 장도 분야에서 두드러짐

7. 광업의 발달

(1) 광산 경영의 변화

① 초기(15세기) : 정부의 광산 독점으로 사적인 광산 경영은 통제

② 16세기 : 농민들이 광산으로의 강제 부역을 거부하기 시작함

③ 17세기

㉠ 광산 개발 촉진 : 청과의 무역으로 은광의 개발이 활기

㉡ 설점수세(효종 2, 1651) : 민간의 사채(私採)를 허가, 정부에서는 별장을 파견하여 수세를 독점

㉢ 정부의 감독 아래 허가를 받은 민간인이 광산 채굴 가능

㉣ 호조의 별장제(숙종 13, 1687) : 별장이 호조의 경비로 설점을 설치하고 수세를

납포장(納布匠)

자신이 만든 제품을 판매하고 그에 대한 세금으로 국가에 베를 내던 수공업자를 말하며, 주로 지방의 유철장 · 수철장 · 주철장을 가리킴

농촌 수공업의 발달

• 전기의 자급자족 수준에 머물지 않고 전문적으로 상품을 생산하는 농가도 등장

• 주로 옷감(직물)과 그릇 종류를 생산

설점수세제(設店收稅制)

민간인들이 금광 · 은광 등을 운영 하는 것을 허가하고 그 대가로 세금을 거두는 것. 이는 악화되고 있던 국가의 재정을 보충하고 중국과의 무역을 활성화 하려는 목적으로 실시되었음

은광의 개발

청과의 무역에서는 은이 화폐로서의 기능을 함. 청과의 교역이 활성화됨에 따라 은광의 개발도 활발해짐

05장 근대 태동기의 변동

관리

④ 18세기

㉠ 호조의 수세 독점 : 관찰사와 수령의 방해로 점차 쇠퇴

㉡ 덕대제와 수령수세 : 18세기 중엽부터는 국가의 감독을 받지 않고 자본(상인 물주)과 경영(덕대)이 분리된 광산 경영 형태가 일반화됨, 수령이 수세를 관리

㉢ 잠채 성행, 자유로운 채광 허용

(2) 조선 후기의 광산 경영의 특징

① 덕대제 : 경영 전문가인 덕대가 상인 물주에게 자본을 조달받아 채굴업자와 채굴 노동자 등을 고용하여 광물을 채굴하고 제련하는 것이 일반화됨

② 협업 체제 : 작업 과정은 분업에 토대를 둔 협업으로 진행

8. 사상(私商)의 성장

(1) 상업 활동의 변화

① 전기의 국가 통제 중심에서 벗어나 후기에는 사경제가 발달함

② 유통 경제의 활성화, 부세 및 소작료의 금납화로 상품 화폐 경제가 더욱 진전, 계층의 분화

(2) 상업 활동의 주역

① 공인(貢人)

㉠ 의의 : 대동법이 실시되면서 나타난 어용 상인

㉡ 공계 : 관청별로 또는 물품별로 공동 출자를 해서 계를 조직하고 상권 독점

㉢ 결과 : 납부할 물품을 수공업자에게 위탁함으로써 수공업의 성장을 뒷받침

㉣ 성장 : 특정 물품에 대한 독점력을 갖게 되어 독점적 도매 상인인 도고로 성장

② 사상(私商)

㉠ 등장 : 17세기 초 도시 근교의 농어민이나 소규모의 생산자 등

㉡ 억제 : 적극적인 상행위는 어려움, 시전 상인의 금난전권으로 위축됨

㉢ 시전과의 대립 : 17세기 후반 사상들은 보다 적극적인 상행위로 종루 · 이현 · 칠패 등에 근거지를 마련하고 종래의 시전과 대립

㉣ 새로 점포를 열거나, 금난전권이 적용되지 않는 길목으로 상권 확대

㉤ 사상의 성장을 더 막을 수 없었던 국가가 금난전권을 철폐한 후 성장이 가속화

㉥ 사상의 활동

• 지방의 장시를 연결하면서 물품을 교역하고, 각지에 지점을 두어 상권을 확장

• 대표적 사상 : 개성의 송상, 경강 상인(선상, 강상), 의주의 만상, 동래의 내상 등

• 도고의 활동 : 주로 칠패 · 송파 등 도성 주변에서 활동하였으며, 그 외 지방 도시로도 확대

도고

조선 후기, 대규모 자본을 동원하여 상품을 매점매석함으로써 이윤 극대화를 노린 상인을 말함. 국가에서는 신해통공 등을 통해 도고를 혁파하려 하였지만, 관청이나 권세가 등과 결탁한 이들을 근절할 수는 없었음. 이들이 쌀이나 소금 등 생활 필수품까지 매점매석함으로써 상품 부족과 물가 상승이 야기됨

금난전권 폐지

육의전을 제외한 시전의 금난전권 폐지 → 노론의 경제적 기반 약화, 자유 상인이 납부한 세금을 통해 국가 재정 확충

육의전

육주비전 · 육부전 · 육분전 · 육장전 · 육조비전 · 육주부전이라고도 하며, 육의전은 선전 · 면포전 · 면주전 · 지전 · 포전 · 내외어물전으로 되어 있음. 이들은 국역을 부담하는 대신 정부로부터 강력한 특권을 부여받아 주로 왕실과 국가 의식에 필요한 물품의 수요를 전담하는 등 상품의 독점과 전매권을 행사해 상업 경제를 지배하면서 조선말까지 특권적인 지위를 차지하였고, 갑오개혁 때 혁파됨

9. 포구에서의 상업 활동

(1) 포구(浦口)의 성장

① 성장 배경 : 물화의 대부분이 수로로 운송되었으며, 18세기에 이르러 교통과 운송의 중심지로 성장

② 상업 중심지로 성장 : 포구에서의 상거래는 장시보다 규모가 컸음

(2) 선상(船商)·객주(客主)·여각(旅閣)

① 유통권의 형성 : 선상 · 객주 · 여각 등이 포구를 거점으로 상행위를 전개하며 유통권을 형성

② 선상(경강 상인) : 선박을 이용해 각 지방의 물품을 구입한 후 포구에서 처분

③ 객주 · 여각 : 물화가 포구에 들어오면 매매를 중개하고, 운송 · 보관 · 숙박 · 금융 등의 영업도 함

10. 중계 무역의 발달

(1) 청과의 무역

① 국경 무역 : 17세기 중엽부터 대청 무역이 활발해지면서 의주의 중강과 중국 봉황의 책문 등 국경 지대를 중심으로 개시(공무역)와 후시(사무역)가 동시에 이루어짐

　㉠ 개시(開市) : 공인된 무역 장소, 중강 개시와 북관 개시, 왜관 개시 등이 있음

　㉡ 후시(後市) : 밀무역으로, 책문 후시(柵門後市)가 가장 활발

　㉢ 종사 상인 : 의주의 만상은 대중국 무역을 주도하면서 재화를 축적

　㉣ 중계 상인 : 개성의 송상

② 교역품 : 수출품(은 · 종이 · 무명 · 인삼 등), 수입품(비단 · 약재 · 문방구 등)

11. 화폐 유통

(1) 동전(銅錢)과 신용 화폐(信用貨幣)

① 동전의 유통

　㉠ 배경 : 상공업이 발달에 따른 교환의 매개

　㉡ 경과 : 인조 때 동전을 주조하여 개성을 중심으로 통용, 효종 때 널리 유통시킴, 숙종 때 전국적으로 유통

　㉢ 용도 : 18세기 후반부터는 세금과 소작료도 동전으로 대납, 상평통보로 물건 구매

② 신용 화폐의 보급 : 환(換) · 어음 등의 신용 화폐가 사용됨

(2) 화폐 유통의 영향

① 긍정적 영향 : 상품 유통 촉진에 기여

SEMI-NOTE

폐전론의 대두

전황 문제가 심각해지고 전화가 고리
대의 수단으로 이용되면서 일부 실학
자들은 전화의 보급에 대하여 부정적
인 시각을 보이기도 함. 특히 중농학자
인 이익은 <곽우록>에서 화폐가 고리
대로 이용되는 폐단을 지적하며 폐전
론을 주장하기도 하였음

풍속화(자리를 짜는 몰락 양반의 모습)

② **부정적 영향**

    ㉠ 지주나 대상인들은 화폐를 재산 축적 수단으로 이용

    ㉡ 전황으로 인한 화폐의 부족은 고리대로 이어져 농민의 피해가 극심

03절   사회의 변화

1. 양반층의 분화

(1) 배경

① **양반의 분화** : 붕당 정치의 변질과 일당 전제화의 경향으로 양반층의 분화(자기 도태 현상)를 초래

② **경제 구조의 변화** : 농업 생산력의 발달, 상품 화폐 경제의 진전, 상공업의 발달 등

③ **사회 계층 구성의 변화** : 경영형 부농, 상업 자본가, 임노동자, 독립 수공업자 등 이 출현

(2) 양반층의 분화

① **벌열 양반(권반)** : 지역 사회에서 권세 있는 양반으로 사회 · 경제적 특권을 독차지, 대부분 중앙과 연결되어 있음

② **향반(토반)** : 향촌 사회에서 겨우 위세를 유지하고 있는 양반

③ **몰락 양반(잔반)** : 평민과 다름없는 처지의 양반

    ㉠ 자영농 · 소작 전호화, 상업 · 수공업에 종사하거나 임노동자로 전락하기도 함

    ㉡ 서학 · 동학 등에 관심을 갖게 됨, 현실 비판적, 민중 항거자로 기능

2. 중간 계층의 신분 변동

(1) 중간 계층에 대한 사회적 차별과 역할 제약

① **서얼** : 성리학적 명분론에 의해 과거 응시나 사회 활동 등에 제약, 서얼차대법에 따라 문과 응시가 금지됨, 한품서용제

② **중인층** : 실제로는 서얼과 같이 천대받음, 청요직 임명에 제약이 따름

(2) 신분 상승의 추구

① **서얼**

    ㉠ **제약의 완화** : 임진왜란 이후 정부의 납속책 · 공명첩 등으로 서얼의 관직 진출 증가

    ㉡ **허통(許通) 운동** : 신분 상승을 요구하는 서얼의 상소 운동

    ㉢ **영향** : 기술직 중인에게 자극을 주어 통청 운동이 전개됨

② **중인**

    ㉠ **신분 상승 운동의 전개 배경** : 조선 후기의 사회 · 경제적 변동, 서얼의 신분

청요직(淸要職)

조선 시대 관리들이 선망하는 홍문관 · 사간원 · 사헌부 등의 관직을 말함. 청요직 출신은 판서나 정승으로 진출하는 데 유리하였음

역관

통역을 담당한 역관들은 사신들을 수행하여 중국 등을 오가며 밀무역을 통해 재산을 쌓아 양반 못지않은 경제력을 소유하고 있었으며 풍부한 실무 경험을 갖고 있었음

상승 운동, 기술직 종사로 축적된 재산과 풍부한 실무 경험

ⓛ **통청 운동** : 중인도 청요직에 오를 수 있도록 해 줄 것을 요구(성공하지는 못함)

ⓒ **역관의 역할** : 대청 외교 업무에 종사

3. 농민층의 분화

(1) 농민층의 구성 및 생활 모습

① **농민층의 구성** : 지주층(상층의 소수 농민), 자영농·소작농

② **농민의 생활 모습** : 자급자족적 생활을 영위, 국역 부담, 거주 이전의 제한(호패법·오가작통법·도첩제 등)

(2) 부농과 임노동자

① **부농**

ⓛ 영농 방법 개선과 광작 경영 등을 통해 부를 축적한 부농 출현

ⓒ **새로운 지주들의 신분 상승 추구** : 군역을 면하고 경제 활동에서 편의를 제공받을 수 있는 양반이 되고자 함

② **임노동자**

ⓛ **배경** : 이앙법의 확대와 상품 화폐 경제의 발달 등으로 인해 농민의 계층 분화 발생, 다수의 농민이 토지에서 밀려남

ⓒ **국가의 고용** : 16세기 중엽 이래 부역제가 해이해지면서 고용

ⓒ **부농층의 고용** : 가족 노동력만으로는 경영이 어려운 부농층에서 고용

4. 노비의 해방

(1) 신분 구조에 대한 저항

① **신분 상승 노력** : 공노비를 종래의 입역 노비에서 신공을 바치는 납공 노비로 전환시킴

② **노비의 도망** : 납공 노비 등의 도망 확산, 잔존 노비의 신공 부담 증가

(2) 노비의 해방

① **일천즉천의 법제 폐지** : 현종 10년(1669) 해당 법제를 폐지

② **노비 종모법의 정착** : 영조 7년(1731) 노비 종모법을 확정·시행

③ **공노비 해방** : 순조 원년(1801)에 중앙 관서의 노비 6만 6,000여 명을 해방

④ **노비 세습제의 폐지** : 고종 23년(1886) 폐지

⑤ **사노비 해방** : 갑오개혁(1894)으로 공·사노비가 모두 해방됨

5. 가족 및 혼인 제도

(1) 가족 제도의 변화

① **조선 중기** : 남귀여가혼(男歸女家婚) 존속, 자녀 균분 상속의 관행, 제사의 자녀

SEMI-NOTE

상품 작물

조선 후기에 이르러 인삼, 담배, 약재, 목화, 삼 등의 특용 작물의 재배가 활발해졌는데, 이렇게 시장에서 매매되기 위한 목적으로 재배되는 농작물을 상품 작물이라고 함. 쌀도 상품화되어 시장에서 매매되었으며 경영형 부농은 상품 작물을 통해 부를 축적하였음. 상품 작물은 조선 후기 시장의 활성화 및 경영형 부농층의 형성과 농민의 분화에 큰 영향을 미쳤음

노비 관련법의 변화

• 고려
 – 정종 : 양인과 천민 간 혼인금지(원칙), 천자수모법(보완책)
 – 충렬왕 : 일천즉천법(부모 중 한 쪽이 노비면 그 자녀도 노비) 실시

• 조선
 – 태종 : 노비의 양인화를 위해 노비 종부법 실시
 – 세조 : 일천즉천법 실시
 – 영조 : 노비 종모법 실시
 – 순조 : 공노비 해방
 – 고종 : 공·사노비의 법적 해방

신공(노비공)

조선 시대 외거 노비들은 국가나 주인에게 신역을 바치지 않는 대신 신공을 바쳤음. 〈경국대전〉에 따르면 공노비인 남자는 면포 1필과 저화 20장(면포 1필의 가격)이고 여자는 면포 1필과 저화 10장이었으며, 사노비인 남자는 면포 2필이고 여자는 면포 1.5필이었음. 신공은 영조 31년(1755) 노비공감법을 통해 감소하였으며, 영조 51년(1775)에는 여자의 신공이 완전히 폐지되고 남자만 신공으로 면포 1필을 납부하였음

분담(윤회 봉사)

② 17세기 중엽 이후(조선 후기) : 친영(親迎) 제도의 정착, 장자 중심 봉사, 부계 중심의 가족 제도 강화, 과부의 재가 금지

(2) 혼인 제도의 변화

① 일부일처제와 첩 : 일부일처를 기본으로 하였지만 남자들은 첩을 들일 수 있었음

② 적(嫡)·서(庶)의 엄격한 구분 : 서얼의 문과 응시 금지, 제사나 재산 상속 등에서의 차별

③ 혼인 결정권 : 대개 집안의 가장이 결정, 법적으로 남자 15세·여자 14세면 혼인 가능

6. 양반의 지배력 약화

(1) 신분제의 동요와 양반의 지배력 약화

① 향촌 사회에서의 양반 : 양반은 족보를 만들어 가족 전체가 양반 가문으로 행세, 양반들은 촌락 단위의 동약을 실시, 향회를 통해 향촌 사회의 여론을 이끌고 유교적 향약을 강요하여 농민을 지배

② 양반의 지배력 약화 : 조선 후기 신분의 상하 변동이 촉진되면서 향촌 사회 내부에서의 양반의 권위가 하락

(2) 성장한 부농층의 도전

① 신분 상승 : 향촌의 새로운 부농층에게 납속이나 향직의 매매를 통한 합법적 신분 상승의 길이 열림

② 향회 장악 기도 : 부농층은 관권과 결탁하고 향안에 이름을 올리며 향회의 장악을 기도

③ 향회의 자문 기구화 : 수령이 세금 부과를 묻는 자문 기구로 변질되어 견제 기능 상실

④ 부농층과 정부(관권)의 연결 : 부농층은 종래 재지사족(구향층)이 담당하던 정부의 부세 제도 운영에 적극 참여하였고, 향임직에 진출하지 못한 부농층도 수령이나 향리 등 관권과 결탁하여 상당한 지위를 확보

⑤ 향촌 지배에서 소외된 대다수 농민들

㉠ 지배층이나, 지배층과 연결된 부농층 등에 수탈을 당함

㉡ 19세기 이후 농민 봉기에 주도적으로 참여하여 봉건적 수탈 기구에 대항하는 세력이 되기도 함

7. 천주교의 전파

(1) 천주교의 전래

17세기에 베이징을 방문하고 돌아온 사신들이 서학(학문적 대상)으로 소개, 18세기 후반 신앙으로 받아들여짐

동약

조선 중기 이후 재지사족이 신분질서와 부세제(賦稅制)를 유지하기 위해 만든 동 단위의 자치 조직을 일컬음. 동계, 동의, 동안이라고도 함. 17세기까지의 동약은 종족적(宗族的) 기반 위에 학계 등도 연관된 것으로, 재지사족 간 동족적·지역적 유대를 강화하는 역할을 하였으며, 문중의 세력을 측정하는 지표로 사용되기도 하였음. 그러나 18세기에 이르러 신분제가 동요하면서 향촌 질서를 양반 중심으로 재편성하기 위한 방법으로 사용되었음

사우(祠宇)

선조·선현의 신주나 영정을 모셔 두고 제향하는 곳을 일컬음. 향현사, 향사, 이사, 영당, 별묘 등으로 불리기도 함. 본격적인 발생은 고려 말 〈주자가례〉가 전래된 이후부터지만, 삼국 시대에도 이미 사우가 존재하고 있었음. 조선 시대에 유교 이념이 정착함에 따라 공신·명현 추존을 위한 사우 건립이 증가하였는데, 특히 서원이 발흥하면서 사우의 질과 양도 크게 변모함. 이후 붕당 정치의 변질에 따라 사우는 각 붕당의 정치적 결속을 강화하는 거점 역할을 하기도 하였으며, 조선 후기에는 신분제가 변동하면서 양반의 지위를 유지하기 위한 일환으로 건립되기도 하였음

(2) 교세의 확장

남인 계열의 실학자들이 천주교 서적인 〈천주실의〉를 읽고 신앙 생활, 이승훈이 영세를 받고 돌아와 활발한 신앙 활동 전개

(3) 박해

① 원인
  ㉠ **사상적 원인** : 천주교의 평등관·내세관이 조선 왕조의 근본 질서에 반함
  ㉡ **사회적 원인** : 제사 거부는 유교적 패륜이며, 반상의 계층 사회 구조에 부적합
  ㉢ **정치적 원인** : 정쟁·정권 다툼의 구실, 서양 세력의 접근에 대한 위기 의식
② 경과
  ㉠ **사교로 규정** : 처음에는 저절로 사라질 것으로 생각하고 내버려두었으나 교세가 계속 확장되고 그 교리 등이 유교 질서에 반해 사교로 규정
  ㉡ **정조** : 천주교에 비교적 관대하던 시파가 정권을 잡아 큰 탄압이 없었음
  ㉢ **순조** : 노론 강경파인 벽파가 집권하면서 탄압이 가해짐
  ㉣ **안동 김씨 세도 정치기** : 탄압이 완화되며 백성들에게 활발히 전파
  ㉤ 조선 교구가 설정되고 서양인 신부들이 들어와 포교하면서 교세가 점차 확장됨
③ 박해 사건
  ㉠ **추조 적발 사건(정조 9, 1785)** : 이벽, 이승훈, 정약용 등이 김범우의 집에서 미사를 올리다 형조의 관원들에게 발각됨
  ㉡ **반회 사건(정조 11, 1787)** : 이승훈, 정약용, 이가환 등이 김석대의 집에서 성경 강습, 금압령 강화
  ㉢ **신해박해(정조 15, 1791)** : 전라도 진산의 양반 윤지충 등이 모친상을 천주교식으로 지냄(신주 소각)(→ 비교적 관대하게 처벌)
  ㉣ **신유박해(순조 1, 1801)**
    • 벽파(노론 강경파)가 시파를 축출하기 위한 정치적 박해(→ 시파 세력의 위축·실학의 쇠퇴)
    • 이승훈·이가환·정약종·주문모 신부 등 3백여 명 처형
    • 정약용·정약전 등이 강진과 흑산도로 유배됨
    • 황사영 백서(帛書) 사건 발생
  ㉤ **기해박해(헌종 5, 1839)** : 안동 김씨와 풍양 조씨의 세도 쟁탈전 성격, 프랑스 신부 등 처형, 척사윤음(斥邪綸音) 반포, 오가작통법을 이용하여 박해
  ㉥ **병오박해(헌종 12, 1846)** : 김대건 신부 처형
  ㉦ **병인박해(고종 3, 1866)**
    • 대왕대비교령으로 천주교 금압령
    • 최대의 박해, 프랑스 신부(9명)와 남종삼 등 8천여 명 처형(→ 병인양요 발생)

8. 동학(東學)의 발생

(1) 성립

천주교 박해 시기

시기	박해
정조(1785)	추조 적발 사건
정조(1787)	반회 사건
정조(1791)	신해박해
순조(1801)	신유박해
헌종(1839)	기해박해
헌종(1846)	병오박해
고종(1866)	병인박해

병인박해

1864년 시베리아를 건너 남하한 러시아는 함경도에 와서 조선과의 통상을 요구하였음. 이때 몇몇 천주교도들의 건의에 따라 흥선대원군은 프랑스 선교사를 통해 프랑스와 동맹을 체결하고자 하였으나 시기가 맞지 않아 계획은 수포로 돌아갔음. 이전부터 천주교는 배척을 받고 있었는데, 이 사건으로 인해 비난이 고조되자 흥선대원군은 천주교를 탄압하기로 결심하였음. 1866년 천주교 탄압이 선포됨에 따라 프랑스 선교사 9명이 처형되고 수천 명의 천주교도들이 학살되었음. 이 박해를 피해 탈출한 리델 신부가 프랑스 해군사령관 로즈 제독에게 이 사실을 알림으로써 병인양요가 일어나게 되었음

황사영 백서(帛書) 사건

신유박해의 내용과 대응 방안을 적은 밀서를 중국 베이징의 구베아 주교에게 보내려고 한 사건을 말함. 이 사건으로 황사영은 처형되고 천주교는 더욱 탄압을 받게 되었음

① **성립 배경** : 세도 정치와 사회적 혼란, 민심의 동요, 서양의 통상 요구와 천주교 세력의 확대로 인한 위기 의식의 고조
② **창시** : 철종 11년(1860)에 경주 출신인 최제우(崔濟愚)가 창시

(2) 성격

① 성리학 · 불교 · 서학 등을 배척하면서도 교리에는 유 · 불 · 선의 주요 내용과 장점을 종합
② 샤머니즘, 주문과 부적 등 민간 신앙 요소도 결합되어 있으며, 현세구복적 성격
③ 시천주(侍天主), 사인여천(事人如天), 인내천(人乃天) 사상을 강조해 인간 평등을 반영
④ 운수 사상과 혁명 사상(조선 왕조를 부정)을 담고 있음

(3) 탄압

① **철종 14년(1863)** : 사교로 규정하고 금령 반포
② **고종 1년(1864)** : 혹세무민의 죄로 교주 최제우를 처형

(4) 교세의 확대

① 2대 교주 최시형은 교세를 확대하면서 〈동경대전(東經大全)〉과 〈용담유사(龍潭遺詞)〉를 펴내어 교리를 정리
② 의식과 제도를 정착시키고 포 · 접 등 교단 조직을 정비

9. 농민의 항거

(1) 원인

사회 불안 고조, 유교적 왕도 정치의 퇴색, 신분제의 동요, 19세기 세도 정치하에서 탐관오리의 부정과 탐학, 사회 · 경제적 모순의 심화, 극심한 삼정의 문란

(2) 전개

① **홍경래 난(평안도 농민 전쟁, 순조 11, 1811)**
　㉠ **의의** : 세도 정치기 당시 농민 봉기의 선구
　㉡ **중심 세력** : 광산 노동자들이 중심적으로 참여, 영세 농민 · 중소 상인 · 유랑인 · 잔반 등 다양한 세력이 합세
　㉢ **원인**
　　• 서북인(평안도민)에 대한 차별 및 가혹한 수취
　　• 평안도 지역 상공인과 광산 경영인을 탄압 · 차별하고 상공업 활동을 억압
　　• 세도 정치로 인한 관기 문란, 계속되는 가뭄 · 흉작으로 인한 민심 이반
　㉣ **경과** : 가산 다복동에서 발발하여 한때 청천강 이북의 7개 고을을 점령하였으나 5개월 만에 평정
　㉤ **영향** : 이후 각지의 농민 봉기 발생에 영향을 미침

동학의 사상
동학의 교리는 유 · 불 · 선의 주요 내용을 바탕으로 하였으며, 여기에 주문과 부적 등 민간 신앙의 요소들을 결합하였음. 동학은 사회 모순을 극복하고 일본과 서양 국가의 침략을 막아내자는 주장을 폈으며, 모든 사람이 평등하다는 인내천 사상을 강조하였음

인내천
• 의미 : 사람이 곧 하늘
• 신분 및 계급을 초월하여 모든 인간을 평등하게 봄(인심이 곧 천심이요, 사람을 섬기는 것은 하늘을 섬기는 것) → 농민들 사이에서 급속도로 전파

〈동경대전〉과 〈용담유사〉
• 동경대전 : 최제우가 지은 동학의 경전. 최제우 생전에는 간행되지 못하고, 2대 교주인 최시형 때 간행되었음
• 용담유사 : 최제우가 지은 포교 가사집. 2대 교주인 최시형 때 간행되었음

홍경래
평안북도의 몰락 양반 출신인 홍경래는 평양 향시를 통과하고 유교와 풍수지리를 익힌 지식인이나 대과에 낙방하였음. 당시 대과에서는 시골 선비에 대한 차별이 심했을 뿐만 아니라, 서북 출신은 고구려 유민으로 구분되어 천한 취급을 받고 있었으므로 홍경래가 대과를 통해 관직에 나아가는 것은 어려운 일이었음. 세상을 바꿀 결심을 한 홍경래는 사회를 살피고 동료들을 규합하여 봉기를 주도하였음. 그러나 만 4개월 동안 이어졌던 봉기는 실패로 끝났으며, 홍경래는 정주성 싸움에서 전사하였음

② 임술 농민 봉기(진주 민란 · 백건당의 난, 철종 13, 1862)

 ㉠ 의의 : 삼남 일대에서 민란이 잇달아 촉발되어 농민 봉기의 전국적 확대 계기

 ㉡ 원인 : 진주 지역 포악한 관리(백낙신 · 홍병원 등)의 탐학

 ㉢ 경과 : 몰락 양반 유계춘의 지휘하에 농민들이 진주성을 점령, 수습책으로 삼정의 폐단을 시정하기 위한 임시 관청인 삼정이정청이 설치되었지만 큰 효과는 거두지 못함

(3) 항거의 의의

① 농민들의 사회 의식이 더욱 성장

② 양반 중심 통치 체제의 붕괴 가속화

👓 한눈에 쏙~

인조반정 (1623)	▶	인조, 정묘호란 (1627)	▶	인조, 병자호란 (1636)
▶ 영조, 탕평책 실시 (1725)	▶	순조, 신유박해 (1801)	▶	동학창시 (1860)
▶ 철종, 임술 농민 봉기 (1862)				

SEMI-NOTE

임술 농민 봉기

임술년(1862년) 2월 19일, 진주민 수만 명이 머리에 흰 수건을 두르고 손에는 몽둥이를 들고 무리를 지어 진주 읍내에 모여 서리들의 가옥 수십 호를 불사르고 부수어, 그 움직임이 결코 가볍지 않았다. 병사가 해산시키고자 장시에 나가니 흰 수건을 두른 백성들이 그를 빙 둘러싸고는 백성들의 재물을 횡령한 조목, 아전들이 세금을 포탈하고 강제로 징수한 일들을 면전에서 여러 번 문책하는데, 그 능멸하고 핍박함이 조금도 거리낌이 없었다.

– 〈임술록〉 –

05장
근대 태동기의 변동

04절   문화의 새 기운

1. 성리학의 흐름

(1) 성리학 연구의 전개 및 분파

① 성리학의 연구는 정국의 흐름과 밀접하게 관련되어 진행

② 17세기 붕당들은 정통성을 가지기 위해 학연에 유의하여 학문적 토대를 굳힘

 ㉠ 영남학파가 주로 동인 계열을, 기호학파가 주로 서인 계열을 이끎

 ㉡ 동인은 다시 남인과 북인으로 나뉨

 ㉢ 인조 반정으로 정국을 주도하게 된 서인은 숙종 때에 이르러 노론과 소론으로 분파

(2) 노론과 소론의 성리학

① **노론** : 성리학의 교조화 · 절대화

 ㉠ 주자의 본뜻에 충실함으로써 사회의 모순을 해결할 수 있다고 봄

 ㉡ 신권 정치(臣權政治) 강조, 상공업에 관심, 수취 체제 개선과 민생 안정 · 노비속량 강조

윤증

조선 중기의 학자로, 송시열의 제자. 병자호란 이후 명에 대한 의리를 주장하는 송시열과 대립하여 대청 실리 외교를 주장하였으며, 양난 이후의 빈곤 및 사회 변동 등 정국의 변화는 송시열의 주자학적 조화론과 의리론만으로 바로잡을 수 없다고 비판하였다. 두 사람 간의 논쟁은 서인이 노론과 소론으로 분파되는 계기인 회니시비(懷尼是非)로 이어졌음

윤휴

조선 후기의 문신이자 학자로 젊은 시절부터 서인 계열인 송시열, 송준길, 유계 등과 남인 계열인 권시, 권준 등과 친분이 있었음. 기해예송 때 송시열의 주장이 내포한 오류를 가장 먼저 지적하였으며, 갑인예송 때에도 같은 기준에서 서인 측 견해가 잘못되었음을 지적하였음. 북벌을 실현시키고자 무과인 만과를 설치하고 병거와 화차를 개발 · 보급하고자 하였음. 주자에 대해서는 성학 발전에 최대의 공로를 세웠다고 높이 평가하였으며, 성학 발전을 위해서는 후학들이 선유의 업적을 토대로 새로운 해석과 이해의 경지를 개척해야 한다고 주장하면서 새로운 해석을 시도하였음

박세당의 탈성리학적 경향

박세당은 성리학에 대하여 스승을 무비판적으로 답습하는 것으로 파악하고 자유로운 비판을 강조하였음. 즉, 주자가 원대한 형이상학적 최고선(善)의 정신을 통해 인식의 절대성을 강조한 데 반해, 박세당은 일상적 행사를 통한 인식의 타당성을 강조하여 인식의 상대성을 제시하였음. 그 뿐만 아니라 주자가 주장한 인간 본성의 선천성을 비판하고 인간의 도덕적 판단력을 인정함으로써 인간의 능동적 실천 행위와 주체적인 사고 행위를 강조하였음

② **소론** : 성리학의 교조성 비판, 성리학의 상대적 · 탄력적 이해(윤증을 중심)

(3) 성리학의 이론 논쟁

① **16세기** : 4단 7정 논쟁(이황과 기대승), 이기철학의 논쟁
② **17세기** : 성리학의 이기론을 둘러싼 논쟁
③ **18세기** : 호락 논쟁(湖洛論爭)

구분	호론(湖論)	낙론(洛論)
주도 세력	충청도 지역을 중심으로 송시열의 제자인 권상하 · 한원진 · 윤봉구 등이 주도	서울 · 경기 지역을 중심으로 김창협 · 이간 · 이재 · 어유봉 · 박필주 · 김원행 등이 주도
본성론	• 인간과 사물의 본성이 다르다는 인물성이론(人物性異論)을 주장 • 기(氣)의 차별성 강조(주기론) • 성인과 범인의 마음이 다르다는 성범성이론(聖凡性異論) 강조(→ 신분제 · 지주전호제 등 지배 질서 인정)	• 인간과 사물의 본성이 같다는 인물성동론(人物性同論)을 주장 • 이(理)의 보편성 강조 • 인간의 본성을 자연에까지 확대 • 성범성동론(聖凡性同論) 강조(→ 일반인 중시, 신분 차별 개혁)
계승	화이론 · 대의명분론을 강조하여 북벌론과 위정척사 사상으로 연결	화이론 비판, 자연 과학 중시, 북학 사상 · 이용후생 사상으로 연결

2. 성리학의 한계와 비판

(1) 성리학의 한계

① 지배 신분으로서 양반의 특권을 강화(지배층의 지위 합리화)하기 위한 목적으로 이용됨
② 타 학문과 사상을 배척하여 사상적 경직성을 띠는 등 성리학이 교조화됨
③ 조선 후기의 사회 모순에 대하여 근본적 대책을 강구하지 못함

(2) 성리학의 비판(탈성리학)

① **사상적 경향** : 17세기 후반부터 본격화된 것으로 주자 중심의 성리학을 상대화, 6경과 제자백가 사상을 근거로 성리학을 재해석
② **대표적인 학자**
　㉠ **윤휴** : 유교 경전에 대하여 주자와 다른 독자적인 해석을 하여 유학의 반역자(사문난적)라 지탄을 받았고, 결국 송시열의 예론을 비판하다가 사형 당함
　㉡ **박세당** : 양명학과 노장 사상의 영향을 받아 《사변록(思辨錄)》을 써 주자의 학설을 비판하다가 사문난적으로 몰려 학계에서 배척됨

실력up 사변록(思辨錄)

경(經)에 실린 말이 그 근본은 비록 하나이지마는 그 실마리는 천 갈래 만 갈래이니, 이것이 이른바 하나로 모이는 데 생각은 백이나 되고, 같이 돌아가는 데 길은 다르다는 것이다. 그러므로 비록 독창적인 지식과 깊은 조예가 있으면 오히려 그 귀추의 갈피를 다하여 미묘한 부분까지 놓침이 없을 수 없는 경우가 있다. 반드시 여러 장점을 널리 모으고 조그마한 선도 버리지 아니하여야만 대략적인 것도 유실되지 않고, 얕고 가까운 것도 누락되지 아니하여, 깊고 심원하고 정밀하고 구비한 체제가 비로소 완전하게 된다.

3. 양명학의 수용

(1) 양명학

① 의의 : 성리학의 교조화와 형식화, 사상적 경직성 등을 비판하며 지행합일의 실천성을 강조하는 주관적 실천 철학

② 수용 및 연구

   ㉠ 전래 : 중종 때에 조선에 전래

   ㉡ 수용과 확산 : 17세기 후반 소론 학자들에 의하여 본격적으로 수용되어 주로 서경덕 학파와 불우한 종친들 사이에서 점차 확산

   ㉢ 본격적 연구 : 18세기 정제두의 강화학파에 의해 이루어짐

③ 사상 체계 : 심즉리(心卽理), 치양지설(致良知說), 지행합일설(知行合一說) 등을 근간으로 함

(2) 정제두의 활동

① 저서 : 〈존언〉·〈만물일체설〉 등으로 양명학의 학문적 체계를 수립, 변퇴계전습록변

② 양지설(良知說), 지행합일설 강조

③ 일반민을 도덕 실천의 주체로 상정하고, 이를 바탕으로 신분제 폐지를 주장

④ 강화학파의 성립 : 18세기 초 양명학 연구와 제자 양성에 힘써 강화학파를 이룸

4. 실학의 성립과 발전

(1) 등장 배경

① 17~18세기의 사회·경제적 변동에 따른 사회적 모순의 해결 방법을 구상하는 과정에서 대두

② 지배 이념인 성리학은 현실 문제를 해결할 수 없었음

③ 현실 문제를 탐구하려는 학문적·사상적 움직임으로 등장

(2) 실학의 성립

① 16세기 말 : 정치·문화 혁신의 움직임이 싹터 정인홍 등이 성리학 이외의 사상

강화학파

조선 후기 정제두 등 양명학자들이 강화도를 중심으로 형성한 학파. 그를 따라 모인 소론 학자들과 친인척 등을 중심으로 계승·발전하였다. 훈민정음 연구에도 관심을 보였고, 특히 실학에 많은 영향을 주어 실사구시의 이론적 기초를 제공하였음

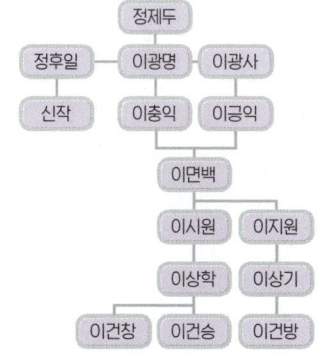

강화학파의 계보

양명학과 실학의 성격

성리학에 대하여 비판한 양명학과 실학도 성리학을 전면적으로 부정하지는 못했으므로 반유교적이라고 볼 수는 없음

고증학과 실학

고증학은 명말 청초에 일어난 학풍으로 실증적 고전 연구를 중시하였는데, 실증적 귀납법을 통해 종래의 경서 연구 방법을 혁신하였음 청으로부터 전해진 고증학으로 인해 우리나라의 실학 연구는 그 깊이를 더하게 됨

을 폭넓게 수용하려 함

② 17세기 : 국가 역량이 강화되어야 한다는 사회적 인식이 만연

　㉠ 이수광 : 〈지봉유설〉을 저술하여 문화 인식의 폭을 확대

　㉡ 한백겸 : 〈동국지리지〉를 저술하여 역사 지리를 치밀하게 고증

(3) 실학의 발전(18세기)

① 확산 : 농업 중심의 개혁론, 상공업 중심의 개혁론, 국학 연구 등을 중심으로 확산

② 영향 : 청에서 전해진 고증학과 서양 과학의 영향을 받음

③ 목표 : 민생 안정과 부국강병을 목표로 비판적 · 실증적 사회 개혁론 제시

5. 농업 중심의 개혁론

(1) 농업 중심의 개혁

① 신분층 : 대부분 경기 지방에서 활약한 남인 출신

② 제도적 개혁론 : 농민의 입장에서 토지 · 조세 · 군사 · 교육 제도 등 각종 폐단을 시정하려 함

③ 농업 기술 개발론 : 수리 시설의 확충, 종자와 농기구의 개량, 경작 방법과 시비법의 개선 등을 제시

④ 학문적 이상 : 유교적 이상 국가의 실현 추구(복고적 성격, 신분 차별 인정)

⑤ 한계 및 영향

　㉠ 한계 : 재야 지식인들의 공감을 받았지만 국가 정책에는 별로 반영되지 못함

　㉡ 영향 : 한말 애국 계몽 사상가들과 일제 강점기 국학자들에게 큰 영향을 미침

(2) 중농학파(경세치용 학파, 성호학파)

① 유형원(1622~1673) : 농업 중심 개혁론의 선구자

　㉠ 저술 : 반계수록, 동국여지지

　㉡ 균전론(均田論)

　　• 주나라 정전법의 영향을 받아 자영농 육성을 위한 토지 제도의 개혁을 주장

　　• 관리 · 선비 · 농민에게 토지의 차등적 재분배를 주장

　　• 토지 국유제 원칙에서 토지 매매 금지와 대토지 소유 방지를 주장

　　• 자영농 육성을 통한 병농일치의 군사 제도, 사농일치의 교육 제도 확립을 주장

② 이익(1681~1763) : 농업 중심의 개혁론을 더욱 발전시킴, 학파를 형성

　㉠ 학파 형성 : 18세기 전반에 주로 활약하며 유형원의 실학 사상을 계승 · 발전시키고 많은 제자들을 길러내 성호학파를 형성

　㉡ 저술 : 성호사설, 곽우록, 붕당론

　㉢ 한전론(限田論)

　　• 균전론 비판 : 급진적 · 비현실적이라 비판

　　• 대안으로 한전론을 제시 : 토지매매의 하한선을 정함

이익과 박지원의 한전론의 차이점

이익의 한전론은 토지매매의 하한선을 제한하고, 박지원의 한전론은 토지소유의 상한선을 제한함

정쟁에 대한 이익의 비판

"스스로 국시라고 주장하는 것이 결국 나라를 망치는 논의이다."

② 6좀 폐지론 : 양반 제도 · 노비 제도 · 과거 제도 · 기교(사치와 미신) · 승려 · 게으름을 지적

⑩ 농촌 경제의 안정책 : 고리대와 화폐 사용의 폐단을 지적, 사창제 실시를 주장

⑪ 역사관 : 역사의 흥망성쇠는 시세(時勢)에 따라 이루어진다고 봄

③ 정약용(1762~1836) : 이익의 실학 사상을 계승하면서 실학을 집대성

㉠ 활약 : 정조 때 벼슬길에 올랐으나 신유박해 때에 전라도 강진에 유배

㉡ 저술 : 500여 권의 저술을 〈여유당전서(與猶堂全書)〉로 남김

• 3부작(1표 2서, 一表二書) : 지방 행정의 개혁 및 지방관(목민관)의 도리에 대하여 쓴 〈목민심서〉, 중앙의 정치 조직과 행정 개혁에 대하여 쓴 〈경세유표〉, 형옥을 담당한 관리들이 유의할 사항에 대해 쓴 〈흠흠신서〉

• 3논설 : 여전제와 정전제를 논한 〈전론(田論)〉, 통치자는 백성을 위해 존재한다고 강조하여 정치의 근본을 주장한 〈원목(原牧)〉, 왕조 교체(역성혁명)의 가능성과 민권 사상의 정당성을 논증한 〈탕론(蕩論)〉

• 기예론 : 농업 기술과 공업 기술을 논의

㉢ 여전론(閭田論) : 토지 제도의 개혁론으로 처음에는 여전론을, 후에 정전론을 주장(한 마을(1여)을 단위로 하여 토지를 공동으로 소유하고 공동으로 경작하여 수확량을 노동량에 따라 분배하는 일종의 공동 농장 제도)

㉣ 정전론(井田論)

• 여전론은 이상적인 형태라 스스로 판단해 현실적 차선책으로 제시

• 국가가 토지를 매입한 후 가난한 농민에게 분배해 자영 농민을 육성하고, 사들이지 못한 지주의 토지는 공동 경작지로서 병작 농민에게 골고루 경작하게 하여 세를 거둠

④ 박세당(1629~1703) : 〈농가집성〉을 비판 · 보완, 사변록

⑤ 홍만선(1643~1715) : 농업 기술을 중심으로 섭생(攝生) · 구급 치료법 등을 소백과사전처럼 기술한 〈산림경제〉를 저술

⑥ 서유구(1764~1845) : 종저보, 임원경제지(〈임원십육지〉)

6. 상공업 중심의 개혁론

(1) 특징

① 신분층 : 18세기 후반 한성의 노론 중심

② 상공업 진흥 : 도시를 배경으로 농업뿐만 아니라 상공업 진흥과 기술 혁신을 주장

㉠ 국부의 원천을 국가 통제하의 상공업 운영에 있다고 봄

㉡ 지주제를 인정하고 농업의 개량화 · 전문화 추구

③ 학문적 이상 : 유교적 이상 국가에서 탈피(→ 신분 제도 철폐)

④ 영향 : 부국강병을 위한 적극적 방안 제시, 19세기 개화 사상가들에게 영향을 줌

(2) 중상학파(이용후생학파, 북학파)

① 유수원(1694~1755)

㉠ 우서(迂書) : 중국과 우리 문물을 비교하면서 정치 · 경제 · 사회 전반의 개혁

〈목민심서〉
48권 16책으로 조선 순조 때, 정약용이 지은 책. 지방관으로서 지켜야 할 준칙을 자신의 체험과 유배 생활을 통해 서술하였음

정약용의 〈원목(原牧)〉

목자(牧者)가 백성을 위하여 있는가. 백성이 목자를 위하여 있는가. 백성이라는 것은 곡식과 피륙을 제공하여 목자를 섬기고, 또 가마와 말을 제공하여 목자를 송영하는 것이다. 결국 백성은 피와 살과 정신까지 바쳐 목자를 살찌게 하는 것이니, 이것으로 보자면 백성이 목자를 위하여 존재하는 것이 아닌가. 아니다. 목자가 백성을 위해 존재한다. 오랜 옛날에는 목자가 없이 백성만이 있었다. …… 그러므로 목자의 근원은 마을의 어른이다. 백성이 목자를 위해 있는 것이 아니라 목자가 백성을 위해 있는 것이다.

유수원의 신분 차별 철폐론

상공업은 말업(末業)이라고 하지만 본래 부정하거나 비루한 일이 아니다. 그것은 스스로 재간과 덕망이 없음을 안 사람이 관직에 나가지 않고 스스로의 노력으로 먹고 사는 것인데 어찌 더럽거나 천한 일이겠는가? …… 허다한 고질적인 폐단이 모두 양반을 우대하는 헛된 명분에서 나오고 있으니, 근본을 따져보면 국초에 법제를 마련할 때 사민을 제대로 분별하지 못한 데 있는 것이다 .

– 〈우서〉 –

을 제시

ⓒ 개혁론 : 농업의 전문화 · 상업화, 기술 혁신을 통해 생산력 증강, 상공업 진흥과 기술 혁신 강조, 신분 차별의 철폐 주장, 상인 간의 합자를 통한 경영 규모의 확대, 상인이 생산자를 고용하여 생산 · 판매 주관(선대제 수공업 등), 대상인의 지역 사회 개발 참여 및 학교 건립 · 교량 건설 · 방위 시설 구축 등에 대한 공헌, 국가의 상업 활동 통제를 통한 물자 낭비 · 가격 조작 방지, 사상의 횡포 견제

② 홍대용(1731~1783)

㉠ 저술 : 〈임하경륜〉 · 〈의산문답〉 · 〈연기(燕記)〉 등이 〈담헌서〉에 전해짐, 수학 관계 저술로 〈주해수용〉이 있음

ⓒ 개혁론 : 농업(토지) 개혁론으로 균전론을 주장, 임하경륜(부국론), 의산문답

박지원 '한전론'
토지 소유의 상한선을 설정하여 일정 이상의 토지를 소유하지 못하게 하는 토지 개혁론

③ 박지원(1737~1805) ★ 빈출개념

㉠ 열하일기(熱河日記) : 청에 다녀와 문물을 소개하고 이를 수용할 것을 주장

ⓒ 농업 관련 저술 : 〈과농소초(課農小抄)〉 · 〈한민명전의(限民名田議)〉

ⓒ 한전론의 중요성을 강조, 상공업의 진흥을 강조

ⓔ 양반 문벌 제도 비판 : 〈양반전〉, 〈허생전〉, 〈호질〉을 통해 양반 사회의 모순과 부조리 · 비생산성을 비판

실학의 학문적 의의와 한계
- 의의 : 18세기를 전후하여 융성 하였던 실증적 · 민족적 · 근대 지향적 특성을 지닌 학문
- 한계 : 대체로 몰락 양반 출신 지식인들의 개혁론이었으므로 국가 정책에 반영되지는 못함

④ 박제가(1750~1805) : 청에 다녀온 후 〈북학의〉를 저술 ★ 빈출개념

㉠ 상공업의 육성, 청과의 통상 강화, 세계 무역에의 참여, 서양 기술의 습득을 주장

ⓒ 선박과 수레의 이용 증가 및 벽돌 이용 등을 강조

ⓒ 소비의 권장 : 생산과 소비와의 관계를 우물물에 비유하면서 생산을 자극하기 위해서는 절약보다 소비를 권장해야 한다고 주장

ⓔ 신분 차별 타파, 양반의 상업 종사 등을 주장

⑤ 이덕무(1741~1793) : 북학을 주장, 〈청장관전서〉를 남김

실력∪ᴘ 박제가의 소비관(消費觀)

비유하건대 재물은 대체로 샘과 같은 것이다. 퍼내면 차고, 버려두면 말라 버린다. 그러므로 비단옷을 입지 않아서 나라에 비단 짜는 사람이 없게 되면 여공이 쇠퇴하고, 쭈그러진 그릇을 싫어하지 않고 기교를 숭상하지 않아서 공장(工匠)이 도야(陶冶)하는 일이 없게 되면 기예가 망하게 되며, 농사가 황폐해져서 그법을 잃게 되므로 사 · 농 · 공 · 상의 사민이 모두 곤궁하여 서로 구제할 수 없게 된다.

– 〈북학의〉 –

7. 국학 연구의 확대

(1) 역사학 연구

① 연구 경향 : 역사의 주체성과 독자성 강조, 실증적 · 고증학적 방법

② 이익과 홍대용

⊙ 이익 : 중국 중심의 역사관에서 벗어나 우리 역사를 체계화할 것을 주장하여 민족에 대한 주체적 자각을 높이는 데 이바지
ⓒ 홍대용 : 민족에 대한 주체적 자각을 강조
③ 안정복
　⊙ 역사 의식 : 이익의 제자로 그의 역사 의식을 계승하고 연구 성과를 축적·종합, 중국 중심의 역사관 비판
　ⓒ 동사강목(東史綱目, 1778) : 고조선부터 고려 말까지의 우리 역사를 독자적 정통론(마한 정통론)을 통해 체계화했으며, 사실들을 치밀하게 고증하여 고증 사학의 토대를 닦음(→ 성리학적 명분론에 입각하여 서술하면서도 독자적 정통론에 따르는 자주 의식의 일면을 보여 주고 있음)
④ 한치윤 : 〈해동역사(海東繹史)〉를 편찬(민족사 인식의 폭 확대에 기여)
⑤ 이종휘 : 고구려사인 〈동사〉를 저술하여 고대사 연구의 시야를 만주까지 확대
⑥ 유득공 : 〈발해고〉를 저술하여 발해사 연구를 심화하고 한반도 중심의 협소한 사관을 극복

실력UP 유득공의 발해 인식

고려에서 발해사를 편찬하지 못하였으니, 고려가 떨치지 못했다는 것을 알 수 있다. 옛날에 고씨가 북쪽 지방에 자리잡고 고구려라 했고, 부여씨가 서쪽 지방에 머물면서 백제라 했으며, 박·석·김 씨가 동남지방에 살면서 신라라 하였다. 이 삼국에는 마땅히 삼국에 대한 사서가 있어야 할 텐데, 고려가 이것을 편찬하였으니 옳은 일이다. 부여씨가 망하고 고씨가 망한 다음 김씨가 남쪽을 차지하고, 대씨가 북쪽을 차지하고는 발해라 했으니, 이것을 남북국이라 한다. 남북국에는 남북국의 사서가 있었을 터인데 고려가 편찬하지 않은 것은 잘못이다. 저 대씨는 어떤 사람인가. 바로 고구려 사람이다. 그들이 차지하고 있던 땅은 어떤 땅인가. 바로 고구려 땅인데, 동쪽을 개척하고 다시 서쪽을 개척하고 다시 북쪽을 개척해서 나라를 넓혔을 뿐이다.
— 〈발해고〉 —

(2) 지리학 연구
① 세계관의 변화 : 중국 중심의 화이 사상을 극복하는 등 세계관의 변화가 나타남, 〈곤여만국전도(坤與萬國全圖)〉·〈직방외기〉 등
② 지리서의 편찬
　⊙ 역사 지리서 : 한백겸의 〈동국지리지〉, 정약용의 〈아방강역고〉 등
　ⓒ 인문 지리서 : 이중환의 〈택리지(팔역지)〉, 허목의 〈지승〉
　ⓒ 기타 : 유형원의 〈여지지〉, 신경준의 〈강계고〉(각지의 교통 및 경계를 밝힘), 김정호의 〈대동지지〉(전국 실지 답사)
③ 지도의 편찬
　⊙ 배경 : 중국을 통해 서양식 지도가 전해져 보다 정밀하고 과학적인 지도 제작이 가능해짐
　ⓒ 목적
　　• 조선 초기 : 정치·행정·군사적 목적을 중심으로 관찬(官撰)

이종휘의 〈동사〉
기전체 사서로, 현 시대는 과거의 역사를 통해 규명할 수 있다는 입장을 취하고 있음. 이를 위하여 당시 중화의 문화를 간직한 유일한 국가인 조선을 역사적 맥락에서 설명하고, 그 당위성을 지리적으로 밝혔음. 고조선과 발해를 우리 역사로서 다루고 있으며, 부여·옥저 등 한국 고대사의 여러 나라들의 위치를 격상시키는 한편 역사 체계에서 군현을 삭제하였다. 신채호는 이종휘를 조선 후기 역사가 중 가장 주체적인 인물로 평가하였음

김정희의 〈금석과안록(金石過眼錄)〉
김정희는 민족사와 전통문화에 대한 관심에서 금석학을 연구하여 〈금석과안록(金石過眼錄)〉을 저술하였음. 그는 여기서 북한산비가 진흥왕 순수비임을 밝혔으며 황초령비도 판독하였음

서얼, 중인의 역사서와 여항 문학
• 역사서 : 이진흥〈연조귀감〉(1777), 〈규사〉(1859), 유재건〈이향견문록〉(1862), 이경민〈희조일사〉(1866)
• 여항 문학 : 조희룡〈호산외기〉 중 42명의 여항인들의 전기 수록, 〈풍요삼선〉의 위항인들의 시

한글서적

농민의 지위 향상에 따른 의식의 성장으로 국민적 교화의 필요성이 절실했고, 세종의 민족문자 의식과 애민정신이 반영되었음. 주요 한글서적으로는 〈용비어천가〉· 〈동국정운〉· 〈석보상절〉· 〈월인석보〉· 〈월인천강지곡〉· 〈불경언해〉· 〈훈몽자회〉· 〈사성통해〉 등이 있으며, 한글 번역서적으로 〈삼강행실도〉· 〈두시언해〉· 〈소학언해〉 등이 있음

곤여만국전도의 영향

우리나라 사람들의 세계관이 확대 될 수 있는 계기가 되었음. 즉, 중국 중심의 세계관을 탈피하는 데 영향을 미쳤음

곤여만국전도

시헌력

1653~1910년에 우리나라에서 사용된 역법으로, 서양의 수치와 계산 방법이 채택된 숭정역법을 교정한 것

• 조선 후기 : 경제 · 산업 · 문화적 관심이 반영되어 산맥과 하천 · 제언, 항만 · 도로망 표시가 정밀해짐

④ 조선 후기의 지도 : 동국지도(팔도분도), 청구도(청구선표도), 대동여지도, 요계관방지도(1706)

(3) 국어학 연구

① 의의 : 한글의 우수성에 대한 인식, 즉 문화적 자아 의식을 크게 높임

② 서적

㉠ 음운에 대한 연구 성과 : 신경준의 〈훈민정음운해〉, 유희의 〈언문지〉 등

㉡ 어휘 수집에 대한 연구 성과 : 이성지의 〈재물보〉, 권문해의 〈대동운부군옥〉, 이의봉의 〈고금석림〉, 정약용의 〈아언각비〉, 유희의 〈물명고〉 등

㉢ 기타 : 중국 운서와 비교해 한글 자모의 성질을 밝힌 황윤석의 〈자모변〉 등

(4) 백과사전의 편찬

지봉유설(芝峰類說)	이수광(광해군)	천문 · 지리 · 군사 · 관제 등 25항목별로 나누어 저술
대동운부군옥(大東韻府群玉)	권문해(선조)	단군~선조의 역사 사실을 어휘의 맨 끝자를 기준으로 하여 운(韻)으로 분류한 어휘 백과사전
유원총보(類苑叢寶)	김육(인조)	문학 · 제도 등 27개 항목으로 기술
동국문헌비고(東國文獻備考)	홍봉한(영조)	지리 · 정치 · 경제 · 문화 등을 체계적으로 정리한 한국학 백과사전
성호사설(星湖僿說)	이익(영조)	천지 · 만물 · 경사 · 인사 · 시문의 5개 부문으로 서술
청장관전서(靑莊館全書)	이덕무(정조)	아들 이광규가 이덕무의 글을 시문 · 중국의 역사 · 풍속 · 제도 등으로 편집
오주연문장전산고(五洲衍文長箋散稿)	이규경(헌종)	우리나라와 중국 등 외국의 고금 사항에 관한 고증

8. 서양 문물의 수용

(1) 서양 과학 기술의 수용

① 서양 문물의 수용

㉠ 17세기경부터 중국을 왕래하던 사신들을 통해 도입

㉡ 선조 때 이광정은 세계지도(곤여만국전도)를 전하고, 이수광은 〈지봉유설〉에서 마테오 리치의 〈천주실의〉를 소개

㉢ 인조 때 소현세자에 의해 과학 및 천주교 관련 서적이 전래되고, 정두원은 화포 · 천리경 · 자명종 · 천문서 등을 전함

㉣ 효종 때 김육이 시헌력(時憲曆)을 전함

② 서양인의 표류 : 벨테브레(1628)와 하멜 일행(1653)이 우리나라에 표류하여 문물

을 전파하기도 함

(2) 과학 기술 수용의 정체

① 서양 과학 기술의 수용은 18세기까지는 어느 정도 이루어졌으나 19세기에 이르러서는 천주교 억압으로 진전되지 못함

② 후기의 기술 발전은 주로 농업 및 의학과 관련된 분야에 집중되고, 교통 · 통신과 제조업이나 군사 분야에서는 상대적으로 미미

9. 천문학·수학·의학의 발달

(1) 천문학의 발달

① 학자

  ㉠ 이익 : 서양 천문학에 큰 관심을 가지고 연구

  ㉡ 김석문 : 지전설(地轉說)을 우리나라에서 처음으로 주장하여 우주관을 전환시킴

  ㉢ 홍대용 : 지전설을 주장, 무한 우주론을 주장

  ㉣ 이수광 : 17세기 초 〈지봉유설〉에서 일식 · 월식 · 벼락 · 조수의 간만 등을 언급

② 천문서 : 숙종 때 김석문의 〈역학도해〉, 정조 때 홍대용의 〈담헌연기〉, 고종 때 최한기의 〈지구전요〉 등

(2) 수학과 역법

① 수학의 발달

  ㉠ 최석정과 황윤석이 전통 수학을 집대성

  ㉡ 마테오 리치가 유클리드 기하학을 한문으로 번역한 〈기하원본〉이 도입됨

  ㉢ 홍대용의 〈주해수용〉 : 우리나라 · 중국 · 서양 수학의 연구 성과 정리

② 역법의 발달 : 김육 등에 의해 시헌력이 도입되었는데, 이는 선교사 아담 샬이 중심이 되어 만든 것

(3) 의학의 발달

① 17세기 의학 : 허준의 〈동의보감〉, 허임의 〈침구경험방(鍼灸經驗方)〉

② 18세기 의학 : 서양 의학의 전래

  ㉠ 정약용 : 마진(홍역)에 대한 연구를 종합하여 〈마과회통〉을 편찬하였으며, 박제가와 함께 종두법을 연구

③ 19세기 의학 : 이제마는 〈동의수세보원(東醫壽世保元)〉을 저술하여 사상의학을 확립

10. 한글 소설과 사설 시조

(1) 한글 소설

① 허균의 〈홍길동전〉 : 최초의 한글 소설, 시대 상황을 비판하고, 새로운 이상향을 추구

벨테브레(1595~?)

한국 이름은 박연으로 훈련도감에 예속되어 대포의 제작과 조종법을 지도함

하멜(1630~1692)

네덜란드인이며 하멜 일행은 일본 나가사키로 가던 중 폭풍을 만나게 되어 제주도에 표류하게 됨. 조선 효종 때 훈련도감에 소속되어 조총과 신무기 개발을 지원하였음. 그 후 조선을 탈출하여 일본 나가사키를 거쳐 네덜란드로 돌아간 후 14년 동안의 조선에서 머물렀던 경험을 「하멜 표류기」에 담음

홍대용의 혼천의

사상의학

사람의 체질을 태양인, 태음인, 소양인, 소음인으로 구분하여 치료하는 체질 의학 이론으로서 오늘날까지 한의학계에서 통용되고 있음

조선 시대 문학의 흐름

• 15세기 : 사장 문학(詞章文學), 출판 인쇄 문화 발전

• 16세기 : 가사시조 문학, 경학(經學) 강조

• 17세기 : 군담 소설, 사회 비판적 한글 소설 등장

• 18세기 : 실학 정신의 반영, 문체의 혁신 시도, 한문 소설, 가정 소설, 타령, 사설 시조, 위항(委巷) 문학

• 19세기 : 서민 문학의 절정기, 판소리 경연, 시사(詩社) 조직

서민 문화의 확대

• 문학 : 한글 소설의 증가, 사설 시조의 등장

• 판소리 · 탈춤 : 서민 문화를 확대하는 데 크게 기여

• 회화 : 저변이 확대되어 풍속화와 민화가 유행

• 음악 · 무용 : 감정을 대담하게 표현

〈박씨전〉과 〈임경업전〉
병자호란을 배경으로 한 군담 소설. 전란으로 피폐해진 민족적 자존심을 고취시키는 한편 무능한 집권층을 비판하였음

위항 문학
중인 · 서얼 · 서리 출신 하급 관리들과 평민들을 중심으로 창작된 문학

18세기 후반의 미술의 특징
풍속화 유행, 실학적 화풍, 서양화 기법 도입, 민화의 발달

공예와 음악
• 자기 : 백자가 민간에까지 널리 사용되면서 본격적으로 발전
• 청화 백자 : 형태가 다양해지고 안료도 청화 · 철화 · 진사 등으로 다채로워짐, 제기와 문방구 등 생활 용품이 많고, 형태와 문양이 독특하고 준수한 세련미를 풍김
• 목공예 : 생활 수준의 향상에 따라 크게 발전, 장롱 · 책상 · 문갑 · 소반 · 의자 · 필통 등
• 화각 공예(華角工藝) : 쇠뿔을 쪼개어 아름다운 무늬를 표현
• 음악 : 향유층이 확대됨에 따라 성격이 다른 음악이 다양하게 나타나 발전. 양반층은 종래의 가곡 · 시조를, 서민층은 민요를 즐겨 부름. 상업의 성황으로 직업적인 광대나 기생들이 판소리 · 산조와 잡가 등을 창작. 전반적으로 감정을 솔직하게 표현

② 춘향전 : 대표적인 한글 소설로, 최대의 걸작으로 손꼽힘

③ 김만중의 〈사씨남정기〉 : 축첩 제도의 모순과 해결 방법을 제시

④ 박씨전 : 아내의 내조로 남편을 입신시킨다는 여성 영웅 소설

(2) 사설 시조

① 17세기 이후 서민들을 중심으로 만들어진 자유로운 격식의 시조

② 서민들의 감정을 솔직하게 표현

③ 격식에 구애되지 않고 남녀 간의 사랑이나 현실에 대한 비판을 거리낌 없이 표현

(3) 시사(詩社)의 조직

① 중인층과 서민층의 문학 창작 모임을 말하며, 주로 시인 동우회가 결성됨

② 대표적인 시사 : 천수경의 옥계시사, 최경흠의 직하시사 등

③ 풍자 시인 : 김삿갓(김병연) · 정수동 등

(4) 한문학

① 사회의 부조리한 현실을 예리하게 비판

② 정약용 : 삼정의 문란을 폭로하는 한시를 남김

③ 박지원 : 〈양반전〉 · 〈허생전〉 · 〈호질〉 · 〈민옹전〉 등을 통해 양반 사회의 모순과 부조리를 비판 · 풍자

11. 미술의 새 경향

(1) 조선 후기 미술의 특징

① 그림 : 진경 산수화와 풍속화의 유행

② 서예 : 우리의 정서를 담은 글씨 등장

(2) 진경 산수화(眞景山水畵)

① 수용 · 창안 : 중국 남종과 북종 화풍을 고루 수용하여 우리의 고유한 자연과 풍속에 맞춘 새로운 화법으로 창안한 것

② 정선 : 18세기 진경 산수화의 세계를 개척
　㉠ 서울 근교와 강원도의 명승지들을 두루 답사하여 사실적으로 그림
　㉡ 대표작 : 인왕제색도, 금강전도, 여산초당도, 입암도 등

③ 의의 : 우리의 자연을 사실적으로 그려 회화의 토착화를 이룩

(3) 풍속화(風俗畵)

① 의의 : 18세기 후반, 조선 후기의 새로운 현상들을 긍정적 의미로 이해하고, 당시 사람들의 생활 정경과 일상적인 모습을 생동감 있게 그려 회화의 폭을 확대

② 김홍도
　㉠ 경향 : 정선의 뒤를 이어 산수화와 풍속화에 새 경지를 개척, 산수화 · 기록화 · 신선도 등을 많이 그렸지만 특히 정감 어린 풍속화로 유명(전원 화가)

ⓒ 작품 : 밭갈이 · 추수 · 씨름 · 서당 · 베짜기 등

③ 김득신 : 관인 화가(궁정 화가)로 풍속화에 능했음

④ 신윤복

　　ⓖ 경향 및 기법 : 김홍도에 버금가는 풍속 화가로, 간결하고 소탈한 김홍도에 비해 섬세하고 세련된 필치를 구사(도회지 화가)

　　ⓛ 작품 : 주유도, 주막도, 여인도, 단오풍경, 풍속화첩 등

(4) 복고적 화풍

① 문인화의 부활 : 진경 산수화와 풍속화, 실학적 화풍은 19세기에 김정희 등을 통한 문인화의 부활로 침체

② 대표적 화가 : 김정희, 장승업, 신위, 이하응(흥선대원군)

12. 건축의 변화

(1) 17세기의 건축

① 성격 : 사원 건축 중심, 규모가 큰 다층 건물

② 대표적 건축물 : 금산사 미륵전, 화엄사 각황전, 법주사 팔상전 등

(2) 18세기의 건축

① 성격 : 장식성 강한 사원이 많이 건립됨

② 대표적 건축물 : 논산 쌍계사 · 부안 개암사 · 안성 석남사, 수원 화성 등

(3) 19세기 이후의 건축

① 19세기 : 흥선대원군이 국왕의 권위를 제고하고자 경복궁의 근정전과 경회루를 재건(화려하고 장중한 건물로 유명)

② 20세기 초 : 덕수궁 석조전(르네상스 양식)

SEMI-NOTE

묵죽도(김정희)

세한도(김정희)

조선 후기 미술과 서예의 흐름
• 17~18세기 초
　- 정선이 개척한 진경 산수화(眞景山水畵)가 유행
　- 허목이 고문전이라는 새로운 서체를 창안
• 18세기
　- 풍속화 유행, 실학적 화풍, 서양화 기법 도입, 민화의 발달
　- 이광사가 우리 정서와 개성을 추구하는 단아한 동국진체(東國眞體)를 완성
• 19세기
　- 복고적 화풍 유행(→문인화의 부활로 진경 산수화와 풍속화, 실학적 화풍 침체)
　- 김정희가 고금의 필법을 토대로 굳센 기운과 다양한 조형성을 가진 추사체를 창안

금산사 미륵전　　화엄사 각황전

법주사 팔상전　　개암사 대웅보전

쌍계사 대웅전(논산)　　수원 화성 팔달문

9급공무원

한국사

나두공

ⓐ나두공

06장 근대의 변화와 흐름

경복궁 경회루

당백전

경복궁 중건을 위한 동전 주조와 세금 징수

• **당백전** : 경복궁 중건에 필요한 재원의 마련을 위해 발행한 동전(→ 인플레이션 초래)
• **원납전** : 경비 충당을 위해 관민에게 수취한 (강제기부금)
• **결두전** : 재원 마련을 위해 논 1결마다 100문씩 징수한 임시세
• **성문세(城門稅)** : 4대문을 출입하는 사람과 물품에 부과한 통행세

흥선대원군의 서원 철폐 정책

★ 빈출개념

서원이 소유한 토지는 면세의 대상이 없었으며, 유생들은 면역의 혜택을 받고 있었음. 이는 국가 재정을 어렵게 만드는 한 원인이었음. 흥선대원군의 서원 철폐 정책은 백성들로부터 환영을 받았으나 유생들로부터는 큰 반발을 샀으며, 결국 흥선대원군은 유림 세력으로부터 배척을 받아 권좌에서 물러나게 되었음

01절 **근대 사회의 정치 변동**

1. 흥선대원군

(1) 흥선대원군의 집정

① 집권(1863~1873)
  ㉠ 섭정 : 어린 고종이 즉위하자 생부로서 실권을 장악하고 섭정
  ㉡ 시대적 상황
    • 대내적 : 세도 정치의 폐단이 극에 달하여 홍경래의 난과 임술민란(진주 민란) 등 민중 저항 발생, 정부 권위의 약화, 민심 이반이 커짐
    • 대외적 : 일본과 서양 열강의 침략(서세동점)으로 위기에 처함
② 정책 방향 : 왕권 강화와 애민 정책 추구, 쇄국 정책

(2) 왕권 강화

① 인재의 고른 등용(사색 등용) : 붕당 및 세도 정치의 폐단을 시정하고 전제 왕권을 강화하고자 능력에 따라 인재를 등용
② 통치 체제의 재정비 : 왕권 강화의 일환으로 비변사를 혁파하고 의정부와 삼군부의 기능 회복(→ 정치와 군사 분리), 훈련도감의 삼수병을 강화
  ㉠ 〈대전회통〉, 〈육전조례〉 등의 법전 편찬
    • 대전회통(1865) : 〈경국대전〉·〈속대전〉·〈대전통편〉 등을 보완하는 의미에서 편찬한 것
    • 육전조례(1867) : 〈대전회통(大典會通)〉과 짝을 이루어 편찬한 것
③ 경제·사회·문화 개혁 : 지방관과 토호(土豪)·권세가의 토지 겸병 금지, 농민에 대한 불법적 수탈을 처벌, 대상인의 도고 금지, 풍속교정, 허례허식과 사치 억제, 청·일 문화에 대한 감시 등
④ 경복궁 중건
  ㉠ 목적 : 왕권 강화, 국가 위신의 제고 및 정체성 회복
  ㉡ 부작용 : 원납전을 강제로 징수하고 당백전을 남발하여 경제적 혼란(물가 상승 등)을 초래했으며, 양반의 묘지림을 벌목하고 백성을 토목 공사에 징발하는 과정에서 큰 원성이 발생

(3) 민생 안정(애민 정책) ★ 빈출개념

① 서원 정리
  ㉠ 국가 재정을 좀먹고 백성을 수탈하며 붕당의 온상이던 서원을 정리(→ 600여 개소의 서원 가운데 47개소만 남긴 채 철폐·정리)
  ㉡ 목적 : 국가 재정 확충과 민생 안정, 지방 토호 세력의 약화를 통한 전제 왕권

강화

② **삼정(三政) 개혁** : 농민 봉기의 원인인 삼정을 개혁하여 국가 재정 확충과 민생 안정 도모

군정(軍政)의 개혁	• 호포법(戶布法)을 실시하여 양반에게도 군포를 징수(→ 양반의 거센 반발을 초래) • 양반 지주층의 특권적 면세 철회(→ 민란 방지 목적)
환곡(還穀)의 개혁	• 가장 폐단이 심했던 환곡제를 사창제(社倉制)로 개혁하여 농민 부담을 경감하고 재정 수입 확보 • 지역과 빈부에 따른 환곡의 차등 분배를 통해 불공정한 폐단이 없도록 함
전정(田政)의 개혁	양전 사업을 실시하여 양안(토지 대장)에서 누락된 토지를 발굴(→ 전국적 사결 작업(査結作業)을 통해 토호와 지방 서리의 은루결을 적발하여 수세결로 편입)

(4) 통상 수교 거부 정책

① **사회적 배경** : 서양 세력의 침투, 천주교의 교세 확장과 양화(洋貨)의 유입

② **병인양요(1866)**

  ㉠ 병인박해(1866)

    • 원인 : 대원군 집권 초기에는 선교사의 알선으로 프랑스 세력을 끌어들여 러시아 세력의 남하를 견제하려 함(천주교에 호의적)

    • 결과 : 프랑스 신부들과 수천 명의 신도들이 처형, 대왕대비교령으로 천주교 금압령 발표

  ㉡ 병인양요(1866)

    • 프랑스는 병인박해 때의 프랑스 신부 처형을 구실로 로즈 제독이 이끄는 7척의 군함을 파병

    • 프랑스는 철군 시 문화재에 불을 지르고 외규장각에 보관된 유물 360여 점을 약탈

③ **오페르트 도굴 사건(1868)** : 독일 상인 오페르트가 통상을 거부당하자 충청남도 덕산에 있는 남연군의 묘를 도굴하다가 발각

④ **신미양요(1871)**

  ㉠ 원인(1866) : 병인양요 직전에 미국 상선 제너럴셔먼호가 통상을 요구하다 평양 군민과 충돌하여 불타 침몰된 사건(제너럴셔먼호 사건)

  ㉡ 경과 : 미국은 제너럴셔먼호 사건을 구실로 로저스 제독이 이끄는 5척의 군함으로 강화도를 공격

  ㉢ 결과 : 어재연 등이 이끄는 조선의 수비대가 광성보와 갑곶(甲串) 등지에서 격퇴하고 척화비(斥和碑) 건립. 어재연 장군이 전사함

⑤ **양요의 결과**

  ㉠ 전국에 척사교서를 내리고 척화비를 건립(→ 서양과의 수교 거부를 천명)

  ㉡ 외세의 침략을 일시적으로 저지하였으나 조선의 문호 개방을 늦추는 결과를 초래

👓👓 한눈에 쏙~

| 고종 즉위, 흥선 대원군 집권 (1863) | ▶ | 병인박해(1월), 제너럴셔먼호 사건(8월), 병인양요(9월)(1866) | ▶ | 오페르트 도굴사건(1868) | ▶ | 신미양요 (1871) |

만동묘

임진왜란 때 조선을 도와준 데 대한 보답으로 명의 신종을 제사지내기 위해 숙종 30년(1704) 충북 괴산군 청천면 화양동에 지은 사당. 노론의 소굴이 되어 상소와 비판을 올리고 양민을 수탈하는 등 폐해가 심했음. 흥선대원군 때 철폐되었으나 그가 하야한 후인 고종 11년(1874) 다시 세워졌음. 일제강점기에 유생들이 모여 명의 신종에게 제사를 지내므로 조선총독부가 강제 철거하였음. 현재는 만동묘정비만 남아 있음

강화도 조약(조 · 일 수호 조규)의 주요 내용

• 제1관 : 조선국은 자주의 나라이며, 일본과 평등한 권리를 가진다.
→ 조선에 대한 청의 종주권 부정, 일본의 침략 의도 내포

• 제2관 : 일본국 정부는 지금부터 15개월 후 수시로 사신을 조선국 서울에 파견한다.

• 제4관 : 조선국은 부산 외에 두 곳을 개항하고, 일본인이 왕래 통상함을 허가한다.
→ 부산(경제적 목적) 개항, 1880년에는 원산(군사적 목적), 1883년에는 인천(정치적 목적)을 각각 개항

• 제7관 : 조선국은 일본국의 항해자가 자유롭게 해안을 측량하도록 허가한다.
→ 해안 측량권은 조선에 대한 자주권 침해

• 제9관 : 양국 인민의 민간무역 활동에서 관리의 간섭을 받지 않는다.

• 제10관 : 일본국 인민이 조선국 지정의 각 항구에 머무르는 동안에 죄를 범한 것은 조선국 인민에게 관계된 사건일 때에도 모두 일본 관원이 심판할 것이다.
→ 치외법권 규정으로, 명백한 자주권 침해이자 불평등 조약임을 의미

2. 강화도 조약(조·일 수호 조약·병자 수호 조규, 1876)

(1) 배경

① 대원군의 하야(1873) : 경복궁 중건과 악화의 발행으로 민심 이반, 농민 봉기, 서원 정리, 호포법 등으로 양반 유생과의 갈등 심화, 최익현의 탄핵 상소 및 유생들의 하야 요구

② 명성황후의 집권 : 청의 돈을 수입하여 원활한 재정을 도모, 대표적 서원인 화양동 만동묘를 부활, 대원군 측 인사에 대한 탄압, 대일 외교 정책 등 국내외 정책의 변화

③ 통상 개화론자 대두
㉠ 통상 개화론자의 등장 : 박규수, 오경석, 유홍기, 이동인, 이규경 등
㉡ 의의 : 개화론자들의 세력이 성장하여 문호 개방의 여건을 마련

④ 운요호(운양호) 사건(1875) : 운요호가 연안을 탐색하다 강화도 초지진에서 조선 측의 포격을 받음, 일본이 청에 책임을 묻자, 청은 문제 확대를 꺼려 명성황후 정권에 일본과 조약을 맺도록 권유

(2) 강화도 조약(조·일 수호 조약, 병자 수호 조규)

① 강화도 조약의 체결(1876. 2) : 우리나라가 외국과 맺은 최초의 근대적 조약이자 불평등 조약, 신헌과 구로다가 대표로 체결
㉠ 청의 종주권 부인(→ 조선 침략을 용이하게 하려는 일본의 포석)
㉡ 침략 의도 및 주권 침해
• 침략 의도 : 부산 · 원산 · 인천 개항(→ 정치적 · 군사적 · 경제적 거점 마련), 일본인의 통상 활동 허가, 조선 연해의 자유로운 측량 등
• 불평등 조약(주권 침해) : 일본인 범죄의 일본 영사 재판권(치외법권 조항), 해안 측량권 등

② 조 · 일 통상 장정과 조 · 일 수호 조규 부록
㉠ 의의 : 강화도 조약의 부속 조약으로 마련
㉡ 내용

조약	내용	
조 · 일 무역 규칙 (1876. 7)	• 일본 수출입 상품 무관세 및 선박의 무항세 (無港稅) • 조선 양곡 무제한 유출 허용	일본의 경제적 침략을 위한 발판 마련

| 조 · 일
수호 조규 부록
(1876. 8) | • 일본 공사의 수도 상주
• 조선 국내에서 일본 외교관의 여행 자유
• 개항장에서의 일본 거류민의 거주 지역 설정
• 일본 화폐의 유통(사용) 허용 | 일본의 경제적
침략을 위한 발
판 마련 |

ⓒ 결과 : 일본은 경제 침략을 위한 발판 마련, 조선은 국내 산업 보호 근거 상실

실력UP 조 · 일 수호 조규의 후속 조약

• **수호 조규 속약(1882)** : 일본 관리와 상인의 활동 영역을 사방 10리에서 50리(1882년)로 확대하고, 다시 100리(1883년)로 확대
• **조 · 일 통상 장정(개정)(1883. 7)**
 – 1876년 체결된 조 · 일 통상 조약(무역규칙)의 불합리한 부분이 다소 시정되어 관세 자주권이 일부 회복되었으나, 협정 관세에 불과하고 내지 관세권도 부정되었으며, 최혜국 조항이 포함되는 등 여전히 불평등한 조약으로 남음
 – 곡물 수출 금지(방곡령) 조항이 포함되었으나, 방곡령 시행 1개월 전 일본 영사관에 통고 의무 조항을 두었고, 인천항에서의 곡물 수출 금지권도 폐지됨

(3) 각국과의 조약 체결

① 조 · 미 수호 통상 조약의 체결(1882) ⭐빈출개념

 ㉠ 배경
  • 조선이 일본과 조약을 맺자 미국은 일본에 알선을 요청
  • 러시아 남하에 대응해 미국과 연합해야 한다는 〈조선책략〉이 지식층에 유포

 ㉡ 체결 : 러시아와 일본 세력을 견제하고, 조선에 대한 종주권을 승인받을 기회를 노리던 청의 알선으로 체결, 신헌과 슈펠트가 대표로 체결

 ㉢ 내용 : 거중조정(상호 안전 보장), 치외법권, 최혜국 대우(최초), 협정 관세율 적용(최초), 조차지 설정의 승인 등

 ㉣ 의의 : 서양과 맺은 최초의 조약으로 처음으로 최혜국 대우를 규정, 불평등 조약(치외법권, 최혜국 대우, 조차지 설정 등), 청의 종주권 저지

② 영국(1882) : 청의 중재로 민영목과 파크스가 대표로 조 · 영 수호 통상 조약을 체결(비준은 1883년), 치외 법권과 조차지 설정에 관한 내용 포함

③ 독일(1882) : 청의 중재로 제물포에서 체결

④ 그 외 이탈리아(1884), 러시아(1884), 프랑스(1886)와도 외교 관계를 맺음

(4) 개화 정책의 추진

① 제도의 개편

| 행정
기구 | • 개화 정책 전담 기구인 통리기무아문을 설치(1880)
 – 의정부 · 육조와 별도로 설치, 삼군부는 폐지
 – 신문물 수용과 부국강병 도모 등 개화 정책 추진
• 통리기무아문 아래 12사를 두고 외교 · 군사 · 산업 등의 업무를 분장
• 규장각 기능을 부활시켜, 개화 정치를 뒷받침하는 학술 기관으로 활용 |

SEMI-NOTE

강화도 조약 체결의 직접적 요인
• 세계 정세상 개국의 필요조건이 성숙
• 일본 전함의 공포시위와 일전불사의 위협
• 명성황후 정권의 유지(대원군 측의 척화론 수용 곤란)
• 사대관계에 있는 청의 요구에 대한 거부 곤란

조선책략(朝鮮策略)
• **도입** : 청의 주일 참사관인 황쭌셴이 지은 책으로, 김홍집(2차 수신사)이 도입
• **내용** : 조선의 당면 외교 정책으로 친중(親中) · 결일(結日) · 연미(聯美)를 주장
• **목적** : 일본 견제, 청의 종주권을 국제적으로 승인
• **영향** : 미국 · 영국 · 독일 등과의 수교 알선 계기, 개화론 자극, 위정척사론의 격화 요인

조 · 미 수호 통상 조약 주요 내용
• **제1조(거중조정)** : 서로 돕고 중간 역할을 잘 하며 우애 있게 지낸다.
• **제2조(최혜국 대우)** : 병권 대신을 서로 파견하여 수도에 주재시킬 수 있고, 최혜국 대우를 받는다.
• **제4조(치외법권)** : 미국 국민이 조선인을 모욕하거나 재산을 훼손하는 경우 미국 영사나 그 권한을 가진 관리만이 미국 법률에 따라 처벌한다.
• **제5조(협정 관세율 적용)** : 미국 상인과 상선이 조선에 와서 무역을 할 때 입출항하는 화물은 모두 세금을 바쳐야 하며, 세금을 거두어들이는 일은 조선이 자주적으로 한다.

군사 제도	• 종래의 5군영을 무위영 · 장어영의 2영으로 통합 · 개편 • 신식 군대 양성을 위해 무위영 아래 별도로 별기군을 창설(1881) – 양반 자제로 편성된 사관 생도와 일반 군졸로 구성된 교련병대 – 소총으로 무장한 신식 군대로서 국왕 근위병으로 특별 대우함 – 일본인 교관을 채용하여 근대적 군사 훈련 실시

② 외교 사절 및 해외 시찰단 파견
  ㉠ 수신사 파견
    • 제1차 수신사 김기수 : 〈일동기유〉에서 신문명을 조심스럽게 비판
    • 제2차 수신사 김홍집 : 황쭌셴의 〈조선책략〉을 가지고 들어와 개화 정책에 영향을 미침
  ㉡ 조사 시찰단(신사 유람단) 파견(1881) : 박정양 · 어윤중 · 홍영식 등으로 구성, 일본의 발전상을 보고 돌아와 개화 정책의 추진을 뒷받침
  ㉢ 영선사(1881) : 김윤식을 단장으로 청에 파견하여 무기 제조법과 근대적 군사 훈련법을 배움(→ 서울에 최초의 근대적 병기 공장인 기기창 설치)
  ㉣ 보빙 사절단(1883) : 최초의 구미 사절단

3. 위정척사 운동(衛正斥邪運動)

(1) 의의

① 의미 : 바른 것은 지키고 사악한 것을 물리치는, 즉 정학인 성리학 및 성리학적 질서를 수호하고 성리학 이외의 모든 종교와 사상을 배격하는 운동
② 목적 : 반외세 · 반침략 정책을 통한 조선의 정치 · 경제 · 사회 · 사상 체제의 유지

(2) 성격

① 강력한 반외세 · 반침략 운동 : 정치 · 경제적 측면에서 강력한 반침략 · 반외세(→ 동학 농민 운동과의 공통점) 정책을 전개하고, 대원군의 쇄국정책을 뒷받침
② 봉건적 전근대성 : 교역은 경제적 파멸을 초래하고 문호 개방은 열강 침략으로 직결된다고 봄

(3) 위정척사 운동의 전개

① 1860년대(통상 반대 운동) : 척화주전론(이항로, 기정진), 통상 수교 거부 정책을 뒷받침
② 1870년대(개항 반대 운동) : 왜양일체론(최익현의 5불가소), 개항 불가론
③ 1880년대(개화 반대 운동) : 영남 만인소(→ 개화 정책과 〈조선책략〉의 유포에 반발, 이만손), 만언척사소(홍재학)
④ 1890년대(항일 의병 운동) : 항일 투쟁(유인석, 이소응 등)
⑤ 경과 : 고종은 척사 상소를 물리치고 개화 정책을 강행
⑥ 한계 : 개화 정책 추진에 장애물, 전제주의적 정치 체제, 봉건적 경제 체제, 차별적 사회체제 등 유지하려는 것에 목적

제차 수신사로 일본에 다녀온 김기수가 메이지 유신 이후 발전된 일본의 문물을 시찰한 후 기록한 책. 근세 한일 외교사는 물론 메이지 유신 직후의 일본을 연구하는 데 중요한 자료

위정척사 주장

• 통상 반대론(1860년대) : "서양 오랑캐의 화(禍)가 오늘날에 이르러서는 홍수나 맹수의 해(害)보다 더 심합니다. 전하께서는 부지런히 힘쓰시고 경계하시어 안으로는 관리들로 하여금 사학(邪學)의 무리를 잡아 베게 하시고, 밖으로는 장병으로 하여금 바다를 건너오는 적을 정벌케 하소서."
• 개항불가론(1870년대) : "일단 강화를 맺고 나면 저들은 물화를 교역하는 데 욕심을 낼 것입니다. 저들의 물화는 모두 지나치게 사치스럽고 기이한 노리개로, 손으로 만든 것이어서 그 양이 무궁합니다. 우리의 물화는 모두 백성들의 생명이 달린 것이고 땅에서 나는 것이므로 한정이 있습니다. …… 저들이 비록 왜인이라고 하나 실은 양적(洋賊)입니다."
• 조선책략 반대(1880년대) : "러시아, 미국, 일본은 같은 오랑캐입니다. 그들 사이에 누구는 후하게 대하고 누구는 박하게 대하기는 어려운 일입니다. …… 더욱이 세계에는 미국, 일본 같은 나라가 헤아릴 수 없이 많습니다. 만일 저마다 불쾌해 하며, 이익을 추구하여 땅이나 물품을 요구하기를 마치 일본과 같이 한다면, 전하께서는 어떻게 이를 막아 내시겠습니까?"
• 을미의병(1895) : "원통함을 어찌하리. 이미 국모의 원수를 생각하며 이를 갈았는데, 참혹함이 더욱 심해져 임금께서 또 머리를 깎으시는 지경에 이르렀다. …… 이에 감히 먼저 의병을 일으키고서 마침내 이 뜻을 세상에 포고하노니, 위로 공경(公卿)에서 아래로 서민에 이르기까지, 어느 누가 애통하고 절박한 뜻이 없을 것인가."

4. 개화 사상

(1) 개화 사상의 형성 : 통상개화론(초기 개화파)

① 대내적으로는 실학(특히 북학파)의 사상을 발전적으로 계승, 동도서기와 부국 강
병을 목표로 함, 대외적으로는 양무 운동(청)과 문명개화론(일본)의 영향을 받음
② 인물 : 박규수, 오경석, 유홍기(유대치)

(2) 개화파의 형성과 분화

① 개화파의 형성 : 박규수와 유홍기의 지도를 받은 김옥균 · 박영효 · 유길준 등
② 개화파의 두 흐름

구분	온건 개화파(사대당, 수구당)	급진 개화파(개화당)
주도 인물	김홍집, 김윤식, 어윤중, 민영익, 민긍식(→ 명성황후 정권과 연결)	김옥균, 박영효, 홍영식, 서광범, 서재필(→ 명성황후 정권에 반대, 갑신정변에 참여)
개화에 대한 관점	유교에 의한 개화(→ 조선은 개화 된 나라)	문명개화론(→ 조선은 야만 상태 탈피를 위해 개화가 필요)
개화 방법	• 동도서기론에 기반한 개화 • 청의 양무운동을 본받아 점진적 인 개혁 추구	• 변법자강론에 따른 전면적 개화 • 일본의 메이지유신을 본받아 급 진적 개혁을 추구
외교적 입장	• 청과 사대관계의 지속 · 유지(친 청 세력) • 중화 질서 아래서 조선의 위치 를 파악(양절체제의 외교론)	• 청과의 사대적 외교관계의 청산 을 강조 • 청에 대한 종속에서 벗어난 조 선의 완전한 자주독립을 주장

③ 개화당의 활동
㉠ 근대적 국정 개혁의 필요성을 절감하고, 임오군란을 계기로 활발한 활동을 전개
㉡ 고종의 신임으로 여러 개화 시책을 추진

5. 임오군란(1882)

(1) 배경

① 명성황후(민씨) 정권의 개화파와, 대원군 · 유생의 보수파 간 갈등, 일본에 대한
민족적 척왜 감정
② 신식 군대(별기군) 우대 및 구식 군대에 대한 차별(구식 군인의 급료가 13개월간
체불됨)

(2) 경과

① 구식 군인들은 명성황후 정권의 고관들과 일본인 교관을 죽임, 포도청 · 의금부
를 습격하고 일본 공사관을 불태움
② 대원군의 일시적 재집권 : 구식 군인들의 요구로 대원군이 재집권, 통리기무아문
과 별기군 폐지, 5군영 부활(→ 청에 납치)

동도서기론(東道西器論)
우리(동양)의 전통 윤리와 도덕을 유지
하면서 서양의 과학 기술을 받아들
여 부국강병을 이룩하자는 주장. 중국
의 중체서용론(中體西用論)이나 일본
의 화혼양재론(和魂洋才論)과 마찬
가지로 19세기 서양 자본주의 열강의
침략에 대응하기 위한 방법의 하나로
조선 지식인들이 주장한 논리

오경석과 유홍기

조선 후기에 해외 사정에 밝았던 것은
중인, 특히 역관들이었음. 오경석은 이
러한 역관들 중 대표적인 인물. 그는 여
러 차례 중국을 왕래하면서 보고 들은
것을 통해 언젠가 서양 세력이 조선에도
침투할 것이라고 판단하고 이에 대비하
기 위한 개혁이 필요하다고 생각했음.
그는 사상적 동지인 의관 유홍기와 생각
을 함께 하였는데, 중인인 그들은 신분
의 한계로 인해 직접 정치의 전면에 나
설 수 없었지만 그 사상은 유홍기의 가
르침을 받은 개화파들에게 큰 영향을 미
쳤음

개화파 인물

제물포 조약의 내용
제1조 지금으로부터 20일을 기하여 범인을 체포하여 엄징할 것
제2조 일본국 피해자를 후례로 장사지낼 것
제3조 5만 원을 지불하여 피해자 유족 및 부상자에게 급여할 것
제4조 배상금 50만 원을 지불할 것
제5조 일본 공사관에 군대를 주둔시켜 경비에 임하는 것을 허용할 것
제6조 조선국은 대관을 특파하여 일본국에게 사죄할 것

청·프 전쟁
베트남에 대한 청의 종주권 문제로 프랑스와 청 사이에 벌어진 전쟁

혜상공국
1883년 보부상이 중심이 되어 조직된 상인조합으로 대원군의 쇄국정책을 강력히 지지하였음. 외국상인의 불법 상행위 저지, 불량행상 폐단 저지, 보부상 권익 보호 등의 활동을 하였고, 1885년 상리국으로 개칭되었음

(3) 결과

① 명성황후 일파가 청에 군대 파견 요청 : 청 군대 파견, 대원군 압송
② 청의 내정 간섭 강화
③ 조선을 둘러싼 청·일 양국 간 대립 위기 초래
④ 명성황후 일파의 재집권 : 청의 내정 간섭과 정부의 친청 정책으로 개화 정책은 후퇴
   ㉠ 관제 개편 : 통리교섭통상사무아문(외아문), 통리군국사무아문(내아문)
   ㉡ 군제 개편 : 친군영과 4영 설치
⑤ 조약의 체결 ★ 빈출개념
   ㉠ 제물포 조약(1882. 7)
     • 일본과 제물포 조약을 체결하여 배상금을 지불하고 군란 주동자의 처벌을 약속, 일본 공사관의 경비병 주둔을 인정(→ 일본군의 주둔 허용)
     • 박영효를 사죄사로 일본에 파견(→ 태극기를 최초로 사용)
     • 일본의 정치·경제적 침투가 한층 강화
   ㉡ 조·청 상민 수륙 무역 장정(1882. 8)
     • 청의 속국 인정, 치외법권
     • 서울과 양화진 개방, 내지통상권, 연안 무역·어업권, 청 군함 항행권 등 (→ 청 상인의 통상 특권이 넓게 허용되어 조선 상인들의 피해 증가)

6. 갑신정변(1884)

(1) 배경

① 바닥난 국가 재정 문제로 인한 대립 : 개화당의 대일 차관 도입이 실패
② 친청 세력의 탄압 : 개화당에 대한 탄압으로 비상 수단 도모
③ 청군의 철수 : 베트남 문제로 청군이 조선에서 일부 철수(→ 청·프 전쟁)
④ 일본의 음모 : 조선에서의 열세를 만회하고자 정변 시 개화당에 군사적 지원을 약속

(2) 경과

① 발발 : 우정국 개국 축하연을 이용해 사대당 요인을 살해하고 개화당 정부를 수립
② 개혁 요강 마련 : 14개조의 정강을 마련

(3) 갑신정변의 개혁 내용

① 청에 대한 사대 외교(조공)를 폐지하고, 입헌 군주제로의 정치 개혁을 추구
② 지조법을 개정하고, 재정을 호조로 일원화하여 국가 재정을 충실히 함
③ 혜상공국(보부상을 보호하기 위한 기관)의 폐지와 각 도 환상미의 폐지
④ 문벌을 폐지하여 인민 평등을 도모, 능력에 따른 인재 등용
⑤ 군대(근위대)와 경찰(순사)을 설치

실력UP **갑신정변의 14개조 정강(신정부 강령 14개조)**

- 청에 잡혀간 흥선 대원군을 곧 귀국하게 하고, 종래 청에 대하여 행하던 조공의 허례를 폐한다.
- 문벌을 폐지하여 인민 평등의 권리를 세워, 능력에 따라 관리를 임명한다.
- 지조법을 개혁하여 관리의 부정을 막고 백성을 보호하며, 국가 재정을 넉넉하게 한다.
- 내시부를 없애고, 그 중에 우수한 인재를 등용한다.
- 부정한 관리 중 그 죄가 심한 자는 치죄한다.
- 각 도의 환상미를 영구히 받지 않는다.
- 규장각을 폐지한다.
- 급히 순사를 두어 도둑을 방지한다.
- 혜상공국을 혁파한다.
- 귀양살이를 하고 있는 자와 옥에 갇혀 있는 자는 그 정상을 참작하여 적당히 형을 감한다.
- 4영을 합하여 1영으로 하되, 영 중에서 장정을 선발하여 근위대를 급히 설치한다.
- 모든 재정은 호조에서 통할한다.
- 대신과 참찬은 의정부에 모여 정령을 의결하고 반포한다.
- 의정부, 육조 외에 모든 불필요한 기관을 없앤다.

(4) 정변의 실패

청의 무력 개입(3일 천하로 끝남), 외세 의존적 정변 방식(일본의 지원은 미미), 개화당의 세력 기반이 약했으며, 개혁이 너무 급박하고 대의명분이 부족해 국민이 외면

(5) 결과

① 청의 내정 간섭이 더욱 강화, 보수 세력의 장기 집권
② 개화 세력이 도태되어 상당 기간 개화 운동의 흐름이 약화됨

(6) 조약

① **일본과 한성 조약 체결** : 일본의 강요로 배상금 지불, 공사관 신축비 부담
② **청·일 간 톈진 조약 체결** : 청·일 양국군은 조선에서 철수하고 장차 파병할 경우 상대국에 미리 알릴 것(→ 일본은 청과 동등하게 조선에 대한 파병권 획득)

(7) 의의

① 근대 국가 수립을 목표로 하는 최초의 정치 개혁 운동(최초로 입헌 군주제 추구)
② 민족 운동의 방향을 제시한 우리나라 근대화 운동의 선구
③ 최초의 위에서 아래로의 근대화 운동
④ 청에 대한 사대 극복의 의지 반영, 문벌폐지와 사민평등, 조세제도 개혁 주장
⑤ 조선에 대한 국제 사회의 인식을 새롭게 하는 계기

7. 동학 농민 운동 ⭐빈출개념

(1) 배경

① 국내의 상황

SEMI-NOTE

한성 조약의 영향
한성 조약을 통해 일본은 갑신정변 과정에서 입은 피해를 보상받고 가해자를 처벌하도록 하였으며, 조선에서 실추되었던 일본 세력을 회복하였음. 그 동안 일본은 청에 밀려 조선 정부에 위세를 발휘하지 못했는데, 청이 청·프 전쟁 등으로 국제 관계에서 곤경에 빠진 틈을 타 조선에의 파병권 등을 획득하였음

갑신정변 이후의 국내외 정세
- 러시아의 남하 정책 : 조·러 수호 통상 조약 체결(1884), 조·러 비밀 협약 추진(청의 방해로 실패)
- 거문도 사건(1885~1887) : 영국이 러시아의 남하를 견제하고자 거문도를 불법 점령
- 조선 중립화론 제기 : 독일 부영사 부들러, 유길준
- 방곡령(1889) : 실패

동학의 교세 확장
- 요인 : 인간 평등 사상과 사회 개혁 사상이 농민의 변혁 요구에 부합함, 동학의 포접제(包接制) 조직이 농민 세력의 규합을 가능하게 함, 민족 종교적 성격과 반봉건적 성격이 농민층과 몰락 양반에게 환영받음
- 교조 신원 운동
  - 삼례 집회(제1차 교조 신원 운동, 1892) : 교조 신원과 지방관의 탄압 금지를 요구
  - 서울 복합 상소(제2차 교조 신원 운동, 1893) : 궁궐 앞에서 교조 신원과 외국인 철수를 요구
  - 보은 집회(제3차 교조 신원 운동, 1893) : 동학교도와 농민이 대규모 집회를 통해 탐관오리 숙청, 반봉건·반외세·척왜양창의 등을 요구

동학의 경전

- 동경대전 : 교조 최제우의 유문을 최시형이 1882년 편찬(한자로 간행)한 것으로, 포덕문(布德文), 논학문(論學文), 수덕문(修德文), 불연기연(不然其然)의 4편을 중심으로 구성되어 있음
- 용담유사 : 최제우의 포교용 가사집. 1909년에 한글로 간행되었음. 용담가(龍潭歌), 안심가(安心歌), 권학가(勸學歌) 등이 소개되어 있음

사발통문

고부 민란과 백산 재봉기

새로 임명된 고부 군수 박원명의 수습이 적절하였으므로 농민들은 흩어져 귀가하였음. 그러나 안핵사 이용태는 조사를 빙자하여 죄 없는 농민들을 체포하고 부녀자들을 능욕하였으며 재산을 약탈하였음. 이에 전봉준은 동학 교단에서 세력을 가지고 있던 김개남, 손화중 등과 함께 농민들에게 통문을 돌려 농민군을 조직, 고부의 백산에서 8,000명의 농민군을 이끌고 전면전을 일으켰음

- ㉠ **위기 의식의 증가** : 개항 이래 전개된 열강의 침략 경쟁이 갑신정변 후 가열
- ㉡ **정부의 무능력과 부패** : 궁중 예산 낭비와 배상금 지불 등으로 국가 재정 궁핍, 대외 관계 비용의 증가, 외세와의 타협
- ㉢ **농민 수탈의 심화** : 과중한 조세 부담, 지방관의 압제와 수탈 증가
- ② **일본의 경제적 침투**
  - ㉠ 일본의 침투로 농촌 경제 파탄, 농민층의 불안·불만 팽배
  - ㉡ 입도선매나 고리대의 방법으로 곡물을 사들여 폭리, 무역 독점
  - ㉢ **방곡령 사건(1889)** : 일본의 경제적 침략에 대응하여 함경도와 황해도 지방에서 방곡령을 내리기도 하였으나, 배상금만 물고 실효를 거두지 못함
- ③ **농민층의 동요** : 농민층의 사회 불만 증대, 정치 및 사회 의식 성장

(2) 동학 농민 운동의 전개

- ① **고부 민란(고부 농민 봉기, 1894. 1~1894. 3)**
  - ㉠ **고부 민란** : 고부 군수 조병갑의 학정에 항거, 전봉준 등이 농민군을 이끌고 관아를 점령, 봉기를 계획하고 미리 사발통문(沙鉢通文)을 돌림
  - ㉡ **봉기의 지속** : 안핵사 이용태가 동학교도를 색출·탄압하자 전봉준·김개남·손화중·오지영 등의 지도하에 농민군은 봉기를 지속
- ② **1차 봉기** : 반봉건적 성격이 강함
  - ㉠ **백산 재봉기(1894. 3. 25)** : 백산에 다시 결집하여 전봉준·김개남·손화중 등이 조직을 재정비하고 격문을 선포
  - ㉡ **황토현 전투(1894. 4. 절정기)** : 황토현 싸움에서 관군(전라 감영의 지방 관군)을 물리치고(최대의 승리), 정읍·고창·함평·장성 등을 공략
  - ㉢ 장성 전투와 전주성 입성(1894. 5), 청·일의 개입
- ③ **전주 화약(1894. 5)과 집강소 활동**
  - ㉠ 청·일군이 개입하자 정부는 휴전을 제의해 전주 화약이 성립
  - ㉡ **집강소 설치와 폐정 개혁안** : 폐정 개혁 12개조를 요구

실력up ▶ **폐정(弊政) 개혁 12개조**

- 동학도(東學徒)는 정부와의 원한(怨恨)을 씻고 서정(庶政)에 협력한다.
- 탐관오리(貪官汚吏)는 그 죄상을 조사하여 엄징(嚴懲)한다.
- 횡포(橫暴)한 부호(富豪)를 엄징한다.
- 불량한 유림(儒林)과 양반의 무리를 징벌한다.
- 노비 문서(奴婢文書)를 소각한다.
- 7종의 천인 차별을 개선하고, 백정이 쓰는 평량갯[평양립(平凉笠)]은 없앤다.
- 청상과부(靑孀寡婦)의 개가(改嫁)를 허용한다.
- 무명(無名)의 잡세는 일체 폐지한다.
- 관리 채용에는 지벌(地閥)을 타파하고 인재를 등용한다.
- 왜(倭)와 통하는 자는 엄징한다.
- 공사채(公私債)를 물론하고 기왕의 것을 무효로 한다.
- 토지는 평균하여 분작(分作)한다.

– 〈동학사〉 –

④ 2차 봉기 : 반외세의 기치로 재봉기
    ㉠ 동학 농민군의 재봉기 : 청 · 일 전쟁(1894)에서 주도권을 잡은 일본이 내정 간섭을 강화하자, 이에 대항해 대규모로 다시 봉기
    ㉡ 남접(전봉준)과 북접(손병희)이 논산에 집결하여 연합
    ㉢ 공주 우금치 혈전(1894.11) : 전봉준(남접)과 손병희(북접)의 연합군이 서울로 북진하다 공주 우금치에서 관군과 민보군, 일본군을 상대로 격전

구분	중심 세력	활동 내용	성격
1차 봉기 (고부 민란 ~전주 화약)	남접 (전봉준, 김개남, 손화중 등)	• 황토현 전투 • 집강소 설치, 폐정 개혁안	반봉건적 사회 개혁 운동
2차 봉기	남접(전봉준) + 북접(손병희)	공주 우금치 전투	반외세, 항일구국 운동

(3) 동학 농민 운동의 영향과 한계

① 동학 농민 운동의 영향 : 반봉건적 · 반침략적 민족 운동의 전개, 밑으로부터의 자주적 사회 개혁 운동
② 한계 : 포괄적인 근대 사회 의식은 결여됨, 근대 사회를 건설하기 위한 구체적인 방안을 제시하지 못함

8. 갑오개혁(고종 31, 1894)과 을미개혁(고종 32, 1895)

(1) 갑오개혁(甲午改革, 1894~1895)

① 개혁의 추진 배경 : 개항 이후의 여러 모순을 해결하기 바라는 농민들의 개혁 요구, 교정청(校正廳)의 설치, 일본의 간섭(타율적 측면)
② 제1차 갑오개혁(1894. 7~1894. 12)
    ㉠ 친일 정권의 수립 : 김홍집과 흥선대원군 중심의 제1차 김홍집 친일 내각 성립
    ㉡ 군국기무처 설치 : 초정부적 회의 기관인 군국기무처를 설치하고 개혁을 추진
    ㉢ 갑신정변을 주동했던 박영효와 서광범이 귀국해 개혁에 참여
    ㉣ 제1차 개혁의 내용
        • 정치면 : 내각의 권한을 강화하고 왕권을 제한

연호	개국 연호를 사용하여 청의 종주권 부인
전제화 견제	왕실(궁내부)과 정부(의정부) 사무를 분리하고 정치 실권을 상당 부분 내각이 가지도록 해 국왕 전제권을 제한, 육조를 80아문으로 개편, 관등품계 12등급으로 축소
과거제 폐지	문무관 차별 철폐, 신분 차별 없는 새로운 관리 임용 제도 채택

        • 경제면

재정 일원화	모든 재정 사무를 탁지아문이 관장, 왕실과 정부의 재정을 분리

SEMI-NOTE

청 · 일 전쟁
동학 농민군이 해산하자 조선 정부는 일본에 군대의 철수를 요구하였으나, 일본은 이를 거부하고 내정에 간섭하는 등 조선에서의 지배권을 확보하려 하였음. 1894년 6월 21일 일본은 병력을 동원하여 궁궐을 침범하였으며, 조선 정부의 요청을 받은 것처럼 위장하여 아산만에 주둔하고 있던 청의 군대를 공격하였음

압송되는 전봉준

동학 농민 전쟁

동학 농민 운동의 실패 요인
• 동학 지도층의 분열과 지도력 부족
• 집권층과 민보군(수성군), 일본군 연합의 탄압, 전력상의 열세
• 화력(무기 등) · 전술 · 훈련 · 조직의 미약

군국기무처
입법권을 가진 초정부적 개혁 추진 기구. 임시 기구이며, 정치 · 경제 · 사회 등 국가 주요 정책에 대한 개혁안을 심의하였음

화폐, 조세	은(銀) 본위 화폐 제도를 채택, 일본 화폐의 통용을 허용, 조세의 금납제 시행
도량형 정비	도량형을 개정 · 통일

• 사회면

신분제 철폐	양반과 평민의 계급을 타파하고, 공 · 사 노비 제도를 폐지
전통적 폐습 타파	• 조혼 금지, 과부 개가 허용 • 악법 폐지(인신매매 금지, 고문과 연좌법의 폐지 등)

• 군사면 : 일본이 조선의 군사력 강화나 군제 개혁을 꺼림

③ 제2차 갑오개혁(1894. 12~1895. 7) ⭐ 빈출개념

ㄱ 연립 내각 성립 : 제2차 김홍집 · 박영효 친일 연립 내각이 성립

ㄴ 홍범 14조 : 고종은 종묘에 나가 독립 서고문을 바치고 홍범 14조를 반포 (1895. 1)

ㄷ 제2차 개혁의 내용

정치	• 의정부 80아문을 7부로 개편 • 지방관제를 8도에서 23부 337군으로 개편(→ 종래의 도 · 부 · 목 · 군 · 현의 대소행정구역 통폐합, 소지역주의 채택) • 내각과 분리된 궁내부 관제를 대폭 축소 • 지방관의 사법권 · 군사권 박탈(행정권만을 가짐) • 사법권과 행정권 분리(사법부 독립)와 재판소 설치(1심 · 2심 재판소 분리 · 설치)를 위해 〈재판소구성법〉과 〈법관양성소규정〉 등을 공포 • 상리국 폐지
교육	• 교육입국조서 발표(근대적 학제 등) • 신교육 실시, 한성사범학교 설립
군사 · 경찰	훈련대 · 시위대 설치, 근대적 군사 · 경찰제도 확립을 위한 〈군부관제〉, 〈경무청관제〉 등을 제정

ㄹ 개혁의 중단 : 삼국 간섭(1895. 4)에 따른 일본 세력의 약화, 박영효가 반역죄로 일본으로 망명

실력up 삼국간섭(1895)

일본이 청일 전쟁의 승리 후 체결한 시모노세키 조약에 따라 청으로부터 요동반도를 할양받게 되자, 남하 정책을 추진하던 러시아가 이를 견제하고자 프랑스, 독일과 함께 요동반도의 반환을 일본에 요구하였다. 삼국간섭의 결과 일본은 요동반도를 돌려주고 세력이 위축되었는데, 국내에서는 이러한 정세를 이용해 일본을 견제하기 위해 친러내각(김홍집 내각)이 성립하였다.

(2) 을미개혁(제3차 개혁, 1895. 8~1896. 2)

① 을미사변(1895) : 명성황후가 친러파와 연결하여 일본을 견제하려 하자 일제는 명성황후를 시해하고 친일 내각을 구성

② 개혁의 추진 : 제4차 김홍집 친일 내각은 중단되었던 개혁을 계속하여 을미개혁

SEMI-NOTE

홍범 14조

우리나라 최초의 근대적 정책 백서이자, 헌법적 성격을 지닌 최초의 것임. 갑오개혁의 목표를 강령화한 것으로, 일본 공사의 권고에서 비롯된 것이기는 하나 당시 개화파 관료들의 개혁 의지를 반영하고 있음. 왕이 우리나라의 자주 독립을 최초로 내외에 선포한 문서로서 역사적 의의가 크나, 청 · 일 전쟁에서 승리한 일본에게 내정 간섭 강화 수단으로 이용되었음

홍범(洪範) 14조

• 청에 의존하는 생각을 버리고 자주 독립의 기초를 세운다.
• 왕실 전범(典範)을 제정하여 왕위 계승의 법칙과 종친과 외척과의 구별을 명확히 한다.
• 임금은 각 대신과 의논하여 정사를 행하고, 종실(宗室) · 외척(外戚)의 내정 간섭을 용납하지 않는다.
• 왕실 사무와 국정 사무를 나누어 서로 혼동하지 않는다.
• 의정부(議政府) 및 각 아문(衙門)의 직무 · 권한을 명백히 규정한다.
• 납세는 법으로 정하고 함부로 세금을 징수하지 아니한다.
• 조세의 징수와 경비 지출은 모두 탁지아문(度支衙門)의 관할에 속한다.
• 왕실의 경비는 솔선하여 절약하고, 이로써 각 아문과 지방관의 모범이 되게 한다.
• 왕실과 관부(官府)의 1년 회계를 예정하여 재정의 기초를 확립한다.
• 지방 제도를 개정하여 지방 관리의 직권을 제한한다.
• 총명한 젊은이들을 파견하여 외국의 학술 · 기예를 견습시킨다.
• 장교를 교육하고 징병을 실시하여 군제의 근본을 확립한다.
• 민법 · 형법을 제정하여 인민의 생명과 재산을 보전한다.
• 문벌을 가리지 않고 인재 등용의 길을 넓힌다.

을 추진

- ㉠ 유생들의 반발 : 단발령에 대한 유생들의 강경한 반발
- ㉡ 개혁의 중단 : 명성황후 시해와 단발령을 계기로 유생층과 농민이 의병을 일으켰고, 친러파는 국왕을 러시아 공사관으로 피신(아관파천, 1896)시킴으로써 개혁 중단

(3) 갑오·을미개혁의 의의 및 한계

① 한계 : 일본의 강요에 의해 타율적으로 시작, 토지 제도의 개혁이 전혀 없고, 군제 개혁에 소홀

② 의의
- ㉠ 전통 질서를 타파하는 근대적 개혁의 성격을 지님
- ㉡ 갑신정변과 동학 농민 운동의 개혁 요구가 일부 반영

👓 한눈에 쏙~

강화도조약 (1876) ▶ 임오군란, 제물포조약(1882) ▶ 갑신정변 (1884)

▶ 동학 농민 운동, 청일 전쟁, 갑오개혁(1894) ▶ 삼국간섭, 을미사변, 을미개혁(1895)

9. 아관파천(건양 1, 1896)

(1) 전개

① 배경 : 고종은 왕권을 제약하려는 개화 세력의 개혁에 불만을 가지게 되었고, 을미사변 후 신변의 위험을 느낌

② 경과 : 러시아 공사 베베르가 친러파와 모의하여 고종을 러시아 공사관으로 파천시켜 1년간 머물게 함

(2) 결과

① 친러내각의 성립 : 친일파가 제거되고 이범진·이완용 등의 친러내각이 정권을 장악

② 지방 제도 개편 : 전국을 13도로 개편

③ 일본의 협상 추진 : 수세에 몰린 일본이 러시아와 세력 균형을 위해 협상을 벌임

④ 베베르·소촌(고무라) 각서(1896. 5)

⑤ 러시아 로바노프의 비밀외교(1896. 6)
- ㉠ 청(이홍장)과 중·러 비밀군사동맹 체결
- ㉡ 로바노프·산현(야마가타) 협정서에서 러·일 완충지대를 설정(한반도 분할)
- ㉢ 민영환·로바노프는 고종의 신변보호, 군사교관과 재정고문

⑥ 니시·로젠 협정(1898. 4) : 조선에서의 정치적·경제적 이해관계를 상호 승인

⑦ 아관파천 후 조선의 주권이 약화되고 외세의 이권 침탈이 증가함

SEMI-NOTE

명성황후 시해 사건(을미사변, 1895)
일본 공사 미우라는 일제의 한반도 침략 정책의 장애물인 명성황후와 친러 세력을 일소하고자 일부 친일 정객과 짜고 고종 32년(1895) 10월 일본 군대와 낭인을 동원하여 왕궁을 습격한 후 명성황후를 시해하고 그 시체를 불사르는 만행을 저질렀음

명성 황후 인산(장례)

을미개혁의 내용
- 종두법 실시
- 소학교 설립
- 태양력 사용
- 우편 제도 실시
- 연호 건양(建陽) 사용
- 단발령 실시
- 군제의 개편 : 훈련대 폐지, 중앙군 (친위대 2개)·지방군(진위대) 설치

아관파천 당시 러시아 공사관

06장 근대의 변화와 흐름

독립신문

1896년 4월 서재필이 민중 계몽을 위해 창간한 신문으로, 최초의 민간 신문(최초의 근대 신문은 1883년 창간된 한성순보)이자 순한글 신문. 창간 이듬해인 1897년부터 한글판과 영문판을 분리하여 2개의 신문으로 발행하였음

독립신문

독립협회의 기본 사상
- 자주 국권 사상 : 민족주의 사상
- 자유 인권 사상 : 민주주의 사상
- 자강 개혁 사상 : 근대화 사상

독립문

관민 공동회의 헌의 6조 ★빈출개념
- 외국인에게 의지하지 말고 관민이 한 마음으로 힘을 합하여 전제 황권을 견고하게 할 것
- 외국과의 이권에 관한 계약과 조약은 각 대신과 중추원 의장이 합동 날인하여 시행할 것
- 국가 재정은 탁지부에서 전관(專管)하고, 예산과 결산을 국민에게 공표할 것
- 중대 범죄를 공판하되, 피고의 인권을 존중할 것
- 칙임관을 임명할 때에는 정부에 그 뜻을 물어서 중의에 따를 것
- 정해진 규정(홍범 14조)을 실천할 것
  – 독립신문 –

황국 협회

독립 협회에 대항하기 위해 조직된 어용단체. 정식 지휘자는 정부 관료, 회원은 보부상이었음

10. 독립 협회(獨立協會, 1896)

(1) 배경 및 성립

서재필 등은 자유 민주주의적 개혁 사상을 민중에게 보급하고 국민의 힘으로 자주 독립 국가를 건설하기 위하여 독립신문을 창간하고 독립 협회를 창립(1896. 7)

(2) 구성

① **사상적 구성** : 서구 자유민주주의 사상(서재필·윤치호)과 개신 유학 사상·유교 혁신 사상(남궁억, 정교)이 합쳐져 자주 자강·개화 혁신 사상으로 승화(이상재)
② **구성원** : 근대 개혁 사상을 지닌 진보적 지식인들이 지도부를 이루고 도시 시민층이 주요 구성원으로 참여, 학생·노동자·여성·천민 등 광범한 계층의 지지

(3) 주장

① **자주 국권 운동** : 국권과 국익 수호 운동
② **자강 개혁 운동** : 입헌 군주제, 신교육 운동, 상공업 장려, 근대적 국방력 강화
③ **자유 민권 운동** : 민권(자유권·재산권) 보장 운동, 국민 참정권 운동

(4) 활동

① **이권 수호 운동** : 러시아의 절영도 조차 요구 규탄, 한·러 은행 폐쇄
② **독립 기념물의 건립** : 자주 독립의 상징인 독립문을 세우고, 모화관을 독립관으로 개수
③ **민중의 계도** : 강연회·토론회 개최, 신문·잡지의 발간 등을 통해 근대적 지식과 국권·민권 사상을 고취
④ **만민 공동회 개최(1898. 3)** : 우리나라 최초의 근대적 민중 대회(→ 외국의 내정 간섭·이권 요구·토지 조사 요구 등에 대항하여 반환을 요구)
⑤ **관민 공동회 개최(1898. 10～1898. 11)**
　㉠ 만민 공동회의 규탄을 받던 보수 정부가 무너지고 개혁파 박정양이 정권을 장악하자 정부 관료와 각계각층의 시민 등 만여 명이 참여하여 개최
　㉡ 의회식 중추원 신관제를 반포하여 최초로 국회 설립 단계까지 진행(1898. 11)
　㉢ 헌의 6조 : 헌의 6조를 결의하고 국왕의 재가를 받음(→ 실현되지는 못함)

(5) 독립 협회의 해산(1898. 12)

① **보수파의 모함** : 시민 의식이 성숙하지 못한 상태에서 서구식 입헌 군주제의 실현을 추구하여 보수 세력의 지지를 얻지 못함
② **시민의 투쟁** : 시민들은 만민 공동회를 열어 독립 협회의 부활과 개혁파 내각의 수립, 의회식 중추원의 설치 등을 요구하면서 격렬한 투쟁
③ **해산** : 황국 협회를 이용한 보수 세력의 탄압으로 해산(1898. 12)
④ **의의** : 민중에 의한 자주적인 근대화 운동 전개

11. 대한 제국(大韓帝國)

(1) 대한 제국의 성립(1897. 10)

러시아 공사관에서 1년 만에 환궁한 고종은 국호를 대한 제국, 연호를 광무로 고치고 황제라 칭하여 자주 국가임을 내외에 선포

(2) 광무개혁

① 내용

정치면	• 황제권의 강화(전제황권) : 복고적 개혁의 성격 • 대한국제(대한국 국제)의 반포 : 대한국제는 광무정권이 1899년 제정한 일종의 헌법으로, 대한 제국이 전제 정치 국가이며 황제권의 무한함을 강조 • 황제가 군권을 장악하기 위해 최고 군통수기관으로 원수부를 설치 • 국방력 강화
경제면	• 양지아문을 설치(1898)하여 양전사업을 실시(1899)하고 지계(토지증서) 발급 • 탁지부에서 관할하던 재정업무를 궁내부 소속의 내장원으로 이관 • 상공업 진흥책을 실시하여 황실(정부)이 직접 공장을 설립하거나 민간 회사의 설립을 지원 • 실업학교 및 기술교육기관을 설립 • 금본위제 화폐 제도 채택 시도
사회면	• 종합 병원인 광제원(廣濟院)을 설치 • 신교육령에 의해 소학교 · 중학교 · 사범학교 등을 설립 • 고급장교의 양성을 위해 무관학교를 설립(1898) • 교통 · 통신 · 전기 · 의료 등 각 분야에 걸친 근대적 시설을 확충

② 한계

ㄱ 근대 사회로의 지향이나, 황권의 강화와 황실 중심의 개혁

ㄴ 진보적 개혁 운동을 탄압하여 국민 지지 상실(보수적 추진 세력의 한계)

ㄷ 열강의 간섭을 완전히 배제하지 못해 큰 성과를 거두지 못함

12. 항일 의병 투쟁

(1) 항일 의병 투쟁의 발발

① 배경 : 청 · 일 전쟁으로 조선에서 청을 몰아낸 일본이 침략 의도를 노골적으로 드러내자 여러 방면에서 민족적 저항이 일어났는데, 의병 항쟁은 그 중 가장 적극적인 형태의 저항

② 시초 : 1894년 8월 서상철이 갑오개혁에 따른 반일 감정으로 거사

(2) 을미의병(1895)

① 을미의병의 계기 : 최초의 항일 의병으로, 명성황후 시해와 단발령을 계기로 발생

② 구성원과 활동 : 유인석 · 이소응 · 허위 등 위정척사 사상을 가진 유생들이 주도, 농민들과 동학 농민군의 잔여 세력이 가담하여 전국적으로 확대

③ 해산 : 아관파천 후 단발령이 철회되고 고종의 해산 권고 조칙이 내려지자 대부분 자진 해산

④ 해산된 농민 일부가 활빈당을 조직하여 반봉건 · 반침략 운동을 계속함

황궁우와 원구단

대한국제(대한국 국제)의 주요 내용

★ 빈출개념

제1조 대한국은 세계 만국이 공인한 자주 독립 제국이다.

제2조 대한국의 정치는 만세 불변의 전제 정치이다.

제3조 대한국 대황제는 무한한 군권(君權)을 누린다.

제4조 대한국의 신민은 대황제의 군권을 침해할 수 없다.

제5조 대한국 대황제는 육·해군을 통솔한다.

제6조 대한국 대황제는 법률을 제정하여 그 반포와 집행을 명하고, 대사특사감형복권 등을 명한다.

제7조 대한국 대황제는 행정 각부의 관제를 정하고, 행정상 필요한 칙령을 반한다.

제8조 대한국 대황제는 문·무 관리의 출척(黜陟) 및 임면권(任免權)을 가진다.

제9조 대한국 대황제는 각 조약 체결 국가에 사신을 파견하고, 선전·강화 및 제반 조약을 체결한다.

단발령

의병의 봉기

을미 · 을사 · 정미의병의 격문

• 을미의병

원통함을 어찌하리오. 국모의 원수를 생각하며 이를 갈았는데 참혹함이 더욱 심해져 임금께서 또 머리를 깎으시는 지경에 이르렀다.

– 유인석의 창의문 –

• 을사의병

작년 10월에 저들이 한 행위는 오랜 옛날에도 일찍이 없던 일로서 억압으로 한 조각의 종이에 조인하여 500년 전해오던 종묘 사직이 드디어 하루밤에 망하였으니 ……

– 최익현의 격문 –

• 정미의병

군대를 움직이는 데 가장 중요한 점은 고립을 피하고 일치단결하는 것에 있다. 따라서 각도의 의병을 통일하여 둑을 무너뜨릴 기세로 서울에 진격하면, 전 국토가 우리 손 안에 들어오고 한국 문제의 해결에 있어서도 유리하게 될 것이다.

– 이인영의 격문 –

(3) 을사의병의 발발(1905)

① 의병의 재봉기 : 을사조약의 폐기와 친일 내각의 타도를 내세우고 격렬한 무장 항전(→ 항일 의병 전쟁의 전개)

② 의병장 : 민종식, 최익현, 신돌석 등

③ 특징 : 종래 의병장은 대체로 유생이었으나 이때부터 평민 출신 의병장이 활동

(4) 정미의병(1907)

① 계기 : 고종의 강제 퇴위, 군대 해산(1907. 8)

② 특징 : 해산 군인들이 의병에 합류하면서 의병의 조직과 화력이 강화, 전국 각지, 나아가 간도와 연해주 등 국외로까지 확산

(5) 의병 전쟁의 확대

① 13도 창의군 조직(1907. 12) : 유생 이인영을 총대장, 허위를 군사장으로 13도 연합 의병이 조직

㉠ 외교 활동의 전개 : 서울 주재 각국 영사관에 의병을 국제법상의 교전 단체로 승인해 줄 것을 요구하여, 스스로 독립군임을 자처

㉡ 서울 진공 작전(1908) : 의병 연합 부대는 서울 근교까지 진격(1908. 1)하였으나, 일본군의 반격으로 후퇴

② 국내 진입 작전 : 홍범도와 이범윤이 지휘하는 간도와 연해주의 의병들이 작전 모색

③ 안중근의 거사(1909) : 하얼빈 역에서 일제의 침략 원흉인 이토 히로부미를 처단, 이듬해인 1910년 3월 26일 뤼순 감옥에서 순국

(6) 의병 전쟁의 의의와 한계

① 의병 전쟁의 한계

㉠ 국내적 요인 : 비조직성, 전통적 신분제를 고집하여 유생층과 농민 간 갈등

㉡ 국외적 요인 : 열강 침략의 보편화, 을사조약으로 외교권이 상실되어 국제적으로 고립

② 의병 전쟁의 의의 : 민족 저항 정신 표출, 항일 무장 독립 투쟁의 기반, 반제국주의 · 민족주의 운동

13. 애국 계몽 운동의 전개

(1) 애국 계몽 운동

① 의미 : 을사조약(1905) 전후에 나타난 문화 활동과 산업 진흥 등 실력 양성을 통해 국권을 회복하자는 운동

② 주도 세력 : 지식인, 관료, 개혁적 유학자

(2) 애국 계몽 운동 단체

① 보안회(1904) : 일제의 황무지 개간권 요구에 반대하여 이를 저지

② 헌정 연구회(1905) : 국민의 정치 의식 고취와 입헌정체의 수립을 목적으로 설립됨, 일진회의 반민족적인 행위를 규탄하다가 해산

③ 대한 자강회(1906)

    ㉠ 조직 : 헌정 연구회를 모체로, 사회 단체와 언론 기관을 주축으로 하여 창립

    ㉡ 참여 : 윤치호, 장지연 등

    ㉢ 목적 : 교육과 산업의 진흥을 통한 독립의 기초 마련

    ㉣ 활동 : 독립 협회 정신을 계승하여 월보의 간행과 연설회의 개최 등을 통하여 국권 회복을 위한 실력 양성 운동 및 일진회에 대항하여 애국 계몽 운동 전개

    ㉤ 해체 : 일제의 고종 황제에 대한 양위 강요에 격렬한 반대 운동을 주도하다가 강제로 해체됨

④ 대한 협회(1907)

    ㉠ 조직 및 활동 : 오세창 · 윤효정 · 권동진 등이 대한 자강회를 계승하여 조직, 교육의 보급 · 산업의 개발 · 민권의 신장 · 행정의 개선 등을 강령으로 내걸고 실력 양성 운동을 전개

    ㉡ 해체 : 1910년 한 · 일 병합 조약 이후 해체

⑤ 신민회(1907)

    ㉠ 조직 : 사회 각계각층의 인사를 망라하여 조직된 비밀 결사

    ㉡ 구성원 : 안창호, 양기탁 등

    ㉢ 목적 : 국권 회복, 공화정체의 국민 국가 건설

    ㉣ 활동 : 자기 회사 설립(평양), 태극서관 설립(대구), 대성 학교 · 오산 학교 · 점진 학교 설립 등, 대한매일신보를 기관지로 활용, 최남선의 주도하에 〈소년〉을 기관 잡지로 창간, 남만주에 삼원보, 밀산부에 한흥동을 각각 건설하여 무장 독립 운동의 터전이 됨

    ㉤ 해체(1911) : 일제가 날조한 105인 사건으로 해체

(3) 의의 및 한계

① 의의 : 민족 독립 운동의 이념과 전략을 제시, 장기적인 민족 독립 운동의 기반 구축

② 한계 : 일제에 예속된 상태에서 전개되어 성과 면에서 일정한 한계

👓👓 한눈에 쏙~

애국 계몽 운동의 전개

독립협회의 해체 뒤 개화 자강 계열 단체들이 설립되어 친일 단체인 일진회에 대항하면서 구국 민족 운동을 전개하였는데, 1905년을 전후하여 이러한 개화 자강 계열의 민족 운동은 국권 회복을 위한 실력 양성 운동, 곧 애국 계몽 운동으로 발전하였음

일진회

친일적 민의가 필요하다고 여긴 일본이 1904년에 설립한 친일 단체. 송병준, 윤시병, 유학주 등을 중심으로 적극적인 친일 활동을 전개하였음. 고종이 강제로 퇴위된 당시 전국 각지에서 봉기한 의병들은 일진회 회원들을 살해하고 일진회의 지부 및 기관지인 국민신보사를 습격하여 파괴하였음. 1910년 합병 조약이 체결된 후 해체됨

신민회의 4대 강령

· 국민에게 민족 의식과 독립 사상을 고취할 것

· 동지를 찾아 단합하여 민족 운동의 역량을 축적할 것

· 각종의 상공업 기관을 만들어 단체의 재정과 국민의 부력을 증진할 것

· 교육 기관을 각지에 설치하여 청소년 교육을 진흥할 것

06장

근대의 변화와 흐름

02절 개항 이후의 경제와 사회

1. 열강의 경제 침탈

(1) 일본 상인의 경제 침투

① 초기
  ㉠ 부산 · 원산 등 개항지를 중심으로 거류지 무역 전개
  ㉡ 재판권, 무관세, 일본 화폐의 사용 등의 불평등 조약을 이용해 약탈적 무역 전개

② 1880년대
  ㉠ 무역 활동 범위가 개항장 100리까지 확대되어 내륙까지 진출
  ㉡ 곡물 수매에 주력 : 자본주의 초기의 식량 부족을 해결하기 위해 조선의 곡물을 대량 수입해 감(→ 조선의 곡물 가격 폭등과 식량난 초래)
  ㉢ 조 · 청 상민 수륙 무역 장정(1882) 체결 이후 : 청 상인의 활발한 진출로 청 · 일 양국의 각축 격화(→ 청에서의 수입 비율이 점차 증가)

③ 1890년대 : 청 · 일 전쟁 이후 일본 상인들이 국내 상권을 거의 독점, 일본 제일 은행의 지점을 설치하고 대한 제국의 금융을 장악해 감

(2) 일본의 토지 약탈

① 개항 직후
  ㉠ 초기 : 일본 상인들이 개항장 안의 토지를 빌려 쓰는 데 그침
  ㉡ 토지 소유의 확대 : 차압과 고리대를 이용하여 우리 농민의 토지를 헐값으로 사서 점차 농장을 확대해 감

② 청 · 일 전쟁 이후(1890년대) : 일본 대자본가들이 침투하여 대규모 농장 경영, 전주 · 군산 · 나주 일대에 대규모 농장 경영

③ 1900년대 : 토지 약탈의 본격화

(3) 제국주의 열강의 이권 침탈

① 배경 : 아관파천 이후 본격화, 최혜국 대우 규정을 이용하여 철도 부설권 · 금광 채굴권 · 산림 채벌권 등 이권 침탈

② 이권 침탈
  ㉠ 러시아 : 경원 · 종성 광산 채굴권, 압록강 · 울릉도 산림 채벌권, 조 · 러 은행 설치권
  ㉡ 일본 : 경인선 철도 부설권(미국으로부터 인수), 경부선 · 경원선 부설권, 직산 금광 채굴권
  ㉢ 미국 : 서울 시내 전차 부설권, 서울 시내 전기 · 수도 시설권, 운산 금광 채굴권
  ㉣ 프랑스 : 경의선 철도 부설권(일본에 양도), 창성 금광 채굴권, 평양 무연탄 채굴권
  ㉤ 영국 : 은산 금광 채굴권

조 · 청 상민 수륙 무역 장정

고종 19년(1882) 조선과 청이 양국 상인의 통상에 대해 맺은 규정. 서두에 조선에 대한 청의 종주권을 명시하고 있으며, 조선의 비준도 생략되었음. 임오군란 이후 청의 내정 간섭이 강화된 상황에서 체결되었으며, 이후의 통상 조약 등에도 영향을 미쳐 불평등 조약 체계 확립에 결정적인 역할을 하였음

화폐 정리 사업

조선의 상평통보나 백동화 등을 일본 제일 은행에서 만든 새 화폐로 교환하도록 한 사업. 갑작스럽게 시행되었을 뿐만 아니라 질이 나쁜 백동화는 교환해 주지 않았는데, 일본 상인들과는 달리 이 사실을 모르고 있던 조선 상인들의 경우 화폐 정리 사업에 대비하지 못해 많은 사람들이 파산하게 되었음. 또한 소액도 교환해 주지 않아 농민들 역시 큰 피해를 입었음

철도에 대한 일본의 집착

열강의 경제적 침탈 속에서 일본은 특히 철도와 관련된 이권의 획득에 집착하였는데, 이는 철도가 인적 · 물적 자원을 대량으로 운송할 수 있는 육상 운송 수단으로서 대륙침략 시 일본군의 수송과 조선에서의 쌀 반출 시 유용하기 때문이었음. 그리하여 미국이 처음 획득한 경인선 부설권을 사들이고, 이어서 경부선, 경의선, 경원선 부설권까지 차지하여 개통하였음

ⓗ 독일 : 당현 금광 채굴권

ⓐ 청 : 황해도 · 평안도 연안 어채권, 인천–한성–의주 전선 가설권, 서울–부산
전선 가설권

2. 경제적 구국 운동의 전개

(1) 방곡령과 상권 수호 운동

① 방곡령(防穀令, 1889)

ㄱ 실시 : 개항 이후 곡물의 일본 유출이 늘어나면서 가격이 폭등한데다가 흉년
이 겹쳐 함경도와 황해도를 중심으로 시행

ㄴ 결과 : 일제는 1개월 전에 통고해야 한다는 조 · 일 통상 장정(1883) 규정을 구
실로 방곡령의 철회를 요구하고 거액의 배상금을 요구

② 상권 수호 운동 : 상인들은 상권 수호 운동을 벌여 경제적 침탈에 적극적으로 대응

③ 상회사의 설립 : 1880년대에는 관리들과 객주, 보부상 등을 중심으로 대동상
회 · 장통상회 등과 같은 동업자 조합 성격의 상회사가 주로 설립되었고, 대한
제국의 상공업 진흥 정책이 실시된 이후에는 해운회사 · 철도회사 · 광업회사 등
과 같은 근대적 형태의 주식회사도 설립

④ 근대적 산업 자본의 성장 : 조선 유기 상회(鍮器商會), 직조 산업, 연초 공장(煙草
工場), 사기 공장(砂器工場) 등

(2) 민족 은행 설립

① 일본의 금융 기관 침투와 고리대금업에 대응하기 위하여 우리 자본으로 은행 설립

ㄱ 조선 은행(1896) : 관료 자본이 중심이 된 민간 은행(최초)

ㄴ 민간 은행 : 한성 은행, 천일 은행 등

② 메가타의 화폐 정리 사업(1905), 자금과 기술의 부족, 미숙한 운영 방식 등으로
문을 닫거나 일본계 은행에 합병(→ 일제의 금융권 장악 가속화)

(3) 국채 보상 운동(國債報償運動, 1907)

① 배경 : 일제의 강제 차관 도입으로 인해 정부가 짊어진 1,300만 원의 외채를 국
민의 힘으로 상환하여 국권을 회복하자는 운동

② 경과 : 국채 보상 기성회가 전국 각지로 확대, 보상금 모집소 설치

③ 결과 : 일본은 국채 보상 기성회의 간사인 양기탁에게 국채 보상금을 횡령하였다
는 누명을 씌워 구속하고 1908년 초 2천만 원의 차관을 억지로 추가 공급하여
좌절시킴

(4) 황무지 개간권 반대 운동(1904)

보안회는 일제의 황무지 개간권 요구에 대한 반대 운동을 벌여 토지 약탈 음모를 분
쇄, 이도재 등은 농광 회사를 설립하여 황무지를 우리 손으로 개간할 것을 주장

(5) 독립 협회의 이권 수호 운동

방곡령

1876년 강화도 조약으로 일본에 개국한
이래, 일본 상인들은 조선의 쌀과 콩을
매점하여 일본에 반출하였음. 이에 곡물
의 절대비축량이 부족하여 식량난이 가
중되고, 고종 25년(1888) 흉년까지 들자
전국 곳곳에서 폭동이 발발하였음. 이에
원산을 관장하던 함경도 관찰사 조병식
은 1889년 9월 한 · 일 통상 장정을 근거
로 원산항을 통한 콩의 유출을 금지하는
방곡령을 내렸음. 이에 일본 무역상이
타격을 입자 조선과 일본 간 분규가 발
생함. 조선은 조병식을 강원도 관찰사로
전출시킴으로써 방곡령을 해제하였으나,
새로 함경도 관찰사로 부임한 한장석이
방곡령을 다시 시행하였음. 이에 일본은
손해 배상을 청구하였으며, 조선은 청의
권고에 따라 11만 환의 배상금을 지불하
였음. 방곡령은 이후에도 부분적으로 시
행되다가 1894년 1월 전면 해제됨

**활발한 기업 활동을 통한 민족 자본의
확보**

1890년대 후반기에 정부의 상공업 진흥
정책에 따라 기업 활동이 활발해졌는데,
일본의 운수업 지배에 맞서 국내 기업가
들은 외국 증기선을 구입하여 대항하기도
하였고, 해운회사 · 광업회사 등을 설립하
여 활발한 기업 활동을 전개함으로써 민
족 자본의 토대를 확보하고자 하였음

일제의 시설 설립 사업

일제는 우리나라의 근대화를 위한다는
명분을 내세워, 우리나라에 거주하는 일
본인들을 위한 도로 · 수도 시설, 은행,
학교, 병원 등의 시설 설립 사업을 실시
하였음. 일제는 그 시설비를 우리나라에
서 부담하도록 하면서 차관을 얻도록 강
요하였음

① 러시아의 이권 침탈 저지 : 절영도의 조차 요구 저지, 한·러 은행의 폐쇄, 도서(島嶼)의 매도 요구 저지

② 프랑스 광산 채굴권 요구 저지

③ 미국·독일 등 열강이 차지한 철도·광산·산림에 대한 이권 반대 운동 전개

실력up 만민 공동회의 상소

근대 우리나라 국유 광산이라든지, 철도 기지·서북 삼림·연해 어업 등등, 이 모든 것에 대한 외국인들의 권리 취득 요구를 우리 정부에서 한 가지라도 허락해 주지 않은 것이 있었는가. 이렇게 외국인들의 요구가 그칠 줄 모르는데, 오늘에 이르러서는 일인(日人)들이 또다시 국내 산림천택(山林川澤)과 원야(原野)개발권까지 허가해 줄 것을 요청하기에 이를 정도로 극심해졌으니, 정부는 또 이 요구를 허가할 작정인가. 만일 이것마저 허가한다면 외국인들이 이 위에 또다시 요구할 만한 무엇이 남아 있겠으며, 우리도 또한 무엇이 남아서 이런 요구에 응할 것이 있겠는가. 이렇게 되면 그야말로 500년의 마지막 날이 될 것이요, 삼천리의 종국(終局)이 될 것이니, 우리 정부에서는 반드시 이를 거절할 줄로 안다.

– 이상재 –

의식의 변화

서울 시전 상인들이 말하기를, 우리가 상업을 하는 데 올바른 대신들의 공정한 법률 밑에서 장사를 해야 생명과 재산을 보호하지, 근일 정부 대신들 밑에서는 상업도 못하겠다 하고, 그저께부터 각기 폐시하고 독립 협회와 총상회의 목적을 따라 비록 군밤 장사까지라도 모두 일심이 되어 회중소청에 가서 합동하였다는데, 경무관 안환 씨가 순검들을 많이 데리고 각 상인들을 압제하여 억지로 가게 문을 열라고 한즉, 상인 제씨가 서로 말하기를 우리도 충군 애국하는 마음으로 소청에 가서 합동하겠는지라, 지금은 전과 달라 관인의 무례한 압제를 아니 받겠노라. 경무청에서 우리에게 자본금을 주어 장사시키기에 가게 문을 열어라 어찌하라 무슨 참견이뇨. 우리도 자유 권리로 하는 일이니 다시는 이따위 수작 말라 하니, 안 경무관도 어찌할 수 없는 것으로 알더라고 하더라.

– 독립신문(1898. 10. 13) –

3. 평등 의식의 확산

(1) 19세기 사회의 변화

① 계기 : 천주교와 동학, 개신교의 전파는 사회 전반의 변화에 지대한 영향을 끼침

② 평등 의식의 확산 : 평등 의식이 확산되면서 종래 신분 제도에 변화가 나타남

(2) 종교의 영향

① 천주교 : 19세기 중엽에 교세가 확장되어 평등 의식의 확산에 기여, 중인·평민·부녀자 신도가 많음

② 동학 : 적서 차별과 남존 여비를 부정, 주로 평민층 이하의 지지를 받음

③ 개신교 : 19세기 말 전래, 포교의 수단으로 학교를 설립하고 의료 사업 전개, 한글 보급, 미신 타파, 남녀 평등 사상 보급, 근대 문명 소개, 애국 계몽 운동에 기여

갑오개혁 때 추진된 사회 개혁

• 문벌에 따른 차별과 양반, 상민 등의 계급을 타파하고 귀천의 구별 없이 인재를 뽑아 등용

• 지금까지 내려온 문존 무비(文尊武卑)의 차별을 폐지

• 공·사 노비 제도를 모두 폐지하고 인신매매를 금지

• 연좌법을 모두 폐지하여 죄인 자신 이외에는 처벌하지 않음

• 남녀의 조혼을 엄금하여 남자는 20세, 여자는 16세에 결혼을 허락

• 과부의 재혼은 귀천을 막론하고 그 자유에 맡김

(3) 갑신정변의 영향

① 진보적 사고 : 양반 신분 제도와 문벌 폐지, 인민 평등 실현 등

② 조선의 불합리한 신분 제도를 사회적 불평등의 근원이자 국가 발전을 저해하는 주요 원인으로 인식하고 개혁하고자 함

4. 사회 개혁 운동

(1) 동학 농민군의 사회 개혁

① 의의 : 반상(班常)을 구별하는 관행을 부정하고 인간 평등과 인권 존중의 반봉건적 사회 개혁을 추구하여 사회 전반에 커다란 변화를 야기

② 폐정 개혁안 : 반봉건적 사회 개혁안 요구, 지주제 철폐의 요구

③ 한계 : 신분 간의 갈등 초래(양반 지주의 저항 초래, 민보군, 집강소)

(2) 갑오개혁과 신분제의 폐지

① 사회면의 개혁

㉠ 동학 농민 운동의 요구 수용 : 갑오개혁에 일부 수용되어 사회 개혁이 많음

㉡ 개혁 추진의 중심 기구인 군국기무처를 통해 전통적 신분 제도와 문벌·출신 지역에 따른 인재 등용의 폐습을 개혁

② 개혁 내용 : 평등주의적 사회 질서 수립, 노비 및 천민층의 점진적 해방, 기술직 중인의 관직 등용 확대, 여성의 대우 향상과 혼인 풍습 개선 등

③ 결과 : 능력 본위의 인재 등용이 이루어지는 계기로 작용

④ 의의 : 조선의 근대화에 기여했으며, 양반의 권력 독점을 해체시키는 계기가 됨

5. 민권 운동의 전개

(1) 독립 협회의 운동

① 활동 방향 : 주권 독립 운동, 민권 운동(인권 운동과 참정권 실현 운동으로 전개)

② 기본 사상 : 자주 국권 사상·자유 민권 사상·자강 개혁 사상

③ 의의 : 민중의 자발적 참여, 평등 의식의 확산, 근대화 사상의 계승

④ 해체 : 입헌 군주제 주장에 위기를 느낀 정부가 황국 협회를 동원하여 탄압

(2) 애국 계몽 운동

① 활동 내용 : 사회·교육·경제·언론 등 각 분야에서 국민의 근대 의식과 민족 의식을 고취

② 영향 : 사회 인식의 전환, 민주주의 사상의 진전

03절 근대 문화의 발달

1. 근대 시설의 수용

(1) 근대 시설의 도입

① 인쇄 시설 : 박문국 설립(1883. 8), 광인사 설립(1884)

② 통신 시설

㉠ 전신 : 청에 의해 서울과 인천 간에 가설(1885)

㉡ 전화 : 처음에 궁궐 안에 가설(1896), 그 후 서울 시내에도 가설(1902)

㉢ 우편 : 우정국이 갑신정변으로 중단되었다가 을미개혁 이후 부활(우체사,1895), 만국 우편 연합에 가입하여 여러 나라와 우편물을 교환(1900)

③ 교통 시설 : 경인선(1899)·경부선(1905)·경의선(1906)부설, 전차 운행(1899)

SEMI-NOTE

애국 계몽 운동

1905~1910년에 전개된 실력 양성 운동을 총칭. 애국 계몽 운동은 일제에 국권을 박탈당한 이유를 힘과 실력의 부족에서 찾아, 실력을 배양·축적해야 한다고 주장하였음. 이들은 국내에서 사업을 수행하여 민력을 키우고, 청소년을 민족 간부로 양성하며, 국외에 무관 학교를 중심으로 한 독립군 기지를 설치하고 독립군을 양성하여 실력을 쌓아 두었다가 일제를 몰아내어 국권을 회복하고자 하였음. 보안회, 헌정 연구회, 대한 자강회, 신민회, 흥사단 등이 애국 계몽 운동 단체에 속함

과학 기술 수용론의 등장

• 근대 이전 : 서양의 과학 기술에 대한 관심은 17세기 실학자들에 의하여 싹틈

• 개항 이후 : 당시의 개화파는 우리의 정신 문화는 지키면서 서양의 과학 기술을 수용하자는 동도서기론을 제창

서양 과학 기술의 수용 과정

• 개항 이전 : 1860년대 흥선대원군 집권기에도 서양의 침략에 대응하기 위한 무기 제조 기술에 많은 관심을 보임

• 개항 이후 : 조사 시찰단과 영선사 파견, 산업 기술의 수용에도 관심이 높아져서, 1880년대에는 양잠·방직·제지·광산 등에 관한 기계를 도입하고 외국 기술자를 초빙

• 1890년대 : 근대적 과학 기술의 수용을 위해서는 교육 제도의 개혁이 급선무임을 인식하여 갑오개혁 이후 유학생의 해외 파견을 장려하고 교육 시설을 갖추는 데 노력

박문국과 광인사

• 박문국 : 고종 20년(1883) 김옥균, 서광범, 박영효 등의 노력으로 설치된 출판 기관. 같은 해 10월 한성순보를 발간하였음. 갑신정변의 실패로 폐지되었다가 고종 22년(1885) 통리교섭통상아문의 건의에 따라 재설치 되었음

• 광인사 : 출판사를 겸한 한국 최초의 근대식 민간 인쇄소로, 고종 22년(1884) 일본에서 납 활자를 수입하고 판화 인쇄 시설을 갖추었음. 광인국이라고도 함

덕수궁 석조전

명동 성당

장지연의 시일야방성대곡

저 돼지와 개만도 못한 우리 정부의 소위 대신자들이 영리를 바라고 덧없는 위협에 겁을 먹어 놀랍게도 매국의 도적을 지어 4천 년 강토와 5백 년 사직을 다른 나라에 갖다 바치고 2천만 국민으로 타국인의 노예를 만드니. …… 아아, 분하도다! 우리 2천만, 타국인의 노예가 된 동포여! 살았는가! 죽었는가! 단군, 기자 이래 4천 년 국민정신이 하룻밤 사이에 졸연히 멸망하고 말 것인가! 원통하다! 동포여! 동포여!

– 〈황성신문〉 –

④ **의료 시설** : 광혜원(1885), 광제원(1900), 대한 의원(1907), 자혜 의원(1909), 세브란스 병원(1904)

⑤ **건축** : 서구 양식의 건물인 독립문(프랑스의 개선문을 모방), 덕수궁 석조전(르네상스 양식), 명동 성당(중세 고딕 양식) 등

⑥ **무기**(기기상), **화폐 주조**(전환국)

(2) 근대 시설 수용의 의의

외세의 이권 침탈이나 침략 목적에 이용되기도 하였으나, 한편으로는 국민 생활 편리의 진작과 생활 개선에 이바지

2. 언론 활동·근대 교육의 발전

(1) 언론 기관의 발달

한성순보 (1883~1884)	• 박영효 등 개화파가 창간하여 박문국에서 발간한 최초의 신문 • 관보 성격의 순한문판 신문으로, 10일 주기로 발간 • 국가 정책 홍보와 서양의 근대 문물 소개 • 갑신정변으로 박문국 폐지 시 중단
한성주보 (1886~1888)	• 박문국 재설치 후 〈한성순보〉를 이어 속간 • 최초의 국한문 혼용, 최초로 상업광고를 실음
독립신문 (1896~1899)	• 서재필이 발행한 독립협회의 기관지로서, 최초의 민간지, 격일간지 • 순한글판과 영문판 간행, 띄어쓰기 실시 • 국민에 대한 계몽과 민족 자주의식, 자유민권사상의 배양을 목적으로 발간 • 사회진화론에 의한 세계질서 파악, 의병활동에 부정적 인식
매일신문 (1898~1899)	• 협성회의 회보를 발전시킨 최초의 순한글 일간지 • 개화사상과 국민의 각성을 주장, 독립협회 해산으로 폐간
황성신문 (1898~1910)	• 남궁억, 유근 등 개신유학자들이 발간, 국한문 혼용 • 민족주의적 성격의 항일 신문, 보안회 지원, 장지연의 '시일야방성대곡'을 게재하고 을사조약을 폭로하여 80일간 정간
제국신문 (1898~1910)	• 이종일이 발행한 순한글의 계몽적 일간지(일반 대중과 부녀자 중심) • 국민 계몽과 자강 사상 고취, 신교육과 실업 발달 강조 • 의병활동에 부정적
대한매일신보 (1904~1910)	• 영국인 베델이 양기탁 등과 함께 창간, 국한문판·한글판·영문판 간행(최대 발행부수) • 신민회 기관지로 활용, 국채 보상 운동에 주도적으로 참여 • 영·일동맹으로 검열이 면제, 서양문물 소개 • 의병활동, 친일 내각과 일진회의 매국행위 폭로·규탄 등 일제침략을 상세히 보도한 반일 신문으로, 항일운동의 전국적 확산에 기여 • 1910년 고종의 '을사조약부인친서'를 보도하다 총독부에 매수되어 일제 기관지(매일신보)로 속간

만세보 (1906~1907)	• 천도교의 후원을 받아 오세창이 창간한 천도교 기관지 • 사회진보주의 제창(신지식 개발, 신문화 보급운동) • 일진회의 〈국민신보〉에 대항(일진회 공격) • 이인직의 〈혈의 누〉 연재
경향신문 (1906~1910)	가톨릭교회의 기관지, 주간지, 민족성 강조
대한민보 (1909~1910)	대한협회의 기관지로, 일진회의 기관지인 〈국민신보〉에 대항
경남일보 (1909~1914)	최초의 지방지

(2) 근대 교육의 실시

① 원산 학사(1883) : 최초의 근대적 사립 학교, 외국어 · 자연 과학 등 근대 학문과 무술을 가르침
② 동문학(1883) : 정부가 세운 영어 강습 기관(통리교섭통상사무아문의 부속 기관)
③ 육영 공원(1886) : 정부가 보빙사 민영익의 건의로 설립한 최초의 근대식 관립 학교

(3) 근대적 교육 제도의 정비

① 교육 입국 조서 반포(1895) : 국가의 부강은 국민의 교육에 있음을 내용으로 함
② 광무개혁 : 실업 학교 설립

(4) 사립학교

① 개신교 계통
  ㉠ 개신교 선교사들이 학교를 설립하여 학생들에게 근대 학문을 가르치고 민족 의식을 고취했으며, 민주주의 사상의 보급에 이바지
  ㉡ 배재 학당(1885), 이화 학당(1886), 경신 학교(1886), 정신 여학교, 숭실 학교(1897), 배화 여학교, 숭의 여학교, 보성 여학교 등
② 민족주의 계통의 학교
  ㉠ 민족 지도자들의 학교 설립
    • 배경 : 을사조약 이후 민족 지도자들은 근대 교육이 민족 운동의 기반이라 주장
    • 학교의 설립 : 보성 학교(1906), 양정 의숙(1905), 휘문 의숙(1906), 숙명 여학교(1906), 진명 여학교(1906), 서전 서숙(1906), 대성 학교(1908), 오산 학교(1907), 흥무관 학교(1907), 동덕 여자 의숙(1908), 흥화 학교(1898), 점진 학교(1899)
  ㉡ 학회의 구국 교육 운동 : 대한 자강회 · 신민회 등 정치 · 사회 단체와 서북학회 · 호남 학회 · 기호 흥학회 · 교남 교육회 · 관동 학회 등 많은 학회가 구국 교육 운동 전개
③ 여성 교육 : 황성신문에 최초의 여성 선언문 〈여성 통문〉 발표, 독립신문은 정부가 여성 교육을 위해 예산을 집행할 것을 주장, 순성 여학교 건립(1899)

일제의 언론 탄압
• 신문지법(1907)을 제정하여 언론을 탄압
• 국권 피탈 이후 민족 신문을 강제 폐간 · 매수

원산 학사
1883년 함경도 덕원부사 정현석과 주민들이 개화파 인물들의 권유로 설립한 최초의 근대적 사립학교

교육 입국 조서
세계의 형세를 보면 부강하고 독립하여 잘사는 모든 나라는 다 국민의 지식이 밝기 때문이다. 이 지식을 밝히는 것은 교육으로 된 것이니 교육은 실로 국가를 보존하는 근본이 된다. …… 이제 짐은 정부에 명하여 널리 학교를 세우고 인재를 길러 새로운 국민의 학식으로써 국가 중흥의 큰 공을 세우고자 하니, 국민들은 나라를 위하는 마음으로 지 · 덕 · 체를 기를지어다. 왕실의 안전이 국민들의 교육에 있고, 국가의 부강도 국민들의 교육에 있도다.

대성 학교
…… 학생들은 20세, 30세의 청년 유지들로, 입을 벌리면 나라를 걱정하였고, 행동은 모두 민족의 지도자를 자부하였다. 학교의 과정은 중등 학교라고 하지만, 그 정도가 높아 4학년 과정은 어느 전문학교의 3학년 과정과 대등하였으며, 학교의 설비도 중등학교로서는 유례가 없을 만큼 잘 갖추었다. …… 이 학교는 애국 정신을 고취하는 것을 목적으로 한 학교였으므로, 매일 아침 엄숙한 조회를 하여 애국가를 부른 후 애국에 관한 훈화가 있어 학생들은 이를 마음속 깊이 받아들였다. …… 체조 교사는 군대의 사관으로 뜻이 높던 철혈의 사람 정인목으로, 그는 군대식으로 학생들을 교련하였다. 눈이 쌓인 추운 겨울에 광야에서 체조를 시켰으며, 쇠를 녹이는 폭양 아래에서 전술 강화를 하였고……
– 〈안도산 전서〉 –

주시경

우리글에 '한민족의 크고 바르고 으뜸가는 글'이라는 뜻의 '한글'이라는 이름을 붙인 주시경은 당시 근대 학문을 배운 지식인으로서 후진을 양성하고 민족 정신을 고양시키기 위해 활발한 활동을 펼쳤음. 또한 그는 우리말의 문법을 최초로 정립하였으며, 표의주의 철자법과 한자어 순화 등 혁신적인 주장을 하였음. 〈국어 문법〉, 〈말의 소리〉 등의 저서를 남김

외국 문학의 번역

• 작품 : 〈천로역정〉, 〈이솝 이야기〉, 〈로빈슨 표류기〉 등
• 의의 : 신문학의 발달에 이바지하였고, 근대 의식의 보급에도 기여

예술계의 변화

• 음악
  – 서양 음악 소개 : 크리스트교가 수용되어 찬송가가 불리면서 소개
  – 창가의 유행 : 서양식 악곡에 맞추어 부르는 신식 노래, 〈애국가〉·〈권학가〉·〈독립가〉 등
• 연극 : 민속 가면극, 신극 운동(원각사(1908), 〈은세계〉·〈치악산〉 등의 작품이 공연)
• 미술 : 서양식 유화 도입, 김정희 계통의 문인 화가들이 전통 회화를 발전시킴

신체시의 내용

문명 개화, 남녀 평등, 자주 독립 예찬, 친일 매국 세력에 대한 경고 등

친일 종교 단체

• 대동 학회 : 친일 유교 단체
• 동양 전도관 : 친일 기독교 단체
• 본원사 : 친일 불교 단체

원각사

3. 국학 연구의 진전

(1) 국사 연구 분야

① 근대 계몽 사학의 성립 : 장지연, 신채호, 박은식 등
  ㉠ 구국 위인 전기 : 〈을지문덕전〉, 〈강감찬전〉, 〈이순신전〉 등
  ㉡ 외국 흥망사 소개 : 〈미국 독립사〉, 〈월남 망국사〉 등
  ㉢ 일제 침략 비판 : 〈매천야록〉, 〈대한계년사〉 등
② 민족주의 사학의 방향 제시 : 신채호의 〈독사신론〉
③ 조선 광문회의 설립(1910) : 최남선과 박은식이 조직하여 민족 고전을 정리·간행
④ 국사 교과서 간행 : 〈유년필독〉, 〈동국사략〉

(2) 국어 연구

① 국·한문체의 보급 : 갑오개혁 이후 관립 학교의 설립과 함께 국·한문 혼용의 교과서 간행(서유견문(西遊見聞))
② 국문 연구소의 설립(1907) : 주시경·지석영이 설립, 국문 정리와 국어의 이해체계 확립, 〈국어문법〉 편찬

4. 문학의 새 경향

(1) 신소설(新小說)

① 특징
  ㉠ 순 한글로 쓰였고, 언문 일치의 문장을 사용
  ㉡ 봉건적인 윤리·도덕의 배격과 미신 타파, 남녀 평등 사상과 자주 독립 의식을 고취
② 대표작 : 이인직의 〈혈의 누〉(1906), 안국선의 〈금수회의록〉(1908), 이해조의 〈자유종〉(1910) 등

(2) 신체시

① 1908년 이후 등장한 새로운 형태의 시로, 정형적 시 형식을 탈피하여 자유로운 율조로 새로운 사상을 담음
② 대표작 : 최남선의 〈해에게서 소년에게〉(1908, 소년)

5. 종교 운동의 새 국면

천주교	• 1886년 프랑스와의 수호 통상 조약 이후 선교 활동 허용 • 교육, 언론, 사회 사업(양로원·고아원) 등에 공헌, 애국 계몽 운동의 대열에 참여
개신교	• 종교 운동은 개신교의 참여로 활발하게 전개 • 교육과 의료 사업 등에 많은 업적 • 배재 학당, 이화 학당, 세브란스 병원

천도교(동학)	• 민중 종교로 성장한 동학은 전통 사회를 혁신하는 데 크게 기여 • 대한 제국 시기 이용구 등 친일파가 일진회를 조직하고 동학 조직을 흡수하려 하자, 제3대 교주인 손병희는 동학을 천도교로 개칭하고 민족 종교로 발전시킴(1905) • 만세보라는 민족 신문을 발간하여 민족 의식을 고취 • 보성 학교 · 동덕 여학교 인수
대종교	• 나철 · 오기호 등은 단군 신앙을 기반으로 대종교를 창시(1909) • 민족적 입장을 강조하는 종교 활동을 벌였고, 특히 간도 · 연해주 등지에서의 항일 운동과 밀접한 관련을 가지면서 성장
불교	• 통감부의 간섭으로 일본 불교에 예속화 진행 • 한용운 등은 조선 불교 유신론(1913)을 내세워 일본 불교계의 침투에 대항하고 불교의 혁신과 자주성 회복을 위해 노력
유교	• 반침략적 성격은 강하였으나 시대의 흐름에 역행한다는 비판 • 박은식의 유교 구신론(1909) : 양명학에 토대, 실천적 유교 정신 강조

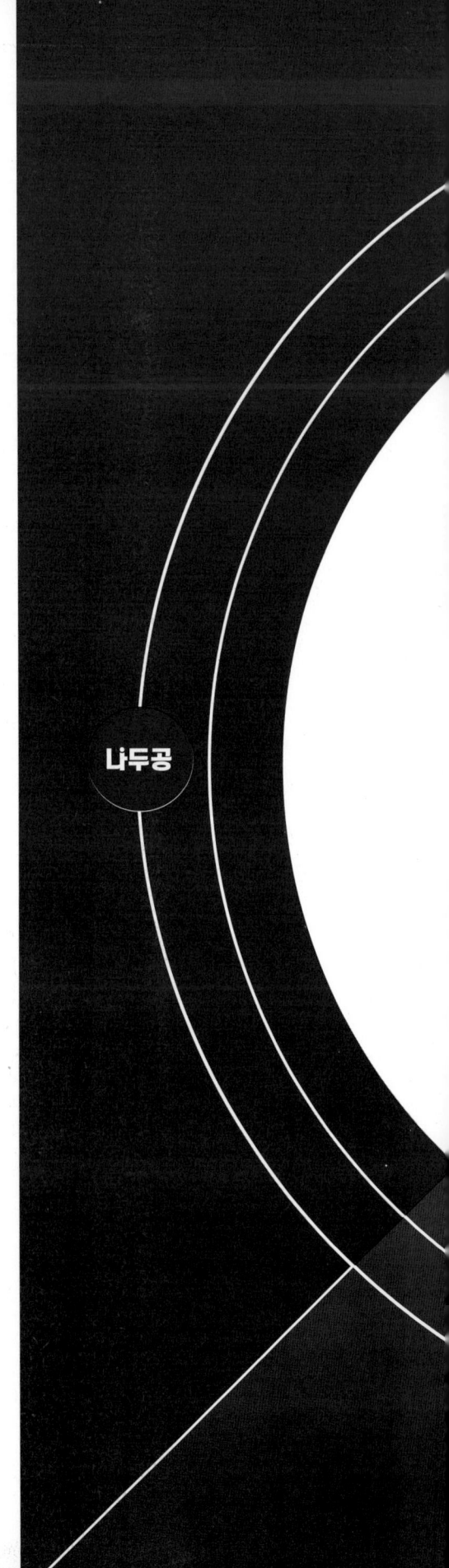

9급공무원
한국사

나두공

07장 민족 독립 운동의 전개

07장 민족 독립 운동의 전개

시모노세키 조약(1895. 4. 17)
청 · 일 전쟁의 전후 처리를 위해 청과 일본이 일본 시모노세키에서 체결한 강화 조약

러 · 일 전쟁
한반도를 두고 벌어진 러시아와 일본 간 대립

을사조약 문서

을사조약 무효 선언서

01절 국권 침탈과 민족의 수난

1. 국제적 배경

(1) 청·일 전쟁(1894~1895)

조선에 대한 주도권 전쟁, 시모노세키 조약(1895)(일본의 주도권 장악)

(2) 러시아의 남하 정책 및 영국과 일본의 견제

① 러시아의 남하 정책 : 베이징 조약(1860)으로 연해주 획득, 러 · 일 협상(1896)으로 조선에 러시아군이 주둔, 조 · 러 육로 통상 조약의 체결(1888), 마산 · 목포의 조차 시도, 용암포 조차 시도(광무 7, 1903)
② 제1차 영 · 일 동맹(1902. 1)
⑦ 극동에서 세력 확대를 꾀하던 러시아를 겨냥하여 영국과 일본이 동맹 체결
ⓒ 영국은 조선에서의 일본의 이권을 인정, 일본은 청에서 영국의 이권을 인정함

(3) 러·일 전쟁(1904~1905)

① 발발 : 한반도 분할에 관한 러 · 일 간의 협상이 결렬된 후 일본이 여순을 기습 침략하여 러시아 발틱 함대를 대파
② 경과 : 전쟁 중인 1905년 7월 미 · 일 간의 가쓰라 – 태프트 밀약이 체결, 1905년 8월 제 2차 영 · 일 동맹 체결
③ 결과 : 미국의 중재로 포츠머스 조약 체결(1905. 9)

2. 일제의 국권 침탈

(1) 한·일 의정서(1904. 2)

① 체결 과정 : 대한 제국의 국외 중립 선언(1904. 1) → 러 · 일 전쟁 발발(1904. 2) → 일제의 대규모 병력 투입 및 군사적 요지 점령
② 내용 : 일본군은 전략상 필요한 지역을 마음대로 사용, 대한 제국과 러시아 간 조약을 파기, 대한 제국은 일본의 동의 없이 제3국과 조약 체결을 하지 못함

(2) 제1차 한·일 협약(1904. 8)

① 체결 과정 : 러 · 일 전쟁의 전세가 유리하게 전개되자 일제는 한국 식민지화 방안을 확정하고, 제1차 한 · 일 협약의 체결을 강요
② 고문 정치 : 외교 · 재정 등 각 분야에 고문을 두고 한국의 내정에 간섭
⑦ 외교 고문 : 스티븐스(→ 1908년 미국 샌프란시스코에서 장인환, 전명운이 사살)
ⓒ 재정 고문 : 메가타(→ 화폐 정리 사업 실시)

(3) 제2차 한·일 협약(을사조약, 1905. 11) ⭐빈출개념

① 체결 과정
  ㉠ 조약의 강요 : 러·일 전쟁에서 승리한 일본은 미국·영국·러시아 등 열강으로부터 한국의 독점적 지배권을 인정받은 후 한국을 보호국으로 만들기 위해 을사조약의 체결을 강요
  ㉡ 조약의 일방적 공포 : 우리 정부의 강력한 반대에도 불구하고 일제는 일방적으로 조약 공포
② 결과 : 외교권을 빼앗고, 통감부를 설치하여 내정까지 간섭(통감 정치), 각계각층에서는 일제의 침략을 규탄하고, 조약의 폐기를 주장하는 운동 발발
③ 저항
  ㉠ 을사의병 : 최익현, 민종식, 신돌석
  ㉡ 친일 매국노의 처단 : 5적 암살단(나철·오혁(오기호) 등)
  ㉢ 상소 운동 : 조약의 폐기를 요구하는 상소 운동(조병세 등)
  ㉣ 항일 언론 활동 : 장지연의 시일야방성대곡(황성신문)
  ㉤ 자결 : 자결로써 항거(민영환 등)
④ 외교를 통한 저항
  ㉠ 미국에 헐버트 특사 파견(1905) : 을사조약의 무효와 독립의 지원 호소
  ㉡ 헤이그 특사 파견(1907) : 고종은 조약 무효를 선언하고 특사를 파견해 일제 침략의 부당성과 국제적 압력을 호소

(4) 한·일 신협약(정미 7조약, 1907. 7)

① 체결 과정 : 고종을 퇴위시키고 순종을 즉위시킨 후 황제의 동의 없이 강제로 체결
② 내용
  ㉠ 정부에 일본인 차관을 두어 실제 행정권을 장악하는 차관 정치 실시
  ㉡ 모든 통치권이 통감부로 이관(→ 통감부 권한 강화, 내정권 장악)
  ㉢ 군대 해산(1907. 8) : 일제는 군대를 해산하고 의병의 저항을 무력으로 진압
③ 정미의병(1907) : 해산 군인들이 의병에 합류

(5) 기유각서(1909. 7)

사법권·감옥 사무권 강탈, 경찰권 강탈(1910. 6)

(6) 한·일 병합 조약(1910. 8. 22)

① 이완용과 데라우치 간에 국권 피탈 문서가 조인됨
② 천황과 총독에 의한 통치, 국내외 독립 운동의 본격화

(7) 조선 총독부(朝鮮總督府)

① 설치(1910) : 식민 통치의 중추 기관으로 조선 총독부를 설치하고 강력한 헌병 경찰 통치를 실시, 언론·집회·출판·결사의 자유를 박탈
② 총독부의 조직 : 조선 총독, 행정을 담당하는 정무총감, 치안을 담당하는 경무 총감
  ㉠ 중추원(中樞院) : 자문 기관으로, 친일파 한국인을 참여시키는 회유 술책

SEMI-NOTE

을사조약
• 제2조 일본 정부는 한국과 타국 간에 현존하는 조약의 실행을 완수하는 임무를 담당하고 한국 정부는 지금부터 일본 정부의 중개를 거치지 않고서는 국제적 성질을 가진 어떤 조약이나 약속을 맺지 않을 것을 서로 약속한다.
• 제3조 일본 정부는 그 대표자로 한국 황제 폐하 밑에 1명의 통감을 두되 통감은 오로지 외교에 관한 사항을 관리하기 위하여 경성에 주재하고 친히 한국 황제 폐하를 만날 수 있는 권리를 가진다.

헤이그 특사

정미 7조약
• 제2조 한국정부의 법령제정 및 중요한 행정상의 처분은 미리 통감의 승인을 거질 것
• 제3조 한국의 사법사무는 보통 행정사무와 이를 구분할 것
• 제4조 한국 고등 관리의 임면은 통감의 동의로서 이를 행할 것
• 제5조 한국정부는 통감이 추천하는 일본인을 한국 관리에 용빙할 것
• 제6조 한국정부는 통감의 동의 없이 외국인을 한국 관리에 임명하지 말 것

정미의병
군대를 움직이는 데 가장 중요한 점은 고립을 피하고 일치단결하는 것에 있다. 따라서 각 도의 의병을 통일하여 둑을 무너뜨릴 기세로 서울에 진격하면, 전 국토가 우리 손 안에 들어오고 한국 문제의 해결에 있어서도 유리하게 될 것이다.
– 이인영 격문 –

조선 총독부

헌병 경찰 통치하의 식민지 교육

조선 태형령
- 제1조 3월 이하의 징역 또는 구류에 처하여야 할 자는 그 정상에 따라 태형에 처할 수 있다.
- 제4조 본령에 의해 태형에 처하거나 또는 벌금이나 과료를 태형으로 바꾸는 경우에는 1일 또는 1원을 태 하나로 친다. 1원 이하는 태 하나로 계산한다.
- 제11조 태형은 감옥 또는 즉결 관서에서 비밀리에 행한다.
- 제13조 본령은 조선인에 한하여 적용한다.

토지 조사 사업

토지 조사령(1912)
- 토지 소유권은 총독 또는 그 권한을 위촉받은 자가 결재, 확정한다.
- 소유권 주장에는 신고주의를 원칙으로 한다.
- 토지 소유자는 조선 총독이 정하는 기간 내에 주소, 씨명, 명칭 및 소유지의 소재, 지목, 결수를 임시 토지 조사 국장에게 신고해야 한다. 단 국유지는 보관 관청이 임시 토지 국장에게 통지해야 한다.

임야 조사 사업
임야와 관련된 자연 조건, 한국의 삼림 제도·정책 및 압록강 유역의 벌목 사업을 비롯한 지권 등을 조사 대상으로 함. 1911년 삼림령이 발표되어 국유림 구분 조사가 실시되었으며, 1918년에는 조선 임야 조사령이 발표되었음. 토지 조사 사업과 함께 식민지 수탈의 기초가 되었음

치안 유지법
일제가 1925년에 제정한 사상 통제법. 공산주의 및 무정부주의 운동을 탄압하기 위해 제정한다고 했으나 사실상 독립 운동에 대한 전반적 탄압을 위해 만들어진 법률

한눈에 쏙~

한·일 의정서 (1904.2)	제1차 한·일 협약 (1904.8)	제2차 한·일 협약 (을사조약, 1905.11)
한·일 신협약 (정미 7조약, 1907.7)	기유각서 (1909.7)	한·일 병합 조약 (1910.8.22)

3. 1910년대(1910~1919)

(1) 무단 통치(헌병 경찰 통치)

① 헌병 경찰제 : 헌병의 경찰 업무 대행(헌병 경찰의 즉결 처분권 행사, 체포 및 구금(영장 불요), 조선 태형령 시행)

② 위협적 분위기 조성 : 관리와 교원들까지 제복과 칼을 착용

③ 언론·출판·집회·결사의 자유 박탈, 안악 사건과 105인 사건 조작

(2) 경제적 수탈

① 토지 조사 사업(1910~1918) ★ 빈출개념
   ㉠ 의도 : 일제는 근대적 토지 소유권 제도를 확립한다고 선전하였으나, 실제로는 토지를 약탈하고 지주층을 회유하여 식민지화에 필요한 재정 수입원을 마련하기 위함
   ㉡ 토지 조사령 발표(1912) : 막대한 자금과 인원을 동원하여 전국적인 토지 조사 사업 시행
   ㉢ 기한부 신고제 : 토지 신고제가 농민에게 널리 알려지지 않았으며, 신고 기간도 짧고 절차가 복잡하여 신고의 기회를 놓친 사람이 많았음
   ㉣ 소작농의 소작권(경작권) 불인정
   ㉤ 결과 : 토지의 약탈, 농민들이 계약 소작농으로 전락, 지주제의 강화, 농민의 해외 이주

② 산업의 침탈
   ㉠ 회사령(1910) : 회사 설립 허가제를 통해 민족 기업의 성장 억제, 일제의 상품 시장화
   ㉡ 자원 약탈 및 경제활동 통제 : 자원 약탈을 위해 삼림령(1911), 어업령(1911), 광업령(1915), 임야조사령(1918) 등을 실시
   ㉢ 경제 기반과 산업의 독점 : 민족 자본은 위축되고 경제발전이 막힘
      • 철도·항만·통신·도로 등을 모두 총독부와 일본의 대기업이 독점
      • 인삼·소금·담배 등도 총독부에서 전매

4. 1920년대(1919~1931(만주 사변) 또는 1937(중·일 전쟁))

(1) 문화 통치

① 목적 : 가혹한 식민 통치 은폐와 우리 민족에 대한 이간·분열·기만 통치, 식민 지배에 도움이 되는 인간양성 추구

② 문화 통치의 내용과 실상

일제의 정책	실상
문관 총독	한 명도 임명되지 않음
보통 경찰제	경찰 예산 및 관서·경찰의 수 증가, 고등계 형사 강화
조선·동아일보 간행	검열 강화, 기사 삭제, 정간·폐간
한국인의 교육 기회 확대	초등 교육·실업 교육 치중 (경성 제국 대학은 일본인을 위한 대학)
• 참정권 허용(중추원 회의 실시, 부·면 협의회 설치) • 결사·집회의 자유 허용	• 친일파를 위원으로 임명, 친일 단체·자산가·종교인의 집회만 인정 • 독립 단체(신간회)의 허용은 독립 운동에 대한 감시와 통제를 쉽게 하기 위함 • 치안 유지법(1925) 제정

(2) 경제적 수탈

① 산미 증식 계획(1920~1934)

㉠ 배경 : 제1차 세계 대전 후 일제는 고도 성장을 위한 공업화 추진에 따른 식량 부족과 쌀값 폭등을 우리나라에서의 식량 수탈로 해결하려 함

㉡ 방법
• 수리 조합 설치와 토지 및 품종·종자 개량, 비료 증산 등의 개선(→ 미곡 증산이 목적)
• 우리 농업을 논 농사(쌀) 중심의 기형적인 단작형 농업 구조로 전환
• 조선 농회령을 제정(1926), 지주 중심의 착취 극대화 위한 조선 농회 조직

㉢ 결과 : 증산량보다 훨씬 많은 수탈, 만주 잡곡 수입, 농촌 경제의 파탄, 농민 몰락, 식민지 지주제를 강화하여 식민 지배체제를 위한 사회적 기반을 마련, 소작 쟁의 발생의 원인 제공, 일제의 농촌 진흥 운동 실시(1932~1940), 1930 년대 세계 경제 공황과 일본 내 농민 보호를 위해 1934년 중단

② 회사령 철폐(1920) : 허가제를 신고제로 바꿔 일본 독점 자본의 진출이 용이하게 함

5. 1930년대 이후(1931 또는 1937~1945)

(1) 민족 말살 통치 ★빈출개념

① 배경 : 대공황(1929)을 타개하기 위해 침략 전쟁 확대

② 목적 : 조선의 민족성을 말살하고 일본인으로 동화시켜 전쟁 수행을 위한 인적·물적 수탈 강화

③ 민족 말살 구호 : 내선 일체, 일선 동조론, 황국 신민화

④ 민족 말살 정책 : 우리 말·우리 역사 교육 금지, 조선·동아일보 폐간, 창씨개명, 황국 신민 서사 암송, 신사 참배, 궁성 요배 강요

(2) 경제적 수탈

① 병참 기지화 정책 : 발전소, 군수 공장, 금속 · 기계 · 중화학 공업, 광공업 육성 (북부 지방)

② 남면 북양 정책(1934) : 남부에서는 면화, 북부에서는 면양 사육 장려

③ 국가 총동원령(1938) : 산미 증식 계획 재개, 미곡 공출제, 식량 배급제, 금속제 공출, 노무 동원(1939), 징용령(1939), 여자 정신대 근로령(1944), 일본군 위안부, 지원병제(1938), 학도 지원병제(1943), 징병제(1944)

02절　민족 독립 운동의 전개

1. 3·1 운동 이전의 민족 운동

(1) 국내의 민족 운동

① 의병 활동 : 서북 지방의 채응언 부대

② 국내 항일 비밀 결사

독립 의군부 (1912~1914)	• 조직 : 1912년 고종의 밀명으로 임병찬 등 각지의 유생들이 조직 · 결성, 복벽주의 단체 • 활동 : 조선 총독부와 일본 정부에 한국 침략의 부당성을 밝히고 국권 반환 요구 · 민중 봉기 계획
조선 국권 회복단 (1915)	• 조직 : 이시영 · 서상일 등의 유생이 시회(詩會)를 가장하여 조직한 비밀결사, 국권 강탈 후 조직된 전국 규모의 항일 운동 단체, 공화주의 단체 • 활동 : 단군 숭배, 3 · 1운동 시 만세 운동 주도, 군자금 모집, 만주 · 연해주의 독립 단체로 연계 투쟁 전개, 파리 강화 회의에 보낼 독립 청원서 작성 운동에 참여
대한 광복회 (1915~1918)	• 조직 : 풍기의 대한광복단(1913)과 대구의 조선 국권 회복단의 일부 인사가 모여 군대식으로 조직 · 결성, 각 도와 만주에 지부 설치, 박상진 (총사령) · 김좌진(부사령) · 채기중 • 활동 : 군자금을 모아 만주에 독립 사관 학교 설립, 연해주에서 무기 구입, 독립 전쟁을 통한 국권 회복을 목표로 함
기타	• 단체 : 송죽회(1913)(→ 여성들이 조직한 유일한 비밀결사), 선명단(鮮明團), 자립단, 기성단, 조선국민회 등 • 활동 : 교사 · 학생 · 종교인 · 농민 · 노동자 · 여성 등 사회 각계각층 참여

(2) 국외의 민족 운동

① 국외 독립 운동 기지 건설 : 무장 투쟁을 계승하고 독립 전쟁의 기반을 다짐

만주	• 1910년 서간도 삼원보에 자치기구인 경학사(경학사는 부민단(1912) ⇒ 한족회(1919)로 발전)와 군사교육기관인 신흥 강습소 설립(신흥 강습소(1911)는 신흥학교(1912) ⇒ 신흥무관학교(1919)로 발전)

만주	• 북간도 용정에 간민회(1913)(대한 국민회(1919)로 개편) · 중광단(1911)(북로 군정서로 발전), 서전서숙(1906) · 명동학교(1908) 운영 • 소 · 만 국경 지역에 이상설 · 이승희 등이 설립한 밀산부의 한흥동도 중요 기지(→ 대한 독립군단 결성)
상해	• 동제사(1912) : 상해에서 <u>신규식 · 박은식 · 조소앙</u> 등이 조직한 비밀결사, 청년 교육에 주력(박달학원 설립) • 신한 혁명당(1915) : 이상설 · 박은식 · 신규식 중심, 대동 단결 선언(1917) 제창(→ 최초로 애국 계몽 운동과 의병 운동의 통합을 시도) • <u>대동 보국단(1915)</u> : 신규식 · 박은식의 주도로 동제사의 대체 조직으로 설립, 대동사상 주창(→대동 단결 선언(1917)에 영향) • <u>신한 청년단(신한 청년당)(1918)</u> : 김규식 · 서병호 · 여운형 · 문일평 · 신규식 등을 중심으로 조직, 활발한 외교활동(→파리 강화 회의에 김규식 파견)으로 3 · 1 운동과 임시정부 수립에 영향
<u>연해주</u>	• 블라디보스토크 신한촌을 중심으로 13도 의군(1910) · 성명회(1910) · 권업회(1911) · <u>대한 광복군정부(1914)</u> · 한인 사회당(1918) · 대한 국민 의회(1919, 3 · 1 운동 이후) 등이 활동 • 활동 : 이주 한인들의 결속 도모, 교육 사업 주력, 독립군 양성 등
미주	• 공립 협회(1905), 대한인 국민회(1909), 흥사단(1913), 대조선 국민 군단(1914), 구미 위원회(1919), 숭무 학교 등 • 활동 : 국제 외교 활동 전개, 독립 운동 자금 모금
일본	유학생들이 중심이 되어 민족의 단결 · 각성 촉구
중국	한 · 중 간의 유대 강화 노력

② 대동 단결 선언(大同團結宣言, 1917. 7. 상해)
ㄱ 목적 : 독립 운동 세력에 의한 임시정부 수립 노력의 일환
ㄴ 발기인 : 신규식 · 조소앙 · 박용만 · 홍명희 · 박은식 · 신채호 · 김규식(김성) · 조성환 등 14인
ㄷ 제안 내용
• 국가 상속(國家相續)의 대의를 선포하여 해외 동포의 총 단결을 주장
• 국가적 행동의 한 단계 높은 활동을 표방하며 민권의 대동 단결로 독립 운동 세력의 통일 전선 결성
ㄹ 선언의 요지 : 융희 황제의 주권 포기를 단정함으로써 조선 왕실의 존재를 신국가 건설의 도정에서 배제

2. 3·1운동의 전개

(1) 배경

① 레닌의 식민지 민족 해방 운동 지원 선언
② 윌슨의 민족 자결주의 제창 : 파리 강화 회의
③ 김규식의 파리 강화 회의 파견 : 신한 청년단
④ 대한 독립 선언서(1918, 만주), 2 · 8 독립 선언(1919, 일본 유학생)
⑤ 고종 황제의 죽음(1919. 1) : 독살설 유포

SEMI-NOTE

민족 교육 및 훈련기관 설립
• 신흥학교(1912) : 군정부 설치(→뒷날 서로군정서), 신흥무관학교(1919)로 개칭 후 독립군 기간요원 양성
• 서전서숙(1906) : 이상설 · 이동녕 등이 세운 최초의 신학문 민족 교육기관
• 사관학교 : 이상설 · 이동휘를 정 · 부통령으로 하여 블라디보스토크에 수립된 대한 광복군 정부(1914)가 만주에 설립하여 무장 항일 운동의 토대를 마련

대동보국단
신한혁명당 사업의 실패로 이에 참여한 동제사 조직이 사실상 와해되자 이를 대체하기 위해 1915년 상해에서 조직된 단체. 신규식과 박은식이 조직 설립을 주도하였고 박은식이 단장을 맡았음. 대동보국단의 대동 사상은 1917년 7월 신규식 등 14인이 발표한 대동 단결 선언에 영향을 미쳤음

조선 청년 독립단의 결의문
• 본 단(本團)은 한 · 일 합병이 오족(吾族)의 자유의사에 출(出)치 아니하고, 오족의 생존 · 발전을 위협하고 동양의 평화를 요란케 하는 원인이 된다는 이유로 독립을 주장함
• 본 단은 일본 의회 및 정부에 조선 민족 대회를 소집하여 대회의 결의로 오족의 운명을 결정할 기회를 여(與)하기를 요구함
• 본 단은 만국 평화 회의의 민족 자결주의를 오족에게 적용하기를 요구함
• 전항(前項)의 요구가 실패할 시(時)에는 일본에 대하여 영원히 혈전(血戰)을 선언함

07장
민족 독립 운동의 전개

제암리 학살 사건

3 · 1 운동 당시 일본군이 수원 제암리에서 주민들을 집단 학살한 사건. 1919년 4월 15일 한 무리의 일본 군경은 만세 운동이 일어났던 제암리에 가 기독교도와 천도교도 약 30명을 교회당 안에 몰아넣은 후 문을 잠그고 집중 사격을 퍼부었음. 일본군은 증거를 없애기 위해 교회당에 불을 지른 후, 다시 부근의 채암리에 가서 민가를 방화하고 주민들을 학살함. 이 만행에 분노한 선교사 스코필드(Frank W. Schofield)가 현장을 사진에 담아 〈수원에서의 일본군 잔학 행위에 관한 보고서〉를 작성하여 미국에 보내 여론화하였음

대한민국 임시정부 인사들

대한민국 임시정부가 발행한
대한 독립 선언서(1919. 4)

(2) 3·1 운동의 전개

① 시위 운동 준비 : 종교계(천도교, 불교, 기독교) 중심, 대중화, 일원화, 비폭력의 3대 원칙
② 독립 선포 : 최남선이 독립 선언서를 작성하고, 손병희 · 이승훈 · 한용운 등 민족 대표 33인의 이름으로 독립 선언서를 발표하여 국내외에 독립을 선포
③ 만세 시위 운동의 전개

제1단계 (준비 · 점화 단계)	민족 대표들이 독립 선언서를 제작하고 종로의 태화관에 모여 낭독 · 배포함으로써 서울과 지방에서 학생 · 시민들이 중심이 되어 거족적인 만세 시위를 전개
제2단계 (본격적 단계)	• 학생 · 상인 · 노동자층이 본격 참가, 시위 운동이 도시로 확산 • 학생들이 주도적 역할을 하였고, 상인 · 노동자들이 만세 시위 · 파업 · 운동 자금 제공 등의 방법으로 적극 호응
제3단계 (확산 단계)	• 만세 시위 운동이 주요 도시로부터 전국의 각지로 확산 • 농민들이 시위에 적극적으로 참가함으로써 시위 규모가 확대되고, 시위 군중들은 면 사무소 · 헌병 주재소 · 토지 회사 · 친일 지주 등을 습격(→ 비폭력 주의가 무력적인 저항 운동으로 변모)

④ 국외의 만세 시위 운동 : 만주(간도 지방), 연해주(블라디보스토크), 미국(필라델피아 한인 자유 대회), 일본(도쿄, 오사카 등)
⑤ 일제의 무력 탄압 : 헌병 경찰은 물론 육 · 해군까지 긴급 출동시켜 무차별 총격을 가하고, 가옥과 교회 · 학교 등을 방화 · 파괴, 제암리 학살 사건
⑥ 3 · 1 운동의 의의 : 대규모의 독립 운동, 민족 주체성의 확인, 민족의 저력 과시, 반제국적 민족 운동의 선구(중국 · 인도 · 동남아시아 · 중동 지역의 민족 운동에 선구적 역할), 독립 운동의 방향 제시, 대한민국 임시정부 수립의 계기

3. 대한민국 임시정부 ★빈출개념

(1) 임시정부의 수립과 통합

① 통합 이전의 임시정부
  ㉠ 한성 정부 : 국내에서 이승만을 집정관 총재로, 이동휘를 국무총리로 하여 수립
  ㉡ 대한민국 임시정부 : 중국 상하이에서 수립되어 이승만을 국무총리로 추대
  ㉢ 대한 국민 의회 : 연해주에서 손병희를 대통령으로 하여 조직
② 대한민국 임시정부의 통합(1919. 4) : 국내의 한성 정부를 계승하고 대한 국민 의회를 흡수하여 상하이에 통합 정부인 대한민국 임시정부를 수립

(2) 대한민국 임시정부의 체제

① 입헌 공화제 : 민주주의에 입각한 근대적 헌법을 갖추고 대통령제를 채택
② 3권 분립 : 입법 기관인 임시 의정원, 사법 기관인 법원, 행정 기관인 국무원(→ 우리나라 최초의 3권 분립에 입각한 민주 공화제 정부로 출범)
③ 대한민국 임시 헌법 : 대통령제, 인민의 기본 권리와 의무 규정

(3) 활동

① **역할** : 국내외의 민족 독립 운동을 더 조직적이고 효과적으로 추진하기 위한 중추 임무를 담당

② 비밀 행정 조직망

　㉠ **연통제(聯通制)** : 문서와 명령 전달, 군자금 송부, 정보 보고 등의 업무를 담당

　㉡ **교통국(交通局)** : 통신 기관으로, 정보의 수집·분석·교환·연락의 업무를 관장

③ **활동** : 군자금의 조달, 파리 강화 회의에 김규식을 대표로 파견하여 독립을 주장, 〈독립신문〉을 간행하여 배포, 육군 무관 학교의 설립, 광복군 사령부·광복군 총영·육군 주만 참의부 등을 결성, 한국 광복군의 창설(1940) 등

(4) 대한민국 임시정부의 분열

① **배경** : 연통제·교통국 조직 파괴, 외교 활동의 성과 미미, 자금난과 인력난

　㉠ 독립 운동 방략을 둘러싼 대립 격화

방법론	주도 인물	특징
외교 독립론	이승만	• 외교 활동을 통해 강대국의 도움을 받아 독립을 이루자고 주장 • 제국주의 세력의 원조를 요구하는 한계를 지님
실력 양성론 (준비론)	안창호	• 아직 힘이 미약하므로 힘을 길러 독립 전쟁을 준비해야 한다고 주장 • 교육과 산업 발전을 통한 민족의 실력 양성이 우선 (→ 민립 대학 설립 운동, 물산 장려 운동 등) • 식민지배하에서 민족 실력 양성은 현실적으로 곤란
무장 투쟁론	이동휘, 신채호	• 무장 투쟁(전쟁 등)을 통해 독립 쟁취 주장 • 이동휘는 소련과의 연대를 강조하고, 신채호는 민중 직접 혁명론을 주장 • 일제의 힘에 맞서 무장 투쟁을 통해 독립을 쟁취하는 것은 현실적으로 어려움

② **국민 대표 회의 소집(1923. 1~1923. 5)** ★ 빈출개념

　㉠ **배경** : 독립 운동 방법론을 둘러싼 임시 정부의 대립과 침체, 위임 통치 청원서 사건(이승만)에 대한 불만 고조, 임시 정부 개편의 필요성 제기

　㉡ **소집** : 신채호, 박용만 등 외교 중심 노선에 비판적인 인사들의 요구로 회의 소집

　㉢ **결과** : 독립 운동 세력의 분열 심화

　　• 창조파는 새 정부(한(韓) 정부)를 조직하고 연해주로 이동하였으나 소련의 지원을 얻지 못해 힘을 잃음

　　• 임시 정부는 이승만을 위임 통치건을 이유로 탄핵하고 박은식을 2대 대통령으로 추대, 제2차·제3차 개헌을 추진하며 체제를 정비

(5) 대한민국 임시정부의 변화

① 이승만 탄핵(1925), 2대 대통령으로 박은식 선출

대한민국 임시 헌장

• 제1조 대한민국은 민주 공화제로 함
• 제2조 대한민국은 임시 정부가 임시 의정원의 결의에 의하여 통치함
• 제3조 대한민국의 인민은 남녀·귀천 및 빈부의 계급이 없고 일체 평등함
• 제4조 대한민국의 인민은 종교·언론·저작·출판·결사·집회·통신·주소 이전·신체 및 소유의 자유를 가짐
• 제5조 대한민국의 인민으로 공민 자격이 있는 자는 선거권 및 피선거권이 있음
• 제6조 대한민국의 인민은 교육·납세 및 병역의 의무가 있음

대한민국 임시정부 내의 의견 대립

• 무장 투쟁론과 외교 독립론 간 갈등
• 이승만의 위임 통치론에 대한 무장 투쟁파의 반발

창조파와 개조파의 대립

창조파	• 임시정부 해체, 신정부 수립 • 무력 항쟁 강조 • 신채호, 박용만
개조파	• 임시정부의 개혁과 존속 주장 • 실력 양성, 자치 운동, 외교 활동 강조 • 안창호
현상 유지파	• 임시정부를 그대로 유지 • 국민 대표 회의에 불참 • 이동녕, 김구

이승만의 위임 통치론

파리 강화 회의(1919)에 파견된 이승만은 미국 대통령 윌슨에게 위임 통치 청원서를 제출함. 한국을 일본의 학정으로부터 벗어나게 한 후 당분간 국제 연맹의 통치하에 있다가 장래 독립하게 해달라는 내용의 이 청원서는 독립 운동가들을 분노시켰음. 이에 대하여 신채호는 "이완용은 있는 정부를 팔아먹었지만, 이승만은 없는 정부를 팔아먹었다."라고 말하며 임시정부가 필요 없다고 주장함

② 헌정의 변천 : 5차에 걸친 개헌을 통하여 주석 · 부주석 체제로 개편

제정 및 개헌	시기	체제
임시 헌장 제정	1919.4	임시 의정원(의장 이동녕, 국무총리 이승만) 중심으로 헌법 제정
제1차 개헌	1919.9	대통령 지도제(1대 대통령 이승만, 2대 대통령 박은식, 국무총리 이동휘)
제2차 개헌	1925	국무령 중심제(내각 책임 지도제, 국무령 김구), 사법 조항 폐지
제3차 개헌	1927	국무 위원 중심제(집단 지도 체제, 김구 · 이동녕 등 10여 명
제4차 개헌	1940	주석제(주석 김구)
제5차 개헌	1944	주석 · 부주석제(주석 김구, 부주석 김규식), 심판원 조항(사법 조항)규정

4. 3·1 운동 이후의 국내의 항일 운동

(1) 6·10 만세 운동(1926) ★빈출개념

① 배경 : 순종의 사망을 계기로 민족 감정 고조(제2의 3 · 1 운동), 일제의 수탈 정책과 식민지 교육에 대한 반발

② 준비 : 민족주의 계열(천도교)과 사회주의 계열 만세 시위 운동을 준비하였으나 사전에 발각

③ 전개 : 순종의 인산일을 계기로 격문을 살포하고 시위 운동 전개, 조선 학생 과학 연구회(사회주의계)를 비롯한 전문학교와 고등보통학교 학생들이 주도

④ 결과 : 200여 명의 학생이 검거됨

⑤ 의의 : 민족주의계와 사회주의계가 연대하는 계기 마련, 학생들이 민족 운동의 구심점으로서 역할 자각

(2) 광주 학생 항일 운동(1929)

① 배경 : 청년 · 학생들의 자각, 독서회 · 성진회 등 학생 조직 활동, 신간회의 활동

② 경과

ⓐ 발단 : 광주에서 발생한 한 · 일 학생 간의 충돌을 일본 경찰이 편파적으로 처리

ⓑ 전개 : 일반 국민들이 가세하여 전국적인 규모의 항일 투쟁으로 확대되었고, 만주 지역의 학생들과 일본 유학생들까지 궐기

ⓒ 신간회의 조사단 파견 · 활동

③ 의의 : 약 5개월 동안 전국의 학생 54,000여 명이 참여함으로써 3 · 1 운동 이후 최대의 민족 운동으로 발전

5. 의열단과 한인 애국단의 활동

(1) 의열단의 항일 의거

① 조직 : 1919년 만주 길림성에서 김원봉, 윤세주 등이 조직

② 목적 : 일제의 요인 암살, 식민 통치 기관 파괴

6 · 10 만세 운동

6 · 10만세 운동 때의 격문

1. 조선은 조선인의 조선이다.
   학교의 용어는 조선어로,
   학교장은 조선 사람이어야 한다.
   동양 척식 회사를 철폐하자.
   일본인 물품을 배척하자.
   8시간 노동제 실시하라.
   동일 노동 동일 임금.
   소작제를 4 · 6제로 하고
   공과금은 지주가 납입한다.
   소작권을 이동하지 못한다.
   일본인 지주의 소작료는 주지 말자.
2. 조선 민중아! 우리의 철천지 원수는
   자본 · 제국주의 일본이다.
   2천만 동포야! 죽음을 각오하고 싸우자! 만세 만세 조선 독립 만세!

광주 학생 항일 운동 때의 격문

학생, 대중이여 궐기하라! 검거된 학생은 우리 손으로 탈환하자.
언론 · 결사 · 집회 · 출판의 자유를 획득하라.
식민지 교육 제도를 철폐하라.
조선인 본위의 교육 제도를 확립하라.
용감한 학생, 대중이여!
최후까지 우리의 슬로건을 지지하라.
그리고 궐기하라. 전사여 힘차게 싸워라.

③ 활동 지침 : 신채호의 조선 혁명 선언(1923)
④ 활동 : 박재혁의 부산 경찰서 폭탄 투척(1920), 김익상의 조선 총독부 폭탄 투척(1921), 김상옥의 종로 경찰서 폭탄 투척(1923), 김지섭의 일본 황궁 폭탄 투척(1924), 나석주의 동양 척식 주식 회사 폭탄 투척(1926)
⑤ 의열단의 투쟁 방향 전환 : 중국의 황포(황푸) 군관 학교에 입학(1925), 조선 혁명 간부 학교 설립(1932), (조선) 민족 혁명당 결성(1935), 조선 의용대(1938)

(2) 한인 애국단의 활약

① 조직 : 1931년 상해에서 김구가 임시정부의 위기 타개책으로 조직
② 활동
  ㉠ 이봉창 의거(1932 1. 8) : 일본 국왕에 폭탄 투척, 중국 신문의 호의적 논평으로 인해 1차 상하이 사변 발발, 일본이 상하이 점령
  ㉡ 윤봉길 의거(1932. 4. 29) : 상하이 홍커우 공원 의거
③ 의의 : 한반도 문제에 대한 국제적 관심 고조, 독립 운동의 의기 고양, 중국 국민당 정부의 임시정부 지원 계기(→ 한국 광복군 창설(1940))

6. 무장 독립 전쟁의 전개

(1) 봉오동 전투(1920. 6)

① 홍범도의 대한 독립군, 최진동의 군무 도독부군, 안무의 국민회군이 연합
② 독립군 근거지를 소탕하기 위해 간도 지역을 기습한 일본군 1개 대대 병력을 포위·공격하여 대파

(2) 청산리 대첩(1920. 10)

① 김좌진의 북로 군정서군, 홍범도의 대한 독립군, 안무의 국민회군 등 연합
② 간도 청산리의 어랑촌, 백운평, 천수평 등에서 6일간 10여 차례의 전투 끝에 일본군 대파
③ 독립군 사상 최대의 승리

(3) 간도 참변(1920. 10)

① 봉오동·청산리 전투에서의 패배에 대한 일제의 보복
② 독립군과 만주의 한인촌에 대한 무차별 학살, 방화, 파괴(경신 참변)
③ 간도 지역의 독립군 활동이 큰 타격을 입음

(4) 대한 독립 군단(1920. 12)

① 간도 참변으로 독립군이 각지로 분산하여 대오를 정비하던 중, 소·만 국경지대의 밀산부에 집결하여 서일을 총재로 독립군 부대를 통합·조직
② 소련령 자유시로 부대 이동

(5) 자유시 참변(1921. 6)

청산리 대첩에서 승리한 북로 군정서군

간도참변(독립군 총살장면)

07장 민족 독립 운동의 전개

203

SEMI-NOTE

3부의 관할 지역과 성격

대한민국 임시정부의 직할 부대를 표방한 참의부는 압록강 근처에, 정의부는 남만주 일대에, 자유시에서 돌아온 독립군을 중심으로 구성된 신민부는 북만주 일대에 자리를 잡았음. 이들 3부는 만주의 여러 독립 운동 단체가 통합되면서 성립된 것으로, 사실상의 정부라고 할 수 있었음. 3부는 동포 사회에서 선출된 임원으로 행정부, 입법부, 사법부가 구성되었는데, 그 운영과 독립군 양성을 위한 비용은 동포 사회에서 걷은 세금으로 충당되었음

3부의 통합 운동

• 3부의 통합 운동으로 전민족 유일당 촉성 대회가 전개되었으나 실패하고, 이후 혁신의회와 국민부의 활동으로 전개
• 혁신 의회(1928) : 북만주의 독립 운동 세력인 김좌진 · 지청천 등을 중심으로 혁신 의회로 통합되었고, 산하에 한국 독립당 · 한국 독립군(지청천) 편성
• 국민부(1929) : 신민부 내의 민정부를 중심으로 통합되어 산하에 조선 혁명당 · 조선 혁명군(양세봉) 편성

미쓰야(三矢) 협정(1925. 6)

• 한국인의 무기 휴대와 한국 내 침입을 엄금하며, 위반자는 검거하여 일본 경찰에 인도함
• 재만 한인 단체를 해산시키고 무장을 해제하며, 무기와 탄약을 몰수함
• 일제가 지명하는 독립 운동 지도자를 체포하여 일본 경찰에 인도함
• 한국인 취체(取締)의 실황을 상호 통보함

조선 의용대의 이동

① 자유시로 이동한 대한 독립 군단은 레닌의 적색군을 도와 내전에 참전
② 적색군의 무장 해제 요구에 독립군이 저항하자 공격

(6) 3부 성립

① 자유시 참변 이후 독립군은 다시 만주로 탈출하여 조직을 재정비하면서 역량을 강화한 후, 각 단체의 통합 운동을 추진
② 3부

참의부(1923)	압록강 건너 만주의 집안(輯安) 일대에 설치된 임시 정부 직할하의 정부 형태
정의부(1924)	길림과 봉천을 중심으로 하는 남만주 일대를 담당하는 정부 형태
신민부(1925)	자유시 참변 후 소련에서 되돌아온 독립군을 중심으로 북만주 일대에서 조직된 정부 형태

③ 3부의 활동 : 민정 기관과 군정 기관을 갖추고 자체의 무장 독립군을 편성하여 국경을 넘나들며 일제와 치열한 전투를 벌임

(7) 미쓰야 협정(1925)

① 총독부 경무국장 미쓰야와 만주의 봉천성 경무처장 우진 사이에 맺어진 협정
② 만주 지역의 한국인 독립 운동가를 체포해 일본에 인계한다는 조약

(8) 한·중 연합 작전

① 활동 : 한국 독립군과 조선 혁명군을 중심으로 1930년대 중반까지 전개됨
  ㉠ 한국 독립군 : 지청천이 인솔하며, 중국의 호로군과 한·중 연합군을 편성하여 쌍성보 전투(1932) · 사도하자 전투(1933) · 동경성 전투(1933) · 대전자령 전투(1933)에서 승리
  ㉡ 조선 혁명군 : 양세봉의 지휘로 중국 의용군과 연합, 영릉가 전투(1932) · 흥경성 전투(1933)에서 대승
② 독립군의 이동 : 양세봉 순국(1934) 후 세력이 약화되어 중국 본토 지역으로 이동

(9) 만주 지역의 항일 유격 투쟁(1930년대 중반 이후)

① 동북 인민 혁명군(1933. 9) : 만주에서 중국 공산당과 한인 사회주의자가 연합하여 결성(한·중 연합 항일 무장 단체)
② 동북 항일 연군(1936) : 동북 인민 혁명군이 개편하여 조직
③ 조국 광복회(1936) : 동북 항일 연군의 사회주의자가 함경도 지역의 민족주의 세력과 연결하여 조직한 반제 민족 운동 단체로, 국내 조직을 두고 활동
④ 보천보 전투(1937) : 동북 항일 연군이 조국 광복회의 국내 조직원들과 압록강을 건너 함경남도 보천보 일대를 점령한 사건(→ 국내 진공 작전)

(10) (조선) 민족 혁명당(1935)과 조선 의용대(1938), 조선 의용군(1942)

① (조선) 민족 혁명당(1935. 7) : 한국 독립당, 조선 혁명당, 의열단 등이 연합하여 중국 난징에서 결성

② 조선 의용대 : 조선 민족 전선 연맹 산하 부대로 한커우에서 창설(1938. 10)

㉠ 배경 : 중 · 일 전쟁(1937)이 일어나자 군사 조직의 필요성이 대두

㉡ 중국 국민당과 연합하여 포로 심문, 요인 사살, 첩보 작전 수행

㉢ 분열(1940년대 초)

· 김원봉이 이끄는 조선 의용대 일부는 충칭의 한국 광복군에 합류(1942)

· 다수의 조선 의용대 세력은 중국 화북 지역으로 이동하여 중국 팔로군, 조선 독립 동맹과 그 산하의 조선 의용군으로 합류

③ 조선 독립 동맹과 조선 의용군

㉠ 조선 독립 동맹(1942. 7) : 화북 조선 청년 연합회(1941) 등 중국 화북 지방의 사회주의 세력(김두봉 · 김무정 등)이 조선 의용대원을 흡수하여 조직을 확대 개편하면서 결성

㉡ 조선 의용군(1942)

· 조선 독립 동맹이 조선 의용대를 개편하여 조선 의용군을 조직

· 조선 의용군은 중국 팔로군과 함께 태평양 전쟁에 참전해 항일전을 전개

· 해방 직후 중국 공산군에 편입되어 국공 내전에 참전했으며, 이후 북한으로 들어가 인민군에 편입

(11) 대한민국 임시정부의 이동과 한국 광복군의 창설(1940)

① 임시 정부의 체제 정비

㉠ 충칭 정부(1940) : 한국 독립당 결성

㉡ 주석제 채택(1940) : 김구 주석 중심의 단일 지도 체제 강화

㉢ 건국 강령 발표(1941) : 조소앙의 3균주의(정치, 경제, 교육적 균등)

② 한국 광복군의 창설(1940)과 활동 ★ 빈출개념

㉠ 창설 : 임시 정부의 김구와 지청천 등이 신흥 무관 학교 출신의 독립군과 중국 대륙에 산재해 있던 무장 투쟁 세력을 모아 충칭(중경)에서 창설, 조선 의용대를 흡수(1942)

㉡ 활동

· 대일 선전 포고(1941)

· 영국군과 연합 작전 전개(1943) : 인도, 미얀마 전선

· 포로 심문, 암호 번역, 선전 전단 작성 등 심리전 수행

· 국내 진입 작전(1945. 9) : 미국 전략정보처(OSS)의 지원과 국내 정진군 특수 훈련(→ 일제 패망으로 실행 못함)

03절 사회·경제·문화적 민족 운동

1. 민족 실력 양성 운동(민족주의)

(1) 민족 기업의 육성

물산 장려운동 포스터

물산 장려 운동

물산 장려 운동 비판

물산 장려 운동의 사상적 도화수가 된 것이 누구인가? …… 실상을 말하면 노동자에겐 이제 새삼스럽게 물산 장려를 말할 필요가 없는 것이다. 그네는 벌써 오랜 옛날부터 훌륭한 물산 장려 계급이다. 그네는 중산 계급이 양복이나 비단 옷을 입는 대신 무명과 베옷을 입었고, 저들 자본가가 위스키나 브랜디나 정종을 마시는 대신 소주나 막걸리를 마시지 않았는가? …… 이리하여 저들은 민족적, 애국적하는 감상적 미사로써 눈물을 흘리면서 저들과 이해가 있어서는 저들도 외래 자본가와 조금도 다를 것이 없는 것을 알며, 따라서 저들 신사량류의 침략에 빠져 계급 전선을 몽롱케는 못할 것이다.

조선 민립 대학 설립 기성회의 발기 취지서

우리의 운명을 어떻게 개척할까? …… 가장 급한 일이 되고 가장 먼저 해결할 필요가 있으며, 가장 힘 있고, 필요한 수단은 교육이 아니면 아니 된다. …… 민중의 보편적 지식은 보통 교육으로도 가능하지만 심오한 지식과 학문은 고등 교육이 아니면 불가하며, …… 오늘날 조선인이 세계 문화 민족의 일원으로 남과 어깨를 견주고 우리의 생존을 유지하며 문화의 창조와 향상을 기도하려면, 대학의 설립이 아니고는 다른 방도가 없도다.

① 민족 기업
  ㉠ 규모 : 1910년대까지는 소규모였으나, 1920년대에 이르러서는 노동자의 수가 200명이 넘는 공장도 나타남
  ㉡ 유형
    • 대지주 출신의 기업인이 지주와 상인의 자본을 모아 대규모의 공장을 세운 것으로, 대표적인 것이 경성 방직 주식회사
    • 서민 출신 상인들이 자본을 모아 새로운 기업 분야를 개척한 것으로, 대표적인 것이 평양의 '메리야스 공장'
  ㉢ 운영 : 민족 기업은 순수한 한국인만으로 운영
  ㉣ 품질 : 한국인의 기호에 맞게 내구성이 강하고 무게 있는 제품을 만듦
② 민족 은행의 설립 : 금융업에도 한국인의 진출(삼남은행 등)
③ 민족 기업의 위축 : 1930년대에 들어와 식민 통치 체제가 강화되고 탄압으로 위축

(2) 물산 장려 운동

① 배경 : 회사령 철폐(1920), 관세 철폐(1923), 일본 대기업의 한국 진출로 국내 기업의 위기감 고조
② 목적 : 민족 기업을 지원하고 민족 산업을 육성함으로써 민족 경제의 자립을 달성(→ '내 살림 내 것으로'라는 구호를 내세움)
③ 조직의 발족 및 전개
  ㉠ (평양) 조선 물산 장려회(1920) : 조만식 등이 중심이 되어 최초 발족
  ㉡ (서울) 조선 물산 장려회(1923) : 조선 물산 장려회가 설립되고 서울에 물산 장려회가 설립되면서 전국으로 확산
  ㉢ 기타 : 학생들의 자작회(1922), 토산 애용 부인회, 토산 장려회, 청년회 등
④ 활동 : 일본 상품 배격, 국산품 애용 등을 강조
  ㉠ 구호 : 내 살림 내 것으로, 조선 사람 조선 것, 우리가 만들어서 우리가 쓰자
  ㉡ 강연회, 선전 행사
  ㉢ 확산 : 전국적 민족 운동으로 확산되면서 근검 절약, 생활 개선, 금주 · 단연 운동도 전개
⑤ 문제점 : 상인, 자본가 중심으로 추진되어 상품 가격 상승 초래, 사회주의자들의 비판
⑥ 결과 : 초기에는 전국적으로 확산되었으나, 일제의 탄압과 친일파의 개입, 사회주의 계열의 방해 등으로 큰 성과를 거두지 못함

(3) 민립 대학 설립 운동

① 배경 : 민족 역량 강화 위해 고등 교육의 필요성
② 전개
  ㉠ 총독부가 대학 설립 요구를 묵살하자 조선 교육회는 우리 손으로 대학을 설립하고자 조선 민립 대학 기성 준비회(1922, 이상재)를 결성
  ㉡ 모금 운동 전개(1923) : 조선 민립 대학 기성회를 중심으로 모금 운동을 전개 (→ 한민족 1천만이 한 사람 1원씩)

③ 결과
  ㉠ 지역 유지들과 사회단체의 후원으로 순조롭게 진행되었으나 일제의 방해와 남부 지방의 가뭄과 수해로 모금이 어려워져 결국 좌절
  ㉡ 일제는 1924년 경성 제국 대학을 설립을 통해 조선인의 불만 무마를 시도

(4) 문맹 퇴치 운동

① 배경 : 식민지 차별 교육 정책으로 한국인의 문맹률 증가
② 전개 : 3 · 1 운동을 계기로 문맹 퇴치가 급선무임을 자각하고 실천에 옮김
③ 야학 운동 : 1920년대 전반에 각지에 야학이 설립되면서 활발하게 전개
④ 언론사, 학생, 조선어 학회의 활동 : 문자 보급 운동, 브나로드 운동 등, 조선어 학회는 전국에 한글 강습소를 개최

2. 사회 운동(사회적 민족주의)

(1) 농민 운동

① 소작쟁의의 발생 : 3 · 1 운동 이후 정치 · 사회적으로 각성된 소작농들은 1919년 처음으로 소작쟁의를 일으킨 이후, 1920년대부터 본격적으로 소작료 인하, 소작권 박탈 반대 등을 요구(→ 농민 운동은 주로 소작쟁의를 중심으로 전개)
② 1920년대의 농민 운동 : 생존권 확보를 위한 투쟁 성격의 소작쟁의
  ㉠ 1920년대 전반기 : 주로 소작인 조합이 중심이 된 소작쟁의
  ㉡ 암태도 소작쟁의(1923~1924) : 전남 신안군 암태도의 소작농민들이 전개한 농민운동
  ㉢ 1920년대 후반기 : 자작농까지 포함하는 농민 조합이 소작쟁의를 주도
③ 농민조합의 결성 : 1920년대에 농민의 자구책으로 결성(조선 노 · 농 총동맹, 조선 농민 총동맹)
④ 1930년대 이후 농민 운동 : 항일 운동의 성격(정치 투쟁의 성격)

(2) 노동 운동

① 노동 쟁의의 발생 : 임금 인상, 점차 단체 계약권 확립, 8시간 노동제 실시, 악질 일본인 감독의 추방, 노동 조건의 개선 등을 요구(→ 생존권 확보 투쟁)
② 노동 조합의 결성
  ㉠ 조선 노동 공제회(1920), 조선 노 · 농 총동맹(1924)
  ㉡ 1927년 조선 노 · 농 총동맹에서 조선 노동 총동맹이 분리
③ 노동 운동의 대중화 : 대도시에 한정되던 노동쟁의가 1920년대 후반기 전국 각지로 확산되었으며, 영흥 · 원산 등의 지역에서 총파업이 발생
④ 대표적 노동 운동 : 부산 부두 노동자 파업(1921), 서울 고무 공장 여자 노동자 파업(1923), 원산 총파업(1929)

(3) 청년 운동

① 활동

암태도 소작 쟁의(1923~1924)
고율의 소작료로 고통을 겪던 암태도 소작농들은 1923년 소작인회를 조직한 후 소작료를 4할로 내릴 것을 요구하였음. 지주가 이를 거부하자 소작농들은 추수 거부 투쟁과 소작료 불납 동맹으로 대응하였으며, 동원된 일본 경찰에 대항하기 위하여 순찰대를 조직하기도 하였음. 소작 쟁의 결과 소작농들이 승리하여 소작료가 인하됨

농민 · 노동자 조합의 전개
- 농민 조합 : 조선 노동 공제회(1920) → 조선 노 · 농 총동맹(1924) → 조선 농민 총동맹(1927)
- 노동 조합 : 조선 노동 공제회(1920) → 조선 노 · 농 총동맹(1924) → 조선 노동자 총동맹(1927) → 지하 노동 조합 운동(1930년대)

대표적 노동 운동
- 부산 부두 노동자 파업(1921) : 최초의 대규모 연대파업, 임금 인상 요구
- 서울 고무 공장 여자 노동자 파업(1923) : 최초의 여성 노동자 연대 파업
- 원산 총파업(1929) : 1929년 1월 22일 원산 노동 연합회에 소속 노동자와 일반 노동자들이 합세하여 75일간 전개. 1920년대 최대의 파업투쟁, 원산시를 완전히 마비상태에 빠뜨려 일제에 큰 타격을 가하였고, 1930년대 이후의 노동 운동을 혁명적 성격으로 전환시키는 계기가 됨

07장

민족 독립 운동의 전개

　　㉠ 강연회 · 토론회 개최, 학교 · 강습소 · 야학 등을 설치 · 운영, 운동회 등을 통한 심신 단련

　　㉡ 단연회 · 금주회 · 저축 조합 등을 결성하여 사회 교화와 생활 개선 추구

② 조선 청년 총동맹(1924) : 1920년대 사회주의 사상이 유입된 후 청년 단체들은 민족주의와 사회주의 계열로 나뉘었는데, 이 같은 청년 운동의 분열을 수습하기 위하여 조직

③ 학생 운동

　　㉠ 전개 : 대개 동맹 휴학의 형태로 전개되었는데, 처음에는 시설 개선이나 일인 교원 배척 등의 요구가 많았으나 점차 식민지 노예 교육 철폐, 조선 역사 교육과 조선어 사용, 언론 · 집회의 자유 등을 요구

　　㉡ 광주 학생 항일 운동(1929) : 반일 감정을 토대로 일어난 민족 운동으로서 청년 운동의 절정

(4) 여성 운동

① 여성 단체의 조직

　　㉠ 1920년대 초반 : 대체로 가부장제나 인습 타파라는 주제로 계몽 차원에서 전개

　　㉡ 1920년대 중반 : 여성 해방의 문제를 계급해방 · 민족해방의 문제와 연결지으면서 사회주의 운동과 결합

　　㉢ 1920년대 후반 : 여성의 지위 향상을 취지로 여성 직업 단체들이 조직되어 여성들이 사회 활동에 참여

② 근우회(1927)

　　㉠ 신간회의 출범과 더불어 탄생, 김활란 등을 중심으로 여성계의 민족 유일당으로 조직

　　㉡ 행동 강령 : 여성 노동자의 권익 옹호와 생활 개선

(5) 소년 운동

① 인물 : 방정환, 조철호

② 발전

　　㉠ 천도교 소년회(1921) : 천도교 청년회에서 독립하면서 소년 운동이 본격화, 전국적 확산, 어린이날 제정, 최초의 순수 아동 잡지 〈어린이〉 발행, '어린이'라는 말을 만듦

　　㉡ 조선 소년 연합회(1927) : 전국적 조직체로서 조직되어 체계적인 소년 운동 전개

③ 중단 : 지도자들 간의 사상과 이념의 대립으로 분열, 일제는 중 · 일 전쟁 발발 후 한국의 청소년 운동을 일체 금지하고 단체를 해산

(6) 조선 형평사 운동(1923)

① 배경 : 백정들은 갑오개혁에 의해 법제적으로는 권리를 인정받았으나, 사회적으로는 오랜 관습 속에서 계속 차별

② 조직 : 이학찬을 중심으로 한 백정들은 진주에서 조선 형평사를 창립

③ 전개 : 사회적으로 평등한 대우를 요구하는 형평 운동을 전개, 민족 해방 운동으

형평사 운동 포스터

로 발전

④ 변질 : 1930년대 중반 이후 경제적 이익 향상 운동으로 변질

3. 사회주의 운동과 신간회

(1) 사회주의 운동의 유입

① 수용 : 1920년대 러시아와 중국 지역에서 활동하던 독립 운동가들이 수용(초기의 사회주의 운동은 소수의 지식인이나 청년 · 학생을 중심으로 전파)

② 영향

㉠ 사회 · 경제 운동을 활성화시켰고, 권익과 지위 향상을 위한 활동에 영향을 미침

㉡ 사회주의 운동이 본격화되면서 노동 · 농민 · 청년 · 학생 · 여성 운동과 형평 운동 등이 본격 전개

㉢ 국내 사회주의자들은 비밀리에 조선 공산당(1925)을 결성

③ 독립 노선의 분열 : 민족주의 운동과의 대립, 노선에 따른 계열간 대립이 발생

(2) 신간회(민족 유일당 운동, 1927~1931) ★빈출개념

① 배경 : 민족 운동의 분열과 위기

계열		주요 활동
민족주의 계열	자치론 (타협적 민족주의)	• 일제의 식민 지배를 인정하고 자치 운동 전개 • 민족성 개조 주장 • 이광수(민족 개조론, 민족적 경륜 발표), 최린
	비타협적 민족주의	• 일제와의 타협 거부, 민족 개량주의 비판 • 실력 양성 운동, 즉각적인 독립 추구 • 사회주의자들과의 연대를 추진, 조선 민흥회 조직 • 이상재, 안재홍
사회주의 계열		• 치안 유지법(1925)으로 사회주의 운동 탄압 • 민족 운동의 분열을 초래한다는 비판을 받음 • 정우회 선언 : 민족주의 계열과의 연합을 주장

② 신간회 결성과 활동

㉠ 결성(1927)

• 민족주의 진영과 사회주의 진영이 민족 유일당, 민족 협동 전선의 기치 아래 결성

• 조선 민흥회(비타협 민족주의 계열)와 정우회(사회주의 계열)가 연합하여 합법적 단체로 결성(회장 이상재 · 안재홍 등이 중심)

㉡ 조직 : 민족 운동계의 다수 세력이 참가하였으며, 전국에 약 140여 개소의 지회 설립, 일본과 만주에도 지회 설립이 시도됨

㉢ 강령 : 민족의 단결, 정치 · 경제적 각성 촉진, 기회주의자 배격

㉣ 활동 : 민중 계몽 활동, 노동 쟁의, 소작 쟁의, 동맹 휴학 등 대중 운동 지도

③ 신간회의 해체(해소, 1931)

㉠ 민중 대회 이후 일제의 탄압 강화(신간회 1차 지도부 체포)

    ⓛ 2차 지도부(민족주의 계열)의 개량화(→ 자치론 주장)

    ⓒ 코민테른의 지시를 받은 사회주의자들이 협동 전선 포기(→ 신간회 해소론)

  ④ 의의 : 사회주의 세력과 비타협적 민족주의 세력이 연합한 협동 단체, 일제 강점기 최대의 합법적인 반일 사회 단체

4. 해외 동포들의 활동

(1) 만주

① 이주 동포들의 활동

  ㉠ 신민회 : 독립 운동 기지 결성

    • 남만주(서간도) : 삼원보 선설, 신한민촌 형성, 신흥 학교 설립 운동, 경학사, 부민단

    • 북만주 : 밀산부에 한흥동 건설

  ㉡ 간도 : 서전 서숙(1906, 이상설), 명동 학교

② 만주 동포들의 시련 : 간도 참변(1920), 만보산 사건, 일제의 대륙 침략

(2) 연해주

① 이주 동포들의 활동 : 신한촌의 형성, 13도 의군 결성, 대한 광복군 정부(1914), 대한 국민 의회(노령 정부, 1919)

② 이주 동포들의 시련

  ㉠ 1920년대 초 : 볼셰비키가 정권을 장악한 후 한국인 무장 활동을 금지, 무장 해제 강요

  ㉡ 1937년에는 연해주의 한인들이 소련에 의해 중앙아시아로 강제 이주

(3) 일본

① 이주 형태 ★빈출개념

  ㉠ 한말 : 주로 학문을 배우기 위한 유학생들이 이주

  ㉡ 국권 강탈 후 : 생활 터전을 상실한 농민들이 건너가 산업 노동자로 취업

② 동포들의 활동 : 최팔용을 중심으로 조선 청년 독립단을 구성하여 2 · 8 독립 선언을 발표함

③ 동포들의 시련 : 민족 차별, 관동 대지진(1923)

(4) 미국

① 이민의 시작

  ㉠ 하와이 이민 : 1902년 정부의 보증으로 하와이 노동 이민 시작, 주로 사탕수수밭 노동자와 그 가족 등으로 가혹한 노동에 시달림

  ㉡ 이후 미국 본토와 멕시코, 쿠바 등으로 이민 지역 확대

② 이주 동포들의 활동 : 대한인 국민회(1909), 흥사단(1913), 대조선 국민군단(1914), 구미 위원부(1919), 태평양 전쟁 참전

간도 참변, 만보산 사건, 일제의 대륙 침략

• 간도 참변(1920) : 일본군이 출병하여 독립 운동 기지를 초토화하면서 무차별 학살

• 만보산 사건 : 1931년 일제의 악의적인 한 · 중 이간책으로 조선 농민과 중국 농민 사이에 벌어진 유혈 농지 분쟁 사건

• 일제의 대륙 침략 : 1930년대 일제의 본격적 대륙 침략으로 근거지를 상실하고 수난

2 · 8 독립 선언

1919년 2월 8일, 도쿄 조선 유학생 학우회는 독립 선언서와 결의문을 낭독한 뒤 일본 정부와 국회, 각국 대사관 등에 이를 보냄. 3 · 1독립 선언보다 강경한 태도로 일제의 침략을 고발하고 있으며, 민족 자결 주의의 적용을 요구하는 한편 독립을 위해 마지막 한 사람까지 투쟁하겠다는 내용을 담고 있음

미주 동포의 활동

1908년 장인환과 전명운의 스티븐스 사살이 계기가 되어 샌프란시스코에 대한인 국민회가 조직되었음. 미국, 하와이, 만주, 연해주 등지에 지부를 두고 있는 이 단체는 독립 의연금을 모집하여 독립군을 지원하였음. 또한 태평양 전쟁에서 미국이 이겨야 우리나라가 빨리 독립할 수 있을 것이라고 믿은 청년들이 미군에 입대하기도 하였음

5. 일제의 식민지 문화 정책

(1) 일제의 식민지 교육 정책

① 교육 목표 : 우민화 교육을 통해 이른바 한국인의 황국신민화를 추구하여 일제의 식민지 정책에 순종하도록 함, 일본인으로 동화

② 일제의 조선 교육령

구분	내용
제1차 (1911)	• 정책 방향 : 무단정치에 적합한 충량한 국민을 양성하기 위한 교육 • 우민화 교육 : 교육 기회 축소, 사립학교 축소(사립 학교 규칙, 1911) • 보통 학교 수업 연한 축소 : 일본인은 6년, 한국인은 4년(단축) • 초등 · 기술 · 실업 교육 등 낮은 수준의 실용 교육 강조 • 민족의식 억압, 조선어 과목의 선택화, 역사 · 지리 제외, 일본어 교육 강요 • 서당 규칙(1918) : 개량 서당의 민족 교육 탄압

제2차 (1922)	• 유화 정책 : 한국인과 일본인의 공학 원칙, 동등 교육 및 교육상의 차별 철폐라는 명분 제시(→ 3 · 1운동 이후 식민통치 방식 변경에 따른 명목상의 정책)
	• 조선어 필수 과목 : 한국 역사 · 지리 시간은 최소화하고 일본어와 역사 · 지리 시간을 늘려 실질적 식민교육을 강화
	• 보통 학교 수업 연한 연장 : 일본인과 동일한 6년제, 고등 보통 학교는 5년
	  – 일본인 : 소학교, 중학교
	  – 한국인 : 보통 학교, 고등 보통 학교
	• 사범 대학 설치, 대학교육 허용(→ 민립 대학 설립 운동 발생)
	• 경성 제국 대학 설립(설치에 관한 법률 반포) : 조선에 있는 일본인을 위한 대학(→ 조선인 차별), 민립 대학 설립 운동 저지가 목적

제3차 (1938)	• 정책 방향 : 민족 말살 정책에 따른 내선일체 · 황국 신민화 강조 • 황국 신민화 교육 : 황국 신민 양성을 목적으로 황국 신민서사 제정 · 암송을 강요 • 조선어의 선택 과목화(수의과목)(→ 우리말 교육과 국사 교육 억압) • 교명을 일제와 동일하게 조정 : 보통 학교를 소학교로, 고등 보통 학교를 중학교로 개칭(→ 일본어로 된 수업만 가능) • 국민 학교 : 1941년에는 소학교를 국민 학교로 개정
제4차 (1943)	• 정책 방향 : 전시 체제에 따른 황국 신민화 교육 강화 • 중등 교육의 수업 연한 단축 • 조선어, 조선사 교육의 금지 • 국민 학교에서 대학교까지 모두 황국 신민 양성을 위한 군사 기지화 • 전시 교육령 공포, 전시 비상조치 및 학도 전시 동원 체제의 확립(→ 1943년 학도 지원병제 실시, 1944년 징병제 · 정신대 근무령 시행)

(2) 일제의 한국사 왜곡

① 목적 : 한국사의 자율성 · 독창성 부인, 식민 통치 합리화

② 식민 사관 : 식민지 근대화론

  ㉠ 정체성론 : 고대 이래로 역사 발전이 정체(→ 중세 부재론)

  ㉡ 타율성론(반도 사관) : 외세의 간섭과 압력에 의해 타율적으로 전개, 한국사의 독자적 발전 부정(→ 임나 일본부설)

  ㉢ 당파성론 : 한국사의 오랜 당파 싸움은 민족성에 기인

일제 강점기의 교육 현실

• 한국인의 초등학교 취학률은 일본인의 6분의 1에 지나지 않음
• 정규 학교에서는 철저한 식민지 교육을 실시하여, 한국인을 위한 민족 교육은 거의 존재하지 않음
• 정규 공립학교에서는 민족 교육이 어려웠으나, 사립학교나 개량 서당 및 야학에서는 민족 교육 운동이 활발하게 전개

황국신민서사

민족말살정책의 하나로 내선일체 · 황국신민화 정책 등을 강요하면서 암송을 강요한 글

조선사 편수회의 〈조선사〉 편찬 요지

조선인은 다른 식민지의 야만적이고 반개화적인 민족과는 달라서 문자 문화에 있어서도 문명인에게 떨어지지 않는다. 따라서 예로부터 전해 오는 역사책도 많고, 또 새로운 저술도 적지 않다. …… 헛되이 독립국의 옛 꿈을 떠올리게 하는 폐단이 있다. …… 〈한국 통사〉라고 하는 재외 조선인의 저서는 진상을 깊이 밝히지 않고 함부로 망령된 주장을 펴고 있다. 이들 역사책이 인심을 어지럽히는 해독은 헤아릴 수 없다.

③ 단체 : 조선사 편수회(〈조선사〉 간행), 청구학회(〈청구학보〉 발행)

(3) 언론 탄압 ★ 빈출개념

① 1910년대 : 대한 제국 시기 발행된 신문 폐간, 매일 신보(총독부 기관지)만 간행

② 1920년대 : 조선 · 동아일보의 발행(1920)을 허가하였으나 검열, 기사 삭제, 발행 정지

③ 1930년대 : 만주 사변 이후 언론 탄압 강화, 일장기 삭제 사건(1936)으로 동아일보 정간

④ 1940년대 : 조선 · 동아일보 폐간(1940)

(4) 종교 탄압

① 기독교 : 안악 사건, 105인 사건, 신사 참배 강요

② 불교 : 사찰령을 제정(1911)하여 전국 사찰을 총독에 직속시킴

③ 천도교 : 3 · 1 운동에 주도적 역할을 했다는 이유로 감시 강화, 지방 교구 폐쇄

④ 대종교 : 일제의 탄압으로 본거지를 만주로 이동

6. 민족 문화 수호 운동

(1) 한글 연구

① 조선어 연구회(1921)

　㉠ 조직 : 3 · 1 운동 이후 이윤재 · 최현배 등이 국문 연구소의 전통을 이어 조직

　㉡ 활동 : 잡지 〈한글〉을 간행, 가갸날을 정하여 한글의 보급과 대중화에 공헌

② 조선어 학회(1931)

개편	조선어 연구회가 조선어 학회로 개편되면서 그 연구도 더욱 심화
활동	• 한글 교재를 출판하고, 회원들이 전국을 순회하며 한글을 교육 · 보급 • 한글 맞춤법 통일안(1933)과 표준어(1936) 제정 • 〈우리말 큰사전〉의 편찬에 착수(→ 일제의 방해로 성공하지 못함)
해산	1940년대 초에 일제는 조선어 학회 사건을 일으켜 수많은 회원들을 체포 · 투옥하여 강제로 해산

(2) 민족주의 사학

① 방향 : 민족 문화의 우수성과 한국사의 주체적 발전을 강조

② 박은식

　㉠ 민족 사관 : 민족 정신을 혼(魂)으로 파악하고, 혼이 담긴 민족사의 중요성을 강조

　㉡ 저술 및 내용

　　• 한국통사 : 근대 이후 일본의 침략 과정을 밝힘("나라는 형(形)이요, 역사는 신(神)이다.")

　　• 한국 독립 운동 지혈사, 유교구신론 등

조선어 학회 사건(1942)
일제는 조선어 학회가 독립 운동 단체라는 거짓 자백을 근거로 회원들을 검거하고 강제 해산시킴

박은식　　　신채호

〈독립 운동 지혈사〉
우리 민족은 단군 성조의 자손으로서 동해의 명승지에 자리 잡고 있다. 인재의 배출과 문물의 제작에 있어서 우수한 자격을 갖추어, 다른 민족보다 뛰어난 것도 사실이다. …… 우리의 국혼(國魂)은 결코 다른 민족에 동화될 수 없다.

ⓒ 주요 활동 : 〈서북학회월보〉의 주필로 직접 잡지를 편집, 다수의 애국계몽 논설을 게재, 임시정부의 대통령지도제하에서 제2대 대통령을 지냄

③ 신채호
　ⓐ 연구 부분 및 사관 : 〈조선 상고사〉·〈조선사 연구초〉등을 저술하여 민족주의 역사학의 기반을 확립, 민족 사관으로 낭가(郞家) 사상을 강조
　ⓑ 저술 및 내용 : 고대사 연구
　　• 조선 상고사 : 역사는 아(我)와 비아(非我)의 투쟁의 기록
　　• 조선사 연구초 : 낭가 사상을 강조하여 묘청의 서경 천도 운동을 '조선 1천년래 제일대 사건'으로 높이 평가
　　• 조선 상고 문화사 : 〈조선 상고사〉에서 다루지 못한 상고사 관련 부분과 우리 민족의 전통적 풍속, 문화 등을 다룸
　　• 독사신론 : 일제 식민사관에 기초한 일부 국사교과서를 비판하기 위해 〈대한 매일 신보〉에 연재, 만주와 부여족 중심의 고대사 서술로 근대 민족주의 역사학의 초석을 다짐
　　• 조선 혁명 선언(한국 독립 선언서, 의열단 선언) : 의열단의 요청으로 집필

④ 정인보
　ⓐ 연구 방향 : 양명학과 실학사상을 주로 연구, 신채호를 계승하여 고대사 연구에 치중, '오천 년간 조선의 얼'을 신문에 연재
　ⓑ 조선사 연구 : 단군부터 삼국 시대에 이르는 우리나라 고대사를 특정 주제로 설정하여 통사적으로 서술한 사서로 식민 사관에 대항하여 고대사 왜곡을 바로잡고자 광개토대왕비를 새롭게 해석하고, 한사군 실재성을 부인
　ⓒ 민족 사관 : '얼' 사상을 강조

⑤ 문일평 : 〈대미관계 50년사〉·〈호암 전집〉을 저술, 개항 후의 근대사 연구에 역점, 조선심(朝鮮心)으로 1930년대 조선학 운동을 전개

⑥ 안재홍 : 〈조선 상고사감〉을 저술, 민족 정기를 강조, 신민족주의자로서 1930년대 조선학 운동 전개

⑦ 최남선
　ⓐ 백두산 중심의 불함문화론(不咸文化論)을 전개하여 식민 사관에 대항
　ⓑ 〈아시조선〉·〈고사통〉·〈조선역사〉 등을 저술, 〈조선 광문회〉를 조직

⑧ 손진태 : 〈조선 민족사론〉·〈국사 대요〉를 저술, 신민족주의 사관의 확립에 노력

(3) 사회·경제 사학

① 특징 : 유물 사관에 바탕을 두고, 한국사가 세계사의 보편 법칙에 따라 발전하였음을 강조하여 식민 사관의 정체성론을 타파하고자 하였고, 민족주의 사학의 정신사관을 비판(대립)

② 학자 및 저서
　ⓐ 백남운 : 사적 유물론을 도입하여 일제의 정체성론에 대항, 〈조선 사회 경제사〉·〈조선 봉건 사회 경제사〉
　ⓑ 이청원 : 〈조선 역사 독본〉, 〈조선 사회사 독본〉
　ⓒ 박극채, 전석담 등

07장 민족 독립 운동의 전개

진단 학회

실증주의 사학에 입각한 진단 학회는 문헌 고증을 통해 있었던 사실을 그대로 밝혀내는 것을 목적으로 삼았음. 이들은 역사 연구에 있어 일반적인 법칙을 가정하여 사실을 이론에 끼워 맞추기보다는, 객관적인 사실을 정확하게 인식함으로써 한국사를 깊이 이해할 수 있다고 주장하였음. 이러한 실증주의 사학은 한국 역사학을 독립된 학문으로 정립시키는 데 공헌하였음

(4) 실증 사학

① 특징 : 문헌 고증에 의한 실증적인 방법으로 한국사를 연구함으로써 역사 상황을 정확하고 올바르게 인식하고자 함
② 진단 학회 조직(1934) : 이병도 · 손진태 등이 조직, 〈진단 학보〉를 발간하면서 한국사 연구
③ 학자 및 저서
 ㉠ 손진태 : 신민족주의 사관(新民族主義史觀) 제창, 〈조선 민족사개론〉, 〈국사대요〉 등
 ㉡ 이병도 : 진단 학회 대표, 〈역주 삼국사기〉, 〈조선사 대관〉 등
 ㉢ 이윤제, 이상백, 신석호 등

7. 교육과 종교 활동

(1) 교육 운동

조선 교육회(1920)	한규설. 이상재 등이 조직하여 민족 교육의 진흥에 노력, 민립 대학 설립 운동 전개
문맹 퇴치 운동	조선일보와 동아일보 등 언론 단체 참여
사립 학교	근대적 지식 보급, 항일 민족 운동의 거점
개량 서당	일제의 제도 교육에 편입되기를 거부한 한국인을 교육
야학	1920년대 전반 활성화, 민중에게 자주 의식과 반일 사상 고취

(2) 종교 활동

천도교	제2의 3 · 1 운동을 계획하여 자주 독립 선언문 발표, 〈개벽〉 · 〈어린이〉 · 〈학생〉 등의 잡지를 간행하여 민중의 자각과 근대 문물의 보급에 기여
개신교	천도교와 함께 3 · 1 운동에 적극 참여, 민중 계몽과 문화 사업을 활발하게 전개, 1930년대 후반에는 신사 참배를 거부하여 탄압을 받음
천주교	고아원 · 양로원 등 사회 사업을 계속 확대하면서 〈경향〉 등의 잡지를 통해 민중 계몽에 이바지, 만주에서 항일 운동 단체인 의민단을 조직하여 항일 무장 투쟁 전개
대종교	• 천도교와 더불어 양대 민족 종교를 형성 • 교단 본부를 만주로 이동해 민족 의식 고취, 적극적인 민족 교육 및 항일 투쟁 • 지도자들은 항일 무장 단체인 중광단을 조직, 3 · 1 운동 직후 북로 군정서로 개편하여 청산리 대첩에 참여
불교	3 · 1 운동에 참여, 한용운 등의 승려들이 총독부의 정책에 맞서 민족 종교의 전통을 지키려 노력, 교육 기관을 설립하여 민족 교육 운동에 기여
원불교	박중빈이 창시(1916), 불교의 현대화와 생활화를 주창, 민족 역량 배양과 남녀 평등, 허례 허식의 폐지 등 생활 개선 및 새생활 운동에 앞장섬

8. 문예 활동

창조

(1) 문학 활동

① 1910년대 : 계몽적 성격의 문학, 이광수의 〈무정〉

② 3·1 운동 이후(1920년대) : 순수 문학, 신경향파 문학, 프로 문학의 대두, 국민 문학 운동의 전개

③ 1930년대 이후 : 일제의 탄압 강화

　㉠ 친일 문학 : 이광수·최남선 등 침략 전쟁을 찬양하는 활동에 참여

　㉡ 저항 문학

　　• 전문적 문인 : 한용운·이육사·윤동주(→ 항일의식과 민족 정서를 담은 작품을 창작)

　　• 비전문적 문인 : 독립 운동가 조소앙, 현상윤(→ 일제에 저항하는 작품을 남김)

　　• 역사 소설 : 김동인·윤백남(→ 많은 역사 소설을 남겨 역사와 민족의식을 고취)

(2) 민족 예술

① 음악 : 항일 독립 의식과 예술적 감정을 음악과 연주를 통해 표현(창가(1910년대), 가곡·동요, 한국(코리아) 환상곡)

② 미술 : 안중식은 한국 전통 회화 발전에 기여, 고희동과 이중섭은 서양화를 대표

③ 연극 : 민족 의식을 고취하는 수단으로, 민중을 계몽하고 독립 정신을 고취

④ 영화 : 다른 어느 분야보다 발전이 늦음

⑤ 문화·예술 활동의 탄압 : 제2차 세계 대전이 일어난 후 일제는 모든 문화·예술 분야에 대한 통제를 강화

9. 사회 구조와 생활 모습

(1) 의식주

① 의생활

　㉠ 한복, 고무신, 모자 차림이 주를 이룸

　㉡ 양복과 여성의 단발머리, 파마머리, 블라우스, 스커트를 입는 경우가 늘어남

　㉢ 모던걸, 모던보이 등장(1920년대)

　㉣ 남성은 국방색의 국민복, 여성은 '몸뻬'라는 일바지 입도록 강요(1940년대)

② 식생활 : 잡곡밥, 풀뿌리, 나무껍질 등으로 연명, 도시의 상류층은 일본음식과 서양식이 소비됨

③ 주거 생활 : 농촌(초가·기와로 된 전통 한옥), 도시(2층 양옥집, 개량 한옥), 영단 주택이 지어짐(노동자의 주택 부족 문제 해결, 조선주택영단령)

(2) 식민지 도시화

개항장의 도시화, 군산·목포 등 항만 도시 성장, 철도 교통 발전, 북부 지방의 공업 도시 성장, 화신 백화점의 등장, 시가지 형성, 도시 빈민층 증가(토막촌)

SEMI-NOTE

조선 프롤레타리아 예술가 동맹 (Korea Artista Proleta Federatio)

한국의 사회주의 혁명을 위해 1925년에 결성된 문예 운동 단체로, 카프(KAPF)라고 약칭함. 사회주의 사상의 영향을 받은 저항 문학을 전개하였음. 주요 작가로는 최서해, 주요섭, 이상화, 임화, 한설야 등이 있음. 민족주의 계열은 이들의 계급 노선에 반대하여 국민 문학 운동을 전개함

흰 소(이중섭)

영화 아리랑의 포스터

07장

민족 독립 운동의 전개

215

9급공무원
한국사

나두공

08장 현대 사회의 발전

광복 당시 여러 정당의 활동
- **한국 민주당** : 송진우 · 김성수, 민족주의 우파 세력 중심으로 임시정부 지지, 미 군정에 적극 참여
- **독립 촉성 중앙 협의회** : 이승만을 중심으로 한국 민주당 · 국민당 · 조선 공산당 등 2백여 개 단체가 모여 구성한 협의체, 독립 쟁취를 위하여 공동 투쟁 · 공동 노선을 취할 것을 결의
- **한국 독립당** : 김구가 중심, 통일 정부 수립을 위한 활동 전개
- **국민당** : 안재홍, 중도 우파, 신민주주의 및 신민족주의 표방
- **조선 인민당** : 여운형, 중도 좌파, 좌 · 우 합작 운동 전개

조선 독립 동맹 건국 강령
- 보통선거를 통한 민주 공화국의 건국
- 모든 정치적 자유의 보장, 남녀평등, 의무교육제
- 일제의 모든 자산과 토지 몰수(토지 국유화), 일제와 관련된 대기업의 국영화와 토지 분배

1. 조국의 광복

(1) 광복 직전의 건국 준비 활동

① 국내외의 건국 준비

㉠ 국외 활동

대한민국 임시 정부	• 대한민국 건국 강령의 제정(1941) : 조소앙의 삼균주의에 따라 정치 · 경제 · 교육의 균등을 규정 • 정부 체제의 개편 　– 중심 세력 : 김구가 민족주의 계열의 단체를 통합하여 조직한 한국독립당이 중심 세력을 형성 　– 연합 전선 형성 : (조선)민족 혁명당의 지도자와 그 산하의 조선 의용대 일부를 수용해 연합 전선을 형성하고 한국 광복군(정규군)을 강화(적극적 항일 전쟁을 전개)
조선 독립 동맹 (1942)	• 중국 화북의 사회주의 계열 독립 운동가들이 결성 • 김두봉(주석), 조선 의용군을 거느림, 한국 광복군에 합류하지 않고 연안을 중심으로 독자적 활동(연안파) • 건국 강령(민주 공화국 수립, 대기업의 국영화 등)

㉡ 국내 활동

조선 건국 동맹 (1944)	• 국내에서 조직한 비밀결사조직으로, 중도 좌파인 여운형(위원장)의 주도로 만들어짐 • 건국 강령 제정 : 일제 타도와 민주국가 건설, 노동운동에 치중 • 조선 건국 준비 위원회 조직(1945. 8) • 3원칙(3불 원칙) : 불언(不言), 불문(不文), 불명(不名) • 해방 후 조직 분열
치안권 이양 교섭 (1945. 8. 10)	패망이 임박하여 총독부는 일본인의 무사 귀국을 위해 민족지도자 송진우 · 여운형과 접촉
조선 건국 준비 위원회 (1945. 8. 15)	• 여운형(위원장) · 안재홍(부위원장), 좌우인사 포함(해방 후 최초의 통일전선 성격의 정치단체) • 건국 강령 : 완전한 독립국가 건설과 민주주의 정권 수립 • 활동 : 건국 치안대 조직, 식량 대책 위원회 설치, 지방지부 조직 확장(전국 145개 지부 결성) • 본격적인 건국 작업에 착수하면서 좌 · 우익이 분열(안재홍 등 우파의 사퇴 후 좌파 세력이 우세), 조선 인민 공화국 선포 후 해산(1945. 9)
조선 인민 공화국 (1945. 9. 6)	• 건국 준비 위원회에서 우세를 확보한 좌파 세력이 전국 인민 대표자회의를 개최하고 인민 공화국을 선포 • 이승만(주석) · 여운형(부주석)이 주도, 민족 통일 전선 원칙을 바탕으로 하나 지방별 주도 세력에 따라 정치성향의 차이가 큼 • 활동 : 인민 위원회, 대중조직 결성

국민 대회 준비 위원회 · 한국 민주당(1945. 9. 8)	• 송진우 등 우파는 조선 인민 공화국을 공산주의라 규정하고 민족주의 계열을 중심으로 한국 민주당 결성(1945. 9. 8) • 임시 정부를 지지하고 국민총회 집결을 명분으로 국민 대회 준비회를 개최 • 임시 정부 봉대론을 주장했으나, 임시 정부는 한민당을 친일 세력으로 규정해 거부

(2) 8·15 광복

① 독립 투쟁의 전개

    ㉠ 정치 · 경제 · 사회 · 문화 · 외교 등 모든 영역에 걸쳐서 지속적으로 전개

    ㉡ 무장 투쟁 · 외교 활동 · 민족 문화 수호 운동(실력 양성 운동) 등으로 전개

    ㉢ 국내외에 널리 알려져 국제적으로도 독립 국가 수립을 긍정

② 광복의 의의 : 우리 민족이 국내외에서 전개해 온 독립 투쟁의 결실이자 민족 운동사의 위대한 업적

2. 남북의 분단

(1) 열강의 한국 문제 논의

① 카이로 회담(1943. 11) : 미국 · 영국 · 중국의 3국 수뇌가 적당한 시기에 한국을 독립시킬 것을 최초로 결의, 일본의 무조건 항복 요구

② 얄타 회담(1945. 2) : 미국 · 영국 · 소련 3국 수뇌가 소련의 대일 참전을 결정, 한반도 신탁통치를 밀약

③ 포츠담 선언(1945. 7) : 미국 · 영국 · 소련이 일본의 무조건 항복과 한국 독립(카이로 회담 내용), 한반도 신탁통치(얄타 회담 내용) 재확인

(2) 국토의 분단

① 38도선의 확정 : 일본군 무장 해제를 이유로 미 · 소 양군이 남과 북에 각각 진주

② 군정의 실시 : 남한에 주둔한 미군은 군정을 실시, 친미적인 우익 정부의 수립을 후원, 북한에서도 소련군과 공산주의자들이 공산 정권을 수립하기 위한 기반을 닦음

③ 민족 분단의 고착화

(3) 광복 이후 남북한의 정세

① 남한의 정세 : 조선 건국 준비 위원회, 한국 민주당 등 여러 정치 세력 간의 갈등, 경제적 혼란, 좌익 세력의 사회 교란

② 북한의 정세 : 공산주의자들에 반대하는 조만식 등 민족주의 계열의 인사들을 숙청

3. 모스크바 3상 회의와 좌·우 대립의 격화

(1) 모스크바 3상 회의(1945. 12)

① 미국 · 영국 · 소련의 3국 외상은 모스크바에서 회의를 열어 한반도 문제를 협의

SEMI-NOTE

조선 건국 준비 위원회 강령
• 우리는 완전한 독립국가의 건설을 기함
• 우리는 전민족의 정치적, 경제적, 사회적 기본요구를 실현할 수 있는 민주주의 정권의 수립을 기함
• 우리는 일시적 과도기에 있어서 국가질서를 자주적으로 유지하며 대중생활의 확보를 기함

카이로 회담과 포츠담 회담
• 카이로 회담
  – 일제의 군사 행동에 대한 압력을 결의하고 일제가 탈취한 지역에 대한 독립 문제를 논의한 회담
  – 우리나라와 관련된 특별 조항을 마련하여 "적당한 시기에 한국을 독립시킨다."고 결정하였으나, '적당한 시기'에 대한 명확한 언급이 없어 문제가 됨
• 포츠담 회담 : 카이로 회담의 실행, 일제의 군국주의 배제 및 무장 해제, 점령군의 철수, 일제의 무조건적 항복 등을 규정한 회담

38도선 푯말(강원 양양)

신의주 반공 의거
1945년 11월 23일에 일어난 학생 의거. "공산당을 몰아내자.", "소련군 물러가라.", "학원의 자유를 쟁취하자." 등의 구호를 외침

미 군정 실시
• 총독부 체제 유지, 우익 세력 지원
• 조선 건국 준비 위원회 · 대한민국 임시정부를 불인정

② 한국에 임시 민주 정부를 수립하기 위하여 미·소 공동 위원회를 설치, 최고 5년 동안 미·영·중·소 4개국의 신탁 통치하에 두기로 결정

③ 결정서의 채택 과정(신탁 통치안) : 미국은 한국의 참여가 제한된 4개국 대표에 의한 신탁 통치를 먼저 제안 → 소련은 민주주의적 임시정부 수립을 기본 취지로 하여 신탁통치를 5년 이내로 한정하자는 수정안을 제안 → 소련의 수정안에 대해 미국이 다시 일부를 수정하여 신탁 통치에 대한 모스크바 3상 회의 결정서가 채택

실력up **한국에 대한 모스크바 3상 회의 결정서(1945)**

• 한국을 독립 국가로 재건하기 위해 임시적인 한국 민주 정부를 수립함
• 한국 임시 정부 수립을 돕기 위해 미·소 공동 위원회를 설치함
• 미, 영, 소, 중의 4개국이 공동 관리하는 최고 5년 기한의 신탁 통치를 실시함
• 남북한의 행정·경제면의 항구적 균형을 수립하기 위해 2주일 이내에 미·소 양군 사령부 대표 회의를 소집함

(2) 신탁 통치안과 좌·우 세력의 대립

① 초기의 정세(전면적인 반탁)
  ㉠ 신탁 통치안을 식민지 지배와 차이가 없는 것이므로 모욕으로 받아들임
  ㉡ 전국적으로 신탁통치에 대한 반대 운동이 확산

② 좌·우 세력의 대립
  ㉠ 김구와 이승만, 조만식 등의 우익 세력과 민족주의 세력은 적극적인 반탁 운동을 전개
    • 반탁 활동과 조직 결성 : 반탁 전국 대회를 개최하고, 신탁 통치 반대 국민 총동원 위원회 조직(1945. 12)
    • 대한 독립 촉성 국민회 결성 : 이승만 계열인 독립 촉성 중앙 협의회와 김구 계열의 신탁 통치 반대 국민 총동원 중앙 위원회가 반탁 운동이라는 공통 목적에서 통합 결성(1946. 2. 8)
  ㉡ 박헌영·김일성 등 좌익 세력들은 처음에 신탁 통치를 반대하다 소련의 사주를 받은 후 모스크바 3상 회의의 결정(신탁 통치 결정)을 수용하기로 하여 좌·우 세력은 격렬하게 대립

(3) 미·소 공동 위원회와 좌·우 합작 운동 ⭐빈출개념

① 제1차 미·소 공동 위원회(1946. 3) : 서울에서 개최되었으나 참여 단체를 놓고 대립하여 결렬
  ㉠ 소련의 주장 : 반탁 단체의 참여 배제를 주장
  ㉡ 미국의 주장 : 신탁통치 반대세력들도 협의대상이 되어야 함

② 이승만의 정읍 발언(1946. 6) : 남한만의 단독 정부 수립 주장

③ 좌우 합작 운동
  ㉠ 전개

- 여운형 · 김규식 등의 중도파가 중심이 되어 좌우 합작 위원회를 결성 (1946. 7)하고, 단독 정부 수립을 반대하며 좌우 합작 운동을 전개
- 미군정은 중도적 좌우 세력을 결집해 지지 기반을 확대하고자 좌우 합작 운동을 지원
ⓛ 좌우 합작 7원칙의 발표(1946.10) : 우익 측을 대표한 김규식과 좌익 측을 대표한 여운형은 양측의 주장을 절충하여 좌우합작 7원칙을 발표(좌 · 우익 양진영 모두 불만을 표시하며 반대)
ⓒ 결과 : 동서냉전의 시작, 이승만 등의 단독정부 수립운동, 미 · 소 공동 위원회 결렬, 참가 세력 간의 갈등, 여운형의 암살(1947. 7) 등으로 인해 좌우 합작 운동은 결국 실패
④ 남조선 과도 입법 의원 및 과도 정부 구성
ㄱ 남조선 과도 입법 의원(1946. 12) : 미군정의 주도로 과도 입법 의원 성립
ㄴ 남조선 과도 정부(1947. 6~1948. 5. 10)
- 과도 입법 의원의 구성 후 미 군정 장관 아래 대법원장(김용무)과 민정장관 (안재홍)을 임명하고, 이를 남조선 과도 정부라 명명(1947. 6)
- 미군정하에서 민정 이양을 위한 과도기 정부의 성격을 지님
⑤ 제2차 미 · 소 공동 위원회(1947. 5~1947. 10) : 1947년 트루먼 독트린이 발표되면서 미 · 소 간 갈등과 냉전이 시작

4. 대한민국 정부의 수립

(1) 한국 독립 문제의 유엔 상정과 유엔 한국 임시 위원단의 활동

① 한국 독립 문제의 유엔 총회 상정
ㄱ 원인 : 미 · 소 공동 위원회의 실패로 미국과 소련은 남북한에서 별도의 정부를 세우는 데 관심을 가지게 됨
ㄴ 한반도 문제의 유엔 이관 : 미 · 소 공동 위원회의 결렬 후 미국은 한반도 문제를 유엔에 이관(1947. 9)
ㄷ 유엔 총회의 총선거 결의 : 유엔 한국 임시 위원단의 감시 하에 인구 비례에 의한 남북한 총선거 실시를 결의(1947. 11)
② 유엔 한국 임시 위원단의 구성
ㄱ 유엔의 결정 : 한국 임시 위원단을 구성(1948. 1)하고, 선거를 통하여 통일된 독립 정부 수립
ㄴ 소련의 거부 : 유엔 한국 임시 위원단이 북한에 입국하지 못함(1948. 1)
ㄷ 유엔 소총회의 총선거 실시 결정(1948. 2) : 소총회에서 선거가 가능한 지역에서만이라도 총선거를 실시하여 정부를 수립하도록 결정

(2) 남북 협상(남북 대표자 연석 회의, 1948. 4)

① 김구(한국 독립당) · 김규식(민족 자주 연맹) 등의 중도 우파는 남북한이 협상을 통해서 통일 정부를 수립하자고 주장
② 김구 · 김규식 · 김두봉 · 김일성의 4인 회의 등이 개최되었으나 의미 있는 결정

좌 · 우합작 7원칙(1946. 10)
- 모스크바 3상 회의 결정에 의해 좌우 합작으로 임시 정부 수립
- 미·소 공동 위원회의 속개를 요청하는 공동 성명 발표
- 몰수·유조건(有條件) 몰수 등으로 농민에게 토지 무상 분여 및 중요 산업의 국유화
- 친일파 및 민족 반역자 처리 문제는 장차 구성될 입법 기구에서 처리
- 정치범의 석방과 테러적 행동의 중단
- 합작 위원회에 의한 입법 기구의 구성
- 언론·집회·결사·출판·교통·투표 등의 자유 절대 보장

김구의 단독 정부 수립 반대
조국이 있어야 한국 사람이 있고, 한국 사람이 있고야 민주주의도 공산주의도 무슨 단체도 있을 수 있는 것이다. 그러면 우리의 자주 독립적 통일 정부를 수립하려는 이때에 있어서 어찌 개인이나 자기 집단의 사리사욕에 탐하여 국가 민족의 백년대계를 그르칠 자가 있으랴? …… 현실에 있어서 나의 유일한 염원은 3천만 동포가 다 손을 잡고 통일된 조국의 달성을 위하여 공동 분투하는 것뿐이다. 이 육신을 조국이 필요로 한다면 당장에라도 제단에 바치겠다. 나는 통일된 조국을 건설하려다 38선을 베고 쓰러질지언정 일신의 구차한 안일을 위하여 단독 정부를 세우는 데는 협력하지 않겠다.
– 삼천만 동포에게 읍고함(1948. 2) –

SEMI-NOTE

제주도 4 · 3 사건

5 · 10 총선거에서 투표하는 유권자

통일 독립 촉성회(1948. 7)
단독 정부 수립에 반대해 총선거에 참여하지 않은 김구의 한국 독립당과 김규식의 민족 자주연맹 등이 중심이 되어 결성된 단체로, 민족 문제의 자주적 해결과 통일 정부 수립을 목적으로 하였음

반민 특위 사건
이승만 정부와 경찰이 반민 특위를 습격하여 특위 산하 특경대를 체포한 사건

이나 합의에 도달하지 못함

(3) 건국 전후의 사회적 혼란

① 제주도 4 · 3 사건 : 1948년 4월 3일부터 1954년 9월 21일까지 제주도에서 남조선 노동당(남로당) 세력이 주도가 되어 벌어진 무장 항쟁 및 그에 대한 대한민국 군경과 극우 단체의 유혈 진압
  ㉠ 주장 : 남한 단독 선거 반대, 경찰과 극우 단체의 탄압에 대한 저항, 반미구국 투쟁 등
  ㉡ 진압 과정에서 무고한 주민들이 많이 희생됨
② 여수 · 순천 사건(10 · 19 여수 14연대 폭동, 1948) : 여수에 주둔하던 국군 제14연대가 제주 4 · 3 사건 진압을 위한 출동 명령을 거부하고 순천 등지까지 무력 점거를 확산시킨 사건
  ㉠ 동족을 학살할 수 없다는 것과 친일파 처단, 조국 통일을 명분으로 하여 발생
  ㉡ 이승만 정부는 계엄령 선포 후 이를 진압하고 국가 보안법을 제정, 반란 군인과 이에 가담한 양민들 일부는 빨치산을 조직

(4) 대한민국의 수립

① 총선거 실시(1948. 5. 10) : 남한에서 5 · 10 총선거가 실시되어 제헌 국회 구성
② 헌법 제정 · 공포(1948. 7. 17) : 제헌 국회는 임시 정부의 법통을 계승한 민주 공화국 체제의 헌법 제정 · 공포
③ 정부 수립(1948. 8. 15) : 이승만을 대통령으로, 이시영을 부통령으로 선출하여 대한민국의 수립을 국내외에 선포하였고, 유엔 총회에서 한반도의 유일한 합법 정부로 승인받음

(5) 반민족 행위 처벌법

① 반민족 행위 처벌법의 제정(1948. 9)
  ㉠ 목적 : 일제 잔재를 청산하기 위하여 제헌 국회에서 제정
  ㉡ 내용 : 일제 강점기 친일 행위를 한 사람들을 처벌하고 공민권을 제한하는 것 등
② 반민 특위의 활동 : 반민족 행위 처벌법에 의거하여 국회의원 10명으로 구성된 반민족 행위 특별 조사 위원회에서 친일 주요 인사들을 조사
③ 결과 : 반공을 우선시하던 이승만 정부의 방해로 친일파 처벌이 좌절됨
  ㉠ 친일파들은 법 제정 바로 다음 날 반공 구국 궐기 대회(1948. 9. 23)를 열었고, 이승만 정부는 이 대회를 적극 지원
  ㉡ 국론 분열과 혼란을 구실로 반민특위를 공개적으로 반대
  ㉢ 법을 개정하여 2년으로 명시된 반민법의 시효를 1년으로 줄이고 특위 활동을 종료시킴

5. 북한 정권의 수립

(1) 정권의 수립

평남 건국 준비 위원회의 결성 → 인민 위원회의 조직(1945. 8) → 조선 공산당 북
조선 분국 설치(1945. 10) → 북조선 5도 행정국 발족(1945. 10. 28) → 북조선 공산
당의 독립(1945. 12) → 북조선 임시 인민 위원회 구성(1946. 2) → 북조선 노동당
창당(1946. 8) → 인민 위원 선출(1946. 11) → 북조선 인민 회의 및 인민 위원회 구
성(1947. 2) → 인민 공화국 헌법 초안의 채택(1948. 4) → 최고 인민 회의 대의원
선출(1948. 8) → 조선 민주주의 인민 공화국 수립(1948. 9. 9)

(2) 공산주의 지배 체제 확립

① **토지 개혁(1946. 3)** : 임시 인민 위원회는 토지 개혁법을 제정하여 무상 몰수 · 무
상 분배를 단행(→ 실제로는 모든 토지의 국유화)

② **체제 강화** : 남녀 평등법을 제정해 여성 노동력을 동원하고, 산업 국유화법을 통
과시켜 공산주의 체제를 강화

(3) 6·25 전쟁과 공산군의 격퇴

① 6 · 25 전쟁의 발발(1950. 6. 25)

   ㉠ 배경 : 북한의 군사력 강화, 미군 철수와 미국 극동 방위선에서 한반도 제외

   ㉡ 발발 : 김일성은 비밀리에 소련과 중국의 지원을 약속받아 남침을 감행

② 경과 : 전쟁 발발 → 서울 함락(1950. 6. 28) → 한강 대교 폭파(1950. 6. 28) →
낙동강 전선으로 후퇴(1950. 7) → 인천 상륙 작전(1950. 9. 15) → 서울 탈환
(1950. 9. 28) → 중공군 개입(1950. 10. 25) → 압록강 초산까지 전진(1950. 10.
26) → 서울 철수(1951. 1. 4) → 서울 재수복(1951. 3. 14) → 휴전 제의(1951. 6.
23) → 휴전 협정 체결(1953. 7. 27)

③ 유엔군과 중공군의 개입 : 유엔군의 참전, 중공군의 개입으로 국군과 유엔군은
후퇴, 38도선 부근에서 교전

④ 휴전

   ㉠ 휴전 제의(1951. 6. 23) : 소련의 유엔 대표가 휴전을 제의

   ㉡ 휴전 성립(1953. 7. 27) : 유엔군과 공산군 사이에 휴전이 성립

⑤ 전후 복구

   ㉠ 복구 사업 : 황폐된 국토의 재건과 산업 부흥에 힘씀, 자유 우방들의 원조

   ㉡ 한 · 미 상호 방위 조약의 체결(1953. 10)

⑥ 결과 : 인명 피해, 재산 손실, 적대적 대립 체제를 갖춤, 미국의 영향력이 커짐

6. 이승만 정부(제1공화국)의 장기 집권과 4·19 혁명

(1) 이승만 정부의 반공 정책

① **반공 정책** : 북진 통일론 주장, 반공의 통치 이념

② **영향** : 반공 명분으로 반대 세력 탄압, 국민의 자유와 국회의 정치활동 제한, 부
패 척결과 친일파 청산에 소극적

(2) 이승만 정부의 장기 집권

SEMI-NOTE

피난하는 사람들

전쟁으로 파괴된 건물

08장

현대 사회의 발전

SEMI-NOTE

사사오입 개헌

발췌 개헌을 통해 대통령에 재선한 이승만은 장기 집권을 위하여 헌법을 고치고자 하였다. 이에 자유당은 대통령의 3선 금지조항 폐지에 대한 개헌안을 표결에 부쳤는데, 개헌 정족수인 136표에서 1표가 부족하여 부결되었음. 그러자 자유당은 저명한 수학자를 동원하여 사사오입(반올림)을 적용, 재적 의원 203명의 2/3는 135.333 ……이므로 135명으로도 정족수가 된다고 주장하며 개헌안의 통과를 선포하였음

4·19 혁명 당시 서울대 문리대 선언문

상아의 진리탑을 박차고 거리에 나선 우리는 질풍과 같은 역사의 조류에 자신을 참여시킴으로써 이성과 진리, 그리고 자유의 대학 정신을 현실의 참담한 박토(薄土)에 뿌리려 하는 바이다. 오늘의 우리는 자신의 지성과 양심의 엄숙한 명령으로 하여 사악과 잔학의 현상을 규탄(糾彈), 광정(匡正)하려는 주체적 판단과 사명감의 발로임을 떳떳이 천명하는 바이다. …… 민주주의와 민중의 공복이며 중립적 권력체인 관료와 경찰은 민주를 위장한 가부장적 전제 권력의 하수인을 벗었다. 민주주의 이념의 최저의 공리인 선거권마저 권력의 마수 앞에 농단(壟斷)되었다. 언론, 출판, 집회, 결사 및 사상의 자유의 불빛은 무식한 전제 권력의 악랄한 발악으로 하여 깜빡이던 빛조차 사라졌다. 긴 칠흑 같은 밤의 계속이다. …… 보라! 현실의 뒷골목에서 용기 없는 자학을 되씹는 자까지 우리의 대열을 따른다. 나가자! 자유의 비결은 용기일 뿐이다. 우리의 대열은 이성과 양심과 평화, 그리고 자유에의 열렬한 사랑의 대열이다. 모든 법은 우리를 보장한다.

① 발췌 개헌(제1차 개헌, 1952. 7)
  ㉠ 배경 : 2대 국회(1950. 5)에서 반이승만 성향의 무소속 의원 대거 당선
  ㉡ 개헌 내용 : 간선제에서 직선제로 대통령 선출 방식 개정
  ㉢ 과정 : 자유당 창당(1951. 12), 계엄령 → 야당 의원 50여 명 연행 → 대통령 직선제 개헌안이 기립 투표로 통과됨
  ㉣ 결과 : 이승만의 대통령 재선(1952. 8)

② 사사오입 개헌(제2차 개헌, 1954. 11)
  ㉠ 배경 : 3대 국회 의원 선거에서 관권 개입으로 자유당 압승
  ㉡ 과정 : 초대 대통령에 한해 중임 제한 규정을 철폐하는 개헌안 제출 → 부결(1표 부족) → 2일 후 사사오입의 논리로 개헌안 불법 통과
  ㉢ 결과 : 장기 집권을 위해 독재를 강화하면서 부정부패가 심화되고, 자유당 지지 세력 크게 감소, 민주당 창당

③ 3대 대통령 선거(1956)
  ㉠ 대통령 후보 : 이승만(자유당), 신익희(민주당), 조봉암(무소속)
  ㉡ 부통령 후보 : 이기붕(자유당), 장면(민주당)
  ㉢ 결과 : 신익희의 갑작스런 서거로 이승만 당선, 민주당 장면 후보의 부통령 당선, 조봉암 후보의 선전과 선거 후 진보당 창당

④ 독재 체제의 강화
  ㉠ 진보당 사건(1958) : 진보당의 당수 조봉암을 간첩 혐의로 처형
  ㉡ 신국가 보안법 제정(보안법 파동, 1958) : 반공 체제 강화를 구실로 야당 탄압
  ㉢ 언론 탄압 : 경향신문 폐간(1959)

(3) 4·19 혁명(1960)

① 배경 : 이승만 정권의 독재와 장기 집권, 탄압, 부정 부패, 1960년 자유당 정권의 3·15 부정 선거, 부정 선거 규탄 시위에 대한 유혈 진압
② 경과
  ㉠ 선거 당일(1960. 3. 15) 부정 선거를 규탄하는 3·15 마산 의거에서 경찰의 발포로 많은 사상자가 발생
  ㉡ 마산 의거에서 행방불명되었던 김주열 학생의 시신이 발견(1960. 4. 11)되었는데, 경찰의 최루탄에 의한 사망임이 밝혀져 항의 시위가 발발
  ㉢ 4월 18일 고려대 학생들의 총궐기 시위 직후 정치 깡패들이 기습·폭행하여 수십 명의 사상자 발생(4·18 고대생 습격 사건)
  ㉣ 부정 선거와 강경 진압으로 인한 사상자 속출 등의 진상이 밝혀지면서 국민의 분노가 극에 달해 4월 19일 학생·시민들의 대규모 시위가 발발
  ㉤ 4월 22일 재야인사들이 이승만 대통령의 퇴진을 요구
  ㉥ 4월 25일 서울 시내 27개 대학 259명의 대학 교수들이 시국 선언문을 발표
  ㉦ 4월 26일 이승만은 라디오 연설을 통해 대통령 자리에서 하야하겠다고 발표
③ 의의 : 학생과 시민이 중심이 되어 독재 정권을 무너뜨린 민주 혁명

7. 장면 내각(제2공화국, 1960.8~1961.5)

(1) 허정 과도 내각

4·19 혁명 후의 혼란 수습을 위해 헌법을 내각 책임제와 양원제 국회로 개정(제3차 개헌, 1960. 6. 15)

(2) 장면 내각

① 총선거에서 민주당 압승
② 장면 내각 출범, 국회에서 대통령 윤보선 당선
③ 내각 책임제·양원제 의회 설립, 민의원과 참의원 선거 실시

(3) 민주주의의 발전

① 언론 활동 보장 : 국가 보안법 개정, 경향신문 복간
② 노동 조합 운동 고조 : 교원 노조, 언론인 노조 등
③ 통일 운동의 활성화 : 중립화 통일론, 남북 협상론, 남북 교류론 등

8. 5·16 군사 정변과 박정희 정부의 수립(제3공화국)

(1) 5·16 군사 정변(1961)

① 발발 : 장면 내각은 자유 민주주의의 실현을 위해 노력하였으나, 박정희를 중심으로 한 군부 세력은 사회의 혼란을 구실로 군사 정변을 일으켜 정권을 잡음
② 군정의 실시
　㉠ 국가 재건 최고 회의 구성 : 헌정을 중단시키고 군정을 실시
　㉡ 혁명 공약 : 반공을 국시로 경제 재건과 사회 안정 추구, 구정치인들의 정치 활동 금지

(2) 박정희 정부(제3공화국, 1963~1972)

① 성립
　㉠ 제5차 개헌 : 대통령제 환원, 대통령 직선제, 임기 4년
　㉡ 민선 이양 약속을 버리고 민주 공화당 창당, 박정희의 대통령 당선
② 경제 성장 제일주의 : 경제 개발 5개년 계획 추진
③ 한·일 협정(1965)
　㉠ 배경
　　• 한국 : 경제 개발 계획 추진에 필요한 재원 마련
　　• 미국 : 사회주의 세력에 대한 한·미·일 공동 체제 필요
　㉡ 경과 : 김종필과 오히라 간의 한일 회담 진행(1962)(→ 차관 제공 합의)
　㉢ 6·3 시위(6·3 항쟁) 전개(1964) : 굴욕 외교(제2의 을사조약) 반대 시위
　㉣ 내용 : 독립 축하금 3억 달러, 민간 차관 제공, 청구권 문제
　㉤ 문제점 : 식민지 지배에 대한 보상과 사죄 문제 미해결
④ 베트남 파병(1964~1973)

제2공화국의 한계
• 사회적 혼란을 수습하지 못함
• 경기 침체
• 국민들의 불안 고조
　- 민주당의 내분으로 부정 선거 관련 자들을 제대로 처벌하지 못함
　- 남북 관계 등에 대한 국민들의 불안 해결이 미비함
• 4·19 정신을 적극적으로 계승하지 못함

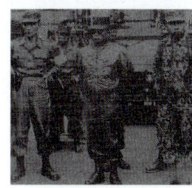

5·16 군사 정변 당시 박정희(가운데)

5·16 군사 정변 세력의 혁명 공약

• 반공을 국시(國是)의 제일의(第一義)로 삼고 지금까지 형식적이고 구호에만 그친 반공 태세를 재정비·강화한다.
• 유엔 헌장을 준수하고 국제 협약(國際協約)을 충실히 이행할 것이며 미국을 위시한 자유 우방과의 유대를 더욱 공고히 한다.
• 이 나라 사회의 모든 부패와 구악(舊惡)을 일소하고 퇴폐한 국민 도의와 민족 정기를 다시 바로잡기 위하여 청신한 기풍을 진작시킨다.
• 절망과 기아 선상(飢餓線上)에서 허덕이는 민생고(民生苦)를 시급히 해결하고 국가 자주 경제 재건에 총력을 경주한다.
• 민족적 숙원인 국토 통일(國土統一)을 위하여 공산주의와 대결할 수 있는 실력 배양에 전력을 집중한다.
• 이와 같은 우리의 과업이 성취되면 참신(斬新)하고도 양심적인 정치인들에게 언제든지 정권을 이양하고 우리들 본연의 임무에 복귀할 준비를 갖춘다.

한·일 협정

1965년에 체결된, 한국과 일본 양국의 국교 관계를 규정한 조약. 협정 결과 일본으로부터 많은 차관을 들여와 경제 발전의 원동력으로 사용할 수 있었으나 식민 통치에 대한 배상 문제, 어업 문제 등에서 일본에 지나치게 양보했다는 비난을 받았음. 6·3 시위의 원인이 됨

한 · 일 협정 반대 시위(6 · 3 시위)

국제 협력이라는 미명 아래 우리 민족의 치떨리는 원수 일본 제국주의를 수입, 대미 의존적 반신불수인 한국 경제를 2중 계속의 철쇄로 속박하는 것이 조국의 근대화로 가는 첩경이라고 기만하는 반민족적 음모를 획책하고 있다. 우리는 외세 의존의 모든 사상과 제도의 근본적 개혁 없이는, 전 국민의 희생 위에 홀로 군림하는 매판 자본의 타도 없이는, 외세 의존과 그 주구 매판 자본을 지지하는 정치 질서의 철폐 없이는 민족 자립으로 가는 어떠한 길도 폐쇄되어 있음을 분명히 인식한다.

유신 헌법의 주요 내용

• 국회와 별도로 통일 주체 국민 회의를 대의 기구로 설정, 대통령 및 일부 국회 의원 선출권 부여
• 대통령에게 국회 해산권, 긴급 조치권 등 초헌법적 권한 부여
• 대통령은 법관 및 국회 의원의 1/3에 해당하는 임기 3년의 유신 정우회 의원을 임명
• 대통령 임기를 6년으로 연장

긴급 조치 9호(1975. 5. 13) ★ 빈출개념

• 유언비어사실 왜곡 금지, 집회시위 또는 신문방송통신 등 공중 전파 수단이나 문서 등에 의한 헌법의 부정·반대·왜곡이나 개정·폐지 주장 등 금지
• 학생의 집단적 정치 활동 금지
• 본 조치의 비방 금지

ㄱ **과정** : 브라운 각서로 국군의 전력 증강과 차관 원조 약속
ㄴ **영향** : 외화 획득, 건설 사업 참여 등 베트남 특수로 경제 발전, 많은 전사자 발생

실력up 브라운 각서(1966)

• 한국에 있는 대한민국 국군의 현대화 계획을 위하여 앞으로 수년 동안에 상당량의 장비를 제공한다.
• 월남 공화국에 파견되는 추가 병력에 필요한 장비를 제공하며 또한 파월 추가 병력에 따르는 일체의 추가적 원화 경비를 부담한다.
• 파월 대한민국 부대에 소요되는 보급 물자 용역 및 장비를 실행할 수 있는 한도까지 대한민국에서 구매하며 파월 미군과 월남군을 위한 물자 중 결정된 구매 품목을 한국에서 발주한다.
• 수출 진흥의 전반 부분에 있어서 대한민국에 대한 기술 협조를 강화한다.

⑤ **3선 개헌(1969. 9)**
ㄱ **배경** : 박정희 정부의 장기 집권 의도, 한반도 긴장 고조
ㄴ **결과** : 학생들의 시위가 거세게 전개, 여 · 야 국회의원들 사이에는 극심한 대립과 갈등이 발생

9. 유신 체제(제4공화국, 1972~1979)

(1) 배경

① 닉슨 독트린에 따른 냉전 체제 완화로 미군의 베트남 철수, 주한 미군 감축
② 박정희 정부는 강력하고도 안정된 정부가 필요하다는 주장을 내세워 10월 유신을 단행

(2) 성립 과정

① **10월 유신 선포(1972. 10)** : 비상 계엄 선포, 국회 해산, 정치 활동 금지, 언론 · 방송 · 보도 · 출판의 사전 검열, 각 대학 휴교
② **성격** : 권위주의 독제 체제, 장기 집권 도모
③ **유신 헌법(제7차 개헌, 1972. 12. 27)** : 국민 투표로 통과 ★ 빈출개념
ㄱ **대통령 간선제** : 통일 주체 국민 회의에서 대통령 선출
ㄴ 대통령의 임기 6년, 중임 제한 철폐
ㄷ **대통령 권한 극대화** : 긴급 조치권, 국회 해산권, 유신 정우회 국회 의원

(3) 유신 체제에 대한 저항

① **유신 반대 운동** : 학원 · 언론 · 종교 · 정계 등 각 분야에서 민주 헌정의 회복과 개헌을 요구하는 시위발생
② **민주 회복 국민 회의(1974)** : 재야 인사, 종교인, 언론인 등
③ 3 · 1 민주구국선언문 발표
④ 우방 국가를 비롯한 국제 사회에서도 유신 체제의 인권 탄압을 비판

(4) 민주화 운동 탄압

① 긴급 조치 발동(1974) : 국민의 자유 · 권리의 무제한 제약

② 민청학련 사건(1974) : 학생, 민주 인사 탄압

③ 군사 통치 강화 : 학도 호국단 조직, 민방위대 창설

(5) 붕괴

1979년 부 · 마 항쟁이 발발하는 등 시위가 연일 계속되어 집권 세력 내부에서도 갈등이 발생, 10 · 26 사태(대통령 시해)로 유신 정권 붕괴

10. 5·18 민주화 운동(1980)과 전두환 세력의 집권(제5공화국)

(1) 신군부 세력의 정권 장악

① 12 · 12 사태(1979) : 신군부 세력(전두환 · 노태우 등)이 쿠데타로 통치권 장악

② 집권 준비 : 계엄령 유지, 헌법 개정 지연

(2) 서울의 봄(1980)

① 배경 : 신군부의 대두, 민주화 지연

② 경과 : 5월 15일 서울역 앞에서 시위(4 · 19 혁명 이후 최대 규모)

③ 탄압 : 비상 계엄령의 전국 확대(5. 17), 국회 폐쇄, 민주 인사 체포

(3) 5·18 광주 민주화 운동(1980)

① 과정 : 민주화를 열망하는 국민의 요구는 5 · 18 광주 민주화 운동으로 이어졌는데, 계엄군의 무자비한 진압으로 많은 시민과 학생이 희생됨

② 의의 : 신군부의 도덕성 상실, 1980년대 민족 민주 운동의 토대, 학생 운동의 새로운 전환점(반미 운동의 시작)

(4) 전두환 정부

① 국가 보위 비상 대책 위원회(1980. 5) : 대통령의 자문 기관, 행정 · 사법 업무의 조정 · 통제 담당, 김대중 내란 음모 사건 기소, 언론 통폐합, 비판적 기자 · 교수 해직

② 전두환 정부의 성립(1980. 8) : 7년 단임의 대통령 간선제(대통령 선거인단)의 헌법 제정(→ 전두환 대통령 선출)

③ 강압 통치 : 정치 활동 규제, 공직자 숙청, 언론 통폐합, 민주화 운동, 노동 운동 탄압

④ 유화 정책 : 해외 여행 자유화, 통행 금지 해제, 교복 자율화 등

⑤ 경제 성장 : 3저 호황(유가 하락, 달러 가치 하락, 금리 하락)

11. 6월 민주 항쟁(1987)과 노태우 정부(제6공화국)

(1) 6월 민주 항쟁

5 · 18 광주 민주화 운동

반미 감정

당시 우리나라 군대의 작전권을 가진 미국이 광주로의 군대 이동에 동의하여 무력 진압이 이루어졌는데, 이로 인해 미국에 대한 반감이 싹트기 시작함

국가 보위 비상 대책 위원회(국보위)

대통령의 자문 및 보좌 기관이라는 명목으로 조직된 비상 기구. 위원장은 전두환이었음

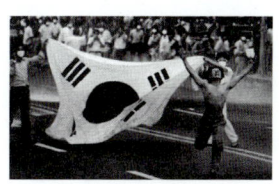

6월 민주 항쟁

6 · 29 민주화 선언

- 여야 합의 하에 조속히 대통령 직선제로 개헌하고 새 헌법에 의해 대통령 선거를 실시, 1988년 2월 평화적 정부 이양을 실현한다.
- 직선 제도의 변경뿐만 아니라 이를 민주적으로 실천하기 위해 대통령 선거법을 개정, 자유로운 출마와 공정한 선거를 보장하여 국민의 심판을 받도록 한다.
- 국민적 화해와 대동단결을 위해 김대중 씨를 사면 복권시키고, 자유 민주주의적 기본 질서를 부인한 반국가사범이나 살상 · 방화 · 파괴 등으로 국기를 흔들었던 소수를 제외한 모든 시국 관련 사정들을 석방한다.

박종철 고문 치사 사건과 이한열의 사망

- 박종철 고문 치사 사건 : 1987년 1월 14일, 서울대학교 학생인 박종철이 고문으로 인해 사망한 사건. 이를 두고 경찰에서는 "탁, 하고 치니까 억, 하고 죽었다."는, 어처구니없는 경위 발표를 하였음. 부검 결과 박종철은 물 고문 중 사망한 것으로 밝혀졌음
- 이한열의 사망 : 시위 도중 최루탄으로 사망하였음

청문회

5 · 18 민주화 운동의 진상을 밝히기 위한 것이었으나 큰 효과를 거두지는 못함

---

① 배경 : 전두환 정권의 독재 정치, 박종철 고문 치사(1987. 1. 14)
② 전개
　㉠ 직선제 요구 시위
　㉡ 4 · 13 호헌 조치 : 현행 헌법으로 대통령 선거
　㉢ 이한열 사망(6. 9)
　㉣ 박종철 고문 치사 규탄 및 호헌 철폐 국민 대회(6월 민주화 운동, 6. 10)
③ 결과 : 노태우의 6 · 29 민주화 선언 발표(대통령 직선제, 평화적 정권 이양, 기본권 보장 약속)

실력up 4·19 혁명과 6월 민주 항쟁 비교

	4 · 19 혁명	6월 민주 항쟁
원인	3 · 15 부정 선거	4 · 13 호헌 조치
전개 과정	김주열 사망 → 전국적 시위 → 계엄령 발동	박종철 · 이한열 사망 → 전국적 시위 → 계엄령 발동 안 함
결과	• 내각 책임제 • 정권 교체(장면 내각)	• 대통령 직선제 • 정권 교체 실패(노태우 정부)

(2) 노태우 정부(제6공화국, 1988. 3~1993. 2)

① 헌법 개정(1987. 10) : 5년 단임, 대통령 직선제
② 성립 : 야당의 후보 단일화 실패로 노태우 대통령 당선(1987)
③ 정치 : 5공 청문회 개최, 지방 자치제 부분적 실시, 언론 기본법 폐지
④ 외교 : 소련(1990) · 중국(1992)과 수교, 남북한 유엔 동시 가입(1991)
⑤ 3당 합당(1990)
　㉠ 1988년 13대 총선에서 여당인 민정당 참패
　㉡ 민주 정의당(노태우), 통일 민주당(김영삼), 신민주 공화당(김종필)의 합당

12. 김영삼 정부(문민 정부, 1993. 3~1998. 2)

(1) 성립

1992년 12월 김영삼 대통령 당선(→ 5 · 16 군사 정변 이후 30여 년만의 민간인 출신 대통령)

(2) 주요 정책

공직자 재산 등록, 금융 실명제, 지방 자치제 전면 실시, 역사 바로 세우기 운동(전두환, 노태우 구속)

(3) 외환 위기

집권 말기 국제 통화 기금(IMF)의 구제 금융 지원 요청

13. 김대중 정부(국민의 정부, 1998. 3~2003. 2)

(1) 성립

야당의 김대중 후보가 당선(→ 최초의 평화적 정권 교체)

(2) 주요 정책

① 외환위기 극복, 민주주의와 시장 경제의 병행 발전을 천명
② 국정 전반의 개혁과 경제난의 극복, 국민 화합의 실현, 법과 질서의 수호 등을 국가적 과제로 제시
③ 햇볕 정책 추진(→ 금강산 관광 사업 시작(1998), 남북 정상 회담 개최 및 6 · 15 공동 선언 발표(2000))

14. 김대중 정부 이후

(1) 노무현 정부(참여 정부, 2003.02~2008.02)

저소득층을 위한 복지 정책 강화, 한 · 칠레 자유 무역 협정 발표(2004), 제2차 남북 정상회담(2007)

(2) 이명박 정부(2008.02~2013.02)

4대강 살리기(친환경 녹색 성장 등) 추진, 한미 FTA 비준(2012)

(3) 박근혜 정부(2013.02~2017.03), 문재인 정부(2017.05~)

① 박근혜 정부 : 5년 임기를 채우지 못하고 2017년 3월 10일 탄핵됨
② 문재인 정부 : 2017년 5월 9일 대통령 선거 실시, 당선됨

| 02절 | 통일 정책 |

1. 남북한의 대치(1950~1960년대)

(1) 이승만 정부

① 통일 정책 : 북진 통일론, 반공 정책 고수
② 진보당 사건(1958) : 평화 통일론을 주장한 조봉암 사형

(2) 장면 내각

① 통일 정책 : 북진 통일론 철회, 유엔 감시하의 남북한 총선거 주장, 선 경제 건설 후 통일 제시
② 민간에서의 통일 논의 활발 : 중립화 통일론, 평화 통일론, 남 · 북 학생 회담 추진(가자 북으로, 오라 남으로)(→ 정부가 저지함)

SEMI-NOTE

헌법개정 ★ 빈출개념

	개정 요지	특기 사항
제헌 헌법 (1948)	• 대통령 간 선제(국회) • 1회 중임 가능, 임기 4년	제헌 의회에서 제정
제1차 개헌 (1952)	대통령 직선제	발췌 개헌
제2차 개헌 (1954)	초대 대통령에 한해 연임 제한 규정 철폐	사사오입
제3차 개헌 (1960)	• 내각 책임제, 양원제 • 기본권 강화	4 · 19 혁명의 결과
제4차 개헌 (1960. 11)	부정 선거 관련자, 부정 축재자 처벌 소급 특별법 제정을 위한 개헌	–
제5차 개헌 (1962)	• 대통령 직선제 • 임기 4년, 단원제	국민 투표를 통한 개정(최초)
제6차 개헌 (1969)	대통령 3선 금지 규정 철폐	–
제7차 개헌 (1972)	• 대통령 간 선제(통일 주체 국민 회의) • 임기 6년, 중임 제한 없음	유신 헌법
제8차 개헌 (1980)	• 대통령 간 선제(선거 인단) • 임기 7년, 단임제	단임제
제9차 개헌 (1987)	• 대통령 직선제 • 임기 5년, 단임	6월 민주 항쟁의 결과

SEMI-NOTE

1 · 21 사태

1968년 1월 21일 북한의 무장 게릴라들이 청와대를 습격하고 정부 요인을 암살하기 위하여 서울 세 검정 고개까지 침투한 사건. 밤을 틈타 수도권까지 이른 이들은 세검정 고개의 자하문을 통과하려다가 경찰의 불심 검문을 받자 수류탄과 기관단총으로 무차별 공격을 퍼붓는 한편, 지나던 시내버스에도 수류탄을 투척하여 많은 시민들을 살상하였음. 군과 경찰은 침입한 게릴라 중 28명을 사살하고 1명을 생포하였는데, 생포된 게릴라 김신조는 한국에 귀순하였음. 이 사건을 계기로 향토예비군이 창설되었음

푸에블로호 납치 사건

1968년 1월 23일 북한 원산항 앞 공해상에서 미국 정보 수집함 푸에블로호가 북한의 해군 초계정에 납치된 사건. 이에 대하여 미국은 핵 추진 항공모함 엔터프라이즈호 및 구축함 2척을 출동시키는 한편, 소련에 푸에블로호의 송환을 알선해 줄 것을 요구하였으나 거절당했음. 북한은 푸에블로호 승무원들을 고문하여 그들이 북한 영해를 침범했음을 시인하도록 강요하였음. 북한에서는 이 사건을 미국의 불법적이고 침략적인 도발 행위로 선전하였음. 1968년 12월 23일 북한은 판문점을 통해 승무원 82명과 유해 1구를 송환하였는데, 이를 위해 미국은 푸에블로호의 북한 영해 침범을 시인하고 사과하는 것을 요지로 하는 승무원 석방 문서에 서명해야 했음

(3) 박정희 정부

① 반공 강화 : 반공을 국시로 삼음
② 선 건설 후 통일론 제시(→ 민간의 통일 운동 탄압)

(4) 북한의 통일 정책

① 연방제 통일 방안 제시(1960) : 남북의 정치 체제 유지, 연방제 실시
② 1 · 21 사태(1968), 푸에블로호 납치(1968) : 한반도의 긴장 고조

2. 남북 대화의 출발(1970~1980년대)

(1) 배경

냉전 완화, 닉슨 독트린(1969), 닉슨 대통령의 중국 방문(1972)

(2) 통일 정책의 변화(1970년대)

① 8 · 15 선언(1970) : 한반도 평화 정착을 위한 선의의 체제 경쟁 제의
② 남북 적십자 회담 제의(1971) : 북한이 수용하여 남북한 적십자 회담이 개최됨
③ 7 · 4 남북 공동성명(1972) ★ 빈출개념
　⊙ 민족 통일 3대 원칙 : '자주 · 평화 · 민족 대단결'의 원칙
　⊙ 합의 사항 : 통일 문제 협의를 위해 남북조절위원회 설치, 남북 직통 전화 설치
　© 한계 : 남북한 모두 독재 체제 강화에 이용(유신 헌법, 사회주의 헌법)

실력UP　　**7·4 남북 공동 성명**

> 첫째, 통일은 외세에 의존하거나 외세의 간섭을 받음이 없이 자주적으로 해결하여야 한다.
> 둘째, 통일은 서로 상대방을 반대하는 무력 행사에 의거하지 않고 평화적 방법으로 실현하여야 한다.
> 셋째, 사상과 이념, 제도의 차이를 초월하여 우선 하나의 민족으로서 민족적 대단결을 도모하여야 한다.

④ 6 · 23 평화 통일 외교 정책 선언(1973) : 남북한 유엔 동시 가입과 호혜 평등의 원칙하에 문호를 개방
⑤ 상호 불가침 협정의 체결(1974) : 평화 통일의 3대 기본 원칙에 입각해 제안

(3) 남북한의 통일 방안(1980년대)

① 남한 : 민족 화합 민주 통일 방안 제시(1982)

| 민족 통일 협의회 구성 | ▶ | 국민 투표로 통일 헌법 | ▶ | 남북한 총선거 | ▶ | 통일 민주 공화국 |

② 북한 : 고려 민주 연방 공화국 창립 방안(1980), 1국가 2체제
③ 남북 이산가족 고향 방문(1985) : 이산가족 고향 방문단 및 예술 공연단의 교환 방문

3. 남북 관계의 새로운 진전(1990년대 이후)

(1) 노태우 정부

① 7 · 7선언(1988) : 북한을 적대의 대상이 아니라 상호 신뢰 · 화해 · 협력을 바탕으로 공동 번영을 추구하는 민족 공동체 일원으로 인식

② 한민족 공동체 통일 방안(1989) : 자주 · 평화 · 민주의 원칙 아래 제시

③ 남북 고위급 회담, 남북한 유엔 동시 가입(1991)

④ 남북 기본 합의서 채택(1991. 12) · 발효(1992) : 상호 화해와 불가침, 교류 및 협력 확대 등을 규정

⑤ 한반도 비핵화 공동 선언 채택(1991. 12) · 발효(1992)

(2) 김영삼 정부

① 3단계 3기조 통일 정책(1993) : 화해 · 협력, 남북 연합, 통일 국가 완성의 3단계 통일 방안을 효율적으로 실천하기 위해 민주적 국민합의, 공존공영, 민족 복리의 3대 기조를 바탕으로 하는 통일 정책을 마련

② 민족 공동체 통일 방안(1994. 8) : 한민족 공동체 통일 방안과 3단계 3기조 통일 정책을 수렴하여 종합한 것

화해 · 협력 단계 ▶ 남북 연합 ▶ 1민족 1국가 1체제 1정부

③ 제네바 합의(1994) : 북한 핵 동결, 경수로 건설 제공, 북 · 미 관계 정상화

④ 한반도 에너지 개발 기구(KEDO)에 의한 경수로 발전 사업 추진

(3) 김대중 정부

① 베를린 선언(2000) : 남북 경협, 냉전 종식과 평화 공존, 남북한 당국 간 대화 추진

② 남북 정상 회담 개최(2000)

③ 6 · 15 남북 공동 선언(2000) : 1국가 2체제 통일 방안 수용(통일을 위한 남북의 연합제와 연방제의 공통성 인정), 이산가족 방문단의 교환, 협력과 교류의 활성화 등

④ 금강산 관광 시작(1998), 육로 관광은 2003년부터 시작

⑤ 경의선 철도 연결 사업(2000년 9월 착공)

(4) 노무현 정부

① 남북 경의선 철도 복원(2003년 6월 연결 행사) 및 정기 운행(2007. 12)

② 2007 남북 정상 선언문(10 · 4 선언, 2007. 10)

  ㉠ 제2차 남북 정상회담으로 기본 8개 조항에 합의하고 공동으로 서명

  ㉡ 6 · 15 남북 공동 선언의 구현, 남북 관계의 상호 존중과 신뢰, 군사적 적대관계 종식 및 한반도 긴장 완화와 평화 보장을 위한 협력, 다자간 협력, 경제 협력 사업의 활성화 및 확대, 각 분야의 교류와 협력, 인도주의 협력 사업의 적극 추진 등을 포함

SEMI-NOTE

남북 기본 합의서

남과 북은 분단된 조국의 평화적 통일을 염원하는 온 겨레의 뜻에 따라 7 · 4 남북 공동 성명에서 천명된 조국 통일 3대 원칙을 재확인하고, 정치 · 군사적 대결 상태를 해소하여 민족적 화해를 이룩하고, 무력에 의한 침략과 충돌을 막고 긴장 완화와 평화를 보장하며, 다각적인 교류 협력을 실현하여 민족 공동의 이익과 번영을 도모하며, 쌍방 사이의 관계가 나라와 나라 사이의 관계가 아닌 통일을 지향하는 과정에서 잠정적으로 형성되는 특수 관계라는 것을 인정하고, 평화 통일을 성취하기 위한 공동의 노력을 경주할 것을 다짐하면서 다음과 같이 합의하였음

• 남과 북은 서로 상대방의 체제를 인정하고 존중한다.

• 남과 북은 상대방에 대하여 무력을 사용하지 않으며, 상대방을 무력으로 침략하지 아니한다.

• 남과 북은 민족 경제의 통일적이며 균형적인 발전과 민족 전체의 복리 향상을 도모하기 위하여 자원의 공동 개발, 민족 내부 교류로서 물자 교류, 합작 투자 등 경제 교류와 협력을 실시한다.

• 남과 북은 흩어진 가족과 친지의 자유로운 서신 거래와 왕래, 상봉 및 방문을 실시하고 자유 의사에 의한 재결합을 실현하며 기타 인도적으로 해결할 문제에 대한 대책을 강구한다.

제1차 남북 정상 회담(2000)

제2차 남북 정상 회담(2007)

③ 개성 관광(2007. 12) : 2007년 12월에 시작, 2008년 12월 이후 중단된 상태

(5) 문재인 정부

① 4 · 27 판문점 선언(2018) : 문재인 대통령과 김정은 국방위원장이 판문점에서 만나 발표
② '한반도의 평화와 번영, 통일을 위한 판문점 선언'
    ㉠ 군사적 긴장 상태를 완화하고 전쟁 위험을 실질적으로 해소하도록 공동으로 노력
    ㉡ 현재의 정전 상태를 종식시키고 확고한 평화 체제를 수립하도록 함
    ㉢ 남과 북은 완전한 비핵화를 통해 핵 없는 한반도를 실현한다는 공동의 목표를 확인

03절   경제 발전과 사회·문화의 변화

1. 해방 이후의 경제 혼란과 전후 복구

(1) 광복 직후의 경제 혼란

① 일제하의 우리 경제는 일본 경제에 예속되어 자본과 기술이 일본인들에게 독점됨으로써 정상적으로 발전하지 못함
② 국토 분단과 경제 혼란의 계속 : 극심한 인플레이션 · 원자재와 소비재 부족 · 식량 부족 등으로 큰 어려움을 겪음, 농업과 경공업 중심의 남한 경제는 어려움이 가중됨, 월남민의 증가

(2) 이승만 정부의 경제 정책 ⭐ 빈출개념

① 경제 정책의 기본 방향
    ㉠ 농업과 공업의 균형 발전, 소작제의 철폐, 기업 활동의 자유 보장, 사회 보장 제도의 실시, 인플레이션의 극복 등
    ㉡ 미국과 경제 원조 협정을 체결, 일본인이 소유했던 공장을 민간 기업에 불하, 농지 개혁법을 제정 · 시행하여 농촌 경제의 안정을 꾀함
② 농지 개혁법(1949년 제정, 1950년 시행)
    ㉠ 목적 : 소작제를 철폐하고 자영농을 육성하고자 경자 유전의 원칙에 따라 시행
    ㉡ 원칙
        • 삼림, 임야 등 비경작지를 제외한 농지만을 대상으로 한 개혁
        • 3정보를 상한으로 그 이상의 농지는 유상 매입하고 지가 증권을 발급하여 5년간 지급
        • 매수한 토지는 영세 농민에게 3정보를 한도로 유상 분배하여 5년간 수확량의 30%씩을 상환하도록 함(→ 예외적으로 부재 지주의 농지는 무상 몰수 · 유상 분배)

SEMI-NOTE

미 군정의 토지 정책
• 일본인 소유의 토지 몰수, 유상 분배
• 경작 농민을 위한 토지 개혁이 되지는 못함

미곡 수집령
농가의 잉여 양곡을 수집하여 비농가에 배급하는 전면적인 양곡 유통 통제 정책

농지 개혁법의 실시
• 주요 내용
  – 유상 매입 : 법령 및 조약에 의하여 몰수하거나 국유로 된 농지, 직접 땅을 경작하지 않는 사람의 농지, 직접 땅을 경작하더라도 농가 1가구당 3정보를 초과하는 농지는 정부가 사들였다.
  – 총 경영 면적 제한 : 분배 농지는 1가구당 총 경영 면적이 3정보를 넘지 못하였다.
  – 상환 : 분배받은 농지에 대한 상환액은 평년작을 기준으로 하여 주요 생산물의 1.5배로 하고, 5년 동안 균등 상환하도록 하였다.
• 실시 전후 소작지 면적의 변화 : 1947년 소작지의 89.1%가 1951년까지 자작지(自作地)로 바뀌었다. 그중 미국 군정청에 귀속되었던 농지를 유상 분배한 것이 18.9%였고, 지주의 임의 처분에 의한 것이 49.2%이므로 농지 개혁의 실시로 소작지에서 자작지로 바뀐 것은 31.9%에 불과하였다.
  – 이종범, 〈농지 개혁사 연구〉 –

© 결과
- 지주 중심의 토지 제도가 해체되고 자작지와 자작농이 증가
- 소작권 이동을 금지하고 농지 매매를 제한
- 지주층의 반대로 제도 시행 전에 사전 매도 현상이 발생
- 지주의 사전 매도로 법의 실효성이 떨어지고 신흥 지주 계층 형성
③ 귀속 재산 불하 : 일본인 소유의 재산을 민간인에게 불하
④ 경제 복구 사업
- ㉠ **삼백 산업(三白産業)의 성장** : 1950년대 후반부터 미국의 원조 물자에 토대를 둔 제분(製粉) · 제당(製糖) 공업과 섬유 공업이 성장
- ㉡ 문제점 : 원조 경제의 폐해, 미국 잉여 농산물 도입에 따른 농업 기반 파괴, 경제의 대미 의존도 심화
- ㉢ 삼분 산업(三粉産業)의 생산 증가 : 시멘트 · 비료 · 밀가루 등

2. 경제 발전의 과정

(1) 경제 개발 5개년 계획의 추진(박정희 정부)

① 경제 개발 계획의 수립
- ㉠ **최초 계획** : 이승만 정부가 작성한 7개년 계획
- ㉡ 수정 : 장면 내각은 처음의 7개년 계획안을 5개년 계획안으로 수정
- ㉢ 실천 : 1960년대 박정희 정부가 경제 개발 5개년 계획을 추진
② 경제 개발 계획의 추진
- ㉠ 제1, 2차 경제 개발 계획(1962~1971) : 기간 산업, 사회 간접 자본 확충, 경공업 중심의 수출 산업 육성, 베트남 특수로 호황, 새마을 운동 시작(1970)
- ㉡ 제3, 4차 경제 개발 계획(1972~1981) : 중화학 공업 육성, 중동 진출, 새마을 운동 확산
③ 성과 : 고도 성장, 국민 소득 증가, 신흥 공업국으로 부상
④ 문제점 : 빈부 격차 심화, 미 · 일 의존도 심화, 외채 급증, 농촌 피폐, 재벌 중심 경제, 정경 유착, 저임금과 노동 운동 탄압, 공해 문제 등

실력up 1960~1970년대 무역의 특징

- 원자재와 기술의 외국 의존도가 높아 외화 가득률이 낮음 : 1962년에서 1973년까지 공산품만의 외화 가득률은 34%에서 62%로 증가하였지만 수출 전체의 외화 가득률은 82%에서 65%로 줄었음
- 국가 경제의 무역 의존 증가 : 수출 위주의 정책으로 인하여 무역 의존도는 1961년의 21%에서 1975년에는 74%로 증가
- 무역 상대국이 일본과 미국에 편중 : 원자재와 기계를 일본에서 들여온 다음 상품을 만들어 주로 미국에 수출하는 구조를 가지고 있으며, 1967년에 미국과 일본에 대한 편중도가 69%인데 1972년에는 72%로 증가하는 추세

재벌의 성장
귀속 재산은 일제 강점기 일본인 소유의 재산, 기업, 시설 등을 말함. 귀속 재산 불하 시의 특혜로 인해 재벌이 성장하였음

미국의 소비재 산업 원조
1950년대 우리나라는 전쟁으로 인해 파괴된 시설의 복구 등을 위해 생산재 공업이 필요한 상황이었음. 그러나 미국의 지원은 소비재 산업 위주로 이루어졌으며, 이에 따라 생산재 산업 부진으로 인한 산업 불균형이 발생하였음

제1차 석유 파동(1973)
- 경공업 위주의 경제 정책 추진으로 인해 석유 의존도가 낮음
- 중동 특수를 통해 극복, 경제 성장

08장
현대 사회의 발전

1980년대 이후 노동 환경의 변화

- **노동 운동의 활발한 전개** : 민주화 운동의 진전과 사회의식의 향상, 권리 주장의 확산 등에 따라 노동 운동이 활발하게 전개
- **정부의 노동 정책의 변화**
  - 저임금 문제 등 전반적인 노동 문제를 해결하기 위하여 노동 관계법을 개정
  - 기업가와 노동자의 인간적 관계와 직업윤리를 정착시키기 위하여 노력
  - 새로운 노사 문화가 정착되고 노동 환경이 개선되어 생산성도 증가

제2차 석유 파동(1979)

- 중화학 공업 위주의 경제 정책 추진으로 인해 경제 성장률 마이너스 기록, 물가 상승, 경기 불황, 국제 수지 악화 (1980년대)
- 3저 호황(저금리, 저유가, 저달러)으로 극복

> **외환위기(1997)**
> 금융권의 부실 개정, 대기업의 과잉 투자, 외국 자본의 국외 이동 등으로 인해 발생한 외환 부족

대도시의 인구 급증

1960년대 이후, 경제적으로 어려움을 겪고 있던 농촌 사람들이 일자리를 찾아 대도시나 신흥 산업 도시로 이동하자 이들 도시의 인구가 급팽창하였음. 또한 농촌과 도시 간 소득 격차 역시 젊은층이 도시로 몰리는 원인이 되었음

저출산, 고령화

- **저출산** : 핵가족화가 급격히 진행
- **고령화** : 낮은 출산율과 인구 고령화의 빠른 진행

산업화와 도시화의 영향

- 우리나라의 근대화와 발전에 크게 기여
- 가족 제도의 붕괴, 노동자 및 실업자 문제 등 여러 사회 · 경제적 문제도 양산
- 산업화와 함께 여성의 지위와 사회적 위상이 제고

(2) 1980년대 이후의 경제

① **1980년 전후** : 중화학 공업에 대한 과잉 · 중복 투자, 정치 불안정, 제2차 석유 파동(→ 경제 위기 발생)

② **전두환 정부** : 중화학 공업 투자 조정, 3저 호황(저유가, 저달러, 저금리)

③ **김영삼 정부** : 금융 실명제 실시, 신경제 5개년 계획 발표(1993), 세계 무역 기구(WTO) 출범(1995), 경제 협력 개발 기구(OECD) 가입(1996), 외환위기(1997)

④ **김대중 정부** : 금 모으기 운동, 노사정 위원회 구성, 신자유주의 경제 정책 추진, 수출, 무역 흑자 증가, 벤처 기업 창업 등으로 외환위기 극복

3. 사회의 변화

(1) 급속한 경제 발전에 따른 사회 문제

농촌의 피폐와 도시 빈민층의 형성, 기업의 근로 기준법 위반, 노사 갈등의 발생, 환경오염의 증가, 국가 주도의 급속한 경제 발전에 따라 노약자 · 빈곤층 · 실업자 등 소외 계층 발생

(2) 1960년대 이후의 정책

① **성장 위주의 정책** : 대기업 성장, 노동자 수의 증가, 빈부의 차 발생

② **도시와 농촌의 불균형** : 사회 기반 시설 및 소득의 격차, 대규모 이농 현상으로 대도시의 인구의 급증(도시 문제 발생), 농촌 인구 감소

③ **사회 보장 제도 시행** : 급격한 성장에서 오는 문제들을 해결하기 위하여 사회 보장 제도를 마련

4. 산업화와 도시화

(1) 산업 구조의 변화

산업화의 진전과 고도 성장 달성, 산업 구조가 선진국형으로 바뀌었고 공업 구조도 경공업 중심에서 중화학 공업 중심으로 바뀜

(2) 사회 문제의 발생

① **환경 문제의 발생**

㉠ 성장 우선주의 정책에 수반하여 1960년대 말부터 발생

㉡ 환경 문제 해결을 위해 환경부처를 설치하고 관련 법률 제정, 공해 규제, 환경에 대한 경각심 고취, 환경 보호 실천 등에 역점을 둠

② **농촌 문제의 발생**

㉠ 수출 주도형 경제 개발로 말미암아 농업은 희생을 감수

㉡ 침체된 농촌 사회에 활기를 불어 넣기 위해 새마을 운동 실시

5. 교육, 사상 및 종교

(1) 교육의 발전

① 미 군정 시기
  ㉠ 식민지 교육 체제가 무너지고 미국식 교육이 도입
  ㉡ 6 · 3 · 3 · 4제의 학제를 근간으로 하는 교육 제도 마련
  ㉢ 교육 이념 : 홍익 인간, 애국심의 함양, 민주 시민의 육성 등
② 이승만 정부 : 의무 교육 실시, 국방 교육 강조
③ 4 · 19 혁명 이후 : 교육의 정치적 중립을 확보하려는 움직임과 더불어 학원 민주화 운동이 활발하게 전개
④ 박정희 정부 : 교육의 중앙 집권화와 관료적 통제, 국민 교육 헌장의 선포, 중학교 무시험 진학 제도, 대학 입학 예비고사와 학사 자격 고시 등
⑤ 1970년대
  ㉠ 국사와 국민 윤리 교육의 강화와 함께 새마을 교육 실시, 고교 평준화 추진
  ㉡ 한국 교육 개발원 설립, 방송 통신 대학과 고등 학교가 설치
⑥ 1980년대
  ㉠ 국민 정신 교육을 강조하고 통일 안보 교육, 경제 교육 등을 실시
  ㉡ 대학 졸업 정원 제도 도입, 다수의 대학 설립
⑦ 1990년대 이후
  ㉠ 창의력 신장과 시민 의식을 육성하기 위한 교육 개혁이 지속적으로 추진됨
  ㉡ 열린 교육 · 평생 학습 사회 건설 지향, 대학 수학 능력 시험 도입
  ㉢ 김대중 정부 시대 : 중학교 의무 교육 실시, 만 5세 유아에 대한 무상 교육 · 보육 등 추진

(2) 사상 및 종교

① 현대의 사상
  ㉠ 광복 후 : 민족주의, 민주주의, 반공 등 여러 이념이 혼재
  ㉡ 1960년대 이후 : 민족주의와 민주주의가 중요한 이념으로 자리 잡음
  ㉢ 1980년대 초 : 5 · 18 민주화 운동과 6월 민주 항쟁 등을 거치면서 사회 전반에 걸쳐 이들 이념들이 뿌리를 내림
  ㉣ 1980년대 말 : 냉전 체제가 해체되기 시작, 남북 간 화해의 기운이 높아짐
② 종교 활동
  ㉠ 개신교 : 교단의 통일과 사회 참여를 모색하면서 교세를 확장
  ㉡ 천주교 : 활발한 포교 활동 전개, 교황의 방한, 103위 순교자의 시성 등
  ㉢ 불교 : 1970년대부터 일대 혁신 운동을 전개, 농촌 지역뿐만 아니라 도시에서도 지속적으로 발전
  ㉣ 기타 종교 : 민족 종교인 천도교 · 대종교 · 원불교도 그 나름의 기반 확립과 교세 확장에 노력

6. 예술과 문학

국민 교육 헌장

학력 구성의 변화
광복 이후 교육은 양적 면에서 크게 확대되어, 사회 전체적으로 고학력화 되어가고 있음. 특히 초등학교 졸업 이하의 비율이 큰 폭으로 감소하였고, 중졸자의 비율도 1990년 이후 감소하고 있음

해방 공간(1945~1948)
8·15 광복 직후부터 독립 정부 구성 전까지를 이르는 말. 당시 우리나라는 독립 정부를 구성하지 못한 채 미 군정 치하에 있었는데 좌·우익의 대립이 극심하였음

(1) 시기별 전개

① 광복 후
   ㉠ 예술 단체의 분열 : 광복 직후 좌 · 우익에 따라 성격이 나뉘어 분열
   ㉡ 민족주의적 자유주의 문인 중심의 순수 문학 작품이 주류를 이룸
   ㉢ 시 : 김기림 등이 해방 공간 시기에 새해의 노래 등을 발표

② 1960년대
   ㉠ 중등 교육의 확대와 경제 여건 향상에 따라 문화의 대중화 현상이 등장
   ㉡ 전쟁 중 소시민들의 삶을 주제로 하는 문학 예술 작품이 출간됨, 인간의 가치와 삶을 주제로 다룬 예술 활동이 활발해짐
   ㉢ 국립 극장과 드라마 센터가 건립, 각 대학에 예술 분야의 학과가 설치됨

③ 1970년대
   ㉠ 민족 문학론이 대두되어 현실의 비판과 민주화 운동의 실천, 통일 문제를 다루는 데까지 진전
   ㉡ 일부에서는 민중의 삶을 주제로 삼는 민중 문학 운동이 전개

④ 1980년대 이후
   ㉠ 문화 향유층이 급격하게 확대되었고, 다양한 내용과 형식을 가진 문화가 등장
   ㉡ 이전 문화의 틀에서 벗어나 더 분방한 경향을 추구하는 포스트모더니즘이 등장

(2) 현대 문화의 문제점과 과제

① 전통 문화는 점점 대중화와 서양화에 밀려 자리를 잃어 가고 있으며, 감각적이고 상업적인 대중 문화가 성행
② 세계화의 추세 속에서 민족 문화를 발전시키는 것과 세계적인 문화를 창출하는 것이 과제로 제기됨